Lothar Pietrek

Somatische genomische Therapien

Rechtliche Rahmenbedingungen für Forschung, Entwicklung und Marktzugang im internationalen Standortwettbewerb

Springer

Lothar Pietrek
Universität Passau
Passau, Deutschland

ISBN 978-3-658-52942-0 ISBN 978-3-658-52943-7 (eBook)
https://doi.org/10.1007/978-3-658-52943-7

Die Deutsche Nationalbibliothek verzeichnet diese Publikation in der Deutschen Nationalbibliografie; detaillierte bibliografische Daten sind im Internet über https://portal.dnb.de abrufbar.

Diese Arbeit wurde im Rahmen des vom Bundesministerium für Forschung, Technologie und Raumfahrt (BMFTR) geförderten Forschungsprojekts „Normative Analyse neuer somatischer genomischer Therapien" (NANoSoGT – Förderkennzeichen: 01GP2205A) verfasst.

Springer ist ein Imprint der eingetragenen Gesellschaft Springer Fachmedien Wiesbaden GmbH und ist ein Teil von Springer Nature.
Die Anschrift der Gesellschaft ist: Abraham-Lincoln-Str. 46, 65189 Wiesbaden, Germany

Somatische genomische Therapien

Vorwort

Diese Arbeit entstand während meiner Zeit als wissenschaftlicher Mitarbeiter am Lehrstuhl für Staats- und Verwaltungsrecht, Völkerrecht, Europäisches und Internationales Wirtschaftsrecht an der Universität Passau. Sie wurde im Rahmen des vom Bundesministerium für Forschung, Technologie und Raumfahrt (BMFTR) geförderten Forschungsprojekts „Normative Analyse neuer somatischer genomischer Therapien“ (NANoSoGT – FKZ: 01GP2205A) verfasst.

Seit der Fertigstellung des Manuskripts im Dezember 2025 haben sich einige wesentliche regulatorische Entwicklungen ergeben. Hierzu zählen die Einigung zwischen dem Rat der Europäischen Union sowie dem Europäischen Parlament zum „Pharma-Paket“ im Trilog-Verfahren, die Veröffentlichung des Entwurfs der Europäischen Kommission zum „European Biotech Act“ sowie eine Änderung der Arzneimittelrichtlinie des Gemeinsamen Bundesausschusses (G-BA) durch Einfügen des neuen § 40c zur Aut-idem-Substitution biotechnologisch hergesteller Arzneimittel. Die wichtigsten legislativen Änderungen, die sich für die Regulierung somatischer genomischer Therapien hieraus ergeben bzw. perspektivisch abzeichnen, wurden für die Veröffentlichung entweder als Fußnotenhinweise oder als Ergänzungen einzelner Kapitel eingearbeitet, um das Werk auf dem aktuellsten Stand zu halten.

Mein besonderer Dank gilt meinem Doktorvater, Herrn Prof. Dr. Hans-Georg Dederer, für seine wertvolle Unterstützung, sein Vertrauen und seine vielen Impulse während der Entstehung dieser Arbeit. Für die zügige Erstellung des Zweitgutachtens danke ich Herrn Prof. Dr. Tristan Barczak.

Ein herzliches Dankeschön richte ich an alle Kolleginnen und Kollegen unseres Lehrstuhls für ihre beständige Unterstützung, die konstruktiven Gespräche und die vielen gemeinsamen Erlebnisse. Ganz besonderer Dank gebührt hierbei dem NANoSoGT-Team, bestehend aus Şulenur Junglas, Georgina Panagiotides, Franz Fisel, Konstantin Kremzow, Johannes Pirkl, Alicia Kießling und Linda Köllner.

Mein Dank gilt zudem allen Beteiligten unseres Konsortiums, namentlich Herrn Prof. Dr. Dr. Thomas Heinemann, Herrn Prof. Dr. Tobias Cantz, Dr. Reto Eggenschwiler, Johanna Risse, Merlin Krzemien und Jan Schnalke. Der interdisziplinäre Austausch mit ihnen war eine große Bereicherung und hat diese Arbeit wesentlich geprägt.

Ich danke außerdem allen Personen, die mir ihre wertvolle Zeit für die Durchführung der Experteninterviews während und außerhalb meiner Forschungsaufenthalte in Washington D.C., Ottawa, London und Tokio zur Verfügung gestellt haben. Die Gespräche mit ihnen waren unglaublich wertvoll und sind in diese Arbeit eingeflossen. Besonderer Dank gilt Dr. Wilko Hinrichs, Daniel Jabss und Marc Philipp Schauer für die regelmäßig wiederkehrenden wertvollen Gespräche, unter anderem zu Fragen der Qualitätssicherung innerhalb der pharmazeutischen Industrie.

Darüber hinaus danke ich den Dozenten des LL.M.-Studiengangs im Pharmarecht an der Philipps-Universität Marburg sowie meinen ehemaligen Kommilitoninnen und Kommilitonen. Während unserer gemeinsamen Jahre durfte ich mit den unterschiedlichsten Persönlichkeiten aus verschiedenen Fachrichtungen zusammen lernen sowie inspirierende und unterhaltsame Momente erleben. Der stetige interdisziplinäre Austausch mit ihnen hat diese Arbeit geprägt und mir ständig neue Blickrichtungen auf eine Vielzahl unterschiedlicher Themen im Bereich des Arzneimittel- und Medizinprodukterechts ermöglicht. Besonderer Dank gilt deshalb der Forschungsstelle für Pharmarecht, insbesondere Herrn Prof. Dr. Voit, und der ELMar gGmbH für die Organisation und Aufrechterhaltung dieses wertvollen Studiengangs.

Schließlich gilt mein Dank meiner Familie und allen weiteren Wegbegleitern, die mich auf meinem wissenschaftlichen Weg unterstützt und ermutigt haben.

Passau
im Mai 2026

Lothar Pietrek

Interessenkonflikt Der/die Autor*in hat keine relevanten Interessenskonflikte im Zusammenhang mit dieser Publikation.

Einleitung

Die Idee, genetische Defekte des Menschen durch gezielte Eingriffe auf molekularer Ebene zu korrigieren, lässt sich bis in die 1970er-Jahre zurückverfolgen.[1] Grundlage war die Erkenntnis, dass zahlreiche Erkrankungen auf Mutationen der menschlichen Erbsubstanz beruhen. Herkömmliche Arzneimittel konnten diese Krankheiten lediglich symptomatisch behandeln oder waren gänzlich wirkungslos. Stattdessen sollten Gentherapeutika durch das Einschleusen funktionsfähiger Gene in die Zellen des Patienten eine kausale Behandlung schwerer, erblich bedingter Erkrankungen ermöglichen und dadurch eine tatsächliche Heilung bewirken.

Erfolgsgeschichten und Rückschläge

Die ersten klinischen Anwendungen wurden in den 1990er Jahren mit gentechnisch veränderten Viren am Menschen durchgeführt.[2] Aufsehen erregte der Fall des vierjährigen Mädchens Ashanti DeSilva, das an einer Ausprägung des schweren kombinierten Immundefekts (SCID) litt. Im vorliegenden Fall konnte durch die Übertragung eines therapeutischen Gens in die eigenen T-Zellen der Patientin eine signifikante Verbesserung ihres Gesundheitszustands erzielt werden.[3] In der öffentlichen Wahrnehmung wurden die erzielten therapeutischen Erfolge

[1] Fischer/Hacein-Bey-Abina, The Journal of Experimental Medicine 217 (2020), e20190607, S. 1.

[2] Fischer/Hacein-Bey-Abina, The Journal of Experimental Medicine 217 (2020), e20190607, S. 2.

[3] Rinde, The Death of Jesse Gelsinger, 20 Years Later (https://www.sciencehistory.org/stories/magazine/the-death-of-jesse-gelsinger-20-years-later/) (geprüft am 24.10.2025).

entsprechend als medizinischer Durchbruch gewertet. Heute engagiert sich die Patientin für die Erforschung und Entwicklung von Behandlungsmöglichkeiten zur Bekämpfung seltener Erkrankungen.

Die frühen Erfolge wurden durch eine Reihe schwerwiegender Rückschläge getrübt. Der Fall des im Jahr 1999 verstorbenen 18-jährigen Patienten Jesse Gelsinger dient bis heute als Mahnung. Er verstarb im Rahmen einer klinischen Studie aufgrund einer Immunreaktion. Diese wurde durch den adenoviralen Vektor verursacht, den das Gentherapeutikum enthalten hatte, welches ihm verabreicht wurde.[4] Der Fall erlangte internationale Aufmerksamkeit und markierte einen Wendepunkt in der öffentlichen Wahrnehmung gentherapeutischer Behandlungsmethoden.[5] Die Konsequenz war eine signifikante Zurückhaltung gegenüber klinischen Studien mit Gentherapeutika, weshalb die Forschung und Entwicklung über viele Jahre zurückgefahren wurde.

Die eine Patientin steht symbolisch für das therapeutische Innovationspotenzial und die Hoffnung auf ein reguläres Leben von Patienten, die ohne Forschung und Entwicklung im Bereich der Gentherapeutika keine Aussicht auf Heilung hätten. Demgegenüber steht der andere Patient, dessen Fall die Risiken und potenziellen Schäden verdeutlicht, die mit einer noch nicht ausreichend erforschten Therapie einhergehen. Eine weitere klinische Studie aus demselben Zeitraum zeigt dieses Spannungsfeld deutlich auf. Die Behandlung einer Variante des schweren kombinierten Immundefekts (SCID) mittels retroviraler Genübertragung resultierte bei einer signifikanten Anzahl von betroffenen Kindern in einer anhaltenden Verbesserung des Immunstatus.[6] Obwohl die Resultate vielversprechend waren, wurde die Produktentwicklung vorzeitig beendet. Der Grund war das Auftreten einer Leukämieerkrankung bei einem der Patienten, die durch eine sog. Insertionsmutagenese in seinen Zellen ausgelöst wurde.[7]

---

[4] Rinde, The Death of Jesse Gelsinger, 20 Years Later (https://www.sciencehistory.org/stories/magazine/the-death-of-jesse-gelsinger-20-years-later/) (geprüft am 24.10.2025).

[5] Cross, The Redemption of James Wilson, Gene Therapy Pioneer (https://cen.acs.org/business/The-redemption-of-James-Wilson-gene-therapy-pioneer/97/i36) (geprüft am 24.10.2025); Rinde, The Death of Jesse Gelsinger, 20 Years Later (https://www.sciencehistory.org/stories/magazine/the-death-of-jesse-gelsinger-20-years-later/) (geprüft am 24.10.2025).

[6] Fischer/Hacein-Bey-Abina, The Journal of Experimental Medicine 217 (2020), e20190607, S. 2 f.

[7] Fischer/Hacein-Bey-Abina, The Journal of Experimental Medicine 217 (2020), e20190607, S. 3.

Neue Möglichkeiten und regulatorische Herausforderungen

Ein grundlegender Perspektivenwechsel wurde durch die Entdeckung des CRISPR-Cas-Systems eingeleitet. Diese ursprünglich in der mikrobiologischen Grundlagenforschung identifizierte Technologie entwickelt sich seit dem Jahr 2012 zu einem präzisen Werkzeug der gezielten Genom-Editierung, das in unterschiedlichen Anwendungsfeldern eingesetzt und stetig weiter fortentwickelt wird.[8] Die Genauigkeit und Effizienz des CRISPR-Cas-Systems eröffnet neue Möglichkeiten in der Behandlung genetisch erkrankter Patienten. Zusätzlich eröffnen andere molekularbiologische Therapien, beispielsweise die mRNA-Technologie, neuartige therapeutische Ansätze, weshalb Gentherapeutika seit einigen Jahren eine Renaissance erleben.

Mittlerweile wurde ein Stadium erreicht, in dem Gen- und Zelltherapeutika nicht mehr als bloße Zukunftsvisionen, sondern zunehmend als fester Bestandteil der klinischen Realität betrachtet werden können. Zugleich stellen die medizinischen Fortschritte die bestehenden rechtlichen Kategorien vor normative Herausforderungen. Obwohl diese neuartigen Therapien einen vergleichbaren therapeutischen Effekt wie herkömmliche Gentherapeutika erzeugen, unterscheiden sie sich in vielerlei Hinsicht wesentlich. Einerseits beruhen viele dieser neuen Ansätze auf neuen Wirkmechanismen, andererseits entfalten sie ihre Wirkung an unterschiedlichen intrazellulären Orten. Dies hat unmittelbare Konsequenzen für ihre Wirksamkeit und Sicherheit. Vor diesem Hintergrund stellt sich die Frage, ob die gegenwärtige Regulierung dem medizinischen Fortschritt noch gerecht wird und wie sich der aktuelle Rechtsrahmen auf die Forschung und Entwicklung dieser Therapien auswirkt.

Gang der Untersuchung

Entsprechend dient diese Arbeit dem Zweck, diese biomedizinischen Innovationen einer rechtlichen Analyse zu unterziehen und dabei die Frage zu beantworten, ob deren Regulierung als angemessen, zu streng oder als unzureichend zu bewerten ist. Denn nur bei einer angemessenen Regulierung kann gewährleistet werden, dass Patienten in Deutschland und der Europäischen Union überhaupt Zugang zu diesen neuartigen Therapien erhalten. Zugleich kann eine strengere Regulierung erforderlich sein, um Patienten vor nicht einlösbaren Heilsversprechen zu schützen und zu verhindern, dass sie sich auf Grundlage falscher Erwartungen der klinischen Forschung zur Verfügung stellen. Vor diesem Hintergrund gliedert sich die Untersuchung in vier Teile.

---

[8] Vgl. Doudna/Charpentier, Science 346 (2014), 1258096; Dunbar/High/Joung u. a., Science 359 (2018), eaan4672, S. 2; Gostimskaya, Biochemistry 87 (2022), S. 777, 779 ff.

Im ersten Teil werden die naturwissenschaftlich-medizinischen Grundlagen dargestellt. Dies dient einerseits dazu, die notwendigen Begriffe und Konzepte zu erklären, auf welche sich die Untersuchung stützen wird. Des Weiteren wird hierdurch der Untersuchungsgegenstand auf einen bestimmten Kreis an Therapien begrenzt. Gleichwohl umfasst diese Arbeit auch hypothetische oder bislang nicht klinisch etablierte Therapien.

Der zweite Teil befasst sich mit der rechtlichen Klassifizierung des Untersuchungsgegenstandes anhand der bestehenden Kategorien des Arzneimittel- und Gentechnikrechts. Ausgangspunkt ist zunächst der geltende Rechtsrahmen der Europäischen Union sowie der Bundesrepublik Deutschland. Im Anschluss wird die Einordnung des Untersuchungsgegenstands nach den rechtlichen Kategorien ausgewählter Drittstaaten vorgenommen, die jeweils eine Führungsposition im internationalen Standortwettbewerb betreffend die Erforschung und Entwicklung somatischer genomischer Therapien beanspruchen. Dies dient der Vorbereitung des im dritten Teil durchgeführten Rechtsvergleichs.

Entsprechend werden im dritten Teil die regulatorischen Voraussetzungen somatischer genomischer Therapien von der präklinischen Entwicklung bis zu ihrer Marktzulassung untersucht. Dies geschieht im Rahmen eines Rechtsvergleichs mit den Vereinigten Staaten von Amerika, Kanada, dem Vereinigten Königreich und Japan. Hierdurch sollen die Auswirkungen regulatorischer Rahmenbedingungen auf den Forschungs- und Produktentwicklungsprozess dieser Therapien herausgearbeitet werden und etwaige Wettbewerbsnachteile für den Forschungs-, Entwicklungs- und Medizinstandort Deutschland bzw. die Europäische Union identifiziert werden.

Die Untersuchung beschränkt sich dabei auf die Regulierung im engeren Sinne durch das Arzneimittel- und Gentechnikrecht. Weitere rechtliche Wettbewerbsfaktoren, etwa das Datenschutzrecht,[9] bleiben außen vor. Methodisch erfolgt die Untersuchung der englischsprachigen Rechtsordnungen durch eine Subsumtion unter die jeweils einschlägigen Normen auf Grundlage ihres Originalwortlauts sowie eigener Übersetzungen der maßgeblichen Vorschriften. Für Japan werden, soweit verfügbar, amtliche englischsprachige Übersetzungen herangezogen. In Ermangelung solcher Übersetzungen stützt sich die Analyse auf eine Auswertung der einschlägigen englischsprachigen Fachliteratur. Ergänzend wurden in den jeweiligen Staaten qualitative Experteninterviews mit Vertretern der Regulierungsbehörden, der Industrie, der Wissenschaft sowie von Beratungsunternehmen durchgeführt, deren Ergebnisse in den Rechtsvergleich einbezogen werden.

---

[9] Weiterführend Frenken/Lüttge, in: Dederer/Frenken (Hrsg.), Regulation of Genome Editing in Human iPS Cells, 2021, S. 29, 62 ff.

Im vierten Teil wird abschließend untersucht, unter welchen Voraussetzungen Patienten in Deutschland Zugang zu diesen innovativen Therapien im System der Gesetzlichen Krankenversicherung erhalten. Besondere Aufmerksamkeit gilt dabei dem Umstand, dass diese Therapien häufig als Einmaltherapien vermarktet werden und oftmals Preise in Millionenhöhe für diese aufgerufen werden. Dementsprechend soll auch untersucht werden, wie die Finanzierbarkeit dieser Therapien rechtlich gewährleistet werden kann.

Die Untersuchung endet in ihren Schlussbemerkungen mit einer Zusammenfassung der wesentlichen Ergebnisse und einem Fazit.

Hilfsmittelverzeichnis

Hilfsmittel	Verwendungszweck
Beck-online	Datenbankrecherche
Citavi 6	Erstellung von Fußnoten und des Literaturverzeichnisses
EUR-Lex	Datenbankrecherche
Google Search	Datenbankrecherche
Google Scholar	Datenbankrecherche
DeepL Write	Formulierungshilfe, Überprüfung von Orthographie und Interpunktation
juris	Datenbankrecherche
Microsoft Word	Erstellung des Manuskripts, der Tabellen und Abbildungen, Überprüfung von Orthographie und Interpunktation
Microsoft OneDrive	Datensicherung
OpenAI ChatGPT (Modell: 5)	Formulierungshilfe, Überprüfung von Orthographie und Interpunktation
Passauer Suchportal / Katalog der Universität Passau	Datenbankrecherche
PubMed	Datenbankrecherche

Gesprächsverzeichnis

Funktion	Institution	Datum
Leitende Rolle im Zulassungsbereich (Biologika, Zell- und Gentherapeutika)	U.S. Food and Drug Administration – OTAT	03.10.2024
Leitung für Innovative Therapien (Implementierung und Finanzierung)	National Health Service England	13.10.2024
Rechtsanwalt im Bereich Life Sciences & FDA-Regulatorik	Covington & Burling	01.10.2024
Rechtsanwalt im Bereich Europäischer Markteintritt japanischer Unternehmen	Nagashima Ohno & Tsunematsu	22.10.2024
Leitende Funktion im Bereich Strategische Planung und ehemaliger Berater für Biotech-Startups	Ascend Advanced Therapies	15.10.2024
Biochemiker und sachverständige Person nach § 14 AMG	CSL Behring Deutschland	14.06.2024
Pharmazeut und sachverständige Person nach § 14 AMG	Ferring Germany	14.06.2024

Leitende Funktion im Bereich Regenerative Arzneimittel	Pharmaceutical and Medical Devices Agency	23.10.2024
Direktor für Kommerzielle Strategie, Managed Access und Arzneimittelpolitik	National Institute for Health and Care Excellence	13.10.2024
Professor für Translationale Kardiologie im Bereich Regenerative Arzneimittel	Ottawa Hospital Research Institute, Faculty of Medicine	09.10.2024
Forscher im Bereich Onkologie und CAR-T-Zelltherapie	Universitätsklinikum Würzburg	14.02.2023
Rechtsanwalt im Bereich Life Sciences (Regulatorik und Finanzierung)	Nagashima Ohno & Tsunematsu	22.10.2024
Professor für Gentherapie und Neurobiologie	Ottawa Hospital Research Institute, Faculty of Medicine	07.10.2024
Leitende Funktion im Bereich Gesundheitspolitik, Gesetzgebung & Regulatorik	U.S. Food and Drug Administration – CBER	04.10.2024
Leitende Funktion im Bereich Gen- und Zelltherapie	National Research Council of Canada – Human Health Research Centre	26.11.2024

Inhaltsverzeichnis

Abkürzungsverzeichnis

3R	Replacement, Reduction, Refinement
a. A.	anderer Ansicht
AAV	Adeno-assoziierte Viren
ABl.	Amtsblatt der Europäischen Union
Abs.	Absatz
ACC	Animal Care Committee
AEUV	Vertrag über die Arbeitsweise der Europäischen Union
Alt.	Alternative
AMG	Arzneimittelgesetz
AMGVwV	Allgemeine Verwaltungsvorschrift zur Durchführung des Arzneimittelgesetzes
AMHV	Arzneimittel-Härtefall-Verordnung
AMNOG	Arzneimittelmarktneuordnungsgesetz
AM-NutzenV	Arzneimittel-Nutzenbewertungsverordnung
AMPreisV	Arzneimittelpreisverordnung
AMPV	Arzneimittel-Prüfrichtlinien-Verordnung
AMVV	Arzneimittelverschreibungsverordnung
Anm.	Anmerkung
APHIS	Animal and Plant Health Inspection Service
ApoBetrO	Apothekenbetriebsordnung
ARA	Animals for Research Act
Art.	Artikel
ASPA	Animals (Scientific Procedures) Act 1986

ASRU	Animals in Science Regulation Unit
ATMP	Arzneimittel für neuartige Therapien
ATMP-QSRL	ATMP-Qualitätssicherungsrichtlinie
ATMP-VO	VO (EG) Nr. 1394/2007
ATP	Advanced Therapy Products
AVVTSchG	Allgemeine Verwaltungsvorschrift durch Durchführung des Tierschutzgesetzes
AWA	Animal Welfare Act
AWERB	Animal Welfare and Ethical Review Body
AWMA	Act on Welfare and Management of Animals
BeckOGK	beck-online.GROSSKOMMENTAR
BeckOK	Beck'scher Online-Kommentar
BfArM	Bundesinstitut für Arzneimittel und Medizinprodukte
BGBl.	Bundesgesetzblatt
BL	Biosafety Level
BLA	Biologics License Application
BRDD	Biologic and Radiopharmaceutical Drug Directorate
BR-Drucks.	Bundesrat-Drucksache
BSG	Bundessozialgericht
BSO	Biological Safety Officer
BT-Drucks.	Bundestag-Drucksache
Buchst.	Buchstabe
BVerfG	Bundesverfassungsgericht
BVL	Bundesamt für Verbraucherschutz und Lebensmittelsicherheit
c.	chapter
C.F.R.	Code of Federal Regulations
C.R.C.	Consolidated Regulations of Canada
Cartagena Act	Act on the Conservation and Sustainable Use of Biological Diversity through Regulations on the Use of Living Modified Organisms
CAT	Committee for Advanced Therapies
cATMP	combined Advanced Therapy Medicinal Product
CCAC	Canadian Council on Animal Care
CDER	Center for Drug Evaluation and Research
CEPA	Canadian Environmental Protection Act

cGMP	current Good Manufacturing Practice
ChemG	Chemikaliengesetz
ChemVwV-GLP	Allgemeine Verwaltungsvorschrift zum Verfahren der behördlichen Überwachung der Einhaltung der Grundsätze der Guten Laborpraxis
CHMP	Committee for Medicinal Products for Human Use
CL	Containment Level
Clinical Trials Regulations 2004	Medicines for Human Use (Clinical Trials) Regulations 2004
CMA Scheme	Conditional Marketing Authorisation Scheme
CMC	Chemistry, Manufacturing, and Control
CMS	Concerned Member State
COGEM	Commissie Genetische Modificatie
COMP	Committee for Orphan Medicinal Products
CQA	Critical Quality Attributes
CRISPR	Clustered Regularly Interspaced Short Palindromic Repeats
CRM	Committee for Regenerative Medicine
CTA	Clinical Trial Application
CTD	Common Technical Document
CTIS	Clinical Trials Information System
CTN	Clinical Trial Notification
CTOR	Safety of Human Cells, Tissues and Organs for Transplantation Regulations
DEFRA	Department of Environment, Food and Rural Affairs
DHHS	U.S. Department of Health and Human Services
DIN	Drug Identification Number
DMMF	Decentralized Manufacturing Master File
DNA	Desoxyribonukleinsäure
DSL	Domestic Substances List
DVO	Delegierte Verordnung
EA	Environmental Assessment
EAMS	Early Access to Medicines Scheme
EBM	Einheitlicher Bewertungsmaßstab
ECCC	Environment and Climate Change Canada

EDQM	European Directorate for the Quality of Medicines & Healthcare
EFSA	Europäische Behörde für Lebensmittelsicherheit
EG	Europäische Gemeinschaft
EIS	Environmental Impact Statement
EMA	European Medicines Agency
EPA UK	Environmental Protection Act 1990
EPAR	European Public Assessment Report
ESchG	Embryonenschutzgesetz
EU	Europäische Union
EuGH	Europäischer Gerichtshof
EuGrCh	Charta der Grundrechte der Europäischen Union
EWR	Europäischer Wirtschaftsraum
FD Act	Food and Drugs Act
FDA	U.S. Food and Drug Administration
FDCA	Federal Food, Drug and Cosmetic Act
Fn.	Fußnote
GAP	Good Animal Practice
G-BA	Gemeinsamer Bundesausschuss
GBA-VerfO	Verfahrensordnung des G-BA
GCP	Good Clinical Practice
GenTG	Gentechnikgesetz
GenTSV	Gentechnik-Sicherheitsverordnung
GLP	Good Laboratory Practice
GLP Regulations 1999	The Good Laboratory Practice Regulations 1999
GMO	Genetically Modified Organism(s)
GMO Regulations 2002	Genetically Modified Organisms (Deliberate Release) Regulations 2002
GMO Regulations 2014	Genetically Modified Organisms (Contained Use) Regulations 2014
GMO Regulations 2015	The Genetically Modified Organisms (Contained Use) Regulations (Northern Ireland) 2015
GMO Regulations Scot. 2002	Genetically Modified Organisms (Deliberate Release)(Scotland) Regulation 2002
GMP	Good Manufacturing Practice

gS	Genetische Sequenz
GTA 2023	Genetic Technology (Precision Breeding) Act 2023
GTMP	Gene Therapy Medicinal Product
GVO	Gentechnisch veränderter Organismus
HCT/P	Human Cells, Tissues, or Cellular or Tissue-Based Products
HHS	U.S. Department of Health and Human Services
HMR 2012	Human Medicines Regulations 2012
HPTA	Human Pathogens and Toxins Act
HPTR	Human Pathogens and Toxins Regulations
HREA	Health Research Extension Act
Hrsg.	Herausgeber
HTA	Health Technology Assessment
HTA-VO	VO (EU) 2021/2282
Humanarzneimittelkodex	RL 2001/83/EG
i.V.	in Verbindung
IACUC	Institutional Animal Care and Use Committee
IBC	Institutional Biosafety Committee
ICH	International Council for Harmonisation of Technical Requirements for Pharmaceuticals for Human Use
ILAP	Innovative Licensing and Access Pathway
IND	Investigational New Drug
InEK	Institut für Entgeltsystem im Krankenhaus
iPSCs	Induzierte pluripotente Stammzellen
IQWiG	Institut für Qualität und Wirtschaftlichkeit im Gesundheitswesen
IRAS	Integrated Research Application System
IRB	Institutional Review Board
IRP	International Recognition Procedure
JRA	Joint Regulatory Authority
JRC	Joint Research Centre
KHEntgG	Krankenhausentgeltgesetz
KHG	Krankenhausfinanzierungsgesetz
KMU	Kleine und mittlere Unternehmen
LMO	Living Modified Organism

LNP	Lipidnanopartikel
LSG	Landessozialgericht
MAD-System	Mutual Acceptance of Data System
MAFF	Ministry of Agriculture, Forestry and Fisheries
MEXT	Ministry of Education, Culture, Sports, Science and Technology
MHRA	Medicines and Healthcare products Regulatory Agency
MM	Modular Manufacture
MOE	Ministry of Environment
mRNA	messenger RNA
NC3R	National Centre for the Replacement, Refinement and Reduction of Animals in Research
ncRNA	nicht-codierende RNA
NDA	New Drug Application
NDS	New Drug Submission
NEPA	National Environmental Policy Act
NHS	National Health Service
NICE	National Institute for Health and Care Excellence
NIH	National Institutes of Health
NIH-Guidelines	NIH-Guidelines for Research Involving Recombinant or Synthetic Nucleic Acid Molecules
NOC	Notice of Compliance
NOC/c	Notice of Compliance with Conditions
NSNR(CP)	New Substances Notification Regulations (Chemicals and Polymers)
NSNR(O)	New Substances Notification Regulations (Organisms)
NUB	Neue Untersuchungs- und Behandlungsmethoden
OBBO	Office of Biosafety and Biocontainment Operations
OBPP	Office of Biosafety and Planning
OECD	Rat der Organisation für wirtschaftliche Zusammenarbeit und Entwicklung

OLAW	Office of Laboratory Animal Welfare
OLG	Oberlandesgericht
OSP	Office of Science Policy
OTP	Office of Therapeutic Products
PAM	Protospacer Adjacent Motif
PBO	Precision Bred Organism
PCR	Polymerase-Kettenreaktion
PDD	Pharmaceutical Drugs Directorate
PEI	Paul-Ehrlich-Institut
PHAC	Public Health Agency of Canada
PHS	Public Health Service
PHSA	Public Health Service Act
PHSP	Public Health Service Policy on Humane Care and Use of Laboratory Animals
PI	Principal Investigator
PIM	Promising Innovative Medicine Designation
PMD Act	Pharmaceuticals and Medical Devices Act
PoC	Point of Care
POLE	Places Other than Licensed Establishments
R.S.C.	Revised Statutes of Canada
R.S.O.	Revised Statutes of Ontario
RAC	Recombinant DNA Advisory Committee
RahmenV	Rahmenvereinbarung nach § 130b Abs. 9 SGB V
RCT	Randomised Controlled Trial
rDNA	Rekombinante DNA
REB	Research Ethics Board
REC	Research Ethics Committee
Reg.	Regulation
RM Act	Act on Safety of Regenerative Medicine
RMAT	Regenerative Medicine Advanced Therapy
RMS	Reporting Member State
Rn.	Randnummer
RNA	Ribonukleinsäure
RNP	Ribonukleoproteine
rNS	Rekombinante Nukleinsäure
S.C.C.	Supreme Court of Canada
S.C.J.	Supreme Court Judgments
S.C.R.	Supreme Court Reports

SACGM	Scientific Advisory Committee on Genetic Modification
samRNA	Selbst-amplifizierende mRNA
SAP	Special Access Program
SAWP	Scientific Advice Working Party
SCC	Standards Council of Canada
SCJ	Science Council of Japan
SCTMP	Somatic Cell Therapy Medicinal Product
SG	Sozialgericht
SGB I	Sozialgesetzbuch, Erstes Buch (Allgemeiner Teil)
SGB V	Sozialgesetzbuch, Fünftes Buch (Gesetzliche Krankenversicherung)
shRNA	single-hairpin RNA
sIRB	single IRB
SoHO-VO	Substance of Human Origin – VO; VO (EU) 2024/1938
SOR	Statutory Orders and Regulations
SpBKK	Spitzenverband Bund der Krankenkassen
SpEK	Spezialisierte Ethik-Kommission
SWD	(Commission) Staff Working Document
TEP	Tissue-Engineered Product
TFG	Transfusionsgesetz
The Guide	The Guide for the Care and Use of Laboratory Animals
TierSchG	Tierschutzgesetz
TierSchVersV	Tierschutzversuchstierverordnung
TPG	Transplantationsgesetz
u. a.	und andere
U.S.C.	United States Code
UAbs.	Unterabsatz
UK	Vereinigtes Königreich
UK GLPMA	UK Good Laboratory Practice Monitoring Authority
USA	Vereinigte Staaten von Amerika
USDA	U.S. Department of Agriculture
Var.	Variante
VersTierMeldV	Versuchstiermeldeverordnung
VG	Verwaltungsgericht

VGH	Verwaltungsgerichtshof
vgl.	vergleiche
VO	Verordnung
WHO	World Health Organization
ZKBS	Zentrale Kommission für Biologische Sicherheit

Abbildungsverzeichnis

Tabellenverzeichnis

Teil I
Naturwissenschaftliche und biomedizinische Grundlagen

Für die rechtliche Untersuchung ist zunächst eine Darstellung der naturwissenschaftlichen und biomedizinischen Grundlagen erforderlich. Zunächst wird erläutert, was unter einer somatischen Gentherapie zu verstehen ist und weshalb dieser Begriff für die neuen Technologien nicht mehr ausreicht. Daraus ergibt sich die Notwendigkeit, den Begriff der somatischen genomischen Therapie einzuführen. Anschließend werden die zentralen biochemischen Grundlagen dieser Therapien sowie die darauf aufbauenden Technologien vorgestellt. Den Abschluss bilden zwei Anwendungsbeispiele, die bereits klinisch umgesetzt werden und die praktische Relevanz dieser Entwicklungen verdeutlichen.

1 Somatische Gentherapie

Die somatische[1] Gentherapie ist nach allgemeiner Auffassung ein Teilbereich der Genmedizin.[2] Die Genmedizin bildet eine interdisziplinäre Querschnittsmaterie zwischen Biotechnologie, Molekularbiologie und Zellbiologie, deren gemeinsame Grundlage in der Genetik liegt.[3] Gegenstand der Genmedizin ist die Erforschung molekularer Krankheitsursachen auf der genetischen Ebene sowie die Entwicklung darauf aufbauender Behandlungsansätze. Zu ihren Anwendungsfeldern zählen insbesondere die Gendiagnostik, die Reproduktionsmedizin, die Onkologie und die Behandlung genetisch bedingter Stoffwechselkrankheiten wie Diabetes.[4] Die somatische Gentherapie stellt innerhalb dieser Bereiche eine besondere Form der Therapie dar, deren Begriffsinhalt sich aus den Bestandteilen „somatisch", „Gen" und „Therapie" erschließt.

[1] Von griech. soma = der Körper; die Bezeichnung für die Gesamtheit der Körperzellen (Somazellen) eines Organismus, siehe Spektrum Wissenschaft (Hrsg.), Lexikon der Biologie (https://www.spektrum.de/lexikon/biologie), Stichwort: Soma (geprüft am 24.10.2025).

[2] Schreiber, in: Winter/Fenger/Schreiber (Hrsg.), Genmedizin und Recht, 2001, S. 305, 315.

[3] Winter, in: Winter/Fenger/Schreiber (Hrsg.), Genmedizin und Recht, 2001, S. 1, 9.

[4] Baum, in: Baum/Duttge/Fuchs (Hrsg.), Gentherapie, 2013, S. 9, 11; Winter, in: Winter/Fenger/Schreiber (Hrsg.), Genmedizin und Recht, 2001, S. 1, 9.

L. Pietrek, *Somatische genomische Therapien*,
https://doi.org/10.1007/978-3-658-52943-7_1

1.1 Begriff des Gens, des Genoms und der Genomik

Ein Gen[5] ist nach allgemeiner, vereinfachter Auffassung ein Abschnitt auf dem Molekül Desoxyribonukleinsäure (DNA) in einem Organismus und wird als Träger von Erbinformation bezeichnet.[6] Zu finden ist die DNA in der kleinsten Organisationseinheit eines jeden Organismus: der Zelle.

1.1.1 Zellen, Organismen und Viren

Die Zellstruktur ist das zentrale Kriterium für die Einteilung von Lebewesen in Eukaryoten und Prokaryoten.[7] Eukaryotische Zellen besitzen einen von einer Membran umschlossenen Zellkern (Nucleus), während die DNA bei Prokaryoten lediglich in konzentrierter Form frei im Zellinneren vorliegt.[8] Zu den Eukaryoten zählen Menschen, Tiere, Pilze und Pflanzen,[9] zu den Prokaryoten dagegen Bakterien und Archaeen.[10] Auch Viren bestehen aus DNA oder Ribonukleinsäure[11] (RNA). Aufgrund ihres fehlenden Stoffwechsels gelten sie jedoch nicht als Lebewesen.[12] Sie stellen vielmehr kleine Partikel dar, die ihr genetisches Material in Wirtszellen einschleusen, um sich parasitär zu vermehren.[13]

---

[5] Griech. genos = Bildung, Bildner, siehe auch Spektrum Wissenschaft (Hrsg.), Lexikon der Biologie (https://www.spektrum.de/lexikon/biologie), Stichwort: Gen (geprüft am 24.10.2025).

[6] Kritisch Campbell/Urry/Cain u. a., Biologie, 2019, S. 473 f.; Baum, in: Baum/Duttge/Fuchs (Hrsg.), Gentherapie, 2013, S. 9; Alberts/Johnson/Lewis u. a., Molekularbiologie der Zelle, 2017, S. 3, 195.

[7] Alberts/Johnson/Lewis u. a., Molekularbiologie der Zelle, 2017, S. 15.

[8] Alberts/Johnson/Lewis u. a., Molekularbiologie der Zelle, 2017, S. 15; Campbell/Urry/Cain u. a., Biologie, 2019, S. 135, 140.

[9] Alberts/Johnson/Lewis u. a., Molekularbiologie der Zelle, 2017, S. 15.

[10] Alberts/Johnson/Lewis u. a., Molekularbiologie der Zelle, 2017, S. 15.

[11] Im Unterschied zur DNA enthält RNA eine Ribose als Zucker und verwendet Uracil statt Thymin als Base, siehe Berg/Tymoczko/Gatto u. a., Stryer Biochemie, 2018, S. 111.

[12] Renneberg, Biotechnologie für Einsteiger, 2006, S. 51.

[13] Alberts/Johnson/Lewis u. a., Molekularbiologie der Zelle, 2017, S. 22.

1.1.2 Aufbau und Funktion der DNA

Ein DNA-Molekül besteht aus zwei komplementären Polynukleotidketten, die auch als DNA-Stränge bezeichnet werden.[14] Diese setzen sich aus vier verschiedenen Nukleotidbausteinen bzw. Basen zusammen: Adenin (A), Cytosin (C), Guanin (G) und Thymin (T).[15]

Die Reihenfolge der Nukleotide bestimmt, welche Aminosäuren im Rahmen der Proteinbiosynthese aneinandergereiht werden. Die Abfolge der Aminosäuren, die sog. Primärstruktur, legt die wesentlichen Eigenschaften eines Proteins und damit seine Funktion fest.[16] Proteine bilden die strukturellen und funktionalen Grundbausteine des Lebens. Sie wirken unter anderem als Enzyme, Transportmoleküle, Antikörper, Hormone und Baustoffe für neues Gewebe.[17] Die Nukleotidabfolge der DNA fungiert somit als genetischer Bauplan, nach dem die Zelle lebensnotwendige Moleküle synthetisiert.

Dieses Prinzip gilt universell für alle lebenden Zellen, unabhängig davon, ob sie eukaryotisch oder prokaryotisch sind.[18] Da es jedoch 20 Aminosäuren gibt, während vier Nukleotide (A, C, G, T) allein nur 42 = 16 Kombinationen ermöglichen würden, wird die genetische Information in Tripletts (sog. Codons) – gelesen.[19] Diese bestehen jeweils aus drei Nukleotiden und ergeben 43 = 64 mögliche Kombinationen. Folglich codieren mehrere Codons für dieselbe Aminosäure.[20]

Die DNA enthält somit in der Abfolge ihrer Nukleotide die verschlüsselte Information für die Bildung von Aminosäureketten und wird daher als genetischer Code bezeichnet.[21] Eine Vielzahl von Nukleotiden – meist mehrere Hundert bis Tausend – codiert die Information für ein einzelnes Protein und wird als

---

[14] Alberts/Johnson/Lewis u. a., Molekularbiologie der Zelle, 2017, S. 195.

[15] Alberts/Johnson/Lewis u. a., Molekularbiologie der Zelle, 2017, S. 195; Campbell/Urry/Cain u. a., Biologie, 2019, S. 422.

[16] Berg/Tymoczko/Gatto u. a., Stryer Biochemie, 2018, S. 35.

[17] Renneberg, Biotechnologie für Einsteiger, 2006, S. 51; Campbell/Urry/Cain u. a., Biologie, 2019, S. 109.

[18] Alberts/Johnson/Lewis u. a., Molekularbiologie der Zelle, 2017, S. 8; Campbell/Urry/Cain u. a., Biologie, 2019, S. 453 f.

[19] Alberts/Johnson/Lewis u. a., Molekularbiologie der Zelle, 2017, S. 8; Campbell/Urry/Cain u. a., Biologie, 2019, S. 107, 451 f.

[20] Alberts/Johnson/Lewis u. a., Molekularbiologie der Zelle, 2017, S. 8; Renneberg, Biotechnologie für Einsteiger, 2006, S. 52.

[21] Campbell/Urry/Cain u. a., Biologie, 2019, S. 118; Renneberg, Biotechnologie für Einsteiger, 2006, S. 51.

Gen bezeichnet.[22] Die Steuerung der Proteinsynthese durch die DNA wird deshalb Genexpression genannt.[23] Darüber hinaus verdoppelt sich die DNA im Zuge der Zellteilung (Replikation) und ermöglicht so die Vererbung genetischer Informationen auf Tochterzellen sowie die Fortpflanzung von Lebewesen.[24]

1.1.2.1 Nukleotide

Ein Nukleotid besteht aus einem Fünf-Kohlenstoff-Zucker, einer oder mehreren Phosphatgruppen und einer stickstoffhaltigen Base.[25] Im Fall der DNA handelt es sich bei dem Zucker um Desoxyribose. Zusammen mit einer Phosphatgruppe bildet sie das Rückgrat des DNA-Strangs, während an der Desoxyribose jeweils eine der vier Basen Adenin (A), Cytosin (C), Guanin (G) oder Thymin (T) gebunden ist.[26]

1.1.2.2 Doppelhelix

Die beiden DNA-Stränge verlaufen antiparallel zueinander und bilden aufgrund ihrer chemischen Eigenschaften die charakteristische Doppelhelix-Struktur.[27] Die Stränge selbst werden durch kovalente Bindungen innerhalb jedes Strangs stabilisiert, während die gegenüberliegenden Basen durch schwächere Wasserstoffbrückenbindungen miteinander verbunden sind.[28] Dadurch entsteht eine stabile, zugleich flexible Struktur, die es erlaubt, die Basenabfolge beliebig zu variieren und dennoch die Gesamtstruktur aufrechtzuerhalten.[29]

1.1.2.3 Komplementäre Basenpaare

Die gegenüberliegenden Nukleotide der beiden DNA-Stränge bilden sog. komplementäre Basenpaare. Dabei verbinden sich stets Adenin (A) mit Thymin (T)

---

[22] Die Durchschnittsgröße eines menschlichen Gens beträgt 27.000 Nukleotidpaare, vgl. Alberts/Johnson/Lewis u. a., Molekularbiologie der Zelle, 2017, S. 205; Campbell/Urry/Cain u. a., Biologie, 2019, S. 218; Renneberg, Biotechnologie für Einsteiger, 2006, S. 58.

[23] Campbell/Urry/Cain u. a., Biologie, 2019, S. 116; Alberts/Johnson/Lewis u. a., Molekularbiologie der Zelle, 2017, S. 446.

[24] Campbell/Urry/Cain u. a., Biologie, 2019, S. 116, 338 f.

[25] Alberts/Johnson/Lewis u. a., Molekularbiologie der Zelle, 2017, S. 195; Campbell/Urry/Cain u. a., Biologie, 2019, S. 117, 420.

[26] Alberts/Johnson/Lewis u. a., Molekularbiologie der Zelle, 2017, S. 3 f., 196; Campbell/Urry/Cain u. a., Biologie, 2019, S. 117.

[27] Alberts/Johnson/Lewis u. a., Molekularbiologie der Zelle, 2017, 4, 197; Campbell/Urry/Cain, Biologie u. a., 2019, S. 118, 424.

[28] Alberts/Johnson/Lewis u. a., Molekularbiologie der Zelle, 2017, S. 4.

[29] Alberts/Johnson/Lewis u. a., Molekularbiologie der Zelle, 2017, S. 4.

und Cytosin (C) mit Guanin (G).[30] Dieses Prinzip der Basenpaarung ist von zentraler Bedeutung für die Replikation der DNA im Rahmen der Zellteilung: Bei der Verdopplung trennen sich die beiden Stränge voneinander und dienen jeweils als Vorlage für die Synthese eines neuen, komplementären Strangs.[31] Auf diese Weise erhält jede neu gebildete Zelle eine vollständige Kopie des genetischen Codes. Das Ergebnis ist die genetische Übereinstimmung aller Zellen eines Organismus.[32]

1.1.2.4 Introns und Exons

Die DNA lässt sich in codierende und nicht-codierende Abschnitte unterteilen.[33] Codierende Sequenzen, sog. Exons, enthalten die Information für den Aufbau von Aminosäureketten und damit für die Bildung von Proteinen.[34] Nicht-codierende Abschnitte, sog. Introns, übernehmen dagegen regulatorische Funktionen.[35] Sie enthalten Signale, die etwa den Beginn (Startcodon) oder das Ende (Stoppcodon) der Proteinbiosynthese markieren oder die Expression anderer Gene steuern.[36]

Vergleicht man den genetischen Code mit einem Buch, so entsprechen die Exons den sinntragenden Wörtern, während die Introns Satzzeichen oder Absätzen ähneln, die den Lesefluss strukturieren und die Bedeutung erst verständlich machen.[37] Fehlen solche regulatorischen Elemente oder treten Fehler in ihrer Anordnung auf, kann dies schwerwiegende Folgen haben. Der „Text" des genetischen Codes wird unlesbar, und die Zelle produziert fehlerhafte oder funktionslose Proteine.[38] Im Gegensatz zum menschlichen Gehirn ist eine Zelle nämlich nicht in der Lage, fehlende „Satzzeichen" oder regulatorische Elemente zu ergänzen bzw. zu korrigieren; der Fehler bleibt bestehen und setzt sich in der weiteren Genexpression fort.

---

[30] Campbell/Urry/Cain u. a., Biologie, 2019, S. 118; Renneberg, Biotechnologie für Einsteiger, 2006, S. 56; Berg/Tymoczko/Gatto u. a., Stryer Biochemie, 2018, S. 4.

[31] Campbell/Urry/Cain u. a., Biologie, 2019, S. 218.

[32] Alberts/Johnson/Lewis u. a., Molekularbiologie der Zelle, 2017, S. 427 ff.

[33] Baum, in: Baum/Duttge/Fuchs (Hrsg.), Gentherapie, 2013, S. 9.

[34] Renneberg, Biotechnologie für Einsteiger, 2006, S. 56; Campbell/Urry/Cain u. a., Biologie, 2019, S. 458.

[35] Renneberg, Biotechnologie für Einsteiger, 2006, S. 56; Campbell/Urry/Cain u. a., Biologie, 2019, S. 458; Berg/Tymoczko/Gatto u. a., Stryer Biochemie, 2018, S. 134.

[36] Von den insgesamt 64 möglichen Basentripletts (Codons) dient eines als universelles Startcodon, während drei weitere den Abbruch der Translation signalisieren, siehe Campbell/Urry/Cain, Biologie u. a., 2019, S. 452.

[37] Campbell/Urry/Cain u. a., Biologie, 2019, S. 453.

[38] Campbell/Urry/Cain u. a., Biologie, 2019, S. 453.

1.1.3 Chromosomen

Die DNA von Eukaryoten ist deutlich länger als die von Prokaryoten, weshalb sich im Laufe der Evolution ein kompakter, platzsparender Verpackungsmechanismus entwickelt hat.[39] Je nach Spezies wird die DNA in einer unterschiedlichen Anzahl sog. Chromosomen stark verdichtet.[40] So enthält eine menschliche Zelle 46 Chromosomen, während manche Hirscharten nur 6 und bestimmte Karpfenarten über 100 Chromosomen besitzen.[41]

Mit Ausnahme weniger spezialisierter Zelltypen, etwa der Gameten[42], verfügen menschliche Zellen über 23 Chromosomenpaare (sog. diploider Chromosomensatz): 22 Paare sog. Autosomen sowie ein Paar Geschlechtschromosomen, die sog. Gonosomen.[43] Jedes Chromosomenpaar besteht aus zwei homologen Chromosomen, deren Gene dieselben Merkmale codieren und in der gleichen Reihenfolge angeordnet sind.[44] Diese beiden unterschiedlichen Ausprägungen eines Gens, von denen grundsätzlich nur jeweils eines abgelesen wird, werden als Allele bezeichnet.[45]

Während die Gesamtheit aller Gene als sog. Genotyp bezeichnet wird, werden die tatsächlich aus der Genexpression resultierenden äußerlichen Ausprägungen eines Organismus als sog. Phänotyp bezeichnet.[46] Ein menschliches Chromosom enthält durchschnittlich etwa 1000 Gene. Der menschliche Organismus lässt sich somit bildlich als Enzyklopädie aus 46 Bänden verstehen, von denen 24 aktiv gelesen werden.[47] Chromosomen sind daher hochkomplexe und zugleich dynamische Verpackungssysteme, die eine effiziente Speicherung, Replikation und Expression genetischer Information ermöglichen.[48]

---

[39] Alberts/Johnson/Lewis u. a., Molekularbiologie der Zelle, 2017, S. 208.

[40] Alberts/Johnson/Lewis u. a., Molekularbiologie der Zelle, 2017, S. 204.

[41] Alberts/Johnson/Lewis u. a., Molekularbiologie der Zelle, 2017, S. 203 f.

[42] Gameten sind die Ei- und Samenzellen (Keimzellen), siehe Enghofer, Humane artifizielle Gameten, 2019, S. 38; Alberts/Johnson/Lewis u. a., Molekularbiologie der Zelle, 2017, S. 267; Campbell/Urry/Cain, Biologie u. a., 2019, S. 337.

[43] Campbell/Urry/Cain u. a., Biologie, 2019, S. 340 f.; Winnacker, Das Genom, 2002, S. 21; Alberts/Johnson/Lewis u. a., Molekularbiologie der Zelle, 2017, S. 201.

[44] Campbell/Urry/Cain u. a., Biologie, 2019, S. 340.

[45] Campbell/Urry/Cain u. a., Biologie, 2019, S. 340.

[46] Campbell/Urry/Cain u. a., Biologie, 2019, S. 340; Alberts/Johnson/Lewis u. a., Molekularbiologie der Zelle, 2017, S. 543 f.

[47] Renneberg, Biotechnologie für Einsteiger, 2006, S. 52.

[48] Alberts/Johnson/Lewis u. a., Molekularbiologie der Zelle, 2017, S. 208.

1.1.4 Chromatinfaser

Chromosomen lassen sich in kleinere Struktureinheiten, sog. Nukleosomen, unterteilen. Ein Nukleosom besteht aus Histon-Proteinen und chromosomalen Nicht-Histon-Proteinen, um die sich die DNA spiralförmig windet.[49] Durch diese Wickelung entsteht der charakteristische, platzsparende Aufbau des Chromosoms.[50] Jedes Nukleosom enthält acht Histone, um die sich etwa 147 Basenpaare der DNA winden.[51] Die Aneinanderreihung zahlreicher Nukleosomen ergibt eine fadenförmige Struktur, die bildlich an eine Perlenkette erinnert und als Chromatinfaser bezeichnet wird.[52]

Jedes Histon besitzt zudem einen sog. Histon-Schwanz, der es dem Protein ermöglicht, sich vorübergehend von der DNA zu lösen.[53] Diese dynamische Wechselwirkung erlaubt es der Zelle, Gene bei Bedarf zu aktivieren oder zu deaktivieren, und spielt damit eine zentrale Rolle bei der Regulation der Genexpression und der Zellteilung.[54]

1.1.5 Genom, Epigenom und Transkriptom

Neben dem Begriff des Gens werden auch die Bezeichnungen Genom, Epigenom und Transkriptom verwendet.[55] Diese Unterscheidung ist das Ergebnis des Fortschritts in der modernen Genmedizin, die heute in der Lage ist, die Genexpression einer Zelle auf unterschiedlichen Ebenen gezielt zu beeinflussen.

---

[49] Alberts/Johnson/Lewis u. a., Molekularbiologie der Zelle, 2017, S. 208 f.; Campbell/Urry/Cain, Biologie u. a., 2019, S. 441.

[50] Alberts/Johnson/Lewis u. a., Molekularbiologie der Zelle, 2017, S. 209.

[51] Alberts/Johnson/Lewis u. a., Molekularbiologie der Zelle, 2017, S. 209.

[52] Alberts/Johnson/Lewis u. a., Molekularbiologie der Zelle, 2017, S. 210; Campbell/Urry/Cain u. a., Biologie, 2019, S. 438; Berg/Tymoczko/Gatto u. a., Stryer Biochemie, 2018, S. 951.

[53] Campbell/Urry/Cain, Biologie u. a., 2019, S. 438.

[54] Campbell/Urry/Cain u. a., Biologie, 2019, S. 438; eine solche Modifikation kann allerdings ausnahmsweise auch direkt im Nukleosomenkern stattfinden, siehe Alberts/Johnson/Lewis u. a., Molekularbiologie der Zelle, 2017, S. 218.

[55] Vgl. Berg/Tymoczko/Gatto u. a., Stryer Biochemie, 2018, S. 166.

1.1.5.1 Genom

Der Begriff des Genoms bezeichnet die Gesamtheit aller Gene und damit alle (codierenden) DNA-Sequenzen einer Zelle.[56] Streng genommen umfasst diese Definition sowohl die DNA im Zellkern als auch die in den Mitochondrien enthaltene DNA (mtDNA).[57] In der Literatur wird der Begriff jedoch überwiegend auf das nukleäre Genom beschränkt. Entsprechend wird auch im Rahmen dieser Arbeit unter dem Genom ausschließlich die DNA des Zellkerns verstanden.

1.1.5.2 Epigenom

Höher entwickelte Lebewesen verfügen in der Regel über größere Genome als Organismen niedrigerer Entwicklungsstufen.[58] Im Verlauf der Evolution entstand daher ein komplexer Regulierungsmechanismus, der die Aktivität der Vielzahl vorhandener Gene steuert.[59]

Durch den Einfluss bestimmter Enzyme auf die Histon-Schwänze innerhalb der Nukleosomen kann sich die Struktur der Chromatinfaser verändern.[60] Wenn sich Histone zeitweise von der DNA lösen, lockert sich die Chromatinstruktur, wodurch Gene vorübergehend zugänglich und somit ablesbar werden.[61] Ein zuvor inaktives Gen kann an der neuen Position unter Umständen abgelesen werden. Chemisch beruht dieser Prozess auf der Acetylierung sowie der Mono-, Di- und Trimethylierung von Lysinen und der Phosphorylierung von Serinen; dabei handelt es sich um an den Histonen herausragende Aminosäureketten.[62] Diese Prozesse verändern die räumliche Organisation des Chromatins und damit die Zugänglichkeit einzelner Gene.

Dieser Zustand ist reversibel. Die zuvor an die Histone gebundenen chemischen Gruppen können durch entgegengesetzt wirkende Enzyme – etwa Histon-Deacetylasen – wieder entfernt werden.[63] Dadurch verdichtet sich die Chromatinstruktur, und das betroffene Gen wird inaktiviert. Die Aktivität dieser

---

[56] Alberts/Johnson/Lewis u. a., Molekularbiologie der Zelle, 2017, S. 544; Winnacker, Das Genom, 2002, S. 12.

[57] Die mtDNA wird lediglich mütterlicherseits vererbt, siehe Campbell/Urry/Cain u. a., Biologie, 2019, S. 339.

[58] Alberts/Johnson/Lewis u. a., Molekularbiologie der Zelle, 2017, S. 229 f.

[59] Alberts/Johnson/Lewis u. a., Molekularbiologie der Zelle, 2017, S. 229 f.

[60] Alberts/Johnson/Lewis u. a., Molekularbiologie der Zelle, 2017, S. 216; Berg/Tymoczko/Gatto u. a., Stryer Biochemie, 2018, S. 301 f.

[61] Alberts/Johnson/Lewis u. a., Molekularbiologie der Zelle, 2017, S. 219, 422 f.

[62] Alberts/Johnson/Lewis u. a., Molekularbiologie der Zelle, 2017, S. 218; Walter/Hümpel (Hrsg.), Epigenetik, 2017, S. 23; Berg/Tymoczko/Gatto u. a., Stryer Biochemie, 2018, S. 301.

[63] Alberts/Johnson/Lewis u. a., Molekularbiologie der Zelle, 2017, S. 218.

Enzyme wird wiederum durch regulatorische Proteine, sog. Transkriptionsfaktoren, gesteuert.[64]

Dieser Mechanismus stellt sicher, dass nicht das gesamte Genom einer Zelle kontinuierlich abgelesen wird. Dadurch wird die Genexpression energieeffizient reguliert und unterschiedliche Zelltypen können trotz identischen Genoms unterschiedliche Funktionen ausüben.[65] Eingriffe in diesen Mechanismus beeinflussen die Genexpression, ohne unmittelbar die zugrunde liegende DNA-Sequenz zu verändern. Zur Abgrenzung solcher Veränderungen wird neben dem Genom daher vom Epigenom[66] gesprochen.[67] Bemerkenswerterweise können epigenetische Modifikationen langfristig bestehen bleiben und sogar vererbt werden; man spricht in diesem Zusammenhang von einem „zellulären Gedächtnis".[68]

1.1.5.3 Transkriptom

Der Informationsspeicher DNA befindet sich im schützenden Zellkern einer menschlichen Zelle, während die Synthese von Proteinen außerhalb des Zellkerns an den Ribosomen erfolgt.[69] Die genetische Information kann daher nicht unmittelbar in Aminosäuren übersetzt werden, sondern wird im Rahmen der Proteinbiosynthese über Zwischenschritte weitergegeben. Einer dieser Schritte ist die sog. Transkription[70].

Unter Transkription versteht man die Synthese von messenger RNA (mRNA), die eine komplementäre Kopie eines bestimmten Gens darstellt.[71] Diese mRNA fungiert als Botenmolekül, das die genetische Information vom Zellkern zu den Ribosomen transportiert, wo anschließend anhand dieser Vorlage das entsprechende Protein gebildet wird.[72] Die DNA verbleibt dabei sicher im Zellkern, sodass mögliche Schäden an einer mRNA-Kopie die Integrität der DNA selbst nicht beeinträchtigen.

---

[64] Alberts/Johnson/Lewis u. a., Molekularbiologie der Zelle, 2017, S. 218, 416.

[65] Alberts/Johnson/Lewis u. a., Molekularbiologie der Zelle, 2017, S. 229 f.

[66] Griech. epi = auf; Epigenetik bezeichnet die Gesamtheit der Mechanismen, die die genetische Vererbung auf DNA-Ebene überlagern, siehe Alberts/Johnson/Lewis u. a., Molekularbiologie der Zelle, 2017, S. 216.

[67] Vgl. Walter/Hümpel (Hrsg.), Epigenetik, 2017, S. 41 ff., 116 ff.

[68] Alberts/Johnson/Lewis u. a., Molekularbiologie der Zelle, 2017, S. 216; Walter/Hümpel (Hrsg.), Epigenetik, 2017, S. 23 f.

[69] Campbell/Urry/Cain u. a., Biologie, 2019, S. 451.

[70] Lat. transcriptio = Umschrift.

[71] Campbell/Urry/Cain u. a., Biologie, 2019, S. 450; Alberts/Johnson/Lewis u. a., Molekularbiologie der Zelle, 2017, S. 6 f.

[72] Campbell/Urry/Cain u. a., Biologie, 2019, S. 450.

Der Fortschritt moderner molekularbiologischer Techniken ermöglicht gezielte Eingriffe in diesen Prozess, etwa durch die Modifikation von mRNA-Molekülen oder die Unterbrechung der Proteinbiosynthese, indem die mRNA auf ihrem Weg zum Ribosom abgefangen oder blockiert wird.[73] Solche Eingriffe verändern nicht das Genom selbst, sondern beeinflussen ausschließlich die Umsetzung genetischer Information. Das Transkriptom bezeichnet dementsprechend die Gesamtheit aller mRNA-Moleküle einer Zelle und dient begrifflich der Abgrenzung gegenüber dem Genom und Epigenom.

1.1.5.4 Genom, Epigenom und Transkriptom als normative Ebenen

Ein Eingriff in das Genom liegt vor, wenn die Substanz der DNA selbst verändert wird. Da ein Gen eine Teilmenge des Genoms darstellt, ist jede Veränderung eines einzelnen Gens zugleich ein Eingriff in das Genom. Ein Eingriff in das Epigenom liegt vor, wenn die regulierende Funktion der Nukleosomen beeinflusst wird – etwa durch Modifikationen der Histone, die die Ableserate eines Gens verändern. Ein Eingriff in das Transkriptom erfolgt, wenn in die mRNA als Zwischenprodukt zwischen Gen und Protein eingegriffen wird.

Die Begriffe Genom, Epigenom und Transkriptom suggerieren jeweils einen Eingriff an einem bestimmten locus innerhalb der menschlichen Zelle.[74] Tatsächlich beschreiben diese drei Begriffe neben dem physischen Ort innerhalb der Zelle zudem normative Ebenen im Bezug auf die Eingriffsintensität einer medizinischen Intervention im Rahmen der Genexpression. Während ein Eingriff in das Genom die DNA selbst verändert, wird bei Eingriffen in das Epigenom oder Transkriptom lediglich die Aktivität oder Übersetzung eines Gens moduliert. Dadurch bleibt die genetische Substanz unangetastet, während die Expression eines bestimmten Proteins gezielt verstärkt oder unterdrückt werden kann. Der therapeutische Effekt kann dabei grundsätzlich derselbe sein – ein bestimmtes Protein wird (nicht) codiert –, das Schädigungspotenzial unterscheidet sich jedoch erheblich. Eingriffe in das Epigenom oder Transkriptom sind in der Regel weniger risikobehaftet, da sie nur temporäre oder reversible Veränderungen der Genexpression bewirken.[75] Ein Schaden am Transkriptom beschränkt sich etwa auf die

---

[73] Vgl. Broothaerts/Jacchia/Angers u. a., New Genomic Techniques (JRC Technical Report), EUR 30430 EN, 2021, S. 59 ff.

[74] Der Begriff locus ist in der Molekularbiologie jedoch bereits besetzt und bezeichnet die konkrete Position eines Gens auf der DNA, vgl. Campbell/Urry/Cain u. a., Biologie, 2019, S. 339; Urban & Fischer, Roche-Lexikon Medizin, 2003, S. 692.

[75] Broothaerts/Jacchia/Angers u. a., New Genomic Techniques (JRC Technical Report), EUR 30430 EN, 2021, S. 67.

betroffenen mRNA-Moleküle, während eine Veränderung des Genoms sämtliche künftigen Transkripte des betroffenen Gens beeinträchtigen würde.

Eingriffe in Genom, Epigenom und Transkriptom sollten daher unterschiedlichen ethischen und rechtlichen Wertungen unterliegen. Diese begriffliche Differenzierung ist Voraussetzung für einen sachgerechten Diskurs über die Zulässigkeit, Risiken und Grenzen einer entsprechenden medizinischen Intervention. Folgerichtig ließe sich diese Systematik um das Proteom erweitern, das die Gesamtheit aller im menschlichen Körper synthetisierten Proteine erfasst.[76]

1.1.6 Begriff des Gens

Wie bereits dargestellt, besitzen nicht alle Abschnitte der DNA eine codierende Funktion.[77] Im Lichte der Erkenntnisse über das Epigenom hängt die Synthese eines Proteins zudem nicht ausschließlich von der Abfolge der Basen ab. Diese Einsichten haben dazu geführt, dass der Begriff des Gens fortlaufend kritisch hinterfragt und neu definiert wird. Vor diesem Hintergrund soll im Folgenden ein Überblick über die philosophisch-ethische Diskussion um den Genbegriff gegeben werden,[78] um darauf aufbauend den für den Rahmen dieser Arbeit maßgeblichen Begriff des Gens zu bestimmen.[79]

1.1.6.1 Mendelsches Gen

Gregor Mendel, der Begründer der modernen Genetik, führte im späten 19. Jahrhundert Kreuzungsexperimente mit Erbsenpflanzen in den Gärten seines Klosters durch.[80] Dabei beobachtete er, dass die Blütenfarbe der Nachkommenschaft nicht immer der der Elterngeneration entsprach. So konnten zwei weiß blühende Pflanzen Nachkommen mit violetten Blüten hervorbringen. Daraus schloss Mendel, dass die Eltern eine verborgene Anlage für ein bestimmtes Merkmal in sich tragen müssen, die zwar nicht in Erscheinung tritt, aber an die Nachkommen vererbt

---

[76] Vgl. Berg/Tymoczko/Gatto u. a., Stryer Biochemie, 2018, S. 67; Godoy/Olsen/Cox u. a., Nature 455 (2008), S. 1251.

[77] Vgl. Winnacker, Das Genom, 2002, S. 103.

[78] Zum historischen Überblick Gerstein/Bruce/Rozowsky u. a., Genome Research 17 (2007), S. 669.

[79] Zur naturwissenschaftlichen Perspektive auf diese Diskussion, siehe Alberts/Johnson/Lewis u. a., Molekularbiologie der Zelle, 2017, S. 203, 205, 215; Campbell/Urry/Cain u. a., Biologie, 2019, S. 474.

[80] Vgl. Verschuuren, Investigating the Life Sciences, 1986, S. 48 ff.

werden kann. Er beschrieb damit das Verhältnis von Genotyp und Phänotyp, auch wenn diese Begriffe erst später geprägt wurden.[81]

Mendels Beobachtungen wurden zu Beginn des 20. Jahrhunderts von William Johannsen aufgegriffen, der erstmals den Begriff des Gens verwendete. Johannsen verstand darunter eine „Bedingung“, die für die Ausbildung bestimmter Merkmale verantwortlich ist; eine Vererbungseinheit, die latent vorhanden oder sichtbar ausgeprägt sein kann.[82] Diese Definition ließ jedoch offen, ob ein Gen eine materielle Struktur oder lediglich eine funktionale Einheit darstellt. Thomas Hunt Morgan und seine Forschungsgruppe gaben dem Genbegriff eine physische Dimension, indem sie anhand von Experimenten mit der Fruchtfliege *Drosophila melanogaster*[83] nachwiesen, dass Gene auf Chromosomen lokalisiert sind.[84] Gemeinsam ist diesen frühen Ansätzen, dass das Gen als etwas verstanden wird, das die Ausprägung erblicher Merkmale eines Organismus bestimmt.[85] Dieses Verständnis lässt sich als Mendelsches Gen bezeichnen.

1.1.6.2 Molekulares Gen

Die weiteren Arbeiten Morgans zur Chromosomentheorie sowie die Entdeckung der DNA-Struktur als Doppelhelix durch James Watson und Francis Crick im Jahr 1953 erweiterten das klassische Verständnis des Gens grundlegend.[86] Man erkannte, dass der genetische Code eine verschlüsselte Information enthält, die die Abfolge von Aminosäuren und damit die Bildung eines Proteins bestimmt.[87] Der entscheidende Erkenntnisgewinn bestand darin, dass ein Gen nicht nur eine vererbbare Anlage, sondern zugleich eine funktionale Einheit mit einem spezifischen Zuweisungsgehalt ist: Ein Gen codiert für ein bestimmtes Protein.[88] Nach diesem Verständnis repräsentiert eine definierte Basensequenz ein Abbild ihres jeweiligen Proteins: Gen A codiert für Protein X, Gen B für Protein Y. Das Gen wurde somit

---

[81] Waters, Philosophy of Science 61 (1994), S. 163, 173.

[82] Campbell/Urry/Cain u. a., Biologie, 2019, S. 338.

[83] Griech. drosos = der Tau, philē = Freundin, melas = schwarz, gastēr = Magen, Bauch, Kleine Essigfliege, Kleine Obstfliege, Kleine Taufliege, siehe Spektrum Wissenschaft (Hrsg.), Lexikon der Biologie (https://www.spektrum.de/lexikon/biologie), Stichwort: Drosophila melanogaster (geprüft am 24.10.2025).

[84] Morgan, The Scientific Monthly 41 (1935), S. 5, 7 f.

[85] Waters, Philosophy of Science 61 (1994), S. 163, 165.

[86] Kitcher, The Philosophical Review 93 (1984), S. 335, 335 f.; Muller, Proceedings of the Royal Society of London – Series B – Biological Sciences 134 (1947), S. 1, 3.

[87] Waters, Philosophy of Science 61 (1994), S. 163, 174 f.

[88] Muller, Proceedings of the Royal Society of London – Series B – Biological Sciences 134 (1947), S. 1, 21; Waters, Philosophy of Science 61 (1994), S. 163, 170.

als Träger einer eindeutig zugeordneten Informations- und Produktionsfunktion verstanden.[89]

Man erwartete zunächst, dass dieser molekulare Genbegriff den Mendelschen Genbegriff vollständig ablösen würde. Jedoch blieb die Frage unbeantwortet, wie sich der genetische Code selbst vervielfältigt, welche Mechanismen Mutationen ermöglichen und weshalb zahlreiche DNA-Abschnitte keine Proteine codieren.[90] Diese nicht-codierenden Bereiche wurden lange als „Junk-DNA“[91] bezeichnet, da ihre regulatorische Funktion zu diesem Zeitpunkt noch unbekannt war.[92]

1.1.6.3 Postgenomisches Gen

Mit den Fortschritten der Genomforschung, der Entdeckung regulatorischer RNA-Moleküle und der Entwicklung der Epigenetik wurde deutlich, dass die codierenden DNA-Sequenzen nur einen Teil der genetischen Funktionsweise ausmachen. Der sog. postgenomische Genbegriff betont daher die Bedeutung der Genexpression und ihrer Regulation.[93] Das Gen wird hier nicht mehr ausschließlich über seine codierende Sequenz, sondern über seine funktionale Einbindung in komplexe regulatorische Netzwerke definiert. Nach diesem Verständnis stellt das Gen einen Sammelbegriff dar, der sämtliche molekularen Strukturen und Prozesse umfasst, die an der Steuerung, Modifikation und Expression genetischer Information beteiligt sind. Einige Autoren gehen noch weiter und stellen die Existenz eines eigenständigen Genbegriffs grundsätzlich in Frage.[94]

1.1.6.4 Nominales Gen

Ein alternativer Ansatz, der als nominaler Genbegriff bezeichnet wird, versteht das Gen nicht als biologische Entität, sondern als sprachlich-normative Kategorie. Danach gilt eine bestimmte Nukleinsäuresequenz als Gen, wenn sie wissenschaftlich identifiziert, annotiert und innerhalb der Fachgemeinschaft als solche anerkannt ist.[95] Das Gen ist in diesem Verständnis keine naturgegebene, sondern

---

[89] Muller, Proceedings of the Royal Society of London – Series B – Biological Sciences 134 (1947), S. 1, 5, 21.

[90] Kitcher, The Philosophical Review 93 (1984), S. 335, 340 ff., 358 ff.

[91] Moss, What genes can't do, 2004, S. 185.

[92] Walter/Hümpel (Hrsg.), Epigenetik, 2017, S. 25.

[93] Rheinberger/Müller-Wille, The Gene: From Genetics to Postgenomics, 2017, S. 66 ff.; Beurton/Falk/Rheinberger (Hrsg.), The Concept of the Gene in Development and Evolution: Historical and Epistemological Perspectives, 2008, S. 228 ff.

[94] Kampourakis, Making Sense of Genes, 2017, S. 86; Muller, Proceedings of the Royal Society of London – Series B – Biological Sciences 134 (1947), S. 1.

[95] Griffiths/Stotz, Genetics and Philosophy, 2013, S. 76 f.

eine durch Benennung konstituierte Einheit, also ein Produkt wissenschaftlicher Konvention und Klassifikation.

1.1.6.5 Gene als codierende Sequenzen

Der kleinste gemeinsame Nenner der meisten wissenschaftlichen Auffassungen zum Begriff des Gens besteht darin, dass es sich dabei um einen Abschnitt der DNA handelt,[96] der die Information für die Expression eines Proteins enthält.[97] Zwar gilt die Vorstellung, dass ein Gen ausschließlich für ein einziges Protein codiert, heute als überholt.[98] Gleichwohl hat sich die Formel „ein Gen codiert für ein Protein“ als allgemeinverständliche und damit zweckmäßige Arbeitsdefinition etabliert. In diesem Sinne soll der Begriff des Gens auch im Rahmen dieser Arbeit verstanden werden.

1.1.7 Genomik

Die Genomik befasst sich mit der Analyse großer Gengruppen sowie dem Vergleich ganzer Genome.[99] Sie ermöglicht Rückschlüsse auf evolutionäre Zusammenhänge und den Vergleich genetischer Charakteristika unterschiedlicher Spezies.[100] Da zelluläre Reparaturmechanismen und die Vervielfältigung der DNA im Rahmen der Zellteilung nicht fehlerfrei verlaufen, können einzelne Basenpaare vertauscht oder ganze Gene zwischen Chromosomen verschoben werden.[101] Diese Erkenntnisse macht sich insbesondere die Medizin zunutze, etwa durch die Sequenzierung von Tumorgenomen zur Identifikation krankheitsrelevanter Mutationen.[102] Perspektivisch könnte die Genomik jedem Menschen einen individuellen „Genomatlas“ bereitstellen, der genetisch bedingte Krankheitsrisiken abbildet. Zugleich wirft diese Entwicklung erhebliche ethische Fragen auf: So besteht die Gefahr, dass künftig zwischen „gesunden“ und „kranken“

---

96 Viren bilden insofern eine Ausnahme, als ihr Genom entweder aus DNA oder aus RNA bestehen kann, siehe Urban & Fischer, Roche-Lexikon Medizin, 2003, S. 692.

97 So auch das allgemeine Verständnis, siehe Urban & Fischer, Roche-Lexikon Medizin, 2003, S. 690.

98 Campbell/Urry/Cain u. a., Biologie, 2019, S. 449.

99 Campbell/Urry/Cain u. a., Biologie, 2019, S. 120.

100 Alberts/Johnson/Lewis u. a., Molekularbiologie der Zelle, 2017, S. 254; Campbell/Urry/Cain u. a., Biologie, 2019, S. 119 ff.

101 Alberts/Johnson/Lewis u. a., Molekularbiologie der Zelle, 2017, S. 243.

102 Campbell/Urry/Cain u. a., Biologie, 2019, S. 586.

Genomen unterschieden wird, was zu einer Stigmatisierung und gesellschaftlichen Abwertung von Menschen mit genetisch bedingten Behinderungen führen könnte.[103]

Von der allgemeinen Genomik abzugrenzen ist der Begriff der funktionellen Genomik. Diese befasst sich mit der gezielten Beeinflussung der Genexpression durch den Einsatz molekularer Werkzeuge, etwa den Technologien der Genomeditierung.[104] Der Einsatz dieser funktionellen Werkzeuge beschränkt sich nicht auf die Ebene des Gens oder Genoms. Mit ihnen können auch Veränderungen auf der Ebene des Epigenoms oder Transkriptoms vorgenommen werden.

1.2 Moratorium der Keimbahntherapie

Jede Zelle des menschlichen Körpers enthält das vollständige Genom.[105] Gleichwohl entscheidet der jeweilige Zelltyp darüber, welche Gene tatsächlich exprimiert werden. Somatische Zellen – etwa Haut-, Leber- oder Muskelzellen – exprimieren ausschließlich jene Proteine, die für ihre spezifische Funktion erforderlich sind; aus ihnen kann kein neuer Organismus entstehen.[106] Eine genetische Veränderung somatischer Zellen im Rahmen einer Therapie wirkt sich folglich nicht auf die Keimbahn und somit nicht auf die Nachkommen des Patienten aus.

Als Keimbahnzellen gelten demgegenüber alle Zellen, die in einer ununterbrochenen Zelllinie von der befruchteten Eizelle bis zu den Ei- und Samenzellen des daraus hervorgegangenen Menschen führen, sowie die Eizelle vom Zeitpunkt des Eindringens der Samenzelle bis zur abgeschlossenen Kernverschmelzung.[107] Eine Keimbahntherapie ist verboten – unabhängig davon, wie sicher oder gezielt

---

[103] Vgl. Irrgang, Einführung in die Bioethik, 2005, S. 187 ff.; Mieth, Die Diktatur der Gene, 2001, S. 14 ff.; Alberts/Johnson/Lewis u. a., Molekularbiologie der Zelle, 2017, S. 553 f.

[104] Vgl. Hilton/Gersbach, Genome Research 25 (2015), S. 1442; Grünewald, Funktionelle Genomik und zielgerichtete Therapie maligner Tumoren, 2017, S. 4; Bunnik/Le Roch, Advances in Wound Care 2 (2013), S. 490, 490 ff.; Koboldt/Steinberg/Larson u. a., Cell 155 (2013), S. 27.

[105] Alberts/Johnson/Lewis u. a., Molekularbiologie der Zelle, 2017, S. 3.

[106] Vgl. Faltus, Stammzellenreprogrammierung, 2016, S. 37, 84, 92 ff.; Alberts/Johnson/Lewis u. a., Molekularbiologie der Zelle, 2017, S. 446; Enghofer, Humane artifizielle Gameten, 2019, S. 45 ff.

[107] § 8 Abs. 3 Embryonenschutzgesetz (ESchG) vom 13.12.1990 (BGBl. I S. 2746), das zuletzt durch Artikel 1 des Gesetzes vom 21.11.2011 (BGBl. I S. 2228) geändert worden ist; Spranger, in: Rieger/Dahm/Katzenmeier (Hrsg.), Heidelberger Kommentar Arztrecht Krankenhausrecht Medizinrecht, 89. Lieferung, 2100 Gentechnologie, Rn. 24; Campbell/Urry/Cain u. a., Biologie, 2019, S. 339.

eine solche Therapie technisch durchgeführt werden könnte.[108] Der Grund liegt unter anderem darin, dass genetische Veränderungen der Keimbahnzellen im Zuge der Zellteilung an alle somatischen und keimbahnbezogenen Zellen der Nachkommen weitergegeben würden.[109] Auch das Arzneimittelrecht enthält ein ausdrückliches Verbot. Nach Art. 90 Abs. 2 VO (EU) Nr. 536/2014[110] sind klinische Prüfungen unzulässig, die zu einer Veränderung der genetischen Identität der menschlichen Keimbahn führen. Die somatische Gentherapie ist hiervon deutlich abzugrenzen. Sie erfasst ausschließlich therapeutische Maßnahmen, die auf Körperzellen beschränkt sind und keine Weitervererbung genetischer Veränderungen bewirken.[111]

1.3 Therapie, Enhancement und Eugenik

Die somatische Gentherapie ist begrifflich und normativ von einer eugenischen Zielsetzung sowie vom sogenannten Enhancement abzugrenzen. Eine eugenische Anwendung der Gentherapie würde darauf abzielen, den menschlichen Genpool insgesamt zu „verbessern“ oder zu „optimieren“.[112] Eine derartige Zielrichtung setzt notwendig Eingriffe in die Keimbahn voraus und beschränkt sich daher auf die Veränderung keimbahnrelevanter Zellen.[113] Die ausschließliche Anwendung

[108] § 5 Abs. 1 EschG; vgl. Weigand, Embryonenschutz und Biotechnologie, S. 101 ff.; Müller-Terpitz, in: Spickhoff (Hrsg.), Medizinrecht, 2022, § 5 ESchG, Rn. 2.

[109] Schröder, Kommissionskontrolle in Reproduktionsmedizin und Gentechnologie, 1992, S. 38; Reiter, in: Stein (Hrsg.), Gentechnologie – der Sprung in eine neue Dimension, 1995, S. 196; Chadwick/Schüklenk, This is Bioethics, 2021, S. 140 ff.; für eine vollständige und umfassende Würdigung wird auf die Lektüre des Gesetzentwurfs hingewiesen, siehe BT-Drucks. 11/5460, S. 11.

[110] Verordnung (EU) Nr. 536/2014 des Europäischen Parlaments und des Rates vom 16.04.2014 über klinische Prüfungen mit Humanarzneimitteln und zur Aufhebung der Richtlinie 2001/20/EG, ABl. L 158, 27.05.2014, S. 1.

[111] Spranger, in: Rieger/Dahm/Katzenmeier (Hrsg.), Heidelberger Kommentar Arztrecht Krankenhausrecht Medizinrecht, 89. Lieferung, 2100 Gentechnologie, Rn. 19; näher Alberts/Johnson/Lewis u. a., Molekularbiologie der Zelle, 2017, S. 267; Silva/Moreira/Lobo u. a., Current Applications of Pharmaceutical Biotechnology, 2020, S. 323.

[112] Bundesminister für Forschung und Technologie (Hrsg.), Die Erforschung des menschlichen Genoms, 1991, S. 116 f.

[113] Vgl. Graumann, Die somatische Gentherapie, 2000, S. 197, 199; Reiter, in: Stein (Hrsg.), Gentechnologie – der Sprung in eine neue Dimension, 1995, S. 196.

gentechnischer Verfahren auf somatische Zellen schließt eine eugenische Zielsetzung folglich aus – unabhängig davon, ob therapeutische Zwecke oder eine Leistungssteigerung der behandelten Person im Vordergrund stehen.

Die Abgrenzung zwischen Therapie und Enhancement hängt wesentlich vom zugrunde liegenden Krankheitsbegriff ab, der weder medizinischethisch noch philosophisch einheitlich definiert ist.[114] Für die rechtliche Einordnung nach dem Arzneimittelrecht ist diese Differenzierung jedoch unerheblich. Entscheidend ist nicht das Vorliegen eines Krankheitsbezugs, sondern allein, dass eine gesundheitsfördernde Wirkung beim betreffenden Stoff vorliegen muss, die durch eine pharmakologische, immunologische oder metabolische Art und Weise die physiologischen Funktionen des Menschen beeinflusst.[115] In beiden Fällen würde es sich somit beim jeweiligen Produkt, sofern es eine gesundheitsfördernde Wirkung hat, um ein Arzneimittel im rechtlichen Sinne handeln. Der Untersuchungsgegenstand dieser Arbeit beschränkt sich auf die regulatorischen Voraussetzungen somatischer genomischer Therapien als Humanarzneimittel. Eine weitergehende ethische oder philosophische Differenzierung zwischen Therapie und Enhancement ist insoweit nicht notwendig.

1.4 Begriff der somatischen Gentherapie

Die somatische Gentherapie wurde ursprünglich als Gentransfer mit therapeutischer Zielsetzung verstanden.[116] Unter einem Gentransfer versteht man die Übertragung von Gensequenzen in Zellen, um dort eine krankheitsbedingte Funktionsstörung zu beheben oder eine fehlende Proteinproduktion zu ersetzen.[117] Dabei existieren verschiedene Strategien der Durchführung, insbesondere die Addition, Substitution und Blockade von Genen.

---

[114] Graumann, Die somatische Gentherapie, 2000, S. 198; zum Begriff der Krankheit im Recht Ruf, Enhancements, 2014, S. 101 ff.

[115] EuGH, Urteil vom 10.07.2014 – Rs. C-358/13 und C-181/14, Rn. 36.

[116] Vgl. Wagner/Morsey, Neue Juristische Wochenschrift 49 (1996), S. 1565; Cichutek, Journal für Verbraucherschutz und Lebensmittelsicherheit 3 (2008), S. 73; Baum, in: Baum/Duttge/Fuchs (Hrsg.), Gentherapie, 2013, S. 9, 10; Tyagi/Santos, Drug Discovery Today 23 (2018), S. 1053, 1055; Anguela/High, Annual Review of Medicine 70 (2019), S. 273, 274; zwischen Gentherapie und Gentransfer unterscheidend hingegen Urban & Fischer, Roche-Lexikon Medizin, 2003, S. 691 f.

[117] Baum, in: Baum/Duttge/Fuchs (Hrsg.), Gentherapie, 2013, S. 9, 10; Wissenschaftliche Dienste (Deutscher Bundestag), Rote Gentechnik, 2017, (https://www.bundestag.de/resource/blob/543038/WD-9-052-17-pdf.pdf), S. 10 (geprüft am 24.10.2025).

Die Substitution eines Gens bietet sich vor allem bei rezessiven Erbkrankheiten an, bei denen aufgrund einer Mutation ein funktionelles Gen fehlt.[118] In solchen Fällen wird das entsprechende Protein vom Organismus nicht mehr gebildet.[119] Im Rahmen des Gentransfers können den betroffenen Zellen daher ein geeigneter Promotor[120] sowie das genetische Material zugeführt werden, das die Information für die Synthese des fehlenden Proteins enthält.[121]

Ein Gentransfer muss sich jedoch nicht auf die bloße Substitution beschränken. Im Rahmen einer additiven Gentherapie können Zellen gezielt um Gene ergänzt werden, die für den Organismus zwar nicht essenziell, jedoch therapeutisch nützlich sind.[122] So lassen sich beispielsweise T-Zellen[123] gentechnisch so verändern, dass sie durch die Einführung eines zusätzlichen Gens einen spezifischen Rezeptor exprimieren, der die Erkennung und Zerstörung pathogener Tumorzellen ermöglicht.[124]

Schon früh zeigte sich allerdings, dass die bloße Hinzufügung von Genen nicht zur Behandlung aller genetisch bedingten Erkrankungen geeignet ist. Liegt etwa eine Mutation vor, die zur Expression eines pathogenen Gens führt, kann die zusätzliche Einführung weiterer Gene den Krankheitsverlauf nicht korrigieren, sondern unter Umständen sogar verschlechtern.[125] In solchen Fällen ist es erforderlich, die fehlerhafte Proteinbiosynthese zu unterbinden, um die Produktion des schädlichen Proteins zu verhindern – ein Ziel, bei dem die klassische somatische Gentherapie mittels Gentransfers an ihre Grenzen stößt.[126]

---

[118] Graumann, Die somatische Gentherapie, 2000, S. 46 ff.

[119] Ein Beispiel ist die Adenosin-Desaminase-Defizienz, bei der ein Mangel des Enzyms ADA zu einer Störung des Purinstoffwechsels in den T-Zellen führt. Dadurch wird die Entstehung von Krebs begünstigt, siehe Graumann, Die somatische Gentherapie, 2000, S. 74 ff.; Berg/Tymoczko/Gatto u. a., Stryer Biochemie, 2018, S. 171.

[120] Ein Promotor ist eine DNA-Sequenz, die als Startsignal für die Transkription dient und damit die Genexpression reguliert, siehe Baum/Duttge/Fuchs (Hrsg.), Gentherapie, 2013, S. 14.

[121] Graumann, Die somatische Gentherapie, 2000, S. 46; Cavazzana-Calvo/Hacein-Bey/Saint Basile u. a., Science 288 (2000), S. 669 ff.

[122] Baum, in: Baum/Duttge/Fuchs (Hrsg.), Gentherapie, 2013, S. 9, 13.

[123] T-Zellen bzw. T-Lymphozyten sind Immunzellen, die körperfremde Strukturen erkennen und abbauen, siehe Spektrum Wissenschaft (Hrsg.), Lexikon der Biologie (https://www.spektrum.de/lexikon/biologie), Stichwort: T-Lymphocyten (geprüft am 24.10.2025).

[124] Vgl. Baum, in: Baum/Duttge/Fuchs (Hrsg.), Gentherapie, 2013, S. 9, 13.

[125] Vgl. Graumann, Die somatische Gentherapie, 2000, S. 47.

[126] Vgl. Graumann, Die somatische Gentherapie, 2000, S. 47 ff.

1.4.1 Gentherapie außerhalb und innerhalb des Körpers

Eine somatische Gentherapie kann grundsätzlich auf zwei Wegen durchgeführt werden: ex vivo oder in vivo.

Bei der ex-vivo-Gentherapie werden Körperzellen des Patienten (autolog) oder eines Spenders (allogen) zunächst entnommen und außerhalb des Körpers gentechnisch modifiziert.[127] Nach dem erfolgreichen Gentransfer werden die veränderten Zellen dem Patienten reinfundiert, wo sie die Information des eingebrachten Gens exprimieren und damit die gewünschte therapeutische Wirkung entfalten.

Bei der in-vivo-Gentherapie hingegen erfolgt der Gentransfer direkt in die Zellen des Patienten, indem das genetische Material unmittelbar in den Körper eingebracht wird – etwa durch Injektion oder Infusion. Die zentrale Herausforderung besteht hierbei darin, das genetische Material unversehrt in die Zielzellen zu transportieren, ohne dass es durch das Immunsystem erkannt und abgebaut wird.[128] Gelingt der Transfer, exprimieren die betroffenen Zellen auch hier die Information des eingebrachten Gens.

1.4.2 Begriff der somatischen genomischen Therapie

Es ließe sich einwenden, dass ein bloßer Gentransfer im engeren Sinne keine Gentherapie darstellt, da dabei nicht die Gene des Patienten selbst verändert werden.[129] Teilweise wird daher vorgeschlagen, den Begriff der Gentherapie auf jede Modifikation des Genoms einer Zelle zu beschränken.[130] Der naturwissenschaftlich-medizinische Begriff der somatischen Gentherapie ist jedoch historisch vorgeprägt. Er bezeichnet nicht die Therapie eines Gens, sondern die Therapie durch ein Gen – und zwar mittels Gentransfer.

---

[127] Baum, in: Baum/Duttge/Fuchs (Hrsg.), Gentherapie, 2013, S. 9, 10; Silva/Moreira/Lobo u. a., Current Applications of Pharmaceutical Biotechnology, 2020, S. 324; Graumann, Die somatische Gentherapie, 2000, S. 49; Winter/Roger, European Journal of Health Law 2 (1995), S. 45, 47.

[128] Silva/Moreira/Lobo u. a., Current Applications of Pharmaceutical Biotechnology, 2020, S. 324; Graumann, Die somatische Gentherapie, 2000, S. 49; Baum, in: Baum/Duttge/Fuchs (Hrsg.), Gentherapie, 2013, S. 9, 10; Winter/Roger, European Journal of Health Law 2 (1995), S. 45, 47.

[129] Sherkow/Zettler/Greely, Journal of Law and the Biosciences 5 (2018), S. 786, 787.

[130] Sherkow/Zettler/Greely, Journal of Law and the Biosciences 5 (2018), S. 786, 787.

Angesichts des technologischen Fortschritts ist der Begriff der somatischen Gentherapie jedoch in mehrfacher Hinsicht nicht (mehr) geeignet, die neuen Therapieformen und Technologien sachgerecht zu erfassen. Moderne gentechnische Verfahren ermöglichen es, nicht nur das Genom selbst, sondern die Genexpression auf den Ebenen des Transkriptoms und des Epigenoms gezielt zu beeinflussen.[131] Dadurch kann eine therapeutische Wirkung erzielt werden, indem ganze Gene oder auch nur einzelne Basen aus dem Genom entfernt werden. Manche dieser Techniken erzielen einen vergleichbaren therapeutischen Effekt ohne die zugrunde liegende DNA-Sequenz überhaupt zu tangieren. Darüber hinaus beschränken sich diese Verfahren nicht auf einen additiven oder substitutiven Transfer genetischer Sequenzen. Um diese neuen Techniken und ihre unterschiedlichen Eigenschaften adäquat zu erfassen, ist daher ein erweiterter Begriff erforderlich.

Der Begriff der somatischen genomischen Therapie (SGT) trägt dieser Entwicklung Rechnung. Er bezieht sich nicht auf das Genom, sondern auf die funktionelle Genomik. Er erfasst alle therapeutischen Verfahren, die Körperzellen betreffen und deren Genexpression durch den Einsatz von Werkzeugen der funktionellen Genomik gezielt verändert wird.[132] Das Proteom ist nicht Teil der Genexpression, sondern deren Resultat. Dadurch bleibt der Begriff der somatischen genomischen Therapie hinreichend begrenzt und vermeidet eine Ausweitung auf konventionelle Arzneimitteltherapien (sog. small molecules), die beispielsweise Proteine im Körper des Patienten beeinflussen können.

---

[131] Vgl. Broothaerts/Jacchia/Angers u. a., New Genomic Techniques (JRC Technical Report), EUR 30430 EN, 2021, S. 52–67.

[132] Aufgrund der therapeutischen Zielrichtung bleiben prophylaktische Maßnahmen in dieser Arbeit grundsätzlich außer Betracht, obwohl beispielsweise manche Impfstoffe dieselben Technologien wie somatische genomische Therapien nutzen. An entsprechenden Stellen sollen dem Leser die Bezüge zu den rechtlich relevanten Schnittstellen klargemacht werden.

2 Proteinbiosynthese

Gene und Proteine besitzen beide eine sequenzielle Informationsstruktur, durch die ihre jeweilige Funktion und Identität bestimmt werden. Während sich Gene durch die Reihenfolge ihrer Nukleotide definieren, ergibt sich die Struktur eines Proteins aus der Abfolge seiner Aminosäuren.[1] Der Zusammenhang zwischen beiden Ebenen liegt darin, dass die Herstellung eines Proteins in der Zelle auf den in einem Gen enthaltenen Informationen beruht.[2] Diesen Vorgang bezeichnet man als Proteinbiosynthese oder Genexpression.[3] Er beschreibt den Informationsfluss von einem Gen zu einem Protein. Die in der Sprache der Nukleotide gespeicherten genetischen Informationen werden in die Sprache der Aminosäuren übersetzt.[4] Der Prozess vollzieht sich in drei Schritten: Transkription, RNA-Prozessierung und Translation.

[1] Campbell/Urry/Cain u. a., Biologie, 2019, S. 450.

[2] Vgl. Alberts/Johnson/Lewis u. a., Molekularbiologie der Zelle, 2017, S. 335.

[3] Campbell/Urry/Cain u. a., Biologie, 2019, S. 450; Alberts/Johnson/Lewis u. a., Molekularbiologie der Zelle, 2017, S. 335 f.

[4] Campbell/Urry/Cain u. a., Biologie, 2019, S. 450.

L. Pietrek, *Somatische genomische Therapien*,
https://doi.org/10.1007/978-3-658-52943-7_2

2.1 Transkription

Die Transkription bildet den ersten Schritt der Genexpression und beschreibt die Umschreibung der in einem Gen enthaltenen Information in ein RNA-Molekül.[5] Im Gegensatz zur DNA liegt RNA in der Regel als einzelsträngiges Molekül vor und enthält anstelle der Base Thymin deren Derivat Uracil (U).[6] Während der Transkription entsteht eine RNA, die eine komplementäre Kopie der entsprechenden DNA-Sequenz darstellt. Nach der anschließenden RNA-Prozessierung wird diese RNA aus dem Zellkern zum Ribosom transportiert – dem Ort der Proteinbiosynthese.[7]

2.1.1 Initiation

Die Transkription beginnt mit der Initiation, die ein spezifisches Startsignal auf dem Gen erfordert – den sog. Promotor. Der Promotor ist eine Nukleotidsequenz, die der RNA-Polymerase II signalisiert, an welcher Stelle die Transkription einsetzen soll.[8] Der Promotor ist jedoch nicht frei zugänglich. Zunächst müssen sich Transkriptionsfaktoren an diese Region anlagern und dadurch die DNA-Struktur zugänglich machen.[9] Erst dadurch wird der RNA-Polymerase II ermöglicht, sich an den freigelegten Promotor anzulagern.[10]

Im Anschluss binden weitere Transkriptionsfaktoren, sodass ein stabiler Initiationskomplex entsteht, bestehend aus Promotor, Transkriptionsfaktoren und

---

[5] Vgl. Alberts/Johnson/Lewis u. a., Molekularbiologie der Zelle, 2017, S. 335 f.; Campbell/Urry/Cain u. a., Biologie, 2019, S. 450.

[6] Campbell/Urry/Cain u. a., Biologie, 2019, S. 452.

[7] Vgl. Campbell/Urry/Cain u. a., Biologie, 2019, S. 454 f.; Alberts/Johnson/Lewis u. a., Molekularbiologie der Zelle, 2017, S. 337; Berg/Tymoczko/Gatto u. a., Stryer Biochemie, 2018, S. 910.

[8] Der Promotor ist nicht mit dem Startcodon zu verwechseln. Er umfasst meist mehrere hundert Nukleotide und enthält die Information für den Beginn der RNA-Synthese sowie die Anweisung, welcher der beiden DNA-Stränge als Matrize für die Transkription dient, vgl. Campbell/Urry/Cain u. a., Biologie, 2019, S. 455; zum Aufbau eines Promotors, insbesondere zur sog. TATA-Box, vgl. Alberts/Johnson/Lewis u. a., Molekularbiologie der Zelle, 2017, S. 346.

[9] Alberts/Johnson/Lewis u. a., Molekularbiologie der Zelle, 2017, S. 345 f., 433; Campbell/Urry/Cain, Biologie u. a., 2019, S. 455 f.; Berg/Tymoczko/Gatto u. a., Stryer Biochemie, 2018, S. 863 ff.

[10] In menschlichen (eukaryotischen) Zellen ist darüber hinaus die Struktur des Chromatins zu berücksichtigen, die die Genexpression auf epigenetischer Ebene beeinflusst. Im Rahmen

RNA-Polymerase II.[11] Nach der Bildung dieses Komplexes beginnt die RNA-Polymerase II, die DNA-Doppelhelix lokal zu entwinden und den Transkriptionsprozess einzuleiten.[12]

2.1.2 Elongation

Nach der Initiation bewegt sich die RNA-Polymerase II entlang der DNA, entwindet diese fortlaufend und synthetisiert dabei ein RNA-Transkript. Hinter dem Enzym schließen sich die zuvor geöffneten DNA-Stränge wieder und bilden erneut die Struktur der Doppelhelix. Das entstehende RNA-Transkript, die sog. prä-mRNA, besteht aus Basen, die den Nukleotiden des codogenen DNA-Strangs (auch Matrizenstrang genannt) komplementär sind.[13] Die prä-mRNA stellt somit eine Kopie der genetischen Information des Matrizenstrangs dar – allerdings in RNA-Form.

2.1.3 Termination

Die Transkription endet, sobald die RNA-Polymerase II einen Terminator[14] erreicht.[15] An diesem Punkt löst sich das Enzym von der DNA, und die synthetisierte prä-mRNA wird freigesetzt.[16]

---

der Transkriptionsinitiation binden Transkriptionsaktivatoren an sog. Enhancer; d. h. Gensequenzen, die dazu beitragen, die RNA-Polymerase II zum Promotor zu führen; vgl. Alberts/Johnson/Lewis u. a., Molekularbiologie der Zelle, 2017, S. 348.

[11] Campbell/Urry/Cain u. a., Biologie, 2019, S. 456.

[12] Campbell/Urry/Cain u. a., Biologie, 2019, S. 456; Berg/Tymoczko/Gatto u. a., Stryer Biochemie, 2018, S. 869.

[13] Berg/Tymoczko/Gatto u. a., Stryer Biochemie, 2018, S. 128; Campbell/Urry/Cain u. a., Biologie, 2019, S. 456.

[14] Eine Nukleotidsequenz, die nach ihrer Transkription den Abbruch der Transkription eines Gens bewirkt, wird als Terminator bezeichnet; vgl. Campbell/Urry/Cain u. a., Biologie, 2019, S. 456.

[15] Vgl. Berg/Tymoczko/Gatto u. a., Stryer Biochemie, 2018, S. 870 f.

[16] Campbell/Urry/Cain u. a., Biologie, 2019, S. 457.

2.2 RNA-Prozessierung

Nach der Transkription befindet sich die prä-mRNA noch nicht in einem Zustand, der für die Translation im Ribosom geeignet wäre. Daher durchläuft sie mehrere Reifungsschritte, die als RNA-Prozessierung bezeichnet werden. Ziel dieser Prozesse ist es, aus der prä-mRNA eine funktionsfähige, translationsfähige mRNA zu bilden. Einige dieser Modifikationen erfolgen bereits während der Transkription, andere erst nach deren Abschluss.

2.2.1 RNA-Prozessierung während der Transkription

Bereits während der Transkription erfolgen zwei wesentliche Modifikationen der prä-mRNA: das Capping und die Polyadenylierung. Dabei wird die RNA an beiden Enden durch zusätzliche Nukleotide ergänzt.[17] Zu Beginn der Transkription wird am 5'-Ende der prä-mRNA ein modifiziertes Guanin-Nukleotid angefügt (Capping).[18] Sobald die RNA-Polymerase II am Ende des Gens ein Polyadenylierungssignal erreicht, wird der prä-mRNA ein sog. Poly-A-Schwanz angefügt, der aus etwa 50 bis 200 Adeninnukleotiden besteht.[19] Das Capping und die Polyadenylierung erfüllen mehrere Funktionen. Einerseits ermöglichen die hinzugefügten Nukleotide die Bindung der mRNA an das Ribosom im Zytoplasma, wodurch die Translation überhaupt erst eingeleitet werden kann. Andererseits enthalten sie Signale, die den Export der mRNA aus dem Zellkern initiieren und ihren vorzeitigen Abbau durch sog. Ribonukleasen verhindern.[20]

2.2.2 RNA-Prozessierung nach der Transkription

Wie bereits dargestellt, bestehen menschliche Gene aus Exons und Introns, also aus codierenden und nicht-codierenden Abschnitten der DNA (vgl. Abschnitt 1.1.2.4). Im Rahmen der Transkription werden sämtliche Abschnitte eines Gens – unabhängig davon, ob sie Exons oder Introns darstellen – auf

---

[17] Vgl. Berg/Tymoczko/Gatto u. a., Stryer Biochemie, 2018, S. 890; Alberts/Johnson/Lewis u. a., Molekularbiologie der Zelle, 2017, S. 350 f.

[18] Campbell/Urry/Cain u. a., Biologie, 2019, S. 457.

[19] Campbell/Urry/Cain u. a., Biologie, 2019, S. 457; Berg/Tymoczko/Gatto u. a., Stryer Biochemie, 2018, S. 862.

[20] Campbell/Urry/Cain u. a., Biologie, 2019, S. 457.

die prä-mRNA übertragen. Introns enthalten zwar regulatorische Informationen, sollen jedoch nicht in das spätere Protein übernommen werden.

Deshalb verfügen Introns an ihren Enden über spezifische Spleißsignale, die von einem Spleißosom[21] erkannt werden. Dieses besteht aus Ribonukleoproteinen[22], welche die nicht-codierenden RNA-Abschnitte der prä-mRNA herausschneiden und die verbleibenden Exons miteinander verknüpfen.[23] Dabei muss die ursprüngliche Reihenfolge der Exons nicht zwingend beibehalten werden.[24] Wird ihre Reihenfolge verändert, verändert sich auch die Primärstruktur des entstehenden Proteins. Ein einzelnes Gen kann daher für mehrere unterschiedliche Proteine codieren. Dieser Mechanismus ermöglicht es hochentwickelten Eukaryoten, eine große Vielfalt an Proteinen zu synthetisieren, obwohl nur eine begrenzte Zahl von Genen im Genom vorhanden ist.[25]

Wesentlich weniger erforscht ist das sog. RNA-Editing. Hierbei werden einzelne Basen der prä-mRNA nach der Transkription chemisch verändert.[26] Dieser Prozess erfolgt meist durch Desaminierung, bei der Adenin (A) zu Inosin (I) und Cytosin (C) zu Uracil (U) umgewandelt wird.[27] Der Austausch auch nur einer einzelnen Base kann erhebliche Auswirkungen haben, etwa die Entstehung eines Stoppcodons an der editierten Stelle. Das RNA-Editing beeinflusst verschiedene zelluläre Prozesse – darunter die Translation, das Spleißen und den Transport

[21] Das Spleißosom besteht aus mehreren Ribonukleoproteinkomplexen und ist im Zellkern lokalisiert; vgl. Campbell/Urry/Cain u. a., Biologie, 2019, S. 458; Berg/Tymoczko/Gatto u. a., Stryer Biochemie, 2018, S. 135.

[22] Ribonukleoproteine bestehen aus RNA und verschiedenen Proteinen, von denen einige enzymatische Funktionen besitzen. Die RNA-Komponente erkennt die Spleißstellen der prä-mRNA und ermöglicht so die Abtrennung der Introns, vgl. Campbell/Urry/Cain u. a., Biologie, 2019, S. 458; Berg/Tymoczko/Gatto u. a., Stryer Biochemie, 2018, S. 887.

[23] Dementsprechend wäre es möglicherweise vorzugswürdig, bei Introns von nicht-translatierten genetischen Abschnitten zu sprechen. Sie werden zwar transkribiert und sind Teil der prä-mRNA, gelangen jedoch nicht zum Ribosom und werden daher nicht in ein Protein übersetzt, vgl. Campbell/Urry/Cain u. a., Biologie, 2019, S. 458; siehe auch Berg/Tymoczko/Gatto u. a., Stryer Biochemie, 2018, S. 885 f.

[24] In diesem Fall spricht man von alternativem Spleißen, vgl. Campbell/Urry/Cain u. a., Biologie, 2019, S. 459; Berg/Tymoczko/Gatto u. a., Stryer Biochemie, 2018, S. 136.

[25] Das Spleißen stellt wahrscheinlich einen evolutionären Vorteil dar, da es eine effizientere Nutzung genetischer Information und damit eine flexible Genexpression ermöglicht, vgl. Campbell/Urry/Cain u. a., Biologie, 2019, S. 459.

[26] Berg/Tymoczko/Gatto u. a., Stryer Biochemie, 2018, S. 885.

[27] Beim Menschen sind lediglich etwa 1.000 Gene betroffen, vgl. Alberts/Johnson/Lewis u. a., Molekularbiologie der Zelle, 2017, S. 467.

der mRNA in das Zytoplasma.[28] Es wirkt zudem als antiviraler Abwehrmechanismus, indem es RNA von eindringenden Viren durch gezielte Mutationen funktionsunfähig macht.[29]

2.3 Translation

Durch die RNA-Prozessierung entsteht eine translationsfähige mRNA, die den Zellkern verlässt und in das Zytoplasma gelangt.[30] Dort befinden sich die Ribosomen – der Ort, an dem die Translation, also die Synthese von Proteinen, stattfindet.[31] Im Zytoplasma sind zudem die für den Aufbau der Proteine benötigten Aminosäuren sowie tRNA-Moleküle vorhanden. Eine tRNA trägt an einem Ende ein Anticodon, das komplementär zu einem bestimmten Codon der mRNA ist, und am anderen Ende die zugehörige Aminosäure, die sie im Zytoplasma bindet.[32] Die Zuordnung ist dabei eindeutig: Jede tRNA transportiert stets nur eine spezifische Aminosäure.[33]

Sobald die mRNA an ein Ribosom bindet, beginnt die Translation mit der Erkennung des Startcodons.[34] Anschließend lagern sich die mit Aminosäuren beladenen tRNA-Moleküle über ihre Anticodons an die komplementären Codons der mRNA an.[35] Die jeweils gebundene Aminosäure wird in die wachsende Polypeptidkette eingebaut, woraufhin die tRNA das Ribosom verlässt, um eine neue Aminosäure aufzunehmen.[36] Dieser Prozess wiederholt sich, bis das Ribosom

[28] Ausführlich Alberts/Johnson/Lewis u. a., Molekularbiologie der Zelle, 2017, S. 467 f.

[29] Alberts/Johnson/Lewis u. a., Molekularbiologie der Zelle, 2017, S. 468.

[30] Alberts/Johnson/Lewis u. a., Molekularbiologie der Zelle, 2017, S. 372; Campbell/Urry/Cain u. a., Biologie, 2019, S. 493.

[31] Berg/Tymoczko/Gatto u. a., Stryer Biochemie, 2018, S. 910.

[32] Vgl. Berg/Tymoczko/Gatto u. a., Stryer Biochemie, 2018, S. 902.

[33] Dies wird durch Enzyme, sog. Aminosäure-tRNA-Synthetasen (AA-tRNA-Synthetasen), gewährleistet. Die menschliche Zelle verfügt über 20 verschiedene dieser Enzyme, die jeweils eine spezifische Aminosäure ihrer entsprechenden tRNA zuordnen, vgl. Campbell/Urry/Cain u. a., Biologie, 2019, S. 462.

[34] Das Startcodon lautet AUG, vgl. Campbell/Urry/Cain u. a., Biologie, 2019, S. 464; Alberts/Johnson/Lewis u. a., Molekularbiologie der Zelle, 2017, S. 381.

[35] Campbell/Urry/Cain u. a., Biologie, 2019, S. 462; Alberts/Johnson/Lewis u. a., Molekularbiologie der Zelle, 2017, S. 374.

[36] Vgl. Campbell/Urry/Cain u. a., Biologie, 2019, S. 463.

ein Stoppcodon erreicht.[37] Das Ergebnis der Translation ist die Primärstruktur des Proteins – eine lineare Kette aus Aminosäuren, deren Reihenfolge durch die Basensequenz der mRNA bestimmt wird.[38]

Beispiel: Enthält die mRNA das Codon GGC, codiert dieses für die Aminosäure Glycin. Die komplementäre tRNA trägt das Anticodon CCG und ist mit Glycin beladen. Am Ribosom paaren sich die komplementären Basen, und die Aminosäure Glycin wird in die entstehende Polypeptidkette eingebaut.[39] Auf diese Weise gewährleistet der Codon-Anticodon-Mechanismus, dass jede Aminosäure präzise an derjenigen Position eingefügt wird, die durch die mRNA vorgegeben ist.[40]

[37] Die drei Stoppcodons lauten UAG, UAA und UGA, vgl. Campbell/Urry/Cain u. a., Biologie, 2019, S. 466.

[38] Die Mechanismen, die Proteine nach der Translation verändern, etwa im Zuge ihrer Faltung oder anderer post-translationaler Modifikationen, sind bislang nur unzureichend erforscht, vgl. Berg/Tymoczko/Gatto u. a., Stryer Biochemie, 2018, S. 52 f.

[39] Vgl. Alberts/Johnson/Lewis u. a., Molekularbiologie der Zelle, 2017, S. 379.

[40] Ausführlich Campbell/Urry/Cain u. a., Biologie, 2019, S. 462.

3 Transduktions- und Transfektionssysteme

Der Transport genetischen Materials in Zellen stellt eine der größten Herausforderungen bei der Durchführung einer Gentherapie dar. DNA und RNA sind äußerst empfindliche Moleküle, die zudem vom menschlichen Immunsystem rasch erkannt und abgebaut werden können.[1] Eine weitere Hürde besteht darin, dass das genetische Material, insbesondere DNA, in vielen Fällen nicht nur in die Wirtszelle[2], sondern auch in deren Zellkern gelangen muss, da die Transkription ausschließlich dort stattfindet.[3] Zwar ist ein Transport in den Zellkern nicht in jedem Fall erforderlich, etwa wenn die therapeutische Wirkung bereits auf zytoplasmatischer Ebene erzielt werden kann. Gleichwohl wurden aufgrund der genannten biologischen und immunologischen Barrieren verschiedene Transduktions- und Transfektionssysteme[4] entwickelt, die den gezielten Transfer genetischen Materials in Zellen ermöglichen.[5]

[1] Vgl. Silva/Moreira/Lobo u. a., Current Applications of Pharmaceutical Biotechnology, 2020, S. 333; Del Pozo-Rodríguez/Solinís/Rodríguez-Gascón, European Journal of Pharmaceutics and Biopharmaceutics 109 (2016), S. 184, 185–189.

[2] Wirtszellen sind Zellen, die von Viren infiziert werden können, vgl. Spektrum Wissenschaft (Hrsg.), Lexikon der Biologie (https://www.spektrum.de/lexikon/biologie), Stichwort: Wirtsbereich (geprüft am 24.10.2025).

[3] Renneberg, Biotechnologie für Einsteiger, 2006, S. 79.

[4] Transduktion bezeichnet den Transfer von DNA oder RNA in Wirtszellen durch virale Vektoren, während bei der Transfektion überwiegend nicht-virale, physikalische oder chemische Verfahren zum Einsatz kommen; vgl. Baum, in: Baum/Duttge/Fuchs (Hrsg.), Gentherapie, 2013, S. 9, 22; Renneberg, Biotechnologie für Einsteiger, 2006, S. 79.

[5] Vgl. Alberts/Johnson/Lewis u. a., Molekularbiologie der Zelle, 2017, S. 555.

L. Pietrek, *Somatische genomische Therapien*,
https://doi.org/10.1007/978-3-658-52943-7_3

3.1 Virale Vektoren

Zur Durchführung somatischer Gentherapien werden bislang überwiegend virale Vektoren eingesetzt, die häufig auch als Genfähren bezeichnet werden.[6] Viren sind evolutionär darauf spezialisiert, ihr eigenes genetisches Material in Wirtszellen einzuschleusen, um sich dort zu vermehren.[7] Diese Fähigkeit macht sie zu besonders geeigneten Transportvehikeln für den gezielten Gentransfer.

Für therapeutische Zwecke werden Viren gentechnisch so modifiziert, dass ihre pathogenen Genomanteile entfernt und durch ein therapeutisches Gen ersetzt werden.[8] Die so abgeschwächten oder inaktivierten Viren behalten dennoch ihren Mechanismus zur Einschleusung genetischen Materials in menschliche Zellen. Gelingt der Gentransfer, exprimiert die Zelle das eingebrachte therapeutische Gen im Rahmen der Proteinbiosynthese. Das therapeutische Gen kann dabei unterschiedliche Ursprünge haben. Handelt es sich um eine Gensequenz, die natürlicherweise im menschlichen Genom vorkommt, spricht man von einem Cisgen. Wird hingegen eine Gensequenz aus einer anderen Spezies in das Genom eingebracht, so wird diese als Transgen bezeichnet.

3.1.1 Integrierende und episomale Viren

Ein wesentlicher Meilenstein für die Entwicklung der Gentherapie war die Entdeckung des Enzyms Reverse Transkriptase. Zuvor galt in der Molekularbiologie das Dogma, dass die Genexpression ausschließlich in einer Richtung verläuft: von der Transkription über die Translation hin zum Protein.[9] Bestimmte Viren besitzen jedoch die Fähigkeit, ihr Genom nach der Infektion einer Wirtszelle zu

[6] Vgl. Dunbar/High/Joung u. a., Science 359 (2018), eaan4672, S. 1; Malech/Garabedian/Hsieh, Hematology/Oncology Clinics of North America 36 (2022), S. 627, 629 f.

[7] Baum, in: Baum/Duttge/Fuchs (Hrsg.), Gentherapie, 2013, S. 9, 16; Berg/Tymoczko/Gatto u. a., Stryer Biochemie, 2018, S. 124; Malech/Garabedian/Hsieh, Hematology/Oncology Clinics of North America 36 (2022), S. 627, 630 ff.

[8] Neidhardt/Wycisk/Klöckener-Gruissem, Der Ophthalmologe 102 (2005), S. 764, 768; weiterführend Nestola/Peixoto/Silva u. a., Biotechnology and Bioengineering 112 (2015), S. 843, 845 ff.

[9] Graumann, Die somatische Gentherapie, 2000, S. 93.

exprimieren und die daraus entstehende Virus-DNA mithilfe der Reverse Transkriptase in das menschliche Genom zu integrieren.[10] Andere Viren hingegen replizieren ihr genetisches Material außerhalb der Chromosomen, also im Zytoplasma der Zelle, ohne Integration in das Wirtsgenom. Entsprechend lassen sich Viren in zwei Gruppen einteilen: integrierende und episomale Viren.[11]

Virale Vektoren werden im Rahmen der Gentherapie gentechnisch so verändert, dass sie sich nicht mehr vermehren können.[12] Dies dient der Sicherheit des Patienten und soll eine unkontrollierte Ausbreitung im Organismus verhindern. Je nach Ziel der Therapie kann die Modifikation jedoch teilende oder nicht-teilende Körperzellen betreffen. Bei der Teilung einer Zelle wird ihre DNA repliziert.[13]

Episomale Virus-DNA, die nicht in das Wirtsgenom integriert ist, wird dabei jedoch nicht mitverdoppelt. Folglich verringert sich bei jeder Zellteilung der Anteil episomaler Virus-DNA, was zu einer Abnahme der Expressionsrate des therapeutischen Gens führt. Integrierende Vektoren umgehen dieses Problem, da das therapeutische Gen fester Bestandteil des Wirtsgenoms wird. Bei jeder DNA-Replikation wird es automatisch mitkopiert und auf Tochterzellen übertragen.[14] Dies führt zu einer stabileren und langfristigeren Genexpression und damit zu einer anhaltenderen therapeutischen Wirkung. Ein Nachteil integrierender Vektoren besteht jedoch darin, dass der genaue Integrationsort (locus) innerhalb des Wirtsgenoms nicht vorhersehbar ist. Erfolgt die Integration an einer ungünstigen Stelle, kann es zu einer sog. Insertionsmutagenese kommen – also zu einer fehlerhaften Veränderung der DNA, die eine gestörte Genexpression nach sich ziehen kann.[15] Eine solche Veränderung kann sich beispielsweise in einer unkontrollierten Proteinproduktion äußern und im schlimmsten Fall die Entstehung von Tumoren oder Leukämien begünstigen.[16]

---

[10] In diesem Fall besteht das Genom des Virus aus RNA, die mithilfe des Enzyms Reverse Transkriptase in ein komplementäres DNA-Molekül umgeschrieben wird, vgl. Berg/Tymoczko/Gatto u. a., Stryer Biochemie, 2018, S. 125, 158, 167.

[11] Graumann, Die somatische Gentherapie, 2000, S. 57 f.; Baum, in: Baum/Duttge/Fuchs (Hrsg.), Gentherapie, 2013, S. 9, 19.

[12] Vgl. Baum, in: Baum/Duttge/Fuchs (Hrsg.), Gentherapie, 2013, S. 9, 17.

[13] Alberts/Johnson/Lewis u. a., Molekularbiologie der Zelle, 2017, S. 268 ff.

[14] Vgl. Berg/Tymoczko/Gatto u. a., Stryer Biochemie, 2018, S. 125.

[15] Vgl. Graumann, Die somatische Gentherapie, 2000, S. 61; Baum, in: Baum/Duttge/Fuchs (Hrsg.), Gentherapie, 2013, S. 9, 17.

[16] Vgl. Gonçalves/Paiva, Einstein (Sao Paulo, Brazil) 15 (2017), S. 369, 371; Howe/Mansour/Schwarzwaelder u. a., Journal of Clinical Investigation 118 (2008), S. 3143 ff.; Hacein-Bey-Abina/Garrigue/Wang u. a., Journal of Clinical Investigation 118 (2008), S. 3132 ff.

3.1.2 Retroviren

Retroviren stellten in der frühen Entwicklung der somatischen Gentherapie die Standardtechnologie dar.[17] Sie bestehen aus einzelsträngiger RNA und vermehren sich, indem sie mithilfe des Enzyms Reverse Transkriptase eine doppelsträngige DNA synthetisieren, die anschließend in das Genom der Wirtszelle integriert wird.[18] Die Integration des therapeutischen Gens erfolgt dabei überwiegend in regulatorischen Bereichen des Wirtsgenoms.[19] Durch die stabile Integration bleibt die Expression des Transgens auch nach Zellteilungen erhalten. Der Einsatz von Retroviren ist jedoch auf teilende Zellen beschränkt, da die Integration ihres Genoms den Auflösungsprozess der Kernmembran während der Zellteilung voraussetzt.[20] Nicht-teilende Zellen können daher mit Retroviren nicht effektiv transduziert werden. Darüber hinaus werden retrovirale Vektoren ausschließlich ex vivo angewendet.[21] Die Behandlung findet somit außerhalb des Körpers statt, bevor die genetisch modifizierten Zellen wieder in den Organismus des Patienten eingebracht werden.

3.1.3 Lentiviren

Lentiviren, deren bekanntester Vertreter das Human Immunodeficiency Virus (HIV) ist, gehören zur Familie der *Retroviridae* und sind somit eng mit den Retroviren verwandt.[22] Ihre Struktur ist weitgehend ähnlich, Unterschiede im Aufbau ermöglichen jedoch auch die Infektion nicht-teilender Zellen.[23] Diese Eigenschaft

---

[17] Baum, in: Baum/Duttge/Fuchs (Hrsg.), Gentherapie, 2013, S. 9, 17.

[18] Berg/Tymoczko/Gatto u. a., Stryer Biochemie, 2018, S. 1016; Graumann, Die somatische Gentherapie, 2000, S. 58 f.; Milone/O'Doherty, Leukemia 32 (2018), S. 1529, 1530; Baum/Schambach/Bohne u. a., Molecular Therapy 13 (2006), S. 1050; Chen/Keiser/Davidson, Current Protocols in Mouse Biology 8 (2018), e58, S. 3; Walsh, Pharmaceutical Biotechnology, 2007, S. 424.

[19] Baum, in: Baum/Duttge/Fuchs (Hrsg.), Gentherapie, 2013, S. 9, 16.

[20] Silva/Moreira/Lobo u. a., Current Applications of Pharmaceutical Biotechnology, 2020, S. 335; Baum, in: Baum/Duttge/Fuchs (Hrsg.), Gentherapie, 2013, S. 9, 17.

[21] Silva/Moreira/Lobo u. a., Current Applications of Pharmaceutical Biotechnology, 2020, S. 335.

[22] Silva/Moreira/Lobo u. a., Current Applications of Pharmaceutical Biotechnology, 2020, S. 336; Nopora, Entwicklung lentiviraler Vektoren für die B-zellspezifische Expression von Transgenen in vivo, 2010, S. 19.

[23] Baum, in: Baum/Duttge/Fuchs (Hrsg.), Gentherapie, 2013, S. 9, 18; Nopora, Entwicklung lentiviraler Vektoren für die B-zellspezifische Expression von Transgenen in vivo, 2010,

macht Lentiviren zu vielseitigen Werkzeugen in der Gentherapie. Sie eignen sich insbesondere für in-vivo-Anwendungen im zentralen Nervensystem,[24] werden aber auch für die ex-vivo-Modifizierung hämatopoetischer Zellen eingesetzt.[25] Lentivirale Vektoren weisen zwar eine vergleichsweise geringe Immunogenität auf, bergen jedoch – wie alle integrierenden Systeme – das Risiko einer Insertionsmutagenese.[26] Eine unkontrollierte Integration des Transgens kann deshalb zu Störungen der Genexpression führen und damit potenziell onkogene Effekte auslösen.

3.1.4 Adenoviren

Adenoviren bestehen aus doppelsträngiger DNA und sind in der Lage, bis zu dreimal so viel genetisches Material zu transportieren wie Retro- oder Lentiviren.[27] Sie wirken episomal, das heißt, ihr Genom wird nicht in das Wirtsgenom integriert. Diese Eigenschaft verleiht ihnen ein höheres Sicherheitsprofil im Vergleich zu integrierenden Vektoren, da das Risiko einer Insertionsmutagenese entfällt.[28] Aufgrund ihrer hohen Immunogenität ist ihr therapeutischer Einsatz jedoch nur eingeschränkt möglich.[29]

S. 25; Dunbar/High/Joung u. a., Science 359 (2018), eaan4672, S. 1; Dull/Zufferey/Kelly u. a., Journal of Virology 72 (1998), S. 8463.

[24] Silva/Moreira/Lobo u. a., Current Applications of Pharmaceutical Biotechnology, 2020, S. 337.

[25] Aiuti/Biasco/Scaramuzza u. a., Science 341 (2013), S. 1233151, 1233154; Milone/O'Doherty, Leukemia 32 (2018), S. 1529, 1535.

[26] Roßmann, Optimierung und Charakterisierung des lentiviralen Gentransfers in humanen mesenchymalen Stammzellen, 2008, S. 19.

[27] Vgl. Graumann, Die somatische Gentherapie, 2000, S. 62; Walsh, Pharmaceutical Biotechnology, 2007, S. 428 f.

[28] Vgl. Baum, in: Baum/Duttge/Fuchs (Hrsg.), Gentherapie, 2013, S. 9, 21; Silva/Moreira/Lobo u. a., Current Applications of Pharmaceutical Biotechnology, 2020, S. 338; Suckau, RNA-Interferenz-vermittelte Gentherapie bei Herzinsuffizienz mittels Phospholamban-shRNA exprimierender adenoviraler und AAV–Vektoren, 2009, S. 19; Lee/Bishop/Zhang u. a., Genes & Diseases 4 (2017), S. 43, 46; Raper/Chirmule/Lee u. a., Molecular Genetics and Metabolism 80 (2003), S. 148, 150–155; Wold/Toth, Current Gene Therapy 13 (2013), S. 421, 425.

[29] Vgl. Baum, in: Baum/Duttge/Fuchs (Hrsg.), Gentherapie, 2013, S. 9, 21; Silva/Moreira/Lobo u. a., Current Applications of Pharmaceutical Biotechnology, 2020, S. 338; Suckau, RNA-Interferenz-vermittelte Gentherapie bei Herzinsuffizienz mittels Phospholamban-shRNA exprimierender adenoviraler und AAV–Vektoren, 2009, S. 19; Lee/Bishop/Zhang

Adenovirale Vektoren eignen sich sowohl für teilende als auch für nichtteilende Zellen. Da das eingebrachte Transgen nicht Bestandteil des Wirtsgenoms wird, ist die Expression jedoch zeitlich begrenzt und nimmt im Verlauf ab.[30] Ein weiterer Nachteil besteht darin, dass Adenoviren häufig sog. Helferviren benötigen, um sich zu vermehren. Die Herstellung solcher Helfervirus-Systeme in einem ausreichend reinen und nebenwirkungsarmen Zustand ist nach dem derzeitigen Stand der Technik nur schwer zu realisieren.[31]

3.1.5 Adeno-assoziierte Viren (AAV)

Adeno-assoziierte Viren (AAV) bestehen aus einzelsträngiger DNA, die in der Wirtszelle zur Bildung eines zweiten DNA-Strangs führt.[32] Die dadurch entstehende doppelsträngige Virus-DNA kann anschließend mithilfe eines sog. Helfervirus in das Genom der Wirtszelle integriert werden.[33] Obwohl AAV nur über eine geringe Transportkapazität verfügen, zeichnen sie sich durch eine hohe

u. a., Genes & Diseases 4 (2017), S. 43, 46; Raper/Chirmule/Lee u. a., Molecular Genetics and Metabolism 80 (2003), S. 148, 150–155; Wold/Toth, Current Gene Therapy 13 (2013), S. 421, 425.

[30] Vgl. Silva/Moreira/Lobo u. a., Current Applications of Pharmaceutical Biotechnology, 2020, S. 334; Graumann, Die somatische Gentherapie, 2000, S. 62.

[31] Vgl. Brunetti-Pierri/Ng, Human Molecular Genetics 20 (2011), S. R8 f.; Silva/Moreira/Lobo u. a., Current Applications of Pharmaceutical Biotechnology, 2020, S. 338.

[32] Naso/Tomkowicz/Perry u. a., BioDrugs 31 (2017), S. 317, 318; Silva/Moreira/Lobo u. a., Current Applications of Pharmaceutical Biotechnology, 2020, S. 338; Graumann, Die somatische Gentherapie, 2000, S. 66; Suckau, RNA-Interferenz-vermittelte Gentherapie bei Herzinsuffizienz mittels Phospholamban-shRNA exprimierender adenoviraler und AAV–Vektoren, 2009, S. 23.

[33] Silva/Moreira/Lobo u. a., Current Applications of Pharmaceutical Biotechnology, 2020, S. 339; Dunbar/High/Joung u. a., Science 359 (2018), eaan4672, S. 1; Lee/Bishop/Zhang u. a., Genes & Diseases 4 (2017), S. 43, 47.

Gentransfereffizienz, eine langanhaltende Wirkung und ein günstiges Sicherheitsprofil aus.[34] Sie können sowohl teilende als auch nicht-teilende Zellen transduzieren.[35]

3.1.6 Sendaiviren

Sendaiviren bestehen aus einzelsträngiger RNA und werden insbesondere zur Herstellung von induzierten pluripotenten Stammzellen[36] (iPSC) aus unterschiedlichen Körperzellen eingesetzt.[37] Sie wirken ausschließlich im Zytoplasma der Wirtszelle und gelten als weder pathogen noch kanzerogen für den Menschen.[38]

3.2 Plasmide und Bakterien

Neben Viren eignen sich auch andere Vektoren für den Transport genetischen Materials. Ein bedeutendes Beispiel sind Plasmide, die bereits in der frühen Molekularbiologie eine zentrale Rolle bei der Klonierung von DNA spielten.[39]

[34] Graumann, Die somatische Gentherapie, 2000, S. 67; Silva/Moreira/Lobo u. a., Current Applications of Pharmaceutical Biotechnology, 2020, S. 339; Baum, in: Baum/Duttge/Fuchs (Hrsg.), Gentherapie, 2013, S. 9, 21 f.; Mockenhaupt/Grimm, Biospektrum 17 (2011), S. 533, 535; Delker, Myokardialer Gentransfer mittels Adenoassoziierter Viraler Vektoren, 2012, S. 10 f.; Samelson-Jones/George, Annual Review of Medicine 74 (2023), S. 231, 241; Hastie/Samulski, Human Gene Therapy 26 (2015), S. 257, 262 f.; Naso/Tomkowicz/Perry u. a., BioDrugs 31 (2017), S. 317, 320 f.

[35] Silva/Moreira/Lobo u. a., Current Applications of Pharmaceutical Biotechnology, 2020, S. 334.

[36] Pluripotente Stammzellen sind selbsterneuerungsfähig und können sich in eine Vielzahl unterschiedlicher Körperzellen ausdifferenzieren; näher Faltus, Stammzellenreprogrammierung, 2016, S. 61 ff.

[37] Vgl. Kunitomi/Hirohata/Arreola u. a., Cell Reports Methods 2 (2022), 100317; Sano/Nakasu/Ohtaka u. a., Molecular Therapy Methods & Clinical Development 15 (2019), S. 371, 372; Pellegrini/Manenti/Chimienti u. a., Cell Transplantation 27 (2018), S. 1548, 1549.

[38] Sano/Nakasu/Ohtaka u. a., Molecular Therapy Methods & Clinical Development 15 (2019), S. 371, 372; Tan/Kondo/Imamura u. a., Journal of Cellular and Molecular Medicine 25 (2021), S. 9586, 9587.

[39] Vgl. Buchholz/Collins, Eine kleine Geschichte der Biotechnologie, 2022, S. 157.

Plasmide bestehen aus kleiner, ringförmiger DNA, die natürlicherweise in Bakterien vorkommt.[40] Ebenso wie virale DNA oder RNA können auch Plasmide gentechnisch so verändert werden, dass sie ein therapeutisches Gen enthalten.[41] Das modifizierte Plasmid kann anschließend durch ein Bakterium in Zielzellen eingebracht und dort exprimiert werden.[42] In der Vergangenheit wurden daher auch gentechnisch veränderte Bakterien, die therapeutische Sequenzen transportieren, von der Europäischen Arzneimittelagentur (EMA) als Gentherapeutika eingestuft.[43]

3.3 Lipidnanopartikel

Neben viralen Vektoren wird seit Jahrzehnten an nicht-viralen Transportmechanismen auf der Grundlage von Nanotechnologie geforscht.[44] Lipide eignen sich aufgrund ihrer kationischen[45] Eigenschaften besonders gut, um die negativ geladene Zellmembran zu überwinden und dabei das transportierte genetische Material zu schützen.[46] Mithilfe dieser Technologie lässt sich mRNA in sog. Lipidnanopartikel (LNP) verpacken, um sie in Zellen einzuschleusen und gleichzeitig vor dem Abbau durch Ribonukleasen zu bewahren.[47] Im Vergleich zu

---

[40] Watson, Recombinant DNA, 2007, S. 81.

[41] Maniar/Maniar/Chen u. a., Molecular Therapy 21 (2013), S. 131.

[42] Ausführlich dazu Alberts/Johnson/Lewis u. a., Molekularbiologie der Zelle, 2017, S. 525 f.; Maniar/Maniar/Chen u. a., Molecular Therapy 21 (2013), S. 131; Chen/Yang/Tang, Medicinal Research Reviews 38 (2018), S. 829, 841.

[43] European Medicines Agency, Reflection paper on classification of advanced therapy medicinal products, EMA/CAT/600280/2010 rev.1, 21.05.2015, (https://www.ema.europa.eu/en/documents/scientific-guideline/reflection-paper-classification-advanced-therapy-medicinal-products_en.pdf-0), S. 16 (geprüft am 24.10.2025).

[44] Vgl. Tyagi/Santos, Drug Discovery Today 23 (2018), S. 1053, 1057 ff.; Ramamoorth/Narvekar, Journal of Clinical and Diagnostic Research 9 (2015), S. GE01 f.

[45] Durch den Verlust eines Elektrons entstehen an den Atomen der Lipidoberfläche positiv geladene Gruppen, vgl. Webb/Ip/Bathula u. a., Molecular Pharmaceutics 19 (2022), S. 1047; Kulkarni/Cullis/van der Meel, Nucleic Acid Therapeutics 28 (2018), S. 146, 148; Tyagi/Santos, Drug Discovery Today 23 (2018), S. 1053, 1055.

[46] Del Pozo-Rodríguez/Solinís/Rodríguez-Gascón, European Journal of Pharmaceutics and Biopharmaceutics 109 (2016), S. 184, 185; Silva/Moreira/Lobo u. a., Current Applications of Pharmaceutical Biotechnology, 2020, S. 345 f.; Bruxel/Cojean/Bochot u. a., International Journal of Pharmaceutics 416 (2011), S. 402, 402 f.; Keservani/Sharma, Nanoparticulate Drug Delivery Systems, 2019, S. 42 ff.

[47] Vgl. Kowalski/Rudra/Miao u. a., Molecular Therapy 27 (2019), S. 710, 715.

viralen Vektoren weisen Lipidnanopartikel eine geringere Immunogenität auf und ermöglichen insbesondere eine direkte Anwendung in vivo.[48] Nachteilig ist jedoch, dass physikochemische Verfahren eine deutlich größere Menge an genetischem Material für den Transfer erfordern und sich dieses häufig ungleichmäßig auf die Zielzellen verteilt.[49] Zudem kann eine sog. spontane Insertionsmutagenese nicht vollständig ausgeschlossen werden.[50]

3.4 Elektroporation

Genetisches Material kann auch durch rein physikalische Verfahren in Zellen eingebracht werden, etwa mittels Elektroporation.[51] Dabei werden die zu modifizierenden Zellen dem Patienten oder Spender entnommen und anschließend kurzen elektrischen Impulsen ausgesetzt.[52] Die Impulse führen zu einer vorübergehenden Ausdehnung der Zellmembran, wodurch sich temporäre Poren bilden, über die das genetische Material in die Zellen eindringen kann.[53] Nach Beendigung der Stimulation kehren die Zellen in ihren Ruhezustand zurück, schrumpfen wieder und schließen ihre Membran. Dieses Transfektionsverfahren ist technisch vergleichsweise einfach und kostengünstig. Allerdings besteht ein erhöhtes Risiko für Zellschädigungen und die Anwendung der Elektroporation ist auf ex-vivo-Verfahren beschränkt.[54]

[48] Vgl. Kitte/Rabel/Geczy u. a., Molecular Therapy Methods & Clinical Development 31 (2023), S. 101139, 101140; Tyner/Zou/Yang u. a., Wiley Interdisciplinary Reviews Nanomedicine and Nanobiotechnology 7 (2015), S. 640, 649; zu weiteren Verfahren siehe Graumann, Die somatische Gentherapie, 2000, S. 70 f.

[49] Vgl. Baum, in: Baum/Duttge/Fuchs (Hrsg.), Gentherapie, 2013, S. 9, 23.

[50] Vgl. Baum, in: Baum/Duttge/Fuchs (Hrsg.), Gentherapie, 2013, S. 9, 23.

[51] Tavernier/Andries/Demeester u. a., Journal of Controlled Release 150 (2011), S. 238, 241 f.

[52] Ramamoorth/Narvekar, Journal of Clinical and Diagnostic Research 9 (2015), S. GE01, GE02.

[53] Silva/Moreira/Lobo u. a., Current Applications of Pharmaceutical Biotechnology, 2020, S. 342; Ramamoorth/Narvekar, Journal of Clinical and Diagnostic Research 9 (2015), S. GE01, GE02.

[54] Silva/Moreira/Lobo u. a., Current Applications of Pharmaceutical Biotechnology, 2020, S. 342; Ramamoorth/Narvekar, Journal of Clinical and Diagnostic Research 9 (2015), S. GE01, GE02.

4 RNA-Therapeutika

Heutzutage stellt das Einschleusen von zu transkribierenden Genen in menschliche Zellen nicht mehr die einzige Möglichkeit dar, therapeutische Effekte auf molekularer Ebene zu erzielen. Inzwischen wurden Therapiekonzepte entwickelt, die in einem späteren Stadium der Genexpression ansetzen und hierfür RNA-Moleküle nutzen. Eine RNA-basierte somatische genomische Therapie kann etwa den Transfer einer translationsfähigen mRNA in den Patienten vorsehen. Andere Ansätze greifen dagegen regulierend in die Genexpression ein, etwa durch eine Beeinflussung der Initiation der Transkription oder durch die gezielte Induktion des Abbaus von mRNA im Zytoplasma der Zelle. Solche Verfahren werden unter dem Sammelbegriff RNA-Interferenz (RNAi) zusammengefasst.[1]

4.1 mRNA

Es lag von Anfang an nahe, ein Verfahren zu entwickeln, mit dem sich mRNA ohne die Verwendung viraler Vektoren in das Zytoplasma menschlicher Zellen einschleusen lässt. Auf diese Weise könnte zum einen eine immunologische Reaktion des Körpers gegenüber viralen Bestandteilen vermieden werden.[2] Zum anderen würde ein solches Verfahren die Integration exogen eingeführter DNA in das menschliche Genom entbehrlich machen.[3]

---

[1] Vgl. Martin, Gene Therapy, 2013, S. 53; Alberts/Johnson/Lewis u. a., Molekularbiologie der Zelle, 2017, S. 479; Berg/Tymoczko/Gatto u. a., Stryer Biochemie, 2018, S. 170; Nakamori/Junn/Mochizuki u. a., Neurotherapeutics 16 (2019), S. 287, 291.

[2] Vallazza/Petri/Poleganov u. a., Wiley Interdisciplinary Reviews RNA 6 (2015), S. 471, 472.

[3] Kauffman/Webber/Anderson, Journal of Controlled Release 28 (2016), S. 227, 228; Tavernier/Andries/Demeester u. a., Journal of Controlled Release 150 (2011), S. 238, 241; liefert man dem Körper die genetische Information zur Synthese eines Proteins anstelle des ex vivo

L. Pietrek, *Somatische genomische Therapien*,
https://doi.org/10.1007/978-3-658-52943-7_4

Die tatsächliche Umsetzung dieses Therapiekonzepts gestaltete sich allerdings als schwierig. Derart große, komplexe Moleküle zu synthetisieren ist bis heute eine Herausforderung. Denn mRNA ein äußerst fragiles Molekül, das die Transfektion in Zellen oft nicht unversehrt übersteht.[4]

Dem wissenschaftlichen Fortschritt ist es zu verdanken, dass die Synthese von mRNA außerhalb menschlicher Zellen mittlerweile grundsätzlich möglich ist.[5] Heute kann mRNA in vitro hergestellt und mithilfe von Lipidnanopartikeln (LNP) in menschliche Zellen transfiziert werden.[6] Im Zytoplasma der Zielzelle wird die synthetische mRNA schließlich translatiert und in das entsprechende therapeutische Protein umgesetzt.[7]

Prominente Aufmerksamkeit erhielt diese Technologie während der Corona-Pandemie. Die mRNA-Impfstoffe gegen Covid-19 basieren auf dem Prinzip, dass die injizierte mRNA den Bauplan für das sog. Spike-Protein enthält.[8] Dieses ähnelt in seinem molekularen Aufbau dem des tatsächlichen Virus, besitzt jedoch keine pathogenen Eigenschaften.[9] Das Immunsystem kann sich dadurch gezielt auf das Virus vorbereiten und bei einer späteren Infektion mit einer spezifischen Abwehrreaktion antworten.[10]

---

erzeugten Proteins, erfolgt die Proteinfaltung durch die zellulären Mechanismen des Körpers in der Regel fehlerfrei, vgl. Park/Lagniton/Liu u. a., International Journal of Biological Sciences 17 (2021), S. 1446, 1453.

[4] Tavernier/Andries/Demeester u. a., Journal of Controlled Release 150 (2011), S. 238, 240; Guan/Rosenecker, Gene Therapy 24 (2017), S. 133, 134; eine besondere Herausforderung stellen die im Zytoplasma vorhandenen Ribonukleasen dar, die ungeschützte RNA-Moleküle gezielt abbauen; vgl. Guan/Rosenecker, Gene Therapy 24 (2017), S. 133, 134.

[5] Sahin/Karikó/Türeci, Nature Reviews Drug Discovery 13 (2014), S. 759 ff.; Quabius/Krupp, New Biotechnology 32 (2015), S. 229 ff.

[6] Vgl. Guan/Rosenecker, Gene Therapy 24 (2017), S. 133, 134; Kauffman/Webber/Anderson, Journal of Controlled Release 28 (2016), S. 227, 230; Tavernier/Andries/Demeester u. a., Journal of Controlled Release 150 (2011), S. 238, 242; Kowalski/Rudra/Miao u. a., Molecular Therapy 27 (2019), S. 710, 711 f.

[7] Tavernier/Andries/Demeester u. a., Journal of Controlled Release 150 (2011), S. 238, 243 f.

[8] Huang/Zeng/Yan, Journal of Genetics and Genomics 48 (2021), S. 107, 109.

[9] Vgl. Park/Lagniton/Liu u. a., International Journal of Biological Sciences 17 (2021), S. 1446, 1451 f.

[10] Park/Lagniton/Liu u. a., International Journal of Biological Sciences 17 (2021), S. 1446, 1453; Schoenmaker/Witzigmann/Kulkarni u. a., International Journal of Pharmaceutics 601 (2021), 120586.

4.2 Nicht-codierende RNA (ncRNA)

Neben der protein-codierenden mRNA existieren in jeder Zelle zahlreiche weitere RNA-Moleküle, die keine Information für den Bau eines Proteins enthalten, sondern ausschließlich regulierende Funktionen erfüllen. Diese Moleküle werden als nicht-codierende RNA (ncRNA) bezeichnet.[11] Sie steuern die Genexpression, indem sie in unterschiedliche Stadien der Proteinbiosynthese eingreifen, etwa durch Beeinflussung der Transkription, Modifikation der mRNA oder Regulation der Translation.

4.2.1 RNA-Interferenz als natürlicher Zellmechanismus

Ein Beispiel für ncRNA sind sog. micro-RNA (miRNA), die im Zytoplasma der Zelle vorkommen und an mRNA-Moleküle binden, um deren Translation zu verhindern.[12] Hierzu wird die miRNA an einen sog. RNA-induced silencing complex (RISC) gebunden, einen aus Proteinen bestehenden Komplex, der die miRNA in der Zelle dirigiert.[13] Der RISC führt die gebundene miRNA zu komplementären mRNA-Molekülen.[14] Ist die Sequenz der miRNA vollständig komplementär zur Ziel-mRNA, aktiviert der RISC eine enzymatische Reaktion, welche die mRNA spaltet und abbaut.[15] Die Translation dieser mRNA kann damit nicht mehr am Ribosom stattfinden; das entsprechende Protein wird nicht gebildet. Ist die Sequenz der miRNA dagegen nur teilweise komplementär, kommt es nicht zu einem Abbau, wohl aber zu einer Blockierung der Translation. Das mRNA-Molekül bleibt an den RISC-Komplex gebunden und steht dem Ribosom nicht mehr zur Verfügung.[16] Auf diese Weise kann die Zelle die Expressionsrate bestimmter Gene gezielt herabregulieren.[17]

---

[11] Campbell/Urry/Cain u. a., Biologie, 2019, S. 495.

[12] Campbell/Urry/Cain u. a., Biologie, 2019, S. 495; Alberts/Johnson/Lewis u. a., Molekularbiologie der Zelle, 2017, S. 479.

[13] Alberts/Johnson/Lewis u. a., Molekularbiologie der Zelle, 2017, S. 479; Campbell/Urry/Cain u. a., Biologie, 2019, S. 495.

[14] Alberts/Johnson/Lewis u. a., Molekularbiologie der Zelle, 2017, S. 480; Campbell/Urry/Cain u. a., Biologie, 2019, S. 495; Scarborough/Gatignol, Viruses 10 (2017), 8, S. 1, 3.

[15] Alberts/Johnson/Lewis u. a., Molekularbiologie der Zelle, 2017, S. 480; Scarborough/Gatignol, Viruses 10 (2017), 8, S. 1, 3.

[16] Vgl. Campbell/Urry/Cain u. a., Biologie, 2019, S. 495.

[17] Vgl. Alberts/Johnson/Lewis u. a., Molekularbiologie der Zelle, 2017, S. 480.

4.2.2 Modellierung endogener nicht-codierender RNA

Moderne Therapiekonzepte machen sich diesen natürlichen Regulationsmechanismus der Zelle zunutze, indem endogene ncRNA-Modelle nachgebildet und gezielt in Zellen eingebracht werden. Auf diese Weise lässt sich ein Gen gezielt stummschalten, indem alle von diesem Gen exprimierten mRNA-Moleküle durch ncRNA abgefangen und deren Translation verhindert wird.[18] Das pathogene Protein, das auf der Information des defekten Gens beruhen würde, kann somit nicht mehr gebildet werden.[19]

Die Übertragung therapeutischer ncRNA kann auf unterschiedlichen Wegen erfolgen. Einerseits können virale Vektoren eingesetzt werden, die ein Gen in das menschliche Genom integrieren, welches wiederum die gewünschte ncRNA exprimiert.[20] Andererseits besteht die Möglichkeit, ncRNA ex vivo zu synthetisieren und sie anschließend mithilfe von Lipidnanopartikeln in die Zellen des Patienten zu transportieren.[21]

Ein besonders relevanter Typ therapeutisch nutzbarer ncRNA sind sog. small interfering RNA (siRNA).[22] Dabei handelt es sich um doppelsträngige RNA-Moleküle mit einer Länge von etwa 21 bis 25 Nukleotiden pro Strang.[23] siRNA wirken ausschließlich im Zytoplasma, indem sie an den RISC gebunden werden.[24] Innerhalb dieses Komplexes werden die beiden Stränge getrennt, wobei einer der Stränge an den RISC gebunden bleibt und diesem als Orientierung

---

[18] Vgl. Iorio/Croce, Journal of Clinical Oncology 27 (2009), S. 5848, 5854; Lam/Chow/Zhang u. a., Molecular Therapy Nucleic Acids 4 (2015), e252, S. 4; Scarborough/Gatignol, Viruses 10 (2017), 8, S. 1, 8.

[19] Vgl. Sridharan/Gogtay, British Journal of Clinical Pharmacology 82 (2016), S. 659, 660; Laffont/Rayner, The Canadian Journal of Cardiology 33 (2017), 313, S. 11 f.; Mizrahy/Hazan-Halevy/Dammes u. a., Molecular Therapy 25 (2017), 1491, S. 11 f.

[20] Lam/Chow/Zhang u. a., Molecular Therapy Nucleic Acids 4 (2015), e252, S. 9; Hutson/Foster/Moon u. a., Human Gene Therapy Methods 25 (2014), S. 14 ff.

[21] Vgl. Lam/Chow/Zhang u. a., Molecular Therapy Nucleic Acids 4 (2015), e252, S. 11; Fernandez-Piñeiro/Badiola/Sanchez, Biotechnology Advances 35 (2017), S. 350, 357; Mizrahy/Hazan-Halevy/Dammes u. a., Molecular Therapy 25 (2017), S. 1491, 1495; Torrecilla/Del Pozo-Rodríguez/Solinís u. a., Colloids and Surfaces B: Biointerfaces 146 (2016), S. 808 ff.

[22] Vgl. Nakamori/Junn/Mochizuki u. a., Neurotherapeutics 16 (2019), S. 287, 288.

[23] Martin, Gene Therapy, 2013, S. 135.

[24] Vgl. Martin, Gene Therapy, 2013, S. 141; Moore/Guthrie/Huang u. a., Methods in Molecular Biology 629 (2010), S. 141, 142.

dient.[25] Der RISC erkennt daraufhin komplementäre mRNA-Moleküle, spaltet diese enzymatisch und leitet deren Abbau ein.[26]

Darüber hinaus können siRNA auch auf die Transkriptionsphase einwirken. In diesem Fall bindet die siRNA bereits während der Transkription an eine entstehende prä-mRNA. Dadurch werden regulatorische Proteine an das betroffene Gen gelotst, die benachbarte Histone chemisch modifizieren und so die Initiation weiterer Transkriptionsvorgänge verhindern.[27]

4.2.3 Antisense-Oligonukleotide

Antisense-Oligonukleotide (ASO) kommen im Gegensatz zu ncRNA nicht natürlicherweise in menschlichen Zellen vor. Sie werden im Labor chemisch synthetisiert und bestehen aus kurzen, einzelsträngigen Nukleotidketten.[28] ASO können sowohl ex vivo als auch in vivo in menschliche Zellen eingebracht werden. Dort binden sie an komplementäre genetische Sequenzen und blockieren dadurch die Genexpression.[29] Auf diese Weise verhindern ASO beispielsweise, dass translationsfähige mRNA-Moleküle an das Ribosom binden, oder sie bewirken den Abbau der Ziel-mRNA durch zelleigene Ribonukleasen im Zytoplasma.[30] Im Gegensatz zu ncRNA werden ASO nicht über den RISC vermittelt. Sie wirken daher unabhängig von diesem Mechanismus und können auch teilweise komplementäre mRNA-Sequenzen binden und so deren Translation unterdrücken.[31]

---

[25] Alberts/Johnson/Lewis u. a., Molekularbiologie der Zelle, 2017, S. 481.

[26] Vgl. Berg/Tymoczko/Gatto u. a., Stryer Biochemie, 2018, S. 126; Campbell/Urry/Cain u. a., Biologie, 2019, S. 495; Lam/Chow/Zhang u. a., Molecular Therapy Nucleic Acids 4 (2015), e252, S. 2; Chen/Yang/Tang, Medicinal Research Reviews 38 (2018), S. 829, 838 f.

[27] Alberts/Johnson/Lewis u. a., Molekularbiologie der Zelle, 2017, S. 482 f.

[28] Sridharan/Gogtay, British Journal of Clinical Pharmacology 82 (2016), S. 659, 660; Broothaerts/Jacchia/Angers u. a., New Genomic Techniques (JRC Technical Report), EUR 30430 EN, 2021, S. 62; Walsh, Pharmaceutical Biotechnology, 2007, S. 446.

[29] Sridharan/Gogtay, British Journal of Clinical Pharmacology 82 (2016), S. 659, 660; Chen/Yang/Tang, Medicinal Research Reviews 38 (2018), S. 829, 832.

[30] Broothaerts/Jacchia/Angers u. a., New Genomic Techniques (JRC Technical Report), EUR 30430 EN, 2021, S. 62; Walsh, Pharmaceutical Biotechnology, 2007, S. 452.

[31] Vgl. Nakamori/Junn/Mochizuki u. a., Neurotherapeutics 16 (2019), S. 287, 289 f.; Lam/Chow/Zhang u. a., Molecular Therapy Nucleic Acids 4 (2015), e252, S. 2.

4.2.4 Aptamere

Aptamere kommen ebenso wenig auf natürliche Weise in menschlichen Zellen vor. Es handelt sich um einzelsträngige DNA- oder RNA-Moleküle, die chemisch im Labor synthetisiert werden.[32] Sie besitzen die Fähigkeit, hochspezifisch an Zielmoleküle zu binden.[33] Dabei kann es sich – anders als bei ncRNA oder ASO – nicht nur um komplementäre genetische Sequenzen, sondern auch um Proteine handeln.[34] Durch diese Eigenschaft eignen sich Aptamere insbesondere dazu, regulatorische Proteine der Genexpression zu binden und deren Funktion gezielt zu beeinflussen. So können sie potenziell Transkriptionsfaktoren hemmen, die an der Steuerung der Genexpression auf epigenetischer Ebene beteiligt sind. In diesem Fall wirken die genetischen Sequenzen der Aptamere funktional wie Enzyme. Aptamere stellen somit einen innovativen Ansatz dar, der zwar denselben molekularen Ausgangspunkt wie RNAi nutzt – nämlich die Verwendung genetischer Sequenzen als Wirkstoff –, jedoch über ein breiteres Anwendungsspektrum verfügt. Insofern können sie potentiell im Rahmen der RNA-Interferenz als auch auf epigenetischer Ebene therapeutisch eingesetzt werden.

[32] Sridharan/Gogtay, British Journal of Clinical Pharmacology 82 (2016), S. 659, 660; Zhang/Lai/Juhas, Molecules 24 (2019), 941, S. 1; Chen/Yang/Tang, Medicinal Research Reviews 38 (2018), S. 829, 839, 849 f.; Walsh, Pharmaceutical Biotechnology, 2007, S. 453.

[33] Zhang/Lai/Juhas, Molecules 24 (2019), 941, S. 1.

[34] Vgl. Zhang/Lai/Juhas, Molecules 24 (2019), 941, S. 10; Chen/Yang/Tang, Medicinal Research Reviews 38 (2018), S. 829, 839.

Genome-Editing

5

Die Transduktion von Genen in menschliche Zellen sowie RNA-vermittelte Verfahren zur Beeinflussung der Genexpression haben bereits eine Vielzahl therapeutischer Konzepte ermöglicht. Gleichwohl besteht seit jeher das Bestreben, genetische Defekte unmittelbar im Genom einer menschlichen Zelle zu korrigieren oder zu beseitigen. Eine solche Möglichkeit bietet das Genome-Editing. Im Gegensatz zu klassischen Gentransfers beschränkt sich das Genome-Editing nicht auf den bloßen Transport genetischer Sequenzen in Zellen, sondern erlaubt gezielte Veränderungen an vordefinierten Positionen des Genoms.[1] Dies geschieht mithilfe von Verfahren der Oligonukleotid-gelenkten Mutagenese (ODM – Oligonucleotide Directed Mutagenesis) oder durch den Einsatz ortsspezifischer Nukleasen[2] (SDN – Site-directed Nucleases).

Bei der ODM werden kurze, synthetisch hergestellte Oligonukleotide in Zellen eingebracht, um gezielte Mutationen im Genom hervorzurufen.[3] Für die Therapie am Menschen spielt dieses Verfahren bislang eine untergeordnete Rolle, da die Richtung und Präzision der verursachten Mutationen nicht zuverlässig kontrollierbar sind.[4] Von weit größerer Bedeutung ist der Einsatz von SDN-Verfahren. Dabei werden Nukleasen verwendet, die DNA-Stränge gezielt durchtrennen können. Auf diese Weise lassen sich bestimmte Genabschnitte aus dem Genom

[1] Gürtler/Baillie/Goerlich u. a., Genome Editing, 2019, S. 5.

[2] Nukleasen sind Proteine, die Nukleinsäuren durch ihre enzymatische Funktion abbauen oder gezielt schneiden.

[3] Gürtler/Baillie/Goerlich u. a., Genome Editing, 2019, S. 7; Broothaerts/Jacchia/Angers u. a., New Genomic Techniques (JRC Technical Report), EUR 30430 EN, 2021, S. 46 f.

[4] Broothaerts/Jacchia/Angers u. a., New Genomic Techniques (JRC Technical Report), EUR 30430 EN, 2021, S. 47; Schambach/Buchholz/Torres-Ruiz u. a., Lancet 403 (2024), S. 568, 569.

L. Pietrek, *Somatische genomische Therapien*,
https://doi.org/10.1007/978-3-658-52943-7_5

entfernen und deaktivieren (sog. Gen-Knockout). Ebenso können neue genetische Sequenzen an der durchtrennten Stelle eingefügt oder einzelne Basenpaare ausgetauscht werden. Im Unterschied zu viralen Vektoren erfolgt die Modifikation ortsspezifisch: Der genaue locus, an dem die Nuklease ansetzt, kann definiert und angesteuert werden.

5.1 Homologe Rekombination und nicht-homologe Endverknüpfung

Nukleasen durchtrennen genetische Sequenzen, indem sie Doppelstrangbrüche in der DNA erzeugen.[5] Die im Rahmen des Genome-Editing eingesetzten Technologien sind jedoch nicht in der Lage, die dabei entstehenden Schäden selbstständig zu reparieren. Stattdessen greifen sie auf die natürlichen Reparaturmechanismen der Zelle zurück: die homologe Rekombination (HR – Homologous Recombination) und die nicht-homologe Endverknüpfung (NHEJ – Non-homologous End Joining).[6]

5.1.1 Homologe Rekombination als zellulärer Reparaturmechanismus

Die homologe Rekombination (HR) ist ein natürlicher Reparaturmechanismus der Zelle, der unter anderem eine fehlerfreie DNA-Replikation während der Zellteilung gewährleistet. Dabei nutzt die Zelle den unbeschädigten DNA-Strang als Vorlage für die Reparatur. Wird die neu synthetisierte DNA während der Zellteilung beschädigt, schneiden zelluläre Nukleasen den betroffenen Abschnitt heraus.[7] Anschließend wird die intakte Sequenz des Vorlage-Strangs an der freigewordenen Stelle kopiert und in die beschädigte DNA eingebaut.[8]

---

[5] Vgl. Dunbar/High/Joung u. a., Science 359 (2018), eaan4672, S. 2; Broothaerts/Jacchia/Angers u. a., New Genomic Techniques (JRC Technical Report), EUR 30430 EN, 2021, S. 13, 24.

[6] Dunbar/High/Joung u. a., Science 359 (2018), eaan4672, S. 2.; Broothaerts/Jacchia/Angers u. a., New Genomic Techniques (JRC Technical Report), EUR 30430 EN, 2021, S. 35; Schambach/Buchholz/Torres-Ruiz u. a., Lancet 403 (2024), S. 568, 569.

[7] Alberts/Johnson/Lewis u. a., Molekularbiologie der Zelle, 2017, S. 311.

[8] Alberts/Johnson/Lewis u. a., Molekularbiologie der Zelle, 2017, S. 311; Berg/Tymoczko/Gatto u. a., Stryer Biochemie, 2018, S. 986.

5.1.2 Homologe Rekombination im Rahmen des Genome-Editing

Die homologe Rekombination (HR) hat den Vorteil, dass die Reparatur eines Doppelstrangbruchs grundsätzlich fehlerfrei erfolgt, da eine exakte Kopie der Vorlage-DNA in das Genom integriert wird.[9] Beim Genome-Editing kann dieser Mechanismus gezielt genutzt werden, indem dem Werkzeug zusätzlich ein DNA-Fragment als Vorlage beigefügt wird.[10] Diese Vorlage muss weitgehend homolog zur Zielsequenz der Zelle sein. An der Stelle, die dem Schnittpunkt der Nuklease entspricht, wird der therapeutisch wirksame Abschnitt positioniert.[11] Auf diese Weise kann die therapeutische Sequenz präzise in das Genom eingefügt werden. Ein solches Vorgehen wird als SDN-3-Verfahren bezeichnet.[12] Werden lediglich einzelne Basenpaare an der Schnittstelle ausgetauscht oder eingefügt, spricht man von einem SDN-2-Verfahren.

5.1.3 Nicht-homologe Endverknüpfung als zellulärer Reparaturmechanismus

Im Gegensatz zur homologen Rekombination (HR) tritt die nicht-homologe Endverknüpfung (NHEJ) in allen Phasen des Zellzyklus auf und erfordert keine DNA-Vorlage zur Reparatur eines Doppelstrangbruchs.[13] Stattdessen werden die beiden Enden des Bruchs miteinander verknüpft. Dabei kann es zum Verlust oder

[9] Alberts/Johnson/Lewis u. a., Molekularbiologie der Zelle, 2017, S. 310; Berg/Tymoczko/Gatto u. a., Stryer Biochemie, 2018, S. 169; Broothaerts/Jacchia/Angers u. a., New Genomic Techniques (JRC Technical Report), EUR 30430 EN, 2021, S. 41.

[10] Broothaerts/Jacchia/Angers u. a., New Genomic Techniques (JRC Technical Report), EUR 30430 EN, 2021, S. 38; Shim/Kim/Park u. a., Acta Pharmacologica Sinica 38 (2017), S. 738, 739.

[11] Vgl. Gürtler/Baillie/Goerlich u. a., Genome Editing, 2019, S. 10.

[12] Gürtler/Baillie/Goerlich u. a., Genome Editing, 2019, S. 9 f.; European Commission, Commission Staff Working Document, Study on the status of new genomic techniques under Union law and in light of the Court of Justice ruling in Case C-528/16, SWD(2021) 92 final, 2021 (https://food.ec.europa.eu/system/files/2021-04/gmo_mod-bio_ngt_eu-study.pdf), S. 14 (geprüft am 24.10.2025).

[13] Vgl. Broothaerts/Jacchia/Angers u. a., New Genomic Techniques (JRC Technical Report), EUR 30430 EN, 2021, S. 36 f.

zur Einfügung einzelner Basen kommen, wodurch Mutationen an der Reparaturstelle entstehen.[14] Dieser Mechanismus arbeitet schneller und effizienter als die homologe Rekombination (HR), ist jedoch fehleranfälliger, weil er ungewollte Veränderungen im Genom der Zelle hervorrufen kann.[15]

5.1.4 Nicht-homologe Endverknüpfung im Rahmen des Genome-Editing

Im Rahmen des Genome-Editing wird die nicht-homologe Endverknüpfung (NHEJ) gezielt genutzt, um bestimmte Genabschnitte aus dem Genom zu entfernen oder zu deaktivieren. Dabei wird durch eine Nuklease ein Doppelstrangbruch erzeugt, der anschließend durch NHEJ repariert wird.[16] Dieses Vorgehen wird als SDN-1-Verfahren bezeichnet.[17]

5.2 Restriktionsenzyme und Designernukleasen

Die ersten von Menschen genutzten Nukleasen waren sog. Restriktionsenzyme. Sie kommen natürlicherweise in Bakterien vor und dienen dort als Abwehrmechanismus gegen Bakteriophagen. Restriktionsenzyme erkennen spezifische, meist palindromische[18] DNA-Sequenzen von vier bis acht Basenpaaren und schneiden

[14] Vgl. Berg/Tymoczko/Gatto u. a., Stryer Biochemie, 2018, S. 852; Alberts/Johnson/Lewis u. a., Molekularbiologie der Zelle, 2017, S. 310.

[15] Broothaerts/Jacchia/Angers u. a., New Genomic Techniques (JRC Technical Report), EUR 30430 EN, 2021, S. 37, 41; Dunbar/High/Joung u. a., Science 359 (2018), eaan4672, S. 2.

[16] Gürtler/Baillie/Goerlich u. a., Genome Editing, 2019, S. 9; Shim/Kim/Park u. a., Acta Pharmacologica Sinica 38 (2017), S. 738, 739; Broothaerts/Jacchia/Angers u. a., New Genomic Techniques (JRC Technical Report), EUR 30430 EN, 2021, S. 25.

[17] Gürtler/Baillie/Goerlich u. a., Genome Editing, 2019, S. 9; European Commission, Commission Staff Working Document, Study on the status of new genomic techniques under Union law and in light of the Court of Justice ruling in Case C-528/16, SWD(2021) 92 final, 2021 (https://food.ec.europa.eu/system/files/2021-04/gmo_mod-bio_ngt_eu-study.pdf), S. 14 (geprüft am 24.10.2025).

[18] Ein DNA-Abschnitt ist palindromisch, wenn er in beiden Strängen in entgegengesetzter Orientierung dieselbe Basensequenz aufweist, z. B. AGGCCT und TCCGGA; vgl. Spektrum Wissenschaft (Hrsg.), Lexikon der Biologie (https://www.spektrum.de/lexikon/biologie), Stichwort: Palindrom (geprüft am 24.10.2025).

die DNA an diesen Stellen durch.[19] In der zweiten Hälfte des 20. Jahrhunderts gelang es, Restriktionsenzyme gezielt im Reagenzglas einzusetzen, um DNA an definierten Positionen zu spalten und neu zu kombinieren.[20] Dieses Verfahren, als Klonierung von DNA bezeichnet, legte den Grundstein der modernen Gentechnik und ermöglichte unter anderem die biotechnologische Herstellung von Proteinen wie Humaninsulin in vitro.[21]

Seitdem wurden eine Vielzahl an Designernukleasen entwickelt, etwa Meganukleasen. Diese weisen im Gegensatz zu Restriktionsenzymen deutlich längere Erkennungssequenzen von etwa 20 bis 30 Basenpaaren auf.[22] Aufgrund dieser Länge ist die Zielsequenz statistisch nahezu einmalig, was Meganukleasen eine besonders hohe Spezifität verleiht.[23] Die Erkennungssequenzen können im Labor modifiziert werden, um gezielt andere loci im Genom anzusteuern.[24]

Zinkfingernukleasen (ZFN) erreichen ihre Spezifität hingegen über Proteinstrukturen.[25] Sie bestehen aus einer DNA-Bindedomäne und einer Nukleasedomäne.[26] Für einen Doppelstrangbruch sind stets zwei ZFN erforderlich, deren Bindedomänen jeweils drei aufeinanderfolgende Nukleotide erkennen.[27] Sobald beide ZFN an den komplementären DNA-Strängen gebunden sind, erfolgt der Schnitt durch die Nukleasedomänen.[28]

---

[19] Gürtler/Baillie/Goerlich u. a., Genome Editing, 2019, S. 5; vgl. Watson, Recombinant DNA, 2007, S. 77.

[20] Vgl. Watson, Recombinant DNA, 2007, S. 76.

[21] Buchholz/Collins, Eine kleine Geschichte der Biotechnologie, 2022, S. 179.

[22] Gürtler/Baillie/Goerlich u. a., Genome Editing, 2019, S. 11; Belfort/Bonocora, Methods in Molecular Biology 1123 (2014), S. 1, 4.

[23] Gürtler/Baillie/Goerlich u. a., Genome Editing, 2019, S. 11; Belfort/Bonocora, Methods in Molecular Biology 1123 (2014), S. 1, 4; Broothaerts/Jacchia/Angers u. a., New Genomic Techniques (JRC Technical Report), EUR 30430 EN, 2021, S. 25 f.

[24] Gürtler/Baillie/Goerlich u. a., Genome Editing, 2019, S. 11.

[25] Broothaerts/Jacchia/Angers u. a., New Genomic Techniques (JRC Technical Report), EUR 30430 EN, 2021, S. 27.

[26] Gürtler/Baillie/Goerlich u. a., Genome Editing, 2019, S. 11; Gersbach/Gaj/Barbas, Accounts of Chemical Research 47 (2014), S. 2309, 2310; Broothaerts/Jacchia/Angers u. a., New Genomic Techniques (JRC Technical Report), EUR 30430 EN, 2021, S. 27.

[27] Gürtler/Baillie/Goerlich u. a., Genome Editing, 2019, S. 11; Shim/Kim/Park u. a., Acta Pharmacologica Sinica 38 (2017), S. 738, 739; Gersbach/Gaj/Barbas, Accounts of Chemical Research 47 (2014), S. 2309, 2311; Broothaerts/Jacchia/Angers u. a., New Genomic Techniques (JRC Technical Report), EUR 30430 EN, 2021, S. 27.

[28] Gürtler/Baillie/Goerlich u. a., Genome Editing, 2019, S. 11; Shim/Kim/Park u. a., Acta Pharmacologica Sinica 38 (2017), S. 738, 739.

Transcription Activator-like Effector Nucleases (TALEN) funktionieren nach einem ähnlichen Prinzip.[29] Auch sie bestehen aus einer DNA-Bindedomäne und einer Nukleasedomäne.[30] Die Bindedomäne setzt sich aus variablen Aminosäuren zusammen, die jeweils einem bestimmten Nukleotid zugeordnet sind.[31] Die Abfolge dieser Aminosäuren bestimmt die Spezifität der TALEN. Erkennt die Bindedomäne die Zielsequenz, wird der DNA-Doppelstrang durch die Nukleasedomäne gespalten.[32] Wie bei ZFN sind für einen Doppelstrangbruch stets zwei TALEN erforderlich.[33]

5.3 CRISPR-Cas-System

Die Entdeckung des CRISPR-Cas-Systems, das häufig auch als „Genschere" bezeichnet wird, markiert einen Meilenstein in der modernen Molekularbiologie. Es unterscheidet sich grundlegend von früheren Designernukleasen und stellt in seiner ursprünglichen Form ein klassisches SDN-Verfahren dar. Inzwischen ist das Anwendungsspektrum des CRISPR-Cas-Systems erheblich erweitert worden. Im Vergleich zu anderen SDN-Techniken zeichnet es sich durch eine höhere Spezifität, einfachere Handhabung und geringere Kosten aus.[34]

5.3.1 Bakterien und Bakteriophagen

Das Verständnis des CRISPR-Cas-Mechanismus erfordert einen Blick auf seinen evolutionären Ursprung. Wie schon die Restriktionsenzyme wurde auch das

[29] Vgl. Shim/Kim/Park u. a., Acta Pharmacologica Sinica 38 (2017), S. 738, 740; Broothaerts/Jacchia/Angers u. a., New Genomic Techniques (JRC Technical Report), EUR 30430 EN, 2021, S. 28.

[30] Gürtler/Baillie/Goerlich u. a., Genome Editing, 2019, S. 12; Dunbar/High/Joung u. a., Science 359 (2018), eaan4672, S. 2; Shim/Kim/Park u. a., Acta Pharmacologica Sinica 38 (2017), S. 738, 740; Broothaerts/Jacchia/Angers u. a., New Genomic Techniques (JRC Technical Report), EUR 30430 EN, 2021, S. 29.

[31] Gürtler/Baillie/Goerlich u. a., Genome Editing, 2019, S. 12; Shim/Kim/Park u. a., Acta Pharmacologica Sinica 38 (2017), S. 738, 740; Broothaerts/Jacchia/Angers u. a., New Genomic Techniques (JRC Technical Report), EUR 30430 EN, 2021, S. 29.

[32] Gürtler/Baillie/Goerlich u. a., Genome Editing, 2019, S. 12; Broothaerts/Jacchia/Angers u. a., New Genomic Techniques (JRC Technical Report), EUR 30430 EN, 2021, S. 27.

[33] Gürtler/Baillie/Goerlich u. a., Genome Editing, 2019, S. 12.

[34] Liu/Lin/Jin u. a., Molecular Cell 82 (2022), S. 333.

CRISPR-Cas-System zunächst in Bakterien entdeckt. Im bakteriellen Genom fanden Forschende sog. Clustered Regularly Interspaced Short Palindromic Repeats (CRISPR) – gehäuft auftretende, regelmäßig unterbrochene, kurze palindromische Wiederholungen.[35] Bakterien, die einen Angriff durch Bakteriophagen überlebt hatten, integrierten Teile der viralen DNA in ihr eigenes Genom.[36] Diese DNA-Fragmente dienen dem Bakterium als molekulares Gedächtnis. Werden diese Sequenzen im Rahmen der Genexpression transkribiert, entsteht eine RNA, die komplementär zur DNA der Bakteriophagen ist.[37] Diese RNA verbindet sich anschließend mit sog. Cas-Proteinen (Nukleasen), die im bakteriellen Immunsystem eine zentrale Rolle spielen. Der resultierende Komplex aus CRISPR-RNA und Cas-Protein erkennt eindringende virale DNA anhand der komplementären Sequenz und zerschneidet sie gezielt. Dadurch wird verhindert, dass sich der Bakteriophage im Bakterium vermehren kann, wodurch das Bakterium überlebt.

5.3.2 CRISPR-Cas9

Jennifer Doudna und Emmanuelle Charpentier gelang es erstmals, den natürlichen CRISPR-Cas-Mechanismus in vitro für molekularbiologische Zwecke nutzbar zu machen.[38] Dabei konnten sie zeigen, dass sich die Funktionsweise des bakteriellen Abwehrsystems auf eukaryotische Zellen übertragen lässt. Im Reagenzglas lässt sich eine RNA konstruieren, die aus mehreren funktionellen Abschnitten besteht: einem Promotor, einer clustered regularly interspaced short palindromic repeat RNA (crRNA), CRISPR-assoziierten Genen sowie einer trans-activating crRNA (tracrRNA).[39] Der Promotor gewährleistet, dass die genetische Sequenz im Rahmen der Genexpression transkribiert wird. Die CRISPR-assoziierten Gene codieren die Nuklease Cas9 – ein Enzym, das, wie andere Nukleasen, DNA

---

[35] Gostimskaya, Biochemistry 87 (2022), S. 777, 777 f.; Makarova/Wolf/Iranzo u. a., Nature Reviews Microbiology 18 (2020), S. 67, 67 f.; Broothaerts/Jacchia/Angers u. a., New Genomic Techniques (JRC Technical Report), EUR 30430 EN, 2021, S. 30; Jinek/Chylinski/Fonfara u. a., Science 337 (2012), S. 816.

[36] Gürtler/Baillie/Goerlich u. a., Genome Editing, 2019, S. 12; Gostimskaya, Biochemistry 87 (2022), S. 777, 779.

[37] Gürtler/Baillie/Goerlich u. a., Genome Editing, 2019, S. 12; Broothaerts/Jacchia/Angers u. a., New Genomic Techniques (JRC Technical Report), EUR 30430 EN, 2021, S. 30.

[38] Vgl. Doudna/Charpentier, Science 346 (2014), 1258096; Dunbar/High/Joung u. a., Science 359 (2018), eaan4672, S. 2; Gostimskaya, Biochemistry 87 (2022), S. 777, 779 ff.

[39] Sander/Joung, Nature Biotechnology 32 (2014), S. 347, 349; Gonçalves/Paiva, Einstein (Sao Paulo, Brazil) 15 (2017), S. 369, 373.

gezielt durchtrennen kann. Die Spezifität des Systems ergibt sich aus der crRNA und der tracrRNA, die zusammen die sog. guide RNA (gRNA) bilden.[40] Diese ist komplementär zu einer vorher festgelegten Zielsequenz im Genom der Zelle und steuert Cas9 präzise an diese Stelle.[41] Dort erzeugt Cas9 einen Doppelstrangbruch der DNA.[42] Da die gRNA synthetisch an jede beliebige Zielsequenz angepasst werden kann, lässt sich theoretisch jedes Gen des menschlichen Genoms gezielt ansteuern – vorausgesetzt, die einer Erkrankung zugrunde liegende genetische Ursache ist bekannt.[43]

CRISPR-Cas9 stellt damit ein SDN-basiertes Verfahren dar, das sowohl für SDN-1-, SDN-2- als auch SDN-3-Anwendungen geeignet ist.[44] Es kann eingesetzt werden, um Gene gezielt auszuschalten (Gen-Knockout) oder mithilfe einer homologen Vorlage neue Sequenzen in das Genom einzufügen bzw. bestehende auszutauschen.[45] Im Unterschied zu früheren Technologien zeichnet sich das CRISPR-Cas-System aufgrund der gRNA durch einen besonders hohen Präzisionsgrad aus und geht deshalb mit vergleichsweise geringeren Sicherheitsrisiken einher.

---

[40] Dunbar/High/Joung u. a., Science 359 (2018), eaan4672, S. 2; Alberts/Johnson/Lewis u. a., Molekularbiologie der Zelle, 2017, S. 557; Broothaerts/Jacchia/Angers u. a., New Genomic Techniques (JRC Technical Report), EUR 30430 EN, 2021, S. 30.

[41] Vgl. Gürtler/Baillie/Goerlich u. a., Genome Editing, 2019, S. 15; Alberts/Johnson/Lewis u. a., Molekularbiologie der Zelle, 2017, S. 557; Sander/Joung, Nature Biotechnology 32 (2014), S. 347, 350 f.; Broothaerts/Jacchia/Angers u. a., New Genomic Techniques (JRC Technical Report), EUR 30430 EN, 2021, S. 31.

[42] Alberts/Johnson/Lewis u. a., Molekularbiologie der Zelle, 2017, S. 557; Liu/Lin/Jin u. a., Molecular Cell 82 (2022), S. 333; Simón/Rodríguez/Santiago Vispo, Therapeutic Innovation & Regulatory Science 52 (2018), S. 701, 703; Anguela/High, Annual Review of Medicine 70 (2019), S. 273, 285; Kantor/McClements/MacLaren, International Journal of Molecular Sciences 21 (2020), S. 6240, 6241 f.; Broothaerts/Jacchia/Angers u. a., New Genomic Techniques (JRC Technical Report), EUR 30430 EN, 2021, S. 30.

[43] Eine Einschränkung besteht jedoch darin, dass das CRISPR-Cas-System stets eine sog. PAM-Sequenz (protospacer adjacent motif) erkennen muss, bevor die gRNA ihre Zielsequenz mit dem Genom der Zelle abgleicht, siehe Gürtler/Baillie/Goerlich u. a., Genome Editing, 2019, S. 13; Alberts/Johnson/Lewis u. a., Molekularbiologie der Zelle, 2017, S. 558.

[44] Vgl. Gürtler/Baillie/Goerlich u. a., Genome Editing, 2019, S. 15; Broothaerts/Jacchia/Angers u. a., New Genomic Techniques (JRC Technical Report), EUR 30430 EN, 2021, S. 33.

[45] Vgl. Sander/Joung, Nature Biotechnology 32 (2014), S. 347, 349; Doudna/Sternberg, Eingriff in die Evolution, 2018, S. 105 ff.; Broothaerts/Jacchia/Angers u. a., New Genomic Techniques (JRC Technical Report), EUR 30430 EN, 2021, S. 33.

5.3.3 Base-Editing

Das sog. Base-Editing weist im Vergleich zu klassischen SDN-Verfahren deutliche Unterschiede auf. Es handelt sich um eine Weiterentwicklung des CRISPR-Cas-Systems, die den gezielten Austausch einzelner Basen in der Ziel-DNA-Sequenz ermöglicht. Auf diese Weise können Punktmutationen im Genom korrigiert oder gezielt Stoppcodons eingefügt werden, um Gene auszuschalten.[46]

Der CRISPR-Cas-Komplex besteht beim Base-Editing aus einer gRNA und einer modifizierten Version des Cas9-Proteins, das um eine katalytische Domäne erweitert wurde.[47] Im Unterschied zum herkömmlichen CRISPR-Cas9-System erzeugt das Cas-Protein hier keinen Doppelstrangbruch der DNA. Stattdessen wird ein deaktiviertes Cas9-Protein (dCas9) eingesetzt,[48] das nicht als Nuklease wirkt, sondern lediglich an die Zielsequenz bindet und die katalytische Domäne transportiert.[49]

Wird beispielsweise eine Desaminase als katalytische Domäne verwendet, kann eine Base gezielt chemisch verändert werden – etwa durch Umwandlung von Adenin (A) zu Inosin (I), das zellulär als Guanin (G) erkannt wird.[50] Die chemische Modifikation erfolgt dabei nur an einem DNA-Strang.[51] Dementsprechend sind die beiden DNA-Stränge an der modifizierten Stelle im Anschluss nicht mehr komplementär. Dieser „Mismatch" wird von den zelleigenen Reparaturmechanismen erkannt, die den gegenüberliegenden Strang an die editierte

---

[46] Broothaerts/Jacchia/Angers u. a., New Genomic Techniques (JRC Technical Report), EUR 30430 EN, 2021, S. 49.

[47] Die katalytische Domäne wird auch als sog. Base-Editing-Domäne (Base Editor) bezeichnet; siehe Rees/Liu, Nature Reviews Genetics 19 (2018), S. 770, 774; Gaudelli/Komor/Rees u. a., Nature 551 (2017), S. 464, 465; Godbout/Tremblay, Cells 12 (2023), 536, S. 1; Broothaerts/Jacchia/Angers u. a., New Genomic Techniques (JRC Technical Report), EUR 30430 EN, 2021, S. 48.

[48] Vgl. Rees/Liu, Nature Reviews Genetics 19 (2018), S. 770, 772; Sander/Joung, Nature Biotechnology 32 (2014), S. 347, 354; Broothaerts/Jacchia/Angers u. a., New Genomic Techniques (JRC Technical Report), EUR 30430 EN, 2021, S. 48.

[49] Vgl. Gürtler/Baillie/Goerlich u. a., Genome Editing, 2019, S. 16; Rees/Liu, Nature Reviews Genetics 19 (2018), S. 770, 772; Blighe/DeDionisio/Christie u. a., BMC Genomics 19 (2018), 595, S. 8 f.

[50] Gaudelli/Komor/Rees u. a., Nature 551 (2017), S. 464, 465; Liu/Lin/Jin u. a., Molecular Cell 82 (2022), S. 333, 337; Broothaerts/Jacchia/Angers u. a., New Genomic Techniques (JRC Technical Report), EUR 30430 EN, 2021, S. 49.

[51] Godbout/Tremblay, Cells 12 (2023), 536, S. 1 f.

Base anpassen.[52] Auf diese Weise entsteht schließlich ein komplementäres Basenpaar. Das Base-Editing ermöglicht somit eine gezielte genetische Veränderung, ohne dass ein Doppelstrangbruch im Genom erzeugt wird.[53] Dadurch verringert sich das Risiko unerwünschter Insertionen, Deletionen oder chromosomaler Umlagerungen erheblich.

5.3.4 Prime-Editing

Eine weitere Weiterentwicklung des CRISPR-Cas-Systems stellt das sog. Prime-Editing dar. Im Gegensatz zum Base-Editing erlaubt diese Methode den gezielten Austausch sämtlicher Basen sowie das Einfügen oder Entfernen kurzer DNA-Abschnitte – und dies ebenfalls ohne die Erzeugung eines Doppelstrangbruchs. [54]

Der CRISPR-Cas-Komplex beim Prime-Editing besteht aus einer verlängerten gRNA, dem Enzym Reverse Transkriptase sowie einer modifizierten Cas-Nuklease, der sog. Nickase.[55] Die Nickase ist eine Variante des Cas9-Proteins, die nur einen der beiden DNA-Stränge schneidet. Die verlängerte gRNA enthält neben der Sequenz, die komplementär zur Ziel-DNA ist, zusätzlich eine RNA-Vorlage, welche die gewünschte genetische Veränderung codiert. Diese RNA wird deshalb als prime editing guide RNA (pegRNA) bezeichnet.[56]

Bindet die pegRNA an ihre komplementäre Zielsequenz im Genom, erzeugt die Nickase einen Einzelstrangbruch an der entsprechenden Stelle.[57]

---

[52] Durch eine zusätzliche Domäne am dCas9-Protein wird verhindert, dass die Zelle die im editierten DNA-Strang eingeführte Base durch den nicht editierten Gegenstrang korrigiert, siehe Gürtler/Baillie/Goerlich u. a., Genome Editing, 2019, S. 16; Rees/Liu, Nature Reviews Genetics 19 (2018), S. 770, 771; Broothaerts/Jacchia/Angers u. a., New Genomic Techniques (JRC Technical Report), EUR 30430 EN, 2021, S. 48.

[53] Zhao/Shang/Mohanraju u. a., Trends in Biotechnology 41 (2023), S. 1000.

[54] Broothaerts/Jacchia/Angers u. a., New Genomic Techniques (JRC Technical Report), EUR 30430 EN, 2021, S. 50.

[55] Vgl. Godbout/Tremblay, Cells 12 (2023), 536, S. 2; Broothaerts/Jacchia/Angers u. a., New Genomic Techniques (JRC Technical Report), EUR 30430 EN, 2021, S. 50.

[56] Liu/Lin/Jin u. a., Molecular Cell 82 (2022), S. 333, 337; Godbout/Tremblay, Cells 12 (2023), 536, S. 2; Zhao/Shang/Mohanraju u. a., Trends in Biotechnology 41 (2023), S. 1000, 1001; Kantor/McClements/MacLaren, International Journal of Molecular Sciences 21 (2020), 6240, S. 9.

[57] Liu/Lin/Jin u. a., Molecular Cell 82 (2022), S. 333, 337; Godbout/Tremblay, Cells 12 (2023), 536, S. 1; Kantor/McClements/MacLaren, International Journal of Molecular Sciences 21 (2020), 6240, S. 9; Broothaerts/Jacchia/Angers u. a., New Genomic Techniques

Anschließend nutzt das Enzym Reverse Transkriptase die in der pegRNA enthaltene Vorlage, um die gewünschte DNA-Sequenz zu synthetisieren. Das neu gebildete DNA-Fragment wird an der Bruchstelle in den Zielstrang integriert.[58]

Die Zelle erkennt daraufhin, dass die beiden DNA-Stränge an der betroffenen Stelle nicht mehr komplementär sind, und passt den gegenüberliegenden Strang mithilfe eigener Reparaturmechanismen an den editierten Strang an.[59] Auf diese Weise werden beide DNA-Stränge komplementär – die genetische Veränderung ist damit dauerhaft in das Genom integriert.

5.3.5 RNA-Editing

Das CRISPR-Cas-System kann nicht nur für Veränderungen des Genoms, sondern auch für gezielte Eingriffe in die RNA genutzt werden. Dieses Verfahren wird als RNA-Editing bezeichnet. Dabei besteht der CRISPR-Cas-Komplex aus einer guide RNA, die komplementär zu einer Ziel-RNA bindet, sowie einer modifizierten Variante der Cas13-Nuklease (dCas13).[60]

Das dCas13-Protein dient dabei nicht der Spaltung, sondern der gezielten Bindung der Ziel-RNA. Es kann mit weiteren Enzymen kombiniert werden, beispielsweise mit einer adenosine deaminase acting on RNA (ADAR).[61] Dieses Enzym ermöglicht die chemische Umwandlung einzelner Basen von Adenin (A) zu Inosin (I), das von der Zelle funktional als Guanin (G) interpretiert wird. Auf diese Weise lassen sich RNA-Sequenzen präzise modifizieren, ohne dass eine Veränderung des Genoms erfolgt.

(JRC Technical Report), EUR 30430 EN, 2021, S. 50; Zhao/Shang/Mohanraju u. a., Trends in Biotechnology 41 (2023), S. 1000, 1002.

[58] Godbout/Tremblay, Cells 12 (2023), 536, S. 2; Liu/Lin/Jin u. a., Molecular Cell 82 (2022), S. 333, 337.

[59] Broothaerts/Jacchia/Angers u. a., New Genomic Techniques (JRC Technical Report), EUR 30430 EN, 2021, S. 50.

[60] Liu/Lin/Jin u. a., Molecular Cell 82 (2022), S. 333, 335 f.; Pickar-Oliver/Gersbach, Nature Reviews Molecular Cell Biology 20 (2019), 490, S. 11.

[61] Gürtler/Baillie/Goerlich u. a., Genome Editing, 2019, S. 17; Rees/Liu, Nature Reviews Genetics 19 (2018), S. 770, 774 ff.; Liu/Lin/Jin u. a., Molecular Cell 82 (2022), S. 333, 336; Broothaerts/Jacchia/Angers u. a., New Genomic Techniques (JRC Technical Report), EUR 30430 EN, 2021, S. 59.

Die Forschung zum RNA-Editing befindet sich noch in einem frühen Entwicklungsstadium, dennoch gilt ein therapeutischer Nutzen als vielversprechend.[62] Denkbar wäre insbesondere die gezielte Beeinflussung des Spleißvorgangs während der RNA-Prozessierung oder die Korrektur krankheitsrelevanter Mutationen auf RNA-Ebene, ohne das zugrunde liegende Erbgut dauerhaft zu verändern.[63]

62 Vgl. Broothaerts/Jacchia/Angers u. a., New Genomic Techniques (JRC Technical Report), EUR 30430 EN, 2021, S. 60 f.

63 Vgl. Broothaerts/Jacchia/Angers u. a., New Genomic Techniques (JRC Technical Report), EUR 30430 EN, 2021, S. 59.

6 Epigenome-Editing

Neben den dargestellten Methoden, in das Genom oder Transkriptom einzugreifen, hat der wissenschaftliche Fortschritt auch Verfahren hervorgebracht, die gezielt auf das Epigenom einer Zelle einwirken. Ziel dieser Ansätze ist es, die natürlichen epigenetischen Mechanismen eukaryotischer Zellen zu imitieren. Hierzu werden Enzyme eingesetzt, welche die epigenetischen Eigenschaften von DNA und Histonen beeinflussen können. Um diese Enzyme an einen spezifischen locus im Genom zu bringen, werden die Erkennungsmechanismen der bereits beschriebenen SDN-Verfahren genutzt.

6.1 Acetylierung und Methylierung

Eine Möglichkeit des Epigenome-Editing besteht darin, die Chromatinstruktur durch Methylierung oder Acetylierung von DNA oder Histonen gezielt zu verändern, um dadurch die Genexpression zu modulieren.[1]

Durch das Einbringen von Acetyltransferasen in die Zelle können Acetylgruppen an DNA oder Histone angefügt werden. Dies führt zu einer „Lockerung" der Chromatinstruktur und erleichtert dem Enzym RNA-Polymerase II den Zugang zur DNA, wodurch die Transkription eines Gens initiiert wird.[2] Ein Gen wird auf diese Weise „aktiviert". Umgekehrt bewirkt die Einführung von Methyltransferasen in die Zelle eine Anlagerung von Methylgruppen an DNA oder Histone.

---

[1] Die Modifizierung von Histonen und die Anbringung epigenetischer Marker auf der DNA unterscheiden sich zwar in ihren Mechanismen, beide Prozesse bedienen sich jedoch von Methyl- und Acetyltransferasen, vgl. Broothaerts/Jacchia/Angers u. a., New Genomic Techniques (JRC Technical Report), EUR 30430 EN, 2021, S. 52 ff.

[2] Campbell/Urry/Cain u. a., Biologie, 2019, S. 486.

L. Pietrek, *Somatische genomische Therapien*,
https://doi.org/10.1007/978-3-658-52943-7_6

Dadurch verdichtet sich die Chromatinstruktur, RNA-Polymerase II erhält keinen Zugang mehr zu diesem Abschnitt – das Gen wird „stummgeschaltet“.[3]

Methyl- und Acetyltransferasen sind enzymatische Proteine ohne natürliche Sequenzspezifität. Um sie gezielt an einen bestimmten locus zu bringen, wird deren katalytische Domäne mit DNA-bindenden Proteinen verbunden.[4] Dazu können modifizierte TALEN-, ZFN- oder CRISPR-Cas-Proteine verwendet werden.[5]

6.2 CRISPRa und CRISPRi

Anstelle einer direkten Veränderung der Chromatinstruktur lassen sich auch sog. Epi-Effektoren, also Transkriptionsaktivatoren oder -repressoren, gezielt an bestimmte DNA-Abschnitte bringen.[6] Durch die Bindung von Transkriptionsaktivatoren kann etwa die Funktion eines Enhancers simuliert werden. RNA-Polymerase II wird dadurch stabil an die DNA gebunden, wodurch die Transkription des jeweiligen Gens initiiert wird.[7] Umgekehrt können durch Einbringen von Transkriptionsrepressoren Prozesse ausgelöst werden, die zur Methylierung oder Acetylierung der DNA bzw. der Histone führen und so die Genexpression vermindern.[8]

Zur präzisen Steuerung dieser Prozesse wird das CRISPR-Cas-System eingesetzt. Es besteht aus einer gRNA, einem inaktiven Cas-Protein (dCas9) und

[3] Vgl. Campbell/Urry/Cain u. a., Biologie, 2019, S. 486; Pickar-Oliver/Gersbach, Nature Reviews Molecular Cell Biology 20 (2019), 490, S. 13.

[4] Broothaerts/Jacchia/Angers u. a., New Genomic Techniques (JRC Technical Report), EUR 30430 EN, 2021, S. 53; Kungulovski/Jeltsch, Trends in Genetics 32 (2016), S. 101, 104.

[5] Vgl. Broothaerts/Jacchia/Angers u. a., New Genomic Techniques (JRC Technical Report), EUR 30430 EN, 2021, S. 53; Kungulovski/Jeltsch, Trends in Genetics 32 (2016), S. 101, 103 f.; Pickar-Oliver/Gersbach, Nature Reviews Molecular Cell Biology 20 (2019), 490, S. 13.

[6] Broothaerts/Jacchia/Angers u. a., New Genomic Techniques (JRC Technical Report), EUR 30430 EN, 2021, S. 56.

[7] Vgl. Broothaerts/Jacchia/Angers u. a., New Genomic Techniques (JRC Technical Report), EUR 30430 EN, 2021, S. 57; Campbell/Urry/Cain u. a., Biologie, 2019, S. 488 f.; Pickar-Oliver/Gersbach, Nature Reviews Molecular Cell Biology 20 (2019), 490, S. 12 f.

[8] Broothaerts/Jacchia/Angers u. a., New Genomic Techniques (JRC Technical Report), EUR 30430 EN, 2021, S. 56.

einem Epi-Effektor.[9] Je nach Art des Epi-Effektors spricht man von CRISPR-activation (CRISPRa), wenn ein Transkriptionsaktivator verwendet wird, oder von CRISPR-interference (CRISPRi), wenn ein Repressor eingesetzt wird.[10]

6.3 CRISPR-Cas-System und Methyltransferasedomänen

Neuere präklinische Studien zeigen, dass sich klassische CRISPRi- und CRISPRa-Systeme funktional erweitern lassen. Dabei wird das inaktive Cas9-Protein (dCas9) nicht nur mit einer Repressordomäne (KRAB), sondern zusätzlich mit DNA-Methyltransferasedomänen (DNMT3A und DNMT3L) fusioniert.[11] Diese Kombination ermöglicht eine gezielte epigenetische Modifikation durch Methylierung spezifischer genetischer loci.

Im Vergleich zu klassischen CRISPRi/CRISPRa-Ansätzen, die lediglich reversible Transkriptionsmodulationen hervorrufen, führt diese erweiterte Technik zu einer stabileren und länger anhaltenden Genrepression. Am Beispiel des PCSK9-Gens konnte gezeigt werden, dass eine derartige epigenetische Repression (PCSK9-EE) im Mausmodell über den Zeitraum eines Jahres wirksamer war als der Einsatz von CRISPRi oder ein konventioneller Gen-Knockout mittels CRISPR-Cas9.[12]

Die höhere Wirksamkeit erklärt sich dadurch, dass klassische Knockout-Strategien auf dem zelleigenen Reparaturmechanismus (NHEJ) beruhen, der genetische Veränderungen teilweise rückgängig machen kann. Der epigenetische Ansatz induziert hingegen keine DNA-Doppelstrangbrüche und ist daher unabhängig vom NHEJ-Mechanismus. Dadurch wird verhindert, dass das PCSK9-Gen „fehlerhaft" repariert und in seinen ursprünglichen Zustand zurückversetzt wird.

Gleichwohl ist die Methylierung durch PCSK9-EE – anders als ein genetischer Knockout – nicht unbegrenzt stabil. Nach 308 Tagen ließ die Wirkung im Tiermodell nach, da epigenetische Modifikationen im Gegensatz zu genetischen Veränderungen reversibel sind.[13]

---

[9] Gürtler/Baillie/Goerlich u. a., Genome Editing, 2019, S. 17.

[10] Broothaerts/Jacchia/Angers u. a., New Genomic Techniques (JRC Technical Report), EUR 30430 EN, 2021, S. 56; Pickar-Oliver/Gersbach, Nature Reviews Molecular Cell Biology 20 (2019), 490, S. 12.

[11] Tremblay/Xiong/Shah u. a., Nature Medicine 31 (2025), S. 1329, 1331.

[12] Tremblay/Xiong/Shah u. a., Nature Medicine 31 (2025), S. 1329, 1333.

[13] Tremblay/Xiong/Shah u. a., Nature Medicine 31 (2025), S. 1329, 1333.

Anwendungsbeispiele 7

Die nachfolgenden Beispiele illustrieren die klinische Umsetzung der zuvor dargestellten molekularbiologischen Konzepte. Anhand ausgewählter Therapien wird aufgezeigt, wie unterschiedliche Ansätze somatischer genomischer Therapien in der Praxis erprobt und zugelassen wurden.

7.1 Chimäre Antigenrezeptoren in der Onkologie

Ein stetig wachsendes Anwendungsgebiet somatischer genomischer Therapien sind sog. CAR-T-Zelltherapien, die als Hoffnungsträger in der Krebsbehandlung gelten.[1] Dabei wird einem Patienten oder Spender zunächst Blut entnommen. Durch das Verfahren der Leukapherese[2] werden die erforderlichen T-Zellen aus dem Vollblut isoliert, anschließend kryokonserviert und in ein spezialisiertes Labor überführt. Dort wird den T-Zellen ein Gen hinzugefügt, das für einen

[1] Hartmann/Schüßler-Lenz/Bondanza u. a., EMBO Molecular Medicine 9 (2017), S. 1183, 1184 f.

[2] Die Leukapherese ist ein zentrifugenbasiertes Verfahren, bei dem T-Zellen aus dem peripheren Blut entfernt werden, vgl. Zhang/Zhu/Jin u. a., International Journal of General Medicine 14 (2021), S. 3457, 3458; Qayed/McGuirk/Myers u. a., Cytotherapy 24 (2022), S. 869 ff.

L. Pietrek, *Somatische genomische Therapien*,
https://doi.org/10.1007/978-3-658-52943-7_7

spezifischen chimären Antigenrezeptor (CAR) codiert.[3] Die gentechnisch modifizierten T-Zellen werden im Labor vermehrt und nach Erreichen der erforderlichen Zellzahl erneut kryokonserviert, bevor sie zurück an den Behandlungsort gebracht werden.[4] Der Patient unterzieht sich vor der Infusion einer Chemotherapie, um sein Immunsystem auf die Behandlung vorzubereiten.[5] Am Therapietag werden die CAR-T-Zellen aufgetaut und dem Patienten infundiert.[6] Der CAR ermöglicht es den T-Zellen, Tumorzellen spezifisch zu erkennen und an diese zu binden.[7] Dadurch wird ein intrazellulärer Signalweg aktiviert, der die T-Zelle veranlasst, die Tumorzelle gezielt abzutöten.[8]

[3] Vgl. European Medicines Agency, Kymriah: EPAR – Product information, EMA/188757/2022, (https://www.ema.europa.eu/en/documents/product-information/kymriah-epar-product-information_en.pdf), S. 2 (geprüft am 24.10.2025); European Medicines Agency, European Medicines Agency, Yescarta: EPAR – Product Information, EMA/854121/2022, (https://www.ema.europa.eu/en/documents/product-information/yescarta-epar-product-information_en.pdf), S. 2 (geprüft am 24.10.2025); Dunbar/High/Joung u. a., Science 359 (2018), eaan4672, S. 7.

[4] European Medicines Agency, Yescarta: EPAR – Product Information, EMA/854121/2022, 2018, S. 3, 30; European Medicines Agency, Kymriah: EPAR – Product information, EMA/188757/2022, (https://www.ema.europa.eu/en/documents/product-information/kymriah-epar-product-information_en.pdf), S. 37 (geprüft am 24.10.2025).

[5] European Medicines Agency, Yescarta: EPAR – Product Information, EMA/854121/2022, (https://www.ema.europa.eu/en/documents/product-information/yescarta-epar-product-information_en.pdf), S. 3 (geprüft am 24.10.2025).

[6] European Medicines Agency, Kymriah: EPAR – Product information, EMA/188757/2022, (https://www.ema.europa.eu/en/documents/product-information/kymriah-epar-product-information_en.pdf), S. 38 (geprüft am 24.10.2025).

[7] Vgl. European Medicines Agency, European Medicines Agency, Yescarta: EPAR – Medicine overview, EMA/854121/2022, (https://www.ema.europa.eu/en/documents/overview/yescarta-epar-medicine-overview_en.pdf), S. 2 (geprüft am 24.10.2025); European Medicines Agency, Kymriah: EPAR – Medicine overview, EMA/188757/2022, (https://www.ema.europa.eu/en/documents/overview/kymriah-epar-medicine-overview_en.pdf), S. 2 (geprüft am 24.10.2025); weiterführend Berg/Tymoczko/Gatto u. a., Stryer Biochemie, 2018, S. 996; June/O'Connor/Kawalekar u. a., Science 359 (2018), S. 1361; Kalos/Levine/Porter u. a., Science Translational Medicine 3 (2011), 95ra73, S. 2.

[8] Vgl. European Medicines Agency, Yescarta: EPAR – Product Information, EMA/854121/2022, (https://www.ema.europa.eu/en/documents/product-information/yescarta-epar-product-information_en.pdf), S. 18 (geprüft am 24.10.2025); Dunbar/High/Joung u. a., Science 359 (2018), eaan4672, S. 7.

Im Jahr 2018 erhielten die ersten beiden autologen CAR-T-Zelltherapien – Kymriah und Yescarta – eine Marktzulassung in der Europäischen Union.[9] Kymriah enthält den Wirkstoff Tisagenlecleucel und ist zugelassen zur Behandlung der akuten lymphatischen B-Zell-Leukämie sowie diffuser großzelliger und follikulärer B-Zell-Lymphome.[10] Yescarta enthält den Wirkstoff Axicabtagen-Ciloleucel und ist für die Therapie hochmaligner B-Zell-Lymphome, darunter das diffuse großzellige B-Zell-Lymphom, das primäre mediastinale großzellige B-Zell-Lymphom und das follikuläre Lymphom, zugelassen.[11] Beide Produkte enthalten autologe T-Zellen, denen mittels viraler Vektoren ein Gen übertragen wird, das den jeweiligen CAR exprimiert. Es handelt sich deshalb in beiden Fällen um klassische additive ex-vivo-Gentherapien.

7.2 CRISPR-editierte Stammzellen bei Erkrankungen des Bluts

Ein weiteres bedeutendes Anwendungsfeld somatischer genomischer Therapien liegt in der Behandlung genetisch bedingter Bluterkrankungen wie Hämophilie, Sichelzellanämie oder β-Thalassämie. Bei der Sichelzellanämie führt eine Mutation im Hämoglobin-Gen zu einer strukturellen Fehlbildung der roten Blutkörperchen (Erythrozyten), die anstelle ihrer natürlichen Scheibenform eine sichelartige Gestalt annehmen.[12] Diese deformierten Zellen verstopfen Blutgefäße, was zu Organschäden führen kann.[13]

---

[9] European Medicines Agency, Yescarta: EPAR – Medicine overview, EMA/854121/2022, (https://www.ema.europa.eu/en/documents/overview/yescarta-epar-medicine-overview_en.pdf), S. 4 (geprüft am 24.10.2025); European Medicines Agency, Kymriah: EPAR – Medicine overview, EMA/188757/2022, (https://www.ema.europa.eu/en/documents/overview/kymriah-epar-medicine-overview_en.pdf), S. 4 (geprüft am 24.10.2025).

[10] European Medicines Agency, Kymriah: EPAR – Medicine overview, EMA/188757/2022, (https://www.ema.europa.eu/en/documents/overview/kymriah-epar-medicine-overview_en.pdf), S. 1 (geprüft am 24.10.2025).

[11] European Medicines Agency, Yescarta: EPAR – Medicine overview, EMA/854121/2022, (https://www.ema.europa.eu/en/documents/overview/yescarta-epar-medicine-overview_en.pdf), S. 1 (geprüft am 24.10.2025).

[12] Vgl. Frangoul/Altshuler/Cappellini u. a., The New England Journal of Medicine 384 (2021), S. 252, 253.

[13] European Medicines Agency, Casgevy: EPAR – Medicine overview, EMA/56648/2024, (https://www.ema.europa.eu/en/documents/overview/casgevy-epar-medicine-overview_en.pdf), S. 1 (geprüft am 24.10.2025).

Die Ursache liegt in einer verminderten Expression des γ-Globin-Gens, das durch eine übermäßige Aktivität des Gens BCL11A gehemmt wird.[14] Eine erfolgversprechende therapeutische Strategie besteht daher im gezielten Knockout des Gens BCL11A, um die Expression von γ-Globin zu reaktivieren.

Diesen Ansatz verfolgt die autologe Zelltherapie Casgevy, die erste weltweit zugelassene CRISPR-Therapie, mit dem Wirkstoff exagamglogene autotemcel.[15] Durch den Knockout des Enhancers, der für die Expression von BCL11A verantwortlich ist, wird die Aktivität dieses Gens dauerhaft unterdrückt, wodurch die Genexpression von γ-Globin gesteigert wird.

Im Rahmen dieser Therapie werden dem Patienten hämatopoetische Stammzellen[16] mittels Apherese entnommen.[17] Anschließend wird der CRISPR-Cas9-Komplex durch Elektroporation in diese Zellen eingebracht. Die gRNA ist dabei komplementär zur Nukleotidsequenz des BCL11A-Enhancers, sodass das Enzym Cas9 diesen gezielt schneidet und entfernt.[18] In der Folge wird BCL11A nicht mehr transkribiert und die Expression des γ-Globin-Gens wiederhergestellt.[19]

Vor der Reinfusion unterzieht sich der Patient einer Chemotherapie, um die nicht-editierten Stammzellen mit dem genetischen Defekt zu eliminieren.[20] Nach der Infusion produzieren die editierten Stammzellen dauerhaft Erythrozyten

---

[14] Frangoul/Altshuler/Cappellini u. a., The New England Journal of Medicine 384 (2021), S. 252, 253; Schambach/Buchholz/Torres-Ruiz u. a., Lancet 403 (2024), S. 568, 576.

[15] European Medicines Agency, Casgevy: EPAR – Product information, EMA/56648/2024, (https://www.ema.europa.eu/en/documents/product-information/casgevy-epar-product-information_en.pdf), S. 55 (geprüft am 24.10.2025).

[16] Hämatopoetische Stammzellen sind eine spezielle Art von Stammzellen, die insbesondere im peripheren Blut und im Knochenmark vorkommen, siehe Lee/Hong, International Journal of Stem Cells 13 (2020), S. 1.

[17] European Medicines Agency, Casgevy: EPAR – Medicine overview, EMA/56648/2024, (https://www.ema.europa.eu/en/documents/overview/casgevy-epar-medicine-overview_en.pdf), S. 2 (geprüft am 24.10.2025); European Medicines Agency, Casgevy: EPAR – Product information, EMA/56648/2024, (https://www.ema.europa.eu/en/documents/product-information/casgevy-epar-product-information_en.pdf), S. 16 (geprüft am 24.10.2025).

[18] Frangoul/Altshuler/Cappellini u. a., The New England Journal of Medicine 384 (2021), S. 252, 255; European Medicines Agency, Casgevy: EPAR – Product information, EMA/56648/2024, (https://www.ema.europa.eu/en/documents/product-information/casgevy-epar-product-information_en.pdf), S. 15 (geprüft am 24.10.2025).

[19] European Medicines Agency, Casgevy: EPAR – Product information, EMA/56648/2024, (https://www.ema.europa.eu/en/documents/product-information/casgevy-epar-product-information_en.pdf), S. 15 (geprüft am 24.10.2025).

[20] European Medicines Agency, Casgevy: EPAR – Medicine overview, EMA/56648/2024, (https://www.ema.europa.eu/en/documents/overview/casgevy-epar-medicine-overview_en.pdf), S. 2 (geprüft am 24.10.2025).

mit funktionsfähigem Hämoglobin, sodass keine regelmäßigen Bluttransfusionen mehr erforderlich sind.[21] Bei Casgevy werden dem Patienten keine neuen Gene durch Gentransfer zugeführt. Stattdessen wird der CRISPR-Cas9-Komplex genutzt, um gezielt eine krankheitsrelevante DNA-Sequenz zu inaktivieren. Es handelt sich somit nicht um eine klassische somatische Gentherapie, sondern um eine neuartige somatische genomische Therapie.

[21] Vgl. Frangoul/Altshuler/Cappellini u. a., The New England Journal of Medicine 384 (2021), S. 252, 258.

Teil II
Rechtliche Klassifizierung und regulatorische Rahmenbedingungen

Nach der Darstellung der naturwissenschaftlichen und biomedizinischen Grundlagen stellt sich die Frage, ob und in welcher Weise sich somatische genomische Therapien in den regulatorischen Rechtsrahmen innerhalb der Europäischen Union (EU) und Deutschland einfügen lassen.[1] Im Mittelpunkt stehen dabei das Arzneimittel- und Gentechnikrecht. Daran anschließend wird die rechtliche Klassifizierung somatischer genomischer Therapien in den vier ausgewählten Drittstaaten – den Vereinigten Staaten von Amerika, Kanada, dem Vereinigten Königreich und Japan – untersucht, jeweils unter Berücksichtigung der dort geltenden rechtlichen Grundlagen.[2]

---

[1] Wesentliche Forschungsergebnisse zur Klassifizierung somatischer genomischer Therapien als ATMP wurden bereits veröffentlicht, vgl. Pietrek/Dederer, Zeitschrift für medizinische Ethik 71 (2025), S. 314 ff.; Risse/Pietrek/Cantz u. a., Medicine, Health Care and Philosophy 28 (2025), S. 425 ff.

[2] Nicht alle der hier untersuchten Staaten verfügen über ein eigenständiges Gentechnikgesetz, sondern regulieren gentechnisch veränderte Organismen im Rahmen ihres Umweltrechts. Die Analyse erfolgt daher anhand der einschlägigen umweltrechtlichen Vorschriften.

8 Klassifizierung als Arzneimittel für neuartige Therapien (ATMP)

Die Europäische Union verfügt seit dem Inkrafttreten des Vertrags von Lissabon über eine umfassende Gesetzgebungskompetenz gemäß Art 168 Abs. 4 Buchst. c) AEUV[1] für Maßnahmen zur Festlegung hoher Qualitäts- und Sicherheitsstandards für Arzneimittel.[2] Darüber hinaus konnten unionsrechtliche Rechtsakte betreffend Arzneimittel in der Vergangeheit auf die allgemeine Binnenmarktkompetenz nach Art. 114 AEUV gestützt werden.[3] Von diesen Ermächtigungen hat die Union umfassend Gebrauch gemacht, sodass das Arzneimittelrecht heute nahezu vollständig unionsrechtlich harmonisiert ist. Das Fundament des unionalen Arzneimittelrechts bilden die Richtlinie 2001/83/EG[4] (Humanarzneimittelkodex) und die Verordnung (EG) Nr. 726/2004[5]. Ergänzend

---

[1] Konsolidierte Fassung des Vertrags über die Arbeitsweise der Europäischen Union, ABl. C 202 vom 07.06.2016, S. 47.

[2] Näher Schmidt am Busch, in: Grabitz/Hilf/Nettesheim (Hrsg.), Das Recht der Europäischen Union, 86. Ergänzungslieferung 2025, Art. 168 AEUV, Rn. 5.

[3] Schmidt am Busch, in: Grabitz/Hilf/Nettesheim (Hrsg.), Das Recht der Europäischen Union, 86. Ergänzungslieferung 2025, Art. 168 AEUV, Rn. 61 f.; siehe auch Frenken/Lüttge, in: Dederer/Frenken (Hrsg.), Regulation of Genome Editing in Human iPS Cells, 2021, S. 29, 34 f.

[4] Richtlinie 2001/83/EG des Europäischen Parlaments und des Rates vom 06.11.2001 zur Schaffung eines Gemeinschaftskodexes für Humanarzneimittel, ABl. L 311 vom 28.11.2001, S. 67.

[5] Verordnung (EG) Nr. 726/2004 des Europäischen Parlaments und des Rates vom 31.03.2004 zur Festlegung der Verfahren der Union für die Genehmigung und Überwachung von Humanarzneimitteln und zur Errichtung einer Europäischen Arzneimittelagentur, ABl. L 136 vom 30.04.2004, S. 1.

L. Pietrek, *Somatische genomische Therapien*,
https://doi.org/10.1007/978-3-658-52943-7_8

hat der Unionsgesetzgeber weitere Rechtsakte erlassen, die spezielle Regelungen für einzelne Teilbereiche des Arzneimittelrechts enthalten.

8.1 Rechtsrahmen für Arzneimittel für neuartige Therapien

Zu den besonderen unionsrechtlichen Regelungen zählt die Verordnung (EG) Nr. 1394/2007[6] (ATMP-VO), die besondere Bestimmungen für die Genehmigung, Überwachung und Pharmakovigilanz von Arzneimitteln für neuartige Therapien (Advanced Therapy Medicinal Products – ATMP) vorsieht.[7] Als ATMP werden Gentherapeutika (Gene Therapy Medicinal Products – GTMP), somatische Zelltherapeutika (Somatic Cell Therapy Medicinal Products – SCTMP) sowie biotechnologisch bearbeitete Gewebeprodukte (Tissue-Engineered Products – TEP) definiert.[8] Das deutsche Arzneimittelrecht verweist gemäß § 4 Abs. 9 AMG[9] auf die Legaldefinitionen der ATMP-VO.

Ein Arzneimittel kann die Tatbestandsmerkmale mehrerer dieser Untergruppen gleichzeitig erfüllen. Für diesen Fall sieht die ATMP-VO ein Stufenverhältnis vor, das eine eindeutige rechtliche Zuordnung gewährleistet. Erfüllt ein Produkt sowohl die Definition eines SCTMP als auch die eines TEP, wird es rechtlich als TEP behandelt.[10] Liegen zusätzlich die Kriterien eines GTMP vor, so erfolgt eine Einordnung als GTMP.[11] Enthält ein ATMP sowohl autologe[12] als auch

---

[6] Verordnung (EG) Nr. 1394/2007 des Europäischen Parlaments und des Rates vom 13.11.2007 über Arzneimittel für neuartige Therapien und zur Änderung der Richtlinie 2001/83/EG und der Verordnung (EG) Nr. 726/2004, ABl. L 324 vom 10.12.2007, S. 121.

[7] Art. 1 ATMP-VO; Erwägungsgrund (6) Satz 1 ATMP-VO stellt klar, dass es sich bei der ATMP-VO um eine lex specialis handelt.

[8] Art. 2 Abs. 1 Buchst a) ATMP-VO.

[9] Arzneimittelgesetz in der Fassung der Bekanntmachung vom 12.12.2005 (BGBl. I S. 3394), das zuletzt durch Artikel 2 des Gesetzes vom 23.10.2024 (BGBl. 2024 I Nr. 324) geändert worden ist.

[10] Art. 2 Abs. 4 ATMP-VO.

[11] Art. 2 Abs. 5 ATMP-VO.

[12] Autologe Zellen oder Gewebe stammen vom Patienten selbst, siehe Art. 2 Abs. 1 Satz 1 ATMP-VO i.V. mit Art. 3 Buchst. q) Richtlinie 2004/23/EG des Europäischen Parlaments und des Rates vom 31.03.2004 zur Festlegung von Qualitäts- und Sicherheitsstandards für die Spende, Beschaffung, Testung, Verarbeitung, Konservierung, Lagerung und Verteilung von menschlichen Geweben und Zellen, ABl. L 102 vom 07.04.2004, S. 48.

allogene[13] Zellen oder Gewebe, gilt es zudem stets als zur allogenen Verwendung bestimmt.[14]

8.1.1 Klassifizierung als Humanarzneimittel

Arzneimittel für neuartige Therapien müssen Humanarzneimittel sein.[15] Maßgeblich ist daher der Arzneimittelbegriff nach Art. 1 Abs. 2 der Richtlinie 2001/83/EG, der in § 2 Abs. 1 AMG in nationales Recht umgesetzt wurde. Danach liegt ein sog. Funktionsarzneimittel[16] vor, soweit Stoffe oder Stoffzusammensetzungen in einem Produkt enthalten sind, die im oder am menschlichen Körper verwendet oder einem Menschen verabreicht werden können, um entweder die menschlichen physiologischen Funktionen durch eine pharmakologische, immunologische oder metabolische Wirkung wiederherzustellen, zu korrigieren oder zu beeinflussen oder eine medizinische Diagnose zu erstellen.[17]

8.1.1.1 Stoffe und Stoffzusammensetzungen

Nach Art. 1 Abs. 3 der Richtlinie 2001/83/EG bzw. § 3 AMG erfasst der Stoffbegriff alle Stoffe jeglicher Herkunft, insbesondere menschlicher, tierischer, pflanzlicher oder chemischer Herkunft.[18]

Im Rahmen somatischer genomischer Therapien, deren Ziel die Entnahme und nachfolgende Modifizierung menschlicher Zellen (ex-vivo-Ansatz) ist, werden die modifizierten Zellen – unabhängig vom spezifischen Verfahren – als Stoffe menschlicher Herkunft klassifiziert.[19]

Zielen somatische genomische Therapien hingegen darauf ab, das genomische Werkzeug in den Körper des Patienten einzubringen, um dort die Zellen zu

---

[13] Allogene Zellen oder Gewebe stammen von einer anderen Person, siehe Art. 2 Abs. 1 Satz 1 ATMP-VO i.V. mit Art. 3 Buchst. p) RL 2004/23/EG.

[14] Art. 1 Abs. 3 ATMP-VO.

[15] Art. 2 Abs. 1 Buchst. a) ATMP-VO; Erwägungsgrund (3) Satz 4 ATMP-VO.

[16] Zur dogmatischen Abgrenzung zwischen Funktions- und Präsentationsarzneimitteln siehe Müller, in: Kügel/Müller/Hofmann (Hrsg.), Arzneimittelgesetz, 2022, § 2 AMG, Rn. 23 ff.; Rehmann, in: Rehmann (Hrsg.), Arzneimittelgesetz, 2020, § 2 AMG, Rn. 2 ff.

[17] Art. 1 Abs. 2 Buchst. b) RL 2001/83/EG; § 2 Abs. 1 Satz 2 Nr. 2 Buchst. a) AMG.

[18] Zur rechtstheoretischen Einordnung des arzneimittelrechtlichen Stoffbegriffs siehe Merenyi, Der Stoffbegriff im Recht, 2019, S. 54 ff.

[19] Vgl. Fleischfresser, in: Fuhrmann/Klein/Fleischfresser (Hrsg.), Arzneimittelrecht, 2020, § 2 AMG, Rn. 160.

modifizieren (in-vivo-Ansatz), ist maßgeblich, welche stoffliche Herkunft das einzuschleusende genomische Werkzeug aufweist. Gleichwohl werden somatische genomische Therapien umfassend erfasst, wie sich an ausgewählten Beispielen zeigen lässt. Handelt es sich um einen viralen Vektor, liegt nach der Konzeption der Richtlinie 2001/83/EG ein Stoff tierischer Herkunft vor, da Mikroorganismen als Stoffe tierischer Herkunft von der Legaldefinition umfasst sind.[20] Bei chemisch synthetisierter RNA handelt es sich um eine chemische Verbindung, die somit ebenfalls unter den Stoffbegriff fällt.[21] Besteht der Stoff aus einem in Lipidnanopartikel eingehüllten CRISPR-Cas-Komplex, so umfasst er Lipidnanopartikel, gRNA und biotechnologisch hergestellte Cas-Proteine. Der arzneimittelrechtliche Stoffbegriff erfasst Stoffe jeglicher, auch gemischter Herkunft, und der Arzneimittelbegriff schließt ausdrücklich Stoffzusammensetzungen ein.[22] Damit erfüllen auch Kombinationen unterschiedlicher Moleküle wie der CRISPR-Cas-Komplex mit heterogener stofflicher Herkunft die Voraussetzungen des arzneimittelrechtlichen Stoffbegriffs.

8.1.1.2 Wiederherstellung, Korrektur oder Beeinflussung menschlicher physiologischer Funktionen

Der Funktionsarzneimittelbegriff setzt voraus, dass die physiologischen Funktionen des menschlichen Körpers wiederhergestellt, korrigiert oder beeinflusst werden. Bei somatischen genomischen Therapien ist dies stets der Fall, da sie biochemische und zelluläre Prozesse gezielt verändern.[23] Durch den Eingriff in die Genexpression oder in das Genom selbst wird die physiologische Funktion betroffener Zellen verändert und damit zumindest beeinflusst.

8.1.1.3 Pharmakologische, immunologische oder metabolische Wirkung

Zwar nennt nur Art. 1 Abs. 2 Buchst. b) der Richtlinie 2001/83/EG bzw. § 2 Abs. 1 Satz 2 Nr. 2 Buchst. a) AMG ausdrücklich die Voraussetzung, dass Stoffe oder Stoffzusammensetzungen eine physiologische Funktion des Menschen durch eine pharmakologische, immunologische oder metabolische Wirkung

[20] Art. 1 Nr. 3 zweiter Spiegelstrich RL 2001/83/EG; § 3 Nr. 4 AMG; Viren sind keine Tiere im biologischen Sinne; insofern entspricht die Unterscheidung des deutschen Gesetzgebers von Viren als „Mikroorganismen" (§ 3 Nr. 4 AMG) und „Tierkörpern" (§ 3 Nr. 3 AMG) diesem Umstand.

[21] Art. 1 Nr. 3 vierter Spiegelstrich RL 2001/83/EG; § 3 Nr. 1 AMG.

[22] Art. 1 Nr. 2 Buchst. a) RL 2001/83/EG; § 2 Abs. 1 Satz 2 AMG.

[23] Vgl. Wesser, in: Kloesel/Cyran (Hrsg.), Arzneimittelrecht Kommentar, 140. Aktualisierungslieferung, 2024, § 2 AMG, Anm. 63.

wiederherstellen, korrigieren oder beeinflussen müssen. Der Arzneimittelbegriff ist dahingehend jedoch einheitlich auszulegen.[24] Das Vorliegen einer pharmakologischen, immunologischen oder metabolischen Wirkweise ist deshalb stets notwendig für die Klassifizierung als Arzneimittel, da andernfalls eine Abgrenzung zu Medizinprodukten nicht möglich wäre (e contrario Art. 2 Abs. 1 UAbs. 2 VO (EU) 2017/745[25]).[26]

In der Praxis lässt sich der exakte Wirkmechanismus eines Arzneimittels häufig nicht im Detail rekonstruieren.[27] Für die Annahme einer pharmakologischen Wirkung genügt es jedoch, wenn eine Wechselwirkung zwischen dem Wirkstoff und einem zellulären Bestandteil dargelegt werden kann,[28] die kausal Reaktionen auf Meso- oder Makroebene auslöst und dadurch die therapeutische Wirkung vermittelt.[29] Die tatsächliche Wirksamkeit im klinischen Sinne ist hierfür nicht erforderlich. Entscheidend ist allein das Vorliegen einer pharmakologischen,

---

[24] Müller, in: Kügel/Müller/Hofmann (Hrsg.), Arzneimittelgesetz, 2022, § 2 AMG, Rn. 22, m.w.N.

[25] Verordnung (EU) 2017/745 des Europäischen Parlaments und des Rates vom 05.04.2017 über Medizinprodukte, zur Änderung der Richtlinie 2001/83/EG, der Verordnung (EG) Nr. 178/2002 und der Verordnung (EG) Nr. 1223/2009 und zur Aufhebung der Richtlinien 90/385/EWG und 93/42/EWG des Rates, ABl. L 117 vom 05.05.2017, S. 1.

[26] Vgl. Müller, in: Kügel/Müller/Hofmann (Hrsg.), Arzneimittelgesetz, 2022, § 2 AMG, Rn. 26, 92; Rehmann, in: Rehmann (Hrsg.), Arzneimittelgesetz, 2020, § 2 AMG, Rn. 4.

[27] Dettling, in: Zuck/Dettling (Hrsg.), Arzneimittelgesetz, 2021, § 2 AMG, Rn. 107 f.

[28] Nach der Rechtsprechung des EuGH können zur Bestimmung der pharmakologischen Wirkung die Leitlinien von Arbeitsgruppen und Fachgesellschaften herangezogen werden, obwohl diese keine verbindlichen Rechtsakte im Sinne von Art. 288 AEUV darstellen, siehe EuGH, Urteil vom 06.09.2012 – Rs. C-308/11, Rn. 26 – juris; dementsprechend wird die Definition der pharmakologischen Wirkung aus der einschlägigen Leitlinie abgeleitet, siehe European Commission/DG Enterprise and Industry, Directorate F, Unit F3 „Cosmetics and medical devices“, MEDICAL DEVICES: Guidance document – Borderline products, drug-delivery products and medical devices incorporating, as an integral part, an ancillary medicinal substance or an ancillary human blood derivative, MEDDEV 2.1/3 rev 3 (https://ec.europa.eu/docsroom/documents/10328/attachments/1/translations), S. 6 (geprüft am 24.10.2025); aufgrund der Novellierung des Medizinprodukterechts sei an dieser Stelle auf die neuen Leitlinien zur Abgrenzung von Arzneimitteln zu Medizinprodukten hingewiesen, siehe Medical Device Coordination Group, Manual on borderline and classification for medical devices under Regulation (EU) 2017/745 on medical devices and Regulation (EU) 2017/746 on in vitro diagnostic medical devices, 2022 (https://health.ec.europa.eu) (geprüft am 24.10.2025); diese enthalten grundsätzlich die Anforderungen der bisherigen Definition, präzisieren diese jedoch, vgl. EuGH, Urteil vom 13.03.2025 – Rs. C-589/23, Rn. 40 ff. – juris.

[29] Dettling, in: Zuck/Dettling (Hrsg.), Arzneimittelgesetz, 2021, § 2 AMG, Rn. 103 f.

immunologischen oder metabolischen Wirkweise.[30] Ob eine solche biochemische Wechselwirkung vorliegt,[31] ist daher für jede somatische genomische Therapie im Einzelfall festzustellen.

8.1.1.3.1 Genomisch veränderte Zellen als Wirkstoffe

Erfolgt die Entnahme und anschließende Modifizierung menschlicher Zellen durch genomische Werkzeuge außerhalb des menschlichen Körpers (ex vivo), so besteht der Wirkstoff des Arzneimittels aus den veränderten Zellen. Lebende Zellen entfalten vielfältige biochemische Wirkungen, die Stoffwechselprozesse im Körper des Patienten beeinflussen. Sie weisen daher eine metabolische Wirkweise auf.[32]

8.1.1.3.2 Werkzeuge der funktionellen Genomik als Wirkstoffe

Komplexer gestaltet sich die arzneimittelrechtliche Einordnung, wenn somatische genomische Therapien darauf abzielen, das genomische Werkzeug in den Körper des Patienten zu transportieren, um dort Zellen gezielt zu modifizieren (in vivo). In diesen Fällen enthält das Arzneimittel je nach Ausgestaltung unterschiedliche Stoffe oder Stoffzusammensetzungen, die jeweils eine pharmakologische, immunologische oder metabolische Wirkweise aufweisen müssen.

8.1.1.3.2.1 Virale Vektoren

So enthalten zahlreiche Produkte virale Vektoren als Wirkstoff. Der virale Vektor überträgt ein therapeutisches Gen, das entweder durch das Enzym Reverse Transkriptase in das Genom der menschlichen Zelle integriert oder im Rahmen der Genexpression durch zelluläre Enzyme, etwa die RNA-Polymerase, transkribiert oder translatiert wird (vgl. Abschnitt 3.1). Zwischen dem viralen Vektor und Bestandteilen der transduzierten menschlichen Zellen – insbesondere den an der Genexpression beteiligten Enzymen – besteht somit eine Wechselwirkung, die zur Bildung eines therapeutisch relevanten Proteins führt. Je nach Zelltyp, in den die viralen Vektoren eingebracht werden,[33] kann das exprimierte therapeutische Protein beispielsweise die Funktion eines Organs, etwa der Leber, auf der

---

[30] OLG Hamm, Urteil vom 08.11.2016 – Rs. I-4 U 1/10, Rn. 89 – juris; VG Köln, Urteil vom 04.07.2017 – Rs. 7 K 4479/15, Rn. 47 ff. – juris; BVerwG, Urteil vom 14.09.2023 – Rs. 3 C 1.23, Rn. 18.

[31] Beispielhaft Gassner, Medizinrecht 19 (2001), S. 553, 556 ff.

[32] Altschwager, Der Arzneimittelbegriff im deutschen, europäischen und US-amerikanischen Recht, 2014, S. 85 f.

[33] Dies hängt maßgeblich vom sog. Tropismus, also der Fähigkeit des jeweiligen viralen Vektors ab, in bestimmte Zelltypen eingebracht zu werden.

Makroebene wiederherstellen. Virale Vektoren entfalten daher grundsätzlich eine pharmakologische Wirkung im Sinne des Arzneimittelrechts.[34]

8.1.1.3.2.2 mRNA

Produkte, die synthetische mRNA als Wirkstoff enthalten, entfalten ebenfalls eine pharmakologische Wirkung. Zwischen der mRNA und zellulären Bestandteilen der menschlichen Zelle besteht eine Wechselwirkung, indem die mRNA im Rahmen der Translation an Ribosomen mit tRNA-Molekülen interagiert und dadurch die Synthese von Proteinen initiiert (vgl. Abschnitt 2.3). Die auf diese Weise gebildeten Proteine entfalten anschließend auf Gewebe- oder Organebene eine therapeutische Wirkung.

8.1.1.3.2.3 ncRNA

Enthält ein Arzneimittel als Wirkstoff eine nicht-codierende RNA, gilt nichts anderes. Handelt es sich bei dem Wirkstoff etwa um siRNA, kommt es zu einer Wechselwirkung mit dem RISC im Zytoplasma der Zelle, der daraufhin endogene, komplementäre mRNA-Moleküle erkennt und gezielt abbaut (vgl. Abschnitt 4.2). Durch diese Bindung wird die Translation endogener mRNA-Moleküle unterbunden, wodurch die Expression des entsprechenden pathogenen Proteins gehemmt wird. Die Bindung von siRNA an das RISC führt deshalb zu einer Wiederherstellung physiologischer Funktionen auf Gewebe- oder Organebene.

8.1.1.3.2.4 Genome-Editing

Beim Genome-Editing kann der Wirkstoff aus einem Ribonukleoprotein bestehen, das eine Stoffzusammensetzung aus mehreren funktionalen Komponenten darstellt. Im Fall von CRISPR-Cas9 bindet die gRNA an eine komplementäre Zielsequenz im Genom, während die Nuklease an dieser Stelle einen Doppelstrangbruch induziert (vgl. Abschnitt 5.3.2). Darüber hinaus können weitere funktionale Bestandteile, etwa eine Template-DNA, eine pegRNA oder enzymatische Domänen, an den CRISPR-Cas-Komplex gekoppelt werden (vgl. Abschnitt 5.3.2). Jeder Bestandteil tritt dabei in eine eigene Wechselwirkung mit zellulären Strukturen. Während die gRNA gezielt an vordefinierte genetische Sequenzen bindet, verbindet sich eine Template-DNA beispielsweise mit dem Genom der Zelle und wird anschließend transkribiert (SDN-3 – Verfahren), wodurch eine Wechselwirkung mit der RNA-Polymerase II entsteht (vgl. Abschnitt 5.3.2). Je nach Art der vorgenommenen Modifikation kann die Expression therapeutischer oder

---

34 Siehe aber auch Altschwager, Der Arzneimittelbegriff im deutschen, europäischen und US-amerikanischen Recht, 2014, S. 111.

pathogener Proteine gefördert bzw. verhindert werden, wodurch eine therapeutische Wirkung auf Gewebe- oder Organebene erzielt werden soll. Da bereits eine einzige pharmakologische Wechselwirkung genügt, um den Arzneimittelbegriff zu erfüllen, ruft der Einsatz von CRISPR-Cas-Ribonukleoproteinen jedenfalls eine solche hervor.

8.1.1.3.2.5 Epigenome-Editing

Schließlich verfügen auch epigenetische somatische genomische Therapien über eine pharmakologische Wirkung. Werden etwa regulatorische Proteine wie Acetyl- oder Methyltransferasen in humane Zellen eingebracht, binden diese an chemische Marker auf der DNA oder an Histone und verändern so die Zugänglichkeit der DNA für die Transkription (vgl. Kapitel 6). Auch in diesem Fall besteht eine Wechselwirkung zwischen dem Wirkstoff und Bestandteilen der menschlichen Zellen, wodurch die Genexpression und damit die Bildung von Proteinen gezielt beeinflusst wird.

8.1.1.4 Klassifizierung als Funktionsarzneimittel

Es lässt sich demnach festhalten, dass somatische genomische Therapien – unabhängig davon, ob sie außerhalb des Körpers des Patienten (ex vivo) oder innerhalb des Körpers (in vivo) angewendet werden – stets eine pharmakologische oder metabolische Wirkweise im rechtlichen Sinne aufweisen. Sie werden daher umfassend vom Arzneimittelbegriff erfasst und sind als Funktionsarzneimittel einzustufen. Produkte können alternativ anhand ihrer objektiven Zweckbestimmung[35] als Präsentationsarzneimittel im Sinne von Art. 1 Abs. 2 Buchst. a) Richtlinie 2001/83/EG bzw. § 2 Abs. 1 Satz 2 Nr. 1 AMG klassifiziert werden. Da somatische genomische Therapien stets eine pharmakologische oder metabolische Wirkweise aufweisen, ist eine Klassifizierung als Präsentationsarzneimittel im Einzelfall ebenfalls möglich.

Werden somatische genomische Therapien am Menschen angewendet, sind diese somit als Humanarzneimittel zu qualifizieren und können potentiell als ATMP eingestuft werden.

[35] Wesser, in: Kloesel/Cyran (Hrsg.), Arzneimittelrecht Kommentar, 140. Aktualisierungslieferung, 2024, § 2 AMG, Anm. 48.

8.1.2 Somatisches Zelltherapeutikum (SCTMP)

Gemäß der Legaldefinition ist ein somatisches Zelltherapeutikum (SCTMP) ein biologisches Arzneimittel, das aus Zellen oder Geweben besteht, die substanziell bearbeitet wurden, sodass biologische Merkmale, physiologische Funktionen oder strukturelle Eigenschaften, die für die beabsichtigte klinische Verwendung relevant sind, verändert wurden.[36] Gleiches gilt, wenn das Arzneimittel aus Zellen oder Geweben besteht oder solche enthält, die im Empfänger im Wesentlichen nicht dieselbe(n) Funktion(en) erfüllen sollen wie im Spender.[37] Kumulativ müssen dem Arzneimittel zudem Eigenschaften zur Behandlung, Vorbeugung oder Diagnose von Krankheiten durch pharmakologische, immunologische oder metabolische Wirkungen der enthaltenen Zellen oder Gewebe zukommen. Schließlich muss das Produkt zu diesem Zweck am oder im Menschen angewendet oder ihm verabreicht werden.[38]

Bearbeitungsverfahren, die in Anhang I der ATMP-VO aufgeführt sind, gelten kraft gesetzlicher Fiktion nicht als substanzielle Bearbeitung im Sinne dieser Vorschrift.[39]

8.1.2.1 Biologisches Arzneimittel

Ein biologisches Arzneimittel ist nach der Legaldefinition[40] ein Arzneimittel, dessen Wirkstoff ein biologischer Stoff ist. Ein biologischer Stoff ist ein Stoff, der biologischen Ursprungs ist oder aus biologischem Ursprungsmaterial gewonnen wird und zu dessen Charakterisierung und Qualitätsbestimmung physikalische, chemische oder biologische Prüfungen sowie die Beurteilung des Herstellungsprozesses und seiner Kontrolle erforderlich sind.[41] Diese Definition folgt der Systematik des Arzneimittelrechts, das zwischen dem Arzneimittel als Gesamtprodukt und dessen einzelnen Bestandteilen differenziert. Dazu zählen die Verpackung, der Wirkstoff, Arzneiträger- und Hilfsstoffe sowie Roh- und Ausgangsstoffe.[42]

---

[36] Art. 2 Abs 1 Buchst. a) zweiter Spiegelstrich ATMP-VO i.V. mit Anhang I, Teil IV, Abschnitt 2.2 Abs. 1 Buchst. a) RL 2001/83/EG.

[37] Art. 2 Abs 1 Buchst. a) zweiter Spiegelstrich ATMP-VO i.V. mit Anhang I, Teil IV, Abschnitt 2.2 Abs. 1 Buchst. a) RL 2001/83/EG.

[38] Anhang I, Teil IV, Abschnitt 2.2 Abs. 1 Buchst. b) RL 2001/83/EG.

[39] Anhang I, Teil IV, Abschnitt 2.2 Abs. 2 RL 2001/83/EG.

[40] Anhang I, Teil I, Abschnitt 3.2.1.1 Buchst. b) Abs. 3 RL 2001/83/EG.

[41] Anhang I, Teil I, Abschnitt 3.2.1.1 Buchst. b) Abs. 3 Satz 2 RL 2001/83/EG.

[42] Ausführlich zur Abgrenzung Dettling/Böhnke/Niedziolka, Arzneimittel & Recht 9 (2013), S. 147 ff.

Gemäß Art. 1 Abs. 3a Richtlinie 2001/83/EG ist als Wirkstoff eines Arzneimittels jeder Stoff oder jedes Stoffgemisch anzusehen, der bzw. das bei der Herstellung eines Arzneimittels verwendet wird und im Rahmen dieses Prozesses zu einem Wirkstoff dieses Arzneimittels wird.[43]

Somatische Zelltherapeutika (SCTMP) enthalten als Wirkstoff biotechnologisch bearbeitete Zellen oder Gewebe.[44] Zellen und Gewebe sind – im Umkehrschluss zu Art. 1 Abs. 3 vierter Spiegelstrich Richtlinie 2001/83/EG – stets biologischer Herkunft, da sie entweder menschlichen oder tierischen Ursprungs sind (etwa bei Xenotransplantaten). Die Feststellung, dass es sich bei SCTMP um biologische Arzneimittel handeln muss, ist daher nicht von eigenständiger rechtlicher Bedeutung, sondern ergibt sich bereits aus der Natur ihres Wirkstoffs.

8.1.2.2 Nicht-homologe Verwendung

Werden Zellen oder Gewebe im Empfänger im Wesentlichen nicht in derselben Funktion wie beim Spender verwendet (sog. nicht-homologe Verwendung), handelt es sich bei dem betreffenden Arzneimittel um ein somatisches Zelltherapeutikum (SCTMP).[45] Die Gleichbehandlung unbehandelter und substanziell bearbeiteter Zellen und Gewebe beruht darauf, dass wegen der nicht-homologen Verwendung ein erhöhtes Risikoprofil im Hinblick auf die therapeutische Anwendung besteht, das eine besondere regulatorische Bewertung erfordert.[46] Nach der Auslegung der Europäischen Arzneimittelagentur (EMA) liegt eine

---

[43] Diese sprachlich zirkuläre Fassung der deutschen Fassung der RL 2001/83/EG ist dahingehend auszulegen, dass der in Frage stehende Stoff die pharmakologisch wirksame Komponente des Arzneimittels hervorrufen muss, siehe Pietrek, Zeitschrift für Stoffrecht 21 (2024), S. 49, 52.

[44] Anhang I, Teil IV, Abschnitt 3.3.1 Abs. 2 RL 2001/83/EG; e contrario ergibt sich dies zudem aus Anhang I, Teil IV, Abschnitt 3.3.1 Abs. 3 RL 2001/83/EG, indem zusätzliche Stoffe ausdrücklich als Ausgangsstoffe deklariert werden; zur Definition einer Zelle siehe European Medicines Agency, Reflection paper on classification of advanced therapy medicinal products, EMA/CAT/600280/2010 rev.1, 21.05.2015, (https://www.ema.europa.eu/en/documents/scientific-guideline/reflection-paper-classification-advanced-therapy-medicinal products_en.pdf-0), S. 7 (geprüft am 24.10.2025); Art. 2 Abs. 1 der ATMP-VO verweist zudem auf die Legaldefinition für Zellen und Gewebe in Art. 3 Buchst. a) und b) RL 2004/23/EG, die jedoch ausschließlich menschliche Zellen erfassen.

[45] Ausführlich zur Auslegung des Tatbestandsmerkmals Gassner/Spranger (Hrsg.), Stammzellen in Forschung und Therapie, 2020, S. 102 ff.; Bock, Der Rechtsrahmen für Arzneimittel für neuartige Therapien auf unionaler und nationaler Ebene, 2012, S. 83 ff.; Boergen/Jäkel/Spiegel, Pharma Recht 30 (2008), S. 357, 362.

[46] Schauer, Pharma Recht 44 (2022), S. 482, 485.

nicht-homologe Verwendung vor, wenn Zellen oder Gewebe ihre ursprüngliche Funktion nicht in derselben histologischen und anatomischen Umgebung erfüllen.[47]

8.1.2.3 Substanzielle Bearbeitung

Für die rechtliche Einordnung somatischer genomischer Therapien ist insbesondere das Tatbestandsmerkmal der substanziellen Bearbeitung von Zellen oder Gewebe von größerer Bedeutung. Liegt keine der in Anhang I ATMP-VO genannten Bearbeitungen vor, die kraft gesetzlicher Fiktion nicht als substanzielle Bearbeitung gelten, ist zu prüfen, unter welchen Voraussetzungen Zellen oder Gewebe als substanziell bearbeitet anzusehen sind. Da der Unionsgesetzgeber keine Legaldefinition dieses Begriffs bereitstellt, ist der Anwendungsbereich der Vorschrift durch Auslegung zu bestimmen.

8.1.2.3.1 Auslegung nach Wortlaut, Systematik sowie Sinn und Zweck

Nach dem Wortlaut der Vorschrift könnte bereits jede Veränderung der funktionalen Eigenschaften von Zellen oder Geweben als substanzielle Bearbeitung verstanden werden. Systematisch ist der Anwendungsbereich der ATMP-VO jedoch von dem der Richtlinie 2004/23/EG – der sog. Geweberichtlinie – abzugrenzen, die Qualitäts- und Sicherheitsstandards für zur Anwendung beim Menschen bestimmte Gewebe und Zellen festlegt, um ein hohes Gesundheitsschutzniveau

[47] European Medicines Agency, Reflection paper on classification of advanced therapy medicinal products, EMA/CAT/600280/2010 rev.1, 21.05.2015, (https://www.ema.europa.eu/en/documents/scientific-guideline/reflection-paper-classification-advanced-therapy-med icinalproducts_en.pdf-0), S. 11 (geprüft am 24.10.2025); diese Ansicht wird auch von der Rechtssprechung rezipiert, vgl. OVG Lüneburg, Urteil vom 26.02.2019 – Rs. 13 ME 289/18, Rn. 36 f. – juris; OVG Lüneburg, Urteil vom 11.07.2023 – Rs. 14 LC/22, Rn. 36 – juris; anschaulich Schauer, Pharma Recht 44 (2022), S. 482, 485 f.; zur besonders schwierigen Abgrenzung bei Stammzellpräparaten ferner Scherer/Flory, Bundesgesundheitsblatt 58 (2015), S. 1201, 1202.

zu gewährleisten.[48] Die Geweberichtlinie ist subsidiär, soweit Produkte aus Zellen und Geweben durch andere unionsrechtliche Rechtsakte erfasst werden.[49] Nach dem Willen des Unionsgesetzgebers gehen insbesondere die Vorschriften des Arzneimittelrechts der Geweberichtlinie vor, soweit es sich um die industrielle Herstellung von Arzneimitteln handelt.[50]

8.1.2.3.1.1 Anwendungsbereich des unionalen Arzneimittelrechts

Dass der Gesetzgeber bei der Abgrenzung der Anwendungsbereiche in den Erwägungsgründen der Geweberichtlinie auf die Herstellung im industriellen Maßstab abstellt, ist sachgerecht, da der Anwendungsbereich der Richtlinie 2001/83/EG auf industrielle Verfahren zur Herstellung von Humanarzneimitteln und deren gewerbliche Zubereitung beschränkt ist.[51] Ein industrielles Verfahren liegt nach allgemeiner Auffassung vor, wenn ein standardisiertes Herstellungsverfahren angewendet wird – unabhängig von der tatsächlichen Produktionsmenge des Arzneimittels.[52] Die gewerbsmäßige Zubereitung von Humanarzneimitteln aus Zellen und Geweben, die ebenfalls dem Arzneimittelrecht unterliegt, ist hingegen

---

[48] Erwägungsgrund (1) RL 2004/23/EG; insoweit ist auf die neue Substance of Human Origin – Verordnung (SoHO-VO) hinzuweisen, welche ab dem 07.08.2027 umfassende Gültigkeit erlangen wird und das unionale Stoffrecht in einem Rechtsakt konsolidieren wird, siehe Art. 87 Abs. 1 UAbs. 2, Art. 2 Abs. 6 und Erwägungsgrund (6) und (9) der Verordnung (EU) 2024/1938 des Europäischen Parlaments und des Rates vom 13.06.2024 über Qualitäts- und Sicherheitsstandards für die Verwendung beim Menschen bestimmte Substanzen menschlichen Ursprungs und zur Aufhebung der Richtlinien 2002/98/EG und 2004/23/EG, ABl. L vom 17.07.2024, S. 1.

[49] Art. 1 Abs. 2 RL 2004/23/EG.

[50] Erwägungsgrund (6) RL 2004/23/EG; vgl. Lipp, in: Katzenmeier/Lipp/Laufs (Hrsg.), Arztrecht, 2021, Rn. 9; beispielhaft Straßburger/Meilicke/Cichutek, Medizinrecht 28 (2010), S. 835, 839; Fleischfresser, in: Fuhrmann/Klein/Fleischfresser (Hrsg.), Arzneimittelrecht, 2020, § 2, Rn. 162 f.

[51] Art. 2 Abs. 1 RL 2001/83/EG; siehe auch Erwägungsgrund (6) Satz 2 ATMP-VO.

[52] Vgl. BT-Drucks. 15/5316, S. 33; Kopetzki/Blum/Noe u. a., in: Gerke/Taupitz/Wiesemann u. a. (Hrsg.), Die klinische Anwendung von humanen induzierten pluripotenten Stammzellen, 2020, S. 343; Gerke, in: Gerke/Taupitz/Wiesemann u. a. (Hrsg.), Die klinische Anwendung von humanen induzierten pluripotenten Stammzellen, 2020, S. 259; siehe auch Bock, Der Rechtsrahmen für Arzneimittel für neuartige Therapien auf unionaler und nationaler Ebene, 2012, S. 116 ff., m.w.N.; Frenken/Lüttge, in: Dederer/Frenken (Hrsg.), Regulation of Genome Editing in Human iPS Cells, 2021, S. 36 f.

von der industriellen Herstellung abzugrenzen. Sie setzt voraus, dass eine geregelte Abfolge von Arbeitsschritten vorgesehen ist, die zu einem standardisierten Endprodukt führt.[53]

8.1.2.3.1.2 Regulatorisches Stufenverhältnis zwischen somatischen Zelltherapeutika und Gewebezubereitungen

Nach der ATMP-VO erfolgt die Spende, Beschaffung und Testung – also lediglich die vorbereitende Behandlung – von Zellen oder Geweben zur Herstellung von ATMP im Einklang mit den Vorgaben der Geweberichtlinie.[54] Es besteht insofern ein Stufenverhältnis zwischen der Geweberichtlinie, welche die vorbereitenden Handlungen für Gewebe und Zellen regelt, und dem Arzneimittelrecht, das die eigentliche Herstellung von Zelltherapeutika erfasst. Auch bei einer Einstufung als somatisches Zelltherapeutikum (SCTMP) unterliegen daher die Spende, Beschaffung und Testung der Spenderzellen weiterhin der Geweberichtlinie. Wird der Anwendungsbereich der ATMP-VO jedoch eröffnet, greift ab dem Zeitpunkt der gewerblichen oder industriellen Verarbeitung das deutlich strengere Arzneimittelrecht – insbesondere dann, wenn durch die Bearbeitung ein über die Anforderungen der Geweberichtlinie hinausgehendes Maß an präventiver Risikobeherrschung und damit ein höheres Gesundheitsschutzniveau gewährleistet werden sollen.

In systematischer Hinsicht liegt daher jedenfalls dann eine substanzielle Bearbeitung vor, wenn Anhang I, Teil IV, Abschnitt 3.3 der Richtlinie 2001/83/EG besondere Anforderungen an die Be- oder Verarbeitung von Zellen und Geweben für die Genehmigung eines entsprechenden Arzneimittels vorsieht. Dies ist etwa der Fall, wenn eine genetische Veränderung von Zellen vorgenommen wird, die somit stets als substanzielle Bearbeitung zu qualifizieren ist.[55] Zwar lässt sich daraus nicht unmittelbar ableiten, dass auch Veränderungen auf der Ebene des Transkriptoms oder Epigenoms immer eine substanzielle Bearbeitung darstellen. Teleologisch liegt es jedoch nahe, Veränderungen der biologischen Eigenschaften

---

[53] Wesser, in: Kloesel/Cyran (Hrsg.), Arzneimittelrecht Kommentar, 140 Aktualisierungslieferung, 2024, § 4 AMG, Anm. 9.

[54] Art. 3 ATMP-VO; siehe auch Art. 2 Abs. 6 VO (EU) 2024/1938.

[55] Anhang I, Teil IV, Abschnitt 3.3.2.1 Buchst. f) RL 2001/83/EG; diese Auslegung deckt sich mit der Auffassung der EMA, wonach eine genetische Modifizierung von Zellen stets den arzneimittelrechtlichen Status als somatisches Zelltherapeutikum (SCTMP) begründet, vgl. European Medicines Agency, Reflection paper on classification of advanced therapy medicinal products, EMA/CAT/600280/2010 rev.1, 2015, (https://www.ema.europa.eu/en/documents/scientific-guideline/reflection-paper-classification-advanced-therapy-medicinal-products_en.pdf-0), S. 11 (geprüft am 24.10.2025).

oder physiologischen Funktionen einer Zelle durch Eingriff in deren Epigenom oder Transkriptom solchen auf genetischer Ebene gleichzustellen, da sie über den Rahmen schlichter Gewebezubereitungen – etwa Gewebetransplantate aus Haut- oder Knorpelgewebe – deutlich hinausgehen und in vergleichbarer Weise in standardisierten Verfahren hergestellt werden müssen, um ihre Wirksamkeit und Unbedenklichkeit zu gewährleisten. Die Bearbeitung humaner Zellen oder Gewebe mit Werkzeugen der funktionellen Genomik ist daher stets als substanzielle Bearbeitung anzusehen.

8.1.2.3.2 Zielrichtung der substanziellen Bearbeitung

Durch die substanzielle Bearbeitung von Zellen oder Geweben müssen entweder deren biologische Merkmale, physiologische Funktionen oder strukturellen Eigenschaften in einem Maße verändert werden, dass die beabsichtigte klinische Verwendung der Zellen oder Gewebe gerade durch diese Veränderung ermöglicht oder bestimmt wird.[56] Entscheidend ist somit, dass der therapeutische Zweck des Arzneimittels durch die vorgenommene Bearbeitung erfüllt werden soll. Erforderlich ist demnach ein Eingriff, der eine neue oder modifizierte Funktion der Zellen hervorruft, welche im Rahmen der vorgesehenen klinischen Anwendung therapeutische Relevanz besitzt.

8.1.2.3.3 Eigenschaften zur Behandlung, Vorbeugung oder Diagnose von Krankheiten

Die Voraussetzung, dass dem somatischen Zelltherapeutikum (SCTMP) Eigenschaften zur Behandlung, Vorbeugung oder Diagnose von Krankheiten durch pharmakologische, immunologische oder metabolische Wirkungen der enthaltenen Zellen oder Gewebe zugeschrieben werden müssen und dass es zu diesem Zweck im Menschen verwendet oder ihm verabreicht wird, hat dem ersten Anschein nach keine eigenständige rechtliche Bedeutung.[57] Diese Kriterien sind ohnehin Voraussetzung für die Klassifizierung eines Produkts als Humanarzneimittel (vgl. Abschnitt 8.1.1).[58] Jedoch liefert das Tatbestandsmerkmal Hinweise für die Abgrenzung von somatischen Zelltherapeutika (SCTMP) und biotechnologisch bearbeiteten Gewebeprodukten (TEP).

---

[56] Art. 2 Abs 1 Buchst. a) zweiter Spiegelstrich ATMP-VO i.V. mit Anhang I, Teil IV, Abschnitt 2.2 Abs. 1 Buchst. a) RL 2001/83/EG.

[57] Bock, Der Rechtsrahmen für Arzneimittel für neuartige Therapien auf unionaler und nationaler Ebene, 2012, S. 94.

[58] Bock, Der Rechtsrahmen für Arzneimittel für neuartige Therapien auf unionaler und nationaler Ebene, 2012, S. 94.

8.1.3 Biotechnologisch bearbeitetes Gewebeprodukt (TEP)

Im Gegensatz zu Gentherapeutika (GTMP) und somatischen Zelltherapeutika (SCTMP) findet sich die Legaldefinition biotechnologisch bearbeiteter Gewebeprodukte (TEP) unmittelbar in der ATMP-VO.[59] Biotechnologisch bearbeitete Gewebeprodukte (TEP) sind danach Produkte, die biotechnologisch bearbeitete Zellen oder Gewebe enthalten oder aus solchen bestehen.[60] Darüber hinaus müssen dem Produkt Eigenschaften zur Regeneration, Wiederherstellung oder zum Ersatz menschlichen Gewebes zugeschrieben werden oder es muss zu diesem Zweck angewendet oder einem Menschen verabreicht werden.[61]

Zellen oder Gewebe gelten als biotechnologisch bearbeitet, wenn sie so verändert wurden, dass ihre biologischen Merkmale, physiologischen Funktionen oder strukturellen Eigenschaften gezielt modifiziert wurden, um die beabsichtigte Regeneration, Wiederherstellung oder den Ersatz menschlichen Gewebes zu ermöglichen.[62] Die in Anhang I der ATMP-VO aufgeführten Verfahren gelten auch im Rahmen von biotechnologisch bearbeiteten Gewebeprodukten (TEP) nicht als substanzielle Bearbeitung.[63] Ebenso gilt eine biotechnologische Bearbeitung als gegeben, wenn die betreffenden Zellen oder Gewebe für eine nicht-homologe Verwendung bestimmt sind.[64]

Der maßgebliche Unterschied zwischen biotechnologisch bearbeiteten Gewebeprodukten (TEP) und somatischen Zelltherapeutika (SCTMP) liegt ausschließlich im Verwendungszweck. Während somatische Zelltherapeutika (SCTMP) auf die Beeinflussung oder Wiederherstellung physiologischer Funktionen durch lebende Zellen abzielen, dienen biotechnologisch bearbeitete Gewebeprodukte

[59] Biotechnologisch bearbeitete Gewebeprodukte (TEP) gaben den Anlass für die Verabschiedung der ATMP-VO, wodurch sich dieser Umstand aus rechtshistorischer Sicht erklären lässt; vgl. European Commission, Staff Working Document, Annex to the: Proposal for a regulation on advanced therapy medicinal products, SEC/2005/1444, (CELEX-Nr.: 52005SC1444) S. 7.

[60] Art. 2 Abs. 1 Buchst. a) dritter Spiegelstrich, Buchst. b) erster Spiegelstrich ATMP-VO.

[61] Art. 2 Abs. 1 Buchst. a) dritter Spiegelstrich, Buchst. b) zweiter Spiegelstrich ATMP-VO.

[62] Art. 2 Abs. 1 Buchst. c) erster Spiegelstrich Satz 1 ATMP-VO.

[63] Art. 2 Abs. 1 Buchst. c) erster Spiegelstrich Satz 2 ATMP-VO.

[64] Art. 2 Abs. 1 Buchst. c) zweiter Spiegelstrich ATMP-VO.

(TEP) der strukturellen Rekonstruktion, Regeneration oder dem Ersatz von Gewebe.[65]

8.1.4 Gentherapeutikum (GTMP)

Nach der Legaldefinition ist ein Gentherapeutikum (GTMP) ein biologisches Arzneimittel, das die folgenden Merkmale aufweist:

> a) Es enthält einen Wirkstoff, der eine rekombinante Nukleinsäure enthält oder daraus besteht, der im Menschen verwendet oder ihm verabreicht wird, um eine Nukleinsäuresequenz zu regulieren, zu reparieren, zu ersetzen, hinzuzufügen oder zu entfernen.
>
> b) Seine therapeutische, prophylaktische oder diagnostische Wirkung steht in unmittelbarem Zusammenhang mit der rekombinanten Nukleinsäuresequenz, die es enthält, oder mit dem Produkt, das aus der Expression dieser Sequenz resultiert.
>
> Impfstoffe gegen Infektionskrankheiten sind keine Gentherapeutika.[66]

8.1.4.1 Wirkstoff

Der Wirkstoff eines Gentherapeutikums (GTMP) muss aus einer rekombinanten Nukleinsäure bestehen oder eine solche enthalten. Unter Nukleinsäuren sind sowohl Desoxyribonukleinsäure (DNA) als auch Ribonukleinsäure (RNA) zu verstehen.[67] Nach der Vorstellung des Unionsgesetzgebers kann der Wirkstoff entweder unmittelbar aus einem Stück DNA oder RNA „bestehen“, das im Körper des Patienten angewendet wird (in vivo), oder aus Zellen, die ein Stück rekombinanter DNA oder RNA „enthalten“ und dem Patienten infundiert werden (ex vivo). Damit wird deutlich, dass gentechnisch veränderte Zellen grundsätzlich sowohl unter die Definition eines Gentherapeutikums (GTMP) als auch unter die eines somatischen Zelltherapeutikums (SCTMP) fallen können.[68]

---

[65] Näher Bock, Der Rechtsrahmen für Arzneimittel für neuartige Therapien auf unionaler und nationaler Ebene, 2012, S. 91 ff., m.w.N.; Dettling, in: Zuck/Dettling (Hrsg.), Arzneimittelgesetz, 2021, § 4b AMG, Rn. 43; Jekerle/Schröder/Pedone, Bundesgesundheitsblatt 53 (2010), S. 4, 6; Schauer, Pharma Recht 44 (2022), S. 482, 486; Prütting/Wesser, in: Kloesel/Cyran (Hrsg.), Arzneimittelrecht Kommentar, 140. Aktualisierungslieferung, 2024, § 4 AMG, Anm. 41c.

[66] Art. 2 Abs. 1 Buchst. a) erster Spiegelstrich ATMP-VO i.V. mit Anhang I, Teil IV, Abschnitt 2.1 RL 2001/83/EG.

[67] Berg/Tymoczko/Gatto u. a., Stryer Biochemie, 2018, S. 127.

[68] Vgl. Anhang I, Teil IV, Abschnitt 3.2.1.2 und 3.3.2.1 Buchst. e)-f) RL 2001/83/EG.

8.1.4.2 Biologisches Arzneimittel

Ein Gentherapeutikum muss nach der Legaldefinition ein biologisches Arzneimittel sein. Der Wirkstoff des Arzneimittels muss folglich biologischen Ursprungs sein oder aus biologischem Ursprungsmaterial gewonnen werden und zu dessen Charakterisierung und Qualitätsbestimmung müssen physikalische, chemische oder biologische Prüfungen sowie die Beurteilung des Herstellungsprozesses und seiner Kontrolle erforderlich (vgl. Abschnitt 8.1.2.1).

8.1.4.2.1 Gentechnische veränderte Zellen als Wirkstoffe

Wird den Zellen des Patienten oder eines Spenders außerhalb des Körpers des Patienten eine rekombinante Nukleinsäure hinzugefügt (ex vivo), besteht der Wirkstoff des Arzneimittels aus Sicht des Unionsgesetzgebers aus einer genetisch veränderten Zelle.[69] In diesem Fall handelt es sich somit stets um einen Wirkstoff menschlichen Ursprungs und damit um ein biologisches Arzneimittel (vgl. Abschnitt 8.1.2.1).

8.1.4.2.2 Nukleinsäuren als Wirkstoffe

Wird die rekombinante Nukleinsäure in menschliche Zellen im Körper des Patienten transfiziert (in vivo), besteht der Wirkstoff des Arzneimittels aus einer rekombinanten Nukleinsäure. Die rekombinante Nukleinsäure oder die Ursprungsmaterialien, aus denen die rekombinante Nukleinsäure erzeugt wird, müssen mithin biologischer Herkunft sein und für ihre Charakterisierung und Qualitätsbestimmung müssen physikalische, chemische und biologische Prüfungen sowie die Beurteilung des Produktionsprozesses und seiner Kontrolle erforderlich sein.[70]

Nukleinsäuren kommen natürlicherweise in den Zellen von Lebewesen und Mikroorganismen vor. Sie können aus diesen Zellen isoliert, in Biobanken aufbewahrt, gentechnisch verändert und anschließend in menschliche Zellen übertragen werden.[71] Wird eine Nukleinsäure aus der Zelle eines Lebewesens extrahiert, um

---

[69] Anhang I, Teil IV, Abschnitt 3.2.1.2 Abs. 2 und Abschnitt 3.2.1.1 Abs. 2-3 RL 2001/83/EG; siehe auch European Medicines Agency, Guideline on quality, non-clinical and clinical requirements for investigational advanced therapy medicinal products in clinical trials, EMA/CAT/22473/2025, 2025, (https://www.ema.europa.eu/en/documents/scientific-guideline/guideline-quality-non-clinical-clinical-requirements-investigational-advanced-therapy-medicinal-products-clinical-trials_en.pdf), S. 9 (geprüft am 24.10.2025).

[70] Anhang I, Teil I, Abschnitt 3.2.1.1. Buchst. b) Abs. 3 Satz 2 RL 2001/83/EG.

[71] Vgl. Winnacker, Das Genom, 2002, S. 106; Campbell/Urry/Cain u. a., Biologie, 2019, S. 529 ff.

daraus eine rekombinante Nukleinsäure herzustellen, so besteht diese unzweifelhaft aus tierischem oder menschlichem Ausgangsmaterial. Die rekombinante Nukleinsäure ist in diesem Fall biologischen Ursprungs, sodass das Arzneimittel als biologisches Arzneimittel zu qualifizieren ist.

Aufgrund des technischen Fortschritts ist es jedoch möglich, Nukleinsäuren in vitro chemisch zu synthetisieren, indem die einzelnen Nukleotidbausteine schrittweise synthetisiert und aneinandergereiht werden.[72] In diesem Fall bestehen die Nukleinsäuren aus chemischen Ausgangsstoffen,[73] sodass eine Einstufung als biologisches Arzneimittel nicht in Betracht kommt. Etwas anderes könnte nur gelten, soweit es sich bei Anhang I, Teil I, Abschnitt 3.2.1.1 Buchst. b) Abs. 3 Satz 3 Richtlinie 2001/83/EG um eine Fiktion handelt, nach der ATMP ipso iure als biologische Arzneimittel eingestuft werden.[74]

8.1.4.2.2.1 Grammatische Auslegung

Biologische Arzneimittel sind „die in Teil IV dieses Anhangs definierten“[75] ATMP. Damit werden ausschließlich solche Produkte als biologische Arzneimittel reguliert, die den jeweiligen Definitionen in Teil IV des Anhangs I der Richtlinie 2001/83/EG entsprechen. Die Definition für Gentherapeutika (GTMP) ist in Teil IV angesiedelt und beschränkt sich wiederum auf biologische Arzneimittel.[76] Der Wortlaut ist daher nicht eindeutig. Er könnte für eine rechtliche Fiktion, aber auch für eine deklaratorische Regelung sprechen, die verschiedene biologische Arzneimittel lediglich beispielhaft aufzählt.

---

[72] Vgl. Sahin/Karikó/Türeci, Nature Reviews Drug Discovery 13 (2014), S. 759, 774; Quabius/Krupp, New Biotechnology 32 (2015), S. 229, 230; Allen/Rosenberg/Hendel, Frontiers in Genome Editing 2 (2020), 617910, S. 3; Freitag/Wagner, Advanced Drug Delivery Reviews 168 (2021), S. 30 ff.; Moon/Kim/Ko u. a., Trends in Biotechnology 37 (2019), S. 870, 871 f.

[73] Hierzu werden beispielsweise sog. Phosphoramidite verwendet; vgl. European Medicines Agency, Guideline on the Development and Manufacture of Oligonucleotides – Draft, 2024, (https://www.ema.europa.eu/en/documents/scientific-guideline/draft-guideline-development-manufacture-oligonucleotides_en.pdf), S. 6 (geprüft am 24.10.2025); Stiller, Synthesis and applications of modified nucleosides and RNA nucleotides, 2023, S. 44 ff.; Viverge, Development of a click chemistry-based proximity ligation assay and Synthesis and incorporation of 5-carboxycytidine phosphoramidite in synthetic RNA, 2021, S. 105 ff.; Walsh, Pharmaceutical Biotechnology, 2007, S. 449.

[74] Vgl. Faltus, Pharma Recht 45 (2023), S. 469, 475.

[75] Anhang I, Teil I, Abschnitt 3.2.1.1. Buchst. b) Abs. 3 Satz 3 RL 2001/83/EG.

[76] Art. 2 Abs. 1 Buchst. a) erster Spiegelstrich ATMP-VO i.V. mit Anhang I, Teil IV, Abschnitt 2.1 RL 2001/83/EG.

8.1.4.2.2.2 Auslegung nach Systematik, Sinn und Zweck

Systematisch enthält Art. 2 der Richtlinie 2001/83/EG einen abschließenden Katalog unionsrechtlicher Begriffsbestimmungen. Vor diesem Hintergrund erscheint die Definition der biologischen Arzneimittel in Anhang I, Teil I der Richtlinie 2001/83/EG systematisch deplatziert, sodass prima facie Zweifel an der Rechtsqualität dieser Regelung aufkommen könnten.

Für eine Fiktion spricht aber, dass nach den Erwägungsgründen der ATMP-VO ein ATMP als biologisches Arzneimittel gilt, sofern eine pharmakologische, immunologische oder metabolische Wirkung vorliegt.[77] Der Unionsgesetzgeber setzt damit lediglich das Vorliegen der Kriterien des allgemeinen Arzneimittelbegriffs voraus, nicht jedoch diejenigen des biologischen Arzneimittels. Der sechste Erwägungsgrund der ATMP-VO deutet somit darauf hin, dass ATMP ipso iure als biologische Arzneimittel zu behandeln sind.

Der Anhang zur Richtlinie 2001/83/EG stellt jedoch, anders als die Erwägungsgründe der ATMP-VO, einen verbindlichen Rechtstext dar.[78] Daher ist zunächst auch von der Rechtsverbindlichkeit der dort enthaltenen Definition biologischer Arzneimittel auszugehen, die entsprechend einen eigenen Bedeutungsgehalt aufweisen sollte. Gegen die Annahme einer bloßen Fiktion spricht zudem der Sinn und Zweck der gesonderten Regulierung biologischer Arzneimittel. Chemische Arzneimittel lassen sich in der Regel als einheitliche Produkte herstellen. Biologische Arzneimittel unterscheiden sich hingegen wegen der Variabilität ihres Ausgangsmaterials stets voneinander, selbst wenn sie denselben Wirkstoff enthalten.[79] Sie können daher nicht als homogene Produkte hergestellt werden. Bei der Verwendung biologischer Stoffe bestimmt vielmehr der Herstellungsprozess

---

[77] Erwägungsgrund (2) Satz 1 ATMP-VO.

[78] Vgl. EuGH, Urteil vom 13.07.1989 – Rs. C-215/88, Rn. 31; Klimas/Vaiciukaite, ILSA Journal of International & Comparative Law 15 (2008), S. 66, 85; nichtsdestotrotz kommt den Erwägungsgründen aufgrund der unterschiedlichen, jeweils autoritativen Sprachfassungen unionaler Rechtstexte eine enorm hohe Bedeutung für die Auslegung des geltenden Rechts zu.

[79] Zum Beispiel können zwei Arzneimittel ein Protein mit identischer Primärstruktur als Wirkstoff enthalten. Ist allerdings eines der beiden Proteine unterschiedlich gefaltet, dann verfügt es über andere biologische und physikalische Eigenschaften und wird aus diesem Grund nicht als „dasselbe" Protein behandelt, obwohl sich die Abfolge der Aminosäuren bei beiden Wirkstoffen nicht unterscheidet, vgl. Brixius, in: Ratzel/Christophers/Harneit u. a. (Hrsg.), Festschrift 20 Jahre Arbeitsgemeinschaft Medizinrecht im DAV, 2018, S. 238.

maßgeblich die physikalischen und biologischen Eigenschaften eines Produktes.[80] Bereits geringfügige Abweichungen im Herstellungsprozess, etwa bei der Skalierung der Produktionsmenge einer Charge, können die wirksamkeits- und sicherheitsbezogenen Eigenschaften des Arzneimittels erheblich verändern.[81]

Dementsprechend erfolgt die Genehmigung von biologischen Arzneimitteln im arzneimittelrechtlichen Zulassungsverfahren nach dem Grundsatz „the product is the process“: Das Herstellungsverfahren bestimmt die Identität des Produktes.[82] Diesen besonderen Produkteigenschaften wird die Legaldefinition gerecht, indem sie ausschließlich solche Produkte als biologische Arzneimittel erfasst, deren Charakterisierung und Qualitätsbestimmung physikalische, chemische oder biologische Prüfungen sowie eine Beurteilung des Herstellungsprozesses und seiner Kontrolle erfordern. Es würde deshalb dem Sinn und Zweck der Definition biologischer Arzneimittel widersprechen, chemisch synthetisierte Nukleinsäuren kraft Fiktion als biologische Arzneimittel einzuordnen, soweit sie die übrigen Tatbestandsmerkmale eines Gentherapeutikums (GTMP) erfüllen. Denn durch die Verwendung chemischer Ausgangsmaterialien – etwa Phosphoramidite – und deren Herstellungsverfahren, also eine chemische Synthese, lassen sich Nukleinsäuren Base für Base aneinanderreihen, sodass jede Charge des resuliertenden Arzneimittels ein homogenes Produkt darstellen würde.

8.1.4.2.2.3 Auslegung nach der Entstehungsgeschichte

Ferner spricht die Entstehungsgeschichte der ATMP-VO gegen die Annahme einer Fiktion. Mit der Schaffung der Richtlinie 2001/83/EG sollte das seit der Verabschiedung der Richtlinie 65/65/EWG[83] entstandene und vielfach zersplitterte Arzneimittelrecht in einer einheitlichen Kodifikation zusammengeführt werden. Dabei wurden im Wesentlichen die bisherigen Regelungen übernommen, die allerdings überwiegend zu einer Zeit entstanden waren, in der man davon ausging, dass der Wirkstoff eines Arzneimittels aus kleinen chemischen Molekülen (small molecules) besteht.

---

[80] Vgl. Dierks, Neue Juristische Online-Zeitschrift 13 (2013), S. 1, 3; Pietrek, Zeitschrift für Stoffrecht 21 (2024), S. 49, 53; Brixius, in: Ratzel/Christophers/Harneit u. a. (Hrsg.), Festschrift 20 Jahre Arbeitsgemeinschaft Medizinrecht im DAV, 2018, S. 232.

[81] Dierks, Neue Juristische Online-Zeitschrift 13 (2013), S. 1, 2.

[82] Prütting/Wesser, in: Kloesel/Cyran (Hrsg.), Arzneimittelrecht Kommentar, 140. Aktualisierungslieferung, 2024, § 4 AMG, Anm. 62.

[83] Richtlinie 65/65/EWG des Rates vom 26.01.1965 zur Angleichung der Rechts- und Verwaltungsvorschriften über Arzneispezialitäten, ABl. 22 vom 09.02.1965, S. 369.

Das Arzneimittelrecht wurde erst im Laufe der Zeit an die neu aufkommenden biologischen Arzneimittel angepasst. Insbesondere die Richtlinie 2003/63/EG[84] führte zur Einführung zahlreicher Regelungen für biologische Arzneimittel, insbesondere auch zur erstmaligen Einbeziehung von Gentherapeutika (GTMP) und somatischen Zelltherapeutika (SCTMP) in das unionale Arzneimittelrecht.[85] Entgegen den Erwägungsgründen[86] der Richtlinie 2003/63/EG enthielt die Richtlinie 2001/83/EG zu diesem Zeitpunkt noch nicht die tatbestandliche Voraussetzung, dass es sich bei einem Gentherapeutikum (GTMP) um ein biologisches Arzneimittel handeln muss. Erst mit der Richtlinie 2009/120/EG[87] wurde die heutige Definition für Gentherapeutika (GTMP) eingeführt und das Tatbestandsmerkmal „biologisches Arzneimittel" aus Klarstellungsgründen ausdrücklich ergänzt.[88]

Diese nachträgliche Anpassung dürfte damit zusammenhängen, dass die chemische Synthese von Nukleinsäuren erst infolge des technischen Fortschritts als möglich erschien.[89] Jedenfalls deutet die Nachjustierung des Unionsgesetzgebers darauf hin, dass es sich bei Anhang I, Teil I, Abschnitt 3.2.1.1 Buchst. b) Abs. 3 Satz 3 Richtlinie 2001/83/EG nicht um eine Fiktion handelt, sondern dass dem Tatbestandsmerkmal „biologisches Arzneimittel" innerhalb der GTMP-Definition eine eigenständige rechtliche Bedeutung zukommen soll.

8.1.4.2.2.4 Deklaratorische Vorschrift

Bei Lichte betrachtet ist die systematisch missverständliche Stellung der Definitionen biologischer Arzneimittel dem Umstand geschuldet, dass die Europäische

[84] Richtlinie 2003/63/EG der Kommission vom 25.06.2003 zur Änderung der Richtlinie 2001/83/EG des Europäischen Parlaments und des Rates zur Schaffung eines Gemeinschaftskodexes für Humanarzneimittel, ABl. L 159/46 vom 27.06.2003, S. 46.

[85] Erwägungsgrund (9) und (10) RL 2003/63/EG.

[86] Erwägungsgrund (9) und (10) RL 2003/63/EG.

[87] Richtlinie 2009/120/EG der Kommission vom 14.09.2009 zur Änderung der Richtlinie 2001/83/EG des Europäischen Parlaments und des Rates zur Schaffung eines Gemeinschaftskodexes für Humanarzneimittel im Hinblick auf Arzneimittel für neuartige Therapien, ABl. L 242 vom 15.09.2009, S. 3.

[88] Vgl. Jekerle/Schröder/Pedone, Bundesgesundheitsblatt 53 (2010), S. 4, 6; European Medicines Agency, Overview of comments received on Reflection Paper on classification of advanced therapy medicinal products, (EMA/CAT/600280/2010 rev. 1), EMA/224106/2015, (https://www.ema.europa.eu/en/documents/comments/overview-comments-received-reflection-paper-classification-advanced-therapy-medicinal-products_en.pdf) S. 99, Zeile 253-355 (geprüft am 24.10.2025).

[89] Vgl. Erwägungsgrund (3) Satz 1 RL 2009/120/EG, der von einer Anpassung aus Gründen des wissenschaftlichen und technischen Fortschritts spricht.

Kommission die Richtlinie 2001/83/EG im Rahmen delegierter Rechtsakte[90] nur insoweit ändern konnte, als ihr hierfür eine entsprechende Befugnis übertragen wurde.[91] Aus entstehungsgeschichtlichen und teleologischen Gründen ist Anhang I, Teil I, Abschnitt 3.2.1.1 Buchst. b) Abs. 3 Satz 3 Richtlinie 2001/83/EG daher als deklaratorische Bestimmung und nicht als Fiktion zu verstehen.

Zwar kommt dem Tatbestandsmerkmal des „biologischen Arzneimittels“ im Rahmen einer ex-vivo-Therapie keine eigenständige rechtliche Bedeutung zu. Im Rahmen einer in-vivo-Therapie muss die rekombinante Nukleinsäure hingegen biologischen Ursprungs sein oder aus biologischem Ursprungsmaterialen gewonnen werden und zu ihrer Charakterisierung und Qualitätsbestimmung müssen physikalische, chemische oder biologische Prüfungen sowie die Beurteilung des Herstellungsprozesses und seiner Kontrolle erforderlich sein, um unter die Definition zu fallen.[92]

8.1.4.3 Rekombinante Nukleinsäure

Kernelement der Definition eines Gentherapeutikums ist die rekombinante Nukleinsäure. Eine Legaldefinition, wann eine solche vorliegt, enthält das Unionsrecht nicht. Es stellt sich zunächst die rechtstheoretische Frage, ob es sich bei dem Tatbestandsmerkmal um einen reinen Tatsachenbegriff oder um einen unbestimmten Rechtsbegriff handelt.

Reine Tatsachenbegriffe lassen keinen Auslegungsspielraum zu, da sie objektiv festgestellt werden können und keinen normativen Gehalt besitzen. Demgegenüber sind Rechtsbegriffe grundsätzlich auslegungsfähig. Die hohe Technizität des Begriffs der rekombinanten Nukleinsäure schließt eine juristische Auslegung jedoch nicht aus. Auch technisch-naturwissenschaftliche Begriffe sind nach allgemeiner Auffassung juristisch-methodisch auslegungsfähig.[93]

Nukleinsäuren sind die Moleküle DNA und RNA, die sich durch ihre chemische Zusammensetzung und Molekülstruktur definieren (vgl. Abschnitt 1.1.2). Ob ein Molekül eine Nukleinsäure ist, lässt sich objektiv und eindeutig durch naturwissenschaftliche Verfahren feststellen; insoweit handelt es sich um einen Tatsachenbegriff.

---

[90] Es handelt sich bei RL 2003/63/EG und RL 2009/120/EG um delegierte Rechtsakte der Europäischen Kommission.

[91] Für den Anhang der RL 2001/83/EG befindet sich die Befugnis zum Erlass von delegierten (Änderungs-)Rechtsakten in Art. 120 RL 2001/83/EG; für eine Änderung von Art. 2 RL 2001/83/EG besitzt die Europäische Kommission keine Befugnis.

[92] Siehe auch Mourby/Morrison, European Journal of Human Genetics 28 (2020), S. 979, 980.

[93] Potacs, Rechtstheorie, 2019, S. 171.

Der Begriff der „Rekombination" beschreibt einerseits natürliche Prozesse innerhalb der Zelle, bei denen DNA neu angeordnet oder repariert wird.[94] Andererseits stellt der Unionsgesetzgeber erkennbar auf eine durch den Menschen herbeigeführte Rekombination von Nukleinsäuren ab. Da Nukleinsäuren jedoch durch vielfältige technische Verfahren in ihrer Zusammensetzung verändert werden können, lässt sich angesichts der Vielzahl möglicher Methoden nicht a priori festlegen, wann eine rekombinante Nukleinsäure im Sinne der GTMP-Definition vorliegt und in welchen Fällen dies nicht gegeben ist. Der Begriff der Rekombination kann sich dabei sowohl auf ganze Gene, einzelne Codons oder einzelne Basen beziehen als auch auf Veränderungen des Transkriptoms, Epigenoms oder Genoms.

Vor diesem Hintergrund lässt sich der Begriff der rekombinanten Nukleinsäure nicht rein empirisch bestimmen. Es handelt sich um einen unbestimmten Rechtsbegriff, dessen normativer Inhalt durch Auslegung zu ermitteln ist.

8.1.4.3.1 Grammatische Auslegung

Für die Auslegung des Begriffs der rekombinanten Nukleinsäure sind der Verständnishorizont der tatsächlich und potentiell betroffenen Normadressaten sowie der erkennbare Wille des Unionsgesetzgebers maßgeblich.[95] Ausgangspunkt bildet dabei die Auslegung nach dem Wortlaut.

8.1.4.3.1.1 Wortlaut ohne Berücksichtigung des Adressatenhorizonts

Insofern könnte eine rekombinante Nukleinsäure immer dann vorliegen, wenn DNA oder RNA durch eine Neuanordnung ihrer Substanz so verändert wird, dass sich der Informationsgehalt ändert. Demnach würde jede wesentliche Veränderung des Leserasters einer Nukleinsäure eine Rekombination darstellen, da bereits der Austausch einzelner Basen den Informationsgehalt des genetischen Codes maßgeblich beeinflusst.

8.1.4.3.1.2 Wortlaut unter Berücksichtigung des Adressatenhorizonts

Die ATMP-VO reguliert industriell hergestellte Gen- und Zelltherapeutika, für die besondere arzneimittelrechtliche Voraussetzungen festgelegt werden sollen.[96] Bei der grammatischen Auslegung ist daher das spezifische Fachwissen der pharmazeutischen Industrie zugrunde zu legen.

---

[94] Vgl. Alberts/Johnson/Lewis u. a., Molekularbiologie der Zelle, 2017, S. 308 ff.

[95] Vgl. Rüthers/Fischer/Birk, Rechtstheorie und Juristische Methodenlehre, 2021, S. 443.

[96] Erwägungsgrund (6) Satz 2 ATMP-VO.

Die Herstellung rekombinanter Nukleinsäuren begann erstmals 1973 und ermöglichte es, genetisches Material beliebigen Ursprungs – etwa aus tierischen oder menschlichen Zellen – in ein Plasmid einzubringen, um es anschließend durch ein Bakterium exprimieren zu lassen.[97] Dieses Verfahren, das als klassische rekombinante DNA-Technologie (rDNA-Technologie) bezeichnet wird, beginnt mit der Isolierung eines Gens aus der DNA eines Organismus.[98] Dies erfolgt durch den Einsatz von Restriktionsenzymen, die Nukleinsäuren an spezifischen Stellen schneiden.[99] Das isolierte Gen wird anschließend mit Hilfe der Polymerase-Kettenreaktion (Polymerase Chain Reaction – PCR) vervielfältigt.[100]

Parallel werden in Plasmid-haltige Bakterien Restriktionsenzyme eingebracht, um dort definierte Gensequenzen herauszuschneiden. In die so entstehenden freien Schnittstellen der Plasmide werden die zuvor vervielfältigten Gene eingefügt, wodurch rekombinante DNA (rDNA) entsteht.[101] Das Bakterium exprimiert sodann das eingefügte Gen im Rahmen der Proteinbiosynthese.[102]

Diese Technologie machte es erstmals möglich, Gene zu isolieren, die die Information für menschliches Insulin enthalten. Dadurch konnten gentechnisch

[97] Schüler, Die Biotechnologie-Industrie, 2016, S. 9; Watson, Recombinant DNA, 2007, S. 76; Renneberg, Biotechnologie für Einsteiger, 2006, S. 62 f.; Gärditz, in: Huster/Kingreen/Becker (Hrsg.), Handbuch Infektionsschutzrecht, 2022, S. 477, 505 f.; Walsh, Pharmaceutical Biotechnology, 2007, S. 46 f.

[98] Mikić/Alomari/Gowers, Methods in Molecular Biology 2633 (2023), S. 1, 6; Stryjewska/Kiepura/Librowski u. a., Pharmacological Reports 65 (2013), S. 1075, 1076 f.; Kesik-Brodacka, Biotechnology and Applied Biochemistry 65 (2018), S. 306, 309 f.; Walsh, Pharmaceutical Biotechnology, 2007, S. 46 f.

[99] Berg/Tymoczko/Gatto u. a., Stryer Biochemie, 2018, S. 144; Dederer, Gentechnikrecht im Wettbewerb der Systeme, 1998, S. 12.

[100] Mikić/Alomari/Gowers, Methods in Molecular Biology 2633 (2023), S. 1, 6; Berg/Tymoczko/Gatto u. a., Stryer Biochemie, 2018, S. 143.

[101] Zur Verknüpfung der DNA-Fragmente wurde das Enzym DNA-Ligase eingesetzt; vgl. Mikić/Alomari/Gowers, Methods in Molecular Biology 2633 (2023), S. 1, 6; Kesik-Brodacka, Biotechnology and Applied Biochemistry 65 (2018), S. 306, 309 f.; Stryjewska/Kiepura/Librowski u. a., Pharmacological Reports 65 (2013), S. 1075, 1076 f.; Berg/Tymoczko/Gatto u. a., Stryer Biochemie, 2018, S. 152.

[102] Vgl. Berg/Tymoczko/Gatto u. a., Stryer Biochemie, 2018, S. 143; Gärditz, in: Huster/Kingreen/Becker (Hrsg.), Handbuch Infektionsschutzrecht, 2022, S. 477, 506; Walsh, Pharmaceutical Biotechnology, 2007, S. 53; dabei werden in der Regel zusätzliche Antibiotikaresistenzgene eingebaut,um durch die anschließende Kultivierung der Bakterien auf einem mit Antibiotika versetzten Nährmedium festzustellen, bei welchen Bakterien die Rekombination erfolgreich war.

veränderte Bakterien in Fermentern gezüchtet werden, welche Humaninsulin produzierten, das anschließend aufgereinigt und geerntet werden konnte.[103] Insulin musste somit nicht länger aufwendig aus Schweinepankreas gewonnen werden, sondern konnte in großen Mengen kosteneffizient hergestellt werden.[104]

Unter Berücksichtigung des Adressatenhorizonts legt der Wortlaut daher nahe, dass unter „rekombinanten Nukleinsäuren" ausschließlich solche zu verstehen sind, die im Rahmen des beschriebenen rDNA-Herstellungsverfahrens erzeugt werden. Da die Vorschrift jedoch ausdrücklich von „Nukleinsäuren", also DNA und RNA, spricht und nicht ausschließlich von DNA, sind folglich auch RNA-Transkripte solcher rDNA vom Begriff der rekombinanten Nukleinsäure umfasst.

8.1.4.3.2 Auslegung nach der Entstehungsgeschichte

Die Auslegung unterliegt dem Primat der objektiven Auslegung und knüpft somit an den bereits dargestellten Wortlaut an, der sich auf die rDNA-Technologie bezieht. Ergänzend kann jedoch auf die Entstehungsgeschichte der Vorschrift zurückgegriffen werden, um den gesetzgeberischen Willen zu ermitteln.

8.1.4.3.2.1 Arzneimittel und rDNA-Technologie

Im Jahr 1998 wurde die Europäische Kommission wiederholt mit der Frage konfrontiert, wie durch rekombinante DNA hergestellte Stoffe zu definieren seien. In einer Stellungnahme erklärte sie, dass hierfür die Definition der Monographie 784 des Europäischen Arzneibuchs[105] (1997) über Produkte, die durch rekombinante DNA-Technologie hergestellt werden, heranzuziehen sei.[106] Diese Definition sei zudem bereits in die Richtlinie 75/318/EWG[107] eingeflossen.[108]

---

[103] Carter, Experimental Cell Research 317 (2011), S. 1261, 1262 f.

[104] Weiterführend Berg/Tymoczko/Gatto u. a., Stryer Biochemie, 2018, S. 80.

[105] Das Europäische Arzneibuch enthält eine Vielzahl anerkannter pharmazeutischer Regeln und stammt nicht von der Europäischen Union, sondern vom European Directorate for the Quality of Medicines & Healthcare (EDQM), einem Gremium des Europarats; ausführlich Rotta, Arzneimittel & Recht 19 (2023), S. 59, 61 f.

[106] European Commission, Commission communication on the Community marketing authorisation procedures for medicinal products, OJ C 229, 22.07.1998, S. 2.

[107] Richtlinie 75/318/EWG des Rates vom 20.05.1975 zur Angleichung der Rechts- und Verwaltungsvorschriften der Mitgliedsstaaten über die analytischen, toxikologisch-pharmakologischen und ärztlichen oder klinischen Vorschriften und Nachweise über Versuche mit Arzneimittelspezialitäten, ABl. L 147 vom 09.06.1972, S. 1.

[108] European Commission, Commission communication on the Community marketing authorisation procedures for medicinal products, OJ C 229, 22.7.1998, S. 2.

Die Aussage der Kommission ist insoweit missverständlich, als nicht die konkrete Definition der Monographie 784, sondern ein dynamischer Verweis auf das Europäische Arzneibuch in den Anhang der Richtlinie 65/65/EWG aufgenommen wurde.[109] Dieser verpflichtete die Mitgliedstaaten, die Vorgaben des Europäischen Arzneibuchs im Rahmen ihrer Arzneimittelprüfrichtlinien zu berücksichtigen.

Nach der Monographie handelt es sich um durch DNA-Rekombination hergestellte Produkte, wenn sie „durch genetische Modifikation hergestellt [werden], bei der die für das benötigte Produkt kodierende DNA gewöhnlich mit Hilfe eines Plasmids oder viralen Vektors in einen geeigneten Mikroorganismus oder eine geeignete Zelllinie eingeführt wird, in denen diese DNA exprimiert und translatiert wird. Das gewünschte Produkt wird dann durch Extraktion und Reinigung gewonnen."[110]

Diese Definition entspricht im Wesentlichen dem Herstellungsverfahren der klassischen rDNA-Technologie (vgl. Abschnitt 8.1.4.3.1.2). Sie ist jedoch nicht auf die Verwendung von Restriktionsenzymen und Ligasen beschränkt. Dementsprechend können auch moderne molekularbiologische Werkzeuge zur Trennung und Rekombination von DNA eingesetzt werden. Das entscheidende Merkmal bleibt jedoch die Einführung eines Gens in ein geeignetes Expressionssystem mittels eines Transportvehikels.

8.1.4.3.2.2 Gentherapeutika als komplementäre Produktkategorie

In der ersten Definition von Gentherapeutika, die durch die Richtlinie 2003/63/EG in die RL 2001/83/EG aufgenommen wurde, wurde ein GTMP als ein Arzneimittel beschrieben, bei dem durch eine Reihe von Verarbeitungsschritten der Transfer eines therapeutischen Gens in Zellen und dessen anschließende Expression im Körper des Patienten bewirkt werden sollen.[111]

Nach der ursprünglichen Auffassung der Europäischen Kommission beruhten sowohl Wirkstoffe, die durch rDNA-Technologie in Fermentern hergestellt werden, als auch Gentherapeutika somit auf einem Gentransfer. Sie unterscheiden sich lediglich darin, wo die Expression des Gens erfolgt – bei der klassischen rDNA-Technologie in vitro, bei Gentherapeutika in vivo. Bei einem mittels

[109] Vgl. Art. 2 i.V. mit Anhang, 1. Teil, C., Nr. 1, Abs. 1 sowie E., Nr. 1, Abs. 2 RL 75/318/EWG; die Monographien des Europäischen Arzneibuchs beanspruchen auch heute noch Geltung, vgl. Art. 26 Abs. 2, Art. 8 Abs. 3 Buchst. d) i.V. mit Anhang I, Teil I, Abschnitt 3.2 (4) RL 2001/83/EG.

[110] Europäisches Arzneibuch, Monographie 784, 1997.

[111] Anhang I, Teil IV, Nr. 1 RL 2001/83/EG in der Fassung vom 01.07.2003; Erwägungsgrund (9) der Richtlinie 2003/63/EG.

rDNA-Technologie hergestellten Produkt wird das therapeutische Protein im Labor produziert und anschließend dem Patienten als Wirkstoff in einem Arzneimittel verabreicht. Bei einem Gentherapeutikum hingegen findet die Produktion des therapeutischen Proteins innerhalb des Körpers des Patienten statt, indem diesem die rekombinante Nukleinsäure durch einen Vektor (in-vivo-Ansatz) oder in einer menschlichen Zelle (ex-vivo-Ansatz) zugeführt wird.

Zwar liegen zu der Richtlinie 2009/120/EG, welche die aktuelle GTMP-Definition einführte, dahingehend keine historischen Materialien vor. Die Europäische Kommission erklärte jedoch bereits im Entwurf der ATMP-VO, dass ATMP biotechnologisch hergestellte Arzneimittel seien, die denselben regulatorischen Grundsätzen unterliegen sollen wie durch DNA-Rekombinationstechniken erzeugte Produkte.[112] Da es sich bei der Richtlinie 2009/120/EG um einen delegierten Rechtsakt der Europäischen Kommission handelt, ist davon auszugehen, dass diese Erwägungen der Europäischen Kommission auch für die Ausgestaltung der heutigen GTMP-Definition maßgeblich waren. Es liegt daher nahe, dass die Europäische Kommission bei der Einführung des Tatbestandsmerkmals „rekombinante Nukleinsäure“ die rDNA-Technologie als Leitbild vor Augen hatte.

Aus der Entstehungsgeschichte der Vorschrift ergibt sich somit, dass eine rekombinante Nukleinsäure im Sinne der GTMP-Definition regelmäßig durch ein Verfahren hergestellt wird, das der im Europäischen Arzneibuch beschriebenen DNA-Rekombinationstechnologie entspricht. Dieses Verfahren ist im Kern dadurch gekennzeichnet, dass genetisches Material aus unterschiedlichen Quellen kombiniert wird.

8.1.4.3.3 Auslegung nach Systematik, Sinn und Zweck

Die entscheidende Rechtsfrage lautet daher, ob die Herstellung einer rekombinanten Nukleinsäure im Sinne der GTMP-Definition zwingend die Insertion fremden genetischen Materials in eine Nukleinsäure voraussetzt oder ob bereits ein reiner Gen-Knockout im Rahmen eines SDN-1-Verfahrens – und damit jede substanzielle Veränderung der Nukleinsäuresequenz – zur Annahme einer rekombinanten Nukleinsäure führt.

[112] Vgl. Erwägungsgrund (13) Satz 1 ATMP-VO; European Commission, Proposal for a Regulation of the European Parliament and of the Council on advanced therapy medicinal products and amending Directive 2001/83/EC and Regulation (EC) No 726/2004, COM (2005) 567 final, S. 9.

8.1.4.3.3.1 Auslegung nach dem Gentechnikrecht

Es wird vertreten, dass zur Bestimmung der Reichweite des Tatbestandsmerkmals „rekombinante Nukleinsäure“ auf Vorschriften des europäischen Gentechnikrechts zurückgegriffen werden könne.[113] So lasse sich aus Anhang I A Nr. 1 der Richtlinie 2001/18/EG[114] (sog. Freisetzungsrichtlinie) ableiten, dass klassische DNA-Rekombinationstechniken stets die Insertion von Nukleinsäuren in ein Vektorsystem zur Bildung einer neuen Kombination genetischen Materials voraussetzen.

Diese Auffassung stützt sich maßgeblich auf das Urteil des Gerichtshofs der Europäischen Union (EuGH) in der Rechtssache Confédération Paysanne, in dem der Gerichtshof zu klären hatte, ob die Anwendung neuartiger Mutageneseverfahren[115] zur Entstehung eines gentechnisch veränderten Organismus im Sinne von Art. 2 Abs. 2 RL 2001/18/EG führt.[116] Der EuGH subsumierte neuartige Mutageneseverfahren dabei nicht unter die Definition in Anhang I A Nr. 1 RL 2001/18/EG.[117] Im Umkehrschluss wird daraus gefolgert, dass die Anwendung von neuartigen Mutagenesetechniken keine DNA-Rekombinationstechnik im Sinne dieser Bestimmung darstellt.[118]

Dieser Ansatz begegnet jedoch in mehrfacher Hinsicht methodischen Bedenken. Zum einen enthält Art. 2 Abs. 1 ATMP-VO einen abschließenden Katalog der innerhalb der ATMP-VO maßgeblichen Begriffsbestimmungen. Er verweist ausdrücklich auf bestimmte Vorschriften der Richtlinie 2001/83/EG und der Geweberichtlinie, nicht jedoch auf die Richtlinie 2001/18/EG. Ein unmittelbarer Rückgriff auf deren Begriffsapparat ist daher im Umkehrschluss ausgeschlossen.

Zum anderen handelt es sich bei Anhang I A Nr. 1 RL 2001/18/EG lediglich um eine nicht abschließende Aufzählung von Verfahren. Selbst wenn ein Rückgriff auf diese Vorschrift rechtlich zulässig wäre, könnte somit nicht ausgeschlossen werden, dass auch DNA-Rekombinationstechniken ohne die Insertion exogenen genetischen Materials existieren, die dort nicht beispielhaft genannt sind. Schließlich erfordert die Übertragung der Rechtsprechung des EuGH zur

---

[113] Vgl. Mourby/Morrison, European Journal of Human Genetics 28 (2020), S. 979, 980.

[114] Richtlinie 2001/18/EG des Europäischen Parlaments und des Rates vom 12.03.2001 über die absichtliche Freisetzung genetisch veränderter Organismen in die Umwelt und zur Aufhebung der Richtlinie 90/220/EWG des Rates, ABl. L 106 vom 17.04.2001, S. 1.

[115] Bei Mutageneseverfahren wird das Genom einer Zelle verändert, ohne dass exogenes genetisches Material in dem Organismus verbleibt.

[116] Näher Mahalatchimy/Lau/Li u. a., Journal of Law and the Biosciences 8 (2021), lsaa080, S. 10.

[117] EuGH, Urteil vom 25.06.2018 – Rs. C-528/16, Rn. 34.

[118] Mourby/Morrison, European Journal of Human Genetics 28 (2020), S. 979, 980.

Freisetzungsrichtlinie auf die ATMP-VO eine eigenständige rechtliche Begründung,[119] die bislang nicht geleistet wurde.

8.1.4.3.3.2 Auslegung nach dem Arzneimittelrecht

Trotz der aufgezeigten methodischen Vorbehalte erscheint das Ergebnis der Autoren im Lichte der bisherigen Auslegungsergebnisse nicht unplausibel. Eine systematische und teleologische Auslegung ist jedoch autonom im Arzneimittelrecht vorzunehmen.

Nach dem Entwurf der Europäischen Kommission soll die ATMP-VO ein hohes Gesundheitsschutzniveau gewährleisten und zugleich die erforderliche technische Flexibilität bieten, um mit dem wissenschaftlichen Fortschritt Schritt zu halten.[120] Dieser Grundsatz der technischen Flexibilität gilt jedoch nicht uneingeschränkt. Aus den Erwägungsgründen der ATMP-VO ergibt sich der klar erkennbare Wille des Unionsgesetzgebers, dass komplexe Therapeutika aus Gründen der Normklarheit präzise Legaldefinitionen erfordern.[121] Daher ist eine enge Auslegung der Begriffsbestimmungen geboten. Hierfür spricht im Übrigen, dass die ATMP-VO eine lex specialis[122] darstellt und daher bereits nach allgemeinen methodischen Grundsätzen in der Regel restriktiv auszulegen ist.[123]

Dass nicht jede genetische Veränderung einer Nukleinsäure zur Einstufung als GTMP führt, entspricht der Systematik der ATMP-VO.[124] Die genetische Veränderung von Zellen stellt stets eine substanzielle Bearbeitung dar, die zur Einordnung als SCTMP oder TEP führt.[125] Im Umkehrschluss ist die Herstellung rekombinanter Nukleinsäuren ein spezielles gentechnisches Verfahren und damit eine Teilmenge möglicher genetischer Veränderungen.

---

[119] Vgl. Dederer/Hamburger, Journal of Law and the Biosciences 9 (2022), lsab033, S. 10.

[120] European Commission, Proposal for a Regulation of the European Parliament and of the Council on advanced therapy medicinal products and amending Directive 2001/83/EC and Regulation (EC) No 726/2004, COM (2005) 567 final, S. 3.

[121] Erwägungsgrund (3) Satz 1 ATMP-VO.

[122] Erwägungsgrund (6) Satz 1 ATMP-VO.

[123] EuGH, Urteil vom 25.06.2018 – Rs. C-528/16, Rn. 41, m.w.N.

[124] Zutreffend daher Mourby/Morrison, European Journal of Human Genetics 28 (2020), S. 979, 980.

[125] Anhang I, Teil IV, Abschnitt 3.3.2.1 Buchst. f) RL 2001/83/EG; siehe auch European Medicines Agency, Reflection paper on classification of advanced therapy medicinal products, EMA/CAT/600280/2010 rev.1, 2015, (https://www.ema.europa.eu/en/documents/scientific-guideline/reflection-paper-classification-advanced-therapy-medicinal-products_en.pdf-0) S. 11, (geprüft am 24.10.2025).

Ein rechtliches Bedürfnis, die Anwendung von Mutagenesetechniken bzw. SDN-1-Verfahren stets als Herstellung rekombinanter Nukleinsäuren zu qualifizieren, besteht daher nicht. Auch in diesen Fällen wäre eine Einordnung des betreffenden Produkts zumindest als SCTMP oder TEP möglich, soweit das Arzneimittel Zellen oder Gewebe enthält. Bei der gebotenen engen Auslegung ist vielmehr davon auszugehen, dass die Herstellung rekombinanter Nukleinsäuren – entsprechend der Entstehungsgeschichte der Norm – die Kombination genetischen Materials aus zwei unterschiedlichen Quellen voraussetzt. Dafür spricht nicht nur die subjektive Sichtweise der Europäischen Kommission, die ausdrücklich auf die im Europäischen Arzneibuch beschriebene DNA-Rekombinationstechnologie verweist, sondern auch eine objektive Auslegung anhand der Systematik der Verordnung (EG) Nr. 726/2004. In deren Anhang I wurden neben Arzneimitteln, die mittels der DNA-Rekombinationstechnologie des Europäischen Arzneibuchs hergestellt werden, später auch ATMP in systematischer Entsprechung nebeneinandergestellt.[126]

Insgesamt spricht somit alles dafür, dass die Herstellung einer rekombinanten Nukleinsäure den Einbau genetischen Materials unterschiedlichen Ursprungs erfordert. Zwar kann die Definition in Anhang I A Nr. 1 der Freisetzungsrichtlinie nicht unmittelbar zur Begriffsbestimmung herangezogen werden, sie bildet jedoch den sachlichen Anwendungsbereich des Tatbestandsmerkmals zutreffend ab. Ob eine rekombinante Nukleinsäure vorliegt, entscheidet sich demnach nach dem angewandten Herstellungsverfahren, bei dem durch die Kombination genetischen Materials aus zwei verschiedenen Quellen die rekombinante Nukleinsäure als Produkt entsteht.

Aus Gründen der Rechtssicherheit und im Einklang mit dem Willen des Unionsgesetzgebers verbietet sich eine extensive Auslegung.[127] Es obliegt vielmehr dem Unionsgesetzgeber, die Legaldefinition des GTMP de lege ferenda anzupassen, sollten sich infolge dieser engen Auslegung tatsächliche Regelungslücken ergeben. Im Ergebnis handelt es sich bei einem GTMP im Sinne der ATMP-VO de lege lata um ein Gentransfer-Arzneimittel, das Nukleinsäuren enthält, die durch die Zusammenführung genetischer Sequenzen unterschiedlichen Ursprungs hergestellt wurden. Unerheblich ist nach dieser Auslegung die Herkunft der Ausgangsmaterialien dieser Nukleinsäure. Die Herkunft der Ausgangsmaterialien erreicht erst wegen des Tatbestandsmerkmals „biologisches Arzneimittel“ eine eigenständige, den Anwendungsbereich der Norm beschränkende Bedeutung.

---

[126] Vgl. Anhang I, Nr. 1 erster Spiegelstrich und Nr. 1a der VO (EG) Nr. 726/2004.

[127] Grundsätzlich zustimmend Mourby/Morrison, European Journal of Human Genetics 28 (2020), S. 979, 980.

8.1.4.4 Zweckbestimmung

Der Wirkstoff, der eine rekombinante Nukleinsäuresequenz enthält oder aus einer solchen besteht, muss beim Menschen angewendet oder ihm verabreicht werden, um eine Nukleinsäuresequenz[128] zu regulieren, zu reparieren, zu ersetzen, hinzuzufügen oder zu entfernen.

8.1.4.5 Unmittelbarer Wirkungszusammenhang

Die therapeutische, prophylaktische oder diagnostische Wirkung des Arzneimittels muss in einem unmittelbaren Zusammenhang mit der rekombinanten Nukleinsäuresequenz oder mit dem Produkt stehen, das aus der Expression dieser Sequenz resultiert.

Aufgrund dieses Unmittelbarkeitszusammenhangs, der eine einfache kausale Wirkung nicht ausreichen lässt, führt nicht jede beliebige gentechnische Veränderung von Zellen zur Klassifizierung als GTMP. Erfüllt ein Arzneimittel dieses Merkmal nicht, kommt jedoch eine Einstufung als SCTMP oder TEP in Betracht.[129] Obwohl die Abgrenzung im Einzelfall schwierig sein kann, lässt sie sich anhand der folgenden Beispiele verdeutlichen.

Normallfall 1: Eine rekombinante Nukleinsäure, die die Information für ein beim Patienten fehlendes Protein enthält, wird in eine menschliche Zelle eingebracht. Im Rahmen der in der Zelle kontinuierlich ablaufenden Proteinbiosynthese wird die Information der rekombinanten Nukleinsäure abgelesen und das entsprechende Protein durch Translation hergestellt. In diesem Fall führt die Expression der rekombinanten Nukleinsäure unmittelbar zum therapeutischen Effekt, da das fehlende Protein ersetzt wird. Der Unmittelbarkeitszusammenhang ist gegeben.

Normalfall 2: Ein Patient benötigt eine allogene Zelltherapie. Da die Verwendung allogener Zellen mit einer hohen Immunogenität einhergeht, wird den Spenderzellen eine rekombinante Nukleinsäure zugesetzt, deren Expressionsprodukt bewirkt, dass die Zellen vom Immunsystem des Patienten nicht angegriffen werden. Die therapeutische Wirkung geht in diesem Fall im Wesentlichen von den Spenderzellen selbst aus. Die Expression der rekombinanten Nukleinsäure dient lediglich dazu, die mit der Verabreichung der Spenderzellen verbundenen Nebenwirkungen zu reduzieren. Ein Unmittelbarkeitszusammenhang liegt daher nicht vor.

---

[128] In der englischen Fassung wird an dieser Stelle der Begriff „genetic sequence" verwendet.

[129] Vgl. Schüssler-Lenz/Herberts/Reischl u. a., in: Galli (Hrsg.), Regulatory Aspects of Gene Therapy and Cell Therapy Products, 2023, S. 7; Mahalatchimy/Lau/Li u. a., Journal of Law and the Biosciences 8 (2021), lsaa080, S. 24.

8.1.4.6 Ausschluss von Impfstoffen gegen Infektionskrankheiten

Impfstoffe gegen Infektionskrankheiten sind von der Einstufung als GTMP ausdrücklich ausgeschlossen.[130]

Diese Regelung führt dazu, dass funktional vergleichbare Produkte – abhängig von ihrer therapeutischen oder prophylaktischen Indikation – rechtlich unterschiedlich eingestuft werden können. Aus den Gesetzesmaterialien ergibt sich nicht, weshalb der Unionsgesetzgeber diese abweichende Behandlung vorgesehen hat. Der Ausschluss bewirkt jedoch, dass die Indikation eines Arzneimittels maßgeblich über dessen regulatorische Einordnung entscheidet. Ein und dasselbe Produkt kann daher – je nach dessen Indikation – entweder als Gentherapeutikum oder als reguläres Impfstoff-Arzneimittel klassifiziert werden.[131]

Die RL 2001/83/EG enthält keine Legaldefinition des Begriffs „Impfstoff". Aus der Definition immunologischer Arzneimittel lässt sich jedoch ableiten, dass der Wirkstoff eines Impfstoffs grundsätzlich eine aktive Immunität gegenüber einer bestimmten Krankheit beim Patienten hervorrufen soll.[132] Der deutsche Gesetzgeber hat demgegenüber in § 4 Abs. 4 AMG eine eigene Legaldefinition geschaffen, die aufgrund der Normenhierarchie nicht unmittelbar zur Bestimmung des unionsrechtlichen Impfstoffbegriffs geeignet ist.[133] Danach sind Impfstoffe Arzneimittel, die Antigene oder rekombinante Nukleinsäuren enthalten, beim Menschen zur Erzeugung spezifischer Abwehr- und Schutzstoffe angewendet werden und – soweit sie rekombinante Nukleinsäuren enthalten – ausschließlich zur Vorbeugung oder Behandlung von Infektionskrankheiten bestimmt sind.

---

[130] Erst die RL 2009/120/EG fügte diesen Ausschluss in die Definition der Gentherapeutika (GTMP) ein und schuf damit die heutige unionsrechtliche Begriffsbestimmung.

[131] Beispielhaft sei an dieser Stelle das modifizierte Vaccinia-Virus Ankara genannt, das sich sowohl zur Behandlung von nicht-squamösem nicht-kleinzelligem Lungenkarzinom als auch zur Impfung gegen das Pockenvirus eignet, siehe Schauer, Pharma Recht 44 (2022), S. 482, 484, m.w.N.

[132] Art. 1 Abs. 4 Buchst. a) und i) RL 2001/83/EG; dabei handelt es sich lediglich um Regelbeispiele, sodass rechtlich auch Impfstoffe erfasst sein können, die nicht ausschließlich eine aktive Immunität beim Patienten hervorrufen.

[133] Es besteht jedoch die Möglichkeit, diese Legaldefinition als Auslegungshilfe heranzuziehen.

8.1.5 Kombinierte Arzneimittel für neuartige Therapien (cATMP)

Enthält ein ATMP als festen Bestandteil zusätzlich ein oder mehrere Medizinprodukte, kann es als kombiniertes ATMP (cATMP) klassifiziert werden.[134] Auf die Besonderheiten dieser Produktkategorie wird im Rahmen dieser Arbeit jedoch nicht näher eingegangen.[135]

8.2 Klassifizierung somatischer genomischer Therapien als ATMP

Nach der Darstellung der naturwissenschaftlich-medizinischen Grundlagen sowie des allgemeinen rechtlichen Rahmens der ATMP-Verordnung erfolgt im Folgenden die rechtliche Einordnung somatischer genomischer Therapien in die Kategorien der ATMP-Verordnung (vgl. Tabelle 8.1).

8.2.1 Virale Vektoren

Virale Vektoren bilden den gesetzlichen Normalfall, sodass ihre Einstufung in der Regel unproblematisch ist.

8.2.1.1 Herstellung

Die Herstellung viraler Vektoren erfolgt in mehreren Schritten. Zunächst wird das therapeutische Gen isoliert und in ein Plasmid eingefügt.[136] Dieses Plasmid wird anschließend in spezialisierte Zelllinien eingebracht, die die genetischen Informationen zur Bildung der für den Vektor erforderlichen Virusproteine (sog. Kapside) enthalten.[137] Die Zellen exprimieren sowohl die viralen Proteine als auch das virale Genom (DNA bzw. RNA) sowie das therapeutische Gen.[138] In der Folge

[134] Vgl. Art. 2 Abs. 1 Buchst. d) ATMP-VO.

[135] Weiterführend Schauer, Pharma Recht 44 (2022), S. 482, 486 f.

[136] Mackett/Smith/Moss, Journal of Virology 49 (1984), S. 857, 858; Negrete/Kotin, Briefings in Functional Genomics & Proteomics 7 (2008), 303, S. 3.

[137] Die Wahl der verwendeten Zelllinie hängt vom angestrebten Serotyp des viralen Vektors ab.

[138] Mackett/Smith/Moss, Journal of Virology 49 (1984), S. 857, 858; Negrete/Kotin, Briefings in Functional Genomics & Proteomics 7 (2008), 303, S. 3.

Tabelle 8.1 Klassifizierung somatischer genomischer Therapien – ATMP (EU)

Wirkstoff	Wirkmechanisus / Wirkungsort	Enthält oder besteht der Wirkstoff aus einer rekombinanten Nukleinsäure (rNS)?	Welche Nukleinsäuresequenz wird hinzugefügt, reguliert, entfernt, repariert oder ersetzt?	Was geschieht: Regulierung, Entfernen, Ersetzen, Reparatur oder Hinzufügen von Nukleinsäuresequenz?	Was ist der therapeutische Effekt des Arzneimittels?	Wird der therapeutische Effekt unmittelbar durch die rNS oder ihr Expressionsprodukt hervorgerufen?	Regulatorischer Status
Gamma-Retrovirale Vektoren	Integration von DNA, nur während der Zellteilung / Zellkern	Ja	Rekombinante virale RNA mit therapeutischem Gen	Hinzufügen rekombinanter viraler RNA	Substitution eines fehlenden Gens Addition eines Gens	Ja Therapeutische Wirkung des Proteins als Produkt der Expression des rekombinanten Vektors	In vivo: GTMP Ex vivo: GTMP SCTMP
Lentivirale Vektoren	Integration von DNA, auch in nicht-teilenden Zellen / Zellkern	Ja	Rekombinante virale DNA mit therapeutischem Gen	Hinzufügen rekombinanter viraler DNA	Substitution eines fehlenden Gens Addition eines Gens	Ja Therapeutische Wirkung des Proteins als Produkt der Expression des rekombinanten Vektors	In vivo: GTMP Ex vivo: GTMP SCTMP
Adenovirale Vektoren	Nicht-integrierende doppelsträngige episomale DNA / Zellkern	Ja	Rekombinante virale DNA mit therapeutischem Gen	Hinzufügen rekombinanter viraler DNA	Substitution eines fehlenden Gens Addition eines Gens	Ja Therapeutische Wirkung des Proteins als Produkt der Expression des rekombinanten Vektors	In vivo: GTMP Ex vivo: GTMP SCTMP
Adeno-assoziierte Virusvektoren (AAV)	Nicht-integrierende episomale einzelsträngige DNA / Zellkern	Ja	Rekombinante virale DNA mit therapeutischem Gen	Hinzufügen rekombinanter viraler DNA	Substitution eines fehlenden Gens Addition eines Gens	Ja Therapeutische Wirkung des Proteins als Produkt der Expression des rekombinanten Vektors	In vivo: GTMP Ex vivo: GTMP SCTMP

(Fortsetzung)

Tabelle 8.1 (Fortsetzung)

Wirkstoff	Wirkmechanisus / Wirkungsort	Enthält oder besteht der Wirkstoff aus einer rekombinanten Nukleinsäure (rNS)?	Welche Nukleinsäuresequenz wird hinzugefügt, reguliert, entfernt, repariert oder ersetzt?	Was geschieht: Regulierung, Entfernen, Ersetzen, Reparatur oder Hinzufügen von Nukleinsäuresequenz?	Was ist der therapeutische Effekt des Arzneimittels?	Wird der therapeutische Effekt unmittelbar durch die rNS oder ihr Expressionsprodukt hervorgerufen?	Regulatorischer Status
Sendaiviren	Nicht-integrierende einzelsträngige RNA / Zytoplasma	Ja	Rekombinante virale RNA mit einem Gen, das die Transkriptionsfaktoren exprimiert	Hinzufügen rekombinanter viraler RNA	Herstellung von iPSC	Nein Therapeutische Wirkung redifferenzierte Zellen und nicht durch rNS oder exprimierte Transkriptionsfaktoren	In vivo: Biologisches Arzneimittel Ex vivo: SCTMP
(Liposomale) mRNA-Verabreichung	Direkte mRNA-vermittelte Expression / Zytoplasma	Ja/Nein Abhängigkeit vom Herstellungsverfahren	(Rekombinante) mRNA	Hinzufügen rekombinanter oder synthetischer mRNA	Expression eines therapeutischen Proteins	Ja Therapeutische Wirkung des Proteins als Produkt der Expression der rekombinanten mRNA	In vivo: Chemisches Arzneimittel (GTMP)534F[139] Ex vivo: SCTMP (GTMP)
ncRNA	RNA-Interferenz / Zytoplasma	Ja/Nein	(Rekombinante) ncRNA	Hinzufügen (rekombinierter) ncRNA Regulierung zellulärer mRNA	Verhinderung der Translation eines pathogenen Proteins	Ja Stummschalten durch Bindung der zellulären mRNA	In vivo: Chemisches Arzneimittel (GTMP) Ex vivo: SCTMP

(Fortsetzung)

[139] (GTMP) bedeutet, dass eine Einstufung als GTMP nur dann erfolgen kann, wenn die Nukleinsäure rekombinant hergestellt wurde.

Tabelle 8.1 (Fortsetzung)

Wirkstoff	**Wirkmechanisus / Wirkungsort**	**Enthält oder besteht der Wirkstoff aus einer rekombinanten Nukleinsäure (rNS)?**	**Welche Nukleinsäuresequenz wird hinzugefügt, reguliert, entfernt, repariert oder ersetzt?**	**Was geschieht: Regulierung, Entfernen, Ersetzen, Reparatur oder Hinzufügen von Nukleinsäuresequenz?**	**Was ist der therapeutische Effekt des Arzneimittels?**	**Wird der therapeutische Effekt unmittelbar durch die rNS oder ihr Expressionsprodukt hervorgerufen?**	**Regulatorischer Status**
AAV-vermittelte CRISPR/ Cas-Verabreichung	Direkte DNA-Modifikation / Zellkern	Ja	Rekombinante virale DNA mit einem Gen, das den CRISPR-Cas-Komplex exprimiert	Hinzufügen rekombinanter viraler RNA SDN-1: Entfernung zellulärer DNA / ggf. Regulierung zellulärer DNA SDN-2/SDN-3: Hinzufügen von Vorlage-DNA / Ersetzen zellulärer DNA	Stummschalten eines pathogenen Gens Expression eines therapeutischen Proteins	Ja Therapeutische Wirkung durch Cas-Protein als Produkt der Expression des rekombinanten AAV	In vivo: GTMP Ex vivo: GTMP SCTMP
CRISPR/Cas (Ribonukleoprotein)	Direkte DNA-Modifikation / Zellkern	Ja/Nein	SDN-1 : gRNA SDN-2; SDN-3: gRNA Vorlage-DNA	Hinzufügen von gRNA SDN-1: Entfernung zellulärer DNA / ggf. Regulierung zellulärer DNA SDN-2/SDN-3: Hinzufügen von Vorlage-DNA / Ersetzen zellulärer DNA	Stummschalten eines pathogenen Gens Expression eines therapeutischen Proteins	SDN-1: Nein SDN-2/SDN-3: Ja	In vivo: Biologisches Arzneimittel (GTMP) Ex vivo: SCTMP (GTMP)

(Fortsetzung)

Tabelle 8.1 (Fortsetzung)

Wirkstoff	Wirkmechanisus / Wirkungsort	Enthält oder besteht der Wirkstoff aus einer rekombinanten Nukleinsäure (rNS)?	Welche Nukleinsäuresequenz wird hinzugefügt, reguliert, entfernt, repariert oder ersetzt?	Was geschieht: Regulierung, Entfernen, Ersetzen, Reparatur oder Hinzufügen von Nukleinsäuresequenz?	Was ist der therapeutische Effekt des Arzneimittels?	Wird der therapeutische Effekt unmittelbar durch die rNS oder ihr Expressionsprodukt hervorgerufen?	Regulatorischer Status
AAV-vermittelte RNA-Editierung	Direkte RNA-Modifikation / Zytoplasma	Ja	Rekombinante virale DNA mit einem Gen, das den CRISPR-Cas-Komplex exprimiert Zelluläre mRNA	Hinzufügen rekombinanter viraler DNA Ersetzen einer Base der zellulären mRNA Regulierung zellulärer DNA durch Ersetzen der zellulären mRNA	Editierung von pathogenen mRNA-Molekülen	Ja Therapeutische Wirkung durch Cas-Protein als Produkt der Expression des rekombinanten AAV	In vivo: GTMP Ex vivo: GTMP SCTMP
RNA-Editierung (Ribonukleoprotein)	Direkte RNA-Modifikation / Zytoplasma	Nein	gRNA	Hinzufügen von gRNA Ersetzen einer Base der zellulären mRNA Regulierung zellulärer mRNA	Editierung pathogener mRNA-Moleküle	Nein	In vivo: Biologisches Arzneimittel Ex vivo: SCTMP
AAV-vermitteltes Base-Editing	Direkte DNA-Modifikation / Zellkern	Ja	Rekombinante virale DNA mit einem Gen, das den CRISPR-Cas-Komplex exprimiert	Hinzufügen rekombinanter viraler DNA Ersetzen einer Base der zellulären DNA	Editierung pathogener DNA	Ja Therapeutische Wirkung durch Cas-Protein als Produkt der Expression des rekombinanten AAV	In vivo: GTMP Ex vivo: GTMP SCTMP
Base-Editing (Ribonukleoprotein)	Direkte DNA-Modifikation / Zellkern	Nein	gRNA	Hinzufügen von gRNA Ersetzen einer Base der zellulären DNA	Editierung pathogener DNA	Nein	In vivo: Biologisches Arzneimittel Ex vivo: SCTMP

(Fortsetzung)

Tabelle 8.1 (Fortsetzung)

Wirkstoff	Wirkmechanisus / Wirkungsort	Enthält oder besteht der Wirkstoff aus einer rekombinanten Nukleinsäure (rNS)?	Welche Nukleinsäuresequenz wird hinzugefügt, reguliert, entfernt, repariert oder ersetzt?	Was geschieht: Regulierung, Entfernen, Ersetzen, Reparatur oder Hinzufügen von Nukleinsäuresequenz?	Was ist der therapeutische Effekt des Arzneimittels?	Wird der therapeutische Effekt unmittelbar durch die rNS oder ihr Expressionsprodukt hervorgerufen?	Regulatorischer Status
AAV-vermitteltes Prime-Editing	Direkte DNA-Modifikation / Zellkern	Ja	Rekombinante virale DNA mit einem Gen, das den CRISPR-Cas-Komplex exprimiert	Hinzufügen rekombinanter viraler DNA Ersetzen zellulärer DNA	Ersetzen pathogener DNA	Ja Therapeutische Wirkung durch Transkript der pegRNA als Produkt der Expression des rekombinanten AAV	In vivo: GTMP Ex vivo: GTMP SCTMP
Prime-Editing (Ribonukleoprotein)	Direkte DNA-Modifikation / Zellkern	Ja/Nein	pegRNA	Hinzufügen von pegRNA Ersetzen zellulärer DNA	Ersetzen pathogener DNA	Ja Therapeutische Wirkung durch Transkript der pegRNA	In vivo: Biologisches Arzneimittel (GTMP) Ex vivo: SCTMP (GTMP)
AAV-vermitteltes Epigenome-Editing	Indirekte DNA-Modifikation / Zellkern	Ja	Rekombinante virale DNA mit einem Gen, das den CRISPRi- bzw. CRISPRa-Komplex oder regulatorische Proteine exprimiert	Hinzufügen rekombinanter viraler DNA Regulierung zellulärer DNA	An- oder Stummschalten einer (pathogenen) genetischen Sequenz	Ja Therapeutische Wirkung durch regulierende Funktion des Produkts der Expression des rekombinanten AAV	In vivo: GTMP Ex vivo: GTMP SCTMP
Epigenome-Editing (Transfektion von Proteinen)	Indirekte DNA-Modifikation / Zellkern	Nein	-	Regulierung zellulärer DNA	An- oder Stummschalten einer genetischen Sequenz	Nein	In vivo: Biologisches Arzneimittel Ex vivo: SCTMP

(Fortsetzung)

Tabelle 8.1 (Fortsetzung)

Wirkstoff	Wirkmechanisus / Wirkungsort	Enthält oder besteht der Wirkstoff aus einer rekombinanten Nukleinsäure (rNS)?	Welche Nukleinsäuresequenz wird hinzugefügt, reguliert, entfernt, repariert oder ersetzt?	Was geschieht: Regulierung, Entfernen, Ersetzen, Reparatur oder Hinzufügen von Nukleinsäuresequenz?	Was ist der therapeutische Effekt des Arzneimittels?	Wird der therapeutische Effekt unmittelbar durch die rNS oder ihr Expressionsprodukt hervorgerufen?	Regulatorischer Status
Epigenome-Editing (Transfektion von Nukleotiden)	Direkte und indirekte DNA-Modifikation / Zellkern	Nein	-	Regulierung zellulärer DNA	An- oder Stummschalten einer genetischen Sequenz	Nein	In vivo: Chemisches Arzneimittel Ex vivo: SCTMP
Epigenome-Editing (CRISPIRi/a; Ribonukleoprotein)	Indirekte DNA-Modifikation / Zellkern	Nein	gRNA	Hinzufügen von guideRNA Regulierung zellulärer DNA	An- oder Stummschalten einer genetischen Sequenz	Nein	In vivo: Biologisches Arzneimittel Ex vivo: SCTMP

entsteht ein rekombinantes virales Genom, das zusammen mit den Kapsiden den viralen Vektor bildet.

8.2.1.2 Retro-, Lenti- und Adenoviren

Solche rekombinanten viralen Vektoren können sowohl im Körper des Patienten (in vivo) als auch in entnommenen Zellen des Patienten oder in Spenderzellen (ex vivo) angewendet werden. Werden die Zellen im Anschluss an die Transduktion wieder in den Körper des Patienten infundiert, enthalten sie weiterhin das rekombinante virale Genom. In beiden Fällen wird somit eine rekombinante Nukleinsäuresequenz im Körper des Patienten angewendet bzw. diesem verabreicht, um ihm eine Nukleinsäuresequenz – das therapeutische Gen – hinzuzufügen.

Die therapeutische Wirkung beruht regelmäßig unmittelbar auf dem durch das therapeutische Gen codierten Protein, das im rekombinanten viralen Genom enthalten ist. Die gesetzliche Definition unterscheidet dabei nicht zwischen integrierenden und episomalen viralen Vektoren. Maßgeblich ist allein, dass eine rekombinante Nukleinsäuresequenz einem Menschen hinzugefügt wird. Eine Integration in das Genom der Wirtszelle ist daher keine zwingende rechtliche Voraussetzung. Vektoren, die ausschließlich episomal oder im Zytoplasma einer Zelle wirken, fallen ebenso unter den Anwendungsbereich der Definition.

Ein Beispiel für diese Produktkategorie sind CAR-T-Zelltherapeutika. Autologe T-Zellen werden ex vivo mit lentiviralen Vektoren transduziert, die für einen chimären Antigenrezeptor codieren. Der therapeutische Effekt resultiert unmittelbar aus dem Expressionsprodukt des rekombinanten viralen Vektors – dem chimären Antigenrezeptor –, der den T-Zellen die Erkennung und Zerstörung spezifischer Tumorzellen ermöglicht (vgl. Abschnitt 7.1).

8.2.1.3 Sendaiviren

Die Verwendung von Sendaiviren stellt einen besonderen Fall dar, da sie vor allem bei der Herstellung induzierter pluripotenter Stammzellen (iPSC) eingesetzt werden. Hierbei werden somatische Zellen des Patienten oder eines Spenders ex vivo mit rekombinanten Sendaiviren transduziert. Diese einzelsträngigen RNA-Viren exprimieren im Zytoplasma spezifische Transkriptionsfaktoren, welche die Zellen in einen pluripotenten Zustand versetzen, um sie anschließend in therapeutisch relevante Zelltypen zu redifferenzieren.[140]

Nach erfolgreicher Redifferenzierung der iPSC werden die Sendaiviren entweder entfernt oder inaktiviert. Werden sie vollständig entfernt, enthalten die Zellen

[140] Charlesworth/Nakauchi, Cell Reports Methods 2 (2022), 100349, S. 1.

keine rekombinante Nukleinsäure mehr. Das Arzneimittel enthält ab diesem Zeitpunkt somit weder rekombinante Nukleinsäuren noch werden dem Patienten solche verabreicht. Eine Klassifizierung als GTMP scheidet in diesem Fall aus. Es liegt jedoch stets eine substanzielle Bearbeitung der Zellen vor, sodass eine Einordnung als SCTMP einschlägig ist.

Problematisch wäre die Konstellation, in der Sendaiviren ohne anschließende Entfernung verbleiben und lediglich inaktiviert – oder im Rahmen einer in-vivo-Therapie – in den Körper des Patienten eingebracht würden. Zwar enthielte das Arzneimittel in diesem Fall rekombinante Nukleinsäuren und es käme zur Übertragung einer Nukleinsäuresequenz auf den Patienten. Entscheidend ist jedoch, ob ein unmittelbarer Wirkungszusammenhang zwischen den rekombinanten Sendaiviren bzw. deren Expressionsprodukt (den Transkriptionsfaktoren) und dem therapeutischen Effekt besteht.

Zwar werden die iPSC durch die von den Sendaiviren exprimierten Transkriptionsfaktoren erzeugt, der eigentliche therapeutische Effekt resultiert jedoch erst nach der Redifferenzierung der pluripotenten Zellen durch die therapeutisch relevanten, neu entstandenen Zelltypen. Die Transkriptionsfaktoren stellen damit zwar eine conditio sine qua non im Herstellungsprozesses dar, vermitteln jedoch keine eigenständige, unmittelbare therapeutische Wirkung. Der Unmittelbarkeitszusammenhang wird somit durch die Redifferenzierung unterbrochen.

Demnach führt die Verwendung von Sendaiviren zur Herstellung von iPSC grundsätzlich nicht zur Einstufung als GTMP, sondern ausschließlich als SCTMP. Würden Sendaiviren hingegen unmittelbar im Körper des Patienten (in vivo) angewendet, wäre mangels zellulärer Bestandteile überhaupt kein ATMP-Status gegeben. Ob eine derart enge Auslegung des Unmittelbarkeitszusammenhangs noch mit dem Willen des europäischen Gesetzgebers vereinbar ist, erscheint fraglich.[141] Andererseits stellt sich die Frage, welche dogmatische Bedeutung dieses Tatbestandsmerkmal – insbesondere für die Abgrenzung zwischen GTMP und SCTMP – noch hätte, wenn es lediglich als einfaches Kausalitätserfordernis verstanden würde.

8.2.2 RNA-basierte Therapeutika

Bei in vitro hergestellten RNA-Therapeutika hängt die Einstufung als GTMP entscheidend vom Herstellungsverfahren ab. Werden RNA-Therapeutika vollständig chemisch synthetisiert und in vivo angewendet, fallen sie insgesamt aus dem Anwendungsbereich der ATMP-VO heraus.

[141] Vgl. Anhang I, Teil IV, Abschnitt 3.2.1.2 Abs. 2 und Abschnitt 3.2.1.1 RL 2001/83/EG.

8.2.2.1 mRNA

Die Herstellung von mRNA beruhte ursprünglich auf der Verwendung von Zellkulturen (z.B. E. coli-Bakterien), in die mittels rDNA-Technologie ein therapeutisches Gen eingefügt wird.[142] Anschließend werden die Zellkulturen in einen Bioreaktor überführt, in dem eine Transkription der rDNA erfolgt.[143] Es kommt zur Genexpression der rDNA in den Zellkulturen, sodass als Produkt RNA-Transkripte entsteht. Diese RNA-Transkripte stellen eine komplementäre Kopie der rDNA dar und werden folglich als rekombinante mRNA bezeichnet.[144]

8.2.2.1.1 Rekombinante mRNA

Eine in diesem Herstellungsverfahren erzeugte rekombinante mRNA ist deshalb eine rekombinante Nukleinsäure im Sinne der GTMP-Definition. Sie kann beispielsweise über Lipidnanopartikel (LNP) in Zellen des Patienten (in-vivo-Ansatz) eingebracht werden. Im Gegensatz zu integrierenden viralen Vektoren dringt sie dabei nicht in den Zellkern ein, sondern entfaltet ihre Wirkung ausschließlich im Zytoplasma.[145] Gleichwohl wird sie im Körper des Patienten angewendet bzw. diesem verabreicht, um ihm eine Nukleinsäuresequenz – die

---

[142] Webb/Ip/Bathula u. a., Molecular Pharmaceutics 19 (2022), S. 1047, 1050; Whitley/Zwolinski/Denis u. a., Translational Research 242 (2022), S. 38, 40 f.; Walsh, Pharmaceutical Biotechnology, 2007, S. 46 f.

[143] Webb/Ip/Bathula u. a., Molecular Pharmaceutics 19 (2022), S. 1047, 1050; Whitley/Zwolinski/Denis u. a., Translational Research 242 (2022), S. 38, 40 f.; eine in-vitro-Transkription ist mittlerweile auch ohne Bakterienzellen möglich, siehe Kreiter/Diken/Sahin, mRNA Vaccination and Personalisized Cancer Therapy, in: Britten/Kreiter/Diken u. a. (Hrsg.), Cancer Immunotherapy Meets Oncology, 2014, S. 89, 92.

[144] Vallazza/Petri/Poleganov u. a., Wiley Interdisciplinary Reviews RNA 6 (2015), S. 471, 476; entsprechend führt auch die in-vitro-Transkription zu einer rekombinanten Nukleinsäure; denn dieses Herstellungsverfahren erfordert ein rekombinantes Plasmid bzw. eine rDNA-Vorlage, siehe Kreiter/Diken/Sahin, mRNA Vaccination and Personalisized Cancer Therapy, in: Britten/Kreiter/Diken u. a. (Hrsg.), Cancer Immunotherapy Meets Oncology, Heidelberg, 2014, S. 89, 92; ausschlaggebend ist in diesem Verfahren deshalb nur, ob biologische Ausgangsmaterialien verwendet werden.

[145] Im Zytoplasma der Zelle findet die Translation der rekombinanten mRNA in das therapeutische Protein statt. Dabei kann es sich beispielsweise um ein Protein handeln, das die Expression eines anderen Proteins hemmt, welches für das Tumorwachstum im Patienten verantwortlich ist; vgl. European Medicines Agency, Scientific recommendations on classification of advanced therapy medicinal products, EMA/140033/2021, (https://www.ema.europa.eu/en/human-regulatory-overview/marketing-authorisation/advanced-therapies-marketing-authorisation/scientific-recommendations-classification-advanced-therapy-medicinal-products), Stand: 2024, Zeile 98 (geprüft am 24.10.2025).

rekombinante mRNA – hinzuzufügen. Unter der Voraussetzung, dass ein unmittelbarer Zusammenhang zwischen der therapeutischen, prophylaktischen oder diagnostischen Wirkung des Arzneimittels und der rekombinanten mRNA oder deren Expressionsprodukt besteht, ist das Produkt deshalb als GTMP einzustufen.

Rekombinante mRNA kann auch ex vivo in entnommene Zellen des Patienten oder in Spenderzellen, etwa durch Elektroporation, transfiziert werden (vgl. Abschnitt 3.4).[146] In diesem Fall bilden die Zellen den Wirkstoff, der eine rekombinante Nukleinsäure enthält. Auch hierbei handelt es sich grundsätzlich um ein GTMP,[147] zugleich aber – aufgrund der substantiellen Bearbeitung der Zellen – um ein SCTMP.[148]

8.2.2.1.2 Synthetische mRNA

Anders verhält es sich, wenn mRNA chemisch synthetisiert wird.[149] In diesem Fall enthält das Arzneimittel keine rekombinante Nukleinsäure. Wird chemisch synthetisierte mRNA in vivo angewendet, scheidet eine Einstufung als ATMP aus zwei Gründen aus: Zum einen handelt es sich nicht um ein biologisches Arzneimittel, da der Wirkstoff nicht aus biologischem Ursprungsmaterial hergestellt wird (vgl. Abschnitt 8.1.4.2.2).[150] Zum anderen liegt aufgrund der Aneinanderreihung einzelner Basen keine Verbindung genetischen Materials unterschiedlichen Ursprungs und damit keine rekombinante Nukleinsäure vor (vgl. Abschnitt 8.1.4.2.2). Eine Klassifizierung als GTMP sowie – mangels zellulärer Bestandteile – als SCTMP kommt nicht in Betracht. Wird chemisch synthetisierte mRNA hingegen ex vivo in Zellen des Patienten oder Spenderzellen transfiziert, liegt

---

[146] Kitte/Rabel/Geczy u. a., Molecular Therapy Methods & Clinical Development 31 (2023), 101139, S. 2.

[147] Die Verwendung nicht-selbstreplizierender mRNA könnte aber ausschließlich zu einer Klassifizierung als SCTMP führen; aufgrund der kurzen Halbwertszeit nicht-selbstreplizierender mRNA würde sich bis zur Verabreichung der genetisch modifizerten Spenderzellen keine rekombinante Nukleinsäure mehr in den Zellen befinden, vgl. López-Paniagua/La Mata/Galindo u. a., Pharmaceutics 13 (2021), 1282, S. 7.

[148] Vgl. Schulz, in: Dederer/Herdegen/Spranger (Hrsg.), Biotechnologierecht, Lfg. 127, Art. 2 ATMP-VO, Rn. 12 f., m.w.N.

[149] Die chemische Synthese langkettiger mRNA stellte eine Herausforderung dar und war bisher nicht möglich, ist nun allerdings absehbar, vgl. Quabius/Krupp, New Biotechnology 32 (2015), S. 229, 230; Sahin/Karikó/Türeci, Nature Reviews Drug Discovery 13 (2014), S. 759, 774.

[150] Schulz, in: Dederer/Herdegen/Spranger (Hrsg.), Biotechnologierecht, Lfg. 127, Art. 2 ATMP-VO, Rn. 9.

aufgrund der substantiellen Bearbeitung der Zellen ein SCTMP vor. Eine Einordnung als GTMP bleibt jedoch auch hier ausgeschlossen, da die verwendete mRNA keine rekombinante Nukleinsäure darstellt.

8.2.2.2 ncRNA

ncRNA-Moleküle werden regelmäßig chemisch synthetisiert, soweit sie in vitro hergestellt werden (vgl. Abschnitt 4.2.2). Sie lassen sich daher nicht als GTMP einstufen.

Die Herstellung rekombinanter ncRNA ist jedoch technisch möglich.[151] In diesem Fall würde eine rekombinante Nukleinsäure – die rekombinante ncRNA – im Körper des Patienten angewendet werden, um ihm eine Nukleinsäuresequenz, die rekombinante ncRNA, hinzuzufügen sowie eine zelluläre mRNA zu regulieren. Der Unmittelbarkeitszusammenhang verlangt keine Expression der Nukleinsäuresequenz, sondern erfasst jede therapeutische Wirkung, die unmittelbar durch die rekombinante Nukleinsäure selbst ausgelöst wird. Dies ist etwa dann der Fall, wenn die rekombinante ncRNA durch Bindung an komplementäre mRNA im Zytoplasma die Genexpression hemmt und dadurch eine therapeutische Wirkung erzielt.[152] In diesem Fall würde die rekombinante ncRNA deshalb als GTMP klassifiziert werden.

8.2.3 Genome-Editing

Die Anwendung von Nukleasen und CRISPR-Cas-Systemen in humanen Zellen erfolgte ursprünglich ausschließlich mittels adeno-assoziierter Viren (AAV).[153] Diesen Viren wurde die genetische Information für die Expression der gRNA sowie des Cas-Proteins – also des CRISPR-Cas-Komplexes – hinzugefügt. Dadurch entstand eine rekombinante Nukleinsäure in Gestalt des viralen Vektors. Folglich wurden CRISPR-editierte Zellen, in die der CRISPR-Cas-Komplex mittels eines AAV-Vektors eingebracht worden war, bislang regelmäßig als GTMP

---

[151] Vgl. Yu/Choi/Tu, Pharmacological Reviews 72 (2020), S. 862, 890.

[152] Vgl. Kang/Ga/Kim u. a., Journal of Biomedical Science 30 (2023), 88, S. 2; Yu/Choi/Tu, Pharmacological Reviews 72 (2020), S. 862, 866.

[153] Vgl. Xu/Ruan/Mahajan u. a., Viruses 11 (2019), 28, S. 2; Wang/Glass/Xu, Gene Therapy 24 (2017), S. 144, 145.

klassifiziert,[154] da die therapeutische Wirkung unmittelbar durch das Expressionsprodukt des AAV, nämlich den CRISPR-Cas-Komplex, hervorgerufen wird, mit dessen Hilfe das Genom an einer vordefinierten Stelle editiert wird.

Durch den technischen Fortschritt kann der CRISPR-Cas-Komplex inzwischen auch ohne virale Vektoren in menschliche Zellen eingebracht werden. So lassen sich chemisch synthetisierte gRNA und in vitro hergestellte mRNA in Lipidnanopartikeln (LNP) verkapseln und in den Körper des Patienten applizieren.[155] Die Klassifizierung beim Einsatz des Genome Editing in humanen Zellen über virale Vektoren oder mRNA richtet sich insoweit nach den bereits dargelegten Kriterien (vgl. Abschnitt 8.2.1).

Besondere rechtliche Relevanz kommt ausschließlich jenen Verfahren zu, bei denen der CRISPR-Cas-Komplex als Ribonukleoprotein (RNP) in vitro hergestellt wird. Dabei werden gRNA und Cas-Protein getrennt im Reagenzglas produziert und anschließend – etwa mittels Lipidnanopartikeln oder Elektroporation – in menschliche Zellen transfiziert.[156] Der Wirkstoff des Arzneimittels ist in diesem Fall nicht der virale Vektor oder eine mRNA, sondern der CRISPR-Cas-Komplex selbst (in vivo) bzw. die CRISPR-Cas-editierten Zellen (ex vivo). Im Folgenden wird daher die Klassifizierung in vitro hergestellter, nicht-viral vermittelter CRISPR-Cas-Systeme näher untersucht.

8.2.3.1 CRISPR-Cas9 im Körper des Patienten

Werden humane Zellen mittels CRISPR-Cas9 innerhalb des Körpers des Patienten so editiert, dass eine genetische Sequenz herausgeschnitten wird (in vivo, SDN-1), besteht der Wirkstoff des Arzneimittels aus gRNA und Cas-Protein. Das Cas-Protein ist keine Nukleinsäure, die gRNA hingegen schon. Das Cas-Protein wird als rekombinantes[157] Protein hergestellt, sodass der Wirkstoff des Arzneimittels zumindest teilweise aus biologischen Ursprungsmaterialien besteht und der Herstellungsprozess einer besonderen Überprüfung im Rahmen der arzneimittelrechtlichen Zulassung unterliegt.[158] Es handelt sich somit um ein biologisches Arzneimittel. Die gRNA wird jedoch vollständig chemisch synthetisiert.[159] Eine

---

[154] Schauer, Pharma Recht 44 (2022), S. 482, 484.

[155] Gillmore/Gane/Taubel u. a., The New England Journal of Medicine 385 (2021), S. 493, 496.

[156] Zhang/Shen/Li u. a., Theranostics 11 (2021), S. 614, 636; Mirjalili Mohanna/Djaksigulova/Hill u. a., Journal of Controlled Release 350 (2022), S. 401, 402.

[157] Rekombinante Proteine sind Proteine, die mithilfe der rDNA-Technologie in Bakterienzellen innerhalb von Fermentern produziert, anschließend aufgereinigt und geerntet werden.

[158] Vgl. Guerriaud/Kohli, Frontiers in Medicine 9 (2022), 1012497, S. 7 f.

[159] Guerriaud/Kohli, Frontiers in Medicine 9 (2022), 1012497, S. 7.

Klassifizierung als GTMP scheidet daher aus, da es dem Arzneimittel bereits an einer rekombinanten Nukleinsäure mangelt. Das Produkt fällt insgesamt aus dem Anwendungsbereich der ATMP-VO heraus, da es auch keine Zellen oder Gewebe enthält.[160]

Selbst bei Verwendung einer rekombinanten gRNA wäre eine Einstufung als GTMP aufgrund des fehlenden unmittelbaren Zusammenhangs zwischen therapeutischer Wirkung und der gRNA problematisch. Der therapeutische Effekt – etwa die Herabregulierung der Genexpression durch das Herausschneiden eines codierenden Gens – wird unmittelbar durch die Nuklease, also das Cas-Protein, hervorgerufen. Zwar ist das Cas-Protein ohne gRNA nicht funktionsfähig, weshalb die gRNA kausal für den therapeutischen Effekt ist. Entscheidend ist jedoch der unmittelbare Zusammenhang zwischen der rekombinanten Nukleinsäure selbst und der therapeutischen Wirkung. Eine bloß mittelbare Kausalität genügt nicht. Eine Klassifizierung als GTMP ist auch in diesem Fall abzulehnen.

8.2.3.2 CRISPR-Cas9 außerhalb des Körpers des Patienten

Werden humane Zellen außerhalb des Körpers des Patienten mittels CRISPR-Cas9 so editiert, dass eine genetische Sequenz entfernt wird (ex vivo, SDN-1), liegt aufgrund der substanziellen Bearbeitung von Zellen eine Klassifizierung als SCTMP vor. Eine Einstufung als GTMP scheidet hingegen aus. Zum einen stellt die vollständig chemisch synthetisierte gRNA keine rekombinante Nukleinsäure dar. Zum anderen führt der durch das Cas-Protein bewirkte Gen-Knockout nicht zur Herstellung einer rekombinanten Nukleinsäure in den behandelten Zellen, da das durch die „Genschere" veränderte Gen nicht mit exogener DNA verknüpft wird (vgl. Abschnitt 8.1.4.3.3). Ein Beispiel hierfür bildet die erste weltweit zugelassene CRISPR-basierte Zelltherapie, bei der durch das Herausschneiden eines Enhancers aus dem Genom der entnommenen Zellen des Patienten eine verringerte Expression des BCL11A-Gens erreicht wird.[161] Die EMA hat die genaue Klassifizierung des Produkts – ob als GTMP, SCTMP oder TEP – offengelassen und das Produkt pauschal als ATMP eingestuft. Nach hier vertretener Auffassung handelt es sich präziser um ein SCTMP.

Soll im Rahmen der Editierung hingegen eine genetische Sequenz in das Genom humaner Zellen eingefügt werden (SDN-2 oder SDN-3), wird der CRISPR-Cas-Komplex um eine entsprechende Vorlage-DNA ergänzt. Soweit

---

[160] Übereinstimmend Guerriaud/Kohli, Frontiers in Medicine 9 (2022), 1012497, S. 7 f.; Mourby/Morrison, European Journal of Human Genetics 28 (2020), S. 979, 98.

[161] European Medicines Agency, Casgevy : EPAR – Product information, EMA/56648/2024, (https://www.ema.europa.eu/en/documents/product-information/casgevy-epar-product-information_en.pdf), S. 14 (geprüft am 24.10.2025).

diese Vorlage-DNA rekombinant, also durch die Verknüpfung mehrerer DNA-Sequenzen unterschiedlichen Ursprungs, hergestellt wurde, unterscheidet sich der Vorgang funktional nicht vom viral vermittelten Gentransfer oder der Transfektion rekombinanter mRNA. In diesem Fall liegt lediglich eine neue Variante des Gentransfers vor – unabhängig davon, ob die Anwendung in vivo oder ex vivo erfolgt.

Wird die Vorlage-DNA hingegen vollständig chemisch synthetisiert und der CRISPR-Cas-Komplex im Körper des Patienten angewendet (in vivo, SDN-2 oder SDN-3), fehlt es erneut am Tatbestandsmerkmal der rekombinanten Nukleinsäuresequenz, sodass eine Klassifizierung als GTMP ausscheidet. Bei einer Editierung außerhalb des Körpers (ex vivo, SDN-2 oder SDN-3) ließe sich zwar die Frage aufwerfen, ob durch die Verbindung der zellulären DNA mit der Vorlage-DNA eine neue rekombinante Nukleinsäure – nämlich die editierte zelluläre DNA – entsteht, die nach der Reinfusion im Körper des Patienten angewendet wird. Dies ist jedoch abzulehnen, da die Zelle durch eine rekombinante Nukleinsäure genetisch verändert worden sein muss, um als GTMP zu gelten.[162]

8.2.4 Base-Editing

Beim Base-Editing besteht der CRISPR-Cas-Komplex aus dem Cas-Protein und der gRNA. Das Cas-Protein wird in diesem Ansatz um eine zusätzliche Proteindomäne erweitert (vgl. Abschnitt 5.3.3).

8.2.4.1 Base-Editing im Körper des Patienten

Wird der CRISPR-Cas-Komplex beim Base-Editing im Körper des Patienten (in vivo) angewendet, kommt der Erweiterung durch die zusätzliche Proteindomäne keine rechtliche Bedeutung zu. Es ergibt sich im Hinblick auf die arzneimittelrechtliche Klassifizierung deshalb kein Unterschied zu den gewöhnlichen CRISPR-Cas9-Verfahren (SDN-1; vgl. Abschnitt 8.2.3.1). Ein ATMP liegt nicht vor.

8.2.4.2 Base-Editing außerhalb des Körpers des Patienten

Wird der CRISPR-Cas-Komplex beim Base-Editing außerhalb des Körpers des Patienten (ex vivo) angewendet, erfolgt ausschließlich die chemische Umwandlung einer einzelnen Base im Genom der editierten humanen Zellen.[163] Es wird

[162] Anhang I, Teil IV, Abschnitt 3.2.1.2. Abs. 2 und Abschnitt 3.2.1.1 RL 2001/83/EG.

[163] Schambach/Buchholz/Torres-Ruiz u. a., Lancet 403 (2024), S. 568, 571.

somit kein exogenes genetisches Material in die zelluläre DNA eingebracht, sodass keine rekombinante Nukleinsäure entsteht. Eine Klassifizierung als Gentherapeutikum (GTMP) scheidet daher aus; es verbleibt bei einer Einstufung als somatisches Zelltherapeutikum (SCTMP).

8.2.5 Prime-Editing

Beim Prime Editing besteht der CRISPR-Cas-Komplex aus dem Cas-Protein sowie einer pegRNA. Diese modifizierte gRNA dient nicht nur als Lotse, sondern enthält zusätzlich eine Vorlage-RNA, deren Information nach Erzeugung eines Einzelstrangbruchs durch das Enzym Reverse Transkriptase in das Genom der Zelle integriert wird (vgl. Abschnitt 5.3.4).[164]

Wird der CRISPR-Cas-Komplex beim Prime Editing angewendet, enthält der Wirkstoff zwar eine Vorlage-RNA als Bestandteil der pegRNA anstelle einer Vorlage-DNA. Da die Klassifizierung als Gentherapeutikum sowohl rekombinante DNA- als auch RNA-Sequenzen erfasst, ist dieser Unterschied rechtlich unerheblich. Die Klassifizierung entspricht insoweit den bereits dargestellten Grundsätzen zur Einordnung von CRISPR-Cas9 im Rahmen der SDN-2- und SDN-3-Verfahren (vgl. Abschnitt 8.2.2.1).

8.2.6 RNA-Editing

Das CRISPR-Cas-System kann auch für das RNA-Editing eingesetzt werden. In seiner Variante CRISPR-Cas13 ermöglicht es die gezielte Modifikation von RNA-Molekülen. Zur gezielten Veränderung einzelner Basen in mRNA kann zusätzlich eine ADAR-Proteindomäne an das Cas-Protein gekoppelt werden, welche die Umwandlung von Adenosin zu Inosin katalysiert (vgl. Abschnitt 5.3.5).[165]

Wird der CRISPR-Cas-Komplex beim RNA-Editing angewendet, entspricht die rechtliche Bewertung derjenigen von CRISPR-Cas9 bzw. des Base Editing (vgl. Abschnitt 8.2.4.1). Der Wirkstoff besteht aus einer gRNA und einem Cas-Protein, dem lediglich eine andere Domäne hinzugefügt wird. Es ergeben sich deshalb keine rechtlichen Besonderheiten.

---

[164] Broothaerts/Jacchia/Angers u. a., New Genomic Techniques (JRC Technical Report), EUR 30430 EN, 2021, S. 50.

[165] Vgl. Broothaerts/Jacchia/Angers u. a., New Genomic Techniques (JRC Technical Report), EUR 30430 EN, 2021, S. 59.

8.2.7 Epigenome-Editing

Beim Epigenome-Editing können regulatorische Proteine, etwa Methyl- oder Acetyltransferasen, mithilfe von LNP oder Elektroporation in humane Zellen transfiziert werden (vgl. Kapitel 6).

8.2.7.1 Acetyl- und Methyltransferasen

Werden die regulatorischen Proteine im Körper des Patienten (in vivo) appliziert, scheidet eine Klassifizierung als GTMP bereits aus, da Proteine keine Nukleinsäuren sind. Da bei diesem Ansatz auch keine Zellen oder Gewebe eingesetzt werden, kommt eine Einstufung als SCTMP ebenfalls nicht in Betracht. Das Produkt fällt somit insgesamt nicht unter die ATMP-VO.

Werden die regulatorischen Proteine außerhalb des Körpers des Patienten (ex vivo) in humane Zellen transfiziert, erfolgt keine Kombination genetischen Materials unterschiedlichen Ursprungs. Die Proteine verändern ausschließlich die Chromatinstruktur, indem sie an DNA-Marker oder Histone binden (vgl. Kapitel 6). In diesem Fall ist eine Klassifizierung als SCTMP einschlägig.

8.2.7.2 Epigenome-Editing und CRISPR-Cas-System

Bei CRISPR-basierten epigenetischen Techniken besteht der CRISPR-Cas-Komplex aus einem um Proteindomänen erweiterten dCas9-Protein sowie einer gRNA (vgl. Abschnitt 6.2). Wird der Komplex im Körper des Patienten angewendet (in vivo), entspricht die rechtliche Bewertung deshalb derjenigen bei CRISPR-Cas9 im Rahmen der SDN-1-Verfahren bzw. des Base-Editing (vgl. Abschnitt 8.2.4.1). Erfolgt die Anwendung außerhalb des Körpers des Patienten (ex vivo), wird kein exogenes genetisches Material mit der zellulären DNA rekombiniert. Es werden ausschließlich Transkriptionsaktivatoren oder -repressoren mithilfe der gRNA an vordefinierte genetische Abschnitte dirigiert.[166] Durch dieses Verfahren wird somit keine rekombinante Nukleinsäure erzeugt, die dem Patienten nachträglich zugeführt wird. Eine Klassifizierung als GTMP scheidet daher aus; das Produkt ist als SCTMP einzustufen.

---

[166] Broothaerts/Jacchia/Angers u. a., New Genomic Techniques (JRC Technical Report), EUR 30430 EN, 2021, S. 57; Pickar-Oliver/Gersbach, Nature Reviews Molecular Cell Biology 20 (2019), 490, S. 12 f.

9 Klassifizierung nach dem Entwurf der Europäischen Kommission zur Novellierung des unionalen Arzneimittelrechts

Am 26. April 2023 hat die Europäische Kommission ein Gesetzgebungsverfahren zur Novellierung des europäischen Arzneimittelrechts eingeleitet.[1] Darin enthalten ist ein Vorschlag für eine neue Fassung des Humanarzneimittelkodexes,[2] welche in Art. 4 Abs. 1 Nr. 29 eine Neudefinition von Gentherapeutika vorsieht, die auf Harmonisierungsbemühungen des International Council for Harmonisation of Technical Requirements for Pharmaceuticals for Human Use (ICH) zurückgehen dürfte:[3]

> Gentherapeutikum bezeichnet ein Arzneimittel, ausgenommen Impfstoffe gegen Infektionskrankheiten, das Folgendes enthält oder aus Folgendem besteht:

---

[1] Diese Besprechung des Entwurfs der Europäischen Kommission wurde bereits veröffentlicht, siehe Pietrek/Dederer, Zeitschrift für medizinische Ethik 71 (2025), S. 314 ff.

[2] Vorschlag für eine Richtlinie des Europäischen Parlaments und des Rates zur Schaffung eines Unionskodexes für Humanarzneimittel und zur Aufhebung der Richtlinie 2001/83/EG und der Richtlinie 2009/35/EG, COM(2023) 192 final, 2023/0132(COD).

[3] Vgl. International Council for Harmonisation of Technical Requirements for Pharmaceuticals for Human Use, S12 Guideline – Nonclinical biodistribution considerations for gene therapy products, 2023, (https://database.ich.org/sites/default/files/ICH_S12_Step4_Guideline_2023_0314_WithCorrection_0.pdf), S. 1 (geprüft am 24.10.2025); European Medicines Agency, ICH S12 Guideline on nonclinical biodistribution considerations for gene therapy products, EMA/CHMP/ICH/318372/2021, 2023, (https://www.ema.europa.eu/en/documents/regulatory-procedural-guideline/ich-guideline-s12-nonclinical-biodistribution-considerations-gene-therapy-products-step-5_en.pdf), S. 2 (geprüft am 24.10.2025); U.S. Food and Drug Administration, Human Gene Therapy Products Incorporating Human Genome Editing – Guidance for Industry, 2024, (https://www.fda.gov/media/156894/download), S. 1, Fn. 1 (geprüft am 24.10.2025).

L. Pietrek, *Somatische genomische Therapien*,
https://doi.org/10.1007/978-3-658-52943-7_9

a) einen Stoff oder eine Kombination von Stoffen, der/die dazu bestimmt ist, spezifische Sequenzen des Wirtsgenoms zu editieren, oder das Zellen enthält oder aus Zellen besteht, die einer solchen Veränderung unterzogen wurden, oder

b) eine rekombinante oder synthetische Nukleinsäure, die im Menschen verwendet oder dem Menschen verabreicht wird, um eine genetische Sequenz zu regulieren, zu ersetzen oder hinzuzufügen, und deren Wirkung durch Transkription oder Translation des übertragenen genetischen Materials entsteht, oder das Zellen enthält oder aus Zellen besteht, die diesen Veränderungen unterzogen wurden.

Der europäische Gesetzgeber beabsichtigt weiterhin, sowohl in-vivo- als auch ex-vivo-Ansätze durch die Definition zu erfassen. Im Gegensatz zur bisherigen Formulierung treten diese beiden Ansätze (in vivo/ex vivo) im Wortlaut der Buchstaben a und b deutlich klarer hervor als bisher. Unverändert bleibt der Ausschluss von Impfstoffen gegen Infektionskrankheiten, die nicht als GTMP klassifiziert werden sollen. Der Unmittelbarkeitszusammenhang (zwischen rekombinanter Nukleinsäure bzw. Expressionsprodukt und therapeutischer Wirkung) entfällt ersatzlos. Zudem beschränkt sich die vorgeschlagene Definition nicht mehr auf Biologika, sondern erfasst schlechthin alle Arten von Arzneimitteln. Folgerichtig werden synthetische, d. h. vollständig chemisch synthetisierte Nukleinsäuren ausdrücklich neben rekombinanten Nukleinsäuren aufgeführt.

9.1 Gen- und mRNA-Transfer

Allerdings werden nicht alle Nukleinsäuren als GTMP erfasst. Die Definition setzt voraus, dass die übertragene rekombinante oder synthetische Nukleinsäure ihre Wirkung durch Transkription oder Translation des genetischen Materials entfaltet (Buchstabe b). Damit beschränkt sie sich auf den Transfer genetischen Materials in humane Zellen, das im Rahmen der Genexpression in andere Moleküle umgewandelt wird: DNA wird transkribiert und zu mRNA umgeschrieben, die mRNA wird im Rahmen der Translation zu Aminosäuren bzw. Proteinen umgesetzt.

Dadurch sind alle nicht codierenden Nukleinsäuren vom Anwendungsbereich ausgeschlossen. Dies betrifft Arzneimittel, deren Wirkstoff aus ncRNA besteht, wie beispielsweise siRNA, Antisense-Oligonukleotide oder Aptamere. Auch gRNA fällt nicht unter die Definition, da ihre Wirkung lediglich darin besteht, eine komplementäre (Ziel-)Sequenz im Genom der zu editierenden Zelle anzusteuern. Erfasst werden ausschließlich der vektorbasierte Gentransfer, mRNA-basierte Arzneimittel sowie CRISPR-Cas-Ribonukleoproteine mit einer Vorlage-Nukleinsäuresequenz (SDN-2/SDN-3).

Allerdings sorgt eine Formulierung im Entwurf für Verwirrung. Demnach muss die rekombinante oder synthetische Nukleinsäure in einem Menschen verwendet (in-vivo-Ansatz) oder ihm verabreicht werden (ex-vivo-Ansatz), um eine „*genetische* Sequenz“ zu regulieren, zu ersetzen oder hinzuzufügen (Buchstabe b). Einerseits spricht der Gesetzgeber in Buchstabe b der neuen GTMP-Definition allgemein von Nukleinsäuren, was sowohl DNA als auch RNA umfasst. Andererseits verwendet er den Begriff „*genetische* Sequenz“, der nach dem Wortlaut nur Abschnitte auf der DNA beschreibt. Dies könnte darauf hindeuten, dass ein GTMP nur vorliegt, wenn vermittels der im Patienten verwendeten bzw. dem Patienten verabreichten Nukleinsäure ausschließlich DNA-Abschnitte reguliert, ersetzt oder hinzugefügt werden sollen. Dafür könnte systematisch auch Buchstabe a der neuen GTMP-Definition sprechen, wo von „Sequenzen des Wirtsgenoms“ die Rede ist, die in jedem Fall nur DNA-Sequenzen sein können.

Gleichzeitig verwendet der Gesetzgeber in Buchstabe b aber auch den Ausdruck „übertragenes genetisches Material“ (dessen Transkription oder Translation die therapeutische Wirkung hervorrufen muss). Dieser Ausdruck lässt sich auf die zu übertragenden „rekombinanten oder synthetischen Nukleinsäuren“ beziehen und damit sowohl auf DNA als auch auf RNA. Er lässt sich aber auch auf die „genetische Sequenz“ beziehen, soweit jene nämlich „hinzugefügt“ werden soll. In dieser Konstellation wären die übertragene „Nukleinsäure“ und die hinzugefügte „genetische Sequenz“ folglich identisch. Dies hätte zur Folge, dass der Begriff der „genetischen Sequenz“ in diesem Fall einzelsträngige Nukleinsäuren (und nicht lediglich doppelsträngige DNA-Sequenzen) erfassen würde. Diese Interpretation erscheint indes zutreffend, weil die vorgeschlagene GTMP-Definition nur in dieser Auslegung die (zu erwartende) Vielzahl neuartiger mRNA-basierte Arzneimittel zu erfassen vermag. Dies entspräche auch der bisherigen Rechtslage (soweit es um rekombinante mRNA geht), und es ist nichts dafür ersichtlich, dass die Kommission insoweit von der bisherigen Rechtslage abweichen wollte.[4] Im

[4] Vgl. European Medicines Agency, Commitee for Advanced Therapies (CAT) – Minutes of the meeting on 15–17 July 2020, EMA/CAT/510852/2020, 2020, (https://www.ema.europa.eu/en/documents/minutes/minutes-cat-meeting-15-17-july-2020_en.pdf), S. 14 (geprüft am 24.10.2025); European Medicines Agency, Commitee for Advanced Therapies (CAT) – Minutes of the meeting on 02–04 December 2020, EMA/CAT/162004/2021, 2021, (https://www.ema.europa.eu/en/documents/minutes/minutes-cat-meeting-2-4-december-2020_en.pdf), S. 19 (geprüft am 24.10.2025).

Ergebnis ist die Regelung daher so auszulegen, dass sowohl DNA- als auch RNA-Moleküle „genetische Sequenzen“ im Sinne der GTMP-Definition, Buchstabe b, sein und als solche reguliert, ersetzt oder hinzugefügt werden können.

9.2 Genome-Editing

Alternativ zum in Buchstabe b definierten Transfer genetischen Materials erfasst der Entwurf in Buchstabe a alle Stoffe oder Stoffkombinationen, die dazu bestimmt sind, eine „spezifische Sequenz des Wirtsgenoms zu editieren“. Die Definition zielt mit diesem Wortlaut („editieren“) erkennbar auf das Genome-Editing bzw. auf die Verwendung von Techniken des Genome-Editing ab. Dabei werden die Begriffe „editieren“ und „spezifische Sequenzen“ nicht weiter präzisiert.

Durch den weiten Begriff der „spezifischen Sequenz“ werden neben codierenden ohne weiteres auch nicht codierende DNA-Sequenzen des Wirtsgenoms erfasst.

Da die Definition keine bestimmte Methode des „Editierens“ vorschreibt, beschränkt sie sich zudem nicht auf Verfahren, die Doppelstrangbrüche im Genom der Zelle erzeugen. Auch alternative Verfahren wie das Base-Editing, bei dem einzelne Basen chemisch umgewandelt werden, lassen sich problemlos unter die vorgeschlagene Regelung subsumieren. Außerdem fallen neben Gen-Knockouts (SDN-1) auch alle anderen ortsspezifischen Nukleaseverfahren (SDN-2, SDN-3) unter Buchstabe a der neuen GTMP-Definition.

9.3 Regelungslücke: Transcriptome- und Epigenome-Editing

Aufgrund der Weite der Definition könnten jedoch nicht nur CRISPR-Cas-Systeme, sondern auch alle anderen Wirkstoffe mit genomischen Funktionen, wie Nukleasen oder Methyl- und Acetyltransferasen, prima facie als Gentherapeutika klassifiziert werden. Die Abgrenzung zwischen GTMP und allgemeinen Arzneimitteln hängt nach dem Entwurf davon ab, ob im Sinne von Buchstabe a der neuen GTMP-Definition eine „spezifische Sequenz“ des „Wirtsgenoms“ editiert wird oder nicht.

9.3.1 Abgrenzung: Genom vs. Transkriptom vs. Epigenom

Die GTMP-Definition bezieht sich in ihrem Buchstaben a ausdrücklich auf das „Wirtsgenom" und nicht auf das Transkriptom. Das Genom umfasst alle DNA-Abschnitte im nucleus einer Zelle. Daher darf die Editierung ausschließlich auf DNA-Abschnitte abzielen, während Veränderungen an RNA-Molekülen im Zytoplasma der Zelle nicht erfasst werden.

Etwas anderes würde nur dann gelten, wenn jegliche Veränderung der Genexpression einer Gensequenz als „Editieren" einer „spezifischen Sequenz" des Wirtsgenoms verstanden werden müsste. Denn jegliche Manipulation der epigenetischen oder transkriptomischen Ebene beeinflusst mittelbar die Aktivität der gleichsam „darunterliegenden" genetischen Sequenzen. Ein solches Auslegungsergebnis würde das Tatbestandsmerkmal „editieren" nicht als substanzielle Veränderung eines DNA-Abschnitts, sondern als jegliche mittelbare funktionale Veränderung der genetischen Sequenz definieren.

Durch eine solche Auslegung von Buchstabe a wird der Anwendungsbereich der GTMP-Definition besonders weit. Eine derart weite Auslegung widerspricht jedoch der Systematik der vorgeschlagenen GTMP-Definition. Denn in diesem Fall müssten beispielsweise auch Arzneimittel, die ncRNA als Wirkstoff enthalten, unter Buchstabe a der Definition subsumiert werden. Der Ausschluss von ncRNA in Buchstabe b würde insoweit konterkariert werden, obwohl Arzneimittel mit diesen Wirkstoffen nach dem objektiv feststellbaren Willen des Gesetzgebers gerade nicht als GTMP klassifiziert werden sollen. Denn solche Arzneimittel fallen über den Tatbestand „deren Wirkung durch Transkription oder Translation des übertragenen genetischen Materials entsteht" aus der GTMP-Definition, Buchstabe b, heraus. Der Anwendungsbereich der Norm (Buchstabe a der GTMP-Definition) ließe sich zudem ad absurdum führen: Würde man jede Genregulation als „Editieren" im Sinne von Buchstabe a werten, müsste konsequenterweise auch der Abbau von Proteinen, die durch ein menschliches Gen codiert wurden, als mittelbare funktionale genetische Modifikation angesehen werden. Teleologisch entspricht die engere Auslegung dem Umstand, dass GTMP besonders hohen Zulassungsanforderungen unterliegen.[5] Solche für die Sicherheitsbewertung notwendigen Anforderungen sind aber nur dort gerechtfertigt, wo im Wege des „Editierens" in die Substanz des Genoms eingegriffen wird.

[5] Vgl. Anhang I, Teil IV, Abschnitt 3.2.2., 4.2. und 5.2 RL 2001/83/EG.

Daher ist der Begriff „Editieren" in einem engen Sinne zu verstehen. Erfasst werden nur unmittelbare substanzielle Veränderungen der Erbsubstanz einer Zelle. Folglich fallen epigenetische Modifikationen an DNA-Markern und Histonen sowie RNA-Editing nicht unter Buchstabe a.

9.3.2 Unklarheiten und Abgrenzungsschwierigkeiten

Unklarheiten können entstehen, z. B. wenn der Wirkstoff mehrere genomische Veränderungen in einer Zelle erzeugt. Das lässt sich am Beispiel des die Epigenetik beeinflussenden Wirkstoffs Azacitidin illustrieren. Azacitidin ist ein chemisches Nukleotidanalogon und bindet an Methyltransferasen, nachdem es zuvor in das Genom der Zelle integriert wurde.[6] Aufgrund der Integration in die DNA der Zelle liegt zweifelsohne eine substanzielle Veränderung des genetischen Leserasters (auch wenn die genetische, für das Protein codierende Information als solche intakt bleibt) und somit eine Editierung im Sinne der vorgeschlagenen GTMP-Definition vor. Maßgeblich für die therapeutische Wirkung ist allerdings der darauffolgende epigenetische Mechanismus. Erst durch die Bindung von Methyltransferasen an der Integrationsstelle kommt es zu einer Hypomethylierung der genetischen Sequenz, wodurch z. B. verstummte Tumorsuppressorgene wieder angeschaltet werden können.[7]

Auf einen Unmittelbarkeitszusammenhang zwischen dem Wirkstoff und der therapeutischen Wirkung kommt es im Gegensatz zur bisherigen Rechtslage nach dem Entwurf der GTMP-Definition nicht mehr an. Entscheidend ist nach Buchstaben a ausschließlich, ob durch den Wirkstoff eine spezifische Sequenz editiert wird. Entscheidend wäre in diesem Fall deshalb die Auslegung des Tatbestandmerkmals „spezifische Sequenz", für dessen Bestimmung sich ein Vergleich mit dem gesetzlichen Normalfall der Norm eignet.

---

[6] European Medicines Agency, Vidaza: EPAR – Product Information, (https://www.ema.europa.eu/en/documents/product-information/vidaza-epar-product-information_en.pdf), S. 11 (geprüft am 24.10.2025); Jen/Wang/Li u. a., Clinical Cancer Research 28 (2022), S. 2989, 2990.

[7] European Medicines Agency, Vidaza: EPAR – Product Information, (https://www.ema.europa.eu/en/documents/product-information/vidaza-epar-product-information_en.pdf), S. 11 (geprüft am 24.10.2025); Heinzl, Deutsches Ärzteblatt 106 (2009), A 1262.

Der Normfall der Norm ist das Genome-Editing. Charakteristisch dafür ist die Spezifität des genomischen Werkzeugs, die beim CRISPR-Cas-System durch die gRNA erzeugt wird, die dafür sorgt, dass Modifikationen ortsspezifisch an einer vorab definierten Stelle im (Wirts-)Genom erfolgen. Insoweit ließe sich sagen, dass eine ortsspezifische Veränderung einer zuvor definierten genetischen Sequenz durch den Wirkstoff des Arzneimittels erforderlich ist.

Im Fall von Azacitidin ist die Integration in das Wirtsgenom Bestandteil des beabsichtigten Wirkmechanismus.[8] Der Literatur lässt sich nicht entnehmen, ob ein vorab bestimmtes Gen oder sonst eine vorab bestimmte DNA-Sequenz von dem Wirkstoff anvisiert wird. Es steht nur fest, dass die Integration des Wirkstoffs in beliebige Promotoren des Genoms ausschlaggebend und gewollt ist.[9] Azacitidin würde dem gesetzlichen Normalfall der Norm entsprechend deshalb nicht von der vorgeschlagenen GTMP-Definition erfasst und als GTMP klassifiziert, da es sich nicht in vorab definierter Weise hinreichend ortsspezifisch in die DNA integriert.[10] Auch nach bisherigem Recht fällt es aufgrund seiner chemischen Zusammensetzung nicht unter die GTMP-Definition und auch sonst nicht unter die ATMP-VO. Im Lichte der vorgeschlagenen GTMP-Definition ließe sich nur fragen, ob die für das Genome-Editing charakteristische Ortsspezifität wirklich so eng verstanden werden muss, dass sich die Veränderung an einer vorab definierten Stelle im Genom ereignen muss, oder ob nicht ausreichend sein sollte, dass, wie im Fall von Azacitidin, lediglich irgendein Promotor des betreffenden Gens modifiziert wird.

[8] European Medicines Agency, Vidaza: EPAR – Product Information, (https://www.ema.europa.eu/en/documents/product-information/vidaza-epar-product-information_en.pdf), S. 11 (geprüft am 24.10.2025); Heinzl, Deutsches Ärzteblatt 106 (2009), A 1262.

[9] Heinzl, Deutsches Ärzteblatt 106 (2009), A 1262.

[10] Der Wirkstoff ist ein Nukleotid und keine Nukleinsäure, weshalb sich kein systematisches Argument mit Sicht auf Buchstabe b der Definition bilden lässt; unerheblich ist deshalb, dass Azacitidin nicht transkribiert oder translatiert wird.

Tabelle 9.1 Klassifizierung somatischer genomischer Therapien – Entwurf der Europäischen Kommission

Wirkstoff	**Wirkmechanisus / Wirkungsort**	**Enthält oder besteht das Arzneimittel aus Nukleinsäuren oder anderen Substanzen?**	**Welche genetische Sequenz (gS) wird hinzugefügt, reguliert oder ersetzt?**	**Was geschieht: Regulierung, Ersetzen oder Hinzufügen von gS?**	**Wird das übertragene genetische Material transkribiert oder translatiert?**	**Soll die Substanz spezifische Sequenzen des Wirtsgenoms editieren?**	**Regulatorischer Status**
Gamma-Retrovirale Vektoren	Integration von DNA, nur während der Zellteilung / Zellkern	Nukleinsäure	Rekombinante virale RNA mit therapeutischem Gen	Hinzufügen rekombinanter viraler RNA	Transkription	Nein	In vivo: GTMP Ex vivo: GTMP SCTMP
Lentivirale Vektoren	Integration von DNA, auch in nicht-teilenden Zellen / Zellkern	Nukleinsäure	Rekombinante virale DNA mit therapeutischem Gen	Hinzufügen rekombinanter viraler DNA	Transkription	Nein	In vivo: GTMP Ex vivo: GTMP SCTMP
Adenovirale Vektoren	Nicht-integrierende doppelsträngige episomale DNA / Zellkern	Nukleinsäure	Rekombinante virale DNA mit therapeutischem Gen	Hinzufügen rekombinanter viraler DNA	Transkription	Nein	In vivo: GTMP Ex vivo: GTMP SCTMP

(Fortsetzung)

Tabelle 9.1 (Fortsetzung)

Wirkstoff	**Wirkmechanisus / Wirkungsort**	**Enthält oder besteht das Arzneimittel aus Nukleinsäuren oder anderen Substanzen?**	**Welche genetische Sequenz (gS) wird hinzugefügt, reguliert oder ersetzt?**	**Was geschieht: Regulierung, Ersetzen oder Hinzufügen von gS?**	**Wird das übertragene genetische Material transkribiert oder translatiert?**	**Soll die Substanz spezifische Sequenzen des Wirtsgenoms editieren?**	**Regulatorischer Status**
Adeno-assoziierte Virusvektoren (AAV)	Nicht-integrierende episomale einzelsträngige DNA / Zellkern	Nukleinsäure	Rekombinante virale DNA mit therapeutischem Gen	Hinzufügen rekombinanter viraler DNA	Transkription	Nein	In vivo: GTMP Ex vivo: GTMP SCTMP
Sendaiviren	Nicht-integrierende einzelsträngige RNA / Zytoplasma	Nukleinsäure	Rekombinante virale RNA mit einem Gen, das die Transkriptionsfaktoren exprimiert	Hinzufügen rekombinanter viraler RNA	Translation	Nein	In vivo: GTMP Ex vivo: GTMP SCTMP
(Liposomale) mRNA-Verabreichung	Direkte mRNA-vermittelte Expression / Zytoplasma	Nukleinsäure	mRNA	Hinzufügen rekombinanter oder synthetischer mRNA	Translation	Nein	In vivo: GTMP Ex vivo: GTMP SCTMP

(Fortsetzung)

Tabelle 9.1 (Fortsetzung)

Wirkstoff	Wirkmechanisus / Wirkungsort	Enthält oder besteht das Arzneimittel aus Nukleinsäuren oder anderen Substanzen?	Welche genetische Sequenz (gS) wird hinzugefügt, reguliert oder ersetzt?	Was geschieht: Regulierung, Ersetzen oder Hinzufügen von gS?	Wird das übertragene genetische Material transkribiert oder translatiert?	Soll die Substanz spezifische Sequenzen des Wirtsgenoms editieren?	Regulatorischer Status
ncRNA	RNA-Interferenz / Zytoplasma	Nukleinsäure	ncRNA Zelluläre DNA	Hinzufügen rekombinierter oder synthetischer ncRNA Regulierung zellulärer DNA	Nein	Nein	In vivo: Chemisches Arzneimittel / Biologisches Arzneimittel Ex vivo: SCTMP
AAV-vermittelte CRISPR/ Cas-Verabreichung	Direkte DNA-Modifikation / Zellkern	Nukleinsäure	Rekombinante virale DNA mit einem Gen, das den CRISPR-Cas-Komplex exprimiert	Hinzufügen rekombinanter viraler RNA SDN-1: Entfernung zellulärer DNA / ggf. Regulierung zellulärer DNA SDN-2/ SDN-3: Hinzufügen von Vorlage-DNA / Ersetzen zellulärer DNA	Transkription	Nein	In vivo: GTMP Ex vivo: GTMP SCTMP

(Fortsetzung)

Tabelle 9.1 (Fortsetzung)

Wirkstoff	**Wirkmechanisus / Wirkungsort**	**Enthält oder besteht das Arzneimittel aus Nukleinsäuren oder anderen Substanzen?**	**Welche genetische Sequenz (gS) wird hinzugefügt, reguliert oder ersetzt?**	**Was geschieht: Regulierung, Ersetzen oder Hinzufügen von gS?**	**Wird das übertragene genetische Material transkribiert oder translatiert?**	**Soll die Substanz spezifische Sequenzen des Wirtsgenoms editieren?**	**Regulatorischer Status**
CRISPR/Cas (Ribonukleoprotein)	Direkte DNA-Modifikation / Zellkern	Nukleinsäure Nuklease	SDN-1: gRNA SDN-2; SDN-3: gRNA Vorlage-DNA Zelluläre DNA	Hinzufügen von gRNA SDN-1: Entfernung zellulärer DNA / ggf. Regulierung zellulärer DNA SDN-2/ SDN-3: Hinzufügen von Vorlage-DNA / Ersetzen zellulärer DNA	SDN-1: Nein SDN-2/ SDN-3: Transkription	Ja	In vivo: GTMP Ex vivo: GTMP SCTMP

(Fortsetzung)

Tabelle 9.1 (Fortsetzung)

Wirkstoff	**Wirkmechanisus / Wirkungsort**	**Enthält oder besteht das Arzneimittel aus Nukleinsäuren oder anderen Substanzen?**	**Welche genetische Sequenz (gS) wird hinzugefügt, reguliert oder ersetzt?**	**Was geschieht: Regulierung, Ersetzen oder Hinzufügen von gS?**	**Wird das übertragene genetische Material transkribiert oder translatiert?**	**Soll die Substanz spezifische Sequenzen des Wirtsgenoms editieren?**	**Regulatorischer Status**
AAV-vermittelte RNA-Editierung	Direkte RNA-Modifikation / Zytoplasma	Nukleinsäure	Rekombinante virale DNA mit einem Gen, das den CRISPR-Cas-Komplex exprimiert Zelluläre mRNA Zelluläre DNA	Hinzufügen rekombinanter viraler DNA Ersetzen einer Base der zellulären mRNA Regulierung zellulärer DNA durch Ersetzen der zellulären mRNA	Transkription	Nein	In vivo: GTMP Ex vivo: GTMP SCTMP

(Fortsetzung)

Tabelle 9.1 (Fortsetzung)

Wirkstoff	**Wirkmechanisus / Wirkungsort**	**Enthält oder besteht das Arzneimittel aus Nukleinsäuren oder anderen Substanzen?**	**Welche genetische Sequenz (gS) wird hinzugefügt, reguliert oder ersetzt?**	**Was geschieht: Regulierung, Ersetzen oder Hinzufügen von gS?**	**Wird das übertragene genetische Material transkribiert oder translatiert?**	**Soll die Substanz spezifische Sequenzen des Wirtsgenoms editieren?**	**Regulatorischer Status**
RNA-Editierung (Ribonukleoprotein)	Direkte RNA-Modifikation / Zytoplasma	Nukleinsäure Nuklease	guideRNA Zelluläre DNA Zelluläre mRNA	Hinzufügen von gRNA Ersetzen einer Base der zellulären mRNA Regulierung zellulärer DNA durch Ersatz der zellulären mRNA	Nein	Nein	In vivo: Biologisches Arzneimittel Ex vivo: SCTMP
AAV-vermitteltes Base-Editing	Direkte DNA-Modifikation / Zellkern	Nukleinsäure	Rekombinante virale DNA mit einem Gen, das den CRISPR-Cas-Komplex exprimiert Zelluläre DNA	Hinzufügen rekombinanter viraler DNA Ersetzen einer Base der zellulären DNA	Transkription	Nein	In vivo: GTMP Ex vivo: GTMP SCTMP

(Fortsetzung)

Tabelle 9.1 (Fortsetzung)

Wirkstoff	Wirkmechanisus / Wirkungsort	Enthält oder besteht das Arzneimittel aus Nukleinsäuren oder anderen Substanzen?	Welche genetische Sequenz (gS) wird hinzugefügt, reguliert oder ersetzt?	Was geschieht: Regulierung, Ersetzen oder Hinzufügen von gS?	Wird das übertragene genetische Material transkribiert oder translatiert?	Soll die Substanz spezifische Sequenzen des Wirtsgenoms editieren?	Regulatorischer Status
Base-Editing (Ribonukleoprotein)	Direkte DNA-Modifikation / Zellkern	Nukleinsäure Nuklease	guideRNA Zelluläre DNA	Hinzufügen von gRNA Ersetzen einer Base der zellulären DNA	Nein	Ja	In vivo: GTMP Ex vivo: GTMP SCTMP
AAV-vermitteltes Prime-Editing	Direkte DNA-Modifikation / Zellkern	Nukleinsäure	Rekombinante virale DNA mit einem Gen, das den CRISPR-Cas-Komplex exprimiert Zelluläre DNA	Hinzufügen rekombinanter viraler DNA Ersetzen zellulärer DNA	Transkription	Nein	In vivo: GTMP Ex vivo: GTMP SCTMP
Prime-Editing (Ribonukleoprotein)	Direkte DNA-Modifikation / Zellkern	Nukleinsäure Nuklease	pegRNA Zelluläre DNA	Hinzufügen von pegRNA Ersetzen zellulärer DNA	Transkription	Ja	In vivo: GTMP Ex vivo: GTMP SCTMP

(Fortsetzung)

Tabelle 9.1 (Fortsetzung)

Wirkstoff	**Wirkmechanisus / Wirkungsort**	**Enthält oder besteht das Arzneimittel aus Nukleinsäuren oder anderen Substanzen?**	**Welche genetische Sequenz (gS) wird hinzugefügt, reguliert oder ersetzt?**	**Was geschieht: Regulierung, Ersetzen oder Hinzufügen von gS?**	**Wird das übertragene genetische Material transkribiert oder translatiert?**	**Soll die Substanz spezifische Sequenzen des Wirtsgenoms editieren?**	**Regulatorischer Status**
AAV-vermitteltes Epigenome-Editing	Indirekte DNA-Modifikation / Zellkern	Nukleinsäure	Rekombinante virale DNA mit einem Gen, das den CRISPR-Cas-Komplex exprimiert Zelluläre DNA	Hinzufügen rekombinanter viraler DNA Regulierung zellulärer DNA	Transkription	Nein	In vivo: GTMP Ex vivo: GTMP SCTMP
Epigenome-Editing (Transfektion von Proteinen)	Indirekte DNA-Modifikation / Zellkern	Protein	Zelluläre DNA	Regulierung der zellulären DNA	Nein	Nein	In vivo: Biologisches Arzneimittel Ex vivo: SCTMP
Epigenome-Editing (Transfektion von Nukleotiden)	Direkte und indirekte DNA-Modifikation / Zellkern	Nukleotid	Zelluläre DNA	Regulierung zellulärer DNA	Nein	Nein	In vivo: Chemisches Arzneimittel Ex vivo:SCTMP
Epigenome-Editing (CRISPIRi/a; Ribonukleoprotein)	Indirekte DNA-Modifikation / Zellkern	Nukleinsäure Nuklease	guideRNA Zelluläre DNA	Hinzufügen von guideRNA Regulierung zellulärer DNA	Nein	Nein	In vivo: Biologisches Arzneimittel Ex vivo: SCTMP

9.4 Kritische Betrachtung der vorgeschlagenen GTMP-Definition

Die vorgeschlagene Änderung der GTMP-Definition markiert einen Paradigmenwechsel, da die Klassifizierung eines ATMP künftig nicht mehr allein von der Zusammensetzung des Wirkstoffs eines Arzneimittels abhängen könnte. Stattdessen stellt Buchstabe a der neuen GTMP-Definition auf die durch das Arzneimittel induzierte Veränderung innerhalb humaner Körperzellen ab.

Diese Neudefinition führt dazu, dass sich der Anwendungsbereich von Gentherapeutika nicht mehr ausschließlich auf Gentransferarzneimittel beschränkt. Dies ist insbesondere deshalb zu begrüßen, weil bisher bestehende Regelungslücken für bestimmte SGT geschlossen werden und das Genome-Editing fest in den Rechtsrahmen der ATMP-Regulierung inkorporiert wird. Zudem entfällt die bisherige mittelbare Abhängigkeit der GTMP-Klassifizierung vom verwendeten Transfektionssystem. Trotz dieser Fortschritte bleiben Teilmengen neuartiger SGT weiterhin außerhalb des ATMP-Rahmens: namentlich das Epigenom- und RNA-Editing (vgl. Tabelle 9.1).

Zwar könnte argumentiert werden, dass diese Ansätze keine Gentherapeutika darstellen, da deren Wirkmechanismen nicht direkt auf der genetischen Ebene ansetzen. Allerdings hat die ATMP-Klassifizierung nicht nur sicherheitsrechtliche, sondern auch innovationsfördernde Auswirkungen. Für neue, noch nicht in der Versorgung etablierte Ansätze kann der ATMP-Status den Weg zur Arzneimittelzulassung erleichtern, indem er spezifische Förderprogramme und regulatorische Anreize eröffnet.

Problematisch ist, dass mit der vorgeschlagenen Definition offenbar internationale Harmonisierungsbemühungen umgesetzt werden sollen. Allerdings führt die Klassifizierung als Gentherapeutikum gemäß den ICH-Guidelines in anderen Ländern meist nicht zu einem umfassenden Status wie dem europäischen ATMP-Status. Stattdessen erfolgt die Einordnung im Rahmen von Empfehlungen und Stellungnahmen der jeweiligen Regulierungsbehörden ausschließlich zum Zweck der Bewertung des Arzneimittels im Zulassungsverfahren. Dadurch können punktuell angepasste Anforderungen an den Zulassungsprozess gestellt werden, ohne dass die Einstufung als Gentherapeutikum rechtlich verbindliche Aussagen für andere Bereiche, z. B. die gesetzliche Krankenversicherung, trifft. Die Harmonisierung auf internationaler Ebene ist eo ipso begrüßenswert. Aufgrund der vielen rechtlichen Folgen des ATMP-Status besteht aber in der EU und insbesondere in Deutschland die Gefahr, dass innovative Therapien, die nicht von der GTMP-Definition und damit unter Umständen auch nicht von der ATMP-Regulierung erfasst werden, fehlgeleitet reguliert werden (indem z. B.

die ATMP-Krankenhausausnahme oder der Gebührenerlass für KMU für die ATMP-Beratung und -Zulassung nicht greifen).

Ein möglicher Kompromiss wäre die Schaffung einer zusätzlichen ATMP-Kategorie, die spezifisch auf epigenetische und transkriptomische Eingriffe zugeschnitten ist. Dies würde ermöglichen, dass solche Produkte eigenen Herstellungs- und Zulassungsanforderungen unterliegen. Denn Eingriffe auf der genetischen Ebene im Zellkern verursachen grundsätzlich höhere Sicherheitsbedenken als Eingriffe auf der epigenetischen oder transkriptomischen Ebene, die unter Umständen nur im Zytoplasma der Zelle stattfinden. So könnten zugleich regulatorische Hürden durch Anreizsysteme für alle innovativen SGT gesenkt sowie die internationalen Harmonisierungsbestrebungen gefördert werden, ohne eine Gleichbehandlung von Arzneimitteln zu erzeugen, die hinsichtlich ihrer Sicherheit wesentlich ungleich sind. Vor diesem Hintergrund ist die Einordnung von mRNA-basierten SGT unter Buchstabe b der vorgeschlagenen GTMP-Definition kritisch zu hinterfragen.

9.5 Anpassung im Trilog und Schlussfassung

Im Dezember 2025 erzielten der Rat der Europäischen Union, das Europäische Parlament und die Europäische Kommission im sog. Trilog-Verfahren eine politische Einigung im Rahmen des Gesetzgebungsverfahrens des Pharma-Pakets. Die Schlussfassung der vorgeschlagenen Richtlinie und Verordnung wurde am 24. Februar 2026 fertiggestellt und veröffentlicht.[11] Diese vorläufige Einigung bedarf allerdings noch der förmlichen Annahme durch die beiden gesetzgebenden Körperschaften und der Veröffentlichung im Amtsblatt der Europäischen Union, bevor die beiden Rechtsakte in Kraft treten. Die von der Europäische Kommission vorgeschlagene Änderung der Definition von Gentherapeutika (GTMP) wurde punktuell in Buchstabe b wie folgt angepasst:

> ‘gene therapy medicinal product’ means a medicinal product, except vaccines against infectious diseases, that contains or consists of:

---

[11] Council of the European Union, Directive on the Union code relating to medicinal products for human use, 2023/0132 (COD), 2026, (https://data.consilium.europa.eu/doc/document/ST-6367-2026-INIT/en/pdf) (geprüft am 12.03.2026); Council of the European Union, Regulation laying down Union procedures for the authorisation and supervision of medicinal products for human use and establishing rules governing the European Medicines Agency, 2023/0131 (COD), (https://data.consilium.europa.eu/doc/document/ST-6366-2026-INIT/en/pdf) (geprüft am 12.03.2026).

(a) a substance or a combination of substances intended to edit the host genome in a sequence-specific manner or that contain or consists of cells subjected to such modification; or
(b) a recombinant or synthetic nucleic acid used in or administered to human beings with a view to regulating, replacing or adding a genetic sequence that mediates its effect by *long lasting* transcription or translation of the transferred genetic materials or that contain or consists of cells subjected to these modifications.[12]

Demnach sollen künftig nicht mehr alle rekombinanten bzw. synthetischen Nukleinsäuren erfasst werden, die ihre Wirkung durch Transkription oder Translation entfalten. Die neue Fassung begrenzt die Definition auf Fälle, in denen die Transkription oder Translation der rekombinanten bzw. synthetischen Nukleinsäuren „lang anhaltend" erfolgt. Eine Legaldefinition, wann eine „lang anhaltende" Transkription oder Translation vorliegt, enthält die Vorschrift jedoch nicht.

Aus dieser Einschränkung lässt sich jedoch ableiten, dass mRNA-basierte Arzneimittel nicht als Gentherapeutika (GTMP) klassifiziert werden sollen, da diese nach der Translation an den Ribosomen der Zelle rasch abgebaut werden. Problematisch ist aber, dass die Vorschrift nicht auf eine permanente, sondern lediglich auf eine langzeitige Transkription oder Translation abstellt. Integrierende virale Vektoren fallen demgegenüber eindeutig unter den Anwendungsbereich der Legaldefinition, da deren Transkription aufgrund der Vererbung im Rahmen der Zellteilung über einen unbegrenzt langen Zeitraum, unter Umständen sogar permanent, gewährleistet ist (vgl. Abschnitt 3.1). Fraglich bleibt hingegen, wie beispielsweise episomale virale Vektoren einzuordnen sind, da diese nicht in das Genom der transfizierten Zelle integriert werden und daher potenziell abgebaut werden können (vgl. Abschnitt 3.1). Dies wirft die Frage auf, ob mRNA-basierte Arzneimittel je nach „Halbwertszeit" unterschiedlich zu klassifizieren sein könnten.

Im Ergebnis ist der grundsätzliche Ausschluss von mRNA aus dem Anwendungsbereich der GTMP-Definition zu begrüßen, wie bereits bei der Diskussion des Entwurfs der Europäischen Kommission hervorgehoben wurde (vgl. Abschnitt 9.4). Gleichwohl führt die konkrete Umsetzung in der aktuellen Fassung zu erheblicher Rechtsunsicherheit, da das Tatbestandsmerkmal „long lasting transcription or translation" unbestimmt bleibt. Der unionale Gesetzgeber könnte stattdessen auf die Ebenen des Genoms, des Transkriptoms und des Epigenoms zurückgreifen oder die Wirkortebene der humanen Zelle, d. h.

[12] Council of the European Union, Directive on the Union code relating to medicinal products for human use, 2023/0132 (COD), 2026, (https://data.consilium.europa.eu/doc/document/ST-6367-2026-INIT/en/pdf), Art. 4(29) (geprüft am 12.03.2026).

Zellkern oder Zytoplasma, heranziehen, um eine klarere normative Abgrenzung der unterschiedlichen somatischen genomischen Therapien zu ermöglichen. Nach dem derzeitigen Stand lässt sich nicht mit Sicherheit vorhersagen, ob alle mRNA-basierten Arzneimittel tatsächlich vom Anwendungsbereich der GTMP ausgeschlossen sein sollen und ob und in welchem Ausmaß episomale virale Vektoren ebenso von dieser Einschränkung profitieren können.

Klassifizierung als Arzneimittel für seltene Leiden

10

Neben der Einstufung als ATMP können somatische genomische Therapien auch als Arzneimittel für seltene Leiden (sog. Orphan Drugs) gemäß der Verordnung (EG) Nr. 141/2000[1] klassifiziert werden. klassifiziert Dies ist der Fall, soweit das betreffende Arzneimittel nach Art. 2 Buchst. b der VO (EG) Nr. 141/2000 als solches ausgewiesen wurde.

Formell ist hierfür ein Antrag gemäß Art. 5 Abs. 1 Satz 1 Halbsatz 1 VO (EG) Nr. 141/2000 erforderlich, der ausschließlich vor Einreichung des Zulassungsantrags für das Arzneimittel gestellt werden kann.[2]

Materiellrechtlich setzt die Ausweisung als Arzneimittel für seltene Leiden voraus, dass der Antragsteller nachweist, dass das Arzneimittel zur Diagnose, Vorbeugung oder Behandlung eines Leidens bestimmt ist, das lebensbedrohlich ist oder zu einer chronischen Invalidität führt und von dem zum Zeitpunkt der Antragstellung in der Europäischen Union nicht mehr als fünf von 10 000 Personen betroffen sind (Prävalenzkriterium).[3] Alternativ kann der Antragsteller nachweisen, dass das Arzneimittel für die Diagnose, Vorbeugung oder Behandlung eines lebensbedrohenden, zu schwerer Invalidität führenden oder schweren chronischen Leidens bestimmt ist und dass das Inverkehrbringen des Arzneimittels ohne Anreize voraussichtlich nicht rentabel wäre, um die erforderlichen Investitionen zu rechtfertigen (Unwirtschaftlichkeitskriterium).[4]

Kumulativ zu diesen Voraussetzungen darf in der Europäischen Union keine zufriedenstellende Methode zur Diagnose, Vorbeugung oder Behandlung des

---

[1] Verordnung (EG) Nr. 141/2000 des Europäischen Parlaments und des Rates vom 16.12.1999 über Arzneimittel für seltene Leiden, ABl. L 18 vom 22.01.2000, S. 1.

[2] Art. 5 Abs. 1 Halbsatz 2 VO (EG) Nr. 141/2000.

[3] Art. 3 Abs. 1 Buchst. a) Alt. 1 VO (EG) Nr. 141/2000.

[4] Art. 3 Abs. 1 Buchst. a) Alt. 2 VO (EG) Nr. 141/2000.

L. Pietrek, *Somatische genomische Therapien*,
https://doi.org/10.1007/978-3-658-52943-7_10

betreffenden Leidens bestehen oder das betreffende Arzneimittel muss – sofern eine solche Methode bereits existiert – für die betroffene Patientengruppe einen erheblichen Nutzen aufweisen. Detaillierte Vorgaben zur Konkretisierung dieser Ausweisungskriterien enthält Art. 2 der Verordnung (EG) Nr. 847/2000[5]. Unabhängig davon ist die Ausweisung als Arzneimittel für seltene Leiden stets im Einzelfall und in Bezug auf die jeweilige Indikation[6] des Arzneimittels zu beurteilen.

[5] Verordnung (EG) Nr. 847/2000 der Kommission vom 27.04.2000 zur Festlegung von Bestimmungen für die Anwendung der Kriterien für die Ausweisung eines Arzneimittels als Arzneimittel für seltene Leiden und von Definitionen für die Begriffe „ähnliches Arzneimittel" und „klinische Überlegenheit", ABl. L 103 vom 28.04.2000, S. 5.

[6] Die Indikation bezeichnet das zugelassene Anwendungsgebiet eines Arzneimittels, etwa die betreffende Krankheit oder Patientengruppe, vgl. Art. 11 Nr. 4.1 und 4.2 RL 2001/83/EG, § 22 Abs. 1 Nr. 6 und 12 AMG.

11 Klassifizierung als gentechnisch veränderter Organismus (GVO)

Somatische genomische Therapien werden nicht nur durch das Arzneimittelrecht, sondern auch durch das Gentechnikrecht erfasst (vgl. Tabelle 11.1). Das Gentechnikgesetz[1] (GenTG) knüpft an den Begriff des gentechnisch veränderten Organismus (GVO) an. Als gentechnisch veränderter Organismus gelten alle Organismen, deren genetisches Material in einer Weise verändert worden ist, wie sie unter natürlichen Bedingungen durch Kreuzen oder natürliche Rekombination nicht vorkommt.[2] Uneindeutig ist, ob das Tatbestandsmerkmal „in einer Weise verändert werden" prozess- oder produktbezogen zu verstehen ist – also ob bereits der unnatürliche Vorgang der Veränderung (Process-based Approach) oder nur das unnatürliche Ergebnis (Product-based Approach) entscheidend ist.[3] Der Unionsgesetzgeber entschied sich bei der Schaffung des Gentechnikrechts historisch für den prozessbezogenen Ansatz (Process-based Approach).[4] Ein „Organismus" im Sinne des § 3 Nr. 1 GenTG hingegen ist jede biologische Einheit, die fähig ist, sich zu vermehren oder genetisches Material zu übertragen. Darunter fallen

[1] Gentechnikgesetz in der Fassung der Bekanntmachung vom 16.12.1993 (BGBl. I S. 2066), das zuletzt durch Artikel 8 Absatz 7 des Gesetzes vom 27.09.2021 (BGBl. I S. 4530) geändert worden ist.

[2] § 3 Nr. 3 Halbsatz 1 GenTG.

[3] Näher Dederer, Trends in Biotechnology 43 (2025), S. 522, 523 f., m.w.N.

[4] Dederer, Trends in Biotechnology 43 (2025), S. 522, 524, m.w.N.; Schlumberger/Brauer, in: von Schnell/Mohr (Hrsg.), Biotechnologie – Gentechnik, 1995, S. 389, 398; Voß, Die Novelle der Freisetzungsrichtlinie – Richtlinie 2001/18/EG, 2006, S. 227.

L. Pietrek, *Somatische genomische Therapien*,
https://doi.org/10.1007/978-3-658-52943-7_11

Tabelle 11.1 Klassifizierung somatischer genomischer Therapien – GVO (EU)

Wirkstoff	**Organismus**[5]	**Vermehrungs- oder Transportfähigkeit**	**Unnatürliche Veränderung genetischen Materials**	**GVO-Status** (Genomisches Werkzeug)	**GVO-Status** (Veränderte humane Zellen)
Retrovirale Vektoren	Ja	Transport genetischen Materials	Rekombinantes virales Genom; Integration in zelluläre DNA	Ja	Ja
Lentivirale Vektoren	Ja	Transport genetischen Materials	Rekombinantes virales Genom; Integration in zelluläre DNA	Ja	Ja
Adenovirale Vektoren	Ja	Transport genetischen Materials	Rekombinantes virales Genom	Ja	Ja
Adeno-assoziierte Virusvektoren (AAV)	Ja	Transport genetischen Materials	Rekombinantes virales Genom	Ja	Ja
Sendaiviren	Ja	Transport genetischen Materials	Einzelfallabhängig	Einzelfallabhängig	Einzelfallabhängig
mRNA	Nein	Nein (samRNA: umstritten)	Nein	Nein	Nein
ncRNA	Nein	Nein	Nein	Nein	Nein

(Fortsetzung)

[5] Die Einstufung als Organismus bezieht sich ausschließlich auf den Wirkstoff bzw. das verwendete genomische Werkzeug, da menschliche Zellen stets als Organismen im Sinne des GenTG gelten.

Tabelle 11.1 (Fortsetzung)

Wirkstoff	**Organismus**	**Vermehrungs- oder Transportfähigkeit**	**Unnatürliche Veränderung genetischen Materials**	**GVO-Status** (Genomisches Werkzeug)	**GVO-Status** (Veränderte humane Zellen)
CRISPR/Cas9 (Ribonukleoprotein)	Nein	SDN-1: Nein SDN-2, SDN-3: Transport genetischen Materials	Genom-Editierung	Nein	Ja
RNA-Editierung (Ribonukleoprotein)	Nein	Nein	Nein	Nein	Nein
Base-Editing (Ribonukleoprotein)	Nein	Nein	Genom-Editierung	Nein	Ja
Prime-Editing (Ribonukleoprotein)	Nein	Transport genetischen Materials[6]	Genom-Editierung	Nein	Ja

(Fortsetzung)

[6] Die pegRNA kann in diesem Fall als genetisches Material eingestuft werden, da ein Teil von ihr durch das Enzym Reverse Transkriptase in das Genom der Zellen integriert werden soll.

Tabelle 11.1 (Fortsetzung)

Wirkstoff	**Organismus**	**Vermehrungs- oder Transportfähigkeit**	**Unnatürliche Veränderung genetischen Materials**	**GVO-Status** (Genomisches Werkzeug)	**GVO-Status** (Veränderte humane Zellen)
Epigenome-Editing (Transfektion von Proteinen)	Nein	Nein	Einzelfallabhängig	Nein	Einzelfallabhängig
Epigenome-Editing (Transfektion von Nukleotiden)	Nein	Nein	Integration in Promotoren der zellulären DNA	Nein	Ja
Epigenome-Editing (CRISPIRi/a; Ribonukleoprotein)	Nein	Nein	Nein	Nein	Nein

auch tierische und pflanzliche Zellkulturen.[7] Nach allgemeiner Auffassung werden hiervon auch menschliche Zellkulturen umfasst,[8] wenngleich der Mensch als solcher kein GVO sein kann.[9] Die Einstufung eines Humanarzneimittels als GVO – insbesondere dann, wenn es aus humanen Zellen besteht – bleibt daher grundsätzlich möglich.[10]

Weil der Mensch selbst kein gentechnisch veränderter Organismus sein kann, kommt bei somatischen genomischen Therapien, die im Körper des Patienten angewendet werden (in-vivo-Ansatz), eine Klassifizierung als GVO im Sinne des § 3 Nr. 3 GenTG nur in Betracht, soweit sich das genomische Werkzeug außerhalb des Körpers des Patienten befindet. In einem solchen Fall müsste das Arzneimittel einen Organismus darstellen, der gentechnisch verändert wurde.[11] Entscheidend ist demnach, ob das genomische Werkzeug eine biologische Einheit darstellt, die vermehrungsfähig ist oder genetisches Material übertragen kann. Ist dies der Fall, müsste das genetische Material, das im genomischen Werkzeug enthalten ist, in einer Weise verändert worden sein, wie sie unter natürlichen Bedingungen durch Kreuzen oder natürliche Rekombination nicht vorkommt.

Werden dem Patienten dagegen Körperzellen entnommen und anschließend außerhalb seines Körpers durch genomische Werkzeuge verändert (ex-vivo-Ansatz), stellt sich die Frage, ob diese gentechnisch veränderte Zellkultur als GVO im Sinne des § 3 Nr. 3 GenTG zu qualifizieren ist. Zellen gelten als Organismen im Sinne von § 3 Nr. 1 und 1a GenTG.[12] Insofern ist in diesem Fall zu prüfen, ob das genetische Material der humanen Zellen durch die genomischen Werkzeuge in einer Weise verändert wird, wie es unter natürlichen Bedingungen durch Kreuzen oder natürliche Rekombination nicht vorkommt.

---

[7] § 3 Nr. 1a Var. 9 und 10 GenTG.

[8] Alt, in: Erb/Schäfer (Hrsg.), Münchener Kommentar zum Strafgesetzbuch, 2022, § 3 GenTG, Rn. 1; Fenger, in: Spickhoff (Hrsg.), Medizinrecht, 2022, § 3 GenTG, Rn. 1; Bachtarzi/Farries, Human Gene Therapy Clinical Development 30 (2019), S. 114, 116; Rozas/Kessi-Pérez/Martínez, Biological Research 55 (2022), 31, S. 9.

[9] § 3 Nr. 3 GenTG.

[10] Spranger, in: Rieger/Dahm/Katzenmeier (Hrsg.), Heidelberger Kommentar Arztrecht Krankenhausrecht Medizinrecht, 89. Lieferung, 2100 Gentechnologie, Rn. 11.

[11] Vgl. EuGH, Urteil vom 06.09.2011 – C 442/09, Rn. 58 f. – juris.

[12] Alt, in: Erb/Schäfer (Hrsg.), Münchener Kommentar zum Strafgesetzbuch, 2022, § 3 GenTG, Rn. 1; Fenger, in: Spickhoff (Hrsg.), Medizinrecht, 2022, § 3 GenTG, Rn. 1; Bachtarzi/Farries, Human Gene Therapy Clinical Development 30 (2019), S. 114, 116; Rozas/Kessi-Pérez/Martínez, Biological Research 55 (2022), 31, S. 9; Dederer, in: Dederer/Frenken (Hrsg.), Regulation of Genome Editing in Human iPS Cells, 2021, S. 289, 297.

11.1 Virale Vektoren

Viren gelten grundsätzlich[13] als Organismen im Sinne des § 3 Nr. 1 und 1a Var. 1 GenTG. Unschädlich ist dabei, dass viralen Vektoren, die im Rahmen somatischer Gentherapien eingesetzt werden, regelmäßig die pathogenen und replikationsfähigen Bestandteile ihres viralen Genoms entfernt werden. Eine Einstufung als gentechnisch veränderter Organismus (GVO) ist dennoch möglich, da replikationsdefiziente virale Vektoren regelmäßig weiterhin die Fähigkeit besitzen, genetisches Material zu übertragen.[14]

Die gentechnische Veränderung solcher Viren kann folglich zu einer Klassifizierung als GVO im Sinne des § 3 Nr. 3 GenTG führen. Voraussetzung hierfür ist, dass das genetische[15] Material des viralen Vektors in einer Weise verändert wurde, die unter natürlichen Bedingungen durch Kreuzen oder natürliche Rekombination nicht vorkommt. Das Einfügen artfremder Gene (sog. Transgene) in das Genom viraler Vektoren oder in bakterielle Plasmide, welche rekombinante virale Vektoren exprimieren, bewirkt eine solche Veränderung und führt dazu, dass diese nach § 3 Nr. 3a Buchst. a) GenTG als gentechnisch veränderte Organismen gelten.[16]

[13] Für Viren muss nach der Legaldefinition des Organismus in § 3 Nr. 1 GenTG ebenfalls gelten, dass sie fähig sind, sich zu vermehren oder genetisches Material zu übertragen. Dies ist beispielsweise nicht der Fall, wenn ein Virus replikationsunfähig ist und sein virales Genom aus RNA besteht, die nicht durch das Enzym Reverse Transkriptase in DNA umgeschrieben wird; vgl. EuGH, Urteil vom 06.09.2011 – C 442/09, Rn. 55 – juris.

[14] Zentrale Kommission für Biologische Sicherheit/Commissie Genetische Modificatie, Joint open letter from COGEM and ZKBS on the environmental risk assessment of new vaccine developments based on self-replicating mRNAs and viral replicon systems, 2025, (https://zkbs-online.de/fileadmin/user_upload/Downloads/Kommentare/Joint_Letter_COGEM_ZKBS/Joint_open_letter_on_samRNA_vaccines__COGEM-ZKBS_.pdf), S. 6 (geprüft am 24.10.2025).

[15] Viren können sowohl aus DNA als auch aus RNA bestehen. Auch bei RNA-Viren wird jedoch von einem viralen Genom gesprochen, das als deren genetisches Material anzusehen ist. Eine abweichende Auslegung stünde im Widerspruch zu § 3 Nr. 1 und 1a Var. 1 GenTG, da Viren nach dem Willen des Gesetzgebers ausdrücklich als Organismen erfasst werden sollen, die gentechnisch verändert werden können.

[16] Ronellenfitsch, in: Dederer/Herdegen/Spranger (Hrsg.), Biotechnologierecht, 95. Aktualisierung, § GenTG, Rn. 124; van der Meer/Angenon/Bergmans u.a., European Journal of Risk Regulation 14 (2023), S. 93, 102.

Werden humane Zellkulturen mit solchen viralen Vektoren transduziert, können auch die Zellkulturen selbst als gentechnisch veränderte Organismen eingestuft werden.[17] Dies ist insbesondere dann der Fall, wenn ein DNA-Virus sein genetisches Material in das Genom der menschlichen Zelle integriert (vgl. Abschnitt 3.1.1). Gleiches gilt für RNA-Viren, die mithilfe des Enzyms Reverse Transkriptase eine komplementäre DNA synthetisieren, welche anschließend in das Genom der Wirtszelle eingebaut wird (vgl. Abschnitt 3.1.1). In beiden Fällen kommt es zu einer Veränderung des genetischen Materials des Organismus, also der DNA der menschlichen Zellen, die unter natürlichen Bedingungen nicht vorkommt.

11.2 RNA-Therapeutika

Bei Arzneimitteln, die RNA-Moleküle als Wirkstoff enthalten, ist im Rahmen des Gentechnikrechts insbesondere auf deren Replikationsfähigkeit[18] einzugehen.

11.2.1 mRNA und ncRNA ohne Replikationspotenzial

Rekombinante oder natürliche DNA, die nicht von einer Membran oder Proteinhülle umgeben ist, lässt sich nicht unter den Begriff des Organismus subsumieren.[19] Eine Einstufung von Arzneimitteln, deren Wirkstoff aus mRNA oder ncRNA besteht, als Organismus im Sinne des § 3 Nr. 1 GenTG kommt deshalb allenfalls in Betracht, soweit diese durch eine Membran, etwa Lipidnanopartikel (LNP), geschützt sind.

Auch in diesem Fall stellen RNA-Moleküle jedoch keine Organismen im Sinne des § 3 Nr. 1 GenTG dar. Es ist bereits zweifelhaft, ob mRNA oder ncRNA, die in LNP verkapselt wurden, überhaupt biologische Einheiten im Sinne dieser Vorschrift, wie etwa Viren, darstellen. Denn es handelt sich ausschließlich um synthetisierte Nukleinsäuren, die in einem chemischen Trägersystem transportiert

[17] Vgl. Iglesias-Lopez/Obach/Vallano u.a., Critical Reviews in Toxicology 49 (2019), S. 580, 586.

[18] Replikation bezeichnet die Vervielfältigung von Nukleinsäuren, insbesondere die enzymatische Verdopplung der DNA oder RNA innerhalb einer Zelle, vgl. Alberts/Johnson/Lewis u.a. (Hrsg.), Molekularbiologie der Zelle, 2017, S. 284.

[19] Fenger, in: Spickhoff (Hrsg.), Medizinrecht, 2022, § 3 GenTG, Rn. 1; Kauch, Gentechnikrecht, 2009, S. 74; Bachtarzi/Farries, Human Gene Therapy Clinical Development 30 (2019), S. 114, 117.

werden. Unabhängig davon fehlt es solchen RNA-Therapeutika regelmäßig an der Fähigkeit, sich selbstständig zu vermehren oder genetisches Material, d.h. DNA, zu übertragen. Dies zeigt sich insbesondere daran, dass auch das Einbringen von mRNA in einen tatsächlichen Organismus, etwa eine menschliche Zellkultur, im Sinne des § 3 Nr. 1 GenTG nicht dazu führt, dass hierdurch ein gentechnisch veränderter Organismus entsteht. Die Transfektion von mRNA in eukaryotische Zellen bewirkt lediglich die Translation der mRNA an den Ribosomen im Zytoplasma der Zelle (vgl. Abschnitt 4.1). Eine Integration der mRNA in das Genom (etwa durch das Enzym Reverse Transkriptase) erfolgt nicht. Nach der Translation wird die mRNA innerhalb der Zelle unmittelbar abgebaut.[20] Es kommt somit zu keiner unnatürlichen Veränderung des genetischen Materials, also der DNA, der Zelle im Sinne des § 3 Nr. 3 GenTG. Aus diesem Grund führt das Einbringen von mRNA in eukaryote Zellen nicht zu einer Einstufung als GVO.[21]

Dies gilt entsprechend für ncRNA, die – etwa durch Bindung an mRNA im Zytoplasma – eine vorübergehende regulatorische Wirkung entfaltet und anschließend ebenfalls abgebaut wird. Folglich führt weder die Verwendung von Arzneimitteln, die mRNA oder ncRNA als Wirkstoff enthalten, noch deren Transfektion in humane Zellen zu einer Einstufung des Arzneimittels als gentechnisch veränderter Organismus.

11.2.2 Selbst-amplifizierende mRNA (samRNA)

Die rechtliche Einordnung von Arzneimitteln, die selbst-amplifizierende mRNA (samRNA) als Wirkstoff enthalten, als gentechnisch veränderte Organismen (GVO) ist jedoch umstritten. Diese Produkte weisen einerseits biologische Merkmale auf, die für eine Anwendung des Gentechnikrechts sprechen könnten, unterscheiden sich andererseits wesentlich von klassischen gentechnisch veränderten Organismen.

---

[20] Faltus, Frontiers in Bioengineering and Biotechnology 11 (2023), 1124131, S. 9.

[21] Bundesamt für Verbraucherschutz und Lebensmittelsicherheit, Stellungnahme der ZKBS – Zum Einbringen von mRNA in eukaryote Zellen, 1996, (https://zkbs-online.de/fileadmin/user_upload/Downloads/Stellungnahmen/Zellbiologie/mRNA_in_eukaryoten_Zellen_1996.pdf) (geprüft am 24.10.2025); Rozas/Kessi-Pérez/Martínez, Biological Research 55 (2022), 31, S. 10.

Anders als konventionelle mRNA-Wirkstoffe besitzen samRNA-Moleküle die Fähigkeit, sich innerhalb der Wirtszellen zu replizieren, da sie eine sogenannte virale Replikase codieren.[22] Diese Fähigkeit zur Selbstvervielfältigung, verbunden mit einem potenziellen Risiko der Rekombination oder Komplementation mit Wildtypviren im Körper des Patienten, spricht nach Ansicht der Zentralen Kommission für Biologische Sicherheit (ZKBS) sowie der niederländischen Regulierungsbehörde Commissie Genetische Modificatie (COGEM) dafür, dass samRNA gemäß der Richtlinie 2001/18/EG als gentechnisch veränderte Organismen einzustufen sind.[23]

Dem lässt sich entgegenhalten, dass samRNA-Moleküle, die in Lipidnanopartikeln (LNP) verkapselt sind, im Gegensatz zu in Viruspartikeln verpackter RNA keine eigenständigen biologischen Einheiten darstellen dürften. Denn eine Übertragung genetischen Materials ist nur mittelbar denkbar. Etwa wenn samRNA im Körper des Patienten auf Wildtypviren träfe und es infolge dessen zu einem Gentransfer zwischen den Wildtypviren und samRNA käme.

Die Verkapselung in nicht-infektiöse Systeme wie LNP unterscheidet samRNA jedoch grundlegend von der Herstellung rekombinanter viraler Vektoren. Das verbleibende Risiko entspricht im Wesentlichen dem klassischer mRNA-Wirkstoffe, die sich nicht selbst innerhalb der Zelle vervielfältigen, eine geringere Halbwertszeit aufweisen und kein genetisches Material eines Organismus, etwa eines Virus, übertragen. Beide werden regelmäßig im Zytoplasma der Zellen translatiert und anschließend abgebaut.

---

[22] Zentrale Kommission für Biologische Sicherheit/Commissie Genetische Modificatie, Joint open letter from COGEM and ZKBS on the environmental risk assessment of new vaccine developments based on self-replicating mRNAs and viral replicon systems, 2025, (https://zkbs-online.de/fileadmin/user_upload/Downloads/Kommentare/Joint_Letter_COGEM_ZKBS/Joint_open_letter_on_samRNA_vaccines__COGEM-ZKBS_.pdf), S. 4 (geprüft am 24.10.2025).

[23] Vgl. Zentrale Kommission für Biologische Sicherheit/Commissie Genetische Modificatie, Joint open letter from COGEM and ZKBS on the environmental risk assessment of new vaccine developments based on self-replicating mRNAs and viral replicon systems, 2025, (https://zkbs-online.de/fileadmin/user_upload/Downloads/Kommentare/Joint_Letter_COGEM_ZKBS/Joint_open_letter_on_samRNA_vaccines__COGEM-ZKBS_.pdf), S. 5 ff. (geprüft am 24.10.2025).

Gleichwohl warnen die ZKBS und die COGEM in einer gemeinsamen Stellungnahme vor einer uneinheitlichen Bewertung replikationsdefizienter viraler Vektoren und samRNA-Wirkstoffe. Sie weisen darauf hin, dass in solchen Grenzfällen einheitliche Bewertungskriterien und gegebenenfalls eine Umweltverträglichkeitsprüfung erforderlich sein können, um dem Schutzzweck der GVO-Gesetzgebung Rechnung zu tragen.[24] Denn bisher wurden Arzneimittel, die samRNA als Wirkstoff enthalten, von der Europäischen Arzneimittelagentur nicht als gentechnisch veränderte Organismen angesehen.

11.3 Genome-Editing

Enthält ein Arzneimittel als Wirkstoff ein Ribonukleoprotein, etwa CRISPR-Cas9, führt das Vorhandensein von gRNA oder Vorlage-DNA nicht zu einem GVO-Status des Arzneimittels. Denn es ist abwegig, hierin überhaupt einen Organismus, also eine biologische Einheit zu sehen, die fähig ist, sich zu vermehren oder genetisches Material zu übertragen. So wird beispielsweise bei nackter DNA oder rekombinanten Plasmiden angenommen, dass diese keinen Organismus darstellen.[25] Erst wenn sie in einen vermehrungsfähigen Wirtsorganismus – etwa in eine Bakterienzelle – eingebracht werden, kann ein GVO-Status begründet sein. Insoweit gilt dasselbe für in Lipidnanopartikeln verpackte gRNA oder Vorlage-DNA: Im Unterschied zu viralen Vektoren, die biologischen Ursprungs sind, fehlt es hier an einer biologischen Einheit, da gRNA und Vorlage-DNA lediglich mit einem chemisch synthetisierten Trägermolekül verbunden werden. Arzneimittel, die Ribonukleoproteine als Wirkstoff enthalten und im Körper des Patienten (in vivo) angewendet werden, stellen daher keine gentechnisch veränderten Organismen dar.

[24] Zentrale Kommission für Biologische Sicherheit/Commissie Genetische Modificatie, Joint open letter from COGEM and ZKBS on the environmental risk assessment of new vaccine developments based on self-replicating mRNAs and viral replicon systems, 2025, (https://zkbs-online.de/fileadmin/user_upload/Downloads/Kommentare/Joint_Letter_COGEM_ZKBS/Joint_open_letter_on_samRNA_vaccines__COGEM-ZKBS_.pdf), S. 7 (geprüft am 24.10.2025).

[25] Bachtarzi/Farries, Human Gene Therapy Clinical Development 30 (2019), S. 114, 116.

Anders verhält es sich, wenn humane Zellen außerhalb des Körpers des Patienten (ex vivo) durch Genome-Editing verändert werden. Da humane Zellen Organismen im Sinne des § 3 Nr. 1 GenTG darstellen, kommt es darauf an, ob der Einsatz des Werkzeugs, also des Ribonukleoproteins, zu einer genetischen Veränderung im Sinne des § 3 Nr. 3 GenTG führt. Nach der gesetzlichen Definition muss hierzu das genetische Material der Zelle in einer Weise verändert werden, die unter natürlichen Bedingungen durch Kreuzen oder natürliche Rekombination nicht vorkommt.

11.3.1 Genom-Editierung mit Einbringen exogenen genetischen Materials

Die Transfektion von DNA in Zellen wird ausdrücklich als Verfahren der Veränderung genetischen Materials genannt.[26] Wird eine Vorlage-DNA im Rahmen des CRISPR-Cas-Systems in das Genom der Zelle integriert (SDN-2, SDN-3), liegt somit stets eine gentechnische Veränderung vor. Denn es wird in einen Organismus (die humane Zelle) genetisches Material (die Vorlage-DNA) eingebracht, das außerhalb des Organismus hergestellt wurde und nicht in ihm vorkommt. Nichts anderes gilt beim Prime-Editing, bei dem ein Teil der pegRNA in DNA umgeschrieben und anschließend durch das Enzym Reverse Transkriptase in das Genom der Zelle integriert wird.

11.3.2 Genom-Editierung ohne Einbringen exogenen genetischen Materials

Bei Verfahren, die kein exogenes genetisches Material in die Zelle integrieren (SDN-1, Base-Editing), erscheint eine Klassifizierung als GVO hingegen zunächst fernliegend. Denn Methoden, die keine Transgene einführen, sondern ausschließlich zu endogenen Veränderungen der DNA führen (sog. Mutagenesetechniken), gelten nach § 3 Nr. 3b Abs. 2 Buchst. a GenTG nicht als Verfahren der Veränderung genetischen Materials.

[26] § 3 Nr. 3a Buchst. b) GenTG; Ronellenfitsch, in: Dederer/Herdegen/Spranger (Hrsg.), Biotechnologierecht, 95. Aktualisierung, § 3 GenTG, Rn. 118.

Dem widerspricht jedoch die höchstrichterliche Rechtsprechung. Nach der Entscheidung Confédération Paysanne sowie deren Bestätigung im Jahr 2023[27] unterliegen alle Mutagenesetechniken, die nach Erlass der Richtlinie 2001/18/EG entwickelt wurden, nicht der Ausnahme des Art. 3 Abs. 1 i.V. mit Anhang I B Nr. 1 der Richtlinie 2001/18/EG.[28] Der Gerichtshof begründet dies damit, dass der Unionsgesetzgeber ausschließlich die zum Zeitpunkt des Erlasses bekannten und als sicher geltenden Mutagenesetechniken von der Anwendung der Richtlinie ausnehmen wollte.[29] Zudem gebiete das Vorsorgeprinzip, auf das sich der Unionsgesetzgeber in der Richtlinie 2001/18/EG bezogen hat und deshalb bei ihrer Anwendung der Verwirklichung bedürfe, eine solche Auslegung, da neuartige Mutagenesetechniken Risiken bergen, die mit jenen der Transgenese vergleichbar sind.[30]

§ 3 Nr. 3b Abs. 2 Buchst. a) GenTG ist daher unionsrechtskonform teleologisch zu reduzieren: Veränderungen genetischen Materials durch Mutagenesetechniken, die nach Erlass der Richtlinie 2001/18/EG entwickelt wurden, gelten nicht als ausgenommen und führen folglich zu einem GVO-Status.[31] Demnach führen auch Genome-Editing-Verfahren, die ausschließlich endogene Sequenzen entfernen (SDN-1) oder Punktmutationen durch Basenaustausch korrigieren (Base-Editing), zur Einstufung als gentechnisch veränderter Organismus – unabhängig davon, ob das CRISPR-Cas-System mittels viraler Vektoren, mRNA, LNP oder Elektroporation in die Zellen eingebracht wurde.[32] Im Umkehrschluss ist die Einschätzung der ZKBS folgerichtig, dass etwa ein Gen-Knockout durch Zinkfingernukleasen, die bereits seit den 1990er-Jahren verwendet werden, nicht zu

---

[27] EuGH, Urteil vom 07.02.2023 – Rs. C-688/21.

[28] EuGH, Urteil vom 25.07.2018 – Rs. C-528/16 – Confédération paysanne, Rn. 51 = Zeitschrift für Umweltrecht 28 (2018), S. 534, 537.

[29] Vgl. Erwägungsgrund (17) RL 2001/18/EG; siehe auch Frenken/Lüttge, in: Dederer/Frenken (Hrsg.), Regulation of Genome Editing in Human iPS Cells, 2021, S. 41.

[30] EuGH, Urteil vom 25.07.2018 – Rs. C-528/16 – Confédération paysanne, Rn. 52 f. = Zeitschrift für Umweltrecht 28 (2018), S. 534, 537.

[31] Dederer, Lebensmittel und Recht 28 (2024), S. 59, 60; diese Rechtsprechung des EuGH betrifft zwar den Anwendungsbereich der Richtlinie 2001/18/EG, ist jedoch auf das „geschlossene System", d.h. die Richtlinie 2009/41/EG, entsprechend anwendbar, ausführlich hierzu Dederer/Frenken, Studie: Genom-Editierung am Menschen. Vergleich der regulatorischen Rahmenbedingungen für CRISPR-Gen-Editierung und ihre Auswirkungen auf Forschung und Innovation, 2021, S. 5, m.w.N.; Dederer/Hamburger, Journal of Law and the Biosciences 9 (2022), lsab033.

[32] Kritisch van der Meer/Angenon/Bergmans u.a., European Journal of Risk Regulation 14 (2023), S. 93, 108.

einem GVO-Status führt, da es sich hierbei um eine etablierte, bereits vor Erlass der Freisetzungsrichtlinie bekannte Mutagenesetechnik handelt.[33]

11.4 RNA-Editing

Enthält ein Arzneimittel ein Ribonukleoprotein als Wirkstoff, das für RNA-Editing geeignet ist, wird dieses – ebenso wie beim Genome-Editing – nicht als gentechnisch veränderter Organismus (GVO) eingestuft (vgl. Abschnitt 11.3).

Enthält das Arzneimittel hingegen Zellen als Wirkstoff, die etwa durch ein Ribonukleoprotein RNA-editiert wurden, setzt eine Einstufung als GVO voraus, dass an den Zellen eine genetische Veränderung vorgenommen wurde. Eine solche Einstufung kommt nur in Betracht, wenn die im Zytoplasma befindliche mRNA, die editiert wurde, als genetische Veränderung der Zelle im Sinne des § 3 Nr. 3 GenTG zu qualifizieren wäre.[34] Jedoch stellen mRNA-Moleküle keine genetischen Sequenzen dar, d.h. keine DNA, die in den Chromosomen der Zelle verankert ist. Durch RNA-Editing wird folglich kein genetisches Material der humanen Zelle im Sinne der Vorschrift verändert.[35] Dafür spricht zudem, dass bei der Editierung von mRNA im Zytoplasma die editierte mRNA nach der Translation abgebaut wird und somit keine (mittelbare) stabile Veränderung des genetischen Materials stattfinden kann. Eine Einstufung der editierten Zellen als gentechnisch veränderte Organismen scheidet daher aus.

11.5 Epigenome-Editing

Enthält ein Arzneimittel ein Ribonukleoprotein oder andere regulatorische Proteine als Wirkstoff, die für das Epigenome-Editing bestimmt sind, wird dieses – wie bereits beim Genome-Editing – nicht als gentechnisch veränderter Organismus

[33] Zentrale Kommission für Biologische Sicherheit, Allgemeine Stellungnahme der ZKBS zur Verwendung der Zinkfinger-Nuklease-Technologie 1 (ZFN-1), 2019, (https://zkbs-online.de/fileadmin/user_upload/Downloads/Stellungnahmen/Allgemein/ZFN-1-Technologie_2011.pdf), S. 2 (geprüft am 24.10.2025).

[34] European Commission, Commission Staff Working Document, Study on the status of new genomic techniques under Union law and in light of the Court of Justice ruling in Case C-528/16, SWD(2021) 92 final, 2021, (https://food.ec.europa.eu/system/files/2021-04/gmo_mod-bio_ngt_eu-study.pdf), S. 54 (geprüft am 24.10.2025).

[35] Rozas/Kessi-Pérez/Martínez, Biological Research 55 (2022), 31, S. 10.

(GVO) eingestuft (vgl. Abschnitt 11.3). Denn es handelt sich hierbei nicht um Organismen im Sinne des § 3 Nr. 1 GenTG.

Enthält das Arzneimittel hingegen Zellen als Wirkstoff, die epigenetisch verändert wurden, setzt eine GVO-Einstufung voraus, dass das genetische Material dieser Zellen, also ihre DNA, in einer Weise verändert wurde, wie sie unter natürlichen Bedingungen durch Kreuzung oder natürliche Rekombination nicht vorkommt. Unklar bleibt jedoch, ob der Begriff der „Veränderung genetischen Materials" ausschließlich eine substanzielle Veränderung der DNA-Substanz oder auch eine funktionale Veränderung der Genexpression umfasst.

11.5.1 Funktionale Veränderung genetischen Materials

Für eine weite, funktionale Auslegung könnte das Unionsrecht sprechen. Die Legaldefinition des GVO in der Freisetzungsrichtlinie ist im Lichte des Vorsorgeprinzips[36] auszulegen.[37] Angesichts des wissenschaftlich unsicheren Kenntnisstands über epigenetische Effekte könnte es daher sachgerecht erscheinen, auch funktionale Veränderungen einzubeziehen. In diese Richtung weist prima facie das Cartagena-Protokoll[38], das in Art. 1 sowie Art. 3 Buchst. g) und i) ein prozessbezogenes Begriffsverständnis vorsieht und alle durch Biotechnologie hervorgebrachten lebenden modifizierten Organismen erfasst, die potenziell nachteilige Umweltauswirkungen haben könnten. Eine völkerrechtsfreundliche Auslegung könnte somit eine funktionale Begriffsbestimmung nahelegen, um sämtliche „künstlich" herbeigeführten Veränderungen in Organismen präventiv zu erfassen.

11.5.2 Substanzielle Veränderung genetischen Materials

Bei Lichte betrachtet verstößt eine enge Auslegung jedoch weder gegen das Cartagena-Protokoll noch gegen den Grundsatz der völkerrechtsfreundlichen Auslegung. Nach Art. 3 Buchst. g) und i) des Cartagena-Protokolls erfasst der Begriff „living modified organism" nur Organismen, die eine neuartige Kombination

[36] Art. 191 Abs. 2 Satz 2 AEUV.

[37] Mechel/Buchholz, in: Koch/Hofmann/Reese (Hrsg.), Handbuch Umweltrecht, 2024, S. 914 f., m.w.N.

[38] Cartagena-Protokoll über die biologische Sicherheit vom 29.01.2000 zum Übereinkommen über die biologische Vielfalt (BGBl. 2003 II S. 2039; 2004 II S. 123).

genetischen Materials aufweisen. Da epigenetische Verfahren grundsätzlich keine Nukleinsäuren in Zellen einbringen oder die DNA einer Zelle verändern, fällt das Epigenome-Editing nicht zwingend in den Anwendungsbereich des Protokolls. Zudem würde eine ausdehnende Auslegung die Grenzen zwischen genetischen und nicht-genetischen Verfahren verwischen und das Gentechnikrecht faktisch zu einer unbeschränkten Generalklausel präventiver Kontrolle im Bereich der Biotechnologie ausweiten. Ein solches Ergebnis wäre zwar mit dem primärrechtlich verankerten Vorsorgeprinzip vereinbar, stünde jedoch in deutlichem Spannungsverhältnis zu den rechtsstaatlichen Prinzipien des Gebots der Normenklarheit und -wahrheit sowie dem Vorbehalt des Gesetzes. Ebenso ergeben sich Zweifel im Lichte des Verhältnismäßigkeitgrundsatzes. Zwar sind epigenetische Veränderungen grundsätzlich vererbbar, da Tochterzellen modifizierte epigenetische Zustände übernehmen (vgl. Kapitel 6). Dies spricht zunächst dafür, sie normativ als Veränderungen genetischen Materials zu qualifizieren. Dagegen spricht jedoch, dass epigenetische Modifikationen reversibel sind und sich durch Umwelteinflüsse wieder zurückbilden können (vgl. Kapitel 6). Die durch menschlichen Einfluss induzierte Veränderung ist somit nicht dauerhaft und birgt nicht dieselbe Gefahrenlage wie „echte" genetische Modifikationen.

Vorzugswürdig ist daher eine Auslegung, die nur solche epigenetischen Eingriffe erfasst, welche tatsächlich die Substanz der DNA – und damit das genetische Material im engeren Sinn – verändern.[39] Sollte das Nicht-Erfassen bestimmter epigenetischer Techniken einen tatsächlichen Regelungsbedarf offenbaren, wäre es Aufgabe des Unionsgesetzgebers, diesen durch eine gezielte legislative Anpassung der RL 2001/18/EG und der RL 2009/41/EG zu beheben.

Diese Sichtweise deckt sich mit der Einschätzung, wonach nur substanzielle Veränderungen an der DNA eine GVO-Einstufung rechtfertigen.[40] Eine bloße Acetylierung der Histone, um die sich die DNA windet, oder das Heranführen von Transkriptionsaktivatoren bzw. -repressoren durch CRISPRi/CRISPRa lässt die DNA-Substanz hingegen unberührt und führt daher nicht zur GVO-Qualifikation (vgl. Kapitel 6). Diese Auffassung entspricht im Ergebnis auch der Position der ZKBS, die in einer Stellungnahme festhielt, dass die Expression von Transkriptionsfaktoren durch Sendaiviren nicht zu einer genetischen Veränderung im Sinne des GenTG führt, sodass daraus gewonnene iPSC nicht als GVO einzustufen

[39] Übereinstimmend Faltus, Frontiers in Bioengineering and Biotechnology 11 (2023), 1124131, S. 9; a. A. European Commission, Commission Staff Working Document, Study on the status of new genomic techniques under Union law and in light of the Court of Justice ruling in Case C-528/16, SWD(2021) 92 final, 2021, (https://food.ec.europa.eu/system/files/2021-04/gmo_mod-bio_ngt_eu-study.pdf), S. 21 f. (geprüft am 24.10.2025).

[40] Faltus, Frontiers in Bioengineering and Biotechnology 11 (2023), 1124131, S. 9 f.

sind und deren Kultivierung keine gentechnische Arbeit darstellt.[41] Allerdings wird diese Einschätzung nicht von allen Landesbehörden geteilt.[42]

[41] Zentrale Kommission für Biologische Sicherheit, Allgemeine Stellungnahme der ZKBS zu häufig durchgeführten gentechnischen Arbeiten mit den zugrundeliegenden Kriterien der Vergleichbarkeit: Generierung von induzierten pluripotenten Stammzellen (iPSC) mittels Sendaivirus-abgeleiteter replikationsdefekter Vektoren, 2021, (https://zkbs-online.de/fileadmin/user_upload/Downloads/Stellungnahmen/Zellbiologie/Stammzellen_generiert_mittels_Sendaivirus-abgeleiteten_Vektoren_2021.pdf), S. 5 (geprüft am 24.10.2025).

[42] Zentrale Kommission für Biologische Sicherheit, Allgemeine Stellungnahme der ZKBS zu häufig durchgeführten gentechnischen Arbeiten mit den zugrundeliegenden Kriterien der Vergleichbarkeit: Generierung von induzierten pluripotenten Stammzellen (iPSC) mittels Sendaivirus-abgeleiteter replikationsdefekter Vektoren, 2021, (https://zkbs-online.de/fileadmin/user_upload/Downloads/Stellungnahmen/Zellbiologie/Stammzellen_generiert_mittels_Sendaivirus-abgeleiteten_Vektoren_2021.pdf), S. 1 (geprüft am 24.10.2025).

Rechtliche Klassifizierung und regulatorische Rahmenbedingungen in Drittstaaten

12

Nach der Einordnung somatischer genomischer Therapien in das unionsrechtliche Arzneimittel- und Gentechnikrecht folgt im nächsten Schritt deren Klassifizierung in den Vereinigten Staaten von Amerika (vgl. Tabelle 12.1), Kanada (vgl. Tabelle 12.2), dem Vereinigten Königreich Großbritannien und Nordirland sowie in Japan (vgl. Tabelle 12.3). Diese nationalen Einordnungen bilden die Grundlage des anschließenden rechtsvergleichenden Teils, in dem die regulatorischen Rahmenbedingungen für Forschung, Entwicklung und Patientenzugang zu somatischen genomischen Therapien systematisch gegenübergestellt und analysiert werden.

12.1 Vereinigte Staaten von Amerika

In den Vereinigten Staaten von Amerika werden das Arzneimittel- und das Gentechnikrecht überwiegend auf Bundesebene geregelt. Während das Arzneimittelrecht in umfassenden bundesgesetzlichen Regelungen kodifiziert ist, fehlt ein eigenständiges gentechnikrechtliches Bundesgesetz. Die Regulierung gentechnischer Sachverhalte erfolgt stattdessen, soweit es um die Erforschung, Entwicklung und Vermarktung von Arzneimitteln geht, im Rahmen des allgemeinen Umweltrechts.

L. Pietrek, *Somatische genomische Therapien*,
https://doi.org/10.1007/978-3-658-52943-7_12

12.1.1 Arzneimittelrecht

Das US-amerikanische Arzneimittelrecht wird im Wesentlichen durch das bundesrechtliche Lebensmittel-, Arzneimittel- und Kosmetikgesetz[1] (Federal Food, Drug and Cosmetic Act – FDCA) sowie das Gesetz über die öffentliche Gesundheitsfürsorge[2] (Public Health Service Act – PHSA) ausgestaltet.

12.1.1.1 Arzneimittel (Drugs)

Der FDCA definiert Arzneimittel (Drugs) als Erzeugnisse, die dazu bestimmt sind, bei Menschen oder Tieren zur Diagnose, Heilung, Linderung, Behandlung oder Vorbeugung von Krankheiten verwendet zu werden, sowie als Erzeugnisse (mit Ausnahme von Lebensmitteln), die dazu bestimmt sind, die Struktur oder eine Funktion des Körpers von Menschen oder Tieren zu beeinflussen.[3]

12.1.1.2 Biologische Arzneimittel (Biologics)

Arzneimittel im Sinne des FDCA können zugleich den Status eines biologischen Arzneimittels (Biological Product bzw. Biologic) nach dem PHSA besitzen.[4] Dies ist der Fall, wenn das Produkt ein Virus, therapeutisches Serum, Toxin, Antitoxin, Impfstoff, Blut, Blutbestandteil oder -derivat, allergenes Produkt, Protein oder ein vergleichbares Produkt darstellt, das zur Vorbeugung, Behandlung oder Heilung einer Krankheit oder eines krankhaften Zustands beim Menschen bestimmt ist.[5]

12.1.1.3 Menschliche Zellen, Gewebe und Zell- bzw. Gewebeprodukte (HCT/P)

Produkte, die humane Zellen oder Gewebe enthalten, können zudem als humane Zell- oder Gewebeprodukte (Human Cells, Tissues, or Cellular or Tissue-Based Products – HCT/P) reguliert werden. Dabei handelt es sich um Erzeugnisse, die humane Zellen oder Gewebe enthalten oder aus solchen bestehen und die zur

---

[1] Federal Food, Drug, and Cosmetic Act of 1938 (FDCA), 21 U.S.C. §§ 301–399h.

[2] Public Health Service Act of 1944 (PHSA), 42 U.S.C. §§ 201–300 mm-61.

[3] 21 U.S.C. § 321(g)(1):
„[…] articles intended for use in the diagnosis, cure, mitigation, treatment, or prevention of disease in man or other animals; and (C) articles (other than food) intended to affect the structure or any function of the body of man or other animals […]".

[4] Mantus/Pisano (Hrsg.), FDA Regulatory Affairs, 2014, S. 349.

[5] 42 U.S.C. § 262(i):
„[…] virus, therapeutic serum, toxin, antitoxin, vaccine, blood, blood component or derivative, allergenic product, protein, or analogous product […], applicable to the prevention, treatment, or cure of a disease or condition of human beings".

Implantation, Transplantation, Infusion oder Übertragung auf einen menschlichen Empfänger bestimmt sind.[6] Bestimmte Zell- und Gewebetypen sind hiervon ausgeschlossen.[7]

Ein besonderes regulatorisches Privileg genießen sog. Section 361 (PHSA) HCT/P,[8] eine Unterkategorie der HCT/P. Dies ist der Fall, soweit die Zellen bzw. Gewebe im Produkt lediglich unwesentlich verändert werden (Minimal Manipulation), eine homologe Verwendung (Homologous Use) stattfindet und grundsätzlich keine Kombination mit anderen Substanzen stattfindet und kein systemischer Effekt und keine metabolische Aktivität vorliegt.[9] Somatische genomische Therapien, bei denen Zellen ex vivo durch genomische Werkzeuge verändert und anschließend dem Patienten reinfundiert werden, erfüllen diese Voraussetzungen jedoch regelmäßig nicht.

12.1.1.3.1 Homologe Verwendung (Homologous Use)

Nach Auffassung der US-amerikanischen Arzneimittelbehörde (U.S. Food and Drug Administration – FDA) ist eine homologe Verwendung ausgeschlossen,

---

6 21 C.F.R. § 1271.3(d):
„[...] articles containing or consisting of human cells or tissues that are intended for implantation, transplantation, infusion, or transfer into a human recipient".

7 21 C.F.R. § 1271.3(d)(1)–(8).

8 21 C.F.R. § 1271.10(a).

9 21 C.F.R. § 1271.10(a)(1)–(4):
„(1) The HCT/P is minimally manipulated;
(2) The HCT/P is intended for homologous use only, as reflected by the labeling, advertising, or other indications of the manufacturer's objective intent;
(3) The manufacture of the HCT/P does not involve the combination of the cells or tissues with another article, except for water, crystalloids, or a sterilizing, preserving, or storage agent, provided that the addition of water, crystalloids, or the sterilizing, preserving, or storage agent does not raise new clinical safety concerns with respect to the HCT/P; and
(4) Either:
  (i) The HCT/P does not have a systemic effect and is not dependent upon the metabolic activity of living cells for its primary function; or
  (ii) The HCT/P has a systemic effect or is dependent upon the metabolic activity of living cells for its primary function, and:
    (a) Is for autologous use;
    (b) Is for allogeneic use in a first-degree or second-degree blood relative; or
    (c) Is for reproductive use".

wenn Zellen oder Gewebe veränderte funktionale Eigenschaften aufweisen.[10] Weil somatische genomische Therapien dazu eingesetzt werden, die funktionalen Eigenschaften von Zellen zu erweitern oder diesen gänzlich neue Eigenschaften zu verleihen, ist eine Privilegierung bereits deshalb ausgeschlossen, weil eine homologe Verwendung nicht vorliegen kann. Denn die Tatbestandsmerkmale für eine Privilegierung als Section 361 (PHSA) HCT/P müssen kumulativ erfüllt sein.

12.1.1.3.2 Unwesentliche Veränderung (Minimal Manipulation)

Darüber hinaus kann eine Veränderung von Zellen durch genomische Techniken keine unwesentliche Veränderung[11] (Minimal Manipulation) darstellen. Eine solche liegt nur vor, wenn die Verarbeitung (Processing) der Zellen oder des Gewebes deren biologische Eigenschaften nicht in relevanter Weise verändert. Unter Verarbeitung (Processing) wird jede an einem HCT/P vorgenommene Tätigkeit verstanden – mit Ausnahme von Entnahme, Spenderanamnese, Spenderuntersuchung, Lagerung, Kennzeichnung, Verpackung oder Verteilung – wie etwa das Testen auf Mikroorganismen, die Aufbereitung, Sterilisation, Inaktivierung oder Entfernung adventiver Erreger, Konservierung zur Lagerung sowie die Entnahme aus der Lagerung.[12] Die im Rahmen somatischer genomischer Therapien vorgenommen Veränderungen an Zellen fallen nicht unter diese abschließende Aufzählung privilegierter Verarbeitungsschritte. Zudem werden regelmäßig grundlegende biologische Eigenschaften der Zellen, etwa deren metabolische Aktivität oder Differenzierungszustand,[13] gezielt durch die genomischen Techniken verändert, um einen therapeutischen Effekt zu erzeugen. Deshalb ist auch eine unwesentliche Veränderung (Minimal Manipulation) der Zellen im Sinne des Regelwerks ausgeschlossen.

---

[10] U.S. Food and Drug Administration, Regulatory Considerations for Human Cells, Tissues, and Cellular and Tissue- Based Products: Minimal Manipulation and Homologous Use, Guidance for Industry and Food and Drug Administration Staff, 2020, (https://www.fda.gov/media/109176/download), S. 4 f., 17 f. (geprüft am 24.10.2025).

[11] 21 C.F.R. §§ 1271.10(a)(1), 1271.3(f)(2).

[12] 21 C.F.R. § 1271.3(f)(2); 21 C.F.R. 1271.3(ff):
„[...] any activity performed on an HCT/P, other than recovery, donor screening, donor testing, storage, labeling, packaging, or distribution, such as testing for microorganisms, preparation, sterilization, steps to inactivate or remove adventitious agents, preservation for storage, and removal from storage“.

[13] U.S. Food and Drug Administration, Regulatory Considerations for Human Cells, Tissues, and Cellular and Tissue- Based Products: Minimal Manipulation and Homologous Use, Guidance for Industry and Food and Drug Administration Staff, 2020, (https://www.fda.gov/media/109176/download), S. 15 (geprüft am 24.10.2025).

12.1.1.3.3 Keine Privilegierung genomisch veränderter Zellen

Somatische genomische Therapien sind daher nicht als privilegierte Section (PHSA) 361 HCT/P einzuordnen. Stattdessen werden sie vollumfänglich als Arzneimittel (Drugs) oder biologische Arzneimittel (Biologics) im Sinne der allgemeinen arzneimittelrechtlichen Vorschriften reguliert und insofern als sog. Section 351 (PHSA) HCT/P bezeichnet.[14]

12.1.1.4 Gentherapeutikum (Human Gene Therapy Product)

Eine gesetzliche Definition von Gentherapeutika existiert im US-amerikanischen Arzneimittelrecht nicht. Die U.S. Food and Drug Administration definiert solche Produkte (Human Gene Therapy Products) in ihren nicht rechtsverbindlichen[15] Leitlinien als Humanarzneimittel, die ihre Wirkung entweder durch Transkription oder Translation des übertragenen genetischen Materials oder durch gezielte Veränderungen der genetischen Sequenz des menschlichen Wirts entfalten.[16] Zu den Gentherapeutika zählen danach insbesondere Nukleinsäuren, genetisch veränderte Mikroorganismen (z. B. Viren, Bakterien, Pilze), gentechnisch konstruierte ortsspezifische Nukleasen zur gezielten Genom-Editierung beim Menschen sowie ex vivo genetisch veränderte humane Zellen.[17]

---

[14] 21 C.F.R. §§ 1271.20 ff.; Bedford/Jy/Collins u. a., Frontiers in Medicine 5 (2018), 118, S. 2; Sanzo, in: Dederer/Frenken (Hrsg.), Regulation of Genome Editing in Human iPS Cells, 2021, S. 199, 203 f.

[15] Mantus/Pisano (Hrsg.), FDA Regulatory Affairs, 2014, S. 186; Shmatenko, Arzneimittel & Recht 12 (2016), S. 71, 72; Sanzo, in: Dederer/Frenken (Hrsg.), Regulation of Genome Editing in Human iPS Cells, 2021, S. 199, 206.

[16] U.S. Food and Drug Administration, Considerations for the Development of Chimeric Antigen Receptor (CAR) T Cell Products, Guidance for Industry, 2024, (https://www.fda.gov/media/156896/download), S. 1, Fn. 1 (geprüft am 24.10.2025); U.S. Food and Drug Administration, Long Term Follow-Up After Administration of Human Gene Therapy Products, Guidance for Industry, 2020, (https://www.fda.gov/media/113768/download), S. 28 (geprüft am 24.10.2025); U.S. Food and Drug Administration, Chemistry, Manufacturing, and Control (CMC) Information for Human Gene Therapy Investigational New Drug Applications (INDs), Guidance for Industry, 2020, (https://www.fda.gov/media/113760/download), S. 2 (geprüft am 24.10.2025); U.S. Food and Drug Administration, Human Gene Therapy Products Incorporating Human Genome Editing – Guidance for Industry, 2024, (https://www.fda.gov/media/156894/download), S. 1, Fn. 1 (geprüft am 24.10.2025).

[17] U.S. Food and Drug Administration, Considerations for the Development of Chimeric Antigen Receptor (CAR) T Cell Products, Guidance for Industry, 2024, (https://www.fda.gov/media/156896/download), S. 1, Fn. 1 (geprüft am 24.10.2025); U.S. Food and Drug Administration, Long Term Follow-Up After Administration of Human Gene Therapy Products, Guidance for Industry, 2020, (https://www.fda.gov/media/113768/download),

Diese Definition entspricht weitgehend der im Entwurf zur Revision des unionalen Arzneimittelrechts vorgeschlagenen Neudefinition für GTMP und lässt sich vermutlich auf internationale Harmonisierungsbestrebungen im Rahmen der ICH zurückführen.[18] Die Klassifizierung somatischer genomischer Therapien erfolgt daher nach identischen Maßstäben wie im Entwurf der Europäischen Kommission (vgl. Tabelle 9.1).

12.1.1.5 Arzneimittel für seltene Leiden (Orphan Drugs)

Arzneimittel, die zur Behandlung seltener Leiden (Rare Diseases or Conditions) bestimmt sind, können in den Vereinigten Staaten von Amerika auf Antrag des Herstellers oder Sponsors als Arzneimittels gegen seltene Leiden (Orphan Drug) ausgewiesen werden.[19] Als seltenes Leiden gilt jede Krankheit oder jeder krankhafte Zustand, der in den Vereinigten Staaten weniger als 200.000 Personen betrifft oder – sofern mehr als 200.000 Personen betroffen sind – bei dem vernünftigerweise nicht zu erwarten ist, dass die Kosten für die Entwicklung und Bereitstellung eines Arzneimittels durch dessen Verkauf in den Vereinigten Staaten gedeckt werden können.[20]

S. 28 (geprüft am 24.10.2025); U.S. Food and Drug Administration, Chemistry, Manufacturing, and Control (CMC) Information for Human Gene Therapy Investigational New Drug Applications (INDs), Guidance for Industry, 2020, (https://www.fda.gov/media/113760/download), S. 2 (geprüft am 24.10.2025); U.S. Food and Drug Administration, Human Gene Therapy Products Incorporating Human Genome Editing – Guidance for Industry, 2024, (https://www.fda.gov/media/156894/download), 1, Fn. 1 (geprüft am 24.10.2025).

[18] Vgl. International Council for Harmonisation of Technical Requirements for Pharmaceuticals for Human Use, S12 Guideline – Nonclinical biodistribution considerations for gene therapy products, 2023, (https://database.ich.org/sites/default/files/ICH_S12_Step4_Guideline_2023_0314_WithCorrection_0.pdf), S. 1 (geprüft am 24.10.2025); European Medicines Agency, ICH S12 Guideline on nonclinical biodistribution considerations for gene therapy products, EMA/CHMP/ICH/318372/2021, 2023, (https://www.ema.europa.eu/en/documents/regulatory-procedural-guideline/ich-guideline-s12-nonclinical-biodistribution-considerations-gene-therapy-products-step-5_en.pdf), S. 2 (geprüft am 24.10.2025); U.S. Food and Drug Administration, Human Gene Therapy Products Incorporating Human Genome Editing – Guidance for Industry, 2024, (https://www.fda.gov/media/156894/download), S. 1, Fn. 1 (geprüft am 24.10.2025).

[19] 21 U.S.C. § 360bb(a)(1).

[20] 21 U.S.C. § 360bb(a)(2):
„The term 'rare disease or condition' means any disease or condition which (A) affects less than 200,000 persons in the United States, or (B) affects more than 200,000 in the United States and for which there is no reasonable expectation that the cost of developing and making available in the United States a drug for such disease or condition will be recovered from sales in the United States of such drug[…]".

12.1.2 Subsumtion unter das US-amerikanische Arzneimittelrecht

Somatische genomische Therapien sind darauf ausgerichtet, Krankheiten beim Menschen zu behandeln oder Körperfunktionen gezielt zu beeinflussen. Sie sind daher als Humanarzneimittel (Drugs) im Sinne des Federal Food, Drug and Cosmetic Act einzustufen. Die parallele Einordnung als Gentherapeutikum (Human Gene Therapy Product) gemäß den Leitlinien der U.S. Food and Drug Administration entspricht im Wesentlichen der Klassifizierung als GTMP nach dem Entwurf der Europäischen Kommission (vgl. Abschnitt 12.1.1.4).

Im Ergebnis bleibt für somatische genomische Therapien ausschließlich die Klassifizierung als biologisches Arzneimittel (Biologic) offen. Lebende Zellen gelten in der US-amerikanischen Regulierung stets als biologische Arzneimittel, auch wenn sie in der Legaldefinition des Public Health Service Act nicht ausdrücklich genannt werden.[21] Bei in vivo angewendeten somatischen genomischen Therapien ist die Einstufung dagegen weniger eindeutig und bedarf einer näheren Betrachtung.

12.1.2.1 Virale Vektoren

Viren werden als biologische Arzneimittel (Biologics) erfasst.[22] Sie werden auf untergesetzlicher Ebene als Produkte legaldefiniert, die eine „kleinste lebende Ursache einer Infektionskrankheit" darstellen, worunter ausdrücklich auch Bakterien und Pilze fallen.[23] Gentechnisch veränderte virale Vektoren, denen pathogene Bestandteile entfernt wurden, können daher nicht unmittelbar unter diese untergesetzliche Definition subsumiert werden. Aufgrund des Wegfalls ihrer pathogenen Eigenschaften stellen sie keine Ursache für eine Infektionskrankheit mehr dar.

Unabhängig davon, ob diese untergesetzliche Konkretisierung den weiten Wortlaut des Bundesgesetzes verengen kann,[24] gelten gentechnisch veränderte

---

[21] Vgl. Sanduja/Lessey-Morillon/Allen u. a., in: Galli (Hrsg.), Regulatory Aspects of Gene Therapy and Cell Therapy Products, 2023, S. 71, 72.

[22] 42 U.S.C. § 262(i)(1).

[23] 21 C.F.R. § 600.3(h)(1):
„A virus is interpreted to be a product containing the minute living cause of an infectious disease and includes but is not limited to filterable viruses, bacteria, rickettsia, fungi, and protozoa".

[24] Die Auslegung der durch Bundesgesetz festgelegten Begriffsbestimmungen im US-amerikanischen Arzneimittelrecht obliegt ausschließlich den Gerichten, vgl. Eli Lilly & Co. v. Becerra u. a., No. 1:24-cv-01503, para. 83 (S.D. Ind).

virale Vektoren jedoch als „ähnliche Produkte“[25] (Analogous Products) zu Viren.[26] Nach der untergesetzlichen Konkretisierung liegt ein analoges Produkt auch dann vor, wenn es mit oder aus einem tatsächlich oder potenziell infektiösen Virus hergestellt wurde – unabhängig von dessen Virulenz.[27] Somit gelten virale Vektoren, deren pathogene und infektiöse Bestandteile entfernt wurden, als biologische Arzneimittel.

12.1.2.2 RNA-basierte Therapeutika

Nukleinsäuren sind nicht in der Legaldefinition des biologischen Arzneimittels aufgeführt.[28] Die Klassifizierung eines RNA-basierten Humanarzneimittels als biologisches Arzneimittel (Biologic) ist nur über die Auffangkategorie der „ähnlichen Produkte“ (Analogous Products) zu einem Protein möglich. RNA-basierte Humanarzneimittel können daher nur insoweit als vergleichbar mit einem Protein angesehen werden, wenn sie im Rahmen der Translation in Zellen in Proteine umgesetzt werden.

12.1.2.2.1 Auslegung des Tatbestandsmerkmals „ähnliches Produkt“ (Analogous Product)

Im Gegensatz zu Viren existiert keine gesetzliche oder untergesetzliche Definition der „ähnlichen Produkte“ in Bezug auf Proteine (vgl. Abschnitt 12.1.2.1). Die Rechtsprechung legt das Tatbestandsmerkmal des „ähnlichen Produkts“ (Analogous Product) nach seinem Wortsinn aus und versteht darunter jedes Produkt, das einem Protein in allgemeinen oder spezifischen Eigenschaften vergleichbar ist.[29]

---

[25] Der Begriff dient als Auffangtatbestand für nicht ausdrücklich genannte, aber nach ihrer Wertung als biologische Arzneimittel einzustufende Produkte, vgl. Eli Lilly & Co. v. Becerra u. a., No. 1:24-cv-01503, para. 77 (S.D. Ind).

[26] 42 U.S.C. § 262(i)(1).

[27] 21 C.F.R. § 600.3(h)(5)(i).

[28] 42 U.S.C. § 262(i)(1).

[29] Eli Lilly & Co. v. Becerra u. a., No. 1:24-cv-01503, para. 72 (S.D. Ind).

12.1.2.2.2 RNA und Proteine: ähnliche Produkte?

Nach der untergesetzlichen Legaldefinition ist ein Protein ein α-Aminosäure[30]-Polymer[31] mit einer spezifischen, definierten Sequenz, die mehr als 40 Aminosäuren umfasst.[32] Folglich müsste ein RNA-Molekül die Information zur Codierung eines Proteins[33] enthalten, das aus mindestens 41 Aminosäuren besteht, um als „ähnliches Produkt" (Analogous Product) zu einem Protein gelten zu können.[34] Weil nur Basentripletts (Codons) einer RNA-Sequenz die Information für eine Aminosäure enthalten, muss das RNA-Molekül mindestens 123 Basen enthalten, damit daraus ein Protein mit mindestens 41 Aminosäuren gebildet werden kann (vgl. Abschnitt 1.1.2). Daraus folgt, dass nur solche RNA-Produkte als „ähnliche Produkte" (Analogous Products) zu Proteinen qualifiziert werden können, deren RNA-Stränge mindestens 123 Basen aufweisen.

Tatsächlich erfolgt die Klassifizierung RNA-basierter Humanarzneimittel als biologische Arzneimittel (Biologics) nach dieser Regel. Allerdings hat die Rechtsprechung Zweifel an der Tragfähigkeit der untergesetzlich festgelegten „Mehr-als-40-Aminosäuren-Regel" geäußert.[35] Es bleibt daher ungewiss, ob diese Auslegung auch künftig Bestand haben wird.

12.1.2.2.3 Proteinbildende Funktion als Entscheidungskriterium

Arzneimittel, deren Wirkstoff aus kleinsträngigen RNA-Molekülen wie ncRNA besteht, besitzen keine codierende Funktion und bestehen regelmäßig aus weniger als 123 Basen. Sie gelten daher nicht als biologische Arzneimittel (Biologics), sondern als konventionelle Arzneimittel (Drugs).[36] Umgekehrt bedeutet dies, dass Arzneimittel, deren Wirkstoff aus mRNA besteht, grundsätzlich stets als biologische Arzneimittel (Biologics) einzustufen sind.[37] Dies gilt unabhängig davon,

---

[30] Eine α-Aminosäure besteht aus einem zentralen C-Atom, dem α-Kohlenstoff, an den eine Aminogruppe, eine Carboxylgruppe, ein Wasserstoffatom und ein charakteristischer Rest R gebunden sind, siehe Berg/Tymoczko/Gatto u. a., Stryer Biochemie, 2018, S. 27.

[31] Polymere sind kettenförmige, verzweigte oder vernetzte Makromoleküle, die aus mehreren einzelnen, kleinere Molekülen bestehen.

[32] 21 C.F.R. § 600.3(h)(6).

[33] Die Translation von Peptiden, d. h. kurzkettigen Proteinen, wäre demnach nicht erfasst.

[34] Vgl. Ipsen Biopharmaceuticals, Inc. v. Becerra, S. 29–30, 108 F.4th 836; Teva Pharmaceuticals USA, Inc. u. a. v. U.S. Food & Drug Administration u. a., No. 1:20-cv-00808, Document 54, S. 73 (D.D.C. 2020).

[35] Eli Lilly & Co. v. Becerra u. a., No. 1:24-cv-01503, para. 84 (S.D. Ind).

[36] Diese Information stammt zudem aus einem Experteninterview.

[37] Niazi, Biomedicines 11 (2023), 1275, S. 8; diese Information stammt zudem übereinstimmend aus allen in Washington D.C. durchgeführten Experteninterviews.

ob die mRNA chemisch synthetisiert oder rekombinant hergestellt wurde – das Herstellungsverfahren hat insoweit keine rechtliche Bedeutung.

Dieses Ergebnis entspricht der Auffassung der U.S. Food and Drug Administration, wonach alle als Gentherapeutika (Human Gene Therapy Products) klassifizierten Produkte stets biologische Arzneimittel (Biologics) sind.[38] mRNA ist eine Nukleinsäure, die in humanen Zellen translatiert wird, und ist deshalb ein Gentherapeutikum (Human Gene Therapy Product).[39] Hingegen wird ncRNA weder transkribiert noch translatiert und ist daher weder als Gentherapeutikum (Human Gene Therapy Product) noch biologisches Arzneimittel (Biologic) dar.

12.1.2.3 Genome-, RNA- und Epigenome-Editing

Arzneimittel, die CRISPR-Cas-Ribonukleoproteine als Wirkstoff enthalten, bestehen aus Nukleasen und gRNA (vgl. Abschnitt 5.3.2). Nukleasen wie Cas9 sind große, komplexe Proteine, die aus mehreren Hundert bis Tausend α-Aminosäuren bestehen.[40] Enthält ein Arzneimittel CRISPR-Cas-Ribonukleoproteine als Wirkstoff, enthält es somit Proteine und wird als biologisches Arzneimittel (Biologic) eingestuft.[41] Auf die Zusammensetzung der gRNA kommt es insoweit nicht an. Ebenso wenig ist maßgeblich, ob das Ribonukleoprotein für das Genome-, RNA- oder Epigenome-Editing eingesetzt wird. Alle diese Ansätze beruhen auf dem Einsatz von (deaktivierten) Nukleasen und enthalten daher Proteine (vgl. Abschnitt 5.3.2).

---

[38] Die FDA scheint unter dem Begriff des genetischen Materials ebenso RNA-Moleküle zu inkludieren, da sie Nukleinsäuren ausdrücklich als Regelbeispiele nennt und in einem Leitliniendokument in-vitro-transkribierte RNA-Moleküle ausdrücklich als Gentherapie (Gene Therapy) klassifiziert, siehe U.S. Food and Drug Administration, Considerations for the Development of Chimeric Antigen Receptor (CAR) T Cell Products, Guidance for Industry, 2024, (https://www.fda.gov/media/156896/download), S. 1, Fn. 1 (geprüft am 24.10.2025).

[39] U.S. Food and Drug Administration, Chemistry, Manufacturing, and Control (CMC) Information for Human Gene Therapy Investigational New Drug Applications (INDs), Guidance for Industry, 2020, (https://www.fda.gov/media/113760/download), S. 2 (geprüft am 24.10.2025).

[40] Wu/Sun/Wang u. a., Archives of Microbiology 206 (2024), 231, m.w.N.

[41] 42 U.S.C. § 262(i)(1) i.V. mit 21 C.F.R. § 600.3(h)(6); vgl. U.S. Food and Drug Administration, Summary Basis for Regulatory Action – CASGEVY (STN125785), 2024, (https://www.fda.gov/media/175842/download?attachment), S. 1 (geprüft am 24.10.2025).

Tabelle 12.1 Klassifizierung somatischer genomischer Therapien (USA)

Wirkstoff	Drug	Biologic	Human Gene Therapy Product	HCT/P	Umweltrechtliche Einordnung
Gamma-Retrovirale Vektoren	Ja	Ja	Ja	Ja/Nein	Einzelfallabhängig
Lentivirale Vektoren	Ja	Ja	Ja	Ja/Nein	Einzelfallabhängig
Adenovirale Vektoren	Ja	Ja	Ja	Ja/Nein	Einzelfallabhängig
Adeno-assoziierte Virusvektoren (AAV)	Ja	Ja	Ja	Ja/Nein	Einzelfallabhängig
Sendaiviren	Ja	Ja	Ja	Ja/Nein	Einzelfallabhängig
(Liposomale) mRNA-Verabreichung	Ja	Ja	Ja	Ja/Nein	Einzelfallabhängig
ncRNA	Ja	Nein	Nein	Ja/Nein	Einzelfallabhängig
AAV-vermittelte CRISPR/ Cas-Verabreichung	Ja	Ja	Ja	Ja/Nein	Einzelfallabhängig
CRISPR/Cas (Ribonukleoprotein)	Ja	Ja	Ja	Ja/Nein	Einzelfallabhängig
AAV-vermittelte RNA-Editierung	Ja	Ja	Ja	Ja/Nein	Einzelfallabhängig
RNA-Editierung (Ribonukleoprotein)	Ja	Ja	Nein	Ja/Nein	Einzelfallabhängig
AAV-vermitteltes Base-Editing	Ja	Ja	Ja	Ja/Nein	Einzelfallabhängig
Base-Editing (Ribonukleoprotein)	Ja	Ja	Ja	Ja/Nein	Einzelfallabhängig
AAV-vermitteltes Prime-Editing	Ja	Ja	Ja	Ja/Nein	Einzelfallabhängig
Prime-Editing (Ribonukleoprotein)	Ja	Ja	Ja	Ja/Nein	Einzelfallabhängig
AAV-vermitteltes Epigenome-Editing	Ja	Ja	Ja	Ja/Nein	Einzelfallabhängig
Epigenome-Editing (Transfektion von Proteinen)	Ja	Ja	Nein	Ja/Nein	Einzelfallabhängig

(Fortsetzung)

Tabelle 12.1 (Fortsetzung)

Wirkstoff	Drug	Biologic	Human Gene Therapy Product	HCT/P	Umweltrechtliche Einordnung
Epigenome-Editing (Transfektion von Nukleotiden)	Ja	Nein	Nein	Ja/Nein	Einzelfallabhängig
Epigenome-Editing (CRISPIRi/a; Ribonukleoprotein)	Ja	Ja	Nein	Ja/Nein	Einzelfallabhängig

12.1.3 Umweltrecht

In den Vereinigten Staaten von Amerika existiert kein einheitliches horizontales Gentechnikrecht auf der bundesrechtlichen Ebene, weshalb keine allgemeine gesetzliche Definition für gentechnisch veränderte Organismen (Genetically Modified Organisms – GMO) vorhanden ist.[42] Stattdessen verpflichtet das Nationale Umweltschutzgesetz (National Environmental Policy Act – NEPA)[43] alle Bundesbehörden die Umweltauswirkungen ihrer Maßnahmen abzuschätzen und entsprechende Maßnahmen zu ergreifen.[44] Eine einheitliche, allgemein verbindliche Klassifizierung somatischer genomischer Therapien als Verwendung gentechnisch veränderter Organismen ist daher nicht möglich. Stattdessen sind die regulatorischen Vorgaben der jeweils zuständigen Bundesbehörden kontextabhängig – insbesondere im Hinblick auf die präklinische und klinische Prüfung sowie die Marktzulassung – im Einzelfall zu bewerten.

---

[42] Dederer/Frenken, Studie: Genom-Editierung am Menschen. Vergleich der regulatorischen Rahmenbedingungen für CRISPR-Gen-Editierung und ihre Auswirkungen auf Forschung und Innovation, 2021, S. 25; Rüdelsheim/Smets, Gene therapy clinical trials: what about the environment?, COGEM Report CGM 2012–07, 2012, S. 62; Rozas/Kessi-Pérez/Martínez, Biological Research 55 (2022), 31, S. 6; Bachtarzi/Farries, Human Gene Therapy Clinical Development 30 (2019), S. 114, 115.

[43] National Environmental Policy Act of 1969 (NEPA), 42 U.S.C. §§ 4321–4370 m–12.

[44] 42 U.S.C. § 4332(2).

12.2 Kanada

Die kanadische Verfassung enthält keine ausdrückliche Gesetzgebungskompetenz des Bundes für das Arzneimittelrecht. Eine solche Zuständigkeit wird jedoch aus der allgemeinen Bundeskompetenz für das Strafrecht hergeleitet, soweit ein einheitlicher nationaler Gesundheitsschutz erforderlich ist.[45] Das kanadische Arzneimittelrecht ist daher im Wesentlichen bundesrechtlich kodifiziert. Ein eigenständiges Gentechnikgesetz besteht in Kanada nicht. Die Regulierung gentechnisch veränderter Organismen erfolgt unter anderem im Rahmen des allgemeinen bundesrechtlichen Umweltrechts.

12.2.1 Arzneimittelrecht

Das Lebensmittel- und Arzneimittelgesetz (Food and Drugs Act[46] – FD Act) bildet die Grundlage des kanadischen Arzneimittelrechts. Ergänzt wird es durch untergesetzliche Vorschriften, insbesondere die Verordnungen über Lebens- und Arzneimittel (Food and Drug Regulations[47] – FDR), die vom Governor in Council erlassen werden.[48]

12.2.1.1 Arzneimittel (Drugs)

Das kanadische Arzneimittelrecht enthält eine allgemeine Legaldefinition für Arzneimittel (Drugs), die den Anwendungsbereich des FD Act eröffnet. Danach ist ein Arzneimittel jeder Stoff oder jede Zubereitung aus Stoffen, die hergestellt, verkauft oder als solche präsentiert wird, um bei Menschen oder Tieren eine Krankheit, Störung oder einen abnormen physischen Zustand oder deren Symptome zu diagnostizieren, zu behandeln, zu lindern oder ihnen vorzubeugen oder um eine organische Funktion wiederherzustellen, zu korrigieren oder zu beeinflussen.[49] Somatische genomische Therapien sind stets Stoffe oder Zubereitungen

---

[45] Vgl. Labatt Brewing Co. v. Canada (Attorney General), [1980] 1 S.C.R. 914 (933), [1979] S.C.J. No. 134 (S.C.C.)

[46] Food and Drugs Act, R.S.C. 1985, c. F-27.

[47] Food and Drug Regulations, C.R.C., c. 870.

[48] Section 30 FD Act.

[49] Section 2 FD Act:
„'drug' includes any substance or mixture of substances manufactured, sold or represented for use in (a) the diagnosis, treatment, mitigation or prevention of a disease, disorder or abnormal physical state, or its symptoms, in human beings or animals, (b) restoring, correcting or modifying organic functions in human beings or animals [...]".

aus Stoffen, die zu therapeutischen Zwecken hergestellt und angewendet werden, und stellen daher stets Arzneimittel (Drugs) im Sinne des FD Act dar.

12.2.1.2 Tabellensystem (Schedules)

Im kanadischen Arzneimittelrecht wird der Grundstatus aller Produkte einheitlich als Arzneimittel (Drug) festgelegt. Besondere Eigenschaften oder Risiken einzelner Produkte ergeben sich aus deren Eintragung in spezifische Tabellen (Schedules) des FD Act, an welche besondere Privilegierungen oder verschärfte Anforderungen anknüpfen.

12.2.1.2.1 Biologische Arzneimittel (Schedule D – Biologics)

Arzneimittel, die unter Schedule D aufgeführt sind, gelten als biologische Arzneimittel (Biologics).[50] Die Liste umfasst beispielsweise Allergene, Hormone und monoklonale Antikörper. Gen- und Zelltherapien werden dort nicht ausdrücklich genannt und müssen stets einzelfallbezogen eingeordnet werden.[51]

12.2.1.2.2 Neuartige Therapien (Schedule G – Advanced Therapy Products)

Im Jahr 2019 wurde mit den „neuartigen Therapieprodukten“ (Advanced Therapy Products – ATP) eine neue Kategorie von Arzneimitteln in den FD Act aufgenommen.[52] Hierunter fallen alle therapeutischen Produkte[53], die in Schedule G des FD Act eingetragen werden.[54]

Die Eintragung eines Arzneimittels oder einer Arzneimittelgruppe in Schedule G erfolgt durch das kanadische Gesundheitsministerium, wenn es der Auffassung ist, dass es sich um neuartige oder innovative technologische, wissenschaftliche oder medizinische Entwicklungen handelt, deren Regulierung zur Vermeidung von Gesundheitsrisiken oder Täuschungen der Verbraucher erforderlich ist.[55] ATP

---

[50] Food and Drug Regulations, C.R.C., c. 870, C.04.001 (Division 4 – Biological Drugs).

[51] Vgl. Ridgway, Biologicals 43 (2015), S. 406, 407; Wang/Griffiths/Tounekti u. a., in: Galli (Hrsg.), Regulatory Aspects of Gene Therapy and Cell Therapy Products, 2023, S. 91, 95.

[52] Food and Drugs Act, geändert durch Statutes of Canada 2019, c. 29, section 169.

[53] Als therapeutische Produkte (Therapeutic Product) werden nach § 2 FD Act alle Arzneimittel außer denjenigen der Naturheilkunde erfasst.

[54] Legaldefinition nach § 2 FD Act:
„'advanced therapy product' means a therapeutic product that is described in Schedule G or that belongs to a class of therapeutic products that is described in that Schedule […]“.

[55] Section 21.91 FD Act:
„For the purpose of preventing injury to health or preventing a person from being deceived or misled, the Minister may, by order, add a description of a therapeutic product or a

stellen somit keine klar abgegrenzte Produktkategorie wie Arzneimittel (Drugs) oder biologische Arzneimittel (Biologics) nach Schedule D dar, sondern sollen einen flexiblen rechtlichen Rahmen für Produkte schaffen, die sich nicht eindeutig in bestehende Kategorien einordnen lassen.[56] Zugleich dient die Regelung als Grundlage, um internationale Harmonisierung im Bereich innovativer Therapien zu ermöglichen.[57]

Bislang wurden keine Arzneimittel in Schedule G aufgenommen. Die bislang diskutierten ATP-Kandidaten – adaptive Machine-Learning-Systeme und fäkale Mikrobiota-Transplantate – betreffen keine somatischen genomischen Therapien.[58]

12.2.1.3 Menschliche Zellen, Gewebe und Organe zur Transplantation (CTOR)

In Kanada werden menschliche Zellen, Gewebe und Organe für Transplantationen einem besonderen Regulierungsregime unterstellt, um vereinfachte Anforderungen für bestimmte Anwendungen zu ermöglichen. Dieses Regime ist untergesetzlich in den Verordnungen über die Sicherheit von humanen Zellen, Geweben und Organen (Safety of Human Cells, Tissues and Organs for Transplantation Regulations[59] – CTOR) verankert.[60]

Die rechtlichen Privilegierungen sind nur anwendbar, soweit ein Produkt Zellen oder Gewebe enthält, die ausschließlich unwesentlich verändert (Minimally Manipulated) wurden.[61] Eine unwesentliche Veränderung liegt vor, wenn die Verarbeitung (Processing) die biologischen Eigenschaften der Zellen oder des Gewebes nicht verändert, die für deren beabsichtigte Verwendung wesentlich

---

class of therapeutic products to Schedule G if the Minister believes that the therapeutic product or products represent an emerging or innovative technological, scientific or medical development“.

[56] Toller/Gillham-Eisen/Kolas, Cell Gene Therapy Insights 7 (2021), S. 245, 248; Eren Vural/Herder/Graham, Health Policy 125 (2021), S. 1115.

[57] Toller/Gillham-Eisen/Kolas, Cell Gene Therapy Insights 7 (2021), S. 245, 248; Eren Vural/Herder/Graham, Health Policy 125 (2021), S. 1115.

[58] Vgl. Government of Canada, ATP candidates, (https://www.canada.ca/en/health-canada/services/drug-health-product-review-approval/advanced-therapeutic-products/candidates.html) (geprüft am 24.10.2025).

[59] Safety of Human Cells, Tissues and Organs for Transplantation Regulations, SOR/2007–118.

[60] Abu-Zahra/Carvalho/Edwards, The Regulation of Drugs in Canada, 2024, S. 119.

[61] Section 2 CTOR.

sind.[62] Der Begriff der unwesentlichen Veränderung (Minimal Manipulation) wird im Einklang mit Harmonisierungsbestrebungen anhand der Maßstäbe der EU und der USA ausgelegt, die vergleichbare Privilegierungstatbestände vorsehen (vgl. Abschnitt 8.1.2.3 und 12.1.1.3).[63] Somatische genomische Therapien, die außerhalb des Körpers des Patienten (ex vivo) durchgeführt werden, erfüllen diese Voraussetzungen nicht, da die genomischen Veränderungen stets als wesentlich anzusehen sind (vgl. Abschnitt 8.1.2.3 und 12.1.1.3).[64] Sie fallen daher nicht unter den Anwendungsbereich der CTOR.

Menschliche Zellen und Gewebe, die wesentlich verändert wurden, gelten jedoch stets als Arzneimittel nach Schedule D (Biologics) – obwohl der FD Act keine ausdrückliche Legaldefinition für Zelltherapeutika enthält – und werden vollumfänglich als biologische Arzneimittel reguliert.[65]

12.2.1.4 Gentherapeutika (Gene Therapy Products)

Eine Legaldefinition für Gentherapeutika existiert im kanadischen Arzneimittelrecht nicht.[66] Ebenso wenig hat die kanadische Arzneimittelbehörde (Health Canada) bislang spezifische Leitlinien für Gentherapien veröffentlicht,[67] aus denen sich eine begriffliche Abgrenzung ableiten ließe. In einer jüngeren, thematisch auf andere biopharmazeutische Produkte ausgerichteten unverbindlichen[68]

---

[62] Section 1 CTOR:
„minimally manipulated means in respect of cells and nonstructural tissue, that the processing does not alter the biological characteristics that are relevant to their claimed utility".

[63] Chisholm/Ruff/Viswanathan, Cytotherapy 21 (2019), S. 686, 687.

[64] Vgl. Government of Canada, Health Canada Policy Position Paper – Autologous Cell Therapy Products, 2020, (https://www.canada.ca/en/health-canada/services/drugs-health-products/biologics-radiopharmaceuticals-genetic-therapies/applications-submissions/guidance-documents/cell-therapy-policy.html).

[65] Abu-Zahra/Carvalho/Edwards, The Regulation of Drugs in Canada, 2024, S. 114; Wang/Griffiths/Tounekti u. a., in: Galli (Hrsg.), Regulatory Aspects of Gene Therapy and Cell Therapy Products, 2023, S. 91, 95; Chisholm/Ruff/Viswanathan, Cytotherapy 21 (2019), S. 686, 687; Viswanathan/Bubela, Regenerative Medicine 10 (2015), S. 647, 648 f.; Bedford/Jy/Collins u. a., Frontiers in Medicine 5 (2018), 118, S. 2.

[66] Wang/Griffiths/Tounekti u. a., in: Galli (Hrsg.), Regulatory Aspects of Gene Therapy and Cell Therapy Products, 2023, S. 91, 95; Chisholm/Ruff/Viswanathan, Cytotherapy 21 (2019), S. 686, 691.

[67] Chisholm/Ruff/Viswanathan, Cytotherapy 21 (2019), S. 686, 691.

[68] Wang/Griffiths/Tounekti u. a., in: Galli (Hrsg.), Regulatory Aspects of Gene Therapy and Cell Therapy Products, 2023, S. 91, 94.

Leitlinie werden Gen- und Zelltherapien (Gene Therapy Products) zwar ausdrücklich vom Anwendungsbereich ausgenommen, ohne jedoch selbst definiert zu werden.[69]

Health Canada ist Mitglied der ICH und setzt die dort verabschiedeten Leitlinien, einschließlich jener zu Gen- und Zelltherapeutika, in ihrer Verwaltungspraxis konsequent um.[70] Mangels eigener gesetzlicher oder unverbindlicher Definitionen in den Leitlinien ist davon auszugehen, dass Health Canada die im ICH-Rahmen entwickelte Definition von Gentherapeutika anwendet.[71] Die Klassifizierung von Arzneimitteln als Gentherapeutikum erfolgt somit nach dem international harmonisierten Verständnis, das maßgeblich durch die ICH-Leitlinien geprägt ist.[72] Die Einordnung somatischer genomischer Therapien richtet sich dementsprechend nach den bereits dargestellten Maßstäben (vgl. Tabelle 9.1).

12.2.1.5 Arzneimittel für seltene Leiden (Orphan Drugs)

Eine eigenständige gesetzliche Grundlage für Arzneimittel für seltene Leiden (Orphan Drugs) existiert in Kanada nicht. Zwar war ursprünglich vorgesehen, auf untergesetzlicher Ebene ein sog. Orphan Drug Framework einzuführen. Die Umsetzung scheiterte jedoch daran, dass hierfür eine formelle gesetzliche Grundlage erforderlich gewesen wäre, um besondere materiell-rechtliche Privilegierungen für Arzneimittel für seltene Leiden einzuführen.[73] Da ein solches

---

[69] Vgl. Health Canada, Guidance for Industry Preparation of the Quality Information for Drug Submissions in the CTD Format: Biotherapeutic and Blood Products, 2024, (https://www.canada.ca/content/dam/hc-sc/documents/services/drugs-health-products/biologics-radiopharmaceuticals-genetic-therapies/applications-submissions/guidance-documents/preparation-quality-information-drug-submissions-ctd-format-biotherapeutic-blood-products/preparation-quality-information-drug-submissions-ctd-format-biotherapeutic-blood-products.pdf), S. 3 (geprüft am 24.10.2025).

[70] Wang/Griffiths/Tounekti u. a., in: Galli (Hrsg.), Regulatory Aspects of Gene Therapy and Cell Therapy Products, 2023, S. 91, 99; Chisholm/Ruff/Viswanathan, Cytotherapy 21 (2019), S. 686, 691.

[71] Siehe auch Health Canada, Emergence and Advancement of Technologies: Regulatory Challenges and Considerations, 2021, (https://www.casss.org/docs/default-source/cgtp/2021-cgtp-speaker-presentations/speaker-presentation-haile-yohannes-health-canada-2021-.pdf?sfvrsn=59a7f8fe_6), S. 6 (geprüft am 24.10.2025); Chisholm/Ruff/Viswanathan, Cytotherapy 21 (2019), S. 686, 691.

[72] Siehe auch Wang/Griffiths/Tounekti u. a., in: Galli (Hrsg.), Regulatory Aspects of Gene Therapy and Cell Therapy Products, 2023, S. 91, 95.

[73] Viswanathan/Bubela, Regenerative Medicine 10 (2015), S. 647, 658.

Gesetz bislang nicht verabschiedet wurde, besteht in Kanada kein rechtlich anerkannter Status als Arzneimittel für seltene Leiden.

12.2.2 Subsumtion unter das kanadische Arzneimittelrecht

Nach einer Gesamtschau bedarf allein die Einstufung somatischer genomischer Therapien als biologische Arzneimittel (Biologics) näherer Betrachung. Dafür kommen folgende Kategorien in Schedule D des FD Act in Betracht:

- „drugs obtained by recombinant DNA procedures" (Arzneimittel, die mittels rekombinanter-DNA-Verfahren gewonnen werden)
- „drugs, other than antibiotics, prepared from micro-organisms" (Arzneimittel, die keine Antibiotika sind, die aus Mikroorganismen hergestellt werden)
- „drugs that are or are made from blood" (Arzneimittel, die Blut sind oder daraus hergestellt werden)
- „immunizing agents" (Immunisierende Agenzien)

12.2.2.1 Virale Vektoren

Virale Vektoren entstehen, indem rekombinante Plasmide in Bakterienzellen eingebracht werden, um das virale Genom sowie die zugehörige Proteinhülle zu exprimieren und zu vervielfältigen (vgl. Abschnitt 11.1).[74] Ihre Herstellung erfolgt somit unter Verwendung der rDNA-Technologie und innerhalb von Mikroorganismen, d. h. gentechnisch veränderter Bakterienzellen. Daher fallen virale Vektoren eindeutig unter Schedule D des FD Act. Sie gelten folglich als biologische Arzneimittel (Biologics).

12.2.2.2 RNA-basierte Therapeutika

Nukleinsäuren sind in Schedule D des FD Act nicht als eigenständige Produktkategorie aufgeführt. Somatische genomische Therapien, die RNA-Moleküle als Wirkstoff enthalten, können daher ausschließlich als biologische Arzneimittel (Biologics) klassifiziert werden, soweit sie unter die dort genannten allgemeinen Kategorien subsumierbar sind.

---

[74] Walsh, Pharmaceutical Biotechnology, 2007, S. 431 f.

12.2.2.2.1 mRNA

Bei mRNA, die im Körper des Patienten verabreicht wird (in-vivo-Ansatz), ist im Rahmen der Klassifizierung als Schedule-D-Arzneimittel zunächst anhand des Herstellungsverfahrens wie folgt zu unterscheiden.

12.2.2.2.1.1 Rekombinante mRNA

Wird mRNA rekombinant hergestellt, z. B. über ein plasmidiales DNA-Template in E. coli-Bakterienzellen und anschließende in-vitro-Transkription, so wurde das Arzneimittel unter Verwendung rekombinanter DNA-Verfahren und aus Mikroorganismen, d. h. aus gentechnisch veränderten Bakterienzellen, gewonnen (vgl. Abschnitt 8.2.2.1). In diesem Fall unterfällt das Arzneimittel Schedule D des FD Act, es handelt sich um ein biologisches Arzneimittel (Biologic).

12.2.2.2.1.2 Chemisch synthetisierte mRNA

Handelt es sich hingegen um chemisch synthetisierte mRNA, erfolgt deren Herstellung aus chemischen Ausgangsstoffen, z. B. Phosphoramiditen, ohne Zusammenführung unterschiedlichen genetischen Materials und ohne Einsatz eines biologischen Expressionssystems wie gentechnisch veränderter Bakterienzellen (vgl. Abschnitt 8.1.4.2.2 und 8.2.2.1.2). Arzneimittel, die chemisch synthetisierte mRNA als Wirkstoff enthalten, können daher nur dann unter Schedule D fallen, wenn sie als immunisierende Agenzien (Immunizing Agents) zu qualifizieren sind. Diese Kategorie erfasst jedenfalls prophylaktische mRNA-Impfstoffe gegen Infektionskrankheiten unabhängig vom jeweiligen Herstellungsverfahren.

12.2.2.2.1.3 Tumorvakzine

Fraglich ist hingegen, ob sog. „Krebsimpfstoffe“ bzw. „Tumorvakzine“ ebenfalls von Schedule D erfasst werden. Zwar werden solche Produkte im medizinischen Sprachgebrauch als Impfstoffe bezeichnet, tatsächlich verfolgen sie jedoch keinen prophylaktischen, sondern einen therapeutischen Zweck.

Der Wortlaut der Norm nimmt insoweit jedoch keine Differenzierung vor. Er erfasst nicht nur prophylaktische Impfstoffe (Vaccines) im herkömmlichen Sinn, sondern sämtliche immunisierenden Stoffe (Immunizing Agents), also alle Substanzen, die auf das Immunsystem des Menschen einwirken. Obwohl „Krebsimpfstoffe“ primär therapeutisch wirken, ähneln sie in ihrer Funktionsweise immunisierenden Stoffen, die natürlicherweise im menschlichen Körper vorkommen. Dies zeigt sich insbesondere bei CAR-T-Zelltherapeutika, bei denen autologe T-Zellen – also körpereigene Immunzellen – entnommen und mit einem chimären Antigenrezeptor versehen werden (vgl. Abschnitt 7.1).

Aufgrund des weiten Wortlauts könnten solche Produkte unter die Kategorie der immunisierenden Stoffe subsumiert werden. Einerseits enthalten sie Bestandteile des menschlichen Immunsystems, die patienteneigenen T-Zellen.[75] Darüber hinaus verfügen sie über einen vergleichbaren Wirkmechanismus: die Erkennung spezifischer Tumorantigene durch den chimären Antigenrezeptor und deren anschließende Zerstörung durch T-Zellen.[76] Vor diesem Hintergrund erscheint es nicht fernliegend, auch Tumorvakzinen auf Basis der mRNA-Technologie trotz ihrer therapeutischen Zielsetzung – unabhängig vom Herstellungsverfahren – als biologische Arzneimittel (Biologics) im Sinne von Schedule D zu klassifizieren.

12.2.2.2.2 ncRNA

ncRNA wird regelmäßig chemisch synthetisiert (vgl. Abschnitt 4.2.2). Solche Produkte fallen deshalb nicht unter Schedule D, da sie weder rekombinant hergestellt noch aus Mikroorganismen gewonnen werden (vgl. Abschnitt 12.2.2.2.1.2). Sie werden daher als klassische Arzneimittel (Drugs) reguliert.

Würde ncRNA hingegen rekombinant hergestellt, etwa über ein plasmidiales DNA-Template in gentechnisch veränderten Bakterienzellen, wäre eine Einordnung als biologisches Arzneimittel (Biologic) nach Schedule D des FD Act geboten (vgl. Abschnitt 12.2.2.2.1.1).

12.2.2.3 Ribonukleoproteine und regulatorische Proteine

Proteine – und damit auch Ribonukleoproteine – sind als biologische Arzneimittel (Biologics) zu klassifizieren. Proteine, die in vitro hergestellt werden, müssen regelmäßig[77] mittels rekombinanter DNA-Technologie in Bakterienzellen, d. h. in Mikroorganismen, produziert werden (vgl. Abschnitt 8.1.4.3.2.1).

Entsprechend sind Ribonukleoproteine, deren Cas-Proteine mithilfe rekombinanter DNA-Verfahren in Bakterienzellen hergestellt werden und die für das Genome-, RNA- oder Epigenome-Editing bestimmt sind (vgl. Abschnitt 8.2.3), als biologische Arzneimittel (Biologics) zu regulieren. Gleiches gilt für andere

---

[75] T-Lymphozyten entstehen im Knochenmark aus den Lymphoblasten und werden im Thymus in unterschiedliche T-Zelltypen ausdifferenziert, die im Rahmen der Immunabwehr unterschiedliche Funktionen erfüllen; Zuck/Dettling, in: Zuck/Dettling (Hrsg.), Arzneimittelgesetz, 2021, § 4 AMG, Rn. 156 ff.

[76] In diesem Fall erfüllen CAR-T-Zelltherapeutika die Funktion von sog. zytotoxischen T-Zellen, d. h. Erkennung von spezifischen Antigenen und anschließende Induktion der Apoptose; vgl. Zuck/Dettling, in: Zuck/Dettling (Hrsg.), Arzneimittelgesetz, 2021, § 4 AMG, Rn. 160.

[77] Eine Ausnahme bilden sehr kurzkettige Proteine, sog. Peptide, bei denen eine Synthese möglich ist.

im Rahmen des Genome- oder Epigenome-Editings eingesetzte Proteine, etwa Nukleasen oder Acetyl- bzw. Methyltransferasen.

12.2.2.4 Zelltherapeutika

Bei ex-vivo-Ansätzen enthält Schedule D keine ausdrückliche Kategorie für Zell- oder Gewebetherapeutika. In der Verwaltungspraxis wurden bisher jedoch alle substanziell verarbeiteten Zellen als biologische Arzneimittel (Biologics) reguliert.[78] Gleichwohl hat die Einordnung grundsätzlich zunächst anhand des Wortlauts der einschlägigen Produktkategorien in Schedule D des FD Act zu erfolgen.

12.2.2.4.1 Herstellung durch rekombinante DNA-Verfahren

Einerseits lässt sich argumentieren, dass genomisch veränderte Zelltherapeutika im Rahmen ihrer Herstellung regelmäßig mit Stoffen (z. B. Cas-Proteinen oder viralen Vektoren) behandelt werden, die mittels rekombinanter DNA-Verfahren gewonnen wurden. In diesem Fall ließe sich mit Blick auf den Wortlaut[79] argumentieren, dass das Gesamtprodukt – also das Arzneimittel (Drug) – durch ein rekombinantes DNA-Verfahren gewonnen wurde. Dass einzelne wirksame Bestandteile des Arzneimittels, also die Zellen als solche, nicht durch rekombinante DNA-Verfahren gewonnen wurden, wäre insoweit unerheblich.[80]

Dadurch ließe sich eine nahezu vollumfängliche Einstufung von somatischen genomischen Therapien als biologisches Arzneimittel (Biologics) in Schedule D über die Kategorie „drugs obtained by recombinant DNA procedures" vornehmen, wenn diese außerhalb des Körpers des Patienten durchgeführt werden (ex-vivo-Ansatz). Diese Kategorie in Schedule D würde jede Modifikation von Zellen durch Stoffe erfassen, die rekombinant hergestellt wurden, d. h. rekombinante Nukleinsäuren, Ribonukleoproteine oder regulatorische Proteine. Im Umkehrschluss würden sich Zellen, die durch chemisch synthetisierte mRNA oder

---

[78] Abu-Zahra/Carvalho/Edwards, The Regulation of Drugs in Canada, 2024, S. 114; Wang/Griffiths/Tounekti u. a., in: Galli (Hrsg.), Regulatory Aspects of Gene Therapy and Cell Therapy Products, 2023, S. 91, 95; Chisholm/Ruff/Viswanathan, Cytotherapy 21 (2019), S. 686, 687; Viswanathan/Bubela, Regenerative Medicine 10 (2015), S. 647, 648 f.; Bedford/Jy/Collins u. a., Frontiers in Medicine 5 (2018), 118, S. 2.

[79] Arzneimittel (Drugs) sind nach dem Wortlaut nicht mit Wirkstoffen (Active Substances) gleichzusetzen.

[80] Dies ist insofern überzeugend, als andere Bestandteile eines Arzneimittels – etwa Hilfs- und Trägerstoffe, die äußere Umhüllung oder die Primärverpackung – ebenso nicht mittels DNA-Rekombinationstechniken hergestellt werden.

ncRNA modifiziert worden sind, aber nicht unter die Fallgruppe „drugs obtained by recombinant DNA procedures" subsumieren lassen. Stattdessen müssten sie ausschließlich als Arzneimittel (Drugs) reguliert werden, soweit keine andere Kategorie in Schedule D einschlägig wäre.

12.2.2.4.2 Herstellung aus Blutbestandteilen und immunisierende Stoffe

Zahlreiche somatische genomische Therapien, die außerhalb des Körpers des Patienten angewendet werden (ex-vivo-Ansatz), verwenden autologe oder allogene Zellen, die aus menschlichen Blut gewonnen werden. Als Beispiel lassen sich CAR-T-Zelltherapien nennen, bei denen T-Zellen durch Leukapherese aus dem Blut des Patienten isoliert werden (vgl. Abschnitt 7.1). Weil Schedule D auch Arzneimittel umfasst, die aus Blut hergestellt werden, können diese somatischen genomischen Therapien als biologisches Arzneimittel nach Schedule D klassifiziert werden. Dies gilt auch dann, wenn die genomische Modifikation der Zellen durch chemisch synthetisierte mRNA oder ncRNA erfolgt, soweit die modifierten Zellen aus Blut stammen. Darüber hinaus käme eine Klassifizierung als biologisches Arzneimittel (Biologic) nach Schedule D nur bei Verwendung immunisierender Stoffe in Betracht (vgl. Abschnitt 12.2.2.2.1.2).

12.2.2.5 Uneinheitliche regulatorische Einordnung funktional vergleichbarer Produkte

Dass alle substanziell verarbeiteten Zellen als biologische Arzneimittel (Biologics) reguliert werden,[81] ist im Wesentlichen darauf zurückzuführen, dass in der Vergangenheit überwiegend die rDNA-Technologie zur gentechnischen Veränderung humaner Zellen eingesetzt wurde. Vor dem Hintergrund des technologischen Fortschritts – insbesondere der Möglichkeit der chemischen Synthese von Nukleinsäuren – ist diese Praxis jedoch nicht mehr ohne Weiteres tragfähig. Der Gesetzeswortlaut von Schedule D des FD Act beschränkt sich ausdrücklich auf Erzeugnisse, die mittels rDNA-Technologie hergestellt werden und umfasst keine meschlichen Zellen und Gewebe. Jenseits dieser Technik ist eine Klassifizierung als biologisches Arzneimittel (Biologic) daher nur in den wenigen hier skizzierten Ausnahmefällen möglich.

---

[81] Abu-Zahra/Carvalho/Edwards, The Regulation of Drugs in Canada, 2024, S. 114; Wang/Griffiths/Tounekti u. a., in: Galli (Hrsg.), Regulatory Aspects of Gene Therapy and Cell Therapy Products, 2023, S. 91, 95; Chisholm/Ruff/Viswanathan, Cytotherapy 21 (2019), S. 686, 687; Viswanathan/Bubela, Regenerative Medicine 10 (2015), S. 647, 648 f.; Bedford/Jy/Collins u. a., Frontiers in Medicine 5 (2018), 118, S. 2.

Im Ergebnis hängt der regulatorische Status somatischer genomischer Therapien deshalb maßgeblich davon ab, auf welche Weise das genomische Werkzeug in die Zellen eingebracht wird und auf welche Art und Weise es hergestellt wurde. So wäre bei einer ex-vivo-Genom-Editierung mit Ribonukleoproteinen, etwa einem CRISPR-Cas9-Komplex, eine Einstufung als biologisches Arzneimittel geboten, während eine Genom-Editierung derselben Zellen durch chemisch synthetisierte mRNA lediglich den Status eines konventionellen Arzneimittels (Drug) begründen würde – obwohl das Endprodukt in beiden Fällen identisch editiert ist. Dieses Ergebnis erscheint auf den ersten Blick widersprüchlich, ist jedoch folgerichtig, da Schedule D eine abschließende Positivliste darstellt.

12.2.3 Umweltrecht

In Kanada existiert kein horizontales Gentechnikrecht. Die Regulierung gentechnisch veränderter Organismen erfolgt unter anderem im Arzneimittelbereich über das kanadische Umweltschutzgesetz (Canadian Environmental Protection Act[82] – CEPA). Dieses enthält jedoch weder ausdrückliche Regelungen noch eine Legaldefinition gentechnisch veränderter Organismen (Genetically Modified Organisms – GMO).[83]

12.2.3.1 Neue Stoffe und Liste heimischer Stoffe (Domestic Substances List)

Im kanadischen Umweltrecht unterliegen grundsätzlich alle Stoffe, die nicht auf der Liste heimischer Stoffe (Domestic Substances List[84] – DSL) aufgeführt sind, einem Herstellungs- und Importverbot.[85] Stoffe, die nicht in der DSL enthalten sind, werden deshalb als „neue Stoffe“[86] bezeichnet, auch wenn dieser Begriff im Gesetz selbst nicht ausdrücklich normiert ist.

---

[82] Canadian Environmental Protection Act, 1999, S.C. 1999, c. 33.

[83] Rüdelsheim/Smets, Gene therapy clinical trials: what about the environment?, COGEM Report CGM 2012–07, 2012, S. 62.

[84] Subsection 66(1) CEPA.

[85] Subsection 81(1) CEPA.

[86] Government of Canada, Guidelines for the Notification and Testing of New Substances: Organisms, 2010, (https://www.canada.ca/content/dam/eccc/documents/pdf/new-substances-guidelines-for-ganisms/En14-36-1-2011-eng.pdf), S. 15 (geprüft am 24.10.2025).

12.2.3.2 Neue lebende Organismen (New Living Organisms)

Für lebende Organismen gelten grundsätzlich besondere Regelungen.[87] Auch lebende Organismen unterliegen jedoch zunächst einem allgemeinen Import- und Herstellungsverbot, soweit sie nicht auf der Liste heimischer Substanzen (DSL) gelistet sind.[88] Lebende Organismen, die nicht auf der DSL verzeichnet sind, werden insoweit als „neue lebende Organismen" (New Living Organisms) bezeichnet.

Im Gegensatz zur Europäischen Union verfolgt Kanada damit einen produktbezogenen Regulierungsansatz (Product-based Approach). Entscheidend für die Anwendbarkeit der umweltrechtlichen Vorschriften sind nicht die angewandten Verfahren (Process-based Approach), sondern die durch sie hervorgerufenen Merkmale des Endprodukts.[89] Ob ein Organismus durch natürliche Selektion, Mutagenese, Transgenese oder moderne genomische Techniken verändert wurde, ist daher unerheblich, soweit die resultierenden Eigenschaften zu einem „neuen" Organismus führen.[90]

12.2.3.3 Aufnahme in die Liste heimischer Stoffe (Domestic Substances List)

Stoffe und lebende Organismen werden auf Grundlage unterschiedlicher Voraussetzungen in die Liste heimischer Stoffe (DSL) aufgenommen.[91] Gemeinsam ist beiden Fällen, dass die Aufnahme grundsätzlich eine formale Notifizierung durch den Hersteller oder Importeur bei der zuständigen Behörde erfordert.[92]

---

[87] Sections 104 ff. (Part 6) CEPA.

[88] Subsections 106(1), 105.1(1) CEPA.

[89] Ellens/Levac/Pearson u. a., Transgenic Research 28 (2019), S. 165, 166.

[90] Ellens/Levac/Pearson u. a., Transgenic Research 28 (2019), S. 165, 166; Government of Canada, Guidelines for the Notification and Testing of New Substances: Organisms, 2010, (https://www.canada.ca/content/dam/eccc/documents/pdf/new-substances-guidelines-for-ganisms/En14-36-1-2011-eng.pdf), S. 16 (geprüft am 24.10.2025); European Commission, Commission Staff Working Document, Study on the status of new genomic techniques under Union law and in light of the Court of Justice ruling in Case C-528/16, SWD(2021) 92 final, 2021, (https://food.ec.europa.eu/system/files/2021-04/gmo_mod-bio_ngt_eu-study.pdf), S. 24 (geprüft am 24.10.2025).

[91] Vgl. Subsections 66(1), 81(1), 105(1), 112(1) CEPA.

[92] Subsections 81(1)(a), 106(1)(a) CEPA.

Die Anforderungen an Notifizierung sind auf untergesetzlicher Ebene in den Verordnungen über neue Substanzen (New Substances Notification Regulations – NSNR) für Chemikalien und Polymere[93] (NSNR(CP)) und Organismen[94] (NSNR(O)) geregelt. Im Rahmen des Notifizierungsverfahrens erfolgt insbesondere eine Bewertung der Toxizität[95] sowie gegebenenfalls eine Umweltverträglichkeitsprüfung.[96] Erst nach erfolgreicher Notifizierung und positiver Bewertung durch die zuständige Behörde kann das zuständige Ministerium die Aufnahme des Stoffes oder Organismus in die Liste heimischer Stoffe (DSL) veranlassen.[97]

Für die umweltrechtliche Einordnung somatischer genomischer Therapien ist daher entscheidend, ob das jeweilige Produkt bereits in der DSL aufgeführt ist. Ist dies nicht der Fall, kommt es darauf an, ob das Arzneimittel als „neuer lebender Organismus“ oder als „neue Substanz“ zu qualifizieren ist. Diese Unterscheidung ist maßgeblich, da sie unterschiedliche rechtliche Voraussetzungen und Notifizierungspflichten nach den NSNR(O) bzw. NSNR(CP) auslöst, die jeweils Voraussetzung für eine Aufnahme in die Liste heimischer Stoffe (DSL) sind (vgl. Abbildung 12.1).

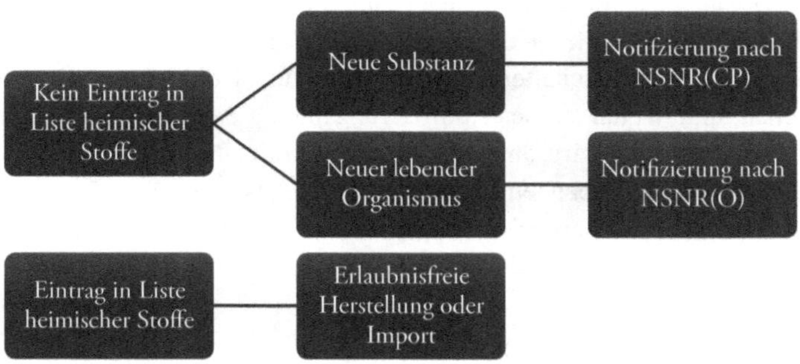

Abbildung 12.1 Systematik der umweltrechtlichen Regulierung neuer Stoffe in Kanada

[93] New Substances Notification Regulations (Chemicals and Polymers), SOR/2005–247.

[94] New Substances Notification Regulations (Organisms), SOR/2005–248.

[95] Section 64 CEPA.

[96] Subsections 83(1), 112(1)(a), 109(1), 108(1) CEPA.

[97] Bubela/Boch/Viswanathan, Frontiers in Medicine 6 (2019), 58, S. 5.

12.2.3.3.1 Lebende Organismen und andere Substanzen

Das kanadische Umweltschutzgesetz (CEPA) definiert lediglich den Begriff des „Organismus“. Danach sind Organismen Stoffe, die ein lebendes Produkt der Biotechnologie darstellen.[98] Ergänzend beschreibt das Gesetz „Biotechnologie“ als die Anwendung von Wissenschaft und Technik zur direkten oder indirekten Nutzung lebender Organismen oder von Teilen bzw. Produkten lebender Organismen in ihrer natürlichen oder modifizierten Form.[99] Zudem wird der Anwendungsbereich durch die (NSNR(O)) konkretisiert. Diese enthalten eine eigenständige Legaldefinition des Begriffs „Mikroorganismus“. Mikroorganismen im Sinne der NSNR(O) gelten als neue lebende Organismen und unterliegen daher der Notifizierungspflicht.[100]

12.2.3.3.1.1 Virale Vektoren und mRNA

Als „Mikroorganismen“ im Sinne der NSNR(O) gelten nicht nur herkömmliche Mikroorganismen wie Bakterien, Hefen oder Pilze, sondern auch Viren, virusähnliche Partikel (Virus-like Particles) und subvirale Partikel (Sub-viral Particles).[101] Durch diese weit gefasste Definition werden insbesondere virale Vektoren als „lebende Organismen“ durch das kanadische Umweltrecht erfasst.[102]

Auch dann, wenn virale Vektoren gentechnisch so verändert wurden, dass sie keine pathogenen Eigenschaften mehr besitzen und lediglich als Transportmedium dienen, unterliegen sie der Notifizierungspflicht nach den NSNR(O). Denn sie enthalten weiterhin virusähnliche oder subvirale Partikel und fallen damit unter den Begriff des „lebenden Organismus“.[103] Aus demselben Grund müssten auch samRNA-Produkte als lebende Organismen reguliert werden, da sie nach ihrer Herstellung virale Partikel enthalten.[104]

---

[98] Section 104 CEPA:
„living organism means a substance that is an animate product of biotechnology“.

[99] Section 3(‘biotechnology’) CEPA:
„means the application of science and engineering in the direct or indirect use of living organisms or parts or products of living organisms in their natural or modified forms“.

[100] Vgl. Art. 104 CEPA, subsection 1(1) NSNR(O).

[101] Subsection 1(1)(‘micro-organism’)(b) NSNR(O).

[102] Wang/Griffiths/Tounekti u. a., in: Galli (Hrsg.), Regulatory Aspects of Gene Therapy and Cell Therapy Products, 2023, S. 91, 95.

[103] Bubela/Boch/Viswanathan, Frontiers in Medicine 6 (2019), 58, S. 5.

[104] Vgl. Zentrale Kommission für Biologische Sicherheit/Commissie Genetische Modificatie, Joint open letter from COGEM and ZKBS on the environmental risk assessment of

Im Gegensatz dazu stellen klassische mRNA-Moleküle – unabhängig davon, ob sie chemisch synthetisiert oder rekombinant hergestellt wurden – keine lebenden Organismen dar. Zwar werden rekombinante mRNA-Produkte mittels biotechnologischer Verfahren erzeugt, sie enthalten jedoch keine viralen Partikel und gelten daher nicht als Mikroorganismen nach den NSNR(O) bzw. lebendig (animate) im Sinne des CEPA. In diesen Fällen unterliegt nicht das Endprodukt (mRNA), sondern ausschließlich die gentechnisch veränderte Wirtszelle, etwa eine Bakterienzelle, die rekombinante DNA (rDNA) trägt und hieraus das gewünschte Transkript in Form von mRNA synthetisiert, der umweltrechtlichen Regulierung nach den NSNR(O).[105]

Diese Auslegung wird durch einen Vergleich mit Plasmiden bestätigt. Auch zirkuläre DNA-Moleküle wie Plasmide gelten nach kanadischem Umweltrecht nicht als Mikroorganismen im Sinne der NSNR(O).[106] Folglich kann eine chemisch synthetisierte oder aus Zellkulturen gewonnene mRNA, sofern sie keine Viruspartikel enthält, nicht als lebender Organismus qualifiziert werden.

12.2.3.3.1.2 Zelltherapien

Zellkulturen gelten aufgrund der weiten Legaldefinition in den NSNR(O) grundsätzlich als Mikroorganismen und unterliegen einer umfassenden Notifizierungspflicht, sofern sie als „neu" einzustufen sind.[107] Ermöglicht wird dies durch die weite Fassung des Organismusbegriffs als „Produkt der Biotechnologie", wodurch jede gentechnische Veränderung von Zellkulturen in den Anwendungsbereich der Vorschriften fällt.[108]

12.2.3.3.1.2.1 Neuheit

Weniger eindeutig ist hingegen, unter welchen Voraussetzungen veränderte Zellen, insbesondere im Rahmen ex vivo applizierter somatischer genomischer Therapien, als „neu" gelten. Während bei im Körper des Patienten angewendeten somatischen genomischen Therapien (in-vivo-Ansatz) regelmäßig ein Abgleich

---

new vaccine developments based on self-replicating mRNAs and viral replicon systems, 2025, (https://zkbs-online.de/fileadmin/user_upload/Downloads/Kommentare/Joint_Letter_COGEM_ZKBS/Joint_open_letter_on_samRNA_vaccines__COGEM-ZKBS_.pdf), S. 4 (geprüft am 24.10.2025).

[105] Subsection 1(1)('micro-organism')(a) NSNR(O).

[106] Vgl. Wang/Griffiths/Tounekti u. a., in: Galli (Hrsg.), Regulatory Aspects of Gene Therapy and Cell Therapy Products, 2023, S. 91, 95.

[107] Subsection 1(1) NSNR(O) ('micro-organism'(c)(d)).

[108] Vgl. Bubela/Boch/Viswanathan, Frontiers in Medicine 6 (2019), 58, S. 7.

mit der Liste heimischer Stoffe (DSL) anhand des verwendeten Virus möglich ist, gestaltet sich dies bei außerhalb des Körpers des Patienten genomisch modifizierten Zellen deutlich komplexer. Menschliche Zellen sind biologisch einzigartig. Bereits geringfügige Veränderungen können deshalb dazu führen, dass ein neuartiger lebender Organismus angenommen wird, der bislang in Kanada nicht existiert hat. Insbesondere bei autologen Zelltherapien stellt sich die Frage, ob nicht jede patientenspezifische Zellzubereitung einer gesonderten umweltrechtlichen Bewertung unterzogen werden müsste.

12.2.3.3.1.2.2 Prozessbezogene Bestimmung der Neuheit („the product is the process")

Tatsächlich orientieren sich die zuständigen Regulierungsbehörden bei der Einstufung nicht allein am Zelltyp, sondern auch an der Herkunft, der Art der Zellgewinnung sowie – maßgeblich – am Herstellungsprozess.[109] Dies markiert zwar eine Abweichung vom sonst geltenden produktbezogenen Regulierungsansatz (Product-based Approach) des CEPA, erscheint jedoch bei Zelltherapeutika sachgerecht, da diese regelmäßig nur über ihren Herstellungsprozess präzise beschrieben und bewertet werden können („the product is the process").[110]

Für autologe Zelltherapien bedeutet dies, dass nicht jede patientenspezifische Zellzubereitung als „neuer" Organismus gilt. Entscheidend ist vielmehr, ob das jeweilige Herstellungsverfahren – etwa unter Verwendung eines bestimmten viralen Vektors – bereits einer behördlichen Bewertung unterzogen und in dieser Form regulatorisch erfasst wurde.

Ein Beispiel hierfür ist das Arzneimittel „EDIT-301". Der entsprechende Eintrag in die Liste heimischer Substanzen (DSL) umfasst autologe $CD34^+$-hämatopoetische Stamm- und Vorläuferzellen, die mittels CRISPR/Cas12a an den Promotoren der Gene HBG1 und HBG2 editiert werden.[111] Damit gilt jede Editierung autologer $CD34^+$-hämatopoetischer Stamm- und Vorläuferzellen mittels CRISPR/Cas12a an diesen beiden Promotoren als genehmigt und erfordert keine gesonderte Notifizierung.

---

[109] Vgl. Health Canada/Environment and Climate Change Canada, Supplementary Guidance Document for the Notification and Testing of New Substances: Organisms Used in Cell and Gene Therapy under Schedule 1 of the New Substances Notification Regulations (Organisms), 2021, (https://www.canada.ca/content/dam/eccc/documents/pdf/pded/cell-gene-therapy-guidance/Cell-gene-therapy-guidance.pdf), S. 4 f. (geprüft am 24.10.2025).

[110] Näher Pietrek, Zeitschrift für Stoffrecht 21 (2024), S. 49 ff., m.w.N.

[111] Vgl. Government of Canada, Substances Search, (https://pollution-waste.canada.ca/substances-search/Substance) (geprüft am 24.10.2025).

Würde hingegen derselbe Zelltyp (autologe $CD34^+$-hämatopoetische Stamm- und Vorläuferzellen) mit demselben Werkzeug (CRISPR/Cas12a) an einer anderen Stelle des Humangenoms verändert, bestünde eine Notifizierungspflicht, soweit dafür kein Eintrag in der Liste heimischer Stoffe (DSL) vorhanden ist. Gleiches gilt, wenn ein anderes genomisches Werkzeug verwendet oder statt autologer allogene $CD34^+$-hämatopoetische Stamm- und Vorläuferzellen eingesetzt werden, selbst wenn dieselben Promotoren editiert würden.

12.2.3.3.2 Chemikalien und Polymere

Somatische genomische Therapien, die im Körper des Patienten appliziert werden (in-vivo-Ansatz) und keine Viren oder virusbasierten Partikel enthalten, fallen unter die NSNR(CP). Diese Verordnung erfasst nicht nur klassische Chemikalien und synthetische Polymere, sondern ausdrücklich auch biochemisch hergestellte Moleküle und Polymere („biochemicals"; „biopolymers").[112] Damit unterliegen Nukleinsäuren wie mRNA, ncRNA und gRNA den Bestimmungen der NSNR(CP), unabhängig davon, ob sie chemisch synthetisiert oder rekombinant durch gentechnisch veränderte Mikroorganismen produziert werden. Gleiches gilt für Proteine wie Cas9, die Bestandteil von CRISPR-Cas-Ribonukleoproteinen sind, sofern sie mittels rDNA-Technologie exprimiert werden.[113]

Dies bedeutet jedoch nicht, dass die NSNR(O) bei der Herstellung oder in der Forschungs- und Entwicklungsphase solcher Substanzen vollständig unanwendbar wären. Die gentechnisch veränderten Zelllinien, in denen etwa Cas-Proteine mittels rDNA-Technologie erzeugt werden (vgl. Abschnitt 8.2.3), können als neue lebende Organismen im Sinne der NSNR(O) notifizierungspflichtig sein, sofern sie nicht auf der Liste heimischer Stoffe (DSL) geführt werden. Entsprechendes gilt für Zellkulturen oder Versuchstiere, an denen solche Stoffe getestet werden, da diese lebende Organismen darstellen.

---

[112] Subsection 1(1)('biochemical', 'biopolymer', 'chemical', 'polymer') NSNR(CP).

[113] Subsection 1(1)('biochemical')(a) NSNR(CP).

Tabelle 12.2 Klassifizierung somatischer genomischer Therapien (Kanada)

Wirkstoff	Drug	Schedule D – Biologic	Gene Therapy Product	Schedule G – ATP	New Substance	New Living Organism[114]
Gamma-Retrovirale Vektoren	Ja	Ja	Ja	Nein	Nein	Ja
Lentivirale Vektoren	Ja	Ja	Ja	Nein	Nein	Ja
Adenovirale Vektoren	Ja	Ja	Ja	Nein	Nein	Ja
Adeno-assoziierte Virusvektoren (AAV)	Ja	Ja	Ja	Nein	Nein	Ja
Sendaiviren	Ja	Ja	Ja	Nein	Nein	Ja
(Liposomale) mRNA-Verabreichung	Ja	Rekombinane mRNA: ja Synthetische mRNA: uneinheitlich	Ja	Nein	mRNA: ja samRNA: nein	mRNA: nein samRNA: ja
ncRNA	Ja	Nein	Nein	Nein	Ja	Nein
AAV-vermittelte CRISPR/Cas-Verabreichung	Ja	Ja	Ja	Nein	Nein	Ja
CRISPR/Cas (Ribonukleoprotein)	Ja	Ja	Ja	Nein	Ja	Nein
AAV-vermittelte RNA-Editierung	Ja	Ja	Ja	Nein	Nein	Ja
RNA-Editierung (Ribonukleoprotein)	Ja	Ja	Nein	Nein	Ja	Nein
AAV-vermitteltes Base-Editing	Ja	Ja	Ja	Nein	Nein	Ja
Base-Editing (Ribonukleoprotein)	Ja	Ja	Ja	Nein	Ja	Nein
AAV-vermitteltes Prime-Editing	Ja	Ja	Ja	Nein	Nein	Ja
Prime-Editing (Ribonukleoprotein)	Ja	Ja	Ja	Nein	Ja	Nein
AAV-vermitteltes Epigenome-Editing	Ja	Ja	Ja	Nein	Nein	Ja

(Fortsetzung)

[114] Zellkulturen gelten als Mikroorganismen im Sinne der NSNR(O), weshalb eine Veränderung von humanen Zellen durch genomische Techniken (ex-vivo-Ansatz), stets zu einem Status als „lebender Organismus" („living organism") führt (vgl. Abschnitt 12.2.2.4). Die „Neuheit" eines solchen lebenden Organismus bestimmt sich insbesondere danach, ob das exakte Herstellungsverfahren des Zelltherapeutikums bereits in der Liste heimischer Stoffe aufgenommen wurde.

Tabelle 12.2 (Fortsetzung)

Wirkstoff	Drug	Schedule D – Biologic	Gene Therapy Product	Schedule G – ATP	New Substance	New Living Organism
Epigenome-Editing (Transfektion von Proteinen)	Ja	Ja	Nein	Nein	Ja	Nein
Epigenome-Editing (Transfektion von Nukleotiden)	Ja	Nein	Nein	Nein	Ja	Nein
Epigenome-Editing (CRISPIRi/a; Ribonukleoprotein)	Ja	Ja	Nein	Nein	Ja	Nein

12.3 Vereinigtes Königreich

Nach dem Austritt des Vereinigten Königreichs aus der Europäischen Union wurden durch den European Union (Withdrawal) Act 2018[115] sowie den European Union (Withdrawal Agreement) Act 2020[116] zunächst sämtliche Gesetze, die auf EU-Richtlinien beruhten, fortgeführt und ein Großteil der unmittelbar geltenden EU-Verordnungen in nationales Recht überführt.[117] Die britische Rechtslage entspricht daher grundsätzlich weiterhin derjenigen der Europäischen Union und Deutschlands, soweit keine nachträglichen legislativen Änderungen erfolgt sind, die eine Abweichung von der ursprünglichen Rechtslage begründen.[118]

[115] European Union (Withdrawal) Act 2018, UK Public General Acts, 2018 c. 16.

[116] European Union (Withdrawal Agreement) Act 2020, UK Public General Acts, 2020 c. 1.

[117] Shorthose, in: Shorthose (Hrsg.), Guide to EU and UK Pharmaceutical Regulatory Law, 2023, S. 1, 2.

[118] Shorthose, in: Shorthose (Hrsg.), Guide to EU and UK Pharmaceutical Regulatory Law, 2023, S. 1, 1 f.

Für Nordirland gilt aufgrund des Nordirland-Protokolls eine besondere Rechtslage.[119] Nach Artikel 182 des Brexit-Abkommens[120] ist das Protokoll integraler Bestandteil der Austrittsvereinbarung und verpflichtet dazu, bestimmte Teile des EU-Rechts weiterhin in Nordirland anzuwenden. Die rechtliche Einordnung kann dort daher abweichen, insbesondere im Hinblick auf unionsrechtliche Vorschriften, die im übrigen Vereinigten Königreich keine Geltung mehr besitzen.

12.3.1 Arzneimittelrecht

Die Vorschriften der ATMP-VO wurden im Vereinigten Königreich durch die Verordnungen über Humanarzneimittel (The Human Medicines Regulations 2012[121] – HMR 2012) in nationales Recht überführt und gelten seither unverändert fort.[122] Die Definitionen für GTMP, SCTMP und TEP entsprechen daher unverändert denjenigen der ATMP-VO (vgl. Kapitel 8). Dies gilt gleichermaßen für Nordirland. Dort bleibt das unionsrechtliche Arzneimittelrecht in weiten Teilen, einschließlich der ATMP-VO, weiterhin anwendbar.[123] Die Klassifizierung somatischer genomischer Therapien als ATMP entspricht der Einordnung nach Unionsrecht (vgl. Tabelle 8.1).

In der aktuellen Fachdiskussion wird jedoch erwogen, künftig eine eigenständige ATMP-Kategorie für nicht in das Genom integrierende Nukleinsäuren, etwa personalisierte mRNA-Wirkstoffe, einzuführen.[124]

---

[119] Das Nordirland-Protokoll dient zur Verhinderung einer Zollgrenze zwischen der Republik Irland und Nordirland, um den Frieden in der Region zu gewährleisten und zugleich die Funktionsfähigkeit des EU-Binnenmarkts zu sichern, siehe Dörr, in: Grabitz/Hilf/Nettesheim (Hrsg.), Das Recht der Europäischen Union, 86. Ergänzungslieferung 2025, Art. 50 EUV, Rn. 56.

[120] Austrittsabkommen zwischen der Europäischen Union und dem Vereinigten Königreich Großbritannien und Nordirland über den Austritt des Vereinigten Königreichs aus der Europäischen Union und der Europäischen Atomgemeinschaft, ABl. L 29 vom 31.01.2020, S. 7, zuletzt geändert durch Beschluss (EU) 2024/1307 vom 17.05.2024, ABl. L 225, S. 53.

[121] The Human Medicines Regulations 2012, S.I. 2012/1916.

[122] Vgl. Reg. 2 A HMR 2012.

[123] Artikel 5 Abs. 4 i.V. mit Anhang 2 Nummer 20 Brexit-Abkommen.

[124] Medicines and Healthcare products Regulatory Agency, Draft guideline on individualised mRNA cancer immunotherapies, 2025, (https://assets.publishing.service.gov.uk/media/6799ef4d9a6dc0352ab34225/Individualised_mRNA_cancer_immunotherapies_0.6.5.pdf), S. 8 (geprüft am 24.10.2025).

12.3.2 Gentechnikrecht

Das britische Umweltschutzgesetz (Environmental Protection Act 1990 – EPA UK) bildet den zentralen Rechtsrahmen für die Kontrolle gentechnisch veränderter Organismen (Genetically Modified Organisms – GMO). Teil VI des britischen Umweltschutzgesetzes (EPA UK) bildet den rechtlichen Rahmen für das britische Gentechnikrecht und setzte bereits vor dem Austritt des Vereinigten Königreichs die unionsrechtlichen Vorgaben der Richtlinie 2001/18/EG in nationales Recht maßgeblich um. Dieser enthält eine Legaldefinition[125] gentechnisch veränderter Organismen (GMO), die durch einzelne Verordnungen weiter konkretisiert werden kann.[126]

12.3.2.1 Klassifizierung als gentechnisch veränderter Organismus (GMO)

Neben dem britischen Umweltschutzgesetz (EPA UK) wurde die Richtlinie 2001/18/EG durch die Verordnung über die Freisetzung gentechnisch veränderter Organismen (Genetically Modified Organisms (Deliberate Release) Regulations 2002 – GMO Regulations 2002[127]) für England und Wales sowie durch eine entsprechende Verordnung (The Genetically Modified Organisms (Deliberate Release)(Scotland) Regulations 2002 – GMO Regulations Scot. 2002[128]) in Schottland umgesetzt. Der Wortlaut der Legaldefinition gentechnisch veränderter Organismen (GMO) ist bis heute identisch zu den unionsrechtlichen Vorgaben der Richtlinie 2001/18/EG.[129] Für Nordirland besteht ohnehin die Verpflichtung, die Vorgaben der Freisetzungsrichtlinie und damit die Einhatung der dortigen Legaldefinition gentechnisch veränderter Organismen (GMO) beizubehalten.[130]

Gleichermaßen wurden die Anforderungen der Richtlinie 2009/41/EG in den Genetically Modified Organisms (Contained Use) Regulations 2014[131] (GMO Regulations 2014) für England, Schottland und Wales sowie in Nordirland

[125] Section 106(4) EPA UK.

[126] Section 106(4D) EPA UK.

[127] Genetically Modified Organisms (Deliberate Release) Regulations 2002, S.I. 2002/2443.

[128] The Genetically Modified Organisms (Deliberate Release)(Scotland) Regulation 2002, S.I. 2002/541.

[129] Vgl. Section 106(4) EPA UK und Reg. 5 GMO Regulations (Scotland) 2002; siehe auch The Stationery Office, Explanatory Notes – Genetic Technology (Precision Breeding) Act 2023, Chapter 6, (https://www.legislation.gov.uk/ukpga/2023/6/pdfs/ukpgaen_20230006_en.pdf), S. 5 (geprüft am 24.10.2025).

[130] Artikel 5 Abs. 4 i.V. mit Anhang 2 Nummer 35 Brexit-Abkommen.

[131] The Genetically Modified Organisms (Contained Use) Regulations 2014, S.I. 2014/1663.

(The Genetically Modified Organisms (Contained Use) Regulations (Northern Ireland) 2015[132] – GMO Regulations 2015) umgesetzt.[133] Die rechtliche Einstufung somatischer genomischer Therapien als gentechnisch veränderte Organismen (GMO) erfolgt daher inhaltlich übereinstimmend mit den Ausführungen zum deutschen und unionsrechtlichen Gentechnikrecht (vgl. Tabelle 11.1).

12.3.2.2 Genetic Technology (Precision Breeding) Act 2023

Mit dem Gesetz über den Einsatz gentechnischer Präzisionstechniken zur Züchtung von Organismen (Genetic Technology (Precision Breeding) Act 2023 – GTA 2023) wurde nach dem Austritt des Vereinigten Königreichs aus der Europäischen Union ein Gesetz geschaffen, das ausschließlich in England gilt – nicht jedoch in Wales, Schottland oder Nordirland – und eine gezielte Deregulierung bestimmter genetisch veränderter Organismen vorsieht.[134]

Das Gesetz führt die neue Kategorie des „präzise gezüchteten Organismus" (Precision Bred Organism – PBO) ein. Als präzise gezüchtete Organismen (PBO) gelten genomeditierte Pflanzen und Wirbeltiere, deren genetische Veränderungen auch durch konventionelle Züchtung oder auf natürliche Weise entstehen könnten. Solche Organismen werden nicht länger als gentechnisch veränderte Organismen (GMO) behandelt und sind im Bereich der Freisetzung von den einschlägigen Gentechnikvorschriften ausgenommen – nicht jedoch im geschlossenen System (Contained Use).[135] Der PBO-Status gilt ausschließlich für Pflanzen und Tiere, nicht aber für Mikroorganismen.[136]

Für die Forschung und Entwicklung somatischer genomischer Therapien ergeben sich aus dem GTA 2023 keine unmittelbaren Änderungen. In präklinischen Phasen kommen überwiegend gentechnisch veränderte Mikroorganismen oder Versuchstiere unter geschlossenen Bedingungen zum Einsatz. Während Mikroorganismen ohnehin nicht vom Anwendungsbereich des GTA 2023 erfasst werden, wäre dieser zumindest für die Züchtung transgener Tiere grundsätzlich eröffnet. Da im Rahmen von Tierversuchen jedoch regelmäßig keine Freisetzung erfolgt

---

[132] The Genetically Modified Organisms (Contained Use) Regulations (Northern Ireland) 2015, Northern Ireland Statutory Rules, 2015/339.

[133] Die Verordnungen wurden ursprünglich durch die jeweiligen Ministerien für Arbeits- und Gesundheitsschutz auf Grundlage des Health and Safety at Work Act 1974, UK Public General Acts, 1974 c. 37 und Health and Safety at Work (Northern Ireland) Order 1978, Northern Ireland Orders in Council, 1978 No. 1039 (N.I. 9) erlassen.

[134] Watson/Hayta, Transgenic Research 33 (2024), S. 539, 541.

[135] Watson/Hayta, Transgenic Research 33 (2024), S. 539, 542.

[136] Watson/Hayta, Transgenic Research 33 (2024), S. 539, 541.

(vgl. Abschnitt 20.1.2), finden weiterhin die allgemeinen Regelungen über das geschlossene System des Gentechnikrechts Anwendung.

Gleichwohl markiert das Gesetz einen dogmatischen Wandel im britischen Umweltrecht. Während Schottland, Wales und Nordirland weiterhin einem verfahrensbezogenen Regulierungsansatz (Process-based Approach) folgen, vollzieht England schrittweise den Übergang zu einer produktbezogenen Regulierung (Product-based Approach). Der GTA 2023 ist Ausdruck des politischen Ziels, die als übermäßig restriktiv empfundene Regulierung durch das bisherige Gentechnikrecht zu lockern.[137] Er kann daher als rechtspolitisches Signal verstanden werden, das auf eine perspektivische Ausweitung des Anwendungsbereichs – etwa auf Mikroorganismen oder auf Tätigkeiten im geschlossenen System – hindeutet.

12.4 Japan

In Japan sind sowohl das Arzneimittelrecht als auch das Gentechnikrecht auf horizontaler Ebene durch zentrale Gesetze kodifiziert.

12.4.1 Arzneimittelrecht

Das japanische Arzneimittelrecht beruht im Wesentlichen auf zwei zentralen Rechtsgrundlagen. Die erste Säule bildet das Arzneimittel- und Medizinproduktegesetz (Act on Securing Quality, Efficacy and Safety of Products Including Pharmaceuticals and Medical Devices[138] – PMD Act). Ergänzend gilt das Gesetz über die Gewährleistung der Sicherheit regenerativer Arzneimittel (Act on Safety of Regenerative Medicine[139] – RM Act) für bestimmte besondere Arzneimittel.

Während der PMD Act die Entwicklung, Herstellung und das Inverkehrbringen kommerzieller Arzneimittel durch die pharmazeutische Industrie regelt, betrifft der RM Act die klinische Anwendung regenerativer Arzneimittel durch

[137] The Stationery Office, Explanatory Notes – Genetic Technology (Precision Breeding) Act 2023, Chapter 6, (https://www.legislation.gov.uk/ukpga/2023/6/pdfs/ukpgaen_20230006_en.pdf), S. 5 (geprüft am 24.10.2025).

[138] Act on Securing Quality, Efficacy and Safety of Products Including Pharmaceuticals and Medical Devices (Act No. 145 of 1960); die amtliche Übersetzung des japanischen Justizministeriums in das Englische ist abrufbar unter: https://www.japaneselawtranslation.go.jp/en/laws/view/3213/en (geprüft am 24.10.2025).

[139] Act on the Safety of Regenerative Medicine (Act No. 85 of 2013); eine amtliche Übersetzung des japanischen Justizministeriums existiert nicht.

medizinisches Fachpersonal, insbesondere Ärztinnen, Ärzte und Krankenhäuser.[140]

Der historische Hintergrund dieser rechtlichen Trennung liegt in einer Besonderheit des japanischen Berufsrechts im Gesundheitswesen. Dieses räumt medizinischen Fachkräften traditionell weitreichende Freiheiten im Umgang mit nicht zugelassenen Arzneimitteln ein.[141] Die hierdurch begünstigte Entstehung zahlreicher privat betriebener Kliniken, die insbesondere induzierte pluripotente Stammzellen (iPSC) zu vermeintlichen Heil- und Schönheitszwecken einsetzten, führte zu erheblichen Missbrauchs- und Sicherheitsbedenken.[142]

Als Reaktion darauf erfolgte eine verschärfte Regulierung durch den RM Act sowie eine klare Trennung der sachlichen Anwendungsbereiche: Die industrielle Herstellung und kommerzielle Vermarktung von Arzneimitteln fällt weiterhin unter den PMD Act, während die klinische Anwendung neuartiger Therapien durch medizinisches Fachpersonal gesondert dem RM Act unterliegt. Beide Gesetze kennen einen besonderen rechtlichen Status für sog. regenerative Arzneimittel (Regenerative Medicine Products). Diese werden jedoch nicht deckungsgleich legaldefiniert.[143]

12.4.1.1 Gesetz über die Gewährleistung der Sicherheit regenerativer Arzneimittel (RM Act)

Ursprünglich erfasste der RM Act ausschließlich Produkte, die außerhalb des Körpers des Patienten verarbeitet[144] wurden (ex-vivo-Ansatz). Gentherapien, die im Körper des Patienten angewendet werden (in-vivo-Ansatz), fielen demgegenüber

---

[140] Azuma, Current Stem Cell Reports 1 (2015), S. 118, 119.

[141] Takashima/Morrison/Minari, Stem Cell Reports 16 (2021), S. 1425, 1426; Azuma, Current Stem Cell Reports 1 (2015), S. 118, 119; Yano/Yamato, Regenerative Therapy 8 (2018), S. 63, 64; Katsunori/Yuichiro/Yuko, Medical Law in Japan, 2024, S. 85.

[142] Takashima/Morrison/Minari, Stem Cell Reports 16 (2021), S. 1425, 1426; Katsunori/Yuichiro/Yuko, Medical Law in Japan, 2024, S. 85.

[143] Vgl. Maruyama/Noda/Okudaira u. a., in: Galli (Hrsg.), Regulatory Aspects of Gene Therapy and Cell Therapy Products, 2023, S. 155, 157; Azuma, Current Stem Cell Reports 1 (2015), S. 118, 124; Takashima/Morrison/Minari, Stem Cell Reports 16 (2021), S. 1425, 1428; Hanayuki/Matsuyama, in: Dederer/Frenken (Hrsg.), Regulation of Genome Editing in Human iPS Cells, 2021, S. 223, 236.

[144] „Verarbeitung" im Sinne von Artikel 2 Absatz 4 des Gesetzes bezeichnet chemische Behandlungen, Änderungen biologischer Eigenschaften, Kombinationen mit nicht-zellulären Bestandteilen, gentechnische Modifikationen usw., die zum Zweck der künstlichen Vermehrung oder Differenzierung von Zellen oder Geweben, der Etablierung von Zellen, der Aktivierung von Zellen usw. durchgeführt werden, siehe Maruyama, Regulatory Update of Cell and Gene Therapy Products in Japan, 2024, (https://www.pmda.go.jp/files/000274241.pdf),

zunächst nicht in den Anwendungsbereich des Gesetzes.[145] Mit der Gesetzesänderung von 2024 wurde die Legaldefinition jedoch erweitert. Der Geltungsbereich des RM Act umfasst nun auch bestimmte Gentherapeutika, die im Körper des Patienten angewendet werden (in-vivo-Ansatz).[146] Als Gentherapeutika werden solche Produkte erfasst, bei denen ein exogenes Gen in den Körper des Patienten eingebracht oder eine gezielte genetische Modifikation zur Behandlung einer Krankheit beim Menschen vorgenommen wird.[147] Nach der ersten Tatbestandsalternative werden somit klassische Gentransferarzneimittel, nach der zweiten Alternative hingegen alle Arzneimittel, die Gene im Körper des Patienten gezielt verändern, erfasst – insbesondere solche, die auf Genome-Editing beruhen.

Handelt es sich bei einem Produkt um ein regeneratives Arzneimittel, erfolgt eine gestufte Risiko-Klassifizierung, die über das jeweils anzuwendende Genehmigungsverfahren und die regulatorischen Anforderungen entscheidet. Bestimmte Arzneimittelgruppen können durch Verfügung des Kabinetts (Cabinet Order) vom Geltungsbereich des RM Act ausgeschlossen werden und bleiben dadurch rechtlich privilegiert.[148]

12.4.1.1.1 Risikoklasse I – Hohes Risiko

Zur Risikoklasse I zählen insbesondere embryonale Stammzellen, induzierte pluripotente Stammzellen (iPSC), xenogene und allogene Zellpräparate sowie Zelltherapien, denen exogenes genetisches Material hinzugefügt wurde.[149] Da Zelltherapien, denen ein Gen mittels viralen Vektors hinzugefügt wurde, bislang

S. 7 (geprüft am 24.10.2025); Carolina/Antònia/Mercè u. a., Expert Opinion on Biological Therapy 22 (2022), S. 831, 832; Nagai/Ozawa, Current Gene Therapy 17 (2017), S. 17, 21.

[145] Maruyama/Noda/Okudaira u. a., in: Galli (Hrsg.), Regulatory Aspects of Gene Therapy and Cell Therapy Products, 2023, S. 155, 159; Ikka/Hatta/Fujita, Stem Cell Reports 19 (2024), 1648; Nagai/Ozawa, Current Gene Therapy 17 (2017), S. 17, 21.

[146] Vgl. zur Änderung des RM Act unter https://www.japaneselawtranslation.go.jp/outline/113/905R605.pdf (geprüft am 24.10.2025).

[147] Originalwortlaut der amtlichen Übersetzung:
„Gene therapy without using processed cells: In vivo transgenesis or gene modification for the purpose of treating human diseases“, abrufbar unter: https://www.japaneselawtranslation.go.jp/outline/113/905R605.pdf (geprüft am 24.10.2025).

[148] Durch die japanische Regierung wurden Bluttransfusionen mit verarbeiteten Zellen, hämatopoetische Stammzellen und assistierte Reproduktionstechniken ausgeschlossen, siehe Takashima/Morrison/Minari, Stem Cell Reports 16 (2021), S. 1425, 1428; Azuma, Current Stem Cell Reports 1 (2015), S. 118, 124.

[149] Maruyama/Noda/Okudaira u. a., in: Galli (Hrsg.), Regulatory Aspects of Gene Therapy and Cell Therapy Products, 2023, S. 155, 158; Azuma, Current Stem Cell Reports 1 (2015), S. 118, 125; Nagai/Ozawa, Current Gene Therapy 17 (2017), S. 17, 24.

stets dieser höchsten Risikokategorie zugeordnet wurden, ist davon auszugehen, dass künftig auch in vivo-Gentherapien der Risikoklasse I unterfallen werden.

12.4.1.1.2 Risikoklasse II – Mittleres Risiko

Die Risikoklasse II umfasst einfache Stammzellpräparate und Zelltransplantate, die zwar zur Reparatur oder Regeneration menschlichen Gewebes bestimmt sind, jedoch in einer Zellkultur expandiert wurden.[150] Aufgrund des moderaten Gefährdungspotenzials ist für diese Kategorie ein mittleres Maß an regulatorischer Kontrolle vorgesehen.

12.4.1.1.3 Risikoklasse III – Niedriges Risiko

Der Risikoklasse III werden regenerative Arzneimittel zugeordnet, die homolog verwendet werden, das heißt, deren Zellen im Empfänger dieselbe biologische Funktion erfüllen wie im Spender und nicht wesentlich verändert wurden.[151] Diese Produkte gelten als risikoarm und unterliegen daher reduzierten regulatorischen Anforderungen.

12.4.1.2 Arzneimittel- und Medizinproduktegesetz (PMD Act)

Das Arzneimittel- und Medizinproduktegesetz (PMD Act) unterscheidet zwischen Arzneimitteln (Pharmaceuticals), biologischen Arzneimitteln (Biological Products), regenerativen Arzneimitteln (Regenerative Medicine Products) und Arzneimitteln für seltene Leiden (Orphan Drugs). Zur systematischen Gegenüberstellung des PMD Act mit dem RM Act erfolgt zunächst eine nähere Betrachtung der Kategorie der regenerativen Arzneimittel.

12.4.1.2.1 Regenerative Arzneimittel (Regenerative Medicine Products)

Regenerative Arzneimittel im Sinne des PMD Act werden wie folgt definiert:

> [...] Gegenstände [...], wie sie durch Kabinettsverordnung näher bestimmt sind:

---

[150] Vgl. Maruyama/Noda/Okudaira u. a., in: Galli (Hrsg.), Regulatory Aspects of Gene Therapy and Cell Therapy Products, 2023, S. 155, 158; Azuma, Current Stem Cell Reports 1 (2015), S. 118, 125; Hirai/Yasuda/Umezawa u. a., Stem Cell Reports 18 (2023), S. 1573, 1580; Nagai/Ozawa, Current Gene Therapy 17 (2017), S. 17, 24.

[151] Vgl. Maruyama/Noda/Okudaira u. a., in: Galli (Hrsg.), Regulatory Aspects of Gene Therapy and Cell Therapy Products, 2023, S. 155, 158; Azuma, Current Stem Cell Reports 1 (2015), S. 118, 125; Nagai/Ozawa, Current Gene Therapy 17 (2017), S. 17, 24.

(i) Gegenstände, die zur Verwendung in der human- oder veterinärmedizinischen Behandlung bestimmt sind und aus menschlichen oder tierischen Zellen bestehen, die kultiviert oder anderweitig verarbeitet wurden, und zwar zur:
   (a) Rekonstruktion, Reparatur oder Bildung der Struktur oder Funktion des Körpers von Menschen oder Tieren, oder
   (b) Behandlung oder Vorbeugung von Krankheiten bei Menschen oder Tieren.

(ii) Gegenstände, die zur Behandlung von Krankheiten bei Menschen oder Tieren bestimmt sind und die Gene enthalten, die in menschliche oder tierische Zellen eingebracht werden, um im Körper exprimiert zu werden.[152]

Die Legaldefinition unterscheidet also zwischen zwei Gruppen: Zell- und Gewebetherapeutika, bei denen Zellen außerhalb des Körpers des Patienten kultiviert oder verarbeitet werden (ex-vivo-Ansatz) und Gentherapeutika, bei denen Gene in Zellen eingebracht werden, um im Körper exprimiert zu werden (ex-vivo und in-vivo-Ansatz).

12.4.1.2.1.1 Zell- und Gewebetherapeutika

Der Begriff der „Verarbeitung" wird im PMD Act nicht legaldefiniert. Er wird jedoch in Anlehnung an internationale Standards und im Einklang mit der Definition im RM Act ausgelegt.[153] Folglich gelten somatische genomische Therapien, die Veränderungen an Zellen außerhalb des Körpers des Patienten vornehmen (ex-vivo-Ansatz), als regenerative Arzneimittel, soweit sie zur Behandlung von Krankheiten beim Menschen angewendet werden (vgl. Abschnitt 8.1.2.3).

---

[152] Article 2(9) PMD Act:
„The term 'regenerative medicine product' used in this Act refers to the following items (excluding quasi-pharmaceutical products and cosmetics), as specified by Cabinet Order:
(i) the following items intended for use in human or animal healthcare which are obtained after culturing or other processes using human or animal cells:
   (a) reconstruction, repairing or formation of the structure or function of the bodies of humans or animals;
   (b) treatment or prevention of disease in humans or animals;
(ii) items intended for use in the treatment of disease in humans or animals which are introduced into cells of humans or animals and contain genes to be expressed in their bodies".

[153] Vgl. Maruyama, Regulatory Update of Cell and Gene Therapy Products in Japan, 2024, (https://www.pmda.go.jp/files/000274241.pdf), S. 7 (geprüft am 24.10.2025); Carolina/Antònia/Mercè u. a., Expert Opinion on Biological Therapy 22 (2022), S. 831, 832; Nagai/Ozawa, Current Gene Therapy 17 (2017), S. 17, 21; Okada/Koike/Sawa, Regenerative Therapy 1 (2015), S. 80, 81.

12.4.1.2.1.2 Gentherapeutika

Ein wesentlicher Unterschied besteht jedoch hinsichtlich der Definition von Gentherapeutika im PMD Act im Vergleich zum RM Act. Während der RM Act seit der Reform von 2024 ein breites Verständnis von Gentherapie zulässt – einschließlich Genome-Editing – beschränkt sich der PMD Act auf den klassischen Gentransfer, also das gezielte Einbringen eines Gens zur Expression im Körper (vgl. Abschnitt 12.4.1.1).

Dieser Unterschied führt jedoch nicht zwingend zu systematischen Widersprüchen, da PMD Act und RM Act unterschiedliche Lebenssachverhalte regeln: Der PMD Act betrifft die industrielle Entwicklung und Vermarktung, während der RM Act die klinische Anwendung durch medizinisches Fachpersonal adressiert (vgl. Abschnitt 12.4.1). Gleichwohl legt die japanische Arzneimittelbehörde (Pharmaceuticals and Medical Devices Agency – PMDA) in ihren Leitlinien zur klinischen Prüfung ein weites Begriffsverständnis zugrunde und stellt das Genome-Editing funktional einem Gentransfer gleich.[154] Somit werden Produkte, die nach dem Wortlaut des PMD Act nicht als Gentherapeutika und damit nicht als regenerative Arzneimittel gelten, in der Verwaltungspraxis dennoch in bestimmten regulatorischen Kontexten wie Gentherapeutika behandelt.

Im Ergebnis existiert im japanischen Recht kein einheitlicher Begriff der „Gentherapie“. Die Begriffsverwendung variiert je nach Regelungskomplex und unterscheidet sich teilweise zwischen Gesetzgebung (PMD Act und RM Act) und behördlicher Praxis (Leitlinien der PMDA).

12.4.1.2.2 Arzneimittel (Pharmaceuticals)

Nach dem PMD Act gelten als Arzneimittel (Pharmaceuticals) Stoffe, die im japanischen Arzneibuch aufgeführt sind, sowie andere Stoffe, die der Diagnose, Behandlung oder Vorbeugung von Krankheiten beim Menschen oder Tier dienen oder dazu bestimmt sind, die Struktur oder Funktion des Körpers von Menschen oder Tieren zu beeinflussen – ausgenommen regenerative Arzneimittel.[155]

---

[154] Yokomizo/Hosoya/Umezawa u. a., Regenerative Therapy 29 (2025), S. 237, 243.

[155] Article 2(1) PMD Act:
„The term ‘pharmaceutical’ as used in this Act refers to the following items:
(i) items listed in the Japanese Pharmacopoeia;
(ii) items which are intended for use in the diagnosis, treatment or prevention of disease in humans or animals, and which are not medical appliances or instruments, etc. (referring to medical appliances or instruments, dental materials, medical supplies, sanitary goods, and programs (referring to instructions given to a computer and built so as to obtain a certain result; hereinafter the same applies), and recording media on which programs

Somatische genomische Therapien, die nicht als regenerative Arzneimittel im Sinne des PMD Act eingestuft werden, sind regelmäßig als allgemeine Arzneimittel (Pharmaceuticals) zu klassifizieren. Sie dienen der Behandlung von Krankheiten und erfüllen damit die Voraussetzungen des Arzneimittelbegriffs im Sinne des Gesetzes.

Eine Doppelkategorisierung ist jedoch ausgeschlossen. Ein Produkt kann nur als regeneratives Arzneimittel oder als allgemeines Arzneimittel (Pharmaceutical) eingestuft werden.

12.4.1.2.3 Biologische Arzneimittel (Biological Products)

Als biologische Arzneimittel (Biological Products) im Sinne des PMD Act gelten Arzneimittel, die unter Verwendung von Ausgangs- oder Rohmaterialien menschlichen oder tierischen (nicht jedoch pflanzlichen) Ursprungs hergestellt werden, und die vom Gesundheitsministerium nach Anhörung des Pharmazeutischen Ausschusses für Arzneimittelangelegenheiten und Lebensmittelsicherheit als Produkte eingestuft wurden, bei denen besondere gesundheitliche oder hygienische Vorsichtsmaßnahmen erforderlich sind.[156]

Im Unterschied zu anderen Rechtsordnungen hängt die Einstufung als biologisches Arzneimittel in Japan nicht allein von den verwendeten Ausgangs- oder Rohmaterialien ab, sondern zusätzlich von einer formalen behördlichen Einstufung durch das zuständige Ministerium für Gesundheit, Arbeit und Soziales (Ministry of Health, Labour and Welfare – MHLW). Erst durch diese ministerielle Entscheidung nach Anhörung des Pharmazeutischen Ausschusses erhält ein Produkt rechtsverbindlich den Status eines biologischen Arzneimittels.

---

are recorded; hereinafter the same applies) (excluding quasi-pharmaceutical products and regenerative medicine products);

(iii) items which are intended to affect the structure and functioning of a human or animal's body, and which are not medical appliances or instruments, etc. (excluding quasi-pharmaceutical products, cosmetics, and regenerative medicine products)".

[156] Article 2(10) PMD Act:
„The term 'biological product' as used in this Act refers to pharmaceuticals, quasi-pharmaceutical products, cosmetics or medical devices, produced using raw materials or materials of human or other animal (excluding plant) origin, designated by the Minister of Health, Labour and Welfare after seeking the opinion of the Pharmaceutical Affairs and Food Sanitation Council as those requiring special attention with regards to health and hygiene".

12.4.1.2.4 Arzneimittel für seltene Leiden (Orphan Drugs)

Arzneimittel (Pharmaceuticals) sowie regenerative Arzneimittel nach dem PMD Act können als Arzneimittel für seltene Leiden (Orphan Drugs) ausgewiesen werden. Voraussetzung ist, dass die vorgesehene Verwendung des Arzneimittels eine Patientenzahl von weniger als 50.000 Personen in Japan betrifft und ein hoher medizinischer Bedarf besteht.[157] Ein solcher Bedarf liegt vor, wenn das Arzneimittel zur Behandlung einer schwerwiegenden oder schwer behandelbaren Erkrankung bestimmt ist und keine geeignete Behandlungsalternative zur Verfügung steht oder eine deutlich höhere Wirksamkeit oder Sicherheit im Vergleich zu bestehenden Therapien zu erwarten ist.[158]

12.4.2 Subsumtion unter das japanische Arzneimittelrecht

Insoweit ist für somatische genomische Therapien ausschließlich zu prüfen, ob diese als regenerative Arzneimittel im Sinne des PMD Act bzw. des RM Act zu klassifizieren sind. Aufgrund der abweichenden Legaldefinitionen in beiden Gesetzen ist eine getrennte Betrachtung erforderlich.

12.4.2.1 Virale Vektoren

Virale Vektoren stellen auch im japanischen Recht den Regelfall eines Gentherapeutikums dar. Werden sie außerhalb des Körpers des Patienten eingesetzt, um Spenderzellen oder patienteneigene Zellen zu transduzieren (ex-vivo-Ansatz), enthält das resultierende Arzneimittel lebende, verarbeitete Zellen und gilt daher als regeneratives Arzneimittel im Sinne des PMD Act.[159] Aufgrund des Einbringens einer exogenen genetischen Sequenz durch den viralen Vektor fällt ein solches Arzneimittel außerdem unter Risikoklasse I des RM Act.[160]

Auch die Anwendung eines viralen Vektors im Körper des Patienten zur Übertraung genetischer Sequenzen (in-vivo-Ansatz) führt zu einer Einstufung als regeneratives Arzneimittel im Sinne des PMD Act.[161] Durch die jüngste

---

[157] Art. 2(16), 77–2 PMD Act; näher Maruyama/Sakurai/Kasai u. a., Cell Gene Therapy Insights 7 (2021), S. 131, 134; Azuma, Current Stem Cell Reports 1 (2015), S. 118, 123.

[158] Maruyama, Regulatory Update of Cell and Gene Therapy Products in Japan, 2024, (https://www.pmda.go.jp/files/000274241.pdf), S. 10 (geprüft am 24.10.2025).

[159] Art. 2(9)(i) PMD Act.

[160] Maruyama/Noda/Okudaira u. a., in: Galli (Hrsg.), Regulatory Aspects of Gene Therapy and Cell Therapy Products, 2023, S. 155, 158; Azuma, Current Stem Cell Reports 1 (2015), S. 118, 125; Nagai/Ozawa, Current Gene Therapy 17 (2017), S. 17, 24.

[161] Article 2(9)(ii) PMD Act.

Änderung des RM Act wird auch dieser Ansatz ausdrücklich erfasst und der Risikoklasse I zugeordnet, da hierbei ein Transfer exogenen genetischen Materials in den menschlichen Körper erfolgt (vgl. Abschnitt 12.4.1.1).

12.4.2.2 RNA-basierte Therapeutika

Bei RNA-basierten Therapien ist bislang unklar, inwieweit deren Wirkmechanismus auf der regelmäßig transkriptomischen Ebene eine vergleichbare Relevanz wie der klassische Gentransfer entfaltet und ob sie infolgedessen unter die jüngste Erweiterung des Anwendungsbereichs des RM Act fallen. Davon hängt ab, ob sie künftig im Rahmen der klinischen Praxis denselben regulatorischen Anforderungen wie virale Vektoren unterliegen.

12.4.2.2.1 mRNA

Bei Arzneimitteln, die mRNA als Wirkstoff enthalten, ist zwischen einer Anwendung im Körper des Patienten (in-vivo-Ansatz) sowie außerhalb des Körpers des Patienten (ex-vivo-Ansatz) zu unterscheiden.

12.4.2.2.1.1 Anwendung im Körper des Patienten

Therapeutische mRNA-Produkte enthalten keine lebenden Zellen, sondern rekombinante oder synthetische Nukleinsäuren. Sie fallen daher nicht unter Artikel 2(9)(i) PMD Act. Da mRNA keine Gene im Sinne doppelsträngiger DNA-Moleküle, sondern einzelsträngige RNA-Moleküle enthält, scheidet auch eine Einordnung unter Artikel 2(9)(ii) PMD Act aus. Solche Produkte werden – abhängig von der Herstellungsweise – entweder als Arzneimittel (Pharmaceuticals) oder als biologische Arzneimittel (Biological Products) reguliert, soweit sie durch eine Ministerialanordnung entsprechend klassifiziert werden.

Seit der Erweiterung des Anwendungsbereichs des RM Act ist eine Einordnung der invivo-Anwendung von mRNA im Körper des Patienten (in-vivo-Ansatz) unter den RM Act grundsätzlich möglich. Voraussetzung wäre jedoch, dass Transgene in den Körper eingebracht oder Gene des Patienten verändert werden. Da mRNA keine DNA-Sequenzen enthält und nicht in das Genom des Patienten integriert wird (vgl. Abschnitt 4.1 und Abschnitt 11.2), fällt sie grundsätzlich nicht in den Anwendungsbereich des RM Act. Dies entspricht auch dem gesetzgeberischen Willen. Im Rahmen des Gesetzgebungsverfahrens wurde ausdrücklich offengelassen, ob mRNA-Technologien künftig in den RM Act integriert werden sollen.[162] Nur soweit mRNA im Körper des Patienten eine genetische Modifikation bewirkt, wäre eine Einordnung in Risikoklasse I des

[162] Vgl. Yokomizo/Hosoya/Umezawa u. a., Regenerative Therapy 29 (2025), S. 237, 240.

RM Act möglich; etwa indem sie den CRISPR-Cas-Komplex zum Zwecke des Genome-Editing exprimiert.

12.4.2.2.1.2 Anwendung außerhalb des Körpers des Patienten

Bei Anwendungen von mRNA außerhalb des Körpers des Patienten (ex-vivo-Ansatz) exprimieren die behandelten Zellen temporär bestimmte Proteine. Werden diese Zellen durch die exprimierten Proteine bearbeitet und anschließend dem Patienten infundiert, handelt es sich um verarbeitete Zellen, die als regenerative Arzneimittel im Sinne des PMD Act und RM Act gelten.[163]

Strittig wäre allein die Einstufung in die jeweiligen Risikoklassen des RM Act. Handelt es sich um Spenderzellen, also allogene Zellen, erfolgt stets eine Einstufung in Risikoklasse I (vgl. Abschnitt 12.4.1.1.1). Bei autologen Zellen ist dies jedenfalls dann der Fall, wenn die enthaltene mRNA Transkriptionsfaktoren exprimiert, um induzierte pluripotente Stammzellen (iPSC) zu erzeugen (vgl. Abschnitt 12.4.1.1.1). In anderen Fällen kann eine Einordnung in Risikoklasse II oder III in Betracht kommen (vgl. Abschnitt 12.4.1.1.2).

12.4.2.2.2 ncRNA

Nicht-codierende RNA werden typischerweise im Körper des Patienten angewendet (in-vivo-Ansatz). Diese Produkte enthalten keine lebenden Zellen und bestehen nicht aus Genen, d. h. DNA-Sequenzen, weshalb eine Klassifizierung als regeneratives Arzneimittel nach dem PMD Act ausscheidet (vgl. Abschnitt 4.2).[164] Sie werden deshalb je nach Herstellungsverfahren als Arzneimittel (Pharmaceuticals) oder biologische Arzneimittel (Biological Products) – bei entsprechender Ministerialanordnung – behandelt.

ncRNA bewirken zudem keine Modifikation des menschlichen Genoms, soweit sie komplementäre mRNA-Sequenzen binden oder regulatorische Proteine beeinflussen (vgl. Abschnitt 4.2). Sie sind daher regelmäßig nicht als regenerative Arzneimittel im Sinne des RM Act einzustufen. Eine Anwendung außerhalb des Körpers des Patienten (ex-vivo-Ansatz) ist unüblich, würde jedoch zur Einstufung als verarbeitetes Zellprodukt führen und damit den Anwendungsbereich des RM Act eröffnen. Da hierbei keine genetische Veränderung erfolgt, käme – abhängig von der konkreten Verwendung – allenfalls eine Einordnung in Risikoklasse II oder III in Betracht.

---

[163] Art. 2(9)(i) PMD Act.

[164] Vgl. Carolina/Antònia/Mercè u. a., Expert Opinion on Biological Therapy 22 (2022), S. 831.

12.4.2.3 Genome-Editing

Werden humane Zellen außerhalb des Körpers des Patienten (ex-vivo-Ansatz) durch CRISPR-Cas-Ribonukleoproteine genetisch verändert, handelt es sich um verarbeitete Zellen. Diese werden als regenartive Arzneimittel im Sinne des PMD Act erfasst und fallen zudem in die Risikoklasse I des RM Act (vgl. Abschnitt 12.4.1.1).[165] Unabhängig davon erfasst der RM Act seit seiner jüngsten Änderung alle Verfahren, bei denen Gene im Körper des Patienten verändert werden. Werden CRISPR-Cas-Ribonukleoproteine im Körper des Patienten angewendet (in-vivo-Ansatz), um genetische Sequenzen zu verändern, gelten sie aufgrund der legislativen Änderung des RM Act eindeutig als regenerative Arzneimittel.[166] Nach dem Wortlaut des Gesetzes ist es dabei unerheblich, ob einzelne Basen oder ganze Gene editiert oder ersetzt werden.

Die Klassifizierung als regeneratives Arzneimittel nach dem PMD Act gestaltet sich bei einer Anwendung im Körper des Patienten (in-vivo-Ansatz) schwieriger. Da das Produkt keine lebenden Zellen enthält, scheidet eine Einordnung unter Art. 2(9)(i) PMD Act aus. Für eine Einstufung unter Art. 2(9)(ii) PMD Act ist erforderlich, dass das Arzneimittel Gene in den Körper des Menschen einbringt, die in dessen Zellen exprimiert werden sollen. CRISPR-Cas-Systeme ohne exogene genetische Sequenzen (SDN-1- und Base-Editing-Verfahren) fallen daher aus dem Anwendungsbereich heraus, da sie kein DNA-Template, sondern lediglich eine gRNA enthalten (vgl. Abschnitt 5.3.2). Sie werden folglich als Arzneimittel (Pharmaceuticals) oder biologische Arzneimittel (Biological Products) reguliert. Enthält das Ribonukleoprotein hingegen eine Template-DNA (SDN-2-, SDN-3- oder Prime-Editing-Verfahren[167]; vgl. Abschnitt 5.3.2), liegt ein Gentransfer vor, sodass das Produkt unter Artikel 2(9)(ii) PMD Act fällt, soweit eine Expression des Gens stattfindet.

12.4.2.4 RNA-Editing

Beim RNA-Editing besteht der CRISPR-Cas-Komplex aus einer gRNA sowie einem modifizierten Cas13-Protein (vgl. Abschnitt 5.3.5). Wird der Komplex als Ribonukleoprotein im Körper des Patienten angewendet (in-vivo-Ansatz) erfolgt keine Einstufung als regeneratives Arzneimittel nach dem PMD Act. Der CRISPR-Cas-Komplex enthält keine Vorlage-DNA und überträgt daher keine

---

[165] Art. 2(9)(i) PMD Act.

[166] Yokomizo/Hosoya/Umezawa u. a., Regenerative Therapy 29 (2025), S. 237, 240.

[167] In diesem Fall enthält die pegRNA eine Vorlage-RNA, die durch das Enzym Reverse Transkriptase in ein DNA-Transkript umgeschrieben wird, das anschließend in das Humangenom integriert wird (vgl. Abschnitt 5.3.4). Somit kann in diesem Fall von einem „Gen“ gesprochen werden, obwohl der Wirkstoff eine RNA-Sequenz enthält.

Gene auf die Zellen des Patienten. Das Produkt enthält zudem keine Zellen. Solche Produkte gelten als Arzneimittel (Pharmaceuticals) oder – bei entsprechender Ministerialanordnung – als biologische Arzneimittel (Biological Products). Auch unter den RM Act fallen RNA-Editing-Verfahren nicht, da keine exogenen Gene eingebracht und keine Veränderungen des Genoms vorgenommen werden.[168] Die Editierung erfolgt ausschließlich durch eine chemische Umwandlung einzelner Basen im Zytoplasma der Zellen an den dort vorhandenen mRNA-Molekülen (vgl. Abschnitt 5.3.5).

Erfolgt das RNA-Editing außerhalb des Körpers des Patienten (ex-vivo-Ansatz), stellt dies eine Verarbeitung von Zellen dar. Diese gelten als regenerative Arzneimittel im Sinne des PMD Act und unterfallen auch dem RM Act. Aufgrund der lediglich temporären Modifikation außerhalb des Genoms erscheint jedoch eine niedrigere Risikoklassifizierung sachgerecht.

12.4.2.5 Epigenome-Editing

Erfolgt das Epigenome-Editing außerhalb des Körpers des Patienten (ex-vivo-Ansatz), stellt dies eine Verarbeitung von Zellen dar. Diese gelten als regenerative Arzneimittel im Sinne des PMD Act und unterfallen auch dem RM Act. Aufgrund der lediglich temporären Modifikation außerhalb des Genoms erscheint jedoch eine niedrigere Risikoklassifizierung sachgerecht.

Erfolgt das Epigenome-Editing durch CRISPRi- oder CRISPRa-Ribonukleoproteine oder andere regulatorische Enzyme im Körper des Patienten (in vivo), werden keine Gene in den menschlichen Körper eingebracht. Soweit eine Nukleinsäure im Produkt enthalten ist, handelt es sich ausschließlich um die gRNA (vgl. Kapitel 6). Eine Einstufung als regeneratives Arzneimittel im Sinne des PMD Act scheidet daher aus. Solche Produkte werden als Arzneimittel (Pharmaceuticals) oder – bei entsprechender Ministerialanordnung – als biologische Arzneimittel (Biological Products) behandelt.

Auch der novellierte RM Act erfasst solche Ansätze grundsätzlich nicht, da kein Gentransfer erfolgt.[169] Eine Einordnung wäre allenfalls denkbar, wenn epigenetische Veränderungen unmittelbar an DNA-Markern vorgenommen werden und damit als Modifikation einer genetischen Sequenz im Sinne des RM Act subsumiert werden könnten (vgl. Abschnitt 11.5). Im systematischen Vergleich mit den typischen Anwendungsfällen – Gentransfer und unmittelbare genetische Modifikation durch Genome-Editing – erscheint dies jedoch zweifelhaft. Der Wortlaut der englischen Übersetzung ließe zwar eine weite Auslegung zu,

---

[168] Vgl. Yokomizo/Hosoya/Umezawa u. a., Regenerative Therapy 29 (2025), S. 237, 244.

[169] Vgl. Yokomizo/Hosoya/Umezawa u. a., Regenerative Therapy 29 (2025), S. 237, 244.

wonach ausschließlich Verfahren ausgenommen wären, die die DNA nicht berühren, etwa reine Histonmodifikationen. Eine Verwaltungspraxis zu dieser Frage besteht bislang jedoch nicht und dürfte maßgeblich vom Wortlaut der japanischen Originalfassung abhängen.

12.4.3 Gentechnikrecht

Japan verfügt über ein horizontales Gentechnikrecht, das im Gesetz über die Erhaltung und nachhaltige Gewährleistung biologischer Diversität durch Regelungen über die Verwendung veränderter lebendiger Organismen (Act on the Conservation and Sustainable Use of Biological Diversity through Regulations on the Use of Living Modified Organisms – Cartagena Act[170]) kodifiziert ist.

Der sachliche Anwendungsbereich des Cartagena Act wird durch den Begriff des „lebenden veränderten Organismus" (Living Modified Organism – LMO) eröffnet. Dabei handelt es sich um einen Organismus, der Nukleinsäuren oder daraus replizierte Produkte enthält, die unter Verwendung von Technologien zur extrazellulären Verarbeitung von Nukleinsäuren gewonnen wurden, soweit diese durch Ministerialanordnungen näher bestimmt sind, oder durch Zellfusion von Organismen verschiedener taxonomischer Familien erzeugt wurden.[171] Als „Organismus" gelten insbesondere einzelne Zellen (mit Ausnahme solcher, die eine Zellkolonie bilden) oder Zellkolonien, sofern sie durch Ministerialanordnung als zur Übertragung oder Replikation von Nukleinsäuren fähig bestimmt wurden, sowie Viren und Viroide.[172]

---

[170] Act on the Conservation and Sustainable Use of Biological Diversity through Regulations on the Use of Living Modified Organisms (Act No. 97 of 2003) – Cartagena Act; die amtliche Übersetzung des japanischen Justizministeriums in das Englische ist abrufbar unter: https://www.japaneselawtranslation.go.jp/en/laws/view/3252 (geprüft am 24.10.2025).

[171] Article 2(2) Cartagena Act:
„In this Act, 'living modified organism' means an organism that contains nucleic acid, or a replicated product thereof, obtained through use of the any of the following technologies:
(i) technologies stipulated by Order of the competent ministries, for the processing of nucleic acid extracellularly;
(ii) technologies, as stipulated by Order of the competent ministries, for fusing the cells of organisms belonging to different taxonomical families".

[172] Art. 2(1) Cartagena Act:
„In this Act, 'organism' means a single cell (excluding a single cell forming a cell colony) or a cell colony which is stipulated by Order of the competent ministries as having the capacity to transfer or replicate nucleic acid, and viruses and viroids".

12.4.4 Klassifizierung als lebender veränderter Organismus (Living Modified Organism)

Für die regulatorische Einordnung ist entscheidend, ob somatische genomische Therapien als „lebender veränderter Organismus“ (Living Modified Organism – LMO) im Sinne des Cartagena Act zu qualifizieren sind. Die Legaldefinition erfasst die Herstellung und Übertragung von Nukleinsäuren – einschließlich RNA – und weist damit prima facie einen sehr weiten Anwendungsbereich auf. Das japanische Umweltministerium (Ministry of Environment – MOE) hat jedoch bestimmt, dass ein Organismus nicht als lebender veränderter Organismus (LMO) gilt, wenn nach der Verarbeitung keine Nukleinsäuren im Organismus verbleiben.[173] Maßgeblich für die Klassifizierung somatischer genomischer Therapien ist deshalb, ob eine dauerhafte genetische Veränderung oder Replikation von Nukleinsäuren stattfindet.

12.4.4.1 Virale Vektoren

Viren gelten nach dem Cartagena Act als Organismen.[174] Die Herstellung rekombinanter viraler Vektoren führt sowohl bei der direkten Verabreichung des viralen Vektors (in-vivo-Ansatz) als auch bei einer Transduktion von humanen Zellen außerhalb des menschlichen Körpers (ex-vivo-Ansatz) grundsätzlich zu einem Status als „lebender veränderter Organismus“ (LMO).[175] Eine Ausnahme besteht nur, wenn der virale Vektor nicht in das Genom der Zellen integriert[176] und nach Abschluss der Behandlung vollständig entfernt wird. In diesem Fall stellen die

---

[173] Tsuda/Watanabe/Ohsawa, Frontiers in Bioengineering and Biotechnology 7 (2019), 387, S. 3; Bachtarzi/Farries, Human Gene Therapy Clinical Development 30 (2019), S. 114, 118; Ministry of the Environment, To Genome Editing Technologies Users (https://www.env.go.jp/content/000064948.pdf), S. 1 (geprüft am 24.10.2025); Pharmaceuticals and Medical Devices Agency, Principle of Residual Replication-Incompetent Genetically Modified Viruses Used in the Production of Genetically Engineered Cells, 2020, (https://www.pmda.go.jp/files/000275900.pdf), S. 1 (geprüft am 24.10.2025).

[174] Art. 2(1) Cartagena Act.

[175] Mizoguchi/Fleischmann/Komuro u. a., Expert Opinion on Biological Therapy 24 (2024), S. 529; Tajima/Huh/Schmidt u. a., Molecular Therapy Methods & Clinical Development 26 (2022), S. 74, 75.

[176] Die Verwendung episomaler viraler Vektoren (z. B. AAV) oder solcher Vektoren, die ausschließlich im Zytoplasma der Zelle wirken (z. B. Sendaiviren), kann daher grundsätzlich vom Anwendungsbereich des japanischen Gentechnikrechts ausgenommen sein (vgl. Abschnitt 3.1).

verarbeiteten Zellen – und damit das Arzneimittel – keinen „lebenden veränderten Organismus“ im Sinne des Cartagena Act dar.[177]

12.4.4.2 RNA-basierte Therapeutika

mRNA- und ncRNA-Moleküle stellen keine Organismen dar und können daher nicht als nicht als „lebende veränderte Organismen“ (Living Modified Organisms – LMO) klassifiziert werden. Werden hingegen humane Zellen außerhalb des Körpers des Patienten (ex-vivo-Ansatz) mit mRNA oder ncRNA transfiziert, sind diese Zellen als Organismen zu bewerten (vgl. Abschnitt 12.4.3).

Der Cartagena Act erfasst grundsätzlich alle extrazellulär hergestellten Nukleinsäuren, die zur Übertragung in Organismen bestimmt sind. Daher könnten mRNA- oder ncRNA-transfizierte Zellen prima facie als als „lebender veränderter Organismus“ (LMO) einzustufen sein. Allerdings werden mRNA und ncRNA nicht in das Genom der Zellen integriert und nach der Translation innerhalb der Zelle wieder abgebaut (vgl. Abschnitt 11.2.1). Es fehlt somit an einer dauerhaften genetischen Modifikation, sodass nach der Verarbeitung keine Nukleinsäuren in den Zellen verbleiben. Entsprechend sind die behandelten Zellen nicht als LMO im Sinne des Cartagena Act einzustufen. Etwas anderes könnte nur gelten, wenn die RNA-Moleküle replizierbar sind und somit dauerhaft in den Zellen verbleiben. Daher könnten Zellen, die mittels samRNA verändert wurden, als „lebende veränderte Organismen“ (LMO) eingestuft werden. Dies hängt jedoch maßgeblich davon ab, ob das entsprechende Herstellungsverfahren in den Ministerialanordnungen des japanischen Umweltministeriums (MOE) erfasst ist.

12.4.4.3 Genome-Editing

Enthält das Arzneimittel Ribonukleoproteine, stellen weder das Cas-Enzym noch die gRNA eigenständige Organismen dar und werden daher nicht unmittelbar vom Cartagena Act erfasst.[178] Werden hingegen humane Zellen außerhalb des Körpers des Patienten (ex-vivo-Ansatz) mit CRISPR-Cas-Ribonukleoproteinen transfiziert, sind diese Zellen selbst als Organismen zu bewerten (vgl. Abschnitt 12.4.3). Eine solche Veränderung humaner Zellen durch CRISPR-Cas-Ribonukleoproteine kann deshalb zu einem Status als „lebende veränderte Organismen“ (LMO) führen.

---

[177] Ministry of the Environment, To Genome Editing Technologies Users (https://www.env.go.jp/content/000064948.pdf), S. 1 (geprüft am 24.10.2025); Pharmaceuticals and Medical Devices Agency, Principle of Residual Replication-Incompetent Genetically Modified Viruses Used in the Production of Genetically Engineered Cells, 2020 (https://www.pmda.go.jp/files/000275900.pdf), S. 1 (geprüft am 24.10.2025).

[178] Kondo/Taguchi, Food Safety (Tokyo, Japan) 10 (2022), S. 113, 121.

Beim Einsatz von CRISPR-Cas-Ribonukleoproteinen im Rahmen von SDN-1- oder Base-Editing-Verfahren entsteht lediglich eine Mutation, ohne dass exogenes genetisches Material in das Genom eingefügt wird (vgl. Abschnitt 5.3.2). Solche Verfahren wurden durch Ministerialanordnung des japanischen Umweltministeriums (MOE) vom Anwendungsbereich des Cartagena Act ausgenommen, sofern nachgewiesen wird, dass keine exogenen DNA-Moleküle in den Zellen verbleiben.[179]

Bei SDN-2-, SDN-3- oder Prime-Editing-Ansätzen wird hingegen eine Vorlage-DNA bzw. Vorlage-RNA in die Zellen eingebracht und in das Genom der menschlichen Zelle integriert (vgl. Abschnitt 5.3.2). In diesen Fällen kommt es zu einer dauerhaften genetischen Veränderung der humanen Zellen, sodass exogenes genetisches Material in diesen verbleibt. Solche Arzneimittel werden deshalb als „lebende veränderte Organismen“ (LMO) im Sinne des Cartagena Act eingestuft.[180]

12.4.4.4 RNA-Editing

Anders verhält es sich, wenn Ribonukleoproteine in humane Zellen transfiziert werden, um das Transkriptom durch RNA-Editing zu modifizieren. Beim RNA-Editing wird kein weiteres genetisches Material außer der gRNA in die Zellen eingebracht. Die Editierung erfolgt ausschließlich an mRNA-Molekülen im Zytoplasma der Zelle durch eine chemische Umwandlung einzelner Basen, wobei das Cas-Protein um eine ADAR erweitert wird (vgl. Abschnitt 5.3.5). Nach Abschluss der Modifikation verbleibt deshalb kein exogenes genetisches Material innerhalb der Zellen. Eine Einstufung als „lebender veränderter Organismus“ (LMO) ist deshalb ausgeschlossen.

12.4.4.5 Epigenome-Editing

Ähnlich verhält es sich beim Epigenome-Editing. Werden regulatorische Proteine oder CRISPRi- bzw. CRISPRa-Ribonukleoproteine in humane Zellen transfiziert, kommt – wie beim Genome- und RNA-Editing – nur eine Klassifizierung der behandelten Zellen als „lebende veränderte Organismen“ (LMO) in Betracht.

---

[179] Kondo/Taguchi, Food Safety (Tokyo, Japan) 10 (2022), S. 113, 123; Tsuda/Watanabe/Ohsawa, Frontiers in Bioengineering and Biotechnology 7 (2019), 387, S. 3.

[180] Tsuda/Watanabe/Ohsawa, Frontiers in Bioengineering and Biotechnology 7 (2019), 387, S. 4; Ministry of the Environment, To Genome Editing Technologies Users (https://www.env.go.jp/content/000064948.pdf), S. 1 (geprüft am 24.10.2025).

Tabelle 12.3 Klassifizierung somatischer genomischer Therapien (Japan)

Wirkstoff	Drug	Biological Product[181]	Regenerative Medicine Product (PMD Act)	Regenerative Medicine Product (RM Act)	Living Modified Organism[182]
Gamma-Retrovirale Vektoren	Ja	Ja	In vivo: Ja Ex vivo: Ja	In vivo: Ja Ex vivo: Ja	Ja
Lentivirale Vektoren	Ja	Ja	In vivo: Ja Ex vivo: Ja	In vivo: Ja Ex vivo: Ja	Ja
Adenovirale Vektoren	Ja	Ja	In vivo: Ja Ex vivo: Ja	In vivo: Ja Ex vivo: Ja	Ja Nein, soweit Entfernung exogenen genetischen Materials nachgewiesen wird.
Adeno-assoziierte Virusvektoren (AAV)	Ja	Ja	In vivo: Ja Ex vivo: Ja	In vivo: Ja Ex vivo: Ja	Ja Nein, soweit Entfernung exogenen genetischen Materials nachgewiesen wird.
Sendaiviren	Ja	Ja	In vivo: Ja Ex vivo: Ja	In vivo: Ja Ex vivo: Ja	Ja Nein, soweit Entfernung exogenen genetischen Materials nachgewiesen wird.

(Fortsetzung)

[181] Die Einstufung erfordert stets eine zusätzliche Einstufung durch eine Ministerialanordnung durch das japanische Gesundheitsministerium (MHLW), die nicht geprüft wurde.

[182] Soweit keine viralen Vektoren verwendet werden, bezieht sich diese Spalte ausschließlich auf die Veränderung von Zellen außerhalb des Körpers des Patienten (ex-vivo-Ansatz).

Tabelle 12.3 (Fortsetzung)

Wirkstoff	Drug	Biological Product	Regenerative Medicine Product (PMD Act)	Regenerative Medicine Product (RM Act)	Living Modified Organism
(Liposomale) mRNA-Verabreichung	Ja	Abhängig vom Herstellungsverfahren	In vivo: Nein Ex vivo: Ja	In vivo: Nein Ex vivo: Ja	Nein
ncRNA	Ja	Abhängig vom Herstellungsverfahren	In vivo: Nein Ex vivo: Ja	In vivo: Nein Ex vivo: Ja	Nein
AAV-vermittelte CRISPR/Cas-Verabreichung	Ja	Ja	In vivo: Ja Ex vivo: Ja	In vivo: Ja Ex vivo: Ja	SDN-1: Nein SDN-2/3: Ja
CRISPR/Cas (Ribonukleoprotein)	Ja	Ja	In vivo: SDN-1: Nein SDN-2, SDN-3: Ja Ex vivo: Ja	In vivo: Ja Ex vivo: Ja	SDN-1: Nein SDN-2/3: Ja
AAV-vermittelte RNA-Editierung	Ja	Ja	In vivo: Ja Ex vivo: Ja	In vivo: Ja Ex vivo: Ja	Ja Nein, soweit Entfernung exogenen genetischen Materials nachgewiesen wird.
RNA-Editierung (Ribonukleoprotein)	Ja	Ja	In vivo: Nein Ex vivo: Ja	In vivo: Nein Ex vivo: Ja	Nein

(Fortsetzung)

Tabelle 12.3 (Fortsetzung)

Wirkstoff	Drug	Biological Product	Regenerative Medicine Product (PMD Act)	Regenerative Medicine Product (RM Act)	Living Modified Organism
AAV-vermitteltes Base-Editing	Ja	Ja	In vivo: Ja Ex vivo: Ja	In vivo: Ja Ex vivo: Ja	Ja Nein, soweit Entfernung exogenen genetischen Materials nachgewiesen wird.
Base-Editing (Ribonukleoprotein)	Ja	Ja	In vivo: Nein Ex vivo: Ja	In vivo: Ja Ex vivo: Ja	Nein
AAV-vermitteltes Prime-Editing	Ja	Ja	In vivo: Ja Ex vivo: Ja	In vivo: Ja Ex vivo: Ja	Ja
Prime-Editing (Ribonukleoprotein)	Ja	Ja	In vivo: Ja Ex vivo: Ja	In vivo: Ja Ex vivo: Ja	Ja
AAV-vermitteltes Epigenome-Editing	Ja	Ja	In vivo: Ja Ex vivo: Ja	In vivo: Ja Ex vivo: Ja	Ja Nein, soweit Entfernung exogenen genetischen Materials nachgewiesen wird.
Epigenome-Editing (Transfektion von Proteinen)	Ja	Ja	In vivo: Nein Ex vivo: Ja	In vivo: Nein Ex vivo: Ja	Nein
Epigenome-Editing (Transfektion von Nukleotiden)	Ja	Nein	In vivo: Nein Ex vivo: Ja	In vivo: Nein Ex vivo: Ja	Ja
Epigenome-Editing (CRISPIRi/a; Ribonukleoprotein)	Ja	Ja	In vivo: Nein Ex vivo: Ja	In vivo: Nein Ex vivo: Ja	Nein

Erfolgt die Behandlung außerhalb des Körpers des Patienten (ex-vivo-Ansatz), werden jedoch keine exogenen Nukleinsäuren in die Zellen eingebracht.[183] Beim Einsatz des CRISPR-Cas-Systems (CRISPRi/a) wird das Cas-Protein lediglich um Proteindomänen erweitert, um intrazelluläre Transkriptionsaktivatoren oder -repressoren gezielt an bestimmte DNA-Sequenzen zu lenken (vgl. Abschnitt 6.2). Eine Vorlage-DNA wird hierfür nicht benötigt. Maßgeblich ist jedoch das Einbringen exogener Nukleinsäuren. Eine epigenetische Modifikation führt daher nicht zur Einstufung von humanen Zellen als „lebender veränderter Organismus" (LMO).

12.5 Zwischenfazit

Aus der bisherigen rechtsvergleichenden Untersuchung lässt sich ein erstes Zwischenfazit ziehen. In sämtlichen untersuchten Staaten wird der Umgang mit unwesentlich veränderten Zellen regulatorisch privilegiert. Für somatische genomische Therapien, bei denen Zellen außerhalb des Körpers des Patienten verändert werden (ex-vivo-Ansatz), greifen solche Privilegierungen hingegen einheitlich nicht. Diese Produkte unterfallen in allen betrachteten Rechtsordnungen den strengeren arzneimittelrechtlichen Vorschriften.

Im Bereich des Umweltrechts zeigen sich hingegen deutliche Unterschiede zwischen den untersuchten Rechtsordnungen. Während in der Europäischen Union und in Japan eine Einstufung anhand eines verfahrensbezogenen Ansatzes (Process-based Approach) erfolgt, orientiert sich Kanada technologieneutral am jeweiligen Endprodukt (Product-based Approach). Dort werden nicht die eingesetzten gentechnischen Verfahren, sondern deren Ergebnis umweltrechtlich bewertet. Auch zwischen der Europäischen Union und Japan bestehen keine vollständig einheitlichen Maßstäbe. Nach der Rechtsprechung des EuGH führt die Anwendung neuer Mutagenesetechniken stets zu einer Einstufung als gentechnisch veränderter Organismus (GVO). In Japan hingegen wurde die Anwendung solcher Techniken durch das Umweltministerium (MOE) vom Anwendungsbereich des Gentechnikrechts ausgenommen. Selbst das Einbringen exogenen genetischen Materials in Zellen führt dort nicht zwingend zu einem Status als lebender veränderter Organismus, sofern nachgewiesen wird, dass

[183] Bei der Anwendung des CRISPR-Cas-Komplexes als Ribonukleoprotein wird ausschließlich die gRNA in die Zelle eingebracht, die nach erfolgter Editierung wieder abgebaut wird.

das eingebrachte genetische Material nach der Behandlung vollständig entfernt wurde.

Ein dem unionsrechtlichen Status des Arzneimittels für neuartige Therapien (ATMP) vergleichbarer Rechtsstatus existiert in den übrigen untersuchten Staaten – mit Ausnahme des Vereiningten Königreichs – grundsätzlich nicht. Zwar kennt Kanada die Kategorie der Advanced Therapeutic Products (ATP). Dieser hängt jedoch von einer Einstufung durch die Exekutive ab und wurde bisher nicht angewendet. Am ehesten nähert sich das japanische Recht der unionsrechtlichen Konzeption an, indem es den Status des regenerativen Arzneimittels (Regenerative Medicine Product) vorsieht. Allerdings erfolgt die Einordnung dort nicht einheitlich, sondern differenziert nach dem jeweiligen Lebenssachverhalt in zwei unterschiedlichen Gesetzen (PMD Act und RM Act).

Bemerkenswert ist, dass im Zuge internationaler Harmonisierungsprozesse der Begriff des Gentherapeutikums in den regulatorischen Leitlinien der Arzneimittelbehörden auf Verfahren des Genome-Editing ausgeweitet wurde. Daraus ergibt sich jedoch kein international einheitlicher Rechtsstatus von Gentherapeutika. Die Harmonisierung beschränkt sich im Wesentlichen auf eine Gleichstellung von Genome-Editing und Gentransfer im Rahmen unverbindlicher Leitlinien für die arzneimittelrechtlichen Zulassungsverfahren, nicht jedoch auf deren gesetzliche Klassifizierung. Verbindliche Definitionen von Gentherapeutika finden sich bislang nur im Unionsrecht und dem Vereinigten Königreich – als Gentherapeutikum (GTMP) innerhalb der ATMP-VO – sowie im japanischen Recht als Unterkategorie der Regenerative Medicine Products, wobei dort keine einheitliche Begriffsverwendung vorliegt. Das Epigenome- und RNA-Editing sind außerdem in keinem der untersuchten Rechtsräume ausdrücklich geregelt.

Darüber hinaus zeigt sich, dass infolge des technologischen Fortschritts eine regulatorische Ungleichbehandlung funktional äquivalenter Produkte durch unterschiedliche Produkteinstufungen innerhalb der Europäischen Union entstanden ist. Durch die Beschränkung der Legaldefinition des Gentherapeutikums auf das Vorhandensein einer rekombinanten Nukleinsäure hat der Gesetzgeber den Anwendungsbereich faktisch auf Gentransferverfahren beschränkt, die auf der rDNA-Technologie beruhen. Chemisch synthetisierte Nukleinsäuren – etwa mRNA oder gRNA in Ribonukleoproteinen – fallen somit aus dem Anwendungsbereich. Im Ergebnis werden etwa Genome-Editing-Verfahren unterschiedlich reguliert, je nachdem welches Transfektionssystem und Herstellungsverfahren verwendet wird.

Eine vergleichbare Situation besteht in Kanada, wo die Einstufung als biologisches Arzneimittel nach Schedule D des FD Act maßgeblich an die Anwendung der DNA-Rekombinationstechnik anknüpft. Auch dort ist daher eine unterschiedliche regulatorische Erfassung funktional äquivalenter somatischer genomischer Therapien möglich. Unsicherheiten bei der Klassifizierung neuartiger Therapien sind bisher – zumindest nach Einschätzung der kanadischen Arzneimittelbehörde – aber nicht als regulatorisches Hindernis wahrgenommen worden.[184] Das wird damit begründet, dass spezifische Sondervorschriften für Gen- und Zelltherapeutika im kanadischen Arzneimittelrecht nicht existieren.[185] Die daraus resultierende Flexibilität der behördlichen Bewertung lässt sich jedoch – zumindest aus Sicht der pharmazeutischen Industrie und der behandelnden Einrichtungen als Normadressaten – kritisch hinterfragen, da für somatische genomische Therapien unzureichend vorhersehbare rechtliche Voraussetzungen für Zulassung und klinische Anwendung entstehen könnten.

Der Entwurf zur Novellierung des unionsrechtlichen Arzneimittelrechts durch die Europäische Kommission würde die bestehenden Regelungslücken im Bereich des Genome-Editing durch Ribonukleoproteine schließen und chemisch synthetisierte mRNA ausdrücklich in den Anwendungsbereich des Gentherapeutikums einbeziehen. Damit käme es zu einer Angleichung des Begriffsverständnisses zwischen dem US-amerikanischen und dem unionalen Rechtsrahmen im Hinblick auf Gentherapeutika. Denn mRNA-basierte Humanarzneimittel werden in den Leitlinien der U.S. Food and Drug Administration bereits umfassend als Gentherapeutika behandelt. Gleichwohl werden in den Vereinigten Staaten alle mRNA-haltigen Arzneimittel als biologische Arzneimittel (Biologics) eingestuft, was im Unionsrecht weiterhin nicht der Fall wäre.

[184] Wang/Griffiths/Tounekti u. a., in: Galli (Hrsg.), Regulatory Aspects of Gene Therapy and Cell Therapy Products, 2023, S. 91, 95.

[185] Wang/Griffiths/Tounekti u. a., in: Galli (Hrsg.), Regulatory Aspects of Gene Therapy and Cell Therapy Products, 2023, S. 91, 95.

Teil III
Forschung, Entwicklung und Marktzugang im internationalen Standortwettbewerb

Nachdem die naturwissenschaftlich-biomedizinischen und rechtlichen Grundlagen dargestellt wurden, widmet sich der folgende Teil den regulatorischen Herausforderungen im Lebenszyklus somatischer genomischer Therapien – von der frühen Forschung und Entwicklung bis hin zur Marktzulassung. Zunächst wird ein allgemeiner Überblick über die zentralen Etappen des Produktentwicklungsprozesses im Bereich der Arzneimittelentwicklung gegeben. Daran anschließend erfolgt eine detaillierte rechtliche Analyse der einzelnen Phasen im deutschen und unionsrechtlichen Kontext. Im weiteren Verlauf wird ein Rechtsvergleich mit ausgewählten Drittstaaten – namentlich den Vereinigten Staaten von Amerika, Kanada, dem Vereinigten Königreich und Japan – vorgenommen, um regulatorische Unterschiede und Gemeinsamkeiten herauszuarbeiten.

Den Abschluss bildet eine kritische Gesamtschau, aus der Schlussfolgerungen für die regulatorische Praxis gezogen und konkrete Handlungsempfehlungen für den deutschen und unionsrechtlichen Gesetzgeber entwickelt werden. Im Mittelpunkt stehen dabei die Fragen nach der internationalen Wettbewerbsfähigkeit Deutschlands und der Europäischen Union als Standorte für Forschung und Entwicklung somatischer genomischer Therapien sowie nach den rechtlichen Rahmenbedingungen, die den Zugang von Patientinnen und Patienten zu diesen innovativen Behandlungsformen fördern oder behindern.

Einführung: von Grundlagenforschung bis Marktzulassung 13

Die Entwicklung eines Arzneimittels ist ein mehrstufiger und langwieriger Prozess, der typischerweise mit der grundlagenwissenschaftlichen Forschung beginnt und mit der behördlichen Zulassung endet. Jeder Abschnitt dieses Lebenszyklus unterliegt besonderen regulatorischen Anforderungen.

13.1 Grundlagenforschung

Den Ausgangspunkt bildet die Grundlagenforschung, die überwiegend in akademischen Einrichtungen wie Universitäten oder öffentlich geförderten Forschungsinstituten stattfindet. In dieser Phase ist es das Ziel, physiologische und pathologische Prozesse auf molekularer, zellulärer und systemischer Ebene zu verstehen, potenzielle Zielstrukturen (sog. Targets) zu identifizieren und dadurch neue therapeutische Konzepte zu entwickeln.[1]

13.2 Präklinische Forschung

Auf die Grundlagenforschung folgt die präklinische Entwicklungsphase, in der die Wirksamkeit und Sicherheit des Wirkstoffkandidaten erstmalig untersucht werden. Dies kann in vitro, etwa in Zellkulturen, und in vivo, d. h. in geeigneten

[1] Berg/Tymoczko/Gatto u. a., Stryer Biochemie, 2018, S. 1060 ff.

L. Pietrek, *Somatische genomische Therapien*,
https://doi.org/10.1007/978-3-658-52943-7_13

Tiermodellen, erfolgen. Dabei werden die pharmakodynamischen[2] und pharmakokinetischen[3] Eigenschaften untersucht sowie eine toxikologische[4] Bewertung durchgeführt.[5] Diese Untersuchungen dienen der Erstellung eines fundierten Risikoprofils des Wirkstoffkandidaten, das die Grundlage für die erste Anwendung am Menschen (First-in-Human-Studies) bildet.

13.3 Klinische Forschung

Nach erfolgreichem Abschluss der präklinischen Phase beginnt die Durchführung klinischer Studien. Die klinische Entwicklung eines Arzneimittels gliedert sich klassisch in drei[6] Phasen.

Phase I dient in erster Linie der Untersuchung von Sicherheit und Verträglichkeit des Arzneimittels beim Menschen.[7] Die Anwendung erfolgt grundsätzlich an gesunden Probanden,[8] bei schwerwiegenden oder seltenen Erkrankungen jedoch

[2] Umfasst den Wirkmechanismus und die Wirkung einer Substanz im Verhältnis zur erwünschten Hauptwirkung (Primäre Pharmakodynamik) sowie zu Neben- und Wechselwirkungen (Sekundäre Pharmakodynamik); Dettling, in: Zuck/Dettling (Hrsg.), Arzneimittelgesetz, 2021, § 2 AMG, Rn. 167 ff.

[3] Umfasst die Untersuchungen zur Resorption, Verteilung, Metabolisierung (Biotransformation) und Ausscheidung dese Wirkstoffes sowie seiner Metaboliten innerhalb des Organismus; Sickmüller, in: Sickmüller/Gleiter/Hinze (Hrsg.), Leitfaden Klinische Prüfungen von Arzneimitteln und Medizinprodukten, 2024, S. 55.

[4] Umfasst Untersuchungen zur Schädlichkeit in Bezug auf die Vitalfunktionen des menschlichen Körpers, die in Einzeldosierungen sowie in mehrfachen oder wiederholten Anwendungen durchgeführt werden können und verschiedene Schädigungskategorien betreffen, etwa Fertilitätsstörungen, Embryotoxizität oder Genotoxizität; vgl. Sickmüller, in: Sickmüller/Gleiter/Hinze (Hrsg.), Leitfaden Klinische Prüfungen von Arzneimitteln und Medizinprodukten, 2024, S. 56 ff.; Dettling, in: Zuck/Dettling (Hrsg.), Arzneimittelgesetz, 2021, § 22 AMG, Rn. 148.

[5] Eckstein, Arzneimittel – Entwicklung und Zulassung, 2018, S. 121 ff.; Dettling, in: Zuck/Dettling (Hrsg.), Arzneimittelgesetz, 2021, § 26 AMG, Rn. 192 f.

[6] Mittlerweile haben sich sog. Phase 0 – Studien etabliert, welche besonders geringe Dosierungen enthalten;, vgl. Lowdell, Cytotherapy 27 (2025), S. 874, 875.

[7] Eckstein, Arzneimittel – Entwicklung und Zulassung, 2018, S. 149; Brockmöller, in: Spickhoff/Handorn (Hrsg.), Handbuch Medizinisches Forschungsrecht, 2024, S. 33, 42.

[8] Berg/Tymoczko/Gatto u. a., Stryer Biochemie, 2018, S. 1070.

häufig direkt an erkrankten Patienten. Phase II zielt auf die Ermittlung der optimalen Dosierung und eine erste Einschätzung der Wirksamkeit ab.[9] In dieser Phase werden größere Patientengruppen einbezogen, um Nebenwirkungen eher zu erfassen. Phase III umfasst breit angelegte, kontrollierte Studien mit einer größeren Zahl von Patienten.[10] Sie dienen dem Nachweis der therapeutischen Wirksamkeit unter möglichst realitätsnahen Bedingungen sowie der weiteren Bewertung der Sicherheit.[11] Ihre Ergebnisse bilden regelmäßig die Grundlage für die Zulassungsentscheidung der zuständigen Arzneimittelbehörde.

13.4 Zulassung durch die Arzneimittelbehörde

Nach erfolgreichem Abschluss der klinischen Prüfung kann ein Antrag auf Zulassung bei der zuständigen Arzneimittelbehörde gestellt werden. Diese prüft die eingereichten Daten zu Qualität, Sicherheit und Wirksamkeit und bewertet, ob das Nutzen-Risiko-Verhältnis des Arzneimittels positiv ist.[12] Entspricht das Arzneimittel den Anforderungen erhält es eine Marktzulassung und darf rechtmäßig in Verkehr gebracht werden.

Auch nach Erteilung der Zulassung ist die Entwicklung eines Arzneimittels nicht abgeschlossen. In der sog. Phase IV (Post-Marketing-Überwachung) wird das Produkt im Rahmen nicht-interventioneller Studien weiterhin auf seine Sicherheit hin beobachtet. Dies betrifft insbesondere seltene oder langfristige Nebenwirkungen, die aufgrund der begrenzten Teilnehmerzahl klinischer Prüfungen zuvor nicht erkannt werden konnten.[13] Die Phase nach der Marktzulassung ist jedoch nicht Gegenstand der vorliegenden Arbeit und wird daher im Folgenden nicht näher behandelt.

---

[9] Eckstein, Arzneimittel – Entwicklung und Zulassung, 2018, S. 150; Berg/Tymoczko/Gatto u. a., Stryer Biochemie, 2018, S. 1070; Brockmöller, in: Spickhoff/Handorn (Hrsg.), Handbuch Medizinisches Forschungsrecht, 2024, S. 33, 42.

[10] Aufgrund der hohen Wirksamkeit von ATMP werden in klinischen Prüfungen regelmäßig deutlich weniger Patienten rekrutiert als bei anderen biologischen Arzneimitteln, siehe Lowdell, Cytotherapy 27 (2025), S. 874, 875.

[11] Eckstein, Arzneimittel – Entwicklung und Zulassung, 2018, S. 150; Berg/Tymoczko/Gatto u. a., Stryer Biochemie, 2018, S. 1070; Brockmöller, in: Spickhoff/Handorn (Hrsg.), Handbuch Medizinisches Forschungsrecht, 2024, S. 33, 42.

[12] Vgl. §§ 25 Abs. 2 Satz 1 Nr. 2 und 5, 22 Abs. 1 Nr. 11 und Abs. 2 Nr. 1 bis 3 AMG; Art. 24 und Art. 8 Abs. 3 Buchst. d) und i) RL 2001/83/EG.

[13] Vgl. Eckstein, Arzneimittel – Entwicklung und Zulassung, 2018, S. 152 ff.

14 Grundlagenforschung und Präklinik

Die Europäische Arzneimittelagentur (EMA) legt in ihren Leitlinien konkrete Anforderungen an die Datenerhebung in der präklinischen Entwicklungsphase von Arzneimitteln fest,[1] insbesondere für Arzneimittel für neuartige Therapien (ATMP).[2] Diese Leitlinien enthalten spezifische Vorgaben zu pharmakologischen, pharmakokinetischen und toxikologischen Untersuchungen, die im Rahmen der präklinischen Entwicklung durchzuführen sind. Es ist jedoch nicht erforderlich, dass sämtliche für die Marktzulassung relevanten Daten bereits in dieser Phase vollständig vorliegen.

Obwohl bestimmte somatische genomische Therapien nach geltendem Recht nicht unter die ATMP-VO fallen (vgl. Tabelle 8.1), empfiehlt die EMA, die Anforderungen der ATMP-Leitlinien sinngemäß anzuwenden, soweit dies sachlich angemessen ist.[3] Für ATMP gilt zudem ein risikobasierter Ansatz (Risk-Based

---

[1] Die Leitlinien sind auf der Homepage der Europäischen Arzneimittelagentur abrufbar, siehe European Medicines Agency, Non-clinical guidelines, https://www.ema.europa.eu/en/human-regulatory-overview/research-development/scientific-guidelines/non-clinical-guidelines (geprüft am 24.10.2025).

[2] European Medicines Agency, Guideline on quality, non-clinical and clinical requirements for investigational advanced therapy medicinal products in clinical trials, EMA/CAT/22473/2025, 2025, (https://www.ema.europa.eu/en/documents/scientific-guideline/guideline-quality-non-clinical-clinical-requirements-investigational-advanced-therapy-medicinal-products-clinical-trials_en.pdf) (zuletzt geprüft: 24.10.2025).

[3] European Medicines Agency, Guideline on quality, non-clinical and clinical requirements for investigational advanced therapy medicinal products in clinical trials, EMA/CAT/22473/2025, 2025, (https://www.ema.europa.eu/en/documents/scientific-guideline/guideline-quality-non-clinical-clinical-requirements-investigational-advanced-therapy-medicinal-products-clinical-trials_en.pdf), S. 5 (zuletzt geprüft: 24.10.2025).

L. Pietrek, *Somatische genomische Therapien*,
https://doi.org/10.1007/978-3-658-52943-7_14

Approach – RBA), der unter bestimmten Voraussetzungen Erleichterungen im Umfang der Datenerhebung ermöglicht.[4]

Nichtsdestotrotz müssen vor der erstmaligen Anwendung eines Prüfpräparats am Menschen mindestens ein wissenschaftlich tragfähiger Nachweis des Wirksamkeitsprinzips (sog. Proof-of-Principle) anhand eines relevanten nicht-klinischen Modells, eine fundierte Herleitung einer sicheren und biologisch wirksamen Ausgangsdosis sowie geeignete nicht-klinische Sicherheitsdaten vorliegen.[5] Bei der Erhebung der erforderlichen Sicherheitsdaten, insbesondere den pharmakokinetischen und toxikologischen Daten, werden innerhalb der ATMP-Leitlinien grundsätzlich Ergebnisse aus Tierversuchen in mindestens zwei unterschiedlichen Tierarten gefordert.[6] Alternative Methoden, etwa in vitro-Verfahren unter Verwendung von Zellkulturen oder Organoiden, können berücksichtigt werden, sofern deren Aussagekraft validiert ist.[7]

Damit bilden Tierversuche für somatische genomische Therapien regelmäßig eine zentrale Grundlage der präklinischen Forschung. Das Tierversuchsrecht stellt somit eine wesentliche regulatorische Säule des Forschungs- und Entwicklungsstandorts Deutschland dar. Soweit im Rahmen präklinischer Studien Tiere, Zellen

---

[4] European Medicines Agency, Guideline on quality, non-clinical and clinical requirements for investigational advanced therapy medicinal products in clinical trials, EMA/CAT/22473/2025, 2025, (https://www.ema.europa.eu/en/documents/scientific-guideline/guideline-quality-non-clinical-clinical-requirements-investigational-advanced-therapy-medicinal-products-clinical-trials_en.pdf), S. 6 (zuletzt geprüft: 24.10.2025).

[5] European Medicines Agency, Guideline on quality, non-clinical and clinical requirements for investigational advanced therapy medicinal products in clinical trials, EMA/CAT/22473/2025, 2025, (https://www.ema.europa.eu/en/documents/scientific-guideline/guideline-quality-non-clinical-clinical-requirements-investigational-advanced-therapy-medicinal-products-clinical-trials_en.pdf), S. 46 (zuletzt geprüft: 24.10.2025); in dieser Leitlinie wird scheinbar aufgrund eines redaktionellen Versehens der Begriff des Proof-of-Concept verwendet, der jedoch einen Wirksamkeitsnachweis in der klinischen Phase beschreibt.

[6] European Medicines Agency, Guideline on quality, non-clinical and clinical requirements for investigational advanced therapy medicinal products in clinical trials, EMA/CAT/22473/2025, 2025, (https://www.ema.europa.eu/en/documents/scientific-guideline/guideline-quality-non-clinical-clinical-requirements-investigational-advanced-therapy-medicinal-products-clinical-trials_en.pdf), S. 42 f. (zuletzt geprüft: 24.10.2025).

[7] European Medicines Agency, Guideline on quality, non-clinical and clinical requirements for investigational advanced therapy medicinal products in clinical trials, EMA/CAT/22473/2025, 2025, (https://www.ema.europa.eu/en/documents/scientific-guideline/guideline-quality-non-clinical-clinical-requirements-investigational-advanced-therapy-medicinal-products-clinical-trials_en.pdf), S. 42 (zuletzt geprüft: 24.10.2025); Brockmöller, in: Spickhoff/Handorn (Hrsg.), Handbuch Medizinisches Forschungsrecht, 2024, S. 33, 53.

oder Organoide durch somatische genomische Therapien zu gentechnisch veränderten Organismen (GVO) werden oder diese enthalten (vgl. Tabelle 11.1), sind zusätzlich die Anforderungen des Gentechnikrechts zu beachten. Zudem sind im Rahmen der allgemeinen Arzneimittelentwicklung die Vorgaben der Guten Laborpraxis (Good Laboratory Practice – GLP) von entscheidender Bedeutung. Die Vorschriften der Guten Herstellungspraxis (Good Manufacturing Practice – GMP) müssen in diesem Stadium grundsätzlich[8] noch nicht beachtet werden.[9]

14.1 Gute Laborpraxis (GLP)

Die Grundsätze der Guten Laborpraxis (GLP) sind in Deutschland in den §§ 19a ff. ChemG[10] sowie in der ChemVwV-GLP[11] geregelt. Auf Unionsebene beruhen sie auf der Richtlinie 2004/10/EG[12], welche die Anforderungen an die Durchführung nicht-klinischer Prüfungen zur Bewertung der Sicherheit chemischer Stoffe unionsweit harmonisiert.[13] Die Richtlinie 2004/10/EG verweist dabei auf international anerkannte Standards, die durch Empfehlungen des Rats der Organisation für wirtschaftliche Zusammenarbeit und Entwicklung (Organisation for Economic Co-operation and Development – OECD) festgelegt werden.[14]

[8] Es kann aus Gründen der Guten Laborpraxis (GLP) mittelbar erforderlich sein, ein Medikament unter Einhaltung der GMP-Standards herzustellen, da die im Rahmen von Tierversuchen gewonnenen Forschungsdaten andernfalls in späteren Genehmigungs- und Zulassungsverfahren nicht anerkannt würden, vgl. Stahl/Brown, in: McBride/Schmitt (Hrsg.), Fundamentals of Pharmaceutical and Biologics Regulations, 2023, S. 29, 34.

[9] Dettling, in: Zuck/Dettling (Hrsg.), Arzneimittelgesetz, 2021, § 22 AMG, Rn. 190.

[10] Chemikaliengesetz in der Fassung der Bekanntmachung vom 28.08.2013 (BGBl. I S. 3498, 3991), das zuletzt durch Artikel 1 des Gesetzes vom 16.11.2023 (BGBl. 2023 I Nr. 313) geändert worden ist.

[11] Allgemeine Verwaltungsvorschrift zum Verfahren der behördlichen Überwachung der Einhaltung der Grundsätze der Guten Laborpraxis (ChemVwV-GLP) vom 25.05.1997, GMBl. S. 257, zuletzt geändert durch Art. 1 ÄndVwV vom 16.11.2011 (GMBl S. 967).

[12] Richtlinie 2004/10/EG des Europäischen Parlaments und des Rates vom 11.02.2004 zur Angleichung der Rechts- und Verwaltungsvorschriften für die Anwendung der Grundsätze der Guten Laborpraxis und zur Kontrolle ihrer Anwendung bei Versuchen mit chemischen Stoffen, ABl. L 50 vom 20.02.2004, S. 44.

[13] Häberle, in: Erbs/Kohlhaas (Hrsg.), Strafrechtliche Nebengesetze, 255. Ergänzungslieferung, 2025, § 19a ChemG, Rn. 1; Dettling, in: Zuck/Dettling (Hrsg.), Arzneimittelgesetz, 2021, § 22 AMG, Rn. 152; Rotta, in: Kloesel/Cyran (Hrsg.), Arzneimittelrecht Kommentar, 138. Aktualisierungslieferung, 2022, § 54 AMG, Rn. 12.

[14] Art. 3 Abs. 1 RL 2004/10/EG.

Nicht-klinische gesundheits- oder umweltrelevante Sicherheitsprüfungen von Stoffen oder Gemischen, deren Ergebnisse zur Bewertung möglicher Gefahren im Rahmen von Zulassungs-, Erlaubnis-, Registrierungs-, Anmelde- oder Mitteilungsverfahren dienen, sind unter Einhaltung der Grundsätze der Guten Laborpraxis (GLP) nach dem Anhang des ChemG durchzuführen, soweit nicht unionsrechtlich Abweichendes bestimmt ist.[15] Daraus folgt im Umkehrschluss, dass die Anwendung der GLP-Grundsätze in der biomedizinischen Grundlagenforschung – also bei Studien ohne unmittelbaren Bezug zu regulatorischen Verfahren – nicht zwingend vorgeschrieben ist. Gleiches gilt für klinische Studien, da diese definitionsgemäß keine „nicht-klinischen Studien" darstellen.

Die Grundsätze der Guten Laborpraxis gelten somit ausschließlich für die Erhebung präklinischer Daten, sofern diese im Rahmen eines Antrags auf Genehmigung einer klinischen Prüfung oder einer Marktzulassung verwendet werden. Für die Genehmigung einer klinischen Prüfung fordert das unionale Arzneimittelrecht entsprechend, dass alle nicht-klinischen Informationen im Antragsdossier auf Studien beruhen müssen, die nach den Grundsätzen der Guten Laborpraxis durchgeführt wurden.[16] Im Rahmen der Marktzulassung verlangt das unionale Arzneimittelrecht ausschließlich, dass pharmakologisch-toxikologische Untersuchungen,[17] die im Rahmen der präklinischen Prüfung durchgeführt werden, den Grundsätzen der Guten Laborpraxis entsprechen müssen.[18]

Die Grundsätze der Guten Laborpraxis finden nicht nur auf chemische Stoffe, sondern ebenso auf biologische Substanzen bis hin zu lebenden Organismen Anwendung.[19] Sie erfassen daher die Forschung und Entwicklung somatischer genomischer Therapien umfassend innerhalb der präklinischen Phase. Es wird jedoch anerkannt, dass ihre Einhaltung bei ATMP aufgrund der Komplexität der Produkte nicht in allen Fällen vollständig gewährleistet werden kann.[20] Im

---

[15] § 19a Abs. 1 ChemG.

[16] Art. 25 Abs. 3 VO (EU) Nr. 536/2014.

[17] Die Gute Laborpaxis (GLP) muss demnach ausschließlich für diese Studien eingehalten werden; Pache, in: Koch/Hofmann/Reese (Hrsg.), Handbuch Umweltrecht, 2024, § 14, Rn. 302, Fn. 386; Fleischfresser, in: Kloesel/Cyran (Hrsg.), Arzneimittelrecht Kommentar, 135. Aktualisierungslieferung, 2019, § 22 AMG, Rn. 13.

[18] Vgl. Art. 8 Abs. 3 Buchst. i) zweiter Spiegelstrich RL 2001/83/EG; §§ 26 AMG, 1 AMPV (Verordnung zur Anwendung der Arzneimittelprüfrichtlinien (Arzneimittel-Prüfrichtlinien-Verordnung – AMPV) vom 08.01.2016, BGBl. I 2016, S. 47) i.V. mit Anhang I, Einführung und allgemeine Grundlagen, Nr. 9 RL 2001/83/EG.

[19] Zuck, in: Quaas/Zuck/Clemens, Medizinrecht, 2018, § 53, Rn. 9.

[20] European Medicines Agency, Good Laboratory Practice (GLP) Principles in relation to ATMPs, 2017, (https://www.ema.europa.eu/en/documents/other/good-laboratory-practice-glp-principles-relation-advanced-therapy-medicinal-products-atmps_en.pdf) (geprüft am 24.10.2025).

Einzelfall akzeptiert die EMA daher begründete Abweichungen, sofern diese wissenschaftlich nachvollziehbar dokumentiert werden.[21]

Während die EMA für die Bewertung im Marktzulassungsverfahren zuständig ist, erfolgt die Genehmigung klinischer Prüfungen durch die Mitgliedstaaten über ihre jeweiligen nationalen Arzneimittelbehörden. Dadurch besteht die Möglichkeit unterschiedlicher Bewertungsmaßstäbe hinsichtlich der Frage, wann Abweichungen von den GLP-Grundsätzen als gerechtfertigt gelten. Im Vollzug kann es daher potentiell zu Unterschieden in der Umsetzung und Durchsetzung der GLP-Anforderungen in verschiedenen Phasen des Produktentwicklungsprozesses kommen. Tatsächliche Anhaltspunkte bestehen dafür aber nicht.

14.1.1 Nachweis der Einhaltung der Guten Laborpraxis

Für die Genehmigung einer klinischen Prüfung sowie für die Marktzulassung eines Arzneimittels muss der Antragsteller nachweisen, dass die Ergebnisse der zugrunde liegenden präklinischen Prüfungen unter Einhaltung der Grundsätze der Guten Laborpraxis wurden.[22] Hierzu sind zwei Nachweise erforderlich: eine schriftliche Erklärung des Prüfleiters sowie eine Bescheinigung nach § 19b ChemG (GLP-Bescheinigung).[23]

Die GLP-Bescheinigung wird von der zuständigen GLP-Stelle des Bundesinstituts für Risikobewertung (BfR) erteilt, sofern die prüfende Behörde eine Bundesoberbehörde ist.[24] Handelt es sich hingegen um ein privates Labor, wird die GLP-Bescheinigung durch die zuständigen Landesbehörden[25] nach einer

---

[21] European Medicines Agency, Good Laboratory Practice (GLP) Principles in relation to ATMPs, 2017, (https://www.ema.europa.eu/en/documents/other/good-laboratory-practice-glp-principles-relation-advanced-therapy-medicinal-products-atmps_en.pdf) (geprüft am 24.10.2025).

[22] § 19a Abs. 2 Satz 1 und 3 ChemG.

[23] § 19a Abs. 2 Satz 2 ChemG.

[24] § 19b Abs. 1 Satz 3 ChemG.

[25] In Bayern das Landesamt für Gesundheit und Lebensmittelsicherheit (§ 1 i.V. mit Anlage Nr. 17.6 ZustV-GA – Verordnung über gewerbeaufsichtliche Zuständigkeiten (ZustV-GA) vom 09.12.2014 (GVBl. S. 555, BayRS 805–2-A/U), die zuletzt durch § 1 der Verordnung vom 21.01.2025 (GVBl. S. 30) geändert worden ist); in Baden-Württemberg die Landesanstalt für Umwelt (§ 1 Abs. 3 Halbsatz 2 ChemZuVO – Verordnung der Landesregierung, des Umweltministeriums und des Ministeriums Ländlicher Raum über Zuständigkeiten auf dem Gebiet des Chemikalienrechts (Chemikalien-Zuständigkeitsverordnung – ChemZuVO)

vom 17.12.2013); in Berlin das Landesamt für Arbeitsschutz, Gesundheitsschutz und technische Sicherheit (§ 2 Abs. 4 S. 1 i.V. mit Anlage Nummer 24 Abs. 7 ASOG Bln – Allgemeines Gesetz zum Schutz der öffentlichen Sicherheit und Ordnung in Berlin (ASOG Bln) in der Fassung vom 11.10.2006); in Brandenburg das Ministerium der Justiz und für Europa und Verbraucherschutz (§1 S. 1 i.V.m. Anlage 1.1.8 und 1.1.10.6 GSZV – Verordnung zur Regelung von Zuständigkeiten auf den Gebieten gefährliche Stoffe und Gentechnik (Gefahrstoffzuständigkeitsverordnung – GSZV) vom 30.05.2003); in Bremen die Senatorin für Gesundheit, Frauen und Verbraucherschutz (§ 1 i.V. mit Anlage WRHZustBek BR – Bekanntmachung über die zuständigen Behörden nach dem Chemikalien- und dem Wasch- und Reinigungsmittelrecht vom 21.05.2019 (Brem.GBl. 2019, S. 479), zuletzt geändert durch Geschäftsverteilung des Senats vom 20.10.2020 (Brem.GBl. S. 1172)); in Hamburg die Behörde für Gesundheit und Verbraucherschutz (§ 1 Abs. 1 ChemRZustAnO HA – Anordnung über Zuständigkeiten auf dem Gebiet des Chemikalienrechts vom 03.07.2001); in Hessen das Regierungspräsidium Darmstadt, wobei die Erteilung der Bescheinigung nach § 19b ChemG durch das hessische Ministerium für Umwelt, Klimawandel, Landwirtschaft und Verbraucherschutz erfolgt (§§ 1, 2 Abs. 2 Nr. 2c ChemGZustV HE 2020 – Verordnung über Zuständigkeiten im Bereich des Chemikalienrechts vom 16.12.2020 (GVBl. 2020, 962)); in Mecklenburg-Vorpommern der Sozialminister (§ 1 i.V. mit Anhang ChemGZustVO – Verordnung über die Zuständigkeiten nach dem Chemikaliengesetz (Chemikaliengesetz-Zuständigkeitsverordnung) – ChemGZustVO – vom 04.08.1992); in Niedersachsen das Staatliche Gewerbeaufsichtsamt Hannover, Braunschweig und Göttingen (§ 1 Abs. 1 i.V. mit Nr. 9 Anlage ZustVO-Umwelt-Arbeitsschutz – Verordnung über Zuständigkeiten auf den Gebieten des Arbeitsschutz-, Immissionsschutz-, Sprengstoff-, Gentechnik- und Strahlenschutzrechts sowie in anderen Rechtsgebieten vom 27.10.2009 (Nds. GVBl. S. 374 – VORIS 71000 -), zuletzt geändert durch Artikel 1 der Verordnung vom 12.12.2023 (Nds. GVBl. S. 343)); in Nordrhein-Westfalen für die Erteilung der Genehmigung nach § 19b ChemG das Referat Chemikaliensicherheit beim Ministerium für Arbeit, Gesundheit und Soziales, ansonsten die Bezirksregierungen (§ 1 Abs. 1 S. 1 Hs. 2 i.V.m. Anlage 2 Nummer 9.1 Nr. 1 vierter Spiegelstrich ZustVO ArbtG – Verordnung zur Regelung von Zuständigkeiten auf dem Gebiet des Arbeits- und technischen Gefahrenschutzes (Zuständigkeitsverordnung Arbeits- und technischer Gefahrenschutz – ZustVO ArbtG) vom 27.11.2012); in Rheinland-Pfalz für die Erteilung der Bescheinigung nach § 19b ChemG das Landesamt für Umwelt, ansonsten die Struktur- und Genehmigungsdirektionen (§ 1 Abs. 1 und 3 i.V. mit Anlage 1.6 ChemRZustV RP – Landesverordnung über die Zuständigkeiten auf dem Gebiet des Chemikalienrechts vom 31.10.1995); im Saarland das Ministerium für Umwelt, Klima, Mobilität, Agrar und Verbraucherschutz (§ 5 Nr. 4 ChemZVO – Verordnung über Zuständigkeiten auf dem Gebiet des Chemikalienrechts (Chemikalien-Zuständigkeitsverordnung – ChemZVO) vom 23.12.2013 (Amtsbl. I 2015, 118), zuletzt geändert durch die Verordnung vom 12.09.2024 (Amtsbl. I S. 751)); in Sachsen das Staatsministerium für Energie, Klimawandel, Umwelt und Landwirtschaft (§ 2 Abs. 3 und 4 Nr. 1 SächsChemRZuVO – Gemeinsame Verordnung des Sächsischen Staatsministeriums für Energie, Klimawandel, Umwelt und Landwirtschaft und des Sächsischen Staatsministeriums für Wirtschaft, Arbeit und

Inspektion erteilt.[26] Die Durchführung der GLP-Inspektionen obliegt ebenso den zuständigen Landesbehörden.[27] Wird im Rahmen einer Inspektion ein Verstoß gegen die Grundsätze der Guten Laborpraxis festgestellt, gilt der Nachweis einer ordnungsgemäßen Durchführung der Prüfungen als nicht erbracht.[28] In diesem Fall können die betreffenden Studien nicht für die Genehmigung einer klinischen Prüfung oder einer Marktzulassung herangezogen werden.

14.1.1.1 Bescheinigung nach § 19b ChemG

Pharmakologisch-toxikologische Studien sind für arzneimittelrechtliche Zulassungsverfahren deshalb nur verwertbar, wenn sie in einem durch die zuständigen deutschen Behörden zertifizierten Labor durchgeführt wurden und eine formgerechte Erklärung des Prüfleiters über die Einhaltung der GLP-Grundsätze vorliegt.[29] GLP-Bescheinigungen, die von Behörden anderer EU-Mitgliedstaaten ausgestellt wurden, werden in Deutschland jedoch uneingeschränkt anerkannt.[30] Darüber hinaus können auch Bescheinigungen aus Drittstaaten anerkannt werden, sofern eine gegenseitige Anerkennung von GLP-Bescheinigungen gewährleistet ist.[31] Die Regelung dient insbesondere der Reduktion redundanter Tierversuche,

---

Verkehr über Zuständigkeiten zur Ausführung chemikalienrechtlicher Vorschriften (Sächsische Chemikalienrecht-Zuständigkeitsverordnung – SächsChemRZuVO) vom 02.09.2024); in Sachsen-Anhalt das Ministerium für Wissenschaft, Energie, Klimawandel und Umwelt des Landes Sachsen-Anhalt (§ 2 Abs. 1 und 2 Nr. 1 ChemZustVO – Verordnung über Zuständigkeiten nach dem Chemikalienrecht (ChemZustVO) vom 28.02.2011); in Schleswig-Holstein das Landesamt für Umwelt (§ 2 Nr. 1 und 7 ChemZustVO – Landesverordnung über die zuständigen Behörden zum Vollzug chemikalienrechtlicher Vorschriften (ChemZustVO) vom 21.03.2012); in Thüringen das Landesamt für Umwelt, Bergbau und Naturschutz und für die Überwachung die Landkreise und kreisfreien Städte (§§ 1 Abs. 1 Nr. 1, 3 Abs. 1 Satz 1, 4 Nr. 1 ThürChemWRZVO – Thüringer Verordnung zur Regelung von Zuständigkeiten sowie zur Übertragung einer Ermächtigung auf dem Gebiet des Chemikalien-, Wasch- und Reinigungsmittelrechts (ThürChemWRZVO) vom 11.11.2004, zuletzt geändert durch Artikel 30 des Gesetzes vom 18.12.2018 (GVBl. S 731, 755)).

[26] §19b Abs. 1 Satz. 1 ChemG; Dettling, in: Zuck/Dettling (Hrsg.), Arzneimittelgesetz, 2021, § 22 AMG, Rn. 170.

[27] § 21 Abs. 1 ChemG.

[28] §§ 19a Abs. 2 Satz 4, 19b Abs. 3 Satz 2 ChemG.

[29] Dettling, in: Zuck/Dettling (Hrsg.), Arzneimittelgesetz, 2021, § 22 AMG, Rn. 159; Fleischfresser, in: Kloesel/Cyran (Hrsg.), Arzneimittelrecht Kommentar, 135. Aktualisierungslieferung, 2019, § 22 AMG, Rn. 13; Gärditz, in: Huster/Kingreen/Becker (Hrsg.), Handbuch Infektionsschutzrecht, 2022, S. 477, 523 f.

[30] § 19b Abs. 2 Nr. 1 ChemG.

[31] § 19b Abs. 2 Nr. 2 und 3 ChemG.

weil auf diese Weise Mehrfachprüfungen für unterschiedliche Zulassungsverfahren in unterschiedlichen Staaten vermieden werden.[32]

14.1.1.2 Mutual Acceptance of Data System (MAD-System)

Die gegenseitige Anerkennung von GLP-Bescheinigungen wird maßgeblich durch das von der OECD betriebene „Mutual Acceptance of Data System" (MAD-System) gewährleistet. Dieses verpflichtet die teilnehmenden OECD-Mitgliedstaaten zur wechselseitigen Anerkennung von Prüfdaten, die unter Einhaltung der Guten Laborpraxis erhoben wurden, sofern eine erfolgreiche Evaluation des jeweiligen nationalen GLP-Überwachungssystems durch die OECD erfolgt ist.[33]

Deutschland ist Mitglied der OECD und erkennt GLP-Bescheinigungen anderer Mitgliedstaaten an, die am MAD-System teilnehmen.[34] Die Europäische Kommission akzeptiert GLP-Bescheinigungen aus Drittstaaten ebenfalls, sofern diese von einem OECD-Mitgliedstaat ausgestellt wurden, der am MAD-System partizipiert und durch die OECD evaluiert wurde.[35]

---

[32] Rotta, in: Kloesel/Cyran (Hrsg.), Arzneimittelrecht Kommentar, 138. Aktualisierungslieferung, 2022, § 54 AMG, Rn. 12.

[33] Vgl. OECD, OECD Principles on Good Laboratory Practice, ENV/MC/CHEM(98)17, 1998, (https://one.oecd.org/document/env/mc/chem(98)17/en/pdf), 7 (geprüft am 24.10.2025); OECD, Council decision amending Annex II of the council decision concerning the mutual acceptance of data in the assessment of chemicals [C(81)30(FINAL)], 1998, (https://one.oecd.org/document/C(97)186/FINAL/en/pdf) (geprüft am 24.10.2025); OECD, The Mutual Acceptance of Data (MAD) System, (https://www.oecd.org/en/topics/sub-issues/testing-of-chemicals/mutual-acceptance-of-data-system.html) (geprüft am 24.10.2025); Stahl/Brown, in: McBride/Schmitt (Hrsg.), Fundamentals of Pharmaceutical and Biologics Regulations, 2023, S. 29, 29 f.

[34] OECD, National GLP Compliance Monitoring Programmes which participate in the Mutual Acceptance Data (MAD) system: status and contact information, (https://www.oecd.org/content/dam/oecd/en/topics/policy-sub-issues/testing-of-chemicals/national-glp-compliance-monitoring-programmes-which-participate-in-the-mutual-acceptance-of-data.pdf), S. 8 (geprüft am 24.10.2025); Stahl/Brown, in: McBride/Schmitt (Hrsg.), Fundamentals of Pharmaceutical and Biologics Regulations, 2023, S. 29, 30.

[35] Die Europäische Union besitzt innerhalb der OECD lediglich Beobachterstatus, partizipiert aber dennoch am System der gegenseitigen Anerkennung von Daten; vgl. OECD, National GLP Compliance Monitoring Programmes which participate in the Mutual Acceptance Data (MAD) system: status and contact information, (https://www.oecd.org/content/dam/oecd/en/topics/policy-sub-issues/testing-of-chemicals/national-glp-compliance-monitoring-programmes-which-participate-in-the-mutual-acceptance-of-data.pdf), S. 1, 6 (geprüft am 24.10.2025).

14.1.2 Inhaltliche Anforderungen der Guten Laborpraxis

Die Anforderungen der Guten Laborpraxis sind gemäß § 19a Abs. 1 ChemG im Anhang I des ChemG festgelegt. Die dort enthaltenen Vorgaben entsprechen inhaltlich den Bestimmungen des Anhangs der Richtlinie 2004/10/EG, mit der die Grundsätze der Guten Laborpraxis unionsweit harmonisiert wurden.

14.1.2.1 Prüfleiter

Jede Prüfeinrichtung hat einen Prüfleiter zu benennen,[36] der die Gesamtverantwortung für die Planung, Durchführung und Berichterstattung der Studie trägt.[37] Zu seinen zentralen Pflichten gehören insbesondere die Genehmigung des Prüfplans, die Sicherstellung der Einhaltung aller einschlägigen gesetzlichen Vorschriften und Standardarbeitsanweisungen (Standard Operating Procedures – SOP) sowie die Kontrolle der vollständigen und korrekten Erhebung der Daten sowie der Dokumentation und Archivierung sämtlicher Studienunterlagen.[38]

14.1.2.2 Prüfplan

Für jede Studie ist ein detaillierter schriftlicher Prüfplan[39] zu erstellen, der vor Beginn der Studie vom Prüfleiter zu unterzeichnen und zu genehmigen ist.[40] Der Prüfplan hat insbesondere eine Beschreibung der Prüf- und Referenzsubstanzen, Angaben des Testsystems (z. B. Tierart und Zelllinien), eine Darstellung und Begründung der Auswahl der anzuwendenden Methoden sowie Art und Häufigkeit der Datenerhebungen, Messungen und Beobachtungen zu enthalten.[41] Alle Abweichungen vom Prüfplan müssen dokumentiert, begründet und vom Prüfleiter genehmigt werden.[42]

14.1.2.3 Qualitätssicherungsprogramm

Jede Prüfeinrichtung muss über ein organisatorisch von der Durchführung der Studien unabhängiges Qualitätssicherungprogramm verfügen.[43] Die damit

---

[36] Anhang, Abschnitt II, Ziffer 1.2 und Abschnitt I, Ziffer 2.2 Nr. 6 RL 2004/10/EG.

[37] Anhang, Abschnitt II, Ziffer 1.2 Nr. 1 RL 2004/10/EG.

[38] Anhang, Abschnitt II, Ziffer 1.2 Nr. 2 Buchst. c), e), f) und i) RL 2004/10/EG.

[39] Der Prüfplan ist ein Dokument, das die Ziele und experimentelle Gesamtplanung zur Durchführung der Prüfung beschreibt; Anhang, Abschnitt I, Ziffer 2.3 Nr. 3 RL 2004/10/EG.

[40] Anhang, Abschnitt II, Ziffer 8.1 Nr. 1 RL 2004/10/EG.

[41] Anhang, Abschnitt II, Ziffer 8.2 Nr. 4 und 5 Buchst. a), b) und e) RL 2004/10/EG.

[42] Anhang, Abschnitt II, Ziffer 8.1 Nr. 2 und Ziffer 8.3 Nr. 4 RL 2004/10/EG.

[43] Anhang, Abschnitt II, Ziffer 2 und Abschnitt I, Ziffer 2.2 Nr. 8 RL 2004/10/EG.

betraute Qualitätssicherungseinheit hat durch regelmäßige Inspektionen sicherzustellen, dass alle Studien gemäß den Grundsätzen der Guten Laborpraxis und den Vorgaben des genehmigten Prüfplans durchgeführt werden.[44] Sie dokumentiert die Ergebnisse ihrer Inspektionen und übermittelt schriftliche Berichte sowohl an die Leitung der Prüfeinrichtung als auch an den Prüfleiter.[45] Darüber hinaus überprüft sie, ob die Abschlussberichte den Rohdaten und den tatsächlich erhobenen Studienergebnissen entsprechen, und gewährleistet auf diese Weise die Integrität und Nachvollziehbarkeit der erhobenen Daten.[46]

14.1.2.4 Personal und Räume

Die Prüfeinrichtung muss über ausreichend qualifiziertes Personal, geeignete Räumlichkeiten und funktionsfähige Geräte verfügen.[47] Sämtliche Mitarbeiter müssen über eine angemessene Ausbildung, Erfahrung und Schulung verfügen; entsprechende Nachweise sind zu dokumentieren.[48] Die räumliche und organisatorische Gestaltung der Prüfeinrichtung hat eine klare Trennung nach den verwendeten Substanzen und Testsystemen vorzusehen. Hierdurch sollen Kontaminationen, Verwechslungen und unzulässige Umwelteinflüsse vermieden werden.[49] Dahingehend bestehen für Tierversuche besondere Anforderungen, insbesondere hinsichtlich der Reinigung und räumlichen Trennung, um Kreuzkontaminationen zwischen Versuchstieren zu vermeiden.[50]

14.1.2.5 Dokumentations- und Aufbewahrungspflichten

Nach Abschluss jeder Studie ist ein vollständiger Abschlussbericht zu erstellen. Dieser hat die Ergebnisse der Studie, die verwendeten Prüf- und Referenzsubstanzen sowie das eingesetzte Testsystem (z. B. Tier- oder Zellkulturen) und eine Beschreibung der angewandten Methoden und Verfahren zu enthalten.[51] Der Bericht ist vom Prüfleiter zu datieren und zu unterzeichnen.[52] Alle im

---

[44] Anhang, Abschnitt II, Ziffer 2.2 Buchst. c) RL 2004/10/EG.

[45] Anhang, Abschnitt II, Ziffer 2.2 Buchst. e) RL 2004/10/EG.

[46] Anhang, Abschnitt II, Ziffer 2.2 Buchst. d) RL 2004/10/EG.

[47] Anhang, Abschnitt II, Ziffer 1.1 Nr. 2 Buchst. b) bis e) und Ziffer 1.4 Nr. 1 RL 2004/10/EG.

[48] Anhang, Abschnitt II, Ziffer 10.1 Buchst. c) RL 2004/10/EG.

[49] Vgl. Anhang, Abschnitt II, Ziffer 3.1 Nr. 2, Ziffer 3.2 Nr. 1 und 2, Ziffer 3.3 Nr. 1 RL 2004/10/EG.

[50] Anhang, Abschnitt II, Ziffer 3.3 und Ziffer 5.2 Nr. 1, 2 und 6 RL 2004/10/EG.

[51] Anhang, Abschnitt II, Ziffer 9.1 Nr. 1 und Ziffer 9.2 RL 2004/10/EG.

[52] Anhang, Abschnitt II, Ziffer 9.1 Nr. 3 RL 2004/10/EG.

Rahmen der Studie erhobenen Rohdaten, Proben, Prüfdokumente, der Prüfplan sowie der Abschlussbericht sind ordnungsgemäß, nachvollziehbar und dauerhaft zu archivieren.[53]

14.2 Gentechnikrecht

Grundlagenforschung und präklinische Forschungsvorhaben, bei denen gentechnisch veränderte Organismen weder in die Umwelt freigesetzt noch in Verkehr gebracht werden, stellen gentechnische Arbeiten im Sinne des § 3 Nr. 2 GenTG dar und unterliegen daher den Vorschriften für Arbeiten im geschlossenen System.[54] In welchen Konstellationen die Anwendung somatischer genomischer Therapien auf Organismen, insbesondere Zellkulturen und Versuchstieren, zu einem GVO-Status führt, wurde bereits dargelegt (vgl. Tabelle 11.1).[55]

Gentechnische Arbeiten dürfen ausschließlich in gentechnischen Anlagen[56] durchgeführt werden.[57] Für deren Errichtung und Betrieb ist die Risikoeinstufung der gentechnischen Arbeiten in eine der vier gesetzlich vorgesehenen Sicherheitsstufen (S1 bis S4) nach § 7 Abs. 1 GenTG i.V. mit §§ 2 Abs. 1,

[53] Anhang, Abschnitt II, Ziffer 10.1 Buchst. a) und b) RL 2004/10/EG; Dettling, in: Zuck/Dettling (Hrsg.), Arzneimittelgesetz, 2021, § 22 AMG, Rn. 162.

[54] Vgl. Spranger, in: Rieger/Dahm/Katzenmeier (Hrsg.), Heidelberger Kommentar Arztrecht Krankenhausrecht Medizinrecht, 89. Lieferung, 2100 Biotechnologie, Rn. 15; Dederer/Frenken, Studie: Genom-Editierung am Menschen. Vergleich der regulatorischen Rahmenbedingungen für CRISPR-Gen-Editierung und ihre Auswirkungen auf Forschung und Innovation, 2021, S. 5 f.; Bakhschai, in: Fuhrmann/Klein/Fleischfresser (Hrsg.), Arzneimittelrecht, 2020, § 34, Rn. 9.

[55] Die Rechtsprechung des EuGH zur Einstufung von Organismen, die durch Mutageneseverfahren verändert wurden, als gentechnisch veränderte Organsmen betrifft zwar den Anwendungsbereich der Richtlinie 2001/18/EG, ist jedoch auf das „geschlossene System", d. h. die Richtlinie 2009/41/EG, entsprechend anwendbar; vgl. Dederer/Frenken, Studie: Genom-Editierung am Menschen. Vergleich der regulatorischen Rahmenbedingungen für CRISPR-Gen-Editierung und ihre Auswirkungen auf Forschung und Innovation, 2021, S. 5, m.w.N.; Dederer/Hamburger, Journal of Law and the Biosciences 9 (2022), lsab033.

[56] Eine gentechnische Anlage ist eine Einrichtung, in der gentechnische Arbeiten im geschlossenen System durchgeführt werden und bei der spezifische Einschließungsmaßnahmen angewendet werden, um den Kontakt der verwendeten Organismen mit Menschen und der Umwelt zu begrenzen und ein dem Gefährdungspotenzial angemessenes Sicherheitsniveau zu gewährleisten; vgl. § 3 Nr. 4 GenTG.

[57] §§ 8 Abs. 1 Satz 1, 38 Abs. 1 Nr. 2 GenTG.

4 bis 12 GenTSV[58] maßgeblich. Die Einstufung orientiert sich am potenziellen Gefährdungspotenzial für Mensch und Umwelt.

In der Praxis wurden gentechnische Arbeiten im Bereich klassischer somatischer Gentherapien mit viralen Vektoren überwiegend den Sicherheitsstufen 1 (kein Risiko) oder 2 (geringes Risiko) zugeordnet.[59] Eine Einstufung in die Sicherheitsstufen 3 (mittleres Risiko) oder 4 (hohes Risiko) erfolgt nur ausnahmsweise, etwa bei der Verwendung besonders virulenter Viren.[60] Vor diesem Hintergrund erscheint es sachgerecht, die Anwendung somatischer genomischer Therapien ohne virale Bestandteile – etwa unter Verwendung von CRISPR-Cas-Ribonukleoproteinen – erst recht in eine niedrige Sicherheitsstufe einzuordnen.

14.2.1 Anzeige-, Anmeldungs- und Genehmigungsverfahren

Die Errichtung oder der Betrieb einer gentechnischen Anlage setzt je nach der zugeordneten Sicherheitsstufe der gentechnischen Arbeiten eine Anzeige, Anmeldung oder Genehmigung der betreffenden gentechnischen Anlage voraus (vgl. Abbildung 14.1).[61] Zuständig für die Entgegennahme und Prüfung der Anzeigen, Anmeldungen und Genehmigungsverfahren gentechnischer Arbeiten sind gemäß § 31 Satz 1 GenTG die jeweils zuständigen Landesbehörden[62]. Daneben kommt der fachlichen Beratung durch die Zentrale Kommission für

---

[58] Verordnung über die Sicherheitsstufen und Sicherheitsmaßnahmen bei gentechnischen Arbeiten in gentechnischen Anlagen (Gentechnik-Sicherheitsverordnung – GenTSV) vom 12.08.2019 (BGBl. I S. 1235).

[59] Vgl. VG Frankfurt am Main, Urteil vom 11.05.2011 – 8 K 2233/08, Rn. 25 – juris.

[60] Vgl. § 7 Abs. 1 Satz 1 Nr. 3 und 4 GenTG i.V. mit §§ 4, 10 Abs. 3 und 4 GenTSV.

[61] § 8 Abs. 1 Satz 2, Abs. 2 Satz 1 GenTG.

[62] In Bayern die Regierungen von Oberbayern und Unterfranken (§ 48 Abs. 1 und 2 BayZustV – Zuständigkeitsverordnung (ZustV) vom 16.06.2015 (GVBl. S. 184, BayRS 2015-1-1-V), die zuletzt durch § 4 der Verordnung vom 20.05.2025 (GVBl. S. 158) geändert worden ist); in Baden-Württemberg das Regierungspräsidium Tübingen (§ 1 GenTZuVO – Verordnung der Landesregierung, des Umweltministeriums und des Ministeriums Ländlicher Raum über Zuständigkeiten zum Vollzug gentechnikrechtlicher Vorschriften (Gentechnik-Zuständigkeitsverordnung – GenTZuVO) vom 27.01.2010); in Berlin die Senatsverwaltung für Justiz und Verbraucherschutz (§ 2 Abs. 4 Satz 1 i.V. mit Nr. 10 Abs. 9a Anlage ASOG Bln); in Brandenburg das Ministerium für Land- und Ernährungswirtschaft, Umwelt und Verbraucherschutz (Abschnitt VIII. Nr. 25 der Bekanntmachung der Geschäftsbereiche der obersten Landesbehörden vom 17.03.2025 (GVBl. II 2025 Nr. 22)); in Bremen

die Biologische Sicherheit (ZKBS) besondere Bedeutung zu, die im Rahmen ihrer Gutachten und Empfehlungen zur Risikobewertung gentechnischer Arbeiten beiträgt.[63]

---

die Gewerbeaufsicht des Landes Bremen (§ 1 Abs. 1 Bekanntmachung über die zuständigen Behörden nach dem Gentechnikrecht vom 22.05.2012 (Brem.ABl. 2012, S. 301), zuletzt geändert durch Geschäftsverteilung des Senats vom 20.10.2020 (Brem.GBl. S. 1172); in Hamburg die Behörde für Umwelt, Klima, Energie und Agrarwirtschaft (Abschnitt I GenTGDAnO HA – Anordnung zur Durchführung des Gentechnikgesetzes vom 10.05. 1994 (Amtl. Anz. 1994, 1213)); in Hessen das Regierungspräsidium Gießen (§ 1 Abs. 1 GenTG-ZustV HE – Verordnung zur Regelung von Zuständigkeiten nach dem Gentechnikgesetz vom 20.12.1995 (GVBl. I 1995, S. 566)); in Mecklenburg-Vorpommern das Ministerium für Soziales und Gesundheit (§ 1 Abs. 2 GenTG-ZustLVO M-V – Gentechnikgesetz-Zuständigkeitsverordnung vom 25.02.2008 (GVOBl. M-V S. 33) GS Meckl.-VorS. Gl. Nr. 200–6-26); in Niedersachsen das Staatlichen Gewerbeaufsichtsämter Hannover, Braunschweig und Göttingen (§ 1 Abs. 1 i.V. mit Nr. 9 Anlage ZustVO-Umwelt-Arbeitsschutz – Verordnung über Zuständigkeiten auf den Gebieten des Arbeitsschutz-, Immissionsschutz, Sprengstoff-, Gentechnik- und Strahlenschutzrechts sowie in anderen Rechsgebieten vom 27.10.2009 (Nds. GVBl. S. 374), zuletzt geändert durch Artikel 1 der Verordnung vom 12.12.2023 (Nds. GVBl. S. 343); in Nordrhein-Westfalen die Bezirkregierung Düsseldorf (§§ 1 Abs. 1 und 2 i.V. mit Teil A der Anlage ZustVU – Zuständigkeitsverordnung Umweltschutz vom 03.02.2015 (GV. NRW. S. 268); in Rheinland-Pfalz die Struktur- und Genehmigungsdirektion Süd (§ 1 Abs. 3 Halbsatz 1 GenTZuVO RPL – Landesverordnung über Zuständigkeiten auf dem Gebiet der Gentechnik vom 14.06.2004 (GVBl. 2004, S. 351); im Saarland das Ministerium für Umwelt, Klima, Mobilität, Agrar und Verbraucherschutz (§ 1 II GenTG-ZustV SL – Verordnung zur Regelung von Zuständigkeiten nach dem Gentechnikgesetz vom 22.10.1991 (Amtsblatt 1991, 1158); in Sachsen das Landesamt für Umwelt, Landwirtschaft und Geologie im Geschäftsbereich des Staatsministeriums für Energie, Klimawandel, Umwelt und Landwirtschaft (§ 2 Nr. 15 ZuLaFoGeVO – Zuständigkeitsverordnung Landwirtschaft/Forsten/Gentechnik vom 08.08.2013 (SächsGVBl. S. 757), die zuletzt durch di eVerordnung vom 02.09.2024 (SächsGVBl. S. 853) geändert worden ist; in Sachsen-Anhalt das Landesverwaltungsamt (§ 1 Abs. 1 Nr. 4 GenT-ZustVO – Zuständigkeitsverordnung für das Gentechnikrecht vom 04.09.1997 (GVBl. LSA 1997, 820); in Schleswig-Holstein das Ministerium für Energiewende, Klimawandel, Umwelt und Natur bzw. das Ministerium für Landwirtschaft, ländliche Räume, Europa und Verbraucherschutz (§ 1 GenTZustVO SHOL – Landesverordnung über die zuständigen Behörden nach dem Gentechnikrecht vom 08.12.2008 (GVOBl. 2008, 764); in Thüringen das Thüringer Landesamt für Umwelt, Bergbau und Naturschutz (§ 1 ThürGenZustVO – Thüringer Verordnung zur Regelung von Zuständigkeiten auf dem Gebiet des Gentechnikrechts vom 14.04.1998 (GVBl. 1998, 148)).

[63] §§ 5 Satz 1, 4 Abs. 1 Satz 1 GenTG.

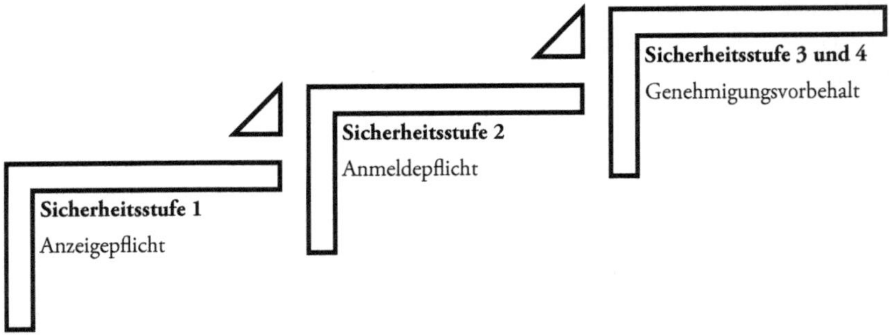

Abbildung 14.1 Verfahrensrechtliche Voraussetzungen zur Durchführung gentechnischer Arbeiten

14.2.1.1 Gentechnische Arbeiten mit geringer Sicherheitsstufe

Gentechnische Arbeiten der Sicherheitsstufe 1 sind lediglich anzeigepflichtig, während gentechnische Arbeiten der Sicherheitsstufe 2 anmeldepflichtig sind.[64] Der Unterschied besteht darin, dass bei einer Anzeige die Arbeiten unmittelbar nach Bestätigung des Eingangs durch die zuständige Behörde aufgenommen werden dürfen, während bei anmeldepflichtigen Arbeiten eine Wartefrist von 45 Tagen einzuhalten, sofern die Behörde nicht vor Ablauf dieser Frist ihre Zustimmung erteilt.[65]

Diese Frist ruht, solange die eingereichten Unterlagen unvollständig sind, eine sachgerechte Bewertung durch die Behörde nicht zulassen oder eine Stellungnahme der Zentralen Kommission für die Biologische Sicherheit (ZKBS) aufgrund der Neuartigkeit des gentechnisch veränderten Organismus noch aussteht.[66] In diesen Fällen kann sich der Beginn der Arbeiten entsprechend verzögern. Besteht lediglich eine Anzeigepflicht, kann die Behörde die Durchführung der Arbeiten bis zur Klärung einstweilen untersagen.[67]

Für gentechnische Arbeiten der Sicherheitsstufe 1, die in einer bereits bestehenden S1-Anlage durchgeführt werden, entfällt die Anzeigepflicht vollständig.[68]

---

[64] § 8 Abs. 2 Satz 1 GenTG.

[65] § 12 Abs. 5a Satz 1, Abs. 5 Satz 1 GenTG.

[66] § 12 Abs. 3 Satz 2 und 3, Abs. 4 Satz 1, Abs. 5 Satz 3 GenTG.

[67] § 12 Abs. 5a S. 2 GenTG.

[68] § 9 Abs. 1 GenTG.

Dagegen sind weitere Arbeiten der Sicherheitsstufe 2 in einer bereits genehmigten S2-Anlage lediglich anzeigepflichtig.[69]

14.2.1.2 Gentechnische Arbeiten mit erhöhter Sicherheitsstufe

Gentechnische Anlagen, in denen Arbeiten der Sicherheitsstufe 3 oder 4 durchgeführt werden sollen, bedürfen einer Genehmigung.[70] Die Genehmigung ist bei der zuständigen Landesbehörde zu beantragen und berechtigt ausschließlich zur Durchführung der im Genehmigungsbescheid ausdrücklich aufgeführten gentechnischen Arbeiten.[71] Dabei ist die Zentrale Kommission für die Biologische Sicherheit (ZKBS) zu beteiligen.[72]

Die Genehmigung ist innerhalb von 90 Tagen zu erteilen.[73] Diese Frist ruht jedoch, solange das nach § 18 Abs. 2 Satz 1 GenTG vorgeschriebene Anhörungsverfahren durchgeführt wird oder die eingereichten Unterlagen unvollständig sind.[74]

Weitere gentechnische Arbeiten der Sicherheitsstufen 3 und 4 bedürfen jeweils einer eigenständigen Genehmigung.[75] Eine Anzeige- oder Anmeldung genügt in diesen Fällen nicht.

14.2.2 Anzeige-, Anmeldungs- und Genehmigungsvoraussetzungen

Für gentechnische Anlagen, in denen Arbeiten der Sicherheitsstufe 1 durchgeführt werden sollen, ist lediglich eine Anzeige erforderlich. Die beizufügenden Unterlagen ergeben sich abschließend aus § 12 Abs. 2 Satz 1 GenTG. Die Anzeige muss insbesondere Angaben zur Lage der gentechnischen Anlage, die Kontaktdaten des Betreibers, den Namen und die Sachkunde des Projektleiters sowie der Beauftragten für die Biologische Sicherheit sowie Angaben zur

---

[69] § 9 Abs. 2 S. 1 GenTG.

[70] § 8 Abs. 1 Satz 2 GenTG.

[71] §§ 10 Abs. 1, 8 Abs. 1 Satz 3 GenTG.

[72] § 10 Abs. 7 GenTG.

[73] § 10 Abs. 5 Satz 1 GenTG.

[74] §§ 18 Abs. 1 Satz 1, 10 Abs. 5 Satz 4 GenTG.

[75] § 9 Abs. 3 GenTG.

Abfall- und Abwasserentsorgung enthalten.[76] Darüber hinaus sind eine allgemeine Beschreibung der gentechnischen Anlage, eine Zusammenfassung der Risikobewertung gemäß § 6 Abs. 1 GenTG sowie eine Beschreibung der vorgesehenen gentechnischen Arbeiten einzureichen.[77]

Die Anforderungen an eine Anmeldung für gentechnische Anlagen, in denen Arbeiten der Sicherheitsstufe 2 durchgeführt werden sollen, sind umfangreicher. Neben den Unterlagen, die auch bei einer Anzeige vorzulegen sind, sind Dokumente gemäß § 10 Abs. 2 Satz 2 Nr. 1–8 GenTG beizubringen. Diese umfassen Angaben zu sicherheits- und arbeitsschutzrelevanten Einrichtungen, eine vollständige Risikobewertung einschließlich der Eigenschaften der verwendeten Organismen und ihrer sicherheitsrelevanten Auswirkungen, eine Beschreibung verfügbarer Überwachungsmethoden, Personalangaben, Notfallpläne sowie Maßnahmen zur Unfallverhütung.[78]

Die Genehmigung zur Durchführung gentechnischer Arbeiten der Sicherheitsstufen 3 und 4 setzt schließlich die Vorlage sämtlicher in § 10 Abs. 2 GenTG genannten Unterlagen voraus.

14.2.2.1 Projektleiter

Für jede gentechnische Anlage ist zudem ein Projektleiter zu bestellen. Gentechnische Arbeiten dürfen nur von einer Person geleitet werden, die über die erforderliche Sachkunde verfügt.[79] Diese umfasst nachweisbare Kenntnisse in klassischer und molekularer Genetik, praktische Erfahrung im Umgang mit Mikroorganismen, Pflanzen oder Tieren sowie vertiefte Kenntnisse der einschlägigen Sicherheitsmaßnahmen und des Arbeitsschutzes.[80]

Der Nachweis der Sachkunde erfolgt in der Regel durch den erfolgreichen Abschluss eines naturwissenschaftlichen, medizinischen oder tiermedizinischen Hochschulstudiums sowie durch eine mindestens dreijährige Tätigkeit auf dem Gebiet der Gentechnik, insbesondere in der Mikrobiologie, Zellbiologie, Virologie oder Molekularbiologie.[81] Für Projektleiter in gentechnischen Anlagen der Sicherheitsstufen 3 oder 4 ist zusätzlich eine mindestens zweijährige Tätigkeit

---

[76] § 10 Abs. 2 Satz 2 Nr. 1 bis 3 und 8 GenTG.

[77] § 8 Abs. 1 Satz 2 GenTG.

[78] § 10 Abs. 2 Satz 2 Nr. 4 bis 7 GenTG.

[79] § 28 Abs. 1 Satz 1 GenTSV.

[80] § 28 Abs. 1 Satz 2 GenTSV.

[81] § 28 Abs. 2 Satz 1 GenTSV.

in einem gentechnischen Bereich der Sicherheitsstufen 2, 3 oder 4 erforderlich.[82] Darüber hinaus ist der Besuch einer von der zuständigen Landesbehörde anerkannten Fortbildungsveranstaltung verpflichtend. Diese Fortbildung muss insbesondere Kenntnisse über die Gefährdungspotenziale gentechnischer Arbeiten, die anzuwendenden Sicherheitsmaßnahmen sowie die geltenden rechtlichen Vorschriften vermitteln.[83]

14.2.2.2 Beauftragter für biologische Sicherheit

Neben dem Projektleiter ist vom Betreiber einer gentechnischen Anlage mindestens ein Beauftragter für Biologische Sicherheit zu bestellen. Die Bestellung erfolgt schriftlich und nach vorheriger Anhörung des Betriebs- oder Personalrats.[84] Abhängig von Art, Umfang und Sicherheitsstufe der gentechnischen Arbeiten kann die Bestellung mehrerer Beauftragten erforderlich sein. In diesem Fall bilden sie gemeinsam einen Ausschuss für Biologische Sicherheit.[85] Der Beauftragte muss über dieselbe Sachkunde verfügen wie ein Projektleiter.[86]

Zu den zentralen Aufgaben des Beauftragten für Biologische Sicherheit gehören die Überwachung der Einhaltung aller Sicherheitsvorschriften innerhalb der gentechnischen Anlage, insbesondere durch regelmäßige Kontrollen, die Mitteilung festgestellter Mängel an Betreiber und Projektleiter sowie die Überprüfung ihrer Beseitigung.[87] Darüber hinaus berät der Beauftragte den Betreiber, den Projektleiter und den Personalrat bei der Risikobewertung, der Planung und Durchführung gentechnischer Arbeiten sowie bei der Auswahl geeigneter Schutzausrüstungen und Sicherheitsmaßnahmen.[88]

Der Betreiber ist verpflichtet, den Beauftragten bei der Erfüllung seiner Aufgaben organisatorisch und materiell zu unterstützen. Dies umfasst insbesondere die Bereitstellung von Hilfspersonal, Räumlichkeiten und Geräten sowie die Ermöglichung notwendiger Fortbildungen.[89] Der Beauftragte ist gegenüber dem Betreiber unmittelbar berichtspflichtig und darf wegen der Wahrnehmung seiner Aufgaben nicht benachteiligt werden.[90] Seine Stellungnahmen sind frühzeitig einzuholen

[82] § 28 Abs. 2 Satz 1 Nr. 2 Halbsatz 2 GenTSV.
[83] § 28 Abs. 2 Satz 1 Nr. 3, Abs. 5 GenTSV.
[84] § 29 Abs. 1 GenTSV.
[85] § 29 Abs. 1 Satz 2 und 3 GenTSV.
[86] § 30 Satz 1 GenTSV.
[87] § 31 Abs. 1 Nr. 1 GenTSV.
[88] § 31 Abs. 1 Nr. 2 GenTSV.
[89] § 32 Abs. 1 und 2 GenTSV.
[90] § 32 Abs. 3 GenTSV.

und bei sicherheitsrelevanten Entscheidungen, insbesondere bei Beschaffungen oder Änderungen der Betriebsweise, angemessen zu berücksichtigen.[91]

14.2.2.3 Sicherheitsmaßnahmen

Die für gentechnische Anlagen einzuhaltenden Sicherheitsmaßnahmen richten sich nach der jeweiligen Sicherheitsstufe und sind in Anlage II GenTSV gestaffelt aufgeführt. Sie differenzieren zwischen Laborbereichen und Produktionsanlagen und konkretisieren die allgemeinen Anforderungen des § 7 Abs. 2 Satz 1 GenTG. Die in Anlage II GenTSV enthaltenen Maßnahmen sind jedoch nicht abschließend.[92]

Auch wenn für gentechnische Arbeiten der Sicherheitsstufen 1 und 2 keine präventive Genehmigung erforderlich ist, entbindet dies nicht von der Pflicht zur Einhaltung der vorgeschriebenen Sicherheitsmaßnahmen. Ein Verstoß hiergegen kann eine Ordnungswidrigkeit nach §§ 14 Abs. 1, 33 Nr. 1 GenTSV darstellen. Trotz der verfahrensrechtlichen Privilegierung geringer Sicherheitsstufen sind die materiellen Sicherheitsanforderungen daher stets zu beachten.

14.2.2.3.1 Sicherheitsstufe 1

Gentechnische Arbeiten der Sicherheitsstufe 1 dürfen ausschließlich in abgegrenzten, ausreichend großen und leicht zu reinigenden Räumen durchgeführt werden.[93] Arbeitsflächen, Mobiliar, Böden und Wände müssen gegenüber eingesetzten Stoffen sowie Reinigungs- und Desinfektionsmitteln beständig sein.[94] Es ist ein Waschbecken mit Handwaschmittelspender, Einmalhandtuchspender und – sofern erforderlich – Desinfektionsmittelspender vorzusehen.[95] Der Arbeitsbereich ist deutlich als gentechnische Anlage der Sicherheitsstufe 1 zu kennzeichnen.[96] Während der Durchführung gentechnischer Arbeiten sind Türen und Fenster geschlossen zu halten.[97] Zu den hygienischen Maßnahmen zählen die regelmäßige Überprüfung von Identität und Reinheit der verwendeten Organismen, deren sachgerechte Aufbewahrung sowie eine sichere Entsorgung

---

[91] § 32 Abs. 4 GenTSV.

[92] § 2 Abs. 1 Satz 1 und 2 GenTSV.

[93] Anlage 2, A.I. Buchst. a) Nr. 1 GenTSV.

[94] Anlage 2, A.I. Buchst. a) Nr. 2 GenTSV.

[95] Anlage 2, A.I. Buchst. a) Nr. 3 GenTSV.

[96] Anlage 2, A.I. Buchst. b) Nr. 1 GenTSV.

[97] Anlage 2, A.I. Buchst. b) Nr. 2 GenTSV.

sämtlicher Abfälle.[98] Das Tragen von Schutzkleidung (Laborkittel) ist verpflichtend; bei Bedarf ist ergänzende persönliche Schutzausrüstung zu verwenden.[99] Eine getrennte Aufbewahrung der Schutzkleidung von der Straßenkleidung ist sicherzustellen.[100]

Im Produktionsbereich sind Mikroorganismen in geschlossenen Systemen (z. B. Fermentern) zu verarbeiten und es sind geeignete Maßnahmen zur Vermeidung der Bildung von Aerosolen zu treffen.[101]

14.2.2.3.2 Sicherheitsstufe 2

Für gentechnische Arbeiten der Sicherheitsstufe 2 gelten erweiterte bauliche und technische Schutzmaßnahmen. Arbeitsflächen, Wände und Böden müssen flüssigkeitsdicht und gegenüber den eingesetzten Stoffen sowie Reinigungs- und Desinfektionsmitteln weiterhin beständig sein.[102] Zur Vermeidung der Bildung von Aerosolen sind Sicherheitswerkbänke oder geschlossene Arbeitsgeräte zu verwenden.[103] Kontaminierte Prozessabluft ist vor Ableitung zu reinigen, und ein gasdicht verschließbarer Luftbehälter, sog. Autoklav, mit ausreichender Kapazität zur Sterilisation kontaminierter Materialien muss vorhanden sein.[104]

Die gentechnische Anlage ist zusätzlich deutlich mit dem Warnzeichen „Biogefährdung" zu kennzeichnen.[105] Der Zutritt ist ausschließlich befugten Personen gestattet, deren Expositionsrisiken gegenüber gentechnisch veränderten Mikroorganismen durch geeignete technische und organisatorische Maßnahmen zu minimieren sind.[106] Beschäftigte haben aus diesem Grund persönliche Schutzausrüstung zu tragen, insbesondere Schutzhandschuhe, Atem- und Augenschutz, soweit die Art der Tätigkeit dies erfordert.[107] Darüber hinaus sind organisatorische Vorkehrungen zur sicheren Lagerung und zum Transport der verwendeten Organismen zu treffen. Dazu zählen insbesondere die Verwendung besonders

---

[98] Anlage 2, A.I. Buchst. b) Nr. 7 bis 9 GenTSV.

[99] Anlage 2, A.I. Buchst. c) Nr. 1 GenTSV.

[100] Anlage 2, A.I. Buchst. c) Nr. 2 GenTSV.

[101] Anlage 2, B.I. Buchst. a) Nr. 6 und 7 GenTSV.

[102] Anlage 2, A.II. Buchst. a) Nr. 3 GenTSV.

[103] Anlage 2, A.II. Buchst. a) Nr. 6 GenTSV.

[104] Anlage 2, A.II. Buchst. a) Nr. 6 bis 8 GenTSV.

[105] Anlage 2, A.II. Buchst. b) Nr. 1 GenTSV.

[106] Anlage 2, A.II. Buchst. b) Nr. 2 und 7 GenTSV.

[107] Anlage 2, A.II. Buchst. c) GenTSV.

geschützter und desinfizierter Behältnisse sowie regelmäßige Testverfahren zur Überprüfung der Identität und Reinheit der Organismen.[108]

Im Produktionsbereich sind zudem spezielle Zentrifugen sowie Hochleistungsschwebstofffilter zu verwenden, um das Risiko einer Kontamination oder Infektion mit Mikroorganismen zu minimieren.[109]

14.2.2.3.3 Sicherheitsstufe 3

Gentechnische Arbeiten der Sicherheitsstufe 3 erfordern speziell abgeschirmte und abdichtbare Räumlichkeiten. Der Zugang hat über eine Schleuse mit gegeneinander verriegelbaren Türen zu erfolgen.[110] Der gesamte Arbeitsbereich muss begasbar sein und Fenster dürfen nicht zu öffnen sein.[111] Der Zutritt zu Räumen ist ausschließlich autorisiertem Personal gestattet und nur bei Erforderlichkeit zulässig.[112] Alleinarbeit ist nur mit funktionierendem Notrufsystem erlaubt.[113] Laborgeräte sind einem bestimmten Labor eindeutig zuzuordnen und dürfen nicht zwischen Arbeitsbereichen ausgetauscht werden.[114] Zur Gewährleistung der biologischen Sicherheit sind Maßnahmen zur sicheren Lagerung von Materialien sowie zum Transport in geschlossenen und desinfizierbaren Behältnissen zu treffen.[115] Die erforderliche Schutzkleidung ist zudem in der Schleuse anzulegen und umfasst geschlossene Schutzkleidung, Atem- sowie Augenschutz.[116]

Im Produktionsbereich gelten ergänzend verschärfte Anforderungen: Hier sind geschlossene Systeme, ein umfassender baulicher Einschluss, ein dauerhafter Unterdruckbetrieb, eine doppelte Luftfilterung sowie Auffangsysteme für potenziell kontaminierte Flüssigkeiten vorgeschrieben.[117] Außerdem muss für sicherheitsrelevante Einrichtungen wie Lüftungsanlagen und Sicherheitswerkbänke eine eigenständige Notstrom- und Sicherheitsbeleuchtung existieren.[118]

---

[108] Anlage 2, A.II. Buchst. b) Nr. 8 bis 10 GenTSV.

[109] Anlage 2, B.II. Buhst. A) Nr. 6 GenTSV.

[110] Anlage 2, A.III. Buchst. a) Nr. 1 und 2 GenTSV.

[111] Anlage 2, A.III. Buchst. a) Nr. 3 und 4 GenTSV.

[112] Anlage 2, A.III. Buchst. b) Nr. 2 GenTSV.

[113] Anlage 2, A.III. Buchst. b) Nr. 4 GenTSV.

[114] Anlage 2, A.III. Buchst. b) Nr. 5 GenTSV.

[115] Vgl. Anlage 2, A.III. Buchst. b) Nr. 10 bis 21 GenTSV.

[116] Anlage 2, A.III. Buchst. c) GenTSV.

[117] Anlage 2, B.III. Buchst. a) Nr. 1 bis 16 GenTSV.

[118] Anlage 2, B.III. Buchst. a) Nr. 12 GenTSV.

14.2.2.3.4 Sicherheitsstufe 4

Gentechnische Arbeiten der Sicherheitsstufe 4 dürfen ausschließlich in vollständig abgeschlossenen, gasdichten und begasbaren Laboren durchgeführt werden, die über eine vierkammerige Zugangsschleuse verfügen und sich in einem eigenständigen Gebäude befinden oder deutlich von anderen Verkehrsflächen abgegrenzt sind.[119] Die Räume sind mit dichten Wänden auszustatten und müssen durch eigene raumlufttechnische Anlagen belüftet werden.[120] Sämtliche Zu- und Versorgungsleitungen sind gegen Kontaminationen mit Organismen zu sichern, etwa durch den Einsatz von Hochleistungsschwebstofffiltern.[121] Organisatorisch ist der Zutritt streng reglementiert und auf autorisiertes, speziell geschultes Personal beschränkt.[122] Alleinarbeit ist nur bei bestehender permanenter Sicht- und Kommunikationsverbindung zulässig.[123] Das Tragen fremdbelüfteter Vollschutzanzüge mit autarker Luftzufuhr ist verpflichtend und der Austritt erfolgt über mehrstufige Dusch- und Dekontaminationssysteme.[124]

Für Produktionsanlagen gelten grundsätzlich dieselben Anforderungen. Besonderes Augenmerk ist hierbei auf die Sterilisation und Desinfektion der verwendeten Organismen sowie der eingesetzten Materialien zu richten.[125]

14.2.2.4 Tierversuchsrechtliche Besonderheiten

Für gentechnische Arbeiten an Versuchstieren gelten gemäß § 14 Abs. 4 i.V. m. Anlage 4 GenTSV besondere, nach Sicherheitsstufen gestufte Anforderungen.

Bereits für Tierräume der Sicherheitsstufe 1 sind grundlegende Hygienemaßnahmen, eine sichere Unterbringung der Tiere und eine Zugangsbeschränkung auf autorisiertes Personal zwingend vorgeschrieben.[126] Insbesondere muss die Belüftung der Tierhaltungsräume in Abhängigkeit von der Belegungsdichte ausreichend sein.[127] Bei Arbeiten der Sicherheitsstufe 2 treten weitergehende Anforderungen hinzu. Insbesondere müssen die Tiere in eigenen Gebäuden oder Räumen untergebracht und in besonderen Fällen in besonders isolierten Käfigen oder

[119] Anlage 2, A.IV. Buchst. a) Nr. 1 und 2 GenTSV.
[120] Anlage 2, A.IV. Buchst. a) Nr. 3 und 5 GenTSV.
[121] Anlage 2, A.IV. Buchst. a) Nr. 6 GenTSV.
[122] Anlage 2, A.IV. Buchst. b) Nr. 2 GenTSV.
[123] Anlage 2, A.IV. Buchst. b) Nr. 5 GenTSV.
[124] Anlage 2, A.IV. Buchst. c) GenTSV.
[125] Vgl. Anlage 2, B.IV. Buchst. b) Nr. 14, 17, 18 und 19 GenTSV.
[126] Vgl. Anlage 4, I Buchst. b) GenTSV.
[127] Anlage 4, I Buchst. a) Nr. 3 GenTSV.

Behältern gehalten werden.[128] Für Sicherheitsstufe 3 und Sicherheitsstufe 4 gelten für die Tierhaltungsräume entsprechende Anforderungen wie im Labor- und Produktionsbereich (vgl. S. 236 f.).[129]

14.3 Tierschutzrecht

In Deutschland bildet das Tierschutzgesetz (TierSchG[130]) in Verbindung mit der Richtlinie 2010/63/EU[131] die zentrale tierschutzrechtliche Rechtsgrundlage für Tierversuche. Wesentliche Regelungen enthalten insbesondere die §§ 7 bis 9 TierSchG (Vorschriften zu Tierversuchen) sowie § 11 TierSchG (Vorschriften zur Zucht und zum Handel mit Versuchstieren). Ergänzend gelten die Tierschutzversuchstierverordnung (TierSchVersV[132]), die Versuchstiermeldeverordnung (VersTierMeldV[133]) sowie die Allgemeine Verwaltungsvorschrift zur Durchführung des Tierschutzgesetzes (AVVTierSchG[134]), welche detaillierte Anforderungen an Haltung, Zucht und Herkunft von Versuchstieren festlegen.

Bei der Richtlinie 2010/63/EU handelt es sich um eine teilweise mindestharmonisierende Richtlinie. Die Mitgliedstaaten dürfen strengere Maßstäbe als die in der Richtlinie vorgesehenen beibehalten, jedoch keine darüber hinausgehenden, neuen Regelungen erlassen.[135] Infolgedessen können die Tierschutzstandards innerhalb der Europäischen Union bei Tierversuchen „nach oben hin" abweichen.

---

[128] Vgl. Anlage 4, II Buchst. a) Nr. 1 und 2 Buchst. b) Nr. 5 GenTSV.

[129] Vgl. Anlage 4, III und IV GenTSV.

[130] Tierschutzgesetz in der Fassung der Bekanntmachung vom 18.05.2006 (BGBl. I S. 1206, 1313), das zuletzt durch Artikel 2 Absatz 20 des Gesetzes vom 20.12.2022 (BGBl. I S. 2752) geändert worden ist.

[131] Richtlinie 2010/63/EU des Europäischen Parlaments und des Rates vom 22.09.2010 zum Schutz der für wissenschaftliche Zwecke verwendeten Tiere, ABl. L 276 vom 20.10.2010, S. 33.

[132] Tierschutz-Versuchstierverordnung vom 01.08.2013 (BGBl. I S. 3125, 3126), die zuletzt durch Artikel 1 der Verordnung vom 11.08.2021 (BGBl. I S. 3570) geändert worden ist.

[133] Versuchstiermeldeverordnung vom 12.12.2013 (BGBl. I S. 4145), die zuletzt durch Artikel 2 der Verordnung vom 11.08.2021 (BGBl. I S. 3570) geändert worden ist.

[134] Allgemeine Verwaltungsvorschrift zur Durchführung des Tierschutzgesetzes vom 09.02.2000, BAnz. Beil. Nr. 36a S. 1.

[135] Art. 2 RL 2010/63/EU.

14.3.1 Präventives Verbot mit Erlaubnisvorbehalt

In Deutschland – und unionsweit – dürfen Tierversuche an Wirbeltieren und Kopffüßern nur durchgeführt werden, wenn sie zuvor von der zuständigen Behörde genehmigt worden sind.[136] Bereits die Züchtung von Versuchstieren kann dabei als genehmigungspflichtiger Tierversuch gelten.[137] Dies betrifft insbesondere die Zucht oder Erzeugung gentechnisch veränderter Tiere, die bestimmte genetische Merkmale aufweisen sollen, um eine erblich bedingte Erkrankung zu modellieren und die Wirksamkeit eines Arzneimittels daran zu untersuchen.[138]

14.3.1.1 Genehmigungsverfahren

Jedes geplante Versuchsvorhaben an Wirbeltieren oder Kopffüßern bedarf grundsätzlich einer vorherigen Genehmigung durch einen Antrag. Der Antrag ist schriftlich oder elektronisch bei der zuständigen Landesbehörde[139]

---

[136] § 8 Abs. 1 Satz 1 TierSchG; Art. 36 Abs. 1 RL 2010/63/EU.

[137] Metzger, in: Erbs/Kohlhaas (Hrsg.), Strafrechtliche Nebengesetze, 259. Ergänzungslieferung, 2025, § 8 TierSchG, Rn. 3; Ovie, in: Spickhoff/Handorn (Hrsg.), Handbuch Medizinisches Forschungsrecht, 2024, S. 545, 547.

[138] Hirt/Maisack/Moritz u. a., Tierschutzgesetz, 2023, § 7 TierSchG, Rn. 6a-8; Metzger, in: Erbs/Kohlhaas (Hrsg.), Strafrechtliche Nebengesetze, 259. Ergänzungslieferung, 2025, § 7 TierSchG, Rn. 24 f.; Ovie, in: Spickhoff/Handorn (Hrsg.), Handbuch Medizinisches Forschungsrecht, 2024, S. 545, 547.

[139] In Bayern die Regierungen von Oberbayern und Unterfranken (§ 4 Abs. 2 GesVSV – Verordnung über den gesundheitlichen Verbraucherschutz vom 01.08.2017 (GVBl. S. 402, BayRS 2120–11-U), die zuletzt durch Verordnung vom 07.01.2025 (GVBl. S. 17) geändert worden ist); in Baden-Württemberg die Regierungspräsidien Freiburg, Karlsruhe, Stuttgart und Tübingen (§§ 2 Nr. 2, 3 TierSchZuVO – Verordnung des Ministeriums Ländlicher Raum über Zuständigkeiten nach dem Tierschutzrecht vom 21.07.2014 (GBl. 2014, S. 383), zuletzt geändert durch Artikel 121 der Verordnung vom 21.12.2021 (GBl. 2022 S. 1, 15)); in Berlin das Landesamt für Gesundheit und Soziales; in Brandenburg das Landesamt für Arbeitsschutz, Verbraucherschutz und Gesundheit (§§ 1 Abs. 1 Satz 1 Halbsatz 2, 2 Abs. 2 TierSchZV – Verordnung über die zuständigen Behörden nach dem Tierschutzgesetz und weiteren Vorschriften in der Fassung der Bekanntmachung vom 30.11.2007 (GVBl. II S. 495, Sa BbgLR 7834–2), zuletzt geändert durch Art. 1 Vierte VO zur Änderungen der TierschutzzuständigkeitsVO vom 21.11.2023 (GVBl. II Nr. 73)); in Bremen die Senatorin für Gesundheit, Frauen und Verbraucherschutz (§ 1 Abs. 2 Nr. 1 TierZustVO BR – Verordnung über die zuständigen Behörden nach dem Tierschutzrecht vom 05.12.1995 (Brem.GBl. 1995, S. 484), zuletzt geändert durch Geschäftsverteilung des Senats vom 20.10.2020 (Brem.GBl. S. 1172)); in Hamburg die Behörde für Justiz und Verbraucherschutz (Abschnitt II Abs. 2 Nr. 2 und 4 TierSchZustAnO HA – Anordnung über die Zuständigkeiten im Tierschutzrecht vom 23.06.1999 (Amtl. Anz. 1999, S. 1721), zuletzt geändert durch Anordnung vom 07.01.2025 (Amtl. Anz. S. 177)); in Hessen die Regierungspräsidien Darmstadt, Gießen und

zu stellen.[140] Nach Eingang eines vollständigen Antrags hat die Landesbehörde innerhalb von 40 Arbeitstagen über die Genehmigung des Versuchsvorhabens zu entscheiden.[141] Diese Frist kann bei besonderem Umfang oder erhöhter Komplexität einmalig um bis zu 15 Arbeitstage verlängert werden.[142] Darüber hinaus

---

Kassel (§ 9 Nr. 1 Buchst. c) und 2 ZustVVLF – Verordnung zur Bestimmung von Zuständigkeiten von Behörden der Landesverwaltung in Veterinärwesen und bei der Lebensmittel- und Futtermittelüberwachung vom 08.11.2010 (GVBl. I 2010, 354), zuletzt geändert durch Verordnung vom 08.12.2021 (GVBl. S. 843)); in Mecklenburg-Vorpommern das Landesamt für Landwirtschaft, Lebensmittelsicherheit und Fischerei (§ 1 Abs. 2 Nr. 1 Buchst. a) und b) TierSchZustLVO M-V – Landesverordnung zur Bestimmung der zuständigen Behörden auf dem Gebiet des Tierschutzrechtes und zur Übertragung von Ermächtigungen vom 20.04.2021 (Art. 1 GVOBl. M-V 2021, S. 531)); in Niedersachsen das Niedersächsische Landesamt für Verbraucherschutz und Lebensmittelsicherheit (§§ 2 Nr. 22, 23 ZustVO-Tier – Verordnung über Zuständigkeiten auf den Gebieten der Tiergesundheit, der Beseitigung tierischer Nebenprodukte und des Tierschutzes vom 10.12.2024 (Nds. GVBl. 2024 Nr. 107 – VORIS 78510)); in Nordrhein-Westfalen das Landesamt für Natur, Umwelt und Verbraucherschutz (§ 2 Nr. 1 und 2 ZustVO Tierschutz NRW – Verordnung über Zuständigkeiten und zur Übertragung von Ermächtigungen zum Erlass von Rechtsverordnungen auf dem Gebiet des Tierschutzrechts vom 03.02.2015 (GV. NRW. S. 212)); in Rheinland-Pfalz das Landesuntersuchungsamt (§ 1 Abs. 1 Nr. 1 Buchst. a) TierSRZustV RP – Landesverordnung über Zuständigkeiten auf dem Gebiet des Tierschutzrechts vom 20.04.2005 (GVBl. 2005, 146)); im Saarland das für das Veterinärwesen zuständige Landesamt innerhalb des Ministeriums für Umwelt und Verbraucherschutz (§ 1 Nr. 3 TierSchGZustV SL – Verordnung über Zuständigkeiten nach dem Tierschutzgesetz vom 07.10.1987 (ABl. 1987, 1185); in Sachsen die Landesdirektion Sachsen (§ 1 Nr. 2 Buchst. a) TierschZVO – Zuständigkeitsverordnung Tierschutz vom 12.12.2014 (SächsGVBl. 2015, S. 7), die durch Verordnung vom 03.07.2023 (SächsGVBl. S. 592) geändert worden ist); in Sachsen-Anhalt das Landesverwaltungsamt Sachsen-Anhalt (§ 10 Nr. 1 Buchst. c) ZustVO SOG – Verordnung über die Zuständigkeiten auf verschiedenen Gebieten der Gefahrenabwehr vom 31.07.2002 (GVBl. LSA 2002, S. 328), zuletzt geändert durch Artikel 3 des Gesetzes vom 02.07.2024 (GVBl. LSA, S. 197, 200)); in Schleswig-Holstein das Ministerium für Landwirtschaft, ländliche Räume, Europa und Verbraucherschutz (§ 1 Nr. 1 Buchst. c) TierschZustVO – Landesverordnung über die zuständigen Behörden nach dem Tierschutzrecht vom 22.06.2007 (GVOBl. 2007, S. 331), zuletzt geändert durch die Landesverordnung vom 11.01.2022 (GVOBl. 2022, S. 75); in Thüringen das Thüringer Landesamt für Verbraucherschutz (§§ 1 Nr. 2, 2 Absatz 1 Nr. 2 Buchst. d), Absatz 4 Nr. 2 Buchst. o) ThürTierSchZVO – Thüringer Verordnung über Zuständigkeiten auf dem Gebiet des Tierschutzrechts einschließlich des Hufbeschlagrechts und zur Übertragung einer Ermächtigung nach dem Hufbeschlaggesetz vom 27.02.2009 (GVBl. 2009, S. 277), zuletzt geändert durch Artikel 72 des Gesetzes vom 02.07.2024 (GVBl. S. 277, S. 294)).

[140] § 31 Abs. 1 Satz 1 TierSchVersV.

[141] § 32 Abs. 1 Satz 1 TierSchVersV.

[142] § 32 Abs. 1 Satz 2 TierSchVersV.

ist der vollständige Antrag an eine Tierversuchskommission durch die Genehmigungsbehörde weiterzuleiten, die Gelegenheit erhält, eine ethische Stellungnahme zum Versuchsvorhaben abzugeben.[143] Sind die gesetzlichen Voraussetzungen erfüllt, hat die Behörde die Genehmigung des Versuchsvorhabens zu erteilen.[144]

14.3.1.2 Vereinfachtes Genehmigungsverfahren

In bestimmten, gesetzlich abschließend geregelten Fällen kann anstelle des regulären Genehmigungsverfahrens ein vereinfachtes Verfahren nach § 8a TierSchG durchgeführt werden.

14.3.1.2.1 Regulatorische Tierversuche

Das vereinfachte Genehmigungsverfahren kann insbesondere dann angewendet werden, wenn das Versuchsvorhaben durch Gesetz, Rechtsverordnung, das Arzneibuch oder unmittelbar geltende Rechtsakte der Europäischen Union vorgeschrieben ist.[145] Dies betrifft vor allem sog. regulatorische Tierversuche, wie sie in der präklinischen Phase der Arzneimittelentwicklung im Rahmen der arzneimittelrechtlichen Zulassung erforderlich sind.[146] Zu diesen regulatorischen Tierversuchen zählen pharmakologische und toxikologische Prüfungen sowie Studien zur Embryo- und Fetotoxizität.[147]

Ein vereinfachtes Genehmigungsverfahren ist jedoch ausgeschlossen, wenn Primaten verwendet werden oder das Versuchsvorhaben als „schwer"[148] einzustufen ist. Letzteres betrifft insbesondere toxikologische Prüfungen[149] im Rahmen der Arzneimittelentwicklung, die regelmäßig mit erheblichen Schmerzen oder dem Tod der Versuchstiere verbunden sind und deshalb als „schwer" eingestuft werden.[150] Gleiches gilt für Tierversuche zur Züchtung gentechnisch veränderter

---

[143] § 15 Abs. 1 Satz 2 Nr. 1 TierSchG i.V. mit § 32 Abs. 4 Satz 1 TierSchVersV.

[144] §§ 8 Abs. 1 Satz 1, 15 Abs. 1 Satz 1 TierSchG.

[145] § 8a Abs. 1 Nr. 1 Buchst. a) TierSchG.

[146] Dettling, in: Zuck/Dettling (Hrsg.), Arzneimittelgesetz, 2021, § 22 AMG, Rn. 174; die Leitlinien der Europäischen Arzneimittelagentur stellen keine unmittelbar geltenden Rechtsakte dar, entfalten im Vollzug jedoch faktisch eine bindende Wirkung und setzen regelmäßig die Durchführung von Tierversuchen voraus (vgl. Kapitel 14).

[147] §§ 25 Abs. 2 Nr. 1, 26 AMG, § 1 AMPV i.V. mit Anhang I, Teil I, Abschnitt 2.4, Nr. 4.2.3 Buchst. e) UAbs. 4, Nr. 5.2 Buchst. b) Satz 1 RL 2001/83/EG.

[148] Vgl. Art. 15 Abs. 1 i.V. mit Anhang VIII RL 2010/63/EU.

[149] §§ 25 Abs. 2 Nr. 1, 26 AMG i.V.m. § 1 AMPV i.V.m. Anhang I Teil I Abschnitt 5.2 Buchst. b) Satz 1 RL 2001/83/EG.

[150] Vgl. Anhang VIII, Nr. 3 Buchst. a) RL 2010/63/EU; Dettling, in: Zuck/Dettling (Hrsg.), Arzneimittelgesetz, 2021, § 22 AMG, Rn. 180.

Tiere, etwa zur Induktion schwerer Erbkrankheiten oder Tumoren, die ebenfalls zu den Regelbeispielen schwerer Belastungen zählen.[151] Nicht als schwer gelten demgegenüber Studien zur Bestimmung von Dosisbereichen bei Toxizitäts- oder Karzinogenitätsprüfungen, sofern nicht-lethale Endpunkte gewählt werden und mit einem Überleben der Versuchstiere zu rechnen ist.[152]

Im Ergebnis profitieren somit nicht alle regulatorischen Tierversuche von der Privilegierung des vereinfachten Genehmigungsverfahrens nach § 8a TierSchG. Versuchsvorhaben, die nicht als „regulatorische Tierversuche" erfasst werden, sind zudem ebenfalls nicht privilegiert. Insofern kann das vereinfachte Genehmigungsverfahren nicht für Versuchsvorhaben im Bereich der Grundlagenforschung, etwa zur Identifizierung molekularer Zielstrukturen (Targets), verwendet werden.

14.3.1.2.2 Genehmigungsfiktion

Im vereinfachten Genehmigungsverfahren nach § 8a TierSchG ist bei der zuständigen Landesbehörde ein Antrag zu stellen, über den innerhalb von 20 Arbeitstagen ab Eingang des vollständigen Antrags zu entscheiden ist.[153] Diese Frist kann wegen des Umfangs oder der Komplexität des Versuchsvorhabens einmalig um bis zu 10 Arbeitstage verlängert werden.[154] Ergeht innerhalb der Frist keine Entscheidung, gilt die Genehmigung als erteilt, und der Antragsteller darf das Versuchsvorhaben durchführen.[155]

Des Weiteren ist im vereinfachten Genehmigungsverfahren keine zwingende Beteiligung der Tierschutzkommission vorgesehen.[156] Der Landesbehörde wird ein Ermessen eingeräumt, ob sie die Tierschutzkommission unterrichtet und eine Stellungnahme einholt.[157]

[151] Vgl. Anhang VIII, Nr. 3 Buchst. e) und h) RL 2010/63/EU.

[152] Vgl. Anhang VIII, Nr. 2 Buchst. b) RL 2010/63/EU.

[153] § 8a Abs. 1 Satz 2 Nr. 3 TierSchG i.V. mit 36 Abs. 2 Satz 1 Nr. 2 TierSchVersV.

[154] § 36 Abs. 2 Satz 2 TierSchVersV.

[155] Vgl. § 8a Abs. 1 Satz 2 Nr. 3 TierSchG; VG Gießen, Urteil vom 22.01.2020 – 4 K 3685/19.Gl, Rn. 22 – juris; siehe aber auch Ovie, in: Spickhoff/Handorn (Hrsg.), Handbuch Medizinisches Forschungsrecht, 2024, S. 545, 553 f.

[156] Vgl. § 36 Abs. 5 TierSchVersV.

[157] § 15 Abs. 3 Satz 2 TierSchG.

14.3.2 Genehmigungsvoraussetzungen

Die Genehmigung eines Tierversuchs an Wirbeltieren oder Kopffüßern setzt die Erfüllung der in § 8 Abs. 1 Satz 2 TierSchG aufgeführten Voraussetzungen voraus, deren Nachweis dem Antragsteller obliegt. Im vereinfachten Genehmigungsverfahren müssen einzelne dieser Voraussetzungen zwar nicht im Antrag dargelegt werden.[158] Jedoch sind sie bei der Durchführung des Tierversuchs zwingend einzuhalten.[159] Die materiellrechtlichen Anforderungen an die Versuchsvorhaben gelten daher einheitlich, unabhängig davon, ob der Antrag im regulären oder im vereinfachten Verfahren gestellt wird.

14.3.2.1 3R-Prinzip (Replacement, Reduction, Refinement)

Artikel 4 der Richtlinie 2010/63/EU verpflichtet die Mitgliedstaaten, Maßnahmen zur Vermeidung, Verminderung und Verbesserung von Tierversuchen umzusetzen (3R-Prinzip – Replacement, Reduction, Refinement). Tierversuche sind demnach vorrangig zu vermeiden, nachrangig in ihrer Anzahl zu reduzieren und schließlich so zu gestalten, dass sie das Leid und die Belastung der Versuchstiere so gering wie möglich halten.[160]

Beispielsweise können Tierversuche zur Prüfung der lokalen Verträglichkeit grundsätzlich durch validierte In-vitro-Verfahren ersetzt werden.[161] In der biomedizinischen Forschung gelten Tierversuche aufgrund der Komplexität lebender Organismen jedoch weiterhin als weitgehend unverzichtbar,[162] weshalb die Leitlinien der EMA zu Arzneimitteln für neuartige Therapien deren Durchführung ausdrücklich vorsehen (vgl. Kapitel 14). Gleichwohl ist das 3R-Prinzip bei der Genehmigung jedes Tierversuchs zwingend zu berücksichtigen.[163]

---

[158] § 8a Abs. 1 Satz 2 Nr. 1 TierSchG.

[159] § 8a Abs. 1 Satz 3 TierSchG.

[160] Ovie, in: Spickhoff/Handorn (Hrsg.), Handbuch Medizinisches Forschungsrecht, 2024, S. 545, 551.

[161] Anhang I, Teil I, Abschnitt 4.2.3 Buchst. f) RL 2001/83/EG.

[162] Dettling, in: Zuck/Dettling (Hrsg.), Arzneimittelgesetz, 2021, § 26 AMG, Rn. 194, m.w.N.; umfassend zu potentiellen Ersatzmethoden Hirt/Maisack/Moritz u. a., Tierschutzgesetz, 2023, § 7a TierSchG, Rn. 41 ff.

[163] §§ 8 Abs. 1 Satz 2 Nr. 1, 7a Abs. 2 TierSchG.

14.3.2.2 Wissenschaftliche Rechtfertigung des Versuchvorhabens

Die Genehmigung eines Versuchsvorhabens darf die zuständige Landesbehörde nur erteilen, wenn dieses wissenschaftlich oder pädagogisch gerechtfertigt ist.[164]

14.3.2.2.1 Zweckbindung

Tierversuche an Wirbeltieren oder Kopffüßern dürfen nicht ohne Grund durchgeführt werden. Sie müssen für die Erreichung eines legitimen Zwecks unerlässlich sein. Der Gesetzgeber hat hierzu in § 7 Abs. 2 TierSchG eine abschließende Positivliste zulässiger Zwecke normiert. Hierzu zählen insbesondere die Grundlagenforschung sowie die präklinische Forschung zur Entwicklung von Arzneimitteln.[165]

Die Prüfung der Unerlässlichkeit erfolgt nach dem Stand der wissenschaftlichen Erkenntnisse.[166] Dabei ist zu bewerten, ob der verfolgte Zweck nicht auch durch andere Methoden oder Verfahren erreicht werden kann.

14.3.2.2.2 Ethische Vertretbarkeit

Ein Tierversuch an Wirbeltieren oder Kopffüßern ist nur dann unerlässlich, wenn die zu erwartenden Schmerzen, Leiden oder Schäden der Versuchstiere im Hinblick auf den Zweck des Vorhabens ethisch vertretbar sind.[167] Die ethische Bewertung erfolgt im Rahmen einer Schaden-Nutzen-Abwägung. Dabei muss der potenzielle Nutzen des Versuchsergebnisses für den Menschen das verursachte Leid der Tiere überwiegen.[168]

Besonders belastende Tierversuche – d. h. solche, die zu länger anhaltenden oder sich wiederholenden erheblichen Schmerzen oder Leiden führen – dürfen nur genehmigt werden, wenn die angestrebten Ergebnisse vermutlich von überragender Bedeutung für die Lösung eines wissenschaftlichen Problems sind.[169] Können diese Schmerzen oder Leiden zudem nicht gelindert werden, ist der

---

[164] § 8 Abs. 1 Satz 2 Nr. 1 TierSchG; zum Prüfungsumfang der Genehmigungsbehörde Metzger, in: Erbs/Kohlhaas (Hrsg.), Strafrechtliche Nebengesetze, 259. Ergänzungslieferung, 2025, § 8 TierSchG, Rn. 5 ff., m.w.N.

[165] §§ 8 Abs. 1 Satz 2 Nr. 1 Buchst. a), 7a Abs. 1 Satz 1 Nr. 1 und 4 TierSchG.

[166] §§ 8 Abs. 1 Satz 2 Nr. 1 Buchst. a), 7a Abs. 2 Nr. 1 TierSchG.

[167] §§ 8 Abs. 1 Satz 2 Nr. 1 Buchst. a), 7a Abs. 2 Nr. 3 TierSchG.

[168] Vgl. Metzger, in: Erbs/Kohlhaas (Hrsg.), Strafrechtliche Nebengesetze, 259. Ergänzungslieferung, 2025, § 8 TierSchG, Rn. 8; Ovie, in: Spickhoff/Handorn (Hrsg.), Handbuch Medizinisches Forschungsrecht, 2024, S. 545, 552; Hirt/Maisack/Moritz u. a., Tierschutzgesetz, 2023, § 7a TierSchG, Rn. 90.

[169] § 25 Abs. 1 TierSchVersV.

Tierversuch nur dann genehmigungsfähig, wenn eine umfassende wissenschaftliche Begründung des Antragstellers erfolgt, warum die angestrebten Erkenntnisse unerlässlich sind.[170] In diesem Fall erfolgt die Genehmigung unter dem Vorbehalt eines möglichen Widerrufs durch die Europäische Kommission.[171]

Nach einer in der Literatur vertretenen Auffassung liegt eine „überragende Bedeutung" nicht vor, wenn der Tierversuch der Entwicklung „normaler" Arzneimittel, Chemikalien oder der Bearbeitung von Umweltfragen dient.[172] Dementsprechend sollen Tierversuche nur bei der Entwicklung von Arzneimitteln gegen schwere, bislang kaum behandelbare Krankheiten zulässig sein.[173]

Diese Auffassung erscheint jedoch kritisch. Unklar bleibt bereits, was unter einem „normalen" Arzneimittel zu verstehen ist. Zudem greift eine derart pauschale Einschränkung zu kurz, insbesondere im Hinblick auf Toxizitäts- und pharmakokinetische Studien. Bei diesen Studien steht nicht der Wirksamkeitsnachweis im Vordergrund, sondern die Vermeidung von Gesundheitsgefahren für die Teilnehmer späterer klinischer Prüfungen. Nicht alle Tierversuche im Rahmen der Arzneimittelentwicklung dienen somit demselben (einzigen) Zweck.

Toxizitätsstudien dienen primär dem Schutz von Leben und körperlicher Unversehrtheit der Probanden und Patienten, indem auf Grundlage der Versuchsergebnisse eine voraussichtlich verträgliche Dosierung für den Menschen bestimmt wird (vgl. Abschnitt 13.2). Die Durchführung solcher Studien ist daher Ausdruck der staatlichen Schutzpflichten aus Art. 2 Abs. 2 Satz 1 GG[174]. Denn im Rahmen der behördlichen Bewertung dürfen nur solche Prüfpräparate an Probanden oder Patienten abgegeben werden, bei denen auf Grundlage wissenschaftlicher Verfahren keine oder nur vertretbare gesundheitliche Risiken für die Probanden oder Patienten der klinischen Studie zu erwarten sind. Wenn eine solche Entscheidung aber nur aufgrund von Tierversuchsdaten durch die Behörde

[170] § 25 Abs. 2 TierSchVersV.

[171] § 26 Abs. 1 Alt. 2 TierSchVersV.

[172] Metzger, in: Erbs/Kohlhaas (Hrsg.), Strafrechtliche Nebengesetze, 259. Ergänzungslieferung, 2025, § 25 TierSchVersV, Rn. 3; Hirt/Maisack/Moritz u. a., Tierschutzgesetz, 2023, § 25 TierSchVersV, Rn. 3; Ovie, in: Spickhoff/Handorn (Hrsg.), Handbuch Medizinisches Forschungsrecht, 2024, S. 545, 553.

[173] Hirt/Maisack/Moritz u. a., Tierschutzgesetz, 2023, § 25 TierSchVersV, Rn. 3.

[174] Grundgesetz für die Bundesrepublik Deutschland vom 23.05.1949 (BGBl. S. 1) in der im Bundesgesetzblatt Teil III, Gliederungsnummer 100–1, veröffentlichten bereinigten Fassung, das zuletzt durch Artikel 1 des Gesetzes vom 22.03.2025 (BGBl. 2025 I Nr. 94) geändert worden ist.

getroffen werden kann, dann muss auch das Versuchsvorhaben aus wissenschaftlichen Gründen als unerlässlich betrachtet werden – unabhängig davon, für welche Krankheit das Medikament am Ende entwickelt werden soll.

Vor diesem Hintergrund erscheint es sachgerecht, dass Tierversuche, die länger anhaltende Schmerzen oder Leiden verursachen, unabhängig von der jeweiligen Indikation („normale Arzneimittel") zulässig sein können, sofern sie regulatorisch vorgeschrieben sind und dem Schutz von Probanden oder Patienten in klinischen Studien dienen. Die Entwicklung eines Medikaments für eine spezifische Indikation bleibt dabei zwar weiterhin mittelbarer wissenschaftlicher Zweck des Tierversuchs, ist jedoch nicht der alleinige.

14.3.2.2.3 Bekanntheit des Versuchsergebnisses

Ein Tierversuch darf nur genehmigt werden, wenn das angestrebte Versuchsergebnis – trotz Ausschöpfung aller zugänglichen Informationsquellen – nicht hinreichend bekannt ist.[175] Insbesondere sind Doppel- und Wiederholungsversuche grundsätzlich unzulässig, wenn die begehrten Ergebnisse bereits in einem anderen Mitgliedstaat der Europäischen Union in einem nach Unionsrecht anerkannten Verfahren gewonnen wurden.[176]

Der Antragsteller hat im Genehmigungsverfahren entsprechend nachzuweisen, dass er eine umfassende Informationsrecherche durchgeführt hat. Dies kann durch den Nachweis einschlägiger Datenbankrecherchen, die Einholung wissenschaftlicher Gutachten oder behördlicher Auskünfte erfolgen und ist im Antrag entsprechend zu dokumentieren.[177]

14.3.2.3 Verwendungsverbote und -beschränkungen

Es besteht ein grundsätzliches Verbot der Verwendung von Primaten in Tierversuchen.[178] Dieses grundsätzliche Verbot wird für bestimmte Forschungszwecke eingeschränkt. Einerseits im Bereich der Grundlagenforschung sowie bei der Entwicklung von Arzneimitteln, soweit Krankheiten, Leiden oder körperliche Schäden bei Menschen behandelt werden sollen, die entweder lebensgefährlich

---

[175] § 8 Abs. 1 Satz 2 Buchst. b) TierSchG.

[176] § 7 Abs. 2a TierSchG.

[177] Abschnitt 6.2.1.2.1 AVVTierSchG; Ovie, in: Spickhoff/Handorn (Hrsg.), Handbuch Medizinisches Forschungsrecht, 2024, S. 545, 552 f.; Hirt/Maisack/Moritz u. a., Tierschutzgesetz, 2023, § 7a TierSchG, Rn. 24.

[178] § 23 Abs. 1 TierSchVersV.

sind oder zu einer Verminderung der körperlichen oder geistigen Funktionsfähigkeit führen können.[179] Auch in diesen Fällen dürfen Primaten aber nur eingesetzt werden, wenn der Zweck nicht mit einer anderen Tierart erreicht werden kann.[180]

Für Menschenaffen gelten noch strengere Vorgaben. Sie dürfen überhaupt nicht für die Grundlagenforschung verwendet werden.[181] Für die Entwicklung von Arzneimitteln dürfen sie zudem nur eingesetzt werden, wenn die Krankheit unerwartet aufgetreten ist und nicht durch andere Primatenmodelle ersetzt werden kann.[182] Menschenaffen dürfen für die Entwicklung von Arzneimitteln bereits bekannter Krankheiten somit nicht als Versuchstiere verwendet werden.[183] Zudem dürfen Genehmigungen für Tierversuche mit Menschenaffen nur unter dem Vorbehalt des Widerrufs durch die Europäische Kommission erteilt werden.[184]

Die Verwendung von Primaten ist daher rechtlich nicht vollständig ausgeschlossen, faktisch jedoch – insbesondere bei Menschenaffen – auf enge Ausnahmefälle beschränkt. Diese Regelung trifft die Entwicklung von Biopharmazeutika deutlich stärker als die konventioneller chemischer Arzneimittel. Während bei chemischen Arzneimitteln überwiegend Ratten und Hunde verwendet werden, ist die Wahl geeigneter Spezies bei Biopharmazeutika stärker durch biologische Kompatibilität und pharmakologische Vergleichbarkeit determiniert, sodass sich hierfür regelmäßig Primaten am besten eignen.[185]

Unabhängig davon bestehen für die Auswahl und Verwendung von Versuchstieren weitere Beschränkungen. Wirbeltiere und Kopffüßer dürfen grundsätzlich nur verwendet werden, wenn sie eigens für den Versuch gezüchtet wurden.[186] Der Einsatz von Wildfängen sowie herrenlosen oder verwilderten Haustieren als Versuchstiere ist hingegen nur ausnahmsweise zulässig.[187] Bereits verwendete Versuchstiere dürfen nur dann erneut eingesetzt werden, wenn der vorherige Tierversuch nicht als „schwer" eingestuft wurde, der Gesundheitszustand des Tieres vollständig wiederhergestellt ist, das neue Versuchsvorhaben ebenfalls nicht

---

[179] § 23 Abs. 2 Nr. 1 Buchst. b) TierSchVersV.

[180] § 23 Abs. 2 Nr. 2 TierSchVersV.

[181] § 23 Abs. 5 TierSchVersV.

[182] § 23 Abs. 5 TierSchVersV.

[183] Hirt/Maisack/Moritz u. a., Tierschutzgesetz, 2023, § 23 TierSchVersV, Rn. 9.

[184] §§ 26 Abs. 1, 23 Abs. 5 TierSchVersV.

[185] Stahl/Brown, in: McBride/Schmitt (Hrsg.), Fundamentals of Pharmaceutical and Biologics Regulations, 2023, S. 29, 34.

[186] § 19 Abs. 1 Satz 1 TierSchVersV.

[187] §§ 20, 21 TierSchVersV.

als „schwer“ gilt und eine tierärztliche Empfehlung vorliegt.[188] Insofern müssen Versuchstiere in der Regel erst gezüchtet werden, bevor das eigentliche Versuchsvorhaben durchgeführt werden kann, wodurch sich zeitliche Verzögerungen im Forschungs- und Entwicklungsprozess ergeben können.

14.3.2.4 Personal, Haltung und Räume

Für die Durchführung von Tierversuchen muss ausreichend sachkundiges Personal – einschließlich eines Tierschutzbeauftragten – vorhanden sein, das die Einhaltung der tierschutzrechtlichen Anforderungen sicherstellt.[189] Die Planung und Durchführung von Tierversuchen ist daher an bestimmte Studien- oder Berufsabschlüsse gebunden, etwa in der Veterinärmedizin, Medizin oder anderen naturwissenschaftlichen Fachrichtungen.[190] Erfolgt der Tierversuch an einer Hochschule oder einer anderen Forschungseinrichtung, müssen die Personen, die den Versuch durchführen, dort beschäftigt sein oder mit Zustimmung der Leitung zur Nutzung der Einrichtung befugt sein.[191]

Auch an die räumliche und technische Ausstattung werden gesetzliche Anforderungen gestellt. Die verwendeten Räumlichkeiten, Anlagen und sonstigen Sachmittel müssen geeignet sein, eine gesetzeskonforme Haltung und Pflege der Versuchstiere zu gewährleisten.[192] Maßgeblich sind hierbei die Vorgaben des Anhangs der Richtlinie 2010/63/EU, die einerseits allgemeine Anforderungen an die Gestaltung abtrennbarer Räumlichkeiten – etwa Quarantänebereiche – sowie an die technische Ausstattung festlegen.[193] Andererseits werden artenspezifische Mindestanforderungen an die Haltung verbindlich vorgeschrieben.[194] So sind etwa während der Vorratshaltung für Mäuse mindestens 330 cm^2 je Tier, für Ratten 800 cm^2 bei einem Körpergewicht bis 200 g und 1500 cm^2 bei einem Körpergewicht über 200 g bereitzustellen.[195] Abweichungen von diesen

[188] Ovie, in: Spickhoff/Handorn (Hrsg.), Handbuch Medizinisches Forschungsrecht, 2024, S. 545, 555.

[189] §§ 16, 5, 4, 3 TierSchVersV; Abschnitt 6.2.2.3 AVVTierSchG.

[190] § 16 Abs. 1 Satz 2 TierSchVersV.

[191] § 8 Abs. 2 TierSchG.

[192] §§ 15 Abs. 1 Satz 1, 1 Abs. 1 TierSchVersV.

[193] Vgl. §§ 15 Abs. 2 Nr. 1 TierSchVersV i.V. mit Anhang III, Teil A, Nummer 1.3 RL 2010/63/EU.

[194] Vgl. § 1 Abs. 1 Satz 1 Nr. 1 TierSchVersV i.V. mit Anhang III RL 2010/63/EU.

[195] § 1 Abs. 1 Satz 1 Nr. 1 TierSchVersV i.V. mit Anhang III, Teil B, Nr. 1, Tabelle 1.1 und 1.2 RL 2010/63/EU.

Vorgaben sind nur in begründeten Ausnahmefällen zulässig, wenn zwingende tierschutzrechtliche oder wissenschaftliche Erfordernisse vorliegen.[196]

Darüber hinaus ist eine angemessene tierärztliche Versorgung sicherzustellen.[197] Im Übrigen hat die Haltung den allgemeinen Anforderungen des § 2 TierSchG und des § 1 TierSchVersV zu entsprechen. Zur Auslegung der allgemeinen Haltungsanforderungen können die Empfehlungen der Tierärztlichen Vereinigung für Tierschutz herangezogen werden.[198] Im Einzelfall kann jedoch die Erstellung ethologischer Gutachten erforderlich sein, um die artgerechte Haltung der Versuchstiere nachzuweisen.[199]

14.3.2.5 Umweltverträglichkeit

Es muss gewährleistet sein, dass der Tierversuch unter möglichst umweltverträglichen Bedingungen durchgeführt wird. Gegebenenfalls hat der Antragsteller daher im Rahmen des Genehmigungsverfahrens darzulegen, welche Maßnahmen zur Minimierung potenzieller Umweltbelastungen vorgesehen sind und inwieweit die gewählte Versuchsstrategie Auswirkungen auf die Umwelt haben kann.[200]

14.3.3 Dokumentations- und Meldepflichten

Der Antragsteller muss gewährleisten, dass über die beantragten Tierversuche ordnungsgemäße Aufzeichnungen geführt werden.[201] Dies ist regelmäßig anzunehmen, wenn er die Aufzeichnungen der letzten fünf Jahre über durchgeführte Tierversuche vorlegen kann, soweit er selbst entsprechende Versuche durchgeführt hat. Die vorgeschriebenen Aufzeichnungen sind von allen an der Durchführung beteiligten Personen sowie vom Leiter des Versuchsvorhabens oder dessen Stellvertreter zu unterzeichnen und für einen Zeitraum von fünf Jahren nach Abschluss des Versuchs aufzubewahren sowie der zuständigen Landesbehörde vorzulegen.[202]

---

[196] § 1 Abs. 2 TierSchVersV.

[197] § 8 Abs. 1 Satz 2 Nr. 5 TierSchG.

[198] Ovie, in: Spickhoff/Handorn (Hrsg.), Handbuch Medizinisches Forschungsrecht, 2024, S. 545, 562 f.

[199] Ovie, in: Spickhoff/Handorn (Hrsg.), Handbuch Medizinisches Forschungsrecht, 2024, S. 545, 562 f.

[200] § 8 Abs. 1 Satz 2 Nr. 7a TierSchG i.V. mit § 31 Abs. 1 Satz 2 Nr. 1 Buchst. i) TierSchVersV.

[201] § 8 Abs. 1 Satz 2 Nr. 8 TierSchG.

[202] § 29 Abs. 2 TierSchVersV.

Die Dokumentation muss insbesondere Angaben zum Zweck des Tierversuchs, zur Art und Anzahl der verwendeten Tiere, zur Art der Versuchsdurchführung sowie zu den Namen der beteiligten Personen enthalten.[203] Bei Wirbeltieren ist zusätzlich die Herkunft – einschließlich Name und Anschrift des Vorbesitzers – anzugeben.[204] Bei Hunden, Katzen und Primaten sind ferner das Geschlecht und die zur Identifizierung verwendete Kennzeichnung zu dokumentieren.[205]

Darüber hinaus ist für jedes Kalenderjahr eine Meldung an die zuständige Landesbehörde zu erstatten. Diese Meldung hat insbesondere Angaben zur Art, Herkunft und Zahl der verwendeten Tiere, zum Zweck und zur Durchführung der Versuche sowie zum Schweregrad der Belastung zu enthalten.[206] Ein Verstoß gegen die Dokumentations- oder Meldepflichten stellt eine Ordnungswidrigkeit dar.[207]

14.3.4 Tötung von Versuchstieren

Vor und nach der Durchführung eines Tierversuchs stellt sich die Frage, wie mit den Versuchstieren zu verfahren ist, die entweder nicht die erforderlichen genetischen Merkmale aufweisen oder im Rahmen des Versuchsvorhabens nicht versterben. In der Praxis werden solche Tiere regelmäßig getötet. Das Töten von Wirbeltieren „ohne vernünftigen Grund“ ist jedoch strafbewehrt.[208] Die rechtliche Zulässigkeit der Tötung solcher Versuchstiere ergibt sich somit nicht a priori, sondern muss im Bereich der biomedizinischen Forschung in den beiden soeben erwähnten Fallgruppen getrennt betrachtet werden.

14.3.4.1 Untaugliche Versuchstiere

Tiere, die zwar genetisch verändert wurden, jedoch nicht den gewünschten Phänotyp exprimieren, eignen sich nicht für das genehmigte Versuchsvorhaben. Grundsätzlich stellen reine Wirtschaftlichkeitsüberlegungen keinen „vernünftigen

---

[203] §§ 9 Abs. 5 Satz 1 TierSchG und 29 Abs. 1 Satz 1 TierSchVersV.

[204] §§ 29 Abs. 1 Satz 2 TierSchVersV.

[205] §§ 29 Abs. 1 Satz 3, 9 TierSchVersV.

[206] § 1 Abs. 2, 1 Satz 1 VersTierMeldV.

[207] § 44 Abs. 2 Nr. 10 TierSchVersV; § 3 VersTierMeldV.

[208] § 17 Nr. 1 TierSchG.

Grund" im Sinne des Tierschutzrechts dar.[209] Tiere, die für einen Versuch gezüchtet wurden, dürfen daher nicht allein deshalb getötet werden, um die mit ihrer Haltung verbundenen Kosten zu vermeiden, wenn sie für das Versuchsvorhaben ungeeignet sind.[210] Jedoch wird die Verfütterung dieser Tiere grundsätzlich als „vernünftiger Grund" anerkannt.[211] In der Praxis werden solche überschüssigen Versuchstiere deshalb regelmäßig in zoologischen Einrichtungen verfüttert. Auch die Verfütterung gentechnisch veränderter Versuchstiere wäre grundsätzlich rechtlich zulässig, wird jedoch aus praktischen Gründen regelmäßig nicht umgesetzt.[212]

Teilweise wird die Verfütterung überschüssiger Versuchstiere als Umgehungspraxis kritisiert, die faktisch wirtschaftlichen Interessen diene und daher keinen vernünftigen Grund im Sinne des Tierschutzrechts begründe.[213] Nach dieser Auffassung könnte eine Rechtfertigung der Tötung nur in eng begrenzten Ausnahmefällen in Betracht kommen, etwa wenn die Aufrechterhaltung der Forschung aufgrund unverhältnismäßig hoher Haltungskosten faktisch unmöglich wäre. Trotz dieser Einwände ist die Tötung untauglicher Versuchstiere de lege lata zulässig, sofern ein vernünftiger Grund – etwa die Verfütterung an Zootiere – vorliegt.

14.3.4.2 Taugliche Versuchstiere

Wenn Versuchstiere den gewünschten Phänotyp aufweisen, im Versuchsvorhaben eingesetzt werden und dieses überleben, gelten besondere Voraussetzungen. Nach Abschluss des Tierversuchs entscheidet ein Tierarzt oder eine anderweitig sachkundige Person, ob ein verwendetes Wirbeltier oder Kopffüßer weiterleben darf

---

[209] Ovie, in: Spickhoff/Handorn (Hrsg.), Handbuch Medizinisches Forschungsrecht, 2024, S. 545, 558; Chmielewska/Bert/Grune u. a., Natur und Recht 37 (2015), S. 677, 679.

[210] Chmielewska/Bert/Grune u. a., Natur und Recht 37 (2015), S. 677, 678.

[211] Vgl. Chmielewska/Bert/Grune u. a., Natur und Recht 37 (2015), S. 677, 679; siehe auch Wagenknecht/Eusemann/Schwedhelm u. a., Natur und Recht 45 (2023), S. 225, 227.

[212] Bundesinstitut für Risikobewertung, Verwendung von genetisch veränderten Versuchstieren zu Futterzwecken: Empfehlung Nr. 003/2020 des Nationalen Ausschuss TierSchG vom 19.06.2020, 2020, (https://www.bf3r.de/cm/343/verwendung-von-genetisch-veraender ten-versuchstieren-zu-futterzwecken.pdf), S. 5 (geprüft am 24.10.2025); darüber hinaus besteht bei diesen Tieren das rechtliche Risiko, dass sie als gentechnisch veränderte Futtermittel behandelt werden könnten, die gemäß Art. 16 Abs. 2 VO (EG) Nr. 1829/2003 zugelassen werden müssen, bevor sie in Verkehr gebracht werden dürfen; allerdings dürfte es hierfür regelmäßig an dem Erfordernis der Zweckbestimmung nach Art. 2 Nr. 1 VO (EG) Nr. 1829/2003 i.V. mit Art. 3 Nr. 4 VO (EG) Nr. 178/2002 fehlen.

[213] Hirt/Maisack/Moritz u. a., Tierschutzgesetz, 2023, § 28 TierSchVersV, Rn. 5; Wagenknecht/Eusemann/Schwedhelm u. a., Natur und Recht 45 (2023), S. 225, 227 ff.

oder – sofern ein vernünftiger Grund vorliegt – getötet werden soll.[214] Bestimmte Tierarten, etwa Affen oder Hunde, sind zwingend einem Tierarzt vorzulegen.[215] Liegt die Aussicht vor, dass das Tier nur unter mehr als geringfügigen Schmerzen, Leiden oder Schäden weiterleben könnte, ist es unverzüglich schmerzlos zu töten.[216] Ist das Tier am Leben zu erhalten, sind eine der gesundheitlichen Situation angemessene Unterbringung, Pflege sowie die fortlaufende Überwachung und medizinische Versorgung durch einen Tierarzt oder eine sachkundige Person sicherzustellen.[217]

In der Praxis werden jedoch häufig auch Tiere getötet, die nach dem Versuch nur geringe Schmerzen oder Leiden aufweisen und weiterlebensfähig wären.[218] Dies geschieht mutmaßlich aus Wirtschaftlichkeitsgründen zur Vermeidung weiterer Pflege- und Unterbringungskosten.

---

[214] § 28 Abs. 1 Satz 1 TierSchVersV.

[215] § 28 Abs. 1 Satz 2 TierSchVersV.

[216] § 28 Abs. 2 TierSchVersV.

[217] § 28 Abs. 4 TierSchVersV.

[218] Hirt/Maisack/Moritz u. a., Tierschutzgesetz, 2023, § 28 TierSchVersV, Rn. 2.

Klinische Prüfung 15

Die klinische Forschung mit somatischen genomischen Therapien unterliegt in erster Linie den Vorschriften des Arzneimittelrechts. Ergänzend finden die Bestimmungen des Gentechnikrechts Anwendung, soweit die Prüfpräparate gentechnisch veränderte Organismen enthalten oder aus solchen bestehen (vgl. Tabelle 11.1).

15.1 Arzneimittelrecht

Klinische Studien werden in Deutschland durch die §§ 40 bis 42e AMG geregelt, unterliegen jedoch weitgehend einer unionsrechtlichen Harmonisierung. Bis vor Kurzem bildete die Richtlinie 2001/20/EG[1] den maßgeblichen Rechtsrahmen auf unionaler Ebene. Seit dem 31. Januar 2025 ist hingegen die Verordnung (EU) Nr. 536/2014 über klinische Prüfungen mit Humanarzneimitteln nahezu vollumfänglich anwendbar und stellt nunmehr die zentrale Rechtsgrundlage für klinische Studien mit Humanarzneimitteln dar.[2] Ergänzend gelten die delegierte

[1] Richtlinie 2001/20/EG des Europäischen Parlaments und des Rates vom 04.04.2001 zur Angleichung der Rechts- und Verwaltungsvorschriften der Mitgliedstaaten über die Anwendung der guten klinischen Praxis bei der Durchführung von klinischen Prüfungen, ABl. L 121, S. 34.

[2] Die Voraussetzungen der RL 2001/20/EG sind gemäß § 148 Abs. 3 AMG nur für wenige, in diesem Zusammenhang jedoch nicht einschlägige Arzneimittel bis zum 23.12.2029 weiterhin anwendbar; siehe zur alten Rechtslage Frenken/Lüttge, in: Dederer/Frenken (Hrsg.), Regulation of Genome Editing in Human iPS Cells, 2021, S. 51 ff.

L. Pietrek, *Somatische genomische Therapien*,
https://doi.org/10.1007/978-3-658-52943-7_15

Verordnung (EU) 2017/1569[3] zur Festlegung von Grundsätzen und Leitlinien für die Gute Herstellungspraxis bei Prüfpräparaten sowie die delegierte Verordnung (EU) 2017/556[4] über Einzelheiten bei Inspektionsverfahren hinsichtlich der Guten Klinischen Praxis.

15.1.1 Präventives Verbot mit Erlaubnisvorbehalt

Klinische Studien, die an Probanden oder Patienten durchgeführt werden, um eine arzneimittelrechtliche Zulassung zu erlangen, gelten regelmäßig als klinische Prüfungen.[5] Klinische Prüfungen mit Humanarzneimitteln bedürfen in der Europäischen Union einer vorherigen Genehmigung durch die zuständigen nationalen Behörden der beteiligten Mitgliedstaaten.[6] Das Genehmigungsverfahren umfasst eine wissenschaftliche Bewertung durch die jeweilige nationale Arzneimittelbehörde sowie eine ethische Bewertung durch die zuständige Ethik-Kommission.[7]

15.1.1.1 Genehmigungsverfahren

Obwohl die Genehmigung klinischer Prüfungen dezentral durch die einzelnen Mitgliedstaaten erfolgt, wird das Verfahren unionsweit koordiniert durchgeführt (vgl. Abbildung 15.1). Der Sponsor[8] hat seinen Antrag über das sog. EU-Portal[9] (Clinical Trials Information System – CTIS) einzureichen, das die

---

[3] Delegierte Verordnung (EU) 2017/1569 der Kommission vom 23.05.2017 zur Ergänzung der Verordnung (EU) Nr. 536/2014 des Europäischen Parlaments und des Rates durch die Festlegung von Grundsätzen und Leitlinien für die Gute Herstellungspraxis bei Prüfpräparaten, die zur Anwendung beim Menschen bestimmt sind, und der Einzelheiten von Inspektionen, ABl. L 238, S. 12.

[4] Delegierte Verordnung (EU) 2017/556 der Kommission vom 24.03.2017 über die Einzelheiten der Inspektionsverfahren hinsichtlich der guten klinischen Praxis gemäß der Verordnung (EU) Nr. 536/2014 des Europäischen Parlaments und des Rates, ABl. L 80/7.

[5] Art. 2 Abs. 2 Nr. 2 VO (EU) Nr. 536/2014.

[6] Art. 8 Abs. 1 UAbs. 1 VO (EU) Nr. 536/2014; § 40 Abs. 1 AMG.

[7] Art. 4 Abs. 1 VO (EU) Nr. 536/2014; Es besteht eine Schutzklausel in Art. 4 Abs. 2 VO (EU) Nr. 536/2014 nach der die Zuständigkeit über die Bewertung der Antragsunterlagen teilweise von den Arzneimittelbehörden auf die Ethik-Kommissionen durch die Mitgliedstaaten verlagert werden kann.

[8] Art. 2 Abs. 2 Nr. 14 VO (EU) Nr. 536/2014:
„Sponsor [ist] eine Person, ein Unternehmen, eine Einrichtung oder eine Organisation, die bzw. das die Verantwortung für die Einleitung, das Management und die Aufstellung der Finanzierung einer klinischen Prüfung übernimmt".

[9] Art. 80 VO (EU) Nr. 536/2014.

Unterlagen an sämtliche Mitgliedstaaten übermittelt, in denen die klinische Prüfung durchgeführt werden soll.[10] Gleichzeitig schlägt der Sponsor einen Mitgliedstaat als berichterstattenden Mitgliedstaat (Reporting Member State – RMS) vor.[11]

Abbildung 15.1 Verfahrensrechtliche Ausgestaltung der Genehmigung von klinischen Prüfungen (EU)

Ob der vorgeschlagene Mitgliedstaat tatsächlich die Rolle des Berichterstatters übernimmt, hängt von den beteiligten Mitgliedstaaten ab. Ist lediglich ein Mitgliedstaat zur Übernahme der Berichterstattung bereit, wird diesem die Rolle automatisch zugewiesen.[12] Sind mehrere oder kein Mitgliedstaat hierzu bereit, wird dies den betroffenen Behörden innerhalb von drei Tagen nach Antragstellung über das CTIS mitgeteilt, um eine Einigung herbeizuführen.[13] Kommt keine Einigung zustande, übernimmt der ursprünglich vom Sponsor vorgeschlagene Mitgliedstaat die Funktion des Berichterstatters.[14]

15.1.1.1.1 Validierung

Im Anschluss beginnt die Validierungsphase, in der der berichterstattende Mitgliedstaat innerhalb von zehn Tagen nach Antragstellung die formale Vollständigkeit des Antrags sowie die Anwendbarkeit der Verordnung (EU) Nr. 536/2014

[10] Art. 5 Abs. 1 UAbs. 1 VO (EU) Nr. 536/2014.

[11] Art. 5 Abs. 1 UAbs. 2 VO (EU) Nr. 536/2014.

[12] Art. 5 Abs. 1 UAbs. 4 VO (EU) Nr. 536/2014.

[13] Art. 5 Abs. 1 UAbs. 3 und 5 VO (EU) Nr. 536/2014.

[14] Art. 5 Abs. 1 UAbs. 6 VO (EU) Nr. 536/2014.

zu prüfen hat.[15] Erfolgt innerhalb dieser Frist keine Mitteilung über das Ergebnis der Prüfung, gilt das Dossier kraft gesetzlicher Fiktion als vollständig und die Verordnung (EU) Nr. 536/2014 als anwendbar.[16]

Stellt der Berichterstatter hingegen Mängel in der Vollständigkeit der Unterlagen fest oder bestehen Zweifel an der Anwendbarkeit der Verordnung, erhält der Sponsor eine Frist von höchstens zehn Tagen zur Stellungnahme oder Nachreichung fehlender Dokumente.[17] Werden die fehlenden Unterlagen oder geforderten Stellungnahmen fristgerecht nachgereicht, hat der Berichterstatter binnen fünf Tagen abschließend zu prüfen, ob die Voraussetzungen nunmehr erfüllt sind.[18] Ansonsten greift wiederum die Fiktion der Vollständigkeit des Antrags.[19] Der Tag, an dem der Sponsor durch den RMS benachrichtigt wird bzw. die gesetzliche Fiktion der Benachrichtigung eintritt, gilt als Tag der Validierung.[20]

15.1.1.1.2 Bewertung

Im Anschluss ist ein Bewertungsbericht zu erstellen, der in zwei Teile gegliedert ist. Teil I des Bewertungsberichts betrifft insbesondere die wissenschaftliche und medizinische Beurteilung des Versuchsvorhabens und wird vom berichterstattenden Mitgliedstaat erstellt (vgl. Abbildung 15.2).[21] Teil II betrifft hingegen ethische und administrative Aspekte und wird von jedem teilnehmenden Mitgliedstaat eigenständig geprüft (vgl. Abbildung 15.2).[22]

15.1.1.1.2.1 Bewertungsbericht: Teil I

In Teil I des Bewertungsberichts hat der RMS eine der folgenden Schlussfolgerungen abzugeben: (a) die Durchführung der klinischen Prüfung ist vertretbar, (b) sie ist nur unter bestimmten Auflagen vertretbar oder (c) sie ist nicht vertretbar.[23]

Der Bewertungsbericht Teil I einschließlich der Schlussfolgerung ist grundsätzlich innerhalb von 45 Tagen ab dem Tag der Validierung in das EU-Portal (CTIS) hochzuladen und sowohl den beteiligten Mitgliedstaaten als auch dem

---

[15] Art. 5 Abs. 3 UAbs. 1 VO (EU) Nr. 536/2014.

[16] Art. 5 Abs. 4 VO (EU) Nr. 536/2014.

[17] Art. 5 Abs. 5 UAbs. 1 VO (EU) Nr. 536/2014.

[18] Art. 5 Abs. 5 UAbs. 2 VO (EU) Nr. 536/2014.

[19] Art. 5 Abs. 5 UAbs. 3 VO (EU) Nr. 536/2014.

[20] Art. 5 Abs. 6 VO (EU) Nr. 536/2014.

[21] Art. 6 VO (EU) Nr. 536/2014.

[22] Art. 7 VO (EU) Nr. 536/2014.

[23] Art. 6 Abs. 3 VO (EU) Nr. 536/2014.

Sponsor zur Verfügung zu stellen.[24] Wenn die klinische Prüfung in mehr als nur einem Mitgliedstaat stattfinden soll, gliedert sich die Erstellung des Bewertungsberichts durch den Berichterstatter in drei zeitlich festgelegte Phasen. Zunächst hat der RMS innerhalb von 26 Tagen nach dem Tag der Validierung eine Erstbewertung vorzunehmen.[25] Daran schließt sich eine Phase der koordinierten Überprüfung an, in der sämtliche beteiligten Mitgliedstaaten innerhalb von zwölf Tagen Stellung nehmen können.[26] Abschließend erstellt der RMS innerhalb von sieben Tagen nach Abschluss der koordinierten Überprüfung eine konsolidierte Fassung des Bewertungsberichts und lädt diese in das EU-Portal hoch.[27] Der Tag, an dem der Bewertungsbericht Teil I vom RMS über das EU-Portal übermittelt wird, wird als Berichtstag bezeichnet.[28]

Die Verfahrensdauer kann sich jedoch erhöhen. Der Sponsor kann beispielsweise zur Nachreichung ergänzender Unterlagen aufgefordert werden, wenn das Versuchsvorhaben in mehreren Mitgliedstaaten stattfinden soll. In diesem Fall wird die Frist um bis zu 31 Tage verlängert, soweit einzelne Mitgliedstaaten Anmerkungen im Rahmen der koordinierten Überprüfung mitgeteilt haben.[29] Handelt es sich bei den Prüfpräparaten um ATMP, kann die Bewertungsfrist unabhängig von fehlenden Informationen um bis zu 50 weitere Tage verlängert werden, um die Beratung mit einem Sachverständigen zu ermöglichen.[30] Die Gesamtdauer für die Erstellung des Bewertungsberichts Teil I kann sich bei ATMP somit auf bis zu 126 Tage belaufen. Für andere Arzneimittel, die nicht als ATMP eingestuft sind, beträgt die maximale Bewertungsdauer hingegen bis zu 76 Tage, soweit eine multizentrische Studie durchgeführt werden soll.

15.1.1.1.2.2 Bewertungsbericht: Teil II

Teil II des Bewertungsberichts wird von jedem betroffenen Mitgliedstaat eigenständig erstellt.[31] Die Bewertung ist innerhalb von 45 Tagen ab dem Tag der Validierung des Antrags abzuschließen und zusammen mit einer Schlussfolgerung über die Durchführbarkeit der klinischen Prüfung in das EU-Portal

[24] Art. 6 Abs. 4 VO (EU) Nr. 536/2014.

[25] Art. 6 Abs. 5 UAbs. 2 und 1 Buchst. a) VO (EU) Nr. 536/2014.

[26] Art. 6 Abs. 5 UAbs. 3 und 1 Buchst. b) VO (EU) Nr. 536/2014.

[27] Art. 6 Abs. 5 UAbs. 4 und 1 Buchst. c) VO (EU) Nr. 536/2014.

[28] Art. 6 Abs. 6 VO (EU) Nr. 536/2014.

[29] Art. 6 Abs. 8 UAbs. 2 VO (EU) Nr. 536/2014.

[30] Art. 6 Abs. 7, Art. 2 Abs. 2 Nr. 7 VO (EU) Nr. 536/2014 i.V. mit Art. 2 Abs. 1 Buchst. a) ATMP-VO.

[31] Art. 7 Abs. 1 VO (EU) Nr. 536/2014.

hochzuladen.[32] In begründeten Fällen kann diese Frist um bis zu 31 Tage verlängert werden, um dem Sponsor die Nachreichung zusätzlicher Informationen zu ermöglichen.[33]

Die nachgeforderten Informationen müssen innerhalb einer vom jeweiligen Mitgliedstaat festzulegenden Frist eingereicht werden, die zwölf Tage nicht überschreiten darf.[34] Nach Eingang der ergänzenden Informationen hat der Mitgliedstaat den Bewertungsbericht Teil II innerhalb von 19 Tagen abzuschließen und in das EU-Portal einzustellen.[35]

15.1.1.1.3 Entscheidung

Jeder betroffene Mitgliedstaat hat innerhalb von fünf Tagen ab dem Berichtstag im EU-Portal bekannt zu geben, ob die klinische Prüfung auf seinem Hoheitsgebiet genehmigt, nur unter Auflagen genehmigt oder nicht genehmigt wird.[36] Ab dem Berichtstag dürfen zudem keine weiteren Informationen mehr vom Sponsor zu Teil I des Bewertungsberichts eingefordert werden.[37]

Die Bewertung in Teil I des Bewertungsberichts durch den berichterstattenden Mitgliedstaat gilt grundsätzlich stellvertretend für alle beteiligten Mitgliedstaaten.[38] Eine Abweichung vom Votum des berichterstattenden Mitgliedstaats ist nur in gesetzlich festgelegten Ausnahmefällen zulässig. Das ist der Fall, wenn ein Studienteilnehmer im betreffenden Mitgliedstaat durch die Teilnahme an der klinischen Prüfung voraussichtlich eine schlechtere Behandlung erhielte als im Rahmen der gängigen klinischen Praxis, die Durchführung der klinischen Prüfung gegen nationale Vorschriften gemäß Artikel 90 der Verordnung verstoßen

---

[32] Art. 7 Abs. 2 VO (EU) Nr. 536/2014.

[33] Art. 7 Abs. 3 UAbs. 1 VO (EU) Nr. 536/2014.

[34] Art. 7 Abs. 3 UAbs. 2 VO (EU) Nr. 536/2014.

[35] Art. 7 Abs. 3 UAbs. 3 VO (EU) Nr. 536/2014.

[36] Art. 8 Abs. 1 UAbs. 1 und 2 VO (EU) Nr. 536/2014; eine ausbleibende Genehmigung wird entsprechend der Schlussfolgerung in Teil I des Bewertungsberichts fingiert, siehe Art. 8 Abs. 6 VO (EU) Nr. 536/2014.

[37] Art. 8 Abs. 7 VO (EU) Nr. 536/2014.

[38] Art. 8 Abs. 2 und 5 VO (EU) Nr. 536/2014.

würde,[39] oder erhebliche Bedenken hinsichtlich der Sicherheit der Prüfungsteilnehmer oder der Zuverlässigkeit und Belastbarkeit der übermittelten Daten des Sponsors in Teil I des Bewertungsberichts bestehen.[40]

In diesen Fällen ist der betroffene Mitgliedstaat berechtigt, die Genehmigung der klinischen Prüfung auf seinem Hoheitsgebiet zu versagen.[41] Er hat jedoch die Europäische Kommission, den Sponsor sowie alle anderen betroffenen Mitgliedstaaten zu unterrichten und die Gründe für die Abweichung zu übermitteln.[42] Darüber hinaus kann die Genehmigung durch den Mitgliedstaat versagt werden, wenn eine zuständige Ethik-Kommission des Mitgliedstaats eine ablehnende Stellungnahme abgegeben hat oder hinreichende Anhaltspunkte bestehen, dass die in Teil II des Bewertungsberichts behandelten Anforderungen nicht erfüllt werden.[43]

15.1.1.2 Genehmigung durch die Bundesoberbehörde in Deutschland

Für die Genehmigung[44] klinischer Prüfungen sowie den Vollzug der Aufgaben als Berichterstatter (RMS) ist in Deutschland das Bundesinstitut für Arzneimittel und Medizinprodukte (BfArM) zuständig, soweit nicht im Einzelfall eine abweichende Zuständigkeit des Paul-Ehrlich-Instituts (PEI) besteht.[45] Das PEI ist insoweit für ATMP zuständig.[46] Darüber hinaus erstreckt sich seine Zuständigkeit auf weitere Produktgruppen. Dazu zählen Sera, Impfstoffe, Blutzubereitungen, Gewebezubereitungen, Gewebe, Allergene, xenogene Arzneimittel sowie gentechnisch hergestellte Blutbestandteile.[47] Kraft Rechtsverordnung des

---

[39] Art. 90 VO (EU) Nr. 536/2014 enthält eine Schutzklausel zugunsten der Mitgliedstaaten, welche die Anwendbarkeit nationaler Rechtsvorschriften unberührt lässt, die spezifische Arten menschlicher oder tierischer Zellen, Arzneimittel zum Schwangerschaftsabbruch oder bestimmte Suchtstoffe betreffen.

[40] Art. 8 Abs. 2 UAbs. 1 VO (EU) Nr. 536/2014.

[41] Art. 8 Abs. 4 VO (EU) Nr. 536/2014.

[42] Art. 8 Abs. 2 UAbs. 2 VO (EU) Nr. 536/2014.

[43] Art. 8 Abs. 4 VO (EU) Nr. 536/2014.

[44] Die zuständige Bundesoberbehörde ist gemäß § 41 Abs. 3 Satz 1 AMG nicht an die Stellungnahme der Ethik-Kommission gebunden und trifft in rechtlicher Hinsicht eine eigenständige Entscheidung. Ein Abweichen von der Stellungnahme der Ethik-Kommission ist jedoch nach § 41 Abs. 3 Satz 2 AMG schriftlich zu begründen und muss zudem ermessensfehlerfrei geschehen, wodurch sich eine faktische Bindung an die Stellungnahme bzw. zumindest eine Bindung hinsichtlich der Notwendigkeit einer Auseinandersetzung mit der Stellungnahme der Ethik-Kommission ergibt.

[45] §§ 40 Abs. 1, 3 Satz 1, 4 Satz 1, 77 Abs. 1 AMG.

[46] §§ 40 Abs. 1, 77 Abs. 1 und 2 Var. 7 AMG.

[47] §§ 40 Abs. 1, 77 Abs. 2 AMG.

Bundesministeriums für Gesundheit fallen zudem Arzneimittel in seine Zuständigkeit, die gentechnologisch hergestellte Blutgerinnungsfaktoren enthalten sowie BCG-Bakterien enthaltende Arzneimittel, die zur unspezifischen Stimulierung des Immunsystems bestimmt sind.[48]

Somatische genomische Therapien, die keinen ATMP-Status besitzen (vgl. Tabelle 8.1) und nicht zu den genannten Produktgruppen gehören, fallen somit in die Zuständigkeit des BfArM als Genehmigungsbehörde für klinische Prüfungen.

15.1.1.3 Genehmigung durch die Ethik-Kommission in Deutschland

Die Zuständigkeit der Ethik-Kommission richtet sich nach dem Geschäftsverteilungsplan gemäß §§ 41b Abs. 2 Satz 2 AMG, 4 Abs. 1 Satz 1 KPBV[49]. Dieser Plan wird jährlich aktualisiert und anschließend durch das BfArM veröffentlicht.[50] In Deutschland sind derzeit über 1.000 Ethik-Kommissionen registriert, auf welche sich die ethische Bewertung klinischer Prüfungen nach Maßgabe des Geschäftsverteilungsplans verteilt.[51]

Klinische Prüfungen mit Arzneimitteln für neuartige Therapien werden häufig multizentrisch durchgeführt, d. h. an mehreren Prüfzentren in verschiedenen Regionen. Dies hängt damit zusammen, dass Gen- und Zelltherapeutika bisher vor allem für seltene Krankheiten entwickelt wurden, deren Patientengruppen regelmäßig geografisch verstreut sind. Die bisher dezentrale Zuständigkeit der Ethik-Kommissionen führte daher zu regional unterschiedlichen Bewertungen, was insbesondere bei ATMP als wettbewerbshindernd wahrgenommen wurde.

Nun wurde mit dem Medizinforschungsgesetz[52] eine zentral organisierte „Spezialisierte Ethik-Kommission" (SpEK) geschaffen. Diese ist dem BfArM angegliedert und für klinische Prüfungen mit ATMP zuständig, für die ein Antrag

---

[48] § 77 Abs. 4 AMG i.V. mit § 2 Verordnung zur Änderung der Zuständigkeit des Paul-Ehrlich-Instituts vom 25.09.1996 (BGBl. I S. 1487), die durch Artikel 6 der Verordnung vom 06.07.2022 (BGBl. I S. 1102) geändert worden ist.

[49] Verordnung über das Verfahren zur Zusammenarbeit der Bundesoberbehörden und der Ethik-Kommissionen bei der Bewertung von Anträgen auf Genehmigung von klinischen Prüfungen mit Humanarzneimitteln (Klinische-Prüfung-Bewertungsverfahren-Verordnung – KPBV) vom 12.07.2017, BGBl. S. 2333.

[50] § 41b Abs. 2 Satz 3 und 5 AMG.

[51] Bundesinstitut für Arzneimittel und Medizinprodukte, Geschäftsverteilungsplan der registrierten Ethik-Kommissionen, (https://www.bfarm.de/DE/Arzneimittel/Klinische-Pruefung/Ethik-Kommissionen/_node.html) (geprüft am 24.10.2025).

[52] BGBl. 2024 I Nr. 324 vom 29.10.2024.

ab dem 30. Juni 2025 gestellt wird.[53] Damit ist die Genehmigung klinischer Prüfungen mit ATMP in Deutschland nun umfassend zentral auf Bundesebene organisiert, nämlich beim PEI einerseits und der SpEK andererseits.

Handelt es sich bei dem Prüfpräparat um ein Gentherapeutikum (GTMP), ist die SpEK zudem verpflichtet, Sachverständige hinzuzuziehen oder ein Gutachten einzuholen.[54] Darüber hinaus ist sie seit dem 30. Juni 2025 auch für klinische Prüfungen mit neuen Arzneimitteln, die erstmals am Menschen angewendet werden, sowie für Prüfungen auf Grundlage eines sog. Masterprotokolls zuständig.[55] Letzteres betrifft klinische Studien, die mehrere Teilstudien mit einem oder mehreren Arzneimitteln bei Patientinnen und Patienten mit gleichen oder unterschiedlichen Erkrankungen umfassen. Insoweit können somatische genomische Therapien, die nicht als ATMP klassifiziert sind (vgl. Tabelle 8.1), potenziell ebenso von der Zentralisierung der ethischen Bewertung profitieren.

15.1.2 Genehmigungsvoraussetzungen

Die Entscheidung über die Genehmigung einer klinischen Prüfung stützt sich auf die im Rahmen der Bewertungsberichte nach Teil I und Teil II durchgeführte Beurteilung (vgl. Abschnitt 15.1.1.1.2.1). Grundlage hierfür ist ein vollständiges Dossier, das der Sponsor mit dem Antrag einzureichen hat.[56] Struktur und Inhalt des Dossiers ergeben sich aus Anhang I der Verordnung (EU) Nr. 536/2014.[57]

15.1.2.1 Wissenschaftliche Bewertung

Die Voraussetzungen für die wissenschaftliche Bewertung durch den berichterstattenden Mitgliedstaat (RMS) im ersten Teil des Bewertungsberichts sind in Artikel 6 Absatz 1 der Verordnung (EU) Nr. 536/2014 festgehalten. Die Bewertung bezieht sich einerseits auf den erwarteten therapeutischen Nutzen (Individualnutzen) und den Nutzen für die öffentliche Gesundheit (Kollektivnutzen), andererseits auf die damit verbundenen Risiken und Belastungen der

---

[53] § 41c Abs. 3 Nr. 4 AMG.

[54] § 41 Abs. 2 Satz 2 AMG.

[55] § 41c Abs. 3 Nr. 2 und 3 AMG.

[56] Art. 25 Abs. 1 VO (EU) Nr. 536/2014.

[57] Art. 25 Abs. 1 UAbs. 2 VO (EU) Nr. 536/2014.

Prüfungsteilnehmer. Die zuständige Arzneimittelbehörde des berichterstattenden Mitgliedstaats (RMS) nimmt anschließend eine Nutzen-Risiko-Abwägung vor.[58]

15.1.2.1.1 Individual- und Kollektivnutzen

Die Bewertung des Nutzens einer klinischen Prüfung orientiert sich anhand der Eigenschaften des Prüfpräparats und des vorhandenen Wissens über dieses, der Relevanz der klinischen Prüfung – insbesondere der Repräsentativität der eingeschlossenen Probanden im Hinblick auf die Zielpopulation – sowie der Zuverlässigkeit und Belastbarkeit der gewonnenen Daten.[59] Hierbei sind die Zuverlässigkeit und Belastbarkeit der zu gewinnenden Daten anhand des statistischen Ansatzes, des Aufbaus der klinischen Prüfung – etwa Probenumfang, Randomisierung, Vergleichsarme, Endpunkte – sowie der Qualität der Datenerhebung durch die Arzneimittelbehörde zu berücksichtigen.[60]

15.1.2.1.2 Risiken für Probanden und Patienten

Im Rahmen der Risikobewertung für die Prüfungsteilnehmer sind die pharmakologischen Eigenschaften der Prüf- und Hilfspräparate, der Interventionscharakter im Vergleich zur klinischen Praxis, die vorgesehenen Sicherheitsmaßnahmen sowie die mit der Grunderkrankung verbundenen Gesundheitsrisiken der Teilnehmer zu bewerten.[61]

Die Bewertung muss in Übereinstimmung mit Kapitel V[62] der Verordnung (EU) Nr. 536/2014 („Schutz der Prüfungsteilnehmer und Einwilligung nach Aufklärung") erfolgen. Demnach sind Schmerzen, Beschwerden und Ängste sowie alle vorhersehbaren Risiken für die Teilnehmer zu minimieren; zugleich ist eine ärztliche Betreuung sicherzustellen.[63] Besondere Anforderungen gelten zudem bei der Rekrutierung vulnerabler Personengruppen, insbesondere Minderjähriger, Einwilligungsunfähiger und schwangerer Frauen.[64]

---

[58] Rebin, in: Spickhoff/Handorn (Hrsg.), Handbuch Medizinisches Forschungsrecht, 2024, S. 289, 325 f.

[59] Art. 6 Abs. 1 Buchst. b) i) VO (EU) Nr. 536/2014.

[60] Art. 6 Abs. 1 Buchst. b) i) VO (EU) Nr. 536/2014.

[61] Art. 6 Abs. 1 Buchst. b) ii) dritter Spiegelstrich VO (EU) Nr. 536/2014.

[62] Art. 28 ff. VO (EU) Nr. 536/2014.

[63] Art. 28 Abs. 1 Buchst. e) und f) VO (EU) Nr. 536/2014.

[64] Art. 31 bis 33 VO (EU) Nr. 536/2014.

15.1.2.1.3 Klinische Studien mit Arzneimitteln für neuartige Therapien

Weil in die Nutzen-Risiko-Abwägung nicht nur der individuelle therapeutische Nutzen, sondern auch der potenzielle Nutzen für die öffentliche Gesundheit einzubeziehen ist, sind klinische Prüfungen mit gesunden Probanden grundsätzlich zulässig.[65] In der Praxis werden klinische Prüfungen mit ATMP jedoch meist an Patienten mit schweren Erkrankungen durchgeführt.[66] Dies ist weniger auf die arzneimittelrechtliche Einstufung als ATMP als vielmehr auf das regelmäßig hohe Risikoprofil solcher Produkte zurückzuführen. So sind etwa zellbasierte somatische genomische Therapien wie CAR-T-Zellprodukte mit erheblichen Nebenwirkungen verbunden, darunter lebensbedrohliche Immunreaktionen des menschlichen Körpers.[67] Gleichwohl ist ein genereller Ausschluss von gesunden Probanden von klinischen Studien mit ATMP rechtlich nicht vorgeschrieben. Gesetzlich ist eine einzelfallbezogene Bewertung des Risikoprofils vorgesehen.

15.1.2.1.4 Präklinische Studien und Herstellung

Letztlich ist die Einhaltung der Vorschriften zur Herstellung und Einfuhr der Prüf- und Hilfspräparate, der Etikettierung sowie die Vollständigkeit und Angemessenheit der sog. Prüferinformation[68] zu prüfen.[69] In diesem Rahmen erfolgt eine umfassende Bewertung der vorgelegten präklinischen und gegebenenfalls klinischen Studien, einschließlich der nicht-klinischen pharmakologisch-toxikologischen Untersuchungen (vgl. Abschnitt 13.1).[70]

---

[65] Rebin, in: Spickhoff/Handorn (Hrsg.), Handbuch Medizinisches Forschungsrecht, 2024, S. 289, 326.

[66] European Medicines Agency, Guideline on quality, non-clinical and clinical requirements for investigational advanced therapy medicinal products in clinical trials, EMA/CAT/22473/2025, 2025, (https://www.ema.europa.eu/en/documents/scientific-guideline/guideline-quality-non-clinical-clinical-requirements-investigational-advanced-therapy-medicinal-products-clinical-trials_en.pdf), S. 49 (zuletzt geprüft: 24.10.2025).

[67] European Medicines Agency, Kymriah: EPAR – Medicine overview, EMA/188757/2022, (https://www.ema.europa.eu/en/documents/overview/kymriah-epar-medicine-overview_en.pdf), S. 2 (geprüft am 24.10.2025).

[68] Art. 2 Abs. 2 Nr. 23 VO (EU) Nr. 536/2014:

> „[…] Eine Zusammenstellung der für die Untersuchung des Prüfpräparats/der Prüfpräparate am Menschen relevanten klinischen und nicht-klinischen Daten über die betreffenden Präparate“.

[69] Art. 6 Abs. 1 Buchst. c)-e) VO (EU) Nr. 536/2014.

[70] Art. 25 Abs. 1 UAbs. 2 i.V. mit Anhang I, Buchst. G, Abschnitt 1.1, Nr. 41 VO (EU) Nr. 536/2014.

Abbildung 15.2
Genehmigungsvoraussetzungen einer klinischen Prüfung (EU)

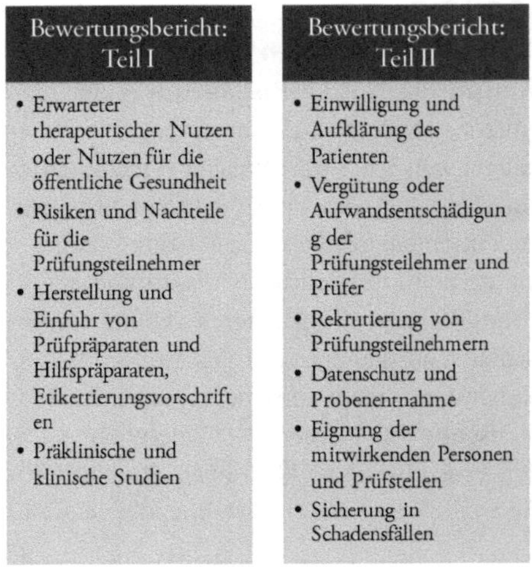

15.1.2.2 Ethische Bewertung

Nach Artikel 7 Abs. 1 der Verordnung (EU) Nr. 536/2014 erfolgt die Bewertung des zweiten Teils des Bewertungsberichts durch jeden betroffenen Mitgliedstaat eigenständig. Gegenstand dieser Bewertung sind insbesondere die ethischen und organisatorischen Aspekte der klinischen Prüfung.

Hierbei prüft der Mitgliedstaat – regelmäßig durch die zuständige Ethik-Kommission – zunächst die Einhaltung der Anforderungen an die informierte Einwilligung („informed consent“).[71] Ebenfalls zu bewerten sind die Angemessenheit von Vergütungen oder Aufwandsentschädigungen sowie die vorgesehenen Maßnahmen zur Rekrutierung von Probanden bzw. Patienten.[72]

Darüber hinaus umfasst die ethische Bewertung die Qualifikation der an der Durchführung der klinischen Prüfung beteiligten Personen[73] und die Eignung der Prüfstellen.[74] Geprüft wird ferner, ob eine ausreichende Absicherung der Prüfungsteilnehmer im Schadensfall besteht – etwa durch eine Probandenversicherung oder eine gleichwertige Entschädigungsregelung.[75]

---

[71] Art. 7 Abs. 1 Buchst. a) VO (EU) Nr. 536/2014.

[72] Art. 7 Abs. 1 Buchst. b) und c) VO (EU) Nr. 536/2014.

[73] Art. 7 Abs. 1 Buchst. e) i.V. mit Art. 49 VO (EU) Nr. 536/2014.

[74] Art. 7 Abs. 1 Buchst. f) i.V. mit Art. 50 VO (EU) Nr. 536/2014.

[75] Art. 7 Abs. 1 Buchst. g) i.V. mit Art. 76 VO (EU) Nr. 536/2014.

Schließlich hat die Ethik-Kommission zu prüfen, ob die klinische Prüfung mit den geltenden Datenschutzbestimmungen im Einklang steht und ob die Gewinnung, Lagerung und etwaige spätere Nutzung von biologischen Proben der Teilnehmer rechtmäßig geregelt sind.[76]

15.1.2.3 Besondere Voraussetzungen nach § 40a AMG

Die Mitgliedstaaten verfügen vereinzelt über eigene Gestaltungsspielräume aufgrund von Schutzklauseln innerhalb der VO (EU) Nr. 536/2014. Auf nationaler Ebene bestehen deshalb zusätzliche, unionsweit uneinheitlich geregelte Voraussetzungen, die für eine Genehmigung einer klinischen Prüfung vorliegen müssen. Für klinische Prüfungen mit somatischen genomischen Therapien in Deutschland sind dahingehend zwei Besonderheiten zu berücksichtigen.

15.1.2.3.1 Probandenversicherung

Die Mitgliedstaaten der Europäischen Union sind verpflichtet, im Rahmen der Genehmigung klinischer Prüfungen einen wirksamen Schutz der teilnehmenden Personen durch eine finanzielle Absicherung im Schadensfall sicherzustellen.[77] Art und Umfang dieser Absicherung sind von den Mitgliedstaaten eigenständig festzulegen, müssen jedoch dem individuellen Risikoprofil der jeweiligen klinischen Prüfung entsprechen.[78]

In Deutschland ist die Genehmigung einer klinischen Prüfung davon abhängig, dass eine Probandenversicherung besteht.[79] Diese Versicherung ist zugunsten der an der klinischen Prüfung beteiligten Personen abzuschließen und muss bei einem in einem Mitgliedstaat der Europäischen Union oder einem Vertragsstaat des Europäischen Wirtschaftsraums zugelassenen Versicherungsunternehmen bestehen.[80] Der Versicherungsschutz muss zudem in einem angemessenen Verhältnis zu den spezifischen Risiken der klinischen Prüfung stehen. Die Deckungssumme ist risikoadäquat festzulegen, darf jedoch im Einzelfall bei Tod oder fortdauernder Erwerbsunfähigkeit des Prüfungsteilnehmers 500.000 Euro nicht

[76] Art. 7 Abs. 1 Buchst. d) und h) VO (EU) Nr. 536/2014.

[77] Art. 76 Abs. 1 VO (EU) Nr. 536/2014.

[78] Art. 76 Abs. 1 VO (EU) Nr. 536/2014.

[79] § 40a Satz 1 Nr. 3 AMG.

[80] § 40a Satz 1 Nr. 3 Buchst. a) AMG.

unterschreiten.[81] Die Prüfung der vom Sponsor vorgesehenen Probandenversicherung obliegt im Genehmigungsverfahren der zuständigen Ethik-Kommission (vgl. Abschnitt 15.1.1.3).[82]

15.1.2.3.2 Vertretbarkeit schädlicher Auswirkungen bei gentechnisch veränderten Organismen

Eine weitere nationale Besonderheit ergab sich in der Vergangenheit hinsichtlich § 40a Satz 1 Nr. 4 AMG. Danach ist eine klinische Prüfung nur genehmigungsfähig, wenn, im Falle eines Arzneimittels, das aus gentechnisch veränderten Organismen besteht oder solche enthält, der beabsichtigte Zweck der klinischen Prüfung sowie der potenzielle Nutzen für die betroffenen Prüfungsteilnehmer und für die Allgemeinheit höher zu gewichten sind als mögliche Risiken für die Umwelt oder die Gesundheit unbeteiligter Dritter.[83]

Die Vorschrift verpflichtet somit zu einer eigenständigen risikobasierten Abwägung, die über die medizinisch-pharmakologische Nutzen-Risiko-Bewertung im ersten Teil des Bewertungsberichts hinausgeht (vgl. Abschnitt 15.1.2.1). Sie integriert zusätzlich biosicherheitsrechtliche Aspekte in die Nutzen-Risiko-Abwägung, weil das Gefährdungspotenzial gentechnisch veränderter Organismen beim Umwelt- und Arbeitsschutz ebenso mit dem Nutzen des Versuchsvorhabens abgewogen wird. Nur wenn das Ergebnis dieser Abwägung ebenso positiv ausfällt, darf eine klinische Prüfung mit gentechnisch veränderten Organismen in Deutschland genehmigt werden.

In der Vergangenheit wurde diese Nutzen-Risiko-Abwägung nach dem Willen des deutschen Gesetzgebers allerdings nicht nur durch die Arzneimittelbehörde, sondern zusätzlich durch die zuständigen Ethik-Kommissionen vorgenommen.[84] Dies ist in der Verordnung (EU) Nr. 536/2014 nicht zwingend vorgesehen, wurde

---

[81] § 40a Satz 1 Nr. 3 Buchst. b) AMG.

[82] § 40 Abs. 5 Satz 1 AMG.

[83] § 40a Satz 1 Nr. 4 AMG stellt insoweit die Parallelvorschrift zu § 16 Abs. 1 Nr. 3 und Abs. 2 GenTG dar; eine solche Güterabwägung ist in der Freisetzungsrichtlinie, die gemäß Art. 91 VO (EU) Nr. 536/2014 unberührt bleibt, vom Wortlaut nicht vorgesehen, weil das unionale Gentechnikrecht von einem Null-Risiko-Standard (siehe Art. 5 und Art. 4 Abs. 1 RL 2001/18/EG, [„keine schädlichen Auswirkungen“]) ausgeht; nichtsdestotrotz wird die Zulässigkeit einer Güterabwägung auf nationaler Ebene im Ergebnis angenommen, siehe zum Ganzen Dederer, in: Dederer/Herdegen/Spranger (Hrsg.), Biotechnologierecht, 30. Erg.-Lfg. 2000, § 16 GenTG, Rn. 42.

[84] BT-Drucks. 18/8034, S. 45; siehe §§ 42 Abs. 1 Satz 7 Nr. 3, 40 Abs. 1 Satz 3 Nr. 2a AMG in der geltenden Fassung bis zum 26.01.2022.

jedoch aufgrund der Schutzklausel in Art. 90 VO (EU) Nr. 536/2014 in Deutschland zunächst beibehalten.[85] Gleichwohl sieht §§ 40 Abs. 5 Satz 1, 40a Satz 1 Nr. 4 AMG eine zusätzliche Nutzen-Risiko-Bewertung durch die Ethik-Kommission heutzutage nicht mehr vor. Die Durchführung der entsprechenden Bewertung erfolgt nunmehr ausschließlich durch die zuständige Arzneimittelbehörde, d. h. regelmäßig das Paul-Ehrlich-Institut.[86]

15.1.2.4 Gute Klinische Praxis (GCP)

Der Sponsor einer klinischen Prüfung ist verpflichtet, die Einhaltung des Prüfplans sowie der Grundsätze der Guten Klinischen Praxis (Good Clinical Practice – GCP) sicherzustellen.[87] Zur Auslegung und praktischen Anwendung dieser Anforderungen sind insbesondere die international harmonisierten Leitlinien der ICH heranzuziehen, namentlich die ICH-GCP Guideline E6 (R3)[88].[89]

Diese konkretisiert die wissenschaftlichen, ethischen und organisatorischen Anforderungen an die Planung, Durchführung, Überwachung, Dokumentation und Auswertung klinischer Prüfungen. Sie stellt dadurch sicher, dass die erhobenen Daten wissenschaftlich valide und die Rechte, Sicherheit und das Wohl der Prüfungsteilnehmer gewahrt sind. Hierfür enthält die Leitlinie detaillierte Vorgaben insbesondere zur Randomisierung und Verblindung, zur ordnungsgemäßen Erhebung, Verarbeitung und Archivierung von Studiendaten sowie zur vollständigen und nachvollziehbaren Dokumentation sämtlicher prüfungsrelevanter Abläufe.

Die Einhaltung der Guten Klinischen Praxis wird im Rahmen von Inspektionen durch die Mitgliedstaaten überwacht.[90] In Deutschland obliegt diese Aufgabe den zuständigen Bundesoberbehörden, d. h. BfArM und PEI.[91]

---

[85] Vgl. Rehmann, in: Rehmann (Hrsg.), Arzneimittelgesetz, 2020, § 40a AMG, Rn. 9; BT-Drucks. 18/8034, S. 45.

[86] §§ 40 Abs. 4 Satz 1, 77 Abs. 2 AMG.

[87] Art. 47 VO (EU) Nr. 536/2014.

[88] European Medicines Agency/International Council for Harmonisation of Technical Requirements for Pharmaceuticals for Human Use, ICH E6 (R3) Guideline for good clinical practice (GCP), EMA/CHMP/ICH/135/1995, 2025, (https://www.ema.europa.eu/en/documents/scientific-guideline/ich-e6-r3-guideline-good-clinical-practice-gcp-step-5_en.pdf) (geprüft am 24.10.2025).

[89] Art. 47 Abs. 2 VO (EU) Nr. 536/2014.

[90] Art. 6 DVO (EU) Nr. 2017/566.

[91] §§ 42c Satz 2, 77 Abs. 1 und 2 AMG.

15.1.2.5 Gute Herstellungspraxis (GMP) und Herstellungserlaubnis

Die Herstellung von Prüfpräparaten muss in Übereinstimmung mit den Voraussetzungen in Kapitel IX[92] der Verordnung (EU) Nr. 536/2014 stattfinden.[93] Insofern müssen Prüfpräparate grundsätzlich unter den Voraussetzungen der sog. Guten Herstellungspraxis (Good Manufacturing Practice – GMP) hergestellt werden.[94] Prüfpräparate, die außerhalb der Europäischen Union hergestellt und in die Union eingeführt werden, müssen mindestens gleichwertigen Qualitätsstandards genügen.[95] Für den Forschungs- und Entwicklungsstandort Deutschland sowie für die gesamte Europäische Union sind die GMP-Standards daher von zentraler Bedeutung. Es gelten dabei grundsätzlich dieselben Qualitätsstandards wie für zugelassene Arzneimittel,[96] weshalb sich eine gemeinsame Betrachtung anbietet.

15.1.2.5.1 EU-GMP-Leitfaden

Zur Auslegung der Guten Herstellungspraxis ist der von der Europäischen Kommission veröffentlichte EU-GMP-Leitfaden[97] heranzuziehen. Handelt es sich bei dem Prüfpräparat um ein Arzneimittel für neuartige Therapien, ist

---

[92] Art. 60 ff. VO (EU) Nr. 536/2014.

[93] Die Verordnung (EU) Nr. 536/2014 ist nach Art. 288 Abs. 2 AEUV unmittelbar anwendbar. Die Arzneimittel- und Wirkstoffherstellungsverordnung (AMWHV – Arzneimittel- und Wirkstoffherstellungsverordnung vom 03.11.2006 (BGBl. I S. 2523), die zuletzt durch Artikel 9 des Gesetzes vom 23.10.2024 (BGBl. 2024 I Nr. 324) geändert worden ist) wird entsprechend gemäß § 1 Abs. 7 AMWHV für nicht anwendbar erklärt, als sie keine ausdrücklichen Verweise auf die Verordnung enthält. Entsprechende Verweise bestehen lediglich für Hilfspräparate. Damit richten sich die Anforderungen an die Herstellung von Prüfpräparaten ausschließlich nach den Bestimmungen der Verordnung (EU) Nr. 536/2014.

[94] Art. 63 Abs. 1 VO (EU) Nr. 536/2014.

[95] Art. 63 Abs. 3 VO (EU) Nr. 536/2014.

[96] Erwägungsgrund (2), Art. 3 Abs. 1 DVO (EU) 2017/1569; bei zugelassenen Arzneimitteln wird der EU-GMP-Leitfaden gemäß § 3 Abs. 2 Satz 1 bis 4 AMWHV gleichermaßen maßgeblich zur Auslegung der Guten Herstellungspraxis erklärt.

[97] European Commission, EudraLex – Volume 4 – Good Manufacturing Practice (GMP) guidelines, (https://health.ec.europa.eu/medicinal-products/eudralex/eudralex-volume-4_en) (geprüft am 24.10.2025); eine deutsche Übersetzung des EU-GMP-Leitfadens wird vom Bundesministerium für Gesundheit, insbesondere im Bundesanzeiger, veröffentlicht.

ausschließlich Teil IV[98] des GMP-Leitfadens einschlägig.[99] Die allgemeinen GMP-Anforderungen finden in diesem Fall nur Anwendung, soweit Teil IV des EU-GMP-Leitfadens ausdrücklich auf sie verweist.[100]

Der EU-GMP-Leitfaden ist kein Gesetz im formellen oder materiellen Sinne. Er stellt aber ein antizipiertes Sachverständigengutachten dar, weil er den aktuellen Stand von Wissenschaft und Technik in der Regel sachgerecht abbildet.[101] Abweichungen von den im Leitfaden niedergelegten Herstellungsstandards sind aufgrund der fehlenden Verbindlichkeit grundsätzlich zulässig, müssen aber nachvollziehbar und wissenschaftlich begründet dargelegt werden.[102]

15.1.2.5.2 Herstellungserlaubnis

Die Herstellung[103] von Arzneimitteln und Prüfpräparaten bedarf im Grundsatz einer Herstellungserlaubnis.[104] Voraussetzung für deren Erteilung ist, dass der Antragsteller über geeignete und ausreichende Räumlichkeiten, technische Ausrüstung und das erforderliche Personal verfügt, um die Herstellung nach der Guten Herstellungspraxis gewährleisten zu können.[105] Insbesondere muss er dauerhaft auf mindestens eine sog. sachkundige Person[106] im Betrieb zurückgreifen

---

[98] European Commission, The Rules Governing Medicinal Products in the European Union, Volume 4 – Good Manufacturing Practice, 2017, (https://health.ec.europa.eu/document/download/ad33d9dd-03f0-4bef-af53-21308ce2187d_en?filename=2017_11_22_guidelines_gmp_for_atmps.pdf) (geprüft am 24.10.2025).

[99] Art. 16 DVO (EU) 2017/1569; Art. 5 ATMP-VO; Prütting, in: Kloesel/Cyran (Hrsg.), Arzneimittelrecht Kommentar, 141. Aktualisierungslieferung, 2025, § 13 AMG, Rn. 3.

[100] European Commission, The Rules Governing Medicinal Products in the European Union, Volume 4 – Good Manufacturing Practice, 2017, (https://health.ec.europa.eu/document/download/ad33d9dd-03f0-4bef-af53-21308ce2187d_en?filename=2017_11_22_guidelines_gmp_for_atmps.pdf), S. 5 (geprüft am 24.10.2025).

[101] Zum Begriff siehe BVerwG, Urteil vom 17.02.1978 – I C 102.76, Rn. 43 f. – juris.

[102] Vgl. Dettling/Köbler, in: Zuck/Dettling (Hrsg.), Arzneimittelgesetz, 2021, § 13 AMG, Rn. 252.

[103] Art. 2 Abs. 2 Nr. 24 VO (EU) Nr. 536/2014:
„[…] die vollständige oder teilweise Herstellung sowie die verschiedenen bei Abfüllung, Abpacken und Etikettierung (einschließlich Verblindung) eingesetzten Verfahren".

[104] Art. 61 Abs. 1 UAbs. 1 VO (EU) Nr. 536/2014; § 13 Abs. 1 Satz 1 Nr. 1 AMG.

[105] Vgl. Art. 61 Abs. 2 Buchst. a) VO (EU) Nr. 536/2014; § 14 Abs. 1 AMG.

[106] Die Anforderungen an die Sachkunde setzen eine theoretische und praktische, mehrjährige Ausbildung in den einschlägigen Fachgebieten voraus; vgl. Art. 61 Abs. 2 Buchst. b) VO (EU) Nr. 536/2014 i.V. mit Art. 49 Abs. 2 und 3 RL 2001/83/EG; § 15 AMG.

können,[107] die für die sog. Freigabe jeder produzierten Charge eines Arzneimittels bzw. Prüfpräparats verantwortlich ist (vgl. Abschnitt 15.1.2.5.3.3).[108]

Der Vollzug der Erteilung der Herstellungserlaubnis obliegt den Mitgliedstaaten.[109] In Deutschland sind für die Erteilung der Herstellungserlaubnis von Arzneimitteln sowie Prüfpräparaten die Landesbehörden[110] zuständig.[111]

---

[107] Art. 61 Abs. 2 Buchst. b) VO (EU) Nr. 536/2014; § 14 Abs. 1 Nr. 1 AMG.

[108] Art. 62 VO (EU) Nr. 536/2014; Art. 12 Abs. 1 Buchst. a) DVO (EU) 2017/1569; § 19 Satz 1 AMG.

[109] Art. 61 Abs. 4 VO (EU) Nr. 536/2014; Art. 42 Abs. 1 RL 2001/83/EG.

[110] In Baden-Württemberg das Regierungspräsidium Tübingen unter dem Zusatz Leitstelle Arzneimittelüberwachung Baden-Württemberg (§ 1 Abs. 1 Satz 2, Abs. 2 Nr. 2 Buchst. a) PMZuVO – Verordnung des Sozialministeriums, des Wirtschaftsministeriums und des Ministeriums Ländlicher Raum über Zuständigkeiten nach dem Arzneimittelgesetz, der Verordnung (EU) Nr. 536/2014, dem Tierarzneimittelrecht, dem Gesetz über die Werbung auf dem Gebiete des Heilwesens, dem Transfusionsgesetz, dem Medizinprodukterecht, dem Gesetz über das Apothekenwesen und dem Betäubungsmittelgesetz vom 17.10.2000 (Pharmazie- und Medzinprodukte-Zuständigkeitsverordnung – PMZuVO); in Bayern die Regierung von Oberbayern und Oberfranken (§ 2 Abs. 1 Nr. 1 ZustVAMÜB – Verordnung über die Zuständigkeiten der Arzneimittelüberwachungsbehörden und zum Vollzug des Samenspenderegistergesetzes sowie des Gendiagnostikgesetzes (Arzneimittelüberwachungszuständigkeitsverordnung – ZustVAMÜB) vom 08.10.2013 (GVBl. S. 586), BayRS 2121–2-1-1-G; in Berlin das Landesamt für Gesundheit und Soziales (§ 2 Abs. 4 Satz 1 i.V. mit Anlage Nummer 32 Abs. 7 Buchst. a) ASOG Bln); in Brandenburg das Landesamt für Arbeitsschutz, Verbraucherschutz und Gesundheit (§ 1 Nr. 3 AMZustV BB – Verordnung über die Zuständigkeiten im Arzneimittelwesen vom 27.10.1992, GVBl. II 1992, 693); in Bremen die Senatorin für Gesundheit, Frauen und Verbraucherschutz (§ 1 Verordnung über die nach dem Arzneimittelgesetz zuständigen Behörden vom 30.08.1988 (Brem.GBl. 1988, 218); in Hamburg die Behörde für Justiz und Verbraucherschutz (§ 1 Nr. 1 AmuaZustAnO HA – Anordnung über Zuständigkeiten auf den Gebieten des Arzneimittel- und Apothekenwesens, der Heilmittelwerbung und betäubungsmittelrechtlicher Anerkennungen vom 30.12.1986, Amtl. Anz. 1987, 125); in Hessen das Hessische Landesamt für Gesundheit und Pflege (§ 1 Abs. 1 Nr. 1 GesVwZustV HE 2011 – Verordnung zur Bestimmung von Zuständigkeiten nach dem Arzneimittelrecht, nach dem Heilpraktikerrecht sowie in der staatlichen Gesundheitsverwaltung vom 13.05.2011, GVBl. I 2011, 195); in Mecklenburg-Vorpommern das Landesamt für Gesundheit und Soziales (§ 1 Nr. 2 ApoAMZustLVO M-V – Landesverordnung über die Zuständigkeiten auf dem Gebiet des Apotheken-, Arzneimittel-, Betäubungsmittel- und Transfusionswesens vom 06.06.2008, GVOBl. M-V 2008, 181); in Niedersachsen die staatlichen Gewerbeaufsichtsämter in Braunschweig, Hannover, Lüneburg und Oldenburg (§ 6e Nr. 1 ZustVO-NPOG – Verordnung über Zuständigkeiten auf verschiedenen Gebieten der Gefahrenabwehr vom 18.10.1994, Nds. GVBl. 1994, 457); in Nordrhein-Westfalen die Bezirksregierungen (§ 1 Abs. 1 Nr. 1 MedZustV NW – Verordnung über die Zuständigkeiten im Humanarzneimittel-, Medizinprodukte- und Apothekenwesen sowie auf dem Gebiet des Schutzes vor nichtionisierender Strahlung bei der Anwendung am Menschen vom 25.01.2022, GV. NRW. S. 100); in Rheinland-Pfalz das Landesamt

Die Erlaubnis ist produkt- und standortbezogen und darf erst nach einer Inspektion erteilt werden, in deren Rahmen die Behörde das Vorliegen der gesetzlichen Voraussetzungen überprüft.[112] Über den Antrag ist innerhalb von drei Monaten nach Antragstellung zu entscheiden.[113] Handelt es sich bei dem Produkt um ein Arzneimittel für neuartige Therapien, erfolgt die Erteilung der Herstellungserlaubnis im Benehmen mit dem Paul-Ehrlich-Institut.[114] Entsprechend sieht § 3 Abs. 3 Satz 2 AMGVwV[115] vor, dass sich die zuständige Landesbehörde rechtzeitig mit dem PEI zur Terminabsprache über die Abnahmeinspektion nach § 64 Abs. 3a Satz 2 AMG in Verbindung zu setzen und gegebenenfalls spezifische Fragestellungen zu übermitteln hat.

15.1.2.5.3 Einführung: Gute Herstellungspraxis

Die Gute Herstellungspraxis beruht auf mehreren grundlegenden Prinzipien und legt standardisierte Verfahrensabläufe fest, deren zentrale Begriffe und Zwecke im Folgenden kurz dargestellt werden sollen.

---

für Soziales, Jugend und Versorgung (§ 1 Abs. 1 Nr. 1 AM/TfustV RP – Landesverordnung über Zuständigkeiten auf dem Gebiet des Arzneimittel- und Transfusionsrechts vom 28.11.2000, GVBl. 2000, 499); im Saarland das Ministerium für Soziales, Gesundheit, Frauen und Familie (§ 1 Abs. 1 Nr. 1 AABTHZustV – Verordnung über die Zuständigkeiten auf dem Gebiet des Arzneimittel-, des Apotheken- des Betäubungsmittel-, des Transfusions- und des Heilmittelwerberechts vom 19.02.2013, ABl. I 2013, 79); in Sachsen die Landesdirektion Sachsen (§ 2 Abs. 1 Nr. 1 HeilPharmVO – Verordnung Heilberufe und Pharmazie vom 21.03.2006, SächsGVBl. S. 73, 74); in Sachsen-Anhalt das Landesverwaltungsamt (§ 4 Abs. 1 Nr. 2 ZustVO SOG – Verordnung über die Zuständigkeiten auf verschiedenen Gebieten der Gefahrenabwehr vom 31.07.2002, GVBl. LSA 2002, 328); in Schleswig-Holstein das Landesamt für Arbeitsschutz, Soziales und Gesundheit (§ 3 Abs. 1 Nr. 1 GesRZustV SH – Landesverordnung zur Regelung von Zuständigkeiten nach gesundheits- und tiergesundheitsrechtlichen Vorschriften vom 11.12.2001, GVOBl. 2001, 453); in Thüringen das Landesamt für Verbraucherschutz (§ 1 Nr. 1 ThürAMZustVO – Thüringer Verordnung über die Zuständigkeiten auf dem Gebiet des Arzneimittelrechts vom 10.09.2000, GVBl. 2000, 309).

[111] § 13 Abs. 1 Satz 1 Nr. 1, Abs. 5 Satz 1 AMG.

[112] §§ 13 Abs. 5 Satz 2, 16 Satz 1, 64 Abs. 3a Satz 2 AMG.

[113] §§ 13 Abs. 5 Satz 2, 17 Abs. 1 AMG.

[114] §§ 13 Abs. 4 Satz 2, 77 Abs. 2 AMG.

[115] Allgemeine Verwaltungsvorschrift zur Durchführung des Arzneimittelgesetzes vom 29.03.2006 (AMGVwV).

15.1.2.5.3.1 Spezifikationsprinzip

Die Gute Herstellungspraxis bezweckt, durch systematische Prozeduren und Kontrollen sicherzustellen, dass ein Arzneimittel oder Prüfpräparat in Übereinstimmung mit seinen genehmigten Eigenschaften hergestellt wird.[116] Zentrale Grundlage hierfür bilden sog. Spezifikationen. Dabei handelt es sich um verbindliche Festlegungen zur Charakterisierung der Ausgangs-, Zwischen- und Endprodukte im Herstellungsprozess eines Arzneimittels, welche den angestrebten Sollzustand definieren. Sie werden durch geeignete Prüfmethoden, Referenzstandards und analytische Akzeptanzkriterien festgelegt, um eine gleichbleibende Produktqualität über den gesamten Herstellungsprozess hinweg sicherzustellen.[117] Nur so kann gewährleistet werden, dass Patient A dasselbe Produkt erhält wie Patient B – nämlich dasjenige, das in dieser Form von der zuständigen Behörde geprüft und genehmigt wurde.

15.1.2.5.3.2 Validierung

Damit ein Arzneimittel dem angestrebten Sollzustand, d. h. den festgelegten Spezifikationen, entspricht, ist eine sog. Validierung der Herstellungsprozesse erforderlich. Unter Validierung ist der dokumentierte Nachweis zu verstehen, dass ein Herstellungsprozess unter vorab definierten Bedingungen stattfindet, wodurch zuverlässig ein Produkt mit den vorgesehenen Qualitätsmerkmalen erzeugt wird.[118] Ein Bestandteil der Validierung ist insbesondere die sog. Qualifizierung.[119] Sie betrifft unter anderem die Eignung der eingesetzten Produktionsräume, Anlagen und Geräte sowie die Schulung des Personals.[120]

Die Validierung des Herstellungsprozesses setzt etwa eine vorherige Qualifizierung der Produktionsumgebung voraus und umfasst darüber hinaus die

---

[116] Art. 4 Abs. 1 DVO (EU) 2017/1569; Dettling, in: Zuck/Dettling (Hrsg.), Arzneimittelgesetz, 2021, § 3 AMG, Rn. 10 f.

[117] Dettling, in: Zuck/Dettling (Hrsg.), Arzneimittelgesetz, 2021, § 3 AMG, Rn. 9 f.; Anhalt/Lützeler, in: Dieners/Reese (Hrsg.), Handbuch des Pharmarechts, 2010, § 8, Rn. 106.

[118] Anhalt/Lützeler, in: Dieners/Reese (Hrsg.), Handbuch des Pharmarechts, 2010, § 8, Rn. 85; Lowdell, Cytotherapy 27 (2025), S. 874, 877.

[119] Die Qualifizierung dient dem Nachweis der Eignung von Reagenzien, Geräten und Methoden, ein biologisch relevantes und reproduzierbares Ergebnis zu liefern. Der Qualifizierungsprozess soll sicherstellen, dass Reagenzien, Geräte und Methoden konsistente Ergebnisse hervorbringen; vgl. Lowdell, Cytotherapy 27 (2025), S. 874, 877.

[120] Anhalt/Lützeler, in: Dieners/Reese (Hrsg.), Handbuch des Pharmarechts, 2010, § 8, Rn. 91 f.

Festlegung und Überwachung kritischer Prozessparameter, die Anwendung validierter analytischer Methoden sowie die Durchführung von Inprozesskontrollen.[121] Von besonderer Bedeutung ist beispielsweise die Reinigungsvalidierung, die den Nachweis verlangt, dass bei produktberührten Anlagen keine Rückstände von Vorprodukten oder Reinigungsmitteln verbleiben, die die Qualität nachfolgender Chargen beeinträchtigen könnten.[122]

15.1.2.5.3.3 Freigabe

Der Anwendungsbereich der Guten Herstellungspraxis endet mit der Freigabe einer Charge durch die sachverständige Person. Dabei handelt es sich um die Entscheidung der sachkundigen Person, dass die betreffende Charge eines Prüfpräparats oder Arzneimittels hinsichtlich ihrer Qualität den gesetzlichen Anforderungen sowie den im genehmigten Dossier festgelegten Spezifikationen entspricht.[123] Hierzu prüft die sachkundige Person, ob sämtliche kritischen Herstellungs- und Prüfschritte ordnungsgemäß validiert und durchgeführt wurden, ob etwaige Abweichungen im Qualitätsmanagementsystem dokumentiert und gegebenenfalls genehmigt worden sind und ob die erforderlichen Selbstinspektionen und externen Auditierungen erfolgt sind.[124]

Die sachkundige Person hat demnach eine notarielle Funktion. Sie hat – unabhängig von ihrer organisatorischen Einbindung in den Herstellungsbetrieb – in eigener Verantwortung zu bescheinigen, dass der tatsächliche Ist-Zustand der Charge mit dem genehmigten Soll-Zustand übereinstimmt.

15.1.2.5.4 Herstellung von Arzneimitteln ohne ATMP-Status

Für die Herstellung somatischer genomischer Therapien ohne ATMP-Status (vgl. Tabelle 8.1) sind die allgemeinen Teile des EU-GMP-Leitfadens heranzuziehen. Nach dessen Aufbau betrifft dies Teil I (Allgemeine Grundsätze zu Herstellung, Personal, Räumlichkeiten und Dokumentation), Teil II (Herstellung von Wirkstoffen) und Teil III (Leitdokumente).

---

[121] Anhalt/Lützeler, in: Dieners/Reese (Hrsg.), Handbuch des Pharmarechts, 2010, § 8, Rn. 97.

[122] Anhalt/Lützeler, in: Dieners/Reese, Handbuch des Pharmarechts, 2010, § 8, Rn. 99.

[123] Dettling, in: Zuck/Dettling (Hrsg.), Arzneimittelgesetz, 2021, § 13 AMG, Rn. 170 f.

[124] Anhalt/Lützeler, in: Dieners/Reese (Hrsg.), Handbuch des Pharmarechts, 2010, § 8, Rn. 112 ff.; Prinz, in: Concept Heidelberg GmbH (Hrsg.), GMP-/FDA-Anforderungen an die Qualitätssicherung, 2016, S. 30, 32; Krüger, in: Fuhrmann/Klein/Fleischfresser (Hrsg.), Arzneimittelrecht, 2020, § 13, Rn. 11.

Von besonderer Bedeutung sind zudem die spezifischen Anhänge des EU-GMP-Leitfadens, die zusätzliche Anforderungen für bestimmte Arzneimittelgruppen enthalten. Für somatische genomische Therapien ohne ATMP-Status sind insbesondere Anhang 1 (Herstellung steriler Arzneimittel) und Anhang 2 (Herstellung biologischer Arzneimittel) heranzuziehen. Für Prüfpräparate enthält Anhang 13 des EU-GMP-Leitfadens ebenso spezifische Anforderungen, beschränkt sich jedoch im Wesentlichen auf besondere Aspekte klinischer Prüfungen, etwa die Verblindung oder Randomisierung. Er lässt die allgemeinen Voraussetzungen der Guten Herstellungspraxis deshalb unberührt.[125]

15.1.2.5.4.1 Spezifikationen und Validierung

Für somatische genomische Therapien ohne ATMP-Status sind bereits in der frühen Produktentwicklung geeignete Spezifikationen für die Wirkstoffe festzulegen. Liegt eine Abweichung außerhalb der festgelegten Spezifikationen vor (out of specification – OOS), ist eine eingehende Untersuchung unter Anwendung geeigneter analytischer Verfahren sowie eine lückenlose Dokumentation der Ergebnisse durchzuführen.[126] Dies gilt auch für Prüfpräparate. Der Stand der wissenschaftlichen Erkenntnis in frühen Entwicklungsphasen darf zwar berücksichtigt werden, gleichwohl ist eine fortlaufende Anpassung der Spezifikationen und Testmethoden an den jeweiligen Erkenntnisfortschritt zwingend erforderlich.[127]

Neben der Festlegung von Spezifikationen ist eine umfassende Validierung sämtlicher Herstellungsprozesse vorzusehen. Diese umfasst einerseits die Qualifizierung der Produktionsräume, Reinigungsverfahren sowie Herstellungs- und Prüfgeräte.[128] Andererseits sind die analytischen Methoden vollständig zu validieren.[129] Ferner ist ein dauerhaftes Programm zur Überwachung der Wirkstoffstabilität[130] einzurichten.[131] Aufgrund der häufig kurzen Halbwertszeiten somatischer genomischer Therapien sind Stabilitätsprüfungen nach den Vorgaben

---

[125] Vgl. Anhang 13, Einführung und Abschnitt 6.4 EU-GMP-Leitfaden.

[126] Teil II, Abschnitt 11.15 EU-GMP-Leitfaden.

[127] Anhang 13, Abschnitt 5.1 EU-GMP-Leitfaden.

[128] Teil II, Abschnitt 12.3, 12.7 und 12.40 ff. EU-GMP-Leitfaden.

[129] Teil II, Abschnitt 11.4 und 11.5 EU-GMP-Leitfaden.

[130] Üblicherweise sind Stabilitätsstudien durchzuführen, um die Haltbarkeit eines Arzneimittels unter den antizipierten Lagerbedingungen (Umgebungstemperatur, Luftfeuchtigkeit) zu bestimmen.

[131] Teil II, Abschnitt 11.4 und 11.5 EU-GMP-Leitfaden.

des EU-GMP-Leitfadens in der Regel in deutlich kürzeren Intervallen durchzuführen als bei konventionellen Arzneimitteln mit längerer Halbwertszeit.[132]

15.1.2.5.4.2 Sterile Arzneimittel und aseptische Herstellung

Anhang 1 des EU-GMP-Leitfadens sieht spezifische Anforderungen an die Herstellung steriler Arzneimittel vor. Entscheidend für dessen Anwendungsbereich ist primär die Darreichungsform des Arzneimittels. Nicht-sterile Arzneimittel weisen typischerweise feste Aggregatzustände auf, beispielsweise Tabletten oder Kapseln.[133] Somatische genomische Therapien werden regelmäßig in flüssigen Injektionslösungen an den Patienten verabreicht. Sie müssen deshalb grundsätzlich steril sein. Falls eine Endsterilisation technisch nicht möglich oder mit einem unvertretbaren Qualitätsverlust verbunden ist, muss ihre Herstellung unter aseptischen Bedingungen vorgenommen werden.[134]

Die Gewährleistung der Sterilität hängt in besonderem Maße von der Qualifikation des Personals und der Reinheit der Produktionsumgebung ab.[135] Das Personal muss über spezifische Kenntnisse in aseptischen Herstellverfahren, im Reinraumverhalten, in der Kontaminationskontrolle sowie im Umgang mit sterilen Materialien verfügen und entsprechend regelmäßig geschult werden.[136] Zentrale Anforderung für die Produktionsumgebung ist das Reinraumkonzept (vgl. Tabelle 15.1). Je nach Art der Tätigkeit sind unterschiedliche Reinraumklassen vorgesehen. Während vorbereitende Tätigkeiten, etwa die Reinigung von Ausrüstung und Materialien, in einem Reinraum der Klasse D erfolgen dürfen, muss das aseptische Abfüllen in die Primärverpackung des Arzneimittels grundsätzlich unter Bedingungen der Reinraumklasse A stattfinden.[137]

---

[132] Teil II, Abschnitt 11.55 EU-GMP-Leitfaden.

[133] Schicht, in: Concept Heidelberg GmbH (Hrsg.), GMP-/FDA-Anforderungen an die Qualitätssicherung, 2016, S. 103, 116.

[134] Vgl. Anhang 2, ('Principle') Abs. 5 EU-GMP-Leitfaden.

[135] Dettling/Köbler, in: Zuck/Dettling (Hrsg.), Arzneimittelgesetz, 2021, § 13 AMG, Rn. 289.

[136] Anhang 1, Abschnitt 7.1 ff. EU-GMP-Leitfaden.

[137] Anhang 1, Abschnitt 8.1 EU-GMP-Leitfaden.

Tabelle 15.1 Reinraumklassen (Anhang 2 – EU-GMP-Leitfaden)

Reinheitsklasse[138]	Max. Partikel/m^3 ($\geq$ 0,5 µm) [Ruhezustand]	Max. KBE[139]/m^3
A	3.520	< 1
B	3.520	10
C	352.000	100
D	3.520.000	200

15.1.2.5.4.3 Biologische Arzneimittel

Anhang 2 des EU-GMP-Leitfadens ist einschlägig, soweit es sich um biologische Arzneimittel handelt. Der Anwendungsbereich setzt voraus, dass der Wirkstoff des Arzneimittels aus biologischem Ausgangsmaterial stammt oder unter Verwendung biologischer Prozesse – etwa in Zellkulturen mit anschließender Extraktion und Aufreinigung – gewonnen wird.[140]

Dies betrifft einerseits virale Vektoren, die als Impfstoffe gegen Infektionskrankheiten eingesetzt und durch Expression in gentechnisch veränderten Mikroorganismen produziert werden (vgl. Abschnitt 8.2.1.1).[141] Ebenso erfasst sind Arzneimittel, die rekombinante Proteine enthalten, die in mikrobiellen Expressionssystemen hergestellt werden (vgl. Abschnitt 8.2.3), etwa CRISPR-Cas-Ribonukleoproteine zur Anwendung im Körper des Patienten (in-vivo-Ansatz). Demgegenüber fallen chemisch synthetisierte Nukleinsäuren nicht in den Anwendungsbereich von Anhang 2, weil sie ohne biologisches Ausgangsmaterial zusammengesetzt werden (vgl. Abschnitt 8.1.4.2.2).[142]

15.1.2.5.4.3.1 Validierung

Die Gewährleistung gleichbleibender Qualität und Produktkonsistenz stellt bei biologischen Arzneimitteln eine besondere Herausforderung dar, weshalb diese Produkte durch ihren Herstellungsprozess definiert werden („the product is the

---

[138] Anhang 2, Abschnitt 9.15 und 4.31 EU-GMP-Leitfaden.

[139] Koloniebildende Einheiten.

[140] Anhang 2, ('Principle') Abs. 1 und 2 EU-GMP-Leitfaden.

[141] Bei solchen viralen Vektoren, die im Körper des Patienten angewendet werden (in-vivo-Ansatz), handelt es sich aufgrund der Impfstoffausnahme nicht um Gentherapeutika (GTMP), weshalb Anhang 2 des GMP-Leitfadens angewendet werden kann (vgl. Abschnitt 8.1.4.6).

[142] Anhang 2, Teil B, Abschnitt B.5 EU-GMP-Leitfaden.

process“).[143] Entsprechend sieht Anhang 2 des EU-GMP-Leitfadens besondere Voraussetzung an deren Validierung und Qualifizierung vor.

Etwa sind für rekombinante Proteine valide und dokumentierte Verfahren zur Proteinexpression, Zellkultivierung und Aufreinigung festzulegen.[144] Es sind besondere Maßnahmen zur Vermeidung von Kreuzkontaminationen zu treffen, etwa durch räumliche Trennung von Produktionsbereichen.[145] Eine parallele Herstellung unterschiedlicher Produkte ist nur unter streng definierten Bedingungen zulässig.[146]

15.1.2.5.4.3.2 Zellbanksysteme

Besonderes Augenmerk gilt der Herkunft und Charakterisierung des biologischen Ausgangsmaterials.[147] Für Wirkstoffe, die in Mikroorganismen oder Zellkulturen hergestellt werden, ist die Einrichtung eines Master- und Arbeitszellbanksystems obligatorisch.[148] Dabei muss sichergestellt werden, dass die aus der Masterzellbank (Master Cell Bank – MCB) abgeleiteten Generationen (Working Cell Banks – WCB) reproduzierbar den genehmigten Spezifikationen entsprechen.[149]

15.1.2.5.4.3.3 Inprozesskontrollen statt Freigabeprüfung

Die Qualitätskontrolle biologischer Wirkstoffe erfordert häufige Inprozesskontrollen,[150] weil bei Substanzen mit kurzer Halbwertszeit – wie sie für somatische genomische Therapien üblich ist – eine abschließende Freigabeprüfung des Endprodukts häufig nicht möglich ist. Insoweit sind alternative, mehrstufige Teststrategien innerhalb des Produktionsprozesses zu etablieren.[151]

---

[143] Pietrek, Zeitschrift für Stoffrecht 21 (2024), S. 49, 53, m.w.N.

[144] Anhang 2, Teil B, Abschnitt B.5 EU-GMP-Leitfaden.

[145] Anhang 2, Teil A, Abschnitt 6 EU-GMP-Leitfaden.

[146] Anhang 2, Teil A, Abschnitte 8, 11 und 16 EU-GMP-Leitfaden.

[147] Anhang 2, Teil A, Abschnitt 31 EU-GMP-Leitfaden.

[148] Anhang 2, Teil A, Abschnitt 39 EU-GMP-Leitfaden.

[149] Anhang 2, Teil A, Abschnitt 40 f. EU-GMP-Leitfaden.

[150] Anhang 2, Teil A, Abschnitt 66 EU-GMP-Leitfaden.

[151] Anhang 2, Teil A, Abschnitt 70 EU-GMP-Leitfaden.

15.1.2.5.5 Herstellung von Arzneimitteln für neuartige Therapien

Auch für ATMP-Prüfpräparate gelten grundsätzlich dieselben Anforderungen an die Gute Herstellungspraxis wie für zugelassene ATMP.[152] Teil IV des EU-GMP-Leitfadens unterscheidet zwar zwischen zugelassenen („authorised ATMP") und klinischen Prüfpräparaten („investigational ATMP"), jedoch nur, soweit dies ausdrücklich vorgesehen ist. In Ermangelung einer solchen ausdrücklichen Differenzierung finden die dort festgelegten Standards uneingeschränkt auf beide Produktgruppen Anwendung.

15.1.2.5.5.1 Risikobasierter Ansatz (Risk-Based-Approach – RBA)

ATMP unterscheiden sich in mehrfacher Hinsicht von konventionellen Humanarzneimitteln und stellen daher besondere regulatorische Herausforderungen an die Gute Herstellungspraxis. Aufgrund ihrer biologischen Ausgangsmaterialien, der komplexen Herstellungsverfahren und der Produktvariabilität – insbesondere bei autologen Zelltherapien – unterliegt ihre Qualität naturgemäß stärkeren Schwankungen als bei chemisch definierten Arzneimitteln. Hinzu kommt die hohe Dynamik der wissenschaftlich-technologischen Entwicklungen, die standardisierte Herstellungsverfahren nur eingeschränkt zulässt. Aus diesen Gründen wird ein gewisses Maß an Flexibilität bei der Anwendung der Guten Herstellungspraxis als erforderlich anerkannt.[153]

Vor diesem Hintergrund sieht der EU-GMP-Leitfaden für ATMP einen risikobasierten Ansatz (Risk-Based Approach – RBA) vor. Dieser berücksichtigt die produktspezifischen Besonderheiten ebenso wie die unterschiedlichen Herstellungsbedingungen in industriellen Produktionsstätten, akademischen Forschungseinrichtungen und klinischen Einrichtungen.[154] Ziel des risikobasierten Ansatzes ist es, eine risikoadäquate regulatorische Flexibilität zu ermöglichen, ohne die Anforderungen an Patientensicherheit, Produktqualität und Rückverfolgbarkeit zu beeinträchtigen.[155]

Er gilt gleichermaßen für ATMP, die als Prüfpräparate im Rahmen klinischer Prüfungen eingesetzt werden.[156] Die Beschreibung des Herstellungsprozesses im

---

[152] European Commission, The Rules Governing Medicinal Products in the European Union, Volume 4 – Good Manufacturing Practice, 2017, (https://health.ec.europa.eu/document/download/ad33d9dd-03f0-4bef-af53-21308ce2187d_en?filename=2017_11_22_guidelines_gmp_for_atmps.pdf), S. 5 (geprüft am 24.10.2025).

[153] Teil IV, Abschnitt 2.10 bis 2.12 EU-GMP-Leitfaden.

[154] Teil IV, Abschnitt 2.14 EU-GMP-Leitfaden.

[155] Teil IV, Abschnitt 2.20 EU-GMP-Leitfaden.

[156] Teil IV, Abschnitt 2.12 EU-GMP-Leitfaden.

Genehmigungsantrag einer klinischen Prüfung muss daher – soweit relevant – auch die Qualitätsstrategie des Herstellers unter Anwendung des risikobasierten Ansatzes darlegen.[157] Insbesondere in den frühen Phasen der klinischen Entwicklung (Phase I und II), in denen das Wissen über das Produkt naturgemäß begrenzt ist, kann nicht abschließend festgelegt werden, welche Herstellungsverfahren und Kontrollen optimal geeignet sind.[158] Der risikobasierte Ansatz erlaubt daher Abweichungen von bestimmten GMP-Anforderungen, sofern diese durch eine nachvollziehbare Risikobewertung begründet und durch geeignete Kontroll- und Präventionsmaßnahmen kompensiert werden.[159] Arzneimittel für neuartige Therapien werden deshalb im Rahmen der Guten Herstellungspraxis wesentlich dynamischer und einzelfallbezogen reguliert, während Arzneimittel ohne ATMP-Status in ihrer Herstellung einem statischen Regulierungsansatz unterliegen (vgl. Tabelle 15.3).

15.1.2.5.5.2 Spezifikationen

Im Rahmen des risikobasierten Ansatzes ist es zulässig, dass die Spezifikationen für ATMP-Prüfpräparate in den frühen Phasen der klinischen Entwicklung (insbesondere in Phase I und I/II) auf weiter gefassten Akzeptanzgrenzen als üblich beruhen.[160] Diese tragen dem begrenzten Kenntnisstand über das Produkt sowie der inhärenten biologischen Variabilität des Ausgangs- und Endmaterials Rechnung. Die Spezifikationen in dieser Entwicklungsphase müssen daher nicht dieselbe enge Bandbreite aufweisen wie bei zugelassenen Arzneimitteln. Abweichungen von den festgelegten Zielwerten, die sich innerhalb der genehmigten Akzeptanzgrenzen bewegen, führen folglich nicht zwingend zu einer Einstufung des Produkts als „out of specification“ (OOS) und damit zu dessen Absonderung, d. h. einer getrennten Lagerung vom übrigen Bestand und einer Verwendungssperre.[161]

---

[157] Teil IV, Abschnitt 2.23 EU-GMP-Leitfaden.

[158] Teil IV, Abschnitt 2.12 EU-GMP-Leitfaden.

[159] Teil IV, Abschnitt 2.14 EU-GMP-Leitfaden.

[160] Teil IV, Abschnitt 2.53 und 6.21 EU-GMP-Leitfaden.

[161] Vgl. Kunze, in: Concept Heidelberg GmbH (Hrsg.), GMP-/FDA-Anforderungen an die Qualitätssicherung, 2016, S. 70, 75 ff.; Álamo/Timón/Sánchez Afán de Rivera u. a., in: Galli (Hrsg.), Regulatory Aspects of Gene Therapy and Cell Therapy Products, 2023, S. 23, 28.

15.1.2.5.5.3 Validierung

Für ATMP-Prüfpräparate ist eine vollständige Prozessvalidierung[162] grundsätzlich nicht erforderlich. In Einzelfällen kann sie jedoch erforderlich sein, wenn routinemäßige Inprozesskontrollen nicht möglich sind und die Kontrolle kritischer Prozessparameter auf anderem Wege sichergestellt werden muss.[163]

Hinsichtlich der analytischen Methodenvalidierung genügt in sehr frühen Entwicklungsphasen (Phase IStudien) etwa der Nachweis, dass die Methoden zur Bestimmung der Sterilität sowie mikrobiologischer Parameter vollständig validiert sind.[164] Für alle weiteren analytischen Methoden wird lediglich eine schrittweise Validierung im Verlauf der klinischen Entwicklung gefordert, um die Eignung der eingesetzten Prüfverfahren zur Bestimmung kritischer Qualitätsmerkmale des ATMP zu belegen.[165] Ein umfassendes Validierungsgebot besteht aber für aseptische Herstellungsverfahren und Sterilisationsprozesse, die unabhängig vom Entwicklungsstadium immer vollständig zu validieren sind.[166]

Ähnlich wie bei biologischen Arzneimitteln ohne ATMP-Status wird für die Herstellung von Arzneimitteln für neuartige Therapien die Einrichtung einer Master- und einer Arbeitszellbank empfohlen (vgl. Abschnitt 15.1.2.5.4.3.2), um eine reproduzierbare Produktqualität sicherzustellen; eine Verpflichtung besteht bei ATMP jedoch nicht.[167]

15.1.2.5.5.3.1 Qualifizierung der Räume und Grundsatz der Raumtrennung

Der Umfang der Qualifizierung richtet sich nach dem risikobasierten Ansatz und kann im Einzelfall reduziert werden, sofern die daraus resultierenden Risiken durch geeignete Kontroll- und Überwachungsmaßnahmen kompensiert werden.[168] Unabhängig davon sind bestimmte Mindestanforderungen stets zu erfüllen. Hierzu zählen insbesondere die Qualifizierung der Ausrüstung, die

---

[162] Prozessvalidierung wird in Teil IV des EU-GMP-Leitfadens als der dokumentierte Nachweis, dass der Herstellungsprozess beständig ein Ergebnis innerhalb bestimmter Parameter hervorbringt definiert, vgl. Teil IV, Abschnitt 10.36 EU-GMP-Leitfaden.

[163] Teil IV, Abschnitt 10.46 und 2.36 EU-GMP-Leitfaden.

[164] Teil IV, Abschnitt 10.50 erster Spiegelstrich EU-GMP-Leitfaden.

[165] Teil IV, Abschnitt 10.50 zweiter Spiegelstrich EU-GMP-Leitfaden.

[166] Teil IV, Abschnitt 10.46 und 2.36 EU-GMP-Leitfaden.

[167] Teil IV, Abschnitt 8.10 EU-GMP-Leitfaden.

[168] Teil IV, Abschnitt 10.10 f. EU-GMP-Leitfaden.

Eignung des Luftführungssystems, die Kontrolle mikrobiologischer und nichtlebensfähiger Partikel sowie erforderliche Containment-Maßnahmen bei der Verwendung replikationsfähiger viraler Vektoren.[169]

Ein zentrales Prinzip der Guten Herstellungspraxis für ATMP ist der Grundsatz der räumlichen Trennung von Produktchargen. Danach dürfen zwei unterschiedliche Chargen grundsätzlich nicht gleichzeitig im selben Herstellungsbereich verarbeitet werden.[170] Während dieses Erfordernis bei konventionellen Arzneimitteln regelmäßig unproblematisch ist, da eine Charge üblicherweise eine Vielzahl von Patienten versorgt, besteht bei ATMP eine Charge häufig nur aus einer patientenindividuellen Zubereitung. Folglich ist in bestimmten Fällen[171] für jede Behandlung grundsätzlich ein separater Herstellungsraum erforderlich, was einen der maßgeblichen Kostentreiber bei der Produktion von ATMP darstellt.[172]

Von diesem Grundsatz kann jedoch unter bestimmten Voraussetzungen abgewichen werden. In solchen Fällen sind jedoch ergänzende organisatorische Maßnahmen zwingend vorzusehen, um eine Verwechslung oder Kreuzkontamination der Chargen auszuschließen. Eine parallele Herstellung mehrerer Chargen in einem gemeinsamen Reinraum ist etwa zulässig, wenn jede Charge in einem eigenen, räumlich abgeschlossenen Inkubator verarbeitet wird und die Abluftströme der Inkubatoren voneinander unabhängig geführt werden.[173]

15.1.2.5.5.3.2 Aseptische Herstellung in Reinräumen

Arzneimittel für neuartige Therapien können häufig nicht in ihrem Endbehältnis sterilisiert werden.[174] In diesem Fall ist eine aseptische Herstellung erforderlich, bei der sämtliche Arbeitsschritte unter Bedingungen erfolgen müssen, die das Risiko einer mikrobiellen Kontamination nahezu ausschließen.[175]

---

[169] Teil IV, Abschnitt 10.14 Buchst. c) EU-GMP-Leitfaden.

[170] Teil IV, Abschnitt 4.18 EU-GMP-Leitfaden.

[171] Der Grundsatz der Raumtrennung betrifft autologe Zelltherapien deshalb besonders stark.

[172] Berisa-Prado/Vázquez/Chacón u. a., Pharmaceutics 13 (2021), 1282, S. 13; siehe aber auch Prinz, Pharma Recht 34 (2012), S. 16, 22; Lowdell, Cytotherapy 27 (2025), S. 874, 878 f.

[173] Teil IV, Abschnitt 4.22 Buchst. c) EU-GMP-Leitfaden.

[174] Teil IV, Abschnitt 9.39 EU-GMP-Leitfaden.

[175] Teil IV, Abschnitt 9.39 EU-GMP-Leitfaden.

Die spezifischen Anforderungen an den Reinraum richten sich danach, ob die Herstellung in einem geschlossenen[176] oder offenen[177] System erfolgt. Erfolgt die Herstellung in einem vollständig geschlossenen System, ist die Produktion in einem reinen Bereich mit einem Umgebungsraum der Reinheitsklasse D zulässig (vgl. Tabelle 15.2).[178] Wird das Produkt während der Herstellung hingegen der Umgebung ausgesetzt (offenes System), muss die gesamte aseptische Verarbeitung in einem kritischen Bereich der Reinheitsklasse A erfolgen, der seinerseits von einem Bereich der Reinheitsklasse B umgeben ist (vgl. Tabelle 15.2).[179] Die Anforderungen an den Reinheitsgrad steigen somit erheblich, wenn die Herstellung in einem „offenen System" erfolgt – unabhängig von dem jeweiligen Prozessschritt. Insoweit gelten für ATMP teilweise strengere Reinraumanforderungen als für herkömmliche sterile Arzneimittel (vgl. Abschnitt 15.1.2.5.4.2), auch wenn die Reinraumgrenzwerte identisch sind.

Tabelle 15.2 ATMP-Reinraumklassen (Teil IV EU-GMP-Leitfaden)

Reinheitsklasse[180]	Max. Partikel/m^3 ($\geq$ 0,5 μm) [Ruhezustand]	Max. KBE/m^3
A	3.520	< 1
B	3.520	10
C	352.000	100
D	3.520.000	200

15.1.2.5.5.3.3 Reduzierte Reinraumanforderungen

Eine Ausprägung des risikobasierten Ansatzes erlaubt bei ATMP-Prüfpräparaten unter bestimmten Voraussetzungen die Möglichkeit, von den grundsätzlich strengen Reinraumanforderungen abzuweichen. So kann in frühen klinischen

---

176 Glossar Nr. 12 („Geschlossenes System") EU-GMP-Leitfaden:
„Ein Prozesssystem, das dazu konzipiert ist und betrieben wird, eine Exposition des Produkts oder Materials an die Raumumgebung zu vermeiden. Materialien können in ein geschlossenes System eingebracht werden, das Hinzufügen muss jedoch so geschehen, dass die Exposition des Produkts an die Raumumgebung vermieden wird (z. B. mittels steriler Anschlüsse oder Fusionssysteme)".

177 Der EU-GMP-Leitfaden enthält hierzu keine Definition. Im Umkehrschluss zur Definition des „geschlossenen Systems" ist bei einem offenen System jedoch eine Exposition des Produkts gegenüber der Raumumgebung gegeben.

178 Teil IV, Abschnitt 9.41 EU-GMP-Leitfaden.

179 Teil IV, Abschnitt 9.46 EU-GMP-Leitfaden.

180 Teil IV, Abschnitt 4.39 EU-GMP-Leitfaden.

Entwicklungsphasen zum Nachweis des Wirkprinzips ausnahmsweise eine Herstellung im offenen System in einem Arbeitsbereich der Reinheitsklasse A mit Umgebungsräumen der Reinheitsklasse C genehmigt werden.[181]

Dies ist nur erlaubt, soweit eine qualifizierte Risikobewertung durchgeführt wurde, aus der hervorgeht, dass die vorgesehenen Kontrollmaßnahmen geeignet sind, die Herstellung eines qualitativ hochwertigen Produkts sicherzustellen und soweit die Kontrollstrategie im Herstellungsdossier dokumentiert wurde.[182] Darüber hinaus muss das Prüfpräparat zur Behandlung eines lebensbedrohlichen Zustands vorgesehen sein, für den keine therapeutischen Alternativen bestehen.[183] Letztlich müssen sowohl die für die klinische Prüfung zuständigen Behörden als auch die für die Herstellung verantwortlichen Inspektoren der Abweichung zustimmen.[184]

Diese Ausnahme trägt der Tatsache Rechnung, dass ATMP häufig in akademischen oder kliniknahen Einrichtungen entwickelt werden, in denen nicht immer die höchsten Reinraumstandards dauerhaft verfügbar sind. Gleichwohl bleibt der kritische Arbeitsbereich der Reinheitsklasse A auch in diesen Fällen obligatorisch. Lediglich die Umgebungsräume dürfen eine niedrigere Reinheitsklasse C aufweisen.

Zur praktischen Umsetzung dieser Ausnahme haben sich beispielsweise in spanischen Krankenhäusern sog. Mini-Reinräume etabliert, bei denen mehrere isolierte Werkbänke der Reinheitsklasse A innerhalb eines übergeordneten Reinraums der Klasse C betrieben werden, wodurch Kosten gespart werden können.[185]

15.1.2.5.5.4 Freigabe

Bei zahlreichen ATMP ist eine herkömmliche Freigabeprüfung vor Anwendung am Patienten aus praktischen Gründen nicht durchführbar, da das Arzneimittel unmittelbar nach der Herstellung appliziert werden muss oder nur in sehr begrenzten Mengen verfügbar ist. Eine Probenahme zur Freigabeprüfung könnte die verfügbare Gesamtmenge des Produkts so weit reduzieren, dass die therapeutische Wirksamkeit nicht mehr gewährleistet wäre.

---

[181] Teil IV, Abschnitt 2.50 EU-GMP-Leitfaden.

[182] Teil IV, Abschnitt 2.50 Buchst. i) EU-GMP-Leitfaden.

[183] Teil IV, Abschnitt 2.50 Buchst. ii) EU-GMP-Leitfaden.

[184] Teil IV, Abschnitt 2.50 Buchst. iii) EU-GMP-Leitfaden.

[185] Berisa-Prado/Vázquez/Chacón u. a., Pharmaceutics 13 (2021), S. 7.

Vor diesem Hintergrund erlaubt der risikobasierte Ansatz im Rahmen der Guten Herstellungspraxis bei ATMP-Prüfpräparaten unter bestimmten Voraussetzungen den teilweisen oder vollständigen Verzicht auf die Freigabeprüfung des Endprodukts. Ein vollständiger Verzicht ist insbesondere hinsichtlich der Sterilitätsprüfung zulässig, wenn deren Ergebnisse aufgrund der kurzen Haltbarkeit des Produkts nicht rechtzeitig vorliegen können.[186] Ebenso kann es bei Produkten mit sehr kurzer Halbwertszeit gerechtfertigt sein, auf ein kontinuierliches Stabilitätsprogramm zu verzichten.[187]

Die Anwendung des risikobasierten Ansatzes bei der Freigabeprüfung setzt jedoch zwingend voraus, dass alternative Qualitätssicherungsmechanismen implementiert wurden, die eine gleichbleibende Produktqualität gewährleisten. Der EU-GMP-Leitfaden sieht hierfür insbesondere umfassende Inprozesskontrollen vor, welche die kritischen Zwischenprodukte und Prozessparameter erfassen und so eine lückenlose Kontrolle der Produktqualität in Echtzeit ermöglichen.[188]

Tabelle 15.3 Gute Herstellungspraxis (GMP) bei Arzneimitteln mit und ohne ATMP-Status

ATMP	Nicht-ATMP
Vielfältige Privilegierungen für Prüfpräparate	Grundsätzliche Gleichbehandlung zugelassener Arzneimittel und Prüfpräparate
Risikobasierter Ansatz	Statisch

[186] Teil IV, Abschnitt 2.41 EU-GMP-Leitfaden.

[187] Teil IV, Abschnitt 2.43 EU-GMP-Leitfaden.

[188] Teil IV, Abschnitt 2.32 EU-GMP-Leitfaden.

15.1.2.5.5.5 Vollzugsunterschiede innerhalb der Europäischen Union

Ein besonderes Problem ergibt sich bei Arzneimitteln für neuartige Therapien, soweit die zur Herstellung eines Arzneimittels verwendeten Ausgangsmaterialien zugleich unter den Anwendungsbereich der Richtlinie 2004/23/EG über Gewebe und Zellen oder der Richtlinie 2002/98/EG[189] über Blut und Blutbestandteile fallen. In solchen Fällen können die Anforderungen an Spende, Beschaffung und Testung des Ausgangsmaterials nach beiden Richtlinien parallel anwendbar sein.[190]

In der Praxis führt dies zu erheblichen Unterschieden in der Umsetzung zwischen den Mitgliedstaaten, etwa bei Produkten wie CAR-T-Zelltherapeutika. Diese erfordern zunächst eine Blutentnahme des Patienten, woraufhin im Rahmen einer Leukapherese die T-Zellen von den übrigen Blutbestandteilen getrennt werden (vgl. Abschnitt 7.1).

Während einige Mitgliedstaaten CAR-T-Zellen primär als aus Blut gewonnene Produkte einstufen und daher bereits ab der Blutentnahme die Anforderungen der Richtlinie 2002/98/EG anwenden, betrachten andere dieselben Produkte als Gewebe- bzw. Zellprodukte im Sinne der Richtlinie 2004/23/EG und wenden die GMP-Anforderungen erst ab Eingang der durch Leukapherese gewonnenen Zellen in der Gewebeeinrichtung an.[191] Dementsprechend unterscheiden sich auch die Anforderungen an die Gute Herstellungspraxis: Wird die Richtlinie 2002/98/EG angewendet, so greifen die GMP-Vorgaben bereits bei der Blutabnahme; erfolgt hingegen eine Anwendung der Richtlinie 2004/23/EG, beginnt die GMP-Pflicht erst nach der Isolation der T-Zellen in der Gewebeeinrichtung.

Die uneinheitliche Auslegung des Anwendungsbeginns der Guten Herstellungspraxis führt trotz der grundsätzlich unionsrechtlich vollharmonisierten Rechtsgrundlagen[192] dazu, dass in den Mitgliedstaaten unterschiedliche GMP-Standards für ein und dasselbe Produkt gelten können, weil die regulatorischen

[189] Richtlinie 2002/98/EG des Europäischen Parlaments und des Rates vom 27.01.2003 zur Festlegung von Qualitäts- und Sicherheitsstandards für die Gewinnung, Testung, Verarbeitung, Lagerung und Verteilung von menschlichem Blut und Blutbestandteilen und zur Änderung der Richtlinie 2001/83/EG, ABl. L 33, S. 30.

[190] Teil IV, Abschnitt 7.22 EU-GMP-Leitfaden.

[191] Diese Information stammt aus einem Experteninterview.

[192] Art. 3 ATMP-VO.

Anforderungen zu unterschiedlichen Zeitpunkten in der Herstellungskette ansetzen.[193]

15.1.2.5.6 Herstellung außerhalb der Guten Herstellungspraxis

Arzneimittel müssen nicht immer nach den Grundsätzen der Guten Herstellungspraxis hergestellt werden. Prüfpräparate unterliegen etwa nicht den Anforderungen der Guten Herstellungspraxis, wenn sie im Rahmen der sog. Rezeptur- oder Defekturherstellung hergestellt werden, sofern die Herstellung in einem Krankenhaus, einem Gesundheitszentrum oder einer Klinik, die im jeweiligen Mitgliedstaat zur Durchführung solcher Verfahren befugt ist, erfolgt und die Prüfpräparate ausschließlich zur Anwendung in denselben Einrichtungen bestimmt sind, die an derselben klinischen Prüfung innerhalb desselben Mitgliedstaats beteiligt sind.[194]

Ungeklärt ist bislang, ob das Privileg der Rezeptur- und Defekturherstellung auch auf Arzneimittel erstreckt werden kann, die einem zentralisierten Genehmigungsverfahren im Rahmen der Marktzulassung unterliegen (vgl. Abschnitt 17.5). Eine abschließende Klärung dieser Rechtsfrage steht noch aus und wird deshalb gemeinsam mit den Ausnahmen von der Guten Herstellungspraxis an späterer Stelle näher untersucht (vgl. Abschnitt 17.5).

---

[193] Ob die Konsolidierung des unionalen Stoffrechts betreffend menschliche Substanzen durch die SoHO-VO dieses Problem lösen wird, kann erst nach dem Gültigwerden der Verordnung am 07.08.2027 bewertet werden, siehe Erwägungsgrund (5)(6) und (9) sowie Art. 87 Abs. 1 UAbs. 2 VO (EU) 2024/1938.

[194] Art. 63 Abs. 1 i.V. mit Art. 61 Abs. 5 Buchst. c) VO (EU) Nr. 536/2014.

15.2 Gentechnikrecht

Nach Art. 91 VO (EU) Nr. 536/2014 bleibt der Anwendungsbereich der Richtlinie 2001/18/EG sowie der Richtlinie 2009/41/EG unberührt. Das unionale Gentechnikrecht steht damit eigenständig neben den arzneimittelrechtlichen Vorgaben und ist im Bereich klinischer Prüfungen mit Arzneimitteln, die gentechnisch veränderte Organismen enthalten oder aus diesen bestehen, anwendbar.[195]

Die Durchführung einer klinischen Prüfung mit Arzneimitteln, die gentechnisch veränderte Organismen enthalten oder aus diesen bestehen, wird in Deutschland als Freisetzung betrachtet, sodass die Voraussetzungen der Richtlinie 2001/18/EG bzw. der entsprechenden nationalen Umsetzungsnormen des Gentechnikgesetzes (GenTG) zu beachten sind.[196] Dem steht nicht entgegen, dass die Anwendung gentechnisch veränderter Organismen am Menschen vom Anwendungsbereich des Gentechnikrechts ausgenommen ist (vgl. Kapitel 11).[197]

---

[195] Bemerkenswert war in diesem Zusammenhang eine Ausnahme während der COVID-19-Pandemie, um die Durchführung klinischer Prüfungen mit GVO-haltigen Impfstoffen zu erleichtern. Der Unionsgesetzgeber verzichtete ausnahmsweise auf die Durchführung einer Umweltverträglichkeitsprüfung, sofern es sich nicht um die Herstellung der Präparate, sondern um deren Verpackung, Etikettierung, Lagerung, Transport, Vernichtung, Beseitigung, Verteilung, Abgabe, Verabreichung oder Verwendung geht; vgl. Art. 2 Abs. 1 VO (EU) 2020/1043 des Europäischen Parlaments und des Rates vom 15.07.2020 über die Durchführung klinischer Prüfungen mit genetisch veränderte Organismen enthaltenden oder aus solchen bestehenden Humanarzneimitteln zur Behandlung oder Verhütung der Coronavirus-Erkrankung (COVID-19) und deren Abgabe, ABl. L 231 vom 17.07.2020, S. 12.

[196] Frech/Dexel/Burgard u. a., Bundesgesundheitsblatt 66 (2023), S. 12, 17; Dederer/Frenken, Studie: Genom-Editierung am Menschen. Vergleich der regulatorischen Rahmenbedingungen für CRISPR-Gen-Editierung und ihre Auswirkungen auf Forschung und Innovation, 2021, S. 12 f.; a. A. Spranger, in: Rieger/Dahm/Katzenmeier (Hrsg.), Heidelberger Kommentar Arztrecht Krankenhausrecht Medizinrecht, 89. Lieferung, 2100 Gentechnologie, Rn. 16 f., m.w.N., soweit die Prüfpräparate noch keine Marktzulassung erhalten haben, allerdings unzutreffend.

[197] § 2 Abs. 3 GenTG; vgl. Fenger, in: Spickhoff (Hrsg.), Medizinrecht, 2022, § 2 GenTG, Rn. 5; Alt, in: Erb/Schäfer (Hrsg.), Münchener Kommentar zum Strafgesetzbuch, 2022, § 2 GenTG, Rn. 2; Schmitt, in: Erbs/Kohlhaas (Hrsg.), Strafrechtliche Nebengesetze, 256. Ergänzungslieferung, 2025, § 2 GenTG, Rn. 3.

15.2.1 Genehmigungsverfahren

Die Freisetzung gentechnisch veränderter Organismen bedarf einer Genehmigung durch das Bundesamt für Verbraucherschutz und Lebensmittelsicherheit (BVL).[198]

15.2.1.1 Genehmigung in Deutschland

In Deutschland ist ein zentrales verfahrensrechtliches Merkmal bei der Genehmigung klinischer Prüfungen mit Arzneimitteln, die gentechnisch veränderte Organismen enthalten oder aus diesen bestehen, die sog. integrierte Freisetzungsgenehmigung. Diese wurde bereits unter der inzwischen außer Kraft getretenen GCP-Verordnung[199] praktiziert, wonach die Genehmigung der klinischen Prüfung zugleich die erforderliche umweltrechtliche Freisetzungsgenehmigung nach dem GenTG umfasste.[200] Zuständig war die nach § 77 AMG verantwortliche Bundesoberbehörde (BfArM bzw. PEI), die im Benehmen mit dem BVL über die Genehmigung entschied.

Nach Inkrafttreten der Verordnung (EU) Nr. 536/2014 entscheidet weiterhin die zuständige Bundesoberbehörde im Benehmen mit dem BVL über die Genehmigung der klinischen Prüfung und die Freisetzung des GVO in einem einheitlichen Bescheid.[201]

15.2.1.2 Genehmigung innerhalb der Europäischen Union

Auf Unionsebene bestehen durch die Richtlinien 2001/18/EG und 2009/41/EG weitgehend harmonisierte Anforderungen an die Freisetzung und den Umgang mit gentechnisch veränderten Organismen im geschlossenen System. Gleichwohl zeigt sich im praktischen Vollzug eine erhebliche Divergenz zwischen den Mitgliedstaaten, insbesondere hinsichtlich der Zuständigkeitsverteilung und der verfahrensrechtlichen Ausgestaltung.

---

[198] § 14 Abs. 1 Satz 1 Nr. 1, 31 Satz 2 GenTG.

[199] GCP-Verordnung vom 09.08.2004 (BGBl. I S. 2081), die zuletzt durch Art. 13 Abs. 3 des Vierten Gesetzes zur Änderung arzneimittelrechtlicher und anderer Vorschriften vom 20.12.2016 (BGBl. I S. 3048, geändert durch Gesetz vom 27.09.2021, BGBl. I S. 4530) geändert worden ist.

[200] Ausführlich Bakhschai, in: Fuhrmann/Klein/Fleischfresser (Hrsg.), Arzneimittelrecht, 2020, § 34, Rn. 30 ff.; Frech/Dexel/Burgard u. a., Bundesgesundheitsblatt 66 (2023), S. 12, 17; Koyuncu, in: Kügel/Müller/Hofmann (Hrsg.), Arzneimittelgesetz, 2022, § 40 AMG, Rn. 58 f.; Frenken/Lüttge, in: Dederer/Frenken (Hrsg.), Regulation of Genome Editing in Human iPS Cells, 2021, S. 52.

[201] §§ 40 Abs. 7 Satz 3 und 4, 77 AMG.

In Deutschland, Italien und Schweden wird das Modell der integrierten Freisetzungsgenehmigung angewendet: Die zuständige Arzneimittelbehörde entscheidet im Rahmen eines einheitlichen Verfahrens sowohl über die Genehmigung der klinischen Prüfung als auch über die Freisetzung des gentechnisch veränderten Organismus.[202] Demgegenüber praktizieren andere Mitgliedstaaten – etwa Frankreich, Spanien oder Belgien – ein zweigeteiltes Verfahren, in dem Arzneimittel- und Umweltbehörden jeweils eigenständig für die Genehmigung der klinischen Prüfung bzw. der Freisetzung zuständig sind.[203] Die Anträge können dort zwar parallel gestellt werden, werden aber getrennt geprüft und entschieden.[204] In weiteren Staaten, wie Bulgarien, Polen und Rumänien, bestehen ebenfalls getrennte Zuständigkeiten; dort muss die Freisetzungsgenehmigung jedoch zwingend bereits vor der Einreichung des Antrags auf Genehmigung der klinischen Prüfung vorliegen.[205]

Zudem wenden die Mitgliedstaaten bei klinischen Prüfungen mit GVO-haltigen Arzneimitteln unterschiedliche Rechtsgrundlagen an: Während einige ausschließlich die Freisetzungsrichtlinie 2001/18/EG heranziehen, stützen sich andere auf die Systemrichtlinie 2009/41/EG oder auf eine kombinierte Anwendung beider Richtlinien.[206] Diese Vollzugsunterschiede führen dazu, dass trotz

---

[202] Bachtarzi/Farries, Human Gene Therapy Clinical Development 30 (2019), S. 114, 119; Tajima, Differences in regulations on gene modified organisms between Japan, Europe, and the United States, 2022, (https://www.casss.org/docs/default-source/cmc-strategy-forum-japan/2022-speaker-presentations/tajami-gentaro-pfizer-r-d-japan-g.k.-2022.pdf?sfvrsn=8aed487_10), S. 19 (geprüft am 24.10.2025); Whomsley/Palmi Reig/Hidalgo-Simon, British Journal of Clinical Pharmacology 87 (2021), S. 2450, 2451.

[203] Tajima/Huh/Schmidt u. a., Molecular Therapy Methods & Clinical Development 26 (2022), S. 74, 75; Bachtarzi/Farries, Human Gene Therapy Clinical Development 30 (2019), S. 114, 119; Tajima, Differences in regulations on gene modified organisms between Japan, Europe, and the United States, 2022, (https://www.casss.org/docs/default-source/cmc-strategy-forum-japan/2022-speaker-presentations/tajami-gentaro-pfizer-r-d-japan-g.k.-2022.pdf?sfvrsn=8aed487_10), S. 19 (geprüft am 24.10.2025); Whomsley/Palmi Reig/Hidalgo-Simon, British Journal of Clinical Pharmacology 87 (2021), S. 2450, 2451.

[204] Bachtarzi/Farries, Human Gene Therapy Clinical Development 30 (2019), S. 114, 119; Tajima/Huh/Schmidt u. a., Molecular Therapy Methods & Clinical Development 26 (2022), S. 74, 75.

[205] Bachtarzi/Farries, Human Gene Therapy Clinical Development 30 (2019), S. 114, 119; Tajima/Huh/Schmidt u. a., Molecular Therapy Methods & Clinical Development 26 (2022), S. 74, 75; Iglesias-Lopez/Obach/Vallano u. a., Critical Reviews in Toxicology 49 (2019), S. 580, 582; Whomsley/Palmi Reig/Hidalgo-Simon, British Journal of Clinical Pharmacology 87 (2021), S. 2450, 2451.

[206] Bachtarzi/Farries, Human Gene Therapy Clinical Development 30 (2019), S. 114, 118 f.; Tajima, Differences in regulations on gene modified organisms between Japan, Europe, and

formal harmonisierter unionsrechtlicher Vorgaben faktisch unterschiedliche rechtliche Voraussetzungen für die Durchführung klinischer Prüfungen mit GVO-haltigen Arzneimitteln innerhalb der Europäischen Union bestehen.

15.2.2 Genehmigungsvoraussetzungen

Die Genehmigung einer klinischen Prüfung mit Arzneimitteln, die gentechnisch veränderte Organismen enthalten oder aus diesen bestehen, erfordert nach § 40 Abs. 7 Satz 1 AMG die Vorlage zusätzlicher Unterlagen, die mit dem Antrag eingereicht werden müssen, um eine Umweltverträglichkeitsprüfung durchzuführen.

Danach hat der Antragsteller zunächst eine detaillierte Beschreibung und Bewertung der potenziellen Risiken für die Gesundheit nicht unmittelbar betroffener Personen – etwa des Studienpersonals, von Angehörigen oder anderen Kontaktpersonen – sowie für die Umwelt und die von ihm geplanten Vorkehrungen darzulegen.[207] Entsprechend ist ein Beobachtungs- und Überwachungsplan vorzulegen, der Maßnahmen zur Ermittlung und Bewertung etwaiger Auswirkungen auf unbeteiligte Dritte und die Umwelt umfasst.[208] Darüber hinaus sind Informationen über den gentechnisch veränderten Organismus selbst, die spezifischen Bedingungen der geplanten klinischen Prüfung, das potenziell aufnehmende Umweltkompartiment sowie mögliche Wechselwirkungen zwischen dem gentechnisch veränderten Organismus und Umwelt vorzubringen.[209] Ferner werden Angaben zur Behandlung und Entsorgung von Reststoffen (etwa kontaminierten Materialien oder Ausscheidungen) sowie zu vorgesehenen Notfallplänen bei unvorhergesehenen Effekten gefordert.[210]

15.2.2.1 Anhang II und III der Freisetzungsrichtlinie

Diese allgemeinen Tatbestandsvoraussetzungen auf die § 40 Abs. 7 Satz 1 AMG Bezug nimmt, werden zur Durchführung der Umweltverträglichkeitsprüfung in den Anhängen II und III der Richtlinie 2001/18/EG konkretisiert. Anhang II legt

---

the United States, 2022, (https://www.casss.org/docs/default-source/cmc-strategy-forum-japan/2022-speaker-presentations/tajami-gentaro-pfizer-r-d-japan-g.k.-2022.pdf?sfvrsn=8aed487_10), S. 19 (geprüft am 24.10.2025); Iglesias-Lopez/Obach/Vallano u. a., Critical Reviews in Toxicology 49 (2019), S. 580, 585.

[207] Vgl. § 40 Abs. 7 Satz 1 Nr. 1 AMG.

[208] Vgl. § 40 Abs. 7 Satz 1 Nr. 3 AMG.

[209] Vgl. § 40 Abs. 7 Satz 1 Nr. 2 AMG.

[210] Vgl. § 40 Abs. 7 Satz 1 Nr. 3 AMG.

zunächst die methodischen Grundsätze und Leitprinzipien für die Durchführung der Umweltverträglichkeitsprüfung fest. Anhang III konkretisiert demgegenüber die im Genehmigungsantrag vorzulegenden Informationen, deren Umfang und Tiefe sich nach der Art des gentechnisch veränderten Organismus und dem Ausmaß der beabsichtigten Freisetzung richten.

Für klinische Prüfungen mit somatischen genomischen Therapien, die gentechnisch veränderte Organismen enthalten oder aus diesen bestehen, ist Anhang III A maßgeblich. Danach sind zunächst allgemeine Angaben zum Antragsteller, zum verantwortlichen Wissenschaftler sowie zum geplanten Vorhaben vorzulegen.[211] Daraufhin sind detaillierte Informationen über den Spender-, Empfänger- und gegebenenfalls Elternorganismus, den verwendeten Vektor, die Art der genetischen Veränderung sowie die daraus resultierenden Merkmale des modifizierten Organismus bereitzustellen.[212] Hierzu gehören insbesondere Angaben zu genetischen Sequenzen, Nachweismethoden, pathogenen Eigenschaften, Resistenzmechanismen und Umweltinteraktionen. Darüber hinaus ist die geplante Freisetzung zu beschreiben, insbesondere in Bezug auf Ort, Zeitpunkt, Menge, Schutzmaßnahmen und Nachsorge.[213] Ergänzend sind Daten über die aufnehmende Umwelt, potenzielle Wechselwirkungen mit Ziel- und Nichtzielorganismen sowie ökologische Risiken vorzulegen.[214] Von besonderer Bedeutung sind hierbei die Fähigkeit zum horizontalen Gentransfer, die Beschreibung des betroffenen Ökosystems sowie etwaige Wettbewerbsvorteile des gentechnisch veränderten Organismus gegenüber der Zielpopulation.

Der Umfang der einzureichenden Informationen kann – im Sinne eines risikobasierten Ansatzes – der Art und dem Kontext der Freisetzung angepasst werden, sofern eine sachlich nachvollziehbare Begründung erfolgt.[215]

Trotz dieser Konkretisierungen bleiben die Anforderungen der Anhänge II und III abstrakt-genereller Natur. Die Anhänge unterscheiden nur begrenzt zwischen verschiedenen Organismengruppen – etwa zwischen höheren Pflanzen und anderen gentechnisch veränderten Organismus – und enthalten keine spezifischen Vorgaben für Humanarzneimittel, die aus gentechnisch veränderten Organismus bestehen oder diese enthalten. Damit fehlt es an einer systematischen Berücksichtigung der besonderen Anwendungsbedingungen klinischer Prüfungen, die unter kontrollierten Umgebungsbedingungen stattfinden. Zwar erlaubt der risikobasierte

[211] Anhang III A, Abschnitt I RL 2001/18/EG.

[212] Anhang III A, Abschnitt II RL 2001/18/EG.

[213] Anhang III A, Abschnitt III RL 2001/18/EG.

[214] Anhang III A, Abschnitt IV RL 2001/18/EG.

[215] Vgl. Anhang III Abs. 3 RL 2001/18/EG.

Regulierungsansatz grundsätzlich eine Differenzierung nach Art, Umfang und Kontext der Freisetzung, doch mangelt es an klaren, normativ fassbaren Kriterien, da weder das Arzneimittelgesetz noch die Freisetzungsrichtlinie eine explizite Spezifizierung für pharmazeutische Anwendungen vorsehen. Dies erklärt unter Umständen die großen Unterschiede im Vollzug des Gentechnikrechts zwischen den einzelnen Mitgliedstaaten im Bereich der klinischen Forschung.

15.2.2.2 Leitlinien

Die nicht vorhandenen arzneimittelspezifischen Präzisierungen erfolgten bislang ausschließlich durch Leitlinien der EMA, da die Umweltverträglichkeitsprüfung nicht nur für die Genehmigung klinischer Prüfungen, sondern auch für die spätere, häufig von der EMA zu bewertenden Marktzulassung von Arzneimitteln von Bedeutung ist.[216]

Eine im Jahr 2024 veröffentlichte EMA-Leitlinie konkretisiert etwa die allgemeinen unionsrechtlichen Anforderungen an die Umweltprüfung eines Arzneimittels und stellt klar, dass bei Humanarzneimitteln zusätzlich zu den allgemeinen Vorgaben der Richtlinie 2001/18/EG eine zweiteilige Risikoanalyse – bestehend aus Risk Assessment und Hazard Assessment – vorzulegen ist.[217] Die Leitlinie definiert hierfür spezifische Studiendesigns und Parameter, an denen sich Antragsteller bei der Durchführung der Umweltverträglichkeitsprüfung unter Umständen orientieren können.

Für Arzneimittel, die gentechnisch veränderte Organismus enthalten oder aus diesen bestehen, existieren darüber hinaus weitergehende produktgruppenspezifische EMA-Leitlinien,[218] die maßgeblich auf virale Vektoren zugeschnitten

---

[216] European Medicines Agency, Guideline on the environmental risk assessment of medicinal products for human use, EMA/CHMP/SWP/44609/2010 Rev. 1, 2024, (https://www.ema.europa.eu/en/documents/scientific-guideline/guideline-environmental-risk-assessment-medicinal-products-human-use-revision-1_en.pdf) (geprüft am 24.10.2025); Whomsley/Palmi Reig/Hidalgo-Simon, British Journal of Clinical Pharmacology 87 (2021), S. 2450, 2452 f.

[217] European Medicines Agency, Guideline on the environmental risk assessment of medicinal products for human use, EMA/CHMP/SWP/44609/2010 Rev. 1, 2024, (https://www.ema.europa.eu/en/documents/scientific-guideline/guideline-environmental-risk-assessment-medicinal-products-human-use-revision-1_en.pdf), S. 8 ff. (geprüft am 24.10.2025).

[218] European Medicines Agency, Guideline on scientific requirements for the environmental risk assessment of gene therapy medicinal products, EMEA/CHMP/GTWP/125491/2006, 2006, (https://www.ema.europa.eu/en/documents/scientific-guideline/guideline-scientific-requirements-environmental-risk-assessment-gene-therapy-medicinal-products_en.pdf) (geprüft am 24.10.2025); European Medicines Agency, Guideline on environmental risk assessments for medicinal products consisting of, or containing, genetically modified

sind. Diese enthalten detaillierte Anforderungen zu den Eigenschaften des verwendeten gentechnisch veränderten Organismus, etwa zur Replikationsfähigkeit, Umweltpersistenz, Pathogenität des Vektors sowie zur Stabilität der induzierten genetischen Veränderung.[219] Ergänzend können einschlägige ICH-Leitlinien herangezogen werden. Diese enthalten etwa Hinweise für das besondere Problem des sog. Shedding[220] viraler Vektoren.[221] Für andere somatische genomische Therapien mit GVO-Status – insbesondere für Zellprodukte, die mittels CRISPR-Cas-Ribonukleoproteinen genetisch editiert werden – fehlen bislang vergleichbar konkrete regulatorische Vorgaben.

15.3 Regulatorische Begleitprogramme und Beratungsangebote

Während des Genehmigungsverfahrens einer klinischen Prüfung können besondere verfahrensrechtliche Privilegierungen in Anspruch genommen werden. Diese betreffen insbesondere Arzneimittel, die als Arzneimittel für seltene Leiden (Orphan Drugs) ausgewiesen sind, und solche, die einen besonders hohen Innovationsgrad aufweisen.

organisms (GMOs), 2006, (https://www.ema.europa.eu/en/documents/scientific-guideline/guideline-environmental-risk-assessments-medicinal-products-consisting-or-containing-genetically-modified-organisms-gmos_en.pdf).

[219] Vgl. European Medicines Agency, Guideline on scientific requirements for the environmental risk assessment of gene therapy medicinal products, EMEA/CHMP/GTWP/125491/2006, 2006, (https://www.ema.europa.eu/en/documents/scientific-guideline/guideline-scientific-requirements-environmental-risk-assessment-gene-therapy-medicinal-products_en.pdf), S. 5 ff. (geprüft am 24.10.2025); European Medicines Agency, Guideline on environmental risk assessments for medicinal products consisting of, or containing, genetically modified organisms (GMOs), 2006, (https://www.ema.europa.eu/en/documents/scientific-guideline/guideline-environmental-risk-assessments-medicinal-products-consisting-or-containing-genetically-modified-organisms-gmos_en.pdf), S. 6 ff (geprüft am 24.10.2025).

[220] „Shedding“ bezeichnet die Ausscheidung und Verbreitung des Virus bzw. Vektors über Sekrete und/oder Exkrete des Patienten.

[221] International Council for Harmonisation of Technical Requirements for Pharmaceuticals for Human Use, General Principles to Address Virus and Vector Shedding, 2009, (https://admin.ich.org/sites/default/files/2019-04/ICH_Considerations_Viral-Vector_Shedding_.pdf) (geprüft am 24.10.2025).

15.3.1 Unterstützung beim Erstellen eines Prüfplans für Arzneimittel für seltene Leiden (Orphan Drugs)

Für Arzneimittel, die als Arzneimittel für seltene Leiden (Orphan Drugs) ausgewiesen sind, besteht die Möglichkeit, bereits vor Einreichung eines Antrags auf Marktzulassung Unterstützung durch die Europäische Arzneimittelagentur in Anspruch zu nehmen. Obwohl die Genehmigung klinischer Prüfungen weiterhin in der Zuständigkeit der Mitgliedstaaten liegt, kann eine wissenschaftliche Beratung zur Erstellung des Prüfplans beantragt werden.[222] Diese erfolgt durch die Arbeitsgruppe für wissenschaftliche Beratung (Scientific Advice Working Party – SAWP) der EMA.

Im Rahmen dieses Verfahrens werden die präklinischen und klinischen Studien erörtert, die zum Nachweis der Qualität, Sicherheit und Wirksamkeit des Arzneimittels erforderlich sind und später Gegenstand der Prüfung im Marktzulassungsverfahren der EMA sind.[223] Auf diese Weise werden bereits in einem frühen Entwicklungsstadium die wesentlichen Weichen gestellt, um die Erzeugung der erforderlichen Forschungsdaten sicherzustellen und Verzögerungen im späteren Verfahren zu vermeiden. Zudem umfasst die wissenschaftliche Beratung auch eine Begutachtung des Studiendesigns, das im Rahmen der Genehmigung klinischer Prüfungen überprüft wird.

Gleichwohl entfaltet die Beratung durch die SAWP keine rechtliche Bindungswirkung. Zwar setzt sich die SAWP aus Mitgliedern der Ausschüsse der EMA zusammen,[224] die ihrerseits Vertreter der nationalen Arzneimittelbehörden der Mitgliedstaaten sind (vgl. Abschnitt 16.2.1.3). Vor diesem Hintergrund ist es wenig wahrscheinlich, dass ein im Rahmen dieser Beratung entwickelter Prüfplan im Genehmigungsverfahren der klinischen Prüfung von den Mitgliedstaaten nicht akzeptiert wird. Die Entscheidung über die Genehmigung des Prüfplans verbleibt jedoch bei den Mitgliedstaaten.

---

[222] Art. 6 Abs. 1 VO (EG) Nr. 141/2000.

[223] Art. 6 Abs. 1 VO (EG) Nr. 141/2000.

[224] European Medicines Agency, Mandate, objectives and rules of procedure of the Scientific Advice Working Party (SAWP), EMEA/CHMP/SAWP/69686/04 Rev 19, 2025, (https://www.ema.europa.eu/en/documents/other/mandate-objectives-rules-procedure-scientific-advice-working-party-sawp_en.pdf), S. 6 f. (geprüft am 24.10.2025).

15.3.2 Priority Medicines (PRIME) - Programm

Darüber hinaus besteht die Möglichkeit, das sog. Priority Medicines-Programm (PRIME)[225] der Europäischen Arzneimittelgentur in Anspruch zu nehmen. In diesem Fall begleitet der Mitgliedstaat, der im zentralisierten Marktzulassungsverfahren als Berichterstatter (Rapporteur bzw. Co-Rapporteur) fungieren wird (vgl. Abschnitt 16.2.1), nahezu den gesamten Produktentwicklungsprozess des Arzneimittels durch fortlaufende wissenschaftliche Beratung.[226]

Ein Antrag auf Aufnahme in das PRIME-Programm kann gestellt werden, sobald ein erster klinischer Wirksamkeitsnachweis (Proof-of-Concept) vorliegt.[227] Für kleine und mittlere Unternehmen sowie akademische Einrichtungen besteht die Möglichkeit einer früheren Antragstellung. Der Antrag kann in diesem Fall bereits ab einem nicht-klinischen Wirksamkeitsnachweis (Proof-of-Principle) und Abschluss einer First-in-Human-Studie, die den pharmakotherapeutischen Effekt hinreichend belegt, gestellt werden.[228]

Voraussetzung für die Teilnahme ist, dass das betreffende Arzneimittel auf Erkrankungen abzielt, bei denen ein ungedeckter medizinischer Bedarf besteht. Dies ist der Fall, wenn in der Union keine zufriedenstellende Methode zur Diagnose, Prävention oder Behandlung existiert oder das Arzneimittel einen erheblichen therapeutischen Vorteil gegenüber bestehenden Therapien verspricht.[229] Der Antragsteller muss zudem belegen, dass das Produkt diesen Bedarf in substanziellem Umfang adressieren kann, etwa durch ein neuartiges Therapiekonzept oder

---

[225] Ein informelles Verfahren, das auf der Grundlage von Art. 57 Abs. 1 UAbs. 2 Buchst. n) VO (EG) Nr. 726/2004 geschaffen wurde.

[226] Meier/von Czettritz/Gabriel u. a., Pharmarecht, 2023, S. 105.

[227] European Medicines Agency, European Medicines Agency Guidance for applicants seeking access to PRIME scheme, EMA/7872/2021, 2024, (https://www.ema.europa.eu/en/documents/other/european-medicines-agency-guidance-applicants-seeking-access-prime-scheme_en.pdf), S. 5 (geprüft am 24.10.2025).

[228] European Medicines Agency, European Medicines Agency Guidance for applicants seeking access to PRIME scheme, EMA/7872/2021, 2024, (https://www.ema.europa.eu/en/documents/other/european-medicines-agency-guidance-applicants-seeking-access-prime-scheme_en.pdf), S. 5 (geprüft am 24.10.2025).

[229] European Medicines Agency, European Medicines Agency Guidance for applicants seeking access to PRIME scheme, EMA/7872/2021, 2024, (https://www.ema.europa.eu/en/documents/other/european-medicines-agency-guidance-applicants-seeking-access-prime-scheme_en.pdf), S. 4 f. (geprüft am 24.10.2025).

eine signifikante Verbesserung bestehender Verfahren.[230] Hierzu müssen die verfügbaren Daten belegen, dass das Arzneimittel einen klinisch relevanten Vorteil für die betroffene Patientengruppe bietet, insbesondere in Bezug auf Prävention, Krankheitsbeginn, Krankheitsverlauf, Morbidität oder Mortalität.[231] Als Maßstab sind dabei sowohl die Stärke und Dauer des beobachteten Behandlungseffekts als auch die klinische Relevanz der gewählten Endpunkte heranzuziehen, die typischerweise Rückschlüsse auf Morbidität, Mortalität oder Krankheitsverlauf ermöglichen.[232]

Zentrale Elemente des PRIME-Programms sind die frühzeitige Benennung von Ausschussmitgliedern der EMA als Rapporteur und Co-Rapporteur (vgl. Abschnitt 16.2.1), die eine kontinuierliche Begleitung im Lebenszyklus des Arzneimittels gewährleisten, sowie die Einbindung weiterer Ausschüsse der EMA.[233] Hinzu treten ein Auftakttreffen mit multidisziplinären Expertengruppen zur Abstimmung eines produktbezogenen Forschungs- und Entwicklungsplans und der regulatorischen Strategie sowie die Benennung eines festen Ansprechpartners (sog. PRIME-Scientific Coordinator).[234] Im weiteren Entwicklungsverlauf erhalten Antragsteller wiederholt wissenschaftliche Beratung, die auch externe Akteure – etwa nationale Behörden der Mitgliedstaaten, die für die Preisbildung zuständig sind, Patientenorganisationen oder die US-amerikanische

---

[230] European Medicines Agency, European Medicines Agency Guidance for applicants seeking access to PRIME scheme, EMA/7872/2021, 2024, (https://www.ema.europa.eu/en/documents/other/european-medicines-agency-guidance-applicants-seeking-access-prime-scheme_en.pdf), S. 5 (geprüft am 24.10.2025).

[231] European Medicines Agency, European Medicines Agency Guidance for applicants seeking access to PRIME scheme, EMA/7872/2021, 2024, (https://www.ema.europa.eu/en/documents/other/european-medicines-agency-guidance-applicants-seeking-access-prime-scheme_en.pdf), S. 5 (geprüft am 24.10.2025).

[232] Die Aufnahme in das PRIME-Programm erfolgt stufenweise, weshalb der Maßstab je nach Zeitpunkt der Antragstellung angepasst werden muss; European Medicines Agency, European Medicines Agency Guidance for applicants seeking access to PRIME scheme, EMA/7872/2021, 2024, (https://www.ema.europa.eu/en/documents/other/european-medicines-agency-guidance-applicants-seeking-access-prime-scheme_en.pdf), S. 5 (geprüft am 24.10.2025).

[233] European Medicines Agency, European Medicines Agency Guidance for applicants seeking access to PRIME scheme, EMA/7872/2021, 2024, (https://www.ema.europa.eu/en/documents/other/european-medicines-agency-guidance-applicants-seeking-access-prime-scheme_en.pdf), S. 3 (geprüft am 24.10.2025).

[234] European Medicines Agency, European Medicines Agency Guidance for applicants seeking access to PRIME scheme, EMA/7872/2021, 2024, (https://www.ema.europa.eu/en/documents/other/european-medicines-agency-guidance-applicants-seeking-access-prime-scheme_en.pdf), S. 3 (geprüft am 24.10.2025).

FDA – einbeziehen kann.[235] Darüber hinaus bestehen Zugangsmöglichkeiten zu beschleunigten Beratungsformaten mit verkürzten Fristen, zu einem sog. Submission Readiness Meeting etwa ein Jahr vor Einreichung des Marktzulassungsantrags sowie zur Zusicherung eines beschleunigten Zulassungsverfahrens (vgl. Abschnitt 16.3.3).[236]

Die Beratungsangebote im PRIME-Programm dienen dazu, frühzeitig die Erhebung der entscheidenden Daten zu gewährleisten und den Entwicklungsprozess effizient zu gestalten. Auf die Genehmigung klinischer Prüfungen hat das PRIME-Programm zwar keinen unmittelbaren Einfluss. Die wissenschaftliche Beratung kann jedoch auch in diesem Zusammenhang von erheblichem Wert sein. Das Studiendesign wird im Genehmigungsverfahren einer klinischen Prüfung einer eigenständigen wissenschaftlichen Bewertung unterzogen (vgl. Abschnitt 15.1.2.1), sodass eine frühzeitige Abstimmung mit den Arzneimittelbehörden das Risiko nachträglicher Anpassungen deutlich reduziert.

---

[235] European Medicines Agency, European Medicines Agency Guidance for applicants seeking access to PRIME scheme, EMA/7872/2021, 2024, (https://www.ema.europa.eu/en/documents/other/european-medicines-agency-guidance-applicants-seeking-access-prime-scheme_en.pdf), S. 3 (geprüft am 24.10.2025).

[236] European Medicines Agency, European Medicines Agency Guidance for applicants seeking access to PRIME scheme, EMA/7872/2021, 2024, (https://www.ema.europa.eu/en/documents/other/european-medicines-agency-guidance-applicants-seeking-access-prime-scheme_en.pdf), S. 4 (geprüft am 24.10.2025).

Marktzulassung 16

Fertigarzneimittel dürfen in Deutschland (und in der Europäischen Union[1]) nur nach einem Genehmigungsverfahren in Verkehr gebracht werden.[2] Dabei handelt es sich um solche Arzneimittel, die im Voraus hergestellt und in einer zur Abgabe an den Verbraucher[3] bestimmten Packung in den Verkehr gebracht werden (Variante 1) oder andere zur Abgabe an Verbraucher bestimmte Arzneimittel, bei deren Zubereitung in sonstiger Weise ein industrielles Verfahren zur Anwendung kommt oder die – ausgenommen in Apotheken – gewerblich hergestellt werden (Variante 2 und 3).[4]

Eine Herstellung im Voraus (sog. off-the-shelf-Produkte) führt deshalb regelmäßig zur Zulassungspflicht eines Arzneimittels. Somatische genomische Therapien können aber auch im Nachhinein hergestellt werden, d. h. nach der ärztlichen Verordnung für einen Patienten. Dies betrifft etwa autologe Zelltherapien wie CAR-T-Zellprodukte, bei denen einem Patienten eigene Zellen entnommen und anschließend zu einem Arzneimittel verarbeitet werden (vgl. Abschnitt 7.1). Maßgeblich ist in diesem Fall, ob die Herstellung industriell oder gewerblich erfolgt und – im letzteren Fall – außerhalb einer Apotheke stattfindet.

---

[1] Das unionale Arzneimittelrecht kennt den Begriff des Fertigarzneimittels nicht, sondern stellt ausschließlich auf den Arzneimittelbegriff des Art. 1 Nr. 2 RL 2001/83/EG ab.

[2] § 21 Abs. 1 Satz 1 AMG bzw. Art. 6 Abs. 1 RL 2001/83/EG; Inverkehrbringen ist gemäß § 4 Abs. 17 AMG das Vorrätighalten zum Verkauf oder zu sonstiger Abgabe, das Feilhalten, das Feilbieten und die Abgabe an andere; in der RL 2001/83/EG wird das Inverkehrbringen hingegen nicht legaldefiniert.

[3] Verbraucher in diesem Sinne sind Krankenhäuser, Ärzte und anderes Personal, das Arzneimittel an einem Patienten anwendet; Wesser, in: Kloesel/Cyran (Hrsg.), Arzneimittelrecht Kommentar, 40. Aktualisierungslieferung, 2024, § 4 AMG, Anm. 4b.

[4] § 4 Abs. 1 Satz 1 AMG.

L. Pietrek, *Somatische genomische Therapien*,
https://doi.org/10.1007/978-3-658-52943-7_16

16.1 Industrielle und gewerbliche Herstellung

Die Auslegung dieser unbestimmten Rechtsbegriffe sollte sich am unionsrechtlichen Rahmen der Richtlinie 2001/83/EG orientieren. Deren Anwendungsbereich ist nach Art. 2 Abs. 1 RL 2001/83/EG auf industriell oder gewerblich hergestellte Arzneimittel beschränkt.[5] Entsprechend besteht nur für diese Arzneimittel überhaupt eine Pflicht der Mitgliedstaaten, eine Genehmigung für deren Inverkehrbringen zu verlangen.[6]

Indizien für ein industrielles Herstellungsverfahren sind große Produktionsmengen, ein hoher Automatisierungsgrad, der Einsatz von Maschinen, das Fehlen handwerklicher Tätigkeiten sowie die Herstellung zum Zweck des Weitervertriebs.[7] Für die gewerbliche Herstellung genügt hingegen, dass eine standardisierte Abfolge von Arbeitsschritten im Betrieb des Herstellers vorliegt, durch die ein einheitliches Produkt entsteht.[8] Eine solche Standardisierung ergibt sich beispielsweise durch die Grundsätze der Guten Herstellungspraxis (vgl. Abschnitt 15.1.2.5).[9]

Erfolgt die Herstellung des Arzneimittels außerhalb einer Apotheke, ist eine Abgrenzung zwischen industrieller und gewerblicher Herstellung rechtlich nicht erforderlich. Beide Varianten führen gleichermaßen dazu, dass das Produkt als Fertigarzneimittel gilt und damit der Zulassungspflicht unterliegt. Wird das Arzneimittel hingegen innerhalb einer Apotheke in nicht-industriellem Maßstab hergestellt, scheidet (nur) eine Einstufung als Fertigarzneimittel aus. In diesen

---

[5] Hierbei ist anzumerken, dass eine Beschränkung des Anwendungsbereichs der RL 2001/83/EG nach dem EU-Pharmapaket nicht mehr vorgesehen ist, sondern die Möglichkeit der Schaffung einer umfassenden Produktregulierung, welche durch den Vertrag von Lissabon (Art. 168 Abs. 4 Buchst. c) AEUV) durch die Mitgliedstaaten eingeräumt worden ist, genutzt werden soll; der Begriff des Inverkehrbringens von Arzneimitteln wird allerdings weiterhin die Frage nach der Eröffnung des Anwendungsbereichs bestimmen, vgl. Council of the European Union, Directive on the Union code relating to medicinal products for human use, 2023/0132 (COD), 2026, (https://data.consilium.europa.eu/doc/document/ST-6367-2026-INIT/en/pdf), Art. 1 Abs. 1 und 2 (geprüft am 12.03.2026).

[6] Art. 6 Abs. 1 RL 2001/83/EG.

[7] Wesser, in: Kloesel/Cyran (Hrsg.), Arzneimittelrecht Kommentar, 140. Aktualisierungslieferung, 2024, § 4 AMG, Anm. 8.

[8] Wesser, in: Kloesel/Cyran (Hrsg.), Arzneimittelrecht Kommentar, 140. Aktualisierungslieferung, 2024, § 4 AMG, Anm. 9; Rehmann, in: Rehmann (Hrsg.), Arzneimittelgesetz, 2020, § 4 AMG, Rn. 1; Dettling, in: Zuck/Dettling (Hrsg.), Arzneimittelgesetz, 2021, § 4 AMG, Rn. 19.

[9] Siehe auch Gerke, in: Gerke/Taupitz/Wiesemann u. a. (Hrsg.), Die klinische Anwendung von humanen induzierten pluripotenten Stammzellen, 2020, S. 259 f.

Fällen ist eine Abgrenzung zwischen industrieller und gewerblicher Herstellung deshalb entscheidend.

Die Abgrenzung zwischen industrieller und gewerblicher Herstellung erfolgt nach der Rechtsprechung des Gerichtshofs der Europäischen Union insbesondere anhand des Produktionsumfangs. Eine Herstellung von bis zu etwa 100 Arzneimitteln pro Tag wurde noch als gewerblich und nicht als industriell eingestuft.[10] Der bloße Einsatz von Maschinen oder technischen Verfahren führt daher nicht zwingend zur Einstufung als industrielle Herstellung.[11] Daraus folgt, dass bestimmte somatische genomische Therapien – insbesondere patientenindividuell hergestellte Produkte in Apotheken – rechtlich nicht als Fertigarzneimittel einzustufen sein können und somit keiner arzneimittelrechtlichen Zulassungspflicht unterliegen, obwohl diese anschließend in Verkehr gebracht werden (vgl. Abschnitt 17.5).

16.2 Genehmigungsverfahren

Für die Zulassung eines Arzneimittels stehen grundsätzlich vier Verfahren zur Verfügung: das zentralisierte Verfahren, das dezentrale Verfahren, das Verfahren der gegenseitigen Anerkennung sowie das rein nationale Zulassungsverfahren.

Das Verfahren der gegenseitigen Anerkennung findet Anwendung, wenn ein Arzneimittel bereits in einem Mitgliedstaat zugelassen ist und diese Zulassung auf weitere Mitgliedstaaten ausgedehnt werden soll.[12] Für Arzneimittelinnovationen spielt dieses Verfahren keine maßgebliche Rolle und wird im Folgenden nicht näher betrachtet.

---

[10] EuGH, Urteil vom 26.10.2016 – C 276/15, Rn. 34 – juris; siehe auch Frenken/Lüttge, in: Dederer/Frenken (Hrsg.), Regulation of Genome Editing in Human iPS Cells, 2021, S. 36 f.

[11] Wesser, in: Kloesel/Cyran (Hrsg.), Arzneimittelrecht Kommentar, 140. Aktualisierungslieferung, 2024, § 4 AMG, Anm. 9; Krüger, in: Kügel/Müller/Hofmann (Hrsg.), Arzneimittelgesetz, 2022, § 4 AMG, Rn. 14.

[12] Meier/von Czettritz/Gabriel u. a., Pharmarecht, 2023, S. 110.

16.2.1 Zentralisiertes Zulassungsverfahren

Die zentralisierte Genehmigung durch die Europäische Kommission berechtigt den Inhaber, das zugelassene Arzneimittel im gesamten Europäischen Wirtschaftsraum (EWR) – also in allen Mitgliedstaaten der Europäischen Union sowie in Island, Liechtenstein und Norwegen – in Verkehr zu bringen.[13]

16.2.1.1 Obligatorisches zentralisiertes Zulassungsverfahren

Für bestimmte Arzneimittel ist eine zentralisierte Genehmigung durch die Europäische Kommission zwingend vorgeschrieben. Die zentrale Zulassungspflicht ergibt sich aus Anhang I der Verordnung (EG) Nr. 726/2004.[14]

16.2.1.1.1 Arzneimittel für neuartige Therapien und Orphan Drugs

Hierzu zählen einerseits Arzneimittel für neuartige Therapien (ATMP) sowie Arzneimittel für seltene Leiden (Orphan Drugs).[15] Somatische genomische Therapien, die unter eine dieser beiden Kategorien fallen, bedürfen daher stets einer zentralen Genehmigung durch die Kommission (vgl. Tabelle 8.1 und Kapitel 10).

16.2.1.1.2 rDNA-Technologie und Expression in Zellkulturen

Darüber hinaus unterliegen bestimmte biotechnologisch hergestellte Arzneimittel dem zentralisierten Zulassungsverfahren. Dazu zählen insbesondere Produkte, die mittels rDNA-Technologie (vgl. Abschnitt 8.1.4.3.1.2) oder durch kontrollierte Expression in Prokaryoten oder Eukaryoten erzeugt werden.[16] Erfasst sind damit rekombinante Proteine, und damit Ribonukleoproteine, deren Nukleasen in gentechnisch veränderten Mikroorganismen exprimiert und aufgereinigt werden können (vgl. Abschnitt 8.2.3.1).[17] Obwohl diese Produkte als in-vivo-Therapien derzeit nicht unter die ATMP-Verordnung fallen (vgl. Tabelle 8.1), unterliegen sie aufgrund ihrer biotechnologischen Herstellung gleichwohl dem zentralisierten Zulassungsverfahren.

---

[13] Meier/von Czettritz/Gabriel u. a., Pharmarecht, 2023, S. 95; Gärditz, in: Huster/Kingreen/Becker (Hrsg.), Handbuch Infektionsschutzrecht, 2022, S. 477, 493.

[14] Art. 3 Abs. 1 und Art. 13 Abs. 1 UAbs. 1 VO (EG) Nr. 726/2004.

[15] Art. 3 Abs. 1 i.V. mit Anhang I Nr. 1a und 4 VO (EG) Nr. 726/2004.

[16] Art. 3 Abs. 1 i.V. mit Anhang I Nr. 1 erster und zweiter Spiegelstrich VO (EG) Nr. 726/2004.

[17] Näher Gärditz, in: Huster/Kingreen/Becker (Hrsg.), Handbuch Infektionsschutzrecht, 2022, S. 477, 505 f.

Nicht hierunter fallen demgegenüber chemisch synthetisierte Nukleinsäuren, soweit ihre Herstellung ohne Verwendung lebender Zellen erfolgt. Eine solche Synthese beruht nicht auf der Kombination genetischen Materials verschiedener Organismen und gilt auch sonst nicht als biotechnologische Herstellung im Sinne des Anhangs I.[18] Während die chemische Synthese kürzerer ncRNA-Moleküle heute regelmäßig möglich ist, hängt die synthetische Herstellung längerer mRNA-Moleküle bislang noch von der technologischen Machbarkeit ab (vgl. Kapitel 4).[19] Mit dem wissenschaftlichen Fortschritt werden jedoch zunehmend längere mRNA-Sequenzen chemisch synthetisiert werden können, sodass immer mehr mRNA-Arzneimittel außerhalb des Anwendungsbereichs des Anhangs I liegen und damit keiner obligatorischen zentralen Zulassungspflicht mehr unterfallen werden müssen.[20]

16.2.1.1.3 Indikationsabhängige zentrale Zulassungspflicht

Für Arzneimittel, die ausschließlich chemisch synthetisierte Nukleinsäuren als Wirkstoff enthalten, kann eine zentrale Zulassungspflicht lediglich über die letzte Fallgruppe des Anhangs I begründet werden. Danach sind Humanarzneimittel zentral zuzulassen, die bei Inkrafttreten der Verordnung noch nicht in der Union genehmigt waren und deren therapeutische Indikation auf bestimmte Krankheiten gerichtet ist. Hierzu zählen Krebs, neurodegenerative Erkrankungen, erworbene Immundefizienzsyndrome und Diabetes sowie seit dem 20. Mai 2008 auch Autoimmunerkrankungen, sonstige Immunschwächen und Virusinfektionen.[21] Ist der Wirkstoff einer somatischen genomischen Therapie auf eine dieser Indikationen gerichtet und war er vor dem maßgeblichen Stichtag noch

---

[18] Vgl. European Medicines Agency, Guideline on the Development and Manufacture of Oligonucleotides – Draft, 2024, (https://www.ema.europa.eu/en/documents/scientific-guideline/draft-guideline-development-manufacture-oligonucleotides_en.pdf), S. 6 (geprüft am 24.10.2025).

[19] Vgl. Quabius/Krupp, New Biotechnology 32 (2015), S. 229, 230; Sahin/Karikó/Türeci, Nature Reviews Drug Discovery 13 (2014), S. 759, 774.

[20] Unzutreffend daher Wissenschaftliche Dienste (Deutscher Bundestag), Regelungen zu genbasierten Impfstoffen, 2021, (https://www.bundestag.de/resource/blob/852226/d37bc32fab0a37e0c6009d2e-93d2a075/WD-9-116-20-pdf-data.pdf), S. 10 (geprüft am 24.10.2025).

[21] Art. 3 Abs. 1 i.V. mit Anhang I Nr. 3 VO (EG) Nr. 726/2004; näher European Medicines Agency, Scientific Aspects and Working Definitions for the mandatory scope of the centralised procedure, EMEA/CHMP/121944/2007, (https://www.ema.europa.eu/en/documents/regulatory-procedural-guideline/scientific-aspects-and-working-definitions-mandatory-scope-centralised-procedure_en.pdf), S. 4 ff. (geprüft am 24.10.2025).

nicht genehmigt, fällt die Therapie zwingend in den Anwendungsbereich des zentralisierten Zulassungsverfahrens.

16.2.1.2 Fakultatives zentralisiertes Zulassungsverfahren

Besteht keine obligatorische Zulassungspflicht, können bestimmte Arzneimittel das zentralisierte Zulassungsverfahren fakultativ durchlaufen und dadurch eine Genehmigung zum Inverkehrbringen im gesamten Europäischen Wirtschaftsraum erhalten. Dies ist möglich, wenn ein Arzneimittel einen Wirkstoff enthält, der am 20. Mai 2004 in der Union noch nicht genehmigt war oder wenn der Antragsteller nachweist, dass das Medikament eine bedeutende Innovation in therapeutischer, wissenschaftlicher oder technischer Hinsicht darstellt oder, wenn die Erteilung einer Genehmigung auf Unionsebene im Interesse der Patientengesundheit liegt.[22]

Für somatische genomische Therapien, die nicht bereits unter die obligatorischen Fallgruppen des Anhangs I der Verordnung (EG) Nr. 726/2004 fallen, besteht Zugang zum fakultativen zentralisierten Zulassungsverfahren in der Regel aufgrund der Neuartigkeit ihres Wirkstoffs. Ist dies nicht der Fall, ist eine Einzelfallentscheidung nach dem Innovationsgrad und dem Interesse der Patientengesundheit zu treffen. Nach Auslegung der Europäischen Arzneimittelagentur liegt eine bedeutende Innovation insbesondere dann vor, wenn das Arzneimittel eine neue therapeutische Alternative bietet, auf erheblich neuen wissenschaftlichen Erkenntnissen beruht oder eine neuartige Technologie bzw. eine neuartige Anwendung bestehender Technologien für die Entwicklung oder Herstellung verwendet.[23] Ferner liegt nach ihrer Auffassung ein ausreichendes Interesse der Patientengesundheit vor, wenn das Arzneimittel eine besondere Gesundheitsproblematik adressiert, den Zugang zu Arzneimitteln verbessert oder anderweitig einen Beitrag zur Versorgungssicherheit leistet.[24]

---

[22] Art. 3 Abs. 2 VO (EG) Nr. 726/2004.

[23] European Medicines Agency, European Medicines Agency pre-authorisation procedural advice for users of the centralised procedure, EMA/821278/2015, 2025, (https://www.ema.europa.eu/en/documents/regulatory-procedural-guideline/european-medicines-agency-pre-authorisation-procedural-advice-users-centralised-procedure_en.pdf), S. 33 f. (geprüft am 24.10.2025).

[24] European Medicines Agency, European Medicines Agency pre-authorisation procedural advice for users of the centralised procedure, EMA/821278/2015, 2025, (https://www.ema.europa.eu/en/documents/regulatory-procedural-guideline/european-medicines-agency-pre-authorisation-procedural-advice-users-centralised-procedure_en.pdf), S. 34 (geprüft am 24.10.2025).

16.2.1.3 Ablauf des Genehmigungsverfahrens

Der Antrag auf Erteilung einer zentralen Genehmigung für das Inverkehrbringen eines Arzneimittels ist bei der Europäischen Arzneimittelagentur einzureichen.[25] Spätestens sechs Monate vor der Antragstellung soll die Behörde über das beabsichtigte Verfahren informiert werden, um den Ablauf koordinieren und gegebenenfalls vorbereitende Beratungen ermöglichen zu können.[26] Nach Eingang des Antrags erfolgt zunächst die formale Validierung des Zulassungsdossiers, in deren Rahmen die EMA prüft, ob die Unterlagen vollständig sind und die formellen Anforderungen erfüllen.[27]

Im Anschluss an die erfolgreiche Validierung beginnt die wissenschaftliche Bewertung des Antrags. Innerhalb der EMA obliegt diese primär dem Ausschuss für Humanarzneimittel[28] (Committee for Medicinal Products for Human Use – CHMP), der die Qualität, Wirksamkeit, Unbedenklichkeit und die Umweltverträglichkeit des Arzneimittels beurteilt.[29] Hierfür bedient sich der CHMP zweier Mitgliedstaaten zur Unterstützung, dem sog. Rapporteur und Co-Rapporteur.[30] Diese erstellen in federführender Verantwortung das wissenschaftliche Gutachten, das anschließend im Plenum des CHMP beraten wird. Die EMA stellt sicher, dass das Gutachten des CHMP innerhalb von 210 Tagen nach Eingang eines validierten Antrags vorliegt.[31]

---

[25] Art. 4 Abs. 1, Art. 3 Abs. 1 und 2, Art. 1 Abs. 1 VO (EG) Nr. 726/2004.

[26] European Medicines Agency, European Medicines Agency pre-authorisation procedural advice for users of the centralised procedure, EMA/821278/2015, 2025, (https://www.ema.europa.eu/en/documents/regulatory-procedural-guideline/european-medicines-agency-pre-authorisation-procedural-advice-users-centralised-procedure_en.pdf), S. 26 (geprüft am 24.10.2025).

[27] European Medicines Agency, European Medicines Agency pre-authorisation procedural advice for users of the centralised procedure, EMA/821278/2015, 2025, (https://www.ema.europa.eu/en/documents/regulatory-procedural-guideline/european-medicines-agency-pre-authorisation-procedural-advice-users-centralised-procedure_en.pdf), S. 116 (geprüft am 24.10.2025).

[28] Art. 5 Abs. 1 VO (EG) Nr. 726/2004.

[29] Art. 8 Abs. 3, Art. 7 Buchst. a), Art. 5 Abs. 2 VO (EG) Nr. 726/2004.

[30] European Medicines Agency, European Medicines Agency pre-authorisation procedural advice for users of the centralised procedure, EMA/821278/2015, 2025, (https://www.ema.europa.eu/en/documents/regulatory-procedural-guideline/european-medicines-agency-pre-authorisation-procedural-advice-users-centralised-procedure_en.pdf), S. 38 (geprüft am 24.10.2025).

[31] Art. 6 Abs. 3 VO (EG) Nr. 726/2004.

Nach 120 Tagen verabschiedet der CHMP eine erste Bewertung einschließlich einer Liste offener Fragen, die dem Antragsteller zur Beantwortung übermittelt wird.[32] Während der Phase der Nachreichung zusätzlicher Informationen ist der Fristenlauf ausgesetzt (sog. Clock-Stop).[33] Nach Einreichung der ergänzenden Unterlagen erfolgt eine zweite Bewertungsphase von in der Regel 90 Tagen.[34] Auf Grundlage dieser Unterlagen erstellen Rapporteur und Co-Rapporteur den endgültigen Bewertungsentwurf, der durch die übrigen Mitgliedstaaten kommentiert und im CHMP erörtert wird. Das Ergebnis ist eine Empfehlung über die Erteilung oder Versagung der Zulassung.

Fällt die Empfehlung negativ aus, kann der Antragsteller binnen 15 Tagen eine Überprüfung beantragen und diese innerhalb von 60 Tagen begründen. Der CHMP überprüft daraufhin sein Gutachten binnen weiterer 60 Tage.[35] Das endgültige Gutachten wird von der EMA innerhalb von 15 Tagen nach seiner Verabschiedung an die Europäische Kommission, die Mitgliedstaaten und den Antragsteller übermittelt.[36]

Die Europäische Kommission erstellt innerhalb von 15 Tagen einen Entscheidungsentwurf, der – sofern sie vom Gutachten der EMA abweicht – zu begründen ist.[37] Die endgültige Entscheidung über die Erteilung oder Versagung der Genehmigung trifft die Europäische Kommission in der Regel binnen weiterer 15 Tage.[38] Wird die Genehmigung erteilt, gilt sie unionsweit und ist zunächst auf fünf Jahre befristet.[39] Nach Ablauf dieser Frist kann die Zulassung auf der Grundlage einer erneuten Bewertung des Nutzen-Risiko-Verhältnisses ohne zeitliche Begrenzung verlängert werden, ansonsten geht sie unter („sunset clause").[40]

---

[32] Meier/von Czettritz/Gabriel u. a., Pharmarecht, 2023, S. 99.

[33] Art. 7 Buchst. c) VO (EG) Nr. 726/2004.

[34] Meier/von Czettritz/Gabriel u. a., Pharmarecht, 2023, S. 100.

[35] Art. 9 Abs. 2 VO (EG) Nr. 726/2004.

[36] Art. 9 Abs. 3 VO (EG) Nr. 726/2004.

[37] Art. 10 Abs. 1 UAbs. 1 und 3 VO (EG) Nr. 726/2004.

[38] Art. 10 Abs. 2 VO (EG) Nr. 726/2004; hierbei ist allerdings eine Beteiligung des CHMP, und damit der Mitgliedstaaten, im Wege des Prüfverfahrens nach Art. 87 Abs. 2 VO (EG) Nr. 726/2004 i.V. mit Art. 5 VO (EG) Nr. 182/2011 (sog. Komitologie-Verfahren) vorgesehen.

[39] Art. 14 Abs. 1 VO (EG) Nr. 726/2004.

[40] Art. 14 Abs. 3 VO (EG) Nr. 726/2004.

16.2.1.4 Besonderheiten bei Arzneimitteln für neuartige Therapien

Für Arzneimittel für neuartige Therapien gelten im zentralisierten Zulassungsverfahren zusätzliche Besonderheiten. Neben dem CHMP wird zusätzlich der Ausschuss für neuartige Therapien[41] (Committee for Advanced Therapies – CAT) in die wissenschaftliche Bewertung einbezogen.[42] Der CAT setzt sich aus Mitgliedern zusammen, die über besondere Fachkenntnisse im Bereich der Arzneimittel für neuartige Therapien verfügen, und wurde eingerichtet, um die spezifischen wissenschaftlichen Fragestellungen im Zusammenhang mit ATMP sachgerecht beurteilen zu können und den CHMP bei der Ausarbeitung seines Gutachtens zu unterstützen.[43] Die Erstbewertung des Zulassungsantrags erfolgt deshalb durch den CAT, der ein wissenschaftliches Gutachten erstellt und dieses dem CHMP zur abschließenden Beratung übermittelt.[44] Der Rapporteur und Co-Rapporteur werden entsprechend aus den Reihen des CAT benannt.[45]

16.2.1.5 Besonderheiten bei Arzneimitteln für seltene Leiden (Orphan Drugs)

Die Ausweisung eines Arzneimittels als Arzneimittel für seltene Leiden (Orphan Drug) erfolgt auf Grundlage der Verordnung (EG) Nr. 141/2000 und muss gesondert vom Antrag auf Marktzulassung beantragt werden. Der Antrag auf Ausweisung als Arzneimittel für seltene Leiden (Orphan Drug) ist bei der EMA zu stellen und hat zwingend vor der Einreichung des Antrags auf Genehmigung des Inverkehrbringens zu erfolgen.[46] Anschließend trifft die Europäische Kommission in Konsultation mit der Europäischen Arzneimittelagentur und dem Ausschuss für Arzneimittel für seltene Leiden (Committee for Orphan Medicinal Products – COMP) die entsprechende Entscheidung.[47]

---

[41] Zur Zusammensetzung des CHMP siehe Art. 20 Abs. 1, Art. 21 ATMP-VO.

[42] Art. 8 Abs. 1 ATMP-VO.

[43] Erwägungsgrund (10) ATMP-VO.

[44] Art. 8 Abs. 3 und 1 ATMP-VO.

[45] European Medicines Agency, European Medicines Agency pre-authorisation procedural advice for users of the centralised procedure, EMA/821278/2015, (https://www.ema.europa.eu/en/documents/regulatory-procedural-guideline/european-medicines-agency-pre-authorisation-procedural-advice-users-centralised-procedure_en.pdf), S. 38 (geprüft am 24.10.2025).

[46] Art. 5 Abs. 1 VO (EG) Nr. 141/2000.

[47] Art. 5 Abs. 4, 5 und 8, Art. 4 Abs. 1, Art. 2 Buchst. d) VO (EG) Nr. 141/2000.

Im Falle einer positiven Entscheidung wird die Eintragung des betreffenden Arzneimittels in das Gemeinschaftsregister für Orphan Drugs veranlasst.[48] Mit der Ausweisung als Arzneimittel für seltene Leiden (Orphan Drug) wird die zulässige Indikation des Arzneimittels beschränkt. Im anschließenden zentralisierten Zulassungsverfahren können nämlich nur solche Anwendungsgebiete genehmigt werden, für die ebenfalls der Orphan-Drug-Status eingetragen worden ist.[49]

16.2.2 Nationales Zulassungsverfahren

Besteht keine Pflicht zur zentralisierten Zulassung nach der Verordnung (EG) Nr. 726/2004, kann eine Genehmigung für das Inverkehrbringen eines Arzneimittels auch auf nationaler Ebene beantragt werden. In Deutschland sind hierfür das Bundesinstitut für Arzneimittel und Medizinprodukte sowie – für bestimmte Produktgruppen – das Paul-Ehrlich-Institut zuständig.[50]

Da somatische genomische Therapien regelmäßig unter die obligatorische zentrale Zulassungspflicht fallen, kommt ein nationales Verfahren nur ausnahmsweise in Betracht (vgl. Tabelle 16.1). Dies gilt namentlich für Arzneimittel, die chemisch synthetisierte RNA-Moleküle als Wirkstoff enthalten und weder als Arzneimittel für seltene Leiden (Orphan Drug) ausgewiesen worden sind, noch aufgrund ihrer Indikation der zentralisierten Zulassungspflicht unterliegen. In diesen Fällen ist das Bundesinstitut für Arzneimittel und Medizinprodukte die zuständige Genehmigungsbehörde, soweit es sich nicht um Impfstoffe handelt; für letztere ist ausnahmsweise das Paul-Ehrlich-Institut zuständig.[51]

Die Entscheidung über die Erteilung der Zulassung richtet sich nach § 25 Abs. 2 und 3 AMG. Eine Versagung darf nur aus den dort genannten Gründen erfolgen. Hierzu zählen insbesondere eine unvollständige Antragsdokumentation, eine unzureichende Prüfung nach dem Stand der wissenschaftlichen Erkenntnisse, Abweichungen von anerkannten pharmazeutischen Regeln, mangelnde Qualität, eine fehlende oder nicht hinreichend belegte therapeutische

[48] Art. 5 Abs. 9 VO (EG) Nr. 141/2000.

[49] Art. 7 Abs. 3 VO (EG) Nr. 141/2000.

[50] §§ 25 Abs. 1 Satz 1, 77 Abs. 1 und 2 AMG; Art. 8 Abs. 1 RL 2001/83/EG.

[51] § 77 Abs. 2 Var. 2, Abs. 1 AMG.

Wirksamkeit, ein ungünstiges Nutzen-Risiko-Verhältnis oder ein Verstoß gegen gesetzliche Vorschriften.[52] Zur Beurteilung einzelner Fragen kann die Behörde Sachverständigengutachten einholen.[53]

Stellt die Bundesoberbehörde im Prüfverfahren einen Versagungsgrund fest, erlässt sie einen Mängelbescheid, in dem die festgestellten Defizite aufgeführt werden.[54] Dem Antragsteller wird eine Frist von sechs Monaten eingeräumt, um die Mängel zu beheben.[55] Die Entscheidungsfrist beträgt grundsätzlich sieben Monate ab Antragseingang.[56] Wird ein Mängelbescheid erlassen, ruht die Frist bis zur Nachbesserung oder bis zum Ablauf der Sechsmonatsfrist gemäß § 25 Abs. 4 AMG.[57]

16.2.3 Dezentralisiertes Zulassungsverfahren

Ein Arzneimittel, das bislang über keine Marktzulassung verfügt und nicht der zentralen Zulassungspflicht nach der Verordnung (EG) Nr. 726/2004 unterliegt, kann im Wege des dezentralisierten Verfahrens gleichzeitig in mehreren Mitgliedstaaten der Europäischen Union zugelassen werden.[58] Hierzu wählt der Antragsteller einen Mitgliedstaat, der als Referenzmitgliedstaat (Reporting Member State – RMS) fungiert, und benennt in seinem Antrag die weiteren betroffenen Mitgliedstaaten (Concerned Member State – CMS), in denen ebenfalls eine Genehmigung für das Inverkehrbringen beantragt wird.[59] Wird Deutschland als Referenzmitgliedstaat bestimmt, obliegt die federführende Durchführung des

---

[52] Näher Gärditz, in: Huster/Kingreen/Becker (Hrsg.), Handbuch Infektionsschutzrecht, 2022, S. 477, 501 f.; Baierl/Kellermann, Arzneimittelrecht, 2011, S. 93 f.; Meier/von Czettritz/Gabriel u. a., Pharmarecht, 2023, S. 83 f.

[53] § 25 Abs. 5 Satz 2 AMG.

[54] § 25 Abs. 4 Satz 1 AMG.

[55] § 25 Abs. 4 Satz 2 AMG.

[56] § 27 Abs. 1 Satz 1 AMG.

[57] § 27 Abs. 1 Satz 2 AMG.

[58] Art. 17 Abs. 1 UAbs. 2, Art. 28 Abs. 3 RL 2001/83/EG; § 25b Abs. 1 AMG.

[59] Art. 28 Abs. 1 UAbs. 1 Satz 3 und UAbs. 2 RL 2001/83/EG.

Verfahrens dem Bundesinstitut für Arzneimittel und Medizinprodukte oder – für die seinem Zuständigkeitsbereich unterliegenden Produktgruppen – dem Paul-Ehrlich-Institut.[60]

Nach Validierung des Antrags erstellt der RMS einen Bewertungsbericht sowie die weiteren erforderlichen Unterlagen und übermittelt diese innerhalb von 120 Tagen an die CMS und den Antragsteller.[61] Die betroffenen Mitgliedstaaten haben anschließend innerhalb von 90 Tagen zu prüfen, ob sie den vom RMS erstellten Bericht und dessen Schlussfolgerungen akzeptieren.[62] Besteht Einvernehmen zwischen allen beteiligten Mitgliedstaaten, schließt der RMS das Verfahren ab und informiert den Antragsteller.[63] Die CMS sind sodann verpflichtet, innerhalb von 30 Tagen die nationale Zulassung entsprechend dem Beurteilungsbericht und den vorgelegten Unterlagen zu erteilen.[64]

Kommt zwischen den beteiligten Mitgliedstaaten keine Einigung zustande, wird das Verfahren an die Europäische Arzneimittelagentur verwiesen. Der Ausschuss für Humanarzneimittel (CHMP) führt in diesem Fall ein Schiedsverfahren durch, auf dessen Grundlage die Europäische Kommission die betroffenen Mitgliedstaaten zu einer einheitlichen Entscheidung verpflichtet.[65]

---

[60] §§ 25b Abs. 3 Satz 1, 77 Abs. 1 und 2 AMG.

[61] Art. 28 Abs. 3 Satz 2 RL 2001/83/EG.

[62] Art. 28 Abs. 4 Satz 1 RL 2001/83/EG.

[63] Art. 28 Abs. 4 Satz 2 RL 2001/83/EG.

[64] Art. 28 Abs. 5 RL 2001/83/EG.

[65] Vgl. Art. 30 Abs. 1 und 4, Art. 34 Abs. 1 und 3 RL 2001/83/EG; näher Meier/von Czettritz/Gabriel u. a., Pharmarecht, 2023, S. 114.

Tabelle 16.1 Somatische genomische Therapien und Zulassungsverfahren (EU)

Wirkstoff[66]	**Rechtlicher Status**	**Herstellung**	**Obligatorische zentrale Zulassung**	**Alternative Zulassungswege**
Virale Vektoren	ATMP	Kontrollierte Expression in Zellen; rDNA-Technologie	Ja	Nein
(Liposomale) mRNA-Verabreichung	ATMP Nicht-ATMP	Zellfreie Synthese oder Kontrollierte Expression in Zellen rDNA-Technologie	Nein, soweit Nicht-ATMP und zellfreie Synthese, keine Indikation nach Anhang I Nr. 3 VO (EG) Nr. 726/2004 oder Orphan Drug – Status	Nationale und dezentrale Zulassung, soweit keine zentrale Zulassungspflicht; Fakultative zentrale Zulassung
ncRNA	ATMP Nicht-ATMP	Zellfreie Synthese oder Kontrollierte Expression in Zellen rDNA-Technologie	Nein, soweit Nicht-ATMP und zellfreie Synthese, keine Indikation nach Anhang I Nr. 3 VO (EG) Nr. 726/2004 oder Orphan Drug – Status	Nationale und dezentrale Zulassung, soweit keine zentrale Zulassungspflicht; Fakultative zentrale Zulassung
CRISPR/Cas (Ribonukleoprotein)	SDN-1: Nicht-ATMP SDN-2; SDN-3: Nicht-ATMP, soweit keine rekombinante Vorlage-DNA	Kontrollierte Expression in Zellen; rDNA-Technologie	Ja	Nein
RNA-Editierung (Ribonukleoprotein)	Nicht-ATMP	Kontrollierte Expression in Zellen; rDNA-Technologie	Ja	Nein

(Fortsetzung)

[66] Diese Tabelle beschränkt sich auf Anwendungen im Körper des Patienten (in-vivo-Ansatz), weil die genomische Veränderung von Zellen außerhalb des Körpers des Patienten (ex-vivo-Ansatz) stets zu einem Status als SCTMP – und damit zu einem ATMP-Status – führt (vgl. Abschnitt 8.1.2). In diesem Fall ist immer das zentralisierte Zulassungsverfahren durchzuführen.

Tabelle 16.1 (Fortsetzung)

Wirkstoff	Rechtlicher Status	Herstellung	Obligatorische zentrale Zulassung	Alternative Zulassungswege
Base-Editing (Ribonukleoprotein)	Nicht-ATMP	Kontrollierte Expression in Zellen; rDNA-Technologie	Ja	Nein
Prime-Editing (Ribonukleoprotein)	Nicht-ATMP, soweit keine rekombinante pegRNA	Kontrollierte Expression in Zellen; rDNA-Technologie	Ja	Nein
Epigenome-Editing (Transfektion von Proteinen)	Nicht-ATMP	Kontrollierte Expression in Zellen; rDNA-Technologie	Ja	Nein
Epigenome-Editing (Transfektion von Nukleotiden)	Nicht-ATMP	Zellfreie Synthese	Nein, soweit zellfreie Synthese, keine Indikation nach Anhang I Nr. 3 VO (EG) Nr. 726/2004 oder Orphan Drug – Status	Nationale und dezentrale Zulassung, soweit keine zentrale Zulassungspflicht: Fakultative zentrale Zulassung
Epigenome-Editing (CRISPIRi/a; Ribonukleoprotein)	Nicht-ATMP	Kontrollierte Expression in Zellen; rDNA-Technologie	Ja	Nein

16.3 Besondere Zulassungswege und Privilegierungstatbestände

Neben den allgemeinen Zulassungsverfahren bestehen verschiedene regulatorische Sonderwege, die es ermöglichen, Arzneimittel rechtmäßig in Verkehr zu bringen, ohne das reguläre Genehmigungsverfahren vollständig zu durchlaufen. Einige dieser Verfahren stellen eigenständige Zulassungsarten dar, während andere lediglich Teilaspekte des Zulassungsverfahrens – etwa dessen Ablauf, Dauer oder Bewertungsgrundlagen – spezifisch modifizieren.

16.3.1 Bedingte Marktzulassung (Conditional Marketing Authorization)

Eine besondere Form der Marktzulassung ist die bedingte Zulassung (Conditional Marketing Authorization), bei welcher die zuständige Behörde eine Genehmigung zum Inverkehrbringen des Arzneimittels unter Auflagen zu erteilen, noch bevor alle notwendigen Daten vorliegen.

16.3.1.1 Zentralisiertes Zulassungsverfahren

Im Rahmen der zentralisierten Marktzulassung wird die bedingte Marktzulassung auf Art. 14-a Abs. 1 der Verordnung (EG) Nr. 726/2004 gestützt.[67] Sie wird zunächst für die Dauer von einem Jahr unter Auflagen erteilt, kann jedoch auf Antrag des Zulassungsinhabers jährlich verlängert werden.[68] Für jede Verlängerung ist ein Zwischenbericht vorzulegen, aus dem der Stand der Erfüllung der mit der Zulassung verbundenen Auflagen hervorgeht.[69] Die Zulassung bleibt solange bedingt, bis sämtliche geforderten Daten nachgereicht und damit die Auflagen erfüllt sind.[70] In diesem Fall erteilt die Europäische Kommission eine reguläre Marktzulassung mit einer Geltungsdauer von zunächst fünf Jahren (vgl. Abschnitt 16.2.1.3).

Voraussetzung für die Erteilung einer bedingten Zulassung ist eine hinreichende Begründung, dass mit dem betreffenden Arzneimittel eine medizinische Versorgungslücke[71] geschlossen werden soll und dass es zur Behandlung, Vorbeugung oder Diagnose von Krankheiten dient, die lebensbedrohlich sind oder zu schwerer Invalidität führen können.[72] Maßgeblich ist, dass der Nutzen der

---

[67] Hierunter steht die Verordnung (EG) Nr. 507/2006 der Kommission vom 29.03.2006 über die bedingte Zulassung von Humanarzneimitteln, die unter Geltungsbereich der Verordnung (EG) 726/2004 des Europäischen Parlaments und des Rates fallen, 30.03.2006, ABl. L 92, S. 6.

[68] Art. 14-a Abs. 7 VO (EG) Nr. 726/2004.

[69] Friese, in: Dieners/Reese (Hrsg.), Handbuch des Pharmarechts, 2010, § 5, Rn. 127.

[70] Friese, in: Dieners/Reese (Hrsg.), Handbuch des Pharmarechts, 2010, § 5, Rn. 127; Meier/von Czettritz/Gabriel u. a., Pharmarecht, 2023, S. 103.

[71] Unter einer „medizinischen Versorgungslücke" ist nach der Legaldefinition zu verstehen, dass für eine Erkrankung kein zufriedenstellendes Mittel zur Diagnose, Vorbeugung oder Behandlung in der Union zugelassen ist oder, selbst wenn dies der Fall ist, das betreffende Arzneimittel einen bedeutenden therapeutischen Nutzen für die von dieser Erkrankung betroffenen Patienten mit sich bringt, siehe Art. 14-a Abs. 2 VO (EG) Nr. 726/2004.

[72] Art. 14-a Abs. 1 Satz 1 VO (EG) Nr. 726/2004.

sofortigen Verfügbarkeit des Arzneimittels das Risiko überwiegt, das sich daraus ergibt, dass noch nicht alle erforderlichen Daten vorliegen.[73]

Die bedingte Zulassung kann daher bereits vor Abschluss der vollständigen klinischen Entwicklung, regelmäßig ohne Vorliegen von Studien der Phase III, erteilt werden.[74] In außergewöhnlichen Krisensituationen kann sie ausnahmsweise auch dann gewährt werden, wenn noch keine vollständigen präklinischen oder pharmazeutischen Daten vorliegen.[75] Im Regelfall sind diese Daten jedoch erforderlich, sodass eine bedingte Zulassung grundsätzlich nicht allein auf Grundlage von Tierversuchen oder in-vitro-Studien erteilt werden kann.

16.3.1.2 Nationales und dezentrales Zulassungsverfahren

Im nationalen Zulassungsverfahren kann die zuständige Bundesoberbehörde eine Zulassung unter Auflagen in Deutschland erteilen, wenn hinreichende Anhaltspunkte dafür vorliegen, dass das Arzneimittel einen großen therapeutischen Wert haben kann und deshalb ein öffentliches Interesse an seinem unverzüglichen Inverkehrbringen besteht, jedoch für die umfassende Beurteilung des Arzneimittels weitere wichtige Angaben erforderlich sind.[76] Die Bundesoberbehörde überprüft in diesem Fall ebenso jährlich die Ergebnisse der Auflagen.[77] Im dezentralisierten Zulassungsverfahren ist diese Möglichkeit hingegen nicht vorgesehen.[78]

16.3.2 Zulassung unter außergewöhnlichen Umständen (Marketing Authorization under Exceptional Circumstances)

Eine weitere Sonderform der zentralisierten Marktzulassung stellt die Zulassung unter außergewöhnlichen Umständen (Marketing Authorisation under Exceptional Circumstances) nach Art. 14 Abs. 8 der Verordnung (EG) Nr. 726/2004 dar.[79] Im Gegensatz zur bedingten Zulassung, bei der fehlende Daten zu einem späteren

---

[73] Art. 14-a Abs. 1 Satz 1 VO (EG) Nr. 726/2004.

[74] Art. 14-a Abs. 1 Satz 1 VO (EG) Nr. 726/2004.

[75] Art. 14-a Abs. 1 Satz 2 VO (EG) Nr. 726/2004.

[76] § 28 Abs. 3 Satz 1 AMG.

[77] § 28 Abs. 3 Satz 2 AMG.

[78] Vgl. Art. 28 bis 39 RL 2001/83/EG; § 25b AMG.

[79] Die Mitgliedstaaten können im Rahmen ihrer nationalen Zulassungen – und damit auch im dezentralen Zulassungsverfahren – entsprechende Ausnahmezulassungen gewähren, vgl.

Zeitpunkt nachgereicht werden können, ist bei dieser Zulassungsform nicht zu erwarten, dass der Antragsteller jemals vollständige Unterlagen vorlegen kann.[80]

Der Antragsteller muss daher nachweisen, dass die Vorlage vollständiger Daten ausnahmsweise unmöglich ist und die Gründe hierfür auf einem der in Anhang I der Richtlinie 2001/83/EG genannten Tatbestände beruhen.[81] Zulässige Gründe sind demnach, wenn die vorgesehene Indikation so selten ist, dass die Durchführung umfassender Studien billigerweise nicht verlangt werden kann, wenn es nach dem Stand der Wissenschaft nicht möglich ist, vollständige Angaben zu erbringen oder wenn die allgemein anerkannten Grundsätze des ärztlichen Berufsethos die Gewinnung entsprechender Daten nicht zulassen.[82]

In diesen Fällen kann die Europäische Kommission eine reguläre, auf fünf Jahre befristete Marktzulassung erteilen, die jedoch einer jährlichen Neubewertung unterliegt.[83] Hierzu kann die Behörde Auflagen anordnen, etwa die Durchführung eines von ihr festgelegten Versuchsprogramms, dessen Ergebnisse zur erneuten Überprüfung des Nutzen-Risiko-Verhältnisses heranzuziehen sind.[84] Weitere mögliche Auflagen betreffen die Abgabe des Arzneimittels ausschließlich auf ärztliche Verschreibung und unter besonderer Kontrolle oder die Aufnahme entsprechender Hinweise in Fachinformation und Packungsbeilage, um deutlich zu machen, dass für bestimmte Anwendungsbereiche noch keine ausreichenden Daten vorliegen.[85]

16.3.3 Beschleunigtes Zulassungsverfahren (Accelerated Procedure)

Nach Art. 14 Abs. 9 der Verordnung (EG) Nr. 726/2004 kann im Rahmen des zentralisierten Zulassungsverfahrens ein beschleunigtes Zulassungsverfahren (Accelerated Procedure) beantragt werden. Dieses Verfahren verkürzt die Dauer der wissenschaftlichen Bewertung durch den Ausschuss für Humanarzneimittel

Art. 17 Abs. 1 und 2, Art. 22 Abs. 1 RL 2001/83/EG; die bedingte Zulassung in Deutschland gemäß § 28 Abs. 3 Satz 1 AMG wurde dem Anschein nach (systemwidrig) auf diesen Ausnahmetatbestand gestützt und mit den Auflagebefugnissen in Art. 21a, 22a und 22b RL 2001/83/EG kombiniert.

[80] Friese, in: Dieners/Reese (Hrsg.), Handbuch des Pharmarechts, 2010, § 5, Rn. 128.

[81] Art. 14 Abs. 8 Satz 2 VO (EG) Nr. 726/2004.

[82] Anhang I, Teil II, Abschnitt 6 UAbs. 1 RL 2001/83/EG.

[83] Meier/von Czettritz/Gabriel u. a., Pharmarecht, 2023, S. 104.

[84] Anhang I, Teil II, Abschnitt 6 UAbs. 2 erster Spiegelstrich RL 2001/83/EG.

[85] Anhang I, Teil II, Abschnitt 6 UAbs. 2 zweiter und dritter Spiegelstrich RL 2001/83/EG.

(CHMP) von regulär 210 Tagen auf 150 Tage.[86] Voraussetzung ist eine hinreichende Begründung des Antragstellers, dass das betreffende Arzneimittel für die öffentliche Gesundheit – insbesondere im Hinblick auf seinen therapeutischen Innovationsgehalt – von hohem Interesse ist.[87]

Nach der Verwaltungspraxis der EMA genügt ein neuartiger Wirkmechanismus oder eine bloß technische Innovation allein nicht, um die Beschleunigung zu rechtfertigen.[88] Der Antrag sollte vielmehr auf epidemiologischen Daten zur Häufigkeit, Morbidität und Mortalität der betreffenden Erkrankung sowie auf deren Auswirkungen auf Lebenserwartung und Lebensqualität gestützt werden.[89] Darüber hinaus ist eine Analyse des bestehenden Behandlungsstandards vorzulegen, die den derzeitigen therapeutischen Bedarf und die Grenzen der verfügbaren Therapieoptionen aufzeigt. Der Antragsteller hat davon ausgehend darzulegen, inwieweit das neue Arzneimittel diesen ungedeckten Bedarf zu decken vermag, etwa anhand klinischer Endpunkte, die eine signifikante Verbesserung der Wirksamkeit oder Sicherheit belegen.[90]

[86] Vgl. Art. 6 Abs. 3 UAbs. 1, Art. 14 Abs. 9 UAbs. 2 VO (EG) Nr. 726/2004.

[87] Art. 14 Abs. 9 UAbs. 1 VO (EG) Nr. 726/2004.

[88] European Medicines Agency, Guideline on the scientific application and the practical arrangements necessary to implement the procedure for accelerated assessment pursuant to Article 14(9) of Regulation (EC) No 726/2004, EMA/CHMP/671361/2015 Rev. 1, 2016, (https://www.ema.europa.eu/en/documents/scientific-guideline/guideline-scientific-application-and-practical-arrangements-necessary-implement-procedure-accelerated-assessment-pursuant-article-149-regulation-ec-no-7262004_en.pdf), S. 4 (geprüft am 24.10.2025).

[89] European Medicines Agency, Guideline on the scientific application and the practical arrangements necessary to implement the procedure for accelerated assessment pursuant to Article 14(9) of Regulation (EC) No 726/2004, EMA/CHMP/671361/2015 Rev. 1, 2016, (https://www.ema.europa.eu/en/documents/scientific-guideline/guideline-scientific-application-and-practical-arrangements-necessary-implement-procedure-accelerated-assessment-pursuant-article-149-regulation-ec-no-7262004_en.pdf), S. 4 (geprüft am 24.10.2025).

[90] European Medicines Agency, Guideline on the scientific application and the practical arrangements necessary to implement the procedure for accelerated assessment pursuant to Article 14(9) of Regulation (EC) No 726/2004, EMA/CHMP/671361/2015 Rev. 1, 2016, (https://www.ema.europa.eu/en/documents/scientific-guideline/guideline-scientific-application-and-practical-arrangements-necessary-implement-procedure-accelerated-assessment-pursuant-article-149-regulation-ec-no-7262004_en.pdf), S. 4 (geprüft am 24.10.2025).

16.3.4 Fortlaufende Bewertung (Rolling Review)

Das Verfahren der fortlaufenden Bewertung (Rolling Review) ermöglicht es, dass die zuständigen wissenschaftlichen Ausschüsse der EMA bereits mit der Prüfung einzelner Datenpakete aus der nicht-klinischen und klinischen Entwicklung beginnen, bevor sämtliche für den Zulassungsantrag erforderlichen Unterlagen vollständig vorliegen.[91] Auf diese Weise kann die wissenschaftliche Bewertung sukzessive erfolgen und die Dauer des späteren Zulassungsverfahrens erheblich verkürzt werden. Denn der formelle Antrag auf Zulassung wird erst gestellt, sobald das Dossier vollständig eingereicht ist und alle erforderlichen Daten vorliegen.[92]

In der Europäischen Union ist das Rolling-Review-Verfahren nicht gesetzlich kodifiziert, sondern wird von der Europäischen Arzneimittelagentur ad hoc in Situationen von erheblichem öffentlichem Gesundheitsinteresse – etwa während einer Pandemie – angewendet.[93]

16.3.5 Privilegierungstatbestände für Arzneimittel für neuartige Therapien

Für Arzneimittel für neuartige Therapien bestehen auf Unionsebene besondere Unterstützungs- und Begünstigungsmechanismen für Antragsteller im Zulassungsverfahren. Entsprechend können nur somatische genomische Therapien, die als ATMP klassifiziert werden können (vgl. Tabelle 8.1), diese Privilegierungen beanspruchen.

Etwa kann die Gebühr für die Genehmigung des Inverkehrbringens um 50 % reduziert werden, wenn ein besonderes öffentliches Gesundheitsinteresse vorliegt

---

[91] Meier/von Czettritz/Gabriel u. a., Pharmarecht, 2023, S. 105.

[92] Meier/von Czettritz/Gabriel u. a., Pharmarecht, 2023, S. 105; Dederer/Frenken, Studie: Genom-Editierung am Menschen. Vergleich der regulatorischen Rahmenbedingungen für CRISPR-Gen-Editierung und ihre Auswirkungen auf Forschung und Innovation, 2021, S. 34.

[93] Dederer/Frenken, Studie: Genom-Editierung am Menschen. Vergleich der regulatorischen Rahmenbedingungen für CRISPR-Gen-Editierung und ihre Auswirkungen auf Forschung und Innovation, 2021, S. 34; Frenken/Lüttge, in: Dederer/Frenken (Hrsg.), Regulation of Genome Editing in Human iPS Cells, 2021, S. 50.

und der Antragsteller ein Krankenhaus oder ein kleines oder mittleres Unternehmen ist.[94] Ohne diesen Abschlag würde die Grundgebühr für die zentrale Marktzulassung eines neuen Wirkstoffs derzeit 865.200 Euro betragen.[95]

Die Europäische Arzneimittelagentur bietet Entwicklern eine wissenschaftliche Beratung an, die insbesondere die Planung und Durchführung von Pharmakovigilanzmaßnahmen sowie den Aufbau eines Risikomanagementsystems umfasst.[96] Für kleine und mittlere Unternehmen gilt hierbei eine Gebührenermäßigung von 90 %, für andere Antragsteller eine Reduktion um 65 %.[97]

Von besonderer Bedeutung ist ferner die Möglichkeit für kleine und mittlere Unternehmen, qualitätsbezogene und gegebenenfalls nicht-klinische Daten zur Zertifizierung bei der Europäischen Arzneimittelagentur einzureichen.[98] Diese Zertifizierung bietet dem Antragsteller die Gewähr, dass die eingereichten Daten den regulatorischen Qualitätsstandards entsprechen.[99] Zugleich befreit sie den Antragsteller jedoch nicht davon, dass weitere Daten im späteren Zulassungsverfahren unter Umständen nachgefordert werden können.

Schließlich können Entwickler eine wissenschaftliche Empfehlung der Europäischen Arzneimittelagentur einholen, um zu klären, ob ihr Produkt überhaupt als ATMP einzustufen ist.[100] Diese Empfehlung dient dazu, frühzeitig regulatorische Planungssicherheit zu schaffen und soll Fehlinvestitionen in unzutreffende Entwicklungsstrategien verhindern. Jedoch ist diese Empfehlung nicht rechtsverbindlich. Zudem können die Behörden der Mitgliedstaaten diese Empfehlung nicht beanspruchen, obwohl eine unionsweit einheitliche Klassifizierungsentscheidung im Hinblick auf den Innovationsgrad dieser Produktkategorie und die geteilte Zuständigkeitsverteilung im Vollzug des Arzneimittelrechts zumindest hilfreich erscheint.

---

[94] Art. 19 Abs. 1 ATMP-VO.

[95] Anhang I, Abschnitt 2.1 Satz 1 der Verordung (EU) 2024/568 des Europäischen Parlaments und des Rates vom 07.02.2024 über die an die Europäische Arzneimittelagentur zu entrichtenden Gebühren und Entgelte, zur Änderung der Verordnungen (EU) 2017/745 und (EU) 2022/123 des Europäischen Parlaments und des Rates sowie zur Aufhebung der Verordnung (EU) Nr. 658/2014 des Europäischen Parlaments und des Rates und der Verordnung (EG) Nr. 297/95 des Rates, ABl. L 568 vom 14.02.2024, S. 1.

[96] Art. 16 ATMP-VO.

[97] Art. 16 ATMP-VO.

[98] Art. 18 ATMP-VO.

[99] Schulz, in: Dederer/Herdegen/Spranger (Hrsg.), Biotechnologierecht, Lfg. 127, Art. 18 ATMP-VO, Rn. 2 ff.

[100] Art. 17 Abs. 1 ATMP-VO.

16.4 Genehmigungsvoraussetzungen

Dem Antrag im zentralisierten Zulassungsverfahren sind die in Art. 8 Abs. 3 sowie den Art. 10, 10a, 10b oder 11 i.V. mit Anhang I der Richtlinie 2001/83/EG genannten Angaben und Unterlagen beizufügen, auf deren Grundlage eine Nutzen-Risiko-Abwägung durch die Arzneimittelbehörde durchgeführt wird. Von besonderer Bedeutung sind die in Anhang I der Richtlinie 2001/83/EG niedergelegten Arzneimittelprüfrichtlinien, welche die wissenschaftlichen Anforderungen an die Nachweise der Qualität, Sicherheit und Wirksamkeit des Arzneimittels festlegen. Für das dezentrale Zulassungsverfahren gelten dieselben Voraussetzungen wie im zentralisierten Verfahren.[101] Auch im nationalen Zulassungsverfahren ist das Nutzen-Risiko-Verhältnis umfassend zu prüfen, wobei ebenfalls die Arzneimittelprüfrichtlinien aus Anhang I der Richtlinie 2001/83/EG für die wissenschaftliche Bewertung heranzuziehen sind.[102] Unabhängig vom gewählten Zulassungsverfahren finden somit dieselben materiellrechtlichen Maßstäbe, die in Anhang I der Richtlinie 2001/83/EG unionsweit harmonisiert werden, Anwendung.

16.4.1 Arzneimittelprüfrichtlinien

Das vom Antragsteller einzureichende Zulassungsdossier, dessen Aufbau in Anhang I der Richtlinie 2001/83/EG festgelegt ist, folgt einem international harmonisierten Format und wird als sog. Common Technical Document (CTD) bezeichnet. Es ist in fünf Module gegliedert: Modul 1 und 2 enthalten allgemeine Angaben sowie wissenschaftliche und administrative Zusammenfassungen;[103] Modul 3 umfasst die Angaben zur pharmazeutischen Qualität und Herstellung, etwa zu den Spezifikationen, analytischen Verfahren und der Validierung des Herstellungsprozesses;[104] Modul 4 und 5 beinhalten die Voraussetzungen an die erforderlichen präklinischen und klinischen Daten, die der Antragsteller für die Bewertung vorzulegen hat, etwa zur Toxikologie oder Pharmakokinetik.[105]

---

[101] Art. 28 Abs. 1 Unterabs. 1 Satz 2 RL 2001/83/EG.

[102] §§ 25 Abs. 2 Satz 1 Nr. 5, 26 Abs. 1 Satz 1, 22 Abs. 1-3a, 24 Abs. 1 und 2 AMG i.V. mit § 1 AMPV (Verordnung zur Anwendung der Arzneimittelprüfrichtlinien (Arzneimittel-Prüfrichtlinien-Verordnung – AMPV) vom 08.01.2016, BGBl. I 2016, S. 47).

[103] Anhang I, Teil I, Abschnitt 1 und 2 RL 2001/83/EG.

[104] Anhang I, Teil I, Abschnitt 3 RL 2001/83/EG.

[105] Anhang I, Teil I, Abschnitt 4 und 5 RL 2001/83/EG.

Das CTD gilt zunächst für alle Arzneimittel einheitlich, soweit nicht besondere Vorschriften in Anhang I der Richtlinie 2001/83/EG zusätzliche oder abweichende Voraussetzungen statuieren. Weil die Bestimmungen in Anhang I der Richtlinie 2001/83/EG grundsätzlich allgemeingültig sind, werden produktspezifische Besonderheiten häufig nicht abgebildet. Aus diesem Grund sind die wissenschaftlichen Leitlinien[106] der Europäischen Arzneimittelagentur zusätzlich heranzuziehen, um eine einheitliche und wissenschaftlich fundierte Auslegung der gesetzlichen Anforderungen sicherzustellen.[107] Nur dadurch kann eine sachgerechte, einzelfallbezogene Auslegung der Qualitäts-, Sicherheits- und Wirksamkeitsanforderungen für das jeweilige Arzneimittel gewährleistet werden.[108]

Nichtsdestotrotz enthält Anhang I der Richtlinie 2001/83/EG spezifische Vorgaben für bestimmte Produktkategorien, insbesondere für biologische Arzneimittel sowie für Arzneimittel für neuartige Therapien. Im Folgenden werden daher die wesentlichen Anforderungen für diese Produktgruppen näher betrachtet.

16.4.2 Biologische Arzneimittel

Für biologische Arzneimittel bestehen in Modul 3 (Qualität) besondere Anforderungen hinsichtlich der Herkunft und Verarbeitung der Ausgangsstoffe.[109] So sind insbesondere das Saatgut- und Zellbanksystem umfassend zu dokumentieren und sämtliche eingesetzten Rohmaterialien auf fremde Agenzien zu prüfen.[110]

---

[106] Die zahlreichen Leitlinien werden auf der Website der EMA veröffentlicht und sind häufig produktspezifisch ausgestaltet; vgl. exemplarisch für ATMP die Übersicht European Medicines Agency, Guidelines relevant for advanced therapy medicinal products, (https://www.ema.europa.eu/en/human-regulatory-overview/advanced-therapy-medicinal-products-overview/guidelines-relevant-advanced-therapy-medicinal-products) (geprüft am 24.10.2025); weiterführende Informationen enthält zudem diese Übersicht, vgl. European Medicines Agency, Marketing authorisation, (https://www.ema.europa.eu/en/human-regulatory-overview/marketing-authorisation) (geprüft am 24.10.2025).

[107] Fleischfresser, in: Kloesel/Cyran (Hrsg.), Arzneimittelrecht Kommentar, 135. Aktualisierungslieferung, 2019, § 22 AMG, Rn. 12.

[108] Diese durch Auslegung der Leitlinien resultierende Feingliedrigkeit bei der einzelfallbezogenen Produktprüfung kann im Rahmen dieser Arbeit jedoch nicht abgebildet werden, weshalb sich die Darstellung auf die gesetzlichen Voraussetzungen beschränkt.

[109] Bei Arzneimitteln für neuartige Therapien finden die Voraussetzungen für biologische Arzneimittel entsprechende Anwendung; vgl. Anhang I, Teil IV, Abschnitt 1 Abs. 2 RL 2001/83/EG.

[110] Anhang I, Teil I, Abschnitt 3.2.1.2 Buchst. c) Abs. 5 RL 2001/83/EG.

Darüber hinaus hat der Antragsteller spezielle Maßnahmen zur Minimierung des Risikos der Übertragung spongiformer Enzephalopathien tierischen Ursprungs einzuhalten.[111]

Neben diesen allgemeinen Vorgaben enthält Anhang I der Richtlinie 2001/83/EG produktspezifische Anforderungen für bestimmte Untergruppen biologischer Arzneimittel. Für aus Blutplasma gewonnene Produkte ist eine Plasma-Stammdokumentation vorzulegen, die Bestandteil des Zulassungsantrags ist.[112] Dieses Dokument umfasst Angaben zur Prüfung des Plasmas auf übertragbare Krankheiten, detaillierte Informationen zu den Entnahme- und Testeinrichtungen einschließlich deren Genehmigungs- und Inspektionsstatus sowie Kriterien zur Spenderauswahl und zum Spenderausschluss.[113] Zudem sind die Anforderungen der einschlägigen Monographien des Europäischen Arzneibuchs an Qualität und Sicherheit des verwendeten Plasmas nachzuweisen.[114] Diese Vorgaben finden entsprechend nur auf solche somatischen genomischen Therapien Anwendung, die aus Blutplasma hergestellt werden, etwa CAR-T-Zelltherapeutika (vgl. Abschnitt 7.1).

Für Impfstoffe ist in entsprechender Weise eine Impfantigen-Stammdokumentation einzureichen.[115] Hiervon würden etwa solche somatischen genomischen Therapien erfasst werden, die rekombinante mRNA-Moleküle als Impfstoffe enthalten, und deshalb aus biologischen Ursprungsmaterialien hergestellt werden.

16.4.3 Arzneimittel für neuartige Therapien

Für Arzneimittel für neuartige Therapien gilt ein eigener Teil IV des Anhangs I der Richtlinie 2001/83/EG. In diesem werden zusätzliche Anforderungen zu den allgemeinen Anforderungen in Teil I des Anhangs I der Richtlinie 2001/83/EG formuliert. Die besonderen ATMP-Anforderungen gelten teils für alle ATMP einheitlich, teils jedoch differenziert nach der jeweiligen Produktkategorie – GTMP, SCTMP oder TEP. Die Anforderungen betreffen insbesondere Art und Umfang der vorzulegenden Daten aus den präklinischen und klinischen Studien.

---

[111] Anhang I, Teil I, Abschnitt 3.2.1.2 Buchst. c) Abs. 3 RL 2001/83/EG.

[112] Anhang I, Teil III, Abschnitt 1.1 RL 2001/83/EG.

[113] Anhang I, Teil III, Abschnitt 1.1 Buchst. b) RL 2001/83/EG.

[114] Anhang I, Teil III, Abschnitt 1.1 Buchst. b) Abs. 2 Ziffer (ii) RL 2001/83/EG.

[115] Anhang I, Teil III, Abschnitt 1.2 Buchst. a) erster Spiegelstrich RL 2001/83/EG.

Für GTMP sind beispielsweise zusätzliche toxikologische Untersuchungen erforderlich, um etwa spezifische Risiken in Verbindung mit deren Wirkmechanismus zu bewerten. Dazu gehören insbesondere das Risiko einer Insertionsmutagenese sowie Fragen der Immunogenität und Immuntoxizität.[116] Darüber hinaus werden Studien zur Karzinogenität und Genotoxizität erwartet.[117] Für SCTMP sind solche Studien demgegenüber nicht erforderlich.[118] Damit bestimmt nicht allein der ATMP-Status als solcher den Umfang und die Art der vorzulegenden Daten, sondern auch die Unterkategorie des betreffenden Produkts im Rahmen der ATMP-VO.

16.4.3.1 Besondere Anforderungen zu Modul 3 (Qualität)

Für alle Arzneimittel für neuartige Therapien ist ein umfassendes Rückverfolgbarkeitssystem darzustellen. Dieses muss gewährleisten, dass das einzelne Produkt sowie sämtliche verwendeten Ausgangsstoffe und Rohmaterialien – einschließlich aller Stoffe, die mit den enthaltenen Geweben oder Zellen in Kontakt kommen – über alle Stufen der Gewinnung, Herstellung, Verpackung, Lagerung, des Transports und bis zur Abgabe an die Einrichtung oder Praxis, in der das Produkt angewendet wird, lückenlos nachvollzogen werden können.[119]

16.4.3.1.1 Gentherapeutika

Für Gentherapeutika (GTMP) sind zusätzlich detaillierte Angaben zur Art und zum Umfang der genetischen Veränderung vorzulegen. Bei der Verwendung gentechnisch veränderter Mikroorganismen und Viren umfasst dies eine Sequenzanalyse, die Beschreibung der vorgenommenen Attenuierung der Virulenz von Mikroorganismen oder Viren, deren Gewebe- und Zelltyp-Tropismus, deren Abhängigkeit vom Zellzyklus, die Pathogenität sowie die Charakterisierung des jeweiligen Parentalstammes.[120] Bei genetisch veränderten Zellen sind zudem die Eigenschaften der Zellen sowohl vor als auch nach der genetischen Modifikation sowie vor und nach Einfrier- und Lagerungsprozessen darzulegen.[121] Ferner

---

[116] Anhang I, Teil IV, Abschnitt 4.2.3 Buchst. g) RL 2001/83/EG.

[117] Weiterführend McBride/Schmitt (Hrsg.), Fundamentals of Pharmaceutical and Biologics Regulations, 2023, S. 63 ff.

[118] Anhang I, Teil IV, Abschnitt 4.2.3 Buchst. d) und e), Abschnitt 4.3.3 Buchst. c) RL 2001/83/EG.

[119] Anhang I, Teil IV, Abschnitt 3.1 Abs. 1 RL 2001/83/EG.

[120] Anhang I, Teil IV, Abschnitt 3.2.2. Buchst. b) RL 2001/83/EG.

[121] Anhang I, Teil IV, Abschnitt 3.2.2. Buchst. e) RL 2001/83/EG.

sind produkt- und prozessbedingte Verunreinigungen, insbesondere eine mögliche Kontamination mit replikationskompetenten Viren, im Dossier zu beschreiben.[122]

16.4.3.1.2 Somatische Zelltherapeutika

Für somatische Zelltherapeutika ist ergänzend eine zusammenfassende Darstellung der Spende, Beschaffung und Testung der verwendeten menschlichen Gewebe und Zellen gemäß der Richtlinie 2004/23/EG erforderlich.[123] Werden nicht gesunde Gewebe oder Zellen, etwa Tumorgewebe, als Ausgangsmaterial eingesetzt, ist dies gesondert wissenschaftlich zu begründen.[124] Darüber hinaus ist im Zulassungsdossier eingehend auf die durch menschliche Gewebe eingebrachte Variabilität einzugehen, insbesondere im Rahmen der Validierung des Herstellungsprozesses, der Charakterisierung des Wirkstoffs und des Fertigarzneimittels, der Entwicklung analytischer Untersuchungsverfahren sowie der Festlegung von Spezifikationen und Stabilitätsanforderungen.[125] Erforderlich sind ferner aussagekräftige Angaben zur Charakterisierung der verwendeten Zellpopulation oder des Zellgemischs, insbesondere im Hinblick auf Identität, Reinheit, Lebensfähigkeit, Wirksamkeit, Karyotyp, Tumorigenität und Eignung für den vorgesehenen therapeutischen Zweck.[126]

Bemerkenswert ist, dass eine genetische Modifikation von Zellen, die an sich der Kategorie der somatischen Zelltherapeutika (SCTMP) zuzuordnen wären, zur Folge hat, dass für ihre Herstellung dieselben Anforderungen nach Modul 3 gelten wie für Gentherapeutika (GTMP).[127] Eine Klassifizierung von außerhalb des Körpers des Patienten durchgeführten SDN-1-Verfahren mittels CRISPR-Cas-Ribonukleoproteinen (ex-vivo-Ansatz) als SCTMP und nicht als GTMP (vgl. Tabelle 8.1) hat daher keine Reduktion der regulatorischen Anforderungen im Bereich der Herstellungsqualität zur Folge.

16.4.3.2 Besondere Anforderungen zu Modul 4 (Präklinik)

Für alle Arzneimittel für neuartige Therapien ist das präklinische Entwicklungsprogramm darzustellen und zu begründen, nach welchen Kriterien die relevanten

---

122 Anhang I, Teil IV, Abschnitt 3.2.2. Buchst. c) RL 2001/83/EG.

123 Anhang I, Teil IV, Abschnitt 3.3.2.1. Buchst. a) RL 2001/83/EG.

124 Anhang I, Teil IV, Abschnitt 3.3.2.1. Buchst. a) RL 2001/83/EG.

125 Anhang I, Teil IV, Abschnitt 3.3.2.1. Buchst. c) RL 2001/83/EG.

126 Anhang I, Teil IV, Abschnitt 3.3.2.3. Buchst. a) RL 2001/83/EG.

127 Anhang I, Teil IV, Abschnitt 3.3.2.1. Buchst. f) RL 2001/83/EG.

Tierarten und in-vitro-Modelle ausgewählt wurden.[128] Für die Tiermodelle kommen im Allgemeinen immundefiziente, Knockout-, humanisierte oder transgene Tiere in Betracht.[129] Für Untersuchungen zur Immunogenität und Immunotoxizität können ausdrücklich homologe oder krankheitsnachahmende Mausmodelle herangezogen werden.[130]

Die präklinische Entwicklung betrifft zudem nicht nur den Wirkstoff des Arzneimittels. Es sind die Unbedenklichkeit, Eignung und biologische Kompatibilität sämtlicher struktureller Bestandteile sowie aller Zusatzstoffe, d. h. einschließlich chemischer Trägerstoffe wie Lipidnanopartikel, nachzuweisen.[131]

16.4.3.2.1 Gentherapeutika

Für Gentherapeutika (GTMP) ist das Wirkprinzip in pharmakologischen Studien durch geeignete Tiermodelle nachzuweisen. In diesen müssen Angaben zur Erreichung der Zielorgane und Zielzellen, zur Funktionalität des übertragenen genetischen Materials sowie zur Dauer der Expression der therapeutischen Nukleinsäure enthalten sein.[132] Soll das Gentherapeutikum eine auf ein bestimmtes Ziel gerichtete Funktion erfüllen, sind darüber hinaus Nachweise zur Spezifität und zur Dauer der Aktivität zu erbringen.[133]

Pharmakokinetische Untersuchungen müssen die Biodistribution und Persistenz des Gentherapeutikums erfassen.[134] Sie haben zudem Aufschluss über eine mögliche Übertragung in die Keimbahn zu geben sowie Umweltaspekte wie Ausscheidung und eine potenzielle Transmission auf unbeteiligte Dritte zu bewerten.[135]

Toxikologische Studien haben die Unbedenklichkeit des fertigen Gentherapeutikums, seiner einzelnen Komponenten und gegebenenfalls der codierten Nebenprodukte zu beschreiben.[136] Ergänzend sind Untersuchungen zur Genotoxizität, Karzinogenität und Reproduktionstoxizität erforderlich sowie eine systematische

[128] Anhang I, Teil IV, Abschnitt 4.1. Abs. 2 RL 2001/83/EG.

[129] Anhang I, Teil IV, Abschnitt 4.1. Abs. 2 RL 2001/83/EG.

[130] Anhang I, Teil IV, Abschnitt 4.1. Abs. 2 RL 2001/83/EG.

[131] Anhang I, Teil IV, Abschnitt 4.1. Abs. 3 RL 2001/83/EG.

[132] Anhang I, Teil IV, Abschnitt 4.2.1. Buchst. a) RL 2001/83/EG.

[133] Anhang I, Teil IV, Abschnitt 4.2.1. Buchst. b) RL 2001/83/EG.

[134] Anhang I, Teil IV, Abschnitt 4.2.2. RL 2001/83/EG.

[135] Anhang I, Teil IV, Abschnitt 4.2.2. RL 2001/83/EG.

[136] Anhang I, Teil IV, Abschnitt 4.2.3. Buchst. a) und c) RL 2001/83/EG.

Bewertung der immunogenen und immunotoxischen Eigenschaften des Gentherapeutikums.[137] Besondere Bedeutung kommt toxikologischen Studien zum Integrationspotenzial der im Arzneimittel enthaltenen rekombinanten Nukleinsäuren zu. Solche Studien sind grundsätzlich immer vorzulegen. Eine Ausnahme kommt lediglich in Betracht, wenn nachgewiesen werden kann, dass die Nukleinsäure nicht in den Zellkern eindringt und eine Biodistribution in die Keimbahn ausgeschlossen ist.[138]

16.4.3.2.2 Somatische Zelltherapeutika

Für somatische Zelltherapeutika (SCTMP) sind pharmakologische Untersuchungen erforderlich, die das Wirkprinzip der eingesetzten Zellen belegen und deren Interaktion mit dem Umgebungsgewebe nachvollziehbar darstellen.[139]

Aufgrund der biologischen Besonderheiten dieser Produkte treten an die Stelle klassischer pharmakokinetischer Parameter Untersuchungen zur Lebensfähigkeit, Lebensdauer, Verteilung, Migration, Differenzierung und gegebenenfalls zum proliferativen Verhalten der Zellen.[140]

Toxikologische Studien müssen sowohl produkt- als auch prozessbedingte Verunreinigungen berücksichtigen und das dynamische Wirkprofil der Zellen erfassen.[141] Anders als bei Gentherapeutika sind konventionelle Untersuchungen zur Genotoxizität und Karzinogenität grundsätzlich nicht erforderlich; ausgenommen hiervon sind Prüfungen zur Tumorigenität, die regelmäßig durchzuführen sind.[142] Unabhängig davon sind immunogene und immunotoxische Effekte des Arzneimittels stets systematisch zu untersuchen.[143]

16.4.3.3 Besondere Anforderungen zu Modul 5 (Klinik)

Für alle Arzneimittel für neuartige Therapien ist das gesamte Therapieverfahren umfassend darzustellen. Dies betrifft sowohl die Anwendung des Produkts selbst als auch etwa erforderliche Begleittherapien, chirurgische Eingriffe oder

---

[137] Anhang I, Teil IV, Abschnitt 4.2.3. Buchst. d) bis g) zweiter Spiegelstrich RL 2001/83/EG.

[138] Anhang I, Teil IV, Abschnitt 4.2.3. Buchst. g) zweiter Spiegelstrich RL 2001/83/EG.

[139] Anhang I, Teil IV, Abschnitt 4.3.1. Buchst. a) RL 2001/83/EG.

[140] Anhang I, Teil IV, Abschnitt 4.3.2. Buchst. a) RL 2001/83/EG.

[141] Anhang I, Teil IV, Abschnitt 4.3.3. Buchst. b) RL 2001/83/EG.

[142] Anhang I, Teil IV, Abschnitt 4.3.3. Buchst. c) RL 2001/83/EG.

[143] Anhang I, Teil IV, Abschnitt 4.3.3. Buchst. d) RL 2001/83/EG.

spezifische medizinische Maßnahmen, die für die sichere und wirksame Anwendung notwendig sind.[144] Der Antragsteller hat darzulegen, in welchem Umfang diese Verfahren standardisiert und optimiert wurden, und welche Fachkenntnisse für Anwendung, Implantation oder Nachsorge erforderlich sind.[145] Gegebenenfalls ist ein strukturiertes Schulungsprogramm für das involvierte medizinische Fachpersonal vorzulegen.[146]

Da sich Herstellungsprozesse während der klinischen Entwicklung weiterentwickeln können, können Studien zur Vergleichbarkeit erforderlich werden, um sicherzustellen, dass Änderungen im Herstellungsprozess keine Auswirkungen auf Qualität, Sicherheit oder Wirksamkeit des Produkts haben.[147] Die klinische Wirksamkeit ist anhand klinisch relevanter Endpunkte nachzuweisen; zusätzlich kann ein Konzept zur Bewertung der Langzeitwirksamkeit verlangt werden.[148]

16.4.3.3.1 Gentherapeutika

Hinsichtlich der Pharmakokinetik sind klinische Untersuchungen zur Ausscheidung und Biodistribution des Gentherapeutikums (GTMP) erforderlich, einschließlich der durch die Genexpression entstehenden wirksamen Anteile wie etwa exprimierter Proteine.[149] Die pharmakodynamischen Studien haben die Expression und Funktion der übertragenen Nukleinsäuresequenz nachzuweisen.[150]

Im Hinblick auf die Sicherheit verlangen die klinischen Anforderungen des Anhangs I zusätzliche Untersuchungen zu spezifischen Risiken. Dazu gehören insbesondere der mögliche Nachweis replikationskompetenter viraler Vektoren, die Entstehung neuer viraler Stämme, der Austausch oder die Veränderung vorhandener Genomsequenzen sowie das Risiko einer Insertionsmutagenese mit einem potenziell neoplastischen Verlauf in den Zielzellen.[151]

16.4.3.3.2 Somatische Zelltherapeutika

Für somatische Zelltherapeutika (SCTMP) ist insbesondere das pharmakokinetische Profil der von den applizierten Zellen produzierten aktiven Biomoleküle

[144] Anhang I, Teil IV, Abschnitt 5.1.2. Abs. 1 RL 2001/83/EG.

[145] Anhang I, Teil IV, Abschnitt 5.1.2. Abs. 1 und 3 RL 2001/83/EG.

[146] Anhang I, Teil IV, Abschnitt 5.1.2. Abs. 3 RL 2001/83/EG.

[147] Anhang I, Teil IV, Abschnitt 5.1.3. RL 2001/83/EG.

[148] Anhang I, Teil IV, Abschnitt 5.1.6. RL 2001/83/EG.

[149] Anhang I, Teil IV, Abschnitt 5.2.1. RL 2001/83/EG.

[150] Anhang I, Teil IV, Abschnitt 5.2.2. RL 2001/83/EG.

[151] Anhang I, Teil IV, Abschnitt 5.2.3. RL 2001/83/EG.

zu untersuchen, soweit ein solcher Nachweis methodisch möglich ist.[152] Darüber hinaus sind Biodistribution, Persistenz sowie ein mögliches dauerhaftes Anwachsen der verabreichten Zellen zu prüfen.[153] In den Sicherheitsstudien sind insbesondere die Verteilung und das Anwachsen der Zellen nach der Verabreichung, das Risiko onkogener Transformationen sowie die Stabilität der verwendeten Zell- oder Gewebelinien darzulegen.[154]

16.4.3.4 Risikobasierter Ansatz (RBA)

Neben der Auswahl und Ausgestaltung der Studien spielt im Zulassungsverfahren für Gen- und Zelltherapeutika insbesondere der risikobasierte Ansatz (RBA) eine zentrale Rolle. Dieser findet nicht nur bei der Auslegung der Guten Herstellungspraxis Anwendung (vgl. Abschnitt 15.1.2.5.5.1), sondern wird von der EMA auch zur Bewertung der spezifischen Anforderungen des jeweiligen ATMP im Zulassungsverfahren herangezogen.[155] Zu berücksichtigende Risikofaktoren können unter anderem die Herkunft der Zellen (autolog, allogen oder xenogen), die Fähigkeit zur Vermehrung und Differenzierung sowie zur Auslösung einer Immunantwort, der Grad der Bearbeitung der Zellen, die Kombination von Zellen mit biologisch aktiven Molekülen oder Gerüstsubstanzen, die Art der Gentherapeutika, der Grad der Replikationsfähigkeit von in vivo angewandten Viren oder Mikroorganismen, der Grad der Integration von Nukleinsäuresequenzen oder Genen in das Genom, die Langzeitfunktionsfähigkeit, das Onkogenitätsrisiko und die Art und Weise der Verabreichung oder Anwendung sein.[156]

Der RBA bezieht sich auf den Umfang der qualitätsbezogenen, nichtklinischen und klinischen Daten (Modul 3 bis 5), die im Zulassungsantrag vorzulegen sind, wie er in den wissenschaftlichen Leitlinien der Europäischen Arzneimittelagentur konkretisiert wird.[157] Die Anforderungen des Anhangs I differenzieren danach, ob es sich bei dem Produkt um ein GTMP, SCTMP oder TEP handelt. Diese Vorgaben legen fest, welche Arten von Studien für die jeweilige ATMP-Kategorie durchzuführen sind, etwa zusätzliche Genotoxizitäts-

[152] Anhang I, Teil IV, Abschnitt 5.3.1. RL 2001/83/EG.

[153] Anhang I, Teil IV, Abschnitt 5.3.2. RL 2001/83/EG.

[154] Anhang I, Teil IV, Abschnitt 5.3.3. RL 2001/83/EG.

[155] Anhang I, Teil IV, Abschnitt 1, Abs. 3 bis 5 RL 2001/83/EG.

[156] Anhang I, Teil IV, Abschnitt 1 Abs. 4 RL 2001/83/EG.

[157] Anhang I, Teil IV, Abschnitt 1 Abs. 3 RL 2001/83/EG i.V. mit Anhang I, Teil I, Einführung und allgemeine Grundlagen, Nr. 4 RL 2001/83/EG.

oder Karzinogenitätsstudien für Gentherapeutika. Die wissenschaftlichen Leitlinien der EMA bestimmen demgegenüber den konkret erforderlichen Umfang und die inhaltliche Tiefe dieser Studien.

Dies führt dazu, dass die behördliche Bewertung im Rahmen des RBA unabhängig von der ATMP-Kategorie zu einer Annäherung der Anforderungen führen kann, sofern das mit dem jeweiligen Produkt verbundene Risiko dies sachlich gebietet. So kann es etwa erforderlich sein, dass ein SCTMP hinsichtlich der Studienqualität und der vorzulegenden Daten einem GTMP gleichgestellt wird, wenn das individuelle Risikoprofil des Produkts dies verlangt und der gesetzliche Rahmen des vierten Teils in Anhang I der Richtlinie 2001/83/EG nicht überschritten wird.[158]

Der risikobasierte Ansatz ermöglicht es der EMA, die erforderliche Datentiefe an das spezifische Risikoprofil des Produkts anzupassen und damit eine sachgerechte, einzelfallbezogene Beurteilung des Nutzen-Risiko-Verhältnisses vorzunehmen. Da eine positive Empfehlung an die Europäische Kommission nur ergehen darf, wenn das Nutzen-Risiko-Verhältnis günstig ausfällt, bildet der RBA einen zentralen Mechanismus, um im Rahmen der rechtlichen Vorgaben eine wissenschaftlich fundierte Entscheidung zu gewährleisten.[159]

16.4.4 Arzneimittel für seltene Leiden (Orphan Drugs)

Ist ein Arzneimittel als Arzneimittel für seltene Leiden (Orphan Drug) ausgewiesen, kann stets ein Antrag auf Zulassung unter außergewöhnlichen Umständen gestellt werden (vgl. Abschnitt 16.3.2).[160] Insoweit müssen Arzneimittel, die als Arzneimittel für seltene Leiden (Orphan Drug) ausgewiesen wurden, im Zulassungsdossier regelmäßig deutlich weniger Daten vorlegen als andere Produkte. Nichtsdestotrotz hat der Antragsteller darzulegen, aus welchen Gründen die Vorlage vollständiger Daten nicht möglich ist. Ebenso muss er das positive Nutzen-Risiko-Verhältnis des Arzneimittels begründen.[161]

---

[158] Schüssler-Lenz/Herberts/Reischl u. a., in: Galli (Hrsg.), Regulatory Aspects of Gene Therapy and Cell Therapy Products, 2023, S. 4; bemerkenswert ist dahingehend, dass die Europäische Kommission die Anforderungen in Anhang I gemäß Art. 120 RL 2001/83/EG durch delegierte Rechtsakte anpassen kann.

[159] Art. 26 Abs. 1 Buchst. a) sowie Art. 1 Nr. 28a der Richtlinie 2001/83/EG.

[160] Anhang I, Teil III, Abschnitt 5 erster Spiegelstrich i.V. mit Teil II, Abschnitt 6 RL 2001/83/EG.

[161] Anhang I, Teil III, Abschnitt 5 RL 2001/83/EG.

16.5 Gentechnikrecht

Das Inverkehrbringen von Produkten, die gentechnisch veränderte Organismen enthalten oder aus solchen bestehen, bedarf in Deutschland grundsätzlich einer Genehmigung durch das Bundesamt für Verbraucherschutz und Lebensmittelsicherheit (BVL).[162] Dies gilt jedoch nicht für Humanarzneimittel, die im zentralisierten Genehmigungsverfahren nach der Verordnung (EG) Nr. 726/2004 zugelassen werden.[163] Zwar muss in diesen Fällen keine Inverkehrbringensgenehmigung bei den zuständigen Behörden in den jeweiligen Mitgliedstaaten nach dem Gentechnikrecht beantragt werden. Es entfällt jedoch nicht die Pflicht zur Durchführung einer Umweltverträglichkeitsprüfung gemäß der Richtlinie 2001/18/EG (vgl. Abschnitt 15.2.2). Die Überprüfung erfolgt stattdessen im Rahmen des arzneimittelrechtlichen Zulassungsverfahrens. Die entsprechenden Unterlagen sind mit dem Zulassungsantrag der Europäischen Arzneimittelagentur vorzulegen und werden dort geprüft.[164]

Weil Arzneimittel, die gentechnisch veränderte Organismen enthalten oder aus solchen bestehen, faktisch stets der obligatorischen zentralisierten Zulassung unterfallen, profitieren somatische genomische Therapien mit einem entsprechenden Status von einer integrierten Inverkehrbringensgenehmigung im Rahmen des unionsweiten Zulassungsverfahrens (vgl. Tabelle 11.1 und Tabelle 16.1).

[162] §§ 14 Abs. 1 Satz 1 Nr. 2, 3 Nr. 5, 2 Abs. 1 Nr. 3, 31 Satz 2 GenTG.

[163] Vgl. Art. 6 Abs. 2 UAbs. 2 VO (EG) Nr. 726/2004 und Art. 12 Abs. 2 RL 2001/18/EG.

[164] Art. 6 Abs. 2 UAbs. 2 VO (EG) Nr. 726/2004 i.V. mit Art. 12 Abs. 2 RL 2001/18/EG; Spranger, in: Rieger/Dahm/Katzenmeier (Hrsg.), Heidelberger Kommentar Arztrecht Krankenhausrecht Medizinrecht, 89. Lieferung, 2100 Gentechnologie, Rn. 16; siehe auch Whomsley/Palmi Reig/Hidalgo-Simon, British Journal of Clinical Pharmacology 87 (2021), S. 2450, 2453 ff.

16.6 Herstellung und Gute Herstellungspraxis (GMP)

Die gewerbsmäßige oder berufsmäßige Herstellung von Arzneimitteln und bestimmter Wirkstoffe bedarf einer Erlaubnis der zuständigen Behörde des Mitgliedstaats, in dem sich die Herstellungsstätte befindet, und muss grundsätzlich nach den Grundsätzen der Guten Herstellungspraxis erfolgen (vgl. Abschnitt 15.1.2.5). Diese Herstellungserlaubnis ist daher eigenständig neben der arzneimittelrechtlichen Zulassung zu beantragen.

17 Regulatorische Sonderwege zur Gewährleistung der Versorgung

Nachdem die Anforderungen und Verfahrensschritte des regulären Produktentwicklungsprozesses von der präklinischen Entwicklung bis zur Marktzulassung dargestellt wurden, stellt sich die Frage, ob und inwieweit die Anwendung innovativer somatischer genomischer Therapien auch außerhalb dieses formalisierten Regulierungsrahmens möglich ist und welche regulatorischen Unterschiede bestehen (vgl. Tabelle 17.1).

Insbesondere im Bereich patientenindividuell hergestellter somatischer genomischer Therapien ist relevant, ob das Arzneimittelrecht Instrumente bereithält, die eine zeitnahe Anwendung ermöglichen, ohne dass die umfassenden Anforderungen des regulären Zulassungsverfahrens vollständig durchlaufen werden müssen. Im extremen Fall der Entwicklung eines Arzneimittels für nur einen einzigen Patienten (n = 1)[1] käme allenfalls eine Zulassung unter außergewöhnlichen Umständen in Betracht, bei der die Durchführung klinischer Studien ausnahmsweise vollständig erlassen werden kann.

Entsprechend würde ein institutionalisierter rechtlicher Rahmen für solche Therapien bisher fehlen und lediglich durch die Ausnahmetatbestände des Arzneimittelrechts für atypische Fälle aufgefangen werden. Deshalb sind adäquate regulatorische Sonderwege für die Frage nach der Wettbewerbsfähigkeit des Forschungs-, Medizin- und Versorgungsstandorts Deutschland und der Europäischen Union im internationalen Vergleich insbesondere im Bereich der patientenindividuellen Medizin von besonderer Bedeutung, betreffen aber auch die Versorgung von Patientenkohorten.

---

[1] Vgl. Musunuru/Grandinette/Wang u. a., The New England Journal of Medicine 392 (2025), S. 2235 ff.; Kim/Hu/Moufawad El Achkar u. a., The New England Journal of Medicine 381 (2019), S. 1644 ff.

L. Pietrek, *Somatische genomische Therapien*,
https://doi.org/10.1007/978-3-658-52943-7_17

Tabelle 17.1 Herstellung und Herstellungsqualität bei somatischen genomischen Therapien (EU)

Art des Arzneimittels		Anwendungsbereich	Rechtsgrundlage	Qualitätsmaßstab
Marktzulassung	Arzneimittel	Industrielle oder gewerbliche Herstellung für Inverkehrbingen	§ 13 Abs. 1 Satz 1 AMG i. V. mit AMWHV Art. 40 Buchst. f) RL 2001/83/EG	Gute Herstellungspraxis
	ATMP		§ 13 Abs. 1 Satz 1 AMG i. V. mit AMWHV Art. 5 ATMP-VO	
Individueller Heilversuch	Arzneimittel	Inverkehrbringen im rechtfertigenden Notstand	§ 13 Abs. 1 Satz 1 AMG i. V. mit AMWHV Art. 40 Buchst. f) RL 2001/83/EG	Gute Herstellungspraxis
	ATMP		§ 13 Abs. 1 Satz 1 AMG i. V. mit AMWHV Art. 5 ATMP-VO	
Rezepturarzneimittel	Arzneimittel	Einzelanfertigung für bestimmte Patienten durch die Apotheke	§ 13 Abs. 2 Nr. 1 AMG i. V. mit ApoBetrO	Arzneibuch
	ATMP		§ 4b Abs. 1 Satz 1 Nr. 2 AMG	Gute Herstellungspraxis
Defekturarzneimittel	Arzneimittel	Herstellung in kleinen Mengen für den regelmäßigen Apothekenbedarf	§ 13 Abs. 2 Nr. 1 AMG i. V. mit ApoBetrO	Arzneibuch
	ATMP		§ 13 Abs. 2a Satz 1, Abs. 2 Nr. 1 AMG i. V. mit AMWHV	Gute Herstellungspraxis
Ärztliche Eigenherstellung	Arzneimittel	Therapeutische Anwendung	§§ 13 Abs. 2b Satz 1, 8 Abs. 1 Nr. 1 AMG	Arzneibuch
	ATMP		§ 13 Abs. 2b Satz 2 Nr. 1 AMG	Gute Herstellungspraxis
Prüfpräparate	Arzneimittel	Herstellung für klinische Prüfungen	Art. 63 Abs. 1 VO (EU) Nr. 536/2014	Gute Herstellungspraxis
	ATMP			

(Fortsetzung)

Tabelle 17.1 (Fortsetzung)

<table>
<tr><th colspan="2">Art des Arzneimittels</th><th>Anwendungsbereich</th><th>Rechtsgrundlage</th><th>Qualitätsmaßstab</th></tr>
<tr><td rowspan="2">Prüfpräparate (Defekturen- und Rezepturen)</td><td>Arzneimittel</td><td rowspan="2">Herstellung für klinische Prüfung in Deutschland durch die Apotheke für genehmigte Prüfzentren</td><td>§ 13 Abs. 2 Nr. 2a AMG i. V. mit ApoBetrO
Art. 61 Abs. 5 Buchst. b) VO (EU) Nr. 536/2014</td><td rowspan="2">Arzneibuch</td></tr>
<tr><td>ATMP</td><td>§ 13 Abs. 2a Satz 1, Abs. 2 Nr. 2a AMG i. V. mit ApoBetrO
Art. 61 Abs. 5 Buchst. b) VO (EU) Nr. 536/2014</td></tr>
</table>

17.1 Krankenhausausnahme (Hospital Exemption)

Neben dem zentralisierten Zulassungsverfahren besteht ausschließlich für Arzneimittel für neuartige Therapien die Möglichkeit, die sogenannte Krankenhausausnahme[2] (Hospital Exemption) in Anspruch zu nehmen. In diesem Fall ist der Anwendungsbereich des unionalen Arzneimittelrechts nicht eröffnet und ein Arzneimittel für neuartige Therapien darf ohne vorherige Genehmigung im zentralisierten Zulassungsverfahren abgegeben werden. Dies ist nur erlaubt, soweit das Arzneimittel für neuartige Therapien nicht routinemäßig hergestellt wird und auf individuelle ärztliche Verschreibung für einen einzelnen Patienten an ein Krankenhaus des Mitgliedstaates abgegeben wird, in dem die zuständige nationale Behörde dies genehmigt.[3] In Deutschland ist die Krankenhausausnahme in § 4b Abs. 3 AMG umgesetzt.

[2] Der Begriff ist insoweit irreführend, als nicht feststeht, ob eine Beschränkung auf die Anwendung des Arzneimittels im stationären Bereich unionsrechtlich zwingend vorgegeben ist; umfassend Pannenbecker, in: Kügel/Müller/Hofmann (Hrsg.), Arzneimittelgesetz, 2022, § 4b AMG, Rn. 17 f.

[3] Art. 3 Nr. 7 RL 2001/83/EG; in der Literatur wird diskutiert, ob ein ungeschriebenes Tatbestandsmerkmal besteht, dass die Krankenhausausnahme auf ATMP (keine) Anwendung finden kann, für deren Indikation bereits ein zugelassenes Arzneimittel auf dem Markt verfügbar ist; umfassend Schulz, in: Dederer/Herdegen/Spranger (Hrsg.), Biotechnologierecht, Lfg. 127, Art. 2 ATMP-VO, Rn. 10, m. w. N.; Pharmalex GmbH, Study on Hospital Exemption for ATMPs in Selected EU Countries, 2022, S. 14.

17.1.1 Arzneimittelrecht

In Deutschland ist für die Inanspruchnahme der Krankenhausausnahme ein Antrag beim Paul-Ehrlich-Institut zu stellen.[4] Es entscheidet hierüber innerhalb einer Frist von fünf Monaten.[5] Nach der deutschen Umsetzung in § 4b Abs. 3 AMG müssen Arzneimittel für neuartige Therapien erstens als individuelle[6] Zubereitung für einen einzelnen Patienten ärztlich verschrieben, zweitens nach spezifischen Qualitätsnormen[7] nicht routinemäßig hergestellt und drittens in einer spezialisierten Einrichtung der Krankenversorgung unter der fachlichen Verantwortung eines Arztes angewendet werden.[8] Herstellung, Verschreibung und Anwendung müssen vollständig im Inland erfolgen.[9]

Der Begriff der nicht-routinemäßigen Herstellung wird durch den Gesetzgeber nicht legaldefiniert, jedoch durch zwei Regelbeispiele konkretisiert.[10] Danach gelten Arzneimittel insbesondere dann als nicht routinemäßig hergestellt, wenn sie in so geringem Umfang hergestellt und angewendet werden, dass nicht zu erwarten ist, dass hinreichend klinische Erfahrung gesammelt werden kann, um das Arzneimittel umfassend bewerten zu können, oder wenn sie noch nicht in ausreichender Anzahl hergestellt und angewendet worden sind, sodass die für eine umfassende Bewertung notwendigen Erkenntnisse noch nicht erlangt werden konnten.[11] Der Anwendungsbereich der Vorschrift ist damit jedoch nicht auf diese Fallgruppen beschränkt. Zudem ist die unionsrechtliche Vorgabe nicht derart determiniert, dass diese Auslegung zwingend wäre.

---

[4] §§ 4b Abs. 3, 77 Abs. 2 AMG.

[5] §§ 4b Abs. 3 Satz 2, 21a Abs. 4 Satz 1 AMG.

[6] Entscheidend ist hierfür, ob die Verschreibung vor der Herstellung des Arzneimittels vorgelegen hat; Pannenbecker, in: Kügel/Müller/Hofmann (Hrsg.), Arzneimittelgesetz, 2022, § 4b AMG, Rn. 11; Rehmann, in: Rehmann (Hrsg.), Arzneimittelgesetz, 2020, § 4b AMG, Rn. 5.

[7] Gemeint ist damit die Einhaltung der Guten Herstellungspraxis (GMP), vgl. Kügel/Müller/Hofmann (Hrsg.), Arzneimittelgesetz, 2022, § 4b AMG, Rn. 14 f; Dettling, in: Zuck/Dettling (Hrsg.), Arzneimittelgesetz, 2021, § 4b AMG, Rn. 87 ff.

[8] § 4b Abs. 1 Satz 1 AMG.

[9] § 4b Abs. 1 Satz 1 AMG.

[10] Zu den möglichen Auslegungsergebnissen siehe Frenken/Lüttge, in: Dederer/Frenken (Hrsg.), Regulation of Genome Editing in Human iPS Cells, 2021, S. 57 f.

[11] § 4b Abs. 2 AMG.

17.1.1.1 Reduzierte Anforderungen an das wissenschaftliche Erkenntnismaterial

Der Antrag ist von den in §§ 4b Abs. 3 Satz 2 und 3, 21a Abs. 2 Satz 1 AMG genannten Angaben und Unterlagen zu begleiten. Hierzu zählen insbesondere Ergebnisse pharmazeutischer und vorklinischer Untersuchungen sowie eine Nutzen-Risiko-Bewertung.[12]

Allerdings ist der materiellrechtliche Maßstab für die Erteilung einer Genehmigung nach § 4b Abs. 3 AMG erheblich reduziert.[13] Für Arzneimittel für neuartige Therapien genügt es, dass deren Funktionalität für die vorgesehene Indikation nachvollziehbar dargelegt wird und plausibel erscheint (Evidenzmaßstab), dass der potenzielle Schaden der Anwendung geringer wiegt als der zu erwartende Nutzen.[14] Eine vorherige Durchführung umfangreicher klinischer Prüfungen ist nicht zwingend erforderlich (Evidenzumfang).[15] Die Genehmigung kann vielmehr bereits allein auf Grundlage präklinischer Daten erteilt werden; im Einzelfall kann sogar auf umfassende nicht-klinische Daten verzichtet werden (Evidenzumfang).[16]

Damit gelten ein Evidenzmaßstab und Evidenzumfang, der deutlich unterhalb desjenigen des regulären arzneimittelrechtlichen Zulassungsverfahrens liegt und auch hinter den Privilegierungstatbeständen und besonderen Zulassungsarten. Während etwa im Rahmen der bedingten Zulassung lediglich auf klinische Daten der Phase-III-Studien verzichtet werden kann und bei der Zulassung unter außergewöhnlichen Umständen eine ausdrückliche Begründung erforderlich ist, weshalb vollständige Daten dauerhaft nicht vorgelegt werden können (vgl. Abschnitt 16.3), ist eine Genehmigung nach § 4b Abs. 3 AMG unter geringeren Voraussetzungen möglich.

---

[12] §§ 4b Abs. 3 Satz 2, 21a Abs. 2 Satz 1 Nr. 8, 9 und 11 AMG.

[13] §§ 4b Abs. 3 Satz 2, 21a Abs. 3 Satz 1 AMG.

[14] Pannenbecker, in: Kügel/Müller/Hofmann (Hrsg.), Arzneimittelgesetz, 2022, § 21a AMG, Rn. 5.

[15] Pannenbecker, in: Kügel/Müller/Hofmann (Hrsg.), Arzneimittelgesetz, 2022, § 21a AMG, Rn. 12; Frenken/Lüttge, in: Dederer/Frenken (Hrsg.), Regulation of Genome Editing in Human iPS Cells, 2021, S. 60.

[16] Vgl. BT-Drucks. 16/5443, S. 58.

17.1.1.2 Herstellung und Gute Herstellungspraxis (GMP)

Für die Herstellung von Arzneimitteln für neuartige Therapien, die im Rahmen der Krankenhausausnahme abgegeben werden sollen, ist eine Herstellungserlaubnis erforderlich; zudem müssen die Grundsätze der Guten Herstellungspraxis eingehalten werden.[17]

Die Anwendung der Guten Herstellungspraxis weist im Kontext der Krankenhausausnahme jedoch ein erhebliches Potenzial für Vollzugsunterschiede zwischen den Mitgliedstaaten auf. Dieses ergibt sich daraus, dass für ATMP grundsätzlich der risikobasierte Ansatz (RBA) gilt, der eine einzelfallorientierte und flexible Auslegung der GMP-Vorgaben erlaubt (vgl. Abschnitt 15.1.2.5.5.1). Die Genehmigung der Abgabe und Herstellung liegt im Rahmen der Krankenhausausnahme jedoch ausschließlich in der Hand der Mitgliedstaaten,[18] während bei zugelassenen ATMP zumindest die Marktzulassung zentralisiert durch die Europäische Arzneimittelagentur überprüft wird (vgl. Abschnitt 16.2.1).[19]

Der risikobasierte Ansatz (RBA) schafft deshalb zwischen den einzelnen Mitgliedstaaten der Europäischen Union einen erheblichen Spielraum für Abweichungen im Vollzug der Krankenhausausnahme. In den geführten Experteninterviews wurde bestätigt, dass in der Praxis tatsächliche solche Unterschiede bestehen. So wurde berichtet, dass insbesondere Spanien und die Niederlande im Rahmen der Krankenhausausnahme erleichterte Anforderungen zulassen, während andere Mitgliedstaaten – darunter insbesondere Deutschland – eine vergleichsweise strenge Handhabung verfolgen.

---

[17] Vgl. Art. 3 Nr. 7 Abs. 2 RL 2001/83/EG; Dettling, in: Zuck/Dettling (Hrsg.), Arzneimittelgesetz, 2021, § 4b AMG, Rn. 87 ff.; Pannenbecker, in: Kügel/Müller/Hofmann (Hrsg.), Arzneimittelgesetz, 2022, § 4b AMG, Rn. 20; BT-Drucks. 16/12256, S. 43; Heßhaus, in: Spickhoff (Hrsg.), Medizinrecht, 2022, § 4b AMG, Rn. 3; Frenken/Lüttge, in: Dederer/Frenken (Hrsg.), Regulation of Genome Editing in Human iPS Cells, 2021, S. 58; siehe aber auch Rehmann, in: Rehmann (Hrsg.), Arzneimittelgesetz, 2020, § 4b AMG, Rn. 6 und 10; Schulz, in: Dederer/Herdegen/Spranger (Hrsg.), Biotechnologierecht, Lfg. 127, Art. 1 ATMP-VO, Rn. 12.

[18] Art. 3 Nr. 7 Abs. 2 RL 2001/83/EG.

[19] Dieses Phänomen lässt sich anhand bereits identifizierter Vollzugsunterschiede hinsichtlich der Entnahme von Zellen und Geweben bei der Herstellung von zellbasierten somatischen genomischen Therapien durch Heilberufsträger exemplifizieren, siehe Frenken/Lüttge, in: Dederer/Frenken (Hrsg.), Regulation of Genome Editing in Human iPS Cells, 2021, S. 43.

17.1.2 Gentechnikrecht

Eine Freisetzungsgenehmigung für Arzneimittel für neuartige Therapien, die gentechnisch veränderte Organismen enthalten oder aus diesen bestehen, entfällt im Rahmen der Krankenhausausnahme. Stattdessen ergeht die Genehmigung nach § 4b Abs. 3 AMG des Paul-Ehrlich-Instituts im Benehmen mit dem Bundesamt für Verbraucherschutz und Lebensmittelsicherheit (BVL).[20] Die Genehmigung zur Abgabe des Arzneimittels für neuartige Therapien darf zudem nur erteilt werden, wenn zuvor eine Umweltverträglichkeitsprüfung nach der Richtlinie 2001/18/EG durchgeführt wurde (vgl. Abschnitt 15.2.2) und nach dem Stand der Wissenschaft keine unvertretbaren schädlichen Auswirkungen auf die Gesundheit Dritter oder die Umwelt zu erwarten sind.[21]

17.2 Compassionate Use

Eine weitere Möglichkeit, Patienten den Zugang zu noch nicht zugelassenen innovativen Therapien zu eröffnen, besteht im sog. Compassionate Use. Dieses Instrument ermöglicht es den EU-Mitgliedstaaten, zentral zulassungsfähige Humanarzneimittel aus humanitären Erwägungen einer Patientengruppe zur Verfügung zu stellen, die an einer zu schwerer Invalidität führenden oder lebensbedrohlichen Erkrankung leidet und für die eine zufriedenstellende Behandlung mit einem zugelassenen Arzneimittel nicht möglich ist.[22]

17.2.1 Vorverlagerung der erlaubten Abgabe im Produktentwicklungsprozess

Voraussetzung ist, dass das betreffende Arzneimittel sich entweder in einem zentralisierten Genehmigungsverfahren befindet oder Gegenstand einer noch nicht abgeschlossenen klinischen Prüfung ist.[23] Da Sicherheit und Wirksamkeit des Arzneimittels in nachvollziehbarer Weise belegt sein müssen,[24] kommen

---

[20] § 4b Abs. 4 Satz 1 und 2 AMG.

[21] § 4b Abs. 4 Satz 3 AMG; Pannenbecker, in: Kügel/Müller/Hofmann (Hrsg.), Arzneimittelgesetz, 2022, § 4b AMG, Rn. 41 f.

[22] Art. 83 Abs. 1 und 2 VO (EG) Nr. 726/2004.

[23] Art. 83 Abs. 2 Satz 2 VO (EG) Nr. 726/2004.

[24] § 3 Abs. 2 Nr. 8 AMHV.

in der Praxis ausschließlich Arzneimittel in einem weit fortgeschrittenen Entwicklungsstadium in Betracht, typischerweise solche mit bereits vorhandenen konfirmatorischen Studiendaten.[25] Eine Aufnahme in ein Härtefallprogramm allein auf Grundlage von Phase-I-Daten wäre aus diesem Grund jedenfalls nicht möglich, weil hier regelmäßig nur die Verträglichkeit geprüft wird (vgl. Abschnitt 13.3).

17.2.2 Härtefallprogramme in Deutschland

Die Durchführung des Compassionate-Use-Programms erfolgt in Deutschland über sog. Härtefallprogramme nach der Arzneimittel-Härtefall-Verordnung[26] (AMHV).[27] Das Verfahren ist als Anzeigeverfahren ausgestaltet. Der pharmazeutische Unternehmer hat das beabsichtigte Härtefallprogramm der zuständigen Bundesoberbehörde (BfArM oder dem PEI) anzuzeigen.[28] Der Anzeige sind die erforderlichen Unterlagen gemäß § 3 Abs. 2 AMHV beizufügen. Es sind unter anderem Angaben zu genehmigten klinischen Prüfungen, zum Stand eines etwaigen Zulassungsantrags sowie zur Herstellung beizufügen.[29] Handelt es sich um ein Arzneimittel, das gentechnisch veränderte Organismen enthält oder aus diesen besteht, muss vor Beginn des Härtefallprogramms eine Umweltverträglichkeitsprüfung nach der Richtlinie 2001/18/EG durchgeführt worden sein.[30] Eine gesonderte Freisetzungsgenehmigung ist jedoch grundsätzlich entbehrlich, sofern die Bundesoberbehörde bereits eine klinische Prüfung mit demselben Arzneimittel genehmigt hat.[31]

Nach Bestätigung des Eingangs und der Vollständigkeit der Anzeige darf das Härtefallprogramm durchgeführt werden, sofern die Bundesoberbehörde nicht innerhalb von zwei Wochen ab Eingang der vollständigen Unterlagen widerspricht.[32] Bei ATMP oder bei Arzneimitteln, zu denen bislang keine klinische

[25] Pannenbecker, Pharma Recht 47 (2025), S. 454, 456.

[26] Verordnung über das Inverkehrbringen von Arzneimitteln ohne Genehmigung oder ohne Zulassung in Härtefallen (Arzneimittel-Härtefall-Verordnung – AMHV) vom 14.07.2010, BGBl. I S. 935.

[27] §§ 21 Abs. 2 Nr. 3 AMG, 1 ff. AMHV.

[28] § 3 Abs. 1 Satz 1 AMHV.

[29] § 3 Abs. 2 Nr. 7 und 10 Buchst. a) und c) AMHV.

[30] § 3 Abs. 2 Nr. 11 AMHV.

[31] § 4 Abs. 3 Satz 5 Satz 1 AMHV.

[32] § 4 Abs. 2 und 1 Satz 1 AMHV.

Prüfung genehmigt wurde, kann die Behörde sich eine längere, jedoch maximal 60-tägige Prüfungsfrist vorbehalten.[33] Ein Widerspruch durch die Bundesoberbehörde ist nur zulässig, wenn die gesetzlichen Voraussetzungen nicht vorliegen, die Angaben des Antragstellers unrichtig erscheinen oder eine sichere Anwendung des Arzneimittels nicht gewährleistet ist.[34]

17.2.3 Kohortenbeschränkung und Unentgeltlichkeit

Unionsrechtlich ist vorgesehen, dass die Abgabe des Arzneimittels ausschließlich an eine Gruppe von Patienten erfolgen darf.[35] Für den individuellen Einsatz eines nicht zugelassenen Arzneimittels bei nur einem einzelnen Patienten ist dieses Instrument deshalb in Härtefallprogrammen nicht vorgesehen.[36] Für patientenindividuelle Therapien oder sehr kleine Patientengruppen, zu denen somatische genomische Therapien häufig zählen, bietet der Compassionate Use daher keine echte Versorgungsalternative.[37] Nach der deutschen Umsetzung trägt zudem der Antragsteller sämtliche Kosten des Härtefallprogramms.[38] Diese Finanzierungslast begrenzt die praktische Relevanz von Härtefallprogrammen erheblich, insbesondere bei hochpreisigen Arzneimittelinnovationen wie somatischen genomischen Therapien, deren Preise im Millionenbereich liegen können.

---

[33] § 4 Abs. 4 AMHV.

[34] § 4 Abs. 2 Satz 2 AMHV

[35] Art. 83 Abs. 2 VO (EG) Nr. 726/2004.

[36] Vgl. Art. 83 Abs. 2 VO (EG) Nr. 726/2004; §§ 1 Abs. 2, 2 Abs. 2 AMHV; in der Schlussfassung des Pharma-Pakets ist eine Ausweitung des Compassionate-Use auf einzelne Patienten nun vorgesehen, vgl. Council of the European Union, Regulation laying down Union procedures for the authorisation and supervision of medicinal products for human use and establishing rules governing the European Medicines Agency, 2023/0131 (COD), (https://data.consilium.europa.eu/doc/document/ST-6366-2026-INIT/en/pdf), Art. 26 Abs. 2 (geprüft am 12.03.2026).

[37] Weil für die Abgabe im Rahmen des Compassionate Use bereits klinische Studien erfolgt sein müssen, könnte der Fall eintreten, dass die Abgabe solcher somatischen genomischen Therapien, die eine kausale statt symptomatische Wirkung haben, die Patientenpopulation dergestalt reduziert, dass außerhalb der klinischen Studie nur ein einziger Patient übrig bleibt, der beispielsweise die Einschlusskriterien nicht erfüllt hat.

[38] § 4 Abs. 1 Satz 1 AMHV.

17.3 Ärztliche Eigenherstellung und Anwendung

Neben den allgemeinen Ausnahmetatbeständen von der allgemeinen Zulassungspflicht besteht im deutschen Arzneimittelrecht die Möglichkeit einer zulassungsfreien ärztlichen Eigenherstellung mit anschließender Anwendung des Arzneimittels.

17.3.1 Schlüsselbegriff: Inverkehrbringen

Grundlage hierfür ist die Systematik des Arzneimittelgesetzes (präziser: Gesetz über den Verkehr mit Arzneimitteln), die sowohl das verwaltungsrechtliche Zulassungserfordernis als auch die Strafvorschriften an das „Inverkehrbringen" als tatbestandliche Handlung anknüpft. Ausschließlich das Inverkehrbringen von Fertigarzneimitteln bedarf einer arzneimittelrechtlichen Zulassung.[39] Entsprechend ist auch nur das Inverkehrbringen eines Fertigarzneimittels ohne arzneimittelrechtliche Zulassung strafbewehrt.[40] Inverkehrbringen umfasst das Vorrätighalten zum Verkauf oder zur sonstigen Abgabe, das Feilhalten, das Feilbieten sowie die Abgabe an andere.[41]

Maßgebliche Voraussetzung für das Eingreifen dieser Normen ist daher eine Abgabe des Arzneimittels an Dritte oder eine auf eine solche Abgabe gerichtete Vorbereitungshandlung.[42] Wird ein Arzneimittel hingegen lediglich hergestellt und vom Hersteller selbst im eigenen Verantwortungsbereich angewendet, ohne dass es zu einer Übertragung der tatsächlichen Verfügungsgewalt an eine andere Person kommt, fehlt es an einer Abgabe oder einer entsprechenden Vorbereitungshandlung. Entsprechend liegt kein Inverkehrbringen im Sinne des Gesetzes vor.[43]

---

[39] § 21 Abs. 1 AMG.

[40] § 96 Nr. 5 AMG.

[41] § 4 Abs. 17 AMG.

[42] Für ATMP ergeben sich insoweit keine Besonderheiten, da allein die Abgabe eines nach § 4b Abs. 3 AMG genehmigungsbedürftigen Arzneimittels ohne die erforderliche Genehmigung nach § 96 Nr. 1 AMG strafbewehrt ist; vgl. Dettling, in: Zuck/Dettling (Hrsg.), Arzneimittelgesetz, 2021, § 4b AMG, Rn. 104.

[43] Wesser, in: Kloesel/Cyran (Hrsg.), Arzneimittelrecht Kommentar, 140. Aktualisierungslieferung, 2024, § 4 AMG, Anm. 9h; Pfohl, in: Erbs/Kohlhaas (Hrsg.), Strafrechtliche Nebengesetze, 259. Ergänzungslieferung, 2025, § 4 AMG, Rn. 33; Bock, Der Rechtsrahmen für Arzneimittel für neuartige Therapien auf unionaler und nationaler Ebene, 2012, S. 105; Pabel, Neue Juristische Wochenschrift 42 (1989), S. 759, 760.

Der Arzt kann sich dabei auch ihm unmittelbar unterstellten Personals bedienen (vertikale Verantwortungsteilung), die Herstellung jedoch nicht aus seinem eigenen Verantwortungsbereich abgeben (horizontale Verantwortungsteilung).[44]

Daraus folgt, dass eine (ärztliche) Eigenherstellung, bei der das Präparat unmittelbar vom behandelnden Arzt hergestellt und ohne Zwischenschritte am Patienten angewendet wird, nicht der arzneimittelrechtlichen Zulassungspflicht unterliegt. Auch strafrechtliche Konsequenzen wegen Inverkehrbringens ohne Zulassung treten nicht ein, weil weder der objektive Tatbestand der Abgabe noch eine sonstige Vorbereitungshandlung verwirklicht wird.

17.3.2 Überwachung und Pharmakovigilanz

Solche Fallgestaltungen bleiben jedoch nicht gänzlich unreguliert, sondern werden durch die Überwachungs- und Pharmakovigilanzvorschriften des Arzneimittelgesetzes aufgefangen. Betriebe, Einrichtungen und selbstständige Personen, die Arzneimittel entwickeln, herstellen, klinisch prüfen, prüfen, lagern, verpacken, einführen, in den Verkehr bringen oder mit ihnen handeln, haben dies vor Aufnahme der Tätigkeit der zuständigen Landesbehörde anzuzeigen.[45] Insofern wäre bereits die Entwicklung, Herstellung oder Lagerung einer somatischen genomischen Therapie anzeigepflichtig.

Seit 2019 gelten durch das Gesetz für mehr Sicherheit in der Arzneimittelversorgung[46] zudem verschärfte Überwachungs- und Pharmakovigilanzpflichten für weder zulassungs- noch genehmigungspflichtige Arzneimittel für neuartige Therapien, die insbesondere Fallkonstellationen der Herstellung und Anwendung ohne vorherige Genehmigung erfassen sollen.[47] Die Herstellung und Anwendung eines solchen Arzneimittels für neuartige Therapien ist dem Paul-Ehrlich-Institut unverzüglich nach der Anwendung anzuzeigen.[48] Darüber hinaus bestehen besondere Dokumentationspflichten beim Verdacht auf Nebenwirkungen sowie eine unverzügliche Anzeigepflicht gegenüber der zuständigen Behörde,

[44] Krüger, in: Fuhrmann/Klein/Fleischfresser (Hrsg.), Arzneimittelrecht, 2020, § 14, Rn. 60.

[45] § 67 Abs. 1 Satz 1 und 4 AMG; bei Vorliegen einer Herstellungserlaubnis entfällt diese Pflicht gemäß § 67 Abs. 2 AMG.

[46] BGBl. I 2019 Nr. 30, S. 1202.

[47] BR-Drucks. 53/19, S. 52.

[48] § 67 Abs. 9 Satz 1 AMG.

wenn schwerwiegende Nebenwirkungen auftreten.[49] Weil der Anwendungsbereich auf Arzneimittel für neuartige Therapien beschränkt ist, werden nur solche somatischen genomischen Therapien erfasst, die entsprechend klassifiziert werden können (vgl. Tabelle 8.1).

17.3.3 Herstellung und Gute Herstellungspraxis

Die gewerbs- oder berufsmäßige Herstellung von Arzneimitteln oder bestimmten Wirkstoffen bedarf grundsätzlich einer Herstellungserlaubnis der nach Landesrecht zuständigen Behörde, in deren Zuständigkeitsbereich sich die Herstellungsstätte befindet.[50] Von der Herstellungserlaubnispflicht ausgenommen sind jedoch Personen, die Arzt, Zahnarzt oder zur Ausübung der Heilkunde bei Menschen befugt sind, soweit sie Arzneimittel unter ihrer unmittelbaren fachlichen Verantwortung zum Zweck der persönlichen Anwendung bei einem bestimmten Patienten herstellen.[51] Wenn keine Abgabe des Arzneimittels, sondern ausschließlich die Anwendung am Patienten erfolgt, werden privilegierte Berufsträger somit auch von dem Erfordernis einer Herstellungserlaubnis befreit.[52] Die erlaubnisfreie Herstellung ist jedoch den zuständigen Landesbehörden anzuzeigen.[53]

17.3.3.1 Arzneibuchqualität statt Gute Herstellungspraxis

In diesen Fällen findet zudem die AMWHV grundsätzlich keine Anwendung.[54] Folglich unterliegt die Herstellung durch privilegierte Heilberufsträger

[49] § 63j Abs. 1 Satz 1 AMG.

[50] §§ 13 Abs. 1 Satz 1 Nr. 1, Abs. 4 Satz 1, 20a AMG.

[51] § 13 Abs. 2b Satz 1 AMG.

[52] Anhalt/Lützeler, in: Dieners/Reese (Hrsg.), Handbuch des Pharmarechts, 2010, § 8, Rn. 55 f.; Wesser, in: Kloesel/Cyran (Hrsg.), Arzneimittelrecht Kommentar, 140. Aktualisierungslieferung, 2024, § 4 AMG, Rn. 9h.

[53] § 67 Abs. 2 AMG.

[54] § 1 Abs. 2 Nr. 1 AMWHV; Krüger, in: Fuhrmann/Klein/Fleischfresser (Hrsg.), Arzneimittelrecht, 2020, § 15, Rn. 4.

regelmäßig[55] nicht den Vorgaben der Guten Herstellungspraxis, soweit das Arzneimittel am Patienten angewendet werden soll.[56]

Unberührt bleibt jedoch das Verbot des § 8 Abs. 1 Nr. 1, wonach Arzneimittel oder Wirkstoffe nicht abweichend von den anerkannten pharmazeutischen Regeln hergestellt werden dürfen, sofern die Abweichung die Qualität[57] nicht unerheblich mindert.[58] Nicht unerheblich ist die Qualitätsminderung insbesondere dann, wenn der therapeutische Erfolg nicht mehr gewährleistet wäre, etwa infolge unzutreffender Wirkstoffgehalte, Verunreinigungen oder mangelnder Haltbarkeit.[59] Die anerkannten pharmazeutischen Regeln verlangen zwar grundsätzlich nicht die Einhaltung der Guten Herstellungspraxis, jedoch müssen Arzneimittel jedenfalls Arzneibuchqualität erreichen.[60] Hierzu sind je nach Einzelfall die einschlägigen Monographien heranzuziehen. Eine Herstellung in Reinräumen nach den Grundsätzen der Guten Herstellungspraxis kann im Rahmen der ärztlichen Eigenherstellung aber beispielsweise nicht durch die zuständige Landesbehörde angeordnet werden, soweit nicht ausnahmsweise eine einschlägige Monographie

---

[55] Trotz fehlender Anwendbarkeit der AMWHV können die Grundsätze der Guten Herstellungspraxis die anerkannten pharmazeutischen Regeln für die Herstellung eines Produkts darstellen, so dass auch im Rahmen der ärztlichen Eigenherstellung die Grundsätze der Guten Herstellungspaxis heranzuziehen sind; vgl. VGH Baden-Württemberg, Urteil vom 24.04.2024 – 9 S 2412/22, Rn. 73 ff.; es sei zudem auf das Verbot nach § 55 Abs. 8 Satz 1 AMG verwiesen, das nur für bestimmte Herstellungsschritte, dafür jedoch ohne den Erheblichkeitsvorbehalt gilt.

[56] E contrario § 13 Abs. 1 Satz 2 AMWHV; VGH Baden-Württemberg, Urteil vom 24.04.2024 – 9 S 2412/22, Rn. 93 f.

[57] Qualität ist die Beschaffenheit eines Arzneimittels, die nach Identität, Gehalt, Reinheit, sonstigen chemischen, physikalischen, biologischen Eigenschaften oder durch das Herstellungsverfahren bestimmt wird; § 4 Abs. 15 AMG.

[58] VGH Baden-Württemberg, Urteil vom 24.04.2024 – 9 S 2412/22, Rn. 51 f.; die Herstellung qualitativ minderwertiger Arzneimittel ist zudem gemäß §§ 95 Abs. 1 Nr. 3a Var. 1, 8 Abs. 1 Nr. 1 AMG unter Strafe gestellt.

[59] Pfohl, in: Erbs/Kohlhaas (Hrsg.), Strafrechtliche Nebengesetze, 259. Ergänzungslieferung, 2025, § 8 AMG, Rn. 6; Stollmann, in: Kloesel/Cyran (Hrsg.), Arzneimittelrecht Kommentar, § 139. Aktualisierungslieferung, 2023, § 8 AMG, Anm. 18.

[60] Vgl. Pfohl, in: Erbs/Kohlhaas (Hrsg.), Strafrechtliche Nebengesetze, 259. Ergänzungslieferung, 2025, § 8 AMG, Rn. 5; Heßhaus, in: Spickhoff (Hrsg.), Medizinrecht, 2022, § 8 AMG, Rn. 3; Rehmann, in: Rehmann (Hrsg.), Arzneimittelgesetz, 2020, § 8 AMG, Rn. 2; Nickel, in: Kügel/Müller/Hofmann (Hrsg.), Arzneimittelgesetz, 2022, § 8 AMG, Rn. 8 f; Stollmann, in: Kloesel/Cyran (Hrsg.), Arzneimittelrecht Kommentar, § 139. Aktualisierungslieferung, 2023, § 8 AMG, Anm. 17; VGH Baden-Württemberg, Urteil vom 24.04.2024 – 9 S 2412/22, Rn. 51.

des Arzneibuchs auf die Reinraumvorschriften des EU-GMP-Leitfadens verweist (vgl. Abschnitt 15.1.2.5.4.2).[61]

17.3.3.2 Arzneimittel für neuartige Therapien

Für Arzneimittel für neuartige Therapien entfallen diese Privilegierungen. Denn die Herstellung eines Arzneimittels für neuartige Therapien bedarf auch im Rahmen der ärztlichen Eigenherstellung und Anwendung am Patienten einer Herstellungserlaubnis.[62] Die Erlaubnis wird nur erteilt, wenn der Antragsteller nachweist, dass die Herstellung den jeweils geltenden Regeln von Wissenschaft und Technik entspricht.[63] Zudem ist der Anwendungsbereich der AMWHV eröffnet.[64] Dies bedeutet, dass auch Ärzte, Krankenhäuser und Apotheken, die Arzneimittel für neuartige Therapien gewerbsmäßig oder berufsmäßig herstellen, stets den Anforderungen den hohen und kostenintensiven Qualitätsstandards der Guten Herstellungspraxis genügen müssen (vgl. Abschnitt 15.1.2.5).[65]

In der Schlussfassung des Pharma-Pakets wurde der Tatbestand der Krankenhausausnahme zudem erweitert und stellt nun die Herstellung und Anwendung („manufacturing and use") unter einen Genehmigungsvorbehalt.[66] Das Hinzufügen des Tatbestandsmerkmals der Anwendung („and use") im Gesetzgebungsverfahren würde künftig die Möglichkeit der ärztlichen Eigenherstellung von Arzneimitteln für neuartige Therapien (ATMP) prima facie unionsrechtlich sperren. Es käme damit nicht mehr auf die Abgabe eines Arzneimittels für neuartige Therapien (ATMP) an, denn jede Anwendung einer solchen somatischen genomischen Therapie im Anwendungsbereich der Krankenhausausnahme müsste durch die nationalen Arzneimittelbehörden genehmigt werden.

---

[61] VGH Baden-Württemberg, Urteil vom 24.04.2024 – 9 S 2412/22, Rn. 90.

[62] § 13 Abs. 2a Satz 1 Var. 6 AMG; vgl. BVerwG, Urteil vom 03.09.2020 – 3 C 10/18, Rn. 16 f. – juris; OVG Lüneburg, Urteil vom 11.07.2023 – Rs. 14 LC 44/22, Rn. 13–15 – juris; Krüger, in: Fuhrmann/Klein/Fleischfresser (Hrsg.), Arzneimittelrecht, 2020, § 14, Rn. 48; BT-Drucks. 17/12256, S. 45 f.

[63] § 14 Abs. 1 Nr. 6a AMG.

[64] § 1 Abs. 2 Nr. 1 AMWHV.

[65] § 13 Abs. 1 Satz 2 AMWHV; vgl. BVerwG, Urteil vom 03.09.2020 – 3 C 10/18, Rn. 13 – juris; VG Köln, Urteil vom 12.06.2018 – 7 K 6685/15, Rn. 53; Krüger, in: Fuhrmann/Klein/Fleischfresser (Hrsg.), Arzneimittelrecht, 2020, § 14, Rn. 173; Kügel, in: Kügel/Müller/Hofmann (Hrsg.), Arzneimittelgesetz, 2022, § 14 AMG, Rn. 35; Anhalt/Lützeler, in: Dieners/Reese (Hrsg.), Handbuch des Pharmarechts, 2010, § 8, Rn. 78.

[66] Council of the European Union, Directive on the Union code relating to medicinal products for human use, 2023/0132 (COD), 2026 (https://data.consilium.europa.eu/doc/document/ST-6367-2026-INIT/en/pdf), Art. 2 Abs. 1 und 2 (geprüft am 12.03.2026); siehe aber auch Art. 1 Abs. 2, auf den Art. 2 Abs. 1 nicht verweist.

17.3.4 Gentechnikrecht

Enthält das Arzneimittel gentechnisch veränderte Organismen oder besteht es aus diesen, unterliegt seine Herstellung und Anwendung den Vorgaben des Gentechnikgesetzes. Die Herstellung einer entsprechenden somatischen genomischen Therapie stellt stets eine gentechnische Arbeit dar und muss folglich in einer gentechnischen Anlage erfolgen, die je nach Risikoklasse angezeigt, angemeldet oder genehmigt ist (vgl. Abschnitt 14.2).[67]

Für die Anwendung des Arzneimittels kann darüber hinaus – abhängig vom konkreten Einzelfall – eine Freisetzungsgenehmigung erforderlich sein, die in Deutschland vom Bundesamt für Verbraucherschutz und Lebensmittelsicherheit (BVL) zu erteilen ist (vgl. Abschnitt 15.2).[68] Weil im Fall der ärztlichen Eigenherstellung keine arzneimittelrechtliche Zulassung erteilt wird, liegt auch keine integrierte Freisetzungsgenehmigung vor.[69]

17.4 Individueller Heilversuch

Nach den Grundsätzen der ärztlichen Eigenherstellung ist eine Anwendung eines nicht zugelassenen Arzneimittels nur zulässig, wenn das hergestellte Präparat den Verantwortungsbereich des behandelnden Arztes nicht verlässt und damit kein Inverkehrbringen im Sinne des § 4 Abs. 17 AMG stattfindet. Kann oder will der Arzt das Arzneimittel jedoch nicht selbst herstellen und erfolgt deshalb eine Abgabe durch einen Dritten, wird das Arzneimittel in den Verkehr gebracht und unterliegt damit der strafbewehrten arzneimittelrechtlichen Zulassungspflicht.[70] Gleichwohl können in akuten, lebensbedrohlichen Situationen therapeutische Erwägungen gebieten, eine noch nicht zugelassene Therapie anzuwenden, obwohl die Herstellung arbeitsteilig erfolgt und damit ein Inverkehrbringen stattfindet.

Diese Fallkonstellationen werden unter dem Begriff des individuellen Heilversuchs zusammengefasst. Eine gesetzliche Definition existiert nicht. Nach allgemeiner Auffassung umfasst der individuelle Heilversuch Maßnahmen der medizinischen Behandlung, die von den etablierten medizinischen Standards

[67] § 8 Abs. 1 und 2 GenTG; Prütting, in: Kloesel/Cyran (Hrsg.), Arzneimittelrecht Kommentar, 140. Aktualisierungslieferung, 2024, § 13 AMG, Rn. 27.

[68] §§ 14 Abs. 1 Satz 1 Nr. 1, 31 Satz 2, 3 Nr. 2 Buchst. a) GenTG.

[69] Die Freisetzungsrichtlinie sieht insoweit eine entsprechende Pflicht zur Anwendung des unionalen Gentechnikrechts vor, soweit eine Zulassung nicht erteilt wurde, siehe Art. 12 Abs. 1 und 2 RL 2001/18/EG.

[70] §§ 96 Nr. 5, 21 Abs. 1 Satz 1 AMG.

abweichen, nicht zu Forschungszwecken durchgeführt werden und ausschließlich dem unmittelbaren Wohl des einzelnen Patienten dienen.[71] Er stellt in rechtlicher Hinsicht lediglich eine[72] dogmatische Figur dar, deren Voraussetzungen bis heute nicht konturenscharf geklärt sind.[73]

17.4.1 Abgabe im rechtfertigenden Notstand

Der individuelle Heilversuch beschreibt arzneimittelrechtlich folgende rechtliche Konstellation: Erfolgt die Abgabe eines zulassungspflichtigen, aber nicht zugelassenen Arzneimittels an oder durch den behandelnden Arzt, kann die grundsätzlich strafbare Handlung des Inverkehrbringens ausnahmsweise durch den rechtfertigenden Notstand nach § 34 StGB[74] gerechtfertigt sein.[75] Dies ist nur möglich, soweit es sich um eine gegenwärtige, nicht anders abwendbare Gefahr für Leib oder Leben eines Patienten handelt.[76] Darüber hinaus muss eine Interessenabwägung zwischen den betroffenen Rechtsgütern – das Wohl des Patienten auf der einen und die Sicherheit des Arzneimittelverkehrs auf der anderen Seite – das verbotene Inverkehrbringen rechtfertigen.[77]

Insofern kann etwa ein Arzt einen Hersteller um die Abgabe eines bislang nicht zugelassenen Arzneimittels bitten, wenn ein Patient lebensbedrohlich erkrankt ist und die Standardtherapien entweder nicht anwendbar oder bereits ausgeschöpft sind. In einer solchen Ausnahmesituation tritt das Bedürfnis nach Strafe hinter dem Schutz des Patientenwohls zurück. Die normative Funktion der arzneimittelrechtlichen Zulassung, nämlich die vorgelagerte Prüfung der Vertretbarkeit der Abgabe eines grundsätzlich gefährlichen Produkts durch einen unabhängigen Dritten, wird in diesen Fällen durch andere rechtliche Maßstäbe kompensiert. Die Anwendung einer derart experimentellen Therapie unterliegt

---

[71] Pannenbecker, Pharma Recht 47 (2025), S. 353, m. w. N.

[72] Der „individuelle Heilversuch" stellt keine einheitliche dogmatische Figur dar, sondern ist durch unterschiedliche höchstrichterliche Rechtsprechungslinien in verschiedenen Rechtsgebieten und Lebenssachverhalten konturiert worden.

[73] OLG Frankfurt, Urteil vom 03.04.2025 – 6 Ukl 2/25, Rn. 25 f. – juris.

[74] Strafgesetzbuch (StGB) in der Fassung der Bekanntmachung vom 13.11.1998 (BGBl. I S. 3322), zuletzt geändert durch Art. 2 Abs. 2 Zweites Gesetz zur Änderung des Schwangerschaftskonfliktgesetzes vom 07.11.2024 (BGBl. 2024 I Nr. 351).

[75] §§ 96 Nr. 5, 21 Abs. 1 Satz 1 AMG; bei einer Einfuhr nach Deutschland aus Drittstaaten kann eine Genehmigung nach § 72 Abs. 1 und 2 AMG beantragt werden.

[76] § 34 Satz 1 StGB.

[77] § 34 Satz 2 und 3 StGB.

stattdessen den berufsrechtlichen Grenzen des Arztes, den vertraglichen Pflichten und Verschuldensmaßstäben aus dem Behandlungsvertrag sowie den strafrechtlichen Voraussetzungen, etwa an die informierte Einwilligung (informed consent) des Patienten in die potenzielle Körperverletzung und dem Verbot der Anwendung bedenklicher Arzneimittel (vgl. Abbildung 17.1).[78]

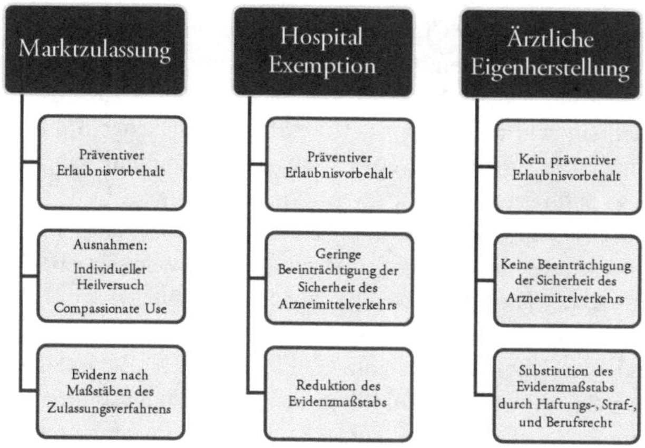

Abbildung 17.1 Marktzulassung, Krankenhausausnahme und ärztliche Eigenherstellung

17.4.2 Abgrenzung: Therapie oder Forschung?

Neben dem Inverkehrbringen eines nicht zugelassenen, aber zulassungspflichtigen Arzneimittels ist auch die Durchführung einer nicht genehmigten klinischen Prüfung strafbewehrt.[79] Entsprechend erweist sich die Abgrenzung des individuellen Heilversuchs von der klinischen Forschung als besonders problematisch,[80]

[78] Das strafbewehrte Verbot nach §§ 95 Nr. 1, 5 Abs. 1 AMG beschränkt sich nicht nur auf das Inverkehrbringen bedenklicher Arzneimittel (Alt. 1), sondern erfasst auch deren Anwendung (Alt. 2); die Einbeziehung einer Ethik-Kommission ist in Deutschland aufgrund des ärztlichen Berufsrechts beispielsweise ein solches Substrat, vgl. Müller-Terpitz, in: Fehse/Schickl/Bartfeld u. a. (Hrsg.), Gen- und Zelltherapie 2.023 – Forschung, klinische Anwendung und Gesellschaft, 2023, S. 255.

[79] §§ 96 Nr. 10, 40 Abs. 1 AMG.

[80] Pannenbecker, Pharma Recht 47 (2025), S. 353, 356 f.

insbesondere wenn es sich um hochinnovative Produkte handelt, die keine erstmalige Zulassung erhalten haben. Der behandelnde Arzt setzt sich in solchen Fällen dem Risiko aus, dass ihm – aufgrund des bei experimentellen Therapien regelmäßig zu erwartenden Erkenntnisgewinns – ein Vorsatz zur Durchführung einer nicht genehmigten klinischen Prüfung vorgeworfen wird. Besonders kritisch sind dabei sog. Heilversuchsreihen, also die wiederholte Anwendung derselben experimentellen Therapie bei mehreren Patienten.[81]

Da der Vorsatz eine innere Tatsache darstellt, ist er anhand äußerlich feststellbarer Umstände nachzuweisen. In der Literatur wird für die Abgrenzung bislang überwiegend auf Kriterien abgestellt, die sich an den Standards der evidenzbasierten Medizin und an der typischen Struktur klinischer Studien nach dem RCT-Goldstandard[82] orientieren, etwa wenn die Behandlung randomisiert wird, die Ergebnisse publiziert werden oder ein Prüfplan vorliegt.[83]

Dieser Ansatz ist jedoch vor den aktuellen Entwicklung im Bereich der klinischen Forschung kritisch zu hinterfragen. Gerade im Bereich somatischer genomischer Therapien werden zunehmend alternative Evidenzformen diskutiert und teilweise bereits regulatorisch anerkannt, etwa die Einbeziehung von sog. Real-World-Evidence[84] in arzneimittelrechtliche Zulassungsverfahren.[85] Würde jedoch eine Anwendung im klinischen Behandlungskontext allein deshalb als „Forschung" qualifiziert, weil ihre Daten später im arzneimittelrechtlichen

---

[81] Pannenbecker, Pharma Recht 47 (2025), S. 353, 357.

[82] Der RCT-Goldstandard bezeichnet die randomisierte, kontrollierte klinische Studie, bei der die Zuteilung der Probanden zu Behandlungs- und Kontrollgruppen zufällig erfolgt, um Verzerrungen auszuschließen und kausale Zusammenhänge zwischen Intervention und Wirkung möglichst zuverlässig zu belegen. Randomisiert bedeutet, dass die Zuteilung der Studienteilnehmer zu den Behandlungs- oder Kontrollgruppen nach dem Zufallsprinzip erfolgt, um systematische Verzerrungen (Bias) zu vermeiden. Kontrolliert bedeutet, dass die Wirkung der geprüften Intervention mit einer Vergleichsbedingung (Kontrollgruppe) abgeglichen wird, die entweder ein Placebo, keine Behandlung (watchful waiting) oder eine etablierte Standardtherapie erhält, um den spezifischen Effekt der Intervention ermitteln zu können.

[83] Pannenbecker, Pharma Recht 47 (2025), S. 353, 357, m. w. N.

[84] Real-World Evidence bezeichnet die aus Real-World Data, also routinemäßig anfallenden, nicht unter kontrollierten Studienbedingungen von Patienten erhobenen Gesundheitsdaten abgeleiteten Erkenntnisse über die Wirksamkeit, Sicherheit oder Nutzung eines Arzneimittels.

[85] Vgl. U.S. Food and Drug Administration, Considerations for the Use of Real-World Data and Real-World Evidence to Support Regulatory Decision-Making for Drug and Biological Products, 2023 (https://www.fda.gov/media/171667/download) (geprüft am 24.10.2025); Wang/Pinheiro/Hua u. a., British Medical Journal (Clinical Research Edition) 372 (2021), m4856; weiterführend Wicherski/Haenisch, Bundesgesundheitsblatt 67 (2024), S. 149 ff.

Zulassungsverfahren verwertet werden könnten, verlören die herkömmlichen Abgrenzungskriterien ihre praktische Tragfähigkeit.

Insoweit verschwimmen die Grenzen zwischen Therapie und Forschung bereits heute, da der RCT-Goldstandard für somatische genomische Therapien vielfach nicht realisierbar ist. Diese Entwicklung könnte deshalb zu erheblichen Rechtsunsicherheiten im Bereich individueller Heilversuche führen, die aus arzneimittelrechtlicher Perspektive nur in Ausnahmefällen eine strafrechtliche Rechtfertigung für das Inverkehrbringen nicht zugelassener Arzneimittel darstellen. Deutschland fehlt es insoweit an einem institutionalisierten Rechtsrahmen, der behandelnden Ärzten verlässliche Rechtssicherheit bietet und der angesichts der absehbaren Veränderungen in der klinischen Forschungslandschaft zunehmend unter Druck geraten dürfte.

Dies gilt insbesondere vor dem Hintergrund, dass somatische genomische Therapien in einzelnen Fällen patientenindividuell, d. h. als maßgeschneiderte n = 1-Therapien, hergestellt werden können.[86] Da für solche Produkte regelmäßig keinerlei klinische Studien vorliegen, stellt sich in besonderer Schärfe die Frage, ob nicht bereits die Anwendung selbst die Voraussetzungen einer klinischen Prüfung erfüllt und damit die einschlägigen Schutzmechanismen – insbesondere die vorherige Genehmigung sowie die Einbeziehung einer Ethik-Kommission – auslösen müssten, weil der potenzielle Erkenntnisgewinn gegenüber der individuellen Therapiezielsetzung überwiegt.

17.4.3 Beschränkter Anwendungsbereich bei Arzneimitteln für neuartige Therapien

In der Vergangenheit wurde vereinzelt die Frage aufgeworfen, ob für eine strafrechtliche Rechtfertigung nach § 34 StGB im Rahmen eines individuellen Heilversuchs überhaupt noch ein Anwendungsbereich verbleibt, wenn für das betreffende Arzneimittel bereits ein Compassionate-Use-Programm besteht.[87]

---

[86] Vgl. Musunuru/Grandinette/Wang u. a., The New England Journal of Medicine 392 (2025), S. 2235 ff.; Kim/Hu/Moufawad El Achkar u. a., The New England Journal of Medicine 381 (2019), S. 1644 ff.

[87] Fehn/Koyuncu/Meyer, Pharma Recht 36 (2014), S. 91 ff.; durch die Ausweitung des Compassionate-Use auf Einzelpatienten in der Schlussfassung des Pharma-Pakets gewinnt diese Frage an neuer Bedeutung, vgl. Council of the European Union, Regulation laying down Union procedures for the authorisation and supervision of medicinal products for human use and establishing rules governing the European Medicines Agency, 2023/0131 (COD), (https://data.consilium.europa.eu/doc/document/ST-6366-2026-INIT/en/pdf),

Eine vergleichbare Konstellation stellt sich im Kontext der Krankenhausausnahme nach § 4b Abs. 3 AMG. Die Abgabe eines Arzneimittels für neuartige Therapien ohne vorherige Genehmigung nach § 4b Abs. 3 Satz 1 AMG ist strafbewehrt, sofern der Tatbestand eröffnet ist, also eine nicht routinemäßige Herstellung und Abgabe im Inland als individuelle Zubereitung für einen einzelnen Patienten nach ärztlicher Verschreibung erfolgt.[88]

Obwohl die Beeinträchtigung der Sicherheit des Arzneimittelverkehrs in diesen Fällen gering erscheint – insbesondere weil das Produkt nicht routinemäßig hergestellt wird und für einen einzelnen Patienten individuell zubereitet wird –, unterwirft § 4b Abs. 3 Satz 1 AMG Arzneimittel für neuartige Therapien einem besonderen Genehmigungserfordernis, das an die Stelle der allgemeinen arzneimittelrechtlichen Zulassungspflicht tritt.[89] Wenn jedoch bereits die Verschreibung für einen einzelnen Patienten und die hierauf bezogene individuelle Zubereitung dazu führt, dass die Abgabe des Arzneimittels genehmigungsbedürftig wird, kann die bloße Absicht, einen erkrankten Patienten im Einzelfall mit einem nicht genehmigten ATMP zu behandeln, eine Rechtfertigung nach § 34 StGB nicht begründen. Denn dieser Zustand bildet den Normalfall des Anwendungsbereichs der Norm, und eine derartige Rechtfertigung würde das strafbewehrte Verbot entsprechend vollständig aushöhlen.

Dies gilt umso mehr, als der materiellrechtliche Maßstab für die Erteilung der Genehmigung nach § 4b Abs. 3 AMG gegenüber dem regulären arzneimittelrechtlichen Zulassungsverfahren erheblich abgesenkt ist (vgl. Abschnitt 17.1.1.1). Da diese Genehmigung in bestimmten Fällen sogar allein auf Grundlage präklinischer Daten erteilt werden kann (vgl. Abschnitt 17.1.1.1), erscheint es im Rahmen der Güterabwägung des § 34 StGB kaum noch nachvollziehbar zu begründen, weshalb die Einholung der Genehmigung vor der Abgabe nicht erfolgen sollte.

Damit verbleibt nur ein eng begrenzter Raum für eine strafrechtlich gerechtfertigte Abgabe eines Arzneimittels für neuartige Therapien ohne Genehmigung. Wenn überhaupt ein Restspielraum für eine Rechtfertigung verbleibt, wäre dieser auf Situationen schwerster und unmittelbar lebensbedrohlicher Gefahren beschränkt, in denen ein Abwarten der Genehmigungsentscheidung unter

Art. 26 Abs. 2 (geprüft am 12.03.2026); eine Güterabwägung zu Gunsten der Versorgung einzelner Patienten mit nicht zugelassenen Arzneimitteln unterläge nach dieser Fassung denselben Maßstäben wie die Versorgung von Kohorten.

[88] § 96 Nr. 1 AMG.

[89] Im Fall der Krankenhausausnahme wird gemäß § 4b Abs. 1 Satz 1 AMG der vierte Abschnitt des Arzneimittelgesetzes (§§ 21 bis 37 AMG) unanwendbar, sodass auch die Zulassungspflicht nach § 21 Abs. 1 Satz 1 AMG entfällt.

keinem vertretbaren Gesichtspunkt zumutbar erscheint.[90] Die Herstellung und Anwendung wäre dem Paul-Ehrlich-Institut in diesem Fall unverzüglich nach der Anwendung anzuzeigen und unterläge den besonderen Pharmakovigilanzvorschriften für ATMP (vgl. Abschnitt 17.3.3.2).[91]

Im Ergebnis können somatische genomische Therapien, die einen ATMP-Status aufweisen (vgl. Tabelle 8.1), im Rahmen individueller Heilversuche nur unter erheblich strengeren Voraussetzungen abgegeben werden.[92] Vor diesem

[90] Dies wird durch die Schlussfassung des Pharma-Pakets dahingehend verschärft, dass künftig nicht mehr die Sicherheit des Arzneimittelverkehrs als kollektives Rechtsgut mit dem Bedürfnis nach Versorgung des Einzelpatienten abgewogen werden würde. Denn die Krankenhausausnahme würde künftig nicht mehr die Abgabe, sondern die Herstellung und Anwendung („manufacturing and use“) eines Arzneimittels unter einen Genehmigungsvorbehalt stellen, vgl. Council of the European Union, Directive on the Union code relating to medicinal products for human use, 2023/0132 (COD), 2026 (https://data.consilium.europa.eu/doc/document/ST-6367-2026-INIT/en/pdf), Art. 2 Abs. 2 (geprüft am 12.03.2026). Insofern schützt die Krankenhausausnahme nicht mehr (ausschließlich) die Sicherheit des Arzneimittelverkehrs, sondern verlegt die Entscheidung über die Vertretbarkeit der Arzneimitteltherapie in den Prüfungsumfang der Arzneimittelbehörde statt des behandelnden Arztes. Insofern ließe sich die Frage aufwerfen, ob in diesem Fall überhaupt noch eine Abwägung von Rechtsgütern stattfinden kann, weil sowohl die ärztliche als auch die behördliche Bewertung der Vertretbarkeit der Arzneimitteltherapie demselben Schutzgut, d. h. dem individuellen Versorgungsbedürfnis des Patienten, dienen. Ein rechtfertigender Notstand käme allenfalls noch in Betracht, soweit eine behördliche Bewertung verfahrensrechtlich unmöglich einzuholen wäre, weil der Gesundheitszustand des Patienten entsprechend lebensbedrohlich ist oder schwerwiegende Gesundheitsschäden zu erwarten sind, soweit keine unmittelbare Herstellung und Anwendung des Medikaments erfolgen würde. Der deutsche Gesetzgeber dürfte zudem nicht nach Art. 3 Abs. 1 der vorgeschlagenen Richtlinie von diesem Genehmigungserfordernis individueller Heilversuche mit ATMP abweichen, soweit der Anwendungsbereich der Krankenhausausnahme nach Art. 2 Abs. 1 eröffnet ist, weil nach dem ausdrücklichen Willen des Unionsgesetzgebers ausschließlich Art. 2 als lex specialis in solchen Fällen heranzuziehen ist. Abschließend ist allerdings darauf hinzuweisen, dass der Anwendungsbereich der Richtlinie weiterhin ein „Inverkehrbringen“ eines Arzneimittels voraussetzen würde, weshalb eine ausschließliche Herstellung und Anwendung (sog. ärztliche Eigenherstellung) insoweit nicht vom Anwendungsbereich erfasst sein dürfte, und folglich keiner Genehmigung nach der Krankenhausausnahme bedürfen sollte, vgl. Council of the European Union, Directive on the Union code relating to medicinal products for human use, 2023/0132 (COD), 2026 (https://data.consilium.europa.eu/doc/document/ST-6367-2026-INIT/en/pdf), Art. 1 Abs. 1 und 2 sowie Art. 2 Abs. 1 („by way of derogation from Article1(1)“) (geprüft am 12.03.2026).

[91] § 67 Abs. 9 Satz 1 AMG.

[92] Entsprechend ist bei somatischen genomischen Therapien, die Arzneimittel für neuartige Therapien sind (vgl. Tabelle 8.1), die ärztliche Eigenherstellung und unmittelbare Anwendung die rechtlich sicherere Handlungsoption, weil insoweit keine Güterabwägung vorgenommen wird (vgl. Abschnitt 17.3). Jedoch muss der behandelnde Arzt in diesem Fall das

Hintergrund erweist sich die in der Literatur verbreitete Bezeichnung des § 4b Abs. 3 AMG als „Krankenhausausnahme" wiederum als irreführend: Sie suggeriert einen Privilegierungstatbestand, obgleich die Norm zugleich eine erhebliche regulatorische Verschärfung für den Umgang mit Arzneimitteln für neuartige Therapien etabliert.

17.4.4 Herstellung und Gute Herstellungspraxis

Da im Rahmen eines individuellen Heilversuchs stets eine Abgabe des Arzneimittels an den Arzt oder den Patienten erfolgt, ist eine Herstellung ohne Herstellungserlaubnis auch für privilegierte Berufsträger ausgeschlossen.[93] Folglich ist eine Herstellungserlaubnis im Rahmen individueller Heilversuche stets erforderlich, und es findet die AMWHV Anwendung, sodass die Grundsätze der Guten Herstellungspraxis zwingend einzuhalten sind (vgl. Abschnitt 17.3.3).[94]

Selbst wenn eine strafbewehrte Herstellung ohne Herstellungserlaubnis im Einzelfall durch einen rechtfertigenden Notstand nach § 34 StGB gedeckt sein würde,[95] bleibt das gesonderte, eigenständig strafbewehrte Verbot bestehen, Arzneimittel unter erheblicher Minderung ihrer Qualität abweichend von den anerkannten pharmazeutischen Regeln herzustellen.[96] Insoweit wären zumindest die Arzneibuchstandards einzuhalten.[97]

Arzneimittel selbst herstellen (können) und benötigt eine entsprechende Herstellungserlaubnis (§ 13 Abs. 2b Satz 2 Nr. 1 Alt. 1 AMG).

[93] § 13 Abs. 2b Satz 1 AMG.

[94] §§ 1 Abs. 2 Nr. 1, 13 Abs. 1 Satz 2 AMWHV; vgl. VG Köln, Urteil vom 12.06.2018 – 7 K 6685/15, Rn. 53; Krüger, in: Fuhrmann/Klein/Fleischfresser (Hrsg.), Arzneimittelrecht, 2020, § 14, Rn. 173; Kügel, in: Kügel/Müller/Hofmann (Hrsg.), Arzneimittelgesetz, 2022, § 14 AMG, Rn. 35; Anhalt/Lützeler, in: Dieners/Reese (Hrsg.), Handbuch des Pharmarechts, 2010, § 8, Rn. 78.

[95] §§ 96 Nr. 4, 13 Abs. 1 Satz 1 AMG.

[96] §§ 95 Nr. 3a, 8 Abs. 1 Nr. 1 AMG.

[97] Vgl. Pfohl, in: Erbs/Kohlhaas (Hrsg.), Strafrechtliche Nebengesetze, 259. Ergänzungslieferung, 2025, § 8 AMG, Rn. 5; Heßhaus, in: Spickhoff (Hrsg.), Medizinrecht, 2022, § 8 AMG, Rn. 3; Rehmann, in: Rehmann (Hrsg.), Arzneimittelgesetz, 2020, § 8 AMG, Rn. 2; Nickel, in: Kügel/Müller/Hofmann (Hrsg.), Arzneimittelgesetz, 2022, § 8 AMG, Rn. 8 f; Stollmann, in: Kloesel/Cyran (Hrsg.), Arzneimittelrecht Kommentar, 139. Aktualisierungslieferung, 2023, § 8 AMG, Anm. 17; VGH Baden-Württemberg, Urteil vom 24.04.2024 – 9 S 2412/22, Rn. 51, 90.

17.4.5 Gentechnikrecht

Eine Freisetzung gentechnisch veränderter Organismen sowie der Betrieb einer gentechnischen Anlage ohne die jeweils erforderliche Genehmigung sind strafbewehrt.[98] Fehlen die unter Umständen erforderlichen Genehmigungen im Rahmen eines individuellen Heilversuchs, soweit die somatische genomische Therapien gentechnisch veränderte Organismen enthält oder aus diesen besteht (vgl. Tabelle 11.1), käme zwar auch insoweit eine Rechtfertigung nach § 34 StGB in Betracht. Die dabei vorzunehmende Güterabwägung des Lebens und der körperlichen Unversehrtheit des Patienten wäre jedoch nicht mit der Sicherheit des Arzneimittelverkehrs, sondern mit den durch das Gentechnikrecht geschützten Rechtsgütern, namentlich dem Umwelt- und Arbeitsschutz, vorzunehmen.

17.5 Herstellung und Abgabe im Apothekenbetrieb

Eine weitere Möglichkeit, somatische genomische Therapien ohne vorheriges Zulassungsverfahren an Patienten zu bringen, eröffnen die apothekenrechtlichen Privilegierungstatbestände der Rezeptur- und Defekturherstellung.[99]

17.5.1 Rezepturarzneimittel

Das Inverkehrbringen von Arzneimitteln bedarf nur dann einer vorherigen Genehmigung, wenn es sich bei dem betreffenden Produkt um ein Fertigarzneimittel handelt.[100] Von Fertigarzneimitteln sind Rezepturarzneimittel im Sinne von § 1a Abs. 8 ApoBetrO[101] abzugrenzen. Sie werden in der Apotheke nicht im Voraus, sondern jeweils aufgrund einer ärztlichen Verschreibung oder einer sonstigen Anforderung für eine bestimmte Person hergestellt. Erfolgt die Herstellung nicht im industriellen Maßstab, sondern im Rahmen der gewerblichen Tätigkeit der Apotheke, liegt deshalb kein zulassungspflichtiges Fertigarzneimittel vor (vgl. Kapitel 16).

---

[98] § 39 Abs. 2 GenTG.

[99] Diese Darstellung zur Reichweite des Rezeptur- und Defekturprivilegs wurde bereits in einer ähnlichen Fassung veröffentlicht, siehe Pietrek, Phagentherapeutika – Herstellung, Zulassung und Erstattung, 2025, S. 32 ff.

[100] § 21 Abs. 1 Satz 1 AMG.

[101] Verordnung über den Betrieb von Apotheken (Apothekenbetriebsordnung – ApoBetrO) in der Fassung der Bekanntmachung vom 26.09.1995, BGBl. I S. 1195.

Eine Ausnahme gilt jedoch, wenn das Rezepturarzneimittel zugleich als Arzneimittel für neuartige Therapien einzustufen ist und damit § 4b Abs. 1 Satz 1 AMG unterfällt. Zwar werden solche Arzneimittel für neuartige Therapien aufgrund der ausdrücklichen Nichtanwendbarkeit des Vierten Abschnitts des Arzneimittelgesetzes nicht der Zulassungspflicht unterworfen.[102] Stattdessen greift aber die Genehmigungspflicht nach § 4b Abs. 3 Satz 1 AMG, soweit das betreffende Produkt an Dritte abgegeben wird. Der Wortlaut des § 4b Abs. 3 Satz 1 AMG beschränkt sich aber nicht auf Fertigarzneimittel, sondern erfasst alle Arzneimittel. Das apothekenrechtliche Privileg des zulassungsfreien Inverkehrbringens von Rezepturarzneimitteln greift für somatische genomische Therapien mit ATMP-Status (vgl. Tabelle 8.1) daher im Anwendungsbereich der Krankenhausausnahme nicht.[103]

17.5.2 Defekturarzneimittel

Für somatische genomische Therapien, die als Fertigarzneimittel einzustufen sind (vgl. Kapitel 16), kann im Rahmen der Herstellung durch Apotheken eine weitere Ausnahme von der Zulassungspflicht bestehen. Sie wird als sog. Defekturherstellung bezeichnet. Danach dürfen Apotheken im Rahmen des üblichen Apothekenbetriebs aufgrund nachweislich häufiger ärztlicher Verordnung bis zu 100 abgabefertige Packungen eines Arzneimittels pro Tag herstellen, die zur Abgabe an Endverbraucher bestimmt sind.[104] Die häufige ärztliche Verordnung ist durch die Apotheke zu belegen; nach der Rechtsprechung können hierfür bereits 20 Verordnungen pro Monat als ausreichend angesehen werden.[105]

17.5.2.1 Herstellung im „Rahmen des üblichen Apothekenbetriebs"

Problematisch ist die Auslegung des Tatbestandsmerkmals „im Rahmen des üblichen Apothekenbetriebs“ gemäß § 21 Abs. 2 Nr. 1 AMG. Teilweise wird eine restriktive Auslegung vertreten, wonach Defekturarzneimittel nur dann zulässig hergestellt und in Verkehr gebracht werden dürfen, wenn es sich nicht um

[102] Im Fall der Krankenhausausnahme wird gemäß § 4b Abs. 1 Satz 1 AMG der vierte Abschnitt des Arzneimittelgesetzes (§§ 21 bis 37 AMG) unanwendbar, sodass auch die Zulassungspflicht nach § 21 Abs. 1 Satz 1 AMG entfällt.

[103] Vgl. Dettling, in: Zuck/Dettling (Hrsg.), Arzneimittelgesetz, 2021, § 4b AMG, Rn. 99; Faltus, Pharma Recht (45) 2023, S. 679, 685.

[104] § 21 Abs. 2 Nr. 1 AMG.

[105] OLG München, Urteil vom 23.02.2006 – 6 U 3721/05, Rn. 73 – juris.

unerforschte oder nicht zugelassene Arzneimittel handelt.[106] Nach anderer Auffassung ist das Merkmal hingegen lediglich dahingehend zu verstehen, dass eine Belieferung anderer Apotheken ausgeschlossen sein soll.[107] Eine weitergehende Beschränkung, etwa in dem Sinne, dass Apotheken gentechnisch veränderte Arzneimittel nicht im Wege der Defektur herstellen dürften, weil hierfür besondere technische Ausstattung erforderlich wäre, die typischerweise nicht vorhanden ist, ließe sich dieser Ansicht folgend aus dem Tatbestandsmerkmal nicht ableiten.[108]

17.5.2.2 Auslegung nach Wortlaut, Systematik sowie Sinn und Zweck

Der Wortlaut lässt zunächst die Auslegung zu, dass nur die Menge der hergestellten Arzneimittel im Rahmen des üblichen Apothekenbetriebs liegen muss. Der Wortlaut lässt aber auch zu, dass die qualitative Beschaffenheit der Arzneimittel in der Weise maßgebend ist, dass nur solche Arzneimittel als Defekturen hergestellt werden dürfen, die üblicherweise im Rahmen des Apothekenbetriebs hergestellt werden. Gegen dieses zweite Verständnis spricht bereits die Unbestimmtheit des anzulegenden Maßstabs. Unklar bliebe, ob sich der „übliche Apothekenbetrieb" auf die konkret herstellende Apotheke, auf den bundesweiten Durchschnitt oder im unionsrechtlichen Kontext sogar auf sämtliche Apotheken innerhalb der Europäischen Union beziehen soll.

Für eine enge Auslegung des Tatbestandsmerkmals spricht jedoch die Systematik der Norm. Die Zulassungspflicht des § 21 Abs. 1 AMG bildet den Regelfall, während § 21 Abs. 2 Nr. 1 AMG eine Ausnahmevorschrift darstellt, die grundsätzlich restriktiv auszulegen ist.[109] Eine enge Auslegung erscheint insbesondere dort geboten, wo die Gefahr einer Umgehung der arzneimittelrechtlichen Zulassung durch arbeitsteilige Konstruktionen zwischen pharmazeutischen Unternehmern und Apotheken besteht.[110] Diese Überlegung greift jedoch nicht in

---

[106] Schickert/Welter-Birk, Pharma Recht 47 (2025), S. 70, 76; entsprechend soll auch eine Rezepturherstellung nicht zugelassener Arzneimittel rechtlich nicht möglich sein; in diesem Fall müsste eine Herstellung zentral zulassungspflichtiger Arzneimittel zwingend als industrielle Herstellung im Sinne des § 4 Abs. 1 Satz 1 Var. 2 AMG ausgelegt werden.

[107] Dettling/Apeltauer, in: Zuck/Dettling (Hrsg.), Arzneimittelgesetz, 2021, § 21 AMG, Rn. 111 ff.; EuGH, Urteil vom 16.07.2015 – C 544/13 und C-545/13, Rn. 67 ff. = Pharma Recht 47 (2015), S. 436, 443.

[108] Vgl. VG Köln, Urteil vom 14.10.2014 – 7 K 368/13, Rn. 115 – juris.

[109] Vgl. EuGH, Urteil vom 16.07.2015 – C 544/13 und C 545-13, Rn. 54 = Pharma Recht 47 (2015), S. 436, 442.

[110] VG Köln, Urteil vom 14.10.2014 – 7 K 368/13, Rn. 16-21 – juris = Pharma Recht 47 (2015), S. 315, 316.

Fällen, in denen die Apotheke das betreffende Arzneimittel vollständig selbst herstellt und damit keine Umgehungsstrukturen für unberechtigte Dritte geschaffen werden. Denn in diesem Fall sprechen Sinn und Zweck der Norm für einen weiten Anwendungsbereich, der eine umfassende Herstellung von Defekturen zulässt, die nicht zugelassene, aber zulassungspflichtige Arzneimittel einschließt.

17.5.2.2.1 Normzweck: Ärztliche Therapiefreiheit

Der Zweck der Regelung liegt in der Sicherung der ärztlichen Therapiefreiheit.[111] Der behandelnde Arzt soll bei der Wahl einer zweckmäßigen Therapie nicht davon abhängig sein, ob ein pharmazeutischer Unternehmer aus wirtschaftlichen Erwägungen bereit ist, ein bestimmtes Arzneimittel zur Zulassung zu bringen. Dies lässt sich exemplarisch an Kinderarzneimitteln verdeutlichen, bei denen häufig mangels wirtschaftlicher Rentabilität keine Zulassungsanträge gestellt werden und therapeutische Entscheidungen daher regelmäßig auf Off-Label-Anwendungen beruhen. Trotz fehlender Zulassung kann ein solches Arzneimittel im Einzelfall die medizinisch notwendige und zweckmäßige Therapie darstellen.[112]

Eine enge Auslegung der Defektur- und Rezepturausnahme, die das Inverkehrbringen bestimmter Arzneimittel faktisch der pharmazeutischen Industrie vorbehielte, könnte die grundrechtlich geschützte ärztliche Therapiefreiheit mittelbar in ihrem Wesensgehalt beeinträchtigen. Dies gilt insbesondere vor dem Hintergrund, nach dem die Abgabe von Arzneimitteln in Deutschland grundsätzlich den Apotheken vorbehalten ist.[113] Eine eigenhändige Herstellung des erforderlichen Arzneimittels durch den Arzt mit anschließender unmittelbarer Abgabe an den Patienten ist daher grundsätzlich verboten (sog. ärztliches Dispensierverbot). Müsste die Apotheke vor der Abgabe eines entsprechenden Defekturarzneimittels zunächst die entsprechende arzneimittelrechtliche Zulassung abwarten oder sogar selbst beantragen, wäre die Durchführung der gebotenen Therapie für den

[111] Dettling/Köbler, in: Zuck/Dettling (Hrsg.), Arzneimittelgesetz, 2021, § 13 AMG, Rn. 434.

[112] Die unterlassene Verordnung eines Arzneimittels ohne entsprechende Zulassung kann arzthaftungsrechtlich sogar einen Behandlungsfehler darstellen, vgl. Dierks/Finn, in: Dieners/Reese (Hrsg.), Handbuch des Pharmarechts, 2010, § 7, Rn. 44.

[113] § 43 Abs. 1 Satz 1 Halbsatz 1 AMG; näher Sandrock/Nawroth, in: Dieners/Reese (Hrsg.), Handbuch des Pharmarechts, 2010, § 9, Rn. 97.

Arzt aufgrund des Apothekenvorbehalts rechtlich unmöglich, soweit er das Medikament nicht ausnahmsweise im Rahmen der ärztlichen Eigenherstellung selbst herstellt und unmittelbar anwendet (vgl. Abschnitt 17.3).

17.5.2.2.2 Restriktive Auslegung aufgrund reduzierter Forschungsanreize

Das Argument, eine enge Auslegung diene dem Schutz der Patienten vor den Gefahren unerforschter oder nicht zugelassener Arzneimittel, überzeugt deshalb ebenso nicht. Ein restriktives Verständnis der Ausnahme hätte vielmehr zur Folge, dass Patienten bestimmte Arzneimittel überhaupt nicht erhalten könnten, weil der Zugang faktisch von der Entscheidung pharmazeutischer Unternehmer abhängig wäre, ein Produkt zur Zulassung zu bringen. Insofern ist auch das Argument der Autoren, die für eine enge Auslegung plädieren, dass Patienten mit seltenen Leiden (Orphan Drugs) vollumfänglich im Rahmen der Defekturherstellung durch Apotheken versorgt werden könnten und damit der Forschungsanreiz ausgehöhlt werden würde,[114] tatsächlich kein Argument gegen, sondern für die weite Auslegung der Defekturausnahme. Denn das Marktexklusivitätsrecht aus Art. 8 Abs. 1 der Verordnung (EG) Nr. 141/2000 schützt den pharmazeutischen Unternehmer ausschließlich davor, dass eine Marktzulassung für ein ähnliches Produkt erteilt wird. Es verleiht ihm aber keinen Schutz davor, dass ein nicht zulassungspflichtiges Arzneimittel hergestellt, abgegeben oder angewendet werden darf. Eine solche Wirkung käme im Vergleich ausschließlich dem Patent zu, das in seinem Anwendungsbereich zudem wesentlich enger gefasst ist, und nur die genehmigten Patentansprüche, jedoch nicht die gesamte Indikation des betroffenen Arzneimittels vor ähnlichen Produkten schützt.[115] Wenn das Marktexklusivitätsrecht aus Art. 8 Abs. 1 der Verordnung (EG) Nr. 141/2000 einem Arzt die ärztliche Eigenherstellung und Anwendung am Patienten aber nicht verbieten kann, besteht auch kein besonderes Bedürfnis danach, den Apotheken als Vollzugshelfern der ärztlichen Therapiefreiheit die Rezeptur- und Defekturherstellung nicht zugelassener Arzneimittel zu untersagen. Es ist stattdessen dem Gesetzgeber überlassen, diese rechtliche Lücke nach seinen eigenen rechtspolitischen Erwägungen zu schließen.

[114] Schickert/Welter-Birk, Pharma Recht 47 (2025), S. 70, 76.

[115] §§ 9 Satz 2, 14 Satz 1 Patentgesetz (PatG) in der Fassung der Bekanntmachung vom 16.12.1980 (BGBl. 1981 I S. 1) zuletzt geändert durch Art. 26 Viertes Bürokratieentlastungsgesetz vom 23.10.2024 (BGBl. 2024 I Nr. 323).

17.5.2.2.3 Restriktive Auslegung aufgrund der Patientensicherheit

Zudem besteht kein feststellbares Bedürfnis die Patientensicherheit zwingend zusätzlich abzusichern, dem durch eine restriktive Auslegung abgeholfen werden müsse. Defekturen dürfen nach der unionsrechtlichen Konzeption ausschließlich an Patienten abgegeben werden, die Kunden der herstellenden Apotheke sind, und gelangen daher nicht in den allgemeinen Warenverkehr.[116] Die Rezepturherstellung betrifft ohnehin nur die Person, für die eine ärztliche Verschreibung vorliegt.[117] Beide Ausnahmen dienen deshalb der Gewährleistung der Versorgungssicherheit.

Die Patientensicherheit wird in Bezug auf die Qualität bereits durch die apothekenrechtlichen Herstellungsvorschriften gewährleistet, deren Einhaltung im Rahmen der Defekturherstellung unionsrechtlich vorausgesetzt wird und im Rahmen der Rezepturherstellung der ärztlichen Verschreibung entsprechen muss.[118] Hinzu kommt, dass neue Wirkstoffe stets der Verschreibungspflicht unterliegen.[119] Die ärztliche Verordnung bildet somit das unabhängige fachliche Institut der Kontrolle, welches die Abgabe der Defektur bzw. Rezeptur und damit die Vertretbarkeit der nicht zugelassenen Arzneimitteltherapie im Hinblick auf ihre Wirksamkeit und Sicherheit prüft und genehmigt. Zudem besteht ohnehin ein indisponibler Mindestschutz zugunsten des Patienten, der auch den behandelnden Arzt und die Apotheken in ihrem Handeln einschränkt. Nach §§ 5 Abs. 1 und 8 Abs. 1 Nr. 1 AMG dürfen Arzneimittel nicht hergestellt, in Verkehr gebracht und angewendet werden, wenn sie bedenklich sind oder in ihrer Qualität nicht unerheblich gemindert sind und deshalb eine Gefahr für die Gesundheit der Patienten darstellen.

Im Ergebnis sprechen die überzeugenderen Argumente gegen eine restriktive Auslegung der Rezeptur- und Defekturausnahme. Apotheken dürfen somatische genomische Therapien folglich auch dann herstellen und abgeben, wenn für das betreffende Präparat bislang keine arzneimittelrechtliche Zulassung besteht.[120]

[116] Art. 3 Nr. 2 RL 2001/83/EG.

[117] Art. 3 Nr. 1 RL 2001/83/EG.

[118] Art. 3 Nr. 1 und 2 RL 2001/83/EG.

[119] § 48 Abs. 1 Satz 1 Nr. 2 AMG.

[120] Im Ergebnis zustimmend Rehmann, in: Rehmann (Hrsg.), Arzneimittelgesetz, 2020, § 4 AMG, Rn. 1, m. w. N.

17.5.2.3 Unionsrechtskonforme Auslegung

Das dargestellte Auslegungsergebnis könnte durch eine unionsrechtskonforme Auslegung modifiziert werden. Nach Art. 6 Abs. 1 der Richtlinie 2001/83/EG dürfen Arzneimittel grundsätzlich erst nach Erteilung einer behördlichen Genehmigung in den Verkehr gebracht werden. Allerdings erklärt Art. 3 Nr. 1 und 2 der Richtlinie den Humanarzneimittelkodex für nicht anwendbar auf Arzneimittel, die im Wege der Rezeptur- und Defekturherstellung zubereitet werden. Für diese Produkte entfällt daher das unionsrechtliche Erfordernis der Zulassung nach Art. 6 Abs. 1 der Richtlinie 2001/83/EG.

17.5.2.3.1 Anwendungsbereich des unionsrechtlichen Rezeptur- und Defekturprivilegs

Von Art. 3 Nr. 1 und 2 der Richtlinie 2001/83/EG unberührt bleibt jedoch Art. 3 Abs. 1 der Verordnung (EG) Nr. 726/2004. Danach dürfen sämtliche Arzneimittel, die unter den Anhang I dieser Verordnung fallen, ausschließlich dann in den Verkehr gebracht werden, wenn für sie eine Genehmigung nach der Verordnung (EG) Nr. 726/2004 erteilt wurde. Die Ausnahmevorschrift des Art. 3 Nr. 1 und 2 der Richtlinie 2001/83/EG erstreckt sich ihrem eindeutigen Wortlaut („Diese Richtlinie“) nach allein auf den Humanarzneimittelkodex und nicht auf die Verordnung (EG) Nr. 726/2004.[121] Das könnte bedeuten, dass Arzneimittel, die kraft Anhang I zwingend zentral zuzulassen sind, auch dann einer zentralen Genehmigung bedürfen, wenn sie als Rezeptur- oder Defekturarzneimittel in einer Apotheke hergestellt werden.[122]

Wäre dies der Fall, müsste das Tatbestandsmerkmal „im Rahmen des üblichen Apothekenbetriebs“ in § 21 Abs. 2 Nr. 1 AMG unionsrechtskonform dahin ausgelegt werden, dass eine Defekturherstellung von Arzneimitteln, die unter Anhang I der Verordnung (EG) Nr. 726/2004 fallen, nicht mehr als Herstellung „im Rahmen des üblichen Apothekenbetriebs“ qualifiziert werden kann.

Für eine solche Auslegung spricht prima facie, dass die Rechtsprechung die Zulässigkeit der Auseinzelung biotechnologisch hergestellter Arzneimittel in Fertigspritzen durch Dritte davon abhängig gemacht hat, ob der jeweilige Vorgang als „Herstellung“ im Sinne des Anhangs I der Verordnung (EG) Nr. 726/2004 einzustufen ist.[123] Eine vollständige Herstellung eines biotechnologischen Arzneimittels durch eine Apotheke und seine anschließende Abgabe könnte demnach erst recht im Rahmen eines Zulassungsverfahrens genehmigt

---

121 Vgl. auch OLG Hamburg, Urteil vom 24.02.2011 – 3 U 12/09, Rn. 28 – juris.

122 OLG Frankfurt, Urteil vom 03.04.2025 – 6 Ukl 2/25, Rn. 6 – juris.

123 Vgl. EuGH, Urteil vom 11.04.2013 – C-535/11, Rn. 37-41 – juris.

werden müssen, und deshalb nicht ohne arzneimittelrechtliche Zulassung durch Apotheken vorgenommen werden dürfen.[124]

17.5.2.3.2 Art. 3 Abs. 1 VO (EG) Nr. 726/2004: eine bloße Verfahrensvorschrift?

Dagegen spricht jedoch, dass Art. 3 Nr. 7 der Richtlinie 2001/83/EG im Rahmen der Krankenhausausnahme eine Ausnahme vom Anwendungsbereich des Humanarzneimittelkodex – und damit scheinbar auch von der Zulassungspflicht nach Art. 6 Abs. 1 RL 2001/83/EG – bei Arzneimitteln für neuartige Therapien anordnet. Gerade Arzneimittel für neuartige Therapien (ATMP) unterliegen aber nach Art. 3 Abs. 1 VO (EG) Nr. 726/2004 der obligatorischen zentralen Zulassungspflicht (vgl. Abschnitt 16.2.1.1.1). Soweit ATMP jedoch unter Art. 3 Nr. 7 Richtlinie 2001/83/EG fallen, gelten diese offensichtlich nicht mehr als zulassungspflichtig, weil die nationale Genehmigung im Rahmen der Krankenhausausnahme eine zentrale Zulassung ersetzen soll. In diesem Fall wird ausschließlich der Anwendungsbereich der Richtlinie 2001/83/EG nicht eröffnet. Unberührt bleibt der Anwendungsbereich der Verordnung (EG) Nr. 726/2004.

Dies legt nahe, dass Art. 3 Abs. 1 VO (EG) Nr. 726/2004 keine eigenständige, vom Humanarzneimittelkodex unabhängige materiell-rechtliche Zulassungspflicht anordnet, sondern lediglich verfahrensrechtliche Bedeutung hat. Die Norm beantwortet demnach nicht die Frage, ob ein Arzneimittel eine Genehmigung benötigt, sondern lediglich, wie ein zulassungspflichtiges Arzneimittel zuzulassen ist – nämlich im zentralisierten Verfahren.[125]

Diese Auslegung wird durch die Rechtsprechung des Gerichtshof der Europäischen Union gestützt, der im vorherigen Fall ebenso davon ausgegangen ist, dass die Ausnahmen vom Anwendungsbereich des Humanarzneimittelkodex im Rahmen der Zulassungspflicht (in diesem Fall Art. 5 Abs. 1 RL 2001/83/EG) grundsätzlich auch für Arzneimittel gelten, die an sich der zentralen Zulassungspflicht unterfallen.[126]

Dies entspricht zugleich der Systematik des deutschen Rechts und damit der objektiv feststellbaren rechtlichen Auffassung des deutschen Gesetzgebers. § 4b Abs. 1 Satz 1 AMG erklärt die Ausnahmetatbestände des § 21 Abs. 2 AMG für ATMP im Rahmen der Krankenhausausnahme ausdrücklich für unanwendbar.

[124] Vgl. EuGH, Urteil vom 11.04.2013 – C-535/11, Rn. 42 – juris.

[125] Übereinstimmend Stallberg, Wettbewerb in Recht und Praxis 59 (2013), S. 1144, 1148.

[126] Vgl. EuGH, Urteil vom 11.04.2013 – C-535/11, Rn. 48 – juris.

Umgekehrt gelten die Ausnahmetatbestände des § 21 Abs. 2 AMG für ATMP, die nicht unter die Krankenhausausnahme fallen, ohne Weiteres fort – unabhängig davon, dass diese ATMP an sich in den Anwendungsbereich des Art. 3 Abs. 1 VO (EG) Nr. 726/2004 fallen. Demnach sind ATMP, die als Defekturarzneimittel hergestellt werden, von der Zulassungspflicht befreit, weil diese nicht zwingend von § 4b Abs. 1 Satz 1 AMG erfasst werden.

17.5.2.3.3 Einheitliche Betrachtung des unionalen Arzneimittelrechts

In einer Gesamtschau ist demnach überzeugend, Art. 3 Abs. 1 VO (EG) Nr. 726/2004 dahingehend auszulegen, dass nur nach der Richtlinie 2001/83/EG zulassungspflichtige Arzneimittel, die unter Anhang I der VO (EG) Nr. 726/2004 fallen, einer Genehmigung im zentralisierten Zulassungsverfahren bedürfen.[127] Das Inverkehrbringen von an sich zentral zulassungspflichtigen somatischen genomischen Therapien als Defekturen ist daher arzneimittelrechtlich, ohne vorherige Marktzulassung möglich. Dies gilt auch für somatische genomische Therapien, die als Rezepturarzneimittel hergestellt werden, soweit diese keine Arzneimittel für neuartige Therapien sind (vgl. Abschnitt 17.5.1 und Tabelle 8.1).

17.5.2.3.4 Defektur- und Rezepturherstellung im Rahmen des Pharma-Pakets

In der Schlussfassung des Pharma-Pakets, die am 24. Februar 2026 erstellt wurde, ist vorgesehen, dass die Rezeptur- und Defekturherstellung durch eine ausdrückliche Regelung für solche Arzneimittel grundsätzlich ausgeschlossen werden soll, die unter Anhang I der VO (EG) Nr. 726/2004 fallen.[128] Das bedeutet, dass somatische genomische Therapien, die beispielsweise als Arzneimittel für neuartige Therapien (ATMP) klassifiziert werden können oder als Arzneimittel für seltene Leiden (Orphan Drugs) ausgewiesen werden, grundsätzlich nicht mehr im Rahmen der Rezeptur- und Defekturherstellung zulassungsfrei hergestellt und abgegeben werden dürften. Die vorgeschlagene Richtlinie enthält jedoch eine Ausnahme dahingehend, dass die ständige Belieferung eines Krankenhauses durch eine Apotheke im Rahmen der Defekturherstellung ausnahmsweise

---

[127] Ebenso Kieser/Koller, Arzneimittel & Recht 21 (2025), S. 232, 238 f.; a. A. Schickert/Welter-Birk, Pharma Recht 47 (2025), S. 146, 147 f.

[128] Council of the European Union, Directive on the Union code relating to medicinal products for human use, 2023/0132 (COD), 2026 (https://data.consilium.europa.eu/doc/document/ST-6367-2026-INIT/en/pdf), Art. 1 Abs. 5 UAbs. 2 und 3 (geprüft am 12.03.2026).

durch eine Genehmigung des jeweiligen Mitgliedstaats erlaubt werden dürfte.[129] Zudem wurde die Möglichkeit einer Rezepturherstellung für die Versorgung einer konkreten Patientenpopulation vorgesehen, die besondere Bedürfnisse („special needs") aufweist und auf die Vefügbarkeit eines Arzneimittels durch die Rezepturherstellung angewiesen ist. Für einen Zeitraum von grundsätzlich bis zu einer Woche und in begründeten Ausnahmefällen bis zu drei Wochen im Voraus dürfen ausnahmsweise alle Arzneimittel im Wege der Rezepturherstellung hergestellt werden.[130] Hierbei handelt es sich der Definition nach faktisch um eine Defekturherstellung, weil die Arzneimittel im Voraus hergestellt werden, jedoch verweist der Unionsgesetzgeber ausdrücklich auf die Rezepturherstellung (nach dem neuen Wortlaut: „magistral formula medicinal product"). Die Rezeptur- und Defekturherstellung von somatischen genomischen Therapien, die unter Anhang I der VO (EG) Nr. 726/2004 fallen, ist in diesen engen Grenzen somit ausnahmsweise erlaubt. Andersfalls wird diese jedoch ausdrücklich verboten. Die Klarstellung durch den Unionsgesetzgeber wäre ausdrücklick zu begrüßen, wie die Analyse der aktuellen Rechtslage gezeigt hat.

17.5.3 Überwachung und Pharmakovigilanz

Die allgemeinen Anzeigepflichten gegenüber den landesrechtlichen Überwachungsbehörden, die für Betriebe gelten, die Arzneimittel entwickeln, herstellen, klinisch prüfen, prüfen, lagern, verpacken, einführen, in den Verkehr bringen oder mit ihnen handeln, finden auf die Herstellung in Apotheken keine Anwendung.[131] Unberührt bleiben jedoch die spezialgesetzlichen Überwachungs- und Pharmakovigilanzvorgaben für Arzneimittel für neuartige Therapien.[132] Werden ATMP im Wege der Defekturherstellung abgegeben, muss die Anwendung dem Paul-Ehrlich-Institut unverzüglich nach der Anwendung durch den Anwender

[129] Council of the European Union, Directive on the Union code relating to medicinal products for human use, 2023/0132 (COD), 2026 (https://data.consilium.europa.eu/doc/document/ST-6367-2026-INIT/en/pdf), Art. 1 Abs. 5 UAbs. 3 (geprüft am 12.03.2026).

[130] Council of the European Union, Directive on the Union code relating to medicinal products for human use, 2023/0132 (COD), 2026 (https://data.consilium.europa.eu/doc/document/ST-6367-2026-INIT/en/pdf), Art. 1 Abs. 6 (geprüft am 12.03.2026).

[131] §§ 67 Abs. 4, Abs. 1–3 AMG.

[132] §§ 67 Abs. 4 und 9 AMG

angezeigt werden.[133] Darüber hinaus gelten die besonderen Dokumentationspflichten im Falle eines Verdachts auf Nebenwirkungen sowie eine Anzeigepflicht gegenüber der Behörde, wenn schwerwiegende Nebenwirkungen auftreten.[134]

17.5.4 Gentechnikrecht

Enthält das Arzneimittel gentechnisch veränderte Organismen oder besteht es aus diesen, unterliegt seine Herstellung und Anwendung den Vorgaben des Gentechnikgesetzes. Die Herstellung einer entsprechenden somatischen genomischen Therapie (vgl. Tabelle 11.1) stellt stets eine gentechnische Arbeit dar und muss folglich in einer gentechnischen Anlage erfolgen, die je nach Risikoklasse angezeigt, angemeldet oder genehmigt worden ist (vgl. Abschnitt 14.2).[135]

Die Abgabe des Arzneimittels durch die Apotheke führt zu einem Wechsel der Verfügungsgewalt auf Dritte und bedarf insoweit stets einer Genehmigung durch das Bundesamt für Verbraucherschutz und Lebensmittelsicherheit (vgl. Abschnitt 15.2).[136] Weil im Rahmen der Rezeptur- und Defekturherstellung keine arzneimittelrechtliche Zulassung erteilt wird, liegt keine integrierte Inverkehrbringensgenehmigung vor.[137]

17.5.5 Herstellung

Greift ein Ausnahmetatbestand nach Art. 3 der Richtlinie 2001/83/EG – wie im Fall der Rezeptur- oder Defekturherstellung –, findet der Humanarzneimittelkodex insgesamt keine Anwendung. Dies umfasst auch die Pflicht zur Einhaltung der Guten Herstellungspraxis gemäß Art. 46 Buchst. f RL 2001/83/EG. Die Mitgliedstaaten können daher eigenständig bestimmen, welche Herstellungsstandards sie für die Rezeptur- und Defekturherstellung vorsehen.

---

[133] § 67 Abs. 9 Satz 1 AMG.

[134] § 63j Abs. 1 Satz 1 AMG.

[135] § 8 Abs. 1 und 2 GenTG; Prütting, in: Kloesel/Cyran (Hrsg.), Arzneimittelrecht Kommentar, 140. Aktualisierungslieferung, 2024, § 13 AMG, Rn. 27.

[136] Dederer/Herdegen, in: Dederer/Herdegen/Spranger (Hrsg.), Biotechnologierecht, Lfg. 109, § 14 GenTG, Rn. 102.

[137] Die Freisetzungsrichtlinie sieht zudem eine entsprechende Pflicht zur Anwendung des unionalen Gentechnikrechts vor, siehe Art. 12 Abs. 1 und 2 RL 2001/18/EG.

17.5.5.1 Arzneibuch und Gute Herstellungspraxis

Obwohl zahlreiche Mitgliedstaaten der Europäischen Union verlangen, dass Rezeptur- und Defekturarzneimittel zwingend nach den Grundsätzen der Guten Herstellungspraxis hergestellt werden, gilt dies in Deutschland nicht zwingend.[138] Für die Herstellung und Prüfung von Rezepturen und Defekturen sind lediglich die „anerkannten pharmazeutischen Regeln" zu beachten.[139] Dies bedeutet maßgeblich, dass den Vorgaben des Arzneibuchs entsprochen werden muss.[140] Denn Apotheken bedürfen grundsätzlich keiner Herstellungserlaubnis.[141] Infolgedessen findet die AMWHV auf die Herstellung von Rezeptur- und Defekturarzneimitteln entsprechend keine Anwendung und es besteht regelmäßig keine Pflicht zur Einhaltung der Guten Herstellungspraxis.[142]

Handelt es sich jedoch um Arzneimittel für neuartige Therapien, ist auch im Apothekenbetrieb stets eine Herstellungserlaubnis erforderlich.[143] Insoweit findet die AMWHV Anwendung, sodass auch die Herstellung von Defekturen den Grundsätzen der Guten Herstellungspraxis entsprechen muss.[144]

17.5.5.2 Herstellung von Prüfpräparaten

Besonderheiten gelten im Bereich der Herstellung von Prüfpräparaten. Die AMWHV findet insoweit keine Anwendung, als die Verordnung (EU) Nr. 536/

---

[138] Prinz, Pharma Recht 34 (2012), S. 16, 22.

[139] §§ 8 Abs. 1 Nr. 1, 55 Abs. 8 Satz 1 AMG, 6 Abs. 1 Satz 2 ApoBetrO.

[140] Pfohl, in: Erbs/Kohlhaas (Hrsg.), Strafrechtliche Nebengesetze, 259. Ergänzungslieferung, 2025, § 8 AMG, Rn. 5; Heßhaus, in: Spickhoff (Hrsg.), Medizinrecht, 2022, § 8 AMG, Rn. 3; Rehmann, in: Rehmann (Hrsg.), Arzneimittelgesetz, 2020, § 8 AMG, Rn. 2; Nickel, in: Kügel/Müller/Hofmann (Hrsg.), Arzneimittelgesetz, 2022, § 8 AMG, Rn. 8 f; Stollmann, in: Kloesel/Cyran (Hrsg.), Arzneimittelrecht Kommentar, § 139. Aktualisierungslieferung, 2023, § 8 AMG, Anm. 17; Dettling/Köbler, in: Zuck/Dettling (Hrsg.), Arzneimittelgesetz, 2021, § 13 AMG, Rn. 451; trotz fehlender Anwendbarkeit der AMWHV können die Grundsätze der Guten Herstellungspraxis die anerkannten pharmazeutischen Regeln für die Herstellung eines Produkts darstellen, so dass auch im Rahmen der ärztlichen Eigenherstellung die Grundsätze der Guten Herstellungspraxis verbindlich heranzuziehen sind, vgl. VGH Baden-Württemberg, Urteil vom 24.04.2024 – 9 S 2412/22, Rn. 50, 73 ff., 90.

[141] § 13 Abs. 2 Nr. 1 AMG.

[142] §§ 13 Abs. 1 Satz 2, 1 Abs. 2 Nr. 1 AMWHV, § 13 Abs. 2 Nr. 1 AMG.

[143] § 13 Abs. 2a Satz 1 AMG.

[144] §§ 13 Abs. 1 Satz 2, 1 Abs. 2 Nr. 1 AMWHV, 13 Abs. 2a Satz 1 AMG; vgl. BVerwG, Urteil vom 03.09.2020 – 3 C 10/18, Rn. 13 – juris; VG Köln, Urteil vom 12.06.2018 – 7 K 6685/15, Rn. 53; Krüger, in: Fuhrmann/Klein/Fleischfresser (Hrsg.), Arzneimittelrecht, 2020, § 14, Rn. 173; Kügel, in: Kügel/Müller/Hofmann (Hrsg.), Arzneimittelgesetz, 2022, § 14 AMG, Rn. 35; Anhalt/Lützeler, in: Dieners/Reese (Hrsg.), Handbuch des Pharmarechts, 2010, § 8, Rn. 78.

2014 einschlägig ist.[145] In diesen Fällen richtet sich die Herstellung der Prüfpräparate ausschließlich nach den Vorgaben der Verordnung (EU) Nr. 536/2014.

17.5.5.2.1 Herstellung von Prüfpräparaten als Defektur- und Rezepturarzneimittel

Grundsätzlich bedarf die Herstellung von Prüfpräparaten einer Herstellungserlaubnis und erfolgt nach den Grundsätzen der Guten Herstellungspraxis (vgl. Abschnitt 15.1.2.5). Etwas anderes gilt jedoch, wenn Prüfpräparate als Defektur- oder Rezepturarzneimittel hergestellt werden, wenn die Herstellung in einem Krankenhaus, einem Gesundheitszentrum oder einer Klinik durch zur Rezeptur- und Defekturherstellung befugte Apotheker erfolgt und die Prüfpräparate ausschließlich für die Anwendung in Krankenhäusern, Gesundheitszentren oder Kliniken bestimmt sind, die an derselben klinischen Prüfung in demselben Mitgliedstaat teilnehmen.[146] In diesem Fall ist keine Herstellungserlaubnis notwendig, und die Gute Herstellungspraxis findet ebenso keine Anwendung.[147] Die Mitgliedstaaten haben in diesen Fällen lediglich sicherzustellen, dass Herstellung und Anwendung geeigneten und angemessenen Anforderungen unterliegen, die die Sicherheit der Prüfungsteilnehmer sowie die Zuverlässigkeit und Belastbarkeit der im Rahmen der klinischen Prüfung erhobenen Daten gewährleisten.[148]

Für Deutschland bedeutet dies, dass die Herstellung von somatischen genomischen Therapien in Form von Prüfpräparaten als Rezepturen oder Defekturen weder einer Herstellungserlaubnis noch der Einhaltung der Guten Herstellungspraxis bedarf, sofern die Prüfpräparate ausschließlich für klinische Prüfungen bestimmt sind, die in Deutschland durchgeführt werden, und sämtliche belieferten Krankenhäuser, Gesundheitszentren oder Kliniken an derselben genehmigten klinischen Prüfung teilnehmen wie die Einrichtung des herstellenden Apothekers.

---

[145] § 1 Abs. 7 AMHWV.

[146] Art. 61 Abs. 5 Buchst. c) VO (EU) Nr. 536/2014 verweist auf Art. 3 Nr. 1 und 2 RL 2001/83/EG, die von der „formula magistralis“ und „formula officinalis“ sprechen, auf denen die deutsche Umsetzung der Rezeptur- und Defekturherstellung basiert.

[147] Art. 61 Abs. 1, Abs. 5 Buchst. c) und Art. 63 Abs. 2 VO (EU) Nr. 536/2014.

[148] Art. 61 Abs. 6 VO (EU) Nr. 536/2014.

17.5.5.2.2 Herstellung von ATMP-Prüfpräparaten als Defektur- und Rezepturarzneimittel

Fraglich ist, ob dieser Privilegierungstatbestand auch für Arzneimittel für neuartige Therapien gilt.

Für die Frage der Herstellung von Prüfpräparaten als Rezepturen und Defekturen kommt es auf das Verhältnis zwischen Art. 3 RL 2001/83/EG und Art. 3 Abs. 1 VO (EG) Nr. 726/2004 (vgl. Abschnitt 17.5.2.3) jedoch nicht an. Denn soweit es sich um solche Prüfpräparate handelt, die bisher keine arzneimittelrechtliche Zulassung erhalten haben, bleibt es jedenfalls bei der Anwendung der besonderen Herstellungsvorschriften im Rahmen der klinischen Prüfung.[149] Eine Sperrwirkung des Art. 3 Abs. 1 VO (EG) Nr. 726/2004 gegenüber der Rezeptur- oder Defekturherstellung nach Art. 61 Abs. 5 Buchst. c) VO (EU) Nr. 536/2014 i. V. mit Art. 3 Nr. 1 und Nr. 2 RL 2001/83/EG besteht für zentral zulassungspflichtige Arzneimittel, darunter Arzneimittel für neuartige Therapien, deshalb grundsätzlich nicht.

Dies zeigt sich insbesondere bei ATMP-Prüfpräparaten, die nach der Systematik der VO (EU) Nr. 536/2014 eine eigenständige rechtliche Kategorie neben den für den Markt bestimmten Arzneimitteln für neuartige Therapien bilden. Sie werden als besondere Untergruppe der Prüfpräparate im Sinne der VO (EU) Nr. 536/2014 legaldefiniert.[150] Für ihre Herstellung gilt Art. 61 Abs. 5 Buchst. c) VO (EU) Nr. 536/2014 uneingeschränkt, weil die Verordnung insoweit keine speziellere Regelung für die Herstellung von ATMP-Prüfpräparaten vorsieht. Deshalb können auch ATMP-Prüfpräparate im Rahmen der Rezeptur- und Defekturherstellung durch Apotheken ohne die Anwendung der Guten Herstellungspraxis hergestellt werden.

Unschädlich ist zudem die Existenz des Art. 5 ATMP-VO. Die Vorschrift ermächtigt die Europäische Kommission lediglich zur Festlegung von Leitlinien der Guten Herstellungspraxis für Arzneimittel für neuartige Therapien und betrifft daher nur die Ausgestaltung der GMP-konformen Herstellung („Wie" der Guten Herstellungspraxis) von ATMP. Die Norm trifft aber keine Aussage darüber, „ob" die Herstellung von ATMP stets nach den Grundsätzen der guten Herstellungspraxis erfolgen muss.

[149] E contrario Art. 64 VO (EU) Nr. 536/2014.

[150] Art. 2 Abs. 2 Nr. 7 VO (EU) Nr. 536/2014.

18 Forschung, Entwicklung und Marktzugang in den Vereinigten Staaten von Amerika

Die Vereinigten Staaten von Amerika stellen nicht nur den weltweit größten Arzneimittelmarkt dar, sondern beherbergen zugleich eine außergewöhnlich hohe Konzentration forschender pharmazeutischer Unternehmen und wissenschaftlicher Einrichtungen, die innovative somatische genomische Therapien entwickeln.[1] Besonders hervorsticht der Standort Boston, Massachusetts, der zu den führenden Biotechnologie-Zentren weltweit zählt und an dem sich zahlreiche Unternehmen, Start-ups und akademische Forschungseinrichtungen konzentrieren, die maßgeblich zur Entwicklung dieser Produkte beitragen. Ein Blick auf die regulatorischen Rahmenbedingungen der Vereinigten Staaten von Amerika ist deshalb von besonders großem Interesse.

18.1 Grundlagenforschung und Präklinik

Die Vereinigten Staaten von Amerika sind Mitglied der OECD, nehmen am internationalen MAD-System teil und wurden von der OECD erfolgreich auditiert.[2] Aus diesem Grund erkennen sämtliche OECD-Mitgliedstaaten sowie die Europäische Kommission US-amerikanische GLP-Bescheinigungen an. Ergänzend hierzu

[1] Vgl. IQVIA, Top 10 Pharmaceutical Markets Worldwide, 2020, (https://www.iqvia.com/-/media/iqvia/pdfs/canada/2020-trends/top10worldwidesales_20.pdf) (geprüft am 24.10.2025).

[2] OECD, National GLP Compliance Monitoring Programmes which participate in the Mutual Acceptance Data (MAD) system: status and contact information, (https://www.oecd.org/content/dam/oecd/en/topics/policy-sub-issues/testing-of-chemicals/national-glp-compliance-monitoring-programmes-which-participate-in-the-mutual-acceptance-of-data.pdf), S. 23 f. (geprüft am 24.10.2025); Stahl/Brown, in: McBride/Schmitt (Hrsg.), Fundamentals of Pharmaceutical and Biologics Regulations, 2023, S. 29, 30.

L. Pietrek, *Somatische genomische Therapien*,
https://doi.org/10.1007/978-3-658-52943-7_18

besteht eine bilaterale Vereinbarung zwischen Deutschland und den USA über die gegenseitige Anerkennung von Standards der Guten Laborpraxis.[3]

Präklinische Forschungsdaten aus Tierversuchen oder Zellkulturstudien, die unter Einhaltung der Guten Laborpraxis in den USA erhoben wurden, können daher sowohl von den deutschen Behörden als auch von der Europäischen Arzneimittelagentur berücksichtigt werden. Nach § 19b Abs. 2 Nr. 3 ChemG ist die Anerkennung solcher Daten in Deutschland sogar rechtlich verbindlich und justitiabel.

Die Einhaltung der US-amerikanischen GLP-Standards ermöglicht es pharmazeutischen Unternehmen und Forschungseinrichtungen, präklinische Daten in den USA zu generieren und ohne Wiederholung der Studien in unionale und deutsche Zulassungsverfahren einzubringen. Vor diesem Hintergrund können Forschungs- und Entwicklungsprozesse im Bereich der Präklinik vollständig in die Vereinigten Staaten verlagert werden, ohne den späteren Marktzugang in Europa zu gefährden.

18.1.1 Gute Laborpraxis (GLP)

Die Vorschriften zur Guten Laborpraxis[4] gelten in den Vereinigten Staaten für nicht-klinische Laborstudien, die im Rahmen von Genehmigungsverfahren zur Sicherheitsbewertung von Prüfsubstanzen durchgeführt werden. Erfasst sind Tierstudien sowie in-vitro-Untersuchungen, die der Bewertung der Sicherheit von Produkten dienen, die unter die Regulierung der US-amerikanischen Arzneimittelbehörde (FDA) fallen.[5]

Die Pflicht zur Einhaltung der Guten Laborpraxis umfasst insoweit alle präklinischen Studien, deren Ergebnisse im Rahmen eines Antrags auf Genehmigung eines klinischen Prüfarzneimittels (Investigational New Drug Application – IND) oder einer Marktzulassung eines Arzneimittels (New Drug Application – NDA) oder biologischen Arzneimittels (Biologics License Application – BLA) bei der

---

[3] Vereinbarung über die Gute Laborpraxis zwischen der Food and Drug Administration und der Environmental Protection Agency der Vereinigten Staaten von Amerika und dem Bundesminister für Ernährung, Landwirtschaft und Forsten, dem Bundesminister für Jugend, Familie, Frauen und Gesundheit und dem Bundesminister für Umwelt, Naturschutz und Reaktorsicherheit der Bundesrepublik Deutschland; abgedruckt in Kloesel/Cyran, Arzneimittelrecht Kommentar, A.3.26, Blatt 226 v11 (38. Ergänzungslieferung).

[4] 21 C. F. R. Part 58.

[5] 21 C. F. R. §§ 58.1(a), 58.3(d); Mantus/Pisano (Hrsg.), FDA Regulatory Affairs, 2014, S. 237.

FDA eingereicht werden.[6] Nicht vom Anwendungsbereich der Guten Laborpraxis erfasst sind damit die klinische Forschung am Menschen sowie die Grundlagenforschung, sofern deren Ergebnisse nicht für regulatorische Zulassungs- oder Genehmigungsverfahren bestimmt sind.

18.1.1.1 Inspektionen

Es besteht keine Pflicht zur vorherigen behördlichen Zertifizierung der Forschungseinrichtung oder zur Genehmigung einzelner präklinischer Versuchsvorhaben. Die US-amerikanische Arzneimittelbehörde (FDA) führt ausschließlich unangekündigte[7] Inspektionen bei Einrichtungen durch, die präklinische Sicherheitsprüfungen unter Anwendung der Grundsätze der Guten Laborpraxis durchführen.[8] Verweigert eine Einrichtung den Inspekteuren den Zugang, werden dort erhobene präklinische Daten im Rahmen von Genehmigungs- oder Zulassungsanträgen nicht akzeptiert.[9]

18.1.1.2 Durchführungsvoraussetzungen

Die Einhaltung der Guten Laborpraxis muss während der gesamten Durchführung der präklinischen Untersuchungen gewährleistet sein und wird im Rahmen dieser Inspektionen überprüft. Stellt die FDA Verstöße gegen die Gute Laborpraxis fest, kann sie unterschiedliche Maßnahmen ergreifen. Die schwerwiegendste Sanktion ist die sog. Disqualification der Einrichtung, die auch bei einer Verweigerung des Zutritts der Beamten zur Forschungseinrichtung angewendet wird. Sämtliche dort generierten Versuchsergebnisse dürfen künftig nicht mehr in Genehmigungs- oder Zulassungsanträgen verwendet werden.[10]

---

[6] 21 C. F. R. § 58.3(e)(5)(6)(13); Mantus/Pisano (Hrsg.), FDA Regulatory Affairs, 2014, S. 239.

[7] U.S. Food and Drug Administration, Good Laboratory Practice (Nonclinical Laboratories) – Compliance Program, 2025, (https://www.fda.gov/media/75891/download), S. 6 (geprüft am 24.10.2025); Mantus/Pisano (Hrsg.), FDA Regulatory Affairs, 2014, S. 246 ff.

[8] 21 C. F. R. § 58.15(a).

[9] 21 C. F. R. § 58.15(b).

[10] 21 C. F. R. § 58.210(a).

18.1.1.2.1 Organisation, Personal und Räume

Vor Beginn jeder Studie ist ein Projektleiter (Study Director) zu benennen, der die Gesamtverantwortung für Planung, Durchführung, Auswertung und Dokumentation des Versuchsvorhabens trägt.[11] Er gewährleistet die Einhaltung des Prüfprotokolls und seiner Änderungen, die vollständige und nachvollziehbare Erfassung, Identifikation und Dokumentation sämtlicher Daten und Abweichungen sowie deren Korrektur.[12]

Unabhängig vom Study Director hat jede Forschungseinrichtung eine Qualitätssicherungseinheit (Quality Assurance Unit – QAU) einzurichten, die organisatorisch strikt von dem Projektleiter getrennt ist.[13] Ihre Aufgabe ist die Überwachung der Studienintegrität, welche sie in Stellungnahmen bewertet und dokumentiert. Hierzu gehören regelmäßige Inspektionen mit schriftlicher Berichterstattung, die Prüfung der Einhaltung des Prüfprotokolls und der Standardarbeitsanweisungen (SOP) sowie die Kontrolle und Bewertung dokumentierter Abweichungen.[14]

Alle an der Studie beteiligten Personen müssen über eine angemessene Qualifikation verfügen.[15] Die Einrichtung hat Stellenbeschreibungen und Qualifikationsnachweise vorzuhalten, für ausreichend geschultes Personal zu sorgen sowie geeignete Gesundheits- und Hygienemaßnahmen zu treffen.[16] Räumlichkeiten und organisatorische Abläufe müssen so gestaltet sein, dass Kontaminationen verhindert werden.[17] Hierzu zählen etwa geeignete Schutzkleidung, verbindliche Hygieneregeln sowie der Ausschluss erkrankter Mitarbeiter vom Umgang mit Versuchstieren oder Zellkulturen.[18]

18.1.1.2.2 Prüfprotokoll

Für jede nicht-klinische Studie ist ein schriftliches Studienprotokoll erforderlich, das vor Studienbeginn vom Sponsor sowie vom Projektleiter unterzeichnet und datiert sein muss.[19] Dieses Protokoll bildet die verbindliche Grundlage

[11] 21 C. F. R. §§ 58.31(a), 58.33; Mantus/Pisano (Hrsg.), FDA Regulatory Affairs, 2014, S. 242.

[12] 21 C. F. R. § 58.33.

[13] 21 C. F. R. §§ 58.31(c), 58.35(a).

[14] 21 C. F. R. § 58.35; vgl. Mantus/Pisano (Hrsg.), FDA Regulatory Affairs, 2014, S. 243.

[15] 21 C. F. R. § 58.29(a).

[16] 21 C. F. R. § 58.29(b)–(f).

[17] Mantus/Pisano (Hrsg.), FDA Regulatory Affairs, 2014, S. 244.

[18] 21 C. F. R. § 58.29(d)–(f).

[19] 21 C. F. R. §§ 58.120(a), 58.130(a).

für Planung und Durchführung des Versuchsvorhabens. Es muss insbesondere Angaben zum Studientitel und -zweck, zum Sponsor und zum Versuchsstandort, eine detaillierte Beschreibung des eingesetzten Testsystems, das Studiendesign einschließlich der vorgesehenen Verfahrensabläufe, das Dosierungsregime, die vorgesehenen analytischen Methoden sowie die anzuwendenden statistischen Verfahren enthalten.[20] Änderungen eines genehmigten Protokolls sind nur zulässig, wenn sie schriftlich dokumentiert, sachlich begründet sowie erneut unterzeichnet und datiert werden.[21]

18.1.1.2.3 Dokumentations- und Berichtspflichten

Am Ende jeder nicht-klinischen Studie ist ein schriftlicher Abschlussbericht zu erstellen, der sämtliche wesentlichen Elemente der Studienplanung und -durchführung dokumentiert. Der Bericht hat insbesondere den Studientitel, den Studienzeitraum, den vollständigen Inhalt des Prüfprotokolls einschließlich sämtlicher genehmigter Änderungen, die verwendeten statistischen Methoden, eine Beschreibung des Testsystems einschließlich relevanter Tierdaten, den Dosierungsplan, alle Faktoren, die die Datenqualität beeinflusst haben könnten, eine Darstellung der Datenauswertung sowie die wissenschaftlichen Schlussfolgerungen zu enthalten.[22] Rohdaten, Prüfprotokolle, Abschlussberichte sowie Proben sind nach Studienende in zugriffsgeschützten Archiven aufzubewahren und jede Entnahme ist zu dokumentieren.[23]

Die Aufbewahrungsfristen betragen, abhängig von Art des Materials, mindestens zwei bis fünf Jahre nach Erteilung der jeweiligen arzneimittelrechtlichen Genehmigung.[24]

18.1.1.2.4 Tierversuchsrechtliche Besonderheiten

Die US-Arzneimittelbehörde (FDA) stellt über die Gute Laborpraxis Anforderungen an die Tierhaltung, soweit die Validität der Forschungsdaten durch eine unsachgemäße Haltung der Versuchstiere beeinträchtigt werden könnte.

Forschungseinrichtungen müssen deshalb standardisierte Arbeitsanweisungen (SOP) zur Pflege, Versorgung und Überwachung der Versuchstiere vorhalten, die

[20] 21 C. F. R. §§ 58.120(a).

[21] 21 C. F. R. §§ 58.120(b).

[22] 21 C. F. R. §§ 58.185(a).

[23] 21 C. F. R. §§ 58.190.

[24] 21 C. F. R. §§ 58.195.

insbesondere Anforderungen an Dokumentation, Fütterung, Hygiene und Kontrollintervalle festlegen.[25] Die bauliche Gestaltung der Versuchseinrichtung muss gewährleisten, dass äußere Einflüsse oder mangelhafte Haltungsbedingungen die Studienergebnisse nicht verfälschen.[26] Darüber hinaus sind Quarantäneräume vorzuhalten, und Tiere, die im Rahmen eines Versuchsvorhabens mit besonderen Substanzen in Kontakt gekommen sind, müssen räumlich voneinander getrennt gehalten werden, um Kreuzkontaminationen und damit verbundene Beeinträchtigungen der Datenqualität auszuschließen.[27]

18.1.2 Gentechnikrecht

Die umweltrechtlichen Anforderungen an die präklinische Forschung mit somatischen genomischen Therapien ergeben sich einerseits aus dem nationalen Umweltschutzgesetz (NEPA) als bundesrechtlichem Rahmengesetz und andererseits aus den grundsätzlich unverbindlichen NIH-Guidelines for Research Involving Recombinant or Synthetic Nucleic Acid Molecules[28] (NIH-Guidelines), die als standardisierte Sicherheitsleitlinien fungieren.

18.1.2.1 Nationales Umweltschutzgesetz (NEPA)

Die FDA ist aufgrund des nationalen Umweltschutzgesetzes (NEPA) verpflichtet, die Umweltauswirkungen ihrer behördlichen Maßnahmen prospektiv zu bewerten.[29] Daher ist mit jedem bei der FDA eingereichten Antrag grundsätzlich eine Umweltprüfung (Environmental Assessment – EA) vorzulegen, die – sofern erhebliche nachteilige Umweltauswirkungen nicht ausgeschlossen werden können – in eine umfassende Umweltverträglichkeitsprüfung (Environmental Impact Statement – EIS) münden kann.[30] Von der Pflicht zur Vorlage einer Umweltprüfung (EA) kann sich der Antragsteller allerdings befreien, wenn eine sog. Categorical Exclusion, ein gesetzlich festgelegter Befreiungstatbestand, vorliegt.

---

[25] 21 C. F. R. §§ 58.81(b)(1)(2)(6)(7)(12), 58.90.

[26] 21 C. F. R. § 58.41.

[27] 21 C. F. R. §§ 58.41, 58.43.

[28] National Institutes of Health, NIH Guidelines for Research involving Recombinant or Synthetic Nucleic Acid Molecules (NIH Guidelines), 2024, (https://osp.od.nih.gov/wp-content/uploads/NIH_Guidelines.pdf) (geprüft am 24.10.2025).

[29] 42 U. S. C. § 4332(2).

[30] 21 C. F. R. § 25.15(a).

18.1.2.1.1 Kein präventiver Erlaubnisvorbehalt

Präklinische Studien unterliegen keinem präventiven behördlichen Genehmigungserfordernis durch die FDA. Für ihre Durchführung ist daher kein Antrag bei der FDA zu stellen. Infolgedessen entfällt auch die Pflicht, vorab eine Umweltprüfung (EA) oder eine Umweltverträglichkeitsprüfung (EIS) durchzuführen.[31]

18.1.2.1.2 Leitlinien der US-Arzneimittelbehörde

Die FDA ist beim Erlass von Rechtsakten und behördlichen Leitlinien ebenso verpflichtet, die umweltrechtlichen Vorgaben des nationalen Umweltschutzgesetzes (NEPA) zu beachten und ihre angeordneten Maßnahmen einer umweltrechtlichen Prüfung zu unterziehen.[32]

Innerhalb der präklinischen Phase konkretisiert sie insbesondere die Anforderungen an die Gute Laborpraxis durch entsprechende Leitlinien. Für Forschende und pharmazeutische Unternehmen könnten sich hierdurch mittelbar umweltrechtliche Anforderungen ergeben. Für den Erlass von solchen Leitlinien wurde die FDA jedoch durch einen kategorischen Ausschluss (Categorical Exclusion) vom Erfordernis einer Umweltprüfung (EA) oder einer Umweltverträglichkeitsprüfung (EIS) befreit.[33] Dies bedeutet, dass der Erlass entsprechender Leitlinien regelmäßig keine vorgelagerte Umweltprüfung (EA) auslöst und damit auch Forscher und Unternehmen nicht mittelbar umweltrechtlichen Anforderungen unterwirft.

Ein solcher kategorischer Ausschluss (Categorial Exclusion) kann jedoch durch gesetzliche Rückausnahmen unwirksam werden. Dies ist der Fall, wenn Tätigkeiten vorliegen, bei denen verfügbare Daten belegen, dass bei dem zu erwartenden Expositionsniveau eine potenzielle ernsthafte Schädigung der Umwelt besteht oder wenn Tätigkeiten vorliegen, die sich nachteilig auf eine Art oder deren kritischen Lebensraum auswirken, soweit diese besonders geschützt oder bedroht sind.[34]

---

[31] U.S. Food and Drug Administration, Determining the Need for and Content of Environmental Assessments for Gene Therapies, Vectored Vaccines, and Related Recombinant Viral or Microbial Products, 2015, (https://www.fda.gov/media/91425/download), S. 3 (geprüft am 24.10.2025).

[32] 21 C. F. R. § 25.20(g).

[33] 21 C. F. R. §§ 25.20(g), 25.30(j), 58.1(a), 58.3(d).

[34] 21 C. F. R. § 25.21:
„(a) Actions for which available data establish that, at the expected level of exposure, there is the potential for serious harm to the environment; and
(b) Actions that adversely affect a species or the critical habitat of a species determined under the Endangered Species Act or the Convention on International Trade in Endangered Species

Weil präklinische Studien regelmäßig in Laboren durchgeführt werden, erscheint eine solche Gefährdungslage fernliegend. Entsprechend enthält selbst die allgemeine Leitlinie der FDA für Gentherapeutika, Vektorimpstoffe und ähnliche rekombinante virale und mikrobielle Produkte keine eigenständigen umweltrechtlichen Anforderungen.[35] Die präklinische Entwicklung von somatischen genomischen Therapien ist deshalb im präklinischen Stadium grundsätzlich nicht mit zusätzlichen umweltrechtlichen Hürden verbunden.

18.1.2.2 Richtlinien der National Institutes of Health (NIH) zur Forschung mit rekombinanten und synthetischen Nukleinsäuren

Neben den allgemeinen gesetzlichen Vorgaben durch das nationale Umweltschutzgesetz (NEPA) besteht in den Vereinigten Staaten eine weitere Regulierungsebene durch die NIH-Guidelines.[36] Diese Richtlinien entfalten jedoch ausschließlich dann Bindungswirkung, wenn die Forschung in Verbindung mit Fördermitteln der National Institutes of Health (NIH) steht.[37] Gleichwohl werden sie von privaten Akteuren, insbesondere wegen des Haftungsrisikos und des gesetzlichen Arbeitsschutzes, beachtet und eingehalten.[38]

Die NIH-Guidelines sind damit kein allgemein geltendes Bundesrecht, sondern binden Forschungseinrichtungen nur aufgrund der Fördermittelbedingungen. Sie finden folglich keine Anwendung, wenn Forschungsvorhaben ohne NIH-Finanzierung durchgeführt werden. Umgekehrt gelten sie auch außerhalb der

of Wild Flora and Fauna to be endangered or threatened or wild flora or fauna that are entitled to special protection under some other Federal law".

[35] Vgl. U.S. Food and Drug Administration, Determining the Need for and Content of Environmental Assessments for Gene Therapies, Vectored Vaccines, and Related Recombinant Viral or Microbial Products, 2015, (https://www.fda.gov/media/91425/download), S. 3 (geprüft am 24.10.2025).

[36] Zu den historischen Hintergründen siehe Dederer, Trends in Biotechnology 43 (2025), S. 522, 523.

[37] Section I-C-1-a-(1) NIH-Guidelines:
„Research that is conducted at or sponsored by an institution that receives any support for recombinant or synthetic nucleic acid research from NIH, including research performed directly by NIH. An individual who receives support for research involving recombinant or synthetic nucleic acids must be associated with or sponsored by an institution that assumes the responsibilities assigned in the NIH Guidelines".

[38] Schlumberger/Brauer, in: von Schnell/Mohr (Hrsg.), Biotechnologie – Gentechnik, 1995, S. 389, 400.

Vereinigten Staaten von Amerika, sofern US-Fördermittel der NIH eingesetzt werden, etwa in internationalen Kooperationen.[39]

Rechtliche Folge einer Nichtbeachtung der NIH-Guidelines ist ausschließlich der Entzug von Fördermitteln und die Einstellung der NIH-Finanzierung.[40] Dies ist gleichwohl erheblich, da die NIH der mit Abstand größte Drittmittelgeber im Bereich der biomedizinischen Forschung in den Vereinigten Staaten – und zugleich einer der bedeutendsten weltweit – sind.[41] Dadurch haben die NIH-Guidelines faktisch einen prägenden Einfluss auf Forschungsdesign, Sicherheitsvorkehrungen und Umweltstandards in präklinischen und klinischen Forschungsvorhaben.

18.1.2.2.1 Anwendungsbereich

Die NIH-Guidelines finden ausschließlich auf Forschungsvorhaben Anwendung, die rekombinante oder synthetische Nukleinsäuren oder durch Replikation dieser Nukleinsäuren entstandene Moleküle verwenden. Sie werden legaldefiniert als:

(i) Moleküle, die a) durch das Zusammenfügen von Nukleinsäuremolekülen konstruiert wurden und b) sich in einer lebenden Zelle replizieren können, d. h. rekombinante Nukleinsäuren;
(ii) Nukleinsäuremoleküle, die chemisch oder auf andere Weise synthetisiert oder amplifiziert wurden – einschließlich solcher, die chemisch oder anderweitig modifiziert sind, aber in der Lage sind, Basenpaarungen mit natürlich vorkommenden Nukleinsäuren einzugehen, d. h. synthetische Nukleinsäuren; oder
(iii) Moleküle, die durch Replikation der unter (i) oder (ii) beschriebenen Moleküle entstehen.[42]

---

[39] Section I-C-1-b NIH-Guidelines.

[40] Section I-D NIH-Guidelines.

[41] Gallo/Sarata, Advanced Gene Editing: CRISPR-Cas9, 2018, (https://www.congress.gov/crs-product/R44824#:~:text=As%20stipulated%20by%20its%20policy%2C%20NIH%20will,gene%2Dediting%20technologies%20(including%20CRISPR%2DCas9)%20in%20human%20embryos.&text=For%20research%20that%20involves%20the%20transfer%20of,the%20NIH%20Recombinant%20DNA%20Advisory%20Committee%20(RAC)), S. 18 (geprüft am 24.10.2025), m. w. N.

[42] Section I-B NIH-Guidelines:
„(i) molecules that a) are constructed by joining nucleic acid molecules and b) that can replicate in a living cell, i.e., recombinant nucleic acids;
(ii) nucleic acid molecules that are chemically or by other means synthesized or amplified, including those that are chemically or otherwise modified but can base pair with naturally. occurring nucleic acid molecules, i.e., synthetic nucleic acids, or
(iii) molecules that result from the replication of those described in (i) or (ii) above“.

18.1.2.2.2 Bereichsausnahmen und Rückausnahmen

Die weite Definition rekombinanter und synthetischer Nukleinsäuren eröffnet grundsätzlich einen breiten Anwendungsbereich der NIH-Guidelines sowohl im präklinischen als auch im klinischen Forschungskontext. Die Systematik der NIH-Guidelines sieht jedoch für die Bestimmung des Anwendungsbereichs ein gestuftes Regel-Ausnahme-Rückausnahme-Verhältnis vor (vgl. Abbildung 18.1), das im Folgenden dargestellt wird.

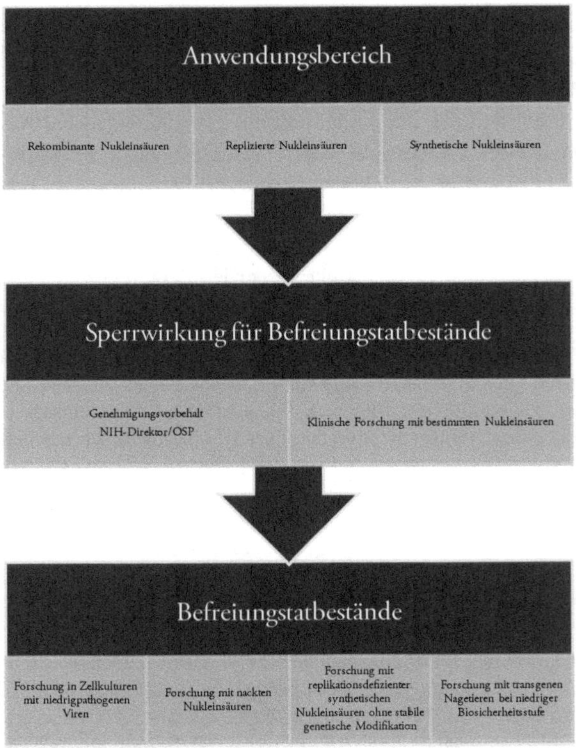

Abbildung 18.1 Anwendungsbereich (NIH-Guidelines)

Ausgangspunkt ist Abschnitt III der NIH-Guidelines, der sechs Unterabschnitte (Section III-A bis III-F) enthält. Diese Kategorien legen unterschiedliche Genehmigungsanforderungen für bestimmte Versuchsvorhaben fest und fungieren zugleich als Kollisionsregelung für mögliche Bereichsausnahmen in Section III-F. Section III-F normiert nämlich besondere Befreiungstatbestände, nach denen bestimmte Experimente vollständig vom Anwendungsbereich der NIH-Guidelines ausgenommen sind. Diese Freistellungen gelten jedoch nur, sofern das betreffende Forschungsvorhaben nicht zugleich unter eine der Fallgruppen nach Section III-A bis III-C fällt.

Die genannten Fallgruppen betreffen unter anderem besonders risikogeneigte Forschungsvorhaben und lösen weitreichende Genehmigungspflichten aus, etwa eine Genehmigung durch den Direktor der NIH[43] (NIH Director) oder durch das NIH Office of Science Policy[44] (OSP).[45]

Greift eine der Fallgruppen der Sections III-A bis III-C, verdrängt sie eine mögliche Freistellung nach Section III-F. Die Ausnahmebestimmungen kommen daher nur zur Anwendung, wenn ein Forschungsvorhaben ausschließlich unter Section III-D (IBC-Genehmigungspflicht) oder Section III-E (IBC-Anzeigepflicht) fällt (vgl. Abschnitt 18.1.2.2.4.3). In diesen Fällen verbleibt es bei der Freistellung, ohne dass die materiellen oder verfahrensrechtlichen Anforderungen der NIH-Guidelines zu beachten wären.

Für Versuchsvorhaben mit somatischen genomischen Therapien bedeutet dies, dass zunächst zu prüfen ist, ob das jeweilige Produkt rekombinante oder synthetische Nukleinsäuren oder replizierte Produkte solcher Moleküle im Sinne der NIH-Guidelines beinhaltet. Anschließend ist zu bewerten, ob eine Bereichsausnahme nach Section III-F eingreift. Liegt ein solcher Freistellungstatbestand vor, ist abschließend zu klären, ob zugleich eine der Ausschlusskategorien der Sections III-A bis III-C erfüllt ist. Nur wenn dies nicht der Fall ist, bleibt die Freistellung wirksam.

18.1.2.2.2.1 Sperrwirkung für Bereichsausnahmen

Eine Befreiung nach Section III-F der NIH-Guidelines ist nur möglich, wenn das konkrete Versuchsvorhaben nicht zugleich unter eine der Fallgruppen der Sections III-A bis III-C fällt.

Section III-A unterstellt bestimmte Hochrisiko-Experimente, die als Major Actions bezeichnet werden, einem Genehmigungsvorbehalt durch den Direktor

[43] Section I-E-5 NIH-Guidelines.

[44] Section I-E-3 NIH-Guidelines.

[45] Die Unterabschnitte schließen sich nicht gegenseitig aus. Je nach Einzelfall kann eine parallele Genehmigung des NIH-Direktors sowie des NIH OSP notwendig sein; vgl. Section III-B-2 NIH-Guidelines.

des NIH. Dies gilt etwa, wenn Gene in Mikroorganismen übertragen werden sollen, die eine Resistenz gegenüber solchen Arzneimitteln vermitteln, gegen die der Organismus natürlicherweise nicht resistent ist.[46]

Section III-B betrifft Forschungsvorhaben, die vor Beginn der Durchführung der Zustimmung des NIH OSP bedürfen. Dies ist insbesondere der Fall, wenn rekombinante oder synthetische Nukleinsäuren Gene enthalten, die für in Wirbeltieren toxische Moleküle codieren, deren LD_{50}[47] unter 100 ng/kg Körpergewicht liegt.[48]

Section III-C-1 stellt schließlich die Übertragung bestimmter rekombinanter oder synthetischer Nukleinsäuren in den Menschen unter einen Genehmigungsvorbehalt der zuständigen Biosicherheitskommission innerhalb der Forschungseinrichtung (Institutional Biosafety Committee – IBC). Damit fällt klinische Forschung, die einen solchen Nukleinsäuretransfer vorsieht, grundsätzlich stets in den Anwendungsbereich der NIH-Guidelines. Für präklinische Forschung in vitro oder im Tiermodell entfaltet Section III-C-1 hingegen keine Bedeutung, da der Tatbestand ausschließlich auf den Transfer in Menschen abzielt.

Im Ergebnis ist eine Freistellung nach Section III-F für Versuchsvorhaben im Bereich der Grundlagenforschung und Präklinik mit somatischen genomischen Therapien grundsätzlich möglich, sofern keine Genehmigungspflichten nach Section III-A oder Section III-B ausgelöst werden.

18.1.2.2.2.2 Befreiungstatbestände für Grundlagenforschung und Präklinik

Für Forschungsvorhaben mit somatischen genomischen Therapien im Bereich der Grundlagenforschung und Präklinik sind maßgeblich vier Fallgruppen gemäß Section III-F von Bedeutung.

18.1.2.2.2.2.1 „Nackte" Nukleinsäuren und Plasmide

Experimente mit Nukleinsäuren sind vom Anwendungsbereich ausgenommen, sofern sich diese Nukleinsäuren nicht in Organismen, Zellen oder Viren befinden und nicht derart modifiziert oder in Vehikel verpackt worden sind, dass sie Zellmembranen durchdringen können.[49] Die Forschung mit „nackten" Nukleinsäuren – also unverpackten DNA- oder RNA-Molekülen – fällt damit grundsätzlich

[46] Section III-A-1 NIH-Guidelines.

[47] Die Menge eines Stoffes, die statistisch gesehen den Tod von 50 % einer Versuchspopulation verursacht (Mittlere Lethale Dosis).

[48] Section III-B-1 NIH-Guidelines.

[49] Section III-F-2 NIH-Guidelines.

nicht unter die NIH-Guidelines. Der Tatbestand ist jedoch ausgeschlossen, wenn die Nukleinsäuren in Transduktions- und Transfektionssysteme, beispielsweise in Lipidnanopartikel oder andere synthetische oder natürliche Trägersysteme, eingebracht wurden, die den zellulären Transfer ermöglichen (vgl. Kapitel 3). Für die Forschung mit somatischen genomischen Therapien ist diese Ausnahme deshalb regelmäßig nicht anwendbar.

18.1.2.2.2.2.2 Synthetische Nukleinsäuren ohne Replikations- und Modifikationspotenzial

Section III-F-1 enthält einen weiteren Ausnahmetatbestand, der jedoch ausschließlich synthetische Nukleinsäuren erfasst. Rekombinante Nukleinsäuren sind von dieser Privilegierung deshalb nicht umfasst. Eine Freistellung vom Anwendungsbereich der NIH-Guidelines kommt nur in Betracht, wenn die synthetischen Nukleinsäuren kumulativ folgende Voraussetzungen erfüllen:

> (1) weder selbst replizieren können noch Nukleinsäuren erzeugen, die sich in einer lebenden Zelle replizieren können (z. B. Oligonukleotide oder andere synthetische Nukleinsäuren, die keinen Replikationsursprung enthalten oder Bestandteile enthalten, die nicht mit DNA- oder RNA-Polymerasen interagieren), und
> (2) nicht darauf ausgelegt sind, eine stabile genetische Modifikation einzuführen, und
> (3) kein Toxin produzieren, das für Wirbeltiere bei einer LD_{50} von weniger als 100 Nanogramm pro Kilogramm Körpergewicht tödlich ist,
>
> Ausnahme: Wird eine solche synthetische Nukleinsäure absichtlich in einen oder mehrere menschliche Probanden übertragen und erfüllt sie die Kriterien von Abschnitt III-C, gilt diese Ausnahme nicht.[50]

Werden alle drei Voraussetzungen im Rahmen der präklinischen Forschung oder der Grundlagenforschung erfüllt und liegt keine Anwendung am Menschen vor, ist das entsprechende Experiment vom Geltungsbereich der NIH-Guidelines ausgenommen.

---

[50] Section III-F-1 NIH-Guidelines:
„Those synthetic nucleic acids that:
(1) can neither replicate nor generate nucleic acids that can replicate in any living cell (e.g., oligonucleotides or other synthetic nucleic acids that do not contain an origin of replication or contain elements known to interact with either DNA or RNA polymerase), and.
(2) are not designed to introduce a stable genetic modification, and.
(3) do not produce a toxin that is lethal for vertebrates at an LD50 of less than 100 nanograms per kilogram body weight.
If a synthetic nucleic acid is deliberately transferred into one or more human research participants and meets the criteria of Section III-C, it is not exempt under this Section“.

18.1.2.2.2.2.3 Einstufung als ungefährliche Nukleinsäuren

Section III-F-8 enthält einen weiteren Befreiungstatbestand, der sich – anders als Section III-F-1 – sowohl auf synthetische als auch auf rekombinante Nukleinsäuren erstreckt. Eine Ausnahme vom Anwendungsbereich der NIH-Guidelines ist möglich, wenn die betreffende Nukleinsäure entweder durch den NIH-Direktor nach einer vorherigen Sicherheitsbewertung ausdrücklich als unbedenklich eingestuft wurde oder wenn sie in Appendix C der NIH-Guidelines aufgeführt ist.[51]

Gemäß Appendix C-I sind bestimmte Experimente in Zellkulturen freigestellt, sofern die eingesetzte Nukleinsäure weniger als 50 Prozent eines viralen Genoms umfasst und zugleich die Ausschlusstatbestände des Appendix C-I-A nicht erfüllt sind. Die Ausschlusstatbestände greifen insbesondere dann, wenn eine Genehmigungspflicht nach Section III-B besteht, etwa im Falle von Resistenzgenen oder Genprodukten mit hoher Toxizität, oder wenn das Experiment mit Organismen der Risikogruppe 3 oder 4 (vgl. Abschnitt 18.1.2.2.4.1) durchgeführt wird.

Nicht umfasst vom Freistellungstatbestand des Appendix C-I sind Experimente in Tieren, da sich der Anwendungsbereich ausdrücklich auf in-vitro-Systeme beschränkt. Die praktische Reichweite dieser Ausnahme bleibt deshalb begrenzt und betrifft vor allem Forschungsarbeiten in Zellkulturen, die bestimmte virale Vektoren verwenden.

18.1.2.2.2.2.4 Transgene Nagetiere

Die Forschung mit bestimmten transgenen Nagetieren kann einschließlich ihrer Züchtung vom Anwendungsbereich der NIH-Guidelines ausgenommen werden, sofern die betreffenden Tiere unter Bedingungen der Biosicherheitsstufe 1 (BL1) gehalten werden können (vgl. Abschnitt 18.1.2.2.4.2).[52] In diesen Fällen finden insbesondere die speziellen tierschutz- und biosicherheitsrechtlichen Vorgaben[53] der NIH-Guidelines an die Haltung von Versuchstieren keine Anwendung.

Die Freistellung steht jedoch nur unter bestimmten Voraussetzungen zur Verfügung. Vom Anwendungsbereich der NIH-Guidelines sind ausschließlich

[51] Section III-F-8 NIH-Guidelines:
„Those that do not present a significant risk to health or the environment (see Section IV-C-1-b-(1)-(c), Major Actions), as determined by the NIH Director following appropriate notice and opportunity for public comment. See Appendix C, Exemptions under Section III-F-8 for other classes of experiments which are exempt from the NIH Guidelines".

[52] Section III-E-3-a NIH-Guidelines.

[53] Appendix M der NIH-Guidelines bildet einen nicht abschließenden Katalog an Tierhaltungsvorschriften, der durch zusätzliche Anforderungen innerhalb der NIH-Guidelines ergänzt werden kann.

Züchtungen zwischen zwei transgenen Nagetieren oder zwischen einem transgenen und einem nicht-transgenen Nagetier ausgenommen, wenn kumulativ folgende Bedingungen erfüllt sind:

(1) Beide Elterntiere können unter BL1-Bedingungen gehalten werden;
(2) Keines der Elterntiere enthält (i) mehr als die Hälfte des Genoms eines exogenen eukaryotischen Virus derselben Virusfamilie, oder (ii) ein Transgen, das unter der Kontrolle eines Gammaretrovirus-LTR (long terminal repeat) steht;
(3) Das resultierende transgene Tier enthält voraussichtlich nicht mehr als die Hälfte des Genoms eines exogenen Virus einer Virusfamilie.[54]

Diese Ausnahmebestimmung ist von erheblicher praktischer Bedeutung, da transgene Nagetiere zentrale Werkzeuge für Grundlagenforschung und in der präklinischen Forschung darstellen.

18.1.2.2.3 Subsumtion unter den Anwendungsbereich der NIH-Guidelines

Vor dem Hintergrund der dargestellten Systematik ist im Folgenden zu untersuchen, in welchem Umfang sich somatische genomische Therapien im Rahmen der Grundlagenforschung und der präklinischen Forschung dem Anwendungsbereich der NIH-Guidelines zuordnen lassen.

18.1.2.2.3.1 Virale Vektoren

Rekombinante virale Vektoren werden eindeutig von Section I-B(i) der NIH-Guidelines erfasst, sofern sie sich in lebenden Zellen replizieren können. Replikation bedeutet im biologischen Sinne, dass eine Nukleinsäure – hier das virale Genom – als Matrize für die Synthese einer komplementären Kopie ihrer selbst in lebenden Zellen dient.[55] Allerdings wird vielen viralen Vektoren durch

---

[54] Section III-E-3-a i. V. mit Appendix C-VIII NIH-Guidelines:
„The breeding of two different transgenic rodents or the breeding of a transgenic rodent and a non-transgenic rodent with the intent of creating a new strain of transgenic rodent that can be housed at BL1 containment will be exempt from the NIH Guidelines if:
(1) Both parental rodents can be housed under BL1 containment; and
(2) neither parental transgenic rodent contains the following genetic modifications: (i) incorporation of more than one-half of the genome of an exogenous eukaryotic virus from a single family of viruses; or (ii) incorporation of a transgene that is under the control of a gammaretroviral long terminal repeat (LTR); and
(3) the transgenic rodent that results from this breeding is not expected to contain more than one-half of an exogenous viral genome from a single family of viruses“.

[55] Vgl. Alberts/Johnson/Lewis u. a., Molekularbiologie der Zelle, 2017, S. 284.

gezielte gentechnische Modifikationen ihre Replikationsfähigkeit genommen, um ihre Anwendung als Vektor sicherer zu gestalten.

Trotzdem fallen replikationsdefiziente virale Vektoren in den Anwendungsbereich der NIH-Guidelines. Dies ergibt sich aus Section I-B(iii), wonach auch Moleküle erfasst werden, die aus rekombinanten oder synthetischen Nukleinsäuren repliziert wurden. Weil virale Vektoren regelmäßig mittels rekombinanter Plasmide in bakteriellen Expressionssystemen erzeugt und vermehrt werden, handelt es sich um Moleküle, die aus rekombinanten Nukleinsäuren hervorgegangen sind und damit von Section I-B(iii) umfasst werden. Den verwendeten Plasmiden werden die codierenden genetischen Sequenzen hinzugefügt, welche die Erbinformation sowohl für das virale Genom als auch für die Strukturproteine des Vektors enthalten.[56] Die Herstellung der Plasmide erfolgt somit durch das Zusammenfügen unterschiedlicher genetischer Sequenzen, gefolgt von der Replikation in einer lebenden Zelle, weshalb diese unter die Definition der rekombinanten Nukeinsäure fallen. Die viralen Vektoren sind Produkte der Replikation dieser rekombinanten Nukleinsäure und somit als Molekül im Sinne von Section I-B(iii) gleichermaßen vom Anwendungsbereich der NIH-Guidelines erfasst.

Vor diesem Hintergrund unterliegt die Forschung mit viralen Vektoren grundsätzlich stets den NIH-Guidelines. Allerdings kommt eine Freistellung von den Anforderungen nach Section III-F-8 in Verbindung mit Appendix C-I in Betracht Diese Ausnahme betrifft jedoch ausschließlich in-vitro-Experimente mit kultivierten Zellen und setzt kumulativ voraus, dass weniger als 50 Prozent eines viralen Genoms verwendet werden, die eingesetzten Vektoren ausschließlich Organismen der Risikogruppe 1 oder 2 zugeordnet sind, die lethale Dosis nicht überschritten wird und keine Gene übertragen werden, die in Mikroorganismen eine Resistenz gegenüber antimikrobiellen Wirkstoffen hervorrufen können (vgl. Abschnitt 18.1.2.2.2.2.3).

18.1.2.2.3.2 mRNA

Forschung mit mRNA unterfällt grundsätzlich dem Anwendungsbereich der NIH-Guidelines, weil mRNA eine Nukleinsäure darstellt und sowohl rekombinant als auch synthetisch hergestellt werden kann. Auf welche Weise ein mRNA-Konstrukt im Einzelfall den NIH-Guidelines unterliegt, hängt maßgeblich von der jeweils gewählten Herstellungsweise ab.

[56] Mackett/Smith/Moss, Journal of Virology 49 (1984), S. 857, 858; Negrete/Kotin, Briefings in Functional Genomics & Proteomics 7 (2008), 303, S. 3.

18.1.2.2.3.2.1 Rekombinante mRNA

Rekombinante mRNA-Moleküle lassen sich grundsätzlich nicht nach Section I-B(i) der NIH-Guidelines als rekombinante Nukleinsäuren einordnen. Die Legaldefinition setzt eine eigenständige Replikationsfähigkeit der Nukleinsäure voraus, also eine Vervielfältigung der mRNA innerhalb lebender Zellen. Diese ist bei konventioneller mRNA aber regelmäßig nich gegeben. Üblicherweise wird mRNA an den Ribosomen einer Zelle lediglich in ein Protein translatiert (vgl. Abschnitt 4.1). Es entstehen keine neuen Nukleinsäuren durch die Translation, und die mRNA wird anschließend abgebaut (vgl. Abschnitt 4.1).

Der Anwendungsbereich der NIH-Guidelines kann für rekombinant hergestellte mRNA daher nur eröffnet sein, wenn diese unter Section I-B(iii) fällt. Voraussetzung dafür ist, dass es sich um ein Molekül handelt, das durch Replikation einer rekombinanten oder synthetischen Nukleinsäure entstanden ist.

Ursprünglich beruhte die Herstellung therapeutischer mRNA auf der Nutzung mikrobieller Zellkulturen, insbesondere gentechnisch veränderter E. coli-Stämme, in die mittels rDNA-Technologie ein therapeutisches Gen eingebracht wurde.[57] Durch anschließende Kultivierung im Bioreaktor kam es zur Expression der rDNA und zur Bildung von RNA-Transkripten.[58] Die rDNA in den bakteriellen Zellen stellt damit eine rekombinante Nukleinsäure im Sinne von Section I-B(i) dar, da sie durch das Zusammenfügen verschiedener genetischer Sequenzen geschaffen wurde und in Bakterienzellen vervielfältigt werden kann. Die von ihr abgeleiteten RNA-Transkripte sind komplementäre Kopien der rDNA und somit Replikationsprodukte einer rekombinanten Nukleinsäure, die Section I-B(iii) unterfallen.[59]

Mittlerweile lassen sich mRNA-Moleküle auch ohne bakterielle Expressionssysteme durch in-vitro-Transkription einer DNA-Vorlage unter Verwendung chemisch modifizierter RNA-Polymerasen herstellen.[60] Dieses Herstellungsverfahren ändert jedoch nichts daran, dass der Anwendungsbereich der NIH-Guidelines weiterhin eröffnet bleibt. Auch die hierfür verwendete DNA-Vorlage wird aus

---

[57] Webb/Ip/Bathula u. a., Molecular Pharmaceutics 19 (2022), S. 1047, 1050; Whitley/Zwolinski/Denis u. a., Translational Research 242 (2022), S. 38, 40 f.; Walsh, Pharmaceutical Biotechnology, 2007, S. 46 f.

[58] Webb/Ip/Bathula u. a., Molecular Pharmaceutics 19 (2022), S. 1047, 1050; Whitley/Zwolinski/Denis u. a., Translational Research 242 (2022), S. 38, 40 f.

[59] Vgl. Vallazza/Petri/Poleganov u. a., Wiley Interdisciplinary Reviews RNA 6 (2015), S. 471, 476.

[60] Webb/Ip/Bathula u. a., Molecular Pharmaceutics 19 (2022), S. 1047, 1050 f.; Kreiter/Diken/Sahin, mRNA Vaccination and Personalisized Cancer Therapy, in: Britten/Kreiter/Diken u. a. (Hrsg.), Cancer Immunotherapy Meets Oncology, Heidelberg, 2014, S. 89, 92.

mehreren genetischen Sequenzen konstruiert, da ihr zwingend ein sequenzspezifischer Promotor hinzugefügt werden muss.[61] Zudem stellt die Legaldefinition in Section I-B(i) allein darauf ab, ob eine Nukleinsäure innerhalb von Zellen replikationsfähig ist. Unerheblich ist, ob die Replikation der DNA-Vorlage tatsächlich in lebenden Zellen stattfindet, soweit sie ihre Replikationsfähigkeit in Zellen beibehält. mRNA, die durch in-vitro-Transkription einer derart konstruierten DNA-Vorlage erzeugt wird, lässt sich folglich weiterhin als Replikationsprodukt einer rekombinanten Nukleinsäure im Sinne von Section I-B(iii) einordnen.

Einfacher gestaltet sich die Klassifizierung bei samRNA. Diese enthält replikationsfähige virale RNA-Elemente, die nach Eintritt in die Zelle eine eigenständige Vervielfältigung ermöglichen.[62] samRNA, die durch das Zusammenfügen mehrerer Nukleinsäuresequenzen erzeugt wird, wird daher unmittelbar von Section I-B(i) erfasst.

18.1.2.2.3.2.2 Chemisch synthetisierte mRNA

Für chemisch synthetisierte mRNA gelten die Voraussetzungen von Section I-B(ii). Danach werden synthetische Nukleinsäuren unabhängig von ihrer Replikationsfähigkeit zunächst unmittelbar vom Anwendungsbereich der NIH-Guidelines erfasst. Chemisch synthetisierte mRNA verfügt zudem über die Fähigkeit zur Basenpaarung, da sie im Rahmen der Translation an tRNA bindet, welche die jeweiligen Aminosäuren zum Ribosom transportiert (vgl. Abschnitt 2.3).

Der Anwendungsbereich wird jedoch durch die Bereichsausnahme in Section III-F-1 eingeschränkt. Danach unterfallen synthetisch hergestellte Nukleinsäuren nicht den NIH-Guidelines, sofern sie weder selbst replizieren können noch Nukleinsäuren erzeugen, die sich in lebenden Zellen replizieren können, nicht darauf ausgelegt sind, eine stabile genetische Modifikation herbeizuführen, und kein Toxin exprimieren, dessen LD_{50} bei Wirbeltieren unter 100 ng/kg Körpergewicht liegt.

Klassische mRNA erfüllt diese Voraussetzungen regelmäßig. Sie wird ausschließlich an den Ribosomen in ein Protein translatiert und anschließend

---

[61] Webb/Ip/Bathula u. a., Molecular Pharmaceutics 19 (2022), S. 1047, 1051; Kreiter/Diken/Sahin, mRNA Vaccination and Personalisized Cancer Therapy, in: Britten/Kreiter/Diken u. a. (Hrsg.), Cancer Immunotherapy Meets Oncology, Heidelberg, 2014, S. 89, 92.

[62] Zentrale Kommission für Biologische Sicherheit/Commissie Genetische Modificatie, Joint open letter from COGEM and ZKBS on the environmental risk assessment of new vaccine developments based on self-replicating mRNAs and viral replicon systems, 2025, (https://zkbs-online.de/fileadmin/user_upload/Downloads/Kommentare/Joint_Letter_COGEM_ZKBS/Joint_open_letter_on_samRNA_vaccines__COGEM-ZKBS_.pdf), S. 4 (geprüft am 24.10.2025).

abgebaut (vgl. Abschnitt 4.1). Sie repliziert deshalb nicht, noch erzeugt sie andere Nukleinsäuren, die ihrerseits in lebenden Zellen replizieren können. Weil sie ausschließlich im Zytoplasma einer Zelle agiert, kann sie selbst keine stabilen genetischen Veränderungen im Zellkern auslösen (vgl. Abschnitt 4.1). Dies wäre nur denkbar, soweit sie beispielsweise Komponenten des Genome-Editing – etwa den CRISPR-Cas-Komplex – codiert, wodurch ihr eine solche Funktion zumindest mittelbar zuzuschreiben wäre. Sie fällt daher grundsätzlich unter Section III-F-1 und unterliegt in der Grundlagen- und präklinischen Forschung nicht dem Anwendungsbereich der NIH-Guidelines, solange kein hochwirksames Toxin durch sie exprimiert wird.

Sollte es künftig möglich sein, samRNA vollständig chemisch zu synthetisieren, wäre diese aufgrund ihrer replikationsfähigen viralen RNA-Elemente hingegen nicht von Section III-F-1(1) erfasst. In solchen Fällen würde die Grundlagenforschung und präklinische Forschung mit chemisch synthetisierter samRNA den NIH-Guidelines unterfallen.

18.1.2.2.3.3 ncRNA

Nicht-codierende RNA-Moleküle werden typischerweise chemisch synthetisch hergestellt (vgl. Abschnitt 4.2.2) und fallen daher unter Section I-B(ii) der NIH-Guidelines, welche synthetische Nukleinsäuren unabhängig von ihrer Replikationsfähigkeit in den Anwendungsbereich einbezieht. ncRNA verfügen grundsätzlich über die Fähigkeit zur Basenpaarung. Dies ist etwa der Fall, wenn sie komplementäre mRNA-Sequenzen im Zytoplasma binden, indem sie den RISC beladen, und somit deren Translation verhindern (vgl. Abschnitt 4.2.1). Aufgrund der Vielfalt unterschiedlicher ncRNA-Wirkstoffe kann jedoch nicht ausgeschlossen werden, dass im Einzelfall ncRNA-Moleküle, etwa bestimmte Aptamere, existieren, deren Bindungsfähigkeit gegenüber Nukleinsäuren vollständig entfällt, weil sie ausschließlich eine enzymatische oder regulatorische Funktion durch die Bindung an zelluläre Proteine ausüben (vgl. Abschnitt 4.2.4).

Für ncRNA greift jedoch umfassend die Bereichsausnahme nach Section III-F-1. Sie können weder selbst replizieren noch Nukleinsäuren erzeugen, die sich in lebenden Zellen replizieren könnten, sie sind nicht darauf ausgelegt, stabile genetische Modifikationen einzuführen, und sie codieren keine Toxine mit einer LD_{50} von weniger als 100 ng/kg Körpergewicht. Ihre Wirkung entfaltet sich ausschließlich über vorübergehende Mechanismen der RNA-Interferenz auf transkriptomischer Ebene, etwa durch die Bindung komplementärer mRNA, und ist daher zeitlich begrenzt (vgl. Abschnitt 4.2.2). Eine Interaktion mit DNA- oder RNA-Polymerasen oder eine Integration in das Wirtszellgenom findet nicht statt, sodass weder Replikation noch die Synthese neuer replikationsfähiger Nukleinsäuren ausgelöst werden können (vgl. Abschnitt 4.2.2). Aufgrund des Fehlens codierender Sequenzen besitzen ncRNA zudem kein Potenzial zur Expression hochwirksamer toxischer Proteine.

Die präklinische und grundlagenorientierte Forschung mit chemisch synthetisierten ncRNA ist daher vom Anwendungsbereich der NIH-Guidelines ausgenommen. Werden ncRNA hingegen rekombinant hergestellt,[63] wäre der Anwendungsbereich – entsprechend der Subsumtion zu rekombinanter mRNA – aufgrund von Section I-B(iii) eröffnet (vgl. Abschnitt 18.1.2.2.3.2.1).

18.1.2.2.3.4 CRISPR-Cas-Ribonukleoproteine

CRISPR-Cas-Ribonukleoproteine bestehen typischerweise aus einem Cas-Protein sowie einer synthetisch hergestellten gRNA; in bestimmten Anwendungsfällen wird zusätzlich eine Nukleinsäure als Vorlage eingesetzt (vgl. Abschnitt 8.2.3).[64]

Das Cas-Protein selbst stellt keine Nukleinsäure dar und eröffnet daher den Anwendungsbereich der NIH-Guidelines nicht. Maßgeblich ist deshalb zunächst die gRNA. Weil gRNA regelmäßig chemisch synthetisch erzeugt wird, fällt sie unter Section I-B(ii) der NIH-Guidelines, welche synthetische Nukleinsäuren unabhängig von ihrer Replikationsfähigkeit erfasst. Insbesondere verfügt die gRNA über die Fähigkeit zur Basenpaarung, denn ihre Funktion setzt die Erkennung einer komplementären genetischen Sequenz innerhalb des Zellkerns und deren Bindung an das Segment voraus (vgl. Abschnitt 5.3.2).

Fraglich ist aber, ob die Bereichsausnahme nach Section III-F-1 eingreift. Diese setzt voraus, dass die verwendete synthetische Nukleinsäure (1) weder replizierbar ist und keine Nukleinsäuren erzeugt, die sich in lebenden Zellen replizieren können, (2) nicht darauf ausgelegt ist, eine stabile genetische Modifikation herbeizuführen, und (3) keine hochwirksamen Toxine exprimiert ($LD_{50} < 100$ ng/kg). Die gRNA erfüllt isoliert betrachtet die erste und dritte Voraussetzung, da sie weder repliziert wird, noch mit Polymerasen interagiert und deshalb keine replikationsfähigen Nukleinsäuren generiert. Entscheidend ist daher, ob die Funktion der gRNA – die ortsspezifische Bindung an eine komplementäre Zielsequenz zur Steuerung des Cas-Proteins – bereits als Herbeiführung einer stabilen genetischen Modifikation im Sinne von Section III-F-1(2) zu qualifizieren ist.

Diese Frage ist vor dem Hintergrund der im Jahr 2024 erfolgten Änderung der NIH-Guidelines zu beantworten. Der Wortlaut der alten Fassung, der auf eine

[63] Vgl. Yu/Choi/Tu, Pharmacological Reviews 72 (2020), S. 862, 890.

[64] Zhang/Shen/Li u. a., Theranostics 11 (2021), S. 614, 636; Mirjalili Mohanna/Djaksigulova/Hill u. a., Journal of Controlled Release 350 (2022), S. 401, 402.

Integration in DNA („integration into DNA“) abstellte, wurde in Section III-F-1(2) und in Section III-C-1(2)(b) ausdrücklich durch den vergleichsweise weiten Wortlaut „introduce stable genetic modification (e.g. gene editing)“ ersetzt.

Mit dieser Erweiterung sollte eine zuvor bestehende Regelungslücke geschlossen werden. Während Genome-Editing durch CRISPR-Cas-Komplexe, die mittels AAV-Vektoren in den Körperzellen exprimiert wurden, stets den NIH-Guidelines unterfiel, waren identische Modifikationen mittels CRISPR-Cas-Ribonukleoproteinen mangels eigener Integrationsleistung der gRNA durch die Bereichsausnahme freigestellt.[65] Die Neufassung stellt nun verschärfend klar, dass es auf die Integrationsfähigkeit des eingesetzten Nukleinsäuremoleküls nicht mehr ankommt, sondern allein darauf, ob die synthetische Nukleinsäure funktional darauf ausgelegt ist, eine stabile genetische Veränderung – auch nur mittelbar – herbeizuführen.[66] Die bloße Rolle der gRNA als Lotse genügt daher, um eine stabile genetische Modifikation zu bejahen. Die Bereichsausnahme kann deshalb nicht in Anspruch genommen werden und der Anwendungsbereich der NIH-Guidelines bleibt eröffnet.

18.1.2.2.3.4.1 Genome-, Base- und Prime-Editing

Die Forschung mit CRISPR-Cas-Ribonukleoproteinen im Rahmen des Genome-Editing unterliegt daher unabhängig vom Transfektions- oder Transduktionssystem den vollen regulatorischen Anforderungen der NIH-Guidelines. Dies gilt unabhängig davon, ob es sich um Gen-Knockout-Strategien, SDN-2- oder SDN-3-Ansätze, Base-Editing oder Prime-Editing handelt. Denn bereits die Verwendung einer gRNA führt dazu, dass die Bereichsausnahme nach Section III-F-1(2) der NIH-Guidelines ausgeschlossen ist, soweit ihre Verwendung kausal für eine stabile genetische Modifikation ist. Allen genannten Varianten des Genome-Editing ist gemeinsam, dass sie auf eine gezielte und langfristige Veränderung der Nukleotidsequenz von DNA-Strängen abzielen (vgl. Abschnitt 5.3.2). Sie bewirken damit substanzielle Veränderungen des Genoms, die allesamt nachhaltig in der Erbsubstanz bestehen bleiben – unabhängig davon, ob ein Doppelstrangbruch oder nur ein chemisch induzierter Basenaustausch stattgefunden hat.

---

[65] McCulloch/Roberge, How New Changes to the NIH Guidelines Will Impact IBC Review, (https://www.wcgclinical.com/insights/how-new-changes-to-the-nih-guidelines-will-impact-ibc-review/) (geprüft am 24.10.2025).

[66] McCulloch/Roberge, How New Changes to the NIH Guidelines Will Impact IBC Review, (https://www.wcgclinical.com/insights/how-new-changes-to-the-nih-guidelines-will-impact-ibc-review/) (geprüft am 24.10.2025).

18.1.2.2.3.4.2 RNA-Editing

Demgegenüber ist der Einsatz von CRISPR-Cas-Ribonukleoproteinen zum Zweck des RNA-Editing anders zu bewerten. In diesen Fällen besteht der CRISPR-Cas-Komplex aus einer chemisch synthetisierten gRNA sowie dem modifizierten Cas-Protein (vgl. Abschnitt 5.3.5). Die Wirkung des Cas-Proteins beschränkt sich auf das Transkriptom, also auf RNA-Moleküle im Zytoplasma der Zelle (vgl. Abschnitt 5.3.5). Das zelluläre Genom bleibt unangetastet, entsprechend erfolgt kein Eingriff in DNA-Sequenzen der transfizierten Zelle, welcher der gRNA mittelbar zuzurechnen wäre. Darüber hinaus ist die therapeutische Wirkung zeitlich begrenzt. Der CRISPR-Cas-Komplex und die editierten RNA-Moleküle werden im Zytoplasma der Zelle nach einer bestimmten Zeit abgebaut. Die editierte Zelle wird gleichwohl neue RNA-Moleküle transkribieren, welche die induzierte Modifikation nicht aufweisen, weil die genetischen Sequenzen nicht verändert wurden. Folglich würde es insbesondere an der erforderlichen Stabilität der Modifikation fehlen.

Infolgedessen sind alle Voraussetzungen erfüllt und die Bereichsausnahme nach Section III-F-1 greift (vgl. Abschnitt 18.1.2.2.3.4). Die präklinische Forschung mit CRISPR-Cas-RNP-basierten RNA-Editing-Verfahren unterliegt somit nicht dem Anwendungsbereich der NIH-Guidelines.

18.1.2.2.3.4.3 Epigenome-Editing

Für das Epigenome-Editing mittels CRISPRi- oder CRISPRa-Systemen gilt im Grundsatz dasselbe wie für das RNA-Editing. Zwar gelangt der CRISPR-Cas-Komplex bei diesen Verfahren in den Zellkern, jedoch kommt regelmäßig ein katalytisch inaktiviertes Cas-Protein (dCas9) zum Einsatz, das keine DNA-Schnitte verursacht (vgl. Abschnitt 6.2). Die gRNA dient ausschließlich als Lotse, um Transkriptionsmodulatoren, etwa Repressoren oder Aktivatoren, an ortsspezifische DNA-Abschnitte zu führen (vgl. Abschnitt 6.2). Die Modulation der Genexpression erfolgt damit nicht durch eine unmittelbare Veränderung der DNA-Sequenz, sondern durch reversible Anpassungen des Transkriptionsniveaus (vgl. Abschnitt 6.2).[67]

Solche epigenetischen Eingriffe stellen deshalb keine „stabile genetische Modifikation" im Sinne von Section III-F-1(2) der NIH-Guidelines dar. Die

[67] Vgl. Tremblay/Xiong/Shah u. a., Nature Medicine 31 (2025), S. 1329, 1337.

Nukleotidsequenz bleibt vollständig unverändert und die Modifikationen sind aufgrund ihrer Reversibilität nicht stabil (vgl. Abschnitt 6.2). Klassische CRISPRi-Ansätze zeigten beispielsweise eine therapeutische Wirkung von nur wenigen Tagen im Tierversuch.[68]

Dies gilt grundsätzlich auch für weiterentwickelte Epigenome-Editing-Verfahren, bei denen dCas9 mit epigenetisch wirksamen Enzymdomänen, etwa DNA-Methyltransferasen wie DNMT3A oder DNMT3L, fusioniert wird. Diese Techniken verändern zwar chemische Marker wie Methyl- oder Acetylgruppen des DNA-Moleküls.[69] Selbst wenn man die Modifikation dieser Marker als „genetische Veränderung" einordnen wollte, weil in diesem Fall das DNA-Molekül tatsächlich verändert wird, ist trotzdem fragwürdig, ob die Veränderung das Erfordernis der Stabilität erfüllt. Im Gegensatz zu den bisherigen epigenetischen Ansätzen schaffen es die neuen weiterentwickelten Epigenome-Editing-Techniken, bei denen dCas9 mit epigenetisch wirksamen Enzymdomänen verbunden wird, eine längerfristige therapeutische Wirkung im Tierversuch hervorzurufen, die jedoch ebenso nach 308 Tagen zu sinken beginnt.[70]

Das Epigenome-Editing wird deshalb grundsätzlich nicht von der Bereichsausnahme nach Section III-F-1 erfasst. Folglich unterliegt die präklinische und grundlagenwissenschaftliche Forschung mit CRISPR-Ribonukleoproteinen zum Zweck des Epigenome-Editings nicht dem Anwendungsbereich der NIH-Guidelines. Jedoch ist nicht ausgeschlossen, dass es durch den technischen Fortschritt dazu kommen könnte, dass epigenetische Veränderungen die Funktion einer genetischen Sequenz in einem deutlich längeren Zeitraum als bisher verändern werden. In normativer Hinsicht dürfte es insoweit geboten sein, entsprechende epigenetische Veränderungen einer permanenten genetischen Modifikation mittels Genome-Editing gleichzustellen, weil die Norm keine unumkehrbare, sondern lediglich eine stabile genetische Veränderung verlangt. Die NIH-Guidelines sehen jedoch keine klare Abgrenzung vor, wann der Zeitpunkt einer stabilen genetischen Veränderung erreicht wird.

18.1.2.2.3.4.4 Regulatorische Proteine und Nukleotide

Regulatorische Proteine, etwa Methyl- oder Acetyltransferasen, sowie sonstige chemische Modulatoren, die beispielsweise mittels Lipidnanopartikeln transportiert werden, stellen keine Nukleinsäuren im Sinne von Section I-B der

[68] Vgl. Tremblay/Xiong/Shah u. a., Nature Medicine 31 (2025), S. 1329, 1334.

[69] Tremblay/Xiong/Shah u. a., Nature Medicine 31 (2025), S. 1329, 1337.

[70] Tremblay/Xiong/Shah u. a., Nature Medicine 31 (2025), S. 1329, 1337.

Tabelle 18.1 Klassifizierung somatischer genomischer Therapien – NIH-Guidelines (Präklinik)

Molekül	Rekombinante Nukleinsäure	Replikationsfähigkeit in einer lebenden Zelle	(Chemisch) synthetisierte oder amplifizierte Nukleinsäure	Chemische oder andere Modifikation, aber Fähigkeit der Basenpaarung?	Moleküle, die durch Replikation rekombinanter oder synthetischer Nukleinsäuren entstehen?	Wird Forschung mit diesen Molekülen von den NIH-Guidelines erfasst?
Gamma-Retrovirale Vektoren	Virales Genom	Abhängig von der gentechnischen Veränderung des Vektors	Nein	Nein	Ja	Ja
Lentivirale Vektoren	Virales Genom	Abhängig von der gentechnischen Veränderung des Vektors	Nein	Nein	Ja	Ja
Adenovirale Vektoren	Virales Genom	Abhängig von der gentechnischen Veränderung des Vektors	Nein	Nein	Ja	Ja
Adeno-assoziierte Virusvektoren (AAV)	Virales Genom	Abhängig von der gentechnischen Veränderung des Vektors	Nein	Nein	Ja	Ja

(Fortsetzung)

Tabelle 18.1 (Fortsetzung)

Molekül	**Rekombinante Nukleinsäure**	**Replikationsfähigkeit in einer lebenden Zelle**	**(Chemisch) synthetisierte oder amplifizierte Nukleinsäure**	**Chemische oder andere Modifikation, aber Fähigkeit der Basenpaarung?**	**Moleküle, die durch Replikation rekombinanter oder synthetischer Nukleinsäuren entstehen?**	**Wird Forschung mit diesen Molekülen von den NIH-Guidelines erfasst?**
Sendaiviren	Virales Genom	Abhängig von der gentechnischen Veränderung des Vektors	Nein	Nein	Ja	Ja
(Liposomale) mRNA-Verabreichung	mRNA	mRNA: Nein samRNA: Ja	mRNA	Ja	Ja / Nein	samRNA: Ja mRNA: Ja / Nein Section III-F-1
ncRNA	ncRNA	Nein	ncRNA	Ja / Nein	Nein	Nein Section III-F-1
CRISPR/Cas (Ribonukleoprotein)	gRNA (Vorlage-DNA)	Ja / Nein	gRNA	Ja	Ja	Ja
RNA-Editierung (Ribonukleoprotein)	gRNA	Nein	gRNA	Ja	Nein	Nein Section III-F-1
Base-Editing (Ribonukleoprotein)	gRNA	Nein	gRNA	Ja	Nein	Ja

(Fortsetzung)

Tabelle 18.1 (Fortsetzung)

Molekül	**Rekombinante Nukleinsäure**	**Replikationsfähigkeit in einer lebenden Zelle**	**(Chemisch) synthetisierte oder amplifizierte Nukleinsäure**	**Chemische oder andere Modifikation, aber Fähigkeit der Basenpaarung?**	**Moleküle, die durch Replikation rekombinanter oder synthetischer Nukleinsäuren entstehen?**	**Wird Forschung mit diesen Molekülen von den NIH-Guidelines erfasst?**
Prime-Editing (Ribonukleoprotein)	pegRNA	Ja	pegRNA	Ja	Ja	Ja
Epigenome-Editing (Transfektion von Proteinen)	Nein	Nein	Nein	Nein	Nein	Nein
Epigenome-Editing (Transfektion von Nukleotiden)	Nein	Nein	Nein	Nein	Nein	Nein
Epigenome-Editing (CRISPIRi/a; Ribonukleoprotein)	gRNA	Nein	gRNA	Ja	Nein	Nein Section III-F-1

NIH-Guidelines dar. Sie erfüllen weder die Kriterien rekombinanter noch synthetischer Nukleinsäuren und sind deshalb unabhängig von ihrer Funktion bei epigenetischen Modifikationen nicht geeignet, den Anwendungsbereich der NIH-Guidelines zu eröffnen. Ihre Verwendung in präklinischen oder grundlagenwissenschaftlichen Experimenten unterliegt daher nicht dem Anwendungsbereich der NIH-Guidelines (vgl. Tabelle 18.1).

18.1.2.2.4 Anzeige- und Genehmigungsverfahren

Ähnlich dem unionalen bzw. deutschen Gentechnikrecht erfolgt auch nach den NIH-Guidelines eine Einstufung gentechnischer Arbeiten in unterschiedliche Biosicherheitsstufen (Biosafety Levels), die anhand einer Risikoklassifizierung vorgenommen wird. Die Zuordnung zu einer bestimmten Biosicherheitsstufe ist insbesondere entscheidend für das Anzeige- und Genehmigungsverfahren.

18.1.2.2.4.1 Risikogruppen (Risk Groups)

Die NIH-Guidelines sehen zunächst eine Risikoeinstufung der verwendeten Agenzien (Agents) vor. Es werden vier Risikogruppen (Risikogruppen 1 bis 4) vorgesehen. Für die anschließende Gesamtbewertung eines Versuchsvorhabens sind jedoch nicht allein die eingesetzten Agenzien maßgeblich, es fließen auch die betroffenen Zielorganismen in die Festlegung der notwendigen Biosicherheitsstufe ein.

Die Zuordnung zu Risikogruppen orientiert sich an Appendix B der NIH-Guidelines und am Infektionsrisiko für den Menschen. Die endgültige Einstufung eines konkreten Versuchsvorhabens erfolgt dabei stets durch die jeweilige Forschungseinrichtung selbst, allerdings unter Berücksichtigung der Vorgaben aus Appendix B.[71] Agenzien, die nicht ausdrücklich einer höheren Risikogruppe (2 bis 4) zugewiesen sind, gelten grundsätzlich als Risikogruppe 1.[72] Diese Gruppe umfasst solche Agenzien, die für gesunde Menschen kein Infektions- oder Krankheitsrisiko aufweisen.

Appendix B weist beispielsweise rekombinante oder synthetische AAV der Risikogruppe 1 zu, sofern sie keine tumorgenen Gene enthalten und ohne Helferviren eingesetzt werden.[73] Werden AAV mit Helferviren kombiniert, ist deshalb mindestens eine Einstufung in Risikogruppe 2 vorzunehmen. Retroviren werden hingegen dann der Risikogruppe 3 zugeordnet, wenn es sich um spezifische

---

[71] Section II-A-3 NIH-Guidelines.

[72] Appendix B-I NIH-Guidelines.

[73] Appendix B-I NIH-Guidelines.

pathogene Vertreter wie das Humane Immundefizienz-Virus (HIV), Humane T-Zell-lymphotrope Viren (HTLV) oder das Simian Immunodeficiency Virus (SIV) handelt.[74] Retro- und lentivirale Vektoren, wie sie typischerweise in somatischen Gentherapien verwendet werden, fallen im Umkehrschluss unter Risikogruppe 1 bis 2, insbesondere wenn diese hinsichtlich ihrer Virulenz und Pathogenität gentechnisch entschärft wurden.

Die Einstufung entspricht damit grundsätzlich dem deutschen Gentechnikrecht, in dem somatische Gentherapien grundsätzlich niedrigeren Sicherheitsstufen zugeordnet werden (vgl. Abschnitt 14.2). CRISPR-Cas-Ribonukleoproteine sowie mRNA- und ncRNA-Moleküle werden in den NIH-Guidelines nicht ausdrücklich einer bestimmten Risikogruppe zugeordnet. Aus der Systematik der NIH-Guidelines und der bisherigen Einstufung vergleichbarer Adeno-assoziierter viraler Vektoren, die den CRISPR-Cas-Komplex exprimieren können, lässt sich jedoch ableiten, dass somatische genomische Therapien grundsätzlich den Risikogruppen 1 oder 2 zugeordnet werden müssen,[75] sofern keine zusätzlichen Risikofaktoren vorliegen.[76]

18.1.2.2.4.2 Biosicherheitsstufen (Biosafety Levels)

Die für ein konkretes Forschungsprojekt erforderliche Biosicherheitsstufe (Biosafety Level – BL) richtet sich nach der Risikogruppeneinordnung des jeweils eingesetzten Arbeitsstoffs (Risikogruppe 1 bis 4).[77] Maßgeblich sind insbesondere die Pathogenität des verwendeten Organismus, das Übertragungsrisiko sowie die Art und das konkrete Design des Experiments. Die Biosicherheitsstufen reichen von BL-1 (niedrigstes Risiko) bis BL-4 (höchstes Risiko). Die Zuordnung eines Agenz zur Risikogruppe führt dabei grundsätzlich spiegelbildlich zur Einstufung des gesamten Experiments in die korrespondierende Biosicherheitsstufe. Nach den Vorgaben der NIH-Guidelines wird bei tierexperimentellen Arbeiten die jeweilige Sicherheitsstufe um den Zusatz „-N" ergänzt.

In der präklinischen Forschung werden rekombinante virale Vektoren aufgrund ihrer üblichen Risikogruppenzuordnung regelmäßig in BL-1 oder BL-2 eingestuft.[78] Für murine Retroviren, die ausschließlich in Mäusen eingesetzt werden,

---

[74] Appendix B-III-D NIH-Guidelines.

[75] Vgl. Appendix B-I und Section II-A-3 NIH-Guidelines.

[76] Vgl. Section II-A-3 NIH-Guidelines.

[77] Section III-D-1a ff. NIH-Guidelines.

[78] Vgl. U.S. Department of Veteran Affairs, Institutional Biosafety Committee (IBC) Guidance on Biosafety Level Assignment for Adeno-Associated Virus (AAV), (https://www.va.gov/files/2019-08/aav-guidance.pdf) (geprüft am 24.10.2025);

ist in der Regel die Biosicherheitsstufe 1 (BL-1) ausreichend.[79] Werden identische oder vergleichbare Vektoren hingegen in menschlichen Zellen verwendet, erfolgt typischerweise eine Einstufung in die Biosicherheitsstufe 2 (BL-2), da aufgrund des Wirtsorganismus ein höheres Infektions- bzw. Gesundheitsrisiko anzunehmen ist.[80]

Im Einzelfall kann die Sicherheitsstufenzuordnung durch weitere spezifische Vorgaben modifiziert werden, etwa bei bestimmten Tiermodellen, bestimmten Techniken oder besonderen Zelllinien.[81] Abweichungen ergeben sich zudem für bestimmte privilegierte Versuchsvorhaben. So sieht Section III-E-1 der NIH-Guidelines für rekombinante oder synthetische Nukleinsäuren, die in Zell- oder Gewebekulturen exprimiert werden und das System nicht verlassen, eine Einstufung in BL-1 vor, sofern das verwendete Genom nicht mehr als zwei Drittel eines eukaryotischen viralen Genoms umfasst. Dies ist deshalb eine bedeutende Privilegierungen für virale Vektoren, die gentechnisch entschärft wurden.

18.1.2.2.4.3 Zuständigkeit

Die Einstufung eines Forschungsvorhabens in die Sicherheitsstufen BL1 bis BL.4 hat nicht nur Bedeutung für die Anwendbarkeit der Befreiungstatbestände der NIH-Guidelines, sondern entfaltet zugleich verfahrensrechtliche Konsequenzen. Während Forschungsvorhaben der niedrigeren Sicherheitsstufen BL-1 und BL-2 grundsätzlich allein der institutionellen Aufsicht durch das interne Biosicherheitskomitee (Institutional Biosafety Committee – IBC) der Forschungseinrichtung unterliegen, bedürfen risikobehaftetere Arbeiten der höheren Sicherheitsstufen BL-3 und BL-4 zusätzlich einer vorherigen Genehmigung durch das NIH Office of Science Policy (OSP) oder, bei besonders sicherheitsrelevanten Experimenten, durch den NIH-Direktor selbst (vgl. Abbildung 18.2).

18.1.2.2.4.3.1 Einrichtungsinternes Genehmigungsverfahren

Forschungsarbeiten mit rekombinanten oder synthetischen Nukleinsäuren, die unter Section III-D der NIH-Guidelines fallen, dürfen nur nach vorheriger

---

Yale University, NIH Guidelines Resources – NIH Guidelines Sections With Examples, (https://ehs.yale.edu/sites/default/files/files/nih-experiments.pdf) (geprüft am 24.10.2025).

[79] Appendix B-V-1 NIH-Guidelines.

[80] Vgl. Yale University, NIH Guidelines Resources – NIH Guidelines Sections With Examples, (https://ehs.yale.edu/sites/default/files/files/nih-experiments.pdf), S. 18 (geprüft am 24.10.2025).

[81] Beispiesweise führt ein sog. Gene Drive bei Versuchstieren gemäß Section III-D-4 zu einem Ausschluss der Einstufung als BL-1, wodurch auch das Tierversuchsprivileg bei transgenen Nagetieren der NIH-Guidelines nicht anwendbar ist.

Genehmigung durch das interne Biosicherheitskomitee der jeweiligen Einrichtung (IBC) durchgeführt werden.[82] Dies gilt für alle Versuchsvorhaben, bei denen Agenzien der Risikogruppen 2 bis 4 eingesetzt werden.[83] Derartige Arbeiten unterliegen stets einem präventiven Genehmigungserfordernis durch das IBC, das sowohl die Risikobewertung als auch die Festlegung der erforderlichen Sicherheitsmaßnahmen vornimmt.

18.1.2.2.4.3.2 Einrichtungsinternes Anzeigeverfahren

Forschungsarbeiten, die nicht unter die Regelungsbereiche der Sections III-A bis III-F der NIH-Guidelines fallen, werden der niedrigsten Biosicherheitsstufe BL-1 zugeordnet und unterliegen lediglich einer internen Anzeigepflicht gegenüber dem IBC.[84] Ein förmliches Genehmigungsverfahren ist in diesen Fällen nicht erforderlich.

Besondere praktische Bedeutung kommt in diesem Zusammenhang einer spezifischen Bereichsausnahme zu. Danach dürfen rekombinante oder synthetische Nukleinsäuremoleküle, die nicht mehr als zwei Drittel des Genoms eines eukaryotischen Virus enthalten und bei denen zugleich nachgewiesen werden kann, dass kein Helfervirus-System in den verwendeten Zellen vorhanden ist, unter BL-1-Bedingungen vermehrt und in Zellkulturen aufrechterhalten werden. Für derartige Arbeiten besteht deshalb lediglich die Pflicht zur Anzeige beim IBC.[85]

Neben der allgemeinen Freistellung bestimmter in-vitro-Versuche nach Section III-F-8 in Verbindung mit Appendix C der NIH-Guidelines (vgl. Abschnitt 18.1.2.2.2.2.3) eröffnet dieses eigenständige Privileg einen erleichterten verfahrensrechtlichen Zugang zu Forschungsarbeiten, die nicht von der allgemeinen Befreiung vom Anwendungsbereich der NIH-Guidelines erfasst werden.

18.1.2.2.4.3.3 Genehmigung durch NIH OSP und NIH-Direktor

Für bestimmte sicherheitsrelevante Forschungsarbeiten ist über die Genehmigung durch das IBC hinaus eine Zustimmung des NIH Office of Science Policy (OSP) erforderlich. Dies betrifft insbesondere Experimente, die auf die Erzeugung rekombinanter oder synthetischer Nukleinsäuren abzielen, welche Gene für die Biosynthese hochwirksamer Toxine enthalten. Maßgeblich sind hierbei Toxine,

---

[82] Section III-D i. V. mit Section IV-B-2-b(1) NIH-Guidelines; zur Zusammensetzung des IBC, vgl. Abschnitt 18.1.2.2.5.2.

[83] Section III-D-1 NIH-Guidelines.

[84] Section III-E NIH-Guidelines.

[85] Section III-E-1 NIH-Guidelines.

die bei Wirbeltieren eine akute Letalität bei einer Dosis von weniger als 100 Nanogramm pro Kilogramm Körpergewicht (LD_{50}) hervorrufen.[86] In einzelnen Fallkonstellationen kann zusätzlich die Zustimmung des NIH-Direktors notwendig werden. Dies ist etwa bei gezielten gentechnischen Veränderungen der Fall, die zur Übertragung von Antibiotikaresistenzgenen auf Mikroorganismen führen, welche solche Resistenzmerkmale natürlicherweise nicht ausbilden können und deren Erwerb die Bekämpfung relevanter Krankheitserreger bei Menschen, Tieren oder in der Landwirtschaft erheblich beeinträchtigen würde.[87]

Die NIH-Guidelines sehen jedoch einen Ausnahmetatbestand vor, der dem OSP ermöglicht festzustellen, dass eine erneute Zustimmung des NIH-Direktors oder des OSP für ein geplantes Forschungsvorhaben entbehrlich ist, wenn in der Vergangenheit bereits vergleichbare Risiken bewertet und genehmigt wurden.[88]

Abbildung 18.2 Anzeige- und Genehmigungsverfahren (NIH-Guidelines)

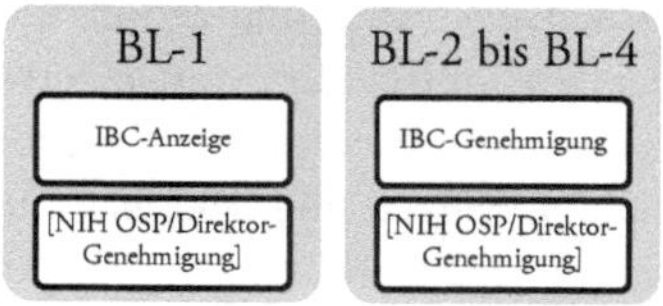

18.1.2.2.5 Genehmigungs- und Durchführungsbestimmungen

Ist der Anwendungsbereich der NIH-Guidelines eröffnet, müssen die besonderen materiellrechtlichen Anforderungen der NIH-Guidelines erfüllt werden. Dazu zählen insbesondere die Vorgaben an die räumliche Infrastruktur, die Qualifikation und Schulung des Personals sowie umfassende Anzeige- und Berichtspflichten.

18.1.2.2.5.1 Räume und Ausstattung

Die durchführende Forschungseinrichtung muss nach Appendix G der NIH-Guidelines über jene räumlichen, technischen und organisatorischen Voraussetzungen verfügen, die für die jeweils einschlägige Biosicherheitsstufe (BL-1 bis BL4) erforderlich sind. Die Anforderungen steigen mit der jeweiligen Sicherheitsstufe graduell an.

Für Arbeiten unter Biosicherheitsstufe 1 (BL-1) gelten die geringsten Anforderungen. Vorgesehen sind grundlegende Hygiene- und Entsorgungsstandards.

[86] Section III-B i. V. mit Section IV-C-2-a NIH-Guidelines.

[87] Section III-A i. V. mit Section IV-C-1-b-(1)-(d) NIH-Guidelines.

[88] Vgl. Section III-A-1-a(3), Section III-B-2 NIH-Guidelines.

Die Laborräume müssen insbesondere über geeignete Arbeitsflächen, Waschmöglichkeiten und einfache technische Grundausstattung verfügen.[89] Spezielle Sicherungssysteme zur Verwahrung gentechnisch veränderter Organismen sind nicht erforderlich.[90]

Biosicherheitsstufe 2 (BL-2) erfordert demgegenüber erweiterte Vorsichtsmaßnahmen, die insbesondere für Zellkulturarbeiten und Tierversuche mit Organismen gelten, die ein moderates Gesundheitsrisiko darstellen. Labore müssen baulich so beschaffen sein, dass unbeabsichtigte Freisetzungen verhindert werden. Dies umfasst unter anderem den Einsatz von Sicherheitswerkbänken der Klasse II, abgetrennte Laborbereiche und strengere Regelungen zur Zugangskontrolle und Hygiene.[91]

Deutlich restriktiver ist Biosicherheitsstufe 3 (BL-3) ausgestaltet, die für Arbeiten mit Krankheitserregern erforderlich ist, die schwere Erkrankungen verursachen können und ein erhöhtes Übertragungsrisiko aufweisen. BL-3-Labore müssen vollständig von anderen Bereichen getrennt sein, der Zugang erfolgt über zwei hintereinanderliegende Schleusen, und alle Oberflächen müssen luftdicht versiegelt und dekontaminierbar sein.[92] Abwässer müssen bei Arbeiten mit hochpathogenen Erregern vor deren Einleitung dekontaminiert werden.[93] Zudem sind aufwendige Luftfilter- und Unterdrucksysteme vorzuhalten.[94] Entsprechendes gilt für die Tierhaltung. Für Kleintiere sind geschlossene Käfigsysteme mit Luftfiltersystemen, für größere Tiere negative Druck-Bioisolatoren erforderlich.[95]

Das höchste Schutzniveau stellt Biosicherheitsstufe 4 (BL-4) dar, die ausschließlich für Arbeiten mit lebensbedrohlichen, hochansteckenden Erregern vorgesehen ist. BL-4-Labore müssen hermetisch abgeschottet und vollständig dekontaminierbar sein sowie über autarke Lüftungs- und Abwassersysteme verfügen.[96] Arbeiten dürfen ausschließlich in besonderen Sicherheitswerkbänken der Klasse III oder unter Einsatz von Überdruck-Vollschutzanzügen mit

---

[89] Appendix G-II-A-1 ff. und Appendix G-II-A-4 ff. NIH-Guidelines.

[90] Appendix G-II-A-3 NIH-Guidelines.

[91] Vgl. Appendix G-II-B-3 ff., Appendix G-II-C-1 ff., Appendix G-ii-B-1 ff. NIH-Guidelines.

[92] Vgl. Appendix G-II-C-4-a, Appendix G-II-C-4-b NIH-Guidelines.

[93] Vgl. Appendix G-II-C-2-n NIH-Guidelines.

[94] Vgl. Appendix G-II-C-4-j NIH-Guidelines.

[95] Appendix G-II-C-5-b-(1) NIH-Guidelines.

[96] Appendix G-II-D-4 NIH-Guidelines.

eigener Atemluftversorgung stattfinden.[97] Auch die Tierhaltung ist vollständig geschlossen auszugestalten.[98]

18.1.2.2.5.2 Institutional Biosafety Committee (IBC)

Forschungseinrichtungen, die Versuchsvorhaben durchführen, welche dem Anwendungsbereich der NIH-Guidelines unterfallen, sind verpflichtet, ein IBC einzurichten.[99] Die Anforderungen an Zusammensetzung und Arbeitsweise dieses Gremiums ergeben sich unmittelbar aus den NIH-Guidelines.

Das IBC muss aus mindestens fünf Mitgliedern bestehen, von denen mindestens zwei Personen nicht in einem Abhängigkeitsverhältnis zur jeweiligen Einrichtung stehen dürfen.[100] Ferner ist sicherzustellen, dass das Gremium über die notwendige wissenschaftliche Expertise in den Bereichen Molekularbiologie, biologische Sicherheit, Laborbetrieb und Gesundheitsschutz verfügt.[101]

Zu den zentralen Aufgaben des IBC gehört die Bewertung und Genehmigung solcher Forschungsprojekte, die nach den NIH-Guidelines einer institutionellen Aufsicht unterliegen (vgl. Abschnitt 18.1.2.2.4.3). Daneben obliegt dem IBC die kontinuierliche Überwachung der Forschungseinrichtung im Hinblick auf die Einhaltung der maßgeblichen Biosicherheitsanforderungen.[102] Hierzu gehört insbesondere die Pflicht, sicherheitsrelevante Vorkommnisse, etwa Laborunfälle, unbeabsichtigte Freisetzungen oder vergleichbare Ereignisse, an das NIH OSP zu melden.[103]

18.1.2.2.5.3 Principal Investigator (PI)

Forschungseinrichtungen, die Versuchsvorhaben durchführen, auf welche die NIH-Guidelines Anwendung finden, haben eine verantwortliche Person zu benennen, den Principal Investigator (PI). Der PI trägt die unmittelbare fachliche und organisatorische Verantwortung für Planung, Durchführung und Überwachung des jeweiligen Projekts.[104]

---

[97] Appendix G-II-D-3-a NIH-Guidelines.
[98] Appendix G-II-D-2-l ff. NIH-Guidelines.
[99] Section IV-B-1-b NIH-Guidelines.
[100] Section IV-B-2-a(1) NIH-Guidelines.
[101] Section IV-B-2-a(2) NIH-Guidelines.
[102] Section IV-B-2-b(1)(5) NIH-Guidelines.
[103] Section IV-B-2-b(7) NIH-Guidelines.
[104] Section IV-B-7 NIH-Guidelines.

Vor Aufnahme des Versuchsvorhabens ist der PI verpflichtet, dieses dem zuständigen IBC zur Prüfung vorzulegen. Hierzu hat er zunächst die Klassifizierung des Projekts im Einklang mit den NIH-Guidelines vorzunehmen, insbesondere die Frage zu klären, ob ein Bereichsausnahmetatbestand einschlägig ist oder ob das Projekt einer Genehmigungs- bzw. Anzeigepflicht unterfällt.[105] Auf Grundlage dieser Klassifizierung legt der PI dem IBC die erforderlichen Sicherheitsmaßnahmen vor, die den Vorgaben der einschlägigen Biosicherheitsstufe nach Appendix G entsprechen müssen (vgl. Abschnitt 18.1.2.2.5.1).[106]

Während der Durchführung des Forschungsvorhabens obliegt es dem PI, die Umsetzung sämtlicher Sicherheitsmaßnahmen im Labor sicherzustellen und das beteiligte Personal regelmäßig hinsichtlich der einzuhaltenden Biosicherheitsanforderungen zu schulen.[107] Hierzu gehört insbesondere, dass der PI fortlaufend gewährleistet, dass alle einschlägigen Meldepflichten gegenüber dem IBC und gegebenenfalls dem NIH OSP eingehalten werden.

18.1.2.2.5.4 Biological Safety Officer (BSO)

In Forschungseinrichtungen, die Versuchsvorhaben im Sinne der NIH-Guidelines durchführen, ist die Bestellung eines Beauftragten für biologische Sicherheit (Biological Safety Officer – BSO) verpflichtend, sofern Arbeiten mit Agenzien der Risikogruppe 3 oder höher (BL-3 oder BL-4) durchgeführt werden, Versuche mit sogenannten gene-drive-modifizierten Organismen[108] stattfinden oder Produktionsvolumina rekombinanter oder synthetischer Nukleinsäuren von mehr als zehn Litern erreicht werden.[109]

Der BSO muss Mitglied des zuständigen IBC sein und ist mit umfassenden Kontroll- und Beratungsaufgaben betraut.[110] Zu seinen zentralen Aufgaben gehören insbesondere die regelmäßige Inspektion der betroffenen Laborbereiche zur Überprüfung der Einhaltung der einschlägigen Biosicherheitsvorgaben, die fortlaufende Überwachung der Umsetzung der erforderlichen Containment-Maßnahmen entsprechend der Risikobewertung sowie die Unterstützung des IBC

---

[105] Section IV-B-7-c(3) NIH-Guidelines.

[106] Section IV-B-7-c(1) NIH-Guidelines.

[107] Sections IV-B-7-e(1) ff. NIH-Guidelines.

[108] Insbesondere im Bereich der Genom-Editierung kann die Bestellung eines Beauftragen für biologische Sicherheit (BSO) deshalb notwendig sein, obwohl keine BL-3- oder BL-4-Versuchsvorhaben durchgeführt werden.

[109] Section IV-B-1-c, Section IV-B-1-b, Section IV-B-1-a, Appendix C-II-A NIH-Guidelines.

[110] Section IV-B-3-c NIH-Guidelines.

und PI bei der sicherheitsrelevanten Bewertung neuer und der Überprüfung bestehender Projekte.[111]

18.1.2.2.5.5 Sachverständige Person für Tierhaltung

Führt eine Forschungseinrichtung Versuchsvorhaben mit rekombinanten oder synthetischen Nukleinsäuren durch, die Tierversuche beinhalten und für die nach den NIH-Guidelines eine Genehmigung durch das IBC erforderlich ist, muss sie zusätzlich mindestens eine sachkundige Person für die Tierhaltung benennen.[112] Ein solcher Sachverständiger ist deshalb nicht erforderlich, soweit lediglich eine IBC-Anzeigepflicht (BL-1) besteht oder die NIH-Guidelines aufgrund des Versuchprivilegs für bestimmte transgene Nagetiere unanwendbar sind (vgl. Abschnitt 18.1.2.2.2.2.4).

Die benannte Person muss zwingend Mitglied des IBC sein.[113] Ihre Aufgaben umfassen insbesondere die Sicherstellung der Einhaltung der spezifischen Anforderungen an Unterbringung, Pflege und Schutz der Versuchstiere nach Appendix M der NIH-Guidelines. Dazu gehören insbesondere Maßnahmen zur Verhinderung unbeabsichtigter Freisetzungen, zur Gewährleistung des Arbeitsschutzes sowie zur Vermeidung von Kreuzkontaminationen innerhalb der tierexperimentellen Bereiche.

18.1.2.2.5.6 Melde- und Berichtspflichten

Es existieren besondere Meldepflichten gegenüber dem NIH OSP. Diese Meldepflichten bestehen sowohl vor Aufnahme des Forschungsvorhabens als auch bei späteren Änderungen der Versuchsplanung oder bei sicherheitsrelevanten Vorkommnissen.[114] Die Einhaltung dieser Berichtspflichten ist zentrale Voraussetzung für den Erhalt und die Fortführung von Forschungsförderungen durch die NIH und wird regelmäßig durch Auditierungen überprüft.[115]

Darüber hinaus haben alle Forschungseinrichtungen, die unter die NIH-Guidelines fallen, jährlich einen umfassenden Bericht an das NIH OSP zu übermitteln.[116] Dieser Bericht muss ein vollständiges Verzeichnis aller Mitglieder des IBC enthalten, einschließlich biographischer Kurzprofile, Benennung des

---

[111] Section IV-B-3-d NIH-Guidelines.

[112] Section IV-B-1-e, Section IV-B-5 NIH-Guidelines.

[113] Section IV-B-5 NIH-Guidelines.

[114] Section IV-B-1-j NIH-Guidelines.

[115] Section IV-B-2-b-(5) NIH-Guidelines.

[116] Section IV-B-2-a-(3) NIH-Guidelines.

Vorsitzenden, einer Kontaktperson sowie, soweit einschlägig, des BSO und eines Sachverständigen für Tierhaltung.[117]

18.1.3 Tierschutzrecht

Das Recht der Tierversuche in den Vereinigten Staaten wird im Wesentlichen durch das nationale Tierschutzgesetz (Animal Welfare Act – AWA[118]) geregelt. Der Vollzug obliegt dem Inspektionsdienst für Tier- und Pflanzengesundheit (Animal and Plant Health Inspection Service – APHIS), der dem Landwirtschaftsministerium (U.S. Department of Agriculture – USDA) untergeordnet ist.[119]

Ergänzend können einzelne Bundesstaaten strengere tierschutzrechtliche Regelungen erlassen. Hintergrund ist, dass der AWA aus verfassungsrechtlichen Gründen ausschließlich den zwischenstaatlichen Handel (interstate commerce) sowie den staatlich geförderten Umgang mit Tieren regeln darf.[120] Das Bundesrecht enthält daher keine abschließende Regelung, sondern wird durch gliedstaatliche Bestimmungen ergänzt.

Neben den gesetzlichen Vorschriften bestehen weitere verbindliche Vorgaben für Einrichtungen im Bereich der biomedizinischen Forschung, sofern sie Fördermittel oder sonstige Unterstützung des öffentlichen Gesundheitsdienstes (Public Health Service – PHS) erhalten. Maßgebliche Grundlage ist die Public Health Service Policy on Humane Care and Use of Laboratory Animals[121] (PHSP). Sie beruht auf dem Health Research Extension Act[122] (HREA), der das Gesundheitsministerium (U.S. Department of Health and Human Services – HHS) verpflichtet, verbindliche Standards für den Umgang mit Versuchstieren in der Forschung zu entwickeln.[123]

Die PHSP entfaltet Bindungswirkung gegenüber sämtlichen Einrichtungen, die im Rahmen ihrer Forschung Mittel des PHS oder seiner Unterbehörden

[117] Section IV-B-2-a-(3) NIH-Guidelines.

[118] 7 U. S. C. §§ 2131 ff.

[119] Montanaro, University of Illinois Law Review 55 (2022), S. 9; Lee, Nebraska Law Review 95 (2016), S. 194, 203.

[120] Vgl. Montanaro, University of Illinois Law Review 55 (2022), S. 18.

[121] U.S. Department of Health and Human Services/National Institutes of Health, Public Health Service Policy on Humane Care and Use of Laboratory Animals, 2015, (https://olaw.nih.gov/sites/default/files/phspolicylabanimals.pdf) (geprüft am 24.10.2025).

[122] 42 U. S. C. § 289d.

[123] Montanaro, University of Illinois Law Review 55 (2022), S. 30.

in Anspruch nehmen.[124] Hierzu zählen die Agency for Healthcare Research and Quality, die Centers for Disease Control and Prevention, die Food and Drug Administration (FDA), die National Institutes of Health (NIH), die Health Resources and Services Administration, der Indian Health Service sowie die Substance Abuse and Mental Health Services Administration.[125] Die PHSP wird durch den Direktor der NIH erlassen und durch das Office of Laboratory Animal Welfare (OLAW) der NIH vollzogen.[126]

18.1.3.1 Genehmigungsverfahren

Im US-amerikanischen Tierversuchsrecht ist die Durchführung eines Versuchsvorhabens grundsätzlich von einer vorherigen Prüfung durch eine Tierschutzkommission (Institutional Animal Care and Use Committee – IACUC) abhängig. Diese dezentral organisierten Gremien sind keine staatlichen Behörden, sondern von der jeweiligen Forschungseinrichtung eingerichtete Selbstkontrollorgane. Sie nehmen aber eine zentrale Rolle im tierschutzrechtlichen System der Vereinigten Staaten ein, da sie sämtliche erfassten Tierversuche vor Beginn zu prüfen und zu genehmigen haben.[127]

Anders als im Unionsrecht, das für alle Tierversuche an Wirbeltieren und Kopffüßern eine behördliche präventive Genehmigungspflicht vorsieht, besteht in den Vereinigten Staaten keine einheitliche bundesrechtliche Genehmigungspflicht für diese Tierarten. Ob ein Versuchsvorhaben einer IACUC-Genehmigung bedarf, hängt vielmehr davon ab, ob sein Anwendungsbereich durch das bundesrechtliche Tierschutzgesetz (AWA) oder die Public Health Service Policy on Humane Care and Use of Laboratory Animals (PHSP) eröffnet ist. Nur wenn einer dieser beiden Anwendungsbereiche einschlägig ist, ist die Einrichtung eines IACUC verpflichtend und dessen Genehmigung für die Durchführung des Versuchsvorhabens erforderlich.

Fällt ein Vorhaben hingegen unter keinen der genannten Anwendungsbereiche, besteht auf Bundesebene keine Genehmigungspflicht. Ein Versuch ist dann grundsätzlich erlaubnisfrei durchführbar, sofern nicht einzelstaatliche Vorschriften abweichende oder strengere Anforderungen normieren.

---

[124] Vgl. 42 U. S. C. § 289d(a)(1); 42 U. S. C. § 289d(d).

[125] U.S. Department of Health and Human Services/National Institutes of Health, Public Health Service Policy on Humane Care and Use of Laboratory Animals, 2015, (https://olaw.nih.gov/sites/default/files/phspolicylabanimals.pdf), S. 8 (geprüft am 24.10.2025).

[126] Montanaro, University of Illinois Law Review 55 (2022), S. 30.

[127] Lee, Nebraska Law Review 95 (2016), S. 194, 203; Stahl/Brown, in: McBride/Schmitt (Hrsg.), Fundamentals of Pharmaceutical and Biologics Regulations, 2023, S. 29, 34.

18.1.3.1.1 Animal Welfare Act

Das Tierschutzgesetz der Vereinigten Staaten (AWA) statuiert spezifische Anforderungen an Tierversuche und ermächtigt das Landwirtschaftsministerium (USDA) sowie dessen Unterbehörde APHIS zu Aufsichts- und Eingriffsbefugnissen, sofern eine Forschungseinrichtung im Sinne des AWA vorliegt. Als Forschungseinrichtung gilt nicht nur eine juristische Person oder Institution, sondern auch jede natürliche Person, die Versuchstiere verwendet.[128] Forschungseinrichtungen dürfen unter dem AWA keine lebenden Tiere zu Forschungszwecken halten, verwenden, transportieren oder erwerben, ohne zuvor eine Registrierung bei APHIS vorgenommen zu haben.[129]

18.1.3.1.1.1 Fragmentierter Anwendungsbereich

Eine Einstufung als Forschungseinrichtung im Sinne des AWA setzt weiter voraus, dass lebende Tiere für Forschungszwecke, Tests oder Experimente verwendet werden, die entweder gewerblich erworben oder transportiert wurden, oder dass das Versuchsvorhaben öffentliche Mittel, Aufträge, Preise oder Kredite staatlicher Einrichtungen der Vereinigten Staaten erhält.[130] Forschungsvorhaben, bei denen lebende Tiere unentgeltlich oder außerhalb gewerblicher Lieferketten bezogen werden und keine Bundesförderung in Anspruch genommen wird, unterfallen demnach nicht dem AWA. In diesen Fällen besteht weder eine Registrierungspflicht beim USDA noch die Pflicht zur Einrichtung eines internen Tierschutzkomitees (IACUC), das die Versuchsvorhaben prüfen und genehmigen müsste. Umgekehrt gilt jedoch, dass Forschungseinrichtungen, die Versuchstiere kommerzieller Herkunft verwenden und deshalb in den Geltungsbereich des AWA fallen, nur Tiere von lizenzierten Händlern beziehen dürfen, die ihrerseits einer bundesrechtlichen Aufsicht unterliegen.[131]

Der AWA enthält zudem kein allgemeines Verbot, Tieren im Rahmen von Versuchsvorhaben Schmerzen oder Leiden zuzufügen. Sein Regelungsinhalt beschränkt sich auf den gewerblichen Umgang mit Tieren durch Züchter,

---

[128] 7 U. S. C. § 2132(e):
„The term 'research facility' means any school (except an elementary or secondary school), institution, organization, or person […]".

[129] Vgl. 7 U. S. C. §§ 2136, 2134; 9 C. F. R. §§ 2.30(a)(1), 1.1.

[130] 7 U. S. C. § 2132(e):
„[…] that uses or intends to use live animals in research, tests, or experiments, and that (1) purchases or transports live animals in commerce, or (2) receives funds under a grant, award, loan, or contract from a department, agency, or instrumentality of the United States for the purpose of carrying out research, tests, or experiments […]".

[131] Montanaro, University of Illinois Law Review 55 (2022), S. 17.

Händler und Forschungseinrichtungen und nicht auf den privaten bzw. nichtkommerziellen Bereich. Dies führt dazu, dass selbst belastende Tierversuche an Primaten, die unionsrechtlich nur unter engsten Voraussetzungen zulässig wären (vgl. Abschnitt 14.3.2.3), nach der bundesrechtlichen Rechtslage vollständig unbeaufsichtigt und ohne Genehmigung durchgeführt werden könnten, sofern die Tiere nicht kommerziell erworben wurden und keine öffentliche Finanzierung erfolgt.

18.1.3.1.1.2 Bereichsausnahme bei Mäusen, Ratten und Vögeln

Eine besonders weitreichende Einschränkung des sachlichen Anwendungsbereichs des AWA ergibt sich aus der gesetzlichen Definition des Begriffs des lebenden Tieres. Nach dem Wortlaut des Gesetzes gelten Mäuse der Gattung Mus, Ratten der Gattung Rattus sowie Vögel, die speziell für Forschungszwecke gezüchtet werden, nicht als lebende Tiere im Sinne des AWA.[132]

Forschungsvorhaben, die ausschließlich mit diesen Tierarten durchgeführt werden, lösen daher keinen Status als Forschungseinrichtung im Sinne des AWA aus. Die tierschutzrechtlichen Vorgaben des AWA – insbesondere das bundesrechtliche Verbot, lebende Tiere ohne vorherige Registrierung beim USDA zu verwenden, zu erwerben oder zu transportieren – finden in diesen Fällen keine Anwendung. Insofern entfällt auch die Verpflichtung zur Einrichtung eines internen Tierschutzkomitees (IACUC). Die Durchführung entsprechender Tierversuche unterliegt damit keinem präventiven Verbot mit Erlaubnisvorbehalt.

18.1.3.1.2 Tierschutzgesetze der Bundesstaaten

Der sachliche Anwendungsbereich des AWA ist stark fragmentiert. Dies bedeutet jedoch nicht, dass die hiervon privilegierten Tierversuche vollständig außerhalb jeglicher Regulierung stehen. Vielmehr greifen subsidiär die Tierschutzgesetze der einzelnen Gliedstaaten, deren Schutzniveau variieren kann.

---

[132] 7 U. S. C. § 2132(e)(g):
„The term 'animal' means any live or dead dog, cat, monkey (nonhuman primate mammal), guinea pig, hamster, rabbit, or such other warm-blooded animal, as the Secretary may determine is being used, or is intended for use, for research, testing, experimentation, or exhibition purposes, or as a pet; but such term excludes (1) birds, rats of the genus Rattus, and mice of the genus Mus, bred for use in research";
„[...] that uses or intends to use live animals in research, tests, or experiments, and that (1) purchases or transports live animals in commerce, or (2) receives funds under a grant, award, loan, or contract from a department, agency, or instrumentality of the United States for the purpose of carrying out research, tests, or experiments [...]".

Nahezu alle Gliedstaaten verfügen über allgemeine Verbote der Tierquälerei (sog. Animal Cruelty Acts), wonach das Zufügen von Schmerzen, Leiden oder Schäden an Tieren straf- oder bußgeldbewehrt ist.[133] Die Durchführung wissenschaftlicher Tierversuche gilt jedoch in der Regel als ausdrücklich gerechtfertigt.[134] Das jeweilige gliedstaatliche Recht steht insoweit der Durchführung tierexperimenteller Studien nicht entgegen.

Ob über diese allgemeinen Strafnormen hinaus eine spezifische Erlaubnispflicht für nicht vom AWA erfasste Tierversuche besteht, hängt vom einzelnen Gliedstaat ab. Einige Staaten haben in den vergangenen Jahren durchaus strengere Regelungen eingeführt, etwa im Bereich kosmetischer Tierversuche. Die medizinische und biomedizinische Forschung wird jedoch regelmäßig vom Geltungsbereich dieser strengeren Gesetze ausdrücklich ausgenommen und damit rechtlich privilegiert.[135] Für den Bereich der biomedizinischen Forschung bestehen deshalb keine unmittelbaren über das Bundesrecht hinausgehenden Verbote.[136]

18.1.3.1.3 Public Health Service Policy on Human Care and Use of Laboratory Animals

Auf Grundlage des Health Research Extension Act (HREA) sind alle Institutionen, die Fördermittel des Public Health Service (PHS) erhalten oder vertragliche beziehungsweise kooperative Beziehungen mit diesem eingehen und Tierversuche durchführen wollen, verpflichtet, die Vorgaben der Public Health Service Policy on Humane Care and Use of Laboratory Animals (PHSP) zu beachten.[137]

Der persönliche Anwendungsbereich des PHSP ist enger gefasst als der des AWA. Er erstreckt sich ausschließlich auf öffentliche oder private Organisationen, Unternehmen und Behörden; natürliche Personen sind nicht erfasst.[138] Der

---

[133] Griffin/Locke, Institute for Laboratory Animal Research Journal 57 (2016), S. 271, 274.

[134] Griffin/Locke, Institute for Laboratory Animal Research Journal 57 (2016), S. 271, 272; Taub v. State of Maryland, 463 A.2d, 819 (Md. 1983).

[135] Vgl. California Code, Civil Code – CIV § 1834.9(e); Code of Virginia, Title 3.2, Chapter 65, Art. 13 § 3.2–6592(C); Illinois Food, Drug and Cosmetic Act § 17.2(c)(B); Hawaii Revised Statutes § 321–30.4(g)(1)(B).

[136] Zu den Hintergründen Griffin/Locke, Institute for Laboratory Animal Research Journal 57 (2016), S. 271, 274.

[137] U.S. Department of Health and Human Services/National Institutes of Health, Public Health Service Policy on Humane Care and Use of Laboratory Animals, 2015, (https://olaw.nih.gov/sites/default/files/phspolicylabanimals.pdf), S. 9 (geprüft am 24.10.2025).

[138] U.S. Department of Health and Human Services/National Institutes of Health, Public Health Service Policy on Humane Care and Use of Laboratory Animals, 2015, (https://olaw.nih.gov/sites/default/files/phspolicylabanimals.pdf), S. 8 (geprüft am 24.10.2025).

sachliche Anwendungsbereich ist demgegenüber weiter, da er sämtliche lebenden Wirbeltiere – einschließlich Mäusen, Ratten und Vögeln – einschließt und damit über den Anwendungsbereich des AWA hinausgeht.[139]

Ist der Anwendungsbereich des PHSP eröffnet, dürfen Tierversuche nur durchgeführt werden, wenn die geförderte Institution zuvor eine sog. Zusicherung (Assurance) gegenüber dem Office of Laboratory Animal Welfare (OLAW) abgibt. In dieser Zusicherung hat die Institution darzulegen, dass sämtliche tierschutzrechtlichen Anforderungen des PHSP eingehalten werden.[140] Das OLAW prüft die eingereichte Zusicherung und entscheidet über deren Anerkennung.[141] Eine bewilligte Zusicherung gilt für fünf Jahre und muss anschließend erneut beantragt und genehmigt werden.[142]

Zentrale Voraussetzung für die Anerkennung einer Zusicherung ist die Einrichtung einer Tierschutzkommission (IACUC).[143] Diese Kommission hat – wie im Rahmen des AWA – jedes einzelne Versuchsvorhaben im Voraus zu prüfen und zu genehmigen.[144] Die Bewilligung der Zusicherung durch OLAW führt somit nicht zu einer pauschalen Freigabe von Tierversuchen. Es besteht weiterhin ein präventives Verbot mit Erlaubnisvorbehalt für sämtliche Tierversuche mit Wirbeltieren, einschließlich Mäusen, Ratten und Vögeln.

18.1.3.2 Genehmigungs- und Durchführungsvoraussetzungen

Nachdem der Anwendungsbereich und die rechtlichen Rahmenbedingungen erläutert wurden, werden nun die Genehmigungs- und Durchführungsvoraussetzungen näher betrachtet.

[139] Montanaro, University of Illinois Law Review 55 (2022), S. 13.

[140] U.S. Department of Health and Human Services/National Institutes of Health, Public Health Service Policy on Humane Care and Use of Laboratory Animals, 2015, (https://olaw.nih.gov/sites/default/files/phspolicylabanimals.pdf), S. 9 (geprüft am 24.10.2025); Bayne/deGreeve, in: Hau/van Hossier Jr. (Hrsg.), Handbook of laboratory animal science, 2003,

[141] U.S. Department of Health and Human Services/National Institutes of Health, Public Health Service Policy on Humane Care and Use of Laboratory Animals, 2015, (https://olaw.nih.gov/sites/default/files/phspolicylabanimals.pdf), S. 9 (geprüft am 24.10.2025); Bayne/deGreeve, in: Hau/van Hossier Jr. (Hrsg.), Handbook of laboratory animal science, 2003,

[142] U.S. Department of Health and Human Services/National Institutes of Health, Public Health Service Policy on Humane Care and Use of Laboratory Animals, 2015, (https://olaw.nih.gov/sites/default/files/phspolicylabanimals.pdf), S. 9 (geprüft am 24.10.2025).

[143] 42 U. S. C. § 289d(c)(1)(A).

[144] U.S. Department of Health and Human Services/National Institutes of Health, Public Health Service Policy on Humane Care and Use of Laboratory Animals, 2015, (https://olaw.nih.gov/sites/default/files/phspolicylabanimals.pdf), S. 13 (geprüft am 24.10.2025).

18.1.3.2.1 Animal Welfare Act

Soweit der Anwendungsbereich des AWA eröffnet ist, hat sich jede Forschungseinrichtung beim USDA registrieren zu lassen. Der Antrag wird durch den APHIS lediglich auf formelle Vollständigkeit geprüft und anschließend bestätigt.[145] Eine materiellrechtliche Überprüfung der tierschutzrechtlichen Voraussetzungen findet im Rahmen des Registrierungsverfahrens nicht statt. Diese erfolgt ausschließlich nachgelagert durch regelmäßige behördliche Inspektionen der registrierten Einrichtungen.[146]

18.1.3.2.1.1 Einrichtung einer internen Tierschutzkommission (IACUC)

Jede Forschungseinrichtung im Sinne des AWA ist verpflichtet, mindestens eine Tierschutzkommission (IACUC) einzurichten.[147] Für Forschungseinrichtungen des Bundes besteht hingegen eine zentrale, staatliche Tierschutzkommission.[148] Die Tierschutzkommission (IACUC) muss aus mindestens drei Mitgliedern bestehen, darunter ein Tierarzt der Einrichtung sowie mindestens eine Person, die in keinem sonstigen Verhältnis zur Forschungseinrichtung steht.[149]

18.1.3.2.1.2 Personal und Räume

Forschungseinrichtungen sind verpflichtet, ihr Personal regelmäßig im sachgerechten Umgang mit Versuchstieren zu schulen.[150] Zudem muss jede Einrichtung mindestens einen Tierarzt beschäftigen, der über die erforderliche fachliche Qualifikation verfügt und mit den notwendigen Ressourcen ausgestattet ist, um die medizinische Versorgung der Tiere sicherzustellen.[151] Die Anforderungen an die räumliche Infrastruktur, die Haltung und den Umgang mit Versuchstieren sind auf untergesetzlicher Ebene geregelt und variieren unter Umständen nach verwendeter Tierart.[152] Sie beschränken sich regelmäßig auf allgemeine, auslegungsbedürftige Vorgaben wie eine angemessene Beleuchtung, Belüftung und Temperatur der Haltungsräume.

---

[145] 7 U. S. C. § 2146; 9 C. F. R. § 2.25(a).

[146] 7 U. S. C. § 2143(7)(A); 9 C. F. R. § 2.3(a).

[147] 7 U. S. C. § 2143(b)(1); 9 C. F. R. § 2.31(a).

[148] 7 U. S. C. § 2143(c).

[149] Vgl. 7 U. S. C. § 2143(b)(1); 9 C. F. R. § 1.1.

[150] 7 U. S. C. § 2143(d).

[151] 9 C. F. R. § 2.33.

[152] 9 C. F. R. §§ 3.1 ff. (Chapter I, Subchapter A, Part 3).

18.1.3.2.1.3 Dokumentations- und Meldepflichten

Die Tierschutzkommission (IACUC) ist verpflichtet, die Pflege, Behandlung und Verwendung der Versuchstiere zu evaluieren und die Einhaltung der tierschutzrechtlichen Vorgaben durch die Forschungseinrichtung zu überwachen.[153] Sie hat mindestens halbjährlich Inspektionen der Einrichtung durchzuführen, um insbesondere die Unterbringung der Tiere, Maßnahmen zur Schmerzvermeidung sowie den allgemeinen Gesundheitszustand zu prüfen und die Ergebnisse in einem schriftlichen Bericht festzuhalten.[154] Die erstellten Berichte sind mindestens drei Jahre aufzubewahren und müssen auf Verlangen gegenüber Bundesmittelgebern, dem APHIS oder dem USDA vorgelegt werden können.[155]

Zudem muss jede Forschungseinrichtung jährlich einen Bericht an das APHIS übermitteln.[156] Dieser Bericht hat zu bestätigen, dass die Mindestanforderungen des AWA – etwa hinsichtlich Betäubung, Pflege und Haltungsbedingungen – eingehalten wurden und die Anzahl der verwendeten Versuchstiere sowie die Standorte ihrer Haltung auszuweisen.[157]

18.1.3.2.2 Public Health Service Policy on Human Care and Use of Laboratory Animals

Eine schriftliche Zusicherung (Assurance) im Sinne des PHSP kann durch das Office of Laboratory Animal Welfare (OLAW) nur erteilt und aufrechterhalten werden, wenn die geförderte Institution die Anforderungen des sog. Guide for the Care and Use of Laboratory Animals (The Guide[158]) erfüllt. The Guide wird vom National Research Council sowie dem Institute for Laboratory Animal Research herausgegeben und stellt den zentralen Standard für die Pflege und Verwendung von Labortieren in den Vereinigten Staaten dar.[159] Darüber hinaus müssen die allgemeinen Voraussetzungen des AWA eingehalten werden, insbesondere die Einrichtung einer internen Tierschutzkommission (IACUC), welche

---

[153] Vgl. 7 U. S. C. § 2143(b)(3)–(4).

[154] 7 U. S. C. § 2143(b)(3).

[155] 7 U. S. C. § 2143(b)(4)(B); 7 U. S. C. § 2143(b)(5).

[156] 9 C. F. R. § 2.36.

[157] 9 C. F. R. § 2.3(4); 9 C. F. R. § 2.3(5).

[158] National Research Council (U.S.)/Institute for Laboratory Animal Research (U.S.), Guide for the care and use of laboratory animals, 2011.

[159] Griffin/Locke, Institute for Laboratory Animal Research Journal 57 (2016), S. 271, 274.

einzelne Versuchsvorhaben vor ihrer Durchführung genehmigen muss.[160] Es gelten damit zunächst dieselben tierschutzrechtlichen Mindeststandards wie nach dem AWA, soweit das PHSP bzw. The Guide keine strengeren Anforderungen vorsehen.[161]

The Guide erfasst sämtliche[162] Wirbeltiere und enthält art- und speziesbezogene Vorgaben zur Haltung. Darunter finden sich etwa verbindliche Mindestflächen pro Tier sowie Mindesthöhen von Käfigen.[163] Im Gegensatz zum AWA müssen im Anwendungsbereich des PHSP deshalb bestimmte Mindestmaße für Käfige bei Mäusen und Ratten, etwa 6 bis 15 cm^2 Käfigfläche je nach Gewicht und 5 cm Höhe bei Mäusen,[164] eingehalten werden.

Die tierschutzrechtlichen Anforderungen sind im Anwendungsbereich des PHSP deshalb grundsätzlich höher als nach dem nationalen Tierschutzgesetz (AWA). Im Unterschied zum AWA sieht das PHSP jedoch keine routinemäßigen behördlichen Inspektionen vor. OLAW stützt sich ausschließlich auf die von den Institutionen eingereichten Selbstauskünfte im Rahmen der Zusicherung (Assurance) und jährliche Compliance-Berichte – eine behördliche Kontrolle findet nur anlassbezogen statt.[165] Dies verleiht der unabhängigen Zusammensetzung der internen Tierschutzkommission (IACUC) sowie den Compliance-Berichten besondere Bedeutung.[166] Denn nur auf dieser Grundlage kann OLAW Maßnahmen bis hin zum Entzug von Fördermitteln ergreifen, soweit ein tierschutzrechtlicher Verstoß vorliegen sollte.[167]

---

[160] U.S. Department of Health and Human Services/National Institutes of Health, Public Health Service Policy on Humane Care and Use of Laboratory Animals, 2015, (https://olaw.nih.gov/sites/default/files/phspolicylabanimals.pdf), S. 9 (geprüft am 24.10.2025).

[161] Vgl. Montanaro, University of Illinois Law Review 55 (2022), S. 31.

[162] National Research Council (U.S.)/Institute for Laboratory Animal Research (U.S.), Guide for the care and use of laboratory animals, 2011, S. 2.

[163] National Research Council (U.S.)/Institute for Laboratory Animal Research (U.S.), Guide for the care and use of laboratory animals, 2011, S. 57.

[164] National Research Council (U.S.)/Institute for Laboratory Animal Research (U.S.), Guide for the care and use of laboratory animals, 2011, S. 57.

[165] U.S. Department of Health and Human Services/National Institutes of Health, Public Health Service Policy on Humane Care and Use of Laboratory Animals, 2015, (https://olaw.nih.gov/sites/default/files/phspolicylabanimals.pdf), S. 18 f., Abschnitt V.A.6. (geprüft am 24.10.2025).

[166] Vgl. U.S. Department of Health and Human Services/National Institutes of Health, Public Health Service Policy on Humane Care and Use of Laboratory Animals, 2015, (https://olaw.nih.gov/sites/default/files/phspolicylabanimals.pdf), S. 17 (geprüft am 24.10.2025).

[167] Vgl. 42 U. S. C. § 289d(d); 42 U. S. C. § 289d(c)(3).

18.1.3.2.3 3R-Prinzip

Beide Regelwerke verpflichten die interne Tierschutzkommission (IACUC) zur Beachtung des 3R-Prinzips (Replacement, Reduction, Refinement) im Rahmen der Genehmigung eines Versuchsvorhabens.[168] Im Mittelpunkt stehen insbesondere Maßnahmen zur Minimierung von Schmerzen, Leiden und Stress der Versuchstiere. Zu den zwingend vorzusehenden Schutzmaßnahmen gehören etwa der Einsatz sedierender, analgetischer oder anästhetischer Verfahren, die Festlegung klar definierter Endpunkte sowie der Nachweis einer kontinuierlichen tierärztlichen Betreuung während des gesamten Versuchsvorhabens.[169] Darüber hinaus muss das Versuchsvorhaben eine nachvollziehbare Begründung für die Zahl der eingesetzten Tiere enthalten und darlegen, dass potenzielle Alternativmethoden ohne Tiere geprüft und ausgeschlossen wurden.[170] Ergänzend gilt der Grundsatz der Einmalverwendung von Tieren, von dem nur abgewichen werden darf, wenn eine wissenschaftliche Rechtfertigung für die Wiederverwendung vorliegt.[171]

18.1.3.3 Tötung von Versuchstieren

Die Tötung von Versuchstieren, die ein Versuchsvorhaben überlebt haben, ist durch die Tierschutzkommission (IACUC) anzuordnen, wenn das Tier erhebliche oder chronische Schmerzen oder Leiden aufweist.[172]

Hinsichtlich der Tötung überschüssiger Versuchstiere – etwa solcher, die für das Forschungsprojekt nicht benötigt werden oder aufgrund eines ungeeigneten Phänotyps nicht eingesetzt werden können – enthalten weder das US-amerikanische Bundesrecht noch die einschlägigen untergesetzlichen Regelungen ausdrückliche Vorgaben.[173] Ein allgemeines Verbot der Tötung von Tieren besteht auf Bundesebene zudem nicht. Das Bundesrecht sanktioniert ausschließlich bestimmte besonders grausame Tötungsformen, etwa im Zusammenhang mit

---

[168] Montanaro, University of Illinois Law Review 55 (2022), S. 6 f; U.S. Department of Health and Human Services/National Institutes of Health, Public Health Service Policy on Humane Care and Use of Laboratory Animals, 2015, (https://olaw.nih.gov/sites/default/files/phspolicylabanimals.pdf), S. 13 f. (geprüft am 24.10.2025).

[169] 9 C. F. R. § 2.31(d)(1)(ii)–(iv)(ix).

[170] 9 C. F. R. § 2.31(d)(1)(ii)–(iii); 9 C. F. R. § 2.31(e)(1)(2).

[171] 9 C. F. R. § 2.31(d)(1)(x).

[172] 9 C. F. R. § 2.31(d)(1)(v).

[173] Griffin/Locke, Institute for Laboratory Animal Research Journal 57 (2016), S. 271, 274.

sog. crushing videos.[174] Eine schmerzfreie Tötung unter geeigneter Betäubung wird in diesen Vorschriften jedoch ausdrücklich von der Strafe befreit.[175]

Ob die Tötung überschüssiger Versuchstiere zulässig ist, bestimmt sich daher im Wesentlichen nach einzelstaatlichem Recht. Auch auf dieser Ebene bestehen jedoch regelmäßig keine Verbote, die der biomedizinischen Forschung entgegenstehen würden. Es wird lediglich die Art und Weise der Tötung reguliert und an Voraussetzungen der Schmerzfreiheit oder Betäubung geknüpft.[176] In der Konsequenz bleibt die Tötung überschüssiger Versuchstiere in den Vereinigten Staaten grundsätzlich zulässig, sofern sie fachgerecht erfolgt.

18.2 Klinische Prüfung

Nach dem Humanarzneimittelkodex setzt die Erteilung einer Marktzulassung für Humanarzneimittel den Nachweis ihrer klinischen Wirksamkeit und Sicherheit durch Vorlage geeigneter Studienergebnisse voraus.[177] Erforderlich ist dabei nicht, dass die klinischen Prüfungen innerhalb der Europäischen Union durchgeführt wurden. Ausreichend ist, dass der Antragsteller erklärt, die außerhalb der Union durchgeführten klinischen Prüfungen hätten den ethischen Anforderungen der Richtlinie 2001/20/EG entsprochen.[178] Maßgeblich ist insoweit die Einhaltung der Grundsätze der Guten Klinischen Praxis (GCP), die anhand anerkannter internationaler Standards konkretisiert werden.[179]

Die praktischen Anforderungen an die GCP ergeben sich maßgeblich aus der ICH-GCP Guideline E6 (R3)[180]. Diese Leitlinie präzisiert die ethischen Grundsätze der Deklaration von Helsinki und bildet die internationalen Maßstäbe an

---

[174] Vgl. 18 U. S. C. § 48(a)(1).

[175] Vgl. 18 U. S. C. §§ 48(d)(1)(F), 48(f)(3).

[176] Vgl. Montana Code Annotated 2023, § 45–8-211(4)(f); Official Code of Georgia Annotated, Title 4, Chapter 11, Art. 1 § 4–11-5.1.

[177] Art. 8 Abs. 3 Buchst. i) dritter Spiegelstrich RL 2001/83/EG.

[178] Art. 8 Abs. 3 Buchst. ib) RL 2001/83/EG.

[179] Art. 1 Abs. 2 und 3 RL 2001/20/EG; siehe auch Art. 47 VO (EU) Nr. 536/2014.

[180] European Medicines Agency/International Council for Harmonisation of Technical Requirements for Pharmaceuticals for Human Use, ICH E6 (R3) Guideline for good clinical practice (GCP), EMA/CHMP/ICH/135/1995, 2025, (https://www.ema.europa.eu/en/documents/scientific-guideline/ich-e6-r3-guideline-good-clinical-practice-gcp-step-5_en.pdf) (geprüft am 24.10.2025).

die ethisch und wissenschaftlich korrekte Planung, Durchführung, Dokumentation und Berichterstattung klinischer Prüfungen umfassend ab.[181] Entsprechend können in den Vereinigten Staaten durchgeführte klinische Studien mit somatischen genomischen Therapien in ein arzneimittelrechtliches Zulassungsverfahren in Deutschland oder in der Europäischen Union eingebracht werden, sofern sie die Anforderungen der ICH-GCP erfüllen. Soweit die hiesigen Grundsätze der Guten Klinischen Praxis eingehalten werden, dürfen die übrigen regulatorischen Rahmenbedingungen für klinische Prüfungen jedoch abweichen und beeinflussen mithin die Wahl des Studienstandorts.

18.2.1 Arzneimittelrecht

Die Genehmigung klinischer Prüfungen in den Vereinigten Staaten knüpft nicht unmittelbar an das konkrete Versuchsvorhaben, sondern an das hierfür eingesetzte Prüfpräparat an.[182] Es erfolgt eine produktbezogene Genehmigung eines neuen Prüfpräparats (Investigational New Drug – IND), welches wiederum in klinischen Studien eingesetzt werden kann. Obwohl der Begriff „Investigational New Drug" semantisch auf Arzneimittel im engeren Sinne (Drugs) verweist, umfasst er auch biologische Arzneimittel (Biologics).[183]

Durch die IND-Genehmigung wird das Prüfpräparat von dem grundsätzlich bestehenden Verbot des Inverkehrbringens nicht zugelassener Arzneimittel ausgenommen.[184] Das US-amerikanischen Arzneimittelrecht differenziert dabei zwischen verschiedenen Formen der IND-Genehmigungen, abhängig vom Zweck und der Antragstellerstellung. Einerseits erfassen sie die nicht-kommerzielle Nutzung im Rahmen der Forschung und Produktentwicklung.[185] Eine solche

[181] European Medicines Agency/International Council for Harmonisation of Technical Requirements for Pharmaceuticals for Human Use., ICH E6 (R3) Guideline for good clinical practice (GCP), EMA/CHMP/ICH/135/1995, 2025, (https://www.ema.europa.eu/en/documents/scientific-guideline/ich-e6-r3-guideline-good-clinical-practice-gcp-step-5_en.pdf), S. 6 (geprüft am 24.10.2025).

[182] Dederer/Frenken, Studie: Genom-Editierung am Menschen. Vergleich der regulatorischen Rahmenbedingungen für CRISPR-Gen-Editierung und ihre Auswirkungen auf Forschung und Innovation, 2021, S. 22 f.

[183] 21 C. F. R. § 312.3(b)('Investigational New Drug').

[184] 21 C. F. R. § 312.1(a).

[185] Arora/Pásztor/Arar, in: McBride/Schmitt (Hrsg.), Fundamentals of Pharmaceutical and Biologics Regulations, 2023, S. 167.

IND-Genehmigung erlaubt den Einsatz des Prüfpräparats innerhalb einer klinischen Prüfung. Andererseits existieren IND-Genehmigungen im Rahmen der kommerziellen Nutzung, bei denen die therapeutische Behandlung des Patienten im Vordergrund steht (vgl. Abschnitt 18.4.1).[186] Diese beinhalten etwa eine Notfallzulassung, um die Versorgung einzelner Patienten in medizinischen Notlagen oder die Abwehr dringender Gefahren für die öffentliche Gesundheit, wie etwa im Kontext pandemischer Ereignisse, zu gewährleisten.[187]

18.2.1.1 Genehmigungsverfahren

Für die Genehmigung eines IND-Antrags ist die US-amerikanische Arzneimittelbehörde (FDA) zuständig, die dem Gesundheitsministerium (HHS) nachgeordnet ist.[188] Die interne Zuständigkeitsverteilung innerhalb der FDA richtet sich nach der arzneimittelrechtlichen Klassifizierung des Prüfpräparats (vgl. Tabelle 12.1). Für konventionelle Arzneimittel (Drugs) ist das Center for Drug Evaluation and Research (CDER) zuständig. Für biologische Arzneimittel (Biologics) ist hingegen das Center for Biologics Evaluation and Research (CBER) verantwortlich.[189] Innerhalb des CBER ist wiederum das Office of Therapeutic Products (OTP) für Gen- und Zelltherapeutika (Human Gene Therapy Products) zuständig. Es wurde bis zum Jahr 2023 als Office of Tissues and Advanced Therapies (OTAT) bezeichnet.[190]

Neben der behördlichen Prüfung durch die US-Arzneimittelbehörde (FDA) bedarf jede[191] klinische Prüfung am Menschen einer zusätzlichen unabhängigen ethischen Bewertung durch eine Ethik-Kommission (Institutional Review

---

[186] Arora/Pásztor/Arar, in: McBride/Schmitt (Hrsg.), Fundamentals of Pharmaceutical and Biologics Regulations, 2023, S. 167.

[187] Arora/Pásztor/Arar, in: McBride/Schmitt (Hrsg.), Fundamentals of Pharmaceutical and Biologics Regulations, 2023, S. 167.

[188] § 21 U. S. C. § 393(b)(1)(a).

[189] Halioua-Haubold/Peyer/Smith u. a., The Yale Journal of Biology and Medicine 90 (2017), S. 683, 686.

[190] U.S. Food and Drug Administration, Establishment of the Office of Therapeutic Products, 2023, (https://www.fda.gov/vaccines-blood-biologics/cellular-gene-therapy-products/establishment-office-therapeutic-products) (geprüft am 24.10.2025); Halioua-Haubold/Peyer/Smith u. a., The Yale Journal of Biology and Medicine 90 (2017), S. 683, 686.

[191] IND-Anträge mit therapeutischer Zielsetzung können hiervon ausgenmmen sein, etwa Emergency Use IND nach 21 C. F. R. §§ 56.104(c), 56.102(d).

Board[192] – IRB).[193] Gegenstand der Bewertung sind insbesondere die Risikominimierung, die ordnungsgemäße Aufklärung und Einwilligung der Probanden und Patienten (Informed Consent) sowie deren Rekrutierung.[194]

Die Ethik-Kommissionen sind dezentral organisiert, typischerweise an Universitäten, Krankenhäusern oder Forschungseinrichtungen angesiedelt, und müssen beim Gesundheitsministerium (HHS) registriert sein.[195] Seit einer Reform im Jahr 2018 gilt jedoch für multizentrische klinische Prüfungen der Grundsatz der zentralen ethischen Überprüfung, wonach stets eine Ethik-Kommission (single IRB – sIRB) federführend für die Bewertung der gesamten multizentrischen Studie zuständig ist.[196] Diese Reform wurde insbesondere veranlasst, um divergierende Entscheidungen mehrerer lokaler Ethik-Kommissionen zu vermeiden.[197]

Für bestimmte Studien besteht darüber hinaus die Möglichkeit eines vereinfachten Bewertungsverfahrens (Expedited Review), wenn das Risiko als gering eingestuft wird oder lediglich geringfügige Modifikationen eines bereits genehmigten klinischen Protokolls vorgenommen werden sollen.[198] In diesen Fällen darf die Genehmigung durch den Vorsitzenden der Ethik-Kommission oder einen von ihm bestimmten Vertreter allein erteilt werden; eine Ablehnung ist hingegen ausschließlich durch ein Mehrheitsvotum des vollständigen Gremiums zulässig.[199]

18.2.1.1.1 Genehmigungsfiktion und Einstellungsverfügung

Eine klinische Prüfung mit einem Prüfpräparat darf in den Vereinigten Staaten durchgeführt werden, sobald der Sponsor einen vollständigen IND-Antrag bei der FDA eingereicht hat und seit dessen Eingang 30 Kalendertage verstrichen sind.[200]

---

[192] 21 C. F. R. § 56.102(g):
„means any board, committee, or other group formally designated by an institution to review, to approve the initiation of, and to conduct periodic review of, biomedical research involving human subjects. The primary purpose of such review is to assure the protection of the rights and welfare of the human subjects".

[193] 21 C. F. R. §§ 56.103, 56.102(c)(e).

[194] 21 C. F. R. § 56.111.

[195] 21 C. F. R. § 56.106(a).

[196] 45 C. F. R. §§ 46.114(a)(b)(1), 46.101(a) i. V. mit 21 C. F. R. § 56.114.

[197] Dederer/Frenken, Studie: Genom-Editierung am Menschen. Vergleich der regulatorischen Rahmenbedingungen für CRISPR-Gen-Editierung und ihre Auswirkungen auf Forschung und Innovation, 2021, S. 26.

[198] 21 C. F. R. § 56.110(b).

[199] 21 C. F. R. §§ 56.110(b)(2), 56.108(c).

[200] 21 C. F. R. § 312.40(a).

Bleibt eine behördliche Reaktion innerhalb dieser Frist aus, gilt die Durchführung der klinischen Prüfung als genehmigt.[201]

Diese Genehmigungsfiktion kann durch behördliche Maßnahmen durchbrochen werden. Die FDA ist in bestimmten Fällen befugt, eine Einstellungsverfügung (Clinical Hold) anzuordnen, mit der Folge, dass das Prüfpräparat weder in der klinischen Prüfung eingesetzt noch an Prüfzentren ausgeliefert werden darf.[202] Die Voraussetzungen für die Anordnung differenzieren sich nach dem Stadium der klinischen Studien (Phase I bis III). Zulässige Gründe sind unter anderem die Unvollständigkeit des eingereichten Dossiers oder Sicherheitsbedenken im Hinblick auf das Prüfprotokoll.[203]

18.2.1.1.2 Regulatorische Beratung durch die Arzneimittelbehörde

Die FDA stellt Antragstellern im Rahmen des IND-Verfahrens ein gestuftes System regulatorischer Beratungsmöglichkeiten zur Verfügung, die sowohl vor Einreichung eines IND-Antrags als auch während der Durchführung klinischer Prüfungen in Anspruch genommen werden können.[204]

Im Verlauf der klinischen Prüfung bestehen insbesondere die Formate der sogenannten Type A, Type B, Type C und Type D meetings. Diese dienen dazu, Fragen zur Ausgestaltung des Studienprotokolls, zur Bewertung klinischer Daten sowie zur Vorbereitung des Antrags auf Marktzulassung zu klären.[205] Zudem können mit der Behörde solche Punkte erörtert werden, die zur Anordnung einer Einstellungsverfügung (Clinical Hold) geführt haben, um die Fortführung der klinischen Prüfung zu ermöglichen.[206]

Von besonderer Bedeutung ist die Möglichkeit einer sehr frühen regulatorischen Beratung durch das Programm „Initial Targeted Engagement for Regulatory Advice on CBER/CDER Products“ (INTERACT). Dieses Format kann bereits vor der Einreichung eines IND-Antrags in Anspruch genommen werden, sobald ein belastbarer Proof-of-Concept vorliegt.[207] Im Rahmen von INTERACT können

---

[201] 21 C. F. R. § 312.40(b)(1)(c)(1).

[202] 21 C. F. R. § 312.42(a).

[203] Vgl. 21 C. F. R. §§ 312.42(b)(1)(iv), 312.23(a)(6).

[204] Umfassend Mantus/Pisano (Hrsg.), FDA Regulatory Affairs, 2014, S. 106 ff.

[205] Sanduja/Lessey-Morillon/Allen u. a., in: Galli (Hrsg.), Regulatory Aspects of Gene Therapy and Cell Therapy Products, 2023, S. 71, 76; Mantus/Pisano (Hrsg.), FDA Regulatory Affairs, 2014, S. 109.

[206] Sanduja/Lessey-Morillon/Allen u. a., in: Galli (Hrsg.), Regulatory Aspects of Gene Therapy and Cell Therapy Products, 2023, S. 71, 76.

[207] Sanduja/Lessey-Morillon/Allen u. a., in: Galli (Hrsg.), Regulatory Aspects of Gene Therapy and Cell Therapy Products, 2023, S. 71, 74.

mit der FDA produktspezifische Fragestellungen, insbesondere zu präklinischen Sicherheitsanforderungen erörtert werden.[208] Durch dieses Beratungsangebot können nachträgliche Forderungen der Behörde nach zusätzlichen präklinischen oder klinischen Daten und damit einhergehende zeitliche und finanzielle Verzögerungen bei der IND-Einreichung deshalb grundsätzlich vermieden oder verringert werden.

Ergänzend erhalten Unternehmen eine vertiefte wissenschaftliche Beratung durch die FDA, wenn die Planung und Durchführung der klinischen (und präklinischen) Studien mit Arzneimitteln für seltene Leiden (Orphan Drugs) betroffen ist.[209]

18.2.1.1.3 Besondere Privilegierungstatbestände und Verfahrensvorschriften

Der FDCA wurde durch den FDA Modernization Act sowie den 21st Century Cures Act um besondere Privilegierungstatbestände ergänzt, die gezielt die Translation innovativer Arzneimittel für schwerwiegende oder lebensbedrohliche Erkrankungen beschleunigen sollen.[210] Neben den allgemeinen Beratungsangeboten der FDA können Sponsoren im Rahmen der klinischen Entwicklung besondere Status für ihre Prüfpräparate beantragen. Hierzu zählen die sog. Fast Track Designation, die Breakthrough Therapy Designation sowie die Regenerative Medicine Advanced Therapy (RMAT) Designation. Ihre Inanspruchnahme unterliegt jeweils unterschiedlichen Voraussetzungen, führt aber auch zu unterschiedlichen rechtlichen Vorteilen (vgl. Tabelle 18.2).

18.2.1.1.3.1 Fast Track Designation

Die Fast Track Designation kann vom Sponsor ab Einreichung des IND-Antrags bei der FDA beantragt werden, wenn das Prüfpräparat zur Behandlung einer schwerwiegenden oder lebensbedrohlichen Erkrankung bestimmt ist und das Potenzial besitzt, einen bislang ungedeckten medizinischen Bedarf (Unmet

---

[208] Sanduja/Lessey-Morillon/Allen u. a., in: Galli (Hrsg.), Regulatory Aspects of Gene Therapy and Cell Therapy Products, 2023, S. 71, 76.

[209] 21 U. S. C. § 360aa(a)(1).

[210] 21 U. S. C. § 356.

Medical Need) zu decken.[211] Der Nachweis dieses Potenzials kann auf präklinischen oder klinischen Daten beruhen.[212] Über den Antrag entscheidet die FDA innerhalb von 60 Tagen.[213]

Wird die Fast Track Designation erteilt, sieht die FDA eine engmaschige Interaktion mit dem Sponsor vor, indem häufigere Beratungstermine sowie ein erleichterter schriftlicher Austauschs zur Klärung wissenschaftlicher und regulatorischer Fragen angeboten werden.[214] Zudem stellt die Fast Track Designation eine Zugangsvoraussetzung für besondere Privilegierungstatbestände im Rahmen der Marktzulassung dar (vgl. Abschnitt 18.3.2).[215]

18.2.1.1.3.2 Breakthrough Therapy Designation

Die Breakthrough Therapy Designation stellt einen weiteren privilegierenden Status dar, der für Arzneimittel[216] zur Behandlung schwerwiegender oder lebensbedrohlicher Erkrankungen beantragt werden kann.[217] Der Antrag kann ab dem Zeitpunkt des IND-Antrags gestellt werden.[218] Über den Antrag hat die FDA innerhalb von 60 Tagen zu entscheiden.[219]

---

[211] 21 U. S. C. § 356(b)(1)(2).

[212] U.S. Food and Drug Administration, Expedited Programs for Regenerative Medicine Therapies for Serious Conditions – Guidance for Industry, 2019, (https://www.fda.gov/media/120267/download), S. 4 (geprüft am 24.10.2025); Sanzo, in: Dederer/Frenken (Hrsg.), Regulation of Genome Editing in Human iPS Cells, 2021, S. 199, 214.

[213] 21 U. S. C. § 356(b)(3).

[214] Sanduja/Lessey-Morillon/Allen u. a., in: Galli (Hrsg.), Regulatory Aspects of Gene Therapy and Cell Therapy Products, 2023, S. 71, 75.

[215] U.S. Food and Drug Administration, Expedited Programs for Regenerative Medicine Therapies for Serious Conditions – Guidance for Industry, 2019, (https://www.fda.gov/media/120267/download), S. 4 (geprüft am 24.10.2025); Sanduja/Lessey-Morillon/Allen u. a., in: Galli (Hrsg.), Regulatory Aspects of Gene Therapy and Cell Therapy Products, 2023, S. 71, 75.

[216] Als Arzneimittel werden sowohl „Drugs“ als auch „Biologics“ gleichermaßen erfasst; vgl. 21 U. S. C. §§ 356(a)(2), 321(g)(1) i. V. mit 42 U. S. C. § 262(i)(1)(j).

[217] 21 U. S. C. § 356(a).

[218] 21 U. S. C. § 356(a)(2).

[219] 21 U. S. C. § 356(a)(3)(A).

Voraussetzung ist das Vorliegen klinischer Evidenz, die erwarten lässt, dass das Arzneimittel in mindestens einem klinisch signifikanten Endpunkt[220] eine substanzielle Verbesserung gegenüber einer verfügbaren Therapie bewirken kann.[221] Erforderlich ist somit ein plausibler Nachweis eines therapeutischen Vorteils auf Grundlage klinischer Daten. Präklinische Studien genügen hierfür nicht. Umfassende Phase-II- oder Phase-III-Daten sind aber nicht zwingend notwendig. In der Praxis wurden auch frühe klinische Daten aus Phase-I-Studien als ausreichend angesehen, sofern aus ihnen ein deutlicher Vorteil gegenüber bestehenden Behandlungen hervorging.[222]

Der FDCA ermächtigt die FDA bei Erteilung der Breakthrough Therapy Designation zu unterschiedlichen Maßnahmen, um die Entwicklung des Arzneimittels zu beschleunigen:

- Durchführung regelmäßiger Besprechungen zwischen Sponsor und FDA-Reviewteam während der Entwicklungsphase,
- zeitnahe Beratung und interaktive Kommunikation mit dem Sponsor, um sicherzustellen, dass das Entwicklungsprogramm zur Gewinnung der für die Zulassung erforderlichen präklinischen und klinischen Daten so effizient wie möglich gestaltet wird,
- Einbindung erfahrener Prüfer und leitender Mitarbeiter in einen interdisziplinären Begutachtungsprozess,
- Benennung einer interdisziplinären Projektleitung innerhalb des FDA-Reviewteams zur Koordinierung der Bewertung und als wissenschaftliche Schnittstelle zwischen Behörde und Sponsor sowie
- Sicherstellung einer möglichst effizienten Studiendesigngestaltung, soweit wissenschaftlich vertretbar, beispielsweise durch Minimierung der Zahl von Probanden, die einer potenziell weniger wirksamen Behandlung ausgesetzt werden.[223]

Die FDA setzt dies in der Weise um, dass sämtliche Vorteile der Fast Track Designation gewährt werden (vgl. Abschnitt 18.2.1.1.3.1), darüber hinaus

---

[220] Ein „klinisch relevanter Endpunkt" erfordert einen Endpunkt, der eine Wirkung auf irreversible Mortalität oder Morbidität oder auf Symptome misst, die ernsthafte Folgen einer Erkrankung darstellen; vgl. U.S. Food and Drug Administration, Expedited Programs for Regenerative Medicine Therapies for Serious Conditions – Guidance for Industry, 2019, (https://www.fda.gov/media/120267/download), S. 4 (geprüft am 24.10.2025).

[221] 21 U. S. C. § 356(a)(1); Sanzo, in: Dederer/Frenken (Hrsg.), Regulation of Genome Editing in Human iPS Cells, 2021, S. 199, 214.

[222] U.S. Food and Drug Administration, Expedited Programs for Regenerative Medicine Therapies for Serious Conditions – Guidance for Industry, 2019, (https://www.fda.gov/media/120267/download), S. 5 (geprüft am 24.10.2025).

[223] 21 U. S. C. § 356(a)(3)(B).

jedoch bereits ab Phase I eine besonders intensive wissenschaftliche Begleitung (Guidance on Efficient Drug Development) erfolgt und leitende Behördenvertreter (Senior Managers) unmittelbar in die laufenden Entwicklungs- und Bewertungsprozesse eingebunden werden.[224]

18.2.1.1.3.3 Regenerative Medicine Advanced Therapy (RMAT) Designation

Die RMAT Designation dient, ebenso wie die Fast Track und die Breakthrough Therapy Designation, der effizienten Entwicklung und beschleunigten Bewertung innovativer Arzneimittel. Der Antrag kann ab Einreichung des IND-Antrags gestellt werden und die FDA hat innerhalb von 60 Tagen über diesen zu entscheiden.[225]

Die RMAT Designation umfasst sämtliche mit der Fast Track und der Breakthrough Therapy Designation verbundenen Privilegierungen und gewährt zusätzlich frühzeitige Beratungsgespräche zur Festlegung potenzieller Surrogat- oder intermediärer Endpunkte[226] sowie zur Identifikation von Wegen, um im Zulassungsverfahren weitere regulatorische Erleichterungen in Anspruch zu nehmen.[227] Dabei werden Anforderungen erörtert, die nach der Marktzulassung im

---

[224] U.S. Food and Drug Administration, Expedited Programs for Regenerative Medicine Therapies for Serious Conditions – Guidance for Industry, 2019, (https://www.fda.gov/media/120267/download), S. 9 (geprüft am 24.10.2025); Sanduja/Lessey-Morillon/Allen u. a., in: Galli (Hrsg.), Regulatory Aspects of Gene Therapy and Cell Therapy Products, 2023, S. 71, 75; Sanzo, in: Dederer/Frenken (Hrsg.), Regulation of Genome Editing in Human iPS Cells, 2021, S. 199, 207.

[225] 21 U. S. C. § 356(g)(3)(4).

[226] Während primäre Endpunkte die direkten Auswirkungen einer Therapie auf das Überleben (Mortalität), krankheitsbedingte Beeinträchtigungen des Gesundheitszustands (Morbidität) oder das Wohlbefinden des Patienten messen, erfassen Surrogatendpunkte lediglich Ersatzmesswerte (etwa Laborparameter oder sog. Biomarker, bei denen vermutet wird, das sie in Verbindung mit einer Erkrankung stehen) als statistische Vorhersage für einen klinischen Nutzen, wohingegen intermediäre Endpunkte bereits eine klinisch relevante Veränderung im Krankheitsverlauf abbilden (etwa Reduktion der Größe eines Tumors bzw. das sog. progressionsfreie Überleben bei einer Tumorerkrankung), die dem Ziel der Therapie zeitlich vorausgeht; vgl. Koch/Böhm, in: Sickmüller/Gleiter/Hinze (Hrsg.), Leitfaden Klinische Prüfungen von Arzneimitteln und Medizinprodukten, 2024, S. 483 ff.; Dettling, in: Zuck/Dettling (Hrsg.), Arzneimittelgesetz, 2021, § 2 AMG, Rn. 95 ff.; U.S. Food and Drug Administration, Clinical Trial Endpoints for the Approval of Cancer Drugs and Biologics, Guidance for Industry, 2018, (https://www.fda.gov/media/71195/download), S. 2 (geprüft am 24.10.2025).

[227] 21 U. S. C. § 356(g)(5); Sanduja/Lessey-Morillon/Allen u. a., in: Galli (Hrsg.), Regulatory Aspects of Gene Therapy and Cell Therapy Products, 2023, S. 71, 76; Sanzo, in:

Rahmen solcher Privilegierungen im konkreten Einzelfall erfüllt werden müssten, etwa besondere Auflagen zur Durchführung weiterer Studien.[228] Faktisch findet bei der RMAT Designation somit eine frühzeitige Einigung zwischen der Zulassungsbehörde und dem pharmazeutischen Unternehmen statt, welche alternativen Daten in das spätere Marktzulassungsverfahren eingebracht werden dürfen und wie das reduzierte Evidenzniveau im Gegenzug während der Marktphase durch Phase IV-Studien kompensiert werden muss.

18.2.1.1.3.3.1 Regenerative Arzneimittel

Der sachliche Anwendungsbereich ist deutlich enger als bei der Fast Track und der Breakthrough Designation ausgestaltet. Nach der gesetzlichen Definition kann eine RMAT Designation nur für regenerative Arzneimittel erteilt werden, die zur Behandlung, Modifikation, Umkehrung oder Heilung einer schwerwiegenden oder lebensbedrohlichen Erkrankung bestimmt sind und für die vorläufige klinische Evidenz vorliegt, die erwarten lässt, dass das Präparat einen bislang ungedeckten medizinischen Bedarf (Unmet Medical Need) adressieren kann.[229]

Als regenerative Arzneimittel werden für diesen Zweck Zelltherapien, therapeutische gewebetechnische Produkte, humane Zell- und Gewebeprodukte sowie Kombinationsprodukte, die solche Therapien oder Produkte enthalten, bezeichnet.[230] Nach einer engen, rein am Wortlaut orientierten Auslegung würden damit ausschließlich Zell- und Gewebeprodukte, die außerhalb des Körpers des Patienten verändert werden (ex-vivo-Ansatz) umfasst werden. Somatische genomische Therapien, die im Körper des Patienten angewendet werden (in-vivo-Ansatz), würden nicht als regenerative Arzneimittel klassifiziert werden können. Eine RMAT Designation könnte für diese Produkte nicht beansprucht werden.

Die Verwaltungspraxis der FDA legt die Legaldefinition des regenerativen Arzneimittels jedoch weit aus. Erfasst werden demnach sämtliche Arzneimittel, die einen nachhaltigen Effekt (Sustained Effect) auf humane Zellen oder

---

Dederer/Frenken (Hrsg.), Regulation of Genome Editing in Human iPS Cells, 2021, S. 199, 215.

[228] U.S. Food and Drug Administration, Expedited Programs for Regenerative Medicine Therapies for Serious Conditions – Guidance for Industry, 2019 (https://www.fda.gov/media/120267/download), S. 9 (geprüft am 24.10.2025).

[229] 21 U. S. C. § 356(g)(2); Sanzo, in: Dederer/Frenken (Hrsg.), Regulation of Genome Editing in Human iPS Cells, 2021, S. 199, 215.

[230] 21 U. S. C. § 356(g)(8):
„For purposes of this section, the term 'regenerative medicine therapy' includes cell therapy, therapeutic tissue engineering products, human cell and tissue products, and combination products using any such therapies or products […]".

Gewebe – auch im Körper des Patienten – entfalten können.[231] Dazu zählen deshalb in vivo angewendete virale Vektoren oder Genome-Editing-Verfahren, weil diese langfristige zelluläre Veränderungen im menschlichen Körper hervorrufen. Ein anschauliches Beispiel hierfür ist das Arzneimittel BEQVEZ (fidanacogene elaparvovec-dzkt), das eine RMAT Designation erhalten hat.[232] Das Arzneimittel enthält als Wirkstoff ausschließlich Adeno-assoziierte Viren, denen eine funktionale Kopie des für den Blutgerinnungsfaktor IX verantwortlichen Gens hinzugefügt wurde, um dieses nach Verabreichung im Körper des Patienten (in-vivo-Ansatz) dauerhaft zu exprimieren.[233] Es enthält keine Zellen oder Gewebe als Wirkstoff. Gleichwohl hat es eine RMAT Designation erhalten.

18.2.1.1.3.3.2 Nachhaltiger zellulärer Effekt

Therapien ohne nachhaltigen zellulären Effekt können hingegen nicht von der RMAT Designation profitieren. Ausgeschlossen sind damit mRNA- und ncRNA-Arzneimittel, weil sie unmittelbar nach Entfaltung ihrer Wirkungsweise von der Zelle abgebaut werden (vgl. Abschnitt 4.1).

Die Einordnung epigenetischer Therapien ist hingegen nicht eindeutig. Zwar verlangt die FDA keine permanente genetische Veränderung, sondern allein einen nachhaltigen Effekt auf zellulärer Ebene. Damit würde die Veränderung epigenetischer Strukturen in humanen Zellen grundsätzlich erfasst werden können. Epigenetische Modifikationen bleiben aber reversibel, können jedoch in Tiermodellen über Zeiträume von einem Jahr bestehen bleiben, sodass ein nachhaltiger Effekt auf zellulärer Ebene nicht zwingend ausgeschlossen werden kann (vgl. Abschnitt 6.3). Dafür spricht insbesondere, dass es sich bei dem viralen Vektor BEQVEZ um einen Adeno-assozierten Vektor handelt, der nicht in das Genom der Zelle integriert und ausschließlich episomal wirkt (vgl. Abschnitt 3.1.5). Der Effekt eines solchen Adeno-assoziierten viralen Vektors auf die humanen Zellen im Körper des Patienten kann deshalb schwinden, weil die viralen Vektoren im Rahmen der Zellteilung ausgedünnt werden oder etwa über die Leber abgebaut

---

[231] U.S. Food and Drug Administration, Expedited Programs for Regenerative Medicine Therapies for Serious Conditions – Guidance for Industry, 2019, (https://www.fda.gov/media/120267/download), S. 2 (geprüft am 24.10.2025).

[232] U.S. Food and Drug Administration, CBER Regenerative Medicine Advanced Therapy (RMAT) Approvals, 2025, (https://www.fda.gov/vaccines-blood-biologics/cellular-gene-therapy-products/cber-regenerative-medicine-advanced-therapy-rmat-approvals) (geprüft am 24.10.2025).

[233] U.S. Food and Drug Administration, Summary Basis for Regulatory Action – BEQVEZ, 2024, (https://www.fda.gov/media/178688/download?attachment), S. 4 (geprüft am 24.10.2025).

werden. Eine permanenter zellulärer Effekt kann deshalb nicht zwingende Voraussetzung für die Erteilung einer RMAT Designation sein. Deshalb spricht vieles dafür, dass zumindest bestimmte epigenetische somatische genomische Therapien eine RMAT Designation erhalten könnten. Eine abschließende rechtliche Einordnung bleibt jedoch unsicher, da die Verwaltungspraxis der FDA über den engen Wortlaut der gesetzlichen Ermächtigungsgrundlage deutlich hinausgeht.

Tabelle 18.2 Besondere Verfahrensprivilegierungen bei klinischen Prüfungen (USA)

	Fast Track	Breakthrough	RMAT
Produkte	(Biologische) Arzneimittel	(Biologische) Arzneimittel	Regenerative Arzneimittel
Erforderliche Art der Evidenz	Präklinisch oder klinisch	Klinisch	Klinisch
Überlegenheitsnachweis notwendig?	Nein	Ja	Nein
Vorteile[234]	Häufigere Beratung, Voraussetzung für Zulassungsprivilegierung	Intensive Begleitung beim Studiendesign	Abstimmung von Surrogat- und intermediären Endpunkten sowie Auflagen bei Zulassungsprivilegierungen

18.2.1.2 Genehmigungsvoraussetzungen

Die Voraussetzungen für die Erteilung einer IND-Genehmigung sind in 21 C. F. R. § 312.23 geregelt. Maßgeblich sind insbesondere die vorzulegenden präklinischen pharmakologischen und toxikologischen Daten, das Prüfprotokoll, Angaben zum Prüfer sowie die Informationen zur Herstellung und Zusammensetzung (Chemistry, Manufacturing, and Control – CMC).[235] Der erforderliche Umfang und Detailgrad der einzureichenden Unterlagen richtet sich nach der Neuheit des Wirkstoffs sowie nach der Phase der klinischen Prüfung (Phase I – III).[236]

---

[234] Die Breakthrough Therapy Designation umfasst sämtliche Vorteile der Fast Track Designation. Die RMAT Designation wiederum schließt sowohl die Vorteile der Breakthrough Therapy Designation als auch diejenigen der Fast Track Designation ein.

[235] 21 C. F. R. § 312.23(5)(6)(7)(8).

[236] 21 C. F. R. § 312.22(b).

18.2.1.2.1 Pharmakologische und toxikologische Studien

Wie in der Europäischen Union müssen auch in den Vereinigten Staaten vor der ersten Anwendung eines Prüfpräparats am Menschen umfassende präklinische Daten vorgelegt werden, die sowohl die Verträglichkeit als auch das Wirkprinzip des Arzneimittels belegen.[237] Die Voraussetzungen ergeben sich aus den gesetzlichen Vorschriften sowie den einschlägigen Leitlinien der US-Arzneimittelbehörde (FDA).[238]

Regelmäßig erwartet die FDA im Hinblick auf die Pharmakologie und Toxikologie des Prüfpräparats den Einsatz geeigneter Tiermodelle.[239] Zusätzlich sind pharmakokinetische Studien vorzulegen, die grundsätzlich ebenfalls in einem Tiermodell nachzuweisen sind.[240]

Für Gentherapeutika (Human Gene Therapy Products) enthält die einschlägige FDA-Leitlinie spezifische Vorgaben. Bei solchen somatischen genomischen Therapien (vgl. Tabelle 12.1) muss bei der Auswahl des Tiermodells insbesondere die Übertragbarkeit auf die menschliche Physiologie hinsichtlich der immunologischen Vergleichbarkeit und Toleranz gegenüber eingesetzten viralen Vektoren sichergestellt werden.[241] Enthält das Prüfpräparat lebende Zellen müssen zudem zusätzliche Studien, beispielsweise Tumorgenitätsstudien, vorgelegt werden.[242]

Seit 2024 existiert zusätzlich eine eigenständige Leitlinie für Genome-Editing-Produkte, die grundsätzlich an die Leitlinie für Human Gene Therapy Products

---

[237] 21 C. F. R. § 312.23(8).

[238] Die produktneutralen Vorschriften müssen hinsichtlich der vielfach unterschiedlichen Produktkategorien je nach Einzelfall durch die Leitlinien ausgelegt werden, vgl. Mantus/Pisano (Hrsg.), FDA Regulatory Affairs, 2014, S. 356 ff.

[239] 21 C. F. R. § 312.23(8)(ii)(a); Sanduja/Lessey-Morillon/Allen u. a., in: Galli (Hrsg.), Regulatory Aspects of Gene Therapy and Cell Therapy Products, 2023, S. 71, 82 f.; U.S. Food and Drug Administration, Guidance for Industry – Preclinical Assessment of Investigational Cellular and Gene Therapy Products, 2013, (https://www.fda.gov/media/87564/download), S. 9 (geprüft am 24.10.2025); Sanzo, in: Dederer/Frenken (Hrsg.), Regulation of Genome Editing in Human iPS Cells, 2021, S. 199, 208 f.

[240] 21 C. F. R. § 312.23(8)(i); Arora/Pásztor/Arar, in: McBride/Schmitt (Hrsg.), Fundamentals of Pharmaceutical and Biologics Regulations, 2023, S. 167, 169.

[241] U.S. Food and Drug Administration, Guidance for Industry – Preclinical Assessment of Investigational Cellular and Gene Therapy Products, 2013, (https://www.fda.gov/media/87564/download), S. 5 (geprüft am 24.10.2025).

[242] U.S. Food and Drug Administration, Guidance for Industry – Preclinical Assessment of Investigational Cellular and Gene Therapy Products, 2013, (https://www.fda.gov/media/87564/download), S. 20 (geprüft am 24.10.2025).

anknüpft, jedoch einzelne abweichende oder zusätzliche Anforderungen formuliert.[243] So muss der Wirksamkeitsnachweis insbesondere die Stabilität der herbeigeführten genetischen Veränderung sowie die Funktionalität des exprimierten Genprodukts umfassen.[244] Im Rahmen der Sicherheitsbewertung ist zudem die Integrität des editierten Genoms auf mögliche Insertionen, Deletionen oder andere Off-Target-Effekte zu untersuchen.[245] Im Grundsatz gelten jedoch dieselben präklinischen Anforderungen wie für Gentherapeutika (Human Gene Therapy Products).

Für somatische genomische Therapien, die nicht unter die Definition von Gentherapeutika (Human Gene Therapy Products) fallen (vgl. Tabelle 12.1), müssen spezifische, produktbezogene Leitlinien herangezogen werden. Für oligonukleotid-basierte Therapeutika liegt eine solche eigenständige Leitlinie vor, die daher auf ncRNA-basierte Arzneimittel Anwendung findet. Sie verlangt insbesondere Untersuchungen zur Immunogenität sowie pharmakokinetische und pharmakodynamische Studien mit besonderem Fokus auf mögliche Auswirkungen auf zentrale Organfunktionen, insbesondere hinsichtlich potenzieller leber- oder nierentoxischer Effekte.[246]

18.2.1.2.2 Prüfprotokoll

Das Prüfprotokoll umfasst detaillierte Angaben zur Patientenrekrutierung, zum Studiendesign, einschließlich der vorgesehenen Endpunkte, Kontrollgruppen und statistischen Auswertungsstrategien, sowie zu weiteren studienspezifischen Parametern.[247]

Für Gentherapeutika (Human Gene Therapy Products) sind besondere Anforderungen zu berücksichtigen. In frühen Phase-I-Studien sind nicht nur die

---

[243] U.S. Food and Drug Administration, Human Gene Therapy Products Incorporating Human Genome Editing – Guidance for Industry, 2024, (https://www.fda.gov/media/156894/download), S. 9 f. (geprüft am 24.10.2025).

[244] U.S. Food and Drug Administration, Human Gene Therapy Products Incorporating Human Genome Editing – Guidance for Industry, 2024, (https://www.fda.gov/media/156894/download), S. 11 (geprüft am 24.10.2025).

[245] U.S. Food and Drug Administration, Human Gene Therapy Products Incorporating Human Genome Editing – Guidance for Industry, 2024, (https://www.fda.gov/media/156894/download), S. 12 (geprüft am 24.10.2025).

[246] U.S. Food and Drug Administration, Clinical Pharmacology Considerations for the Development of Oligonucleotide Therapeutics – Guidance for Industry, 2024, (https://www.fda.gov/media/159414/download), S. 4 f. (geprüft am 24.10.2025).

[247] 21 C. F. R. § 312.23(6)(i)(iii)(c)–(d).

Verträglichkeit, sondern zugleich die grundsätzliche Durchführbarkeit der Therapie sowie ihre pharmakologische Aktivität zu untersuchen.[248] Phase I–Studien beschränken sich ansonsten regelmäßig auf die Untersuchung der Verträglichkeit des Prüfpräparats (vgl. Abschnitt 13.3). Zudem werden aufgrund potenziell schwerwiegender Langzeitrisiken üblicherweise keine gesunden Probanden, sondern ausschließlich erkrankte Patienten in klinische Studien einbezogen.[249] Für klinische Studien mit Genome-Editing-Verfahren gilt ein nochmals strengerer Maßstab. Hier ist im Prüfprotokoll in der Regel vorzusehen, dass ausschließlich austherapierte Patienten ohne verbliebene alternative Behandlungsoptionen eingeschlossen werden.[250] Im Gegensatz hierzu sieht die Leitlinie für Oligonukleotid-Therapeutika keine besonderen Voraussetzungen vor, weshalb grundsätzlich auch gesunde Probanden in die Studien einbezogen werden dürfen.[251]

18.2.1.2.3 Informationen zur Zusammensetzung, Herstellung und Kontrolle (CMC)

Für die Durchführung einer klinischen Prüfung ist in den Vereinigten Staaten keine gesonderte Herstellungserlaubnis[252] erforderlich.[253] Die regulatorischen Anforderungen an die Herstellung werden aber im Rahmen des IND-Antrags

---

[248] U.S. Food and Drug Administration, Guidance for Industry – Preclinical Assessment of Investigational Cellular and Gene Therapy Products, 2013, (https://www.fda.gov/media/87564/download), S. 6 (geprüft am 24.10.2025); Sanzo, in: Dederer/Frenken (Hrsg.), Regulation of Genome Editing in Human iPS Cells, 2021, S. 199, 211 f.

[249] U.S. Food and Drug Administration, Guidance for Industry – Preclinical Assessment of Investigational Cellular and Gene Therapy Products, 2013, (https://www.fda.gov/media/87564/download), S. 8 (geprüft am 24.10.2025).

[250] U.S. Food and Drug Administration, Human Gene Therapy Products Incorporating Human Genome Editing – Guidance for Industry, 2024, (https://www.fda.gov/media/156894/download), S. 13 (geprüft am 24.10.2025).

[251] Vgl. U.S. Food and Drug Administration, Clinical Pharmacology Considerations for the Development of Oligonucleotide Therapeutics – Guidance for Industry, 2024, (https://www.fda.gov/media/159414/download) (geprüft am 24.10.2025).

[252] Eine Herstellungserlaubnis im Sinne eines präventiven Verbots mit Erlaubnisvorbehalt existiert zudem nicht. Herstellungseinrichtungen müssen in den Vereinigten Staaten lediglich nach den Vorschriften in 21 C. F. R. §§ 207.1 ff. registriert werden.

[253] Die behördliche Kontrolle beschränkt sich auf Inspektionen durch die US-Arzneimittelbehörde nach erfolgter Registrierung der Herstellungseinrichtung; näher Bedford/Jy/Collins u. a., Frontiers in Medicine 5 (2018), 118, S. 2.

überprüft.[254] Der Sponsor hat hierzu umfassende Angaben zur Zusammensetzung, Herstellung und Kontrolle (CMC) des Wirkstoffs sowie des Arzneimittels vorzulegen.

Der IND-Antrag muss, abhängig von der jeweiligen Studienphase, eine Beschreibung des Wirkstoffs einschließlich seiner physikalischen, chemischen und biologischen Eigenschaften, den Namen und die Anschrift des Herstellers, eine allgemeine Darstellung des Herstellungsprozesses sowie akzeptable Grenzwerte und analytische Methoden zur Sicherstellung von Identität, Stärke, Qualität und Reinheit enthalten.[255] Während in einer Phase-I-Studie etwa die Identifizierung des zur Herstellung verwendeten Ursprungsmaterials ausreicht, müssen vollständige Spezifikationen in der Regel erst bis zum Abschluss der klinischen Prüfung vorliegen.[256] Unabhängig vom Entwicklungsstadium sind Stabilitätsdaten jedoch stets erforderlich, deren Umfang sich an der vorgesehenen Einsatzdauer des Prüfpräparats orientieren muss.[257]

Ergänzend gelten grundsätzlich die besonderen Anforderungen aus 21 C. F. R. Part 610 für biologische Arzneimittel (Biologics). Von zentraler Bedeutung ist hierbei insbesondere die Pflicht zur Durchführung von Sterilitätstests, die für biologische Arzneimittel grundsätzlich zwingend vorgesehen sind.[258] Somatische genomische Therapien, die als biologische Arzneimittel (Biologics) klassifiziert werden (vgl. Tabelle 12.1), müssen diese deshalb zusätzlich durchführen.

18.2.1.2.3.1 Gentherapeutika (Human Gene Therapy Products)

Die in den untergesetzlichen Vorschriften nur allgemein gehaltenen Anforderungen werden durch produktspezifische Leitlinien der FDA präzisiert. Für Gentherapeutika (Human Gene Therapy Products) enthält die seit 2020 bestehende, einschlägige Leitlinie besondere CMC-Vorgaben, die ergänzend herangezogen werden sollten.[259]

---

[254] Dederer/Frenken, Studie: Genom-Editierung am Menschen. Vergleich der regulatorischen Rahmenbedingungen für CRISPR-Gen-Editierung und ihre Auswirkungen auf Forschung und Innovation, 2021, S. 23.

[255] 21 C. F. R. § 312.23(7)(iv)(a); näher U.S. Food and Drug Administration, Guidance for Industry – INDs for Phase 2 and Phase 3 Studies – Chemistry, Manufacturing. and Controls Information, 2003, (https://www.fda.gov/media/70822/download) (geprüft am 24.10.2025).

[256] 21 C. F. R. § 312.23(7)(i).

[257] 21 C. F. R. § 312.23(7)(ii).

[258] 21 C. F. R. § 610.12(a).

[259] U.S. Food and Drug Administration, Chemistry, Manufacturing, and Control (CMC) Information for Human Gene Therapy Investigational New Drug Applications (INDs),

18.2.1.2.3.1.1 Spezifikationen

Die Leitlinie verlangt die Festlegung sog. Critical Quality Attributes (CQA) des Prüfpräparats. Die CQA dienen insbesondere dazu, im weiteren Entwicklungsverlauf, insbesondere in späteren Studienphasen und im Zulassungsverfahren, engere Spezifikationen für das Produkt festlegen zu können.[260] Zugleich wird anerkannt, dass das Produktverständnis in frühen Entwicklungsphasen regelmäßig noch unvollständig ist und daher nicht in allen Fällen bereits abschließende Anforderungen an die CQA oder die Spezifikationen definiert werden können.[261] In frühen klinischen Entwicklungsabschnitten dürfen die zulässigen Grenzwerte deshalb im Einzelfall weiter gefasst werden.[262]

Ungeachtet dessen verlangt die Leitlinie, dass bereits für die erste klinische Phase angemessene Spezifikationen zu definieren sind, um etwa die Dosierung auf eine belastbare Grundlage zu stellen, auch wenn dies durch die einschlägigen untergesetzlichen Regelungen nicht in dieser Weise gefordert wird (vgl. Abschnitt 18.2.1.2.3).[263]

18.2.1.2.3.1.2 Validierung

Im Rahmen einer klinischen Prüfung sind grundsätzlich keine vollumfänglichen Prozessvalidierungen erforderlich.[264] Entsprechendes gilt für die Validierung

---

Guidance for Industry, 2020, (https://www.fda.gov/media/113760/download) (geprüft am 24.10.2025).

260 U.S. Food and Drug Administration, Chemistry, Manufacturing, and Control (CMC) Information for Human Gene Therapy Investigational New Drug Applications (INDs), Guidance for Industry, 2020, (https://www.fda.gov/media/113760/download), S. 6 (geprüft am 24.10.2025).

261 Vgl. Mantus/Pisano (Hrsg.), FDA Regulatory Affairs, 2014, S. 214.

262 U.S. Food and Drug Administration, Chemistry, Manufacturing, and Control (CMC) Information for Human Gene Therapy Investigational New Drug Applications (INDs), Guidance for Industry, 2020, (https://www.fda.gov/media/113760/download), S. 5, 31, 37 (geprüft am 24.10.2025).

263 U.S. Food and Drug Administration, Chemistry, Manufacturing, and Control (CMC) Information for Human Gene Therapy Investigational New Drug Applications (INDs), Guidance for Industry, 2020, (https://www.fda.gov/media/113760/download), S. 31 (geprüft am 24.10.2025).

264 U.S. Food and Drug Administration, Chemistry, Manufacturing, and Control (CMC) Information for Human Gene Therapy Investigational New Drug Applications (INDs), Guidance for Industry, 2020, (https://www.fda.gov/media/113760/download), S. 27 (geprüft am 24.10.2025).

analytischer Prüfverfahren, die insbesondere in Phase-1-Studien nicht gefordert wird.[265]

Zur Sicherstellung der Produktkonsistenz empfiehlt die FDA jedoch die Einrichtung von Master- und Arbeitszellbanken.[266] Zwar bestehen keine verbindlichen regulatorischen Vorgaben zur räumlichen oder technischen Ausgestaltung der Reinrauminfrastruktur, gleichwohl müssen sämtliche Zellbanksysteme so qualifiziert sein, dass Sterilität sichergestellt und mikrobielle Kontaminationen vermieden werden.[267] Dies legt die Vorlage eines plausiblen Reinraum- bzw. Hygienekonzepts und gegebenenfalls den Einsatz aseptischer Herstellungsverfahren nahe, wird aber nicht ausdrücklich festgelegt.

18.2.1.2.3.1.3 Freigabe

Sterilitätstests sind für Gentherapeutika (Human Gene Therapy Products) im Rahmen der Freigabe grundsätzlich erforderlich. Bei Wirkstoffen mit sehr kurzer Halbwertszeit kann jedoch von einer Endproduktprüfung abgesehen werden.[268] Dies betrifft insbesondere ex vivo modifizierte Zellen, die unmittelbar nach Abschluss des Herstellungsprozesses am Patienten angewendet werden müssen. In diesen Fällen akzeptiert die FDA den Verzicht auf eine Endprodukt-Sterilitätsprüfung, wenn stattdessen geeignete In-Prozess-Sterilitätstestungen innerhalb von 48 bis 72 Stunden vor der finalen Gewinnung durchgeführt werden.[269]

---

[265] U.S. Food and Drug Administration., Chemistry, Manufacturing, and Control (CMC) Information for Human Gene Therapy Investigational New Drug Applications (INDs), Guidance for Industry, 2020, (https://www.fda.gov/media/113760/download), S. 35 (geprüft am 24.10.2025).

[266] U.S. Food and Drug Administration, Chemistry, Manufacturing, and Control (CMC) Information for Human Gene Therapy Investigational New Drug Applications (INDs), Guidance for Industry, 2020, (https://www.fda.gov/media/113760/download), S. 20 ff. (geprüft am 24.10.2025).

[267] U.S. Food and Drug Administration, Chemistry, Manufacturing, and Control (CMC) Information for Human Gene Therapy Investigational New Drug Applications (INDs), Guidance for Industry, 2020, (https://www.fda.gov/media/113760/download), S. 20 (geprüft am 24.10.2025).

[268] U.S. Food and Drug Administration, Chemistry, Manufacturing, and Control (CMC) Information for Human Gene Therapy Investigational New Drug Applications (INDs), Guidance for Industry, 2020, (https://www.fda.gov/media/113760/download), S. 46 (geprüft am 24.10.2025).

[269] U.S. Food and Drug Administration, Chemistry, Manufacturing, and Control (CMC) Information for Human Gene Therapy Investigational New Drug Applications (INDs), Guidance for Industry, 2020, (https://www.fda.gov/media/113760/download), S. 46 (geprüft am 24.10.2025).

Ein vergleichbarer risikobasierter Ansatz gilt für Stabilitätsuntersuchungen bei der Freigabe. In frühen klinischen Entwicklungsphasen lassen sich belastbare Stabilitätsdaten, die der vorgesehenen Prüfdauer der klinischen Studie entsprechen, bei Produkten mit geringer Haltbarkeit häufig nicht erheben. In solchen Fällen akzeptiert die FDA, dass im IND-Antrag ein belastbarer Plan dargelegt wird, wie die erforderlichen Stabilitätsdaten im Verlauf der Studie generiert werden sollen, um zu einem späteren Zeitpunkt angemessene Teststrategien festlegen zu können.[270]

18.2.1.2.3.2 Genome-Editing

Mit der im Jahr 2024 veröffentlichten Leitlinie für Genome-Editing wurden spezifische CMC-Anforderungen für diese Produktklasse eingeführt. Weil Genome-Editing-Produkte zugleich als Gentherapeutika (Human Gene Therapy Products) zu qualifizierenen sind, gelten grundsätzlich die allgemeinen Vorgaben der Leitlinie für Gentherapeutika (vgl. Abschnitt 18.2.1.2.2). Die neue Leitlinie ergänzt diese jedoch um besondere, auf das Genome-Editing zugeschnittene Anforderungen.

Von zentraler Bedeutung ist die ausdrückliche Einbeziehung von Ribonukleoproteinen, die regelmäßig aus mehreren arzneilich wirksamen Komponenten bestehen. Jede Editing-Komponente, etwa das Cas-Enzym, die gRNA, eine gegebenenfalls verwendete DNA-Vorlage sowie ein virales oder nicht-virales Transportsystem, ist gesondert zu charakterisieren und in den jeweiligen CMC-Abschnitten detailliert darzustellen.[271] Die Leitlinie verlangt validierte Testmethoden, die Integrität und Spezifität der einzelnen Komponenten belegen und insbesondere Risiken für Off-Target-Effekte adressieren, die etwa durch den Abbau und Zerfall der gRNA herbeigeführt werden können.[272] Die Herstellungsumgebung muss zudem so konzipiert sein, dass eine Kontamination mit fremder

---

[270] U.S. Food and Drug Administration, Chemistry, Manufacturing, and Control (CMC) Information for Human Gene Therapy Investigational New Drug Applications (INDs), Guidance for Industry, 2020, (https://www.fda.gov/media/113760/download), S. 51 (geprüft am 24.10.2025).

[271] U.S. Food and Drug Administration, Human Gene Therapy Products Incorporating Human Genome Editing – Guidance for Industry, 2024, (https://www.fda.gov/media/156894/download), S. 5 (geprüft am 24.10.2025).

[272] U.S. Food and Drug Administration, Human Gene Therapy Products Incorporating Human Genome Editing – Guidance for Industry, 2024, (https://www.fda.gov/media/156894/download), S. 5 (geprüft am 24.10.2025).

DNA oder RNA ausgeschlossen wird. Erwartet werden daher umfassende Prüfungen zu Sterilität, Identität, Reinheit und biologischer Aktivität, deren Umfang sich nach dem Entwicklungsstadium (Phase I bis III) richtet.[273]

Die Freigabeprüfung ist ebenfalls an die Besonderheiten des Genome-Editing angepasst. Bei ex vivo editierten Zellen ist etwa die Effizienz des On-Target-Editing im Endprodukt nachzuweisen, also die Präzisionsrate, mit welcher der Editing-Komplex die vorgesehene genetische Veränderung am Zielort im Genom der Zellen bewirkt hat.[274]

18.2.1.2.4 Gute Herstellungspraxis (cGMP)

Im Rahmen des IND-Antrags muss neben den Informationen an Zusammensetzung, Herstellung und Kontrolle (CMC) grundsätzlich auch die Gute Herstellungspraxis (current Good Manufacturing Practice – cGMP) berücksichtigt werden, die in den Vereinigten Staaten in 21 C. F. R. Part 210 und 211 geregelt sind.

18.2.1.2.4.1 Ausnahmetatbestand bei Phase I – Prüfpräparaten ohne Marktzulassung

Prüfpräparate, die im Rahmen einer Phase-I-Studie eingesetzt werden und über keine Indikation über eine bestehende Marktzulassung verfügen, sind von der Anwendung der cGMP-Vorschriften jedoch vollständig ausgenommen.[275] Für Prüfpräparate, die in Phase-II- oder Phase-III-Studien untersucht werden, gilt diese Ausnahme im Umkehrschluss nicht. In diesen Entwicklungsphasen sind die cGMP-Anforderungen zwingend einzuhalten.

Phase I umfasst nach der untergesetzlichen Legaldefinition regelmäßig die erstmalige Anwendung eines Prüfpräparats am Menschen.[276] Ziel dieser Phase ist es, den Metabolismus sowie die grundlegenden pharmakologischen Eigenschaften des Arzneimittels im menschlichen Organismus zu bestimmen, dosisabhängige Nebenwirkungen zu erfassen und – soweit möglich – erste Hinweise

[273] U.S. Food and Drug Administration, Human Gene Therapy Products Incorporating Human Genome Editing – Guidance for Industry, 2024, (https://www.fda.gov/media/156894/download), S. 6 (geprüft am 24.10.2025).

[274] U.S. Food and Drug Administration, Human Gene Therapy Products Incorporating Human Genome Editing – Guidance for Industry, 2024, (https://www.fda.gov/media/156894/download), S. 8 (geprüft am 24.10.2025).

[275] 21 C. F. R. § 210.2(c).

[276] 21 C. F. R. § 312.21(a)(1).

auf die Wirksamkeit zu gewinnen.[277] Die Zahl der Studienteilnehmenden ist arzneimittelabhängig, beträgt jedoch typischerweise etwa 20 bis 80 Personen.[278]

18.2.1.2.4.2 Gute Herstellungspraxis (cGMP)

Mit Beginn klinischer Prüfungen der Phasen II und III gelten die Anforderungen der cGMP in vollem Umfang, wie sie auch für bereits zugelassene Arzneimittel maßgeblich sind.[279] In diesen Entwicklungsstufen genügt es daher nicht mehr, allein die CMC-Anforderungen zu erfüllen. Eine Nichteinhaltung der cGMP kann zu einer Einstellungsverfügung (Clinical Hold) und damit zur Aussetzung der klinischen Studie führen.[280]

18.2.1.2.4.2.1 Kein einheitlicher Maßstab

Die Abgrenzung zwischen CMC und cGMP ist nicht trennscharf.[281] Während CMC primär den Herstellungsprozess und die Qualitätskontrolle im engeren Sinne betreffen, enthalten die cGMP-Vorschriften weitergehende Anforderungen etwa an die Qualifikation des Personals, die Implementierung eines umfassenden Qualitätsmanagementsystems, Dokumentations- und Nachverfolgbarkeitsvorgaben sowie besondere, zusätzliche Validierungsmaßnahmen.[282] Obwohl für Prüfpräparate der Phasen II und III insoweit derselbe Qualitätsmaßstab angelegt wie für zugelassene Arzneimittel, findet im Verwaltungsvollzug eine risikobasierte und stufenweise Anpassung der Anforderungen statt.[283] Die Maßstäbe der Guten Herstellungspraxis (cGMP) orientieren sich insbesondere am Nutzen-Risiko-Profil des jeweiligen Produkts für die betroffene Patientenpopulation.[284]

---

[277] 21 C. F. R. § 312.21(a)(1).

[278] 21 C. F. R. § 312.21(a)(1).

[279] 21 C. F. R. § 210.2(c); vgl. Mantus/Pisano (Hrsg.), FDA Regulatory Affairs, 2014, S. 220 ff.

[280] 21 C. F. R. § 312.42(b)(2)(i)(1)(iv) i. V. mit 21 C. F. R. § 312.23(7)(i).

[281] Vgl. Mantus/Pisano (Hrsg.), FDA Regulatory Affairs, 2014, S. 221 f.

[282] 21 C. F. R. §§ 211.22, 211.25, 211.180, 211.68(b), 211.84(d)(2).

[283] Mantus/Pisano (Hrsg.), FDA Regulatory Affairs, 2014, S. 253; insbesondere können Anforderungen an die Herstellungsqualität bei einer Breakthrough Therapy bzw. RMAT Designation reduziert werden, vgl. Sanzo, in: Dederer/Frenken (Hrsg.), Regulation of Genome Editing in Human iPS Cells, 2021, S. 199, 207.

[284] Sanduja/Lessey-Morillon/Allen u. a., in: Galli (Hrsg.), Regulatory Aspects of Gene Therapy and Cell Therapy Products, 2023, S. 71, 79; das ergibt sich zudem übereinstimmend aus mehreren der durchgeführten Experteninterviews.

18.2.1.2.4.2.2 Internationale Harmonsierung und Divergenzen

Die cGMP-Bestimmungen sind produktneutral formuliert und erfassen sämtliche Arzneimittel, d. h. sowohl „Drugs“ als auch „Biologics“.[285] Ihre praktische Umsetzung wird deshalb durch detaillierte, von der FDA veröffentlichte Leitlinien konkretisiert, die in ihrem Regelungsgehalt über die CMC-Leitlinien hinausgehen. Im Grundsatz bestehen dabei zwischen den US-amerikanischen cGMP und den unionsrechtlichen GMP jedoch keine wesentlichen inhaltlichen Unterschiede. Beide Rechtsordnungen partizipieren im Rahmen der Weltgesundheitsorganisation (World Health Organization – WHO) und ICH an der Harmonisierung der qualitätsbezogenen Richtlinien und setzen die dort vorgesehenen Anforderungen um.[286] Gleichwohl bestehen in einzelnen Detailfragen Abweichungen, wie sich exemplarisch an den unterschiedlichen Reinraumgrenzwerten zeigt, die in der praktischen Umsetzung durchaus spürbare Auswirkungen haben können.

Während im Rahmen der CMC keine ausdrücklichen Reinraumgrenzwerte formuliert werden (vgl. Abschnitt 18.2.1.2.3), enthalten die cGMP-Leitlinien spezifische Vorgaben zu Reinraumklassen und mikrobiologischen Grenzwerten für die Sterilisation und aseptische Produktion. Für einen Reinraum der Klasse ISO 5 (< 3.520 Partikel > 0,5 µm/m3) wird etwa ein aktiver Luftkeimgrenzwert von 1 KBE/m3 festgelegt.[287] Bemerkenswert ist, dass der EU-GMP-Leitfaden in diesem Punkt strengere Anforderungen vorsieht, da er für vergleichbare Reinraumbereiche eine faktische Nulltoleranz aktiver Luftkeime verlangt (vgl. Abschnitt 15.1.2.5.5.3.2). Diese Abweichung erscheint zunächst marginal, ist jedoch nicht unerheblich. Die Nulltoleranz wurde in Experteninterviews als besonders restriktiv bezeichnet und kann die Produktion steriler Arzneimittel erheblich erschweren. Da somatische genomische Therapien ausnahmslos steril oder aseptisch hergestellt werden müssen, sind sie von diesen strengeren Vorgaben in besonderem Maße betroffen.

---

285 21 C. F. R. § 210.2(a); Mantus/Pisano (Hrsg.), FDA Regulatory Affairs, 2014, S. 249 f.

286 Vgl. Dettling/Köbler, in: Zuck/Dettling (Hrsg.), Arzneimittelgesetz, 2021, § 13 AMG, Rn. 235 ff.; Kügel, in: Kügel/Müller/Hofmann (Hrsg.), Arzneimittelgesetz, 2022, § 73a AMG, Rn. 24; Anhalt/Lützeler, in: Dieners/Reese (Hrsg.), Handbuch des Pharmarechts, 2010, § 8, Rn. 6 f.; Prinz, Pharma Recht 34 (2012), S. 16, 17; International Council for Harmonisation of Technical Requirements for Pharmaceuticals for Human Use, Quality Guidelines, (https://www.ich.org/page/quality-guidelines), (geprüft am 24.10.2025).

287 U.S. Food and Drug Administration, Guidance for Industry – Sterile Drug Products Produced by Aseptic Processing – cGMP, 2004, (https://www.fda.gov/media/71026/download), S. 5 (geprüft am 24.10.2025).

18.2.2 Gentechnikrecht

Klinische Prüfungen unterfallen in den Vereinigten Staaten von Amerika im Hinblick auf umwelt- und gentechnikrechtliche Anforderungen einerseits dem nationalen Umweltschutzgesetz (NEPA) und andererseits den NIH-Guidelines, soweit die klinische Forschung rekombinante oder synthetische Nukleinsäuren einsetzt und eine Verbindung zu NIH-Fördermitteln besteht.

18.2.2.1 Nationales Umweltschutzgesetz (NEPA)

Die US-Arzneimittelbehörde ist nach dem NEPA verpflichtet, die potenziellen Umweltauswirkungen ihrer behördlichen Maßnahmen zu bewerten.[288] Grundsätzlich sind deshalb Anträge an die FDA mit einer Umweltprüfung (EA) und gegebenenfalls einer Umweltverträglichkeitserklärung (EIS) zu versehen.[289] Dieses Erfordernis entfällt jedoch, sofern sich der Antragsteller auf einen sogenannten kategorischen Ausschluss (Categorial Exclusion) berufen kann.[290]

Der Einsatz eines Prüfpräparats im Rahmen einer klinischen Prüfung erfordert, dass ein IND-Antrag bei der US-Arzneimittelbehörde (FDA) gestellt und genehmigt wird (vgl. Abschnitt 18.2.1). Solche Anträge unterliegen deshalb grundsätzlich einer Umweltprüfung (EA) bzw. Umweltverträglichkeitsprüfung (EIS).[291] Es existiert jedoch ein kategorischer Ausschlusstatbestand (Categorial Exclusion) für alle Handlungen der US-Arzneimittelbehörde im Zusammenhang mit neuen Prüfpräparaten (IND).[292] Die Genehmigung eines IND-Antrags ist daher vom Erfordernis einer Umweltprüfung (EA) bzw. Umweltverträglichkeitsprüfung (EIS) freigestellt, soweit sich der Antragsteller auf diesen beruft.

Allerdings kann selbst bei Vorliegen eines kategorischen Ausschlusses (Categorial Exclusion) eine Rückausnahme eingreifen. Eine Umweltprüfung (EA) bzw. Umweltverträglichkeitsprüfung (EIS) wird ausnahmsweise erforderlich, wenn konkrete Anhaltspunkte dafür bestehen, dass das geplante Vorhaben – insbesondere auf dem zu erwartenden Expositionsniveau – zu einer potenziell erheblichen Beeinträchtigung der Umwelt führen kann.[293] Die Darlegungs- und Beweislast für das Vorliegen der hierfür notwendigen Tatsachen liegt jedoch bei der Arzneimittelbehörde.

---

[288] 42 U. S. C. § 4332(2).

[289] 21 C. F. R. §25.15(a).

[290] 21 C. F. R. §§ 25.15(a), 312.23(7)(iv)(e).

[291] 21 C. F. R. § 25.20(l).

[292] 21 C. F. R. § 25.20(l) i. V. mit 21 C. F. R. § 25.31(e).

[293] 40 C. F. R. § 1508.4 i. V. mit 21 C. F. R. § 25.21.

Die Vorschrift wird deshalb nur selten angewendet, wie sich der Verwaltungspraxis entnehmen lässt. Die Verpflichtung zur Vorlage einer Umweltprüfung (EA) oder Umweltverträglichkeitsprüfung (EIS) wird regelmäßig erst im Zusammenhang mit dem Antrag auf Marktzulassung relevant.[294] Selbst bei Prüfpräparaten, die virale Vektoren enthalten, verzichtet die FDA im Rahmen des Antrags auf Genehmigung eines IND systematisch auf eine umweltrechtliche Bewertung.[295] Diese Beobachtungen wurden ebenso in den durchgeführten Experteninterviews einhellig bestätigt. Insofern unterliegt die klinische Prüfung mit somatischen genomischen Therapien grundsätzlich nicht dem Erfordernis einer Umweltprüfung (EA) oder Umweltverträglichkeitsprüfung (EIS). Hintergrund hierfür ist wohl, dass das Risiko für die Umwelt in solchen Fällen wegen der geringen Zahl an Patienten als gering eingeschätzt wird.

18.2.2.2 Richtlinien der National Institutes of Health zur Forschung mit rekombinanten und synthetischen Nukleinsäuren

Die NIH-Guidelines erfassen sämtliche Forschungsarbeiten mit rekombinanten oder synthetischen Nukleinsäuren sowie deren replizierten Produkten, sofern die Versuchsvorhaben durch öffentliche Fördermittel finanziert werden. Dies gilt gleichermaßen für präklinische wie für klinische Forschung. Für den Bereich der klinischen Forschung finden daher grundsätzlich dieselben Anforderungen Anwendung, die bereits im Zusammenhang mit der präklinischen Forschung dargestellt wurden (vgl. Abschnitt 18.1.2.2).

Jedoch bestehen im Bereich der klinischen Forschung spezifische Besonderheiten. Die folgenden Ausführungen stellen deshalb die maßgeblichen Abweichungen und deren Bedeutung für die klinische Forschung mit somatischen genomischen Therapien dar.

---

[294] Vgl. Rüdelsheim/Smets, Gene therapy clinical trials: what about the environment?, COGEM Report CGM 2012–07, 2012, S. 63; Tajima/Huh/Schmidt u. a., Molecular Therapy Methods & Clinical Development 26 (2022), S. 74, 76; U.S. Food and Drug Administration, Determining the Need for and Content of Environmental Assessments for Gene Therapies, Vectored Vaccines, and Related Recombinant Viral or Microbial Products, 2015, (https://www.fda.gov/media/91425/download), S. 4 (geprüft am 24.10.2025); Bachtarzi/Farries, Human Gene Therapy Clinical Development 30 (2019), S. 114, 125; Iglesias-Lopez/Obach/Vallano u. a., Critical Reviews in Toxicology 49 (2019), S. 580, 592; Sutton, Clinical Infectious Diseases 46 (2008), S. 112.

[295] Tajima/Huh/Schmidt u. a., Molecular Therapy Methods & Clinical Development 26 (2022), S. 74, 76.

18.2.2.2.1 Befreiungstatbestand für Forschung mit synthetischen Nukleinsäuren

Innerhalb der klinischen Forschung stellt sich insbesondere die Frage, ob der Befreiungstatbestand aus Section III-F-1 der NIH-Guidelines weiterhin Anwendung findet. Diese Regelung ermöglicht es im Rahmen der präklinischen Forschung und der Grundlagenforschung, bestimmte somatische genomische Therapien vom Anwendungsbereich der NIH-Guidelines auszunehmen, die auf Grundlage von synthetischen Nukleinsäuren operieren.

18.2.2.2.2 Sperrklausel im Bereich klinischer Forschung für bestimmte Nukleinsäuren

Die Anwendung von Section III-F-1 der NIH-Guidelines ist im Bereich der klinischen Forschung erheblich eingeschränkt (vgl. Abbildung 18.3). Dies folgt aus der Norm selbst, die für Humanstudien eine ausdrückliche Rückausnahme vorsieht: Wird eine Nukleinsäure absichtlich auf einen oder mehrere Menschen übertragen und sind zugleich die Voraussetzungen in Section III-C erfüllt, ist der Befreiungstatbestand des Section III-F-1 gesperrt.

Section III-C-1(1) legt zunächst klarstellend fest, dass sämtliche Humanstudien, in deren Rahmen rekombinante Nukleinsäuren oder aus solchen abgeleitete DNA- oder RNA-Sequenzen auf Menschen übertragen werden, vollständig dem Regime der NIH-Guidelines unterfallen. Eine Ausnahme kommt deshalb lediglich für synthetische Nukleinsäuren in Betracht, soweit diese nicht unter Section III-C-1(2) fallen.

Nach Section III-C-1(2) werden synthetische Nukleinsäuren dem Anwendungsbereich der NIH-Guidelines unterstellt, sofern sie absichtlich in einen menschlichen Probanden übertragen werden und zugleich mindestens eines der folgenden Kriterien erfüllen:

(a) Die Nukleinsäure umfasst mehr als 100 Nukleotide; oder
(b) sie besitzt biologische Eigenschaften, durch die stabilische genetische Modifikationen im Genom (z. B. durch cis-Elemente, die in der Integration involviert sind; Gen-Editierung) ermöglicht werden; oder
(c) sie hat das Potenzial sich innerhalb der Zelle zu replizieren; oder
(d) sie kann translatiert oder transkribiert werden.[296]

---

[296] Section III-C-1 NIH-Guidelines:
„Human gene transfer is the deliberate transfer into human research participants of either:
1) Recombinant nucleic acid molecules, or DNA or RNA derived from recombinant nucleic acid molecules, or
2) Synthetic nucleic acid molecules, or DNA or RNA derived from synthetic nucleic acid molecules, that meet any one of the following criteria:

Die Regelung sieht für synthetische Nukleinsäuren im Bereich der klinischen Forschung deshalb deutlich strengere Voraussetzungen für eine Freistellung vom Anwendungsbereich der NIH-Guidelines vor, als es in der Grundlagen- und präklinischen Forschung der Fall ist (vgl. Abschnitt 18.1.2.2.2.2.2). Während im Bereich der präklinischen Forschung maßgeblich die Verursachung einer stabilen genetischen Modifikation den Befreiungstatbestand für synthetische Nukleinsäuren sperrte, führen im Bereich der klinischen Forschung zusätzlich eine wesentliche Nukleinsäurenlänge von mehr als 100 Nukleotiden, das Replikationspotenzial der Nukleinsäure oder deren Transkriptions- bzw. Translationsfähigkeit bereits zu einer Sperrwirkung des Privilegierungstatbestands. In Humanstudien unterliegen deshalb auch synthetische Nukleinsäuren, die keine genetische Modifikation verursachen, vollständig den regulatorischen Anforderungen der NIH-Guidelines, soweit lediglich eines der übrigen Tatbestandsmerkmale erfüllt ist. Fraglich ist mithin, ob somatische genomische Therapien, die im Rahmen der Präklinik und Grundlagenforschung aufgrund von Section III-F-1 privilegiert waren (vgl. Tabelle 18.1), auch im Bereich der klinischen Forschung weiterhin von diesem Befreiungstatbestand erfasst werden.

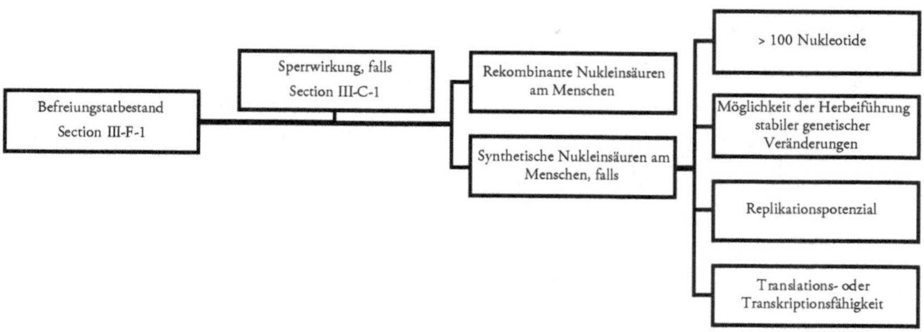

Abbildung 18.3 Ausnahmen vom Anwendungsbereich der NIH-Guidelines (Klinik)

a) Contain more than 100 nucleotides; or
b) Possess biological properties that enable introduction of stable genetic modifications into the genome (e.g., cis elements involved in integration, gene editing); or
c) Have the potential to replicate in a cell; or
d) Can be translated or transcribed".

18.2.2.2.2.1 mRNA

mRNA, die einem Menschen verabreicht wird, führt nicht zu stabilen genetischen Modifikationen im Sinne von Section III-C-1(2)(b) der NIH-Guidelines, soweit sie nicht gezielt darauf ausgelegt ist, Nukleasen oder den CRISPR-Cas-Komplex zu exprimieren (vgl. Abschnitt 18.1.2.2.3.2).

Unabhängig davon erfüllt mRNA jedoch regelmäßig die Voraussetzungen anderer Fallgruppen in Section III-C-1(2). Als langkettige Nukleinsäure überschreitet sie typischerweise die Schwelle von 100 Nukleotiden gemäß Section III-C-1(2)(a). Selbst wenn einzelne mRNA-Sequenzen kürzer sein sollten, wäre dies ohne Bedeutung. Denn mRNA wird nach ihrer Applikation im menschlichen Körper an den Ribosomen translatiert und damit von Section III-C-1(2)(d) erfasst (vgl. Abschnitt 4.1). Folglich unterliegt die Anwendung von mRNA beim Menschen stets dem Anwendungsbereich der NIH-Guidelines.

Im Ergebnis werden mRNA-Arzneimittel im Rahmen klinischer Studien umfassend durch die NIH-Guidelines reguliert. Während im präklinischen Bereich lediglich rekombinante mRNA den NIH-Guidelines unterfällt, entfällt diese Differenzierung in der klinischen Forschung vollständig. Jede Form der mRNA-Anwendung am Menschen wird von den NIH-Guidelines erfasst.

18.2.2.2.2.2 ncRNA

Weniger eindeutig fällt die Bewertung chemisch synthetisierter ncRNA aus. Weil diese keine codierenden Sequenzen enthalten, sind sie weder transkriptions- noch translationsfähig im Sinne von Section III-C-1(2)(d) der NIH-Guidelines (vgl. Abschnitt 4.2). Zudem entfalten ncRNA ihre Wirkung maßgeblich durch Mechanismen der RNA-Interferenz (vgl. Abschnitt 4.2). Es findet deshalb keine Veränderung des Genoms im Zellkern statt, weshalb eine stabile genetische Modifikation im Sinne von Section III-C-1(2)(b) der NIH-Guidelines ausgeschlossen ist (vgl. Abschnitt 18.1.2.2.3.3). Ferner sind chemisch synthetisierte ncRNA nicht replikationsfähig im Sinne von Section III-C-1(2)(c). Ihre pharmakologische Wirkung beruht ausschließlich auf enzymatischen Mechanismen innerhalb der Zelle, weshalb sie nicht mit Polymerasen interagieren und anschließend abgebaut werden.[297]

Für die Frage, ob der Anwendungsbereich der NIH-Guidelines im Rahmen klinischer Forschung mit ncRNA eröffnet ist, kommt es daher maßgeblich auf die Länge der eingesetzten Nukleinsäure an. Unterschreiten chemisch synthetisierte

[297] Vgl. European Medicines Agency, Onpattro: EPAR – Product Information, 2018, (https://www.ema.europa.eu/en/documents/product-information/onpattro-epar-product-information_en.pdf), S. 12 (geprüft am 24.10.2025).

ncRNA die Schwelle von 100 Nukleotiden, greift der Befreiungstatbestand des Section III-F-1, da keiner der Sperrtatbestände des Section III-C-1 eingreift. Dies dürfte regelmäßig der Fall sein. Beispielsweise umfasst der Wirkstoff Patisiran eine siRNA von lediglich 21 Nukleotiden.[298]

Der Einsatz chemisch synthetisierter ncRNA ist im Rahmen der klinischen Forschung deshalb vom Anwendungsbereich der NIH-Guidelines freigestellt, sofern die Moleküle nicht mehr als 100 Nukleotide umfassen. Werden hingegen ncRNA entwickelt, die diese Schwelle überschreiten, eröffnet die Sperrwirkung des Section III-C-1 den Anwendungsbereich der NIH-Guidelines, sodass die regulatorischen Anforderungen der NIH-Guidelines vollständig Anwendung finden.

18.2.2.2.2.3 RNA- und Epigenome-Editing

Innovative RNA- und Epigenome-Editing-Techniken auf der Basis von CRISPR-Cas-Ribonukleoproteinen unterfallen im Bereich der Präklinik und Grundlagenforschung grundsätzlich nicht dem Anwendungsbereich der NIH-Guidelines (vgl. Tabelle 18.1). Denn die gRNA führt im Rahmen des RNA-Editing und des Epigenome-Editing grundsätzlich nicht zu einer stabilen genetischen Modifikation im Sinne von Section III-C-1(2)(b) der NIH-Guidelines, da sie weder eine Veränderung der Nukleotidsequenz noch eine Integration in das Genom bewirkt (vgl. Abschnitt 18.1.2.2.3.4.2). Ihre Funktion beschränkt sich auf die ortsspezifische Bindung an eine komplementäre genetische Sequenzen zur Steuerung eines katalytisch aktiven oder inaktiven Cas-Proteins; anschließend wird die gRNA innerhalb der Zelle abgebaut (vgl. Abschnitt 8.2.3). Sie interagieren nicht mit Polymerasen und sind deshalb nicht replikationsfähig im Sinne von Section III-C-1(2)(c) und werden weder transkribiert noch translatiert im Sinne von Section III-C-1(2)(d).

Damit bleibt die Bereichsausnahme nach Section III-F-1 im Bereich der klinischen Forschung anwendbar, sofern die verwendete gRNA nicht mehr als 100 Nukleotide umfasst. In diesen Fällen greift keiner der Sperrtatbestände des Section III-C-1, sodass der Einsatz von Ribonukleoproteinen zum Zweck des RNA- oder Epigenome-Editing vom Anwendungsbereich der NIH-Guidelines freigestellt ist. Überschreitet die eingesetzte gRNA hingegen eine Länge von 100

---

[298] Kristen/Ajroud-Driss/Conceição u. a., Neurodegenerative Disease Management 9 (2019), S. 5, Supplementary Appendix, Figure S1.

Tabelle 18.3 Klassifizierung somatischer genomischer Therapien – NIH-Guidelines (Klinik)

Molekül	**Rekombinante Nukleinsäure**	**Replikationsfähigkeit in einer lebenden Zelle**	**(Chemisch) synthetisierte oder amplifizierte Nukleinsäure**	**Chemische oder andere Modifikation, aber Fähigkeit der Basenpaarung?**	**Moleküle, die durch Replikation rekombinanter oder synthetischer Nukleinsäuren entstehen?**	**Wird Forschung mit diesen Molekülen von den NIH-Guidelines erfasst?**
Gamma-Retrovirale Vektoren	Virales Genom	Abhängig von der gentechnischen Veränderung des Vektors	Nein	Nein	Ja	Ja
Lentivirale Vektoren	Virales Genom	Abhängig von der gentechnischen Veränderung des Vektors	Nein	Nein	Ja	Ja
Adenovirale Vektoren	Virales Genom	Abhängig von der gentechnischen Veränderung des Vektors	Nein	Nein	Ja	Ja
Adeno-assoziierte Virusvektoren (AAV)	Virales Genom	Abhängig von der gentechnischen Veränderung des Vektors	Nein	Nein	Ja	Ja

(Fortsetzung)

Tabelle 18.3 (Fortsetzung)

Molekül	Rekombinante Nukleinsäure	Replikationsfähigkeit in einer lebenden Zelle	(Chemisch) synthetisierte oder amplifizierte Nukleinsäure	Chemische oder andere Modifikation, aber Fähigkeit der Basenpaarung?	Moleküle, die durch Replikation rekombinanter oder synthetischer Nukleinsäuren entstehen?	Wird Forschung mit diesen Molekülen von den NIH-Guidelines erfasst?
Sendaiviren	Virales Genom	Abhängig von der gentechnischen Veränderung des Vektors	Nein	Nein	Ja	Ja
(Liposomale) mRNA-Verabreichung	mRNA	mRNA: Nein samRNA: Ja	mRNA	Ja	Ja / Nein	Ja Section III-C-1(2)
ncRNA	ncRNA	Nein	ncRNA	Ja / Nein	Nein	Nein Section III-F-1; Ja, falls synthetische ncRNA > 100 Nukleotide Section II-C-1(2)
CRISPR/Cas (Ribonukleoprotein)	gRNA (Vorlage-DNA)	Ja / Nein	gRNA	Ja	Ja / Nein	Ja

(Fortsetzung)

Tabelle 18.3 (Fortsetzung)

Molekül	Rekombinante Nukleinsäure	Replikationsfähigkeit in einer lebenden Zelle	(Chemisch) synthetisierte oder amplifizierte Nukleinsäure	Chemische oder andere Modifikation, aber Fähigkeit der Basenpaarung?	Moleküle, die durch Replikation rekombinanter oder synthetischer Nukleinsäuren entstehen?	Wird Forschung mit diesen Molekülen von den NIH-Guidelines erfasst?
RNA-Editierung (Ribonukleoprotein)	gRNA	Nein	gRNA	Ja	Nein	Nein Section III-F-1; Ja, falls synthetische gRNA > 100 Nukleotide Section II-C-1(2)
Base-Editing (Ribonukleoprotein)	gRNA	Nein	gRNA	Ja	Nein	Ja
Prime-Editing (Ribonukleoprotein)	pegRNA	Ja	pegRNA	Ja	Ja / Nein	Ja
Epigenome-Editing (Transfektion von Proteinen)	Nein	Nein	Nein	Nein	Nein	Nein

(Fortsetzung)

Tabelle 18.3 (Fortsetzung)

Molekül	**Rekombinante Nukleinsäure**	**Replikationsfähigkeit in einer lebenden Zelle**	**(Chemisch) synthetisierte oder amplifizierte Nukleinsäure**	**Chemische oder andere Modifikation, aber Fähigkeit der Basenpaarung?**	**Moleküle, die durch Replikation rekombinanter oder synthetischer Nukleinsäuren entstehen?**	**Wird Forschung mit diesen Molekülen von den NIH-Guidelines erfasst?**
Epigenome-Editing (Transfektion von Nukleotiden)	Nein	Nein	Nein	Nein	Nein	Nein
Epigenome-Editing (CRISPIRi/a; Ribonukleoprotein)	gRNA	Nein	gRNA	Ja	Nein	Nein Section III-F-1; Ja, falls synthetische gRNA > 100 Nukleotide Section II-C-1(2)

Nukleotiden, tritt die Sperrwirkung des Section III-C-1(2)(a) ein.[299] Der Anwendungsbereich der NIH-Guidelines ist in diesen Fällen eröffnet, sodass klinische Forschungsarbeiten mit entsprechender gRNA vollständig den regulatorischen Anforderungen der NIH-Guidelines unterliegen.

18.2.2.2.3 Befreiungstatbestand für Individualheilversuche

Section III-C-1 der NIH-Guidelines enthält einen Befreiungstatbestand von erheblicher praktischer Bedeutung für die Behandlung einzelner Patienten im Rahmen individueller Heilversuche. Trotz fehlender vorangegangener klinischer Prüfung am Menschen wird in diesen Fällen kraft ausdrücklicher Fiktion bestimmt, dass der gezielte Transfer rekombinanter oder synthetischer Nukleinsäuren in einen einzelnen menschlichen Patienten („into one human") kein Forschungsvorhaben im Sinne der NIH-Guidelines darstellt. Die Behandlung des Patienten fällt damit nicht in deren Anwendungsbereich.

Voraussetzung für diese Ausnahme ist, dass die Anwendung des betreffenden Produkts im Rahmen eines von der US-Arzneimittelbehörde (FDA) genehmigten Expanded-Access-Programms erfolgt und dass das Arzneimittel als Prüfpräparat (IND) genehmigt ist (vgl. Abschnitt 18.4.1).[300] Die Ausnahme gilt ausdrücklich auch für Notfallbehandlungen, die unter einem derartigen IND-Programm durchgeführt werden.

Weil der Anwendungsbereich der NIH-Guidelines in diesem Fall nicht eröffnet ist, muss insbesondere keine Genehmigung durch das zuständige interne Biosicherheitskomitee (IBC) oder das NIH OSP bzw. den NIH-Direktor eingeholt werden. Die Genehmigung und Kontrolle des Produkts durch die US-Arzneimittelbehörde (FDA) ersetzt somit die Genehmigung und Kontrolle durch die zuständigen Behörden im Rahmen der NIH-Guidelines. Denn der Anwendungsbereich nach den NIH-Guidelines entfällt in diesem Fall vollständig. Die Norm ermöglicht damit eine schnelle und unbürokratische Bereitstellung neuartiger Nukleinsäure-basierter Therapien für Patienten mit dringendem medizinischem Bedarf, indem regulatorische Hürden abgebaut werden. Das Produkt

---

[299] Dies ist einzelfallabhängig, da die einzelnen Bestandteile der gRNA (crRNA und tracrRNA) je nach Verwendungszweck unterschiedliche Längen aufweisen können; vgl. Jinek/Chylinski/Fonfara u. a., Science 337 (2012), S. 816, 820.

[300] Section III-C-1 NIH-Guidelines:
„The deliberate transfer of recombinant or synthetic nucleic acids into one human research participant, conducted under a Food and Drug Administration (FDA) regulated individual patient expanded access Investigational New Drug (IND) or protocol, including for emergency use, is not research subject to the NIH Guidelines and thus does not need to be submitted to an IBC for review and approval".

unterliegt ausschließlich den Voraussetzungen des US-amerikanischen Arzneimittelrechts, soweit durch eine IND-Genehmigung die Kontrolle durch die FDA sichergestellt ist. Praktische Bedeutung entfaltet dieser Befreiungstatbestand insbesondere für hochgradig personalisierte Einzelfalltherapien (n = 1), weil diese Therapien regelmäßig aufgrund von NIH-Fördermitteln in Universitätskliniken entwickelt und angewendet werden.[301]

18.2.2.2.4 Deregulierung im Genehmigungsverfahren

Fällt ein klinisches Forschungsvorhaben unter Section III-C-1 der NIH-Guidelines, gilt unabhängig von der zugrunde liegenden Biosicherheitsstufe ein präventives Verbot mit Erlaubnisvorbehalt. Die Durchführung des Versuchsvorhabens setzt daher zwingend eine vorherige Genehmigung durch das interne Biosicherheitskomitee (IBC) der Forschungseinrichtung voraus. Ausschließlich in Einzelfällen kann zusätzlich eine Genehmigung durch das NIH erforderlich sein (vgl. Abschnitt 18.1.2.2.4.3.3).

Bis 2019 nahm zusätzlich das sog. Recombinant DNA Advisory Committee (RAC) des NIH eine zentrale Rolle bei der Beratung und Bewertung klinischer Studien mit rekombinanter oder synthetischer DNA ein.[302] Ein bekanntes Beispiel war die erste klinische Studie mit CRISPR-modifizierten T-Zellen, die vor ihrer Durchführung der Zustimmung durch das RAC des NIH bedurfte.[303]

Mit der grundlegenden Reform der NIH-Guidelines im Jahr 2019 wurde das RAC jedoch in dieser Funktion abgeschafft.[304] Die Genehmigung klinischer Studien erfolgt deshalb ausschließlich durch das IBC der jeweiligen Forschungseinrichtung. Eine gesonderte Anzeige- oder Genehmigungspflicht gegenüber dem

[301] Vgl. Musunuru/Grandinette/Wang u. a., The New England Journal of Medicine 392 (2025), S. 2235 ff.; Kim/Hu/Moufawad El Achkar u. a., The New England Journal of Medicine 381 (2019), S. 1644 ff.

[302] National Institutes of Health, April 2019 Amendment of the NIH Guidelines, 2019, (https://osp.od.nih.gov/policies/biosafety-and-biosecurity-policy/april-2019-amendment-of-the-nih-guidelines/) (geprüft am 24.10.2025).

[303] Gallo/Sarata, Advanced Gene Editing: CRISPR-Cas9, 2018, (https://www.congress.gov/crs-product/R44824#:~:text=As%20stipulated%20by%20its%20policy%2C%20NIH%20will,gene%2Dediting%20technologies%20(including%20CRISPR%2DCas9)%20in%20human%20embryos.&text=For%20research%20that%20involves%20the%20transfer%20of,the%20NIH%20Recombinant%20DNA%20Advisory%20Committee%20(RAC)), S. 16 (geprüft am 24.10.2025).

[304] National Institutes of Health, April 2019 Amendment of the NIH Guidelines, 2019, (https://osp.od.nih.gov/policies/biosafety-and-biosecurity-policy/april-2019-amendment-of-the-nih-guidelines/) (geprüft am 24.10.2025).

NIH OSP oder dem früheren RAC besteht nach der aktuellen Fassung der NIH-Guidelines grundsätzlich nicht mehr.

Diese Deregulierung trägt dem Umstand Rechnung, dass Gentherapien und andere Nukleinsäurenbasierte Verfahren nach mehreren Jahrzehnten regulatorischer Erfahrung nicht mehr als grundlegend neuartig gelten und zudem einer umfassenden staatlichen Aufsicht durch die US-amerikanische Arzneimittelbehörde (FDA) unterliegen, weshalb eine Doppelregulierung als nicht mehr notwendig erachtet wird.[305]

18.2.2.2.5 Besondere personelle Fachkompetenz

Für NIH-finanzierte Forschungseinrichtungen, die klinische Studien mit rekombinanten oder synthetischen Nukleinsäuren durchführen oder als Sponsor verantworten, gelten gesteigerte Anforderungen an die Zusammensetzung des IBC.[306] Die Einrichtung hat sicherzustellen, dass innerhalb des IBC eine hinreichende wissenschaftliche und klinische Expertise vorhanden ist, um die besonderen Risiken und Fragestellungen klinischer Studien mit Nukleinsäurenbasierten Produkten sachgerecht bewerten zu können. Soweit die vorhandene Expertise des IBC für die Bewertung eines klinischen Vorhabens nicht ausreicht, können und sollen externe Fachpersonen („ad hoc consultants") hinzugezogen werden, um eine sachgerechte Risikobeurteilung zu gewährleisten. Darüber hinaus hat die Forschungseinrichtung, eine angemessene Qualifikation des an den klinischen Studien beteiligten Personals sicherzustellen, insbesondere durch zielgerichtete Aus- und Weiterbildungsmaßnahmen.

18.3 Marktzulassung

Für die Erteilung der Marktzulassung ist die US-amerikanische Arzneimittelbehörde (FDA) zuständig, die dem Gesundheitsministerium (HHS) nachgeordnet ist.[307] Die interne Zuständigkeitsverteilung innerhalb der FDA richtet sich nach der arzneimittelrechtlichen Einordnung des jeweiligen Produkts. Für konventionelle Arzneimittel (Drugs) ist das CDER zuständig.[308] Biologische Arzneimittel

---

[305] National Institutes of Health, April 2019 Amendment of the NIH Guidelines, 2019, (https://osp.od.nih.gov/policies/biosafety-and-biosecurity-policy/april-2019-amendment-of-the-nih-guidelines/) (geprüft am 24.10.2025).

[306] Section IV-B-5 NIH-Guidelines.

[307] § 21 U. S. C. § 393(b)(1)(a).

[308] Mantus/Pisano (Hrsg.), FDA Regulatory Affairs, 2014, S. 348.

(Biologics) fallen in die Zuständigkeit des CBER.[309] Innerhalb des CBER ist für Gentherapeutika (Human Gene Therapy Products) das OTP zuständig.

18.3.1 New Drug Application (NDA) und Biological License Application (BLA)

Das Inverkehrbringen („introduction into interstate commerce") neuer Arzneimittel und biologischer Arzneimittel unterliegt in den Vereinigten Staaten einem präventiven Verbot mit Erlaubnisvorbehalt.[310] Für konventionelle Arzneimittel (Drugs) und biologische Arzneimittel (Biologics) sind hierfür jeweils unterschiedliche Anträge (NDA bzw. BLA) auf Marktzulassung zu stellen.[311] Für NDA sieht das Gesetz eine Verfahrensdauer von grundsätzlich 180 Tagen vor.[312] Für BLA besteht hingegen keine gesetzliche Bearbeitungsfrist.[313]

Im Rahmen einer NDA müssen umfangreiche Unterlagen im CTD-Format vorgelegt werden.[314] Aus dem Dossier muss die US-Arzneimittelbehörde entnehmen können, dass das Arzneimittel sicher und wirksam („safe and efficacious") ist.[315] Die inhaltlichen Anforderungen an das Dossier sind in 21 C. F. R. 314.50(d) konkretisiert. Hierzu zählen insbesondere Angaben zur Herstellung (vgl. Abschnitt 18.2.1.2.3) sowie die präklinischen und klinischen Studien.[316]

Für die Bewilligung einer BLA muss das Arzneimittel hingegen sicher, rein und potent („safe, pure and potent") sein.[317] Bei der Zulassung eines biologischen Arzneimittels (Biologic) wird demnach ein besonderes Augenmerk auf die Qualität des Produkts gelegt, weil die Reinheit neben der Sicherheit und Wirksamkeit als eigene Kategorie bewertet werden soll.[318] Dies zeigt sich zudem daran, dass stets geprüft werden muss, ob die Herstellungsstätte geeignet ist,

---

309 Halioua-Haubold/Peyer/Smith u. a., The Yale Journal of Biology and Medicine 90 (2017), S. 683, 686; Mantus/Pisano (Hrsg.), FDA Regulatory Affairs, 2014, S. 348.

310 21 U. S. C. § 355(a); 42 U. S. C. § 262(a)(1)(A).

311 Biologische Arzneimittel (Biologics) benötigen keine zusätzliche NDA, sondern werden ausschließlich über eine BLA reguliert, vgl. 21 C. F. R. § 310.4(a).

312 21 U. S. C. § 355(c)(1).

313 21 C. F. R. § 601.4(a).

314 21 U. S. C. § 355(b); Mantus/Pisano (Hrsg.), FDA Regulatory Affairs, 2014, S. 86 ff.

315 21 U. S. C. § 355(b)(i).

316 21 C. F. R. § 314.50(d)(1)–(3)(5).

317 42 U. S. C. § 262(a)(2)(C)(i)(I).

318 Vgl. Mantus/Pisano (Hrsg.), FDA Regulatory Affairs, 2014, S. 350 ff.

die Sicherheit, Reinheit und Potenz des Arzneimittels dauerhaft sicherzustellen.[319] Insofern kommt den CMC- und cGMP-Standards im Rahmen einer BLA eine besondere Bedeutung zu (vgl. Abschnitt 18.2.1.2.3), weil sie die Sicherheit, Reinheit und Potenz biologischer Arzneimittel unmittelbar beeinflussen.[320] Eine vorherige Inspektion der Herstellungsräume durch die US-Arzneimittelbehörde (FDA) ist deshalb zwingende Voraussetzung für die Erteilung einer BLA.[321] Bei einer NDA ist eine vorherige Inspektion hingegen nicht immer notwendig.[322]

Inhaltlich müssen auch für eine BLA die Kriterien der Sicherheit, Reinheit und Potenz durch geeignete präklinische und klinische Daten nachgewiesen werden.[323] Insoweit besteht hier zunächst kein Unterschied zwischen den beiden Antragsformen. Die gesetzlichen Vorgaben sind zudem in beiden Fällen bewusst allgemein und produktneutral formuliert. Ihre Konkretisierung erfolgt einzelfallbezogen anhand der spezifischen Eigenschaften des jeweiligen Produkts, weshalb eine allgemeingültige Bestimmung der notwendigen Studiendaten allein anhand der gesetzlichen Vorgaben nicht vorgenommen werden kann.[324] Für somatische genomische Therapien dienen die einschlägigen Leitlinien der FDA zumindest als grober Orientierungsrahmen (vgl. Abschnitt 18.2.1.2.1). Sie fordern etwa, dass bei Genome-Editing-Produkten im präklinischen Teil des Dossiers spezifische Untersuchungen zu möglichen Off-Target-Effekten vorzulegen sind.[325]

---

[319] 42 U. S. C. § 262(a)(2)(C)(i)(II); 21 C. F. R. § 601.2(a).

[320] 21 C. F. R. §§ 601.2(d), 601.20(a).

[321] 42 U. S. C. § 262(a)(2)(C)(ii); 21 C. F. R. § 601.20(d).

[322] Vgl. 21 C. F. R. §§ 314.105(c), 314.125(b)(12).

[323] 21 C. F. R. § 601.2(a); bestimmte Genehmigungsvoraussetzungen des FDCA sind zudem nach 42 U. S. C. § 262(j) für die Genehmigung einer BLA einschlägig (z. B. Risikokontrolle durch Anordnung verpflichtender Phase IV-Studien nach Erteilung der Marktzulassung).

[324] Dederer/Frenken, Studie: Genom-Editierung am Menschen. Vergleich der regulatorischen Rahmenbedingungen für CRISPR-Gen-Editierung und ihre Auswirkungen auf Forschung und Innovation, 2021, S. 40, m. w. N.; zu den Anforderungen für Gen- und Zelltherapeutika Sanduja/Lessey-Morillon/Allen u. a., in: Galli (Hrsg.), Regulatory Aspects of Gene Therapy and Cell Therapy Products, 2023, S. 71, 79 ff.

[325] U.S. Food and Drug Administration, Human Gene Therapy Products Incorporating Human Genome Editing – Guidance for Industry, 2024, (https://www.fda.gov/media/156894/download), S. 10 (geprüft am 24.10.2025).

18.3.2 Accelerated Approval

Für Arzneimittel (Drugs) und biologische Arzneimittel (Biologics), die einen ungedeckten medizinischen Bedarf (Unmet Medical Need) bei der Behandlung schwerwiegender oder lebensbedrohlicher Erkrankungen adressieren, kann eine Zulassung im Wege des Accelerated Approval erteilt werden.[326] Dieses Verfahren ermöglicht eine Genehmigung auf Grundlage von Surrogat- oder intermediären Endpunkten.[327] Hierzu würden etwa messbare Reduktionen der Tumorgröße anstelle eines direkten Nachweises einer Verlängerung des Gesamtüberlebens zählen. Solche Endpunkte können innerhalb der klinischen Entwicklungsphase deshalb deutlich zügiger erhoben werden als klassische primäre Endpunkte. Durch eine Anerkennung dieser alternativen Endpunkte im Marktzulassungsverfahren verringert sich somit die Dauer des Produktentwicklungsprozesses in erheblichem Maße.

Der Behörde wird ausdrücklich ein Entschließungsermessen („may approve“) für die Erteilung eines Accelerated Approval eingeräumt.[328] Bei der Entscheidung berücksichtigt sie die Schwere und Seltenheit der Erkrankung, die Prävalenz sowie das Vorhandensein oder Fehlen therapeutischer Alternativen.[329] Das Verfahren ist damit auf Situationen zugeschnitten, in denen ein rascher Zugang zu innovativen Therapien klinisch geboten erscheint.

Im Gegenzug ist der Sponsor verpflichtet, nach der Marktzulassung weitere klinische Studien (sog. Postmarketing Confirmatory Trials) durchzuführen, um den klinischen Nutzen und das Sicherheitsprofil des Arzneimittels abschließend zu belegen.[330] Zusätzlich kann die FDA die Abgabe oder Anwendung des Produkts auf bestimmte medizinische Einrichtungen oder auf Ärzte mit spezialisierter Qualifikation beschränken, wenn dies zur sicheren Anwendung des nach dem Accelerated Approval zugelassenen Arzneimittels erforderlich ist.[331]

[326] 21 U. S. C. § 356(c)(1)(A); 21 C. F. R. §§ 314.500 ff.

[327] 21 C. F. R. § 314.510; Sanduja/Lessey-Morillon/Allen u. a., in: Galli (Hrsg.), Regulatory Aspects of Gene Therapy and Cell Therapy Products, 2023, S. 71, 78.

[328] 21 U. S. C. § 356(c)(1)(A).

[329] 21 U. S. C. § 356(c)(1)(A).

[330] 21 U. S. C. § 356(c)(2)(A)(i)(C); Sanduja/Lessey-Morillon/Allen u. a., in: Galli (Hrsg.), Regulatory Aspects of Gene Therapy and Cell Therapy Products, 2023, S. 71, 78.

[331] 21 C. F. R. § 314.520.

18.3.2.1 Besonderheiten bei Vorliegen einer RMAT-Designation

Für Arzneimittel mit einer RMAT-Designation (vgl. Abschnitt 18.2.1.1.3.3) gilt ein abweichender Ermessensmaßstab für die Entscheidung über den Zugang zum Accelerated Approval. Ein Accelerated Approval kann erteilt werden, sofern die Möglichkeit eines solchen Verfahrens im Rahmen der Interaktionen zwischen FDA und Sponsor während der klinischen Entwicklung erörtert wurde und entweder Surrogat- oder intermediäre Endpunkte vorliegen, die einen anhaltenden klinischen Nutzen vernünftigerweise erwarten lassen, oder die klinischen Daten aus einer bedeutenden Mehrzahl von Prüfzentren stammen.[332]

Bei Vorliegen einer RMAT-Designation ist das Bestehen oder Fehlen therapeutischer Alternativen nicht in die Ermessensausübung einzubeziehen, obwohl dies grundsätzlich notwendig wäre (vgl. Abschnitt 18.3.2). Ein Überlegenheitsnachweis gegenüber bestehenden Behandlungen war bereits für die Erteilung der RMAT-Designation nicht erforderlich (vgl. Abschnitt 18.2.1.1.3.3). Regenerative Arzneimittel werden deshalb doppelt privilegiert: Sie erhalten bereits im klinischen Entwicklungsstadium sämtliche Vorteile der Breakthrough Therapy Designation, ohne dass hierfür ein klinischer Nachweis der Überlegenheit zu anderen Arzneimitteln vorliegen müsste, und profitieren im Zulassungsverfahren erneut von einer erleichterten Entscheidung über ein Accelerated Approval.

Darüber hinaus können anstelle von klinischen Studien in der Marktphase (Postmarketing Confirmatory Trials) die Erhebung klinischer Anwendungsdaten in Patientenregistern (Real-World-Evidence) als Auflage angeordnet werden, sofern diese geeignet sind, den klinischen Nutzen des Arzneimittels hinreichend zu bestimmen.[333] Andererseits kann die Behörde verschärfende Auflagen anordnen, etwa besondere Überwachungspflichten für Patienten, die ein Arzneimittel mit RMAT-Designation im Rahmen eines Accelerated Approval erhalten.[334]

18.3.2.2 Unmögliche oder unethische Generierung von klinischen Wirksamkeitsdaten

Ist die Durchführung klinischer Wirksamkeitsstudien nicht möglich oder aus ethischen Gründen unvertretbar – insbesondere, weil weder Surrogat- noch intermediäre Endpunkte für ein Accelerated Approval herangezogen werden

---

[332] 21 U. S. C. § 356(g)(6)(B).

[333] 21 U. S. C. § 356(g)(7)(A).

[334] 21 U. S. C. § 356(g)(7)(C).

können – besteht die subsidiäre Möglichkeit, eine Marktzulassung auf Grundlage präklinischer Tierstudien zu erlangen.[335] Diese Form der Zulassung erfolgt unter Auflagen, die denen des Accelerated Approval weitgehend entsprechen, insbesondere im Hinblick auf nachträgliche Verpflichtungen zur weiteren Evidenzgenerierung sowie eine eingeschränkte Abgabe des Arzneimittels unter besonderen Sicherheitsauflagen.[336]

18.3.3 Priority Review

Beim sog. Priority Review wird die behördliche Prüfungsdauer auf durchschnittlich sechs Monate verkürzt.[337] Ein Priority Review kann gemeinsam mit einem NDA/BLA beantragt werden, wenn ein Arzneimittel im Vergleich zu bereits zugelassenen Therapien signifikante Verbesserungen hinsichtlich Sicherheit oder Wirksamkeit erwarten lässt.[338] Eine solche Verbesserung kann sich nicht nur aus einer höheren Wirksamkeit oder Sicherheit aufgrund von Ergebnissen in klinischen Studien ergeben, sondern auch in einer verbesserten Patienten-Compliance bei der Einnahme des Medikaments, einer höheren Wirksamkeit oder Sicherheit für lediglich bestimmte Subgruppen von Patienten oder in der Vermeidung bzw. signifikanten Reduktion schwerwiegender Nebenwirkungen bestehen.[339]

Liegt eine RMAT-Designation vor (vgl. Abschnitt 18.2.1.1.3.3), entfällt die Notwendigkeit eines direkten Vergleichs mit bestehenden Behandlungsmöglichkeiten. In diesem Fall genügt es, dass das Produkt zur Behandlung einer schwerwiegenden Erkrankung bestimmt ist und seine Zulassung voraussichtlich

---

[335] 21 C. F. R. §§ 314.600 ff., 601.90 ff.

[336] Vgl. 21 C. F. R. § 314.610(b).

[337] Sanduja/Lessey-Morillon/Allen u. a., in: Galli (Hrsg.), Regulatory Aspects of Gene Therapy and Cell Therapy Products, 2023, S. 71, 78; U.S. Food and Drug Administration, Guidance for Industry – Expedited Programs for Serious Conditions – Drugs and Biologics, 2014, (https://www.fda.gov/media/86377/download), S. 25 (geprüft am 24.10.2025).

[338] Sanduja/Lessey-Morillon/Allen u. a., in: Galli (Hrsg.), Regulatory Aspects of Gene Therapy and Cell Therapy Products, 2023, S. 71, 78; U.S. Food and Drug Administration, Guidance for Industry – Expedited Programs for Serious Conditions – Drugs and Biologics, 2014, (https://www.fda.gov/media/86377/download), S. 25 (geprüft am 24.10.2025).

[339] U.S. Food and Drug Administration, Guidance for Industry – Expedited Programs for Serious Conditions – Drugs and Biologics, 2014, (https://www.fda.gov/media/86377/download), S. 24 f. (geprüft am 24.10.2025).

erhebliche Verbesserungen im Hinblick auf Wirksamkeit oder Sicherheit erwarten lässt.[340]

18.3.4 Rolling Review

Das Rolling Review-Verfahren kann in Anspruch genommen werden, wenn für ein Arzneimittel eine Fast Track Designation vorliegt.[341] In diesem Verfahren beginnt die FDA bereits mit der Bewertung einzelner Datenpakete aus der nicht-klinischen und klinischen Entwicklung für einen NDA bzw. BLA, bevor sämtliche für den Zulassungsantrag erforderlichen Unterlagen vollständig eingereicht wurden.[342] Weil die Breakthrough Therapy Designation sowie die RMAT-Designation sämtliche Vorteile der Fast Track Designation einschließen (vgl. Abschnitt 18.2.1.1.3), steht das Rolling Review-Verfahren auch in diesen Fällen zur Verfügung.

18.3.5 Arzneimittel für seltene Leiden (Orphan Drugs)

Der Antrag auf Ausweisung eines Arzneimittels als Orphan Drug muss zwingend vor Einreichung einer NDA oder BLA gestellt werden und wird durch das Office of Orphan Products Development der FDA geprüft.[343] Die rechtlichen Folgen umfassen insbesondere spezifische finanzielle Begünstigungen, wie den Erlass der bei der FDA anfallenden Antrags- bzw. Bearbeitungsgebühr einer NDA bzw. BLA, die regelmäßig mehrere Millionen US-Dollar beträgt.[344]

---

[340] 21 U. S. C. § 356(g)(6)(A); Sanduja/Lessey-Morillon/Allen u. a., in: Galli (Hrsg.), Regulatory Aspects of Gene Therapy and Cell Therapy Products, 2023, S. 71, 78; U.S. Food and Drug Administration, Expedited Programs for Regenerative Medicine Therapies for Serious Conditions – Guidance for Industry, 2019, (https://www.fda.gov/media/120267/download), S. 9 (geprüft am 24.10.2025).

[341] U.S. Food and Drug Administration, Fast Track, (https://www.fda.gov/patients/fast-track-breakthrough-therapy-accelerated-approval-priority-review/fast-track) (geprüft am 24.10.2025).

[342] U.S. Food and Drug Administration, Fast Track, (https://www.fda.gov/patients/fast-track-breakthrough-therapy-accelerated-approval-priority-review/fast-track) (geprüft am 24.10.2025).

[343] 21 U. S. C. §§ 360bb(a)(1); 21 C. F. R. § 316.23(a).

[344] 21 U. S. C. § 379h(a)(1)(F); 21 U. S. C. § 379h(g)(3)(k); Mantus/Pisano (Hrsg.), FDA Regulatory Affairs, 2014, S. 193.

18.3.5.1 Steuergutschrift und Förderprogramme

Des Weiteren können 25 % bestimmter Kosten klinischer Studien als Steuergutschrift geltend gemacht werden und spezielle Förderprogramme zur Unterstützung der präklinischen und klinischen Entwicklung von Arzneimitteln mit Orphan-Drug-Status in Anspruch genommen werden.[345] Klinische Prüfungen, die außerhalb der Vereinigten Staaten durchgeführt werden, sind steuerlich jedoch nur ausnahmsweise begünstigt. Dies setzt voraus, dass in den USA keine ausreichend große Studienpopulation zur Verfügung steht und die Studien entweder von einer US-amerikanischen juristischen Person oder von einer dritten juristischen Person durchgeführt werden, die im steuerrechtlichen Sinn nicht mit dem Zulassungsinhaber verbunden ist.[346] Auf diese Weise wird die Wettbewerbsfähigkeit des US-amerikanischen Forschungs- und Entwicklungsstandorts im Bereich der Orphan Drugs durch die steuerliche Lenkungswirkung gestärkt.

18.3.5.2 Genetically Targeted Drugs

Rechtliche Besonderheiten bestehen im Rahmen des Zulassungsverfahrens für sog. Genetically Targeted Drugs, eine Unterkategorie der Arzneimittel für seltene Leiden (vgl. Abbildung 18.4). Hierbei handelt es sich um Arzneimittel, die im Rahmen einer NDA oder BLA zugelassen werden, als Orphan Drugs ausgewiesen sind und der Behandlung lebensbedrohlicher oder schwerwiegender Krankheiten dienen.[347]

Charakteristisch für diese Produktklasse ist, dass sie eine Veränderung der Funktion eines Gens oder des damit assoziierten Genprodukts bewirken, sei es in Form einer Suppression, Hochregulierung oder Aktivierung, und hierfür eine sog. Genetically Targeted Technology verwenden.[348] Unter dem Begriff der Genetically Targeted Technology erfasst das US-amerikanische Arzneimittelrecht nicht-replizierende Nukleinsäuren oder vergleichbare Verbindungen mit gemeinsamer oder ähnlicher chemischer Struktur, die auf die Behandlung einer oder mehrerer Patientensubgruppen abzielen.[349] Erfasst sind Subgruppen mit

---

345 26 U. S. C. § 45 C(a)(d)(1); 21 U. S. C. § 360ee(a)(b)(2); in der Vergangenheit konnten 50 % der Kosten im klinischen Entwicklungsstadium als Steuervergünstigung geltend gemacht werden, siehe Mantus/Pisano (Hrsg.), FDA Regulatory Affairs, 2014, S. 191 f.

346 26 U. S. C. § 45 C(d)(2).

347 21 U. S. C. § 360ff-1(c)(1)(A).

348 21 U. S. C. § 360ff-1(c)(1)(B)(C).

349 21 U. S. C. § 360ff-1(c)(2).

unterschiedlichen Mutationen desselben Gens oder mit Erkrankungen, die auf verschiedene Varianten desselben Gens zurückgehen.[350]

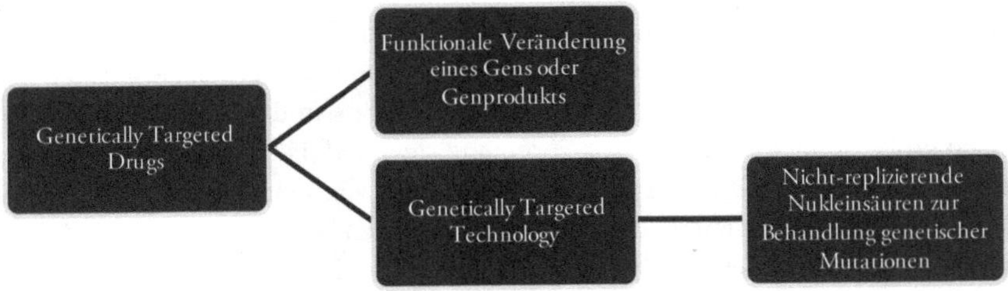

Abbildung 18.4 Systematik der Klassifizierung als Genetically Targeted Drugs

18.3.5.2.1 Somatische genomische Therapien und Genetically Targeted Drugs

Fraglich ist daher, inwieweit somatische genomische Therapien diesen Anforderungen genügen und als Genetically Targeted Drugs klassifiziert werden können.

18.3.5.2.1.1 Virale Vektoren

Die Einstufung als Genetically Targeted Technology setzt zwingend voraus, dass der virale Vektor nicht repliziert. Replikationskompetente virale Vektoren scheiden daher aus, da sie sich potentiell innerhalb einer Wirtszelle vermehren können. Demgegenüber kommen replikationsdefiziente virale Vektoren grundsätzlich in Betracht. Durch gentechnische Modifikationen wird bei diesen Vektoren die Fähigkeit zur autonomen Replikation gezielt entfernt, sodass sie einzig als Transportvehikel für eine therapeutische Nukleinsäure dienen (vgl. Abschnitt 3.1).

18.3.5.2.1.2 CRISPR-Cas-Ribonukleoproteine

CRISPR-Cas-Ribonukleoproteine enthalten als Nukleinsäurebestandteil zunächst ausschließlich die gRNA, die als solche nicht mit Polymerasen interagiert und deshalb nicht in menschlichen Zellen repliziert. Ihre Funktion beschränkt sich auf die ortsspezifische Bindung an eine komplementäre genetische Sequenzen zur Steuerung eines katalytisch aktiven oder inaktiven Cas-Proteins; anschließend wird die gRNA innerhalb der Zelle abgebaut (vgl. Abschnitt 8.2.3). Da eine

---

[350] 21 U. S. C. § 360ff-1(c)(2).

Replikation nicht stattfindet, erfüllt die gRNA als solche das Tatbestandsmerkmal der nicht-replizierenden Nukleinsäure. CRISPR-Cas-Ribonukleoproteine werden daher vom Wortlaut als Genetically Targeted Technology erfasst, soweit keine weiteren Nukleinsäuren in das System integriert sind.

Dies ist insbesondere bei SDN-1-Verfahren, beim Base-Editing, beim RNA-Editing sowie beim Epigenome-Editing der Fall (vgl. Abschnitt 5.3.2). Die jeweilige Modifikation erfolgt hier stets durch das Cas-Protein ohne Verwendung einer DNA- oder RNA-Vorlage. In allen Fällen stellt die gRNA die einzige Nukleinsäure dar.

Ausgenommen sind hingegen CRISPR-Cas-Ribonukleoproteine, die eine zusätzliche replizierende Nukleinsäure als Vorlage verwenden. Dies betrifft demnach SDN-2- und SDN-3-Verfahren, bei denen eine DNA-Vorlage für die Reparatur nach Erzeugung des Doppelstrangbruchs genutzt wird und im Zuge der Transkription in mRNA überführt werden kann (vgl. Abschnitt 5.3.2). Entsprechendes gilt für das Prime-Editing, bei dem die pegRNA durch das Enzym Reverse Transkriptase in eine DNA-Vorlage umgeschrieben wird und anschließend in das Genom der Zelle eingebaut wird (vgl. Abschnitt 5.3.4).

18.3.5.2.1.3 RNA-basierte Therapeutika

RNA-basierte Therapeutika können eine Genetically Targeted Technology darstellen, soweit es sich um nicht-replizierende Nukleinsäuren handelt. Dies ist bei ncRNA der Fall. Sie interagieren nicht mit Polymerasen und werden nach Erfüllung ihrer Funktion intrazellulär abgebaut. Ihre biologische Aktivität beruht etwa auf der Fähigkeit zur Basenpaarung mit komplementären mRNA-Sequenzen im Zytoplasma, etwa durch Beladung des RISC und der daran anschließenden Hemmung der Translation (vgl. Abschnitt 4.2.1).

Bei mRNA-basierten Therapeutika kommt es demgegenüber darauf an, ob die eingesetzte mRNA eigenständige Replikationselemente enthält. Klassische mRNA-Arzneimittel werden nach Applikation an den Ribosomen der Zelle ausschließlich translatiert, ohne sich zu vervielfältigen oder weitere Nukleinsäuren zu erzeugen (vgl. Abschnitt 4.1). Es entstehen deshalb keine neuen Nukleinsäuren durch die Translation und sie werden nach deren Anwendung abgebaut (vgl. Abschnitt 4.1). Anders verhält es sich bei samRNA, bei der eine eigenständige Vervielfältigung innerhalb der Zelle aufgrund viraler Bestandteile möglich ist.[351]

[351] Zentrale Kommission für Biologische Sicherheit/Commissie Genetische Modificatie, Joint open letter from COGEM and ZKBS on the environmental risk assessment of new vaccine developments based on self-replicating mRNAs and viral replicon systems, 2025, (https://zkbs-online.de/fileadmin/user_upload/Downloads/Kommentare/Joint_Letter_COGEM_ZKBS/Joint_open_letter_on_samRNA_vaccines__COGEM-ZKBS_.pdf), S. 5 (geprüft am 24.10.2025).

Arzneimittel, die samRNA als Wirkstoff enthalten, sind deshalb keine Genetically Targeted Technologies.

18.3.5.2.1.4 Funktionale Veränderung von Genen oder Genprodukten

Auf der zweiten Prüfungsstufe müssen die erfassten Wirkstoffklassen eine Veränderung der Funktion eines Gens oder des mit dem Gen assoziierten Genprodukts hervorrufen. Der Gesetzeswortlaut verlangt lediglich eine funktionale Modulation (Suppression, Hochregulierung oder Aktivierung) und setzt keine substanzielle oder dauerhafte Änderung der Nukleotidsequenz voraus. Erfasst werden daher nahezu alle somatischen genomischen Therapien, unabhängig davon, ob der Eingriff auf der genetischen, epigenetischen oder transkriptomischen Ebene erfolgt.

Genome- und Epigenome-Editing führen stets zu einer funktionalen Veränderung der genetischen Funktion, sei es durch Änderung der Sequenz (Genome-Editing) oder durch Modifikation regulatorischer Elemente (Epigenome-Editing). ncRNA sowie RNA-Editing bewirken hingegen funktionale Veränderungen von Genprodukten. Sie führen etwa zur Suppression eines Genprodukts durch Bindung oder gezielte Modifikation einer mRNA, wodurch deren Translation inhibiert oder moduliert wird.

Bei mRNA-Arzneimitteln und viralen Vektoren gestaltet sich die Einordnung hingegen schwieriger. Sie interagieren nicht notwendig unmittelbar mit Genen oder deren Produkten. mRNA wirkt über die Translation eines Proteins und nicht über eine direkte Modulation der Funktionen von Genen oder ihren Produkten. Virale Vektoren integrieren zudem nicht zwingend in das Genom. Episomal verbleibende oder nur im Zytoplasma aktive Vektoren bewirken daher ebenso keine funktionale Änderung eines Gens oder Genprodukts (vgl. Abschnitt 3.1).

Gleichwohl kann eine funktionale Veränderung mittelbar vorliegen, wenn die mRNA oder der virale Vektor ein Molekül exprimiert, das selbst in die genetische oder transkriptomische Regulation eingreift – insbesondere den CRISPR-Cas-Komplex. Für mRNA-Arzneimittel und virale Vektoren kommt es daher entscheidend darauf an, welches Produkt durch sie exprimiert wird und ob dieses Produkt die Funktion eines Gens oder seines Genprodukts moduliert.

18.3.5.2.2 Bezugnahme auf vorhandene Zulassungsunterlagen

Für Genetically Targeted Drugs eröffnet das US-amerikanische Arzneimittelrecht die Möglichkeit, im Zulassungsverfahren auf bereits vorhandene Zulassungsunterlagen zurückzugreifen, die der Antragsteller selbst oder – auf Grundlage vertraglicher Vereinbarungen – ein Dritter in früheren NDA- oder BLA-Verfahren eingereicht hat.[352] Voraussetzung ist, dass sich diese Unterlagen auf ein Arzneimittel beziehen, das dieselbe oder auch nur eine ähnliche Genetically Targeted Technology nutzt.[353] Dadurch entfällt die Notwendigkeit, sämtliche präklinischen und klinischen Daten für jede einzelne genetische Variante neu zu generieren, wenn die nicht-replizierende Nukleinsäure im Arzneimittel zur Behandlung eines patientenspezifischen genetischen Defekts angepasst werden muss.

Der Antragsteller kann seinen Zulassungsantrag somit unter Bezugnahme auf bereits bestehende Daten stellen, auch wenn eine patientenindividuelle Anpassung des Wirkstoffs erforderlich ist. Dies ermöglicht insbesondere eine arzneimittelrechtlich vereinfachte Zulassung sog. n = 1-Therapien, deren Wirkstoff gezielt an eine individuelle Mutation adaptiert wird. Die Erleichterung beruht entscheidend darauf, dass auch technologiespezifische Daten solcher Präparate herangezogen werden können, deren molekulare Struktur lediglich ähnlich – nicht notwendig identisch – ist.

Ein vollständig neues Zulassungsdossier wäre hingegen erforderlich, wenn die Voraussetzungen einer Genetically Targeted Technology nicht mehr erfüllt wären, etwa weil ein anderes Gen und nicht lediglich eine mutierte Variante desselben Gens adressiert wird.[354]

18.3.6 Platform Technology Designation

Eine vergleichbare Regelung besteht mit der sogenannten Platform Technology Designation der US-amerikanischen Arzneimittelbehörde (FDA). Dieses Programm dient der Identifizierung technologischer Grundlagen, die als gemeinsame Plattform für mehrere Arzneimittelentwicklungen genutzt werden können. Ziel ist es, Entwicklungs-, Prüf- und Zulassungsverfahren zu beschleunigen, indem präklinische und qualitätsbezogene Daten aus einem bereits zugelassenen Produkt auf nachfolgende Produkte übertragen werden dürfen, die dieselbe Plattformtechnologie verwenden. Bei diesen Produkten handelt es sich nicht um Nachahmerpräparate (Generika oder Biosimilars), sondern um neue Wirkstoffe, die auf einer identischen technologischen Basis beruhen.

---

[352] 21 U. S. C. § 360ff-1(b).

[353] 21 U. S. C. § 360ff-1(b)(2).

[354] Vgl. 21 U. S. C. § 360ff-1(c)(2)(b)(2).

Nach der Legaldefinition bezeichnet der Begriff Platform Technology eine im Wesentlichen verstandene und reproduzierbare Technologie, die eine Nukleinsäuresequenz, eine molekulare Struktur, einen Wirkmechanismus, eine Verabreichungsmethode, einen Vektor oder eine Kombination dieser Elemente umfassen kann, sofern sie integraler Bestandteil der Struktur oder Funktion eines Arzneimittels oder biologischen Arzneimittels ist, für mehrere Arzneimittel mit gemeinsamen strukturellen Elementen adaptiert oder genutzt werden kann und eine standardisierte Entwicklung oder Herstellung mehrerer Produkte ermöglicht.[355]

Voraussetzung für die Inanspruchnahme der Designation ist, dass die Plattform bereits in einem Produkt verwendet wurde, das im Rahmen einer NDA oder BLA genehmigt wurde.[356] Zudem muss der Antragsteller nachweisen, dass sich die Plattform ohne nachteilige Auswirkungen auf Qualität, Sicherheit oder Herstellungsprozess auf weitere Arzneimittel übertragen lässt und ihre Nutzung erhebliche Effizienzgewinne in der Entwicklung, Herstellung oder behördlichen Prüfung erwarten lässt.[357]

Der spezifische Mehrwert der Platform Technology Designation liegt darin, dass präklinische und qualitätsbezogene Daten (CMC) aus bereits zugelassenen Produkten auf nachfolgende Arzneimittel übertragen werden können.[358] Eine Bezugnahme auf klinische Daten ist, anders als bei Genetically Targeted Drugs (vgl. Abschnitt 18.3.5.2), ausgeschlossen. Im Idealfall müssen daher im Zulassungsantrag nur noch die klinischen Daten nachgereicht werden, während präklinische Daten, etwa Stabilitätsdaten und Tierversuchsdaten, sowie qualitätsbezogene Nachweise aus bestehenden Dossiers übernommen werden dürfen.[359]

Besondere regulatorische Erleichterungen bietet die Platform Technology Designation für standardisierte Transfektions- und Transduktionssysteme wie virale Vektoren, denen je nach Produkt unterschiedliche transgene Sequenzen hinzugefügt werden können, oder Lipidnanopartikel, deren Zusammensetzung produktspezifisch angepasst wird.[360] Darüber hinaus erleichtert sie insbesondere die

---

[355] 21 U. S. C. § 356k(h)(1).

[356] 21 U. S. C. § 356k(b)(1).

[357] 21 U. S. C. § 356k(b)(2)(3).

[358] 21 U. S. C. § 356k(f).

[359] U.S. Food and Drug Administration, Platform Technology Designation Program for Drug Development – Guidance for Industry, 2024, (https://www.fda.gov/media/178938/download), S. 6 (geprüft am 24.10.2025).

[360] Vgl. Niazi, Pharmaceutics 16 (2024), 918, S. 9 f.; U.S. Food and Drug Administration, Platform Technology Designation Program for Drug Development – Guidance for Industry, 2024, (https://www.fda.gov/media/178938/download), S. 11 f. (geprüft am 24.10.2025).

Entwicklung von RNA-Wirkstoffen, etwa siRNA oder Antisense-Oligonukleotide, deren Nukleinsäuresequenzen für bestimmte Patientengruppen modifiziert werden müssen, ohne dass für jede Variante ein vollständig neues Zulassungsdossier erforderlich wäre.[361] Dies ist grundsätzlich auch mit der Privilegierung als Genetically Targeted Drug möglich, allerdings ist dort der Anwendungsbereich auf Arzneimittel für seltene Leiden (Orphan Drugs) und die Behandlung einer Krankheit beschränkt, die mit einem bestimmten Gen und dessen Produkt zusammenhängt (vgl. Abschnitt 18.3.5.2).

18.3.7 Gentechnikrecht

Bei Marktzulassungsanträgen für Arzneimittel (NDA) und biologische Arzneimittel (BLA) ist grundsätzlich eine Umweltprüfung (EA) und bei erheblicher Umweltrelevanz eine Umweltverträglichkeitsprüfung (EIS) vorzulegen.[362] Für Arzneimittel (Drugs) besteht in der Praxis nur in wenigen Ausnahmefällen die Pflicht zur Einreichung einer Umweltprüfung (EA).[363] Demgegenüber wird bei biologischen Arzneimitteln (Biologics) deutlich häufiger eine Umweltprüfung (EA) verlangt.[364] Für somatische genomische Therapien lässt sich diese Frage jedoch nicht pauschal beantworten (vgl. Tabelle 18.4).

Maßgeblich ist in rechtlicher Hinsicht zunächst, dass das Erfordernis zur Vorlage einer Umweltprüfung (EA) nur entfällt, soweit der Antragsteller sich auf einen in 21 C. F. R. § 25.31(a), (b) oder (c) geregelten kategorischen Ausschlusstatbestände (Categorical Exclusions) berufen kann. Für Zulassungsanträge, die einen gänzlich neuen Wirkstoff betreffen, ist ausschließlich Buchstabe (c) von Bedeutung, der eine Bereichsausnahme vorsieht für:

> „Maßnahmen in Bezug auf ein NDA […][oder] einen Antrag auf Marktzulassung eines biologischen Produkts […], wenn es sich um Stoffe handelt, die natürlicherweise in der Umwelt vorkommen, und sofern die Maßnahme nicht zu einer signifikanten Veränderung der Konzentration oder Verteilung des Stoffes, seiner Metaboliten oder Abbauprodukte in der Umwelt führt.“[365]

[361] Niazi, Pharmaceutics 16 (2024), 918, S. 12 f.; U.S. Food and Drug Administration, Platform Technology Designation Program for Drug Development – Guidance for Industry, 2024, (https://www.fda.gov/media/178938/download), S. 12 f. (geprüft am 24.10.2025).

[362] 21 C. F. R. § 25.20(l).

[363] Bachtarzi/Farries, Human Gene Therapy Clinical Development 30 (2019), S. 114, 126.

[364] Bachtarzi/Farries, Human Gene Therapy Clinical Development 30 (2019), S. 114, 126 f.

[365] 21 C. F. R. § 25.31(c):

18.3.7.1 Virale Vektoren

Für biologische Arzneimittel (Biologics), die gentechnisch veränderte Mikroorganismen oder virale Vektoren enthalten, kommt ein kategorischer Ausschluss nur ausnahmsweise in Betracht. Denn nach der Vorschrift müssen die betroffenen Stoffe natürlicherweise in der Umwelt vorkommen. Die Funktion eines viralen Vektors als Genfähre bedingt jedoch, dass der virale Vektor ein therapeutisches Gen in sich trägt. Der virale Vektor trägt demnach ein Transgen in sich und entspricht nicht mehr dem verwendeten Wildtypvirus. Er kommt entsprechend nicht natürlicherweise in der Umwelt vor. Aufgrund der Möglichkeit eines horizontalen Gentransfers ist zudem nicht ausgeschlossen, dass sich der gentechnisch veränderte Virus in der Umwelt verteilt. Insofern erscheint ein kategorischer Ausschluss vom Erfordernis der Umweltprüfung (EA) nicht angebracht.

Die Verwaltungspraxis der FDA geht in ähnlicher Weise davon aus, dass ein Stoff jedenfalls dann nicht natürlicherweise in der Umwelt vorkommt, wenn er eine funktionale, d. h. ein Protein codierende, genetische Sequenz enthält, die aus der Gattung eines anderen Organismus stammt.[366] Infolgedessen ist eine Umweltprüfung (EA) für viele Vektoren oder gentechnisch veränderte Mikroorganismen, die als Genfähren fungieren sollen, grundsätzlich stets erforderlich.[367] Ein kategorischer Ausschluss kann solche Arzmeimittel nur dann erfassen, wenn der betreffende Stoff kein Transgen enthält, lediglich unwesentlich – etwa durch einzelne Punktmutationen – vom entsprechenden Wildtypen abweicht und zudem inaktiviert wurde.[368]

„Action on an NDA, abbreviated application, application for marketing approval of a biologic product, or a supplement to such applications, or action on an OTC monograph, for substances that occur naturally in the environment when the action does not alter significantly the concentration or distribution of the substance, its metabolites, or degradation products in the environment“.

366 U.S. Food and Drug Administration, Determining the Need for and Content of Environmental Assessments for Gene Therapies, Vectored Vaccines, and Related Recombinant Viral or Microbial Products, 2015, (https://www.fda.gov/media/91425/download), S. 5 (geprüft am 24.10.2025).

367 Vgl. Bachtarzi/Farries, Human Gene Therapy Clinical Development 30 (2019), S. 114, 127; U.S. Food and Drug Administration, Determining the Need for and Content of Environmental Assessments for Gene Therapies, Vectored Vaccines, and Related Recombinant Viral or Microbial Products, 2015, (https://www.fda.gov/media/91425/download), S. 5 f. (geprüft am 24.10.2025).

368 Vgl. Bachtarzi/Farries, Human Gene Therapy Clinical Development 30 (2019), S. 114, 127; a. A. Iglesias-Lopez/Obach/Vallano u. a., Critical Reviews in Toxicology 49 (2019), S. 580, 592.

18.3.7.2 Genomisch veränderte Zellen

Weniger eindeutig verläuft die Subsumtion bei somatischen genomischen Therapien, die außerhalb des Körpers des Patienten (ex-vivo-Ansatz) angewendet werden. Ein kategorischer Ausschluss wurde beispielsweise im Fall von Casgevy – der ersten weltweit zugelassenen CRISPR-Therapie – gewährt. Eine Umweltprüfung (EA) war für die Marktzulassung der Arzneimittels daher entbehrlich. Die FDA begründete dies damit, dass die ex vivo editierten menschlichen Zellen in der freien Umwelt nicht überlebensfähig sind, da sie auf spezifische Nährstoffe und Kulturbedingungen angewiesen sind.[369] Bei unbeabsichtigter Freisetzung würden die Zellen somit rasch absterben und vollständig abgebaut werden, ohne eine relevante Wechselwirkung mit der Umwelt auszulösen.

18.3.7.2.1 Genomische Veränderungen ohne exogenes genetisches Material

Eine Subsumtion anhand des Wortlauts bestätigt dieses Ergebnis. Bei Casgevy werden patienteneigene $CD34^+$-Zellen entnommen, ihnen wird jedoch kein exogenes genetisches Material zugeführt.[370] Die Modifikation erfolgt ausschließlich mittels CRISPR-Cas-Ribonukleoproteinen, die per Elektroporation in die Spenderzellen eingebracht werden.[371] Die einzelnen Komponenten des Ribonukleoproteins, d. h. gRNA und Cas-Protein, werden nach deren Anwendung von der Zelle abgebaut. Weil den editierten Zellen keinerlei Transgen zugeführt wurde, handelt es sich bei ihnen um Stoffe, die trotz ihrer Editierung in „natürlichen", d. h. gesunden Körpern anderer Menschen vorkommen und damit im Sinne der Norm „natürlicherweise in der Umwelt vorkommen". Wegen des Absterbens der Zellen in der freien Wildbahn kann eine Wechselwirkung mit der Umwelt zudem nicht stattfinden.

Verallgemeinernd lässt sich daher sagen, dass genomisch veränderte Zellen, denen keine exogenen genetischen Sequenzen, etwa in Form von viralen Vektoren, zugeführt werden, grundsätzlich vom Ausschlusstatbestand des 21 C. F. R.

---

[369] U.S. Food and Drug Administration, Summary Basis for Regulatory Action – CASGEVY (STN125785), 2024, (https://www.fda.gov/media/175842/download?attachment), S. 13 (geprüft am 24.10.2025); siehe auch U.S. Food and Drug Administration, Determining the Need for and Content of Environmental Assessments for Gene Therapies, Vectored Vaccines, and Related Recombinant Viral or Microbial Products, 2015, (https://www.fda.gov/media/91425/download), S. 7 (geprüft am 24.10.2025).

[370] Frangoul/Locatelli/Sharma u. a., The New England Journal of Medicine 390 (2024), S. 1649, Supplementary Material, S. 11.

[371] Frangoul/Locatelli/Sharma u. a., The New England Journal of Medicine 390 (2024), S. 1649, 1650.

§ 25.31(c) erfasst werden. Eine Umweltprüfung (EA) ist in diesen Fällen regelmäßig nicht erforderlich.[372]

18.3.7.2.2 Genomische Veränderungen mit exogenem genetischem Material

Im Umkehrschluss müsste der Einsatz von Ribonukleoproteinen unter Verwendung einer Vorlage-DNA, etwa SDN-3-Verfahren oder Prime-Editing-Ansätze, zum Erfordernis einer Umweltprüfung (EA) führen. Denn wird in diesem Fall ein Transgen in die menschlichen Zellen eingebracht, könnte die Natürlichkeit der editierten Zellen in Frage gestellt werden. Der Ausschlusstatbetstand würde dann nicht mehr greifen, unabhängig davon, ob und in welcher Höhe Risiken für Umweltwechselwirkungen bestehen. Denkbar wäre eine Anwendung des Ausschlusstatbestands alleine bei Verwendung einer cisgenen DNA-Vorlage, die also ein Gen enthält, das natürlicherweise in menschlichen Zellen vorkommt.

Die Vollzugspraxis der FDA sieht eine solche Differenzierung jedoch nicht vor. Die Behörde hat beispielsweise bei CAR-T-Zellen, deren Herstellung das Einbringen von Transgenen mittels lentiviraler Vektoren erfordert (vgl. Abschnitt 7.1), einen kategorischen Ausschluss vom Erfordernis der Umweltprüfung (EA) erteilt.[373] Dies zeigt, dass menschliche Zellen unabhängig davon, ob ein Transgen oder ein Cisgen eingeführt wurde oder lediglich ein Gen-Knockout durchgeführt wurde, als Stoffe gelten müssen, die natürlicherweise in der Umwelt vorkommen. Die US-Arzneimittelbehörde nimmt bei Zellen, die außerhalb des Körpers des Patienten verändert wurden (ex-vivo-Ansatz), stattdessen stets eine Abwägung der Umweltrisiken vor, und entscheidet im Einzelfall, ob eine Umweltprüfung (EA) oder Umweltverträglichkeitsprüfung (EIS) erforderlich ist.

18.3.7.3 RNA-Therapeutika

Arzneimittel, die RNA-Moleküle als Wirkstoff enthalten, unterliegen nicht zwangsläufig einer Umweltprüfung (EA). Dies zeigt das Zulassungsverfahren des COVID-19-Impfstoffs Comirnaty. Der Antragsteller berief sich auf einen kategorischen Ausschlusstatbestand nach 21 C. F. R. § 25.31, dem die FDA

---

[372] Vgl. Iglesias-Lopez/Obach/Vallano u. a., Critical Reviews in Toxicology 49 (2019), S. 580, 592.

[373] Iglesias-Lopez/Obach/Vallano u. a., Critical Reviews in Toxicology 49 (2019), S. 580, 592, m. w. N.

zustimmte.[374] Dies indiziert, dass die chemisch synthetisierte mRNA in Lipidnanopartikeln regulatorisch als „natürlich vorkommender Stoff" qualifiziert worden sein muss. Dies steht im Einklang mit der ständigen behördlichen Auslegung, wonach auch synthetisch hergestellte Moleküle als „natürlich vorkommend" gelten können, sofern sie in ihrer stofflichen Zusammensetzung natürlich vorkommenden Substanzen gleichen und im menschlichen Körper identisch metabolisiert werden.[375] Maßgeblich ist daher nicht die exakte Sequenz oder Herstellungsweise eines RNA-Moleküls, sondern ob dieses im Organismus auf dieselbe Weise abgebaut und verwertet wird wie endogene Nukleinsäuren.[376]

Arzneimittel, die mRNA oder ncRNA als Wirkstoff enthalten, stellen regelmäßig Repliken natürlicher zellulärer RNA-Moleküle und Mechanismen dar (vgl. Abschnitt 4.1). Sie werden zudem intrazellulär nach kurzer Zeit abgebaut und sind nicht replikationsfähig (vgl. Abschnitt 18.1.2.2.3.2). Ein signifikantes Risiko, dass sich der Wirkstoff oder dessen Metaboliten in der Umwelt anreichern oder verbreiten könnten, besteht daher nicht. Solche Arzneimittel fallen daher grundsätzlich unter den Ausschlussgrund des 21 C. F. R. § 25.31(c).

Eine Ausnahme kann allenfalls für bestimmte RNA-Therapeutika bestehen. So kommen Aptamere natürlicherweise nicht in menschlichen Zellen vor (vgl. Abschnitt 4.2.4), sodass unklar ist, ob sie identisch zu endogenen RNA-Molekülen metabolisiert werden. Zudem enthält samRNA replikationsfähige virale Elemente, weshalb eine Interaktion mit der Umwelt nicht zwingend ausgeschlossen werden kann.[377] Ob die US-Arzneimittelbehörde (FDA) dieses Risiko als signifikant im Sinne der Vorschrift bewerten würde, ist jedoch fraglich.

---

[374] U.S. Food and Drug Administration, Summary Basis for Regulatory Action – COMIRNATY, 2021, (https://www.fda.gov/media/151733/download?attachment), S. 14 (geprüft am 24.10.2025).

[375] U.S. Food and Drug Administration, Guidance for Industry – Environmental Assessment of Human Drug and Biologics Applications, 1998, (https://www.fda.gov/media/70809/download), S. 5 f. (geprüft am 24.10.2025).

[376] Vgl. U.S. Food and Drug Administration, Guidance for Industry – Environmental Assessment of Human Drug and Biologics Applications, 1998, (https://www.fda.gov/media/70809/download), S. 6 (geprüft am 24.10.2025).

[377] Zentrale Kommission für Biologische Sicherheit/Commissie Genetische Modificatie, Joint open letter from COGEM and ZKBS on the environmental risk assessment of new vaccine developments based on self-replicating mRNAs and viral replicon systems, 2025, (https://zkbs-online.de/fileadmin/user_upload/Downloads/Kommentare/Joint_Letter_COGEM_ZKBS/Joint_open_letter_on_samRNA_vaccines__COGEM-ZKBS_.pdf), S. 5 (geprüft am 24.10.2025).

18.3.7.4 Ribonukleoproteine

Das CRISPR-Cas-System stammt ursprünglich aus dem bakteriellen Abwehrmechanismus gegen Bakteriophagen (vgl. Abschnitt 5.3).[378] Die darin enthaltenen Nukleasen sowie die aus tracrRNA und crRNA bestehende gRNA kommen folglich natürlicherweise in der Umwelt vor, da sie Bestandteil bakterieller Zellen sind.

Nach der Verwaltungspraxis der FDA können synthetisch hergestellte Moleküle als „natürlich vorkommend" gelten, sofern sie natürlichen Substanzen in ihrer stofflichen Zusammensetzung entsprechen und im menschlichen Organismus identisch metabolisiert werden.[379] Dies eröffnet die Möglichkeit, dass auch CRISPR-Cas-Ribonukleoproteine trotz Herstellung im Reagenzglas im Einzelfall als „natürliche Stoffe" qualifiziert werden können. Entscheidend ist nicht, ob die Aminosäuresequenz des Cas-Proteins oder die Nukleotidsequenz der gRNA identisch zu den natürlich vorkommenden Stoffen sind, sondern ausschließlich, dass sie im Körper derselben metabolischen Verarbeitung unterliegen.[380] Deshalb können grundsätzlich auch modifizierte CRISPR-Cas-Systeme von der Umweltprüfung (EA) befreit werden, soweit deren Metabolisierung identisch abläuft. Dies ist im Einzelfall zu klären.

Enthält der CRISPR-Cas-Komplex zusätzlich eine Vorlage-DNA oder Vorlage-RNA, ist im Einzelfall zu prüfen, wie diese Nukleinsäuren im menschlichen Organismus metabolisiert werden.[381] Anders als gRNA besitzen solche Vorlagesequenzen jedoch regelmäßig das Potenzial zur Replikation oder zur Erzeugung weiterer Nukleinsäuren (vgl. Abschnitt 5.3.2). Damit kann eine Verbreitung in der Umwelt nicht mehr mit hinreichender Sicherheit ausgeschlossen werden, womit es auf die Signifikanz des Umweltrisikos im Einzelfall ankommt.

---

[378] Gostimskaya, Biochemistry 87 (2022), S. 777, 777 f.; Makarova/Wolf/Iranzo u. a., Nature Reviews Microbiology 18 (2020), S. 67, 67 f.; Broothaerts/Jacchia/Angers u. a., New Genomic Techniques (JRC Technical Report), EUR 30430 EN, 2021, S. 30; Jinek/Chylinski/Fonfara u. a., Science 337 (2012), S. 816.

[379] U.S. Food and Drug Administration, Guidance for Industry – Environmental Assessment of Human Drug and Biologics Applications, 1998, (https://www.fda.gov/media/70809/download), S. 5 f. (geprüft am 24.10.2025).

[380] Vgl. U.S. Food and Drug Administration, Guidance for Industry – Environmental Assessment of Human Drug and Biologics Applications, 1998, (https://www.fda.gov/media/70809/download), S. 5 f. (geprüft am 24.10.2025).

[381] Vgl. U.S. Food and Drug Administration, Guidance for Industry – Environmental Assessment of Human Drug and Biologics Applications, 1998, (https://www.fda.gov/media/70809/download), S. 5 f. (geprüft am 24.10.2025).

18.3.7.5 Epigenome-Editing

Beim Epigenome-Editing eingesetzte Methyl- und Acetyltransferasen kommen natürlicherweise in menschlichen Zellen vor und stellen Proteine dar (vgl. Abschnitt 1.1.5.2 und Abschnitt 8.2.7.1). Künstlich hergestellte Varianten dieser Enzyme können daher gleichermaßen als „natürlich vorkommende Stoffe“ qualifiziert werden, sofern ihre stoffliche Zusammensetzung den endogenen Proteinen entspricht und sie im Organismus identisch metabolisiert werden. Gleichwohl lässt sich nicht vollständig ausschließen, dass im Einzelfall eine relevante Wechselwirkung der verwendeten Wirkstoffe oder ihrer Metaboliten mit der Umwelt auftreten könnte. Ein signifikantes Risiko erscheint jedoch fernliegend.

Tabelle 18.4 Erforderlichkeit einer Umweltprüfung (EA) bei Marktzulassung (USA)

Molekül	**Kommt der Stoff natürlicherweise in der Umwelt vor?**	**Führt die Zulassug zu einer signifikanten Veränderung der Konzentration oder Verteilung des Stoffes, seiner Metaboliten oder Abbauprodukte in der Umwelt?**	**Ist eine Umweltprüfung (EA) erforderlich?**
Virale Vektoren	Nein	Ja	Ja
mRNA	Ja	mRNA: Nein samRNA: Ja / Nein	mRNA: Nein samRNA: Ja / Nein
ncRNA	Ja (Ausnahme: Aptamere)	Nein	Nein
Genomisch veränderte Zellen	Ja	Nein	Nein
Ribonukleoproteine	Ja / Nein	Nein; Vorlage-DNA/-RNA: Ja / Nein	Nein; Vorlage-DNA/-RNA: Ja / Nein
Epigenome-Editing (Proteine; Nukleotide)	Ja / Nein	Nein	Nein

18.3.7.6 Inhaltliche Anforderungen bei erforderlicher Umweltprüfung (EA)

Die inhaltlichen Anforderungen an eine Umweltprüfung (EA) ergeben sich aus 21 C. F. R. § 25.40. Die Vorschrift enthält jedoch keine Positivliste bestimmter Studien und keine verbindlichen Vorgaben zu Art, Umfang oder Methodik der zu erhebenden Daten. Sie formuliert lediglich allgemeine Grundsätze für Inhalt und Zielrichtung der Umweltprüfung (EA). Danach muss sie sich auf relevante Umweltaspekte im Zusammenhang mit der Verwendung und Entsorgung von FDA-regulierten Produkten konzentrieren und als knappes, objektives und ausgewogenes Dokument gestaltet sein, das der Öffentlichkeit die Nachvollziehbarkeit der behördlichen Entscheidung ermöglicht.[382] Eine weitergehende Konkretisierung erfolgt ausschließlich durch das jeweils zuständige Fachbüro der FDA (etwa CDER oder CBER) je nach Einzelfall und insbesondere durch produktspezifische Leitlinien.[383]

Für den Bereich der Gentherapeutika wurden entsprechende Konkretisierungen etwa in den Leitlinien zu viralen Vektoren präzisiert.[384] Im Einzelfall kann daher erwogen werden, diese Grundsätze analog auf vergleichbare biologische Arzneimittel (Biologics) anzuwenden, etwa auf CRISPR-Cas-Ribonukleoproteine, die zusätzlich eine Vorlage-DNA enthalten und dadurch potenziell replikationsfähige Elemente aufweisen.

Im ersten Schritt ist das Produkt selbst zu beschreiben, einschließlich potenzieller Metaboliten, Abbauprodukte oder Varianten, die nach Anwendung freigesetzt werden könnten.[385] Dazu zählen auch genetische Varianten, die durch

---

[382] 21 C. F. R. § 25.40(a).

[383] 21 C. F. R. § 25.40(c).

[384] U.S. Food and Drug Administration, Determining the Need for and Content of Environmental Assessments for Gene Therapies, Vectored Vaccines, and Related Recombinant Viral or Microbial Products, 2015, (https://www.fda.gov/media/91425/download), S. 8 ff. (geprüft am 24.10.2025); siehe auch U.S. Food and Drug Administration, Design and Analysis of Shedding Studies for Virus or Bacteria-Based Gene Therapy and Oncolytic Products – Guidance for Industry, 2019, (https://www.fda.gov/files/vaccines%2C%20blood%20%26%20biologics/published/Design-and-Analysis-of-Shedding-Studies-for-Virus-or-Bacteria-Based-Gene-Therapy-and-Oncolytic-Products--Guidance-for-Industry.pdf) (geprüft am 24.10.2025).

[385] U.S. Food and Drug Administration, Determining the Need for and Content of Environmental Assessments for Gene Therapies, Vectored Vaccines, and Related Recombinant Viral or Microbial Products, 2015, (https://www.fda.gov/media/91425/download), S. 11 f. (geprüft am 24.10.2025).

Mutationen, Rekombinationsereignisse oder Reversionsprozesse entstehen können und gegebenenfalls zu einer erhöhten Replikationsfähigkeit oder veränderten Pathogenität führen.

Sodann sind die möglichen Umwelteffekte systematisch zu identifizieren und zu bewerten. Dabei sind sowohl die produktspezifischen Eigenschaften (etwa Virulenz, Wirtsspektrum, genetische Stabilität) als auch die Empfindlichkeit potenziell exponierter Arten sowie die ökologischen Bedingungen der jeweiligen Exposition zu berücksichtigen.[386] Besonderes Augenmerk gilt dem Risiko einer Übertragung auf andere Organismen, dem Verbleiben des Produkts oder seiner Bestandteile in der Umwelt sowie möglichen Resistenzverbreitungen, etwa durch die Integration von Resistenzmarkern in Umweltmikroorganismen. Für jeden identifizierten Effekt sind sowohl das mögliche Schadensausmaß (Magnitude) als auch die Eintrittswahrscheinlichkeit (Likelihood) zu bestimmen.[387] Hieraus ergibt sich eine qualitative Gesamtrisikobewertung, die Kategorien wie vernachlässigbar, gering, moderat oder hoch umfasst.[388]

Bestehen Risiken, sind geeignete Minderungsmaßnahmen (Mitigation Measures) darzustellen. Hierzu zählen etwa Hygienemaßnahmen, organisatorische oder technische Containment-Maßnahmen oder Beschränkungen des Patientenkontakts mit besonders vulnerablen Populationen.[389]

Zusammenfassend dient die Umweltprüfung (EA) dazu, ausschließlich anlassbezogene und produktspezifische Umweltrisiken zu erfassen, zu bewerten und durch geeignete Maßnahmen zu minimieren. Nur in Ausnahmefällen wird auf

---

[386] U.S. Food and Drug Administration, Determining the Need for and Content of Environmental Assessments for Gene Therapies, Vectored Vaccines, and Related Recombinant Viral or Microbial Products, 2015, (https://www.fda.gov/media/91425/download), S. 12 (geprüft am 24.10.2025).

[387] U.S. Food and Drug Administration, Determining the Need for and Content of Environmental Assessments for Gene Therapies, Vectored Vaccines, and Related Recombinant Viral or Microbial Products, 2015, (https://www.fda.gov/media/91425/download), S. 10 (geprüft am 24.10.2025).

[388] U.S. Food and Drug Administration, Determining the Need for and Content of Environmental Assessments for Gene Therapies, Vectored Vaccines, and Related Recombinant Viral or Microbial Products, 2015, (https://www.fda.gov/media/91425/download), S. 12 (geprüft am 24.10.2025).

[389] U.S. Food and Drug Administration, Determining the Need for and Content of Environmental Assessments for Gene Therapies, Vectored Vaccines, and Related Recombinant Viral or Microbial Products, 2015, (https://www.fda.gov/media/91425/download), S. 12 (geprüft am 24.10.2025).

Grundlage der Ergebnisse der Umweltprüfung (EA) zusätzlich eine Umweltverträglichkeitsprüfung (EIS) durch die FDA angeordnet, falls durch das Arzneimittel die Umwelt des Menschen signifikant beeinträchtigt werden würde.[390] Das US-amerikanische Umweltrecht sieht im Bereich der Arzneimittelversorgung somit ein Stufenverhältnis vor, das sich am Verhältnismäßigkeitsgrundsatz orientiert (vgl. Abbildung 18.5).

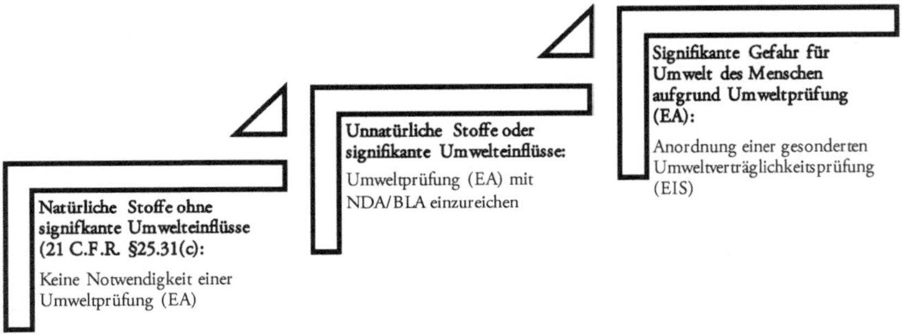

Abbildung 18.5 Erforderlichkeit einer Umweltprüfung (EA) und Umweltverträglichkeitsprüfung (EIS) bei Marktzulassung (USA)

18.4 Regulatorische Sonderwege zur Gewährleistung der Versorgung

In den Vereinigten Staaten bestehen zwei besondere Rechtsinstitute, die Patienten einen Zugang zu Arzneimitteln eröffnen, die (noch) nicht über eine reguläre Marktzulassung verfügen. Hierzu zählen der Expanded Access sowie das Right to Try. Beide Instrumente dienen dem Zweck, Patienten in Ausnahmesituationen den Einsatz vielversprechender, aber noch nicht zugelassener Therapien zu ermöglichen.

[390] 21 C. F. R. §§ 25.22, 25.52; U.S. Food and Drug Administration, Determining the Need for and Content of Environmental Assessments for Gene Therapies, Vectored Vaccines, and Related Recombinant Viral or Microbial Products, 2015, (https://www.fda.gov/media/91425/download), S. 13 (geprüft am 24.10.2025).

18.4.1 Expanded Access to Investigational Drugs for Treatment Use

Der Expanded Access stellt eine besondere Ausprägung des arzneimittelrechtlichen IND-Status dar und ist systematisch dem Recht der klinischen Prüfung zuzuordnen (vgl. Abschnitt 18.2.1). Dieses Institut erlaubt die Abgabe eines nicht zugelassenen Arzneimittels frühestens 30 Tage nach dem IND-Antrag, es sei denn, die Behörde erteilt eine ausdrückliche vorherige Genehmigung.[391] Die US-Arzneimittelbehörde (FDA) unterscheidet mehrere Unterkategorien: den Expanded Access für Einzelpatienten (Individual Patient Access) sowie für mittelgroße Patientengruppen und größere Patientenkollektive (Treatment IND). In akut lebensbedrohlichen Situationen besteht zudem die Möglichkeit der Notfallzulassung eines Medikaments (Emergency Use).

18.4.1.1 Allgemeine Voraussetzungen

Die erforderlichen Antragsunterlagen ergeben sich aus 21 C. F. R. § 312.305(b). Der IND-Antrag muss wie im Rahmen einer klinischen Prüfung ein Prüfprotokoll enthalten.[392] Es muss unter anderem Angaben zur Art der Verabreichung, zur Dosierung und zur vorgesehenen Behandlungsdauer enthalten.[393] Darüber hinaus sind Angaben zur Herstellungsstätte sowie zu den Herstellungsstandards (CMC) erforderlich, die eine ordnungsgemäße Identität, Qualität, Reinheit und Wirkstärke des Arzneimittels belegen müssen (vgl. Abschnitt 18.2.1.2.3).[394] Ergänzend müssen präklinische Daten zur Pharmakologie und Toxikologie eingereicht werden, die eine hinreichende Sicherheit bei der vorgesehenen Dosierung und Dauer der Behandlung erwarten lassen (vgl. Abschnitt 18.2.1.2.1).[395]

Diese Anforderungen werden beim Expanded Access stets durch die FDA geprüft und anschließend einer Nutzen-Risiko-Abwägung unterzogen.[396] Daneben muss die Abgabe des Arzneimittels gleichermaßen durch eine Ethik-Kommission (IRB) genehmigt werden.[397] Der Umfang der Unterlagen ist jedoch deutlich geringer als bei einem IND-Antrag für klinische Prüfungen. Der Maßstab

---

391 21 C. F. R. § 312.305(d)(1).

392 21 U. S. C. § 360bbb(b)(4)(c)(7); 21 C. F. R. § 305(b)(1).

393 21 C. F. R. § 305(b)(2)(iv).

394 21 C. F. R. § 305(b)(2)(vi).

395 21 C. F. R. § 305(b)(2)(vii).

396 Chapman/Eckman/Bateman-House, Ethics & Human Research 42 (2020), S. 2, 3.

397 21 C. F. R. §§ 312.305(d)(2), 312.30(a)(2); näher Holbein/Berglund/Weatherwax u. a., Clinical and Translational Science 8 (2015), S. 526, 531.

wird insoweit verschoben, dass sämtliche Anforderungen „adäquat“ an die jeweilige Fallkonstellation anzupassen sind.[398] Entsprechend dürften etwa die Grundsätze der Guten Herstellungspraxis (cGMP) im Rahmen einer Individualbehandlung (Individual Patient Access) keine Anwendung finden. Denn selbst bei klinischen Prüfpräparaten der Phase I besteht keine Verpflichtung zu deren Einhaltung (vgl. Abschnitt 18.2.1.2.4).

18.4.1.2 Individual Patient Access

Soll eine experimentelle Arzneimitteltherapie an einen einzelnen Patienten abgegeben werden (Individual Patient Access) muss der Antrag eine nachvollziehbare medizinische Begründung für die begehrte Anwendung des Prüfpräparats enthalten. Dabei ist darzulegen, dass der Patient an einer schwerwiegenden oder lebensbedrohlichen Erkrankung leidet und dass entweder keine geeigneten Therapiealternativen zur Verfügung stehen oder deren Anwendung im konkreten Fall aus medizinischen Gründen nicht in Betracht kommt.[399]

Die Erteilung einer IND-Genehmigung im Rahmen des Expanded Access für einzelne Patienten ist damit stets subsidiär zu anderen verfügbaren Therapien. Die US-Arzneimittelbehörde hat jedoch die alleinige Befugnis darüber zu entscheiden, ob hinreichende Anhaltspunkte für Sicherheit und Wirksamkeit des Prüfpräparats vorliegen, um den Einsatz im Einzelfall zu rechtfertigen.[400] Die Entscheidung über die Anwendung der Therapie liegt damit nicht beim behandelnden Arzt. Dieser ist jedoch für die Antragstellung zwingend notwendig und trägt die Darlegungslast der notwendigen Tatsachen für seinen Patienten.

Zuletzt darf die Bereitstellung des Arzneimittels nicht die Einleitung, Durchführung oder den Abschluss klinischer Prüfungen zur Unterstützung einer späteren Zulassung beeinträchtigen.[401]

18.4.1.3 Emergency Use

In akuten Notfällen wird das Gesundheitsministerium dazu ermächtigt, das Inverkehrbringen von Arzneimitteln nach eigenem Ermessen zu erlauben.[402] Welche Voraussetzungen für einen akuten Notfall (Emergency Use) vorliegen müssen, ist nicht näher definiert.

---

[398] Vgl. 21 C. F. R. § 312.23.

[399] 21 U. S. C. § 360bbb(b)(1); 21 C. F. R. § 312.305(a)(1).

[400] 21 U. S. C. § 360bbb(b)(2).

[401] 21 U. S. C. § 360bbb(b)(3).

[402] 21 U. S. C. § 360bbb(a).

Auf untergesetzlicher Ebene stellt der Emergency Use eine besondere Ausprägung des Individual Patient Use dar. Der behandelnde Arzt kann den IND-Antrag in diesem Fall telefonisch, per Fax oder mittels elektronischer Kommunikationsmittel stellen und unmittelbar telefonisch genehmigt erhalten.[403] Ausreichend für die Genehmigung ist lediglich eine plausible Darstellung, dass die Voraussetzungen eines Individual Patient Access erfüllt sind (vgl. Abschnitt 18.4.1.2) sowie die verbindliche Zusage des behandelnden Arztes, innerhalb von 15 Werktagen nach der Notfallgenehmigung einen schriftlichen Antrag nachzureichen.[404]

Abweichend von den allgemeinen Voraussetzung beim Expanded Access entfällt die vorherige Zustimmung der zuständigen Ethik-Kommission (IRB).[405] Stattdessen ist sie innerhalb von fünf Werktagen nach der Anwendung zu informieren.[406] Jede weitere Anwendung desselben Arzneimittels in derselben Einrichtung bedarf jedoch der vorherigen Genehmigung durch die Ethik-Kommission (IRB).[407]

18.4.1.4 Treatment IND (Compassionate Use)

Die Genehmigung eines Treatment IND, die häufig auch als Compassionate Use bezeichnet wird,[408] erfordert abweichende Voraussetzungen, die auf eine größere Patientengruppe und die fortgeschrittene Entwicklungsphase von Prüfpräparaten zugeschnitten sind.

Zunächst muss das Prüfpräparat zur Diagnose, Überwachung oder Behandlung einer schwerwiegenden oder unmittelbar lebensbedrohlichen Erkrankung[409] bestimmt sein, für deren jeweiliges Stadium keine vergleichbare oder zufriedenstellende alternative Therapie zur Verfügung steht.[410] Weiterhin muss das Präparat entweder bereits Gegenstand kontrollierter klinischer Prüfungen für die betreffende Indikation sein oder die für eine Zulassung erforderlichen Studien müssen bereits abgeschlossen sein.[411] Zudem ist erforderlich, dass der Sponsor

---

403 21 C. F. R. § 312.310(d)(1).

404 21 C. F. R. § 312.310(d)(2).

405 21 C. F. R. § 312.305(d)(2)(i).

406 21 C. F. R. § 56.104(c).

407 21 C. F. R. § 56.104(c).

408 Oner/Labra/Fehr, Academic Entrepreneurship for Medical and Health Sciences (2021), S. 13; Holbein/Berglund/Weatherwax u. a., Clinical and Translational Science 8 (2015), S. 526.

409 Hierfür können die untergesetzlichen Legaldefinitionen als Auslegungs- und Abgrenzungshilfe herangezogen werden; vgl. 21 C. F. R. § 312.300(b).

410 21 U. S. C. § 360bbb(c)(1)(2).

411 21 U. S. C. § 360bbb(c)(3).

die Zulassung des Arzneimittels mit der gebotenen Sorgfalt verfolgt und dass die Bereitstellung des Prüfpräparats die Rekrutierung von Patienten für laufende klinische Prüfungen nicht beeinträchtigt.[412]

Neben den allgemeinen Anforderungen an IND-Anträge im Expanded-Access (vgl. Abschnitt 18.4.1.1) bestehen erhöhte Anforderungen an die Darlegung von Sicherheit und Wirksamkeit. Das Recht unterscheidet hierbei danach, ob es sich um eine schwere („serious") oder eine unmittelbar lebensbedrohliche Erkrankung („immediately life-threatening") handelt. Bei schweren Erkrankungen sind ausreichende klinische Daten vorzulegen.[413] Bei unmittelbar lebensbedrohlichen Erkrankungen genügt hingegen, dass die Gesamtheit der verfügbaren wissenschaftlichen Evidenz eine hinreichende Wahrscheinlichkeit für einen therapeutischen Nutzen erkennen lässt und keine unangemessenen oder erheblichen Risiken bestehen.[414]

Im Gegensatz zum Individual Patient Access setzt die Genehmigung eines Treatment IND nicht zwingend voraus, dass die Patienten „austherapiert" sind. Der Anwendungsbereich ist insoweit weiter gefasst, da die Maßnahme bereits dann in Betracht kommt, wenn für das jeweilige Krankheitsstadium keine zufriedenstellende oder vergleichbare Alternative zur Verfügung steht. Demgegenüber ist der Anwendungsbereich zugleich enger, weil für die Erteilung eines Treatment IND ein deutlich höheres Evidenzniveau gefordert wird. Die Sicherheit und (zumindest wahrscheinliche) Wirksamkeit des Prüfpräparats müssen durch klinische Daten im fortgeschrittenen Stadium belegt sein, bevor eine Anwendung außerhalb klinischer Prüfungen zugelassen werden kann.

18.4.1.5 Intermediate-Size Patient Populations

Für den Expanded Access bei mittleren Patientengruppen (Intermediate-size Patient Populations) bestehen ausschließlich untergesetzliche Regelungen. Die entsprechenden Vorschriften erfassen den Fall, dass eine Vielzahl einzelner Individualanfragen für dasselbe Prüfpräparat bei der US-Arzneimittelbehörde (FDA) eingangen sind, der Umfang für die Genehmigung einer Treatment IND jedoch nicht erreicht worden ist.[415]

---

[412] 21 U. S. C. § 360bbb(c)(4)(5).

[413] In der Regel handelt es sich hierbei um Daten aus Phase-III-Studien, wobei auch aussagekräftige Ergebnisse abgeschlossener Phase-II-Studien genügen können; vgl. 21 C. F. R. § 312.320(a)(3)(i).

[414] Diese Evidenz stützt sich üblicherweise auf klinische Daten aus Phase-III- oder Phase-II-Studien, kann jedoch auch auf vorläufigeren klinischen Erkenntnissen beruhen; vgl. 21 U. S. C. § 360bbb(c)(6)(7), 21 C. F. R. § 312.320(a)(3)(ii).

[415] 21 C. F. R. § 312.315.

In diesem Fall kommt ein Zugang der Patienten dennoch in Betracht, wenn ein Arzneimittel überhaupt nicht entwickelt wird, etwa weil die Erkrankung so selten ist, dass eine Rekrutierung von Patienten für klinische Prüfungen nicht möglich ist, oder ein Arzneimittel zwar in einer klinischen Prüfung erforscht wird, die betroffenen Patienten jedoch nicht an der laufenden Studie teilnehmen können, oder ein zugelassenes Arzneimittel nicht mehr vermarktet wird.[416]

Der Antrag muss zunächst darlegen, ob das betreffende Prüfpräparat aktiv entwickelt wird oder nicht, und die betroffene Patientengruppe präzise beschreiben.[417] Wird das Arzneimittel nicht entwickelt, ist zu begründen, weshalb eine Entwicklung für den beantragten Verwendungszweck derzeit nicht möglich ist, und unter welchen Voraussetzungen sie aufgenommen werden könnte.[418] Wird das Präparat dagegen bereits in einer klinischen Prüfung untersucht, ist substantiiert darzulegen, weshalb die antragstellenden Patientinnen und Patienten nicht an dieser Studie teilnehmen können und unter welchen Bedingungen der Sponsor bereit wäre, eine separate klinische Prüfung speziell in dieser Population durchzuführen.[419]

Neben den allgemeinen Voraussetzungen für die Genehmigung eines Expanded Access (vgl. Abschnitt 18.4.1.1) ist darzulegen, dass ausreichende Daten zur Sicherheit bei der vorgesehenen Dosierung und Behandlungsdauer vorliegen, um eine klinische Anwendung in der geschätzten Zahl von Personen zu rechtfertigen.[420] Darüber hinaus müssen zumindest vorläufige klinische Wirksamkeitsdaten oder schlüssige pharmakologische Wirkmechanismen vorliegen, die erkennen lassen, dass der erweiterte Zugang für die betreffende Patientengruppe therapeutisch vertretbar ist.[421]

18.4.1.6 Expanded Access Policy

Hersteller, die Prüfpräparate zur Diagnose, Überwachung oder Behandlung einer oder mehrerer schwerwiegender Erkrankungen entwickeln, sind verpflichtet, ihre unternehmensinternen Richtlinien zur Prüfung und Bearbeitung von Expanded-Access-Anfragen öffentlich zugänglich zu machen.[422] Durch diese Pflicht entsteht kein subjektiver Anspruch auf die tatsächliche Bereitstellung des Prüfpräparats;

---

[416] 21 C. F. R. § 312.315(a).
[417] 21 C. F. R. § 312.315(c)(1).
[418] 21 C. F. R. § 312.315(c)(2).
[419] 21 C. F. R. § 312.315(c)(3).
[420] 21 C. F. R. § 312.315(b).
[421] 21 C. F. R. § 312.315(b).
[422] 21 U. S. C. § 360bbb-0(a)(b).

die Veröffentlichung dient vielmehr der Transparenz und soll behandelnden Ärzten ermöglichen, die Zugangsvoraussetzungen für das betreffende Arzneimittel zu erkennen.[423]

Die Expanded-Access-Policy ist grundsätzlich zu Beginn einer Phase-II- oder Phase-III-Studie für das jeweilige Prüfpräparat zu veröffentlichen.[424] Hat das Arzneimittel jedoch eine RMAT-, Breakthrough- oder Fast-Track-Designation erhalten, ist die Veröffentlichung spätestens innerhalb von 15 Tagen nach Zuerkennung des jeweiligen Sonderstatus verpflichtend.[425] Diese Vorverlagerung der Publikationspflicht trägt dem Umstand Rechnung, dass Arzneimittel mit einem solchen Sonderstatus für schwerwiegende oder lebensbedrohliche Erkrankungen entwickelt werden (vgl. Abschnitt 18.2.1.1.3) und deren frühzeitige Zugänglichkeit für Patientinnen und Patienten deshalb von besonders hohem Interesse ist.

18.4.1.7 Gentechnikrecht

Das nationale Umweltschutzgesetz (NEPA) findet im Rahmen des Expanded Access grundsätzlich Anwendung, da die FDA über entsprechende Anträge im Wege eines IND-Verfahrens entscheiden muss. IND-Anträge sind jedoch von der Pflicht zur Vorlage einer Umweltprüfung (EA) grundsätzlich befreit (vgl. Abschnitt 18.2.2.1). Daher besteht im Regelfall keine Verpflichtung zur Durchführung einer Umweltprüfung im Expanded-Access-Verfahren.

Die NIH-Guidelines sind auf die Anwendung eines Prüfpräparats im Rahmen eines Expanded Access für einzelne Patienten (Single Patient Access) nicht anwendbar. Dies folgt aus der ausdrücklichen Regelung in Section III-C-1 der NIH-Guidelines, wonach der gezielte Transfer rekombinanter oder synthetischer Nukleinsäuren „into one human" im Rahmen eines Expanded-Access-Programms nicht als Forschungsvorhaben gilt (vgl. Abschnitt 18.2.2.2.3). Im Umkehrschluss kommt die Anwendung der NIH-Guidelines hingegen in Betracht, wenn der Expanded Access nicht auf Einzelfälle beschränkt, sondern auf Patientenkollektive gerichtet ist, d. h. im Rahmen eines Treatment IND und bei Intermediate-size Patient Populations. In diesen Konstellationen greifen die allgemeinen Regeln der NIH-Guidelines wie bei herkömmlichen Humanstudien (vgl. Abschnitt 18.2.2.2), da keine spezielleren Vorschriften existieren.

---

[423] 21 U. S. C. § 360bbb-0(c)(d).

[424] 21 U. S. C. § 360bbb-0(f)(1).

[425] 21 U. S. C. § 360bbb-0(f)(2).

18.4.2 Right to Try

Der Right to Try Act wurde nach intensiver politischer Debatte über den Patientenzugang zu innovativen, noch nicht zugelassenen Arzneimitteln im Jahr 2017 verabschiedet und trat 2018 in Kraft.[426] Hintergrund war insbesondere die Kritik an den bestehenden Expanded-Access-Regelungen, wonach die FDA letztlich über die Gewährung des Patientenzugangs entscheidet und hierdurch bürokratische Hürden entstehen könnten.[427] Der Right to Try Act schafft daher eine alternative Zugangsmöglichkeit, die im Gegensatz zum Expanded Access eine Inanspruchnahme experimenteller Arzneimittel ohne Beteiligung der FDA ermöglicht.[428] Bemerkenswert ist darüber hinaus, dass die Abgabe des Arzneimittels nach dem Right to Try Act keiner vorherigen Zustimmung einer Ethik-Kommission (IRB) bedarf.[429] Entscheidend ist allein, ob ein berechtigter Patient („eligible patient“) und ein geeignetes Prüfpräparat („eligible investigational drug“) in der jeweiligen Fallkonstellation vorliegen.[430]

18.4.2.1 Persönlicher Anwendungsbereich

Als berechtigter Patient im Sinne des Right to Try Act gilt eine Person, bei der eine lebensbedrohliche Krankheit oder ein entsprechender Zustand diagnostiziert wurde. Lebensbedrohlich sind Erkrankungen oder Zustände, bei denen entweder eine hohe Wahrscheinlichkeit des Todes besteht, sofern der Krankheitsverlauf nicht unterbrochen wird, oder solche Krankheitsbilder, die potenziell tödlich verlaufen können und bei denen das Überleben den primären Endpunkt einer klinischen Prüfung darstellen würde.[431]

---

[426] Sheikh, Congressional Research Service, R45414, 2021, S. 1; zuvor wurden durch einzelne Bundesstaaten entsprechende Gesetze erlassen, siehe Holbein/Berglund/Weatherwax u. a., Clinical and Translational Science 8 (2015), S. 526; zu aktuellen Reformvorschlägen, nach denen der sachliche Anwendungsbereich des Right to Try Act auf patientenindividuelle Therapien beschränkt werden soll, siehe Ferdman/Peloquin/Bierer, Health Law Weekly (2025), S. 3 f.

[427] Vgl. Sheikh, Congressional Research Service, R45414 2021, S. 6 ff.; Chapman/Eckman/Bateman-House, Ethics & Human Research 42 (2020), S. 2, 4 f., m. w. N.; Zaich, Southern California Law Review 92 (2019), S. 331, 372 ff.

[428] 21 U. S. C. § 360bbb-0a(b) i. V. mit 21 U. S. C. § 355(a), 42 U. S. C. § 262(a), 21 C. F. R. Part 312.

[429] 21 U. S. C. § 360bbb-0a(b) i. V. mit 21 C. F. R. Part 56.

[430] 21 U. S. C. § 360bbb-0a(b) i. V. mit 21 U. S. C. § 355(a), 42 U. S. C. § 262(a).

[431] 21 U. S. C. § 360bbb-0a(a)(1)(A) i. V. mit 21 C. F. R. § 312.81(a).

Weiter ist erforderlich, dass sämtliche zugelassenen Therapieoptionen ausgeschöpft wurden und eine Teilnahme an einer klinischen Prüfung mit dem betreffenden Prüfpräparat nicht möglich ist.[432] Diese Voraussetzungen müssen durch einen Arzt bestätigt werden, der sich in gutem standesrechtlichen Status („in good standing") befindet und für diese Bestätigung keine Vergütung durch den Hersteller erhält.[433] Schließlich muss der Patient gegenüber dem behandelnden Arzt eine schriftliche Einwilligung (Informed Consent) in die Anwendung des Prüfpräparats erteilen.[434]

18.4.2.2 Sachlicher Anwendungsbereich

Als geeignetes Prüfpräparat („eligible investigational drug") im Sinne des Right to Try Act gilt ein Arzneimittel, das über einen gültigen IND-Status verfügt und dessen klinische Prüfung mindestens eine Phase-I-Studie erfolgreich abgeschlossen hat.[435] Darüber hinaus darf für das betreffende Präparat weder eine NDA noch eine BLA für irgendeine Indikation genehmigt worden sein.[436]

Zusätzlich muss entweder bereits eine NDA oder BLA beantragt worden sein oder das Arzneimittel muss sich in einer klinischen Prüfung befinden, die vorrangig der Begründung der Wirksamkeit für eine künftige Zulassung dient und für die ein IND-Antrag bereits ordnungsgemäß eingereicht wurde, ohne dass die FDA einen „clinical hold" verhängt hat.[437] Das bedeutet regelmäßig, dass sich das Prüfpräparat mindestens in der klinischen Phase III befinden muss, in welcher die zulassungsrelevanten Wirksamkeitsstudien erhoben werden (vgl. Abschnitt 13.3).

18.4.2.3 Meldepflichten und auftretende schwerwiegende Ereignisse

Die fehlende Beteiligung der US-Arzneimittelbehörde an der Abgabe eines Arzneimittels nach dem Right to Try Act wird durch spezifische Berichtspflichten des pharmazeutischen Unternehmers kompensiert. Dieser ist verpflichtet, jährlich die Anzahl der abgegebenen Dosen, die Zahl der behandelten Patienten, die

---

[432] 21 U. S. C. § 360bbb-0a(a)(1)(B).

[433] 21 U. S. C. § 360bbb-0a(a)(1)(B)(i)(ii).

[434] 21 U. S. C. § 360bbb-0a(a)(1)(C).

[435] 21 U. S. C. § 360bbb-0a(a)(2)(A).

[436] 21 U. S. C. § 360bbb-0a(a)(2)(B).

[437] 21 U. S. C. § 360bbb-0a(a)(2)(C)(D).

jeweiligen Anwendungszwecke sowie sämtliche bekannt gewordenen schwerwiegenden Nebenwirkungen zu dokumentieren und an das Gesundheitsministerium zu übermitteln.[438]

Zugleich ordnet der Right to Try Act an, dass schädliche Behandlungsergebnisse, die im Rahmen der Anwendung eines Prüfpräparats nach dem Right to Try auftreten, grundsätzlich keine negativen rechtlichen Konsequenzen für laufende klinische Prüfungen des Sponsors entfalten.[439] Diese Bestimmung besitzt erhebliche praktische Bedeutung. Sie reagiert auf die zuvor im Expanded-Access-Verfahren gemachten Erfahrungen, wonach die verpflichtende Meldung unerwünschter Ereignisse einen „clinical hold" auslösen konnte und damit die Bereitschaft der Unternehmen zur Bereitstellung entsprechender Prüfpräparate deutlich reduziert hatte.[440]

18.4.2.4 Herstellung

Der Right to Try Act enthält keine eigenständigen Vorgaben zur Herstellung der abzugebenden Arzneimittel.[441] Im Umkehrschluss gelten daher die allgemeinen Vorschriften zur Herstellung, deren Umfang sich am jeweiligen Entwicklungsstand des Arzneimittels orientiert (vgl. Abschnitt 18.2.1.2.3). Da der Right to Try Act ausdrücklich voraussetzt, dass die Phase-I-Studien für das betreffende Prüfpräparat bereits abgeschlossen sein müssen, ist die Herstellung der betroffenen Produkte stets nach den Vorgaben der Guten Herstellungspraxis (cGMP) vorzunehmen.

18.4.2.5 Umweltrecht

Da im Rahmen des Right to Try Act kein Antrag bei der FDA zu stellen ist, findet das nationale Umweltschutzgesetz (NEPA) keine unmittelbare Anwendung. Voraussetzung für die Abgabe eines Arzneimittels nach dem Right to Try Act ist jedoch, dass für das Präparat bereits klinische Prüfungen stattgefunden haben und weitere IND-Anträge oder Marktzulassungsanträge gestellt wurden (vgl. Abschnitt 18.4.2.2). Die Anforderungen des NEPA werden deshalb nicht umgangen. Denn soweit eine Umweltprüfung (EA) für diese Anträge notwendig ist, wird eine ensprechende umweltrechtliche Bewertung durch die FDA durchgeführt.

---

[438] 21 U. S. C. § 360bbb-0a(d)(1).

[439] 21 U. S. C. § 360bbb-0a(c)(1).

[440] Jarow/Lurie/Ikenberry u. a., Therapeutic Innovation & Regulatory Science 51 (2017), 177, S. 3; Walker, Hospital Pharmacy 55 (2020), S. 79; van Norman, JACC Basic to Translational Science 3 (2018), S. 280, 288.

[441] E contrario 21 U. S. C. § 360bbb-0a(b).

Ergänzend können die NIH-Guidelines anwendbar sein, soweit der Anwendungsbereich eröffnet ist (vgl. Abschnitt 18.2.2.2). Eine Ausnahmeregelung wie für den Expanded Access ist hier nämlich nicht vorgesehen (vgl. Abschnitt 18.2.2.2.3).

18.4.3 Ärztliche Eigenherstellung

Nach geltendem Bundesrecht dürfen Arzneimittel grundsätzlich nur dann bundesstaatenübergreifend transportiert oder vertrieben werden, wenn für sie eine Genehmigung vorliegt (vgl. Abschnitt 18.3). Daraus wird gefolgert, dass ein Antrag auf Marktzulassung (NDA/BLA) entbehrlich sei, soweit kein grenzüberschreitender Vertrieb mit dem Arzneimittel stattfindet. Eine ärztliche Eigenherstellung und Anwendung von somatischen genomischen Therapien wäre entsprechend umfassend vom Erfordernis einer vorherigen Marktzulassung des jeweiligen Produkts befreit.

Die Rechtslage ist bisher jedoch nicht höchstrichterlich geklärt.[442] Vor diesem Hintergrund bleibt offen, ob somatische genomische Therapien tatsächlich ohne Marktzulassung hergestellt und unmittelbar am Patienten angewendet werden können. An die Frage der Zulassungspflicht knüpft wiederum an, ob eine Umweltprüfung (EA) nach dem nationalen Umweltschutzgesetz (NEPA) durchzuführen ist (vgl. Abschnitt 18.3.7). Bei entsprechender Finanzierung wären jedoch die NIH-Guidelines einschlägig, deren Anwendung ausschließlich durch die Inanspruchnahme des Expanded Access für solche Individualheilversuche durch Ärzte ausgeschlossen wäre (vgl. Abschnitt 18.2.2.2.3). Dadurch entsteht ein regulatorischer Anreiz für Kliniken und Krankenhäuser, die arzneimittelrechtliche Regulierung durch einen IND-Antrag anzunehmen, um im Gegenzug die Regulierung der NIH-Guidelines zu umgehen.

---

[442] In einem durchgeführten Experteninterview wurde angedeutet, dass verfassungsrechtliche Gründe die Gesetzgebungskompetenz des Bundesgesetzgebers auf grenzüberschreitende Sachverhalte („interstate commerce") begrenzen und der US-Arzneimittelbehörde deshalb eine weitergehende Regulierungsbefugnis nicht eingeräumt werden konnte; siehe auch Sanzo, in: Dederer/Frenken (Hrsg.), Regulation of Genome Editing in Human iPS Cells, 2021, S. 199, 202 ff.

18.4.4 Rezeptur- und Defekturherstellung (Compounding)

In den Vereinigten Staaten besteht zudem die Möglichkeit, dass lizenzierte Apotheken oder Ärzte Arzneimittel als patientenindividuelle Rezepturen oder in Form von Defekturen (sog. Compounding) herstellen und ohne Marktzulassung abgeben, sofern die Herstellung den Vorgaben des US-amerikanischen Arzneibuchs (U.S. Pharmacopeia) entspricht.[443] Diese Ausnahme gilt jedoch ausschließlich für Arzneimittel (Drugs) im Sinne des FDCA und nicht für biologische Arzneimittel (Biologics) im Sinne des PHSA.[444] Da nahezu alle somatischen genomischen Therapien arzneimittelrechtlich als biologische Arzneimittel (Biologics) eingestuft werden (vgl. Tabelle 12.1), ist eine Rezeptur- und Defekturherstellung für diese Produkte weitgehend ausgeschlossen.

Ausschließlich somatische genomische Therapien, die als Arzneimittel (Drug) reguliert werden, d. h. ncRNA-Präparate (vgl. Tabelle 12.1), können ohne Marktzulassung im Wege der Rezeptur- und Defekturherstellung hergestellt und abgegeben werden. Eine vorherige Umweltprüfung (EA) nach dem nationalen Umweltschutzgesetz (NEPA) ist in diesem Fall nicht erforderlich.[445] Diese Produkte unterliegen zudem nicht dem Anwendungsbereich der NIH-Guidelines (vgl. Tabelle 18.3).

---

[443] 21 U. S. C. §§ 353a, 353b.

[444] 21 U. S. C. §§ 353a(a), 353b(a) i. V. mit 21 U. S. C. § 355(a); vgl. U.S. Food and Drug Administration, Notice to Compounders: Changes that affect compounding as of March 23, 2020, (https://www.fda.gov/drugs/human-drug-compounding/notice-compounders-changes-affect-compounding-march-23-2020) (geprüft am 24.10.2025).

[445] E contrario 21 C. F. R. § 25.20.

19 Forschung, Entwicklung und Marktzugang in Kanada

Obwohl Kanada nur einen kleinen Teil des weltweiten Arzneimittelmarktes umfasst, verfügt das Land über ein leistungsfähiges Versorgungssystem und eine ausgeprägte Forschungslandschaft, die günstige Rahmenbedingungen für die Entwicklung innovativer Arzneimitteltherapien schaffen.[1] Dies zeigt sich unter anderem daran, dass in Kanada die weltweit erste Stammzelltherapie eine Marktzulassung erhalten hatte.[2] Vor diesem Hintergrund erscheint eine nähere Betrachtung der kanadischen Regulierungsstrukturen im Bereich somatischer genomischer Therapien besonders lohnend.

19.1 Grundlagenforschung und Präklinik

Kanada ist Mitglied der OECD, nimmt am MAD-System teil und wurde erfolgreich durch die OECD evaluiert.[3] Daher erkennen alle übrigen OECD-Staaten, einschließlich der Europäischen Union, kanadische GLP-Bescheinigungen an. Die

[1] Wang/Griffiths/Tounekti u. a., in: Galli (Hrsg.), Regulatory Aspects of Gene Therapy and Cell Therapy Products, 2023, S. 91, 93; IQVIA, Top 10 Pharmaceutical Markets Worldwide, 2020, (https://www.iqvia.com/-/media/iqvia/pdfs/canada/2020-trends/top10worldwidesales_20.pdf) (geprüft am 24.10.2025).

[2] Wang/Griffiths/Tounekti u. a., in: Galli (Hrsg.), Regulatory Aspects of Gene Therapy and Cell Therapy Products, 2023, S. 91, 93.

[3] OECD, National GLP Compliance Monitoring Programmes which participate in the Mutual Acceptance Data (MAD) system: status and contact information, (https://www.oecd.org/content/dam/oecd/en/topics/policy-sub-issues/testing-of-chemicals/national-glp-compliance-monitoring-programmes-which-participate-in-the-mutual-acceptance-of-data.pdf), S. 3 f. (geprüft am 24.10.2025); Stahl/Brown, in: McBride/Schmitt (Hrsg.), Fundamentals of Pharmaceutical and Biologics Regulations, 2023, S. 29, 30.

L. Pietrek, *Somatische genomische Therapien*,
https://doi.org/10.1007/978-3-658-52943-7_19

Anerkennung der kanadischen GLP-Standards ermöglicht es pharmazeutischen Unternehmen und Forschungseinrichtungen, Tierversuche und Zellkulturstudien in Kanada durchzuführen und deren Ergebnisse unmittelbar in unionsrechtliche und deutsche Zulassungsverfahren einzubringen (vgl. Abschnitt 14.1.1). Dadurch können präklinische Forschungs- und Entwicklungsprozesse vollständig nach Kanada verlagert werden, ohne den späteren Marktzugang in Europa zu beeinträchtigen.

19.1.1 Gute Laborpraxis (GLP)

Das kanadische Arzneimittelrecht verlangt im Rahmen der Genehmigung klinischer Prüfungen und der Marktzulassung von Arzneimitteln die Vorlage umfassender präklinischer Daten.[4] Zwar wird die Gute Laborpraxis in den zugrunde liegenden Gesetzen und Verordnungen nicht ausdrücklich vorgeschrieben, jedoch stellt die kanadische Arzneimittelbehörde (Health Canada) durch ihre Leitlinien und technischen Vorgaben sicher, dass präklinische Studien für Arzneimittel nach den GLP-Grundsätzen der OECD durchgeführt werden.[5] Aufgrund der behördlichen Praxis ist die Einhaltung der Guten Laborpraxis daher faktisch verpflichtend.

Health Canada legt ausschließlich fest, welche Studien GLP-konform durchzuführen sind, während das Standards Council of Canada (SCC) die Inspektion sowie Bewertung kanadischer Prüfeinrichtungen nach den Grundsätzen der Guten Laborpraxis übernimmt.[6] Entsprechend veröffentlicht das Standards Council of Canada öffentlich zugängliche Dokumente, welche die Voraussetzungen der

---

[4] Vgl. C.05.005(e), C.08.002(2)(f)(m) FDR.

[5] Health Canada, Guidance Document – Non-Clinical Laboratory Study Data Supporting Drug Product Applications and Submissions: Adherence to Good Laboratory Practice, 2010, (https://www.canada.ca/content/dam/hc-sc/migration/hc-sc/dhp-mps/alt_formats/pdf/prodpharma/applic-demande/guide-ld/glp_bpl-eng.pdf), S. 1 ff. (geprüft am 24.10.2025); Health Canada, Questions and Answers, Guidance Document Non-Clinical Laboratory Study Data Supporting Drug Product Applications and Submissions: Adherence to Good Laboratory Practice, (https://www.canada.ca/content/dam/hc-sc/migration/hc-sc/dhp-mps/alt_formats/pdf/prodpharma/applic-demande/guide-ld/glp_qa_bpl_qr-eng.pdf), S. 1 f. (geprüft am 24.10.2025).

[6] Health Canada, Guidance Document – Non-Clinical Laboratory Study Data Supporting Drug Product Applications and Submissions: Adherence to Good Laboratory Practice, 2010, (https://www.canada.ca/content/dam/hc-sc/migration/hc-sc/dhp-mps/alt_formats/pdf/prodpharma/applic-demande/guide-ld/glp_bpl-eng.pdf), S. 5 (geprüft am 24.10.2025).

Guten Laborpraxis zumindest skizzieren.[7] Diese sind jedoch keine formellen oder materiellen Gesetze und deshalb unverbindlich. Nichtsdestotrotz wurde das Standards Council of Canada im Rahmen des MAD-Systems erfolgreich durch die OECD evaluiert.[8] Es kann daher davon ausgegangen werden, dass die in Kanada vorherrschenden Grundsätze der Guten Laborpraxis mit den Vorgaben in Deutschland und der Europäischen Union vergleichbar sind.

19.1.2 Umweltrecht

In Kanada existiert kein eigenständiges Gentechnikgesetz. Die Regulierung gentechnisch veränderter Organismen erfolgt im Rahmen des allgemeinen Umweltrechts. Somatische genomische Therapien werden dabei durch verschiedene Rechtsakte erfasst.

19.1.2.1 Kanadisches Umweltschutzgesetz (CEPA)

Im kanadischen Umweltrecht bilden das kanadische Umweltschutzgesetz (CEPA) und die darauf basierenden Verordnungen über die Notifizierung neuer Substanzen (NSNR) die zentralen Rechtsgrundlagen für die umweltrechtliche Regulierung gentechnischer Forschungs- und Arbeitsvorhaben.

Das kanadische Umweltschutzgesetz (CEPA) sieht vor, dass es bei einer Kollision mit bestimmten produktspezifischen Gesetzen nicht anwendbar ist.[9] Das kanadische Arzneimittelrecht ist hiervon aber nicht erfasst.[10] Damit besteht die umweltrechtliche Regulierung in Kanada parallel zur arzneimittelrechtlichen Regulierung. Zuständige Behörde für das umweltrechtliche Notifizierungsverfahren ist das Ministerium für Umwelt und Klimawandel (Environment and Climate Change Canada – ECCC).[11]

---

[7] Vgl. Standards Council of Canada, Publications, 2025, (https://scc-ccn.ca/resources/publications) (geprüft am 24.10.2025).

[8] Health Canada, Guidance Document – Non-Clinical Laboratory Study Data Supporting Drug Product Applications and Submissions: Adherence to Good Laboratory Practice, 2010, (https://www.canada.ca/content/dam/hc-sc/migration/hc-sc/dhp-mps/alt_formats/pdf/prodpharma/applic-demande/guide-ld/glp_bpl-eng.pdf), S. 6 (geprüft am 24.10.2025).

[9] Subsection 10(3) CEPA.

[10] Vgl. Subsection 10(3) CEPA; Subsection 2(1) NSNR(O) i. V. mit Schedule 4 CEPA, Subsection 3(1) NSNR(CP) i. V. mit Schedule 2 CEPA.

[11] Sections 66 ff., 105 ff., 3('Minister') CEPA; Subsection 2(1) NSNR(CP); Subsection 8(2) NSNR(O).

19.1.2.2 Forschung und Entwicklung mit neuen lebenden Organismen

Das kanadische Umweltschutzgesetz (CEPA) stellt grundsätzlich ein Herstellungs- und Importverbot für neue, also nicht in der Liste heimischer Stoffe (DSL) gelistete, lebende Organismen auf. Die Herstellung oder der Import somatischer genomischer Therapien, die neue lebende Organismen enthalten oder aus diesen bestehen (vgl. Tabelle 12.2), ist nur zulässig, wenn eine Notifizierung an das kanadische Umweltministerium (ECCC) erfolgt ist und entweder die behördliche Beurteilungsfrist abgelaufen ist oder der Organismus in die Liste heimischer Stoffe (DSL) aufgenommen wurde.[12] Für bereits gelistete lebende Organismen ist die Nutzung zudem auf den genehmigten Anwendungsbereich beschränkt.[13]

19.1.2.2.1 Ausnahme vom Listenvorbehalt im Einzelfall

Nichtsdestotrotz bestehen für präklinische und grundlagenorientierte Forschungsvorhaben mit lebenden Organismen weitreichende Privilegierungstatbestände. Das Umweltministerium (ECCC) kann im Einzelfall Ausnahmen vom grundsätzlichen Herstellungs- und Importverbot für neue lebende Organismen gewähren. Hierfür enthält das nationale Umweltschutzgesetz (CEPA) eine spezielle Ermächtigungsgrundlage, nach welcher auf Antrag einer Person eine teilweise oder vollständige Befreiung von den notwendigen Notifizierungsvoraussetzungen erteilt werden darf, wenn:

(a) die vorhandenen Informationen [...] nicht erforderlich sind, um das toxische Potenzial des Organismus zu beurteilen;
(b) der Organismus zu einem bestimmten Zweck verwendet oder an einem Ort hergestellt werden soll, wo sichere Einschlussmaßnahmen gewährleistet sind;
(c) es nicht praktikabel oder zumutbar ist, die erforderlichen Testdaten zur Risikobewertung zu erheben.[14]

---

[12] Subsection 106(1) CEPA.

[13] Subsection 106(3) CEPA.

[14] Subsection 106(8)(a)-(c) CEPA:
„(a) in the opinion of the Ministers, the information is not needed in order to determine whether the living organism is toxic or capable of becoming toxic;
(b) a living organism is to be used for a prescribed purpose or manufactured at a location where, in the opinion of the Ministers, the person requesting the waiver is able to contain the living organism so as to satisfactorily protect the environment and human health; or
(c) it is not, in the opinion of the Ministers, practicable or feasible to obtain the test data necessary to generate the information“.

Neben dieser Ermächtigungsgrundlage, die eine konkret-individuelle Ausnahme kraft Hoheitsakt im geschlossenen System ermöglicht, enthalten die New Substances Notification Regulations (NSNR(O)) zudem abstrakt-generelle Bereichsausnahmen vom Herstellungs- und Importverbot neuer lebender Organismen.

19.1.2.2.2 Bereichsausnahme im „geschlossenen System" bei Forschung mit Organismen

Für sog. Forschungs- und Entwicklungsorganismen, die keine Mikroorganismen darstellen (Research and Development Organisms other than Micro-organisms), besteht eine solche Bereichsausnahme von der Notifizierungspflicht. Diese greift, wenn Forschungs- und Entwicklungsorganismen in einem geschlossenen System verwendet werden und keine Freisetzung des Organismus, seines genetischen Materials oder toxischer Materialien in die Umwelt erfolgt.[15] Forschungs- und Entwicklungsorganismen sind Organismen, die sich in einer systematischen experimentellen oder analytischen Untersuchung befinden und ausschließlich zu folgenden Zwecken eingesetzt werden:

(a) Entwicklung oder Verbesserung eines Produkts oder Verfahrens,
(b) zur technischen Machbarkeitsprüfung oder Leistungsbewertung oder
(c) Vorbereitung einer Kommerzialisierung durch Pilot- oder Produktionstests.[16]

Die Bereichsausnahme ist auf Mikroorganismen nicht anwendbar.[17] Somatische genomische Therapien, die als lebende Organismen erfasst werden (vgl. Tabelle 12.2), können somit nicht von dieser Bereichsausnahme profitieren, wenn

---

[15] Subsection 2(4) NSNR(O):
„These Regulations do not apply in respect of an organism, other than a micro-organism, that is a research and development organism and is imported to or manufactured in a facility from which there is no release into the environment of
(a) the organism;
(b) the genetic material of the organism; or
(c) material from the organism involved in toxicity".

[16] Section 1('research and development organism') NSNR(O):
„means an organism that is undergoing systematic investigation or research, by means of experimentation or analysis other than test marketing, whose primary objective is any of the following:
(a) to create or improve a product or process;
(b) to determine the technical viability or performance characteristics of a product or process; or
(c) to evaluate the organism prior to its commercialization, by pilot plant trials, production trials, including scale-up, or customer plant trials so that technical specifications can be modified in response to the performance requirements of potential customers".

[17] Subsections 2(4), 1(1)('organism'(a), 'research and development organism') NSNR(O).

sie als Mikroorganismen im Sinne der NSNR(O) gelten. Ausgenommen sind demnach virale Vektoren, samRNA sowie Zellkulturen im Allgemeinen (vgl. Abschnitt 12.2.3.3.1).

Im Bereich der Forschung und Entwicklung mit somatischen genomischen Therapien greift die Bereichsausnahme daher ausschließlich bei Tierversuchen. Werden etwa CRISPR-Cas-Ribonukleoproteine, die in Lipidnanopartikeln formuliert wurden, eingesetzt, stellen diese genomischen Werkzeuge selbst zwar keine lebenden Organismen im Sinne des CEPA dar (vgl. Tabelle 12.2). Wird jedoch ein Versuchstier mit einer solchen Substanz behandelt, kann es aufgrund der genomischen Veränderung als neuer lebender Organismus eingestuft werden.

In diesem Fall findet die Bereichsausnahme für Forschung und Entwicklung Anwendung, sofern das Versuchstier ausschließlich im geschlossenen System gehalten und verwendet wird. Solche Tiere gelten als Forschungs- und Entwicklungsorganismen und unterliegen damit nicht der Notifizierungspflicht nach den NSNR(O), weil sie der Entwicklung eines Arzneimittels dienen. Die reine Grundlagenforschung, die nicht der Produktentwicklung dient, dürfte nach dem Wortlaut der Norm hingegen nicht privilegiert sein.

19.1.2.2.3 Bereichsausnahme im „geschlossenen System" bei Forschung mit Mikroorganismen

Für Mikroorganismen, die im Rahmen der Forschung und Entwicklung eingesetzt werden, besteht eine eigenständige Bereichsausnahme mit spezifischen Voraussetzungen.[18] Die präklinische Forschung und Entwicklung mit somatischen genomischen Therapien sowie Zellkulturen, die als Mikroorganismen

---

[18] Subsection 2(3) NSNR(O):
„These Regulations do not apply in respect of a micro-organism that is a research and development organism not for introduction outside a contained facility, if
(a) the containment of the micro-organism is in accordance with the Canadian Biosafety Standards and Guidelines or Appendix K of the NIH Guidelines; and
(b) the micro-organism is
  (i) imported to a contained facility in a quantity that, at the time of the import, is less than 50 mL or 50 g, or
  (ii) manufactured in a contained facility under one of the following conditions:
    (A) the micro-organism does not require containment level 2, 3 or 4 as identified in the Canadian Biosafety Standards and Guidelines and at any given moment there is less than 1 000 L of the micro-organism present at that facility, and
    (B) the micro-organism requires containment level 2, 3 or 4 as identified in the Canadian Biosafety Standards and Guidelines, its manufacture is a controlled activity authorized under a licence issued under section 18 of the Human Pathogens and Toxins Act whose conditions of licence are complied with and at any given moment there is less than 250 L of the micro-organism present at that facility".

gelten (vgl. Abschnitt 12.2.3.3.1), kann unter den dort festgelegten Bedingungen vom Anwendungsbereich der NSNR(O) und damit von der Notifizierungspflicht ausgenommen werden.

Eine erste Voraussetzung ist die Verwendung im geschlossenen System. Dabei müssen entweder die kanadischen Biosicherheitsleitlinien (Canadian Biosafety Standards) oder Anhang K der NIH-Guidelines eingehalten werden. Zweitens bestehen mengenbezogene Begrenzungen für die Herstellung und den Import der Substanzen. Beim Import dürfen die Mengen an Mikroorganismen 50 g bzw. 50 ml nicht überschreiten. Für die Herstellung neuer Mikroorganismen in Kanada gelten Schwellenwerte, die sich nach einer Risikoeinstufung und der zugewiesenen Biosicherheitsstufe richten (vgl. Abschnitt 19.1.2.5.1). Für Mikroorganismen der Sicherheitsstufe 1 (Containment Level 1) ist eine Herstellung erlaubnisfrei möglich, sofern sie im geschlossenen System erfolgt und das Volumen zu keinem Zeitpunkt 1.000 Liter überschreitet. Für Mikroorganismen der Sicherheitsstufen 2 bis 4 (Containment Level 2 bis 4) bestehen strengere Vorgaben. Neben einer zusätzlich erforderlichen Genehmigung nach dem Human Pathogens and Toxins Act[19] (HPTA) darf das Gesamtvolumen innerhalb der Einrichtung 250 Liter nicht überschreiten.

Die präklinische Forschung mit viralen Vektoren fällt in der Praxis regelmäßig unter die niedrigste Sicherheitsstufe und erfüllt typischerweise die Voraussetzungen der Bereichsausnahme.[20] Dies erscheint plausibel, weil die in der Präklinik üblichen Herstellungsmengen die erlaubnisfreien Schwellenwerte regelmäßig nicht übersteigen dürften (vgl. Abbildung 19.1). Nichts anderes kann deshalb für genomisch veränderte Zellkulturen im Allgemeinen gelten, die ebenso als neue lebende Mikroorganismen gelten (vgl. Abschnitt 12.2.3.3.1). Auch die in Kanada geführten Experteninterviews bestätigen, dass ein Notifizierungsverfahren regelmäßig frühestens für die Durchführung der klinischen Prüfung erforderlich wird.

19.1.2.3 Forschung und Entwicklung mit neuen Substanzen

Eine Notifizierungspflicht besteht auch für somatische genomische Therapien, die unter den Anwendungsbereich der New Substances Notification Regulations (Chemicals and Polymers) (NSNR(CP)) fallen.[21] Dies betrifft insbesondere

---

[19] Human Pathogens and Toxins Act, S. C. 2009, c. 24.

[20] Vgl. Rüdelsheim/Smets, Gene therapy clinical trials: what about the environment?, COGEM Report CGM 2012–07, 2012, S. 30; Bubela/Boch/Viswanathan, Frontiers in Medicine 6 (2019), 58, S. 5.

[21] Section 81(1) CEPA, Subsection 2(1) NSNR(CP).

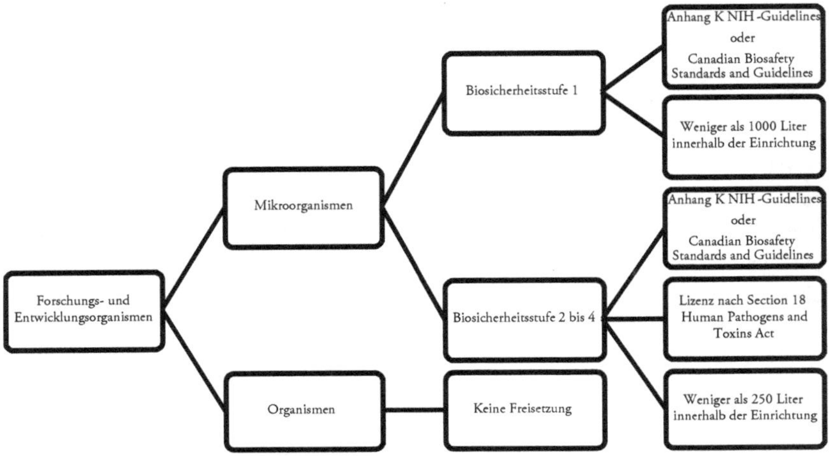

Abbildung 19.1 Befreiung von der umweltrechtlichen Notifizierungspflicht bei Herstellung neuer lebender Mikroorganismen für die präklinische Forschung im geschlossenen System

chemisch oder biotechnologisch hergestellte Stoffe wie mRNA, ncRNA und Ribonukleoproteine, sofern sie nicht in der Liste heimischer Stoffe (DSL) verzeichnet sind. Auch in diesem Regelungsbereich bestehen jedoch weitreichende Ausnahme- und Privilegierungstatbestände, die unter bestimmten Voraussetzungen eine Befreiung von der Notifizierungspflicht ermöglichen.[22]

Eine Befreiung kommt insbesondere für Substanzen zur Forschung und Entwicklung[23] (Research and Development Substances) in Betracht. Der Anwendungsbereich ähnelt dem Forschungsprivileg für Mikroorganismen (vgl. Abschnitt

[22] Subsections 81(6)(e), 81(1) CEPA.

[23] Section 1 ('research and development substance'):
„means a substance that is undergoing systematic investigation or research, by means of experimentation or analysis other than test marketing, whose primary objective is any of the following:
(a) to create or improve a product or process;
(b) to determine the technical viability or performance characteristics of a product or process; or
(c) to evaluate the substance prior to its commercialization, by pilot plant trials, production trials, including scale-up, or customer plant trials, so that technical specifications can be modified in response to the performance requirements of potential customers".

19.1.2.2.3). Erfasst werden Stoffe, die für die Produktentwicklung verwendet werden sollen und bestimmte Mengenschwellen nicht überschreiten.

Die maßgeblichen Höchstmengen, unterhalb derer keine Notifizierungspflicht besteht, sind in den NSNR(CP) festgelegt.[24] Chemikalien und Polymere dürfen zu Forschungs- und Entwicklungszwecken bis zu einer Menge von 1.000 kg pro Kalenderjahr hergestellt oder importiert werden, ohne dass eine vorherige Notifizierung erforderlich ist.[25] Diese Mengengrenze gilt auch für Biochemikalien und Biopolymere, weil diese nach der Systematik der NSNR(CP) lediglich Untergruppen der allgemeinen Kategorien „chemicals" bzw. „polymers" darstellen.[26]

Damit ist die Herstellung und Verwendung von somatischen genomischen Therapien, die keine lebenden Organismen sind (vgl. Tabelle 12.2), einschließlich ihrer Trägersubstanzen wie Lipidnanopartikeln im Rahmen der präklinischen Forschung bis zu einer Jahresmenge von 1.000 kg von der Notifizierungspflicht ausgenommen.

19.1.2.4 Bereichsausnahme im Bereich der Produktentwicklung

Im Ergebnis lässt sich festhalten, dass in Kanada ein weitreichendes Forschungsprivileg für die präklinische Forschung im Arzneimittelbereich besteht, sofern die Forschung bei lebenden Mikroorganismen zusätzlich unter kontrollierten Bedingungen in geschlossenen Systemen durchgeführt wird. Zwar sind das kanadische Umweltschutzgesetz (CEPA) sowie die darauf gestützten Notifizierungsverordnungen dem Grunde nach anwendbar und werden nicht durch das kollidierende Arzneimittelrecht verdrängt. In der Regel greift jedoch stets eine gesetzliche Ausnahme von der Notifizierungspflicht, welche die Herstellung der Präparate, die Tierversuche oder die in-vitro-Studien umfasst. Ein Eintrag in der Liste heimischer Stoffe (DSL) ist deshalb regelmäßig nicht erforderlich, sodass die frühe Produktentwicklung mit somatischen genomischen Therapien ohne vorherigen Abschluss eines Notifizierungsverfahrens möglich bleibt.

---

[24] Section 4 NSNR(CP).

[25] Section 4 i. V. mit Subsection 5(1)(a), Subsection 6(1)(a) NSNR(CP).

[26] Vgl. Section 4, Subsection 5(1)(a), Subsection 6(1)(a), Section 1 ('biochemical', 'biopolymer') NSNR(CP).

19.1.2.5 Human Pathogens and Toxins Act (HPTA)

Neben dem kanadischen Umweltschutzgesetz (CEPA) sind für somatische genomische Therapien gegebenenfalls weitere Anforderungen nach dem Human Pathogens and Toxins Act sowie den zugehörigen Durchführungsverordnungen (Human Pathogens and Toxins Regulations[27] – HPTR) zu beachten. Der Human Pathogens and Toxins Act regelt den Umgang mit pathogenen und toxischen Substanzen. Deren Besitz, Herstellung, Lagerung, Weitergabe, Transport, Ein- oder Ausfuhr sowie absichtliche Freisetzung oder Dereliktion sind grundsätzlich verboten, sofern nicht zuvor eine behördliche Genehmigung erteilt wurde.[28] Die Genehmigung wird durch die Public Health Agency of Canada (PHAC) erteilt.[29]

19.1.2.5.1 Anwendungsbereich

Die Anwendbarkeit des Human Pathogens and Toxins Act ist ausdrücklich ausgeschlossen, wenn für ein Arzneimittel eine arzneimittelrechtliche Genehmigung vorliegt, also eine Marktzulassung oder eine Genehmigung zur Durchführung einer klinischen Prüfung.[30] Im Umkehrschluss findet das Gesetz in der präklinischen und grundlagenorientierten Forschung Anwendung, soweit dort mit humanpathogenen Substanzen oder Toxinen gearbeitet wird. Zudem besteht zwischen CEPA und HPTA kein Ausschließlichkeitsverhältnis – beide Gesetze gelten nebeneinander.[31]

19.1.2.5.2 Humanpathogene und Toxine

Somatische genomische Therapien werden vom Human Pathogens and Toxins Act ausschließlich erfasst, wenn die verwendeten Stoffe als Humanpathogen oder Toxin im Sinne des Gesetzes zu qualifizieren sind, welche wie folgt definiert sind:

> Humanpathogen ist ein Mikroorganismus, eine Nukleinsäure oder ein Protein, das
> (a) in einem der Anhänge 2 bis 4 oder in Teil 2 von Anhang 5 aufgeführt ist; oder
> (b) nicht in einem der Anhänge aufgeführt ist, aber in die Risikogruppe 2, Risikogruppe 3 oder Risikogruppe 4 fällt.[32]

---

[27] Human Pathogens and Toxins Regulations, SOR/2015–44.

[28] Subsection 7(1) HPTA.

[29] Subsection 18(2) HPTA.

[30] Subsection 4(b) HPTA.

[31] Subsections 106(6)(a), 107(a) i. V. mit Schedule 4 CEPA.

[32] Section 3(1)('human pathogen'):
„human pathogen means a micro-organism, nucleic acid or protein that
(a) is listed in any of Schedules 2 to 4 or in Part 2 of Schedule 5; or

Toxin ist eine Substanz, die in Anhang 1 oder in Anhang 5, Teil 1 gelistet ist.[33]

19.1.2.5.2.1 Mikroorganismen, Nukleinsäuren und Proteine

Für die Begriffe Mikroorganismus, Nukleinsäure und Protein enthält der Human Pathogens and Toxins Act keine Legaldefinitionen. Sie sind daher nach ihrem biologischen Bedeutungsgehalt zu definieren. Die Wirkstoffe somatischer genomischer Therapien und deren Bestandteile lassen sich durchgehend diesen Kategorien zuordnen. Als Nukleinsäuren gelten etwa virale Vektoren, die sowohl virale Genome als auch therapeutische Transgene enthalten, ebenso wie synthetische oder rekombinant hergestellte mRNA, ncRNA und gRNA (vgl. Abschnitt 3.1). Proteine sind insbesondere Nukleasen wie Cas9 oder Enzyme, die beim Epigenome-Editing eingesetzt werden (vgl. Abschnitt 5.3.2).

19.1.2.5.2.2 Zellkulturen

Aufgrund der Legaldefinitionen in den NSNR(O) könnte erwogen werden, menschliche Zellen als Mikroorganismen im Sinne des Human Pathogens and Toxins Act einzustufen (vgl. Abschnitt 12.2.3.3.1.2). Die kanadische Regierung hat jedoch klargestellt, dass Zellen und Zelllinien nicht unter den Human Pathogens and Toxins Act fallen, sofern sie nicht selbst ein Humanpathogen oder Toxin enthalten.[34] Eine genomische Veränderung von Zellen bei präklinischen oder grundlagenorientierten in-vitro-Studien wird daher nur dann vom Human Pathogens and Toxins Act erfasst, wenn das den Zellen zugeführte genomische Werkzeug als Humanpathogen oder Toxin einzustufen ist.

19.1.2.5.2.3 Risikogruppen

Für die Einstufung als Humanpathogen oder Toxin genügt es nicht, dass eine Substanz ein Mikroorganismus, eine Nukleinsäure oder ein Protein ist. Entscheidend ist zunächst, ob sie in einem der Anhänge des Human Pathogens and Toxins Act aufgeführt ist. Substanzen in den Anhängen 2 bis 4 bzw. Anhang 5 Teil 2 gelten als Humanpathogene, während ausschließlich Substanzen in Anhang 1 bzw. Anhang 5 Teil 1 als Toxine gelten.

(b) is not listed in any of the Schedules but falls into Risk Group 2, Risk Group 3 or Risk Group 4“.

[33] Section 3(1)(‘toxin’):
„means a substance that is listed in Schedule 1 or in Part 1 of Schedule 5“.

[34] Government of Canada, Determining if Cells and Cell Lines are under the authority of the Human Pathogens and Toxins Act, 2014, (https://www.canada.ca/en/public-health/services/laboratory-biosafety-biosecurity/human-pathogens-toxins-act/determining-cells-cell-lines-under-authority-human-pathogens-toxins-act.html) (geprüft am 24.10.2025).

Ist eine Substanz nicht in den Anhängen des Human Pathogens and Toxins Act gelistet, ist eine Einzelfallprüfung anhand der Risikogruppenzugehörigkeit vorzunehmen. Substanzen der Risikogruppen 2 bis 4 sind Humanpathogene. Substanzen der Risikogruppe 1 sind keine Humanpathogene und fallen deshalb nicht unter den Human Pathogens and Toxins Act.[35]

Das Office of Biosafety and Planning (OBPP) der Public Health Agency of Canada betreibt eine Datenbank, die für eine Vielzahl unterschiedlicher Substanzen Empfehlungen zur Risikogruppeneinstufung bereitstellt.[36] Ausschlaggebend sind jedoch zunächst die Legaldefinitionen des Human Pathogens and Toxins Act, die zwischen dem Risiko für Einzelpersonen und dem Risiko für die Allgemeinheit differenzieren:

> Risikogruppe 2 bezeichnet humanpathogene Substanzen, die ein moderates Risiko für die Gesundheit von Einzelpersonen und ein niedriges Risiko für die öffentliche Gesundheit darstellen. Sie können beim Menschen ernsthafte Erkrankungen hervorrufen, tun dies jedoch nur selten. Für diese Erreger stehen wirksame therapeutische und präventive Maßnahmen zur Verfügung, und das Risiko einer Weiterverbreitung ist gering. Die entsprechenden Pathogene sind in Schedule 2 gelistet.
>
> Risikogruppe 3 umfasst Pathogene, die mit hoher Wahrscheinlichkeit schwerwiegende Erkrankungen beim Menschen verursachen können. Sie stellen ein hohes Risiko für Einzelpersonen dar, jedoch weiterhin nur ein niedriges Risiko für die Allgemeinheit, da in der Regel effektive Behandlungsmöglichkeiten existieren und die Ausbreitungsgefahr gering bleibt. Eine Auflistung erfolgt in Schedule 3.
>
> Risikogruppe 4 beinhaltet humanpathogene Substanzen mit hohem Risiko sowohl für Einzelpersonen als auch für die öffentliche Gesundheit. Sie können schwere Krankheiten hervorrufen, für die weder effektive Behandlungs- noch Präventionsmöglichkeiten bestehen. Das Risiko einer Ausbreitung ist hoch. Die einschlägigen Erreger sind in Schedule 4 enthalten.[37]

---

[35] Vgl. Hagen, University of British Columbia Law Review 49 (2016), S. 377, 386.

[36] Public Health Agency of Canada, ePATHogen – Risk Group Database, (https://health.canada.ca/en/epathogen) (geprüft am 24.10.2025).

[37] Subsection 3(1)('Risk Group 2', 'Risk Group 3', 'Risk Group 4') HPTA:
„Risk Group 2 means a category of human pathogens that pose a moderate risk to the health of individuals and a low risk to public health and includes the human pathogens listed in Schedule 2. They are able to cause serious disease in a human but are unlikely to do so. Effective treatment and preventive measures are available and the risk of spread of disease caused by those pathogens is low;
Risk Group 3 means a category of human pathogens that pose a high risk to the health of individuals and a low risk to public health and includes the human pathogens listed in Schedule 3. They are likely to cause serious disease in a human. Effective treatment and preventive

Die Risikogruppe 1 wird nicht legaldefiniert. Im Umkehrschluss umfasst sie Substanzen, die kein oder nur ein geringes Risiko für die Gesundheit von Einzelpersonen darstellen und von denen keine Gefahr für die Allgemeinheit ausgeht.

19.1.2.5.3 Subsumtion unter den Anwendungsbereich des Human Pathogens and Toxins Act

Die Anhänge 2 bis 4 sowie Teil 2 von Anhang 5 des Human Pathogens and Toxins Act listen ausschließlich Viren und Bakterien auf. Daraus folgt, dass insbesondere virale Vektoren, die für somatische genomische Therapien eingesetzt werden, bereits aufgrund ihrer Nennung in diesen Anhängen als Humanpathogene im Sinne des Gesetzes eingestuft werden können (vgl. Tabelle 19.1).

19.1.2.5.3.1 Benannte Virenstämme

So finden sich dort unter anderem Sendai-Viren[38] sowie zahlreiche weitere Stämme, etwa Hepatitis- und Pockenviren. Diese sind sämtlich der Risikogruppe 2 zugeordnet. Nicht ausgeschlossen ist jedoch, dass virale Vektoren, die aus solchen Viren abgeleitet sind, in Risikogruppe 1 eingestuft werden können, sofern sie gentechnisch so entschärft wurden, dass sich ihr Risikoprofil entsprechend reduziert und dies im Einzelfall mit der zuständigen Behörde abgestimmt wurde.[39]

19.1.2.5.3.2 Unbenannte Virenstämme

Viele Virenstämme sind jedoch nicht in den Anhängen des HPTA enthalten, darunter beispielsweise Adeno-assoziierte Viren. In der Datenbank des Office of Biosafety and Planning (OBPP) sind diese zu finden und werden grundsätzlich der Risikogruppe 1 zugeordnet.[40] Insoweit handelt es sich bei

---

measures are usually available and the risk of spread of disease caused by those pathogens is low;
Risk Group 4 means a category of human pathogens that pose a high risk to the health of individuals and a high risk to public health and includes the human pathogens listed in Schedule 4. They are likely to cause serious disease in a human. Effective treatment and preventive measures are not usually available and the risk of spread of disease caused by those pathogens is high".

[38] Schedule 2 ('Sendai-Virus') HPTA.

[39] Subsection 26(1)-(4) HPTR.

[40] Public Health Agency of Canada, ePATHogen – Risk Group Database, (https://health.canada.ca/en/epathogen) (geprüft am 24.10.2025).

AAV-Vektoren beispielsweise nicht um Humanpathogene oder Toxine. Die Forschung und Entwicklung mit diesen unterliegt deshalb regelmäßig nicht dem Anwendungsbereichs des HPTA.[41]

19.1.2.5.3.3 Wirtsorganismen

Mehrere Bakterienstämme, darunter E. coli, sind in Anhang 2 des HPTA aufgeführt und daher der Risikogruppe 2 zuzuordnen. Es handelt sich folglich um Humanpathogene im Sinne des Gesetzes. Diese Stämme werden häufig als Produktionsorganismen für die Herstellung rekombinanter Proteine wie Cas-Nukleasen oder rekombinanter Nukleinsäuren (etwa mRNA oder viraler Vektoren) eingesetzt (vgl. Abschnitt 8.2.2.1). Die Verwendung solcher Wirtsorganismen in der Produktion führt daher zu einer Genehmigungspflicht nach dem Human Pathogens and Toxins Act.

19.1.2.5.3.4 RNA-Moleküle

RNA-Moleküle werden in den Anhängen des Human Pathogens and Toxins Act nicht aufgeführt, sodass ihre Einstufung als Humanpathogen oder Toxin von der Risikobewertung abhängt. Rekombinante und synthetische RNA-Moleküle werden zwar grundsätzlich vom Human Pathogens and Toxins Act erfasst (vgl. Abschnitt 19.1.2.5.2.1). Sie unterfallen dem Gesetz jedoch nicht, solange sie nicht in lebende Mikroorganismen transfiziert wurden.[42] Denn unverpackte („nackte") Nukleinsäuren gelten als ungefährlich und werden daher der Risikogruppe 1 zugeordnet; sie gelten insoweit nicht als Humanpathogene.[43]

Dies bedeutet jedoch nicht, dass Forschung und Entwicklung mit solchen Molekülen generell außerhalb des Anwendungsbereichs des Human Pathogens and Toxins Act stehen. Wird etwa mRNA[44] in einem Forschungsvorhaben verwendet, um Proteine zu exprimieren, die als Pathogene oder Toxine eingestuft sind, so werden Herstellung, Verwendung und Lagerung der resultierenden Proteine von dem Genehmigungsvorbehalt des Human Pathogens and Toxins

---

[41] Public Health Agency of Canada, ePATHogen – Risk Group Database, (https://health.canada.ca/en/epathogen) (geprüft am 24.10.2025).

[42] Hagen, University of British Columbia Law Review 49 (2016), S. 377, 387 f., m. w. N.

[43] Vgl. Hagen, University of British Columbia Law Review 49 (2016), S. 377, 387 f., m. w. N.

[44] Eine Unterscheidung zwischen mRNA und samRNA ist an dieser Stelle nicht notwendig, weil das PHTA ausschließlich auf das Gefahrpotenzial einer Substanz gegenüber Menschen abstellt. Bei samRNA besteht im Vergleich zu klassischer mRNA jedoch ausschließlich ein höheres Risiko, dass es zu Beeinträchtigungen anderer Wildtypviren durch einen horizontalen Gentransfer kommt.

Act erfasst. Die Verwendung der mRNA fällt damit nur mittelbar unter den Erlaubnisvorbehalt: Nicht der Besitz oder die Nutzung der mRNA selbst ist genehmigungspflichtig, sondern die Arbeit mit dem pathogenen Protein, das durch sie exprimiert wird.[45]

ncRNA und gRNA sind nach dieser Darstellung vollständig vom HPTA ausgenommen. Diese RNA-Moleküle codieren keine Proteine und entfalten daher weder ein inhärentes Gesundheitsrisiko für Einzelpersonen noch für die Allgemeinbevölkerung.

19.1.2.5.3.5 Ribonukleoproteine

Ribonukleoproteine sind nicht in den Anhängen des Human Pathogens and Toxins Act gelistet. Entsprechend ist eine Risikoeinstufung anhand der Legaldefinition vorzunehmen. Eine Empfehlung ist der Datenbank des Office of Biosafety and Planning (OBPP) ebensowenig zu entnehmen.

19.1.2.5.3.5.1 Genome-Editing

gRNA sind als solche nicht gefährlich (vgl. Abschnitt 19.1.2.5.3.4), anders kann dies jedoch für die in Ribonukleoproteinen verwendeten Nukleasen gelten. Cas-Proteine bergen ein besonderes Risikopotenzial für Einzelpersonen, da sie beispielsweise durch die Erzeugung des Doppelstrangbruchs im Genom der menschlichen Zellen sog. Off-Target-Effekte erzeugen, die Onkogene aktivieren oder Tumorsuppressorgene ausschalten können (vgl. Kapitel 5). Aufgrund dieser möglichen gesundheitlichen Risiken könnte bei katalytisch aktiven Cas-Proteinen zumindest von einer Einstufung in Risikogruppe 2 auszugehen sein. Denn nach der Legaldefinition genügt hierfür bereits, dass Stoffe beim Menschen ernsthafte Erkrankungen hervorrufen können, obwohl sie dies jedoch nur selten tun.[46]

19.1.2.5.3.5.2 Epigenome- und RNA-Editing

Abweichend würde sich die Rechtslage bei Ribonukleoproteinen darstellen, die im Rahmen des RNA- oder Epigenome-Editing eingesetzt werden. Hier kommen regelmäßig katalytisch inaktive Cas-Proteine (dCas9) zum Einsatz, die genetisches Material binden, ohne einen Doppelstrangbruch der DNA herbeizuführen (vgl. Abschnitt 5.3.5). Durch die Inaktivierung der enzymatischen Domänen oder die Beschränkung des Eingriffs auf das Transkriptom wird kein Doppelstrangbruch im Genom der Zelle erzeugt. Unerwünschte genetische Veränderungen durch Off-Target-Effekte werden damit ausgeschlossen. Epigenetische

---

45 Vgl. Hagen, University of British Columbia Law Review 49 (2016), S. 377, 389 f.

46 Subsection 3(1)('Risk Group 2') HPTA.

oder transkriptomische Modifikationen würden deshalb nicht zu vergleichbaren pathogenen Veränderungen der DNA-Sequenz führen. Zwar können diese Techniken eigenständige Risiken aufweisen. Ihr Risikoprofil wäre jedoch jedenfalls geringer als das solcher CRISPR-Cas-Systeme mit katalytisch aktiven Cas-Domänen. Vor diesem Hintergrund erscheint eine Einstufung der betreffenden katalytisch inaktiven Ribonukleoproteine in Risikogruppe 1 sachgerecht.

19.1.2.5.3.5.3 Entschärfte virale Vektoren als Maßstab

Bei näherer Betrachtung beziehen sich die Anhänge sowie die Datenbank des Office of Biosafety and Planning (OBPP) nahezu ausschließlich auf Viren und Bakterienstämme. Vor diesem Hintergrund erscheint eine Einstufung von Ribonukleoproteinen, die in Lipidnanopartikeln formuliert sind, selbst bei klassischer Anwendung von CRISPR-Cas-Systemen zum Zwecke des Genome-Editing, in Risikogruppe 2 als tendenziell überzogen. Auch entschärfte virale Vektoren können herabgestuft werden, obwohl die zugrunde liegenden Virenstämme teilweise in höheren Risikogruppen der HPTA-Anhänge gelistet sind. Es liegt daher nahe, entsprechende Ribonukleoproteine ebenfalls der Risikogruppe 1 zuzuordnen. Dies gilt umso mehr, als auch integrierende virale Vektoren potenziell schwerwiegende genomische Schäden, etwa durch eine Insertionsmutagenese mit leukämischen Folgen, auslösen können (vgl. Abschnitt 3.1.1).

Gleichwohl wurden Proteine und Nukleinsäuren ausdrücklich neben Mikroorganismen in den Anwendungsbereich des Gesetzes aufgenommen.[47] Es muss entsprechend einen eigenen Anwendungsbereich für diese Produktkategorien geben, weshalb eine Einstufung in Risikogruppe 2 nicht ausgeschlossen werden kann. Forschungseinrichtungen, Entwickler und Hersteller werden sich daher künftig verstärkt mit der Frage der Risikoeinstufung solcher Ribonukleoproteine auseinandersetzen müssen. Die fehlende behördliche Einschätzung führt insoweit zu erheblicher Rechtsunsicherheit.

19.1.2.5.4 Genehmigungsverfahren

Für den rechtmäßigen Umgang mit Humanpathogenen oder Toxinen ist eine Lizenz bei der Public Health Agency of Canada zu beantragen.[48] Zuständig für die Bearbeitung der Anträge ist deren Office of Biosafety and Biocontainment Operations (OBBO). Eine gesetzliche Entscheidungsfrist für die Erteilung der Lizenz ist nicht vorgesehen.

---

[47] Section 3(1)('human pathogen').

[48] Subsection 18(2) HPTA.

Tabelle 19.1 Anwendungsbereich des Human Pathogens and Toxins Act (Präklinik)

SGT	Listung im Anhang	Risikogruppe	Anwendbarkeit HPTA	Mittelbare Regulierung durch…
Zelltherapie	Nein	RG1	Nein	Transfektion von HPTA-Stoffen
Virale Vektoren	Einzelfallabhängig	RG1-RG2	Ja / Nein	Herstellung in Bakterienzellen
mRNA	Nein	RG1	Nein	Expression von HPTA-Stoffen (Herstellung in Bakterienzellen)
ncRNA	Nein	RG1	Nein	Nein (Herstellung in Bakterienzellen)
Genome-Editing (Ribonukleoproteine)	Nein	RG1-RG2	Ja	Herstellung in Bakterienzellen
RNA-Editing (Ribonukleoproteine)	Nein	RG1	Nein	Herstellung in Bakterienzellen
Epigenome-Editing (Ribonukleoproteine)	Nein	RG1	Nein	Herstellung in Bakterienzellen

Die Lizenz ist zeitlich zu befristen und richtet sich nach der Risikogruppe des betroffenen Humanpathogens oder Toxins. Sie gilt bis zu fünf Jahre für Pathogene der Risikogruppe 2, drei Jahre für Risikogruppe 3 und ein Jahr für Risikogruppe 4.[49] Die Entscheidung über Dauer und Umfang der Lizenz erfolgt unter Berücksichtigung des Risikos der vorgesehenen Verwendung, der potenziellen Gefährdung der öffentlichen Gesundheit sowie der bisherigen regulatorischen Compliance des Antragstellers.[50]

19.1.2.5.5 Genehmigungsvoraussetzungen

Für die Genehmigung ist anzugeben, welche Humanpathogene oder Toxine, einschließlich ihrer Risikogruppe, verwendet werden sollen. Die Lizenz deckt nämlich ausschließlich die jeweils genehmigten Tätigkeiten ab und kann mit

[49] Subsection 2(2) HPTR.

[50] Subsections 2(1) HPTR.

Auflagen (z. B. Einschlussmaßnahmen oder bauliche Anforderungen) verbunden sein.[51]

19.1.2.5.5.1 Beauftrager für biologische Sicherheit (BSO)

Für sämtliche genehmigungspflichtigen Tätigkeiten ist die Bestellung eines Beauftragten für biologische Sicherheit (Biological Safety Officer – BSO) zwingend erforderlich.[52] Der BSO muss über die entsprechende fachliche Qualifikation verfügen und mit besonderen Rechten innerhalb der Einrichtung ausgestattet sein, um die Einhaltung der biosicherheitsrechtlichen Anforderungen sicherzustellen.[53]

Zu den Qualifikationsanforderungen zählen fundierte mikrobiologische Kenntnisse, die den mit den genehmigten Tätigkeiten verbundenen Risiken angemessen sind.[54] Sie müssen durch eine Kombination aus Ausbildung, Schulung und praktischer Erfahrung nachgewiesen werden. Darüber hinaus sind eine umfassende Vertrautheit mit den einschlägigen gesetzlichen Bestimmungen des Bundes- und Provinzrechts und fundierte Kenntnisse der relevanten Biosicherheits- und Bioüberwachungsstandards erforderlich.[55]

Zu den Aufgaben des BSO gehören insbesondere die Kommunikation mit der Behörde im Namen des Genehmigungsinhabers, die Überwachung der Einhaltung gesetzlicher Vorschriften, der Lizenzbedingungen und der maßgeblichen Biosicherheitsstandards, die Organisation und Dokumentation geeigneter Schulungen für das mit den genehmigten Tätigkeiten betraute Personal, die Durchführung regelmäßiger Inspektionen und interner Audits sowie die Berichterstattung an den Lizenzinhaber.[56]

19.1.2.5.5.2 Risk-Management-Plan

Forschungseinrichtungen und Privatpersonen, die Forschung[57] betreiben, sind verpflichtet, einen Risk-Management-Plan vorzulegen, der von der Behörde als Plan for Administrative Oversight for Pathogens and Toxins in a Research Setting bezeichnet wird.[58] Dabei handelt es sich um ein internes Aufsichtskonzept, das

[51] Subsection 18(4) HPTA.

[52] Subsection 36(1) HPTA.

[53] Subsections 36(5)(3) HPTA.

[54] Section 8(a) HPTR.

[55] Section 8(b)(c) HPTR.

[56] Section 9(b)(c)(e) HPTR.

[57] Section 1('scientific research').

[58] Section 3 HPTR.

darlegt, wie die Einrichtung ihre Verantwortung für die sichere Handhabung von Humanpathogenen und Toxinen organisatorisch und personell gewährleistet. Die Public Health Agency of Canada hat hierfür zehn verbindliche Elemente definiert, die unter anderem Anforderungen an Mitarbeiterschulung, Inventarisierung, Risikoanalyse, Auditstrukturen und Notfallvorsorge umfassen.[59] Ohne einen angemessenen Risk-Management-Plan kann für Forschungstätigkeiten keine Lizenz erteilt werden.[60]

19.1.2.5.5.3 Canadian Biosafety Standards and Guidelines

Eine Lizenz darf nur erteilt werden, wenn die Behörde zu der Auffassung gelangt, dass die geplante Tätigkeit innerhalb der Einrichtung ohne erhebliche Risiken für die öffentliche Gesundheit und Sicherheit durchgeführt werden kann.[61] Zu diesem Zweck ist sie befugt, die Lizenz mit Auflagen zu versehen, um ein angemessenes Schutzniveau sicherzustellen.[62]

Die Auslegung dieses weit gefassten Maßstabs erfolgt anhand der von der Public Health Agency of Canada veröffentlichten Canadian Biosafety Standards and Guidelines[63], die durch das Office of Biosafety and Biocontainment Operations entwickelt werden. Obgleich die Canadian Biosafety Standards and Guidelines keine Gesetze im formellen oder materiellen Sinne sind, sind sie faktisch verbindlich. Denn ihre Einhaltung wird von der Public Health Agency of Canada als zwingender Mindeststandard für die Erteilung der Lizenz herangezogen und kraft ihrer Auflagenbefugnis durchgesetzt.[64] Darüber hinaus erlangen sie Bedeutung für die Privilegierungstatbestände im Rahmen der NSNR(O), soweit

---

[59] Public Health Agency of Canada, Plan for Administrative Oversight for Pathogens and Toxins in a Research Setting- Required Elements and Guidance, (https://www.canada.ca/content/dam/phac-aspc/documents/services/laboratory-biosafety-biosecurity/licensing-program/plan-administrative-oversight-pathogens-toxins-a-research-setting-required-elements-guidance/admin_oversight-surveillance_admin-eng.pdf), S. 3 (geprüft am 24.10.2025).

[60] Weiterführend Government of Canada, Scientific Research Policy for Human Pathogens and Toxins, (https://www.canada.ca/en/public-health/services/laboratory-biosafety-biosecurity/scientific-research-policy-human-pathogens-toxins.html) (geprüft am 24.10.2025).

[61] Section 18(1) HPTA.

[62] Subsections 18(4)(5)(c)-(e)(7) HPTA.

[63] Public Health Agency of Canada/Canadian Food Inspection Agency, Canadian biosafety standard for facilities handling and storing human and terrestrial animal pathogens and toxins, 2022; die unterschiedlichen Standards und Richtlinien wurden in dieser dritten Ausgabe der Biosicherheitsstandards konsolidiert.

[64] Public Health Agency of Canada/Canadian Food Inspection Agency, Canadian biosafety standard for facilities handling and storing human and terrestrial animal pathogens and toxins, 2022, S. 2.

mit Mikroorganismen im Rahmen der Produktentwicklung geforscht wird (vgl. Abbildung 19.1).

19.1.2.5.5.3.1 Biosicherheitsstufen (Containment Levels)

Während der Human Pathogens and Toxins Act primär auf die stoffbezogenen Gefahren in Forschung und Entwicklung abstellt, regeln die Canadian Biosafety Standards and Guidelines die risikoadäquaten Anforderungen an Personen, Räumlichkeiten und betriebliche Prozesse innerhalb der jeweiligen Einrichtung.[65] Maßgeblich für die konkrete Ausgestaltung dieser Anforderungen ist die Einstufung der Einrichtung in Biosicherheitsstufen (Containment Level – CL). Die Einteilung erfolgt in die Stufen CL2, CL3 und CL4 und richtet sich nach der Risikogruppe der jeweils verwendeten Stoffe (RG2, RG3 und RG4; vgl. Abschnitt 19.1.2.5.2.3).[66] Mit zunehmendem Gefährdungspotenzial steigen die Anforderungen an bauliche, technische und organisatorische Schutzmaßnahmen.

Für die Risikogruppe 1 sehen die kanadischen Biosicherheitsstandards keine eigenständige Biosicherheitsstufe oder besondere Maßgaben vor. Stattdessen wird darauf verwiesen, dass die notwendige Vorsicht und gängigen Arbeitsschutzmaßnahmen beachtet werden sollen (beispielsweise die Gute Laborpraxis im Bereich der Mikrobiologie).[67] Entsprechend sind die Canadian Biosafety Standards und Guidelines für die meisten somatischen genomischen Therapien im Bereich der präklinischen Forschung und Entwicklung nicht von Bedeutung (vgl. Tabelle 19.1).

19.1.2.5.5.3.2 Räume und Personal

Für das gesamte Personal bestehen umfassende Schulungs- und Kenntnispflichten und zudem gelten je nach Einstufung des Biosicherheitsniveaus abgestufte Anforderungen an die persönliche Schutzausrüstung, etwa hinsichtlich Kleidung und Hygienemaßnahmen.[68] Mit zunehmender Biosicherheitsstufe (CL) steigen auch die Anforderungen an die räumliche und technische Ausstattung.

---

[65] Hagen, University of British Columbia Law Review 49 (2016), S. 377, 394.

[66] Public Health Agency of Canada/Canadian Food Inspection Agency, Canadian biosafety standard for facilities handling and storing human and terrestrial animal pathogens and toxins, 2022, S. 8 f.

[67] Public Health Agency of Canada/Canadian Food Inspection Agency, Canadian biosafety standard for facilities handling and storing human and terrestrial animal pathogens and toxins, 2022, S. 8.

[68] Vgl. Public Health Agency of Canada/Canadian Food Inspection Agency, Canadian biosafety standard for facilities handling and storing human and terrestrial animal pathogens and toxins, 2022, S. 58 ff.

So sind beispielsweise spezielle Einschlussmaßnahmen wie Luftfiltersysteme, Zugangsbeschränkungen, gesonderte Geräteausstattung sowie die Implementierung standardisierter Arbeitsanweisungen (SOP) verpflichtend vorzusehen.[69]

19.1.2.5.5.3.3 Dokumentationspflichten

Es bestehen umfassende Dokumentationspflichten, deren Umfang sich nach der Art der jeweils zu erfassenden Vorgänge richtet. Sämtliche lizenzpflichtigen Aktivitäten sind für einen Zeitraum von mindestens fünf Jahren schriftlich zu dokumentieren.[70] Für bestimmte Ereignisse gelten verlängerte Aufbewahrungspflichten. Etwa sind biosicherheitsrelevante Vorfälle und Unfälle zu dokumentieren und mindestens zehn Jahre aufzubewahren.[71]

19.1.2.5.5.3.4 Tierversuchsrechtliche Besonderheiten

Es gelten spezifische Vorschriften für den Umgang mit Tieren. Derartige Arbeiten dürfen in allen Biosicherheitsstufen (CL) ausschließlich in hierfür vorgesehenen Bereichen durchgeführt werden. So ist etwa eine räumliche Trennung zwischen Bereichen für lebende Tiere und solchen für verstorbene Tiere zwingend vorgeschrieben.[72] Darüber hinaus greifen besondere Beobachtungspflichten, Maßnahmen zur Schmerzminderung sowie weitergehende Anforderungen an räumliche Trennung und Protokollierung in den höheren Sicherheitsstufen (CL3 und CL4).[73]

---

[69] Vgl. Public Health Agency of Canada/Canadian Food Inspection Agency, Canadian biosafety standard for facilities handling and storing human and terrestrial animal pathogens and toxins, 2022, S. 20 ff.

[70] Public Health Agency of Canada/Canadian Food Inspection Agency, Canadian biosafety standard for facilities handling and storing human and terrestrial animal pathogens and toxins, 2022, S. 96.

[71] Public Health Agency of Canada/Canadian Food Inspection Agency, Canadian biosafety standard for facilities handling and storing human and terrestrial animal pathogens and toxins, 2022, S. 96 f.

[72] Public Health Agency of Canada/Canadian Food Inspection Agency, Canadian biosafety standard for facilities handling and storing human and terrestrial animal pathogens and toxins, 2022, S. 11.

[73] Vgl. Public Health Agency of Canada/Canadian Food Inspection Agency, Canadian biosafety standard for facilities handling and storing human and terrestrial animal pathogens and toxins, 2022, S. 81 ff.

19.1.3 Tierschutzrecht

Kanada verfügt über kein spezifisches Bundesgesetz zur Regelung von Tierversuchen.[74] Aufgrund der verfassungsrechtlichen Kompetenzverteilung liegt die Gesetzgebung in diesem Bereich bei den Provinzen.[75] Gleichwohl bestehen auf Bundesebene allgemeine tierschutzrechtliche Vorschriften, die Tierversuche zumindest mittelbar betreffen.

19.1.3.1 Strafrechtliche Bestimmungen

Hierzu zählen insbesondere die strafrechtlichen Bestimmungen des Canadian Criminal Code[76]. Diese stellen unter anderem Tierquälerei, die Verabreichung toxischer Substanzen sowie das Verursachen unnötigen Leidens an Tieren unter Strafe.[77] Wissenschaftliche Versuchsvorhaben sind hiervon nicht per se ausgenommen. Sie sind nur dann gerechtfertigt, wenn ein „vernünftiger Grund" (Reasonable Excuse) vorliegt.[78]

19.1.3.2 Health of Animals Act

Weitere Bestimmungen finden sich im Health of Animals Act[79], und den hierzu erlassenen Health of Animals Regulations[80]. Diese Regelungen dienen jedoch primär dem Seuchen- und Importschutz und enthalten lediglich punktuelle Vorgaben zur Haltung erkrankter Tiere, sodass sie Tierversuche nur am Rande betreffen.

19.1.3.3 Canadian Council on Animal Care (CCAC)

Zentrale Bedeutung kommt stattdessen dem Canadian Council on Animal Care (CCAC) zu. Dabei handelt es sich nicht um eine staatliche Behörde, sondern um eine 1968 gegründete nationale Selbstregulierungsorganisation, die Standards und Richtlinien für die Verwendung von Tieren in Wissenschaft und Lehre entwickelt.[81] Bei den CCAC-Standards handelt es sich deshalb um „soft law".

---

[74] Black/Fenton/Ormandy, Animals 12 (2022), 770, S. 1.

[75] Vgl. Griffin/Locke, Institute for Laboratory Animal Research Journal 57 (2016), S. 271, 272; Canadian Council on Animal Care, Canadian Legislation and Policies, (https://ccac.ca/en/animals-used-in-science/canadian-legislation-and-policies/) (geprüft am 24.10.2025).

[76] Canadian Criminal Code, R. S. C. 1985, c. C-46.

[77] Subsections 445(1)(a), 445.1(1)(a)(c) Canadian Criminal Code.

[78] Subsection 445.1(1)(c) Canadian Criminal Code.

[79] Health of Animals Act, S. C. 1990, c. 21.

[80] Health of Animals Regulations, C. R. C., c. 296.

[81] Griffin/Locke, Institute for Laboratory Animal Research Journal 57 (2016), S. 271, 273; Black/Fenton/Ormandy, Animals 12 (2022), 770, S. 2 f.

Die Kontrolle erfolgt ausschließlich durch regelmäßige Inspektionen des CCAC, wodurch Einrichtungen das Zertifikat „Good Animal Practice“ (GAP) erhalten können.[82] Die CCAC-Standards entfalten jedoch faktisch eine normative Bindungswirkung. Nationale Forschungsförderer wie die Canadian Institutes of Health Research sowie das Natural Sciences and Engineering Research Council machen ihre Einhaltung zur Fördervoraussetzung.[83] Auch die Bundesregierung verlangt ihre Beachtung bei der Vergabe von Forschungsaufträgen.[84]

19.1.3.4 Gesetzgebung auf Ebene der Provinzen

Einzelne Provinzen haben eigene Gesetze zur Verwendung von Tieren in der Forschung erlassen.[85] Viele verweisen, beispielsweise in Alberta und Manitoba, auf die CCAC-Standards, wodurch diese verbindlich werden.[86] Hervorzuheben ist dabei der Animals for Research Act[87] (ARA) in Ontario. Er ist das einzige Gesetz, das eine behördliche Registrierung von Forschungseinrichtungen, die Tierversuche durchführen, in Kanada vorschreibt.[88] Die Zuständigkeit hierfür liegt beim Landwirtschaftsministerium in Ontario, das zudem regelmäßige Inspektionen der registrierten Forschungseinrichtungen durchführt.[89]

---

82 Canadian Council on Animal Care, Canadian Legislation and Policies, (https://ccac.ca/en/animals-used-in-science/canadian-legislation-and-policies/) (geprüft am 24.10.2025); Griffin/Locke, Institute for Laboratory Animal Research Journal 57 (2016), S. 271, 273; Canadian Council on Animal Care, Certification of Ethical Animal Care and Use of Programs, 2022, (https://ccac.ca/Documents/Standards/Policies/Certification_of_ethical_animal_care_and_use_programs.pdf), S. 1.

83 Canadian Council on Animal Care, Canadian Legislation and Policies, (https://ccac.ca/en/animals-used-in-science/canadian-legislation-and-policies/) (geprüft am 24.10.2025); Black/Fenton/Ormandy, Animals 12 (2022), 770, S. 3.

84 Government of Canada, Agreement on the Administration of Agency Grants and Awards by Research Institutions, 2023, (https://science.gc.ca/site/science/en/interagency-research-funding/policies-and-guidelines/institutional-agreement?OpenDocument), Abschnitt 4.4 (geprüft am 24.10.2025).

85 Näher Griffin/Locke, Institute for Laboratory Animal Research Journal 57 (2016), S. 271, 274.

86 Griffin/Locke, Institute for Laboratory Animal Research Journal 57 (2016), S. 271, 274.

87 Animals for Research Act, R. S. O. 1990, c. A.22.s. 1.

88 Griffin/Locke, Institute for Laboratory Animal Research Journal 57 (2016), S. 271, 274; vgl. Sections 4-5 ARA.

89 Subsection 18(1) ARA.

19.1.3.5 Selbstregulierung und Compliance

Insofern zeichnet sich Kanada im Bereich des Tierschutzrechts durch ein fragmentiertes Regelungssystem aus, das aus bundesrechtlichen Straf- und Seuchenschutzvorgaben, provinziellen Spezialgesetzen sowie einem weitreichenden System freiwilliger Selbstregulierung besteht. Bemerkenswert ist, dass Unternehmen und Forschungseinrichtungen in manchen Provinzen rechtlich nicht an die CCAC-Standards gebunden sind und deshalb lediglich dem Straf- und Seuchenrecht als äußersten Grenzen des Tierschutzrechts unterliegen. Gleichwohl unterziehen sich nahezu alle kanadischen Forschungseinrichtungen, einschließlich industrieller Unternehmen, freiwillig dem CCAC-Zertifizierungsprozess.[90]

19.1.3.6 Animal Care Committee (ACC) und Erlaubnisvorbehalt

Wie in den Vereinigten Staaten von Amerika basiert das kanadische System der Tierversuchskontrolle auf einem Modell institutioneller Tierschutzkommissionen (IACUC). Nach den Richtlinien des CCAC muss jede Forschungseinrichtung ein Animal Care Committee (ACC) einrichten, das Tierversuche im Vorfeld genehmigen muss sowie die Durchführung der Versuche fortlaufend überwacht.[91] In der Provinz Ontario ist die Einrichtung eines ACC zudem ausdrücklich gesetzlich vorgeschrieben.[92]

Die internen Tierschutzkomissionen (ACC) werden wiederum durch den CCAC überwacht, der die Einhaltung seiner Standards durch Auditierungen der akkreditierten Einrichtungen überprüft. Dabei wird überprüft, ob die internen Tierschutzkommissionen (ACC) ordnungsgemäß arbeiten, die CCAC-Richtlinien umgesetzt werden und die Tierhaltung den festgelegten Anforderungen entspricht.[93] Bei Verstößen kann das CCAC der Einrichtung entweder Auflagen erteilen oder ihr das GAP-Zertifikat entziehen.[94] Eine Einrichtung verliert durch den Entzug des GAP-Zertifikats ihren Zugang zu öffentlichen Fördermitteln und auch die gewerberechtliche Betriebserlaubnis kann gefährdet sein.[95] Dies erklärt möglicherweise das hohe Maß an Bereitschaft zur Compliance, obwohl die

---

90 Griffin/Locke, Institute for Laboratory Animal Research Journal 57 (2016), S. 271, 275.

91 Griffin/Locke, Institute for Laboratory Animal Research Journal 57 (2016), S. 271, 276; Black/Fenton/Ormandy, Animals 12 (2022), 770, S. 3.

92 Subsection 17(1) ARA.

93 Black/Fenton/Ormandy, Animals 12 (2022), 770, S. 3.

94 Canadian Council on Animal Care, Certification of Ethical Animal Care and Use of Programs, 2022, (https://ccac.ca/Documents/Standards/Policies/Certification_of_ethical_animal_care_and_use_programs.pdf), S. 3.

95 Black/Fenton/Ormandy, Animals 12 (2022), 770, S. 3.

CCAC-Standards landesweit nicht verbindlich gelten. Denn Fälle eines Entzugs des GAP-Zertifikats sind bislang äußerst selten.[96]

19.1.3.7 Genehmigungs- und Durchführungsbestimmungen

Aufgrund ihrer zentralen Bedeutung ist daher von besonderem Interesse, welche Anforderungen die CCAC-Standards an die Durchführung von Versuchsvorhaben stellen. Zudem lohnt sich ein Blick auf die Provinz Ontario, deren Schutzvorgaben durch den Animals for Research Act (ARA) teilweise über die CCAC-Standards hinausreichen und in der die maßgeblichen Experteninterviews durchgeführt wurden.

19.1.3.7.1 Registrierung der Forschungseinrichtungen

Eine gesetzliche Pflicht zur vorherigen Registrierung von Forschungseinrichtungen besteht ausschließlich in der Provinz Ontario.[97] Dort dürfen Tierversuche mit Wirbeltieren nur durchgeführt werden, wenn die Forschungseinrichtung zuvor beim zuständigen Landwirtschaftsministerium registriert wurde.[98] Die Registrierung wird nur erteilt, wenn die vorgesehenen Haltungsbedingungen den gesetzlichen Anforderungen entsprechen.[99] Die hierzu erlassenen Rechtsverordnungen enthalten detaillierte Vorgaben zu räumlichen, hygienischen und organisatorischen Voraussetzungen, die im Rahmen der Registrierung verbindlich einzuhalten sind.[100]

19.1.3.7.2 Zusammensetzung und Befugnisse der internen Tierschutzkommission (ACC)

In der Provinz Ontario sind alle registrierten Forschungseinrichtungen, die Wirbeltiere in Versuchsvorhaben einsetzen, zudem gesetzlich verpflichtet, eine interne Tierschutzkommission (ACC) einzurichten, der mindestens ein Tierarzt angehören muss.[101] Das ACC bewertet und genehmigt jedes Versuchsvorhaben mit Wirbeltieren im Vorfeld und kann bei Verstößen den Abbruch anordnen.[102]

---

[96] Vgl. Black/Fenton/Ormandy, Animals 12 (2022), S. 3.

[97] Vgl. Subsections 4(1), 1(1) ARA.

[98] Subsections 17(3), 1(1) ARA.

[99] Subsections 5(1), 4(2) ARA.

[100] Vgl. Animals for Research Act, R. S. O. 1990, c. A.22, Reg. 22–25 (General, Pounds, Research Facilities and Supply Facilties, Transportation).

[101] Subsection 17(1) ARA.

[102] Subsections 17(2)-(4) ARA.

Auch für die CCAC-Zertifizierung ist die Einrichtung einer internen Tierschutzkommission (ACC) verpflichtend. Die CCAC-Standards sehen hierfür jedoch strengere Anforderungen an die Zusammensetzung vor. Das Gremium muss interdisziplinär besetzt sein und Vertreterinnen und Vertreter aus Forschung, Lehre, Veterinärmedizin und der Studierendenschaft umfassen.[103] Übereinstimmend sind die Anforderungen an die Unabhängigkeit und Befugnisse des ACC. Die Kommission muss befugt sein, Tierversuche bei Verstößen gegen die CCAC-Standards eigenständig zu unterbrechen oder zu beenden, und kein Tierversuch darf ohne vorherige Genehmigung durchgeführt werden.[104]

19.1.3.7.3 Personal, Haltung und Räume

Nach den Standards des CCAC müssen alle in Tierversuchsvorhaben eingebundenen Personengruppen – darunter Wissenschaftlerinnen und Wissenschaftler, Doktorandinnen und Doktoranden, Postdocs, technisches Personal, Studienleiter, veterinärmedizinisches Fachpersonal, Mitglieder der Animal Care Committees sowie institutionelle Verantwortungsträger – im tierschutzgerechten Umgang mit Versuchstieren geschult sein.[105] Der CCAC stellt hierfür zielgruppenspezifische Schulungs- und Informationsmaterialien bereit und bietet Workshops sowie Online-Seminare an.[106] Jede CCAC-zertifizierte Forschungseinrichtung ist zudem verpflichtet, mindestens einen Tierarzt zu beschäftigen, der die tiermedizinische Betreuung sicherstellt.[107]

Die Vorgaben zur Tierhaltung sind einzelnen tierspezifischen CCAC-Leitlinien zu entnehmen, die unregelmäßig aktualisiert werden. Für Mäuse ist etwa eine

---

[103] Griffin/Locke, Institute for Laboratory Animal Research Journal 57 (2016), S. 271, 276; Canadian Council on Animal Care, Terms of Reference for Animal Care Committees, (https://ccac.ca/Documents/Standards/TORs/CCAC_Terms_of_Reference_for_ACC.pdf), S. 2 f. (geprüft am 24.10.2025).

[104] Canadian Council on Animal Care, Terms of Reference for Animal Care Committees, (https://ccac.ca/Documents/Standards/TORs/CCAC_Terms_of_Reference_for_ACC.pdf), S. 3 ff. (geprüft am 24.10.2025).

[105] Griffin/Locke, Institute for Laboratory Animal Research Journal 57 (2016), 271, 278; Black/Fenton/Ormandy, Animals 12 (2022), 770, S. 3; Canadian Council on Animal Care, Certification of Ethical Animal Care and Use of Programs, 2022, (https://ccac.ca/Documents/Standards/Policies/Certification_of_ethical_animal_care_and_use_programs.pdf), S. 6 (geprüft am 24.10.2025).

[106] Griffin/Locke, Institute for Laboratory Animal Research Journal 57 (2016), 271, 278; Black/Fenton/Ormandy, Animals 12 (2022), 770, S. 3.

[107] Griffin/Locke, Institute for Laboratory Animal Research Journal 57 (2016), S. 271, 278.

Mindestbodenfläche von 330 cm^2 pro Tier vorzusehen.[108] Für bestimmte Tierarten, etwa nicht-menschliche Primaten, sind zusätzliche Anforderungen wie Quarantäneräume verpflichtend.[109] Seit 2024 existiert zudem eine umfassende Richtlinie zum räumlichen Design tierexperimenteller Einrichtungen, deren Einhaltung das CCAC grundsätzlich erwartet.[110]

19.1.3.7.4 Genehmigung des Versuchsvorhabens

Bei der Genehmigung von tierexperimentellen Versuchsvorhaben sind die einrichtungsinternen Tierschutzkommissionen (ACC) verpflichtet, eine umfassende ethische Bewertung jedes Versuchsvorhabens vorzunehmen. Maßgeblich ist hierfür das Versuchsprotokoll, das auf einer allgemeinen CCAC-Leitlinie[111] basiert, deren prinzipiengesteuerte Vorgaben der Konkretisierung bedürfen.

19.1.3.7.4.1 Versuchsprotokoll

Grundvoraussetzung einer Genehmigung ist stets der Nachweis eines wissenschaftlichen, pädagogischen oder regulatorischen Zwecks des Versuchsvorhabens.[112] Der Antragsteller muss das Forschungsvorhaben und die geplanten Eingriffe beschreiben sowie Informationen zur Projektleitung, zum involvierten Personal und zu deren Qualifikationen anzugeben.[113] Insbesondere sind auch die geplante Laufzeit und die Finanzierungsquelle des Versuchsvorhabens anzugeben.[114]

Zu den verpflichtenden Angaben gehören zudem Ausführungen zum Einsatz gefährlicher Substanzen und zu deren gegebenenfalls notwendiger Genehmigung

---

[108] Canadian Council on Animal Care, CCAC guidelines: Mice, 2019, (https://ccac.ca/Documents/Standards/Guidelines/CCAC_Guidelines_Mice-Sept2022.pdf), S. 12 (geprüft am 24.10.2025).

[109] Canadian Council on Animal Care, CCAC guidelines: Nonhuman primates, 2019, (https://ccac.ca/Documents/Standards/Guidelines/CCAC_Nonhuman-Primates_Guidelines-2019.pdf), S. 12 (geprüft am 24.10.2025).

[110] Canadian Council on Animal Care, CCAC guidelines: Laboratory animal facilities, (https://ccac.ca/Documents/Standards/Guidelines/CCAC_guidelines-Laboratory_animal_facilities.pdf) (geprüft am 24.10.2025).

[111] Canadian Council on Animal Care, CCAC guidelines on: animal use protocol review, 1997, (https://ccac.ca/Documents/Standards/Guidelines/Protocol_Review.pdf) (geprüft am 24.10.2025).

[112] Griffin/Locke, Institute for Laboratory Animal Research Journal 57 (2016), S. 271, 277; kritisch Black/Fenton/Ormandy, Animals 12 (2022), 770, S. 7.

[113] Griffin/Locke, Institute for Laboratory Animal Research Journal 57 (2016), S. 271, 277.

[114] Griffin/Locke, Institute for Laboratory Animal Research Journal 57 (2016), S. 271, 277.

innerhalb der Einrichtung, zur Einstufung des Invasivitätsgrads der vorgesehenen Eingriffe sowie zum Nachweis der Berücksichtigung des 3R-Prinzips.[115] Ferner sind ein detaillierter Versuchsablauf mit Zeitachse, Definition von Endpunkten, gegebenenfalls Informationen zu Fang, Transport oder Freilandmaßnahmen sowie die gewählte Methode der Tötung und das endgültige Schicksal der Tiere zu dokumentieren.[116]

19.1.3.7.4.2 Schmerz-Nutzen-Abwägung

Ein zentrales Element der ethischen Bewertung ist die Einstufung des voraussichtlichen Schmerz- und Belastungsgrads jeder Versuchseinheit.[117] Das CCAC teilt Versuchsvorhaben in seinen Leitlinien in Kategorien von minimalen Eingriffen (Kategorie A) bis hin zu schwersten Schmerzen und Leiden (Kategorie E) ein.[118] Diese Klassifizierung dient in erster Linie der Verbesserung des Schmerzmanagements und der Rechtfertigung reduzierter Tierzahlen im Sinne des 3R-Prinzips.[119] Ein hoher Schmerzgrad führt somit nicht automatisch zur Ablehnung des Versuchsvorhabens, sofern eine hinreichende wissenschaftliche Rechtfertigung vorliegt.

Grenzen ergeben sich allerdings aus den tierartspezifischen CCAC-Leitlinien. Bei nicht-menschlichen Primaten sind besonders belastende Tierversuche der Kategorie E beispielsweise nur in engen Ausnahmefällen zulässig, etwa bei Forschung zu hochinfektiösen Erregern wie dem Ebolavirus, bei der die physiologische Nähe zum Menschen zwingend erforderlich ist.[120] Damit erfolgt in Kanada, anders als im US-amerikanischen System, eine echte Güterabwägung: Der wissenschaftliche Nutzen wird ausdrücklich gegen das Tierwohl abgewogen,

---

115 Griffin/Locke, Institute for Laboratory Animal Research Journal 57 (2016), S. 271, 277; Black/Fenton/Ormandy, Animals 12 (2022), 770, S. 7.

116 Griffin/Locke, Institute for Laboratory Animal Research Journal 57 (2016), 271, 277; Black/Fenton/Ormandy, Animals 12 (2022), 770, S. 7.

117 Griffin/Locke, Institute for Laboratory Animal Research Journal 57 (2016), 271, 276; siehe auch Black/Fenton/Ormandy, Animals 12 (2022), 770, S. 8.

118 Canadian Council on Animal Care, Categories of Invasiveness in Animal Experiments, (https://ccac.ca/Documents/Standards/Guidelines/Categories_of_invasiveness.pdf) (geprüft am 24.10.2025).

119 Vgl. Canadian Council on Animal Care, CCAC guidelines on: animal use protocol review, 1997, (https://ccac.ca/Documents/Standards/Guidelines/Protocol_Review.pdf), S. 5 (geprüft am 24.10.2025).

120 Canadian Council on Animal Care, CCAC guidelines: Nonhuman primates, 2019, (https://ccac.ca/Documents/Standards/Guidelines/CCAC_Nonhuman-Primates_Guidelines-2019.pdf), (geprüft am 24.10.2025), S. 45.

sodass erheblich belastende Versuchsvorhaben selbst dann ausgeschlossen sein können, wenn ein legitimes wissenschaftliches Interesse besteht.

19.1.3.7.5 3R-Prinzip

Kanada verfolgt das 3R-Prinzip in konsequenter Weise. Die allgemeinen Vorgaben werden durch zahlreiche detaillierte Richtlinien konkretisiert, die unter anderem Empfehlungen zum Versuchsdesign, zur Pflege und Haltung sämtlicher relevanter Tierarten – einschließlich Fischen und Wildtieren – sowie zur Definition humaner Endpunkte enthalten.

Zentrale Anforderungen des CCAC bestehen darin, vor jedem Tierversuch das Vorliegen geeigneter Alternativmethoden zu prüfen, die Zahl der eingesetzten Tiere durch eine statistisch fundierte Planung zu minimieren und bei belastenden Eingriffen wirksame Maßnahmen zur Schmerzlinderung sicherzustellen.[121] Die tierspezifischen Richtlinien gehen über diese allgemeinen Anforderungen teilweise hinaus. Bei der Verwendung nicht-menschlicher Primaten wird beispielsweise verlangt, die Effizienz gentechnischer Verfahren zu überprüfen, um die Zahl überzähliger Tiere zu reduzieren.[122] Die Nutzung von Menschenaffen für wissenschaftliche Zwecke ist zudem grundsätzlich ausgeschlossen.[123] In Provinzen, welche die CCAC-Leitlinien nicht durch dynamische Verweisung für rechtlich bindend erklären, können solche Versuche aber zulässig sein, sofern sie nicht gegen strafrechtliche Tierschutzvorgaben verstoßen.

19.1.3.7.6 Dokumentation und Meldepflichten

Alle Versuchseinrichtungen sind nach den CCAC-Richtlinien verpflichtet, detaillierte Aufzeichnungen über ihre Versuchsprotokolle zu führen, insbesondere über Tierzahlen und deren Verwendung.[124] CCAC-zertifizierte Einrichtungen müssen

---

[121] Vgl. Canadian Council on Animal Care, CCAC guidelines on: animal use protocol review, 1997, (https://ccac.ca/Documents/Standards/Guidelines/Protocol_Review.pdf), S. 3 (geprüft am 24.10.2025).

[122] Canadian Council on Animal Care, CCAC guidelines: Nonhuman primates, 2019, (https://ccac.ca/Documents/Standards/Guidelines/CCAC_Nonhuman-Primates_Guidelines-2019.pdf), S. 48.

[123] Canadian Council on Animal Care, CCAC guidelines: Nonhuman primates, 2019, (https://ccac.ca/Documents/Standards/Guidelines/CCAC_Nonhuman-Primates_Guidelines-2019.pdf), S. 7, 17.

[124] Canadian Council on Animal Care, Terms of Reference for Animal Care Committees, (https://ccac.ca/Documents/Standards/TORs/CCAC_Terms_of_Reference_for_ACC.pdf), S. 9 (geprüft am 24.10.2025).

zudem innerhalb von 14 Tagen Verstöße gegen die tierschutzrechtlichen Vorgaben der Richtlinien an den CCAC melden.[125]

In den Provinzen können zusätzliche gesetzliche Regelungen die Dokumentation von Versuchsvorhaben und deren projektbezogene Prüfung verbindlich vorschreiben. Das Landwirtschaftsministerium in Ontario ist etwa ausdrücklich zur Einsichtnahme in diese Unterlagen im Rahmen von Inspektionen ermächtigt.[126] Bei bestimmten tierschutzrelevanten Vorkommnissen besteht darüber hinaus eine zusätzliche Pflicht zur unverzüglichen Benachrichtigung des Ministeriums.[127]

19.1.3.8 Tötung von Versuchstieren

In Kanada dienen die CCAC-Standards den Gerichten als Orientierung, wenn zu beurteilen ist, ob eine Tötung im Rahmen wissenschaftlicher Versuchsvorhaben gerechtfertigt ist oder als Tierquälerei einzustufen wäre.[128] Insofern wird die Zulässigkeit der Tötung von Versuchstieren mittelbar von der Genehmigung des Versuchsprotokolls durch die interne Tierschutzkommission (ACC) beeinflusst. Denn im Versuchsprotokoll müssen Angaben über die Verwendung des betroffenen Tieres nach dem Versuch bzw. eine Tötung gemacht werden (vgl. Abschnitt 19.1.3.7.4.1).

Die in den Experteninterviews gewonnenen Erkenntnisse zeigen jedoch eindeutig, dass sowohl überlebende Versuchstiere als auch überschüssige Tiere, die aufgrund ihrer genetischen Disposition nicht für das geplante Versuchsvorhaben geeignet sind, in der Praxis regelmäßig getötet werden, ohne dass dies zu rechtlichen Schwierigkeiten für die Forschungseinrichtungen oder Wissenschaftler führt.[129] Im Mittelpunkt steht daher weniger die Frage, ob eine Tötung zulässig ist, sondern vielmehr, auf welche Weise sie durchgeführt wird. Maßgeblich

---

[125] Canadian Council on Animal Care, Certification of Ethical Animal Care and Use of Programs, 2022, (https://ccac.ca/Documents/Standards/Policies/Certification_of_ethical_animal_care_and_use_programs.pdf), S. 4.

[126] Subsection 18(3)(c) ARA.

[127] Section 15 ARA.

[128] Griffin/Locke, Institute for Laboratory Animal Research Journal 57 (2016), S. 271, 274.

[129] In einem der durchgeführten Experteninterviews mit Wissenschaftlern, die regelmäßig Tierversuche durchführen (n = 3), wurde allerdings darauf hingewiesen, dass die Tötung der Versuchstiere bei der Genehmigung des Prüfprotokolls möglichst reduziert werden solle.

sind insoweit die Richtlinien des CCAC, einschlägige Vorschriften der Provinzgesetzgebung zur tierschutzgerechten Tötung von Versuchstieren und die Grenzen des kanadischen Strafrechts, die eine angemessene Betäubung erfordern.[130]

19.2 Klinische Prüfung

Um eine Marktzulassung für Humanarzneimittel in der Europäischen Union zu erhalten, schreibt der Humanarzneimittelkodex den Nachweis der klinischen Wirksamkeit und Sicherheit durch entsprechende Studienergebnisse vor.[131] Dabei müssen diese klinischen Prüfungen nicht zwingend innerhalb der Europäischen Union durchgeführt werden. Es genügt, wenn der Antragsteller nachweist, dass außerhalb der Union durchgeführte Studien den ethischen Standards der Richtlinie 2001/20/EG entsprechen.[132]

Entscheidend ist hierbei die Einhaltung der Grundsätze der Guten Klinischen Praxis (GCP), die auf international anerkannten Standards basieren.[133] Hierfür wird maßgeblich die ICH-GCP Guideline E6 (R3)[134] herangezogen. Sie konkretisiert die ethischen Prinzipien der Deklaration von Helsinki und bildet den Goldstandard für die wissenschaftlich und ethisch einwandfreie Planung, Durchführung, Dokumentation und Berichterstattung klinischer Studien.[135]

Somit können klinische Studien zu somatischen genomischen Therapien aus Kanada grundsätzlich für Zulassungsverfahren in Deutschland oder der EU anerkannt werden, soweit sie den Vorgaben der ICH-GCP entsprechen.

---

[130] Vgl. Canadian Council on Animal Care, CCAC guidelines on: euthanasia of animals used in science, 2010, (https://ccac.ca/Documents/Standards/Guidelines/Euthanasia.pdf) (geprüft am 24.10.2025); Animals for Research Act – Regulation 23 (Pounds), R. S. O. 1990, c. A.22.

[131] Art. 8 Abs. 3 Buchst. i) dritter Spiegelstrich 2001/83/EG.

[132] Art. 8 Abs. 3 Buchst. ib) 2001/83/EG.

[133] Art. 1 Abs. 2 und 3 RL 2001/20/EG; siehe auch Art. 47 VO (EU) Nr. 536/2014.

[134] European Medicines Agency/International Council for Harmonisation of Technical Requirements for Pharmaceuticals for Human Use, ICH E6 (R3) Guideline for good clinical practice (GCP), EMA/CHMP/ICH/135/1995, 2025, (https://www.ema.europa.eu/en/documents/scientific-guideline/ich-e6-r3-guideline-good-clinical-practice-gcp-step-5_en.pdf) (geprüft am 24.10.2025).

[135] European Medicines Agency/International Council for Harmonisation of Technical Requirements for Pharmaceuticals for Human Use, ICH E6 (R3) Guideline for good clinical practice (GCP), EMA/CHMP/ICH/135/1995, 2025, (https://www.ema.europa.eu/en/documents/scientific-guideline/ich-e6-r3-guideline-good-clinical-practice-gcp-step-5_en.pdf), S. 6 (geprüft am 24.10.2025).

19.2.1 Arzneimittelrecht

Seit 2019 ist der Verkauf klinischer Prüfpräparate ohne Genehmigung in Kanada strafbewehrt.[136] Zugleich wurde im Food and Drugs Act eine Ermächtigungsgrundlage geschaffen, um die besonderen Voraussetzungen für klinische Prüfungen auf untergesetzlicher Ebene zu regeln.[137] Die einschlägigen Bestimmungen finden sich in Division 5, Part C der Food and Drug Regulations.[138]

19.2.1.1 Genehmigungsverfahren

Vor dem Beginn klinischer Prüfungen der Phasen I bis III ist in Kanada eine Genehmigung durch Health Canada zu beantragen (Clinical Trial Application – CTA).[139] Dies gilt unabhängig davon, ob es sich um ein konventionelles Arzneimittel (Drug) oder ein unter Schedule D erfasstes biologisches Arzneimittel (Biologic) handelt.[140] Für Schedule-D-Arzneimittel ist das Biologic and Radiopharmaceutical Drug Directorate (BRDD) zuständig,[141] während klinische Prüfungen mit konventionellen Arzneimitteln durch das Pharmaceutical Drugs Directorate (PDD) bearbeitet werden.[142]

Neben der behördlichen Prüfung ist für jede klinische Prüfung die Zustimmung einer Ethik-Kommission (Research Ethics Board[143] – REB) erforderlich.[144] Anders als in den Vereinigten Staaten und Deutschland besteht in Kanada jedoch keine zentrale Zuständigkeit bei multizentrischen klinischen Prüfungen. Vielmehr

---

136 Section 31 i. V. mit Subsection 31.2(2)(a.1) FD Act.

137 Subsection 30(1)(b.1) FD Act.

138 Vgl. Abu-Zahra/Carvalho/Edwards, The Regulation of Drugs in Canada, 2024, S. 98.

139 C.05.003(a), C.05.005, C.05.006(1) FDR; Abu-Zahra/Carvalho/Edwards, The Regulation of Drugs in Canada, 2024, S. 98 f.

140 Vgl. Abu-Zahra/Carvalho/Edwards, The Regulation of Drugs in Canada, 2024, S. 98; Chisholm/Ruff/Viswanathan, Cytotherapy 21 (2019), S. 686, 692.

141 Wang/Griffiths/Tounekti u. a., in: Galli (Hrsg.), Regulatory Aspects of Gene Therapy and Cell Therapy Products, 2023, S. 91, 97; Chisholm/Ruff/Viswanathan, Cytotherapy 21 (2019), S. 686, 687.

142 Government of Canada, Pharmaceutical Drugs Directorate, (https://www.canada.ca/en/health-canada/corporate/about-health-canada/branches-agencies/health-products-food-branch/therapeutic-products-directorate.html) (geprüft am 24.10.2025).

143 C.05.001('research ethics board') FDR.

144 C.05.006(1)(c) FDR; Abu-Zahra/Carvalho/Edwards, The Regulation of Drugs in Canada, 2024, S. 99; Wang/Griffiths/Tounekti u. a., in: Galli (Hrsg.), Regulatory Aspects of Gene Therapy and Cell Therapy Products, 2023, S. 91, 96.

muss jede örtlich zuständige Ethik-Kommission (REB) eines jeden Prüfzentrums die Studie einzeln genehmigen.[145]

19.2.1.1.1 Genehmigungsfiktion

In Kanada gilt nach Antragstellung eine dreißigtägige Frist, nach deren Ablauf die Genehmigung als erteilt gilt, sofern die Arzneimittelbehörde innerhalb dieses Zeitraums keine Einwände erhebt.[146] Erhebt Health Canada Bedenken, ergeht ein Objection Letter an den Antragsteller, wodurch die Genehmigungsfiktion nicht eintritt.[147] Der Antragsteller hat dann in der Regel 48 Stunden Zeit, die beanstandeten Punkte auszuräumen.[148] Erfolgt innerhalb dieser Frist keine Beseitigung der Hindernisse, erlässt die Behörde eine Non-Satisfactory Notice, die zur Ablehnung des Antrags führt.[149]

19.2.1.1.2 Beratung durch die Arzneimittelbehörde

Sponsoren klinischer Prüfungen können vor Einreichung eines CTA ein Pre-CTA-Meeting mit Health Canada in Anspruch nehmen, um frühzeitig regulatorische Fragen zu klären und die Antragstellung vorzubereiten.[150] Für Gen- und Zelltherapeutika werden darüber hinaus Pre-Pre-CTA-Meetings angeboten.[151] Diese finden in einem sehr frühen Entwicklungsstadium, noch vor den Pre-CTA-Meetings, statt und dienen insbesondere der Vorbereitung von Projekten, bei denen eine beschleunigte Marktzulassung angestrebt wird.[152]

Weitere Sonderprogramme – etwa vergleichbar mit dem PRIME-Programm der Europäischen Union oder den US-amerikanischen Breakthrough Therapy,

---

[145] C.05.006(1)(c); Wang/Griffiths/Tounekti u. a., in: Galli (Hrsg.), Regulatory Aspects of Gene Therapy and Cell Therapy Products, 2023, S. 91, 97.

[146] Abu-Zahra/Carvalho/Edwards, The Regulation of Drugs in Canada, 2024, S. 99; Chisholm/Ruff/Viswanathan, Cytotherapy 21 (2019), S. 686, 689.

[147] C.05.006(b)Abu-Zahra/Carvalho/Edwards, The Regulation of Drugs in Canada, 2024, S. 99.

[148] Chisholm/Ruff/Viswanathan, Cytotherapy 21 (2019), S. 686, 689.

[149] Chisholm/Ruff/Viswanathan, Cytotherapy 21 (2019), S. 686, 689.

[150] Wang/Griffiths/Tounekti u. a., in: Galli (Hrsg.), Regulatory Aspects of Gene Therapy and Cell Therapy Products, 2023, S. 91, 98.

[151] In einem Experteninterview wurde dahingehend ausgeführt, dass Pre-Pre-CTA-Meetings zwar nicht immer durchgeführt werden, allerdings noch früher als die US-amerikanischen Pre-IND-Meetings stattfinden, weshalb diese sehr hilfreich seien.

[152] Wang/Griffiths/Tounekti u. a., in: Galli (Hrsg.), Regulatory Aspects of Gene Therapy and Cell Therapy Products, 2023, S. 91, 98.

RMAT oder Fast Track Designations – bestehen im kanadischen Arzneimittelrecht nicht.[153]

19.2.1.2 Genehmigungs- und Durchführungsvoraussetzungen

Der Antrag auf Genehmigung einer klinischen Prüfung muss vom leitenden medizinischen oder wissenschaftlichen Verantwortlichen des Sponsors in Kanada sowie vom Geschäftsleiter unterzeichnet und datiert werden.[154] Erforderlich sind ferner das vollständige Prüfprotokoll, eine in der Einverständniserklärung enthaltene Darstellung der Risiken und des zu erwartenden Nutzens für die Probanden und Patienten sowie eine sog. Clinical Trial Attestation.[155] Diese muss den Titel und die Nummer des Prüfprotokolls, die chemische Bezeichnung des Prüfpräparats, eine therapeutische und pharmakologische Klassifikation, Angaben zu Wirk- und Hilfsstoffen, die Darreichungsform, die Kontaktdaten der Prüfärzte und der zuständigen Ethikkommissionen sowie eine Erklärung zur Durchführung der Prüfung nach den Grundsätzen der Guten Klinischen Praxis (GCP) und zur Richtigkeit der gemachten Angaben enthalten.[156]

19.2.1.2.1 Prüfprotokoll

Eine klinische Prüfung ist insbesondere dann mittels Objection Letter abzulehnen, wenn nach Einschätzung der kanadischen Arzneimittelbehörde (Health Canada) die Ziele der Prüfung nicht erreicht werden können.[157] Dies wäre etwa der Fall, wenn das Prüfprotokoll ungeeignet ist, um die für eine spätere Marktzulassung erforderlichen Daten zu generieren. Bei Gen- und Zelltherapeutika, insbesondere bei seltenen Erkrankungen, akzeptiert Health Canada jedoch, dass das vorgesehene Studiendesign nicht in jedem Fall dem methodischen Goldstandard entsprechen muss, der gegebenenfalls im Rahmen eines Zulassungsverfahrens gefordert wird. In diesen Fällen können beispielsweise einarmige Studien oder der Einsatz von Surrogatendpunkten positiv beschieden werden.[158] Spezifische

---

[153] Delisle/Fournier/Santerre u. a., Frontiers in Medicine 12 (2025), 1581058, S. 7.

[154] C.05.005 FDR.

[155] C.05.005(a)-(c) FDR.

[156] C.05.005(c) FDR.

[157] C.05.006(1)(b)(ii)(C) FDR.

[158] Wang/Griffiths/Tounekti u. a., in: Galli (Hrsg.), Regulatory Aspects of Gene Therapy and Cell Therapy Products, 2023, S. 91, 105.

gesetzliche Vorgaben hierfür bestehen jedoch nicht. Die Differenzierung erfolgt allein durch die behördliche Auslegung unbestimmter Rechtsbegriffe.[159]

19.2.1.2.2 Präklinische Studien und Gute Klinische Praxis (GCP)

Dem Antrag ist zudem eine Prüferinformation beizufügen, die insbesondere Angaben zu den präklinischen Studien enthalten muss. Erforderlich sind Informationen zu allen durchgeführten pharmakologischen, pharmakokinetischen, toxikologischen und kanzerogenen Studien aus Tierversuchen.[160] Health Canada erkennt hierbei die Grundsätze für nicht-klinische Studien nach den Vorgaben der ICH, der FDA und der EMA an. Dies ist unter anderem darauf zurückzuführen, dass in Kanada keine eigenständigen behördlichen Leitlinien für bestimmte Arzneimittel, beispielsweise Gentherapeutika, bestehen.[161] Entsprechendes gilt für die Anforderungen der Guten Klinischen Praxis (GCP), obwohl hierfür eigene Leitlinien existieren.[162]

19.2.1.2.3 Informationen zur chemischen Beschaffenheit und Herstellung

Wurde das Prüfpräparat bislang in keiner Indikation zugelassen, sind zusätzlich Angaben zur chemischen Beschaffenheit sowie zur Herstellung einschließlich der Herstellungsstätte einzureichen.[163] Erforderlich ist zudem eine Herstellungserlaubnis, die bei Health Canada zu beantragen ist und einer jährlichen Überprüfung unterliegt.[164] Voraussetzung für ihre Erteilung ist der Nachweis der Einhaltung der Guten Herstellungspraxis (GMP) gemäß Division 2 bis 4 von Part C der Food and Drug Regulations.[165]

Für somatische genomische Therapien ist einerseits Division 2, welche die allgemeinen GMP-Anforderungen für die Herstellung regelt, ausschlaggebend.

---

[159] Umfassend zur Behördenpraxis bei Gen- und Zelltherapeutika siehe Wang/Griffiths/Tounekti u. a., in: Galli (Hrsg.), Regulatory Aspects of Gene Therapy and Cell Therapy Products, 2023, S. 91, 104 ff.

[160] C.05.005(e)(ii)-(vi) FDR.

[161] Wang/Griffiths/Tounekti u. a., in: Galli (Hrsg.), Regulatory Aspects of Gene Therapy and Cell Therapy Products, 2023, S. 91, 99, 102; Chisholm/Ruff/Viswanathan, Cytotherapy 21 (2019), S. 686, 691.

[162] Abu-Zahra/Carvalho/Edwards, The Regulation of Drugs in Canada, 2024, S. 100 f.; Wang/Griffiths/Tounekti u. a., in: Galli (Hrsg.), Regulatory Aspects of Gene Therapy and Cell Therapy Products, 2023, S. 91, 99, 104.

[163] C.05.005(g) FDR.

[164] C.01 A.005(1), C.01 A.009(1) FDR.

[165] C.01 A.005(1)(l) FDR.

Darüber hinaus ist Division 4 heranzuziehen, die besondere Vorgaben für unter Schedule D (Biologics) fallende somatische genomische Therapien enthält (vgl. Tabelle 12.2).

19.2.1.2.3.1 Gute Herstellungspraxis (GMP)

Die untergesetzlichen Vorgaben der Division 2 Food and Drug Regulations sind allgemein und produktneutral formuliert.[166] Die Konkretisierung dieser unbestimmten Anforderungen erfolgt maßgeblich durch die einschlägige Leitlinie[167] von Health Canada zu klinischen Prüfpräparaten. Ergänzend sind die allgemeinen GMP-Leitlinien von Health Canada zur Auslegung der unbestimmten Rechtsbegriffe heranzuziehen.

Die Food and Drug Regulations sehen, anders als das US-amerikanische Recht, keine speziellen Erleichterungen für klinische Prüfpräparate der Phase I vor. Gleichwohl gilt auch in Kanada, dass die Gute Herstellungspraxis (GMP) flexibel angewendet wird und daher in frühen Entwicklungsphasen geringere Anforderungen an den Sponsor gestellt werden, die sich im Verlauf der klinischen Entwicklung schrittweise bis zum höchsten Standard verdichten.[168] Dieses abgestufte Vorgehen ergibt sich aus der behördlichen Auslegung der größtenteils unbestimmten gesetzlichen Vorschriften und wird in der entsprechenden Leitlinie abgebildet.

19.2.1.2.3.1.1 Räume, Ausrüstung und Personal

Die Herstellungsräume müssen so gestaltet und instand gehalten werden, dass Kontaminationen, Verwechslungen und Kreuzkontaminationen wirksam verhindert werden.[169] Erforderlich ist zudem ein eigenständiges Qualitätskontrolllabor

---

[166] Abu-Zahra/Carvalho/Edwards, The Regulation of Drugs in Canada, 2024, S. 103.

[167] Health Canada, Guidance Document Annex 13 to the Current Edition of the Good Manufacturing Practices Guidelines Drugs Used In Clinical Trials, GUI-0036, 2009, (https://www.canada.ca/content/dam/hc-sc/migration/hc-sc/dhp-mps/alt_formats/pdf/compli-conform/clini-pract-prat/docs/GUI-0036-eng.pdf) (geprüft am 24.10.2025).

[168] Chisholm/Ruff/Viswanathan, Cytotherapy 21 (2019), S. 686, 692; Abu-Zahra/Carvalho/Edwards, The Regulation of Drugs in Canada, 2024, S. 103; Health Canada, Guidance Document Annex 13 to the Current Edition of the Good Manufacturing Practices Guidelines Drugs Used In Clinical Trials, GUI-0036, 2009, (https://www.canada.ca/content/dam/hc-sc/migration/hc-sc/dhp-mps/alt_formats/pdf/compli-conform/clini-pract-prat/docs/GUI-0036-eng.pdf), S. 5 (geprüft am 24.10.2025); Bedford/Jy/Collins u. a., Frontiers in Medicine 5 (2018), 118, S. 2.

[169] C.02.004(c) FDR.

(Quality Control Department) mit einer fachlich qualifizierten Leitung.[170] Dieses ist umfassend in alle Herstellungsprozesse eingebunden und übernimmt die Prüfung der Materialien und Produkte.[171] Die eingesetzte Ausrüstung muss für ihren vorgesehenen Zweck geeignet sowie regelmäßig gewartet, kalibriert und validiert sein.[172] Für Räumlichkeiten und Ausrüstung sind zudem schriftlich fixierte Hygienemaßnahmen zu etablieren und konsequent umzusetzen.[173] Im Rahmen klinischer Prüfungen können diese Anforderungen jedoch risikobasiert angepasst und verringert werden.[174]

19.2.1.2.3.1.2 Spezifikationen, Stabilität und Freigabe

Vor der Weiterverarbeitung in der Herstellung ist jede Charge von Rohstoffen einer analytischen Prüfung zu unterziehen, mit den festgelegten Spezifikationen abzugleichen und bei Übereinstimmung freizugeben.[175] Zudem sind regelmäßige Stabilitätsprüfungen unter den vorgesehenen Lagerbedingungen durchzuführen.[176] Jede hergestellte Charge ist vor ihrer Freigabe durch das Qualitätskontrolllabor (Quality Control Department) zu prüfen und muss den festgelegten Spezifikationen entsprechen.[177] Innerhalb klinischer Prüfungen wird jedoch anerkannt, dass Spezifikationen aufgrund des begrenzten Kenntnisstandes nicht zu eng gefasst werden sollten, sodass in der Praxis erweiterte Toleranzen zulässig sind.[178]

---

[170] C.02.013(1) FDR.

[171] Health Canada, Good manufacturing practices guide for drug products, 2020, (https://www.canada.ca/content/dam/hc-sc/documents/services/drugs-health-products/compliance-enforcement/good-manufacturing-practices/guidance-documents/gmp-guidelines-0001/gui-0001-eng.pdf), S. 60 ff. (geprüft am 24.10.2025).

[172] C.02.005 FDR.

[173] C.02.007(2) FDR.

[174] Health Canada, Guidance Document Annex 13 to the Current Edition of the Good Manufacturing Practices Guidelines Drugs Used In Clinical Trials, GUI-0036, 2009, (https://www.canada.ca/content/dam/hc-sc/migration/hc-sc/dhp-mps/alt_formats/pdf/compli-conform/clini-pract-prat/docs/GUI-0036-eng.pdf), S. 8 (geprüft am 24.10.2025).

[175] C.02.009(2)(1) FDR.

[176] C.02.028(1) FDR; umfassend dazu Health Canada, Good manufacturing practices guide for drug products, 2020, (https://www.canada.ca/content/dam/hc-sc/documents/services/drugs-health-products/compliance-enforcement/good-manufacturing-practices/guidance-documents/gmp-guidelines-0001/gui-0001-eng.pdf), S. 103 ff. (geprüft am 24.10.2025).

[177] C.02.018(1) FDR.

[178] Health Canada, Guidance Document Annex 13 to the Current Edition of the Good Manufacturing Practices Guidelines Drugs Used In Clinical Trials, GUI-0036, 2009,

19.2.1.2.3.1.3 Sterile Arzneimittel und aseptische Herstellung

Sterile Produkte sind in separaten Räumen unter Anwendung wissenschaftlich validierter Methoden und durch entsprechend mikrobiologisch geschultes Personal herzustellen.[179] Während bei klinischen Prüfpräparaten die Validierung allgemeiner Herstellungsprozesse nicht zwingend vorgeschrieben ist, gilt dies für sterile und aseptische Herstellungsverfahren uneingeschränkt.[180] Für diese Prozesse sind daher dieselben Standards einzuhalten wie bei zugelassenen sterilen Arzneimitteln, was insbesondere den Einsatz qualifizierter Reinräume erfordert. In Kanada sind für Reinräume die folgenden Grenzwerte einzuhalten: Klasse A < 1 KBE/m^3, Klasse B 10 KBE/m^3, Klasse C 100 KBE/m^3 und Klasse D 200 KBE/m^3.[181] Die zulässige Partikeldichte für Partikel $\geq 0{,}5\ \mu m$ beträgt im Ruhezustand maximal 3.520 (Klasse A), 3.520 (Klasse B), 352.000 (Klasse C) bzw. 3.520.000 (Klasse D) Partikel pro m^3.[182]

19.2.1.2.3.2 Besonderheiten für Schedule D – Drugs (Biologics)

Division 4 der Food and Drug Regulations gilt ergänzend zu den allgemeinen Vorschriften in Part C, Divisions 1 bis 3, sofern ein Produkt in Schedule D gelistet ist.[183] Es werden entsprechend vereinzelte, zusätzliche Voraussetzungen für diese Produktkategorie statuiert.

(https://www.canada.ca/content/dam/hc-sc/migration/hc-sc/dhp-mps/alt_formats/pdf/compli-conform/clini-pract-prat/docs/GUI-0036-eng.pdf), S. 8 (geprüft am 24.10.2025).

[179] C.02.029 FDR.

[180] Health Canada, Guidance Document Annex 13 to the Current Edition of the Good Manufacturing Practices Guidelines Drugs Used In Clinical Trials, GUI-0036, 2009, (https://www.canada.ca/content/dam/hc-sc/migration/hc-sc/dhp-mps/alt_formats/pdf/compli-conform/clini-pract-prat/docs/GUI-0036-eng.pdf), S. 10 (geprüft am 24.10.2025).

[181] Health Canada, Annex 1 to the Good manufacturing practices guide: manufacture of sterile drugs (GUI-0119), 2024, (https://www.canada.ca/content/dam/hc-sc/documents/services/drugs-health-products/compliance-enforcement/good-manufacturing-practices/guidance-documents/gmp-guidelines-annex-1-manufacture-sterile-drugs-0119/gui-0119-may-21-2024-eng.pdf), S. 20 f. (geprüft am 24.10.2025).

[182] Health Canada, Annex 1 to the Good manufacturing practices guide: manufacture of sterile drugs (GUI-0119), 2024, (https://www.canada.ca/content/dam/hc-sc/documents/services/drugs-health-products/compliance-enforcement/good-manufacturing-practices/guidance-documents/gmp-guidelines-annex-1-manufacture-sterile-drugs-0119/gui-0119-may-21-2024-eng.pdf), S. 20 f. (geprüft am 24.10.2025).

[183] Abu-Zahra/Carvalho/Edwards, The Regulation of Drugs in Canada, 2024, S. 115.

Biologische Ausgangsmaterialien sind zusätzlich im Hinblick auf infektiöse Agenzien und Kontaminationsrisiken auf ihre Sicherheit zu prüfen.[184] Jede Charge des Arzneimittels ist vor ihrer Freigabe zusätzlich auf ihre Reinheit und Potenz zu testen.[185] Die Lagerung biologischen Materials hat in geeigneten, kontaminationssicheren Behältnissen zu erfolgen; aufgrund des erhöhten Kontaminationsrisikos ist eine getrennte Lagerung zwingend notwendig.[186] Bei der Verwendung von Zellen empfiehlt Health Canada zudem die Einrichtung von Master- und Arbeitszellbanken.[187]

Unter Schedule D gelistete Arzneimittel können kraft behördlicher Anordnung einer staatlichen Chargenprüfung (Lot Release Program) unterliegen.[188] In diesem Verfahren wird jede Charge des Arzneimittels von Health Canada getestet und bedarf vor ihrer Freigabe einer zusätzlichen behördlichen Genehmigung.[189] Der Hersteller hat hierfür geeignete Prüfmuster vorzulegen.[190] Während in Deutschland nur Sera, Impfstoffe und Allergene einer staatlichen Chargenprüfung unterliegen, kann in Kanada grundsätzlich jedes biologische Arzneimittel einer solchen Prüfung unterzogen werden.[191]

19.2.2 Umweltrecht

Auch im Rahmen der klinischen Prüfung somatischer genomischer Therapien gelten die Vorschriften des kanadischen Umweltschutzgesetzes (CEPA) sowie der darauf basierenden Notifizierungsverordnungen NSNR(O) und NSNR(CP). Diese Regelwerke bestimmen die umweltrechtlichen Rahmenbedingungen der klinischen Entwicklung und entscheiden darüber, ob eine Notifizierungspflicht besteht und ob im Einzelfall eine Umweltverträglichkeitsprüfung durchzuführen ist.

---

[184] C.04.005(1) FDR.

[185] C.04.006 FDR.

[186] C.04.004(1)(a)(i) FDR; Abu-Zahra/Carvalho/Edwards, The Regulation of Drugs in Canada, 2024, S. 116.

[187] Health Products and Food Branch, Guidance Document: Preparation of Clinical Trial Applications for use of Cell Therapy Products in Human, 2021, (https://www.canada.ca/content/dam/hc-sc/migration/hc-sc/dhp-mps/alt_formats/pdf/prodpharma/applic-demande/guide-ld/clini/cell-therapy-therapie-cellulaire-eng.pdf), S. 12 (geprüft am 24.10.2025).

[188] C.04.007(2) FDR.

[189] C.04.007(2) FDR.

[190] C.04.007(2) FDR.

[191] Vgl. § 32 Abs. 1 Satz 1 AMG.

19.2.2.1 Forschung mit neuen lebenden Organismen

Soweit in einer klinischen Prüfung somatische genomische Therapien eingesetzt werden, die neue lebende Organismen enthalten oder aus diesen bestehen (vgl. Tabelle 12.2), sind die einschlägigen Vorschriften des kanadischen Umweltschutzgesetzes (CEPA) und der NSNR(O) anzuwenden. Eine Ausnahme von der Notifizierungspflicht ist unter anderem möglich, wenn es sich um einen sog. Forschungs- und Entwicklungsorganismus in Form eines Mikroorganismus handelt, der ausschließlich in einer geschlossenen Einrichtung verwendet wird.[192] Zwar können somatische genomische Therapien grundsätzlich auf diese Bereichsausnahme zurückgreifen (vgl. Abschnitt 19.1.2.2.2). Die Anwendung eines Prüfpräparats am Menschen im Rahmen einer klinischen Prüfung wird jedoch nicht mehr als Verwendung im geschlossenen System qualifiziert.[193] Die Bereichsausnahme greift daher nicht.

Infolgedessen besteht eine Notifizierungspflicht nach den NSNR(O), sofern die somatische genomische Therapie nicht bereits in der Domestic Substances List (DSL) verzeichnet ist.[194] Eine Ausnahme könnte nur über einen Antrag an das Umweltministerium (ECCC) im Einzelfall erreicht werden, wobei ausreichende Einschlussmaßnahmen gewährleistet sein müssen.[195] Insofern erscheint eine Befreiung fernliegend.

19.2.2.1.1 Notifizierungsverfahren

Damit ist vor Beginn einer klinischen Prüfung mit somatischen genomischen Therapien, die neue lebende Organismen enthalten oder aus diesen bestehen (vgl. Tabelle 12.2), stets eine Notifizierung beim Umweltministerium (ECCC) einzureichen. Während die arzneimittelrechtliche Genehmigung der klinischen Prüfung durch Health Canada innerhalb von 30 Tagen erfolgt, beträgt die Bearbeitungsfrist für die umweltrechtliche Bewertung durch das kanadische Umweltministerium (ECCC) bis zu 120 Tage.[196] Daraus folgt, dass klinische Prüfungen mit neuen lebenden Organismen einen erheblichen zeitlichen Vorlauf erfordern. Dies hat in der Vergangenheit wiederholt zu Verzögerungen bei klinischen Prüfungen mit

---

[192] Subsections 2(4), 2(3) NSNR(O).

[193] Bubela/Boch/Viswanathan, Frontiers in Medicine 6 (2019), 58, S. 5.

[194] Subsection 106(1) CEPA; Subsection 3(1), Section 4 NSNR(O).

[195] Subsection 106(8) CEPA.

[196] Subsection 5(a) NSNR(O).

Gentherapeutika in Kanada geführt.[197] Hierauf wurde auch in den im Rahmen dieser Arbeit durchgeführten Experteninterviews ausdrücklich hingewiesen.

19.2.2.1.2 Notifizierungsvoraussetzungen

Die Voraussetzungen für eine erfolgreiche Notifizierung sind in den Anhängen der NSNR(O) geregelt. Für Mikroorganismen ist Anhang 1, für Organismen Anhang 5 NSNR(O) heranzuziehen.[198] Da virale Vektoren, samRNA sowie Zelltherapien als Mikroorganismen gelten (vgl. Abschnitt 19.1.2.2.3), kommen bei einer klinischen Prüfung mit solchen Wirkstoffen ausschließlich die Anforderungen nach Anhang 1 NSNR(O) zur Anwendung.

19.2.2.1.2.1 Produktneutrale Ausgestaltung

Sollen neuartige Mikroorganismen im Rahmen einer klinischen Prüfung in Kanada hergestellt oder importiert werden, ist ein vollständiges Dossier gemäß Anhang 1 NSNR(O) vorzulegen. Dieses ist produktneutral ausgestaltet und erfordert insbesondere die taxonomische Identifikation und Charakterisierung des Mikroorganismus, einschließlich sämtlicher genetischer Modifikationen und deren Stabilität, Herkunft und Zweck.[199] Darüber hinaus sind Angaben zur Pathogenität, Toxizität, Antibiotikaresistenz, zu ökologischen Interaktionen, Ausbreitungsmechanismen, Umweltpersistenz und möglichen Auswirkungen auf Pflanzen, Tiere und Menschen erforderlich.[200] Ebenso darzulegen sind die vorgesehenen Verwendungszwecke, die Herstellungs- und Entsorgungsprozesse sowie ein Plan für den Umgang mit unbeabsichtigten Freisetzungen.[201]

19.2.2.1.2.2 Umsetzungsschwierigkeiten für Adressaten

In der Praxis wird bemängelt, dass der in Anhang 1 NSNR(O) statuierte Anforderungskatalog auf somatische genomische Therapien nur eingeschränkt übertragbar ist. Dies zeigt sich exemplarisch bei viralen Vektoren. Zahlreiche der erforderlichen Angaben treffen auf gentechnisch entschärfte Vektoren häufig nicht mehr zu.[202] Weil diese gezielt so modifiziert werden, dass sie weder infektiös noch

---

[197] Bubela/Boch/Viswanathan, Frontiers in Medicine 6 (2019), 58, S. 5; siehe aber auch Wang/Griffiths/Tounekti u. a., in: Galli (Hrsg.), Regulatory Aspects of Gene Therapy and Cell Therapy Products, 2023, S. 91, 96.

[198] Subsection 3(1), Subsection 4(1) NSNR(O).

[199] Schedule 1(1)(a)-(d) NSNR(O).

[200] Schedule 1(1)(4)-(6)(a)(b) NSNR(O).

[201] Schedule 1(2)(3)(a)(d)-(e) NSNR(O).

[202] Bubela/Boch/Viswanathan, Frontiers in Medicine 6 (2019), 58, S. 5.

replikationsfähig sind, lassen sich die verlangten Informationen teilweise nicht sinnvoll oder nur mit erheblichem Aufwand erbringen.[203] Dies führt zu Unsicherheiten im Umgang mit den gesetzlichen Voraussetzungen und erschwert vielen Forschern und Entwicklern die Erstellung eines vollständigen Umweltverträglichkeitsdossiers.[204] Mittlerweile existiert jedoch eine Leitlinie der kanadischen Regierung, die speziell auf Gen- und Zelltherapeutika zugeschnitten ist.[205] Im Rahmen der durchgeführten Experteninterviews wurde jedoch darauf hingewiesen, dass eine weitergehende behördliche Beratung zu den regulatorischen Anforderungen klinischer Prüfungen mit Gentherapeutika sehr hilfreich wäre. Die bestehenden Leitlinien scheinen die bestehenden Unsicherheiten bei den Normadressaten daher bislang nicht vollständig zu beseitigen.

19.2.2.2 Forschung mit neuen Substanzen

Die meisten in-vivo-Ansätze somatischer genomischer Therapien werden nicht als neue lebende Organismen, sondern als neue Substanzen reguliert (vgl. Tabelle 12.2). Auch hierbei handelt es sich regelmäßig um Stoffe, die ausschließlich zu Forschungs- und Entwicklungszwecken verwendet werden und damit grundsätzlich rechtlich privilegiert sind (vgl. Abschnitt 19.1.2.3). Anders als bei den Ausnahmeregelungen der NSNR(O) knüpft die Privilegierung jedoch nicht an die Verwendung im geschlossenen System an, sondern allein an die jährlich hergestellte oder importierte Menge.

Solange die Herstellungs- oder Importmenge innerhalb eines Kalenderjahres unterhalb der Schwelle von 1.000 kg für Chemikalien bzw. 10.000 kg für Polymere bleibt, entfällt die Notifizierungspflicht.[206] Da in frühen klinischen Phasen (Phase I und II) nur eine geringe Zahl von Probanden und Patienten rekrutiert wird, dürften die eingesetzten Wirkstoffmengen regelmäßig deutlich unterhalb dieser Grenze liegen. Eine Notifizierungspflicht könnte allenfalls im Rahmen groß angelegter Phase-III-Studien ausgelöst werden, bei denen mehrere tausend Patienten rekrutiert würden. Selbst in solchen Fällen dürfte selbst die 1.000-kg-Schwelle

---

203 Bubela/Boch/Viswanathan, Frontiers in Medicine 6 (2019), 58, S. 5.

204 Bubela/Boch/Viswanathan, Frontiers in Medicine 6 (2019), 58, S. 5.

205 Health Canada/Environment and Climate Change Canada, Supplementary Guidance Document for the Notification and Testing of New Substances: Organisms Used in Cell and Gene Therapy under Schedule 1 of the New Substances Notification Regulations (Organisms), 2021, (https://www.canada.ca/content/dam/eccc/documents/pdf/pded/cell-gene-therapy-guidance/Cell-gene-therapy-guidance.pdf) (geprüft am 24.10.2025).

206 Vgl. Section 1('research and development substance'), Section 4 i. V. mit Subsections 5(1)(a)(2), Subsections 6(1)(a)(2) NSNR(CP).

pro Kalenderjahr jedoch nur sehr selten überschritten werden. Umweltrechtliche Notifizierungspflichten nach dem kanadischen Umweltschutzgesetz (CEPA) bestehen daher im Rahmen klinischer Prüfungen mit somatischen genomischen Therapien, die unter die NSNR(CP) fallen, in der Regel nicht.

19.2.2.2.1 Notifizierungsverfahren

Ist eine Notifizierung durchzuführen, ist ein entsprechendes Notifizierungsdossier durch den Sponsor beim kanadischen Umweltministerium (ECCC) einzureichen. Die Frist für die Bewertung beträgt lediglich 30 Tage.[207] Im Gegensatz zum Notifizierungsverfahren für neue lebende Organismen, für die eine gesetzliche Frist von bis zu 120 Tagen vorgesehen ist, kann eine Notifizierung nach den NSNR(CP) daher parallel zu einem arzneimittelrechtlichen Antrag auf Genehmigung einer klinischen Prüfung (CTA) bei Health Canada erfolgen, ohne dass sich der Studienbeginn verzögert (vgl. Abschnitt 19.2.1.1.1).

19.2.2.2.2 Notifizierungsvoraussetzungen

Somatische genomische Therapien werden entweder als chemische Substanzen (Chemicals/Biochemicals) – dies betrifft sehr kurzkettige Nukleinsäuren wie ncRNA – oder als Polymere (Polymers/Biopolymers) erfasst, wozu etwa langkettige Nukleinsäuren wie mRNA sowie Proteine wie Nukleasen zählen.[208] Die jeweilige Einordnung bestimmt, welcher Anhang der NSNR(CP) für das Notifizierungsdossier einschlägig ist und welche spezifischen Angaben der Hersteller im Rahmen der Notifizierung vorzulegen hat. Biochemikalien und Biopolymere unterscheiden sich von herkömmlichen Chemikalien oder Polymeren zudem dadurch, dass sie in mikrobiellen Wirtsorganismen produziert oder aus pflanzlichen bzw. tierischen Quellen gewonnen werden.[209]

19.2.2.2.2.1 Herstellung oder Import von Chemikalien

Werden somatische genomische Therapien als Chemikalien oder Biochemikalien in Mengen von mindestens 1.000 kg pro Kalenderjahr hergestellt oder importiert und handelt es sich um Forschungs- und Entwicklungssubstanzen, entsteht eine Notifizierungspflicht nach Anhang 1 NSNR(CP).[210] Dieser Anhang verlangt zunächst ausschließlich allgemeine Angaben zur Substanz, insbesondere

[207] Subsections 5(1), 6(1) NSNR(CP).

[208] Subsection 1(1)('chemical', 'biochemical', 'polymer', 'biopolymer') NSNR(CP).

[209] Subsection 1(1)('biochemical', 'biopolymer') NSNR(CP).

[210] Subsection 5(1)(a) NSNR(CP).

zur chemischen Zusammensetzung, zur Nomenklatur und zum vorgesehenen Verwendungszweck.[211]

Handelt es sich um einen biochemisch hergestellten Stoff, treten ergänzend weitere Informationspflichten hinzu.[212] In diesem Fall ist offenzulegen, in welchen mikrobiellen Wirtsorganismen die Substanz produziert wurde.[213] Darüber hinaus sind mögliche ökologische und gesundheitliche Risiken dieser Wirtsorganismen zu benennen und insbesondere im Hinblick auf Umweltpersistenz, Pathogenität, mögliche Mechanismen des horizontalen Gentransfers sowie Risiken einer unbeabsichtigten Freisetzung zu bewerten.[214]

19.2.2.2.2.2 Herstellung oder Import von Polymeren

Für Forschungs- und Entwicklungssubstanzen, die als Polymere eingestuft werden und in Mengen von mehr als 10.000 kg pro Kalenderjahr hergestellt oder importiert werden, ist Anhang 3 NSNR(CP) maßgeblich.[215] Handelt es sich um ein Biopolymer, treten zusätzlich die ergänzenden Anforderungen der Ziffern 1 und 2 von Anhang 2 NSNR(CP) hinzu.[216]

Anhang 3 verlangt zunächst die Einordnung der Substanz in die zutreffende Stoffkategorie sowie die Benennung nach einschlägigen Nomenklatursystemen, einschließlich Synonymen, etwaiger Registrierungsnummern, der molekularen Strukturformel und der mittleren Molekularmasse.[217] Erforderlich sind zudem Angaben zu möglichen Verunreinigungen der Substanz, zur Zusammensetzung in Bezug auf Monomere, Reagenzien, Additive, Stabilisatoren und Lösungsmittel sowie weitere Informationen über den physikalischen Zustand der Substanz und zur Formulierung des Stoffs.[218] Zentraler Bestandteil des Dossiers sind schließlich Informationen zum jährlichen Herstellungs- oder Importvolumen, zum Verwendungszweck, zu Konzentrationen in Endprodukten, zu Lager- und Transportbedingungen sowie eine Darstellung potenzieller Emissions- und Expositionsszenarien in Luft, Wasser oder Boden, um daraus das Gefährdungspotenzial für die Allgemeinbevölkerung abzuleiten.[219]

---

[211] Schedule 1, Sections 2–8 NSNR(CP).

[212] Subsection 5(2) NSNR(CP).

[213] Schedule 2, Section 1 NSNR(CP).

[214] Schedule 2, Section 2 NSNR(CP).

[215] Subsection 6(1)(a) NSNR(CP).

[216] Subsection 6(2) NSNR(CP).

[217] Schedule 3, Sections 1–9 NSNR(CP).

[218] Schedule 3, Sections 10–11, 13–14 NSNR(CP).

[219] Schedule 3, Section 15 NSNR(CP).

Bei Biopolymeren ist ergänzend offenzulegen, in welchen mikrobiellen Wirtsorganismen die Substanz produziert wurde.[220] Zudem sind die potenziellen ökologischen und gesundheitlichen Risiken dieser Wirtsorganismen zu bewerten, insbesondere hinsichtlich Umweltpersistenz, Pathogenität, horizontaler Gentransfermechanismen und möglicher unbeabsichtigter Freisetzungen.[221]

19.2.2.3 Human Pathogens and Toxins Act

Der Human Pathogens and Toxins Act sowie die Human Pathogens and Toxins Regulations finden auf genehmigte klinische Prüfungen (CTA) keine Anwendung.[222] Eine klinische Prüfung unterliegt daher keiner Regulierung durch die Public Health Agency of Canada (PHAC), selbst wenn Humanpathogene oder Toxine Bestandteil der somatischen genomischen Therapie sind (vgl. Tabelle 19.1). Gleichwohl erfolgt in vielen Einrichtungen freiwillig eine zusätzliche, interne Prüfung der geplanten Studie durch ein lokales Biosicherheitskomitee (IBC).[223]

19.3 Marktzulassung

Somatische genomische Therapien, die in Kanada verkauft werden sollen, unterliegen sowohl den Anforderungen des arzneimittelrechtlichen Zulassungsverfahrens nach dem Food and Drugs Act und den hierzu erlassenen Food and Drug Regulations als auch den umweltrechtlichen Vorschriften des kanadischen Umweltschutzgesetzes (CEPA) einschließlich der darauf gestützten New Substances Notification Regulations.[224]

19.3.1 Arzneimittelrecht

Neue Arzneimittel dürfen in Kanada nur verkauft werden, wenn zuvor eine Genehmigung in Form einer Notice of Compliance (NOC) durch die kanadische

[220] Schedule 2, Section 1 NSNR(CP).

[221] Schedule 2, Section 2 NSNR(CP).

[222] Section 4(b) HPTA.

[223] Wang/Griffiths/Tounekti u. a., in: Galli (Hrsg.), Regulatory Aspects of Gene Therapy and Cell Therapy Products, 2023, S. 91, 96.

[224] Subsection 10(3) CEPA; Subsection 2(1) NSNR(O) i. V. mit Schedule 4 CEPA, Subsection 3(1) NSNR(CP) i. V. mit Schedule 2 CEPA.

Arzneimittelbehörde (Health Canada) erteilt wurde und das Produkt mit einer individuellen Drug Identification Number (DIN) versehen hat.[225]

19.3.1.1 Notice of Compliance (NOC)

Für die Erteilung einer Marktzulassung (NOC) ist die Einreichung eines entsprechen Antrags (New Drug Submission – NDS) bei Health Canada erforderlich. Zuständig für somatische genomische Therapien, die als biologische Arzneimittel (Biologics) unter Schedule D fallen (vgl. Tabelle 12.2), ist das BRDD, während für konventionelle Arzneimittel das PDD verantwortlich ist.[226] Das Zulassungsverfahren nimmt grundsätzlich 300 Kalendertage in Anspruch.[227]

Die Anforderungen an einen Antrag auf Marktzulassung (NDS) ergeben sich aus den Divisions 1, 1 A, 2, 4 und 8 der Food and Drug Regulations. Der Antrag muss insbesondere belegen, dass die einschlägigen Herstellungsstandards eingehalten werden und dass auf Grundlage der vorgelegten Unterlagen ein positives Nutzen-Risiko-Verhältnis im Hinblick auf klinische Wirksamkeit und Sicherheit besteht.[228] Da in Kanada kein eigenständiger Regulierungsrahmen für Gentherapeutika existiert, finden die allgemeinen Vorschriften Anwendung, sodass die einzureichenden Studienunterlagen vom Antragsteller eigenständig produktbezogen bestimmt und aufbereitet werden müssen.[229]

Für biologische Arzneimittel nach Schedule D (Biologics) besteht die Besonderheit, dass im Rahmen des Zulassungsverfahrens stets eine behördliche Inspektion der Produktionsstätte durchgeführt wird.[230] Diese verpflichtende Inspektion dient der Feststellung der Eignung der Herstellungsanlagen sowie der Einhaltung der Grundsätze der Guten Herstellungspraxis (vgl. Abschnitt 19.2.1.2.3.1) und damit der Sicherstellung der Qualität und Sicherheit des Arzneimittels.[231]

---

[225] Subsections 30(1)(o)(ii) FD Act i. V. mit C.08.002(1)(b), C.01.014(1), C.08.001 FDR.

[226] Wang/Griffiths/Tounekti u. a., in: Galli (Hrsg.), Regulatory Aspects of Gene Therapy and Cell Therapy Products, 2023, S. 91, 97.

[227] Wang/Griffiths/Tounekti u. a., in: Galli (Hrsg.), Regulatory Aspects of Gene Therapy and Cell Therapy Products, 2023, S. 91, 98.

[228] C.08.004(1)(a) i. V. mit C.08.002(2)(e)-(h)(m) FDR; Abu-Zahra/Carvalho/Edwards, The Regulation of Drugs in Canada, 2024, S. 29.

[229] Delisle/Fournier/Santerre u. a., Frontiers in Medicine 12 (2025), 1581058, S. 7; Wang/Griffiths/Tounekti u. a., in: Galli (Hrsg.), Regulatory Aspects of Gene Therapy and Cell Therapy Products, 2023, S. 91, 97.

[230] Wang/Griffiths/Tounekti u. a., in: Galli (Hrsg.), Regulatory Aspects of Gene Therapy and Cell Therapy Products, 2023, S. 91, 97; Chisholm/Ruff/Viswanathan, Cytotherapy 21 (2019), S. 686, 692.

[231] Section 12 FD Act.

19.3.1.2 Notice of Compliance with Conditions (NOC/c)

Die bedingte Zulassung (Notice of Compliance with Conditions – NOC/c) ist eine besondere Art der Marktzulassung, die den frühzeitigen Zugang zu Arzneimitteln mit begründetem klinischem Nutzen ermöglicht.[232] Sie kommt bei schweren, lebensbedrohlichen oder stark beeinträchtigenden Erkrankungen in Betracht, für die auf dem kanadischen Markt keine angemessenen zugelassenen Therapien verfügbar sind, und kann bereits vor Abschluss der Phase-III-Studien erteilt werden.[233]

Eine bedingte Zulassung (NOC/c) kann sich entsprechend auf klinische Studien stützen, die ein geringeres Evidenzniveau vorsehen. Hierzu zählen Studien, die anerkannte Surrogatendpunkte verwenden, sowie Phase-II-Daten, die im regulären Entwicklungsverlauf durch Phase-III-Studien zu bestätigen wären, oder auch kleine bis mittelgroße Phase-III-Studien, deren Ergebnisse durch Wiederholung oder konsistente Evidenz anderer Art abzusichern sind.[234] Ergänzend kann die klinische Evidenz durch Literaturauswertungen, Stellungnahmen von Expertengremien sowie pharmakokinetische oder pharmakodynamische Untersuchungen der Präklinik untermauert werden.[235]

Das Genehmigungsverfahren ist gegenüber einer regulären Marktzulassung (NOC) deutlich verkürzt und beträgt 200 Tage.[236] Die Erteilung ist stets mit Auflagen verbunden, insbesondere der Verpflichtung zur Durchführung weiterer

---

[232] Die Erteilung einer bedingten Zulassung (NOC/c) erfolgt auf Grundlage von C.08.004.01 FDR unter Festlegung einzelfallabhängiger Auflagen.

[233] Chisholm/Ruff/Viswanathan, Cytotherapy 21 (2019), S. 686, 693; Health Canada, Guidance Document – Notice of Compliance with conditions (NOC/c), 2016, (https://www.canada.ca/content/dam/hc-sc/migration/hc-sc/dhp-mps/alt_formats/pdf/prodpharma/applic-demande/guide-ld/compli-conform/noccg_accd-eng.pdf), S. 7 (geprüft am 24.10.2025).

[234] Health Canada, Guidance Document – Notice of Compliance with conditions (NOC/c), 2016, (https://www.canada.ca/content/dam/hc-sc/migration/hc-sc/dhp-mps/alt_formats/pdf/prodpharma/applic-demande/guide-ld/compli-conform/noccg_accd-eng.pdf), S. 9 (geprüft am 24.10.2025).

[235] Health Canada, Guidance Document – Notice of Compliance with conditions (NOC/c), 2016, (https://www.canada.ca/content/dam/hc-sc/migration/hc-sc/dhp-mps/alt_formats/pdf/prodpharma/applic-demande/guide-ld/compli-conform/noccg_accd-eng.pdf), S. 9 (geprüft am 24.10.2025).

[236] Wang/Griffiths/Tounekti u. a., in: Galli (Hrsg.), Regulatory Aspects of Gene Therapy and Cell Therapy Products, 2023, S. 91, 98; Chisholm/Ruff/Viswanathan, Cytotherapy 21 (2019), S. 686, 694 f.

Studien in der Marktphase (Confirmatory Studies).[237] Der Umfang der Auflagen und die Befristung der bedingten Zulassung (NOC/c) ergeben sich aus dem sog. Letter of Undertaking, der dem Bescheid durch Health Canada beigefügt wird.[238]

19.3.1.3 Advanced Therapy Products (ATP)

Für Arzneimittel der besonderen Kategorie der Advanced Therapeutic Products (ATP) nach Schedule G sieht das kanadische Recht ein eigenständiges gesetzliches Verbot vor. Danach ist es keiner Person gestattet, ein ATP zu importieren, zu verkaufen, zu bewerben, herzustellen, zuzubereiten, zu konservieren, zu verpacken, zu kennzeichnen, zu lagern oder zu prüfen, sofern hierfür nicht eine entsprechende Lizenz oder eine ministerielle Sondergenehmigung vorliegt oder die Tätigkeit mit den einschlägigen Vorschriften der Food and Drug Regulations im Einklang steht.[239] Dieses Verbot gilt ausdrücklich auch für nicht-kommerzielle Anwendungen, weshalb es nicht auf den beabsichtigten Verkauf des Medikaments ankommt.[240]

Die Erteilung einer ATP-Lizenz setzt voraus, dass Health Canada überzeugt ist, dass der erwartete Nutzen des Präparats die Risiken seiner Anwendung überwiegt und dass die mit dem Produkt verbundenen Risiken durch geeignete Maßnahmen beherrscht werden können.[241] Mit der Erteilung einer solchen Lizenz wird zugleich ein eigenständiger und flexibler Regulierungspfad eröffnet: Die allgemeinen Vorschriften der Food and Drug Regulations finden dann nur Anwendung, soweit dies ausdrücklich vorgesehen ist oder einzelne Regelungen durch Verwaltungsakt für das konkrete Produkt für anwendbar erklärt werden.[242] Dadurch können insbesondere Vorgaben zur Herstellung, zur Qualitätskontrolle

---

[237] Wang/Griffiths/Tounekti u. a., in: Galli (Hrsg.), Regulatory Aspects of Gene Therapy and Cell Therapy Products, 2023, S. 91, 98; Chisholm/Ruff/Viswanathan, Cytotherapy 21 (2019), S. 686, 694 f.

[238] Vgl. Health Canada, Guidance Document – Notice of Compliance with conditions (NOC/c), 2016, (https://www.canada.ca/content/dam/hc-sc/migration/hc-sc/dhp-mps/alt_formats/pdf/prodpharma/applic-demande/guide-ld/compli-conform/noccg_accd-eng.pdf), S. 2 (geprüft am 24.10.2025).

[239] Subsection 21.9(1) FD Act; die Lizenz kann gemäß Subsection 21.95(1) FD Act auf einen bestimmbaren Personenkreis ausgeweitet werden und ermächtigt Health Canada damit zum Erlass einer produktbezogenen Allgemeinverfügung.

[240] Subsection 21.9(2) FD Act.

[241] Subsection 21.92(1) FD Act.

[242] Section 21.94 FD Act.

oder zur Überwachung produktspezifisch bestimmt werden, soweit dies nach dem Risikoprofil des jeweiligen Produkts erforderlich erscheint.[243]

Bislang enthalten die Food and Drug Regulations keinen spezifischen Abschnitt für ATP. Es wurden bisher auch keine Arzneimittel als ATP klassifiziert (vgl. Abschnitt 12.2.1.2.2). Sollte künftig eine Einstufung somatischer genomischer Therapien als ATP erfolgen, könnten diese entweder vollständig produktindividuell durch einen entsprechenden Verwaltungsakt reguliert werden oder einem noch zu schaffenden, abstrakt-generellen ATP-Regelungsrahmen innerhalb der Food and Drug Regulations unterfallen. Die gesetzliche Grundlage hierfür besteht bereits; bislang fehlt es allein an der exekutiven Umsetzung.

19.3.1.4 Priority Review

Das Priority Review stellt in Kanada ein beschleunigtes Zulassungsverfahren dar, das die Dauer des Genehmigungsverfahrens auf 180 Tage verkürzt.[244] Voraussetzung ist das Vorliegen eines ungedeckten medizinischen Bedarfs (Unmet Medical Need) bei schweren, lebensbedrohlichen oder stark beeinträchtigenden Erkrankungen sowie ein durch klinische Evidenz belegtes, signifikant verbessertes Nutzen-Risiko-Profil gegenüber bestehenden Therapien.[245] Im Grundsatz verlangt Health Canada für die Erteilung einer regulären Marktzulassung den Nachweis der Wirksamkeit durch mindestens zwei adäquate, kontrollierte klinische Studien, deren Ergebnisse jeweils für sich genommen überzeugen müssen.[246] Im Priority Review kann ausnahmsweise eine einzige groß angelegte, kontrollierte Studie

---

[243] Vgl. Wang/Griffiths/Tounekti u. a., in: Galli (Hrsg.), Regulatory Aspects of Gene Therapy and Cell Therapy Products, 2023, S. 91, 97 f.; Toller/Gillham-Eisen/Kolas, Cell Gene Therapy Insights 7 (2021), S. 245, 248.

[244] Wang/Griffiths/Tounekti u. a., in: Galli (Hrsg.), Regulatory Aspects of Gene Therapy and Cell Therapy Products, 2023, S. 91, 98; Chisholm/Ruff/Viswanathan, Cytotherapy 21 (2019), S. 686, 694; Health Canada, Guidance for Industry – Priority Review of Drug Submissions, 2009, (https://www.canada.ca/content/dam/hc-sc/migration/hc-sc/dhp-mps/alt_formats/hpfb-dgpsa/pdf/prodpharma/priordr-eng.pdf), S. 2 (geprüft am 24.10.2025).

[245] Chisholm/Ruff/Viswanathan, Cytotherapy 21 (2019), 686, 694; Health Canada, Guidance for Industry – Priority Review of Drug Submissions, 2009, (https://www.canada.ca/content/dam/hc-sc/migration/hc-sc/dhp-mps/alt_formats/hpfb-dgpsa/pdf/prodpharma/priordr-eng.pdf), S. 3 ff. (geprüft am 24.10.2025).

[246] Health Canada, Guidance for Industry – Priority Review of Drug Submissions, 2009, (https://www.canada.ca/content/dam/hc-sc/migration/hc-sc/dhp-mps/alt_formats/hpfb-dgpsa/pdf/prodpharma/priordr-eng.pdf), S. 6 (geprüft am 24.10.2025).

ausreichen, sofern sie durch zusätzliche klinische Evidenz untermauert wird.[247] Werden diese Evidenzanforderungen nicht erreicht, etwa wenn ausschließlich Phase-II-Daten, eine einarmige Studie oder nicht validierte Surrogatendpunkte vorliegen, kommt eine Marktzulassung im Priority-Review-Verfahren nicht in Betracht; in solchen Fällen bleibt lediglich eine bedingte Zulassung (NOC/c) möglich (vgl. Abschnitt 19.3.1.2).[248] Das Evidenzniveau wird beim Priority Review deshalb nicht abgesenkt. Stattdessen wird ausschließlich die Anzahl der erforderlichen klinischen Studien reduziert.

19.3.1.5 Rolling Review

Daneben besteht die Möglichkeit des Rolling Review. Dieses Verfahren erlaubt es Health Canada, bereits mit der Bewertung von Daten aus der nicht-klinischen und klinischen Entwicklung zu beginnen, bevor sämtliche für den Zulassungsantrag erforderlichen Unterlagen vollständig vorliegen.[249] Dadurch kann der Zeitraum bis zur abschließenden Entscheidung verkürzt werden, ohne dass die materiellen Anforderungen gesenkt würden. Das Rolling Review ist weder ausdrücklich gesetzlich verankert noch durch eine endgültige Leitlinie konkretisiert worden, sondern wurde während der Covid-19-Pandemie von Health Canada ausschließlich im Vollzug angewendet.[250] Die entsprechende Leitlinine von Health Canada

[247] Health Canada, Guidance for Industry – Priority Review of Drug Submissions, 2009, (https://www.canada.ca/content/dam/hc-sc/migration/hc-sc/dhp-mps/alt_formats/hpfb-dgpsa/pdf/prodpharma/priordr-eng.pdf), S. 6 (geprüft am 24.10.2025).

[248] Health Canada, Guidance for Industry – Priority Review of Drug Submissions, 2009, (https://www.canada.ca/content/dam/hc-sc/migration/hc-sc/dhp-mps/alt_formats/hpfb-dgpsa/pdf/prodpharma/priordr-eng.pdf), S. 6 (geprüft am 24.10.2025).

[249] Government of Canada, Draft guidance on management of rolling reviews for drug submissions: Rolling review process, eligibility, (https://www.canada.ca/en/health-canada/programs/consultation-proposed-agile-regulations-guidance-licensing-drugs-medical-devices/draft-management-rolling-reviews-submissions/process-eligibility.html) (geprüft am 24.10.2025); Dufresne/Singh/McMahon, Health Canada moves to reduce regulatory roadblocks and enhance safety in health product lincensing, (https://www.torys.com/en/our-latest-thinking/publications/2023/04/health-product-licensing) (geprüft am 24.10.2025).

[250] Vgl. Government of Canada, Guidance on market authorization requirements for COVID-19 drugs: Rolling submissions and review, (https://www.canada.ca/en/health-canada/services/drugs-health-products/covid19-industry/drugs-vaccines-treatments/guidance-market-authorization-drugs/rolling-submissions-reviews.html) (geprüft am 24.10.2025); Dufresne/Singh/McMahon, Health Canada moves to reduce regulatory roadblocks and enhance safety in health product lincensing, (https://www.torys.com/en/our-latest-thinking/publications/2023/04/health-product-licensing) (geprüft am 24.10.2025).

liegt derzeit lediglich als Entwurf vor und es sind bisher keine konkreten Anhaltspunkte hinsichtlich der Voraussetzungen für die Inanspruchnahme des Rolling Review-Verfahrens vorgesehen.[251]

19.3.2 Umweltrecht

Im Rahmen der Marktzulassung gelten die Vorschriften des kanadischen Umweltschutzgesetzes (CEPA) sowie der hierzu erlassenen Verordnungen NSNR(O) und NSNR(CP) fort. Maßgeblich bleibt daher, ob die betreffende Substanz als „neuer“ Stoff oder lebender Organismus im Sinne des CEPA einzustufen ist, d. h. ob dieser nicht in der Liste heimischer Stoffe (DSL) verzeichnet ist.

Anders als in der präklinischen und klinischen Entwicklung kann in dieser Phase nicht mehr von einer Forschungs- und Entwicklungssubstanz ausgegangen werden. Die einschlägigen Befreiungstatbestände der NSNR(O) bzw. NSNR(CP) greifen daher nicht mehr (vgl. Abschnitt 19.1.2.2.2). Bei der Marktzulassung besteht demnach regelmäßig eine Notifizierungspflicht nach Maßgabe der jeweils anwendbaren Verordnung. Wird ausnahmsweise bereits im Rahmen der klinischen Prüfung eine Notifizierung vorgenommen, kann im Stadium der Marktzulassung dennoch eine erneute Notifizierung erforderlich werden. Dies ergibt sich aus der Zweckgebundenheit umweltrechtlicher Genehmigungen im kanadischen Recht: Sie knüpfen stets an die konkrete Art und den Umfang der vorgesehenen Verwendung an.[252] Die Marktzulassung begründet damit regelmäßig eine neue Nutzungsart des Produkts und löst grundsätzlich eine erneute Notifizierungspflicht aus.

[251] Government of Canada, Draft guidance on management of rolling reviews for drug submissions: Rolling review process, eligibility, (https://www.canada.ca/en/health-canada/programs/consultation-proposed-agile-regulations-guidance-licensing-drugs-medical-devices/draft-management-rolling-reviews-submissions/process-eligibility.html) (geprüft am 24.10.2025).

[252] Vgl. Section 80 (‘significant new activity’), Subsections 81(3)(4) CEPA i. V. mit Schedule 1, Subsections 8(a)-(c) NSNR(CP); Section 104 (‘significant new activity’), 106(3)(4) CEPA i. V. mit Schedule 1, Subsections 3(a)(d)(ii) NSNR(O).

19.3.2.1 Neue lebende Organismen

Die Anforderungen an die Notifizierung neuer lebender Organismen nach dem kanadischen Umweltschutzgesetz (CEPA) entsprechen den im Zusammenhang mit der klinischen Prüfung dargestellten Vorgaben (vgl. Abschnitt 19.2.2) und sind auch im Rahmen der Marktzulassung maßgeblich. Nach Auffassung der kanadischen Behörden können Unterlagen und Studien, die bereits im Antrag auf Genehmigung einer klinischen Prüfung (CTA) oder einer Marktzulassung (NOC) eingereicht wurden, regelmäßig für das Notifizierungsverfahren erneut bzw. parallel verwendet werden. Denn die einschlägigen Leitlinien zur umweltrechtlichen Bewertung von Gen- und Zelltherapeutika heben ausdrücklich hervor, dass sich die einzureichenden Informationen inhaltlich vielfach überschneiden und daher eine Mehrfachverwendung von Literatur- und Studiendaten zulässig ist.[253]

19.3.2.2 Neue Chemikalien und Polymere

Die einzureichenden Dossiers für somatische genomische Therapien, die keine lebenden Organismen sind (vgl. Tabelle 12.2), bestimmen sich nach einem stufenweise aufgebauten System, das an die im Kalenderjahr hergestellten oder importierten Mengen anknüpft (vgl. Abbildung 19.2). Mit steigender Produktions- bzw. Importmenge erhöht sich der Umfang der beizubringenden Angaben.

19.3.2.2.1 Herstellung oder Import von über 100 kg pro Kalenderjahr

Ab einer jährlichen Herstellung oder einem Import von mehr als 100 kg greifen erste Notifizierungspflichten für Chemikalien (Chemicals/Biochemicals), die bislang nicht in der DSL gelistet sind.[254] Im Umkehrschluss ist eine Herstellung oder ein Import von Chemikalien (Chemicals/Biochemicals) unterhalb dieser Schwelle nicht notifizierungspflichtig.

Die Notifizierung an das kanadische Ministerium für Umwelt und Klimawandel (ECCC) ist spätestens fünf Tage vor Aufnahme der Herstellung oder des

---

[253] Vgl. Health Canada/Environment and Climate Change Canada, Supplementary Guidance Document for the Notification and Testing of New Substances: Organisms Used in Cell and Gene Therapy under Schedule 1 of the New Substances Notification Regulations (Organisms), 2021, (https://www.canada.ca/content/dam/eccc/documents/pdf/pded/cell-gene-therapy-guidance/Cell-gene-therapy-guidance.pdf), S. 4 ff. (geprüft am 24.10.2025).

[254] Subsection 8(1) NSNR(CP) i. V. mit Annex 4 der NSNR(CP); bei bereits bekannten Chemikalien setzt die Mengenschwelle erst ab 1.000 kg pro Kalenderjahr ein; in diesem Fall gelten im Vergleich zu unbekannten Chemikalien in derselben Herstellungsmenge erleichterte Anforderungen, vgl. Subsections 7(1), 8(2) NSNR(CP).

Imports einzureichen.[255] Anzugeben sind zunächst die chemische Identität des Stoffs sowie diejenigen Informationen, die für eine Einschätzung des Freisetzungsrisikos erforderlich sind, insbesondere die erwartete jährliche Herstellungs- und Verwendungsmenge.[256] Anhang 4 NSNR(CP) bildet damit die Grundlage für eine risikobasierte Vorprüfung der Substanz, bevor höhere Mengenschwellen (1.000 kg oder 10.000 kg pro Jahr) erreicht werden, bei denen weitergehende Anforderungen ausgelöst werden.

19.3.2.2.2 Herstellung oder Import von über 1.000 kg pro Kalenderjahr

Werden somatische genomische Therapien im Sinne der NSNR(CP) in einer Menge von mehr als 1.000 kg pro Kalenderjahr hergestellt oder importiert, greifen erweiterte Notifizierungspflichten. Für Chemikalien ist die Notifizierung spätestens 60 Tage, für Polymere spätestens 30 Tage vor Aufnahme der Herstellung oder des Imports bei ECCC einzureichen.[257] Insofern dürfen Polymere bis zu einer Menge von 1.000 kg pro Kalenderjahr hergestellt oder importiert werden ohne ein Notifizierungsverfahren durchführen zu müssen. In beiden Fällen sind die erweiterten Anforderungen nach Schedule 5 der NSNR(CP) maßgeblich.[258]

19.3.2.2.2.1 Allgemeine Voraussetzungen

Schedule 5 baut auf den allgemeinen Informationspflichten nach Schedule 4 auf und verlangt darüber hinaus detaillierte Angaben für eine toxikologische und ökotoxikologische Bewertung. Gefordert werden insbesondere Zusammenfassungen sämtlicher vorliegenden Daten oder Studien zur Abschätzung potenzieller Risiken für Umwelt und Gesundheit, Angaben zu Maßnahmen zur Minimierung von Freisetzungen sowie Informationen über bekannte Gefährdungen etwa für Oberflächengewässer oder den Menschen.[259] Zusätzlich sind physikalisch-chemische Eigenschaften wie Siedepunkt, Bioabbaubarkeit oder Lipophilie sowie einschlägige tierexperimentelle Daten vorzulegen.[260]

---

[255] Subsection 8(1)(a) NSNR(CP).

[256] Schedule 4, Section 2–5 und 7 NSNR(CP).

[257] Subsection 8(1)(b) NSNR(CP).

[258] Subsection 8(1)(b)(i) NSNR(CP).

[259] Schedule 5, Subsection 9–10 NSNR(CP).

[260] Vgl. Schedule 5, Subsection 3–6 NSNR(CP).

19.3.2.2.2.2 Nukleinsäuren und Proteine

Für chemische oder biochemisch hergestellte Nukleinsäuren sowie für katalytisch aktive Proteine wie Cas-Nukleasen, gelten ergänzende spezifische Anforderungen. Bei Nukleinsäuren ist insbesondere das codierte Protein zu benennen und deren potenzielle Auswirkungen auf Umwelt und menschliche Gesundheit im Hinblick auf biologische Aktivität zu bewerten.[261] Nukleasen sind anhand ihrer enzymatischen Funktion (z. B. katalytische Aktivität pro Masseeinheit) und ihrer chemischen Eigenschaften näher zu charakterisieren.[262]

19.3.2.2.2.3 Polymere

Werden somatische genomische Therapien, die unter die NSNR(CP) fallen, in einer Menge von mehr als 1.000 kg pro Jahr hergestellt oder importiert und als Polymere (Polymers) eingestuft, greifen darüber hinaus die Anforderungen nach Schedule 9 NSNR(CP).[263] Hier ist zunächst die Zusammensetzung des Polymers darzulegen, einschließlich aller bei der Synthese oder Anwendung eingesetzten Monomere, Reagenzien, Additive, Stabilisatoren und Lösungsmittel.[264] Dazu zählt die Konzentration des Polymers in den Endprodukten offenzulegen sowie die erwartete Art, Häufigkeit und Intensität des direkten menschlichen Kontakts darzustellen.[265] Zudem sind die drei Standorte innerhalb Kanadas zu benennen, an denen die größten Mengen des Polymers voraussichtlich verarbeitet oder verwendet werden.[266]

Für biotechnologisch hergestellte Polymere (Biopolymers) bestehen zusätzliche Pflichten. Insbesondere sind Angaben über den eingesetzten mikrobiellen Wirtsorganismus, dessen verbleibende Konzentration im Endprodukt sowie bekannte oder vermutete nachteilige Auswirkungen auf Umwelt oder menschliche Gesundheit zu machen.[267]

---

[261] Subsection 8(1)(b)(ii)(A) i. V. mit Schedule 2, Subsection 5–6 NSNR(CP).

[262] Subsection 8(1)(b)(ii)(B) i. V. mit Schedule 2, Section 7–13 NSNR(CP).

[263] Subsection 10(a) NSNR(CP).

[264] Schedule 9, Section 11 NSNR(CP).

[265] Schedule 9, Subsection 13(d)(i)-(iii) NSNR(CP).

[266] Schedule 9, Subsection 13(d)(iv) NSNR(CP).

[267] Subsection 10(a) i. V. mit Schedule 2, Section 1–3 NSNR(CP).

19.3.2.2.3 Herstellung oder Import von über 10.000 kg pro Kalenderjahr

Werden somatische genomische Therapien nach den NSNR(CP) in einer Menge von 10.000 kg oder mehr pro Kalenderjahr hergestellt oder importiert, ist eine Notifizierung an das kanadische Umweltministerium (ECCC) spätestens 75 Tage im Voraus (für chemische Substanzen) beziehungsweise 60 Tage im Voraus (für Polymere) erforderlich.[268] In diesem Fall greifen die zusätzlichen Anforderungen nach Schedule 6 (Chemikalien) bzw. Schedule 11 (Polymere) der Verordnung.[269]

Für chemische Substanzen verlangt Schedule 6 – ergänzend zu den Angaben nach Schedule 4 und 5 – weiterführende Informationen zur chemischen Charakterisierung, einschließlich spektroskopischer Analysen.[270] Zudem sind sowohl in-vitro- als auch in-vivo-Untersuchungen zur Mutagenität der Substanz in Säugetierzellen durchzuführen.[271] Darüber hinaus ist eine 28-tägige wiederholte Verabreichung an einem Säugetier erforderlich, um potenzielle systemische Effekte zu erfassen.[272]

Für biotechnologisch hergestellte Nukleinsäuren und katalytisch aktive Proteine, wie etwa Nukleasen, gelten zusätzliche spezifische Anforderungen. Es sind detaillierte Angaben zum eingesetzten Wirtsorganismus zu machen, einschließlich seiner Konzentration im Endprodukt, der verwendeten Trennmethoden und bekannter Auswirkungen auf die Umwelt.[273] Bei Nukleinsäuren ist ferner darzulegen, welches Protein durch die Sequenz codiert wird und welche potenziellen Risiken aus dessen biologischer Aktivität für Umwelt und menschliche Gesundheit resultieren können.[274] Nukleasen sind zusätzlich anhand ihrer enzymatischen Funktion sowie ihrer chemischen Eigenschaften zu charakterisieren.[275]

---

[268] Subsections 8(1)(c), 12(1) NSNR(CP).

[269] Subsection 12(1), Subsection 8(1)(c) NSNR(CP); für Polymere und Chemikalien, deren Ausgangsmaterialien bereits bekannt sind, gelten erleichterte Anforderungen nach Subsection 11(1)(a), Subsection 7(1)(b)(i) NSNR(CP).

[270] Schedule 6, Section 2 NSNR(CP).

[271] Schedule 6, Section 9–10 NSNR(CP); Schedule 11, Section 10 NSNR(CP).

[272] Schedule 6, Section 7 NSNR(CP); Schedule 11, Section 8 NSNR(CP).

[273] Subsection 8(1)(c)(ii), Subsection 12(1)(b) i. V. mit Schedule 2, Section 1–4 NSNR(CP).

[274] Subsection 8(1)(c)(ii)(a), Subsection 12(1)(b) i. V. mit Schedule 2, Subsection 5–6 NSNR(CP).

[275] Subsection 8(1)(c)(ii)(B) i. V. mit Schedule 2, Section 7–13 NSNR(CP).

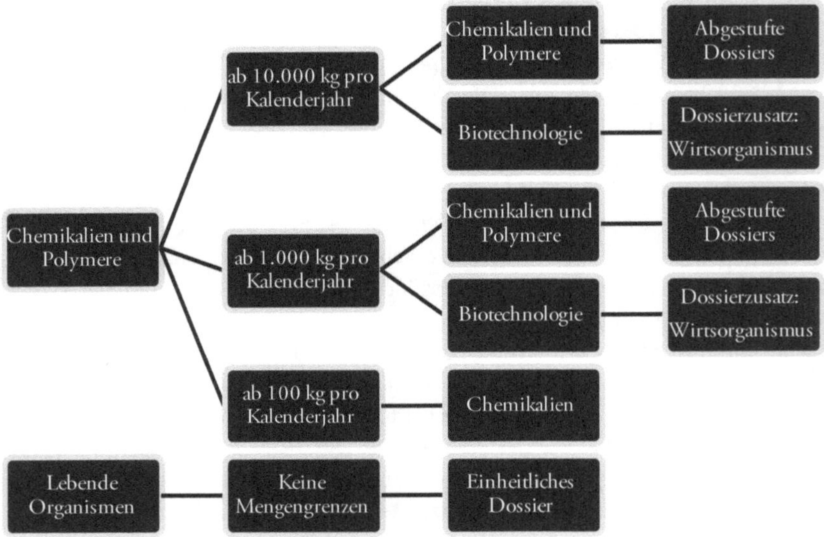

Abbildung 19.2 Umweltrechtliches Notifizierungsverfahren bei Marktzulassung (Kanada)

19.3.2.3 Aufnahme neuer lebender Organismen in die Liste heimischer Stoffe (DSL)

Für die Aufnahme eines neuen lebenden Organismus in die Liste heimischer Stoffe (DSL) gelten die Voraussetzungen des Section 112(1) CEPA. Eine Eintragung ist durch das kanadische Umweltministerium (ECCC) vorzunehmen, wenn die nach den NSNR(O) vorzulegenden Informationen vollständig übermittelt wurden und zusätzlich die Anforderungen des Section 109(1) erfüllt sind.[276]

Section 109(1) CEPA betrifft die Prüfung des Dossiers nach den NSNR(O) im Hinblick auf eine mögliche Toxizität des lebenden Organismus oder seiner Expressionsprodukte. Zum Zeitpunkt der Eintragung in die Liste heimischer Stoffe (DSL) darf keine Auflage nach Section 109(1)(a) mehr in Kraft stehen, etwa wenn zuvor Zweifel an der Umwelt- oder Gesundheitsverträglichkeit bestanden und durch eine auflagenbasierte Risikominimierung kompensiert wurden. Eine Aufnahme in die Liste heimischer Stoffe (DSL) setzt deshalb voraus, dass keine toxikologisch begründeten Risiken mehr offenstehen und alle früheren

[276] Subsections 108(1), 106(1)(a) CEPA i. V. mit NSNR(O).

Bedenken ausgeräumt sind. Die Entscheidung über eine Aufnahme in die Liste heimischer Stoffe (DSL) hat innerhalb einer Frist von maximal 120 Tagen nach Eingang der vollständigen Unterlagen zu erfolgen.[277]

19.3.2.4 Aufnahme neuer Substanzen in die Liste heimischer Stoffe (DSL)

Für chemische und biochemische Substanzen, die unter die NSNR(CP) fallen, richtet sich die Aufnahme in die Liste heimischer Stoffe (DSL) nach Section 87 CEPA. Voraussetzung ist zunächst, dass der betreffende Stoff ordnungsgemäß notifiziert wurde und sämtliche für die toxikologische Bewertung erforderlichen Informationen vorliegen.[278] Nur wenn im Rahmen der Notifizierung tatsächlich eine Toxizität der Substanz festgestellt wird, sind zusätzliche Studien für eine spätere Aufnahme in die Liste heimischer Stoffe (DSL) erforderlich.[279]

Für die Eintragung müssen zudem weitere Kriterien erfüllt sein. Die Substanz muss in einem Kalenderjahr in einer Menge von mindestens 1.000 kg hergestellt oder importiert worden sein und die kumulierte Gesamtmenge muss mindestens 5.000 kg betragen.[280] Darüber hinaus darf keine Auflage nach Section 84(1)(a) CEPA mehr bestehen, die aufgrund einer vorläufigen Einstufung als „toxisch" erlassen wurde.[281] Für die Entscheidung der Aufnahme in die Liste heimischer Stoffe (DSL) gilt eine gesetzliche Frist von 120 Tagen.[282]

19.3.2.5 Regulatorische Steuerungswirkung im Umweltrecht

Bemerkenswert ist, dass weder für neue lebende Organismen noch für neue Substanzen ein Antragserfordernis zur Aufnahme in die Liste heimischer Stoffe besteht. Nach erfolgter Notifizierung hat das kanadische Umweltministerium (ECCC) die Eintragung von Amts wegen („The Minister shall add […]"[283]) vorzunehmen, sofern die weiteren Tatbestandsvoraussetzungen erfüllt sind. Dadurch können andere Hersteller oder Anwender die Eintragung abwarten, ohne selbst ein Notifizierungsverfahren durchführen zu müssen. Während für chemische Substanzen und Polymere allerdings erhebliche quantitative Schwellenwerte erreicht werden müssen, um überhaupt eine Notifizierungspflicht auszulösen,

---

[277] Section 112(1) CEPA.

[278] Subsection 87(1)(a), Sections 81, 82 CEPA i. V. mit NSNR(CP).

[279] Subsections 87(1)(a), 84(1), 83 CEPA.

[280] Subsection 87(1)(b) CEPA.

[281] Subsection 87(1)(d) CEPA.

[282] Subsection 87(1) CEPA.

[283] Subsections 87(1), 112(1) CEPA.

bestehen für lebende Organismen keine vergleichbaren Mengengrenzen (vgl. Abschnitt 19.3.2.3).

Somatische genomische Therapien, die neue lebende Organismen darstellen (vgl. Tabelle 12.2), müssen daher grundsätzlich ein Notifizierungsverfahren für ihre Marktzulassung durchführen. Somatische genomische Therapien, die keine lebenden Organismen sind, können ohne ein umweltrechtliches Notifizierungsverfahren in den Markt dringen, weil sie den erforderlichen Schwellenwert von einer Herstellungs- oder Importmenge von 1.000 kg pro Kalenderjahr für Polymere regelmäßig nicht erreichen sollten. Insofern besteht ein regulatorischer Anreiz, eine somatische genomische Therapie nicht als Zelltherapie (ex-vivo-Ansatz), sondern beispielsweise als Therapie im Körper des Patienten (in-vivo-Ansatz) mit in Lipidnanopartikeln formulierten mRNA-Molekülen oder Ribonukleoproteinen durchzuführen.

19.3.2.6 Human Pathogens and Toxins Act

Der Human Pathogens and Toxins Act und dessen untergesetzlichen Verordnungen (HPTR) finden auf zugelassene Arzneimittel keine Anwendung.[284]

19.4 Regulatorische Sonderwege zur Gewährleistung der Versorgung

In Kanada bestehen im Wesentlichen zwei regulatorische Mechanismen, die den Zugang von Patienten zu innovativen somatischen genomischen Therapien ohne vorherige Marktzulassung ermöglichen: das Special Access Program (SAP) einerseits und die Single Patient Trials andererseits.

19.4.1 Special Access Program (SAP)

Das Special Access Program ermöglicht die Bereitstellung einer im Bescheid festgelegten Menge eines Arzneimittels, die einem bestimmten Gesundheitsdienstleister zur Behandlung eines konkreten medizinischen Notfalls zur Verfügung gestellt wird.[285] Es handelt sich um eine Ausnahmegenehmigung für den Verkauf eines in Kanada bislang nicht zugelassenen Arzneimittels im Einzelfall, die

[284] Section 4(b) HPTA.

[285] C.08.010(1) FDR; Abu-Zahra/Carvalho/Edwards, The Regulation of Drugs in Canada, 2024, S. 107; Chisholm/Ruff/Viswanathan, Cytotherapy 21 (2019), S. 686, 694.

von Health Canada erteilt wird. Das Special Access Program entspricht funktional dem US-amerikanischen Expanded Access, da der behandelnde Arzt den Antrag stellen muss und sowohl die medizinische Notwendigkeit als auch den aktuellen Erkenntnisstand zum Präparat darzulegen hat (vgl. Abschnitt 18.4.1).[286] Ein dem US-amerikanischen Right to Try Act vergleichbarer Mechanismus, der eine Nutzung nicht zugelassener Arzneimittel ohne behördliche Beteiligung zuließe, existiert in Kanada hingegen nicht.[287]

19.4.1.1 Verringerter Maßstab bei Evidenz und Qualität

Die Rechtsprechung in Kanada hat wiederholt betont, dass im Rahmen des Special Access Program kein mit dem regulären Zulassungsverfahren (NOC) vergleichbarer Evidenzstandard verlangt werden darf.[288] Entsprechendes gilt für die Qualität des Medikaments. Zwar gelten die Grundsätze der Guten Herstellungspraxis (GMP), allerdings nur in reduzierter Form.[289] Health Canada ist daher nicht befugt, für die Erteilung einer Ausnahmegenehmigung den vollständigen Nachweis von Qualität, Sicherheit und Wirksamkeit nach Maßgabe der regulären Marktzulassung einzufordern. Gleichwohl hat die Behörde das Nutzen-Risiko-Verhältnis im konkreten Einzelfall zu bewerten und dabei insbesondere den Schweregrad der Erkrankung und den Gesundheitszustand des Patienten zu berücksichtigen.[290] Eine klare Untergrenze des erforderlichen Evidenz- und Qualitätsniveaus für die vorzunehmende Nutzen-Risiko-Abwägung ist aber weder gesetzlich noch durch die Rechtsprechung festgelegt worden.

19.4.1.2 Umweltrecht

Die Genehmigung nach dem Special Access Program betrifft ausschließlich die arzneimittelrechtliche Seite. Die Anwendbarkeit des kanadischen Umweltschutzgesetzes (CEPA) einschließlich der New Substances Notification Regulations bleibt hiervon unberührt, sodass die umweltrechtlichen Anforderungen grundsätzlich uneingeschränkt fortgelten (vgl. Abschnitt 19.3.2). Während für Chemikalien und Polymere der notwendige Schwellenwert für eine Notifizierungspflicht nicht

---

[286] C.08.010(1)(a)(i)(iii)(2) FDR; bei einer Marktzulassung des Medikaments in den Vereinigten Staaten von Amerika oder der Europäischen Union kann auf die entsprechenden Zulassungsunterlagen verwiesen werden.

[287] Delisle/Fournier/Santerre u. a., Frontiers in Medicine 12 (2025), 1581058, S. 8.

[288] Abu-Zahra/Carvalho/Edwards, The Regulation of Drugs in Canada, 2024, S. 107 f.

[289] C.02.003, C.02.003.1 FDR.

[290] Abu-Zahra/Carvalho/Edwards, The Regulation of Drugs in Canada, 2024, S. 107 f.

erreicht wird, besteht für neue lebende Organismen grundsätzlich eine Notifizierungspflicht (vgl. Abschnitt 19.3.2.2). In medizinischen Notfällen bestünde grundsätzlich die Möglichkeit, dass das Umweltministerium (ECCC) eine Notifizierungspflicht nach dem (CEPA) bei angemessenen Einschlussmaßnahmen für diese Medikamente im Einzelfall aussetzt.[291] Abweichend hiervon findet der Human Pathogens and Toxins Act bei einer arzneimittelrechtlichen Genehmigung, und damit auch im Rahmen des Special Access Program, keine Anwendung.[292]

19.4.2 Single Patient Trials

Eine Alternative zum Special Access Program bilden die sog. Single-Patient Trials. Dabei wird für einen einzelnen Patienten eine klinische Prüfung genehmigt, etwa in Form einer First-in-Human-Phase-I-Studie, in deren Rahmen das betreffende Prüfpräparat rechtmäßig angewendet werden darf.[293] Nach übereinstimmender Einschätzung der befragten Expertinnen und Experten werden Single Patient Trials unproblematisch genehmigt, und vor diesem Hintergrund erscheint ihnen ein besonderes System wie die Hospital Exemption der Europäischen Union nicht erforderlich. Der Zugang zu nicht zugelassenen Arzneimitteln kann ohne großen Aufwand dadurch gewährleistet werden, dass die behandelnden Ärzte eine klinische Prüfung für einen individuellen Patienten beantragen, in deren Verlauf das Arzneimittel therapeutisch eingesetzt werden darf. Die umwelt- und herstellungsrechtliche Bewertung erfolgt in diesen Fällen nach den für klinische Prüfungen geltenden Maßstäben (vgl. Abschnitt 19.2.2).

19.4.3 Ärztliche und apothekenrechtliche Rezepturherstellung

Zwar bedürfen Ärzte sowie Apotheken für die Herstellung einzelner Verschreibungen von Humanarzneimitteln (sog. Compounding) in bestimmten Fallgruppen keiner gesonderten Herstellungserlaubnis.[294] Unabhängig davon verbietet das

[291] Vgl. Subsection 106(8)(b) CEPA.

[292] Subsection 4(b) HPTA.

[293] Delisle/Fournier/Santerre u. a., Frontiers in Medicine 12 (2025), 1581058, S. 8.

[294] C.01 A.002(1)(b) FDR.

kanadische Arzneimittelrecht jedoch den Verkauf neuer Arzneimittel ohne Marktzulassung (NOC) und knüpft hierfür nicht an den Begriff des Inverkehrbringens wie das deutsche oder US-amerikanische Arzneimittelrecht an. Der Begriff des Verkaufs[295] (Sale) wird weit ausgelegt und umfasst nicht nur die Abgabe an Dritte, sondern auch die unmittelbare therapeutische Anwendung eines Arzneimittels durch eine Ärztin oder einen Arzt am Patienten, selbst wenn keine Übergabe an den Patienten erfolgt.[296] Damit unterliegt auch die bloße Anwendung eines neuen Arzneimittels der Genehmigungspflicht nach Maßgabe einer Marktzulassung (NOC), weshalb kein Raum für eine zulassungsfreie ärztliche Eigenherstellung und Anwendung oder Rezepturherstellung in Apotheken bleibt.

[295] Section 2 ('sell') FD Act:
„sell includes (a) offer for sale, expose for sale or have in possession for sale – or distribute to one or more persons, whether or not the distribution is made for consideration, and (b) lease, offer for lease, expose for lease or have inpossession for lease".

[296] Government of Canada, Health Canada Policy Position Paper – Autologous Cell Therapy Products, (https://www.canada.ca/en/health-canada/services/drugs-health-products/biologics-radiopharmaceuticals-genetic-therapies/applications-submissions/guidance-documents/cell-therapy-policy.html) (geprüft am 24.10.2025).

Forschung, Entwicklung und Marktzugang im Vereinigten Königreich

20

Das Vereinigte Königreich gilt im Bereich der Gen- und Zelltherapeutika als besonders innovationsfreundlicher Standort. Dies beruht neben der Verfügbarkeit hochqualifizierten Humankapitals und eines leistungsfähigen Gesundheitssystems vor allem auf einer gezielten staatlichen Strategie zur Förderung der regenerativen Medizin, die beispielsweise Einrichtungen wie das Cell and Gene Therapy Catapult hervorgebracht hat, das einen interdiszplinären und institutionellen Rahmen für die Translation dieser Arzneimittel schafft.[1] Hervorzuheben ist zudem, dass mit Casgevy (exagamglogene autotemcel) die erste CRISPR-Cas-basierte Therapie weltweit zunächst im Vereinigten Königreich zugelassen wurde – noch vor den Vereinigten Staaten von Amerika und der Europäischen Union.[2] Vor diesem Hintergrund erscheint eine Betrachtung der regulatorischen Rahmenbedingungen des Vereinigten Königreichs im Bereich somatischer genomischer Therapien, mit Rücksicht auf die durch den Brexit gewonnenen Gestaltungsspielräume, besonders gewinnbringend.

---

[1] Innerhalb Europas stellt das Vereinigte Königreich den viertgrößten Arzneimittelmarkt dar, siehe IQVIA, Top 10 Pharmaceutical Markets Worldwide, 2020, (https://www.iqvia.com/-/media/iqvia/pdfs/canada/2020-trends/top10worldwidesales_20.pdf) (geprüft am 24.10.2025); siehe zum Gene Therapy Catapult Pizevska/Kaeda/Fritsche u. a., Frontiers in Medicine 9 (2022), 757647, S. 5.

[2] Wong, Nature 623 (2023), S. 676; Kerwash/Sajic/Rantell u. a., Current Issues in Molecular Biology 46 (2024), S. 8209.

L. Pietrek, *Somatische genomische Therapien*,
https://doi.org/10.1007/978-3-658-52943-7_20

20.1 Grundlagenforschung und Präklinik

Das Vereinigte Königreich ist Mitglied der OECD und wurde durch diese im Rahmen des MAD-Systems evaluiert.[3] Daher erkennen alle übrigen OECD-Staaten, einschließlich der Europäischen Union, GLP-Bescheinigungen des Vereinigten Köngreichs an. Dies ermöglicht es pharmazeutischen Unternehmen und Forschungseinrichtungen, Tierversuche und Zellkulturstudien im Vereinigten Königreich durchzuführen und deren Ergebnisse unmittelbar in unionsrechtliche und deutsche Genehmigungs- und Zulassungsverfahren einzubringen (vgl. Abschnitt 14.1.1). Insofern hat der EU-Austritt des Vereinigten Königreichs an der Anerkennung präklinischer Studien durch die hiesigen Arzneimittelbehörden sowie durch die EMA nichts geändert.

20.1.1 Gute Laborpraxis (GLP)

Die gesetzlichen Anforderungen an die Gute Laborpraxis im Vereinigten Königreich beruhen im Wesentlichen auf der Richtlinie 2004/10/EG (vgl. Abschnitt 14.1). Diese wurde vor dem EU-Austritt durch eine Anpassung der Good Laboratory Practice Regulations 1999[4] (GLP Regulations 1999) in nationales Recht umgesetzt und gilt weiterhin fort. Entsprechend müssen Prüflabore, die nicht-klinische regulatorische Studien (Regulatory Studies) durchführen wollen, die Einhaltung der Grundsätze der Guten Laborpraxis gewährleisten.[5] Dies umfasst Studien, die der Bewertung genehmigungspflichtiger Humanarzneimittel dienen und damit auch von Advanced Therapy Medicinal Products (ATMP).[6]

Die Überwachung der Einhaltung der Guten Laborpraxis obliegt im gesamten Vereinigten Königreich der UK Good Laboratory Practice Monitoring Authority (UK GLPMA). Sie wird aus den für Gesundheitsangelegenheiten zuständigen Ministerien Englands, Schottlands, Wales' und Nordirlands gebildet.[7]

[3] OECD, National GLP Compliance Monitoring Programmes which participate in the Mutual Acceptance Data (MAD) system: status and contact information, (https://www.oecd.org/content/dam/oecd/en/topics/policy-sub-issues/testing-of-chemicals/national-glp-compliance-monitoring-programmes-which-participate-in-the-mutual-acceptance-of-data.pdf), S. 23 f. (geprüft am 24.10.2025); Stahl/Brown, in: McBride/Schmitt (Hrsg.), Fundamentals of Pharmaceutical and Biologics Regulations, 2023, S. 29, 30.

[4] The Good Laboratory Practice Regulations 1999, S. I. 1999/3106.

[5] Regulations 2(1), 4, 7(1) GLP Regulations 1999.

[6] Regulation 2(1)(b) GLP Regulations 1999.

[7] Regulation 3(1)(3) GLP Regulations 1999.

20.1.1.1 Genehmigungsverfahren

Die Behörde (UK GLPMA) führt ein sog. GLP-Compliance-Überwachungsprogramm durch, dem sich Prüfeinrichtungen anschließen müssen, um regulatorische GLP-Studien durchführen zu dürfen.[8] Neue Einrichtungen stellen hierzu einen Antrag[9] und unterliegen anschließend einer Erstinspektion (Implementation Inspection), die üblicherweise innerhalb von etwa zwölf Wochen erfolgt.[10] Im Rahmen dieser Inspektion wird geprüft, ob die organisatorischen, personellen und räumlichen Anforderungen der Guten Laborpraxis eingehalten werden.[11] Werden sämtliche Vorgaben erfüllt, nimmt die UK GLPMA die Einrichtung als Vollmitglied in das GLP-Compliance-Programm auf und erteilt eine offizielle GLP-Konformitätsbescheinigung (Statement of GLP Compliance).[12]

Nach der Aufnahme in das GLP-Compliance-Programm erfolgen regelmäßige Folgeinspektionen. Diese werden in der Regel in Intervallen von zwölf bis dreißig Monaten durchgeführt und den Einrichtungen typischerweise vorab angekündigt.[13]

20.1.1.2 Genehmigungs- und Durchführungsvoraussetzungen

Die inhaltlichen Anforderungen an Prüfeinrichtungen ergeben sich im Vereinigten Königreich aus Schedule 1 GLP Regulations, der Anhang I der Richtlinie 2004/10/EG entspricht (vgl. Abschnitt 14.1). Damit bestehen trotz des Austritts des Vereinigten Königreichs aus der Europäischen Union keine Unterschiede zu den deutschen bzw. unionsrechtlichen Vorgaben zur Guten Laborpraxis.

---

[8] Regulations 4(a), 5(1) GLP Regulations 1999.

[9] Regulation 5(1) GLP Regulations 1999 sieht zunächst eine Anzeigepflicht (Notifizierung) vor; eine Aufnahme in das GLP-Compliance-Programm erfolgt jedoch erst, wenn die UK GLPMA die Notifizierung des Antragstellers sowie dessen Mitgliedschaft im GLP-Compliance-Programm schriftlich bestätigt hat; vgl. Regulation 5(1)(b) GLP Regulations 1999.

[10] Medicines and Healthcare products Regulatory Agency, Good laboratory practice (GLP) for safety tests on chemicals, 2014, (https://www.gov.uk/guidance/good-laboratory-practice-glp-for-safety-tests-on-chemicals) (geprüft am 24.10.2025).

[11] Regulation 5(4)(a) GLP Regulations 1999.

[12] Medicines and Healthcare products Regulatory Agency, Good laboratory practice (GLP) for safety tests on chemicals, 2014, (https://www.gov.uk/guidance/good-laboratory-practice-glp-for-safety-tests-on-chemicals) (geprüft am 24.10.2025).

[13] Medicines and Healthcare products Regulatory Agency, Good laboratory practice (GLP) for safety tests on chemicals, 2014, (https://www.gov.uk/guidance/good-laboratory-practice-glp-for-safety-tests-on-chemicals) (geprüft am 24.10.2025).

20.1.2 Gentechnikrecht

Die grundlagenorientierte und präklinische Forschung mit gentechnisch veränderten Organismen (GMO) im Vereinigten Königreich unterliegt überwiegend dem Regime des Contained Use, also der Durchführung gentechnischer Arbeiten innerhalb geschlossener Systeme. Rechtsgrundlagen sind die Genetically Modified Organisms (Contained Use) Regulations 2014[14] (GMO Regulations 2014) für England, Schottland und Wales sowie die entsprechenden nordirischen Vorschriften (The Genetically Modified Organisms (Contained Use) Regulations (Northern Ireland) 2015[15] – GMO Regulations 2015).[16] Diese Regelwerke setzten die früher verbindliche Richtlinie 2009/41/EG in nationales Recht um.

20.1.2.1 Zuständigkeitsverteilung im Vollzug

Für den Vollzug des Gentechnikrechts bestehen im Vereinigten Königreich unterschiedliche behördliche Zuständigkeiten. In England und Wales nehmen die Health and Safety Executive (HSE) sowie das Umweltministerium (Department of Agriculture, Environment and Rural Affairs – DEFRA) die Aufgaben als gemeinsame Gentechnikbehörde wahr.[17] In Schottland erfolgt die Aufgabenteilung zwischen der schottischen Regierung, dem britischen HSE und Umweltministerium (DEFRA),[18] während in Nordirland ausschließlich die nordirische HSE (Health and Safety Executive Northern Ireland – HSENI) gemeinsam mit dem dortigen Umweltministerium (Department of the Environment) zuständig ist.[19] Grundsätzlich verantworten die Umweltministerien den Bereich der Freisetzung gentechnisch veränderter Organismen, während die HSE als eigenständige Behörden für alle Tätigkeiten im geschlossenen System zuständig sind.

[14] The Genetically Modified Organisms (Contained Use) Regulations 2014, S. I. 2014/1663.

[15] The Genetically Modified Organisms (Contained Use) Regulations (Northern Ireland) 2015, Northern Ireland Statutory Rules, 2015/339.

[16] Die Verordnungen wurden ursprünglich durch die jeweiligen Ministerien für Arbeits- und Gesundheitsschutz auf Grundlage des Health and Safety at Work Act 1974, UK Public General Acts, 1974 c. 37 und Health and Safety at Work (Northern Ireland) Order 1978, Northern Ireland Orders in Council, 1978 No. 1039 (N. I. 9) erlassen.

[17] Regulation 2(1)(a) GMO Regulations 2014.

[18] Regulation 2(1)(b) GMO Regulations 2014.

[19] Regulation 2(1) GMO Regulations 2015.

20.1.2.2 Joint Regulatory Authority (JRA) und Scientific Adivsory Committee on Genetic Modification (SACGM)

Ungeachtet der rechtlich getrennten Zuständigkeitsverteilung bilden die britische HSE, die Regierung in Schottland sowie das britische Umweltministerium (DEFRA) zusammen eine gemeinsame Aufsichtsbehörde (Joint Regulatory Authority – JRA), um einen einheitlichen Vollzug des Gentechnikrechts sicherzustellen. Darüber hinaus existiert ein zentral organisierter wissenschaftlicher Beirat für Gentechnik (Scientific Advisory Committee on Genetic Modification – SACGM), der durch technische Leitfäden die Behörden bei Fragen der Risikoeinschätzung unterstützt.[20]

20.1.2.3 Anzeige-, Anmeldungs- und Genehmigungsverfahren

Bei gentechnischen Arbeiten im geschlossenen System unterscheidet das britische Gentechnikrecht zwischen gentechnisch veränderten Mikroorganismen (GMM) und gentechnisch veränderten Organismen, die keine Mikroorganismen sind (Larger GMO).[21] Für die Forschung und Entwicklung mit somatischen genomischen Therapien im geschlossenen System sind gentechnisch veränderte Versuchstiere entsprechend als „Larger GMO“ zu klassifizieren, während virale Vektoren und genomisch veränderte Zellkulturen mit GMO-Status (vgl. Tabelle 11.1) als gentechnisch veränderte Mikroorganismen (GMM) gelten.

Gentechnische Arbeiten mit gentechnisch veränderten Organismen (GMO), die als „Larger GMO“ eingestuft werden, unterliegen trotz vorheriger Risikoeinstufung einem einheitlichen Anmeldungsverfahren.[22] Werden solche Arbeiten durchgeführt, sind die entsprechenden Tierversuche oder Züchtungsvorhaben der zuständigen Behörde zunächst anzuzeigen.[23] Nach Eingang der Anzeige hat die Behörde innerhalb von zehn Tagen eine Eingangsbestätigung zu übermitteln.[24] Mit den gentechnischen Arbeiten darf begonnen werden, sobald die Behörde die Durchführung ausdrücklich genehmigt hat oder eine Frist von 45 Tagen seit

---

[20] Vgl. Health and Safety Executive, The SACGM Compendium of guidance, (https://www.hse.gov.uk/biosafety/gmo/acgm/acgmcomp/index.htm) (geprüft am 24.10.2025).

[21] Regulation 2(1)(‘micro-organism’)(‘larger GMO’) GMO Regulations 2014; Regulation 2(1)(‘micro-organism’)(‘larger GMO’) GMO Regulations 2015.

[22] Regulations 6(1), 12(1) GMO Regulations 2014; Regulations 6(1), 12(1) GMO Regulations 2015.

[23] Regulation 12(2) GMO Regulations 2014; Regulation 12(2) GMO Regulations 2015.

[24] Regulation 12(3) GMO Regulations 2014; Regulation 12(3) GMO Regulations 2015.

Zugang der Eingangsbestätigung verstrichen ist, ohne dass eine Entscheidung ergangen ist.[25]

Vor Aufnahme gentechnischer Arbeiten mit gentechnisch veränderten Mikroorganismen (GMM) im geschlossenen System ist ebenso eine vorherige Risikobewertung durchzuführen.[26] Auf ihrer Grundlage erfolgt – entsprechend dem deutschen und unionsrechtlichen System (vgl. Abschnitt 14.2.1) – die Einstufung der gentechnischen Arbeiten in eine der vier Sicherheitsstufen (Class 1 bis Class 4 Contained Use), die von geringem bis zu hohem Risiko reichen.[27] Die jeweilige Einstufung führt bei Mikroorganismen jedoch zu unterschiedlichen verfahrensrechtlichen Anforderungen.

20.1.2.3.1 Sicherheitsstufe 1 (Class 1 Contained Use)

Gentechnische Arbeiten der Sicherheitsstufe 1 unterliegen keinem Genehmigungsvorbehalt. Ausreichend ist eine vorherige Anzeige der gentechnischen Arbeiten bei der zuständigen Behörde, die innerhalb von zehn Tagen bestätigt wird.[28] Handelt es sich jedoch um erstmalige gentechnische Arbeiten in der Anlage, muss der Betreiber die Bestätigung der Behörde abwarten, bevor er mit den gentechnischen Arbeiten beginnen darf.[29]

20.1.2.3.2 Sicherheitsstufe 2 (Class 2 Contained Use)

Bei gentechnischen Arbeiten der Sicherheitsstufe 2 besteht ein Anmeldeverfahren. Der Betreiber hat der zuständigen Behörde zunächst eine Anzeige zu machen, dass er beabsichtigt, entsprechende gentechnische Arbeiten durchzuführen.[30] Die Behörde bestätigt den Eingang der Anzeige innerhalb von zehn Tagen.[31] Haben entsprechende Arbeiten in der Anlage bislang nicht stattgefunden, ist grundsätzlich eine behördliche Bestätigung nach Antragstellung erforderlich.[32] Erfolgt innerhalb von 45 Tagen ab Zugang der Anzeige keine Bestätigung durch die

---

[25] Regulation 12(4) GMO Regulations 2014; Regulation 12(4) GMO Regulations 2015.

[26] Regulation 5(1) GMO Regulations 2014; Regulation 5(1) GMO Regulations 2015.

[27] Regulation 2(1) i. V. mit Schedule 1 GMO Regulations 2014; Regulation 2(1) i. V. mit Schedule 1 GMO Regulations 2015.

[28] Regulation 9(3) GMO Regulations 2014; Regulation 9(3) GMO Regulations 2015.

[29] Regulation 9(2)(b) GMO Regulations 2014; Regulation 9(2)(b) GMO Regulations 2015.

[30] Regulation 10(1)(2) GMO Regulations 2014; Regulation 10(1)(2) GMO Regulations 2015.

[31] Regulation 10(3) GMO Regulations 2014; Regulation 10(3) GMO Regulations 2015;

[32] Regulation 10(1)(4) GMO Regulations 2014; Regulation 10(1)(4) GMO Regulations 2015.

zuständige Behörde, tritt eine Genehmigungsfiktion ein und das Vorhaben darf begonnen werden.[33] Wurden in der Anlage bereits zuvor vergleichbare Arbeiten oder Arbeiten einer höheren Sicherheitsstufe durchgeführt, genügt eine einfache Anzeige, nach welcher der Betreiber unmittelbar mit den gentechnischen Arbeiten beginnen darf.[34]

20.1.2.3.3 Sicherheitsstufe 3 und 4 (Class 3 or 4 Contained Use)

Arbeiten der Sicherheitsstufen 3 und 4 unterliegen einem umfassenden Genehmigungsvorbehalt und erfordern einen Antrag bei der zuständigen Behörde.[35] Die Behörde übersendet innerhalb von zehn Tagen nach Antragstellung eine Eingangsbestätigung.[36] Bei erstmaligen Arbeiten dieser Art in der Anlage hat sie anschließend innerhalb von 90 Tagen über die Erteilung oder Versagung der Genehmigung zu entscheiden.[37] Wurden vergleichbare Arbeiten bereits zuvor in der Einrichtung genehmigt, verkürzt sich die Entscheidungsfrist auf 45 Tage.[38]

20.1.2.3.4 Vereinfachtes Verwaltungsverfahren bei multizentrischen gentechnischen Arbeiten

Finden gentechnische Arbeiten standortübergreifend in mehreren Anlagen innerhalb Englands, Wales oder auch unter Einbeziehung Schottlands statt, übernimmt die Joint Regulatory Authority grundsätzlich die Zuständigkeit für die Anzeige-, Anmelde- und Genehmigungsverfahren im geschlossenen System.[39] Die beteiligten Einrichtungen müssen in diesem Fall einen einzigen, konsolidierten Antrag über eine federführende Forschungseinrichtung einreichen.[40] Dieser Antrag wird sodann durch die Joint Regulatory Authority im Rahmen eines zusammengeführten Verwaltungsverfahrens geprüft und einheitlich beschieden.[41]

Nordirland ist nicht Teil der Joint Regulatory Authority (vgl. Abschnitt 20.1.2.2). Werden nordirische Einrichtungen in ein multizentrisches gentechnisches Vorhaben einbezogen, ist daher ein separates Anzeige-,

---

[33] Regulation 10(4)(a) GMO Regulations 2014; Regulation 10(4)(a) GMO Regulations 2015.
[34] Regulation 10(5) GMO Regulations 2014; Regulation 10(5) GMO Regulations 2015.
[35] Regulation 11(1) GMO Regulations 2014; Regulation 11(1) GMO Regulations 2015.
[36] Regulation 11(3) GMO Regulations 2014; Regulation 11(3) GMO Regulations 2015.
[37] Regulation 11(4) GMO Regulations 2014; Regulation 11(4) GMO Regulations 2015.
[38] Regulation 11(5) GMO Regulations 2014; Regulation 11(5) GMO Regulations 2015.
[39] Regulations 9(5), 13(1) GMO Regulations 2014.
[40] Regulation 13(1) GMO Regulations 2014.
[41] Regulation 9(5), 13(1)(2) GMO Regulations 2014.

Anmeldungs- oder Genehmigungsverfahren vor HSENI erforderlich, das parallel zum JRA-Verfahren durchzuführen ist.

20.1.2.4 Genehmigungs- und Durchführungsvoraussetzungen

Seit dem Austritt des Vereinigten Königreichs aus der Europäischen Union wurden im britischen Gentechnikrecht bislang keine maßgeblichen materiellrechtlichen Änderungen vorgenommen (vgl. Abschnitt 12.3.2).[42] Seit dem Austritt des Vereinigten Königreichs aus der Europäischen Union gelten die unionsrechtlich harmonisierten Regelungen durch den European Union (Withdrawal) Act 2018 sowie den European Union (Withdrawal Agreement) Act 2020 zunächst weiter fort. Die einschlägigen inhaltlichen Bestimmungen, insbesondere im Bereich der gentechnischen Arbeiten im geschlossenen System, entsprechen deshalb weiterhin den Regelungen des unionalen Gentechnikrechts und damit auch der deutschen Rechtslage.[43]

20.1.3 Tierschutzrecht

Das Vereinigte Königreich verfügt über eine lange rechtliche Tradition im Bereich des Tierschutzrechts und besitzt eines der ältesten und zugleich strengsten Regulierungswerke für den Einsatz von Tieren in der Forschung.[44] Zentrales Regelungsinstrument ist das nationale Tierversuchsgesetz (Animals (Scientific Procedures) Act 1986[45] – ASPA).

Das Vereinigte Königreich hat durch seine tierschutzrechtliche Tradition maßgeblich zur inhaltlichen Konzeption der unionsrechtlichen Vorgaben beigetragen, insbesondere zur Versuchstiererichtlinie (RL 2010/63/EU). So wurde die Verwendung von Menschenaffen im Vereinigten Königreich bereits 1997 durch

---

[42] Vgl. Cell and Gene Therapy Catapult, Guidance Document – Cell and Gene Therapy Catapult Guidance on the development and marketing of ATMPs in the UK and EU at this position post-BREXIT, 2022, (https://cgt.ams3.cdn.digitaloceanspaces.com/CGT-Catapult-Guidance-for-ATMP_26.01.22.pdf), S. 12 f. (geprüft am 24.10.2025); Watson/Hayta, Transgenic Research 33 (2024), S. 539, 542.

[43] Anders stellt sich dies jedoch bei der Anwendung neuer genomischer Techniken bei Pflanzen aufgrund des Precision Breeding Act dar (vgl. Abschnitt 12.3.2.2), weshalb zukünftig eine Deregulierung auch im Bereich der klinischen Forschung antizipiert werden kann.

[44] Griffin/Locke, Institute for Laboratory Animal Research Journal 57 (2016), S. 271, 272; Sparks/Brooman, UK Journal of Animal Law (2017), S. 2; Dunn, Animals 11 (2021), 1547, S. 1 f.; Poh/Stanslas, Regulatory Toxicology and Pharmacology 153 (2024), 105705, S. 3.

[45] Animals (Scientific Procedures) Act 1986, UK Public General Acts, 1986 c. 14.

eine politische Erklärung faktisch verboten – eine Regelung, die später in Art. 55 Abs. 2 der Richtlinie 2010/63/EU übernommen wurde.[46] Zur vollständigen Umsetzung der Richtlinie 2010/63/EU war gleichwohl eine umfassende Novellierung des nationalen Tierversuchsgesetzes (ASPA) erforderlich.[47] Trotz des Austritts des Vereinigten Königreichs aus der Europäischen Union im Jahr 2020 gelten die hohen tierschutzrechtlichen Standards der Richtlinie 2010/63/EU zunächst unverändert fort.[48]

Ergänzt werden die gesetzlichen Regelungen durch sog. Guidances des Innenministeriums (Home Office), durch welche das Tierversuchsgesetz (ASPA) konkretisiert werden soll.[49] Hierzu zählen insbesondere die allgemeine Guidance zum Vollzug des Tierversuchsgesetzes[50] sowie eine spezifische Guidance zu den Qualifikationsanforderungen des Personals[51]. Weitere Guidances regeln besondere Aspekte, etwa die Verwendung bestimmter Tierarten oder einzelner Versuchstechniken.

20.1.3.1 Genehmigungsverfahren

Das britische Tierversuchsrecht unterstellt sowohl die Durchführung von Versuchsvorhaben als auch die Züchtung und Haltung geschützter Tiere einem präventiven Verbot mit Erlaubnisvorbehalt. Voraussetzung ist, dass es sich um ein erfasstes Versuchsvorhaben (Regulated Procedure) handelt und geschützte Tiere (Protected Animals) von diesem betroffen sind.[52] Als geschützte Tiere gelten alle lebenden Wirbeltiere einschließlich bestimmter embryonaler Entwicklungsstadien sowie Kopffüßer.[53]

---

[46] Dunn, Animals 11 (2021), 1547, S. 11.

[47] Animals (Scientific Procedures) Act 1986 Amendment Regulations 2012, S. I. 2012/3039; näher Black/Fenton/Ormandy, Animals 12 (2022), 770, S. 5.

[48] Black/Fenton/Ormandy, Animals 12 (2022), S. 5.

[49] Subsection 21(1) ASPA.

[50] Home Office, Guidance on the operation of the Animals (Scientific Procedures) Act 1986, 2014, (https://assets.publishing.service.gov.uk/media/6700017e080bdf716392ee63/Guidance_on_the_operation_of_ASPA_-_December_2023.pdf) (geprüft am 24.10.2025).

[51] Home Office, Guidance for training and continuous professional development under the Animals (Scientific Procedures) Act 1986, 2023, (https://assets.publishing.service.gov.uk/media/6735f07e2469c5b71dbc7b38/Guidance_for_training_and_CPD_under_ASPA_FINAL1912.pdf) (geprüft am 24.10.2025).

[52] Section 2B ASPA.

[53] Subsection 2B(3), Section 1 ASPA.

Ein Versuchsvorhaben wird erfasst, wenn ein Eingriff zu einem qualifizierten Zweck, insbesondere der Durchführung wissenschaftlicher Tierversuche,[54] vorgenommen wird und beim Tier Schmerzen, Leiden, Angst oder anhaltende Schäden hervorruft, die mindestens dem Belastungsniveau einer nach tierärztlichem Standard durchgeführten Injektion entsprechen oder dieses überschreiten.[55] Die Anwendung von Schmerzmitteln oder Anästhetika bleibt für die Bewertung ausdrücklich außer Betracht.[56] Selbst geringfügige Eingriffe wie Blut- oder DNA-Entnahmen werden deshalb vom britischen Innenministerium als erfasstes Vorhaben eingestuft.[57] Auch genetische Veränderungen, einschließlich der Veränderung genetischen Materials vor Entstehung des Tieres sowie die Züchtung entsprechend veränderter Nachkommen, gelten deshalb als erfasstes Versuchsvorhaben, soweit das Belastungsniveau erreicht wird.[58]

Liegt ein genehmigungspflichtiges Versuchsvorhaben vor, gilt ein dreistufiges Lizenzierungssystem. Erforderlich sind eine Establishment Licence für die Forschungseinrichtung, eine Project Licence für das konkrete Versuchsvorhaben sowie eine Personal Licence für jede mit dem Tierversuch befasste Person. Erst das Vorliegen aller drei Lizenzen erlaubt die rechtmäßige Durchführung eines genehmigungspflichtigen Tierversuchs.[59] Zuständige Genehmigungsbehörde ist in England, Wales und Schottland das britische Innenministerium (Home Office), in Nordirland das nordirische Gesundheitsministerium (Department of Health, Social Services and Public Safety).[60] Innerhalb des britischen Innenministeriums Ministeriums existiert eine Animals in Science Regulation Unit (ASRU), welche die Durchführung der Genehmigungsverfahren vornimmt.

---

[54] Subsection 2(1 A)(a) ASPA.

[55] Subsection 2(1) ASPA:
„[...] procedure applied to a protected animal for a qualifying purpose which may have the effect of causing the animal a level of pain, suffering, distress or lasting harm equivalent to, or higher than, that caused by the introduction of a needle in accordance with good veterinary practice".

[56] Subsection 2(4) ASPA.

[57] Home Office, Guidance on the operation of the Animals (Scientific Procedures) Act 1986, 2014, (https://assets.publishing.service.gov.uk/media/6700017e080bdf716392ee63/Guidance_on_the_operation_of_ASPA_-_December_2023.pdf), S. 11 f. (geprüft am 24.10.2025).

[58] Vgl. Subsection 2(3 A)-(3B) ASPA.

[59] Subsections 2B(1), 2 C(1) ASPA.

[60] Subsections 2 C(2), 4(2), 29(2) ASPA; vgl. Home Office, Guidance on the operation of the Animals (Scientific Procedures) Act 1986, 2014, (https://assets.publishing.service.gov.uk/media/6700017e080bdf716392ee63/Guidance_on_the_operation_of_ASPA_-_December_2023.pdf), S. 9 (geprüft am 24.10.2025).

20.1.3.1.1 Genehmigung des Versuchsvorhabens (Project Licence)

Jedes genehmigungspflichtige Versuchsvorhaben bedarf einer behördlichen Genehmigung in Form einer Project Licence.[61] Die Prüfung erfolgt durch die zuständige Behörde unter Beteiligung einer Ethik-Kommission (Animal Welfare and Ethical Review Body – AWERB). Die Ethik-Kommission (AWERB) ist bei der Forschungseinrichtung intern angesiedelt und nimmt ausschließlich eine beratende Funktion wahr.[62] Ihre Stellungnahme muss zwingend vorliegen, ist für die zuständige Behörde aber nicht bindend.[63] Für die Entscheidung über einen vollständigen Antrag auf Erteilung einer Project Licence gilt eine Frist von 40 Tagen.[64]

Im Unterschied zum deutschen Recht hat das Vereinigte Königreich bewusst von der unionsrechtlich eröffneten Möglichkeit einer vereinfachten Genehmigung sog. regulatorischer Tierversuche nach Art. 42 der Richtlinie 2010/63/EU keinen Gebrauch gemacht.[65] Wird die Bearbeitungsfrist überschritten, hat das Home Office den Antragsteller lediglich über die voraussichtliche Ablehnung des Antrags zu informieren.[66]

20.1.3.1.2 Lizenzierung des Versuchspersonals (Personal Licence)

Personen, die genehmigungspflichtige Versuchsvorhaben durchführen, benötigen eine individuelle behördliche Genehmigung in Form einer Personal Licence.[67] Voraussetzung hierfür ist der Nachweis, dass die antragstellende Person über die erforderliche wissenschaftliche Ausbildung und die praktischen Fertigkeiten verfügt, um mit den jeweils in der Lizenz ausgewiesenen Tierarten sachgerecht umzugehen und die vorgesehenen Verfahren tierschutzgerecht durchzuführen.[68]

---

[61] Subsections 3(b), 5(5) ASPA.

[62] Vgl. Schedule 2 C, Part 1, para. 6(1) ASPA.

[63] Subsection 2 C(2), Schedule 2 C, Part 1, para. 6(1) ASPA; vgl. Home Office, Guidance on the operation of the Animals (Scientific Procedures) Act 1986, 2014, (https://assets.publishing.service.gov.uk/media/6700017e080bdf716392ee63/Guidance_on_the_operation_of_ASPA_-_December_2023.pdf), S. 88 f. (geprüft am 24.10.2025).

[64] Subsection 5 A(7) ASPA.

[65] Dunn, Animals 11 (2021), 1547, S. 10.

[66] Subsection 5 A(7)(b) ASPA.

[67] Subsection 3(a), Section 4 ASPA.

[68] Subsection 4(4 A):

„[…] (a) has appropriate education and training for the purpose of applying the regulated procedures that the licence would qualify the person to apply; and

(b) is competent to apply those procedures in accordance with the conditions which are to be included in the licence and to handle and take care of laboratory animals“.

Die Personal Licence ist zeitlich befristet und muss spätestens alle fünf Jahre überprüft und gegebenenfalls erneuert werden.[69] Jede Änderung oder Erweiterung des Tätigkeitsbereichs erfordert entsprechend eine gesonderte Genehmigung aufgrund eines erneuten Antrags bei der zuständigen Behörde.

20.1.3.1.3 Lizenzierung der Forschungseinrichtung (Establishment Licence)

Das Tierversuchsgesetz (ASPA) verlangt, dass sämtliche Versuchsvorhaben innerhalb einer Einrichtung durchgeführt werden müssen, deren Standort ausdrücklich in der Project Licence benannt ist.[70] Zwar enthält das Gesetz selbst keine ausdrückliche Verpflichtung zur Lizenzierung der Einrichtung, doch sehen die einschlägigen Guidances des Home Office vor, dass jede Forschungseinrichtung, in der genehmigungspflichtige Versuchsvorhaben an geschützten Tieren durchgeführt werden, über eine gültige Establishment Licence verfügen muss.[71]

Diese behördliche Erlaubnis verpflichtet die Einrichtung zur Einhaltung umfassender organisatorischer, personeller und räumlicher Mindeststandards und bildet zugleich die Grundlage für regelmäßige Inspektionen durch die zuständige Behörde, um die tierschutzrechtliche Compliance sicherzustellen.[72] Die Establishment Licence gilt grundsätzlich unbefristet, bis sie durch die Behörde widerrufen oder auf Antrag der Einrichtung aufgehoben wird.[73]

Nur in eng begrenzten Ausnahmefällen dürfen genehmigungspflichtige Versuchsvorhaben außerhalb einer lizenzierten Einrichtung (Places Other than Licensed Establishments – POLE) durchgeführt werden. Dies setzt voraus, dass

[69] Subsection 4(5) ASPA.

[70] Subsection 3(c) ASPA.

[71] Home Office, Guidance on the operation of the Animals (Scientific Procedures) Act 1986, 2014, (https://assets.publishing.service.gov.uk/media/6700017e080bdf716392ee63/Guidance_on_the_operation_of_ASPA_-_December_2023.pdf), S. 9 (geprüft am 24.10.2025).

[72] Home Office, Guidance on the operation of the Animals (Scientific Procedures) Act 1986, 2014, (https://assets.publishing.service.gov.uk/media/6700017e080bdf716392ee63/Guidance_on_the_operation_of_ASPA_-_December_2023.pdf), S. 18 (geprüft am 24.10.2025).

[73] Home Office, Guidance on the operation of the Animals (Scientific Procedures) Act 1986, 2014, (https://assets.publishing.service.gov.uk/media/6700017e080bdf716392ee63/Guidance_on_the_operation_of_ASPA_-_December_2023.pdf), S. 18 (geprüft am 24.10.2025).

die Durchführung an einem externen Ort für den Erfolg des Vorhabens zwingend erforderlich ist und dieser Ausnahmefall im Rahmen der Project Licence individuell geprüft und ausdrücklich genehmigt wurde.[74]

20.1.3.2 Genehmigungs- und Durchführungsvoraussetzungen

Neben den maßgeblich verfahrensrechtlichen Unterschieden im Vereinigten Königreich und in Deutschland bestehen in materiellrechtlicher Hinsicht keine wesentlichen Abweichungen zwischen den beiden Rechtsräumen. Dies beruht darauf, dass das britische Tierversuchsrecht auch nach dem Austritt des Vereinigten Königreichs aus der Europäischen Union durch den European Union (Withdrawal) Act 2018 sowie den European Union (Withdrawal Agreement) Act 2020 zunächst weiter fortgeführt wird und bisher keine wesentlichen Reformen stattgefunden haben. Das nationale Tierschutzgesetz (ASPA) sowie die hierzu veröffentlichten Guidances des britischen Innenministeriums (Home Office) entsprechen daher im Wesentlichen den Vorgaben der Richtlinie 2010/63/EU.[75] Inhaltlich verlangen beide Regelungswerke den Nachweis der wissenschaftlichen Unerlässlichkeit des Vorhabens, die konsequente Beachtung der 3R-Prinzipien, eine ethisch vertretbare Schaden-Nutzen-Abwägung sowie die tierschutzgerechte Haltung und Überwachung der Versuchstiere (vgl. Abschnitt 14.3.2).[76]

20.1.3.3 Tötung von Versuchstieren

Wurde ein Tierversuch nach Maßgabe des Tierversuchsgesetzes (ASPA) genehmigt, finden die strafrechtlichen Vorschriften des allgemeinen Tierschutzgesetzes[77] (Animal Welfare Act 2006) auf das genehmigte Vorhaben keine Anwendung.[78] Eine Strafbarkeit nach allgemeinem Tierschutzrecht scheidet daher aus, sofern die Tötung eines Tieres im Rahmen der erteilten Project Licence erfolgt. Die Tötung innerhalb lizenzierter Forschungseinrichtungen wird zudem nicht als eigenständiges erfasstes Vorhaben (Regulated Procedure) qualifiziert und

[74] Home Office, Guidance on the operation of the Animals (Scientific Procedures) Act 1986, 2014, (https://assets.publishing.service.gov.uk/media/6700017e080bdf716392ee63/Guidance_on_the_operation_of_ASPA_-_December_2023.pdf), S. 9 (geprüft am 24.10.2025).

[75] Black/Fenton/Ormandy, Animals 12 (2022), S. 5; vgl. beispielhaft die identische Umsetzung der Haltungsbedingungen von Mäusen und Ratten Home Office, Code of Practice for the Housing and Care of Animals Bred, Supplied or Used for Scientific Purposes, 2014, (https://assets.publishing.service.gov.uk/media/5a7ee67ce5274a2e8ab48e98/CoPanimalsWeb.pdf), S. 19 ff. (geprüft am 24.10.2025).

[76] Vgl. Section 5B ASPA.

[77] Animal Welfare Act 2006, UK Public General Acts, 2006 c. 45.

[78] Dunn, Animals 11 (2021), 1547, S. 3.

bedarf daher keiner gesonderten Genehmigung, soweit anerkannte Methoden und geeignete Betäubungsverfahren angewendet werden.[79] Diese Rechtslage entspricht der gefestigten Praxis im Vereinigten Königreich. Versuchstiere werden nach Abschluss eines Vorhabens regelmäßig unter Anwendung zulässiger Verfahren getötet.[80] Weist ein Tier nach Durchführung eines genehmigten Verfahrens erhebliche Schmerzen, Leiden oder anhaltende Schäden auf, besteht für das Versuchspersonal insbesondere die Pflicht, das Tier gesetzmäßig zu töten.[81]

Dies gilt ebenso für die Tötung untauglicher Versuchstiere.[82] Die Züchtung geschützter Tiere wird im britischen Recht präventiv über die Anforderungen der Project Licence gesteuert, insbesondere durch das 3R-Prinzip und hier vor allem das Gebot der Reduktion. Maßnahmen wie die Kryokonservierung genetisch veränderter Linien oder optimierte statistische Studiendesigns sollen die Entstehung von Überschusstieren minimieren.[83] Gleichwohl ist die Tötung untauglicher Tiere zulässig, sofern sie in einem zugelassenen Verfahren und innerhalb einer lizenzierten Einrichtung erfolgt.[84]

---

[79] Vgl. Subsection 1(7) ASPA; Home Office, Guidance on the operation of the Animals (Scientific Procedures) Act 1986, 2014, (https://assets.publishing.service.gov.uk/media/6700017e080bdf716392ee63/Guidance_on_the_operation_of_ASPA_-_December_2023.pdf), S. 12 (geprüft am 24.10.2025).

[80] Vgl. Association of the British Pharmaceutical Industry, Animals and medicines research, 2015, (https://www.abpi.org.uk/media/sgqnk2hb/animals-medicines-research.pdf), S. 12 ff. (geprüft am 24.10.2025).

[81] Subsection 15(1) ASPA.

[82] Vgl. Home Office, Guidance on the operation of the Animals (Scientific Procedures) Act 1986, 2014, (https://assets.publishing.service.gov.uk/media/6700017e080bdf716392ee63/Guidance_on_the_operation_of_ASPA_-_December_2023.pdf), S. 68 (geprüft am 24.10.2025).

[83] Home Office, Guidance on the operation of the Animals (Scientific Procedures) Act 1986, 2014, (https://assets.publishing.service.gov.uk/media/6700017e080bdf716392ee63/Guidance_on_the_operation_of_ASPA_-_December_2023.pdf), S. 15 (geprüft am 24.10.2025).

[84] Vgl. Home Office, Guidance on the operation of the Animals (Scientific Procedures) Act 1986, 2014, (https://assets.publishing.service.gov.uk/media/6700017e080bdf716392ee63/Guidance_on_the_operation_of_ASPA_-_December_2023.pdf), S. 68 (geprüft am 24.10.2025).

20.2 Klinische Prüfung

Die Erteilung einer EU-Marktzulassung für Arzneimittel erfordert gemäß dem Humanarzneimittelkodex den Beleg von Wirksamkeit und Sicherheit durch klinische Studien.[85] Insoweit gilt wiederum, dass klinische Prüfungen nicht zwingend in der Europäischen Union stattfinden müssen, wenn der Antragsteller die Einhaltung der ethischen Standards gemäß Richtlinie 2001/20/EG für Drittstaaten-Studien bestätigt.[86] Das zentrale Qualitätsmerkmal ist dabei die Gute Klinische Praxis (GCP), deren Auslegung internationalen Maßstäben, d. h. maßgeblich den Anforderungen der ICH-GCP Guideline E6 (R3), folgt.[87] Vor diesem Hintergrund können im Vereinigten Königreich durchgeführte klinische Studien mit somatischen genomischen Therapien grundsätzlich in arzneimittelrechtlichen Zulassungsverfahren in Deutschland oder der Europäischen Union berücksichtigt werden.

20.2.1 Arzneimittelrecht

Im Vereinigten Königreich war das Genehmigungsverfahren für klinische Prüfungen bislang an die Richtlinie 2001/20/EG angelehnt und wurde durch die Medicines for Human Use (Clinical Trials) Regulations 2004[88] (Clinical Trials Regulations 2004) geregelt.[89] Seit dem Brexit befindet sich dieses Regime jedoch im Wandel. Mit Beschluss vom 28. April 2025 wurde insbesondere eine Reform[90]

[85] Art. 8 Abs. 3 Buchst. i) dritter Spiegelstrich 2001/83/EG.

[86] Art. 8 Abs. 3 Buchst. ib) 2001/83/EG.

[87] Art. 1 Abs. 2 und 3 RL 2001/20/EG; vgl. Art. 47 VO (EU) Nr. 536/2014; European Medicines Agency/International Council for Harmonisation of Technical Requirements for Pharmaceuticals for Human Use, ICH E6 (R3) Guideline for good clinical practice (GCP), EMA/CHMP/ICH/135/1995, 2025, (https://www.ema.europa.eu/en/documents/scientific-guideline/ich-e6-r3-guideline-good-clinical-practice-gcp-step-5_en.pdf), S. 6 (geprüft am 24.10.2025).

[88] The Medicines for Human Use (Clinical Trials) Regulations 2004, S. I. 2004 No. 1031.

[89] Umfassend zur bisherigen Rechtslage, die noch auf der Richtlinie 2001/20/EG und nicht auf der Verordnung (EU) Nr. 536/2014 beruht, vgl. Shorthose/Erasmus/Borgers u. a., in: Shorthose (Hrsg.), Guide to EU and UK Pharmaceutical Regulatory Law, 2023, S. 79, 125 ff.

[90] The Medicines for Human Use (Clinical Trials)(Amendment) Regulations 2025, S. I. 2025 No. 538.

des britischen Systems der Genehmigung klinischer Prüfungen verabschiedet, die am 28. April 2026 in Kraft treten wird.[91]

20.2.1.1 Genehmigungsverfahren

Die Durchführung klinischer Prüfungen mit Humanarzneimitteln bedarf im Vereinigten Königreich einer vorherigen Genehmigung.[92] Hierfür ist die Regulierungsbehörde für Arzneimittel und Medizinprodukte (Medicines and Healthcare products Regulatory Agency – MHRA) als zentrale Behörde im Geschäftsbereich des britischen Gesundheitsministeriums zuständig.[93] Daneben ist die Zustimmung der örtlich zuständigen Ethik-Kommissionen (Research Ethics Committes – REC) erforderlich.[94]

Seit dem 1. Januar 2022 erfolgt die Genehmigung einer klinischen Prüfung in einem gemeinsamen Genehmigungsverfahren (Combined Review).[95] Der Sponsor muss ausschließlich einen einzigen Antrag über das sog. Integrated Research Application System (IRAS) einreichen.[96] Nach der Bewertung durch die Arzneimittelbehörde (MHRA) und die dezentralen Ethik-Kommissionen (REB) ergeht ein einheitlicher Bescheid über die Genehmigung der klinischen Prüfung.[97]

---

[91] Health Research Authority, Clinical trials regulation reform, 2025, (https://www.hra.nhs.uk/planning-and-improving-research/policies-standards-legislation/clinical-trials-investigational-medicinal-products-ctimps/clinical-trial-regulations-reform/) (geprüft am 24.10.2025); Wise, British Medical Journal (Clinical Research Edition) 387 (2024), q2812, S. 1.

[92] Regulation 12(1) Clinical Trials Regulations 2004.

[93] Regulation 12(3)(b), Regulation 2 Clinical Trials Regulations 2004.

[94] Regulation 12(3)(a) Clinical Trials Regulations 2004.

[95] Medicines and Healthcare products Regulatory Agency, Guidance – Clinical trials for medicines: apply for authorisation in the UK, 2024, (https://www.gov.uk/guidance/clinical-trials-for-medicines-apply-for-authorisation-in-the-uk) (geprüft am 24.10.2025); Wise, British Medical Journal (Clinical Research Edition) 387 (2024), q2812, S. 1.

[96] Medicines and Healthcare products Regulatory Agency, Guidance – Clinical trials for medicines: apply for authorisation in the UK, 2024, (https://www.gov.uk/guidance/clinical-trials-for-medicines-apply-for-authorisation-in-the-uk) (geprüft am 24.10.2025).

[97] Medicines and Healthcare products Regulatory Agency, Guidance – Clinical trials for medicines: apply for authorisation in the UK, 2024, (https://www.gov.uk/guidance/clinical-trials-for-medicines-apply-for-authorisation-in-the-uk) (geprüft am 24.10.2025).

Für die MHRA beträgt die reguläre Bearbeitungsdauer 30 Tage.[98] Müssen erforderliche Unterlagen nachgereicht werden, verlängert sich die Frist auf insgesamt 60 Tage ab Eingang des Antrags.[99] Für die Ethik-Kommissionen gilt grundsätzlich eine Bearbeitungsfrist von 60 Tagen.[100]

20.2.1.1.1 Arzneimittel für neuartige Therapien (ATMP) und gentechnisch veränderte Organismen (GMO)

Enthält ein Prüfpräparat gentechnisch veränderte Organismen oder handelt es sich um ein Arzneimittel für neuartige Therapien (vgl. Tabelle 8.1 und Tabelle 11.1), verlängern sich die Bearbeitungsfristen deutlich. Für die Ethik-Kommissionen (REC) beträgt die Frist anstelle der regulären 60 Tage insgesamt 90 Tage.[101] Die Ethik-Kommissionen (REC) können zudem ein Sachverständigengutachten durch ausgewiesene Experten für die Bewertung anfordern.[102] In diesem Fall ruht die Frist bis zum Eingang des Gutachtens; anschließend verlängert sich die Bearbeitungsdauer auf bis zu 180 Tage.[103]

Auch die Arzneimittelbehörde (MHRA) kann in diesen Fällen auf verlängerte Fristen zurückgreifen. Die Bearbeitungsdauer der wissenschaftlichen Bewertung beträgt grundsätzlich 90 Tage.[104] Wie bei der ethischen Bewertung kann außerdem ein externes Sachverständigengutachten angefordert werden, wodurch sich die Bearbeitungsdauer auf 180 Tage erhöht.[105]

Für Gentherapeutika (GTMP) gilt zudem eine Besonderheit: Anstelle der dezentralen Ethik-Kommissionen (REC) wird die ethische Bewertung durch das zentral eingerichtete Gene Therapy Advisory Committee vorgenommen, das beim Innenministerium angesiedelt ist.[106] Nur wenn das Gene Therapy Advisory Committee der Arzneimittelbehörde (MHRA) mitteilt, dass eine weitergehende Befassung im konkreten Einzelfall keinen Mehrwert bietet, verbleibt es bei

[98] Regulations 18(2), 20(2) Clinical Trials Regulations 2004.

[99] Regulations 18(6), 20(4) Clinical Trials Regulations 2004.

[100] Regulation 15(10)(b) Clinical Trials Regulations 2004.

[101] Regulation 15(10)((a)(ii) Clinical Trials Regulations 2004.

[102] Regulation 15(10) Clinical Trials Regulations 2004.

[103] Regulation 15(2)(3)(10)(a)(i) Clinical Trials Regulations 2004.

[104] Regulation 19(7) Clinical Trials Regulations 2004.

[105] Regulation 19(5)(4)(10)(1) Clinical Trials Regulations 2004.

[106] Regulation 14(5), 2(1)('the Gene Therapy Advisory Committee') Clinical Trials Regulations 2004.

der Zuständigkeit der dezentralen Ethik-Kommissionen (REB).[107] Für Gentherapeutika (GTMP) besteht damit im Vereinigten Königreich ausnahmsweise die Möglichkeit einer einheitlichen zentralen ethischen Bewertung.

20.2.1.1.2 New Notification Scheme

Ein zentraler Bestandteil der aktuellen Reform ist die Einführung eines risikobasierten Genehmigungsansatzes für klinische Prüfungen.[108] Für Vorhaben mit geringem Risikoprofil wurde hierzu das New Notification Scheme geschaffen, das einen deutlich beschleunigten Verfahrensablauf vorsieht. Klinische Prüfungen können bereits 14 Tage nach Antragstellung aufgenommen werden, anstelle der regulären 30-Tage-Frist.[109] Das Verfahren steht ausschließlich für Phase-III- und Phase-IV-Studien offen, sofern sie ein niedriges Risikoprofil aufweisen.

Für Phase-III-Studien kommt das New Notification Scheme nur dann in Betracht, wenn die klinische Prüfung bereits in den Vereinigten Staaten von Amerika oder der Europäischen Union mit demselben Prüfprotokoll, derselben Prüferinformation (Investigator's Brochure) und demselben Dossier durchgeführt wird und für das Prüfpräparat bereits eine Marktzulassung im Vereinigten Königreich, in den USA oder der EU besteht oder in den vorangegangenen zwei Jahren bereits eine Phase-III-Studie mit derselben oder einer höheren Dosierung bzw. Dosierungsfrequenz genehmigt wurde.[110] Vom New Notification Scheme ausgeschlossen sind hingegen Phase-III-Studien mit erhöhtem regulatorischen oder wissenschaftlichen Komplexitätsgrad. Dies betrifft Studien mit ATMP, Prüfpräparate mit vollkommen neuem Wirkmechanismus, Prüfungen an Minderjährigen, Schwangeren oder stillenden Frauen sowie Studien mit innovativen und komplexen Designs wie Basket- oder Umbrella-Studien.[111]

---

[107] Regulation 15(4 A)(4B) Clinical Trials Regulations 2004.

[108] Barman, Changes to the UK´s Clinical Trials regulatory regime become law, 2025, (https://www.dlapiper.com/en/insights/blogs/cortex-life-sciences-insights/2025/changes-to-the-uks-clinical-trials-regulatory-regime-becomes-law) (geprüft am 24.10.2025).

[109] Medicines and Healthcare products Regulatory Agency, Guidance – Clinical trials for medicines: apply for authorisation in the UK, 2024, (https://www.gov.uk/guidance/clinical-trials-for-medicines-apply-for-authorisation-in-the-uk) (geprüft am 24.10.2025); Wise, British Medical Journal (Clinical Research Edition) 387 (2024), q2812, S. 1.

[110] Medicines and Healthcare products Regulatory Agency, Guidance – Clinical trials for medicines: apply for authorisation in the UK, 2024, (https://www.gov.uk/guidance/clinical-trials-for-medicines-apply-for-authorisation-in-the-uk) (geprüft am 24.10.2025).

[111] Medicines and Healthcare products Regulatory Agency, Guidance – Clinical trials for medicines: apply for authorisation in the UK, 2024, (https://www.gov.uk/guidance/clinical-trials-for-medicines-apply-for-authorisation-in-the-uk) (geprüft am 24.10.2025).

Für innovative Arzneimittel ist das New Notification Scheme deshalb regelmäßig ungeeignet. Zudem werden somatische genomische Therapien im Bereich der zulassungsrelevanten Phase III-Studien bereits deshalb keinen Zugriff auf die Privilegierung erhalten, weil diese häufig als Arzneimittel für neuartige Therapien zu klassifizieren sind (vgl. Tabelle 8.1).

20.2.1.2 Genehmigungs- und Durchführungsvoraussetzungen

Die Prüfung durch die zuständige Ethik-Kommission (REB) erstreckt sich auf das Studienprotokoll, die Qualifikation des Prüfarztes und seines Teams sowie die Eignung der vorgesehenen Einrichtungen.[112] Darüber hinaus werden die Prüferinformation, die Angemessenheit der Probandenaufklärung sowie das hierfür vorgesehene Verfahren bewertet.[113] Ferner prüft die Ethik-Kommission (REB) die vorgesehenen Regelungen zur Entschädigung und Versicherung im Schadensfall, den Versicherungsschutz von Prüfarzt und Sponsor, etwaige finanzielle Vergütungen für Prüfer und Probanden, die vertraglichen Vereinbarungen mit den beteiligten Einrichtungen sowie die geplanten Rekrutierungsverfahren.[114]

Die Anforderungen an die wissenschaftliche Bewertung durch die MHRA sind in Part 2, Schedule 3 der Clinical Trials Regulations 2014 geregelt.[115] Zwingend einzureichen sind eine umfassende Beschreibung der geplanten klinischen Prüfung sowie das Prüfprotokoll.[116] Für jedes Prüfpräparat ist entsprechend ein Dossier vorzulegen, das Zusammenfassungen der chemischen, pharmazeutischen, biologischen, präklinischen pharmakologischen und toxikologischen Daten sowie gegebenenfalls bereits vorliegende klinische Ergebnisse enthält.[117] Eine ausdrückliche gesetzliche Pflicht zur Durchführung von Tierversuchen besteht nicht. Faktisch werden aber die im Rahmen der ICH harmonisierten Tiermodelle vorausgesetzt.[118] Die MHRA weist ausdrücklich darauf hin, dass einschlägige Leitlinien des ICH und der EMA weiterhin heranzuziehen sind, behält sich als

[112] Regulation 15(5)(c)(d)(f) Clinical Trials Regulations 2004.

[113] Regulation 15(5)(e)(g) Clinical Trials Regulations 2004.

[114] Regulation 15(5)(i)-(m) Clinical Trials Regulations 2004.

[115] Regulation 17(2)(b)(i) i. V. mit Schedule 3, Part 2 Clinical Trials Regulations 2004.

[116] Schedule 3, Part 2 No. 9 und 10 Clinical Trials Regulations 2004.

[117] Schedule 3, Part 2 No. 11(3) Clinical Trials Regulations 2004.

[118] UK Parliament, Clinical Trials, Question for Department of Health and Social Care, 2023, (https://questions-statements.parliament.uk/written-questions/detail/2023-09-19/200502) (geprüft am 24.10.2025).

souveräne Regulierungsbehörde jedoch Abweichungen im Einzelfall vor.[119] Insgesamt ergeben sich damit keine wesentlichen Unterschiede zur Rechtslage in Deutschland und der Europäischen Union, sodass auf die dortigen Ausführungen verwiesen werden kann. Insbesondere können für die produktbezogene Bestimmung der notwendigen Studien die Leitlinien der EMA weiterhin herangezogen werden.

20.2.1.2.1 Gute Klinische Praxis (GCP)

Durch die jüngste Reform der Clinical Trials Regulations 2004 ist die Einhaltung der jeweils aktuellen ICH-GCP-Guideline im Bereich der Guten Klinischen Praxis (GCP) bei der Durchführung klinischer Prüfungen nunmehr gesetzlich vorgeschrieben.[120] Damit werden die Grundsätze der Guten Klinischen Praxis auf international harmonisierter Grundlage verbindlich in das britische Recht übernommen. Inhaltlich entsprechen die Vorgaben damit den Standards in Deutschland und der Europäischen Union.

20.2.1.2.2 Herstellungserlaubnis und Gute Herstellungspraxis (GMP)

Im Antrag auf Genehmigung einer klinischen Prüfung sind Angaben zum Hersteller sowie zu den Betriebsstätten zu machen, an denen Chargen hergestellt und freigegeben werden.[121] Darüber hinaus ist sowohl für Prüfpräparate als auch für zugelassene Arzneimittel eine Herstellungserlaubnis erforderlich.[122] Diese ist durch die Arzneimittelbehörde (MHRA) innerhalb von 90 Tagen zu erteilen, sofern ein vollständiger Antrag vorliegt und die Herstellung nach den Grundsätzen der Guten Herstellungspraxis erfolgt.[123]

Für die Auslegung der Grundsätze der Guten Herstellungspraxis (GMP) gilt in Nordirland der EU-GMP-Leitfaden zwingend, während für England, Wales

[119] Medicines and Healthcare products Regulatory Agency, Guidance – Clinical trials for medicines: apply for authorisation in the UK, 2024, (https://www.gov.uk/guidance/clinical-trials-for-medicines-apply-for-authorisation-in-the-uk) (geprüft am 24.10.2025).

[120] Health Research Authority, Clinical trials regulation reform, 2025, (https://www.hra.nhs.uk/planning-and-improving-research/policies-standards-legislation/clinical-trials-investigational-medicinal-products-ctimps/clinical-trial-regulations-reform/), Regulaton 28(1)(a) Clinical Trials Regulations 2014; (geprüft am 24.10.2025).

[121] Schedule 3, Part 2 No. 7, 8(1) Clinical Trials Regulations 2004.

[122] Regulation 36(1) Clinical Trials Regulations 2004, Regulation 17(1)(a) HMR 2012.

[123] Regulations 36(1), 38(3)(a), 39(1), 40(1)(a)(i)(ii) i. V. mit Schedule 6 Clinical Trials Regulations 2004; Regulation 23(1)-(3) i. V. mit Schedule 3 HMR 2012; Regulations 24, 17(1)(a)(3), Regulation B17(1) i. V. mit Schedule 4 HMR 2012 HMR.

und Schottland grundsätzlich die Möglichkeit bestünde, eigenständige GMP-Standards festzulegen.[124] In der Praxis wird der EU-GMP-Leitfaden jedoch weiterhin im gesamten Vereinigten Königreich angewendet und von der MHRA anerkannt, sodass sich keine eindeutigen Abweichungen zu den Grundsätzen der Guten Herstellungspraxis (GMP) in Deutschland und der Europäischen Union ergeben.[125]

Zu berücksichtigen ist allerdings, dass Unterschiede durch die Auslegung des EU-GMP-Leitfadens im Vollzug entstehen können. In Experteninterviews wurde nämlich darauf hingewiesen, dass zwar keine wesentlichen inhaltlichen Abweichungen bestehen, die GMP-Anforderungen in Großbritannien jedoch in einzelnen Details von der Auslegung in der EU abweichen können und deshalb insgesamt als weniger streng bewertet wurden. Dies erscheint insbesondere vor dem Hintergrund des im EU-GMP-Leitfaden angelegten risikobasierten Ansatzes bei Arzneimitteln für neuartige Therapien plausibel, der in Großbritannien nun allein von der britischen Arzneimittelbehörde (MHRA) angewendet wird (vgl. Abschnitt 15.1.2.5.5.1).

20.2.1.2.3 Reform der Herstellungserlaubnis: dezentralisierte Herstellung

Am 23. Januar 2025 wurde im Vereinigten Königreich eine Reform[126] des Herstellungsrechts beschlossen, die seit dem 23. Juli 2025 Anwendung findet.[127]

---

[124] Vgl. Regulation 8(1)('the Good Manufacturing Directive')(a)(ii)(b) i. V. mit Regulation B17 HMR 2012.

[125] Vgl. Regulation 40(1)(a)(ii) Clinical Trials Regulations 2004; Regulations 8(1)('the Good Manufacturing Directive')(a)(i), (C17(1)-(3) i. V. mit Schedule 2 A und Schedule 4 HMR 2012; Medicines and Healthcare products Regulatory Agency, Manufacture of Investigational Medicinal Products – Frequently Asked Questions, 2023, (https://mhrainspectorate.blog.gov.uk/2023/02/03/manufacture-of-investigational-medicinal-products-frequently-asked-questions/) (geprüft am 24.10.2025); Medicines and Healthcare products Regulatory Agency, Medicines: good manufacturing practice and good distribution practice, 2024, (https://www.gov.uk/guidance/good-manufacturing-practice-and-good-distribution-practice) (geprüft am 24.10.2025); Medicines and Healthcare products Regulatory Agency, UK-wide licensing for human medicines, 2025, (https://www.gov.uk/government/publications/uk-wide-licensing-for-human-medicines/uk-wide-licensing-for-human-medicines?) (geprüft am 24.10.2025).

[126] The Human Medicines (Amendment)(Modular Manufacture and Point of Care) Regulations 2025, S. I. 2025 No. 87.

[127] Medicines and Healthcare products Regulatory Agency, Decentralised manufacture hub, 2025, (https://www.gov.uk/government/collections/decentralised-manufacture-hub) (geprüft am 24.10.2025).

Mit dieser Novelle werden sog. Point-of-Care-Behandlungen (PoC) sowie die Modular Manufacture (MM) als besondere Formen der Herstellungserlaubnis eingeführt.

Weil die Reform erst seit kurzer Zeit in Kraft ist, liegen bislang keine belastbaren Erfahrungswerte zur praktischen Wirksamkeit des neuen Systems vor. Sie stellt jedoch innerhalb der in dieser Arbeit untersuchten Rechtsräume das bislang einzige innovative Regulierungsmodell für die dezentralisierte Herstellung von Arzneimitteln dar. Besonders relevant ist dieser Ansatz für somatische genomische Therapien, die häufig nicht in großskaligen industriellen Anlagen, sondern in landesweit verteilten Krankenhäusern in Kleinstmengen bis hin zu einer Charge pro Patient hergestellt werden. Hervorzuheben ist jedoch, dass die GMP-Standards für diese Formen der Herstellungserlaubnis unverändert fortgelten; die Reform betrifft ausschließlich die verfahrensrechtliche Organisation der Herstellung.

20.2.1.2.3.1 Point-of-Care (PoC)

Unter Point-of-Care-Behandlungen (PoC) fallen Arzneimittel, die aufgrund ihrer Herstellungsweise, begrenzten Haltbarkeit, spezifischen Zusammensetzung oder besonderen Applikationsform nur am oder in unmittelbarer Nähe des Ortes hergestellt werden können, an dem sie auch verabreicht werden.[128] Die Grundidee besteht darin, Arzneimittel, die wegen ihrer geringen Halbwertszeit unmittelbar nach der Herstellung beim Patienten angewendet werden müssen, so zu regulieren, dass die damit einhergehende Vielzahl dezentraler Herstellungsstätten, im Extremfall eine Herstellungsstätte pro Patient, angemessen aufgefangen wird.

20.2.1.2.3.2 Modular Manufacture (MM)

Der Ansatz der Modular Manufacture (MM) erfasst dagegen Arzneimittel, deren Herstellung oder Zusammenbau aus Versorgungsgründen in einer eigenständigen Einrichtung erfolgen muss oder zweckmäßig ist. Dies betrifft insbesondere Produkte, deren Herstellung eng mit patientenspezifischen vorbereitenden Maßnahmen abgestimmt werden muss, etwa Krebsimmuntherapien, sowie Arzneimittel, die besonders rasch bereitgestellt werden müssen, wie Pandemieimpfstoffe.[129] Im

---

[128] Medicines and Healthcare products Regulatory Agency, Decentralised manufacture hub, 2025, (https://www.gov.uk/government/collections/decentralised-manufacture-hub) (geprüft am 24.10.2025).

[129] Medicines and Healthcare products Regulatory Agency, Decentralised manufacture hub, 2025, (https://www.gov.uk/government/collections/decentralised-manufacture-hub) (geprüft am 24.10.2025).

Unterschied zum PoC-Ansatz setzt die Modular Manufacture (MM) keine kurze Halbwertszeit voraus. Der sachliche Anwendungsbereich ist daher breiter.

20.2.1.2.3.3 Decentralized Manufacturing Master File (DMMF)

Kernstück der Reform für Arzneimittel mit PoC-/MM-Status ist das Konzept einer zentralen Herstellungsstätte (Control Site), die ein sog. Decentralized Manufacturing Master File[130] (DMMF) verwaltet. Das DMMF stellt zunächst eine gewöhnliche Herstellungserlaubnis dar, welche die Voraussetzungen an die Herstellung eines bestimmten Arzneimittels enthält.

Dezentrale Herstellungsstätten (Spoke Sites) können aber durch die Control Site in das DMMF aufgenommen werden und erhalten hierdurch eine eigene Herstellungserlaubnis für das im DMMF genehmigte Arzneimittel nach den dort festgelegten Herstellungsvoraussetzungen.[131] Im Antrag auf Genehmigung einer klinischen Prüfung oder einer Marktzulassung ist ausschließlich die Control Site mit dem DMMF als Hersteller anzugeben, wodurch die Antragstellung für die Spoke Sites vereinfacht wird.[132]

Die routinemäßigen GMP-Inspektionen konzentrieren sich im Grundsatz ausschließlich auf die Control Site.[133] Ergänzend kann die MHRA jedoch stichprobenartige Inspektionen bei Spoke Sites durchführen, um die Funktionsfähigkeit des Gesamtsystems sicherzustellen. Die wesentliche Verantwortung für die Überwachung der dezentralen Herstellung verbleibt aber bei der Control Site, die das DMMF verwaltet und aktualisiert.[134]

---

[130] Das DMMF wird entweder als „POC (IMP) master file" oder als „MM (IMP) master file" bezeichnet, siehe Regulations 17 A, 17B, 8(1)('POC master file'; 'MM master file') HMR 2012 und Regulations 36 A(1), 36B(1), 2(1)('POC (IMP) master file'; 'MM (IMP) master file') Clinical Trials Regulations 2004.

[131] Regulations 36 A(1), 36B(1) Clinical Trials Regulations 2004; Regulations 17 A, 17B HMR 2012.

[132] Regulations 36 A(1), 36B(1) Clinical Trials Regulations 2004; Regulations 17 A, 17B HMR 2012.

[133] Medicines and Healthcare products Regulatory Agency, Decentralised manufacture: UK Guidelines on Good Manufacturing Practice (GMP), 2025, (https://www.gov.uk/guidance/decentralised-manufacture-uk-guideline-on-good-manufacturing-practice-gmp#manufacturing-licence-applications-and-inspection-approach).

[134] Vgl. Regulations 39(4 A)(4B) Clinical Trials Regulations 2004, Regulations 39(5 A)-(5D) HMR 2012.

20.2.1.3 Innovative Licensing and Access Pathway (ILAP)

Nach dem Austritt des Vereinigten Königreichs aus der Europäischen Union wurde mit dem Innovative Licensing and Access Pathway (ILAP) ein Beschleunigungsinstrument für einen frühen Markteintritt durch Koordinierung innerhalb der klinischen Prüfung geschaffen. Ziel dieses Verfahrens ist es, den frühzeitigen Zugang von Patienten zu innovativen Therapien zu ermöglichen.

Charakteristisch ist der kooperative Ansatz: Neben der MHRA als Zulassungsbehörde sind weitere Akteure des britischen Gesundheitssystems beteiligt, insbesondere der National Health Service (NHS) England und das National Institute for Health and Care Excellence (NICE).[135] Dadurch wird bereits in frühen Entwicklungsphasen eine Abstimmung zwischen regulatorischen Anforderungen der Marktzulassung und den Erfordernissen einer späteren Implementierung in das Versorgungssystem erreicht.[136] Diese ist im britischen Gesundheitssystem besonders wertvoll, weil es im Gegensatz zum deutschen Sozialversicherungssystem eine sog. „vierte Hürde“[137] für die Marktimplementierung eines Arzneimittels vorsieht (vgl. Kapitel 24).[138] Eine ILAP erhöht zudem die Wahrscheinlichkeit, dass besondere Formen der Marktzulassung, etwa eine bedingte Zulassung oder eine Zulassung unter außergewöhnlichen Umständen, sowie beschleunigte Verfahren wie das Rolling Review in Anspruch genommen werden können (vgl. Abschnitt 20.3.1.2).[139]

---

[135] Medicines and Healthcare products Regulatory Agency, Innovative Licensing and Access Pathway (ILAP), 2025, (https://www.gov.uk/government/publications/innovative-licensing-and-access-pathway-ilap) (geprüft am 24.10.2025).

[136] Im Vereinigten Königreich wird die Preisregulierung und Eingliederung von neuen Arzneimitteln (Health Technology Assessment – HTA) maßgeblich durch NICE und NHS England durchgeführt.

[137] Im arzneimittelrechtlichen Zulassungsverfahren werden die intrinsischen Eigenschaften des Arzneimittels anhand der Kriterien Wirksamkeit, Sicherheit und Qualität geprüft. Eine „vierte Hürde“ würde nach der Zulassung eine zusätzliche Bewertung extrinsischer Faktoren des Arzneimittels (z. B. Kosten-Nutzen-Analyse in Großbritannien) erfordern, bevor eine Aufnahme in die Versorgung des jeweiligen nationalen Gesundheitssystems erfolgt.

[138] In den durchgeführten Experteninterviews wurde betont, dass große Pharmaunternehmen die regulatorischen Prozesse kennen und frühzeitig in ihre Entwicklungsstrategien einbeziehen. Demgegenüber verfügen insbesondere Biotech-Start-ups häufig nicht über das erforderliche Wissen zum britischen Marktzugang, sodass die im Zulassungsverfahren erhobenen Studiendaten für eine spätere Implementierung durch NICE und NHS England oftmals nicht verwertbar sind. Dies führt regelmäßig zu Verzögerungen oder sogar dazu, dass ein Markteintritt des Produkts gänzlich unterbleibt.

[139] ProPharma, How to Fast-Track medicine approval in the UK with the MHRA´s Innovative Licensing and Access Pathway (ILAP), 2022, (https://www.propharmagroup.com/thought-leadership/how-to-fast-track-medicine-approval-in-the-uk-with-the-mhras-innovative-licensing-and-access-pathway-ilap) (geprüft am 24.10.2024).

Das ILAP steht grundsätzlich allen Arzneimittelgruppen sowie sowohl kommerziellen als auch nicht-kommerziellen Entwicklern offen, unabhängig vom Unternehmenssitz, sofern bestimmte Voraussetzungen vorliegen. Zentrales Kriterium ist der Nachweis des innovativen Charakters des Produkts. Dieser kann sich insbesondere aus einem „first-in-class"-Status ergeben, also der erstmaligen Einführung eines neuen Wirkmechanismus in die klinische Praxis.[140] Erfasst werden zudem neue Wirkstoffklassen chemischer oder biologischer Natur sowie neuartige Modifikationen bestehender Technologien, sofern sie einen substanziellen therapeutischen Fortschritt erwarten lassen.[141]

Das Verfahren setzt zudem voraus, dass sich das Produkt in einem frühen Entwicklungsstadium befindet. Erste klinische Sicherheitsdaten müssen vorliegen, wohingegen bestätigende klinische Studien grundsätzlich noch nicht begonnen haben sollten (vgl. Kapitel 13).[142] Schließlich muss der Antragsteller die klare Absicht erklären, eine arzneimittelrechtliche Zulassung im Vereinigten Königreich zu beantragen, und sich verpflichten, die Anforderungen der britischen Health Technology Assessment-Behörden zu berücksichtigen. Dies erfolgt durch die Erstellung eines Target Development Profile, das die wesentlichen Meilensteine für die Erfüllung sowohl regulatorischer als auch gesundheitsökonomischer Anforderungen festlegt.[143]

20.2.2 Gentechnikrecht

Klinische Prüfungen mit Prüfpräparaten, die gentechnisch veränderten Organismen (GMO) enthalten oder aus diesen bestehen (vgl. Tabelle 11.1), werden im Vereinigten Königreich grundsätzlich nach den Maßstäben der gentechnikrechtlichen Vorschriften im geschlossenen System in einer niedrigen Biosicherheitsstufe

---

[140] Medicines and Healthcare products Regulatory Agency, Guidance – ILAP application guidance, (https://www.gov.uk/government/publications/innovative-licensing-and-access-pathway-ilap/ilap-application-guidance) (geprüft am 24.10.2025).

[141] Medicines and Healthcare products Regulatory Agency, Guidance – ILAP application guidance, (https://www.gov.uk/government/publications/innovative-licensing-and-access-pathway-ilap/ilap-application-guidance) (geprüft am 24.10.2025).

[142] Medicines and Healthcare products Regulatory Agency, Guidance – ILAP application guidance, (https://www.gov.uk/government/publications/innovative-licensing-and-access-pathway-ilap/ilap-application-guidance) (geprüft am 24.10.2025).

[143] Medicines and Healthcare products Regulatory Agency, Guidance – ILAP application guidance, (https://www.gov.uk/government/publications/innovative-licensing-and-access-pathway-ilap/ilap-application-guidance) (geprüft am 24.10.2025).

reguliert (vgl. Abschnitt 20.1.2).[144] Nur in Ausnahmefällen kommt etwa eine Anwendbarkeit der GMO Regulations 2002 in Betracht, sofern die Durchführung der klinischen Prüfung als Freisetzung einzustufen ist. Maßgeblich hierfür sind die Ausgestaltung des Prüfprotokolls sowie die Art der im Prüfpräparat enthaltenen gentechnisch veränderten Organismen.[145]

Die gentechnikrechtliche Anzeige, Anmeldung oder Genehmigung muss zusätzlich zum arzneimittelrechtlichen Antrag auf Genehmigung einer klinischen Prüfung durchgeführt werden.[146] Die Zuständigkeit liegt nicht bei den Umweltministerien, sondern bei den zuständigen Behörden für Gesundheits- und Arbeitsschutz (vgl. Abschnitt 20.1.2.1). Das Verfahren über die Joint Regulatory Authority ermöglicht jedoch eine koordinierte behördliche Bewertung bei multizentrischen Studien und kann dadurch potenzielle Verfahrensverzögerungen minimieren. Dies gilt allerdings nur, sofern die klinische Prüfung nicht auch in Nordirland durchgeführt wird (vgl. Abschnitt 20.1.2.1). In diesen Fällen ist ein gesonderter Antrag bei der dort zuständigen Behörde, dem HSENI, erforderlich.[147]

---

144 SACGM, The SACGM Compendium of guidance, Part 6: Guidance on the use of genetically modified microorganisms in a clinical setting, (https://www.hse.gov.uk/biosafety/gmo/acgm/acgmcomp/), S. 3 (geprüft am 24.10.2025); Cell and Gene Therapy Catapult, GMO Contained Use Authorisation Procedures for Clinical Trial Products in the UK, 2025, (https://cgt.ams3.cdn.digitaloceanspaces.com/UK-GMO-CU-Authorisation-Procedures-for-Clinical-Trial-Products_January-2025.pdf), S. 4 (geprüft am 24.10.2025).

145 Vgl. SACGM, The SACGM Compendium of guidance, Part 6: Guidance on the use of genetically modified microorganisms in a clinical setting, (https://www.hse.gov.uk/biosafety/gmo/acgm/acgmcomp/), S. 6 (geprüft am 24.10.2025).

146 Vgl. Cell and Gene Therapy Catapult, GMO Contained Use Authorisation Procedures for Clinical Trial Products in the UK, 2025, (https://cgt.ams3.cdn.digitaloceanspaces.com/UK-GMO-CU-Authorisation-Procedures-for-Clinical-Trial-Products_January-2025.pdf), S. 5 f. (geprüft am 24.10.2025).

147 Vgl. Cell and Gene Therapy Catapult, GMO Contained Use Authorisation Procedures for Clinical Trial Products in the UK, 2025, (https://cgt.ams3.cdn.digitaloceanspaces.com/UK-GMO-CU-Authorisation-Procedures-for-Clinical-Trial-Products_January-2025.pdf), S. 5 (geprüft am 24.10.2025).

20.3 Marktzulassung

Im Vereinigten Königreich besteht ein umfassendes Verbot, nicht zugelassene Arzneimittel zu verkaufen oder bereitzustellen („sell or supply") sowie deren Verkauf oder Bereitstellung anzubieten.[148] Neben einer arzneimittelrechtlichen Marktzulassung ist des Weiteren eine Genehmigung nach dem Gentechnikrecht erforderlich, soweit das Arzneimittel gentechnische veränderte Organismen (GMO) enthält oder aus diesen besteht (vgl. Tabelle 11.1).

20.3.1 Arzneimittelrecht

Der Großteil des unionalen Arzneimittelrechts wurde nach dem Brexit inhaltlich unverändert übernommen, sodass im Bereich der Marktzulassung aufgrund nicht vorhandener Reformen nur geringe Abweichungen bestehen.[149] Aufgrund des Nordirland-Protokolls war die britische Arzneimittelbehörde (MHRA) zunächst nicht vollständig für die Erteilung von arzneimittelrechtlichen Marktzulassungen im Vereinigten Königreich zuständig, weil für Nordirland weiterhin eine EU-Zulassung erforderlich war, soweit das Unionsrecht dies vorsah. Mit Inkrafttreten des Windsor Frameworks zum 1. Januar 2025 wurde diese Einschränkung aufgehoben. Seither ist die britische Arzneimittelbehörde (MHRA) für sämtliche Zulassungen einheitlich zuständig, sofern das betreffende Arzneimittel im Vereinigten Königreich in Verkehr gebracht werden soll.[150]

20.3.1.1 Marketing Authorisation

Anträge auf Erteilung einer Marktzulassung sind zentral bei der britischen Arzneimittelbehörde (MHRA) elektronisch über das sog. Submissions Portal einzureichen.[151] Die materiellrechtlichen Anforderungen an das Zulassungsdossier[152] sind mit den Vorgaben der Europäischen Union zunächst weiterhin

---

[148] Regulation 46(1)(2)(a) HMR 2012.

[149] Shorthose/Faircliffe/Putter, in: Shorthose (Hrsg.), Guide to EU and UK Pharmaceutical Regulatory Law, 2023, S. 147, 178.

[150] Regulations 49(1)(a), 46(2)(a), 6(2)(6) HMR 2012; Medicines and Healthcare products Regulatory Agency, Guidance – UK-wide licensing for human medicines, 2025, (https://www.gov.uk/government/publications/uk-wide-licensing-for-human-medicines/uk-wide-licensing-for-human-medicines) (geprüft am 24.10.2025).

[151] Shorthose/Faircliffe/Putter, in: Shorthose (Hrsg.), Guide to EU and UK Pharmaceutical Regulatory Law, 2023, S. 147, 179.

[152] Regulations 50 ff. HMR 2012.

deckungsgleich.[153] Für vollständige Zulassungsanträge sieht die britische Arzneimittelbehörde (MHRA) jedoch ein zügiges Bewertungsverfahren mit einer regulären Dauer von 150 Tagen vor.[154] Nur sofern nach Ablauf dieses Zeitraums noch offene Fragen bestehen, wird der Bewertungszeitraum auf bis zu 210 Tage verlängert.[155]

20.3.1.2 Conditional Marketing Authorisation (CMA) Scheme

Die bedingte Zulassung (Conditional Marketing Authorisation Scheme – CMA Scheme) wurde nach dem Brexit in das britische Arzneimittelrecht überführt und lehnt sich inhaltlich an die unionsrechtliche Konzeption an (vgl. Abschnitt 16.3.1).[156] Die Genehmigung besitzt zunächst eine Geltungsdauer von einem Jahr und kann auf Antrag verlängert werden.[157]

20.3.1.3 Scheme for Marketing Authorization under Exceptional Circumstances

Dasselbe gilt für die Zulassung aus außergewöhnlichen Umständen (Scheme for Marketing Authorisation under Exceptional Circumstances). Sie darf ausdrücklich nur dann erteilt werden, wenn dieselben Fallkonstellationen vorliegen, die auch in der Richtlinie 2001/83/EG vorgesehen sind (vgl. Abschnitt 16.3.2).[158] Die britische Rechtslage übernimmt insoweit unverändert die unionsrechtlichen Vorgaben, wonach eine vollständige Datenerhebung dauerhaft unmöglich ist und der Antragsteller die Gründe hierfür nachweisen muss.

---

[153] Shorthose/Faircliffe/Putter, in: Shorthose (Hrsg.), Guide to EU and UK Pharmaceutical Regulatory Law, 2023, S. 147, 179; Martens/Mourisse/Vo, in: Shorthose (Hrsg.), Guide to EU and UK Pharmaceutical Regulatory Law, 2023, S. 585, 601.

[154] Shorthose/Faircliffe/Putter, in: Shorthose (Hrsg.), Guide to EU and UK Pharmaceutical Regulatory Law, 2023, S. 147, 180.

[155] Medicines and Healthcare products Regulatory Agency, Guidance – National Assessment procedure for medicines, 2025, (https://www.gov.uk/guidance/national-assessment-procedure-for-medicines) (geprüft am 24.10.2025).

[156] Vgl. Regulation 50 l HMR 2012; Shorthose/Edwards, in: Shorthose (Hrsg.), Guide to EU and UK Pharmaceutical Regulatory Law, 2023, S. 183, 199.

[157] Regulation 65B(1)(a) HMR 2012; Shorthose/Edwards, in: Shorthose (Hrsg.), Guide to EU and UK Pharmaceutical Regulatory Law, 2023, S. 183, 199; Medicines and Healthcare products Regulatory Agency, Guidance – Conditional marketing authorisations, exceptional circumstances MAs, scientific advice, 2020, (https://www.gov.uk/guidance/conditional-marketing-authorisations-exceptional-circumstances-marketing-authorisations-and-national-scientific-advice) (geprüft am 24.10.2025).

[158] Regulation 60(1)(a)(3)(4) HMR 2012.

20.3.1.4 International Recognition Procedure (IRP)

Das International Recognition Procedure (IRP) eröffnet Antragstellern die Möglichkeit, eine Marktzulassung im Vereinigten Königreich in einem verkürzten Verfahren zu erhalten, sofern für denselben Wirkstoff bereits eine Zulassung durch eine sogenannte Referenzbehörde („reference regulator") vorliegt.[159] Es handelt sich demnach um eine Anerkennung von Arzneimittelzulassungen ausländischer Arzneimittelbehörden, die kürzere Bearbeitungsfristen für eine Marktzulassung im Vereinigten Königreich auslöst. Das IRP sieht hierfür zwei Verfahrenwege vor: Route A und Route B. Für Route A beträgt die Bearbeitungsfrist 60 Kalendertage ab Validierung des Antrags; für Route B gilt eine Frist von 110 Tagen, wobei diese im Falle notwendiger Stellungnahmen durch einen sog. clock stop unterbrochen werden kann.[160] Handelt es sich um ein ATMP, ist zwingend Route B anzuwenden.[161]

Nach übereinstimmender Einschätzung in den durchgeführten Experteninterviews stellt die Einführung des IRP eine Reaktion auf die infolge des EU-Austritts eingetretenen erheblichen Personalverluste bei der britischen Arzneimittelbehörde (MHRA) an die EMA dar, die eine vollständige eigenständige Prüfung sämtlicher Marktzulassungsanträge erschwert haben.

20.3.1.5 Rolling Review

Darüber hinaus existiert ein Rolling Review-Verfahren, das eine fortlaufende Bewertung einzelner Module des Zulassungsdossiers erlaubt, bevor sämtliche Studienunterlagen vollständig vorliegen.[162] Dieses sequenzielle Verfahren verkürzt die Dauer des Marktzulassungsverfahrens regelmäßig auf etwa 100 Tage,

---

[159] Anerkannt werden die Zulassungen der Arzneimittelbehörden Kanadas, Australiens, der Schweiz, Singapurs, Japans, der Vereingten Staaten von Amerika sowie der Europäischen Union, siehe Medicines and Healthcare products Regulatory Agency, Guidance – International Recognition Procedure, (https://www.gov.uk/government/publications/international-recognition-procedure/international-recognition-procedure) (geprüft am 24.10.2025).

[160] Medicines and Healthcare products Regulatory Agency, Guidance – Conditional marketing authorisations, exceptional circumstances MAs, scientific advice, Guidance – International Recognition Procedure, (https://www.gov.uk/government/publications/international-recognition-procedure/international-recognition-procedure) (geprüft am 24.10.2025).

[161] Medicines and Healthcare products Regulatory Agency, Guidance – Conditional marketing authorisations, exceptional circumstances MAs, scientific advice, Guidance – International Recognition Procedure, (https://www.gov.uk/government/publications/international-recognition-procedure/international-recognition-procedure) (geprüft am 24.10.2025).

[162] Shorthose/Faircliffe/Putter, in: Shorthose (Hrsg.), Guide to EU and UK Pharmaceutical Regulatory Law, 2023, S. 147, 180.

ohne dass die inhaltlichen Anforderungen reduziert werden.[163] Für das Rolling Review-Verfahren existieren keine gesetzlichen Voraussetzungen. Es wird deshalb ausschließlich im Vollzug durch die britische Arzneimittelbehörde (MHRA) angewendet, wobei die Leitlinien ebenso keine Voraussetzungen für den Zugang nennen.[164] Dass das Rolling Review gleichwohl nicht stets gewährt wird, verdeutlicht, dass eine ILAP die Wahrscheinlichkeit seiner Anwendung im Einzelfall erhöhen kann.[165]

20.3.1.6 Fast-Track

Alle Marktzulassungsanträge können im Fast-Track-Verfahren bevorzugt behandelt werden, sofern überzeugende Evidenz vorliegt, dass das Arzneimittel einen relevanten Vorteil für die öffentliche Gesundheit bietet oder wenn vom britischen Gesundheitsministerium festgestellte Versorgungsengpässe drohen.[166] Eine gesetzliche Grundlage liegt hierfür ebenso nicht vor.

20.3.2 Gentechnikrecht

Im Marktzulassungsverfahren kommt es zur integrierten Freisetzungsgenehmigung, wonach ausschließlich ein Antrag bei der Arzneimittelbehörde (MHRA) einzureichen ist, der sodann im Benehmen mit den jeweils zuständigen Umweltbehörden bearbeitet und beschieden wird.[167] Die britische Arzneimittelbehörde (MHRA) muss im Rahmen des arzneimittelrechtlichen Zulassungsverfahrens die Zustimmung jener Behörden einholen, die für die Freisetzung gentechnisch veränderter Organismen (GMO) zuständig sind.[168] Je nach geografischer Reichweite der Vermarktung umfasst dies einerseits das britische Umweltministerium

---

[163] Shorthose/Faircliffe/Putter, in: Shorthose (Hrsg.), Guide to EU and UK Pharmaceutical Regulatory Law, 2023, S. 147, 180.

[164] Medicines and Healthcare products Regulatory Agency, Guidance – Rolling review for marketing authorisation applications, (https://www.gov.uk/guidance/rolling-review-for-marketing-authorisation-applications) (geprüft am 24.10.2025).

[165] ProPharma, How to Fast-Track medicine approval in the UK with the MHRA´s Innovative Licensing and Access Pathway (ILAP), 2022, (https://www.propharmagroup.com/thought-leadership/how-to-fast-track-medicine-approval-in-the-uk-with-the-mhras-innovative-licensing-and-access-pathway-ilap) (geprüft am 24.10.2024).

[166] Shorthose/Faircliffe/Putter, in: Shorthose (Hrsg.), Guide to EU and UK Pharmaceutical Regulatory Law, 2023, S. 147, 180.

[167] Vgl. Art. 142(2)(b)(7) EPA UK; Regulation 15(1)(e) GMO Regulations 2002.

[168] Regulations 58G(2), 50 J(2)(a) HMR 2012.

(DEFRA) sowie gegebenenfalls das nordirische Umweltministerium (Department of the Environment)(vgl. Abschnitt 20.1.2).

Für die Marktzulassung eines Arzneimittels, das gentechnisch veränderte Organismen (GMO) enthält oder aus solchen besteht, gelten im Vereinigten Königreich weiterhin die materiellrechtlichen Vorgaben der Richtlinie 2001/18/EG.[169] Trotz des formalen Austritts aus der EU bleibt das Vereinigte Königreich insoweit materiellrechtlich an das unionsrechtliche Schutzniveau angeglichen.

20.4 Regulatorische Sonderwege zur Gewährleistung der Versorgung

Somatische genomische Therapien können im Vereinigten Köngreich ohne vorherige Marktzulassung im Wesentlichen über drei rechtliche Institute mit unterschiedlichen Voraussetzungen für Patienten bereitgestellt werden (vgl. Tabelle 20.1). Erstens besteht die Möglichkeit der Hospital Exemption, die den Verkauf individuell hergestellter Arzneimittel für neuartige Therapien (ATMP) für einzelne Patienten auf ärztliche Verschreibung erlaubt. Zweitens können bestimmte nicht zugelassene Arzneimittel über das sog. Special's Scheme abgegeben werden, sofern keine adäquate Therapiealternative verfügbar ist. Drittens eröffnet das Early Access to Medicines Scheme (EAMS) einen weiteren Zugang, indem es Arzneimittel mit hohem ungedecktem medizinischem Bedarf vor der formellen Marktzulassung bereitstellt, sofern ein positives Nutzen-Risiko-Profil anhand der verfügbaren Daten plausibel belegt werden kann. Eine ärztliche Eigenherstellung und Anwendung bleibt hingegen ausgeschlossen, weil das britische Arzneimittelrecht nicht das Inverkehrbringen, sondern bereits den Verkauf und die Bereitstellung nicht zugelassener Arzneimittel verbietet.[170]

20.4.1 Hospital Exemption

Die Hospital Exemption setzt voraus, dass ein ATMP innerhalb des Vereinigten Königreichs auf nicht-routinemäßiger Basis hergestellt wird, den ATMP-spezifischen Herstellungsstandards entspricht und ausschließlich in einem Krankenhaus unter der Verantwortung eines Arztes an einem spezifischen Patienten

---

[169] Regulation 58G(1) HMR 2012.

[170] Regulation 46(1)(2)(a) HMR 2012.

auf Grundlage einer individuellen Verschreibung angewendet wird.[171] Damit beschränkt sich die Hospital Exemption auf Individualheilversuche, weil das Produkt nur für die Behandlung eines bestimmten Patienten hergestellt und angewendet werden darf.

Unberührt bleiben jedoch die übrigen Anforderungen des britischen Arzneimittelrechts.[172] Insbesondere ist für die Herstellung eine behördliche Erlaubnis erforderlich, und die Herstellung muss den Grundsätzen der Guten Herstellungspraxis (GMP) entsprechen.[173] Verfahren der dezentralisierten Herstellung, d. h. die Modular Manufacture (MM) oder Point-of-Care Manufacture (PoC), sind im Rahmen der Hospital Exemption ausdrücklich ausgeschlossen.[174]

20.4.2 Specials' Scheme

Neben der Hospital Exemption sieht das britische Recht eine weitere Ausnahme vom Erfordernis einer vorherigen Marktzulassung für sog. special medicinal products (Specials' Scheme) vor.[175] Diese Ausnahme, die auch als Individualheilversuch (Named-Patient-Use) bezeichnet wird, gilt für sämtliche Arzneimittel und ist damit nicht auf Arzneimittel für neuartige Therapien beschränkt, kann jedoch auch für solche herangezogen werden.[176]

Voraussetzung ist, dass die Abgabe auf eine unaufgeforderte Bestellung einer zur Verschreibung befugten Person erfolgt, die kein Arzt sein muss, und das Arzneimittel gemäß der in der Verschreibung vorgesehenen Spezifikationen hergestellt wird.[177] Das Präparat darf ausschließlich für einen bestimmten Patienten vorgesehen sein, für dessen Behandlung die verschreibende Person unmittelbar verantwortlich ist.[178] Die Abgabe des Arzneimittels darf nur an zur Verschreibung

---

[171] Regulation 171(2)(3) HMR 2012.

[172] Regulations 171(a), 17(1)(a)(1 A)(c) HMR 2012; es gelten in diesem Fall besondere zusätzliche Anforderungen an die Verpackung sowie die Gebrauchsinformation des ATMP nach Schedule 4, Part 3 HMR 2012.

[173] Regulation 17(1)(a)(1 A)(c) HMR 2012; Pharmalex GmbH, Study on Hospital Exemption for ATMPs in Selected EU Countries, 2022, S. 29 f.

[174] Regulation 171(A1) HMR 2012.

[175] Regulation 167(1) HMR 2012.

[176] Regulation 167(1)(a)(b) HMR 2012; Brewer, International Journal of Technology Assessment in Health Care 41 (2025), e62, S. 6.

[177] Regulation 167(1)(a)(b) HMR 2012.

[178] Regulation 167(1)(c) HMR 2012.

befugte Personen erfolgen, und am Patienten nur unter pharmazeutischer Aufsicht in einer Apotheke, einem Krankenhaus oder in einem Gesundheitszentrum angewendet werden.[179]

Für die Herstellung ist stets eine Herstellungserlaubnis erforderlich, welche die Einhaltung der Grundsätze der Guten Herstellungspraxis (GMP) voraussetzt.[180] Zwar können im Einzelfall reduzierte Anforderungen gelten, zugleich bestehen jedoch strengere Vorgaben für Dokumentation und Überwachung der Herstellung.[181] Die Herstellung des Arzneimittels muss unter besonderer Aufsicht erfolgen, und es ist sicherzustellen, dass die individuelle Verordnung der verschreibenden Person exakt umgesetzt wird.[182]

Anders als im Rahmen der Hospital Exemption können im Specials' Scheme sowohl Modular Manufacture als auch Point-of-Care Manufacture genutzt werden.[183] Ein wesentlicher Unterschied zur Hospital Exemption besteht zudem darin, dass Arzneimittel nach dem Specials' Scheme importiert und auch außerhalb eines Krankenhauses angewendet werden dürfen.[184] Das Specials' Scheme ist damit flexibler ausgestaltet, bleibt jedoch ebenso strikt patientenbezogen und auf individuelle Heilbehandlungen begrenzt.[185] Entsprechend wurde die Hospital Exemption im Vereinigten Königreich bisher kaum genutzt, während das Specials' Scheme deutlich häufiger zur Anwendung kam.[186]

---

[179] Regulation 167(2) HMR 2012.

[180] Vgl. Regulations 167(1), 17(1)(a)(1 A)(f) HMR 2012; Medicines and Healthcare products Regulatory Agency, MHRA Guidance for Specials Manufacturers, 2021, (https://assets.publishing.service.gov.uk/media/603526f28fa8f54330a8e25f/QA_Version_3_-_Aseptic_manip_updates.pdf), S. 4 ff. (geprüft am 24.10.2025).

[181] Medicines and Healthcare products Regulatory Agency, The supply of unlicensed medicinal products ('specials'), 2023, (https://assets.publishing.service.gov.uk/media/645e19f5ad8a03000c38b3bc/The_supply_of_unlicensed_medicinal_products__special_GN14.pdf), S. 7 f. (geprüft am 24.10.2025).

[182] Regulation 167(4)(5) HMR 2012.

[183] Regulation 167(6 A)(6B) HMR 2012.

[184] Regulation 167(7) HMR 2012.

[185] Bicudo/Brass, Cell & Gene Therapy Insights 9 (2023), S. 101, 103.

[186] Bicudo/Brass, Cell & Gene Therapy Insights 9 (2023), S. 101, 108; dies wurde in mehreren Experteninterviews bestätigt.

20.4.3 Early Access to Medicines Scheme (EAMS)

Das Early Access to Medicines Scheme (EAMS) eröffnet ebenfalls die Möglichkeit, vielversprechende Arzneimittel bereits vor ihrer formalen Marktzulassung an Patienten abzugeben.[187] Während das Specials' Scheme und die Hospital Exemption – auch wenn dies gesetzlich nicht ausdrücklich[188] normiert ist – nur dann zur Anwendung kommen, wenn keine geeignete Therapiealternative zur Verfügung steht, kennt das EAMS eine solche Einschränkung nicht.[189] Ferner ist – anders als bei der Hospital Exemption – der Import aus Drittstaaten zulässig, während die Hospital Exemption auf die inländische Herstellung und Abgabe beschränkt ist.[190] Eine zentrale Voraussetzung ist jedoch, dass die im Rahmen des EAMS abgegebenen Präparate unentgeltlich bereitgestellt werden.[191] In dieser Hinsicht ähnelt das EAMS damit dem Compassionate-Use im unionalen Arzneimittelrecht (vgl. Abschnitt 17.2).

Die rechtliche Struktur des EAMS ähnelt in ihrem Grundaufbau dem Specials' Scheme: Die Abgabe erfolgt auf eine unaufgeforderte Bestellung einer zur Verschreibung befugten Person, das Arzneimittel ist nach seiner abstrakt-generell bestimmten Spezifikation herzustellen und ausschließlich für den durch die Verordnung benannten Patienten bestimmt, dessen Behandlung die verschreibende Person verantwortet.[192] Zudem müssen schriftliche Herstellungsaufzeichnungen geführt und den Behörden auf Anfrage zur Verfügung gestellt werden.[193] Über diese Grundstruktur hinaus setzt eine zulassungsfreie Bereitstellung des Medikaments im Rahmen des EAMS zwingend eine gültige „EAMS scientific opinion“

[187] Regulation 167E(1) HMR 2012.

[188] Ausschließlich für das Specials' Scheme lässt sich eine solche Beschränkung aus dem Wortlaut („in order to fulfil the special needs of that patient“) zumindest mittelbar herleiten; vgl. Regulation 167(1)(c) HMR 2012.

[189] Bicudo/Brass, Cell & Gene Therapy Insights 9 (2023), S. 101, 108; Medicines and Healthcare products Regulatory Agency, The supply of unlicensed medicinal products ('specials'), 2023, (https://assets.publishing.service.gov.uk/media/645e19f5ad8a03000c38b3bc/The_supply_of_unlicensed_medicinal_products__special_GN14.pdf), S. 6 (geprüft am 24.10.2025).

[190] Regulation 167E(2)(c)(d) HMR 2012.

[191] Brewer, International Journal of Technology Assessment in Health Care 41 (2025), e62, S. 2.

[192] Regulation 167E(1)(a)-(c) HMR 2012.

[193] Regulation 167E(3) HMR 2012.

voraus, die auf Grundlage einer zuvor erteilten Promising Innovative Medicines (PIM) Designation ergeht.[194]

20.4.3.1 Promising Innovative Medicines (PIM) Designation

Die PIM-Designation bildet die zwingende Voraussetzung für eine spätere Einbeziehung eines Arzneimittels in das EAMS. Sie wird von der Arzneimittelbehörde (MHRA) auf Grundlage früher klinischer und nicht-klinischer Daten vergeben. Erforderlich ist zunächst das Vorliegen einer lebensbedrohlichen oder schwerwiegenden Erkrankung mit erheblichem ungedecktem medizinischem Bedarf (Unmet Medical Need).[195] Zudem muss das betreffende Arzneimittel voraussichtlich einen wesentlichen Vorteil gegenüber den im Vereinigten Königreich verfügbaren Methoden zur Prävention, Diagnose oder Behandlung dieser Erkrankung bieten.[196] Schließlich muss auf Grundlage der vorliegenden Daten eine positive Nutzen-Risiko-Erwartung bestehen, sodass die potenziellen Vorteile des Arzneimittels seine möglichen Risiken überwiegen.[197]

20.4.3.2 EAMS Scientific Opinion

Auf die PIM-Designation folgt in einem späteren Entwicklungsstadium die Erteilung der EAMS scientific opinion durch die Arzneimittelbehörde (MHRA). In diesem Verfahren prüft die Behörde erneut, ob eine lebensbedrohliche oder schwerwiegende Erkrankung mit hohem ungedecktem Bedarf vorliegt, das Arzneimittel einen wesentlichen therapeutischen Vorteil gegenüber bestehenden Präventions-, Diagnose- oder Behandlungsmöglichkeiten im Vereinigten Königreich erwarten lässt und das Nutzen-Risiko-Verhältnis positiv ausfällt.[198] Zudem muss eine kontinuierliche Belieferung des Vereinigten Königreichs mit dem Medikament gewährleistet sein und die Herstellung unter konsistenten Qualitätsstandards gemäß der Guten Herstellungspraxis (GMP) erfolgen.[199] Anders als bei der PIM-Designation müssen die Überlegenheit des Arzneimittels sowie die marktgerechte Herstellbarkeit nun belegt sein und anhand klinischer Daten nachgewiesen werden.[200] Erst auf dieser Evidenzbasis kann ein Arzneimittel in das

---

[194] Regulation 167E(1)(d) i. V. mit Regulation 167 C(2)(a)(b) HMR 2012.

[195] Regulation 167 C(2)(a)(i) HMR 2012.

[196] Regulation 167 C(2)(a)(ii) HMR 2012.

[197] Regulation 167 C(2)(a)(iii) HMR 2012.

[198] Regulation 167 C(2)(b)(i)-(v) HMR 2012.

[199] Regulation 167 C(2)(b)(i)-(v) HMR 2012.

[200] Brewer, International Journal of Technology Assessment in Health Care 41 (2025), e62, S. 1.

EAMS aufgenommen und im Rahmen dieses regulatorischen Sonderweges an Patienten abgegeben werden.

Tabelle 20.1 Zugang zu Arzneimitteln ohne Marktzulassung im Vereinigten Königreich

	Hospital Exemption	Special's Scheme	EAMS
Produkt	ATMP	Arzneimittel	Arzneimittel
Art der Evidenz	–	–	Klinisch
Überlegenheitsnachweis notwendig?	Nein	Nein	Ja
Sperre bei bestehender Therapiealternative?	Ja	Ja	Nein
Voraussetzungen	Herstellungserlaubnis	Herstellungserlaubnis	Herstellungerlaubnis PIM-Designation EAMS Scientific Opinion

20.4.4 Gentechnikrecht

Die regulatorischen Sonderwege des britischen Arzneimittelrechts – Hospital Exemption, Specials' Scheme und Early Access to Medicines Scheme – suspendieren ausschließlich das arzneimittelrechtliche Verbot des Verkaufs nicht zugelassener Arzneimittel.[201] Im Umkehrschluss bleibt das britische Gentechnikrecht davon unberührt und weiterhin anwendbar. Je nach Einzelfall kann daher eine Genehmigung nach den Vorschriften über die Freisetzung bzw. über die Anwendung im geschlossenen System erforderlich sein, die bei den jeweils zuständigen Behörden nach den allgemeinen Anforderungen zu beantragen ist (vgl. Abschnitt 20.2.2). Der besondere Ausnahmetatbestand des britischen Gentechnikrechts, wonach für zugelassene Arzneimittel mit GMO-Status keine gesonderte Freisetzungsgenehmigung durch die Umweltbehörden erforderlich ist, greift in diesen Konstellationen ausdrücklich nicht.[202]

[201] Regulations 167(1), 167E(1), 171(1) HMR 2012.

[202] Art. 142(2)(b)(7) EPA UK; Regulation 15(1)(e) GMO Regulations 2002; dafür spricht insbesondere, dass eine entsprechende Vorschrift zu Regulation 58G(1) HMR 2012 für die regulatorischen Sonderwege in Part 10 HMR 2012 fehlt.

Forschung, Entwicklung und Marktzugang in Japan

21

Japan verfügt über eine ausgeprägte Tradition in der regenerativen Medizin. Die Entdeckung der Herstellung induzierter pluripotenter Stammzellen (iPSC) durch japanische Forscher hat wesentlich zur internationalen Sichtbarkeit des Landes beigetragen und bildet bis heute einen zentralen Impulsgeber für die Entwicklung zell- und genbasierter Therapien.[1] Zugleich zeichnet sich Japan durch ein leistungsfähiges Gesundheitssystem aus, das die Erstattung medizinischer Innovationen und damit deren zeitnahe Integration in die Versorgung unterstützt.[2] Vor diesem Hintergrund sowie wegen der Besonderheit der Existenz eines ausschließlichen Gesetzes über die Anwendung regenerativer Arzneimittel durch Ärzte und Kliniken (vgl. Abschnitt 12.4.1.1) erscheint eine Analyse des japanischen Regulierungssystems für somatische genomische Therapien besonders bedeutsam.

21.1 Grundlagenforschung und Präklinik

Japan ist Mitglied der Organisation für wirtschaftliche Zusammenarbeit und Entwicklung (OECD) und nimmt an deren System der gegenseitigen Anerkennung von Forschungsdaten (MAD-System) teil.[3] Aufgrund vorheriger Evaluation durch die OECD werden in Japan ausgestellte GLP-Zertifikate in allen anderen

---

[1] Vgl. Takahashi/Yamanaka, Cell 126 (2006), S. 663.

[2] Japan ist der drittgrößte Markt für Arzneimittel weltweit und liegt damit sogar vor Deutschland als dem größten europäischen Arzneimittelmarkt, siehe IQVIA, Top 10 Pharmaceutical Markets Worldwide, 2020, (https://www.iqvia.com/-/media/iqvia/pdfs/canada/2020-trends/top10worldwidesales_20.pdf) (geprüft am 24.10.2025); siehe auch Katsunori/Yuichiro/Yuko, Medical Law in Japan, 2024, S. 18.

[3] Stahl/Brown, in: McBride/Schmitt (Hrsg.), Fundamentals of Pharmaceutical and Biologics Regulations, 2023, S. 29, 30.

L. Pietrek, *Somatische genomische Therapien*,
https://doi.org/10.1007/978-3-658-52943-7_21

OECD-Staaten, einschließlich durch die Europäischen Kommission, anerkannt.[4] Zwischen der Europäischen Union und Japan besteht zudem ein bilaterales Abkommen über die gegenseitige Anerkennung der Grundsätze der Guten Laborpraxis.[5] Es verpflichtet beide Seiten zur gegenseitigen Anerkennung, sofern die Gute Laborpraxis auf den OECD-Grundsätzen beruht und durch die zuständigen nationalen Behörden umgesetzt und überwacht wird.[6]

Im Ergebnis werden präklinische Forschungsdaten aus Tierstudien und Zellkulturversuchen, die in Japan unter Einhaltung der Guten Laborpraxis erzeugt wurden, sowohl im Rahmen der unionsrechtlichen Marktzulassung als auch in nationalen Genehmigungs- und Zulassungsverfahren anerkannt, sofern eine gültige japanische GLP-Bescheinigung vorgelegt wird.

21.1.1 Gute Laborpraxis (GLP)

Das japanische Arzneimittel- und Medizinproduktegesetz (PMD Act) verlangt, dass nicht-klinische Sicherheitsdaten, die in ein arzneimittelrechtliches Genehmigungsverfahren eingebracht werden, den besonderen Qualitätsanforderungen der einschlägigen Ministerialanordnungen genügen müssen.[7]

Zentral ist die Ministerialanordnung Nr. 21/1997[8] des Ministeriums für Gesundheit, Arbeit und Soziales (MHLW) zur Guten Laborpraxis bei nicht-klinischen Sicherheitsprüfungen von Arzneimitteln. Sie legt verbindlich fest, wie entsprechende Studien zu planen, durchzuführen, zu überwachen und zu dokumentieren sind. Ergänzend hierzu hat das Ministerium für Gesundheit, Arbeit

---

[4] OECD, National GLP Compliance Monitoring Programmes which participate in the Mutual Acceptance Data (MAD) system: status and contact information, (https://www.oecd.org/content/dam/oecd/en/topics/policy-sub-issues/testing-of-chemicals/national-glp-compliance-monitoring-programmes-which-participate-in-the-mutual-acceptance-of-data.pdf), S. 11 f. (geprüft am 24.10.2025).

[5] Abkommen zwischen der Europäischen Gemeinschaft und Japan über die gegenseitige Anerkennung (2001/747/EG) vom 27.09.2001 (ABl. EG Nr. L 284, S. 1), geändert durch den Beschluss des Rates 2002/804/EG (ABl. EG Nr. L 287, S. 23).

[6] Vgl. Art. 2, 3 Abs. 1 Satz 1, 5 Abs. 1, 15 Abs. 1 i. V. mit Sektoraler Anhang, Teil A Nr. 1 und 3, Teil B, Abschnitt 1, Nr. 1 Buchst. a) Beschluss 2001/747/EG.

[7] Art. 14(3) PMD Act.

[8] Ministry of Health, Labour and Welfare, Ministerial Ordinance on Good Laboratory Practice for Nonclinical Safety Studies of Drugs, Ordinance of the Ministry of Health and Welfare No. 21 of March 26, 1997 (as last amended by the Ordinance of the Ministry of Health, Labour and Welfare No. 114 of June 13, 2008) – Provisional Translation (as of August 2012), 2012, (https://www.pmda.go.jp/files/000153713.pdf) (geprüft am 24.10.2025).

und Soziales (MHLW) die Verwaltungsvorschrift Nr. 0613007[9] erlassen, welche die Anwendung der GLP-Bestimmungen im Vollzug durch die Aufsichtsbehörden steuert. Für regenerative Arzneimittel (Regenerative Medicine Products) gilt zusätzlich die Ministerialanordnung Nr. 88/2014[10], die produktspezifische GLP-Anforderungen enthält. Eine englische Übersetzung dieser Verordnung ist bislang nicht verfügbar.

21.1.1.1 Inspektionen

Die Überwachung der Guten Laborpraxis erfolgt durch die Arzneimittelbehörde (PMDA) auf zwei unterschiedlichen Wegen. Dabei wird zwischen routinemäßigen Inspektionen (Routine Inspection) und produktbezogenen Inspektionen (Product-based Inspection) unterschieden.

Bei routinemäßigen Inspektionen überprüft die Arzneimittelbehörde (PMDA) auf Antrag einer Prüfeinrichtung, ob die allgemeinen Grundsätze der Guten Laborpraxis eingehalten werden. Wird die Compliance festgestellt, erteilt die Behörde (PMDA) ein allgemeines GLP-Zertifikat mit einer Gültigkeitsdauer von drei Jahren.[11] Demgegenüber erfolgt die produktbezogene Inspektion ausschließlich anlassbezogen. Sie wird durchgeführt, wenn sich ein Produkt bereits in einem Genehmigungsverfahren befindet, jedoch keine Rückgriffsmöglichkeit auf ein gültiges GLP-Zertifikat besteht, weil die Prüfeinrichtung bislang nicht routinemäßig inspiziert wurde.[12] Die Prüfung erstreckt sich in diesen Fällen ausschließlich auf jene Studien, die für das konkrete Genehmigungsverfahren

[9] Ministry of Health, Labour and Welfare, Guidance on the Implementation of the Ministerial Ordinance on the Good Laboratory Practice for Nonclinical Safety Studies of Drugs as Revised by the Ministerial Ordinance for Partial Revision of the Ministerial Ordinance on the Good Laboratory Practice for Nonclinical Safety Studies of Drugs, PFSB Notifcation No. 0613007 – Provisional Translation (as of August 2012), 2008, (https://www.pmda.go.jp/files/000153156.pdf) (geprüft am 24.10.2025).

[10] Ministerial Ordinance on Good Laboratory Practice for Nonclinical Safety Studies of Regenerative Medical Products, No. 88 of July 30, 2014.

[11] Pharmaceuticals and Medical Devices Agency, GLP inspections conducted by PMDA, (https://www.pmda.go.jp/english/review-services/glp-gcp-gpsp/0002.html) (geprüft am 24.10.2025).

[12] Pharmaceuticals and Medical Devices Agency, GLP inspections conducted by PMDA, (https://www.pmda.go.jp/english/review-services/glp-gcp-gpsp/0002.html) (geprüft am 24.10.2025).

maßgeblich sind. Eine umfassende Bewertung der gesamten Prüfeinrichtung findet in diesem Fall nicht statt, weshalb kein GLP-Zertifikat ausgestellt wird.[13]

21.1.1.2 Organisation, Personal und Räume

Die Ministerialanordnung Nr. 21/1997 legt in Kapitel II und III die organisatorischen, personellen und räumlichen Anforderungen an Prüfeinrichtungen fest. Danach müssen alle an der Durchführung nicht-klinischer Studien beteiligten Personen über eine angemessene Ausbildung, Schulung oder praktische Erfahrung verfügen.[14] Das Management der Prüfeinrichtung hat einen Prüfleiter (Study Director) zu bestellen und eine organisatorisch unabhängige Qualitätssicherungseinheit (Quality Assurance Unit) einzurichten, deren Aufgabe die Überwachung der Konformität aller Studien mit den Grundsätzen der Guten Laborpraxis ist.[15] Zudem muss die Einrichtung über geeignete räumliche Kapazitäten verfügen, einschließlich getrennter Bereiche für Tierhaltung, Substanzlagerung, Laborbetrieb sowie ein gesichertes Archiv.[16]

Die Verwaltungsvorschrift Nr. 0613007 konkretisiert diese Vorgaben. Sie verlangt insbesondere, dass das Personal nachweislich mit den einschlägigen Ministerialanordnungen zur Guten Laborpraxis vertraut ist.[17] Der Studienleiter muss über hinreichende praktische Erfahrung für die geplanten Versuchsvorhaben verfügen, und seine Bestellung ist aktenkundig zu dokumentieren.[18] Die Qualitätssicherungseinheit hat vollständig unabhängig von der Durchführung der Studien zu agieren und darf nicht in operative Abläufe eingebunden sein.[19] Für die Tierhaltung gelten spezifische Vorgaben hinsichtlich räumlicher Trennung nach Spezies, hygienischer Standards sowie zur separaten Unterbringung in Quarantäneeinheiten.[20]

[13] Pharmaceuticals and Medical Devices Agency, GLP inspections conducted by PMDA, (https://www.pmda.go.jp/english/review-services/glp-gcp-gpsp/0002.html) (geprüft am 24.10.2025).

[14] Art. 5(1) Ministerialanordnung Nr. 21/1997 (MHLW).

[15] Art. 6(i)(ii), 8 Ministerialanordnung Nr. 21/1997 (MHLW).

[16] Art. 9 Ministerialanordnung Nr. 21/1997 (MHLW).

[17] Nr. 1(3), Art. 5(a) Verwaltungsvorschrift Nr. 0613007 (MHLW).

[18] Nr. 1(4), Art. 6(a) Verwaltungsvorschrift Nr. 0613007 (MHLW).

[19] Nr. 1(4), Art. 6(b) Verwaltungsvorschrift Nr. 0613007 (MHLW).

[20] Art. 12(1)-(5) Ministerialanordnung Nr. 21/1997 (MHLW); Nr. 1(7), Art. 9(a)(c) Verwaltungsvorschrift Nr. 0613007 (MHLW).

21.1.1.3 Prüfprotokoll

Für jede nicht-klinische Studie ist ein schriftliches Prüfprotokoll zu erstellen. Dieses muss insbesondere Angaben zum Studienzweck, zum benannten Prüfleiter (Study Director), zu den eingesetzten Test- und Kontrollsubstanzen, zu den verwendeten Versuchssystemen sowie zum Versuchsaufbau einschließlich der vorgesehenen statistischen Methodik enthalten.[21] Änderungen des Prüfprotokolls sind datiert, begründet und mit Unterschrift zu dokumentieren und aufzubewahren.[22]

Die Verwaltungsvorschrift Nr. 0613007 bestimmt, dass das Prüfprotokoll Applikationswege und Dosierungen der Prüfsubstanzen auszuweisen hat und bei Studien mit Tieren detaillierte Angaben zur Herkunft, Anzahl, zum Alter, Geschlecht und Gewicht der Versuchstiere sowie Informationen zu deren Futter enthalten sein müssen.[23]

21.1.1.4 Dokumentationspflichten

Die Ministerialanordnung Nr. 21/1997 verpflichtet zu einer lückenlosen, zeitnahen und manipulationssicheren Erfassung sämtlicher im Rahmen einer Studie anfallenden Rohdaten unter Angabe von Datum und verantwortlicher Person.[24] Die Durchführung der Studie hat strikt nach dem genehmigten Prüfprotokoll und den hierfür vorgesehenen Standardarbeitsanweisungen (SOP) zu erfolgen.[25] Nach Abschluss der Studie ist ein schriftlicher Abschlussbericht zu erstellen, der sämtliche studienrelevanten Informationen enthält, einschließlich unvorhergesehener Ereignisse sowie aller Abweichungen vom Prüfprotokoll.[26]

Die Verwaltungsvorschrift Nr. 0613007 führt dahingehend aus, dass Rohdaten unmittelbar, lesbar und dauerhaft aufgezeichnet werden.[27] Änderungen an diesen Aufzeichnungen sind zu begründen, zu datieren und der verantwortlichen Person eindeutig zuzuordnen.[28] Der Zugang zum Archiv der Prüfeinrichtung ist ausschließlich kontrolliert zu gewähren und jede Nutzung bzw. Entnahme von Unterlagen zu protokollieren.[29]

---

[21] Art. 15(1) Ministerialanordnung Nr. 21/1997 (MHLW).

[22] Art. 15(2) Ministerialanordnung Nr. 21/1997 (MHLW).

[23] Nr. 1(12), Art. 15(b) Verwaltungsvorschrift Nr. 0613007 (MHLW).

[24] Art. 16(2) Ministerialanordnung Nr. 21/1997 (MHLW).

[25] Art. 16(1)(3) Ministerialanordnung Nr. 21/1997 (MHLW).

[26] Art. 17(1) Ministerialanordnung Nr. 21/1997 (MHLW).

[27] Nr. 1(13), Art. 16(b) Verwaltungsvorschrift Nr. 0613007 (MHLW).

[28] Nr. 1(13), Art. 16(c) Verwaltungsvorschrift Nr. 0613007 (MHLW).

[29] Nr. 1(15), Art. 18 Verwaltungsvorschrift Nr. 0613007 (MHLW).

21.1.2 Gentechnikrecht

Das japanische Gentechnikgesetz (Cartagena Act) unterscheidet zwischen einer Freisetzung in die Umwelt (Type-I-Use[30]) und einem Umgang im geschlossenen System (Type-II-Use[31]) mit lebenden veränderten Organismen (LMO). Maßgeblich für die Unterscheidung ist, ob vor der Verwendung[32] eines lebenden veränderten Organismus (LMO) geeignete Einschlussmaßnahmen getroffen wurden, die eine Freisetzung in die Umwelt verhindern. Liegen geeignete Einschlussmaßnahmen vor, handelt es sich um einen Type-II-Use. Fehlen diese, liegt ein Type-I-Use vor. Für die Grundlagenforschung, die präklinische Entwicklung (sowie die Herstellung von Prüfpräparaten für klinische Studien) ist eine Einstufung als Type-II-Use gerechtfertigt.[33]

21.1.2.1 Zuständigkeitsverteilung

Die Zuständigkeit für den Vollzug des Cartagena Act ist nicht ausdrücklich einer Behörde zugewiesen, sondern richtet sich nach dem fachlichen Zuständigkeitsbereich der jeweils betroffenen Ministerien.[34] Das Gesetz benennt die zuständigen Ministerien zudem nicht ausdrücklich, sondern weist die Zuständigkeit nach dem Ressortprinzip den Ministerien zu.[35]

---

[30] Art. 2(5) Cartagena Act:
„In this Act, 'type-1 use of living modified organisms' means the use of living modified organisms not subject to the measures stipulated in the following paragraph".

[31] Art. 2(6) Cartagena Act:
„In this Act, 'type-2 use of living modified organisms' means use of living modified organisms with the aim of preventing the dispersal of living modified organisms into the air, water or soil outside facilities, equipment or other structures (hereinafter referred to as 'facilities') in accordance with measures specifying this, or other measures stipulated by Order of the competent ministries".

[32] Art. 2(3) Cartagena Act:
„In this Act, 'use' means using, cultivating and growing, processing, storing, transporting and disposing of living modified organisms, and other related actions, to provide food, animal feed, or for other related purposes".

[33] Vgl. Pharmaceuticals and Medical Devices Agency, Regulations Regarding Living Modified Organisms (Genetically Modified Organisms), (https://www.pmda.go.jp/english/review-services/reviews/cartagena-act/0001.html) (geprüft am 24.10.2025); Bachtarzi/Farries, Human Gene Therapy Clinical Development 30 (2019), S. 114, 125.

[34] Art. 12 Cartagena Act; vgl. Punt/Ebata/Wesseler, AgBioForum 16 (2013), S. 140, 142 f.

[35] Art. 2 Cartagena Act.

Für die Herstellung kommerzieller Arzneimittel zu Vermarktungszwecken, die lebende veränderte Organismen (LMO) enthalten oder aus solchen bestehen, ist deshalb das Ministerium für Gesundheit, Arbeit und Soziales (MHLW) zuständig.[36] Demgegenüber fällt die Zuständigkeit für Forschungsvorhaben im Bereich der Grundlagenforschung, der präklinischen Entwicklung sowie der Herstellung von Prüfpräparaten in den Bereich des Ministeriums für Bildung, Kultur, Sport, Wissenschaft und Technologie (Ministry of Education, Culture, Sports, Science and Technology – MEXT).[37] Der Vollzug des Cartagena Act bei der Forschung und Entwicklung somatischer genomischer Therapien, die lebende veränderte Organismen (LMO) enthalten oder aus diesen bestehen, oder deren Anwendung an Versuchstieren oder Zellkulturen zu einem LMO-Status führt (vgl. Tabelle 12.3), unterliegt entsprechend dem MEXT.

21.1.2.2 Genehmigungsverfahren

Für gentechnische Arbeiten im geschlossenen System (Type-II-Use) sieht der Cartagena Act ein zweistufiges Verfahren vor, bestehend aus einer vorherigen Anmeldung sowie einer nachfolgenden behördlichen Bestätigung (Confirmation).[38] Erst mit Erteilung dieser Bestätigung darf mit den Arbeiten begonnen werden.

Der Cartagena Act ermächtigt die zuständigen Ministerien, bestimmte Organismen und Tätigkeiten durch Ministerialanordnungen von der Anmeldepflicht auszunehmen, sofern nach wissenschaftlicher Erkenntnis kein relevantes Gefährdungspotenzial für die Umwelt besteht.[39] Diese Ministerialanordnungen sind bisher nicht in englischer Sprache verfügbar.

21.1.2.3 Genehmigungsvoraussetzungen

Die inhaltlichen Anforderungen für gentechnische Arbeiten mit lebenden veränderten Organismen (LMO) im geschlossenen System (Type-II-Use) ergeben sich

---

[36] Pharmaceuticals and Medical Devices Agency, Regulations Regarding Living Modified Organisms (Genetically Modified Organisms), (https://www.pmda.go.jp/english/review-services/reviews/cartagena-act/0001.html) (geprüft am 24.10.2025).

[37] Pharmaceuticals and Medical Devices Agency, Regulations Regarding Living Modified Organisms (Genetically Modified Organisms), (https://www.pmda.go.jp/english/review-services/reviews/cartagena-act/0001.html) (geprüft am 24.10.2025); Punt/Ebata/Wesseler, AgBioForum 16 (2013), S. 140, 141.

[38] Art. 13(1) Cartagena Act; Maruyama/Noda/Okudaira u. a., in: Galli (Hrsg.), Regulatory Aspects of Gene Therapy and Cell Therapy Products, 2023, S. 155, 175; Punt/Ebata/Wesseler, AgBioForum 16 (2013), S. 140, 141.

[39] Art. 13(1) Cartagena Act.

im japanischen Gentechnikrecht nicht unmittelbar aus dem Cartagena Act selbst. Dieser enthält lediglich die grundlegenden Schutzziele und die Verpflichtung zur Durchführung eines Risikomanagements, während die konkret zu erfüllenden technischen und organisatorischen Anforderungen erst in den untergesetzlichen Ministerialanordnungen der jeweils zuständigen Ministerien ausgestaltet werden.[40] Im Rahmen des Anmeldeverfahrens prüft das zuständige Ministerium die eingereichten Unterlagen anhand der in diesen Ministerialanordnungen normierten Anforderungen. Die Bestätigung (Confirmation) wird nur erteilt, wenn die vorgesehenen Arbeitsabläufe, Einschlussmaßnahmen und organisatorischen Strukturen den dort festgelegten Maßgaben vollständig entsprechen.[41]

21.1.3 Tierschutzrecht

Japan verfügt über kein eigenständiges Tierversuchsgesetz. Tierversuche werden durch das allgemeine Tierschutzgesetz (Act on Welfare and Management of Animals – AWMA) erfasst, dessen Regelungen für den Bereich der Forschung allerdings nur punktuelle Anforderungen enthalten und keine detaillierte Regulierung des wissenschaftlichen Umgangs mit Tieren vorsehen. Der japanische Gesetzgeber verfolgt stattdessen einen Ansatz, der auf die freiwillige Selbstregulierung der Forschungseinrichtungen abstellt.[42] Diese sollen auf Grundlage unverbindlicher Leitlinien eigenständig Standards zur Haltung, Pflege und Verwendung von Versuchstieren entwickeln und umsetzen, um wissenschaftlichen Fortschritt nicht durch umfassende gesetzliche Vorgaben zu beeinträchtigen.[43]

Entsprechend hatten das Umweltministerium (MOE), das Ministerium für Bildung, Kultur, Sport, Wissenschaft und Technologie (MEXT) sowie das Ministerium für Landwirtschaft, Forstwirtschaft und Fischerei (Ministry of Agriculture, Forestry and Fisheries – MAFF) zunächst entsprechende Leitlinien zur Durchführung von Tierversuchen herausgegeben.[44] Auf Initiative dieser Ministerien wurde

---

[40] Vgl. Art. 13(2)(iv)(3) Cartagena Act.

[41] Vgl. Punt/Ebata/Wesseler, AgBioForum 16 (2013), S. 140, 142 f.

[42] Ogden/Pang William/Agui u. a., Institute for Laboratory Animal Research Journal 57 (2016), S. 301, 305; Science Council of Japan, Guidelines for Proper Conduct of Animal Experiments, 2006, (https://www.scj.go.jp/ja/info/kohyo/pdf/kohyo-20-k16-2e.pdf), S. 1 (geprüft am 24.10.2025).

[43] Ogden/Pang William/Agui u. a., Institute for Laboratory Animal Research Journal 57 (2016), S. 301, 305; vgl. Art. 5 und 41(4) AWMA.

[44] Ogden/Pang William/Agui u. a., Institute for Laboratory Animal Research Journal 57 (2016), S. 301, 306.

der Japanische Wissenschaftsrat (Science Council of Japan – SCJ) um eine inhaltliche Konsolidierung und Präzisierung der bestehenden Leitlinien ersucht.[45] Der Japanische Wissenschaftsrat (SCJ) veröffentlichte daraufhin eine umfassendere und detailliertere Leitlinie[46], die in Japan als maßgeblicher Referenzstandard für die Durchführung von Tierversuchen gilt.[47]

21.1.3.1 Genehmigungsverfahren

Trotz mehrfacher gesetzlicher Reformen bleibt das japanische Tierschutzrecht stark fragmentiert und enthält keine spezifischen Vorgaben für wissenschaftliche Tierversuche, etwa hinsichtlich der Registrierung von Forschungseinrichtungen, der Durchführung staatlicher Inspektionen oder der Qualifikationsanforderungen an das Versuchspersonal.[48]

Zwar kennt das allgemeine Tierschutzgesetz (AWMA) solche Regelungen grundsätzlich. Diese beziehen sich jedoch ausschließlich auf gewerbliche Tierhalter (Animal Handling Business Operators). Als gewerblicher Tierhalter gilt allerdings nur, wer eine Registrierung eines Tierhaltungsgewerbes benötigt.[49] Eine solche Registrierungspflicht entfällt wiederum dann, wenn Tiere ausschließlich zu wissenschaftlichen Zwecken verwendet werden.[50] Deshalb sieht das allgemeine Tierschutzgesetz (AWMA) für Tierversuche keinen Genehmigungsvorbehalt für die Durchführung von Tierversuchen oder die verpflichtende Registrierung entsprechender Forschungseinrichtungen vor.

---

[45] Science Council of Japan, Guidelines for Proper Conduct of Animal Experiments, 2006, (https://www.scj.go.jp/ja/info/kohyo/pdf/kohyo-20-k16-2e.pdf), S. 1 (geprüft am 24.10.2025).

[46] Science Council of Japan, Guidelines for Proper Conduct of Animal Experiments, 2006, (https://www.scj.go.jp/ja/info/kohyo/pdf/kohyo-20-k16-2e.pdf), S. 1 (geprüft am 24.10.2025).

[47] Ogden/Pang William/Agui u. a., Institute for Laboratory Animal Research Journal 57 (2016), S. 301, 306.

[48] Ogden/Pang William/Agui u. a., Institute for Laboratory Animal Research Journal 57 (2016), S. 301, 306.

[49] Art. 12(1)(iv) AWMA:
„in the case of a person who has received the registration set forth in Article 10(1) (hereinafter referred to as an 'animal handling business operator')[…]".

[50] Art. 10(1) AWMA:
„A person who intends to engage in a business that handles animals (such animals are limited to mammals, birds, and reptiles, and exclude those pertaining to livestock agriculture and those being cared for or kept in order to be provided for use in testing and research, […] hereinafter referred to as the 'animal handling business' […] must receive registration from the prefectural governor […]".

Die Genehmigung von Versuchsvorhaben wird aber durch die ministeriellen Leitlinien empfohlen. Danach hat der Leiter der Forschungseinrichtung sämtliche Versuchsprotokolle unter Einbeziehung eines institutionellen Tierschutzkomitees (Institutional Animal Care and Use Committee) vorab zu prüfen und gegebenenfalls freizugeben.[51] Hiervon werden Wirbeltiere, Vögel und Reptilien erfasst.[52]

21.1.3.2 Genehmigungs- und Durchführungsvoraussetzungen

Das allgemeine Tierschutzgesetz (AWMA) enthält nur wenige Vorschriften, die ausdrücklich auf Tierversuche abzielen. Zentrales Element ist das im Jahr 2005 eingeführte 3R-Prinzip.[53] Es verpflichtet Forschungseinrichtungen dazu, nach Möglichkeit alternative Methoden zu prüfen, die Zahl der eingesetzten Versuchstiere zu minimieren und solche Verfahren zu wählen, die Schmerzen, Leiden oder Stress für die Tiere so weit wie möglich verringern.[54] Diese Vorgaben sind

---

[51] Science Council of Japan, Guidelines for Proper Conduct of Animal Experiments, 2006, (https://www.scj.go.jp/ja/info/kohyo/pdf/kohyo-20-k16-2e.pdf), S. 4 f. (geprüft am 24.10.2025).

[52] Ogden/Pang William/Agui u. a., Institute for Laboratory Animal Research Journal 57 (2016), S. 301, 306; Ministry of Education, Culture, Sports, Science and Technology, Notice No. 71, Fundamental Guidelines for Proper Conduct of Animal Experiment and Related Activities in Academic Research Institutions, 2006, (https://www.kyoto-u.ac.jp/sites/default/files/inline-files/0619-01-c6e3c5cbb395cec67c4c79a39545b214.pdf), S. 2 (geprüft am 24.10.2025); Science Council of Japan, Guidelines for Proper Conduct of Animal Experiments, 2006, (https://www.scj.go.jp/ja/info/kohyo/pdf/kohyo-20-k16-2e.pdf), S. 4 (geprüft am 24.10.2025).

[53] Poh/Stanslas, Regulatory Toxicology and Pharmacology 153 (2024), 105705, S. 11; Ogden/Pang William/Agui u. a., Institute for Laboratory Animal Research Journal 57 (2016), S. 301, 306.

[54] Art. 41 AWMA:
„(1) When providing animals for use in education, testing and research or the manufacture of biological preparations, or for any other scientific use, consideration is to be given to the appropriate use of such animals by such means as using alternative methods to that of the use of animals as much as possible and reducing the number of animals provided for such use as much as possible, within the extent that the purpose of the scientific use can be attained.
(2) In the case where an animal is provided for a scientific use, a method that minimizes the pain and distress to the animal as much as possible must be used, within the limit necessary for such use.
(3) In the case where an animal has fallen into a state from which recovery is unlikely after being provided for a scientific use, the person who provided the animal for such scientific use must immediately dispose of said animal by a method that minimizes pain and distress as much as possible“.

jedoch weitgehend allgemein gehalten. Ein Verstoß gegen die Norm ist nach dem allgemeinen Tierschutzgesetz (AWMA) zudem nicht straf- oder bußgeldbewehrt.

Neu hinzugekommen sind gesetzliche Mindeststandards für die Haltung bestimmter Haustierarten: Hunde und Katzen.[55] Diese gelten zweckunabhängig, also auch dann, wenn die Tiere im Rahmen wissenschaftlicher Forschung als Versuchstiere verwendet werden.[56] Damit existieren erstmals gesetzlich verankerte Vorgaben für einzelne Haltungsbedingungen von (Versuchs-)tieren im allgemeinen Tierschutzgesetz (AWMA).

Die Leitlinie des Science Council of Japan enthält Vorgaben zur Einrichtung institutioneller Tierschutzausschüsse (Institutional Animal Care and Use Committees). Zwar obliegt diesen Gremien die Prüfung einzelner Versuchsvorhaben, ihre Stellungnahmen besitzen jedoch keine bindende Wirkung. Die letztverantwortliche Entscheidung über die Durchführung eines Tierversuchs bleibt dem Leiter der jeweiligen Forschungseinrichtung vorbehalten.[57] Ebenso entscheidet der Leiter der Forschungseinrichtung frei über die Zusammensetzung der Tierschutzkommission.[58] Eine unabhängige Zusammensetzung wird insofern nicht vorausgesetzt. Mitglieder, die in ein Versuchsvorhaben involviert sind, sollten sich bei der ethischen Bewertung jedoch enthalten.[59] Auch die Anforderungen an die Haltungsbedingungen, etwa zur Größe und Ausgestaltung der Käfige, zu Temperatur und Luftfeuchtigkeit, zur Einzel- oder Gruppenhaltung, verbleiben weitgehend im Ermessen der jeweiligen Einrichtung.[60]

---

[55] Vgl. Art. 35 AWMA.

[56] Imai, Related laws and regulations related to experimental animals and animal experiments, (https://www.icrweb.jp/mod/resource/view.php?id=10856), S. 7 (geprüft am 18.05.2025).

[57] Ogden/Pang William/Agui u. a., Institute for Laboratory Animal Research Journal 57 (2016), S. 301, 306; Science Council of Japan, Guidelines for Proper Conduct of Animal Experiments, 2006, (https://www.scj.go.jp/ja/info/kohyo/pdf/kohyo-20-k16-2e.pdf), S. 4 (geprüft am 24.10.2025).

[58] Science Council of Japan, Guidelines for Proper Conduct of Animal Experiments, 2006, (https://www.scj.go.jp/ja/info/kohyo/pdf/kohyo-20-k16-2e.pdf), S. 5 (geprüft am 24.10.2025).

[59] Science Council of Japan, Guidelines for Proper Conduct of Animal Experiments, 2006, (https://www.scj.go.jp/ja/info/kohyo/pdf/kohyo-20-k16-2e.pdf), S. 5 (geprüft am 24.10.2025).

[60] Ogden/Pang William/Agui u. a., Institute for Laboratory Animal Research Journal 57 (2016), S. 301, 306; Science Council of Japan, Guidelines for Proper Conduct of Animal Experiments, 2006, (https://www.scj.go.jp/ja/info/kohyo/pdf/kohyo-20-k16-2e.pdf), S. 10 ff. (geprüft am 24.10.2025).

Die Leitlinien empfehlen zwar die Festlegung schonender Endpunkte sowie den Einsatz von Schmerzmitteln, sehen jedoch keine verpflichtende tierärztliche Betreuung vor.[61] Ein Tierarzt muss weder während der Versuchsdurchführung noch generell in der Einrichtung verfügbar sein.[62] Stattdessen beschränken sich die Leitlinien darauf, dass jede Einrichtung eine verantwortliche Person zu benennen hat, die sicherstellt, dass Tierversuche verantwortungsvoll durchgeführt werden.[63]

21.1.3.3 Tötung von Versuchstieren

Die Tötung von Tieren hat in Japan möglichst schmerzfrei zu erfolgen und Verstöße hiergegen sind strafbewehrt.[64] Das Umweltministerium (MOE) ist insoweit ermächtigt, bestimmte Tötungsmethoden verbindlich festzulegen.[65] Diese Leitlinien verlangen in der Regel die Anwendung geeigneter Analgetika oder Anästhetika.[66]

Zudem ist die Tötung oder Verletzung bestimmter Tiere ohne Grund („without reason“) strafbar. Zu den geschützten Tieren zählen insbesondere Säugetiere wie Ratten und Mäuse, sofern sie sich im Besitz von Personen befinden.[67] Der Begriff „without reason“ bleibt jedoch hinter dem deutschen Maßstab des „vernünftigen Grundes“ zurück und eröffnet aufgrund seines offenen Wortlauts einen weiten

---

[61] Vgl. Science Council of Japan, Guidelines for Proper Conduct of Animal Experiments, 2006, (https://www.scj.go.jp/ja/info/kohyo/pdf/kohyo-20-k16-2e.pdf), S. 7 ff. (geprüft am 24.10.2025).

[62] Ogden/Pang William/Agui u. a., Institute for Laboratory Animal Research Journal 57 (2016), S. 301, 306.

[63] Poh/Stanslas, Regulatory Toxicology and Pharmacology 153 (2024), 105705, S. 11.

[64] Art. 40(1) AWMA:
„In the case where an animal must be destroyed, a method that minimizes as much as possible the pain and distress to the animal must be used“.

[65] Art. 40(2) AWMA.

[66] Ministry of the Environment, Notice No. 88, Provisional translation Standards relating to the Care and Keeping and Reducing Pain of Laboratory Animal, 2006, (https://www.env.go.jp/nature/dobutsu/aigo/2_data/laws/nt_h25_84_en.pdf#:~:text=When%20destroying%20a%20Laboratory%20Animal,Laboratory%20Animal%20in%20order%20to), S. 6 (geprüft am 24.10.2025).

[67] Art. 44(4) AWMA:
„The term ‘protected animal’ as used in the preceding three paragraphs are the animals listed in the following items:
(i) cattle, horses, pigs, sheep, goats, dogs, cats, domestic rabbits, chickens, domestic pigeons, and domestic ducks.
(ii) animals in the possession of persons where such animals are categorized as mammals, birds or reptiles, in addition to those listed in the preceding item“.

Auslegungsspielraum. Insofern könnten auch reine Wirtschaftlichkeitserwägungen als tatbestandsausschließender Grund dienen. Diesen Schluss lässt zumindest die Auslegung nach der Leitlinie des Umweltministeriums (MOE) zu, welche die Tötung von Versuchstieren nach Beendigung oder Abbruch eines Versuchsvorhabens regelmäßig erwartet – und zwar unabhängig davon, ob das Tier irreversible Schäden erlitten hat.[68] In der einschlägigen Literatur finden sich keine Hinweise darauf, dass die Tötung von Versuchstieren oder untauglichen Tieren rechtlich problematisch wäre. Es ist deshalb davon auszugehen, dass solche Tötungen in Japan zulässig sind, sofern sie im Rahmen eines Versuchsvorhabens erfolgen und unter Beachtung der Leitlinien des Umweltministeriums (MOE), d. h. insbesondere unter Verwendung von Analgetika oder Anästhetika, durchgeführt werden.

21.2 Klinische Prüfung

Gemäß dem Humanarzneimittelkodex ist die Zulassung eines Arzneimittels in der Europäischen Union zwingend an den Nachweis seiner klinischen Sicherheit und Wirksamkeit gebunden.[69] Es wird jedoch keine geografische Beschränkung für den Ort der Studiendurchführung vorgesehen. Sofern der Antragsteller bestätigt, dass außerhalb der Europäischen Union durchgeführte klinische Prüfungen die ethischen Standards der Richtlinie 2001/20/EG erfüllen, sind diese vollumfänglich verwertbar.[70] Die rechtliche Brücke für diese Anerkennung bildet die Gute Klinische Praxis (GCP), die sich an internationalen Maßstäben, vor allem der ICH-GCP Guideline E6 (R3), orientiert.[71] Da das japanische GCP-Regelwerk auf

[68] Vgl. Ministry of the Environment, Notice No. 88, Provisional translation Standards relating to the Care and Keeping and Reducing Pain of Laboratory Animal, 2006, (https://www.env.go.jp/nature/dobutsu/aigo/2_data/laws/nt_h25_84_en.pdf#:~:text=When%20destroying%20a%20Laboratory%20Animal,Laboratory%20Animal%20in%20order%20to), S. 6 (geprüft am 24.10.2025).

[69] Art. 8 Abs. 3 Buchst. i) dritter Spiegelstrich 2001/83/EG.

[70] Art. 8 Abs. 3 Buchst. ib) 2001/83/EG.

[71] Art. 1 Abs. 2 und 3 RL 2001/20/EG; vgl. Art. 47 VO (EU) Nr. 536/2014; European Medicines Agency/International Council for Harmonisation of Technical Requirements for Pharmaceuticals for Human Use, ICH E6 (R3) Guideline for good clinical practice (GCP), EMA/CHMP/ICH/135/1995, 2025, (https://www.ema.europa.eu/en/documents/scientific-guideline/ich-e6-r3-guideline-good-clinical-practice-gcp-step-5_en.pdf), S. 6 (geprüft am 24.10.2025).

denselben internationalen Grundsätzen basiert wie das europäische, ist die ethische Verwertbarkeit der erhobenen Daten grundsätzlich sichergestellt.[72] Darüber hinausgehende regulatorische Unterschiede in der Durchführung klinischer Studien können deshalb erhebliche Auswirkungen auf die Standortwahl des Sponsors haben.

21.2.1 Arzneimittelrecht

Das Gesetz über regenerative Arzneimittel (RM Act) erfasst nach seinem Anwendungsbereich auch die klinische Forschung. Für klinische Studien, die der Generierung von Daten für die Marktzulassung eines Medikaments dienen, ist jedoch ausschließlich das Arzneimittel- und Medizinproduktegesetz (PMD Act) anzuwenden.[73] Darüber hinaus sind die Ministerialanordnungen des Ministeriums für Gesundheit, Arbeit und Soziales (MHLW) ergänzend heranzuziehen.[74] Einen besonderen Stellenwert hat dessen Ministerialanordnung Nr. 28/1997[75].

21.2.1.1 Genehmigungsverfahren

Im Gegensatz zu Deutschland und der Europäischen Union bedarf die Durchführung einer klinischen Prüfung nach dem Arzneimittel- und Medizinproduktegesetz (PMD Act) keiner behördlichen Genehmigung, sondern lediglich einer Anmeldung (Clinical Trial Notification – CTN) durch den Sponsor beim Ministerium für Gesundheit, Arbeit und Soziales (MHLW), die anschließend durch die Arzneimittelbehörde (PMDA) geprüft wird.[76] Nach Ablauf von 30 Tagen

---

[72] Azuma, Current Stem Cell Reports 1 (2015), S. 118, 122.

[73] Ukon/Hosoya/Morita u. a., Stem Cell Reports 19 (2024), S. 597; Maruyama/Noda/Okudaira u. a., in: Galli (Hrsg.), Regulatory Aspects of Gene Therapy and Cell Therapy Products, 2023, S. 155, 156; Yoon/Lee/Kim u. a., Frontiers in Pharmacology 15 (2024), 1486812, S. 4.

[74] Art. 80–2(1) PMD Act.

[75] Ministry of Health, Labour and Welfare, Ministerial Ordinance on Good Clinical Practice for Drugs, Ordinance of the Ministry of Health and Welfare No. 28 of March 27, 1997 (As last amended by the Ordinance of Ministry of Health, Labour and Welfare No. 84 of May 20, 2022, (https://www.pmda.go.jp/files/000152996.pdf) (geprüft am 24.10.2025);

[76] Maruyama/Noda/Okudaira u. a., in: Galli (Hrsg.), Regulatory Aspects of Gene Therapy and Cell Therapy Products, 2023, S. 155, 170; Dederer/Frenken, Studie: Genom-Editierung am Menschen. Vergleich der regulatorischen Rahmenbedingungen für CRISPR-Gen-Editierung und ihre Auswirkungen auf Forschung und Innovation, 2021, S. 27; Azuma,

darf mit der klinischen Prüfung begonnen werden, sofern die Behörde keine entgegenstehenden Anordnungen oder Auflagen erlässt.[77]

Vor Abgabe der Anmeldung (CTN) ist das Votum der Ethik-Kommissionen (IRB) aller beteiligten Prüfzentren einzuholen.[78] Eine zentralisierte Ethik-Kommission besteht in Japan nicht. Allerdings können Prüfzentren externe Ethik-Kommissionen (IRB) für die Übernahme der Zuständigkeit ersuchen, wenn besondere fachliche Expertise für die ethische Bewertung eines Versuchsvorhabens erforderlich ist.[79]

Betrifft die klinische Prüfung regenerative Arzneimittel (Regenerative Medicine Products; vgl. Tabelle 12.3), werden vor Einreichung der Anmeldung (CTN) außerdem mehrere sog. Pre-CTN-Meetings durch die Arzneimittelbehörde (PMDA) erwartet.[80] In diesen Gesprächen werden zentrale Unterlagen zu der erforderlichen Qualität sowie zu beizubringenden nicht-klinischen und klinischen Daten vorab zwischen der Behörde und dem Sponsor diskutiert.[81] Nach Einschätzung der pharmazeutischen Industrie ist der tatsächliche Aufwand zur Vorbereitung dieser Treffen erheblich.[82] Obwohl das Arzneimittel- und Medizinproduktegesetz (PMD Act) formal lediglich ein Anmeldeverfahren vorsieht, wird das Verfahren insoweit faktisch wie ein Genehmigungsverfahren behandelt. Denn ohne vorangehende Abstimmung im Rahmen der Pre-CTN-Meetings erscheint es fernliegend, dass die PMDA die gesetzliche 30-Tage-Frist ohne Anordnung oder Auflagen verstreichen lässt.

Current Stem Cell Reports 1 (2015), S. 118, 122; Nishigaki/Tateishi, Clinical Trials Handbook Asia Pacific: Japan, (https://www.bakermckenzie.com/-/media/files/insight/publications/2019/healthcare/ap/dsc125067_clinical-trials-handbook--japan.pdf?la=en), S. 3 (geprüft am 24.10.2025); Desai/Obayashi/Colandene u. a., Journal of Pharmaceutical Sciences 107 (2018), S. 1773, 1774.

[77] Art. 80–2(3) PMD Act.

[78] Art. 10(1), 30(1) Ministerialanordnung Nr. 28/1997 (MHLW); Hata/Nakamura/Yonemori u. a., Clinical and Translational Science 14 (2021), S. 1015, 1018.

[79] Art. 30(4) Ministerialanordnung Nr. 28/1997 (MHLW).

[80] Tajima/Huh/Schmidt u. a., Molecular Therapy Methods & Clinical Development 26 (2022), S. 74, 76; Azuma, Current Stem Cell Reports 1 (2015), S. 118, 122.

[81] Tajima/Huh/Schmidt u. a., Molecular Therapy Methods & Clinical Development 26 (2022), S. 74, 76; Azuma, Current Stem Cell Reports 1 (2015), S. 118, 122; Maruyama/Noda/Okudaira u. a., in: Galli (Hrsg.), Regulatory Aspects of Gene Therapy and Cell Therapy Products, 2023, S. 155, 170; Desai/Obayashi/Colandene u. a., Journal of Pharmaceutical Sciences 107 (2018), S. 1773, 1783 f.; siehe auch Hanayuki/Matsuyama, in: Dederer/Frenken (Hrsg.), Regulation of Genome Editing in Human iPS Cells, 2021, S. 223, 238 f.

[82] Tajima/Huh/Schmidt u. a., Molecular Therapy Methods & Clinical Development 26 (2022), S. 74, 76.

21.2.1.2 Genehmigungs- und Durchführungsvoraussetzungen

Das Arzneimittel- und Medizinproduktegesetz (PMD Act) regelt die Durchführung klinischer Prüfungen grundsätzlich einheitlich und unabhängig vom rechtlichen Status des jeweiligen Arzneimittels. Für regenerative Arzneimittel (Regenerative Medicine Products; vgl. Tabelle 12.3) gelten darüber hinaus besondere Anforderungen aus untergesetzlichen Ministerialanordnungen, Verwaltungsvorschriften und Leitlinien der Arzneimittelbehörde (PMDA), die überwiegend nur in japanischer Sprache verfügbar sind.[83] Für Gen- und Zelltherapeutika existieren teilweise englischsprachige Übersetzungen des Ministeriums für Gesundheit, Arbeit und Soziales (MHLW).

21.2.1.2.1 Wissenschaftliche Bewertung

Für die wissenschaftliche Bewertung einer klinischen Prüfung durch die Arzneimittelbehörde (PMDA) ist zunächst die Vorlage einer vertraglichen Vereinbarung zwischen Sponsor und prüfender Einrichtung erforderlich. Diese muss grundlegende Angaben enthalten, darunter den Namem und die Anschrift des Sponsors und gegebenenfalls des beauftragten Forschungsinstituts, die Benennung der verantwortlichen Personen einschließlich des Prüfarztes, die Laufzeit der Studie sowie Regelungen zur Handhabung des Prüfpräparats, zur Dokumentation, zu Meldepflichten, Vertraulichkeit, Kostentragung und Haftung.[84] Beizufügen sind insbesondere das Prüfprotokoll sowie die präklinischen und soweit vorhanden klinischen Daten zu Qualität, Toxizität und Pharmakologie.[85]

---

[83] Vgl. Pharmaceuticals and Medical Devices Agency, Regenerative Medical Products, (https://www.pmda.go.jp/english/review-services/reviews/0003.html) (geprüft am 24.10.2025); umfassend dazu Azuma, Current Stem Cell Reports 1 (2015), S. 118, 121 f.; Nishigaki/Tateishi, Clinical Trials Handbook Asia Pacific: Japan, (https://www.bakermckenzie.com/-/media/files/insight/publications/2019/healthcare/ap/dsc125067_clinical-trials-handbook--japan.pdf?la=en), S. 1 (geprüft am 24.10.2025); Maruyama/Noda/Okudaira u. a., in: Galli (Hrsg.), Regulatory Aspects of Gene Therapy and Cell Therapy Products, 2023, S. 155, 172 ff.

[84] Nishigaki/Tateishi, Clinical Trials Handbook Asia Pacific: Japan, (https://www.bakermckenzie.com/-/media/files/insight/publications/2019/healthcare/ap/dsc125067_clinical-trials-handbook--japan.pdf?la=en), S. 3 (geprüft am 24.10.2025).

[85] Art. 5, 7 und 8(1) Ministerialanordnung Nr. 28/1997 (MHLW); Desai/Obayashi/Colandene u. a., Journal of Pharmaceutical Sciences 107 (2018), S. 1773, 1774; Hanayuki/Matsuyama, in: Dederer/Frenken (Hrsg.), Regulation of Genome Editing in Human iPS Cells, 2021, S. 223, 259 ff.

Für regenerative Arzneimittel (Regenerative Medicine Products) werden typischerweise Toxizitätsstudien aus zwei unterschiedlichen Tierarten gefordert.[86] Ergänzend sind Untersuchungen zur Tumor- und Kanzerogenität vorzulegen.[87] Für Zelltherapeutika ist zudem von Bedeutung, dass First-in-Human-Studien regelmäßig ausschließlich an erkrankten Patienten durchgeführt werden dürfen, da das Risiko für gesunde Probanden als unvertretbar hoch gilt.[88]

21.2.1.2.2 Ethische Bewertung

Gegenstand der ethischen Bewertung sind insbesondere das Prüfprotokoll, die Prüferinformation mit den wissenschaftlichen Erkenntnissen zu den eingesetzten Arzneimitteln (ausgenommen das Prüfpräparat), die schriftliche Patienteninformation, eine Liste der Prüfer und Subprüfer, Angaben zu den Kosten der klinischen Prüfung sowie zur vorgesehenen Entschädigung der Probanden im Falle studienbedingter Schäden, Unterlagen zu Rekrutierungsverfahren, Lebensläufe der beteiligten Prüfer sowie weitere von der Kommission geforderte Dokumente.[89]

Die dezentrale Zuständigkeitsverteilung der Ethik-Kommissionen (IRB) wird in der Praxis teilweise kritisch beurteilt. Insbesondere hinsichtlich der Anforderungen an die Aufklärung und Einwilligung der Probanden (Informed Consent) bei innovativen Gentherapeutika wurde in den Experteninterviews von Vollzugsunterschieden berichtet, da es an einem einheitlichen Bewertungsmaßstab fehlt.

---

[86] Ministry of Health, Labour and Welfare, Technical Guidance for Quality, Nonclinical Safety Studies and Clinical Studies of Regenerative Medical Products (Human Cell-Processed Products), 2016, (https://www.pmda.go.jp/files/000273883.pdf), S. 12 (geprüft am 24.10.2025); Ministry of Health, Labour and Welfare, Ensuring the Quality and Safety of Gene Therapy Products, PSEHB/MDED Notification No.0709–2, 2019, (https://www.pmda.go.jp/files/000235607.pdf), S. 29 f. (geprüft am 24.10.2025); siehe auch Hanayuki/Matsuyama, in: Dederer/Frenken (Hrsg.), Regulation of Genome Editing in Human iPS Cells, 2021, S. 223, 255.

[87] Ministry of Health, Labour and Welfare, Technical Guidance for Quality, Nonclinical Safety Studies and Clinical Studies of Regenerative Medical Products (Human Cell-Processed Products), 2016, (https://www.pmda.go.jp/files/000273883.pdf), S. 13 (geprüft am 24.10.2025); Ministry of Health, Labour and Welfare, Ensuring the Quality and Safety of Gene Therapy Products, PSEHB/MDED Notification No.0709–2, 2019, (https://www.pmda.go.jp/files/000235607.pdf), S. 32 (geprüft am 24.10.2025).

[88] Ministry of Health, Labour and Welfare, Technical Guidance for Quality, Nonclinical Safety Studies and Clinical Studies of Regenerative Medical Products (Human Cell-Processed Products), 2016, (https://www.pmda.go.jp/files/000273883.pdf), S. 16 (geprüft am 24.10.2025).

[89] Art. 32(1) Ministerialanordnung Nr. 28/1997 (MHLW).

Nach den Aussagen der Interviewpartner wird daher gegenwärtig über eine stärkere Zentralisierung der ethischen Bewertung klinischer Prüfungen diskutiert, es existiert aber bisher kein formales Gesetzgebungsverfahren. Als Übergangslösung wurden deshalb Mustervorlagen für Aufklärungsbögen und Einwilligungserklärungen bereitgestellt, die jedoch nicht verbindlich sind und daher nur begrenzt zu einer Harmonisierung des Vollzugs beitragen.

21.2.1.3 Herstellung und Gute Herstellungspraxis (GMP)

Bei der Anmeldung (CTN) einer klinischen Prüfung müssen Angaben zur Qualität des Prüfpräparats gemacht werden.[90] Zudem bedarf jede Person, die Arzneimittel in Japan herstellen möchte, einer Herstellungserlaubnis.[91]

21.2.1.3.1 Allgemeine Herstellungsvorschriften

Die Herstellungserlaubnis wird nach einer Inspektion durch das Office of Manufacturing Quality for Drugs der Arzneimittelbehörde (PMDA) erteilt, sofern die Voraussetzungen der einschlägigen Ministerialordnungen des MHLW erfüllt sind.[92] Die Erlaubnis ist zu versagen, wenn Struktur oder Ausstattung der Produktionsstätte nicht den durch die Ministerialordnungen konkretisierten Voraussetzungen an die Herstellung entsprechen.[93] Ergänzend gilt ein allgemeines Herstellungs-, Abgabe- und Verkaufsverbot für Arzneimittel und regenerative Arzneimittel (Regenerative Medicine Products), die nicht den Standards der Ministerialordnungen oder den Monographien des japanischen Arzneibuchs entsprechen.[94] Die Herstellung von Prüfpräparaten unterliegt damit grundsätzlich dem Erfordernis der Guten Herstellungspraxis (GMP).[95]

[90] Art. 8(1) Ministerialanordnung Nr. 28/1997 (MHLW).

[91] Art. 13(1), 23–22(1), 23–22(2) PMD Act.

[92] Art. 13(2)(5) i. V. mit Art. 13–2(1) PMD Act; Shin/Kim, Regenerative Medicine 17 (2022), S. 283, 291; Desai/Obayashi/Colandene u. a., Journal of Pharmaceutical Sciences 107 (2018), S. 1773, 1781.

[93] Art. 13(4)(i) PMD Act.

[94] Art. 56(i)(v), 65–6(i)(iii) i. V. mit Art. 41(3), 42(1) PMD Act.

[95] Vgl. Nakai/Nagai/Yamamoto, Journal of Pharmaceutical Innovation 4 (2009), S. 198, 199; schon bevor GMP-Leitlinien existierten wurde die Einhaltung der Guten Herstellungspraxis am aktuellen technischen Standard von den japanischen Behörden für die Herstellung und Verwendung von Prüfpräparaten erwartet, siehe Kawamura, Drug Information Journal 28 (1994), S. 997, 998.

21.2.1.3.2 Produktspezifische Ministerialanordnungen und Leitlinien

Zentrale Grundlage hierfür ist die Ministerialanordnung Nr. 179/2004[96] über die Gute Herstellungspraxis, die weitgehend mit den ICH-Leitlinien harmonisiert wurde.[97] Sie enthält produktneutrale Anforderungen an Räumlichkeiten, Personal, Prozesse und deren Validierung.[98] Für die praktische Umsetzung sind daher produktspezifische Leitlinien des Ministeriums für Gesundheit, Arbeit und Soziales (MHLW) und der Arzneimittelbehörde (PMDA) heranzuziehen, die allerdings überwiegend nur in japanischer Sprache verfügbar sind. Für Gen- und Zelltherapeutika gilt darüber hinaus die Ministerialanordnung Nr. 93/2014 über die Good Gene, Cell & Tissue Practice, die eigenständige Anforderungen an die Herstellung entsprechender Produkte formuliert.[99] Eine englische Fassung existiert bisher nicht.

21.2.1.3.3 Ministerialanordnung zur Guten Klinischen Praxis (GCP)

Die Ministerialanordnung zur Guten Klinischen Praxis (GCP) verpflichtet den Sponsor lediglich, sicherzustellen, dass die Prüfzentren mit Prüfpräparaten versorgt werden, die in „geeigneten" Einrichtungen hergestellt und durch „angemessene" Qualitätskontrollsysteme abgesichert sind.[100] Der Wortlaut deutet damit an, dass für Prüfpräparate ein geringerer Herstellungsstandard gelten kann als für zugelassene Arzneimittel. Dies korrespondiert mit übereinstimmenden Angaben aus den Experteninterviews, wonach bei der Herstellung von Prüfpräparaten in Japan nicht der volle Umfang der GMP-Anforderungen der Ministerialanordnung Nr. 179/2004 zur Anwendung gelangt. Vielmehr wird ein „GMP-like"-Standard zugrunde gelegt, der weniger strikt ausgestaltet ist und dem jeweiligen Entwicklungsstand der klinischen Prüfung angepasst wird. Weil die Ministerialanordnung

---

[96] Ministry of Health, Labour and Welfare, Ministerial Order on the Standard of Manufacturing Control and Quality Control for Pharmaceuticals and Quasi-Pharmaceuticals, Order of the Ministry of Health, Labour and Welfare No. 179 of December 24, 2004 (As last amended by Order of the Ministry of Health, Labour and Welfare No. 90 of April 28, 2021), (https://www.pmda.go.jp/files/000269146.pdf) (geprüft am 24.10.2025).

[97] Takamura/Tachibana/Kusakabe u. a., Pharmaceutical Research 37 (2020), 122; Kudo, GMP system of Japan, 2016, (https://www.mhlw.go.jp/file/04-Houdouhappyou-11123000-Iyakushokuhinkyoku-Shinsakanrika/gmp.pdf), S. 3 (geprüft am 24.10.2025).

[98] Vgl. Art. 8–11, 13 Ministerialanordnung Nr. 179/2004 (MHLW).

[99] Vgl. Pharmaceuticals and Medical Devices Agency, Regenerative Medical Products, (https://www.pmda.go.jp/english/review-services/reviews/0003.html) (geprüft am 24.10.2025); Takamura/Tachibana/Kusakabe u. a., Pharmaceutical Research 37 (2020), 122.

[100] Art. 17(1) Ministerialanordnung Nr. 28/1997 (MHLW).

über die Gute Klinische Praxis (GCP) jedoch keine weiteren Regelungen zur Herstellung enthält, ist der Maßstab an der Ministerialanordnung Nr. 179/2004 über die Gute Herstellungspraxis (GMP) auszurichten.

21.2.1.3.4 Spezifikationen, Stabilität und Freigabe

Für sämtliche Ausgangsmaterialien und Endprodukte sind verbindliche Spezifikationen festzulegen, deren Einhaltung durch geeignete Kontrollverfahren nachzuweisen ist.[101] Für Prüfpräparate gelten diese Vorgaben in abgeschwächter Form. Aus einer Verwaltungsvorschrift des Ministeriums für Gesundheit, Arbeit und Soziales (MHLW) ergibt sich beispielsweise, dass insbesondere bei Gentherapeutika in frühen Phasen der klinischen Entwicklung weniger enge Spezifikationen akzeptiert werden, die im weiteren Verlauf der klinischen Entwicklung schrittweise zu präzisieren sind.[102]

Darüber hinaus ist ein kontinuierliches Stabilitätsmonitoring während der gesamten Wirkstoff- und Arzneimittelherstellung erforderlich. Dieses beruht auf gezielten Probeentnahmen und dient der Sicherstellung von Haltbarkeit und Eignung der Präparate über den vorgesehenen Anwendungszeitraum hinweg.[103]

Der Hersteller hat ferner eine Qualitätsabteilung (Quality Assurance Section) einzurichten, die mit entsprechend qualifiziertem Personal ausgestattet ist und für die Freigabe zuständig ist. Diese überwacht auf Grundlage zuvor festgelegter Standardarbeitsanweisungen (SOP) die Qualität und Herstellung jeder einzelnen Charge. Eine Freigabe durch die Qualitätsabteilung darf nur erfolgen, wenn die hergestellte Charge den hierfür definierten Spezifikationen entspricht.[104] Bei bestimmten Produkten, etwa Zelltherapeutika, wird die Endfreigabe durch zusätzliche Inprozesskontrollen und die Überwachung spezifischer Prozessparameter ergänzt, weil die Qualität des Endprodukts in erheblichem Maße vom kontrollierten Verlauf des Herstellungsprozesses abhängt.[105]

---

[101] Art. 7, 11–4(1) Ministerialanordnung Nr. 179/2004 (MHLW).

[102] Ministry of Health, Labour and Welfare, Ensuring the Quality and Safety of Gene Therapy Products, PSEHB/MDED Notification No.0709–2, 2019, (https://www.pmda.go.jp/files/000235607.pdf), S. 21 (geprüft am 24.10.2025).

[103] Art. 11–2(1), 21–2(1) Ministerialanordnung Nr. 179/2004 (MHLW).

[104] Art. 11(1)(viii), 12(4) Ministerialanordnung Nr. 179/2004 (MHLW).

[105] Ministry of Health, Labour and Welfare, Technical Guidance for Quality, Nonclinical Safety Studies and Clinical Studies of Regenerative Medical Products (Human Cell-Processed Products), 2016, (https://www.pmda.go.jp/files/000273883.pdf), S. 3 (geprüft am 24.10.2025); siehe auch Hanayuki/Matsuyama, in: Dederer/Frenken (Hrsg.), Regulation of Genome Editing in Human iPS Cells, 2021, S. 223, 237.

21.2.1.3.5 Sterile Arzneimittel

Die Herstellung steriler Arzneimittel hat in Japan in gesonderten Arbeitsräumen unter kontrollierten Bedingungen zu erfolgen.[106] Dies umfasst zum einen die Sicherstellung der Sterilität der eingesetzten Ausgangsmaterialien sowie die Implementierung spezifischer Standardarbeitsanweisungen (SOP) für die jeweiligen Herstellungsprozesse.[107] Zum anderen ist für die Arbeitsräume ein angemessenes Reinraumkonzept vorzusehen.[108] Die Arzneimittelbehörde (PMDA) hat hierzu eine Leitlinie veröffentlicht, welche die allgemeinen Anforderungen an die aseptische und sterile Produktion konkretisiert.[109]

Für die sog. kritische Zone (Grade A), also jene Bereiche, in denen sterilisiertes Produkt oder sterilisiertes Material unmittelbar der Umgebung ausgesetzt ist, dürfen im Ruhezustand maximal 20 Partikel $\geq$ 5,0 µm sowie 3.520 Partikel $\geq$ 0,5 µm pro m^3 Luft vorhanden sein.[110] Für Reinräume der Klasse B gelten Grenzwerte von 29 Partikeln $\geq$ 5,0 µm bzw. 3.520 Partikeln $\geq$ 0,5 µm pro m^3.[111] In Klasse C liegt die zulässige Partikelbelastung bei 2.900 Partikeln $\geq$ 5,0 µm bzw. 352.000 Partikeln $\geq$ 0,5 µm pro m^3 und für Klasse D gelten Grenzwerte von 29.000 Partikeln $\geq$ 5,0 µm bzw. 3.520.000 Partikeln $\geq$ 0,5 µm pro m^3.[112]

Im Vergleich hierzu fallen die unionsrechtlichen Vorgaben für sterile Arzneimittel erheblich strenger aus. Für Partikel mit einem Durchmesser $\geq$ 5,0 µm sieht der EU-GMP-Leitfaden überhaupt keine Toleranzwerte vor, während die japanische Leitlinie diese zulässt (vgl. Tabelle 15.1 und Tabelle 15.2). Für kritische Bereiche (Grade A) gilt jedoch auch in Japan eine faktische Nulltoleranz

---

[106] Art. 23(1)(i) Ministerialanordnung Nr. 179/2004 (MHLW).

[107] Art. 24(ii)(iv) Ministerialanordnung Nr. 179/2004 (MHLW).

[108] Art. 24(i), 26(b)(1) Ministerialanordnung Nr. 179/2004 (MHLW).

[109] Muroi/Sasaki, Guidance on the Manufacture of Sterile Pharmaceutical Products by Aseptic Processing, (https://www.pmda.go.jp/files/000153543.pdf) (geprüft am 24.10.2025).

[110] Muroi/Sasaki, Guidance on the Manufacture of Sterile Pharmaceutical Products by Aseptic Processing, (https://www.pmda.go.jp/files/000153543.pdf), S. 17 f. (geprüft am 24.10.2025).

[111] Muroi/Sasaki, Guidance on the Manufacture of Sterile Pharmaceutical Products by Aseptic Processing, (https://www.pmda.go.jp/files/000153543.pdf), S. 17 (geprüft am 24.10.2025).

[112] Muroi/Sasaki, Guidance on the Manufacture of Sterile Pharmaceutical Products by Aseptic Processing, (https://www.pmda.go.jp/files/000153543.pdf), S. 17 (geprüft am 24.10.2025).

der vorhandenen Mikroorganismen in der Luft (< 1 KBE/m3).[113] In dieser Hinsicht bestehen wiederum äquivalente Reinraumerfordernisse zwischen den beiden Rechtsordnungen. Entsprechend kommt es auch bei den japanischen Grundsätzen der Guten Herstellungspraxis (GMP) zu nuancierten Abweichungen, von denen aber nicht ausgeschlossen werden kann, dass sie eine hohe Steuerungswirkung auf die entsprechenden Akteure haben könnten. Denn obwohl Japan ebenso wie die EU und Deutschland an der internationalen Harmonisierung der GMP-Standards beteiligt ist,[114] führt die unterschiedliche Vollzugspraxis zu spürbaren Abweichungen in der Praxis.[115]

21.2.1.3.6 Biologische Arzneimittel

Für biologische Arzneimittel gilt ein striktes Trennungsgebot bei der Verarbeitung unterschiedlicher Substanzen, das sowohl räumlich als auch hinsichtlich des eingesetzten Equipments gilt.[116] Ferner müssen bestimmte Herstellungsschritte, insbesondere die Überführung von Mikroorganismen in Zellkulturen, das Sammeln, die Inaktivierung und Sterilisierung von Mikroorganismen sowie das Abfüllen, Verschließen und Verdünnen, grundsätzlich unter aseptischen Bedingungen und in hierfür vorgesehenen Reinräumen erfolgen (vgl. Abschnitt 21.2.1.3.5).[117] Entsprechend bestehen spezifische Anforderungen an die Qualifikation des eingesetzten Personals und an die technische Ausstattung.[118] Werden Wirkstoffe aus Zellkulturen gewonnen, ist zwingend ein System aus Master- und Arbeitszellbänken einzurichten und zu verwenden.[119]

---

[113] Muroi/Sasaki, Guidance on the Manufacture of Sterile Pharmaceutical Products by Aseptic Processing, (https://www.pmda.go.jp/files/000153543.pdf), S. 36 (geprüft am 24.10.2025).

[114] Shin/Kim, Regenerative Medicine 17 (2022), S. 283, 293.

[115] Näher Desai/Obayashi/Colandene u. a., Journal of Pharmaceutical Sciences 107 (2018), S. 1773, 1780.

[116] Art. 26(i)(a) Ministerialanordnung Nr. 179/2004 (MHLW).

[117] Art. 26(b)(1) Ministerialanordnung Nr. 179/2004 (MHLW).

[118] Art. 27–30 Ministerialanordnung Nr. 179/2004 (MHLW).

[119] Ministry of Health, Labour and Welfare, Ensuring the Quality and Safety of Gene Therapy Products, PSEHB/MDED Notification No.0709–2, 2019, (https://www.pmda.go.jp/files/000235607.pdf), S. 13 (geprüft am 24.10.2025).

21.2.2 Gentechnikrecht

Die klinische Prüfung von Arzneimitteln, die lebende veränderte Organismen (LMO) enthalten oder aus solchen bestehen, wird im japanischen Recht als Freisetzung in die Umwelt und damit als sog. Type-I-Use im Sinne des Cartagena Act eingestuft.[120] Die Freisetzung nach dem Type I-Use unterliegt einem behördlichen Genehmigungsvorbehalt.[121] Eine Ausnahme besteht lediglich dann, wenn der betreffende Organismus keine schädlichen Eigenschaften aufweist und durch Erklärung des jeweils zuständigen Ministers als „specified living modified organism“ eingestuft wurde oder wenn ein abstrakt-genereller Ausschluss durch eine Ministerialanordnung besteht.[122] Für klinische Prüfungen mit Arzneimitteln, die veränderte lebende Organismen (LMO) enthalten oder aus diesen bestehen, ist diese Ausnahme grundsätzlich nicht anwendbar.[123]

21.2.2.1 Genehmigungsverfahren

Der Antrag für das Vorhaben ist beim Ministerium für Gesundheit, Arbeit und Soziales (MHLW) zu stellen und wird durch dieses genehmigt.[124] Die Genehmigung eines Type-I-Use im Rahmen einer klinischen Prüfung erfolgt getrennt von dem arzneimittelrechtlichen Anmeldeverfahren. Sowohl das Ministerium für Gesundheit, Arbeit und Soziales (MHLW) als auch das Umweltministerium (MOE) prüfen in diesem Fall nämlich gemeinsam die potenziellen Umweltauswirkungen der beabsichtigten Freisetzung.[125]

---

[120] Sakurai/Kanzaki/Honda, Clinical Pharmacology and Therapeutics 113 (2023), S. 960; Tajima/Huh/Schmidt u. a., Molecular Therapy Methods & Clinical Development 26 (2022), S. 74, 76.

[121] Art. 4(1) Cartagena Act.

[122] Art. 4(1) Cartagena Act.

[123] Das Genehmigungserfordernis entfällt ausschließlich, soweit für den verwendeten lebenden veränderten Organismus (LMO) bereits im Rahmen einer vorherigen klinischen Prüfung eine Type-I-Use-Genehmigung erteilt wurde, vgl. Tajima/Huh/Schmidt u. a., Molecular Therapy Methods & Clinical Development 26 (2022), S. 74, 76.

[124] Kanzaki, Current status of GMO regulation in Japan, 2022, (https://www.casss.org/docs/default-source/cmc-strategy-forum-japan/2022-speaker-presentations/kanzaki-seiichi-pmda-2022.pdf?sfvrsn=b90731ea_6), S. 8 (geprüft am 24.10.2025).

[125] Tajima/Huh/Schmidt u. a., Molecular Therapy Methods & Clinical Development 26 (2022), S. 74, 75; Bachtarzi/Farries, Human Gene Therapy Clinical Development 30 (2019), S. 114, 127.

Während die arzneimittelrechtliche Anmeldung (CTN) der klinischen Prüfung nach dem Arzneimittel- und Medizinproduktegesetz (PMD Act) einer gesetzlichen Prüfungsfrist von 30 Tagen unterliegt, nimmt das koordinierte Genehmigungsverfahren für einen Type-I-Use durch die beiden Ministerien erheblich mehr Zeit in Anspruch. Als Reaktion wurde 2019 ein besonderes Beratungsverfahren (Official Consultation) für die Type-I-Genehmigung bei klinischen Prüfungen eingeführt, das durch die japanische Arzneimittelbehörde (PMDA) durchgeführt wird.[126] Darüber hinaus wurden mehrere Leitlinien für spezifische virale Vektoren veröffentlicht, um die umweltrechtlichen Anforderungen nach dem Cartagena Act für Gen- und Zelltherapeutika zu präzisieren.[127] Seit 2021 konnte die Gesamtdauer des Verfahrens hierdurch auf mittlerweile unter drei Monate reduziert werden.[128] Dabei muss jedoch berücksichtigt werden, dass die vorgezogenen behördlichen Beratungen einen zusätzlichen zeitlichen Vorlauf von etwa drei Monaten bedürfen.[129] Entsprechend kann es trotz Reformbemühungen weiterhin bis zu einem Jahr dauern, bis klinische Prüfungen in Japan durchgeführt werden können.[130]

21.2.2.2 Genehmigungsvoraussetzungen

Zentraler Bestandteil des Genehmigungsverfahrens für einen Type-I-Use ist die Vorlage eines „Biodiversity Impact Assessment Report“. Dieser Bericht stellt die Umweltverträglichkeitsprüfung im Sinne des Cartagena Act dar.

Der Bericht hat zunächst umfassende allgemeine Angaben zum verwendeten lebenden veränderten Organismus zu enthalten, einschließlich Beschreibung des Organismus, der eingesetzten Transgene, der Herstellungsverfahren sowie des

[126] Maruyama/Noda/Okudaira u. a., in: Galli (Hrsg.), Regulatory Aspects of Gene Therapy and Cell Therapy Products, 2023, S. 155, 175; Sakurai/Kanzaki/Honda, Clinical Pharmacology and Therapeutics 113 (2023), S. 960, 961 f.

[127] Maruyama/Noda/Okudaira u. a., in: Galli (Hrsg.), Regulatory Aspects of Gene Therapy and Cell Therapy Products, 2023, S. 155, 175; Sakurai/Kanzaki/Honda, Clinical Pharmacology and Therapeutics 113 (2023), S. 960, 961 f.

[128] Vgl. Maruyama/Noda/Okudaira u. a., in: Galli (Hrsg.), Regulatory Aspects of Gene Therapy and Cell Therapy Products, 2023, S. 155, 175; Sakurai/Kanzaki/Honda, Clinical Pharmacology and Therapeutics 113 (2023), S. 960, 961.

[129] Vgl. Maruyama/Noda/Okudaira u. a., in: Galli (Hrsg.), Regulatory Aspects of Gene Therapy and Cell Therapy Products, 2023, S. 155, 175; Sakurai/Kanzaki/Honda, Clinical Pharmacology and Therapeutics 113 (2023), S. 960, 961.

[130] Tajima/Huh/Schmidt u. a., Molecular Therapy Methods & Clinical Development 26 (2022), S. 74, 80.

angewendeten Qualitäts- und Kontrollsystems.[131] Darüber hinaus sind alle relevanten präklinischen und klinischen Daten beizubringen, die für die Bewertung des Risikoprofils des Organismus erforderlich sind.[132] Kernstück des Biodiversity Impact Assessment ist eine detaillierte Risikobewertung möglicher nachteiliger Auswirkungen auf die biologische Vielfalt. Dies umfasst insbesondere mögliche Auswirkungen auf andere Mikroorganismen, die Pathogenität des verwendeten Organismus, die Möglichkeit der Produktion toxischer Substanzen sowie die Wahrscheinlichkeit eines horizontalen Gentransfers.[133] Bei der Verwendung viraler Vektoren legt die Behörde zudem besonderen Wert auf sog. Shedding-Studien, mit denen potenzielle Freisetzungen infektiöser Partikel in die Umwelt untersucht werden.[134]

21.3 Marktzulassung

Der gewerbliche Verkauf von Arzneimitteln sowie von regenerativen Arzneimitteln (Regenerative Medicine Products) ist in Japan ohne eine vorherige Marktzulassung durch das Ministerium für Gesundheit, Arbeit und Soziales (MHLW) untersagt.[135]

[131] Tajima, Differences in regulations on gene modified organisms between Japan, Europe, and the United States, 2022, (https://www.casss.org/docs/default-source/cmc-strategy-forum-japan/2022-speaker-presentations/tajami-gentaro-pfizer-r-d-japan-g.k.-2022.pdf?sfvrsn=8aed487_10), S. 10 (geprüft am 24.10.2025).

[132] Tajima, Differences in regulations on gene modified organisms between Japan, Europe, and the United States, 2022, (https://www.casss.org/docs/default-source/cmc-strategy-forum-japan/2022-speaker-presentations/tajami-gentaro-pfizer-r-d-japan-g.k.-2022.pdf?sfvrsn=8aed487_10), S. 10 (geprüft am 24.10.2025).

[133] Tajima, Differences in regulations on gene modified organisms between Japan, Europe, and the United States, 2022, (https://www.casss.org/docs/default-source/cmc-strategy-forum-japan/2022-speaker-presentations/tajami-gentaro-pfizer-r-d-japan-g.k.-2022.pdf?sfvrsn=8aed487_10), S. 10 (geprüft am 24.10.2025).

[134] Tajima, Differences in regulations on gene modified organisms between Japan, Europe, and the United States, 2022, (https://www.casss.org/docs/default-source/cmc-strategy-forum-japan/2022-speaker-presentations/tajami-gentaro-pfizer-r-d-japan-g.k.-2022.pdf?sfvrsn=8aed487_10), S. 11 (geprüft am 24.10.2025).

[135] Art. 12(1), 23–25(1) PMD Act.

21.3.1 Arzneimittelrecht

Der Antrag auf Marktzulassung ist bei der Arzneimittelbehörde (PMDA) einzureichen, während die abschließende Entscheidung durch das japanische Ministerium für Gesundheit, Arbeit und Soziales (MHLW) ergeht.[136] Das arzneimittelrechtliche Zulassungsverfahren erstreckt sich in der Praxis regelmäßig über einen Zeitraum von etwa zwölf Monaten.[137] Eine gesetzlich normierte Entscheidungsfrist sieht der PMD Act nicht vor.

Gegenstand der behördlichen Bewertung sind Qualität, Sicherheit und Wirksamkeit des jeweiligen Arzneimittels, dessen Eigenschaft anhand der einschlägigen Ministerialanordnungen des Ministeriums für Gesundheit, Arbeit und Soziales (MHLW) produktspezifisch überprüft werden.[138] Ergänzend können die Leitlinien der Arzneimittelbehörde (PMDA) herangezogen werden, die insbesondere im Hinblick auf Art, Umfang und Tiefe der einzureichenden Daten Orientierungsfunktion besitzen.[139]

Neben der Marktzulassung ist für die Herstellung des Arzneimittels eine gesonderte Herstellungserlaubnis erforderlich, deren Erteilung den Nachweis der Herstellung nach den Grundsätzen der Guten Herstellungspraxis (GMP) voraussetzt (vgl. Abschnitt 21.2.1.3).[140]

21.3.1.1 Bedingte Zulassung (Conditional Time-Limited Approval)

Für regenerative Arzneimittel (Regenerative Medicine Products) besteht in Japan die Möglichkeit einer befristeten bedingten Zulassung (Conditional Time-Limited Approval), die bereits vor Vorlage von Daten aus klinischen Phase-III-Studien erteilt werden kann.[141] Voraussetzung hierfür ist ausschließlich, dass auf Grundlage der vorliegenden Daten eine Wirksamkeit prognostiziert werden kann, das

---

[136] Nagai/Ozawa, Current Gene Therapy 17 (2017), S. 17, 19.

[137] Carolina/Antònia/Mercè u. a., Expert Opinion on Biological Therapy 22 (2022), S. 831, 833; Azuma, Current Stem Cell Reports 1 (2015), S. 118, 122.

[138] Art. 12–2(i)(ii), 23–25(2)(iii)(v) PMD Act.

[139] Azuma, Current Stem Cell Reports 1 (2015), S. 118, 122.

[140] Art. 13(1), 23–22(1), 23–22(2) PMD Act; Azuma, Current Stem Cell Reports 1 (2015), S. 118, 123.

[141] Art. 23–26 PMD Act; Nagai/Ozawa, Current Gene Therapy 17 (2017), S. 17, 20; Noda/Kobayashi/Okura u. a., Cytotherapy 27 (2025), S. 700, 707; Hanayuki/Matsuyama, in: Dederer/Frenken (Hrsg.), Regulation of Genome Editing in Human iPS Cells, 2021, S. 223, 236.

Produkt variable Eigenschaften aufweist und eine vorläufige positive Nutzen-Risiko-Abwägung vorliegt.[142]

Als Datengrundlage können Ergebnisse aus frühen klinischen Studien, einschließlich Phase-I-Studien mit geringer Probandenzahl, und Surrogatendpunkte herangezogen werden.[143] Die fehlenden Wirksamkeits- und Sicherheitsdaten sind nach Erteilung der bedingten Zulassung in der Marktphase zu generieren. Innerhalb von sieben Jahren nach Erstzulassung ist eine umfassende Nachuntersuchung durchzuführen, die in eine endgültige Zulassung überführt oder zur Beendigung der bedingten Zulassung führt.[144]

21.3.1.2 Priority Review

Das Priority Review ermöglicht eine Verkürzung der Verfahrensdauer von üblicherweise zwölf auf neun Monate. Voraussetzung hierfür ist, dass das Arzneimittel zur Behandlung einer schwerwiegenden Erkrankung bestimmt ist oder als Arzneimittel für seltene Leiden (Orphan Drug) ausgewiesen ist und entweder für die betreffende Indikation bislang keine zugelassene Therapie existiert oder auf Grundlage klinischer Daten ein wesentlicher Vorteil gegenüber einer bestehenden Behandlung zu erwarten ist.[145] Für Gen- und Zelltherapeutika lagen diese Voraussetzungen in der Vergangenheit regelmäßig vor, sodass entsprechende Zulassungsanträge bislang regelmäßig im verkürzten Prüfverfahren innerhalb von neun Monaten abgeschlossen wurden.[146]

21.3.1.3 Sakigake Designation

Mit der Sakigake Designation (japanisch für „Vorreiter") existiert seit 2015 ein besonderer rechtlicher Status, der ausschließlich für regenerative Arzneimittel

[142] 23–26(1)(i)-(iii) PMD Act.

[143] Nagai/Ozawa, Current Gene Therapy 17 (2017), S. 17, 20; Carolina/Antònia/Mercè u. a., Expert Opinion on Biological Therapy 22 (2022), S. 831, 833; Azuma, Current Stem Cell Reports 1 (2015), S. 118, 122.

[144] Halioua-Haubold/Peyer/Smith u. a., The Yale Journal of Biology and Medicine 90 (2017), S. 683, 691; Noda/Kobayashi/Okura u. a., Cytotherapy 27 (2025), S. 700, 701; Hanayuki/Matsuyama, in: Dederer/Frenken (Hrsg.), Regulation of Genome Editing in Human iPS Cells, 2021, S. 223, 237.

[145] Carolina/Antònia/Mercè u. a., Expert Opinion on Biological Therapy 22 (2022), S. 831, 833; Azuma, Current Stem Cell Reports 1 (2015), S. 118, 123.

[146] Nagai/Ozawa, Current Gene Therapy 17 (2017), S. 17, 19; Carolina/Antònia/Mercè u. a., Expert Opinion on Biological Therapy 22 (2022), S. 831, 833.

(Regenerative Medicine Products) vorgesehen ist.[147] Anträge können für Präparate gestellt werden, die zur Behandlung einer schwerwiegenden Erkrankung bestimmt sind, für die eine besonders hohe Wirksamkeit zu erwarten ist, die in Japan entwickelt wurden und für die der Sponsor beabsichtigt, dort weltweit zuerst eine Marktzulassung zu beantragen.[148]

Die Zuerkennung der Sakigake Designation ist mit mehreren Privilegierungen verbunden. Die Arzneimittelbehörde (PMDA) gewährt prioritäre wissenschaftliche Beratung während der klinischen Entwicklung sowie vor der Einreichung des Zulassungsantrags und stellt einen persönlichen Ansprechpartner (sog. „Sakigake concierge") zur Verfügung, der den Sponsor während des gesamten Verfahrens begleitet.[149] Hierdurch verkürzt sich die Dauer des Zulassungsverfahrens auf regelmäßig sechs Monate.[150]

21.3.1.4 Besonderheiten bei Arzneimitteln für seltene Leiden (Orphan Drugs)

Neben den verfahrensrechtlichen Privilegierungen, die für Arzneimittel für seltene Leiden (Orphan Drugs) im Rahmen des Priority Review in Anspruch genommen werden können, bestehen darüber hinaus spezifische finanzielle Fördermechanismen zur Unterstützung der Entwicklung solcher Arzneimittel. Zum einen können 12 % der im Zuge der Produktentwicklung angefallenen Studienkosten steuerlich geltend gemacht werden und zum anderen stehen staatliche Fördermittel zur Verfügung, die aus einem eigens eingerichteten Fonds bereitgestellt werden und gezielt die Entwicklung von Arzneimittelinnovationen für seltene Erkrankungen unterstützen sollen.[151]

[147] Nagai/Ozawa, Current Gene Therapy 17 (2017), S. 17, 19; Carolina/Antònia/Mercè u. a., Expert Opinion on Biological Therapy 22 (2022), S. 831, 833.

[148] Nagai/Ozawa, Current Gene Therapy 17 (2017), S. 17, 19.

[149] Nagai/Ozawa, Current Gene Therapy 17 (2017), S. 17, 19; Carolina/Antònia/Mercè u. a., Expert Opinion on Biological Therapy 22 (2022), S. 831, 833.

[150] Nagai/Ozawa, Current Gene Therapy 17 (2017), S. 17, 19; Carolina/Antònia/Mercè u. a., Expert Opinion on Biological Therapy 22 (2022), S. 831, 833.

[151] Art. 77–4, 77–3 PMD Act; Ministry of Health, Labour and Welfare, Overview of Orphan Drug/Medical Device Designation System, (https://www.mhlw.go.jp/english/policy/health-medical/pharmaceuticals/orphan_drug.html) (geprüft am 24.10.2025).

21.3.2 Gentechnikrecht

In Japan ist im Zeitpunkt der arzneimittelrechtlichen Marktzulassung keine erneute Type-I-Use-Genehmigung oder Vorlage einer Umweltverträglichkeitsprüfung nach dem Cartagena Act erforderlich.[152] Diese ist ausschließlich für klinische Prüfungen vorgesehen (vgl. Abschnitt 21.2.2). Die Marktzulassung wird daher allein durch das Ministerium für Gesundheit, Arbeit und Soziales (MHLW) auf Grundlage des Arzneimittelrechts unter Einbindung der Arzneimittelbehörde (PMDA) erteilt.[153]

Werden Arzneimittel im Anschluss an den Forschungs- und Entwicklungsprozess in die industrielle Herstellung überführt, ist allerdings eine erneute Type-II-Use-Genehmigung nach dem Cartagena Act erforderlich (vgl. Abschnitt 21.1.2).[154] In diesem Fall ist nicht das Ministerium für Bildung, Kultur, Sport, Wissenschaft und Technologie (MEXT), sondern das Ministerium für Gesundheit, Arbeit und Soziales (MHLW) zuständig.[155]

21.4 Regulatorische Sonderwege zur Gewährleistung der Versorgung

In Japan existieren im Wesentlichen zwei rechtliche Institute, die den Zugang zu innovativen Arzneimitteltherapien vor der arzneimittelrechtlichen Marktzulassung regeln. Zum einen eröffnet das Gesetz über regenerative Arzneimittel (RM Act) die Möglichkeit, entsprechende Arzneimittel an Patienten anzuwenden, ohne dass zuvor eine Marktzulassung nach dem Arzneimittel- und Medizinproduktegesetz (PMD Act) erforderlich wäre. Zum anderen bestehen sog. Expanded Access

---

[152] Art. 23–26(1) PMD Act; Tajima/Huh/Schmidt u. a., Molecular Therapy Methods & Clinical Development 26 (2022), S. 74, 78; Pharmaceuticals and Medical Devices Agency, Regulations Regarding Living Modified Organisms (Genetically Modified Organisms), (https://www.pmda.go.jp/english/review-services/reviews/cartagena-act/0001.html) (geprüft am 24.10.2025); Sakurai/Kanzaki/Honda, Clinical Pharmacology and Therapeutics 113 (2023), S. 960, 961.

[153] Tajima/Huh/Schmidt u. a., Molecular Therapy Methods & Clinical Development 26 (2022), S. 74, 79.

[154] Pharmaceuticals and Medical Devices Agency, Regulations Regarding Living Modified Organisms (Genetically Modified Organisms), (https://www.pmda.go.jp/english/review-services/reviews/cartagena-act/0001.html) (geprüft am 24.10.2025).

[155] Pharmaceuticals and Medical Devices Agency, Regulations Regarding Living Modified Organisms (Genetically Modified Organisms), (https://www.pmda.go.jp/english/review-services/reviews/cartagena-act/0001.html) (geprüft am 24.10.2025).

Clinical Trials, die Patienten den Zugang zu Prüfpräparaten noch vor Abschluss des formellen Marktzulassungsverfahren ermöglichen. Während das Gesetz über regenerative Arzneimittel (RM Act) primär auf die Etablierung dauerhafter Versorgungsstrukturen für regenerative Arzneimittel zielt, dienen Expanded Access Clinical Trials als Instrument für einen zeitlich begrenzten Zugang im Kontext klinischer Forschung.

21.4.1 Gesetz über regenerative Arzneimittel (RM Act)

Vor Einführung des Gesetzes über regenerative Arzneimittel (RM Act) wurden nicht-industriell hergestellte Gen- und Zelltherapien, die in privaten Kliniken oder Krankenhäusern zur Anwendung kamen, ausschließlich durch das ärztliche Berufsrecht, namentlich den Medical Practitioner's Act und den Medical Care Act, reguliert.[156] In der Praxis führte dies dazu, dass Ärzte in Japan Gen- und Zelltherapien ohne arzneimittelrechtliche Zulassung und damit ohne ein vorheriges Genehmigungsverfahren an Patienten anwenden konnten.[157] Das Gesetz über regenerative Arzneimittel (RM Act) wurde als Reaktion auf diese Praxis geschaffen, um einen eigenständigen Rechtsrahmen für die therapeutischer Anwendung regenerativer Arzneimittel durch Ärzte zu schaffen, ohne die therapeutische Anwendung durch Ärzte den Maßgaben des industriellen Arzneimittelrechts zu unterwerfen.[158]

Seit Inkrafttreten des Gesetzes über regenerative Arzneimittel (RM Act) können Arzneimittel, die von dessen Anwendungsbereich erfasst werden, nicht mehr allein auf Grundlage der berufsrechtlichen Vorschriften durch Ärzte angewendet werden. Für diese therapeutischen Behandlungen wurde vielmehr ein besonderes Genehmigungsverfahren eingeführt, das die vorherige behördliche Bewertung

[156] Maruyama/Noda/Okudaira u. a., in: Galli (Hrsg.), Regulatory Aspects of Gene Therapy and Cell Therapy Products, 2023, S. 155, 156; Hanayuki/Matsuyama, in: Dederer/Frenken (Hrsg.), Regulation of Genome Editing in Human iPS Cells, 2021, S. 223, 239.

[157] Ikka/Hatta/Fujita, Stem Cell Reports 19 (2024), S. 1648; Maruyama/Noda/Okudaira u. a., in: Galli (Hrsg.), Regulatory Aspects of Gene Therapy and Cell Therapy Products, 2023, S. 155, 159; Katsunori/Yuichiro/Yuko, Medical Law in Japan, 2024, S. 85.

[158] Ikka/Hatta/Fujita, Stem Cell Reports 19 (2024), S. 1648; Maruyama/Noda/Okudaira u. a., in: Galli (Hrsg.), Regulatory Aspects of Gene Therapy and Cell Therapy Products, 2023, S. 155, 159; Katsunori/Yuichiro/Yuko, Medical Law in Japan, 2024, S. 85; Hanayuki/Matsuyama, in: Dederer/Frenken (Hrsg.), Regulation of Genome Editing in Human iPS Cells, 2021, S. 223, 239.

und Genehmigung voraussetzt. Damit bestehen für alle als regenerative Arzneimittel (Regenerative Medicine Products) im Sinne des Gesetzes über regenerative Arzneimittel (RM Act) klassifizierten somatischen genomischen Therapien (vgl. Tabelle 12.3) eigenständige rechtliche Voraussetzungen, bevor sie Patienten ohne vorherige Marktzulassung durch Ärzte verabreicht werden dürfen.

21.4.1.1 Arzneimittelrecht

Regenerative Arzneimittel (Regenerative Medicine Products) im Sinne des RM Act können nicht nur von Kliniken, sondern auch von lizenzierten Auftragsherstellern ohne eine Marktzulassung nach dem Arzneimittel- und Medizinproduktegesetz (PMD Act) hergestellt werden.[159] Der RM Act eröffnet somit einen umfassenden Rechtsrahmen, der es erlaubt, auch technisch hochkomplexe Produkte jenseits der ärztlichen Eigenherstellung unmittelbar in die klinische Anwendung zu bringen. Diese Produkte können auf Grundlage des Gesetzes über regenerative Arzneimittel (RM Act) an Patienten abgegeben werden, ohne dass zuvor ein vollständiges arzneimittelrechtliches Zulassungsverfahren durchlaufen werden muss. Damit etabliert der japanische Gesetzgeber ein flexibles Parallelregime neben dem Arzneimittel- und Medizinproduktegesetz (PMD Act), das speziell auf die translationale Anwendung regenerativer Arzneimittel zugeschnitten ist und deren frühzeitigen Zugang für Patienten erleichtert.

21.4.1.1.1 Genehmigungsverfahren

Für die Anwendung regenerativer Arzneimittel (Regenerative Medicine Products) nach dem RM Act ist stets ein detaillierter Behandlungsplan (Provision Plan) durch den behandelnden Arzt bzw. die verantwortliche medizinische Einrichtung zu erstellen.[160] Dieser Plan bildet die Grundlage der behördlichen und fachlichen Bewertung, welche anhand der Risikoklassen nach dem Gesetz über regenerative Arzneimittel (RM Act) vorgenommen wird (vgl. Abschnitt 12.4.1.1.1).

21.4.1.1.1.1 Committee for Regenerative Medicine (CRM)

Die Anwendung von Arzneimitteln der Risikoklassen II (mittleres Risiko) und III (hohes Risiko) bedarf einer externen Begutachtung und Genehmigung durch einen landesweit vom Ministerium für Gesundheit, Arbeit und Soziales (MHLW)

---

[159] Azuma, Current Stem Cell Reports 1 (2015), S. 118, 119.

[160] Maruyama/Noda/Okudaira u. a., in: Galli (Hrsg.), Regulatory Aspects of Gene Therapy and Cell Therapy Products, 2023, S. 155, 159; Katsunori/Yuichiro/Yuko, Medical Law in Japan, 2024, S. 85; Tejima, in: Negishi/Wakui/Mariyama (Hrsg.), Competition Law and Policy in the Japanese Pharmaceutical Sector, 2022, S. 35, 44.

zertifizierten Ausschuss für regenerative Arzneimittel (Committee for Regenerative Medicine – CRM).[161] Für Arzneimittel der Risikoklasse I (niedriges Risiko) genügt im Umkehrschluss eine einrichtungsinterne Prüfung des Behandlungsplans ohne externe Beteiligung eines Ausschusses für regenerative Arzneimittel (CRM).

21.4.1.1.1.2 Anzeige- und Genehmigungsverfahren

Nach der Genehmigung des Behandlungsplans durch das Komitee für regenerative Arzneimittel (CRM) oder die Forschungseinrichtung selbst ist für Risikoklasse II und I eine bloße Meldung an das Ministerium für Gesundheit, Arbeit und Soziales (MHLW) ausreichend, um mit der Behandlung zu beginnen.[162] Lediglich für regenerative Arzneimittel der Risikoklasse III ist eine formale Genehmigung des Behandlungsplans erforderlich. Hierüber entscheidet das Ministerium für Gesundheit, Arbeit und Soziales (MHLW) innerhalb von 90 Tagen nach Antragstellung unter Einholung einer unabhängigen Stellungnahme des sog. Health Science Council.[163]

Ergänzt wird das gesamte Verfahren durch jährliche Berichtspflichten und besondere Vorgaben zur Pharmakovigilanz sowie potenzielle Inspektionen durch das Ministerium für Gesundheit, Arbeit und Soziales (MHLW).[164]

21.4.1.1.1.3 Zusammensetzung der Ausschüsse für regenerative Arzneimittel (CRM)

Die zentrale Rolle kommt demnach den Komitees für regenerative Arzneimittel (CRM) zu. Sie nehmen auf erster Stufe eine Bewertung der Behandlungspläne außerhalb der Forschungseinrichtung vor. Ihre Entscheidung ist damit maßgeblich

---

[161] Azuma, Current Stem Cell Reports 1 (2015), S. 118, 125; Katsunori/Yuichiro/Yuko, Medical Law in Japan, 2024, S. 85; Tejima, in: Negishi/Wakui/Mariyama (Hrsg.), Competition Law and Policy in the Japanese Pharmaceutical Sector, 2022, S. 35, 44; Hanayuki/Matsuyama, in: Dederer/Frenken (Hrsg.), Regulation of Genome Editing in Human iPS Cells, 2021, S. 223, 242.

[162] Nagai/Ozawa, Current Gene Therapy 17 (2017), S. 17, 24; Hanayuki/Matsuyama, in: Dederer/Frenken (Hrsg.), Regulation of Genome Editing in Human iPS Cells, 2021, S. 223, 242.

[163] Maruyama/Noda/Okudaira u. a., in: Galli (Hrsg.), Regulatory Aspects of Gene Therapy and Cell Therapy Products, 2023, S. 155, 159; Nagai/Ozawa, Current Gene Therapy 17 (2017), S. 17, 24; Hanayuki/Matsuyama, in: Dederer/Frenken (Hrsg.), Regulation of Genome Editing in Human iPS Cells, 2021, S. 223, 242.

[164] Nagai/Ozawa, Current Gene Therapy 17 (2017), S. 17, 24; Azuma, Current Stem Cell Reports 1 (2015), S. 118, 125; Ukon/Hosoya/Morita u. a., Stem Cell Reports 19 (2024), S. 597, 602; Tejima, in: Negishi/Wakui/Mariyama (Hrsg.), Competition Law and Policy in the Japanese Pharmaceutical Sector, 2022, S. 35, 44 f.

für die Zulässigkeit der therapeutischen Anwendung eines regenerativen Arzneimittels durch den Arzt. Hier ist anzumerken, dass die Ausschüsse (CRM) in der frühen Phase nach Inkrafttreten des Gesetzes über regenerative Arzneimittel (RM Act) teilweise als unzureichend qualifiziert wahrgenommen wurden.[165] Als Reaktion wurden besondere Voraussetzungen an ihre personelle Besetzung festgeschrieben. Deren Besetzung muss seitdem zwingend Fachleute für rekombinante Organismen, für virale Vektoren sowie für die spezifischen Wirkmechanismen und Risiken von Gentherapien beim Menschen vorsehen.[166]

21.4.1.1.2 Gute Herstellungspraxis (GMP)

Die Einhaltung der Guten Herstellungspraxis (GMP) ist auch im Rahmen des Gesetzes über regenerative Arzneimittel (RM Act) verpflichtend.[167] Zuständige Aufsichtsbehörde ist wiederum das Office of Manufacturing Quality and Compliance der Arzneimittelbehörde (PMDA), das die Herstellung im Rahmen des Arzneimittel- und Medizinproduktegesetzes (PMD Act) verantwortet. Allerdings gelten im Anwendungsbereich des Gesetzes über regenerative Arzneimittel (RM Act) nicht die vollumfänglichen GMP-Standards des Arzneimittel- und Medizinproduktegesetzes (PMD Act). Stattdessen wird das Anforderungsniveau im Vollzug als abgeschwächt („GMP-like") beurteilt.[168] In einem Experteninterview wurde die Gute Herstellungspraxis (GMP) im Anwendungsbereich des Gesetzes über regenerative Arzneimittel (RM Act) entsprechend der Literatur als „fragmentiert" bezeichnet, während die industrielle Herstellung nach dem Arzneimittel- und Medizinproduktegesetz (PMD Act) eine umfängliche Einhaltung der GMP-Standards voraussetzt.

---

[165] Hanayuki/Matsuyama, in: Dederer/Frenken (Hrsg.), Regulation of Genome Editing in Human iPS Cells, 2021, S. 223, 242.

[166] Yokomizo/Hosoya/Umezawa u. a., Regenerative Therapy 29 (2025), S. 237, 240.

[167] Maruyama/Noda/Okudaira u. a., in: Galli (Hrsg.), Regulatory Aspects of Gene Therapy and Cell Therapy Products, 2023, S. 155, 159; Azuma, Current Stem Cell Reports 1 (2015), S. 118, 124; Hanayuki/Matsuyama, in: Dederer/Frenken (Hrsg.), Regulation of Genome Editing in Human iPS Cells, 2021, S. 223, 236; aus einem Experteninterview ergab sich, dass eine Herstellungserlaubnis nach dem PMD Act im Anwendungsbereich des RM Act allerdings nicht beantragt werden müsse.

[168] Maruyama/Noda/Okudaira u. a., in: Galli (Hrsg.), Regulatory Aspects of Gene Therapy and Cell Therapy Products, 2023, S. 155, 157; Azuma, Current Stem Cell Reports 1 (2015), S. 118, 124.

21.4.1.1.3 Investigator Initiated Trials

Das Gesetz über regenerative Arzneimittel (RM Act) eröffnet die Möglichkeit, durch Forscher selbst-initiierte Frühphasenstudien (Investigator Initiated Trials) durchzuführen. Die Anforderungen an die Durchführung klinischer Studien sind im Gesetz über regenerative Arzneimittel (RM Act) allerdings deutlich abgeschwächt, sodass die hierbei erhobenen Daten regelmäßig nicht den Qualitätsstandards entsprechen, die für ein späteres Zulassungsverfahren nach dem Arzneimittel- und Medizinproduktegesetz (PMD Act) vorausgesetzt werden.[169]

Das Gesetz über regenerative Arzneimittel (RM Act) ersetzt deshalb nicht den Forschungs- und Entwicklungsprozess im engeren Sinne. Es schafft aber einen attraktiven Rechtsrahmen für sehr frühe Phasen der Produktentwicklung, weil die Durchführung erster klinischer Studien aufgrund abgesenkter Anforderungen mit geringeren Kosten verbunden ist.[170]

21.4.1.2 Gentechnikrecht

Neben dem Gesetz über regenerative Arzneimittel (RM Act) findet der Cartagena Act weiterhin Anwendung. Für somatische genomische Therapien, die lebende veränderte Organismen (LMO) enthalten oder aus diesen bestehen (vgl. Tabelle 12.3), ist daher grundsätzlich eine Genehmigung als Type-I- oder Type-II-Use nach den allgemeinen Voraussetzungen des Cartagena Act bei den jeweils zuständigen Ministerien einzuholen (vgl. Abschnitt 21.1.2 und 21.2.2). Während eine Type-II-Use-Genehmigung für die Herstellung solcher Arzneimittel regelmäßig erforderlich sein dürfte, kann an dieser Stelle nicht eindeutig geklärt werden, ob deren therapeutische Anwendung als Freisetzung zu qualifizieren ist und damit einer zusätzlichen Type-I-Use-Genehmigung bedarf. Dafür spricht, dass klinische Prüfungen im japanischen Recht als Freisetzung gelten und einer Type-I-Use-Genehmigung bedürfen (vgl. Abschnitt 21.2.2). Allerdings finden sich in der englischsprachigen Literatur hierzu keine eindeutigen Aussagen.

---

[169] Azuma, Current Stem Cell Reports 1 (2015), S. 118, 119.

[170] Azuma, Current Stem Cell Reports 1 (2015), S. 118, 119; weshalb auch der US-amerikanische Rechtsrahmen eine vergleichbare Attraktivität im Vergleich zum deutschen Rechtsrahmen aufweist, siehe Müller-Terpitz, in: Fehse/Schickl/Bartfeld u. a. (Hrsg.), Gen- und Zelltherapie 2.023 – Forschung, klinische Anwendung und Gesellschaft, 2023, S. 255, 259; Berlin Institute of Health at Charité (Hrsg.), Nationale Strategie für gen- und zellbasierte Therapien, Berlin, 2024, S. 89.

21.4.2 Expanded Access Clinical Trials (Compassionate Use)

Mit den Expanded Access Clinical Trials wurde 2016 ein formalisiertes Zugangssystem für schwerkranke Patienten geschaffen, das häufig als Compassionate Use bezeichnet wird.[171] Es ermöglicht den Zugang zu noch nicht zugelassenen Arzneimitteln, wenn ein besonderes soziales oder patientenseitiges Bedürfnis besteht.[172] Ein solches Bedürfnis wird insbesondere angenommen, wenn für das betreffende Präparat in den Vereinigten Staaten von Amerika bereits ein Expanded Access gewährt wurde (vgl. Abschnitt 18.4.1), eine Sakigake Designation oder Ausweisung als Arzneimittel für seltene Leiden (Orphan Drug) vorliegt (vgl. Abschnitt 12.4.1.2.4 und Abschnitt 21.3.1.3) oder das sog. Review Committee on Unapproved Drugs eine entsprechende Empfehlung ausspricht.[173]

Voraussetzung ist, dass es sich um ein Prüfpräparat handelt, für das bereits eine klinische Prüfung durchgeführt wird und die Rekrutierung hierfür abgeschlossen ist.[174] Das Verfahren ist entsprechend an die Genehmigung klinischer Prüfungen angelehnt. Der Sponsor hat ein spezifisches Protokoll zu erstellen, dieses durch eine Ethik-Kommission genehmigen zu lassen und eine Anmeldung (CTN) bei der Arzneimittelbehörde (PMDA) einreichen.[175] Einer Genehmigung bedarf es entsprechend nicht, sodass der überwiegende Teil der Anmeldungen (CTN) von Expanded Access Clinical Trails erfolgreich ist.[176] Das Programm ist allerdings auf Kohorten beschränkt und eröffnet daher keinen individuellen Patientenzugang.[177]

---

[171] Näher Hayashi/Nogita/Maeda, Patient Preference and Adherence 18 (2024), S. 1471, 1472.

[172] Maeda/Uchida/Kusano u. a., Clinical Pharmacology and Therapeutics 112 (2022), S. 817, 818.

[173] Maeda/Uchida/Kusano u. a., Clinical Pharmacology and Therapeutics 112 (2022), S. 817, 818; Hayashi/Nogita/Maeda, Patient Preference and Adherence 18 (2024), S. 1471, 1472.

[174] Maeda/Uchida/Kusano u. a., Clinical Pharmacology and Therapeutics 112 (2022), S. 817, 818.

[175] Maeda/Uchida/Kusano u. a., Clinical Pharmacology and Therapeutics 112 (2022), S. 817, 818; Hayashi/Nogita/Maeda, Patient Preference and Adherence 18 (2024), S. 1471, 1476.

[176] Maeda/Uchida/Kusano u. a., Clinical Pharmacology and Therapeutics 112 (2022), S. 817, 818; Hayashi/Nogita/Maeda, Patient Preference and Adherence 18 (2024), S. 1471, 1477.

[177] Maeda/Uchida/Kusano u. a., Clinical Pharmacology and Therapeutics 112 (2022), S. 817, 818; Hayashi/Nogita/Maeda, Patient Preference and Adherence 18 (2024), S. 1471, 1475.

22 Gesamtbewertung und Handlungsempfehlungen

Nachdem die regulatorischen Rahmenbedingungen für Forschung, Entwicklung und Marktzugang somatischer genomischer Therapien dargestellt wurden, werden nun im Rahmen einer übergreifenden Analyse die wesentlichen Unterschiede diskutiert und im Hinblick auf die Wettbewerbsfähigkeit Deutschlands und der Europäischen Union als Forschungs-, Entwicklungs- und Medizinstandort bewertet.

Diese Analyse erfolgt vor dem Hintergrund eines grundlegenden Zielkonflikts, der die regulatorische Bewertung maßgeblich prägt: Auf der einen Seite steht die Attraktivität eines Standorts, welche ein Schlüsselfaktor für die Ansiedlung innovativer biopharmazeutischer Unternehmen ist. Denn sie stärkt einerseits die Versorgungssicherheit mit bestehenden Arzneimitteln und ermöglicht andererseits einen frühzeitigen Zugang zu neuartigen somatischen genomischen Therapien, indem etwa klinische Studien ortsnah angeboten werden. Auf der anderen Seite müssen die gesetzlichen Regelungen zugleich gewährleisten, dass sowohl die Patientensicherheit, insbesondere der Schutz vor unwirksamen oder unzureichend geprüften Arzneimitteln, als auch der Umwelt- und Arbeitsschutz im Umgang mit diesen Produkten sichergestellt sind.

Ziel der folgenden Ausführungen ist es daher, die untersuchten Regelungssysteme auf ihre Eignung zur Förderung einer innovationsfreundlichen und zugleich verantwortungsvollen Regulierung zu prüfen. Hierzu werden bestehende regulatorische Hindernisse identifiziert, Handlungsoptionen abgeleitet und gegebenenfalls Änderungsvorschläge für den deutschen und unionalen Rechtsrahmen entwickelt, die den spezifischen Herausforderungen somatischer genomischer Therapien auf

L. Pietrek, *Somatische genomische Therapien*,
https://doi.org/10.1007/978-3-658-52943-7_22

Grundlage der durch den Rechtsvergleich gewonnenen Erkenntnisse angemessen Rechnung tragen und gleichzeitig einen maßlosen Unterbietungswettbewerb („race to the bottom“) verhindern sollen.[1]

22.1 Grundlagenforschung und Präklinik

Die rechtlichen Rahmenbedingungen für die Grundlagenforschung und die präklinische Entwicklung somatischer genomischer Therapien haben sich von allen untersuchten Entwicklungsstadien als am wenigsten harmonisiert erwiesen und weisen daher besonders große Diskrepanzen auf.

22.1.1 Gute Laborpraxis

Eine Ausnahme bildet die Gute Laborpraxis. Durch die weitgehende Harmonisierung der Guten Laborpraxis auf Grundlage der OECD-Grundsätze bestehen international vergleichbare materielle Standards. Etwaige verfahrensrechtliche Unterschiede, etwa bei Inspektionsmodalitäten, wirken sich nicht in signifikanter Weise auf die Durchführung präklinischer Forschung aus und sind daher im Hinblick auf die Standortattraktivität nicht als maßgebendes regulatorisches Hindernis zu bewerten.

Die gegenseitige Anerkennung von Forschungsdaten, die unter Einhaltung der Guten Laborpraxis erzeugt werden, zwischen allen in dieser Arbeit untersuchten Rechtsräume, setzt die betroffenen Staaten in ein besonders starkes Wettbewerbsverhältnis hinsichtlich ihrer Standortattraktivität im Bereich der Präklinik.

---

[1] Am 16.12.2025 hat die Europäische Kommission einen Entwurf einer Verordnung für den sog. European Biotech Act vorgelegt. In dem zugehörigen Memorandum (Explanatory Memorandum) wird die regulatorische Strategie neben allgemeinen industriepolitischen Maßnahmen als Kernelement für eine Förderung der Translation biotechnologischer Innovationen identifiziert, vgl. European Commission, Proposal for a Regulation of the European Parliament and of the Council on establishing a framework of measures for strengthening Union’s biotechnology and biomanufacturing sectors particularly in the area of health and amending Regulations (EC) No 178/2002, (EC) No 1394/2007, (EU) No 536/2014, (EU) 2019/6, (EU) 2024/795 and (EU) 2024/1938 (European Biotech Act), COM (2025) 1022 final, (https://health.ec.europa.eu/document/download/ec1475b7-e3f9-409e-b927-fc7e69306a8c_en?filename=biotech_reg-com2025-1022_act_en.pdf), S. 6 ff. (geprüft am 12.03.2026). Die Kernelemente des Entwurfs werden im Folgenden jeweils in den Fußnoten berücksichtigt, um die vorgeschlagene Strategie der Europäischen Kommission den Ergebnissen dieser Arbeit gegenüberzustellen.

Zugleich eröffnet die gegenseitige Anerkennung der Grundsätze der Guten Laborpraxis für Deutschland die Möglichkeit, als Innovationsstandort zu profitieren, da präklinische Studiendaten aus deutschen Laboren in anderen OECD-Staaten nutzbar sind. Die Harmonisierung und gegenseitige Anerkennung der Guten Laborpraxis ist daher als ausgesprochen positiv zu bewerten, weil in Deutschland erzeugte präklinische Forschungsdaten einen entsprechend hohen Wert aufweisen, und sollte deshalb unbedingt beibehalten werden. Stattdessen sollten Änderung an anderen regulatorischen Standortfaktoren in Betracht gezogen werden, um Forschungstätigkeiten verstärkt nach Deutschland zu ziehen.

22.1.2 Gentechnikrecht

Starke Abweichungen ergeben sich im Gentechnikrecht der untersuchten Rechtsräume (vgl. Tabelle 22.1). Diese Unterschiede betreffen weniger die materiellrechtlichen Anforderungen, denn die grundlegenden Biosicherheitsstandards sind zunächst durchaus vergleichbar. In allen Rechtsordnungen erfolgt eine umfassende Risikoeinstufung von Versuchsvorhaben, die gentechnisch veränderte Organismen betreffen, die zu vergleichbaren Sicherheitsmaßnahmen führt. Die wesentlichen Unterschiede resultieren vielmehr aus der unterschiedlichen Ausgestaltung des jeweiligen Anwendungsbereichs des Gentechnikrechts. Dies führt dazu, dass bestimmte Forschungsvorhaben mit somatischen genomischen Therapien in einigen Staaten überhaupt nicht vom einschlägigen Gentechnikrecht erfasst werden, während dieselben Vorhaben in Deutschland einer umfassenden Regulierung unterliegen. Insofern treten materiellrechtliche Unterschiede bei einzelnen Detailfragen in den Hintergrund.

22.1.2.1 Freistellung von Mutagenesetechniken

Ein signifikanter Unterschied ergibt sich aus der Bereichsausnahme, wonach Mutageneseverfahren vollständig aus dem Anwendungsbereich des japanischen Gentechnikrechts herausgenommen wurden. Dies betrifft insbesondere Techniken wie den CRISPR/Cas-basierten Gen-Knockout ohne Integration exogenen genetischen Materials (SDN-1), das Base-Editing sowie das Epigenome-Editing. Während in der Europäischen Union die Rechtsprechung des EuGH dazu führt, dass neuartige Mutagenesetechniken umfassend dem Gentechnikrecht unterfallen, sind solche Verfahren in Japan vom Anwendungsbereich des Cartagena Act freigestellt (vgl. Kapitel 11 und Abschnitt 12.4.3). Für derartige Verfahren ist daher weder eine Genehmigung als Type-I-Use noch die Einhaltung der Biosicherheitsstandards erforderlich. Ein ähnliches Signal kommt zudem aus England.

Zwar findet der Precision Breeding Act (GTA 2023) bislang keine Anwendung auf somatische genomische Therapien, doch weist er in eine ähnliche regulatorische Richtung, die perspektivisch zu einer Rechtslage wie in Japan führen könnte (vgl. Abschnitt 12.3.2.2). Die Gleichbehandlung somatischer genomischer Therapien, die exogenes genetisches Material in humane Zellen einbringen, und solcher, die dies nicht tun, erscheint vor diesem Hintergrund als wesentlicher Wettbewerbsnachteil für die Europäische Union und ihre Mitgliedstaaten.

Aufgrund dieser Erkenntnis könnte erwogen werden, dass genomische Veränderungen nicht zu einem GVO-Status von Zellen und Mikroorganismen führen sollten, wenn kein exogenes genetisches Material in diesen verbleibt. Hierfür spricht zudem, dass die bisherige Regulierung auch Schwierigkeiten im Vollzug des Gentechnikrechts erzeugt. Denn genetische Veränderungen in Zellen, die mittels SDN-1-Verfahren bearbeitet wurden, lassen sich nicht von natürlich auftretenden Punktmutationen unterscheiden.[2] Zudem hat die Europäische Behörde für Lebensmittelsicherheit (EFSA) für diese genomischen Techniken keine besonderen Risiken im Vergleich zu klassischen Züchtungsmethoden feststellen können.[3] Die Gleichstellung von Mutagenesetechniken und solchen Verfahren, die exogenes genetisches Material in Zellen einbringen, erscheint vor diesem Hintergrund überkommen.[4]

---

[2] European Commission, Commission Staff Working Document, Study on the status of new genomic techniques under Union law and in light of the Court of Justice ruling in Case C-528/16, SWD(2021) 92 final, 2021, (https://food.ec.europa.eu/system/files/2021-04/gmo_mod-bio_ngt_eu-study.pdf), S. 25 (geprüft am 24.10.2025).

[3] European Commission, Commission Staff Working Document, Study on the status of new genomic techniques under Union law and in light of the Court of Justice ruling in Case C-528/16, SWD(2021) 92 final, 2021, (https://food.ec.europa.eu/system/files/2021-04/gmo_mod-bio_ngt_eu-study.pdf), S. 29 (geprüft am 24.10.2025); anders aber zu diesem Zeitpunkt noch die Europäische Kommission, die eine Deregulierung neuer genomischer Techniken aufgrund des derzeitigen wissenschaftlichen und technischen Kenntnisstands, insbesondere in Bezug auf Sicherheitsaspekte, auf Pflanzen beschränken möchte und Mikroorganismen sowie Tiere ausdrücklich nicht von diesem Privileg umfasst sehen möchte, siehe European Commission, Proposal for a Regulation of the European Parliament and of the Council on plants obtained by certain new genomic techniques and their food and feed, and amending Regulation (EU) 2017/625, COM(2023) 411 final, (https://eur-lex.europa.eu/resource.html?uri=cellar:c88fe9ac-1c06-11ee-806b-01aa75ed71a1.0001.02/DOC_1&format=PDF), Erwägungsgrund (9) (geprüft am 24.10.2025).

[4] Zu derselben Schlussfolgerung kommt die Europäische Kommission in ihrem Entwurf des European Biotech Act zumindest hinsichtlich klinischer Prüfungen, vgl. European Commission, Proposal for a Regulation of the European Parliament and of the Council on establishing a framework of measures for strengthening Union's biotechnology and biomanufacturing sectors particularly in the area of health and amending Regulations

Zugleich ist dieser Vorschlag im Licht der Änderungen der NIH-Guidelines im Jahr 2024 zu betrachten. Hierdurch wurden sämtliche CRISPR/Cas-basierten Ribonukleoproteine, die das Genom einer Zelle stabil verändern, in den Anwendungsbereich einbezogen, obwohl diese zuvor freigestellt waren (vgl. Abschnitt 18.1.2.2.3.4). Entsprechend unterfallen SDN-1-Verfahren und das Base-Editing mit Ribonukleoproteinen grundsätzlich der Regulierung durch die NIH-Guidelines. Zwar gelten diese nur bei einer Finanzierung durch Mittel des NIH, sie stellen jedoch zugleich den dortigen Branchenstandard für die Industrie und die Forschung dar. Diese Änderung könnte daher eine wichtige Grenze für einen Unterbietungswettbewerb („race to the bottom") markieren.

Während genomische Veränderungen durch Ribonukleoproteine umfassend in den Anwendungsbereich der NIH-Guidelines einbezogen werden, sind Veränderungen auf epigenetischer Ebene nicht eindeutig erfasst. In Deutschland und der Europäischen Union führt der prozessbasierte Regulierungsansatz (Process-based Approach) hingegen dazu, dass wahrscheinlich epigenetische Veränderungen an DNA-Markern vom Anwendungsbereich des Gentechnikrechts erfasst werden müssten (vgl. Abschnitt 11.5). Es ließe sich deshalb ableiten, dass zumindest eine (klarstellende) Freistellung epigenetischer Veränderungen vom Anwendungsbereich des unionalen Gentechnikrechts in Europa erwogen werden könnte.

22.1.2.2 Freistellung bestimmter Tier- und Zellkulturversuche

Während die Vereinigten Staaten beim Genome-Editing eine eher strenge Entwicklung erkennen lassen, gilt bei einer gesamten Betrachtung das Gegenteil. Bestimmte risikoarme Versuchsvorhaben mit nicht-infektiösen viralen Vektoren werden vollständig vom Anwendungsbereich der NIH-Guidelines ausgenommen oder teilweise privilegiert. Von besonderer praktischer Bedeutung ist zudem, dass Forschung und Züchtung transgener Nagetiere niedriger Risikoklassen, die einen erheblichen Teil der Versuchstierpopulation ausmachen, grundsätzlich nicht unter die NIH-Guidelines fallen. Weil somatische genomische Therapien

---

(EC) No 178/2002, (EC) No 1394/2007, (EU) No 536/2014, (EU) 2019/6, (EU) 2024/795 and (EU) 2024/1938 (European Biotech Act), COM (2025) 1022 final, (https://health.ec.europa.eu/document/download/ec1475b7-e3f9-409e-b927-fc7e69306a8c_en?filename=biotech_reg-com2025-1022_act_en.pdf), S. 27 und Erwägungsgrund (118) (geprüft am 12.03.2026). Insbesondere nennt Erwägungsgrund (118) replikationsdefiziente virale Vektoren als Regelbeispiel für ein vernachlässigbares Risiko, weshalb diese Produkte insoweit von einer parallelen Regulierung durch das EU-Gentechnikrecht ausgenommen werden sollen.

regelmäßig zu einer niedrigen Risikoeinstufung führen, werden entsprechende Versuchsvorhaben vollständig freigestellt. Insofern führt die Ausweitung des Anwendungsbereichs der NIH-Guidelines auf CRISPR-Cas-Ribonukleoproteine zum Zweck des Genome-Editing nicht zwingend zu der Anwendung der NIH-Guidelines innerhalb der Präklinik. In Deutschland und der Europäischen Union unterfallen dieselben Versuche hingegen als gentechnische Arbeiten der Sicherheitsstufe 1 einem Anzeigeverfahren bei erstmaligen Arbeiten und erfordern stets die Einhaltung der gentechnischen Vorschriften zum geschlossenen System. Dies stellt einen gewissen Standortvorteil für die Vereinigten Staaten von Amerika dar, da vergleichbare gentechnische Arbeiten mit geringem oder ohne Risiko selbst bei NIH-Finanzierung schneller und kostengünstiger durchgeführt werden können.[5]

Ähnliches gilt für Kanada. Versuchsvorhaben zur Produktentwicklung von Arzneimitteln sind dort umfassend von der Notifizierungspflicht nach dem kanadischen Umweltschutzgesetz (CEPA) ausgenommen, selbst wenn sie gentechnisch veränderte Organismen enthalten (vgl. Abschnitt 19.1.2.2.2). Die Züchtung transgener Tiere ist somit von einer Notifizierung freigestellt, sofern sie der Produktentwicklung dient. Bei Forschung mit veränderten Mikroorganismen müssen zwar grundsätzlich die kanadischen oder US-amerikanischen Biosicherheitsstandards eingehalten und eine Genehmigung nach dem Human Pathogens and Toxins Act eingeholt werden, um eine Notifizierungspflicht nach kanadischen Umweltschutzgesetz (CEPA) zu vermeiden. Das Genehmigungserfordernis entfällt jedoch, wenn der Human Pathogens and Toxins Act nicht anwendbar ist. Dies ist regelmäßig der Fall, weil somatische genomische Therapie grundsätzlich der Risikogruppe 1 zuzuordnen sind (vgl. Tabelle 19.1). Darüber hinaus sehen die kanadischen Biosicherheitsstandards bei gentechnischen Arbeiten der Sicherheitsstufe 1 ausschließlich die Einhaltung allgemeiner Laborstandards, aber keine besonderen biosicherheitsrechtlichen Maßnahmen im geschlossenen System vor (vgl. Abschnitt 19.1.2.5.5.3). Deshalb unterliegen Versuchsvorhaben in Zellkulturen und an (transgenen) Tieren in Kanada keinen vergleichbaren regulatorischen Hürden wie in Deutschland.

---

[5] Dies ist nicht nur auf den hiesigen Rechtsrahmen zurückzuführen, sondern wird im Wesentlichen durch den strengen Vollzug des Gentechnikrechts in Deutschland verursacht, näher DFG-Senatskommission für Grundsatzfragen der Genforschung, Entbürokratisierung und Vereinheitlichung des Vollzugs des Gentechnikrechts bei gentechnischen Arbeiten der Sicherheitsstufe 1, (https://www.dfg.de/resource/blob/337150/sk-genforschung-gentechnikrecht.pdf) (geprüft am 24.10.2025).

22.1.2.3 Koordiniertes Verwaltungsverfahren

Im britischen Gentechnikrecht ist insbesondere die zentrale Zuständigkeit der Joint Regulatory Authority positiv hervorzuheben. Sie ermöglicht bei multizentrischen Forschungsvorhaben mit gentechnisch veränderten Organismen, die in mehreren Einrichtungen innerhalb Englands, Wales' oder Schottlands durchgeführt werden, eine Antragsbündelung. In solchen Fällen kann eine einzige Forschungseinrichtung einen gemeinsamen Antrag für alle beteiligten Standorte einreichen, der zentral durch die Joint Regulatory Authority geprüft und beschieden wird. Dadurch werden Verfahrensaufwand für betroffene Forscher erheblich reduziert.

In der Europäischen Union und in Deutschland stellt sich die Lage anders dar. Die Mitgliedstaaten sind für den Vollzug des Gentechnikrechts zuständig. Multizentrische Vorhaben innerhalb der Europäischen Union sind somit von einer Vielzahl unterschiedlicher Vollzugsbehörden zu genehmigen, die regelmäßig eigenständige Formulare und Vollzugspraktiken aufweisen. In Deutschland obliegt der Vollzug zudem den jeweiligen Landesbehörden. Eine vergleichbare zentrale Antragsbündelung, etwa über das BVL oder eine andere bundesweite Stelle, ist nicht vorgesehen. Standortübergreifende Forschungsvorhaben sehen sich vergleichsweise einem erhöhten administrativen Aufwand ausgesetzt.

Tabelle 22.1 Gentechnikrecht im internationalen Rechtsvergleich (Präklinik)

Land	Rechtsgrundlage	Zuständige Behörde	Privilegierungstatbestände
Deutschland	GenTG RL 2009/41/EG	Landesbehörden	Anzeige oder Anmeldung statt Genehmigungspflicht: niedriges Risiko
Vereinigtes Königreich	Genetically Modified Organisms (Contained Use) Regulations	HSE/HSENI (JRA)	Anzeige oder Anmeldung statt Genehmigungspflicht: niedriges Risiko
USA	NEPA	–	–
	NIH-Guidelines	IBC (NIH)	Bereichsausnahmen: Tierversuche (Ratten und Mäuse) Entschärfte virale Vektoren (Zellkulturen)

(Fortsetzung)

Tabelle 22.1 (Fortsetzung)

Land	Rechtsgrundlage	Zuständige Behörde	Privilegierungstatbestände
Kanada	CEPA	ECCC	Bereichsausnahmen bei Produktentwicklung: Lebende Organismen (Einhaltung der Biosicherheitsstandards) Andere Stoffe (Mengengrenze)
	HPTA	PHAC	Bereichsausnahme: niedriges Risiko
Japan	Cartagena Act	MEXT	Bereichsausnahme: Mutagenesetechniken

22.1.3 Tierschutzrecht

Neben dem Gentechnikrecht bestehen auch im Umgang mit Versuchstieren bei der Forschung mit somatischen genomischen Therapien erhebliche Unterschiede zwischen den untersuchten Staaten (vgl. Tabelle 22.2).

22.1.3.1 Tötung von Versuchstieren

Die in Deutschland geführte Debatte über die Tötung untauglicher sowie überlebender Versuchstiere und über die Auslegung des „vernünftigen Grundes" im Sinne des Tierschutzgesetzes ist rechtlich zwar nachvollziehbar, wurde jedoch in den durchgeführten Experteninterviews in allen betrachteten Ländern überwiegend kritisch bewertet. Tierversuche seien mit erheblichen Kosten verbunden, die zusätzliche Haltung untauglicher oder überlebender Tiere würde erhebliche Ressourcen binden und deshalb die für die eigentliche Forschung zur Verfügung gestellten finanziellen Mittel unverhältnismäßig mindern. Dies könne medizinische Innovationsprozesse spürbar verzögern und teilweise gänzlich ersticken.

Nach übereinstimmenden Erfahrungsberichten erfolgt die Tötung überschüssiger Versuchstiere in allen untersuchten Ländern unter schonenden Bedingungen und ohne nennenswerte rechtliche Hürden. Ihre rechtliche Zulässigkeit stellt somit einen entscheidenden Wettbewerbsfaktor für die Ansiedlung von Forschern und die Akquise von Fremdkapital im Bereich der Forschung und Entwicklung somatischer genomischer Therapien dar. Um die internationale Wettbewerbsfähigkeit Deutschlands zu wahren, erscheint es daher geboten, die bestehende Möglichkeit zur Tötung von Versuchstieren aufrechtzuerhalten. Das

Beispiel Großbritanniens zeigt, dass stattdessen die konsequente Einhaltung des 3R-Prinzips angezeigt ist. Forscher sollten nachweisen, dass sie effiziente Züchtungsverfahren für die Erzeugung transgener Tiere verwenden. Auf diese Weise lässt sich das zugrunde liegende ethische Dilemma zumindest teilweise auflösen, ohne die Wettbewerbsfähigkeit im Bereich der präklinischen Forschung aufzugeben, bis valide Alternativmethoden im Bereich der Biomedizin tatsächlich existieren.

22.1.3.2 Selbstregulierung und behördliche Überwachung

In den nordamerikanischen Rechtsräumen und in Japan erfolgt die Genehmigung von Versuchsvorhaben nicht durch staatliche Behörden, sondern durch einrichtungsinterne Ethik-Kommissionen (IACUC/ACC). Dies lässt für sich genommen noch keine Aussage darüber zu, ob ein solcher Ansatz regulatorisch günstiger ist. In mehreren Experteninterviews in Kanada wurde vielmehr betont, dass die dortigen Ethik-Kommissionen die Prüfung von Versuchsvorhaben sehr ernst nehmen und die Genehmigung eines tierversuchsrechtlichen Prüfprotokolls keine Selbstverständlichkeit darstellt. Ein möglicher Wettbewerbsvorteil könnte allenfalls darin liegen, dass eine einrichtungsinterne Genehmigung die Akzeptanz des Votums erhöht, da eine größere Sachnähe zur eigenen Forschungseinrichtung besteht.

22.1.3.2.1 Soziale Verbindlichkeit und Verhältnismäßigkeit

Weitaus maßgeblicher ist der Selbstregulierungsansatz, der in Japan und in Kanada vorherrscht. In beiden Staaten findet eine weitreichende Selbstregulierung statt, die auf einem gesellschaftlich akzeptierten „sozialen Vertrag“ basiert. In Kanada fungiert der CCAC als zentraler nicht-staatlicher Akteur, dessen Richtlinien ausschließlich für Forschungsinstitutionen verbindlich sind, die öffentliche Fördermittel erhalten, d. h. vor allem Universitäten, die Grundlagenforschung betreiben.[6] Rechtlich wäre es in Kanada nämlich möglich, Tierversuche ohne Einhaltung der Tierschutzstandards durchzuführen, soweit diese in Provinzen nach dortigem Recht ohne Verweisung auf die CCAC-Standards durchgeführt werden und dabei ausschließlich aus privaten Mitteln finanziert werden.[7] Dies ermöglicht forschenden Pharmaunternehmen mit hohen Durchsatzzahlen sowie einzelnen Forschern und Start-ups, die sich durch das formelle Genehmigungsverfahren eines Versuchsvorhabens oder die tierschutzrechtlichen Anforderungen

[6] Griffin/Locke, Institute for Laboratory Animal Research Journal 57 (2016), S. 271, 272.
[7] Black/Fenton/Ormandy, Animals 12 (2022), 770, S. 4.

überfordert sehen könnten, ihre Forschung auf einem selbst zu bestimmenden Tierschutzniveau durchzuführen.

Gleichwohl bestehen auch Kritikpunkte am kanadischen System: Eine behördliche Kontrolle findet landesweit aufgrund fehlender Dokumentation oder Meldungen von Tierversuchen faktisch nicht statt.[8] Kritisiert wird zudem, dass unangekündigte Kontrollen durch den CCAC in Kanada überhaupt nicht vorgesehen sind.[9] Insofern können tierschutzrechtliche Verstöße nicht adäquat überprüft werden. Zudem fehlen direkte Sanktionen, denn es droht lediglich der Entzug öffentlicher Mittel.[10] Trotz dieser Schwächen besteht in Kanada eine ausgeprägte Compliance-Kultur, die auch die Privatwirtschaft erfasst.[11] Dies bestätigen zudem die Experteninterviews, in denen die Einhaltung der tierschutzrechtlichen Standards übereinstimmend hervorgehoben wurde. Insofern lässt sich die Frage aufwerfen, ob ein einheitliches staatliches Schutzniveau mit einem behördlichen Genehmigungsvorbehalt tatsächlich einen verhältnismäßigen Mehrwert für das Tierwohl schafft oder ob die damit verbundenen Freiheitsverluste, insbesondere durch den Ausschluss kleinerer Akteure aufgrund bürokratischer Hürden, den Zugewinn an Tierwohl übersteigen.

22.1.3.2.2 Abgesenktes tierschutzrechtliches Schutzniveau in Japan

Eine solche Sichtweise wird zumindest teilweise durch das japanische System untermauert, das im Bereich der Tierversuche nahezu vollständig auf freiwillige Selbstregulierung setzt und damit über den kanadischen Ansatz hinausgeht. Zwar gilt in Japan das allgemeine Tierschutzgesetz (AWMA), dieses enthält jedoch kaum spezifische Vorgaben für Versuchstiere. Forschungseinrichtungen sind von

---

[8] Black/Fenton/Ormandy, Animals 12 (2022), 770, S. 4.

[9] Black/Fenton/Ormandy, Animals 12 (2022), 770, S. 5; Canadian Council on Animal Care, Certification of Ethical Animal Care and Use of Programs, 2022, (https://ccac.ca/Documents/Standards/Policies/Certification_of_ethical_animal_care_and_use_programs.pdf), S. 1 (geprüft am 24.10.2025).

[10] Black/Fenton/Ormandy, Animals 12 (2022), 770, S. 5.

[11] Black/Fenton/Ormandy, Animals 12 (2022), 770, S. 4; dies dürfte maßgeblich darauf beruhen, dass sowohl der Erhalt staatlicher Fördermittel als auch die Publikation in renommierten Fachzeitschriften eine entsprechende Zertifizierung voraussetzen, vgl. Canadian Council on Animal Care, Program Features, (https://ccac.ca/en/certification/how-to-participate/program-features.html) (geprüft am 24.10.2025); überdies sind private Akteure im Bereich biotechnologischer Arzneimittel aufgrund der regelmäßigen Arbeitsteilung zwischen akademischer Grundlagenforschung und industrieller Skalierung auf Kooperationen mit Universitäten angewiesen; da letztere an die CCAC-Standards gebunden sind, ergibt sich für die Privatwirtschaft, jenseits der gesellschaftlichen Erwartungshaltung, vermutlich eine faktische Notwendigkeit zur Einhaltung dieser Leitlinien, um die Zusammenarbeit zu ermöglichen.

der behördlichen Registrierungspflicht ausgenommen, sodass Tierversuche keiner staatlichen Genehmigung bedürfen. Die Leitlinien des Science Council of Japan konkretisieren tierschutzrechtliche Empfehlungen, bleiben jedoch deutlich hinter den Standards der EU zurück. Die Leitlinien enthalten nämlich keine Verwendungsverbote bestimmter Tierarten und überlassen die Genehmigung vollständig den Leitungen der Forschungseinrichtungen. Eine Schmerz-Nutzen-Abwägung, wie sie in der EU erforderlich wäre, erfolgt ebenso nicht.

Trotz des niedrigeren Schutzniveaus wird in Japan erwartet, dass Forscher aus eigener Verantwortung die tierschutzrechtlichen Standards einhalten, was – getragen durch kulturelle und religiöse Faktoren sowie eine breite gesellschaftliche Akzeptanz von Tierversuchen – überwiegend von der Forschungsgemeinschaft akzeptiert wird.[12] Zudem unterwerfen sich viele Einrichtungen sogar freiwillig strengeren Tierschutzstandards, etwa durch internationale Zertifizierungen.[13] Obgleich die japanischen Tierschutzstandards mit den hiesigen nicht vergleichbar sind, zeigen die Beispiele Kanada und Japan dennoch, dass eine einheitliche behördliche Kontrolle nicht zwingend Voraussetzung für eine effektive Rechtsdurchsetzung ist. Trotz zahlreicher rechtlicher Ausweichmöglichkeiten herrscht in beiden Staaten eine grundsätzlich vorherrschende Einhaltung der tierversuchsrechtlichen Standards. Die Compliance aller Akteure kann nicht zwingend gewährleistet werden. Gleichwohl führt dieser Ansatz zu einer deutlich attraktiveren Forschungs- und Entwicklungsumgebung.

22.1.3.3 Bereichsausnahmen für Mäuse und Ratten

In den Vereinigten Staaten von Amerika ist der Ausschluss von Mäusen und Ratten, die mehr als 90 % aller Versuchstiere ausmachen, sowie Vögeln aus dem Anwendungsbereich des Tierschutzgesetzes (AWA) von erheblicher Bedeutung.[14] Versuchsvorhaben mit diesen Tierarten unterliegen nur dann tierschutzrechtlichen Vorschriften, wenn öffentliche Fördermittel des Public Health Service (PHS) eingesetzt werden. Für privat finanzierte Einrichtungen, etwa forschende Pharmaunternehmen oder Start-ups, ergibt sich damit eine erhebliche Entlastung, weil kein Genehmigungsvorbehalt für die Durchführung entsprechender Versuchsvorhaben existiert und keine gesetzlichen Mindeststandards des allgemeinen Tierschutzgesetzes eingehalten werden müssen. Tierversuche mit diesen Tierarten

---

[12] Uchikoshi/Kasai, Experimental Animals 68 (2019), S. 307 f., 317.

[13] Ogden/Pang William/Agui u. a., Institute for Laboratory Animal Research Journal 57 (2016), S. 301, 307.

[14] Lee, Nebraska Law Review 95 (2016), S. 194, 195.

können somit schneller und kostengünstiger in den Vereinigten Staaten von Amerika durchgeführt werden. Die Grundlagenforschung an Universitäten profitiert hingegen kaum von dieser Bereichsausnahme, da sie regelmäßig auf öffentliche Mittel angewiesen ist.

Materiellrechtlich bestehen bei der Verwendung anderer Wirbeltiere weitgehende Parallelen zur Europäischen Union. Unterschiede zeigen sich insbesondere dahingehend, dass die Genehmigung von Versuchsvorhaben nicht mit einer Nutzen-Schaden-Abwägung verknüpft ist.[15] Die Forschungsfreiheit wird daher nicht durch das Tierwohl verdrängt, wenn der erwartete Schmerz den erwarteten Nutzen überwiegt.

Trotz der dargestellten Entlastungen wird das US-amerikanische System im Bereich der Arzneimittelentwicklung als hindernd empfunden.[16] Denn bis zum Jahr 2023 verlangte das US-Arzneimittelrecht zwingend Tierversuche in der präklinischen Phase.[17] Dieser Grundsatz kollidierte unweigerlich mit dem 3R-Prinzip, das eine Auseinandersetzung mit der Frage der Ersetzung und Reduktion (Replacement und Reduction) von Tierversuchen vorsieht. Erst durch den FDA Modernization Act 2023 wurde ermöglicht, dass alternativ auch andere Prüfmethoden anerkannt werden können.[18] Das Spannungsverhältnis zwischen Arzneimittelrecht und Tierschutzrecht besteht jedoch weiterhin fort, solange keine validierten Ersatzmethoden verfügbar sind.

22.1.3.4 Einheitlicher Vollzug normativ aufgeladener Tatbestandsmerkmale

Das britische Modell ist insgesamt strenger ausgestaltet als das deutsche Tierschutzrecht. Hervorzuheben ist das Erfordernis der Personal Licence, durch welche jede an einem Tierversuch beteiligte Person individuell lizenziert und ausgebildet sein muss. Zudem hat das Vereinigte Königreich bewusst auf die Möglichkeit eines vereinfachten Genehmigungsverfahren für regulatorische Tierversuche verzichtet. Trotzdem verzeichnete das Vereinigte Königreich traditionell

---

[15] Näher Griffin/Locke, Institute for Laboratory Animal Research Journal 57 (2016), S. 271, 277.

[16] Montanaro, University of Illinois Law Review 55 (2022), S. 36.

[17] Vgl. Montanaro, University of Illinois Law Review 55 (2022), S. 37; Griffin/Locke, Institute for Laboratory Animal Research Journal 57 (2016), S. 271, 273.

[18] Näher Wadman, Science 379 (2023), S. 127 f.

die höchsten Zahlen an durchgeführten Tierversuchen innerhalb der Europäischen Union.[19] Ob das Tierversuchsrecht tatsächlich ausschlaggebend für die Standortwahl bei der Forschung und Entwicklung von somatischen genomischen Therapien ist, lässt sich vor diesem Hintergrund kritisch hinterfragen. Es dürfte vielmehr einer von vielen Standortfaktoren sein.

Nichtsdestotrotz lässt sich in verfahrensrechtlicher Hinsicht ein wesentlicher Vorteil des britischen Systems feststellen. Die zentrale Zuständigkeit des britischen Inneministeriums (bzw. des Gesundheitsministeriums in Nordirland) verhindert Vollzugsunterschiede und trägt zu einer einheitlichen Anwendung der tierschutzrechtlichen Vorgaben bei. Dies betrifft insbesondere auslegungsbedürftige, normativ stark aufgeladene Tatbestandsmerkmale wie die Nutzen-Schaden-Abwägung oder das 3R-Prinzip. Der Vollzug durch eine zentrale Behörde führt zur besseren Vorhersehbarkeit der tatsächlichen Voraussetzungen für die Genehmigung der Versuchsvorhaben für den Normadressaten.[20] Demgegenüber kommt es in der Europäischen Union und aufgrund der föderalen Zuständigkeitsverteilung wohl auch in Deutschland zu divergierenden Vollzugspraktiken, die zu unterschiedlichen Schutzniveaus und damit zu einer geringeren Vorhersehbarkeit der tierversuchsrechtlichen Anforderungen führen.[21] Nicht zuletzt wird durch eine unterschiedliche Auslegung der Genehmigungsvoraussetzungen durch die einzelnen Tierschutzbehörden ein Standortwettbewerb innerhalb der Europäischen Union sowie innerhalb Deutschlands zwischen Mitgliedstaaten und Bundesländern für die Forschung und Entwicklung somatischer genomischer Therapien erzeugt.

22.1.3.5 Umkehr der Feststellungslast bei regulatorischen Tierversuchen

Ein direkter Vergleich der tatsächlich durchgeführten Anzahl an Tierversuchen ist schwierig, da insbesondere in den Vereinigten Staaten von Amerika und Japan Tierversuche regelmäßig nicht meldepflichtig sind.[22] Dennoch zeigen die verfügbaren Daten, dass in den Vereinigten Staaten und in Japan deutlich mehr Tierversuche stattfinden als in der gesamten Europäischen Union.[23] Insofern

---

[19] Dunn, Animals 11 (2021), 1547, S. 13.

[20] Vgl. Home Office, Efficient Breeding of Genetically Altered Animals, 2016, (https://assets.publishing.service.gov.uk/media/5c4b0998ed915d38a2f5e2b5/GAA_Framework_Oct_18.pdf) (geprüft am 24.10.2025).

[21] Vgl. Dunn, Animals 11 (2021), 1547, S. 10.

[22] Poh/Stanslas, Regulatory Toxicology and Pharmacology 153 (2024), 105705, S. 5.

[23] Vgl. Poh/Stanslas, Regulatory Toxicology and Pharmacology 153 (2024), 105705, S. 5.

spricht vieles dafür, dass aufgrund der hier herausgearbeiteten regulatorischen Erleichterungen, tatsächlich ein attraktiveres Forschungsumfeld im Bereich somatischer genomischer Therapien in diesen Ländern besteht – ungeachtet der Tatsache, dass auch das Vereinigte Königreich hohe Versuchstierzahlen aufweist.

Es stellt sich deshalb die Frage, wie die hohen ethischen Schutzsansprüche der Europäischen Union möglichst beibehalten werden können und gleichzeitig eine wettbewerbsfähige Forschungslandschaft in Deutschland und der Europäischen Union speziell im Bereich der Arzneimittelentwicklung erzeugt werden kann. Denn eine Absenkung der materiellrechtlichen Tierschutzstandards dürfte politisch kaum durchsetzbar sein.

Reformpotenzial lässt sich daher nur im Verfahrensrecht identifizieren. Der zentrale Konflikt besteht zwischen dem tierschutzrechtlichen 3R-Prinzip und dem faktischen Erfordernis von Tierversuchen bei der arzneimittelrechtlichen Genehmigung somatischer genomischer Therapien. Während präklinische Tierversuche tierschutzrechtlich stets hinterfragt werden müssen, sind sie arzneimittelrechtlich teilweise verpflichtend und faktisch nahezu immer notwendig. Eine Abschaffung regulatorischer Tierversuche im Arzneimittelrecht – wie sie die Vereinigten Staaten bereits im Jahr 2023 vollzogen haben – entschärft diesen Konflikt nicht, weil die Arzneimittelbehörden im Vollzug weiterhin Tierstudien fordern und für eine adäquate Bewertung eines Arzneimittelkandidaten tatsächlich benötigen.[24]

Eine gesetzliche Vermutungsregel zur Notwendigkeit solcher Tierversuche könnte den Konflikt jedoch verfahrensrechtlich entschärfen. In einem solchen Modell würde die Darlegungs- und Feststellungslast umgekehrt: Nicht mehr der Antragsteller müsste das Fehlen valider Alternativen nachweisen, sondern die zuständige Tierschutzbehörde müsste darlegen, dass eine anerkannte Alternativmethode existiert. Der Begriff des „regulatorischen Tierversuchs" müsste dabei nicht nur einzelne Studien wie toxikologische Untersuchungen erfassen, sondern allgemein für die Forschung und Entwicklung von Arzneimitteln zur Anwendung kommen.

[24] Vor diesem Hintergrund versprechen auch die Änderungen in der aktuellen Fassung des Pharma-Pakets im Hinblick auf die Ersetzung von Tierversuchen keine Entschärfung dieses Konflikts des Antragstellers, weil diese ausschließlich in den Erwägungsgründen statuierten Programmsätze keine verbindliche Regelung schaffen, vgl. Council of the European Union, Regulation laying down Union procedures for the authorisation and supervision of medicinal products for human use and establishing rules governing the European Medicines Agency, 2023/0131 (COD), (https://data.consilium.europa.eu/doc/document/ST-6366-2026-INIT/en/pdf), Erwägungsgrund (46) (geprüft am 12.03.2026).

Ein zentrales Expertengremium, beispielsweise durch Ausbau des Deutschen Zentrums zum Schutz von Versuchstieren (Bf3R) nach Vorbild des CCAC in Kanada, könnte beauftragt werden, wissenschaftlich validierte Alternativmethoden verbindlich zu listen. Fehlt eine solche Listung, wäre die Notwendigkeit eines Tierversuchs im Rahmen der Arzneimittelentwicklung gesetzlich zu vermuten. Wird eine Alternativmethode durch das Expertengremium aufgenommen, müsste umgekehrt der Antragsteller die Durchführung eines Tierversuchs besonders rechtfertigen. Auf diese Weise ließe sich eine unabhängige, einheitliche Bewertungspraxis etablieren und die bürokratische Belastung spürbar reduzieren. Allerdings wäre für dieses Modell eine Änderung der Richtlinie 2010/63/EU erforderlich. Bereits in der Vergangenheit sah das deutsche Tierschutzrecht lediglich eine Anzeigepflicht für regulatorische Versuchsvorhaben vor, bis die Bundesrepublik Deutschland aufgrund eines Vertragsverletzungsverfahrens die Genehmigungsfiktion in § 8a Abs. 1 Satz 2 TierSchG einführte. Das damalige Anzeigeverfahren war mit der umfassenden Prüfpflicht der Behörde nach der Richtlinie 2010/63/EU unvereinbar, weshalb auch die heutige Genehmigungsfiktion als richtlinienwidrig angesehen wird.[25] Insofern steht selbst eine verfahrensrechtliche Lösung vor hohen politischen Herausforderungen.

[25] Vgl. Ovie, in: Spickhoff/Handorn (Hrsg.), Handbuch Medizinisches Forschungsrecht, 2024, S. 545, 576.

Tabelle 22.2 Tierschutzrecht im internationalen Rechtsvergleich

Land	Rechtsgrundlage	Registrierung der Forschungseinrichtung	Inspektion der Forschungseinrichtung	Lizenzpflicht für Personal	Genehmigung der Versuchsvorhabens durch…
Deutschland	TierSchG RL 2010/63/EU	Ja	Ja	Nein	Landesbehörde
Vereinigtes Königreich	ASPA	Ja	Ja	Ja	Innenministerium; Nordirisches Gesundheitsministerium
USA	AWA	Ja Ausnahme: Mäuse, Ratten und Vögel	Ja	Nein	Interne Tierschutzkommission; Kein Erlaubnisvorbehalt: Mäuse, Ratten und Vögel
	HREA	Ja	Nein	Nein	Interne Tierschutzkommission
Kanada	Kein Bundesgesetz	Nein	Nein	Nein	Kcin Erlaubnisvorbehalt
	Provinzgesetze	Nein (Ausnahme: Ontario)	Uneinheitlich	Nein	Kein Erlaubnisvorbehalt/ Interne Tierschutzkommission
	CCAC-Leitlinien	Ja	Ja	Nein	Interne Tierschutzkommission
Japan	AWMA	Nein	Nein	Nein	Kein Erlaubnisvorbehalt
	SCJ-Leitlinien	Nein	Nein	Nein	Kein Erlaubnisvorbehalt

22.2 Klinische Prüfung

Klinische Prüfungen mit Arzneimitteln können mehrere hundert Millionen Euro an Kosten verursachen und stellen den größten Anteil der Forschungs- und Entwicklungsausgaben der pharmazeutischen Industrie dar.[26] Insofern ist deren effiziente Durchführung klinischer Studien ein zentraler Standortfaktor. Werden klinische Studien mit Arzneimittelinnovationen in Deutschland durchgeführt, eröffnet dies zudem Patienten die Möglichkeit zur Teilnahme. Damit ist Deutschland nicht nur als Forschungs- und Entwicklungsstandort, sondern zugleich auch als Medizinstandort durch die regulatorischen Rahmenbedingungen betroffen, weil durch klinische Studien ein frühzeitiger Zugang zu innovativen Therapien ermöglicht wird. Aufgrund der regulatorischen Unterschiede zwischen den einzelnen Staaten besteht hierfür erhebliches Potenzial für Reformen (vgl. Tabelle 22.3).

22.2.1 Harmonisierung auf Normebene und Unterschiede im Vollzug

Somatische genomische Therapien wurden bisher häufig für Indikationen mit kleinen Patientenkollektiven entwickelt. Insofern waren multizentrische Studien über mehrere Prüfzentren hinweg oftmals erforderlich. Dies führte aufgrund von Vollzugsunterschieden bei der Durchführung klinischer Prüfungen zu einem erheblichen administrativen Mehraufwand im Vergleich zu anderen Rechtsordnungen.[27]

Sponsoren mussten sich deshalb in der Europäischen Union parallel mit einer Vielzahl unterschiedlicher Arzneimittel- und Umweltbehörden auseinandersetzen, deren Genehmigungsverfahren, Antragsformulare und Kommunikationssprachen stark variieren – teilweise stehen Antragsunterlagen ausschließlich in der jeweiligen Amtssprache, nicht jedoch in Englisch, zur Verfügung.[28] Für Sponsoren

[26] Vgl. Berg/Tymoczko/Gatto u. a., Stryer Biochemie, 2018, S. 1070; Dettling/Apeltauer, in: Zuck/Dettling (Hrsg.), Arzneimittelgesetz, 2021, § 21 AMG, Rn. 42.

[27] Vgl. Iglesias-Lopez/Obach/Vallano u. a., Critical Reviews in Toxicology 49 (2019), S. 580, 586.

[28] Vgl. Alliance for Regenerative Medicine, Clinical Trials in Europe: Recent Trends in ATMP Development, 2019, (https://alliancerm.org/wp-content/uploads/2025/09/Trends-in-Clinical-Trials-2019-Final_Digital.pdf), S. 8 (geprüft am 08.07.2025); Iglesias-Lopez/Obach/Vallano u. a., Critical Reviews in Toxicology 49 (2019), S. 580, 586, m. w. N.

konnte dies ein ausschlaggebender Grund sein, klinische Prüfungen nicht innerhalb der EU, sondern in Drittstaaten durchzuführen.[29]

22.2.1.1 Koordiniertes Verfahren und ethische Bewertung

Obwohl im arzneimittelrechtlichen Genehmigungsverfahren nach der Verordnung (EU) Nr. 536/2014 die Einschätzung des Berichterstatters grundsätzlich maßgeblich ist, betrifft dies lediglich die wissenschaftliche Bewertung. Die ethische Bewertung wird hingegen dezentral auf Ebene der einzelnen Mitgliedstaaten vorgenommen, sodass ein wesentlicher Teil der Genehmigungsvoraussetzungen von Vollzugsunterschieden betroffen bleibt. Mit der Einrichtung der spezialisierten Ethik-Kommission (SpEK) durch das Medizinforschungsgesetz hat Deutschland bereits einen wichtigen Schritt unternommen, um innerstaatliche Unterschiede im Vollzug der ethischen Bewertung klinischer Prüfungen zu beseitigen. Wünschenswert wäre jedoch eine vergleichbare Lösung auch auf Unionsebene, um multizentrische Studien in Europa planbarer und einfacher durchführen zu können.[30] Dafür spricht nicht zuletzt, dass jüngste Reformvorschläge im Vereinigten Königreich, die ähnliche Strukturen vorsehen, in Pilotstudien zu einer Halbierung der Verfahrensdauer geführt haben.[31]

---

[29] Vgl. Alliance for Regenerative Medicine, Clinical Trials in Europe: Recent Trends in ATMP Development, 2019, (https://alliancerm.org/wp-content/uploads/2025/09/Trends-in-Clinical-Trials-2019-Final_Digital.pdf), S. 8 (geprüft am 08.07.2025); Iglesias-Lopez/Obach/Vallano u. a., Critical Reviews in Toxicology 49 (2019), S. 580, 586, m. w. N.; Reiß/Aichinger/Bührlen u. a., Technologische Souveränität Pharma/Biotech – Studie zur Wettbewerbsfähigkeit und technologischen Souveränität Deutschlands im Pharmasektor, 2023, S. 108.

[30] Insoweit ist der Vorschlag der Europäischen Kommission im European Biotech Act zu unterstützen, eine stärkere Bindung der im Genehmigungsverfahren einer klinischen Prüfung beteiligten Mitgliedstaaten (CMS) an den berichterstattenden Mitgliedstaat (RMS) vorzunehmen, insbesondere hinsichtlich ethischer Aspekte bei der Genehmigung einer klinischen Prüfung, die auf Bewertungsbericht Teil I des Dossiers ausgeweitet werden sollen, vgl. European Commission, Proposal for a Regulation of the European Parliament and of the Council on establishing a framework of measures for strengthening Union's biotechnology and biomanufacturing sectors particularly in the area of health and amending Regulations (EC) No 178/2002, (EC) No 1394/2007, (EU) No 536/2014, (EU) 2019/6, (EU) 2024/795 and (EU) 2024/1938 (European Biotech Act), COM (2025) 1022 final, (https://health.ec.europa.eu/document/download/ec1475b7-e3f9-409e-b927-fc7e69306a8c_en?filename=biotech_reg-com2025-1022_act_en.pdf), Erwägungsgrund (127), Art. 58 Abs. 5 (geprüft am 12.03.2026). Eine dezentrale ethische Prüfung der beteiligten Mitgliedstaaten des Bewertungsberichts Teil II wird allerdings weiterhin vorgesehen, vgl. Art. 58 Abs. 6 und 7.

[31] Wise, British Medical Journal (Clinical Research Edition) 380 (2023), 696, S. 1.

22.2.1.2 Internationale Zentralisierung der ethischen Bewertung bei multizentrischen Studien

Dass eine zentralisierte ethische Bewertung im Bereich der Forschung und Entwicklung somatischer genomischer Therapien erwogen werden sollte, zeigt außerdem, dass im Vereinigten Königreich eine zentrale ethische Bewertung bei klinischen Studien mit Gentherapeutika (GTMP) durch das Gene Therapy Advisory Committee des Innenministeriums (Home Office) erfolgt. In anderen Fällen ist stets eine dezentrale Zuständigkeitsverteilung der Ethik-Kommissionen vorgesehen. Somatische genomische Therapien unterfallen häufig der Legaldefinition eines Gentherapeutikums (vgl. Tabelle 8.1) und profitieren entsprechend in vielen Fällen von der zentralen ethischen Bewertung. In Japan ist zudem eine Übertragung der Zuständigkeit auf spezialisierte Ethik-Kommissionen möglich, wenn es sich um innovative Produkte handelt, die besondere Kenntnisse und Expertise verlangen. Lediglich in Kanada sind vergleichbare Mechanismen nicht vorgesehen.

Der Rechtsvergleich zeigt jedoch auch, dass für eine Zentralisierung der ethischen Bewertung nicht zwingend eine zentrale Ethik-Kommission auf Ebene der Europäischen Union nach dem britischen Modell geschaffen werden müsste. In den Vereinigten Staaten von Amerika existieren ebenfalls dezentrale Ethik-Kommissionen (IRB). Die Zuständigkeit für die Genehmigung multizentrischer Studien wird dort jedoch stets auf eine dieser dezentralen Ethik-Kommissionen (sIRB) übertragen. In rechtsvergleichender Hinsicht erscheint eine zentralisierte ethische Bewertung klinischer Prüfungen für somatische genomische Therapien daher empfehlenswert, um innerhalb der Europäischen Union vergleichbare regulatorische Rahmenbedingungen zu schaffen und die Translation neuartiger Therapien zu erleichtern.[32]

22.2.2 Dauer des arzneimittelrechtlichen Genehmigungsverfahrens

Hinsichtlich der Genehmigungsdauer zeigen sich zunächst deutliche Unterschiede zwischen den hier untersuchten Rechtsräumen. Während das koordinierte Bewertungsverfahren in der Europäischen Union mindestens 45 Tage dauert und gegebenenfalls auf 76 Tage verlängert werden kann, und für Arzneimittel für neuartige Therapien (ATMP) sogar bis zu 126 Tage in Anspruch nehmen kann,

---

[32] Ebenso Berlin Institute of Health at Charité (Hrsg.), Nationale Strategie für gen- und zellbasierte Therapien, Berlin, 2024, S. 90.

sehen die Vereinigten Staaten von Amerika, Japan und Kanada jeweils eine 30-tägige Genehmigungsfiktion vor.[33] Lediglich im Vereinigten Königreich beträgt die Verfahrensdauer zwischen 30 und 60 Tagen, abhängig von der Geschwindigkeit der Entscheidung der Ethik-Kommission; zudem kann die Genehmigung bei Arzneimitteln für neuartige Therapien (ATMP) oder Arzneimitteln, die gentechnisch veränderte Organismen (GMO) enthalten oder aus diesen bestehen, im Vereinigten Königreich bis zu 180 Tage in Anspruch nehmen. Insofern erscheint die Genehmigungsdauer innerhalb der Europäischen Union grundsätzlich deutlich länger zu sein als in den anderen Rechtsräumen.

22.2.2.1 Genehmigungsfiktion und Vollzugsrealität

Hierbei ist jedoch Vorsicht geboten, denn die Genehmigungsfiktion klinischer Prüfungen in den einschlägigen Drittstaaten ist nur eingeschränkt aussagekräftig. In den Vereinigten Staaten von Amerika kann beispielsweise eine Einstellungsverfügung (Clinical Hold) angeordnet werden, die das Verfahren erheblich verzögert. In Japan sind insbesondere bei regenerativen Arzneimitteln (Regenerative Medicine Products) umfangreiche Vorgespräche mit der Arzneimittelbehörde (PMDA) üblich und werden faktisch erwartet. Diese Vorgespräche sind nicht Teil des gesetzlichen Genehmigungsverfahrens, sind im behördlichen Vollzug allerdings faktisch dessen Bestandteil.

Entsprechend führt dies dazu, dass eine Genehmigung in diesen Rechtsräumen häufig nicht innerhalb der 30-Tage-Frist erteilt wird.[34] Es kann daher nicht ohne Weiteres daraus geschlossen werden, dass die Genehmigungsdauer in der Europäischen Union stets länger ist als in den anderen Staaten, nur weil diese formell eine Genehmigungsfiktion vorsehen. Stattdessen hängt die tatsächliche Verfahrensdauer stets vom im Einzelfall eingereichten Dossier des Antragstellers sowie vom Vollzug der Arzneimittelbehörden ab.

---

[33] Insoweit ist der Vorschlag der Europäischen Kommission im European Biotech Act zu begrüßen, die Möglichkeit der grundlosen Verlängerung der Bewertungsfrist von ATMP im Genehmigungsverfahren einer klinischen Prüfung um 50 Tage zu streichen, vgl. European Commission, Proposal for a Regulation of the European Parliament and of the Council on establishing a framework of measures for strengthening Union's biotechnology and biomanufacturing sectors particularly in the area of health and amending Regulations (EC) No 178/2002, (EC) No 1394/2007, (EU) No 536/2014, (EU) 2019/6, (EU) 2024/795 and (EU) 2024/1938 (European Biotech Act), COM (2025) 1022 final, (https://health.ec.europa.eu/document/download/ec1475b7-e3f9-409e-b927-fc7e69306a8c_en?filename=biotech_reg-com2025-1022_act_en.pdf), Erwägungsgrund (129) (geprüft am 12.03.2026).

[34] Vgl. Chandaria/Rice/Baston u. a., Regenerative Medicine 19 (2024), S. 541, 542; Dederer, in: Dederer/Frenken (Hrsg.), Regulation of Genome Editing in Human iPS Cells, 2021, S. 289, 301 f.

22.2.2.2 Wettbewerbsfähige Genehmigungsdauer und Patientenschutz

Aus den Experteninterviews hat sich trotz der in Großbritannien grundsätzlich längeren gesetzlichen Verfahrensdauer ergeben, dass klinische Prüfungen dort vergleichsweise zügig genehmigt werden. Dabei wurde die Vermutung geäußert, dies könne auf Personalmängel infolge des Brexits und einer Abwanderung qualifizierter Mitarbeiter zur EMA zurückzuführen sein, sodass eine vollständige inhaltliche Prüfung aller Anträge nicht mehr in jedem Fall möglich sei. Unabhängig davon, ob diese Vermutung zutrifft, lässt sich hieraus ableiten, dass eine verkürzte Verfahrensdauer nicht zu Lasten der Patientensicherheit gehen darf, indem den Behörden nicht der zeitlich erforderliche Rahmen für eine sorgfältige Prüfung zur Verfügung steht. In einem weiteren Experteninterview wurde nämlich hervorgehoben, dass es für die Behörden praktisch unmöglich sei, sämtliche Anträge in detaillierter Tiefe zu prüfen und dass eine möglichst vollständige und überzeugende Dossiererstellung durch den Antragsteller der beste und schnellste Weg für eine Genehmigung sei. In einem solchen Fall reduziere sich der Verwaltungsaufwand für die Behörden beträchtlich, weil eine zügige Prüfung ohne umfangreiche Nachforderungen möglich werde.

22.2.2.3 Produktspezifische Leitlinien als Verfahrensbeschleuniger

Daraus kann gefolgert werden, dass die Erstellung produktspezifischer Leitlinien für die regelmäßig sehr allgemein formulierten Antragsunterlagen von größerer Bedeutung ist als eine bloße Verkürzung der gesetzlichen Genehmigungsfristen. Nur auf diese Weise lassen sich Patientensicherheit und ein schnelleres Verwaltungsverfahren effizient miteinander vereinbaren und Genehmigungen tatsächlich beschleunigen.

Für Antragsteller ist oft nur schwer ersichtlich, welchen konkreten Anforderungen ihr Produkt unterliegt, um die wissenschaftliche Bewertung durch die Arzneimittelbehörde erfolgreich zu bestehen.[35] Leitlinien, welche die ständige Behördenpraxis abbilden, bieten hier eine wesentliche Orientierungshilfe.

---

[35] Vgl. European Medicines Agency, Overview of comments received on 'Guideline on quality, non-clinical and clinical requirements for investigational advanced therapy medicinal products in clinical trials' (EMA/CAT/123573/2024) – second public consultation, EMA/264632/2024, 2025, (https://www.ema.europa.eu/en/documents/comments/overview-comments-received-guideline-quality-non-clinical-clinical-requirements-investigational-advanced-therapy-medicinal-products-clinical-trials-ema-cat-123573-2024-second-public-consultation_en.pdf), S. 5 f. (geprüft am 24.10.2025); Lowdell, Cytotherapy 27 (2025), S. 874, 875 f.

Gerade im Bereich somatischer genomischer Therapien fehlen solche Leitlinien jedoch häufig, wie der Rechtsvergleich gezeigt hat. Umso wichtiger wäre es, frühzeitig durch aktive Behördenkommunikation nach außen die Antragstellung zu erleichtern und dadurch mit höherer Wahrscheinlichkeit vollständige Anträge zu erhalten.[36] Auf diese Weise ließe sich das Genehmigungsverfahren im Durchschnitt verkürzen, ohne die Patientensicherheit durch zu niedrige Bearbeitungsfristen zu beeinträchtigen. Denn der Rechtsvergleich zeigt auch, dass eine Bewertung von Arzneimitteln für neuartige Therapien bzw. regenerativen Arzneimitteln regelmäßig einen höheren Aufwand erfordert als von herkömmlichen Arzneimitteln.

Hierbei ist wiederum problematisch, dass die einzelnen Mitgliedstaaten der Europäischen Union als Berichterstatter im Genehmigungsverfahren der klinischen Prüfung fungieren und nicht etwa eine zentrale Behörde wie in den übrigen Rechtsräumen. Entsprechende Leitlinien können zwar durch die EMA erstellt und herausgegeben werden, das heißt aber nicht, dass Berichterstatter diese einheitlich umsetzen werden.

22.2.3 Parallele Regulierung durch das Gentechnikrecht

Bemerkenswert ist, dass in nahezu allen untersuchten Rechtsräumen eine parallele Regulierung klinischer Studien durch Arzneimittel- und Gentechnikrecht bei gentechnisch veränderten Organismen zu erheblichen Verfahrensverzögerungen führt. Ausschließlich in den Vereinigten Staaten von Amerika ist eine Umweltprüfung (EA) oder Umweltverträglichkeitsprüfung (EIS) für die Genehmigung klinischer Prüfungen nahezu stets ausgeschlossen. Die Durchführung klinischer

---

[36] Insofern könnte der Ausbau der regulatorischen Beratung durch ein EU Health Biotechnology Support Network – wie es die Europäische Kommission im Entwurf eines European Biotech Act vorschlägt – tatsächlich eine erhebliche Unterstützung für die beteiligten Stakeholder bieten, vgl. European Commission, Proposal for a Regulation of the European Parliament and of the Council on establishing a framework of measures for strengthening Union's biotechnology and biomanufacturing sectors particularly in the area of health and amending Regulations (EC) No 178/2002, (EC) No 1394/2007, (EU) No 536/2014, (EU) 2019/6, (EU) 2024/795 and (EU) 2024/1938 (European Biotech Act), COM (2025) 1022 final, (https://health.ec.europa.eu/document/download/ec1475b7-e3f9-409e-b927-fc7e69306a8c_en?filename=biotech_reg-com2025-1022_act_en.pdf), Art. 34 (geprüft am 12.03.2026).

Studien wird dort entsprechend vielfach als deutlich weniger aufwendig wahrgenommen.[37] Nach Einschätzung zahlreicher Stakeholder behindert die parallele Regulierung durch das unionale Gentechnikrecht die Forschung und Entwicklung hierzulande hingegen insbesondere bei klinischen Prüfungen mit Gentherapeutika erheblich.[38]

22.2.3.1 Verzögerungen bei der Genehmigung klinischer Prüfungen

Kanada stellt hierfür ein anschauliches Beispiel dar. Die umweltrechtliche Notifizierung nach dem kanadischen Umweltgesetz (CEPA) nimmt aufgrund gesetzlicher Fristen regelmäßig bis zu 180 Tage in Anspruch und dauert damit deutlich länger als das Genehmigungsverfahren einer klinischen Prüfung nach Arzneimittelrecht mit einer Frist von 30 Tagen. Die umweltrechtliche Bewertung erfordert außerdem ein eigenständiges Dossier, obwohl in beiden Anträgen vergleichbare Daten eingereicht werden müssen. Arzneimittel, die keine lebenden Organismen im Sinne des kanadischen Umweltgesetzes (CEPA) enthalten, sind von diesen Hürden hingegen nicht betroffen.

Ein Extremfall ist in dieser Hinsicht Japan: Hier können klinische Prüfungen aufgrund der erforderlichen Umweltverträglichkeitsprüfung nach dem Cartagena Act bis zu einem Jahr Vorlaufzeit benötigen und in der Vergangenheit waren die Vorlaufzeiten sogar noch länger.[39] Der Cartagena Act wird daher vielfach als erhebliche Hürde für klinische Prüfungen bewertet.[40] Eine gewisse Erleichterung gegenüber der Europäischen Union ergibt sich allein daraus, dass der Cartagena Act Mutagenesetechniken nicht erfasst, da nur solche Arzneimittel als lebende veränderte Organismen (LMO) gelten, denen exogenes genetisches Material hinzugefügt wurde und dieses bei Inverkehrbringen weiterhin enthalten.

---

[37] Bachtarzi/Farries, Human Gene Therapy Clinical Development 30 (2019), S. 114, 125; Iglesias-Lopez/Obach/Vallano u. a., Critical Reviews in Toxicology 49 (2019), S. 580, 592; Schauer, Pharma Recht 44 (2022), S. 482, 487 f.

[38] European Commission, Commission Staff Working Document, Study on the status of new genomic techniques under Union law and in light of the Court of Justice ruling in Case C-528/16, SWD(2021) 92 final, 2021, (https://food.ec.europa.eu/system/files/2021-04/gmo_mod-bio_ngt_eu-study.pdf), S. 41, 58 (geprüft am 24.10.2025); Dederer, in: Dederer/Frenken (Hrsg.), Regulation of Genome Editing in Human iPS Cells, 2021, S. 289, 320 f.

[39] Tajima/Huh/Schmidt u. a., Molecular Therapy Methods & Clinical Development 26 (2022), S. 74, 80.

[40] Mizoguchi/Fleischmann/Komuro u. a., Expert Opinion on Biological Therapy 24 (2024), S. 529, 540; Tajima/Huh/Schmidt u. a., Molecular Therapy Methods & Clinical Development 26 (2022), S. 74, 78; dies wurde in den Experteninterviews, die in Japan durchgeführt wurden, einheitlich bestätigt.

Im Vereinigten Königreich wirkt sich ausschließlich positiv aus, dass die zentrale Zuständigkeit der Joint Regulatory Authority eine Antragsbündelung bei multizentrischen Forschungsvorhaben mit gentechnisch veränderten Organismen (GMO) ermöglicht. Allerdings werden die gentechnikrechtliche und die arzneimittelrechtliche Erlaubnis getrennt voneinander erteilt. Hinzu kommt, dass Nordirland von der Zuständigkeit der Joint Regulatory Authority ausgenommen ist, was zu einer Zersplitterung führt.

Im Vergleich hierzu ist die integrierte Freisetzungsgenehmigung in Deutschland durch die gebündelte Genehmigung beim Paul-Ehrlich-Institut im Benehmen mit dem Bundesamt für Verbraucherschutz und Lebensmittelsicherheit effizienter organisiert. Die integrierte Freisetzungsgenehmigung, die sowohl die arzneimittelrechtliche als auch die gentechnikrechtliche Bewertung hinsichtlich der Freisetzung umfasst, stellt eine verfahrensrechtliche Erleichterung dar. Insbesondere multizentrische Studien werden somit einheitlich durch die Arzneimittelbehörde im Benehmen mit dem Bundesamt für Verbraucherschutz und Lebensmittelsicherheit beschieden. Gleichwohl ist anzumerken, dass die Genehmigung klinischer Prüfungen innerhalb der Europäischen Union weiterhin durch die einzelnen Mitgliedstaaten erfolgt und dadurch erhebliche Vollzugsdefizite bei der Umsetzung des unionalen Gentechnikrechts entstehen.

22.2.3.2 Anwendungsbereich des Gentechnikrechts und Leitlinien

Die Einschränkungen, die durch das Gentechnikrecht für klinische Prüfungen erzeugt werden, haben zu einer Debatte geführt, ob eine doppelte Regulierung angemessen ist.[41] Zellen sind in der freien Umgebung beispielsweise nicht überlebensfähig, ihre Gleichstellung mit rekombinanten Viren oder anderen Mikroorganismen sei daher unverhältnismäßig.[42] Im Lichte des Rechtsvergleichs muss allerdings festgestellt werden, dass Zellen in allen hier untersuchten Rechtsräumen als Mikroorganismen nach dem jeweiligen Gentechnikrecht reguliert werden und insoweit kein rechtlicher Nachteil für die hiesigen Forscher besteht. Ein solcher rechtlicher Nachteil entsteht erst dadurch, dass für die Durchführung klinischer Prüfungen mit Prüfpräparaten, die gentechnisch veränderte Organismen enthalten oder aus diesen bestehen, stets eine Umweltverträglichkeitsprüfung durchzuführen ist und eine entsprechende Genehmigung nach dem Gentechnikrecht einzuholen ist. Dies ist ausschließlich in den Vereinigten Staaten von Amerika faktisch nie notwendig und in Japan dann nicht notwendig, wenn

[41] Schauer, Pharma Recht 44 (2022), S. 482, 487 f., m. w. N.

[42] Bachtarzi/Farries, Human Gene Therapy Clinical Development 30 (2019), S. 114, 123.

kein exogenes genetisches Material in veränderten Mikroorganismen oder Zellen verbleibt. Die Erkenntnisse aus dem Rechtsvergleich zeigen insoweit, dass eine Deregulierung im Bereich der Arzneimittelentwicklung tatsächlich notwendig ist, weil die Verzögerung klinischer Prüfungen durch das Gentechnikrecht ein generelles Problem darstellt. Insofern könnte einerseits erwogen werden, dem US-amerikanischen Ansatz zu folgen und eine Umweltverträglichkeitsprüfung im Bereich klinischer Prüfungen ausschließlich dann anzuordnen, wenn die Behörde ein besonderes Umweltrisiko anhand vorliegender Tatsachen darlegen kann.[43] Im Umkehrschluss könnten die Vorschriften für die Anwendung gentechnisch veränderter Organismen im geschlossenen System weiterhin anwendbar bleiben. Hierfür spricht, dass die NIH-Guidelines eine deutlich strengere Regulierung im Bereich klinischer Prüfungen vorsehen. Dem japanischen Modell folgend könnte zudem eine Deregulierung dahingehend erwogen werden, dass gentechnisch veränderte Mikroorganismen und Zellen stets dann vom Anwendungsbereich des Gentechnikrechts ausgenommen werden, wenn kein exogenes genetisches Material nach der Verarbeitung verbleibt.

In der Vergangenheit konnte zudem durch einheitliche Vorlagen für die Genehmigung klinischer Prüfungen mit Zellen, die mittels Lenti- oder Retroviren gentechnisch verändert wurden, eine deutliche Verfahrensvereinfachung erreicht

[43] Insofern ist der Vorschlag der Europäischen Kommission in ihrem Entwurf des European Biotech Act zu unterstützen, für klinische Prüfungen mit GVO-haltigen Prüfpräparaten im Bereich somatischer genomischer Therapien eine Deregulierung durch einen neuen Art. 4a ATMP-VO sowie Art. 5a der VO (EU) Nr. 536/2014 vorzunehmen, indem für bestimmte Fälle somatischer genomischer Therapien keine Umweltverträglichkeitsprüfung mehr durchgeführt werden muss, vgl. European Commission, Proposal for a Regulation of the European Parliament and of the Council on establishing a framework of measures for strengthening Union's biotechnology and biomanufacturing sectors particularly in the area of health and amending Regulations (EC) No 178/2002, (EC) No 1394/2007, (EU) No 536/2014, (EU) 2019/6, (EU) 2024/795 and (EU) 2024/1938 (European Biotech Act), COM (2025) 1022 final, (https://health.ec.europa.eu/document/download/ec1475b7-e3f9-409e-b927-fc7e69306a8c_en?filename=biotech_reg-com2025-1022_act_en.pdf), Erwägungsgrund (118) und (119), Art. 57 Abs. 2 (geprüft am 12.03.2026). Allerdings soll die Darlegungslast für eine Befreiung vom Erfordernis einer Freisetzungsgenehmigung weiterhin beim Sponsor der klinischen Prüfung liegen. Dieser hat daher im jeweiligen Antrag auf Genehmigung der klinischen Prüfung positiv darzulegen, dass von dem Prüfpräparat kein oder lediglich ein vernachlässigbares Umweltrisiko ausgeht. Es könnte und sollte erwogen werden, die bereits vorgenommene Typisierung bestimmter Fälle somatischer genomischer Therapien im Entwurf (etwa Zelltherapien, die durch CRISPR-Cas-Ribonukleoproteine ohne DNA-Vorlage editiert wurden und replikationsdefiziente virale Vektoren; vgl. Art. 4a ATMP-VO Abs. 1 Buchst. c) und d) in Art. 57 Abs. 2 des European Biotech Act) konsequent fortzuführen, indem das umweltrechtliche Risiko als widerlegbar vernachlässigbar vermutet wird und die Darlegungslast zu Lasten des Antragstellers entsprechend vollständig beseitigt wird.

Tabelle 22.3 Klinische Prüfung und Gentechnikrecht im internationalen Rechtsvergleich

	Arzneimittelrecht			**Gentechnikrecht**		
Land	Rechtsgrundlage	Zuständige Behörde	Zuständige Ethik-Kommission	Rechtsgrundlage	Zuständige Behörde	Umweltrechtliche Genehmigung notwendig?
Deutschland	AMG VO (EU) Nr. 536/2014	PEI	Dezentrale Ethik-Kommissionen; SpEK: ATMP, First-in-Human-Studies, Masterprotokoll	§ 40 Abs. 7 AMG RL 2001/18/EG	PEI (BVL)	Ja, falls GVO
EU	Nationale Gesetze VO (EU) Nr. 536/2014	Arzneimittelbehörden der Mitgliedstaaten	Ethik-Kommissionen der Mitgliedstaaten	RL 2001/18/EG und/oder RL 2009/83/EG	Arzneimittelbehörden der Mitgliedstaaten und/oder Umweltbehörden der Mitgliedstaaten	Ja, falls GMO
Vereinigtes Königreich	The Medicines for Human Use (Clinical Trials) Regulations 2004	MHRA	Dezentrale REC; GTMP: Gene Therapy Advisory Committee	Genetically Modified Organisms (Contained Use) Regulations; Genetically Modified Organisms (Deliberate Release) Regulations	HSE/HSENI oder DEFRA/Nordirisches Umweltministerium	Ja, falls GMO
USA	FDCA PHSA	FDA	sIRB	NEPA	FDA	Nein; Ausnahme: hohes Gefahrpotenzial

(Fortsetzung)

Tabelle 22.3 (Fortsetzung)

	Arzneimittelrecht			Gentechnikrecht		
Land	Rechtsgrundlage	Zuständige Behörde	Zuständige Ethik-Kommission	Rechtsgrundlage	Zuständige Behörde	Umweltrechtliche Genehmigung notwendig?
				NIH Guidelines	IBC (NIH)	Ja, falls NIH-Finanzierung und rekombinante oder synthetische Nukleinsäure; Ausnahme: Section III-F-1, Section III-C-1(2)
Kanada	F&D Act	Health Canada	Dezentrale REB	CEPA NSNR	ECCC	Ja, falls neue Stoffe
Japan	PMD Act	MHLW	Dezentrale IRB; Möglichkeit der Zuständigkeitsabgabe an geeignetere Ethik-Kommission	Cartagena Act	MHLW (MOE)	Ja, falls LMO

werden.[44] Nicht nur im Rahmen des arzneimittelrechtlichen Genehmigungsverfahrens einer klinischen Prüfung, sondern auch bei der gentechnikrechtlichen Genehmigung sind unverbindliche Leitlinien somit ein wesentlicher Beschleunigungsfaktor.

22.3 Marktzulassung

Die arzneimittelrechtlichen Grundstrukturen der Marktzulassung sind in allen untersuchten Rechtsordnungen im Kern vergleichbar. Unterschiede bestehen jedoch in der Geschwindigkeit und Flexibilität der Verfahren (vgl. Tabelle 22.4). Mit einer regelmäßigen Genehmigungsdauer von 210 Tagen liegt die Europäische Union nicht an der Spitze, zeigt sich im internationalen Vergleich aber durchaus wettbewerbsfähig.[45] Japan und Kanada verfügen demgegenüber über längere Regelfristen, während das Vereinigte Königreich mit einem regelmäßigen Bewertungszeitraum von 150 Tagen nach dem Brexit einen deutlichen Geschwindigkeitsvorteil erzielen konnte. Dabei ist jedoch zu berücksichtigen, dass gesetzlich normierte Fristen nicht notwendigerweise die tatsächliche Verfahrensdauer widerspiegeln. Denn bei Unvollständigkeit der Antragsunterlagen kann eine Unterbrechung (sog. Clock-Stop) zur Nachforderung fehlender Informationen angeordnet werden, wodurch sich das Verfahren entsprechend verlängert.

[44] Iglesias-Lopez/Obach/Vallano u. a., Critical Reviews in Toxicology 49 (2019), S. 580, 586; siehe im Übrigen auch zur bürokratischen Last beim Vollzug in Deutschland im Allgemeinen DFG-Senatskommission für Grundsatzfragen der Genforschung, Entbürokratisierung und Vereinheitlichung des Vollzugs des Gentechnikrechts bei gentechnischen Arbeiten der Sicherheitsstufe 1, (https://www.dfg.de/resource/blob/337150/sk-genforschung-gentechnikrecht.pdf) (geprüft am 24.10.2025).

[45] Durch das Pharma-Paket soll die Dauer des Genehmigungsverfahrens auf Ebene der Mitgliedstaaten bzw. des wissenschaftlichen Bewertungsverfahrens im zentralisierten Zulassungsverfahren zudem von 210 Tagen auf 180 Tage reduziert werden, ohne die Qualität der Bewertung zu beeinflussen, vgl. Council of the European Union, Directive on the Union code relating to medicinal products for human use, 2023/0132 (COD), 2026, (https://data.consilium.europa.eu/doc/document/ST-6367-2026-INIT/en/pdf), Erwägungsgrund (42) und Art. 30 (geprüft am 12.03.2026); Council of the European Union, Regulation laying down Union procedures for the authorisation and supervision of medicinal products for human use and establishing rules governing the European Medicines Agency, 2023/0131 (COD), (https://data.consilium.europa.eu/doc/document/ST-6366-2026-INIT/en/pdf), Erwägungsgrund (34) und Art. 6 Abs. 6 (geprüft am 12.03.2026).

22.3.1 Bedingte Zulassung und abgesenktes Evidenzniveau

Über die Regelverfahren hinaus wird der Forschungs- und Entwicklungszeitraum sowie der Umfang der erforderlichen Daten durch verschiedene besondere Zulassungsarten verändert. Eine bedingte Zulassung existiert beispielsweise in sämtlichen Vergleichsstaaten. Japan nimmt hierbei eine Sonderstellung ein: Das dortige Conditional Time-Limited Approval ist auf regenerative Arzneimittel (Regenerative Medicine Products) nach dem Arzneimittel- und Medizinproduktegesetz (PMD Act) beschränkt (vgl. Tabelle 12.3), kann jedoch auch für Indikationen erteilt werden, die nicht lebensbedrohlich oder schwerwiegend sind.[46] Zudem ist für diese nicht erforderlich, dass bislang keine zufriedenstellenden therapeutischen Alternativen auf dem japanischen Arzneimittelmarkt existieren. Die Voraussetzungen für eine bedingte Zulassung entsprechender somatischer genomischer Therapien sind damit deutlich weniger restriktiv ausgestaltet als in den übrigen Rechtsräumen (vgl. Tabelle 22.4). Umgekehrt können somatische genomische Therapien, die nicht als regenerative Arzneimittel nach dem Arzneimittel- und Medizinproduktegesetz (PMD Act) klassifizierbar sind (vgl. Tabelle 12.3), überhaupt nicht von der Möglichkeit einer bedingten Zulassung profitieren.

Das Conditional Time-Limited Approval ermöglicht somit einen besonders schnellen Zugang innovativer somatischer genomischer Therapien zum Markt und in die Versorgung, birgt allerdings erhebliche Risiken. In der Praxis hat sich gezeigt, dass Produkte teilweise bereits nach Phase-I-Studien zugelassen wurden und anschließend unmittelbar in das japanische Gesundheitssystem überführt wurden. Ein prominentes Beispiel ist das Produkt HeartSheet, das nach kurzer Zeit wieder vom Markt genommen werden musste.[47] Auch in einem der durchgeführten Experteninterviews wurde betont, dass derzeit eine intensive öffentliche Debatte über den frühen Produktzugang regenerativer Arzneimittel in Japan geführt wird. Denn immer wieder gelangen unwirksame regenerative Arzneimittel nach ihrer bedingten Zulassung in das japanische Gesundheitssystem und verursachen erhebliche Kosten für die Solidargemeinschaft. Dies führe zu einem spürbaren Abbau des bestehenden Rückhalts in der Gesellschaft für Innovationen im Bereich regenerativer Arzneimittel.

Diese Beobachtungen sind ein wichtiger Hinweis für den deutschen Rechtsrahmen. Denn auch in Deutschland ist ein unmittelbarer Marktzugang nach

---

[46] Noda/Kobayashi/Okura u. a., Cytotherapy 27 (2025), S. 700, 707.

[47] Cai/Sui/Wang u. a., BMC Medicine 22 (2024), 421, S. 6.

zulassungsrechtlicher Genehmigung im Bereich der Arzneimittelversorgung vorgesehen (vgl. Abschnitt 24.3), während andere europäische Staaten eine „vierte Hürde" für den Marktzugang vorsehen. Die Beschränkung der bedingten Zulassung auf lebensbedrohliche und schwerwiegende Krankheiten bei einem ungedeckten medizinischen Bedarf ist vor diesem Hintergrund als positiv zu bewerten.

22.3.2 Beschleunigung und Förderung innovativer Arzneimittel

Während Kanada über keine besonderen Beschleunigungsmechanismen im Vergleich zu den übrigen Rechtsräumen verfügt, existiert in den anderen untersuchten Staaten eine Vielzahl beschleunigter Zulassungsverfahren (vgl. Tabelle 22.4). Dieser Umstand wurde in den Experteninterviews mit kanadischen Forschern als Manko bezeichnet, da insbesondere eine enge wissenschaftliche Begleitung durch die europäischen Regulierungsbehörden als besonders wertvoll angesehen wurde. Insoweit hat die Europäische Union bereits einen bedeutenden Wettbewerbsvorteil geschaffen, der beibehalten und gegebenenfalls weiter ausgebaut werden sollte.

22.3.2.1 Verzahnung von Marktzulassung und Marktzugang

Im Vereinigten Königreich ist das Innovative Licensing and Access Pathway (ILAP) hervorzuheben. Dieses integriert neben der MHRA auch das National Institute for Health and Care Excellence (NICE) und den National Health Service (NHS) in die regulatorische Frühberatung. Dadurch kann sichergestellt werden, dass klinische Studien nicht nur den arzneimittelrechtlichen, sondern zugleich den gesundheitsökonomischen Erfordernissen für die spätere Erstattung entsprechen. Zwar sieht Deutschland keine „vierte Hürde" vor, bevor eine Arzneimittelinnovation in das Sozialversicherungssystem implementiert wird, jedoch bestehen auch hierzulande vergleichbare Schnittstellen zwischen Marktzulassung und der sog. frühen Nutzenbewertung (vgl. Abschnitt 23.2). Insofern könnte eine systematische Einbindung der nationalen Institutionen des Marktzugangs in die Zulassungsberatung nach dem britischen Vorbild als sinnhaft erachtet werden. Denn die Studienqualität, die im Rahmen der arzneimittelrechtlichen Marktzulassung gefordert wird, und derjenigen, die im Rahmen der gesundheitsökonomischen Bewertung für den Marktzugang erwartet wird, fällt insbesondere bei somatischen genomischen Therapien nicht selten auseinander (vgl. Abschnitt 23.2). Eine unionsweite Umsetzung nach dem Vorbild des ILAP erscheint allerdings aufgrund der unterschiedlichen nationalen Erstattungssysteme wenig sinnvoll,[48] auch wenn aktuelle Rechtsentwicklungen in eine andere Richtung deuten (vgl. Abschnitt 23.3.4).

22.3.2.2 Reform des PRIME-Programms

Die Vereinigten Staaten von Amerika verfügen mit Instrumenten wie Fast Track, Breakthrough Therapy und RMAT Designation über ein besonders ausdifferenziertes System zur beschleunigten Genehmigung innovativer Arzneimittel, insbesondere im Bereich somatischer genomischer Therapien. Die PRIME Designation ist hinsichtlich ihrer rechtlichen Folgen mit diesen Förderprogrammen vergleichbar. Der wesentliche Unterschied besteht darin, dass eine RMAT Designation auf der Tatbestandsseite keinen Überlegenheitsnachweis gegenüber bestehenden Therapiealternativen voraussetzt. Sie eröffnet damit einen besonders attraktiven regulatorischen Sonderpfad für bestimmte somatische genomische Therapien, weil sie nicht nur intensive Beratungsangebote und eine Validierung potenzieller Surrogat- und intermediärer Endpunkte gewährleistet, sondern auch den Zugang zu beschleunigten und bedingten Zulassungsverfahren ausnahmsweise ohne Überlegenheitsnachweis ermöglicht. Insofern öffnet die Erteilung der RMAT Designation einen vereinfachten Weg in die bedingte Zulassung, der ausschließlich regenerativen Arzneimitteln im US-amerikanischen Arzneimittelrecht zur Verfügung steht.[49]

Das PRIME-Programm ist hingegen für alle Arzneimittelinnovationen geöffnet, sieht aber keine der RMAT Designation vergleichbare Privilegierung für regenerative Arzneimittel vor. Somatische genomische Therapien müssen bei Indikationen, für die eine Versorgungsalternative existiert, daher bereits in frühen klinischen Studien erkennen lassen, dass sie eine therapeutische Lücke schließen und einen Mehrwert bieten würden. Vor diesem Hintergrund erscheint es für die Europäische Union erwägenswert, das PRIME-Programm mit einer ähnlichen Privilegierungswirkung[50] ausschließlich für somatische genomische

---

[48] Im Bereich der nationalen Gesundheitssysteme, insbesondere ihrer Erstattungssysteme, wurden der Europäischen Union ausdrücklich keine Kompetenzen durch die Mitgliedstaaten übertragen; vgl. Art. 168 Abs. 7 Satz 2 AEUV.

[49] Insoweit nähert sich das US-amerikanische Arzneimittelrecht für diese Arzneimittelgruppe dem japanischen Modell der Conditional Time-Limited Approval an. Allerdings ist die Erteilung einer RMAT Designation weiterhin auf schwere und lebensbedrohliche Erkrankungen bei einem ungedeckten medizinischen Bedarf beschränkt, sodass eine bedingte Zulassung in den Vereinigten Staaten von Amerika trotz RMAT Designation einen engeren Anwendungsbereich aufweist.

[50] Der gemeinsame Vorteil des japanischen und des US-amerikanischen Modells besteht insoweit darin, dass regenerative Arzneimittel keinen Überlegenheitsnachweis gegenüber

Therapien anzureichern, um insbesondere forschenden Pharmaunternehmen und Biotech-Start-ups attraktivere Rahmenbedingungen zu bieten.[51] Die regulatorische Begleitung und besonderen Zulassungserleichterungen haben nämlich erhebliche ökonomische Bedeutung, weil sie die Dauer des Produktentwicklung reduzieren. Die Dauer der Produktentwicklung schmälert die effektive Patentlaufzeit einer Arzneimittelinnovation, weil die Vermarktung eines Arzneimittels eine vorherige Marktzulassung erfordert. Der wirtschaftliche Erfolg eines Arzneimittels hängt aber maßgeblich von den während der Patentlaufzeit erzielbaren Umsätzen ab. Eine Verkürzung der Entwicklungszeit führt somit zu erheblichen ökonomischen Vorteilen für Originatoren.[52] Aus diesem Grund wäre eine Ausweitung des PRIME-Programms speziell für somatische genomische Therapien der entscheidende regulatorische Hebel, um Europa zukünftig als Investitionsstandort für die Forschung und Entwicklung dieser hochinnovativen Produkte zu platzieren, ohne die Patientensicherheit zu gefährden.

Dies wäre mit höheren Verwaltungskosten verbunden, da mehr hochqualifiziertes Personal in den Arzneimittelbehörden angestellt werden müsste, welches die regulatorische Begleitung durchführt. Zudem würden die Gesundheitssysteme der Mitgliedstaaten belastet, wenn möglicherweise unwirksame Arzneimittel besonders früh in die Versorgung eintreten. Es müsste deshalb gewährleistet sein, dass die Investitionen der Unternehmen tatsächlich in den Standort Europa fließen und nicht lediglich die regulatorischen Privilegierungen in Anspruch genommen

bestehenden Vergleichstherapien erbringen müssen, um die zulassungsrechtlichen Sonderwege in Anspruch nehmen zu können.

[51] In der aktuellen Fassung des Pharma-Pakets zeigt sich der Unionsgesetzgeber zu einer vergleichbaren Privilegierung bestimmter Arzneimittel grundsätzlich bereit. Eine neue Kategorie der sog. „Breakthrough Orphan Medicinal Products“ wurde geschaffen, die nach der Schlussfassung ein verlängertes Marktexklusivitätsrecht für Produkte gewährleistet, wenn bisher kein Medikament für die entsprechende Indikation in der Europäischen Union zugelassen worden ist und das Produkt einen klinisch relevanten Nutzen aufweist. Die zusätzlichen Erfordernisse im Entwurf der Europäischen Kommission, dass ein solches Produkt einen hohen ungedeckten medizinischen Bedarf (High Unmet Medical Need) decken bzw. im Vergleich zu einem bereits existierenden Präparat einen Zusatznutzen vorweisen muss, wurde ausdrücklich gestrichen, vgl. Council of the European Union, Regulation laying down Union procedures for the authorisation and supervision of medicinal products for human use and establishing rules governing the European Medicines Agency, 2023/0131 (COD), (https://data.consilium.europa.eu/doc/document/ST-6366-2026-INIT/en/pdf), Art. 70 Abs. 1, Art. 71 Abs. 2 Buchst. b) (geprüft am 12.03.2026).

[52] Hierzu existieren aber bisher keine empirischen Daten, vgl. Schlander/Hernandez-Villafuerte/Cheng u. a., PharmacoEconomics 39 (2021), S. 1243, 1265.

werden. Insoweit lohnt sich wiederum der Blick nach Japan, der einen möglichen Lösungsansatz hierfür bietet. Eine Erweiterung und Öffnung des PRIME-Programms spezifisch für somatische genomische Therapien könnte – ähnlich wie die Sakigake-Designation – daran geknüpft werden, dass die begünstigten Produkte überwiegend in der Europäischen Union entwickelt werden und eine Erstzulassung in der Europäischen Union angestrebt werden muss. Auf diese Weise wäre gewährleistet, dass die erhöhten Kosten durch die regulatorische Beratung der Arzneimittelbehörden und der Gesundheitssysteme dadurch aufgefangen werden, dass einerseits Arbeitsplätze innerhalb der Europäischen Union im Bereich des Biotechnologiesektors geschaffen werden und andererseits Patienten Zugang zu klinischen Studien erhalten, die vermehrt innerhalb Europas angeboten werden würden. Durch eine Kombination der US-amerikanischen RMAT Designation und der japanischen Bindung an den Entwicklungsstandort bei der Sakigake Designation ließe sich eine Win-Win-Situation schaffen: für die Forscher und Entwickler einerseits und für den Forschungs- und Entwicklungsstandort Europäische Union andererseits. Dabei müsste geklärt werden, welcher prozentuale Anteil der weltweiten klinischen Studien für eine somatische genomische Therapie für die Aufnahme in das PRIME-Programm auf die Europäische Union fallen sollte. Zudem müsste gewährleistet sein, dass die Voraussetzungen der unionsrechtlichen bedingten Zulassung nicht vollständig ausgehöhlt werden, weil ansonsten ähnliche Probleme wie in Japan hervorgerufen werden könnten (vgl. Abschnitt 22.3.1). Vor diesem Hintergrund erscheint es sinnvoll, dass eine erweiterte PRIME-Designation zwar auf den Überlegenheitsnachweis verzichtet, aber weiterhin auf schwerwiegende und lebensbedrohliche Krankheiten bei einem ungedeckten medizinischen Bedarf beschränkt bleibt – dies schmälert allerdings die Effektivität der Maßnahme.

22.3.3 Personalisierte somatische genomische Therapien

Somatische genomische Therapien eignen sich in besonderem Maße für die personalisierte Medizin. Denn sie können durch Anpassung ihrer Wirkstoffe und sonstigen Bestandteile an unterschiedliche Mutationen im Genom eines Patienten individualisiert werden. Der zugrundeliegende Wirkmechanismus bleibt allerdings häufig gleich.

Wie die Untersuchung des unionalen Arzneimittelrechts gezeigt hat, bestehen hierfür jedoch keine eigenständigen Vorschriften. Eine somatische genomische Therapie, die patientenindividuell angepasst wird, stellt zunächst ein gewöhnliches Humanarzneimittel dar, dessen Inverkehrbringen einer vorherigen Zulassung bedarf. Die Durchführung klinischer Studien ist in solchen Fällen häufig nicht oder nur unter verringerten Voraussetzungen möglich, insbesondere wenn die Behandlung lediglich auf einen einzigen Patienten zugeschnitten werden soll (n = 1). Zwar stünde grundsätzlich das Institut der Zulassung unter außergewöhnlichen Umständen zur Verfügung. Diese bildet jedoch nicht den Regelfall ab, sondern stellt eine Ausnahmevorschrift für Einzelfälle dar. Handelt es sich um ein Arzneimittel für neuartige Therapien (ATMP), kann zudem auf die nationalstaatliche Genehmigung im Rahmen der Krankenhausausnahme (Hospital Exemption) zurückgegriffen werden. Diese Möglichkeit bleibt somatischen genomischen Therapien, die nicht als ATMP klassifiziert werden können (vgl. Tabelle 8.1), jedoch verwehrt. Außerdem beschränkt sich ihre Herstellung und der Vertrieb auf das Hoheitsgebiets des jeweiligen Mitgliedstaats, welcher die Genehmigung erteilt hat. Das britische und japanische Arzneimittelrecht kennen ebenfalls kein eigenständiges Regime für diese besonderen Therapieformen. Vielmehr gehen alle untersuchten Rechtsordnungen bislang davon aus, dass ein Arzneimittel ein Produkt darstellt, das für eine Gruppe von Patienten entwickelt und anschließend regulär vermarktet wird („one size fits all“).

22.3.3.1 Advanced Therapy Products

In Kanada eröffnet hingegen das neue ATP-Regime ein erhebliches Innovationspotenzial, weil es der zuständigen Behörde erlaubt, Einzelfallgenehmigungen unter maßgeschneiderten Voraussetzungen zu erteilen. Eine derart weitreichende Exekutivermächtigung in Form einer arzneimittelrechtlichen Generalklausel wirft allerdings vielfältige verfassungsrechtliche Fragen auf, die im deutschen Kontext an den Grenzen des Art. 80 Abs. 1 GG und der Wesentlichkeitslehre zu messen wären. Umgekehrt lässt sich grundsätzlich die Frage aufwerfen, ob ein Gesetz als abstrakt-genereller Hoheitsakt überhaupt dazu geeignet ist, konkret-individuelle Einzelfälle (n = 1-Therapien) angemessen zu erfassen.

22.3.3.2 Platform Technology Designation und Genetically Targeted Drugs

Dass ein entsprechender rechtlicher Rahmen für diese Therapien nicht ausgeschlossen sein muss, zeigt ein Blick auf das US-amerikanische Arzneimittelrecht, das als bislang einziges der hier untersuchten Systeme abstrakt-generelle Antworten auf die Frage der regulatorischen Behandlung personalisierter Arzneimittel im Rahmen eines Zulassungsverfahrens bietet. Mit Mechanismen wie der Platform-Technology-Designation und der Zulassung von Genetically Targeted Drugs wurden regulatorische Instrumente geschaffen, die eine Bezugnahme auf bestehende präklinische und qualitätsbezogene Daten auch bei Abwandlungen von

Wirkstoffen für einzelne Patienten(-gruppen) ermöglichen. Dadurch kann der Forschungs- und Entwicklungsaufwand insbesondere bei patientenindividuellen Therapieformen, die aufgrund spezifischer Mutationen erforderlich sein können, erheblich reduziert werden.[53]

Ein vergleichbares Zulassungssystem existiert in der Europäischen Union bislang nicht, wäre aber wünschenswert.[54] Zwar erlaubt die sogenannte Variation-Verordnung[55] Änderungen bestehender Zulassungen unter erleichterten Bedingungen. Jedoch erfordert die Einführung eines neuen Wirkstoffs weiterhin die Einreichung eines vollständig neuen Zulassungsantrags.[56] Die Änderung der Nukleinsäuresequenz einer ncRNA oder gRNA bei einem Ribonukleoprotein würde daher stets zu einer neuen Zulassungspflicht führen, weil in diesem Fall ein neuer Wirkstoff vorliegt.

22.3.3.3 Plausible Mechanism Pathway

Die US-Arzneimittelbehörde (FDA) hat die Herausforderungen personalisierter Arzneimittel erkannt und im November 2025 ein Statement veröffentlicht, wonach sie für solche Therapien künftig zusätzlich einen sog. Plausible Mechanism Pathway einführen möchte. Dieser ist noch näher auszuarbeiten und anschließend zu implementieren. Während die Platform Technology Designation und die Kategorie der Genetically Targeted Drugs eine Bezugnahme auf bereits genehmigte Zulassungsanträge erlauben und damit Abwandlungen eines

---

[53] Eine solche „Plattformgenehmigung" wurde in einem Experteninterview in Kanada als wünschenswert für RNA-Wirkstoffe bezeichnet, um die regulatorischen Hürden für Sequenzanpassungen im Bereich der personalisierten Medizin zu senken; siehe auch Berlin Institute of Health at Charité (Hrsg.), Nationale Strategie für gen- und zellbasierte Therapien, Berlin, 2024, S. 63.

[54] Berlin Institute of Health at Charité (Hrsg.), Nationale Strategie für gen- und zellbasierte Therapien, Berlin, 2024, S. 63; in der Schlussfassung des Pharma-Pakets, die am 24.02.2026 erstellt wurde, ist eine Genehmigung von Plattformtechnologien (Platform Marketing Authorisation) nach dem US-amerikanischen Vorbild hinzugefügt worden und ist entsprechend den Ergebnissen dieser Arbeit zu befürworten, vgl. Council of the European Union, Directive on the Union code relating to medicinal products for human use, 2023/0132 (COD), 2026, (https://data.consilium.europa.eu/doc/document/ST-6367-2026-INIT/en/pdf), Erwägungsgrund (93a) und Art. 4 Abs. 30a und 30b, Art. 15 Abs. 2, Art. 26a (geprüft am 12.03.2026).

[55] Verordnung (EG) Nr. 1234/2008 der Kommission vom 24.11.2008 über die Prüfung von Änderungen der Zulassungen von Human- und Tierarzneimitteln, ABl. L 334 vom 12.12.2008, S. 7.

[56] E contrario Art. 6 Abs. 1 UAbs. 2 RL 2001/83/EG.

bestehenden Produkts ermöglichen, soll der Plausible Mechanism Pathway die Erstzulassung einer neuen Therapie ermöglichen.

In diesem Fall soll ein Antrag auf Marktzulassung (NDA/BLA) bewilligt werden können, wenn mehrere individuelle Heilversuche mit einem personalisierten Arzneimittel im Rahmen des IND-Expanded Access bei seltenen oder schwerwiegenden und lebensbedrohlichen Krankheiten erfolgreich durchgeführt wurden.[57] Dies setzt voraus, dass die Erkrankung eine eindeutig bestimmbare molekulare oder zelluläre Ursache hat, die Therapie unmittelbar auf diese Ursache abzielt und die Krankheitsgeschichte des Patienten so dokumentiert wurde, dass Wirksamkeit und Nutzen der Innovation nachvollziehbar beurteilt werden können.[58] Darüber hinaus muss nachgewiesen werden, dass die molekulare Ursache tatsächlich durch das Arzneimittel beseitigt wurde (etwa durch ein Genom-Screening) und dass sich bei den Patienten eine messbare klinische Besserung eingestellt hat.[59]

Nach einer auf diese Weise erteilten Erstzulassung können für Abwandlungen der Therapie die bereits bestehenden Mechanismen, d. h. Platform Technology Designation und Genetically Targeted Drugs Designation, in Anspruch genommen werden. Klinische Studien im herkömmlichen Sinne verlieren insoweit an Bedeutung, während Daten aus der klinischen Praxis (Real-World Evidence) für personalisierte Arzneimitteltherapien zunehmend zur maßgeblichen Evidenzgrundlage werden.

Grundsätzlich könnte innerhalb der Europäischen Union ein vergleichbares System implementiert werden, das mit Anwendungsdaten (Real-World Evidence) arbeitet, die im Rahmen der Krankenhausausnahme (Hospital Exemption) gewonnen wurden.[60] Dies scheitert jedoch bereits daran, dass nicht alle somatischen

---

[57] Prasad/Makary, The New England Journal of Medicine (2025), 2025–11, S. 2.

[58] Prasad/Makary, The New England Journal of Medicine (2025), 2025–11, S. 1.

[59] Prasad/Makary, The New England Journal of Medicine (2025), 2025–11, S. 1 f.

[60] Ein solches Potenzial bietet nach dem Entwurf des European Biotech Act der Europäischen Kommission insbesondere die Möglichkeit, nicht zugelassene Arzneimittelinnovationen in Reallaboren (sog. Regulatory Sandboxes) anzuwenden. Diese Instrumente, die bereits im Rahmen des Pharma-Pakets vorgesehen waren, eröffnen bei biotechnologischen Arzneimittelinnovationen einen vergleichsweise weiten regulatorischen Gestaltungsspielraum, um klinische Anwendungsdaten außerhalb formaler klinischer Prüfungen zu generieren. Solche Daten könnten unter Umständen in einem späteren Zulassungsverfahren berücksichtigt werden (vgl. Art. 40 Abs. 9 und 10) und bieten somit einen flexiblen Regulierungsrahmen für individualisierte somatische genomische Therapien, vgl. European Commission, Proposal for a Regulation of the European Parliament and of the Council on establishing a framework of measures for strengthening Union's biotechnology and biomanufacturing sectors particularly in the area of health and amending Regulations

genomischen Therapien als Arzneimittel für neuartige Therapien (ATMP) klassifiziert werden und die Krankenhausausnahme (Hospital Exemption) daher auf einen wesentlichen Teil somatischer genomischer Therapien nicht anwendbar ist (vgl. Tabelle 8.1). Entsprechend müssten weitere ATMP-Kategorien geschaffen werden, die die Vielfalt somatischer genomischer Therapien abbilden, ohne sie einheitlich zu regulieren, um ihren unterschiedlichen Zulassungsanforderungen gerecht zu werden (vgl. Abschnitt 9.4). Alternativ könnte die Krankenhausausnahme (Hospital Exemption) für alle Arzneimittel geöffnet werden, soweit diese einen personalisierten Wirkansatz verfolgen. Weil die Genehmigung im Rahmen der Krankenhausausnahme keine Zustimmung einer Ethik-Kommission voraussetzt, wäre allerdings in ethischer und rechtspolitischer Hinsicht zu klären, ob eine solche Beteiligung erforderlich sein sollte. Beim IND-Expanded-Access ist dies nicht in immer der Fall (vgl. Abschnitt 18.4.1).

22.3.4 Marktzulassung und Gentechnikrecht

Die parallele Anwendung des unionsrechtlichen Gentechnikrechts im arzneimittelrechtlichen Zulassungsverfahren stellt für somatische genomische Therapien, die gentechnisch veränderte Organismen enthalten oder aus diesen bestehen, eine erhebliche regulatorische Belastung dar.[61] Zwar entfällt nach einer arzneimittelrechtlichen Genehmigung die Pflicht zur separaten Freisetzungsgenehmigung nach der Richtlinie 2001/18/EG. Gleichwohl bleibt eine Umweltverträglichkeitsprüfung erforderlich, die im Rahmen des Zulassungsverfahrens bewertet wird. Insofern ist auf die bereits vorgeschlagenen Lösungsansätze zurückzugreifen (vgl. Abschnitt 22.1.2).

(EC) No 178/2002, (EC) No 1394/2007, (EU) No 536/2014, (EU) 2019/6, (EU) 2024/795 and (EU) 2024/1938 (European Biotech Act), COM (2025) 1022 final, (https://health.ec.europa.eu/document/download/ec1475b7-e3f9-409e-b927-fc7e69306a8c_en?filename=biotech_reg-com2025-1022_act_en.pdf), Art. 39 und 40 (geprüft am 12.03.2026). Insoweit lässt sich der bereits geäußerte Einwand bekräftigen, dass die Grenzen zwischen Forschung und Therapie zunehmend verschwimmen (vgl. Abschnitt 17.4). Vor diesem Hintergrund dürfte die Frage der Rechtmäßigkeit individueller Heilversuche angesichts der mit ihnen verbundenen Strafbarkeitsrisiken (vgl. Abschnitt 17.4) künftig mit zunehmenden Rechtsunsicherheiten verbunden sein und könnte sogar in Konflit mit der verfassungsrechtlichen Grenze in Art. 103 Abs. 2 GG (nulla poena sine lege certa) geraten.

[61] Vgl. Schulz, in: Dederer/Herdegen/Spranger (Hrsg.), Biotechnologierecht, 127. Lfg., Art. 1 ATMP-VO, Rn. 23.

Tabelle 22.4 Marktzulassung, besondere Zulassungsarten und regulatorische Privilegierungstatbestände im internationalen Rechtsvergleich

Land	**Marktzulassung**			**Besondere Verfahrensarten**		
	Verfahrensdauer	Besondere Zulassungsform	Voraussetzungen	Institut	Voraussetzungen	Rechtliche Folge
EU	210 Tage	Conditional Marketing Authorisation	Lebensbedrohliche *oder* zu schwerer Invalidität führende Krankheit; Schließung einer medizinischen Versorgungslücke Positive Nutzen-Risiko-Abwägung	Accelerated Procedure	Hohes Interesse der öffentlichen Gesundheit, dargelegt durch: Epidemiologische Daten zur Erkrankung und deren Auswirkungen auf Lebenserwartung und Lebensqualität; Analyse des Behandlungsstandards und bestehender Therapiemöglichkeiten; Deckung des bestehenden ungedeckten Bedarfs anhand von Endpunkten zur Wirksamkeits- und Sicherheit	Verkürzes Zulassungsverfahren: 150 Tage
				Rolling Review	Öffentlicher Gesundheitsnotstand	Verkürztes Zulassungsverfahren durch schrittweise Modulbewertung des Zulassungsdossiers

(Fortsetzung)

Tabelle 22.4 (Fortsetzung)

Land	Marktzulassung			Besondere Verfahrensarten		
	Verfahrensdauer	Besondere Zulassungsform	Voraussetzungen	Institut	Voraussetzungen	Rechtliche Folge
		Marketing Authorisation under Exceptional Circumstances	Keine Möglichkeit der Vorlage von präklinischen und klinischen Daten, weil: Seltenheit der Indikation *oder* Unmöglichkeit nach dem Stand der Wissenschaft *oder* Verhinderung nach den allgemein anerkannten Grundsätzen des ärztlichen Berufsethos	PRIME Designation	Ungedeckter medizinischer Bedarf; Potenzial den Bedarf in substanziellem Umfang zu decken; Relevanter Vorteil für betroffene Patientengruppe anhand klinischer Daten	Umfassende Beratung während der Produktentwicklung und vor der Marktzulassung; Zugang zum Accelerated Procedure; Interaktion mit Rapporteur/Co-Rapptorteur während der Produktentwicklung
Vereinigtes Königreich	150 Tage	Conditional Marketing Authorisation Scheme	Identisch zu EU	Fast Track	Vorteile des Arzneimittels für öffentliche Gesundheit *oder* drohende Versorgungsengpässe	Verkürztes Zulassugnsverfahren durch priorisierte Antragsbearbeitung
		Scheme for Marketing Authorisation under Exceptional Circumstances	Identisch zu EU	Rolling Review	Keine festgelegten Voraussetzungen	Verkürzes Zulassungsverfahren durch schrittweise Modulbewertung des Zulassungsdossiers
		International Recognition Procedure	Marktzulassung in anerkannten Drittstaaten	ILAP	Innovativer Produktcharakter	Produktentwicklung mit unterschiedlichen Stakeholdern und Skizzierung eines Produktentwicklungsplans

(Fortsetzung)

Tabelle 22.4 (Fortsetzung)

Land	Marktzulassung			Besondere Verfahrensarten		
	Verfahrensdauer	Besondere Zulassungsform	Voraussetzungen	Institut	Voraussetzungen	Rechtliche Folge
USA	NDA: 180 Tage BLA: keine gesetzliche Frist	Platform Technology Designation	Vorherige Verwendung der Plattform in einem NDA *oder* BLA genehmigten Produkt; Nachweis der Integrationsmöglichkeit der Plattform ohne nachteilige Auswirkungen auf Qualität, Sicherheit und Herstellungsprozess in weitere Arzneimittel; Erhebliche Effizienzgewinne bei der Entwicklung, Herstellung *oder* behördlichen Prüfung durch Einsatz der Plattform zu erwarten	Priority Review	Signifikante Verbesserungen (Sicherheit *oder* Wirksamkeit) gegenüber Vergleichstherapie zu erwarten	Verkürzes Zulassungsverfahren durch priorisierte Antragsbearbeitung
		Genetically Targeted Drugs	Marktzulassung eines ähnlichen Präparats durch NDA *oder* BLA; Orphan Drug Designation; Behandlung einer lebensbedrohlichen *oder* schwerwiegenden Krankheit; Genetically Targeted Technology			

(Fortsetzung)

Tabelle 22.4 (Fortsetzung)

Land	Marktzulassung			Besondere Verfahrensarten		
	Verfahrensdauer	Besondere Zulassungsform	Voraussetzungen	Institut	Voraussetzungen	Rechtliche Folge
		Accelerated Approval	Ungedeckter medizinischer Bedarf; Schwerwiegende *oder* lebensbedrohliche Erkrankung; Abwägung mit Verfügbarkeit *oder* Fehlen alternativer Behandlungsmöglichkeiten; Fast Track Designation	Rolling Review	Fast Track Designation	Verkürzes Zulassungsverfahren durch schrittweise Modulbewertung des Zulassungsdossiers
				Fast Track Designation	Ungedeckter medizinischer Bedarf; Schwerwiegende *oder* lebensbedrohliche Krankheit	Beratungsangebot während der Produktentwicklung vergrößert
				Breakthrough Designation	Schwerwiegende *oder* lebensbedrohliche Erkrankung; Klinische Evidenz und Überlegenheitsnachweis zu Vergleichstherapien	Alle Vorteile der Fast Track Designation; Einbindung erfahrener FDA-Mitarbeiter; Intensive wissenschaftliche Begleitung
				RMAT Designation	Regeneratives Arzneimittel; Ungedeckter medizinischer Bedarf; Schwerwiegende *oder* lebensbedrohliche Krankheit	Alle Vorteile der Fast Track und Breakthrough Designation; Validierung von Surrogat- und intermediären Endpunkten; Keine Abwägung mit alternativen Behandlungsmethoden bei Accelerated Approval; Keine Abwägung mit Vergleichstherapie bei Priority Review

(Fortsetzung)

Tabelle 22.4 (Fortsetzung)

Land	Marktzulassung			Besondere Verfahrensarten		
	Verfahrensdauer	Besondere Zulassungsform	Voraussetzungen	Institut	Voraussetzungen	Rechtliche Folge
Kanada	300 Tage	NOC/c	Schwerwiegende *oder* lebensbedrohliche Erkrankung; Keine adäquate zugelassene Therapie auf dem kanadischen Markt verfügbar	Rolling Review	Keine festgelegten Voraussetzungen	Verkürzes Zulassungsverfahren durch schrittweise Modulbewertung des Zulassungsdossiers
				Priority Review	Ungedeckter medizinischer Bedarf; Schwere, lebensbedrohliche *oder* stark beeinträchtigenden Erkrankung; Signifikant verbessertes Nutzen-Risiko-Verhältnis zur Vergleichstherapie	Verkürztes Zulassungsverfahren: 180 Tage
				ATP Designation	Einstufung durch Exekutive	Produktspezifische regulatorische Anforderungen, die durch die Exekutive festgelegt werden
Japan	Keine gesetzliche Frist (12 Monate)	Conditional & Time-Limited Approval	Regeneratives Arzneimittel; Variable Produkteigenschaften; Vorläufige Wirksamkeit und positive Nutzen-Risiko-Abwägung	Priority Review	Schwerwiegende Krankheit *oder* Orphan Drug -Designation; Keine verfügbare Therapie *oder* wesentlicher Vorteil gegenüber einer bereits zugelassenen Vergleichstherapie	Verkürztes Zulassungsverfahren: 9 Monate

(Fortsetzung)

Tabelle 22.4 (Fortsetzung)

Land	**Marktzulassung**			**Besondere Verfahrensarten**		
	Verfahrensdauer	Besondere Zulassungsform	Voraussetzungen	Institut	Voraussetzungen	Rechtliche Folge
				Sakigake Designation	Schwerwiegende Erkrankung; Erwartete besonders hohe Wirksamkeit; Produktentwicklung in Japan; Absicht weltweit erste Marktzulassung in Japan zu beantragen	Verkürztes Zulassungsverfahren: 6 Monate; Betreuung durch erfahrenen PMDA-Mitarbeiter; Beratung während der Produtkentwicklung und vor der Marktzulassung

22.4 Regulatorische Sonderwege zur Gewährleistung der Versorgung

Deutliche Unterschiede zeigen sich zwischen den untersuchten Staaten insbesondere bei der Ausgestaltung des Patientenzugangs zu Arzneimittelinnovationen, die sich noch in der Entwicklung befinden (vgl. Tabelle 22.5).

22.4.1 Trennung von Industrie und Therapeuten: Japan

Bemerkenswert ist Japan, das mit dem Gesetz über regenerative Arzneimittel (RM Act) ein eigenständiges Regelungswerk für die therapeutische Anwendung regenerativer Arzneimittel (Regenerative Medicine Products) durch Ärzte geschaffen hat, das jenseits der industriellen Herstellung und Vermarktung anzuwenden ist. Das Gesetz über regenerative Arzneimittel (RM Act) ermöglicht die Durchführung klinischer Anwendungen regenerativer Therapien, ohne dass diese zuvor ein arzneimittelrechtliches Zulassungsverfahren nach dem Pharmaceuticals and Medical Devices Act (PMD Act) durchlaufen müssen. In Japan existieren damit zwei unterschiedliche arzneimittelrechtliche Regime im Bereich somatischer genomischer Therapien, deren Anwendungsbereiche sich nach deren Adressatenkreis unterscheiden.

Auf dieser Grundlage wurden in Japan einige der weltweit ersten First-in-Human-Studien an Stammzellen realisiert.[62] Denn das Gesetz senkt in der frühen Phase der klinischen Entwicklung die administrativen und finanziellen Hürden im Vergleich zu regulären klinsichen Prüfungen erheblich.[63] Dies stärkt die Wettbewerbsfähigkeit des Forschungsstandorts Japan, weil gerade in dieser risikoreichen Entwicklungsphase, in der die Zulassungsfähigkeit eines Produkts noch in weiter Ferne ist, finanzielle Ressourcen geschont werden. Gleichwohl ist das Gesetz über regenerative Arzneimittel (RM Act) auch als Reaktion auf die zuvor weitgehend unkontrollierte Anwendung regenerativer Therapien durch Ärzte und Kliniken und den dadurch entstehenden Medizintourismus in Japan zu verstehen.[64] Der Gesetzgeber hat die therapeutische Eigenverantwortung der Ärzte durch ein abgestuftes Risikoregime ersetzt, das in drei Klassen unterscheidet und damit normativ festlegt, unter welchen Voraussetzungen eine therapeutische Anwendung ohne vorherige behördliche Genehmigung noch zulässig ist und in welchen Fällen

[62] Takashima/Morrison/Minari, Stem Cell Reports 16 (2021), S. 1425, 1430.

[63] Azuma, Current Stem Cell Reports 1 (2015), S. 118, 119.

[64] Vgl. Katsunori/Yuichiro/Yuko, Medical Law in Japan, 2024, S. 85.

eine unabhängige Behörde in den Prozess involviert werden muss. Bei allen drei Stufen tritt zudem eine unabhängige Ethik- und Expertenkommission neben den behandelnden Arzt als unabhängiger Dritter, welche die Vertretbarkeit des Behandlungsplans zu überprüfen hat. Dadurch wurde ein regulatorischer Rahmen geschaffen, der einerseits die Translation innovativer Arzneimittel fördert, andererseits aber auch der Patientensicherheit durch den Schutz vor unwirksamen oder gar schädlichen regenerativen Arzneimitteln dient. Bemerkenswert ist, dass die ärztliche Therapiefreiheit im Bereich regenerativer Arzneimittel nach dem japanischen Modell nicht mehr allein für die Therapieentscheidung maßgeblich ist.

22.4.2 Uneinheitliche Systeme: Europa

Im unionalen Rechtsrahmen sind die Voraussetzungen für zulassungsfreie Arzneimitteltherapien demgegenüber nicht näher kodifiziert. Die Ausgestaltung ist den einzelnen Mitgliedstaaten überlassen, soweit die Rahmenbedingungen der RL 2001/83/EG beachtet werden. Dies ist etwa der Fall für individuelle Behandlungen in Notstandsituationen oder die Rezeptur- und Defekturherstellung.[65] Jenseits einer industriellen und gewerblichen Herstellung oder ohne ein Inverkehrbringen findet der Humanarzneimittelkodex zudem keine Anwendung, so dass hier ebenso rechtlicher Spielraum für die Mitgliedstaaten – etwa für die ärztliche Eigenherstellung – besteht.[66]

Einen eigenen institutionellen Rahmen für individuelle Heilversuche sehen beispielsweise Österreich und das Vereinigte Königreich (Special's Scheme) vor.[67] Hingegen beruht die Abgabe nicht zugelassener Arzneimittel in medizinischen Notsituationen in Deutschland maßgeblich auf einer strafrechtlichen

[65] Art. 5 Abs. 1 und Art. 3 Nr. 1 und 2 RL 2001/83/EG.

[66] Art. 2 Abs. 1 RL 2001/83/EG; Frenken/Lüttge, in: Dederer/Frenken (Hrsg.), Regulation of Genome Editing in Human iPS Cells, 2021, S. 29, 37 f.; hierbei ist anzumerken, dass eine Beschränkung des Anwendungsbereichs der RL 2001/83/EG nach dem EU-Pharmapaket auf die industrielle und gewerbliche Herstellung nicht mehr vorgesehen ist, sondern die Möglichkeit der Schaffung einer umfassenden Produktregulierung, welche durch den Vertrag von Lissabon (Art. 168 Abs. 4 Buchst. c) AEUV) durch die Mitgliedstaaten eingeräumt worden ist, genutzt werden soll; vgl. Council of the European Union, Directive on the Union code relating to medicinal products for human use, 2023/0132 (COD), 2026, (https://data.consilium.europa.eu/doc/document/ST-6367-2026-INIT/en/pdf), Art. 1 Abs. 1 (geprüft am 12.03.2026).

[67] Näher Pannenbecker, Pharma Recht 47 (2025), S. 454, 462 f.

Rechtfertigung nach § 34 StGB und erfolgt somit in einem rechtlich unsicheren Raum.[68] Für Arzneimittel für neuartige Therapien (ATMP) besteht hingegen in Deutschland und dem Vereinigten Königreich mit der Krankenhausausnahme (Hospital Exemption) ein institutionalisierter rechtlicher Rahmen, der die Abgabe eines Arzneimittels ohne Marktzulassung auf ärztliche Verschreibung innerhalb eines Mitgliedstaates nach vorheriger Erlaubnis ermöglicht.[69] Für somatische genomische Therapien ohne ATMP-Status ist dieser regulatorische Weg jedoch nicht anwendbar (vgl. Tabelle 8.1).

22.4.3 Trennung von Herstellung und Therapie: Nordamerika

In den Vereinigten Staaten von Amerika und Kanada ist der Patientenzugang zu nicht zugelassenen Arzneimitteln deutlich eingeschränkt. In den Vereinigten Staaten bestehen zwei unterschiedliche Zugangswege, die beide ausschließlich die Abgabe von Prüfpräparaten außerhalb einer klinischen Studie vorsehen. Während der IND Expanded Access eine Genehmigung durch die FDA erfordert, sieht das Right to Try-Verfahren eine Beteiligung externer Behörden nicht vor. In der Praxis lehnen Unternehmen den Zugang jedoch häufig ab, da schwerwiegende unerwünschte Ereignisse im Rahmen dieser Programme das laufende Entwicklungs- oder Zulassungsverfahren gefährden könnten.[70] Für Patienten in den Vereinigten Staaten besteht daher häufig lediglich die Möglichkeit, in eine klinische Studie eingeschlossen zu werden oder die Zulassung des betreffenden Medikaments abzuwarten. Eine ärztliche Eigenherstellung und Anwendung nicht zugelassener Medikamente findet zwar faktisch statt, ist rechtlich jedoch höchst umstritten und deren Zulässigkeit bislang nicht geklärt.

In Kanada dürfen nicht zugelassene Arzneimittel ebenfalls nur verkauft werden, sofern die Abgabe bzw. der Import durch die Arzneimittelbehörde (Health Canada) genehmigt wurde oder eine klinische Studie für einen Einzelpatienten genehmigt worden ist. Eine Abgabe oder Anwendung nicht zugelassener Arzneimitteltherapien ist in diesen Rechtsräumen daher regelmäßig nur unter Einbeziehung der Arzneimittelbehörden möglich. Das Right to Try-Verfahren sieht

---

[68] Vgl. OLG Frankfurt, Urteil vom 03.04.2025 – 6 Ukl 2/25, Rn. 26 – juris; siehe auch § 72 Abs. 2, Abs. 1 Satz 1 Nr. 1 AMG.

[69] Art. 3 Nr. 7 RL 2001/83/EG.

[70] Van Norman, JACC Basic to Translational Science 3 (2018), S. 280, 287; Ferdman/Peloquin/Bierer, Health Law Weekly (2025), S. 5; Zaich, Southern California Law Review 92 (2019), S. 331, 382 ff.

zwar eine Ausnahme vor, ist allerdings nur ab hinreichender klinischer Evidenz anwendbar.

22.4.4 Ärztliche Eigenherstellung und Anwendung

Vor diesem Hintergrund ist der deutsche Rechtsrahmen im Hinblick auf den Patientenzugang als äußerst liberal einzustufen. Zwar bestehen hinsichtlich der Abgabe somatischer genomischer Therapien erhebliche rechtliche Unsicherheiten, weil der individuelle Heilversuch in Deutschland keinen eigenen gesetzlichen Rahmen besitzt. Allerdings ist die ärztliche Eigenherstellung und Anwendung von Arzneimitteln fest im deutschen Arzneimittelrecht verankert.[71] Dies ist, wie der Rechtsvergleich zeigt, keine Selbstverständlichkeit. Denn selbst im Vereinigten Königreich ist diese Möglichkeit nicht vorgesehen, da dort nicht nur das Inverkehrbringen, sondern bereits der Verkauf nicht zugelassener Arzneimittel verboten ist.

Während der Patientenzugang in Deutschland hierdurch stark gefördert wird, lassen die aktuellen Rechtsentwicklungen in Japan in diesem Bezug aufhorchen. Die Einführung des Gesetzes über regenerative Arzneimittel (RM Act) erfolgte gerade deshalb, um die ärztliche Eigenherstellung und Anwendung regenerativer Arzneimitteltherapien stärker zu kontrollieren. Seit der Novellierung im Jahr 2024 beschränkt sich das Gesetz über regenerative Arzneimittel (RM Act) außerdem nicht mehr nur auf Zelltherapeutika, sondern erfasst nun auch Gentherapeutika, die unmittelbar im Körper des Menschen angewendet werden (in-vivo-Ansatz). Dies könnte ein wichtiges Signal dafür sein, dass auch in Deutschland eine strengere Regulierung angezeigt sein könnte – wenngleich bisher keine konkreten Anhaltspunkte für Missbrauchs- oder Gefährdungslagen bekannt geworden sind. Ein umfassender Genehmigungsvorbehalt, wie ihn das Gesetz über regenerative Arzneimittel (RM Act) nur für die höchste Risikoklasse vorsieht, erscheint für alle somatischen genomischen Therapien aber nicht geboten. Ein solcher Genehmigungsvorbehalt erschiene auch vor dem Hintergrund des

[71] Für somatische genomische Therapien, die als Arzneimittel für neuartige Therapien (ATMP) klassifiziert werden und in den Anwendungsbereich der Krankenhausausnahme fallen, würde nach der neuen Fassung des Pharma-Pakets („manufacturing *and use*") die Möglichkeit der ärztlichen Eigenherstellung prima facie (siehe aber auch Art. 1 Abs. 2) nicht mehr bestehen (vgl. Abschnitt 17.3), vgl. Council of the European Union, Directive on the Union code relating to medicinal products for human use, 2023/0132 (COD), 2026, (https://data.consilium.europa.eu/doc/document/ST-6367-2026-INIT/en/pdf), Art. 2 Abs. 2 (geprüft am 12.03.2026).

strengen Heilmittelwerberechts in Deutschland als unverhältnismäßig, weil das Verbot der Werbung von verschreibungspflichtigen Arzneimitteln gegenüber Patienten das Missbrauchspotenzial der ärztlichen Eigenherstellung stark begrenzt.[72] Stattdessen könnten die dezentralen Ethik-Kommissionen in Deutschland und der Europäischen Union eine vergleichbare Funktion wie die japanischen Ausschüsse für regenerative Arzneimittel (CRM) erfüllen, ohne dass in jedem Fall eine behördliche Genehmigung für die Anwendung erforderlich wäre. In dieser Hinsicht würde zugleich ein drohender Bedeutungsverlust der dezentralen Ethik-Kommissionen durch die Einführung der SpEK kompensiert werden, indem diesen die Zuständigkeit im Rahmen eines potentiellen Heilversuchgesetzes in Deutschland zugewiesen werden könnten.

22.4.5 Krankenhausausnahme und Umgehungspraktiken

Die unbestimmten Rechtsbegriffe, welche den Anwendungsbereich der Krankenhausausnahme (Hospital Exemption) bestimmen, führen zu erheblichen Vollzugsunterschieden innerhalb der Europäischen Union.[73] Dadurch kommt es in einzelnen Mitgliedstaaten faktisch zu einer Umgehung des regulären Zulassungsverfahrens, weil die Voraussetzungen an die Genehmigung nach der Krankenhausausnahme (Hospital Exemption) nicht mit denen eines arzneimittelrechtlichen Zulassungsverfahrens vergleichbar sind.[74]

Diese Umgehungspraktiken wurden auch in den durchgeführten Experteninterviews bestätigt. Besonders auffällig wurde darüber berichtet, dass einige Mitgliedstaaten, insbesondere Spanien, die Krankenhausausnahme (Hospital Exemption) besonders extensiv anwenden und dort teils groß angelegte Anwendungen an Patientenkohorten genehmigt werden. Die aus diesen Anwendungen generierten Daten werden anschließend als Grundlage für Zulassungsanträge im Ausland, etwa in den Vereinigten Staaten von Amerika, genutzt. Bisher erreichten diese

[72] § 11 Abs. 1 Gesetz über die Werbung auf dem Gebiete des Heilwesens (Heilmittelwerbegesetz – HWG) in der Fassung der Bekanntmachung vom 19.10.1994 (BGBl. I S. 3068), zuletzt geändert durch Art. 7 Arzneimittel-Lieferengpassbekämpfungs- und Versorgungsverbesserungsgesetz vom 19.07.2023 (BGBl. 2023 I Nr. 197).

[73] Schulz, in: Dederer/Herdegen/Spranger (Hrsg.), Biotechnologierecht, 127. Lfg., Art. 1 ATMP-VO, Rn. 14; Schauer, Pharma Recht 44 (2022), S. 482, 489.

[74] Vgl. Schulz, in: Dederer/Herdegen/Spranger (Hrsg.), Biotechnologierecht, 127. Lfg., Art. 1 ATMP-VO, Rn. 14; Müller-Terpitz, in: Fehse/Schickl/Bartfeld u. a. (Hrsg.), Gen- und Zelltherapie 2.023 – Forschung, klinische Anwendung und Gesellschaft, 2023, S. 255, 260; Schauer, Pharma Recht 44 (2022), S. 482, 489.

Zulassungsanträge regelmäßig nicht das erforderliche Evidenzniveau für eine erfolgreiche arzneimittelrechtliche Zulassung. Mit diesen Praktiken wird nicht nur das unionale Zulassungssystem unterlaufen, sondern zugleich die Genehmigungspflicht klinischer Prüfungen, einschließlich der Beteiligung von Ethik-Kommissionen, umgangen, soweit die Generierung klinischer Anwendungsdaten tatsächlich im Vordergrund der Anwendung stehen sollte. Denn die Beteiligung einer Ethik-Kommission ist für eine Genehmigung nach Art. 3 Nr. 7 Richtlinie 2001/83/EG nicht vorgesehen.

Zwar stellt die Hospital Exemption grundsätzlich einen sinnvollen institutionellen Mechanismus dar, um patientenindividuelle Behandlungen mit innovativen Arzneimitteln für neuartige Therapien unter kontrollierten Bedingungen zu ermöglichen. Ihre gegenwärtige Ausgestaltung bleibt jedoch unzureichend, weil sie die Möglichkeit bietet, die Anforderungen an die Marktzulassung und die klinische Forschung zu umgehen.

Entsprechend werden Änderungen derzeit im Gesetzgebungsverfahren zum Pharma-Paket diskutiert, die nachvollziehbar eine zunehmende Zentralisierung der Hospital Exemption auf Unionsebene vorsehen.[75] Aus dem Rechtsvergleich lässt sich dieser Debatte ergänzend hinzufügen, dass eine Genehmigung nach der Krankenhausausnahme vom Anwendungsbereich des EU-Gentechnikrechts ausgenommen werden könnte. Denn der IND Expanded Access sieht zumindest für Individualbehandlungen eine Befreiung von den NIH-Guidelines vor (vgl. Abschnitt 18.2.2.2.3). Eine entsprechende Ausnahme im Unionsrecht würde die Inanspruchnahme einer durch die Arzneimittelbehörden kontrollierten Abgabe personalisierter somatischer genomischer Therapien mit GVO-Status (vgl. Tabelle 11.1) fördern und zugleich die begrenzt kontrollierte ärztliche Eigenherstellung und Abgabe in ihrer Attraktivität verringern. Dies würde allerdings nur dann Sinn ergeben, wenn die Umgehungspraktiken der Krankenhausausnahme durch eine Zentralisierung tatsächlich verhindert werden können. Ansonsten böte eine zusätzliche Befreiung von den Vorschriften des Gentechnikrechts zusätzliche Umgehungsanreize.

---

[75] Insoweit wird vorgesehen, dass Mitgliedstaaten künftig alle erteilten Genehmigungen im Rahmen der Krankenhausausnahme an die Europäische Arzneimittelagentur melden müssen. Zugleich ist vorgesehen, dass klinische Anwendungsdaten, die aus Anwendungsfällen der Krankenhausausnahme resultieren, zukünftig institutionell gesammelt und dem Antragsteller sowie Dritten für die Forschung und Entwicklung von Arzneimitteln für neuartige Therapien (ATMP) sowie die Durchführung von Zulassungsverfahren zur Verfügung gestellt werden sollen, vgl. Council of the European Union, Directive on the Union code relating to medicinal products for human use, 2023/0132 (COD), 2026, (https://data.consilium.europa.eu/doc/document/ST-6367-2026-INIT/en/pdf), Erwägungsgrund (18) und Art. 2 Abs. 2 und 4 (geprüft am 12.03.2026).

22.4.6 Rezeptur- und Defekturherstellung

Die Rezeptur- und Defekturherstellung somatischer genomischer Therapien ist außerhalb Deutschlands in den untersuchten Rechtsräumen nahezu durchgehend ausgeschlossen (vgl. Tabelle 22.5). Innerhalb Deutschlands ist die Reichweite des Rezeptur- und Defekturprivilegs nicht abschließend geklärt.[76] Nach der in dieser Arbeit vertretenen Auffassung ist die Herstellung zentral zulassungspflichtiger Arzneimittel – und damit auch des Großteils somatischer genomischer Therapien – im Rahmen der Rezeptur oder Defektur de lege lata rechtlich möglich. Dies stellt einen Zugewinn für die Patientenversorgung mit innovativen Arzneimitteltherapien dar.

Faktisch dürften jedoch nur wenige Apotheken über die technischen Voraussetzungen und das erforderliche Wissen verfügen, um somatische genomische Therapien tatsächlich im Rahmen der Rezeptur- oder Defekturherstellung vollständig eigenständig herzustellen. Es erscheint aber mit Rücksicht auf den raschen technischen Fortschritt auf dem Gebiet der somatischen genomischen Therapien auch nicht ausgeschlossen, dass beispielsweise synthetische Nukleinsäuren zukünftig in Apotheken hergestellt werden könnten. Vor diesem Hintergrund wäre es wünschenswert, wenn der Gesetzgeber eine klarstellende Regelung erlassen würde, die eindeutig festlegt, ob eine Rezeptur- oder Defekturherstellung solcher Arzneimittel tatsächlich vorgesehen und gewollt ist. Rechtspolitisch sprechen sowohl für eine Zulässigkeit als auch für eine Beschränkung dieser Möglichkeit jeweils vertretbare und gut begründbare Argumente (vgl. Abschnitt 17.5.1).

[76] Anders würde es sich de lege ferenda darstellen, soweit die Schlussfassung des Pharma-Pakets, die am 24.02.2026 erstellt wurde, verabschiedet werden würde. Denn in dieser ist vorgesehen, dass die Rezeptur- und Defekturherstellung grundsätzlich für solche Arzneimittel ausgeschlossen werden soll, die unter Anhang I der VO (EG) Nr. 726/2004 fallen und nur in engen Ausnahmefällen zulässig sein soll, vgl. Council of the European Union, Directive on the Union code relating to medicinal products for human use, 2023/0132 (COD), 2026, (https://data.consilium.europa.eu/doc/document/ST-6367-2026-INIT/en/pdf), Art. 1 Abs. 5 UAbs. 2 und 3 (geprüft am 12.03.2026).

Tabelle 22.5 Regulatorische Sonderwege zur Gewährleistung der Versorgung im internationalen Rechtsvergleich

Land	Institut	Arzneimittelrechtlicher Anwendungsbereich	Beteiligte Institutionen	Herstellung	Gentechnikrecht	Funktion
DE	Hospital Exemption	Abgabe von ATMP bei nicht routinemäßiger Herstellung und individueller Verschreibung	Landesbehörden PEI	Herstellungserlaubnis und GMP	Umweltverträglichkeitsprüfung	Institutionalisierte Abgabe
	Individueller Heilversuch	Gerechtfertiges Inverkehrbringen nicht zugelassener Arzneimittel in Notstandssituationen	Landesbehörden; ATMP: Landesbehörden, PEI	Einzelfallabhängig; ATMP: Herstellungserlaubnis, GMP und besondere Anzeigepflicht	Erlaubnis nach dem GenTG	Abgabe ohne vorheriges Genehmigungsverfahren in Notstandsituationen
	Ärztliche Eigenherstellung	Herstellung und therapeutische Anwendung ohne Inverkehrbringen	Landesbehörden; ATMP: Landesbehörden, PEI	§§ 55 Abs. 8 Satz 1, 8 Abs. 1 Nr. 1 AMG und Anzeige der erlaubnisfreien Herstellung; ATMP: Herstellungserlaubnis, GMP und besondere Anzeigepflicht	Erlaubnis nach dem GenTG	Ausdruck der ärztlichen Therapiefreiheit
	Compassionate Use	Vorverlagerter Produktzugang für Kohorten	Landesbehörden PEI / BfArM	Herstellungserlaubnis GMP	–	Institutionalisierte Abgabe

(Fortsetzung)

Tabelle 22.5 (Fortsetzung)

Land	Institut	Arzneimittelrechtlicher Anwendungsbereich	Beteiligte Institutionen	Herstellung	Gentechnikrecht	Funktion
	Rezeptur- und Defekturherstellung	Kein Inverkehrbringen von Fertigarzneimitteln nach § 21 Abs. 1 Satz 1 AMG / § 21 Abs. 2 Nr. 1 AMG; ATMP-Rezepturen: § 4b Abs. 3 AMG	–; ATMP: Landesbehörden, PEI	Arzneibuchqualität; ATMP: Herstellungserlaubnis und GMP mit Ausnahme bestimmter Prüfpräparate	Erlaubnis nach dem GenTG	Sicherstellung der Patientenversorgung
Vereinigtes Königreich	Hospital Exemption	Individualheilversuche mit ATMP	MHRA	Herstellungserlaubnis und GMP	Erlaubnis nach den GMO Regulations	Institutionalisierte Abgabe
	Special's Scheme	Individualheilversuche	MHRA	Herstellungserlaubnis und GMP	Erlaubnis nach den GMO Regulations	Institutionalisierte Abgabe
	EAMS	Produktzugang für Kohorten während der Produktentwicklung	MHRA	Herstellungserlaubnis und GMP	Erlaubnis nach den GMO Regulations	Institutionalisierte Abgabe
USA	IND Expanded Access	Produktzugang für Einzelpatienten und Kohorten (in Notstandssituationen)	FDA IRB	CMC, (cGMP)	NEPA: grundsätzlich keine EA/EIS NIH-Guidelines: anwendbar, Ausnahme: n = 1	Institutionalisierte Abgabe
	Right to Try	Produktzugang für Einzelpatienten und Kohorten in Notstandssituationen ab Phase II-Stadium	–	CMC, cGMP	NEPA: – NIH-Guidelines: anwendbar	Institutionalisierte Abgabe

(Fortsetzung)

Tabelle 22.5 (Fortsetzung)

Land	Institut	Arzneimittelrechtlicher Anwendungsbereich	Beteiligte Institutionen	Herstellung	Gentechnikrecht	Funktion
	Ärztliche Eigenherstellung	Herstellung und therapeutische Anwendung ohne zwischenstaatlichen Warenverkehr	–	–	–	Umstrittene rechtliche Existenz
	Compounding	Drugs	–	Arzneibuchqualität	–	Sicherstellung der Patientenversorgung
Kanada	Special Access Program	Produktzugang für Einzelpatienten und Kohorten in Notstandssituationen	Health Canada	Herstellungserlaubnis und GMP	Notifizierung nach den NSNR	Institutionalisierte Abgabe
	Single Patient Trials	Produktzugang für Einzelpatienten	Health Canada REB	Herstellungserlaubnis und GMP	Notifizierung nach den NSNR	Institutionalisierte Abgabe
Japan	Expanded Access Clinical Trials	Vorverlagerter Produktzugang zu industriellen Arzneimitteln für Kohorten in besonderen Fallgruppen	PMDA IRB	Herstellungserlaubnis und GMP	Erlaubnis nach dem Cartagena Act	Institutionalisierte Abgabe
	RM Act	Produktzugang zu regenerativen Arzneimitteln in der ärztlichen Versorgung	CRM (MHLW)	GMP	Erlaubnis nach dem Cartagena Act	Institutionalisierte Abgabe

22.5 Herstellung und Gute Herstellungspraxis (GMP)

Das Thema der Herstellung und erforderlichen Herstellungsqualität hat eine besondere Betrachtung verdient, weil es mit den Fragen der Versorgung und der Kosten somatischer genomischer Therapien eng zusammenhängt. Der Rechtsvergleich hat gezeigt, dass die Gute Herstellungspraxis (GMP) international grundsätzlich vergleichbar ist. Zwar existieren in einzelnen Details Abweichungen, etwa bei den Anforderungen an die Herstellung steriler und aseptischer Arzneimittel in Reinräumen. Ob diese Einzelfragen tatsächlich ausschlaggebend für die Attraktivität des Forschungs- und Entwicklungsstandorts Deutschland sind, erscheint jedoch fernliegend.[77]

22.5.1 Gute Herstellungspraxis (GMP) und Versorgung

Nichtsdestotrotz hat der Rechtsvergleich in anderer Hinsicht eine wesentliche Erkenntnis geliefert, weshalb das Thema der erforderlichen Herstellungsqualität zu erheblichen Verwerfungen führen könnte: nämlich im Bereich der Versorgung. Wie bereits dargestellt, ist der deutsche Rechtsrahmen hinsichtlich des Patientenzugangs zu nicht zugelassenen Arzneimitteln äußerst liberal. Im Rahmen der ärztlichen Eigenherstellung sowie der Rezeptur- und Defekturherstellung sind die Akteure des Gesundheitswesens, anders als die pharmazeutische Industrie, regelmäßig von den Grundsätzen der Guten Herstellungspraxis (GMP) befreit. Krankenhäuser, Apotheken und Ärzte dürften deshalb im Umgang mit den Grundsätzen der Guten Herstellungspraxis (GMP) kaum geübt sein, was sich auch in der räumlichen sowie personellen Ausstattung vieler Einrichtungen widerspiegeln dürfte.

[77] Wesentlich erscheint aber, dass in den Vereinigten Staaten von Amerika die Einhaltung der Guten Herstellungspraxis faktisch ausschließlich anlassbezogen im Rahmen der Abnahmeinspektion im Zuge der Marktzulassung (NDA/BLA) durch FDA-Inspekteure überprüft wird. Demgegenüber ist in Europa eine gesonderte Herstellungserlaubnis erforderlich, und GMP-Inspektionen durch die zuständigen Landesbehörden finden bereits vor Durchführung des Marktzulassungsverfahrens statt (vgl. § 64 Abs. 3a Satz 2 AMG). Insoweit wurde in einem Experteninterview hervorgehoben, dass viele Unternehmen bis zu den zulassungsrelevanten Phase III-Studien lediglich eine „self-proclaimed GMP"-Compliance einhalten sollen; zum Vollzugsdefizit der GMP-Inspektionen außerhalb des Zulassungsverfahrens, siehe Mantus/Pisano (Hrsg.), FDA Regulatory Affairs, 2014, S. 255.

International stellt diese Privilegierung jedoch nicht den Regelfall dar. In nahezu allen untersuchten Staaten wird die Einhaltung der Guten Herstellungspraxis (GMP) auch bei den regulatorischen Sonderwegen zur Gewährleistung der Versorgung vorausgesetzt – allerdings häufig in Form reduzierter, an den Entwicklungsstand des Therapeutikums angepasster Standards. In Deutschland hingegen besteht die Pflicht zur Beantragung einer Herstellungserlaubnis und zur Einhaltung der Guten Herstellungspraxis (GMP) nur ausnahmsweise. Etwa dann, wenn es sich um ein Arzneimittel für neuartige Therapien handelt (vgl. Tabelle 8.1). Dies erklärt, weshalb der ATMP-Status von Krankenhäusern, Apothekern und Ärzten als besonders streng empfunden wird: Ihre Privilegierung im Bereich der Herstellung von Arzneimitteln entfällt. Vor diesem Hintergrund erlangt die im Pharma-Paket vorgeschlagene Ausweitung der Legaldefinition der Gentherapeutika (vgl. Kapitel 9) einen besonderen Stellenwert. Denn eine Ausdehnung des ATMP-Status auf weitere somatische genomische Therapien, würde dazu führen, dass auch diese stets den Grundsätzen der Guten Herstellungspraxis (GMP) entsprechen müssen (vgl. Tabelle 9.1).

Dass dies allerdings gerechtfertigt sein könnte, zeigt insbesondere die japanische Rechtslage. Das Gesetz über regenerative Arzneimittel (RM Act) hat einen Großteil der somatischen genomischen Therapien der Möglichkeit einer ärztlichen Eigenherstellung ohne arzneimittelrechtliche Regulierung entzogen und zugleich die Einhaltung der Guten Herstellungspraxis (GMP) ausdrücklich angeordnet (vgl. Tabelle 12.3). Insbesondere erfolgte im Jahr 2024 eine verschärfende Ausweitung des Anwendungsbereichs des Gesetzes über regenerative Arzneimittel (RM Act) von Zelltherapien auf Gentherapeutika, die im Körper des Menschen angewendet werden (in-vivo-Ansatz).[78] In den anderen untersuchten Rechtsräumen ist die zulassungsfreie Anwendung von Arzneimitteln ohnehin stets auf die Einhaltung der Guten Herstellungspraxis (GMP) unter reduzierten Maßstäben angewiesen (vgl. Tabelle 22.5). Im Ausland ist bei der Herstellung von Gen- und Zelltherapeutika deshalb weniger die Anwendung der Guten Herstellungspraxis (GMP) als solche ein Problem, sondern vielmehr der Mangel an Erfahrung und Wissen im Umgang mit ihr bei diesen innovativen Produkten.[79]

---

[78] Ausschließlich solche somatischen genomischen Therapien, die nicht als regenerative Arzneimittel nach dem RM Act erfasst werden (vgl. Tabelle 12.3), darunter mRNA und ncRNA, sind demnach weiterhin freigestellt. Die Einbeziehung von mRNA-Technologien in den Anwendungsbereich des RM Act wurde diskutiert, eine Entscheidung allerdings aufgeschoben.

[79] Delisle/Fournier/Santerre u. a., Frontiers in Medicine 12 (2025), 1581058, S. 7; in einem Experteninterview in Kanada hat sich beispielsweise ergeben, dass die Forscher und Ärzte regelmäßig auf teure Lohnhersteller zurückgreifen müssen, weil das Know-How und die

Es lässt sich im Ergebnis ein klarer internationaler Trend feststellen: Somatische genomische Therapien müssen regelmäßig unter strengeren Voraussetzungen hergestellt werden als herkömmliche, chemisch definierte Arzneimittel. Vor dem Hintergrund der Ergebnisse des Rechtsvergleichs erscheint es daher nicht sachgerecht, diese gänzlich von den Grundsätzen der Guten Herstellungspraxis (GMP) auszunehmen. Der risikobasierte Ansatz (RBA) bei der Herstellung von ATMP bietet zudem die notwendige Flexibilität, um unterschiedliche Akteure und Arzneimittel risikoadäquat zu regulieren. Diese Möglichkeit bleibt herkömmlichen Arzneimitteln verwehrt, soweit sie nach den Grundsätzen der Guten Herstellungspraxis (GMP) hergestellt werden müssen. Der ATMP-Status führt deshalb für die industrielle Herstellung zu einer rechtlichen Privilegierung, während er für die Akteure des Gesundheitswesens eine deutliche Verschärfung der Herstellungsvoraussetzungen darstellt (vgl. Tabelle 22.6).

Tabelle 22.6 Gute Herstellungspraxis (GMP) und Strenge: eine Frage der Perspektive (EU)

SGT	Nicht-ATMP	ATMP
Zugelassenes Arzneimittel	GMP	GMP (RBA)
Privilegierte Herstellung durch Akteure des Gesundheitswesens	Arzneibuch	GMP (RBA)
Prüfpräparate	GMP	GMP (RBA und Privilegierungen für Prüfpräparate)

22.5.2 Industrie und Gesundheitsdienstleister: Gerechtfertigte Ungleichbehandlung?

Die Forderung nach unterschiedlichen rechtlichen Maßstäben an die Herstellungsqualität zwischen der pharmazeutischen Industrie und einzelnen Ärzten erschien im Hinblick auf die Produktion von Massenarzneimitteln in industriellen Fertigungsstätten einerseits und die Herstellung patientenindividueller

Ausrüstung in den Krankenhäusern schlicht nicht vorhanden sind; insoweit sollen nun aber vermehrt durch staatliche Förderung eigene Herstellungsstätten errichtet werden, so dass zumindest Phase I/II-Studien mit den abgesenkten GMP-Standards durch eine Eigenherstellung kostensparender durchgeführt werden können.

Therapien in Krankenhäusern andererseits lange Zeit gerechtfertigt. Bei somatischen genomischen Therapien, die häufig für einzelne Patienten oder für sehr kleine Patientengruppen hergestellt werden, stellt sich jedoch zunehmend die Frage: Wenn die Herstellung eines einzigen Medikaments erfolgt – weshalb sollten dann unterschiedliche Maßstäbe gelten, je nachdem, ob das Arzneimittel in einem Krankenhaus oder in einem Unternehmen produziert wird? Die bislang privilegierten Akteure des Gesundheitswesens avancieren in solchen Konstellationen faktisch zu Arzneimittelherstellern; umgekehrt ließe sich sagen, dass sich industrielle Pharmaunternehmen funktional der Rolle von Gesundheitsdienstleistern angleichen.

Die Debatte, um die Erforderlichkeit der Guten Herstellungspraxis (GMP) für somatische genomische Therapien, sollte sich daher weniger auf die Frage des „Ob“, sondern auf die Frage des „Wie“ richten. Denn Experten betonen, dass obwohl gewisse Unsicherheiten unvermeidbar bleiben, eine Abkehr von validierten Herstellungsprozessen zumindest bei Gen- und Zelltherapeutika fahrlässig wäre – dies wurde auch in einem Experteninterview ausdrücklich hervorgehoben.[80] Dies zeigt sich auch daran, dass sich die meisten somatischen genomischen Therapien ausschließlich über ihren Herstellungsprozess definieren und bewerten lassen („the product is the process“). Eine Herstellung außerhalb eines validierten Herstellungsprozesses kann folglich nicht von der behördlichen Nutzen-Risiko-Bewertung gedeckt sein. Entsprechend kann ein solches Produkt nicht das „Zertifikat“ einer zugelassenen Arzneimitteltherapie erhalten, also die Bescheinigung einer unabhängigen Bewertung durch Dritte, welche die Vertretbarkeit der Anwendung eines bestimmten Produkts bestätigt und zugleich die Haftung für den verordnenden Arzt im Rahmen der zugelassenen Indikation grundsätzlich ausschließt.[81] Hierfür spricht in empirischer Hinsicht, dass Herstellungsprozesse aus der Grundlagenforschung regelmäßig weder validiert noch in sonstiger Weise im Einklang mit der Guten Herstellungspraxis (GMP) stehen, eine spätere Anpassung von Wirkstoffkandidaten für die Marktzulassung (sog. Scale-up) aber nicht selten an den sich verändernden Produkteigenschaften scheitert.[82]

---

[80] Lowdell, Cytotherapy 27 (2025), S. 874, 878.

[81] Vgl. Hart, Arzneimitteltherapie und ärztliche Verantwortung, 1990, S. 88.

[82] Vgl. Lowdell, Cytotherapy 27 (2025), S. 874, 878.

22.5.3 Vorsorge und Versorgung: Abwägung und Diskrepanzen

Im Ergebnis lässt sich insoweit nochmal festhalten: Nicht das „Ob" der Guten Herstellungspraxis (GMP) sollte reformiert werden, sondern das „Wie" ihrer Anwendung. Denn ein Einwand bleibt bestehen: Wenn die Grundsätze der Guten Herstellungspraxis (GMP) derart streng sind, dass die Herstellung somatischer genomischer Therapien nicht mehr finanzierbar ist, werden Patienten von der Versorgung abgeschnitten.[83] Im Zweifel würden diese möglicherweise ein qualitativ weniger perfektes Arzneimittel bevorzugen – gegenüber dem Risiko, überhaupt keines zu erhalten. Eine realitätsnahe Abwägung zwischen Vorsorge und Versorgung ist demnach entscheidend.[84]

Dies setzt jedoch eine detaillierte Auseinandersetzung mit den technischen Voraussetzungen voraus, um die tatsächlichen Risiken für die Patientensicherheit durch ein Absenken der Herstellungsqualität adäquat bewerten zu können. Die Voraussetzungen der Guten Herstellungspraxis (GMP) sollte daher auf übermäßig strenge Vorgaben überprüft werden. In dieser Arbeit wurde am Beispiel der erforderlichen Reinraumqualität gezeigt, dass einzelne Vorgaben wie die faktische Nulltoleranz mikrobieller Belastungen der Reinraumluft als übermäßig streng empfunden werden und die Herstellung somatischer genomischer Therapien tatsächlich beeinträchtigen und deren Herstellungskosten deshalb unter Umständen unverhältnismäßig stark erhöhen könnten. Es wäre daher Aufgabe zukünftiger Untersuchungen, weitere Voraussetzungen der Guten Herstellungspraxis (GMP) zu identifizieren, welche die Herstellung somatischer genomischer Therapien besonders stark belasten oder sogar eine erdrosselnde Wirkung entfalten könnten.

---

[83] Vgl. Breyer/Zweifel/Kifmann, Gesundheitsökonomik, 2013, S. 487; Schauer, Pharma Recht 44 (2022), S. 482, 489; in einem Experteninterview in Japan wurde herausgestellt, dass die abgesenkten GMP-Standards im Anwendungsbereich des RM Act damit zusammenhängen, dass die Gute Herstellungspraxis (GMP) in Kliniken und Forschungseinrichtungen als zu streng wahrgenommen wurde; zugleich wurde allerdings darauf hingewiesen, dass diese Ungleichbehandlung industrieller und nicht-industrieller Akteure nun als Doppelmoral wahrgenommen wird.

[84] Diesem Zweck dient das deutsche Arzneimittelgesetz; vgl. § 1 AMG.

22.5.4 Herstellungskosten

Das umfassende Qualitätsmanagementsystem, einschließlich des hierfür erforderlichen, hochqualifizierten Personals, verursacht erhebliche Kosten.[85] Zwar sinken die Kosten pro Patient mit zunehmender Skalierung und Produktionsroutine. Dennoch ist nicht davon auszugehen, dass Arzneimittel für neuartige Therapien jemals zu Preisen angeboten werden können, die mit klassischen chemischen Arzneimitteln vergleichbar wären.[86] Besonders belastet sind Therapien für einzelne Patienten oder kleine Patientenkohorten, da sich die Kosten für das spezialisierte Personal, das Equipment, die Inprozesskontrollen und die erforderlichen Reinräume auf eine sehr geringe Zahl an Behandlungen verteilen.[87]

Ein weiterer wesentlicher Kostenfaktor ergibt sich aus der Gewinnung biologischen Ausgangsmaterials bei autologen und allogenen Zelltherapien.[88] Weil der Handel mit Körpersubstanzen unionsrechtlich untersagt ist,[89] ist die Beschaffung entsprechender Rohstoffe zur Herstellung bestimmter somatischer genomischer Therapien nur gegen eine Aufwandsentschädigung zulässig (vgl. §§ 10 TFG,[90] 17 Abs. 1 Satz 2 Nr. 1 TPG[91]). Aufgrund des geringen finanziellen Anreizes zur Blut- und Gewebespende ist es, wie in Experteninterviews berichtet wurde, innerhalb der Europäischen Union wesentlich schwieriger, die erforderlichen

[85] Lowdell, Cytotherapy 27 (2025), S. 874, 879; Schauer, Pharma Recht 44 (2022), S. 482, 489.

[86] Lowdell, Cytotherapy 27 (2025), S. 874, 879.

[87] Dies wurde in einem Experteninterview exemplarisch an Gentherapien für ophthalmologische Indikationen verdeutlicht. Weil es sich bei dem Zielgewebe um sehr dichtes, kleinzelliges Gewebe handelt, ist für eine wirksame Transduktion regelmäßig eine hohe Anzahl viraler Vektoren erforderlich. Bereits für die Behandlung eines einzelnen Patienten kann daher die Produktion einer vollständigen Charge notwendig werden, die den Einsatz eines eigenen Bioreaktors erfordert, der in der Anschaffung zwischen 1,5 bis 2 Millionen Pfund kosten soll.

[88] Lowdell, Cytotherapy 27 (2025), S. 874, 880; Pizevska/Kaeda/Fritsche u. a., Frontiers in Medicine 9 (2022), 757647, S. 2.

[89] Art. 3 Abs. 2 Buchst. c) Charta der Grundrechte der Europäischen Union vom 12.12.2007, ABl. C 303, S. 1.

[90] Transfusionsgesetz in der Fassung der Bekanntmachung vom 28.08.2007 (BGBl. I S. 2169), das zuletzt durch Artikel 1a des Gesetzes vom 11.05.2023 (BGBl. 2023 I Nr. 123) geändert worden ist.

[91] Transplantationsgesetz in der Fassung der Bekanntmachung vom 04.09.2007 (BGBl. I S. 2206), das zuletzt durch Artikel 8b des Gesetzes vom 22.03.2024 (BGBl. 2024 I Nr. 101) geändert worden ist.

Mengen an Ausgangsmaterial für die Herstellung biopharmazeutischer Produkte zu beschaffen. Für viele Blutprodukte ist es beispielsweise bereits jetzt erforderlich, Blutspenden in den Vereinigten Staaten zu erwerben, nach Europa zu transportieren und hier weiterzuverarbeiten, was zusätzliche Kosten verursacht. Die Einhaltung der Guten Herstellungspraxis (GMP) verstärkt diesen Umstand. Denn die Probeentnahme für die Durchführung von Inprozesskontrollen, Freigaberüfungen sowie Sterilitäts- und Stabilitätstests führt zwangsläufig dazu, dass wertvolle Rohstoffe für die Qualitätsprüfung verbraucht werden müssen und nicht im Produkt selbst verarbeitet werden.

22.5.5 Risikobasierter Ansatz und Vollzug

Eine Reduktion der Kosten kann teilweise durch den risikobasierten Ansatz (RBA) bei der Herstellung von ATMP erreicht werden, welcher bereits ein Abweichen von den Grundsätzen der Guten Herstellungspraxis (GMP) zu Gunsten der Hersteller vorsieht. Dieser wird aber durch eine Vielzahl unterschiedlicher Akteure angewendet. Im Rahmen der Krankenhausausnahme erfolgt dies durch die Arzneimittelbehörden der Mitgliedstaaten, während für die zentrale Marktzulassung die EMA maßgeblich ist. In Deutschland[92] kommt hinzu, dass die Erteilung der Herstellungserlaubnis und GMP-Inspektionen durch die Landesbehörden vollzogen werden, sodass bereits auf nationaler Ebene eine Vielzahl unterschiedlicher Akteure den risikobasierten Ansatz bei der Herstellung von Arzneimitteln für neuartige Therapien anwenden.[93] Was einerseits regulatorische Flexibilität schafft, muss andererseits aufgrund der Zuständigkeitsverteilung nahezu zwingend zu unterschiedlichen Einschätzungen des akzeptablen Risikos

[92] Die föderale Zuständigkeitsverteilung ist im Hinblick auf das Herstellungsrecht international eine Ausnahme, weil regelmäßig die nationalen Arzneimittelbehörden die herstellungsrechtliche Überwachung übernehmen, siehe Dederer, in: Dederer/Frenken (Hrsg.), Regulation of Genome Editing in Human iPS Cells, 2021, S. 289, 299.

[93] Der risikobasierte Ansatz (RBA) berührt auch nicht-staatliche Akteure, etwa indem Unsicherheiten bei der sachverständigen Person (§§ 14 Abs. 1 Nr. 1, 19 AMG) im Rahmen der Freigabeprüfung entstehen, siehe Schauer, Pharma Recht 44 (2022), S. 482, 489; weiterführend zu Vollzugsunterschieden betreffend die Entnahme von Geweben und Zellen durch Heilberufsträger, siehe Frenken/Lüttge, in: Dederer/Frenken (Hrsg.), Regulation of Genome Editing in Human iPS Cells, 2021, S. 29, 43.

bei der Herstellung führen.[94] In mehreren Experteninterviews wurde in dieser Hinsicht hervorgehoben, dass etwa die Regierung von Oberbayern als besonders streng in der Inspektionspraxis wahrgenommen wird.[95] In den anderen untersuchten Rechtsräumen findet ebenso eine flexible Anpassung der Guten Herstellungspraxis (GMP) nach dem Stadium der klinischen Prüfung satt. Der Vollzug erfolgt allerdings stets durch die zentralen Arzneimittelbehörden, welche auch die Marktzulassung erteilen. Die Möglichkeit einer unterschiedlichen Bewertung des Risikos bei vergleichbaren Produkten ist damit verringert und bei identischen Produkten ausgeschlossen. Insofern könnte ein zentrales Herstellungsdossier nach dem britischen Vorbild, dem sich mehrere Herstellungsstätten anschließen könnten, Abhilfe schaffen (vgl. Abschnitt 20.2.1.2.3), ohne eine Zentralisierung des Vollzugs auf EU-Ebene einzuführen.[96]

[94] Die Beseitigung solcher Vollzugsunterschiede wird als wesentlicher Faktor für die Wettbewerbsfähigkeit des Standorts Deutschland bezeichnet, siehe Reiß/Aichinger/Bührlen u. a., Technologische Souveränität Pharma/Biotech – Studie zur Wettbewerbsfähigkeit und technologischen Souveränität Deutschlands im Pharmasektor, 2023, S. 110.

[95] Siehe auch Pizevska/Kaeda/Fritsche u. a., Frontiers in Medicine 9 (2022), 757647, S. 3.

[96] Wegen der Vollzugsunterschiede erscheint der Vorschlag eines zentralen GMP-Gremiums in Deutschland ungeeignet, weil die Grundsätze der Guten Herstellungspraxis (GMP) ohnehin in den internationalen Gremien harmonisiert werden; zum Vorschlag eines solchen Gremiums siehe Berlin Institute of Health at Charité (Hrsg.), Nationale Strategie für gen- und zellbasierte Therapien, Berlin, 2024, S. 71; in der aktuellen Fassung des Pharma-Pakets, die am 24.02.2026 erstellt wurde, ist eine Übernahme des britischen DMMF-Modells eingefügt worden, vgl. Council of the European Union, Directive on the Union code relating to medicinal products for human use, 2023/0132 (COD), 2026, (https://data.consilium.europa.eu/doc/document/ST-6367-2026-INIT/en/pdf), Erwägungsgrund (109) und Art. 4 Abs. 67b, Art. 26b (geprüft am 12.03.2026); die Effektivität der Maßnahme kann bisher zwar nicht beurteilt werden, allerdings ist die Umsetzung im Hinblick auf die kurze Halbwertszeit vieler somatischer genomischer Therapien sowie die bürokratische Last der einzelnen Stakeholder voraussichtlich lohnenswert und deshalb zu befürworten.

Teil IV
Erstattung und Finanzierung in der Gesetzlichen Krankenversicherung

Nach Abschluss des Forschungs- und Entwicklungsprozesses durch Erteilung der Marktzulassung ist es erlaubt, ein Arzneimittel in den Verkehr zu bringen. Hiervon zu trennen ist die Frage, ob ein Arzneimittel auch Zugang zum Markt des hiesigen Gesundheitssystems erhält. Insofern werden in diesem Kapitel die wesentlichen Zugangsvoraussetzungen zum deutschen Arzneimittelmarkt diskutiert, die somatische genomische Therapien betreffen.

Gentherapeutika sind in diesem Zusammenhang durch ihre teils millionenschweren Preise in den Fokus der öffentlichen Debatte geraten. Dies hat Fragen nach der Finanzierbarkeit solcher Therapien in den nationalen Gesundheitssystemen hervorgerufen, und nicht selten wird eine Rechtfertigung ihrer Preise gefordert. Einerseits wird argumentiert, dass neben die teuren Herstellungskosten die deutlich höheren Forschungs- und Entwicklungskosten treten sowie ein erhebliches Risiko mitvergütet werden muss, dass ein Wirkstoffkandidat den langwierigen Entwicklungsprozess überhaupt nicht bis zur Zulassung oder zum Markteintritt schafft.[1] Andererseits wird darauf hingewiesen, dass aufgrund verkürzter Zulassungswege für viele Gentherapeutika eine geringere Evidenz gefordert wird und die Forschungs- und Entwicklungskosten für diese Arzneimittelkategorie daher niedriger sein müssten – trotzdem erzielen diese Arzneimittel häufig die höchsten Preise.[2] Aufgrund dieser Debatte sollen neben den allgemeinen Fragen des Marktzugangs für somatische genomische Therapien auch Fragen ihrer nachhaltigen Finanzierbarkeit adressiert werden und potentielle Lösungswege angeboten werden.

---

[1] Vgl. Breyer/Zweifel/Kifmann, Gesundheitsökonomik, 2013, S. 487 f.; Sun/Gao/Hu u. a., Acta Pharmaceutica Sinica B 12 (2022), S. 3049 ff.; die Forschungs- und Entwicklungskosten neuer Arzneimittel haben in einem aktuellen Vergleich zwischen 161 Millionen und 4,54 Milliarden Euro gelegen, vgl. Schlander/Hernandez-Villafuerte/Cheng u. a., PharmacoEconomics 39 (2021), S. 1243, 1264.

[2] Haas/Mayer/Tebinka-Olbrich u. a., in: Schröder/Thürmann/Telschow u. a. (Hrsg.), Arzneimittel-Kompass 2021, 2021, S. 105, 117.

Preisbildung

23

Innovative Arzneimittel führen in einer freien Marktwirtschaft zu besonderen gesundheitsökonomischen Herausforderungen, weshalb in vielen Ländern eine staatliche Preisregulierung existiert.

Aufgrund ihres innovativen Produktcharakters verfügen sie regelmäßig über gewerbliche Schutzrechte. Hierzu zählen unter anderem Patent-, Unterlagenschutz- und Marktexklusivitätsrechte, die insbesondere bei einer Ausweisung als Arzneimittel für seltene Leiden eine besondere Bedeutung erlangen. Der Wettbewerb ist aufgrund dieser Schutzrechte stark eingeschränkt, sodass der Rechteinhaber faktisch über eine weitgehende Preissetzungsbefugnis verfügt.[1] Hinzu kommt, dass Arzneimittel im Allgemeinen eine geringe Preiselastizität aufweisen.[2] Denn geht es um die eigene Gesundheit oder das Überleben, sind Patienten regelmäßig bereit, sehr hohe Preise zu akzeptieren.[3] Diese Situation wird durch die strukturelle Informationsasymmetrie im Gesundheitswesen zusätzlich verstärkt.[4] Patienten verfügen in der Regel nicht über das notwendige Fachwissen, um die Wirksamkeit und Qualität einer innovativen Arzneimitteltherapie (im Vergleich zu einer Behandlungsalternative) eigenständig einschätzen und damit ihren tatsächlichen Wert beurteilen zu können.

Neben diesen allgemeinen gesundheitsökonomischen Herausforderungen in der Arzneimittelversorgung kommt bei somatischen genomischen Therapien

---

[1] Breyer/Zweifel/Kifmann, Gesundheitsökonomik, 2013, S. 491 f., 499.

[2] Werden die Kosten durch einen Dritten, beispielsweise die Gesetzliche Krankenversicherung, getragen, dann tritt der sog. Moral Hazard, d. h. eine vermehrte Inanspruchnahme von Gesundheitsleistungen durch die Betroffenen, hinzu; näher Breyer/Zweifel/Kifmann, Gesundheitsökonomik, 2013, S. 499.

[3] Vgl. Breyer/Zweifel/Kifmann, Gesundheitsökonomik, 2013, S. 188 f.

[4] Breyer/Zweifel/Kifmann, Gesundheitsökonomik, 2013, S. 189 ff.

L. Pietrek, *Somatische genomische Therapien*,
https://doi.org/10.1007/978-3-658-52943-7_23

hinzu, dass sie häufig als Einmalbehandlungen („one and done") vermarktet und nicht selten im Rahmen beschleunigter Zulassungsverfahren zugelassen werden (vgl. Abschnitt 22.3.1). Dadurch entstehen einerseits erhebliche Liquiditätsanforderungen für Patienten und Kostenträger. Denn für Einmaltherapien werden oft Preise in Millionenhöhe aufgerufen, um ihre Forschungs- und Entwicklungskosten ohne einen über Jahre oder Jahrzehnte andauernden Umsatz zu amortisieren. Andererseits führt die begrenzte Evidenz aufgrund verkürzter Zulassungswege dazu, dass sich die Informationsasymmetrie im Gesundheitswesen in ein breites Informationsdefizit über die klinische Wirksamkeit und Langzeitsicherheit solcher Therapien verwandelt, das nun sämtliche Akteure des Gesundheitssystems gleichermaßen betrifft. Für somatische genomische Therapien ergeben sich daher spezifische Herausforderungen hinsichtlich ihrer Preisregulierung und Erstattungsfähigkeit, die über die gewöhnlichen gesundheitsökonomischen Herausforderungen hinausgehen. Fraglich ist deshalb, wie das deutsche Recht auf diese reagiert.

23.1 Freie Preissetzung durch den pharmazeutischen Unternehmer

Innerhalb der ersten sechs Monate nach der arzneimittelrechtlichen Marktzulassung eines neuen Medikaments besteht eine umfassende Preissetzungsautonomie zugunsten des pharmazeutischen Unternehmers in Deutschland. Der pharmazeutische Unternehmer ist lediglich verpflichtet, für apothekenpflichtige Arzneimittel einen einheitlichen Abgabepreis festzusetzen, soweit die Arzneimittelpreisverordnung[5] (AMPreisV) Anwendung findet.

[5] Arzneimittelpreisverordnung vom 14.11.1980 (BGBl. I S. 2147), die zuletzt durch Artikel 5 des Gesetzes vom 19.07.2023 (BGBl. 2023 I Nr. 197) geändert worden ist.

23.2 Frühe Nutzenbewertung

Eine staatliche Regulierung der Arzneimittelpreise erfolgt in Deutschland erst ab dem siebten Monat nach der arzneimittelrechtlichen Marktzulassung durch das Verfahren der frühen Nutzenbewertung gemäß § 35a SGB V[6] (AMNOG-Verfahren).[7] Der Begriff geht auf das Gesetz zur Neuordnung des Arzneimittelmarkts in der Gesetzlichen Krankenversicherung[8] (Arzneimittelmarktneuordnungsgesetz – AMNOG) zurück, mit welchem im Jahr 2011 eine staatliche Preisfestsetzung für neu zugelassene Arzneimittel eingeführt wurde.[9] Der vom pharmazeutischen Unternehmer zunächst frei festgelegte einheitliche Abgabepreis wird ab diesem Zeitpunkt durch den im AMNOG-Verfahren ermittelten Erstattungsbetrag ersetzt.[10]

Das AMNOG-Verfahren ist zweistufig ausgestaltet. In einem ersten Schritt erfolgt eine komparatorbasierte Nutzenbewertung, in deren Rahmen der Gemeinsame Bundesausschuss (G-BA) den Zusatznutzen des neuen Arzneimittels im Vergleich zu einer zweckmäßigen Vergleichstherapie bestimmt.[11] Auf dieser Grundlage verhandeln der Spitzenverband Bund der Krankenkassen (SpBKK) und der pharmazeutische Unternehmer gemäß § 130b Abs. 3 Satz 1 und Abs. 1 Satz 1 SGB V den Erstattungsbetrag des neuen Arzneimittels. Der vereinbarte Erstattungsbetrag gilt zugleich als Referenzpreis für die beamtenrechtliche Beihilfe, die private Krankenversicherung sowie für die Vergütung im stationären Bereich.[12]

---

[6] Das Fünfte Buch Sozialgesetzbuch – Gesetzliche Krankenversicherung – (Artikel 1 des Gesetzes vom 20.12.1988, BGBl. I S. 2477, 2482), das zuletzt durch Artikel 9 des Gesetzes vom 30.09.2025 (BGBl. 2025 I Nr. 231) geändert worden ist.

[7] § 130b Abs. 3a Satz 2, Abs. 1 Satz 1 SGB V; zur Frage des umstrittenen Anwendungsbereichs des AMNOG-Verfahrens, siehe Westermann, Die nutzenbasierte Preisbildung bei Arzneimitteln mit neuen Wirkstoffen, 2025, S. 83 ff.

[8] BGBl. 2010 I Nr. 67, S. 2262.

[9] Nitz, in: Spickhoff/Handorn (Hrsg.), Handbuch Medizinisches Forschungsrecht, 2024, S. 257, 271; Stadelhoff, Gesundheitsrecht.blog (2023), 7, S. 1; Axer, in: Becker/Kingreen (Hrsg.), SGB V, 2024, § 35a SGB V, Rn. 1.

[10] § 78 Abs. 3a Satz 1 Halbsatz 1, Satz 2 Halbsatz 1 AMG.

[11] Die demokratische Legitimation des Gemeinsamen Bundesausschusses ist umstritten, weiterführend von Dewitz, in: Rolfs/Giesen/Udsching u. a. (Hrsg.), BeckOK Sozialrecht, 75. Edition, 2024, § 35a SGB V, Rn. 4, m.w.N.

[12] § 1a Satz 1 des Gesetzes über Rabatte (AMRabG) für Arzneimittel vom 22.12.2010 (BGBl. I S. 2262, 2275), das zuletzt durch Artikel 5 des Gesetzes vom 23.10.2024 (BGBl. 2024 I Nr. 324) geändert worden ist i.V. mit § 130b Abs. 1 Satz 1 SGB V; § 6 Abs. 2 Satz 11 des Krankenhausentgeltgesetzes (KHEntgG) vom 23.04.2002 (BGBl. I S. 1412, 1422),

23.2.1 Nutzenbewertungsverfahren

Dem pharmazeutischen Unternehmer obliegt es, dem Gemeinsamen Bundesausschuss zum Zeitpunkt des erstmaligen Inverkehrbringens eines neuen Arzneimittels umfassende Nachweise für das Nutzenbewertungsverfahren in Form eines Dossiers vorzulegen.[13] Als „neu" gelten alle Arzneimittel, für die Unterlagenschutz[14] besteht.[15]

Das Dossier muss insbesondere Angaben zu den zugelassenen Anwendungsgebieten, zum medizinischen Nutzen, zum Zusatznutzen im Vergleich zur zweckmäßigen Vergleichstherapie, zur Zahl der betroffenen Patienten und Patientengruppen, zu den Therapiekosten für die Gesetzliche Krankenversicherung sowie zu Anforderungen an eine qualitätsgesicherte Anwendung enthalten.[16] Die formalen Anforderungen an Inhalt und Struktur des Dossiers ergeben sich aus Kapitel 5 der Verfahrensordnung[17] des Gemeinsamen Bundesausschusses (GBA-VerfO).

Vor Beginn der Nutzenbewertung prüft der Gemeinsame Bundesausschuss das eingereichte Dossier auf Vollständigkeit und entscheidet, ob er die Bewertung selbst durchführt oder das Institut für Qualität und Wirtschaftlichkeit im Gesundheitswesen (IQWiG) bzw. Dritte beauftragt.[18] Die Letztverantwortung verbleibt dabei stets beim Gemeinsamen Bundesausschuss, denn die Begutachtung des IQWiG hat lediglich empfehlenden Charakter.[19] Der Nutzenbewertungsbeschluss

---

das zuletzt durch Artikel 10 des Gesetzes vom 30.09.2025 (BGBl. 2025 I Nr. 231) geändert worden ist i.V. mit § 130b Abs. 3a SGB V; §§ 130b Abs. 1 Satz 3, 129a Satz 1 SGB V.

[13] § 35a Abs. 1 Satz 3 SGB V.

[14] Es ist nicht eindeutig geklärt, welche Reichweite das Tatbestandsmerkmal aufweist; näher Schneider, in: Schlegel/Voelzke/Engelmann (Hrsg.), Juris Praxiskommentar SGB V, 2020, § 130b SGB V, Rn. 98 f.; bemerkenswert ist, dass der G-BA das Marktexklusivitätsrecht aus Art. 8 Abs. 1 VO (EG) Nr. 141/2000 bei Arzneimitteln für seltene Leiden dahingehend genügen lässt (vgl. Kapitel 5, § 1a Nr. 3 GBA-VerfO); siehe dazu Axer, in: Becker/Kingreen (Hrsg.), SGB V, 2024, § 130b SGB V, Rn. 17.

[15] § 2 Abs. 1 Satz 2 Arzneimittel-Nutzenbewertungsverordnung (AM-NutzenV) vom 28.12.2010 (BGBl. I S. 2324), die zuletzt durch Artikel 1 der Verordnung vom 04.03.2025 (BGBl. 2025 I Nr. 75) geändert worden ist.

[16] § 35a Abs. 1 Satz 3 Nr. 1 bis 6 SGB V.

[17] Gemeinsamer Bundesausschuss, Verfahrensordnung des Gemeinsamen Bundesausschusses in der Fassung vom 18.12.2008, zuletzt geändert durch den Beschluss vom 17.10.2024, veröffentlicht im Bundesanzeiger BAnz AT 28.05.2025 B2, (https://www.g-ba.de/downloads/62-492-3830/VerfO_2024-10-17_iK_2025-05-29.pdf) (geprüft am 24.10.2025).

[18] § 35a Abs. 2 Satz 1 SGB V; § 7 Abs. 1 Satz 2 AM-NutzenV.

[19] Büscher, Preisfindung im Rahmen des AMNOG-Verfahrens, 2025, S. 68 f.

ist innerhalb von drei Monaten nach Einreichung des Dossiers durch den pharmazeutischen Unternehmer auf der Internetseite des G-BA zu veröffentlichen.[20]

Inhaltlich handelt es sich bei der Nutzenbewertung um eine medizinisch-wissenschaftliche Analyse auf Grundlage der evidenzbasierten Medizin und gesundheitsökonomischer Kriterien.[21] Für die Bewertung des eingereichten Materials werden in der Regel randomisierte kontrollierte Studien (Randomised Controlled Trials – RCT) als Maßstab gefordert und daher als „Goldstandard" bezeichnet.[22] Zwar ist vorgesehen, dass bei Unmöglichkeit oder Unangemessenheit auch ein geringerer Evidenzstandard zugrunde gelegt werden darf.[23] In seiner Vollzugspraxis fordert der Gemeinsame Bundesausschuss jedoch nahezu ausnahmslos den RCT-Goldstandard.[24] Aufgrund des frühen Zeitpunktes der Bewertung stützt sich die Nutzenbewertung im Wesentlichen auf die im arzneimittelrechtlichen Zulassungsverfahren erhobenen klinischen Daten. Entsprechend liegen Studien nach dem RCT-Goldstandard zu diesem Zeitpunkt regelmäßig nicht vor, wenn ein Arzneimittel aufgrund privilegierter Zulassungswege zugelassen wurde (vgl. Abschnitt 22.3.1).

23.2.2 Zusatznutzen und zweckmäßige Vergleichstherapie

Die Nutzenbewertung erfolgt durch den Vergleich des therapeutischen Nutzens der Arzneimittelinnovation mit einer zweckmäßigen Vergleichstherapie.[25] Die zweckmäßige Vergleichstherapie ist vorzugsweise eine Therapie, für die Endpunktstudien vorliegen und die sich in der praktischen Anwendung bewährt hat.[26] In der Praxis bestimmt der Gemeinsame Bundesausschuss teilweise mehrere Wirkstoffe oder ganze Wirkstoffgruppen als zweckmäßige Vergleichstherapie,

---

[20] § 35a Abs. 2 Satz 3 SGB V.

[21] Von Dewitz, in: Rolfs/Giesen/Udsching u. a. (Hrsg.), BeckOK Sozialrecht, 75. Edition, 2024, § 35a SGB V, Rn. 15 f.

[22] Büscher, Preisfindung im Rahmen des AMNOG-Verfahrens, 2025, S. 70.

[23] § 5 Abs. 6 Satz 3 AM-NutzenV; Kapitel 5, § 5 Abs. 6 Satz 4 GBA-VerfO.

[24] Volkwein, Pharma Recht 46 (2024), S. 700, 703; vor diesem Hintergrund wird insbesondere personalisierten Arzneimitteln, die auf Grundlage innovativer Studienmodelle (beispielsweise sog. Basket-Studien) zugelassen werden, regelmäßig keinen Zusatznutzen zugesprochen, siehe Woskowski/Burgardt, Medizinrecht 40 (2022), S. 736, 739.

[25] §§ 35a Abs. 1 Satz 2 SGB V, 130b Abs. 3 Satz 1 bis 7 SGB V.

[26] Hess, in: Körner/Krasney/Mutschler (Hrsg.), BeckOGK Sozialrecht (Kasseler Kommentar), § 35a SGB V, Rn. 37.

was auf Seiten der pharmazeutischen Unternehmer zu Planungsunsicherheiten führen kann.[27]

Der Nutzen eines Arzneimittels wird als patientenrelevanter therapeutischer Effekt verstanden, insbesondere im Hinblick auf die Verbesserung des Gesundheitszustands, die Verkürzung der Krankheitsdauer, die Verlängerung des Überlebens, die Verringerung von Nebenwirkungen oder die Verbesserung der Lebensqualität.[28] Ein Zusatznutzen liegt vor, wenn das neue Arzneimittel im Vergleich zur zweckmäßigen Vergleichstherapie einen quantitativ oder qualitativ höheren Nutzen aufweist.[29] Es handelt sich somit stets um eine relative Betrachtung, deren Ergebnis je nach Einzelfall variiert. Der Zusatznutzen wird vom Gemeinsamen Bundesausschuss in den Stufen „erheblich", „beträchtlich", „gering", „nicht quantifizierbar", „kein" oder „geringer" im Bezug auf die Vergleichstherapie eingestuft.[30] Eine spätere erneute Nutzenbewertung ist auf Antrag des pharmazeutischen Unternehmers möglich.[31]

Für die Quantifizierung des Zusatznutzens ist maßgeblich, welche zweckmäßige Vergleichstherapie heranzuziehen ist. Die Auswahl richtet sich nach § 6 AM-NutzenV sowie Kapitel 5, § 6 G-BA-VerfO. Die Vergleichstherapie muss nach den internationalen Standards der evidenzbasierten Medizin bestimmt werden, zur Substitution des zu bewertenden Arzneimittels geeignet sowie zweckmäßig im Sinne der §§ 2, 12 SGB V und nach dem Stand der medizinischen Erkenntnisse anerkannt sein.[32] Der pharmazeutische Unternehmer hat in seinem Dossier eine zweckmäßige Vergleichstherapie vorzuschlagen und seine Nachweise hierauf zu beziehen.[33] Die endgültige Bestimmung der Vergleichstherapie

---

[27] Stadelhoff, Gesundheitsrecht.blog (2023), 7, S. 5.

[28] § 2 Abs. 3 AM-NutzenV; zur Bedeutung und Messbarkeit des Kriteriums der Lebensqualität, siehe Büscher, Preisfindung im Rahmen des AMNOG-Verfahrens, 2025, S. 58 ff.

[29] § 2 Abs. 4 AM-NutzenV; von Dewitz, in: Rolfs/Giesen/Udsching u. a. (Hrsg.), BeckOK Sozialrecht, 75. Edition, 2024, § 35a SGB V, Rn. 10; Pitz, in: Schlegel/Voelzke/Engelmann (Hrsg.), Juris Praxiskommentar SGB V, 2020, § 35a SGB V, Rn. 33; Hess, in: Körner/Krasney/Mutschler (Hrsg.), BeckOGK Sozialrecht (Kasseler Kommentar), § 35a SGB V, Rn. 31.

[30] § 5 Abs. 7 Satz 1 AM-NutzenV; Kapitel 5, § 5 Abs. 7 GBA-VerfO.

[31] § 35a Abs. 5 Satz 1 SGB V; von Dewitz, in: Rolfs/Giesen/Udsching u. a. (Hrsg.), BeckOK Sozialrecht, 75. Edition, 2024, § 35a SGB V, Rn. 41; Hess, in: Körner/Krasney/Mutschler (Hrsg.), BeckOGK Sozialrecht (Kasseler Kommentar), § 35a SGB V, Rn. 76.

[32] BSG, Urteil vom 28.03.2019 – B 3 KR 2/18 R, Rn. 49 = BSGE 127, 288 (301) = Neue Zeitschrift für Sozialrecht 28 (2019), S. 897, 902 f.

[33] § 35a Abs. 1 Satz 3 Nr. 3 SGB V.

obliegt jedoch dem Gemeinsamen Bundesausschuss.[34] Ein abweichendes Verständnis hinsichtlich der zweckmäßigen Vergleichstherapie kann dazu führen, dass der Nachweis des Zusatznutzens scheitert.[35]

Besonderheiten bestehen, wenn keine zweckmäßige Vergleichstherapie verfügbar ist. In diesem Fall handelt es sich bei dem zu bewertenden Arzneimittel um einen sog. therapeutischen Solisten. Das Bundessozialgericht entschied, dass therapeutische Solisten nicht vom Verfahren der frühen Nutzenbewertung erfasst seien und es deshalb an einer Ermächtigungsgrundlage für die Einstufung des Zusatznutzens fehle.[36] Der Gesetzgeber reagierte hierauf mit dem Arzneimittel-Lieferengpassbekämpfungs- und Versorgungsverbesserungsgesetz[37], durch das § 35a Abs. 1 Satz 1 SGB V klarstellend ergänzt wurde. Nunmehr ist ausdrücklich geregelt, dass der Gemeinsame Bundesausschuss den Nutzen aller erstattungsfähigen Arzneimittel mit neuen Wirkstoffen zu bewerten hat. Zugleich wurden in § 6 Abs. 2 Sätze 2 bis 4 AM-NutzenV die Auswahlkriterien für die zweckmäßige Vergleichstherapie konkretisiert. Seither kann insbesondere auch ein beobachtendes Abwarten („watchful waiting“) als zweckmäßige Vergleichstherapie herangezogen werden.[38] Die Nutzenbewertung eines therapeutischen Solisten ist nunmehr möglich.

23.2.3 Arzneimittelrechtliche Zulassungsprivilegierungen und Evidenzlücke

Somatische genomische Therapien werden häufig nicht im Rahmen eines regulären, vollständigen Zulassungsverfahrens, sondern über verkürzte oder bedingte Zulassungswege genehmigt und entsprechen daher oftmals nicht dem RCT-Goldstandard (vgl. Abschnitt 22.3.2).[39] Die vielfach vorgebrachte Behauptung, die geringe Evidenz resultiere ausschließlich aus der kleinen Patientenzahl, greift

---

[34] § 35a Abs. 1 Satz 10 SGB V; er unterliegt dabei nicht dem Amtsermittlungsgrundsatz, vgl. Pitz, in: Schlegel/Voelzke/Engelmann (Hrsg.), Juris Praxiskommentar SGB V, 2020, § 35a SGB V, Rn. 36; Axer, in: Becker/Kingreen (Hrsg.), SGB V, 2024, § 35a SGB V, Rn. 34.

[35] Büscher, Preisfindung im Rahmen des AMNOG-Verfahrens, 2025, S. 72.

[36] BSG, Urteil vom 22.02.2023 – B 3 KR 14/21 R, Rn. 36 f. = BSGE 135, 266 (275 f.); Westermann, Die nutzenbasierte Preisbildung bei Arzneimitteln mit neuen Wirkstoffen, 2025, S. 80 f.

[37] BGBl. 2023 I Nr. 197 vom 26.07.2023.

[38] § 6 Abs. 2 Satz 4 AM-NutzenV; Kapitel 5, § 6 Abs. 3 Satz 3 GBA-VerfO.

[39] Vgl. Abou-El-Enein/Hey, EClinicalMedicine 7 (2019), S. 13.

jedoch zu kurz. Charakteristisch für die Zulassungsstudien somatischer genomischer Therapien ist nicht allein die begrenzte Patientenkohorte, sondern vor allem das methodische Studiendesign (vgl. Abschnitt 22.3.2). Häufig handelt es sich um einarmige Studien ohne Kontrollgruppe, mit kurzer Studiendauer und dem Rückgriff auf Surrogat- oder intermediäre Endpunkte anstelle finaler patientenrelevanter Endpunkte (vgl. Abschnitt 22.3.2).[40] Zudem werden häufig nur einzelne Endpunktkategorien, beispielsweise die Mortalität, erhoben.[41]

Die Schwierigkeiten der Zusatznutzenbewertung sind daher nicht ausschließlich auf die Seltenheit der zugrunde liegenden Erkrankungen zurückzuführen, sondern beruhen maßgeblich auf Erleichterungen im arzneimittelrechtlichen Zulassungssystem.[42] Entsprechend wurde für die meisten Arzneimittel für neuartige Therapien, deren Zulassungsstudien nicht dem RCT-Goldstandard folgten, in der Vergangenheit ein Zusatznutzen als „nicht belegt" eingestuft, sofern nicht ausnahmsweise ein „dramatischer Effekt" vorlag.[43]

23.2.4 Arzneimittel für seltene Leiden (Orphan Drugs)

Für Arzneimittel für seltene Leiden (Orphan Drugs) gilt kraft gesetzlicher Fiktion ein Zusatznutzen („Ob") als belegt, solange der Jahresumsatz die Schwelle von

---

[40] Volkwein, Pharma Recht 46 (2024), S. 700, 700 f.; vorrangig sind jedoch direkte Vergleichsstudien mit patientenrelevanten Endpunkten, insbesondere Mortalität, Morbidität und Lebensqualität, zu verwenden; vgl. Hess, in: Körner/Krasney/Mutschler (Hrsg.), BeckOGK Sozialrecht (Kasseler Kommentar), § 35a SGB V, Rn. 32; Axer, in: Becker/Kingreen (Hrsg.), SGB V, 2024, § 35a SGB V, Rn. 9; in einem Experteninterview wurde beispielsweise ausgeführt, dass eine einarmige Studie nur aussagekräftig sei, wenn bisher keine zugelassene Therapie existiere und es sich um eine stark progrediente Erkrankung handle oder eine ausgeprägte Effektgröße aufgrund vorheriger Evidenz zu erwarten sei; siehe zum Ganzen auch Koch/Böhm, in: Sickmüller/Gleiter/Hinze (Hrsg.), Leitfaden Klinische Prüfungen von Arzneimitteln und Medizinprodukten, 2024, S. 493 f.

[41] Vgl. Koch/Böhm, in: Sickmüller/Gleiter/Hinze (Hrsg.), Leitfaden Klinische Prüfungen von Arzneimitteln und Medizinprodukten, 2024, S. 493 f.

[42] Bei Einmaltherapien ist eine abschließende Überprüfung der Evidenz zum Zeitpunkt der Zulassung zudem nicht möglich; siehe auch Rybak, Arzneimittel & Recht 20 (2024), S. 64, 65.

[43] Volkwein, Pharma Recht 46 (2024), S. 700, 703.

30 Millionen Euro nicht überschreitet und keine anwendungsbegleitende Datenerhebung (vgl. Abschnitt 23.3.3) angeordnet wurde.[44] In diesem Fall muss das Dossier des pharmazeutischen Unternehmers keine Angaben zum medizinischen Nutzen und Zusatznutzen enthalten;[45] d. h. es muss auch keine zweckmäßige Vergleichstherapie bestimmt werden. Die Höhe des Zusatznutzens („Wie“) wird vom Gemeinsamen Bundesausschuss (G-BA) zunächst anhand der übrigen Angaben des Dossiers bewertet. Dabei wird der Zusatznutzen jedoch regelmäßig als „nicht quantifizierbar“ eingestuft, da auch diese Arzneimittel typischerweise nicht auf Grundlage des RCT-Goldstandards zugelassen wurden.[46]

23.2.5 Bestverfügbare und bestmögliche Evidenz

Am Ende steht deshalb die (rechtspolitische) Frage, ob für die frühe Nutzenbewertung die bestverfügbare Evidenz, d. h. die Evidenz der tatsächlich vorliegenden Zulassungsstudien, oder die bestmögliche Evidenz, d. h. die Evidenz aus weiterführenden Studien in der Marktphase oder potenziell erbringungsfähige Evidenz aus dem regulären und nicht privilegierten Zulassungsverfahren, maßgebend sein sollte.[47] Rechtliche Möglichkeiten, die bestverfügbare Evidenz im Nutzenbewertungsverfahren heranzuziehen, sieht die AM-NutzenV bereits vor.[48] In der Vollzugspraxis des Gemeinsamen Bundesausschusses werden diese Möglichkeiten jedoch – von wenigen Ausnahmefällen abgesehen – faktisch nicht genutzt.[49]

---

[44] Von Dewitz, in: Rolfs/Giesen/Udsching u. a. (Hrsg.), BeckOK Sozialrecht, 75. Edition, 2024, § 35a SGB V, Rn. 17; Axer, in: Becker/Kingreen (Hrsg.), SGB V, 2024, § 35a SGB V, Rn. 26 f.

[45] § 35a Abs. 1 Satz 11 und 12 i.V. mit § 35a Abs. 1 Satz 3 Nr. 2 und 3 SGB V.

[46] Volkwein, Pharma Recht 46 (2024), S. 700, 703; Nitz, in: Spickhoff/Handorn (Hrsg.), Handbuch Medizinisches Forschungsrecht, 2024, S. 257, 284; nach Überschreiten der Umsatzschwelle in Höhe von 30 Millionen Euro muss zudem ein vollständiges Dossier innerhalb von drei Monaten durch den pharmazeutsichen Unternehmer beim G-BA eingereicht werden; § 35a Abs. 1 Satz 12 SGB V.

[47] Hess, in: Körner/Krasney/Mutschler (Hrsg.), BeckOGK Sozialrecht (Kasseler Kommentar), § 35a SGB V, Rn. 34.

[48] Vgl. § 5 Abs. 2 Satz 3, Abs. 3 Satz 5, Abs. 8 Satz 4 AM-NutzenV.

[49] Volkwein, Pharma Recht 46 (2024), S. 700, 703; Rybak, Arzneimittel & Recht 20 (2024), S. 64.

23.3 Verhandlung des Erstattungsbetrags

Nach Abschluss der Nutzenbewertung durch den Gemeinsamen Bundesauschuss folgt auf zweiter Stufe die Verhandlung des Erstattungsbetrags zwischen dem pharmazeutischen Unternehmer und dem SpBKK.[50] Die Verhandlungen beruhen auf einer Rahmenvereinbarung[51] (RahmenV) zwischen dem SpBKK und den Verbänden der pharmazeutischen Industrie,[52] die neben den gesetzlichen Vorschriften weitere Kriterien und Verfahrensgrundsätze zur Ermittlung des Erstattungsbetrags festlegt.

Wesentliche Grundlage der Preisverhandlung ist der Nutzenbewertungsbeschluss des Gemeinsamen Bundesausschusses.[53] Wird kein Zusatznutzen festgestellt, erfolgen grundsätzlich keine Preisverhandlungen. Es kommt in der Regel zu einer Einordnung des Arzneimittels in eine Festbetragsgruppe[54].[55] Nur wenn das Arzneimittel nicht festbetragsfähig ist, können dennoch Preisverhandlungen stattfinden.[56] Liegt ein Zusatznutzen vor, kommt es stets zu Preisverhandlungen zwischen dem pharmazeutischen Unternehmer sowie dem SpBKK.

Nach der Rahmenvereinbarung wird der Erstattungsbetrag bei festgestelltem Zusatznutzen als Zuschlag auf die Jahrestherapiekosten der zweckmäßigen Vergleichstherapie vereinbart.[57] Die Höhe des Zuschlags wird unter freier Würdigung aller Umstände des Einzelfalls und unter Berücksichtigung der Besonderheiten des jeweiligen Therapiegebiets bestimmt, insbesondere nach Maßgabe des im Nutzenbewertungsbeschluss festgestellten Ausmaßes des Zusatznutzens.[58] Wird

---

[50] § 130b Abs. 1 SGB V.

[51] Spitzenverband Bund der Krankenkassen, Rahmenvereinbarung nach § 130b Abs. 9 SGB V, (https://www.gkv-spitzenverband.de/media/dokumente/krankenversicherung_1/arzneimittel/rahmenvertraege/pharmazeutische_unternehmer/2022-05-04_Rechtlich_unverbindliche_Lesefassung_RahmenV_nach_130b_Abs_9_SGB_V.pdf) (geprüft am 24.10.2025).

[52] § 130b Abs. 9, Abs. 5 SGB V.

[53] § 130b Abs. 1 Satz 1 SGB V.

[54] Das Festbetragsgruppensystem nach § 35 SGB V ordnet vergleichbare Arzneimittel in Gruppen ein, für die der SpBKK einen sog. Festbetrag festlegt, bis zu dem die Kosten von den Krankenkassen übernommen werden.

[55] § 35a Abs. 4 Satz 1 SGB V.

[56] Vgl. §§ 35a Abs. 5a Satz 1, 130b Abs. 3 Satz 2 und 3 SGB V i.V. mit § 5 Abs. 4 RahmenV.

[57] § 5 Abs. 2 Satz 1 RahmenV.

[58] § 5 Abs. 2 Satz 2 RahmenV; Axer, in: Becker/Kingreen (Hrsg.), SGB V, 2024, § 35a SGB V, Rn. 15; Schneider, in: Schlegel/Voelzke/Engelmann (Hrsg.), Juris Praxiskommentar SGB V, 2020, § 130b SGB V, Rn. 55.

hingegen ein geringerer Nutzen als bei der zweckmäßigen Vergleichstherapie festgestellt, ist ein Abschlag von deren Jahrestherapiekosten zu vereinbaren.[59]

Die Rahmenvereinbarung verweist in § 6 Abs. 2 ausdrücklich auf das vom pharmazeutischen Unternehmer eingereichte Dossier,[60] anhand dessen der Zusatznutzen monetarisiert werden soll. Für die Frage, welche Kosten bei welchem Nutzen angemessen sind, fehlen jedoch Anhaltspunkte. Denn ein gesetzlich vorgegebenes Modell, nach dem der medizinische Nutzen einer Gesundheitsleistung in Kosten umgerechnet werden könnte, existiert nicht.[61] Der Gesetzgeber sieht vielmehr eine rein verhandlungsbasierte Lösung vor, die sich lediglich an bestimmten Merkmalen orientiert. Zur Monetarisierung des Zusatznutzens sind beispielsweise die Jahrestherapiekosten vergleichbarer Arzneimittel heranzuziehen.[62]

Der ausgehandelte Erstattungsbetrag hängt daher maßgeblich von der zweckmäßigen Vergleichstherapie ab. Wird etwa ein bloßes beobachtendes Abwarten („watchful waiting") als Vergleichstherapie herangezogen, entspricht der Zuschlag zugleich dem gesamten Erstattungsbetrag, da die Vergleichsmaßnahme selbst keine Kosten verursacht.[63] Besteht die Vergleichstherapie dagegen in einer hochpreisigen Gentherapie, bezieht sich der Zuschlag auf ein bereits sehr hohes Ausgangsniveau. In beiden Fällen kann ein identischer Zusatznutzen deshalb zu völlig unterschiedlichen Monetarisierungen führen.[64]

23.3.1 Preisdeckelung durch gesetzliche Leitplanken

In der Vergangenheit bestand bei einem festgestellten Zusatznutzen stets die Möglichkeit, einen Zuschlag auf die Jahrestherapiekosten der zweckmäßigen Vergleichstherapie zu vereinbaren – eine Möglichkeit, welche in der Praxis durchgängig genutzt wurde.[65] Dieser Verhandlungsspielraum wurde jedoch durch

---

[59] § 5 Abs. 3 RahmenV.

[60] § 35a Abs. 1 Satz 3 SGB V.

[61] LSG Berlin-Brandenburg, Urteil vom 08.06.2023 – L 1 KR 107/22 KL, Rn. 111 – juris; Axer, in: Becker/Kingreen (Hrsg.), SGB V, 2024, § 130b SGB V, Rn. 11; Büscher, Preisfindung im Rahmen des AMNOG-Verfahrens, 2025, S. 81.

[62] § 130b Abs. 9 Satz 3 SGB V; § 6 Abs. 4 RahmenV.

[63] Büscher, Preisfindung im Rahmen des AMNOG-Verfahrens, 2025, S. 86.

[64] Büscher, Preisfindung im Rahmen des AMNOG-Verfahrens, 2025, S. 86.

[65] Büscher, Preisfindung im Rahmen des AMNOG-Verfahrens, 2025, S. 82; Stadelhoff, Gesundheitsrecht.blog (2023), 7, S. 2; Schneider, in: Schlegel/Voelzke/Engelmann (Hrsg.),

die sog. Leitplankenregelungen des Gesetzes zur finanziellen Stabilisierung der Gesetzlichen Krankenversicherung deutlich eingeschränkt.[66]

Ziel dieser Leitplankenregelungen ist es, die Preisbildung für neue, insbesondere patentgeschützte Arzneimittel zu begrenzen und eine stärkere Kostenorientierung herzustellen. Demnach darf für Arzneimittel, die lediglich einen geringen oder nicht quantifizierbaren Zusatznutzen aufweisen, kein Erstattungsbetrag vereinbart werden, der über den Jahrestherapiekosten der zweckmäßigen Vergleichstherapie liegt.[67] Wird hingegen kein Zusatznutzen festgestellt, ist ein Erstattungsbetrag zu vereinbaren, der zu Jahrestherapiekosten führt, die mindestens zehn Prozent unterhalb der Kosten der zweckmäßigen Vergleichstherapie liegen, sofern für diese noch Patent- oder Unterlagenschutz besteht.[68] Damit können Zuschläge auf die Jahrestherapiekosten der Vergleichstherapie grundsätzlich nur noch für Arzneimittel mit einem erheblichen oder beträchtlichen Zusatznutzen vereinbart werden.[69]

Diese Preisdeckelung durch die Leitplankenregelungen trifft somatische genomische Therapien deshalb besonders stark. Weil sie häufig unter erleichterten Zulassungsbedingungen auf den Markt gelangen, entsprechen sie regelmäßig nicht dem RCT-Goldstandard und können daher die für einen erheblichen oder beträchtlichen Zusatznutzen erforderliche Evidenz meist nicht vorlegen. Entsprechend ist in solchen Fällen der Verhandlungsspielraum durch den Erstattungsbetrag der zweckmäßigen Vergleichstherapie gedeckelt.

23.3.1.1 Besonderheiten bei Arzneimitteln für seltene Leiden

Eine Ausnahme von der Leitplankenregelung gilt für Arzneimittel für seltene Leiden (Orphan Drugs). Aufgrund der gesetzlichen Fiktion des Zusatznutzens nach § 35a Abs. 1 Satz 11 SGB V erfolgt für diese keine Bestimmung einer zweckmäßigen Vergleichstherapie durch den Gemeinsamen Bundesauschuss, soweit die

Juris Praxiskommentar SGB V, 2020, § 130b SGB V, Rn. 64; Westermann, Die nutzenbasierte Preisbildung bei Arzneimitteln mit neuen Wirkstoffen, 2025, S. 110.

66 Dadurch wird die bisherige Systematik des AMNOG-Verfahrens als verhandlungsbasierte Lösung derart stark beschränkt, dass faktisch zwingend ein besonders hoher Zusatznutzen erzielt werden muss, weshalb eine Innovationsbremse droht; näher Büscher, Preisfindung im Rahmen des AMNOG-Verfahrens, 2025, S. 116 f.; Nitz, in: Spickhoff/Handorn (Hrsg.), Handbuch Medizinisches Forschungsrecht, 2024, S. 257, 280 ff.

67 § 130b Abs. 3 Satz 5 SGB V; hat der G-BA mehrere Alternativen als zweckmäßige Vergleichstherapie bestimmt, ist im Rahmen der Preisverhandlungen die günstigste Alernative heranzuziehen, vgl. § 130b Abs. 3 Satz 6 SGB V.

68 § 130b Abs. 3 Satz 2 SGB V.

69 Büscher, Preisfindung im Rahmen des AMNOG-Verfahrens, 2025, S. 83 f.

Umsatzschwelle von 30 Millionen Euro nicht überschritten wurde.[70] Die Anwendung der Leitplankenregelung setzt jedoch das Vorliegen einer zweckmäßigen Vergleichstherapie voraus.[71] Sie bleibt daher auf Arzneimittel für seltene Leiden (Orphan Drugs) unanwendbar. Das bedeutet, dass in diesem Fall keine Kostendeckelung gilt und der Erstattungsbetrag vollständig verhandlungsbasiert festgelegt wird – auch wenn er sich am meist nicht quantifizierbaren Zusatznutzen zu orientieren hat.[72]

23.3.1.2 Privilegierung bei Forschung und Entwicklung in deutschen Prüfzentren

Durch das Medizinforschungsgesetz[73] wurde zudem eine weitere Ausnahme von den Leitplankenregelungen geschaffen. Die Leitplankenregelungen finden keine Anwendung auf Arzneimittel, denen ein nicht quantifizierbarer oder geringer Zusatznutzen im Vergleich zu ihrer zweckmäßigen Vergleichstherapie attestiert wurde, wenn deren klinische Prüfungen zu einem relevanten Anteil im Geltungsbereich des SGB V durchgeführt wurden.[74] Enthält das Arzneimittel keinen Zusatznutzen, greift statt des zehnprozentigen Abschlags eine Deckelung durch die Kosten der zweckmäßigen Vergleichstherapie, soweit für deren Wirkstoff Patent- oder Unterlagenschutz besteht.[75]

Ob klinische Prüfungen in einem relevanten Anteil in Deutschland durchgeführt wurden, wird im Rahmen der Nutzenbewertung durch den Gemeinsamen Bundesausschuss geprüft.[76] Hierfür ist nunmehr auch die Anzahl der Studienteilnehmer in den vom pharmazeutischen Unternehmer selbst durchgeführten oder beauftragten klinischen Prüfungen im Dossier anzugeben.[77]

---

[70] BSG, Urteil vom 22.02.2023 – B 3 KR 14/21 R, Rn. 19 – juris = BSGE 135, 266 (270); LSG Berlin-Brandenburg, Urteil vom 08.06.2023 – L 1 KR 107/22 KL, Rn. 111 – juris.

[71] § 130b Abs. 3 Satz 2 bis 5 SGB V.

[72] Anschaulich LSG Berlin-Brandenburg, Urteil vom 08.06.2023 – L 1 KR 107/22 KL, Rn. 168 – juris; Nitz, in: Spickhoff/Handorn (Hrsg.), Handbuch Medizinisches Forschungsrecht, 2024, S. 257, 284; Volkwein, Pharma Recht 46 (2024), S. 700, 703.

[73] BGBl. 2024 I Nr. 324 vom 29.10.2024.

[74] § 130b Abs. 3 Satz 11 und 5 SGB V.

[75] § 130b Abs. 3 Satz 11, 2 und 3 SGB V.

[76] Das ist der Fall, wenn der Anteil der Prüfungsteilnehmer an den vom pharmazeutischen Unternehmer durchgeführten oder in Auftrag gegebenen klinischen Prüfungen des Arzneimittels, die an Prüfstellen im Geltungsbereich dieses Gesetzes teilgenommen haben, an der Gesamtzahl der Prüfungsteilnehmer mindestens 5 Prozent beträgt, vgl. § 35a Abs. 3 Satz 6 SGB V.

[77] § 35a Abs. 3 Satz 5 und 6 SGB V.

Nach der Gesetzesbegründung soll diese Privilegierung die Erhebung versorgungsnaher Daten unterstützen und die Kontinuität der Versorgung sicherstellen.[78] Faktisch dient sie zumindest mittelbar der Stärkung des Forschungs- und Entwicklungsstandorts Deutschland, indem finanzielle Anreize gesetzt werden, klinische Studien in deutschen Prüfzentren durchzuführen – eine Maßnahme, die aufgrund der Größe und Bedeutung des deutschen Gesundheitsmarkts voraussichtlich erfolgreich sein wird.[79] Zugleich kann sie kritisch hinterfragt werden, da ihre Finanzierung nicht aus Steuermitteln, sondern über solidarisch aufgebrachte Beiträge der Gesetzlichen Krankenversicherung erfolgt.[80]

23.3.2 Preisfestsetzung durch die zuständige Schiedsstelle

Kommt innerhalb von sechs Monaten nach Veröffentlichung des Nutzenbewertungsbeschlusses durch den Gemeinsamen Bundesausschuss keine Einigung über den Erstattungsbetrag zustande, entscheidet die zuständige Schiedsstelle.[81]

---

[78] BT-Drucks. 20/12149, S. 87.

[79] Deutschland stellt mit einem Umsatz von 56,6 Milliarden Euro im Jahr 2020 den größten Arzneimittelmarkt in Europa dar, siehe IQVIA, Top 10 Pharmaceutical Markets Worldwide, 2020, (https://www.iqvia.com/-/media/iqvia/pdfs/canada/2020-trends/top10worldwidesales_20.pdf) (geprüft am 24.10.2025).

[80] Aus demselben Grund lässt sich auch der Vorschlag der Europäischen Kommission im European Biotech Act kritisch hinterfragen, für biotechnologische Arzneimittelinnovationen ein zusätzliches Jahr Patentschutz durch eine Verlängerung des ergänzenden Schutzzertifikats (SPC) zu gewähren, sofern klinische Prüfungen in mehr als zwei Mitgliedstaaten der Europäischen Union durchgeführt werden und mindestens ein Herstellungsschritt in der Europäischen Union erfolgt, vgl. European Commission, Proposal for a Regulation of the European Parliament and of the Council on establishing a framework of measures for strengthening Union's biotechnology and biomanufacturing sectors particularly in the area of health and amending Regulations (EC) No 178/2002, (EC) No 1394/2007, (EU) No 536/2014, (EU) 2019/6, (EU) 2024/795 and (EU) 2024/1938 (European Biotech Act), COM (2025) 1022 final, (https://health.ec.europa.eu/document/download/ec1475b7-e3f9-409e-b927-fc7e69306a8c_en?filename=biotech_reg-com2025-1022_act_en.pdf), Art. 27 Abs. 1 Buchst. c) und d) (geprüft am 12.03.2026). Zwar ist die Ausweitung des Patentschutzes nach Buchstabe a) und b) auf Sprunginnovationen beschränkt. Gleichwohl erfolgt die Steuerung der Förderung des Forschungs- und Entwicklungsstandorts der Europäischen Union durch eine Verlängerung des Patentschutzes faktisch zu Lasten der nationalen Gesundheitssysteme, in welche die Arzneimittelinnovationen nach ihrer Zulassung integriert werden, und verlagert damit einen wesentlichen Teil der innovationspolitischen Finanzierungslast auf die beitragsfinanzierten Gesundheitssysteme der Mitgliedstaaten und wird letztlich durch die Kaufkraft des unionsweiten Gesundheitsmarktes getragen.

[81] § 130b Abs. 4 Satz 1 SGB V.

Diese setzt den Inhalt der Erstattungsbetragsvereinbarung verbindlich fest. Die Schiedsstelle hat dabei dieselben rechtlichen Vorgaben zu beachten wie die Vertragsparteien im Rahmen der Verhandlungen nach § 130b SGB V.[82] Der gesetzlich vorgesehene weite Verhandlungsspielraum überträgt sich folglich auf das Schiedsverfahren, sodass der Schiedsstelle eine erhebliche Bewertungsfreiheit bei der Preisfestsetzung zukommt.[83] Ihre Entscheidung orientiert sich deshalb ebenso an den im Nutzenbewertungsbeschluss festgestellten Zusatznutzenkategorien sowie an den in der Rahmenvereinbarung niedergelegten Kriterien, insbesondere den Jahrestherapiekosten der zweckmäßigen Vergleichstherapie und der Kosten vergleichbarer Arzneimittel.

Die Preisfestsetzung durch die Schiedsstelle hat in der Vergangenheit zu Spannungen zwischen Kostenträgern und pharmazeutischen Unternehmern geführt. Ein Beispiel ist die Gentherapie Zynteglo (Betibeglogene Autotemcel). Der von der Schiedsstelle bestimmte Erstattungsbetrag wurde vom pharmazeutischen Unternehmer als wirtschaftlich nicht tragfähig bewertet, was zur Marktrücknahme des Produkts in Deutschland führte.[84] Dieses Beispiel verdeutlicht das Spannungsfeld zwischen dem Ziel der Kostendämpfung im solidarisch finanzierten Gesundheitssystem einerseits und der Notwendigkeit, innovativen Therapien einen wirtschaftlich tragfähigen Marktzugang zu ermöglichen, andererseits. Gleichwohl sind Marktrücknahmen nicht pauschal als Indiz struktureller Defizite des deutschen Erstattungssystems zu werten. Sie können auch auf andere Umstände zurückzuführen sein, etwa unzureichende Ergebnisse aus Phase IV-Studien oder den Markteintritt konkurrierender innovativer Therapien.[85]

---

[82] Von Dewitz, in: Rolfs/Giesen/Udsching u. a. (Hrsg.), BeckOK Sozialrecht, 75. Edition, 2024, § 35a SGB V, Rn. 29.

[83] LSG Berlin-Brandenburg, Urteil vom 08.06.2023 – L 1 KR 107/22 KL, Rn. 165 – juris; BVerfG, Beschluss vom 07.05.2025 – 1 BvR 1507/23, Rn. 46 = BVerfGE 171, 366 (389); Hess, in: Körner/Krasney/Mutschler (Hrsg.), BeckOGK Sozialrecht (Kasseler Kommentar), § 130b SGB V, Rn. 22.

[84] Deutsche Gesellschaft für Hämatologie und medizinische Onkologie, Bluebird Bio nimmt das Gentherapeutikum Zynteglo® aus wirtschaftlichen Gründen vom deutschen Markt, (https://www.dgho.de/aktuelles/news/newsarchiv/2021/bluebird-bio-nimmt-das-gentherapeutikum-zynteglo-r-aus-wirtschaftlichen-gruenden-vom-deutschen-markt) (geprüft am 24.10.2025).

[85] Büscher, Preisfindung im Rahmen des AMNOG-Verfahrens, 2025, S. 99 f.

23.3.3 Anwendungsbegleitende Datenerhebung

Aufgrund der Evidenzlücken, welche die Preisverhandlungen aufgrund eines kaum adäquat feststellbaren Zusatznutzens beeinträchtigen, wurde mit dem Gesetz zur Stärkung der Arzneimittelversorgung[86] die Möglichkeit einer anwendungsbegleitenden Datenerhebung eingeführt.[87]

Pharmazeutische Unternehmer können demnach vom Gemeinsamen Bundesausschuss verpflichtet werden, innerhalb einer angemessenen Frist eine anwendungsbegleitende Datenerhebung durchzuführen und entsprechende Auswertungen vorzulegen. Erfasst werden Arzneimittel mit einer bedingten Zulassung, einer Zulassung unter außergewöhnlichen Umständen sowie Arzneimittel für seltene Leiden.[88] Für diese beruht die Annahme ihres (Zusatz-)Nutzens regelmäßig nicht auf hinreichender Evidenz nach den Maßstäben der evidenzbasierten Medizin, sodass ergänzende Datenerhebungen notwendig sind, um ein belastbares Evidenzniveau zu erreichen.[89] Besonders geeignet ist eine anwendungsbegleitende Datenerhebung entsprechend bei Arzneimitteln mit einem nicht quantifizierbaren Zusatznutzen.[90]

Ob und in welcher Weise eine anwendungsbegleitende Datenerhebung angeordnet wird, steht im Ermessen des Gemeinsamen Bundesausschusses.[91] Der Gemeinsame Bundesausschuss definiert hierbei die wesentlichen methodischen Parameter, insbesondere Fragestellung, abzugrenzende Patientenpopulation, relevante Endpunkte, Vergleichstherapien sowie Art, Dauer und Auswertungsmethodik der Datenerhebung.[92] Dabei kann er vorsehen, dass Registerdaten einbezogen werden, um Versorgungsdaten (Real-World-Evidence) anstelle klassischer Studiendaten zu nutzen.[93] Ebenso kann er bestimmen, dass die Versorgung auf

[86] BGBl. 2019 Teil I Nr. 30, 1202.

[87] § 35a Abs. 3b SGB V.

[88] § 35a Abs. 3b Satz 1 Nr. 2 SGB V.

[89] Von Dewitz, in: Rolfs/Giesen/Udsching u. a. (Hrsg.), BeckOK Sozialrecht, 75. Edition, 2024, § 35a SGB V, Rn. 37a.

[90] Hess, in: Körner/Krasney/Mutschler (Hrsg.), BeckOGK Sozialrecht (Kasseler Kommentar), § 35a SGB V, Rn. 71.

[91] Axer, in: Becker/Kingreen (Hrsg.), SGB V, 2024, § 35a SGB V, Rn. 50.

[92] Hess, in: Körner/Krasney/Mutschler (Hrsg.), BeckOGK Sozialrecht (Kasseler Kommentar), § 35a SGB V, Rn. 72.

[93] Vgl. Koyuncu, Pharma Recht 43 (2021), S. 423, 423 f.

Leistungserbringer beschränkt wird, die an der Datenerhebung teilnehmen. Verordnende Ärzte können das Arzneimittel entsprechend nur zu Lasten der Gesetzlichen Krankenversicherung einsetzen, wenn sie an der Datenerhebung beteiligt sind.

Nach Abschluss der Datenerhebung wird der Erstattungsbetrag erneut auf Grundlage eines aktualisierten Nutzenbewertungsbeschlusses verhandelt.[94] Für Arzneimittel zur Behandlung seltener Leiden gilt: Kann anhand der nachträglich erhobenen Daten keine Quantifizierung des Zusatznutzens erfolgen, ist ein Erstattungsbetrag zu vereinbaren, der in angemessenem Umfang zu geringeren Jahrestherapiekosten führt als der zuvor geltende Betrag.[95]

Mit der anwendungsbegleitenden Datenerhebung wandelt sich das AMNOG-Verfahren von einem statischen hin zu einem dynamischen, zeitlich gestreckten Bewertungsmodell. Zwar können die Unsicherheiten bei Markteinführung nicht sofort beseitigt werden;[96] sie werden jedoch in einen fortlaufenden Prozess der Evidenzgenerierung überführt. Ziel ist eine schrittweise Annäherung an das für eine valide Zusatznutzenbewertung erforderliche Evidenzniveau und eine kontinuierliche Anpassung der Preisregulierung an den tatsächlichen Erkenntnisstand.

In der Praxis wird dieser Prozess jedoch häufig durch den medizinisch-technologischen Fortschritt überholt.[97] Hinzu kommt, dass bei Arzneimitteln für seltene Leiden die Umsatzschwelle in Höhe von 30 Millionen Euro überschritten werden kann, bevor die anwendungsbegleitende Datenerhebung abgeschlossen ist. In diesem Fall entfällt die gesetzliche Vermutung des Zusatznutzens – es ist eine reguläre Nutzenbewertung anhand einer zweckmäßigen Vergleichstherapie durchzuführen, obwohl die hierzu erforderlichen Daten noch nicht vorliegen.[98]

Ein Beispiel hierfür ist die anwendungsbegleitende Datenerhebung zur Gentherapie Zolgensma (Onasemnogen-Abeparvovec), deren Wirksamkeit und Sicherheit mit den Arzneimitteln Spinraza (Nusinersen) und Evrysdi (Risdiplam) verglichen werden sollte.[99] Weil aber die Umsatzschwelle überschritten wurde, war ein vollständiges Nutzenbewertungsverfahren durchzuführen, obwohl die Datenerhebung noch andauerte. Nach Überschreiten der Umsatzschwelle konnte

---

[94] § 130b Abs. 3 Satz 8 SGB V.

[95] § 130b Abs. 3 Satz 9 SGB V.

[96] Insoweit droht aufgrund der verzögerten Marktzutritts von Einmaltherapien eine Innovationsblockade, siehe Rybak, Arzneimittel & Recht 20 (2024), S. 64, 65.

[97] Volkwein, Pharma Recht 46 (2024), S. 700, 702.

[98] Volkwein, Pharma Recht 46 (2024), S. 700, 702.

[99] Gemeinsamer Bundesausschuss, Anwendungsbegleitende Datenerhebung bei Onasemnogen-Abeparvovec (Zolgensma®), (https://www.g-ba.de/studien/abd/zolgensma/) (geprüft am 24.10.2025).

der Zusatznutzen auf Grundlage der bis dahin verfügbaren Daten lediglich als „nicht belegt" eingestuft werden.[100] Eine erneute Entscheidung über den Zusatznutzen auf Grundlage der vollständigen Anwendungsdaten wird erst für das Jahr 2027 erwartet.[101]

23.3.4 EU – Health Technology Assessment (HTA)

Seit dem 12. Januar 2025 unterliegen Arzneimittel für neuartige Therapien und Arzneimittel mit neuen Wirkstoffen, deren therapeutische Indikation die Behandlung von Krebs ist, der gemeinsamen klinischen Bewertung gemäß Art. 7 Abs. 2 Buchst. a) VO (EU) 2021/2282-VO). Ab dem 13. Januar 2028 werden Arzneimittel für seltene Leiden und ab dem 13. Januar 2030 alle zentral zuzulassenden Arzneimittel mit neuen Wirkstoffen in dieses Verfahren einbezogen.[102]

Entsprechend wurde ein Nutzenbewertungsverfahren auf Unionsebene eingeführt, das ein eigenes Dossier erfordert. Die Mitgliedstaaten sind an die Ergebnisse der gemeinsamen klinischen Bewertung aber nicht gebunden.[103] Eine verbindliche Wirkung gegenüber den nationalen Erstattungssystemen würde eine Kompetenzübertragung auf die Europäische Union voraussetzen, die nach Art. 168 Abs. 7 AEUV ausgeschlossen ist.[104] Vor diesem Hintergrund bleibt abzuwarten, welche tatsächliche Bedeutung der unionsweiten klinischen Bewertung zukommen wird.

Zweifel ergeben sich insofern, als innerhalb der Europäischen Union erhebliche Unterschiede in den nationalen Versorgungsstandards bestehen. Dies betrifft insbesondere die Bestimmung der zweckmäßigen Vergleichstherapie, die für das deutsche Nutzenbewertungsverfahren durch den Gemeinsamen Bundesausschuss

---

[100] Vgl. Gemeinsamer Bundesausschuss, Onasemnogen-Abeparvovec, Beschuss vom 04.11.2021, BAnz AT 07.12.2021 B3, (https://www.g-ba.de/downloads/91-1385-689/2021-11-04_Geltende-Fassung_Onasemnogen-Abeparvovec_D-679.pdf), S. 2 ff. (geprüft am 24.10.2025).

[101] Deutsches Ärzteblatt, G-BA beschließt anwendungsbegleitende Datenerhebung für Zolgensma, 2021, (https://www.aerzteblatt.de/news/g-ba-beschliesst-anwendungsbegleitende-datenerhebung-fuer-zolgensma-50703ad8-918c-4ae0-a5ad-a752b51f4de3) (geprüft am 24.10.2025).

[102] Art. 7 Abs. 2 Buchst. b) und c), Abs. 1 Buchst. a) HTA-VO.

[103] Büscher, Preisfindung im Rahmen des AMNOG-Verfahrens, 2025, S. 78; Pitz, in: Schlegel/Voelzke/Engelmann (Hrsg.), Juris Praxiskommentar SGB V, 2020, § 35a SGB V, Rn. 27.

[104] Umfassend Baierl, in: Schlegel/Voelzke/Engelmann (Hrsg.), Juris Praxiskommentar SGB V, 2020, § 130b SGB V, Rn. 15.

festgelegt wird, in vielen anderen Mitgliedstaaten jedoch nicht in vergleichbarer Form verfügbar ist. Therapien, die in Deutschland als medizinischer Standard gelten, werden in anderen europäischen Gesundheitssystemen unter Umständen weder angeboten noch erstattet. Eine Übertragung der Ergebnisse der gemeinsamen klinischen Bewertung auf nationale Kontexte ist daher nur eingeschränkt möglich, da sie notwendigerweise an die jeweiligen Versorgungsrealitäten anknüpfen müssen. Eine gemeinsame unionale Nutzenbewertung kann daher nur in begrenztem Umfang oder überhaupt nicht für die einzelstaatlichen Entscheidungsprozesse nutzbar gemacht werden.

Leistungsrecht

24

Neben der Frage der Preisbildung somatischer genomischer Therapien stellt sich die Frage, unter welchen Voraussetzungen Versicherte im Rahmen der Gesetzlichen Krankenversicherung Zugang zu solchen Therapien erhalten.[1] Ein Anspruch der Versicherten besteht, soweit eine Anspruchsgrundlage vorliegt und den Krankenkassen als Leistungsträgern kein Entscheidungs- oder Auswahlermessen über die Leistung zusteht; vgl. §§ 38, 39 Abs. 1 SGB I[2].

Aufgrund des Arztvorbehalts in § 15 Abs. 1 SGB V konkretisiert nicht die Krankenkasse, sondern der Vertragsarzt den Leistungsanspruch des Versicherten im Rahmen der ärztlichen Behandlung.[3] Zur ärztlichen Behandlung gehört auch die Verordnung von Arzneimitteln.[4] Der Arztvorbehalt ist jedoch nicht schrankenlos. Die Entscheidungsfreiheit des Vertragsarztes besteht nur, soweit keine Gesetzlichen Leistungsausschlüsse oder -beschränkungen eingreifen, die teils durch die Organe der gemeinsamen Selbstverwaltung weiter konkretisiert werden können.[5] Erst durch das Qualitäts- und Wirtschaftlichkeitsgebot[6],

---

[1] Einzelne Ergebnisse der nachfolgenden Ausführungen wurden bereits in vergleichbarer Form veröffentlicht, siehe Pietrek, Zeitschrift für medizinische Ethik 71 (2025), S. 368 ff.; Pietrek, Phagentherapeutika – Herstellung, Zulassung und Erstattung, 2025, S. 60 ff.

[2] Das Erste Buch Sozialgesetzbuch – Allgemeiner Teil – (Artikel I des Gesetzes vom 11.12.1975, BGBl. I S. 3015), das zuletzt durch Artikel 4 des Gesetzes vom 19.07.2024 (BGBl. 2024 I Nr. 245) geändert worden ist.

[3] BSG, Urteil vom 16.12.1993 – 4 RK 5/92, Rn. 32–33 – juris = BSGE 73, 271 (277 f.) = Neue Zeitschrift für Sozialrecht 3 (1994), S. 507, 508 f.

[4] Grötschel, in: Bergmann/Pauge/Steinmeyer u. a. (Hrsg.), Gesamtes Medizinrecht, 2024, Vorbemerkung zu §§ 11 ff. SGB V, Rn. 22.

[5] Heinz, in: Schlegel/Voelzke/Engelmann (Hrsg.), Juris Praxiskommentar SGB V, 2020, § 12 SGB V, Rn. 125.

[6] §§ 2 Abs. 1, 12 Abs. 1, 70 Abs. 1 SGB V.

L. Pietrek, *Somatische genomische Therapien*,
https://doi.org/10.1007/978-3-658-52943-7_24

das Leistungserbringerrecht sowie gegebenenfalls Richtlinien des Gemeinsamen Bundesausschusses verdichten sich die allgemeinen Rahmenrechte des SGB V zu einem konkreten Leistungsanspruch des Versicherten im Bereich der Arzneimittelversorgung.[7]

24.1 Ambulante Versorgung

Versicherte haben im Rahmen der ambulanten Versorgung einen Anspruch auf Versorgung mit apothekenpflichtigen Arzneimitteln, um Krankheitsbeschwerden zu lindern, Krankheiten zu heilen, zu lindern oder ihre Verschlimmerung zu verhüten.[8]

24.1.1 Verschreibungspflicht

Das Leistungsrecht der Gesetzlichen Krankenversicherung erfasst ausschließlich verschreibungspflichtige Arzneimittel.[9]

Arzneimittel, die durch das Bundesministerium für Gesundheit in die Arzneimittelverschreibungsverordnung (AMVV) aufgenommen werden, unterliegen stets der ärztlichen Verschreibungspflicht.[10] Arzneimittel, die nicht in die AMVV aufgenommen wurden, sind grundsätzlich nicht verschreibungspflichtig. Eine Besonderheit besteht für Arzneimittel, die im zentralisierten Zulassungsverfahren zugelassen werden. In diesen Fällen entscheidet die Europäische Kommission auf Grundlage eines Gutachtens des Ausschusses für Humanarzneimittel (CHMP) darüber, ob ein Arzneimittel der Verschreibungspflicht unterliegt.[11]

Darüber hinaus kann sich die Verschreibungspflicht unmittelbar aus dem Gesetz ergeben. Demnach unterliegen alle Arzneimittel, die Stoffe enthalten, deren Wirkung in der medizinischen Wissenschaft nicht allgemein bekannt sind,

[7] Nitz, in: Spickhoff/Handorn (Hrsg.), Handbuch Medizinisches Forschungsrecht, 2024, S. 257, 259 ff.; Heinz, in: Schlegel/Voelzke/Engelmann (Hrsg.), Juris Praxiskommentar SGB V, 2020, § 12 SGB V. Rn. 147 f.; Becker, in: Becker/Kingreen (Hrsg.), SGB V, 2024, § 39 SGB V, Rn. 27.

[8] §§ 31 Abs. 1 Satz 1, 27 Abs. 1 Satz 2 Nr. 3 Var. 1, 11 Abs. 1 Nr. 4 SGB V.

[9] § 34 Abs. 1 Satz 1 SGB V.

[10] § 48 Abs. 1 Satz 1 Nr. 1 und Satz 3 AMG.

[11] Art. 13 Abs. 1 Satz 2, 14 Abs. 10 VO (EG) Nr. 726/2004 i.V. mit Art. 70 Abs. 1 RL 2001/83/EG.

ipso iure[12] der ärztlichen Verschreibungspflicht.[13] Der Gesetzgeber wollte auf diesem Wege sicherstellen, dass neue Wirkstoffe nach ihrer Erstzulassung stets der ärztlichen Verschreibungspflicht unterliegen.[14] Somatische genomische Therapien fallen damit bereits unter die gesetzliche Verschreibungspflicht, weil es sich bei ihnen um innovative Arzneimittel handelt, die erstmalig zugelassen wurden oder noch überhaupt keine Marktzulassung erhalten haben.

24.1.2 Apothekenpflicht

Neben der ärztlichen Verschreibungspflicht ist auch die Apothekenpflicht eine zwingende Voraussetzung für die Versorgung mit einem Arzneimittel zu Lasten der Gesetzlichen Krankenversicherung.[15] Arzneimittel dürfen grundsätzlich nur durch Apotheken abgegeben werden, sofern sie nicht ausnahmsweise durch Gesetz oder Rechtsverordnung hiervon ausgenommen sind.[16] Ein Ausschluss der Apothekenpflicht ist für somatische genomische Therapien aufgrund ihrer ärztlichen Verschreibungspflicht (vgl. Abschnitt 24.1.1) aber grundsätzlich nicht möglich.[17]

24.2 Stationäre Versorgung

Im stationären Bereich haben Versicherte einen Anspruch auf Versorgung mit Arzneimitteln im Rahmen einer Krankenhausbehandlung.[18] Es gelten insoweit die gleichen Maßstäbe wie im ambulanten Bereich.[19] Die Grundvoraussetzungen für die Erstattungsfähigkeit von somatischen genomischen Therapien liegen deshalb auch innerhalb der stationären Versorgung vor (vgl. Abschnitt 24.1).

[12] Hofmann, in: Kügel/Müller/Hofmann (Hrsg.), Arzneimittelgesetz, § 48 AMG, Rn. 20.

[13] § 48 Abs. 1 Satz 1 Nr. 2 Buchst. a) AMG.

[14] BT-Drucks. 16/12256, S. 52.

[15] § 31 Abs. 1 Satz 1 SGB V.

[16] § 43 Abs. 1 Satz 1 Halbsatz 1 AMG.

[17] §§ 44 Abs. 3, 45 Abs. 1 Nr. 1 AMG.

[18] §§ 31 Abs. 1 Satz 1, 39 Abs. 1 Satz 3 Var. 3, 27 Abs. 1 Satz 2 Nr. 5, 11 Abs. 1 Nr. 4 SGB V.

[19] BSG, Urteil vom 13.12.2016 – B 1 KR 1/16 R, Rn. 25 f. – juris = BSGE 122, 170 (178).

Hinzu tritt lediglich, dass die stationäre Krankenhausbehandlung für den Versicherten notwendig sein muss.[20] Darüber hinaus muss das jeweilige Krankenhaus nach § 108 SGB V zugelassen sein und die Versorgung mit somatischen genomischen Therapien vom Versorgungsauftrag des jeweiligen Krankenhauses umfasst sein.[21] Der Versorgungsauftrag ergibt sich grundsätzlich aus dem Versorgungsvertrag zwischen dem jeweiligen Krankenhaus und den Landesverbänden der Krankenkassen bzw. den Ersatzkassen.[22] Voraussetzung ist demnach, dass nach dem Versorgungsauftrag des Krankenhauses Betten für eine medizinische Fachrichtung vorgesehen sind, die der Indikation der jeweiligen somatischen genomischen Therapie entsprechen.[23]

24.3 Qualitätsgebot

Das Qualitätsgebot verlangt, dass die Leistungen der Gesetzlichen Krankenversicherung dem jeweils allgemein anerkannten Stand der medizinischen Erkenntnisse entsprechen und in der fachlich gebotenen Qualität erbracht werden müssen.[24] Dies bedeutet insbesondere, dass die medizinische Forschung grundsätzlich nicht zum Leistungsumfang gehört, sondern nur solche Therapien erbracht werden dürfen, die nach dem wissenschaftlichen Konsens anerkannt sind.[25] Zugleich folgt aus dem Qualitätsgebot, dass die Versorgung nicht auf überholte oder nicht

[20] Der Gesundheitszustand des Patienten muss eine stationäre Behandlung erfordern, ansonsten ist aus Gründen der Wirtschaftlichkeit die ambulante Versorgung vorrangig in Anspruch zu nehmen, vgl. Becker, in: Becker/Kingreen (Hrsg.), SGB V, 2024, § 39 SGB V, Rn. 24; Gamperl, in: Körner/Krasney/Mutschler (Hrsg.), BeckOGK Sozialrecht (Kasseler Kommentar), § 39 SGB V, Rn. 39.

[21] §§ 108, 39 Abs. 1 Satz 3 SGB V; eine Ausnahme vom Erfordernis des Versorgungsauftrags sind Notfallbehandlungen, vgl. BSG, Urteil vom 23.06.2015 – B 1 KR 20/14 R, Rn. 13 – juris = BSGE 119, 141 (144) = Neue Zeitschrift für Sozialrecht 24 (2015), S. 787, 788.

[22] Vgl. §§ 109 Abs. 4 Satz 1 und Abs. 1 Satz 1 Halbsatz 1, 108 Nr. 3 SGB V; betreffend die Besonderheiten von Hochschulkliniken, Bundeswehrkrankenhäusern und Plankrankenhäusern sei auf §§ 109 Abs. 1 Satz 2, 108 SGB V verwiesen.

[23] Vgl. BSG, Urteil vom 23.06.2015 – B 1 KR 20/14 R, Rn. 15 – juris = BSGE 119, 141 (145 f.) = Neue Zeitschrift für Sozialrecht 24 (2015), S. 787, 789; BSG, Urteil vom 27.11.2014 – B 3 KR 3/13 R, Rn. 14 ff. – juris.

[24] §§ 2 Abs. 1 Satz 3, 70 Abs. 1 Satz 1 SGB V.

[25] Scholz, in: Becker/Kingreen (Hrsg.), SGB V, 2024, § 2 SGB V, Rn. 4; Herbst, in: Körner/Krasney/Mutschler (Hrsg.), BeckOGK Sozialrecht (Kasseler Kommentar), § 2 SGB V, Rn. 5; Hauck, Medizinrecht 28 (2010), S. 226, 229.

mehr dem Stand der Wissenschaft entsprechende Therapieoptionen beschränkt ist.[26] Das SGB V ist deshalb grundsätzlich innovationsoffen ausgestaltet.

24.3.1 Vorgreiflichkeit des Arzneimittelrechts

Im Bereich der Arzneimittelversorgung erfährt das Qualitätsgebot eine dogmatische Konkretisierung durch den Grundsatz der negativen Vorgreiflichkeit des Arzneimittelrechts. Zulassungspflichtige Arzneimittel, die weder national noch unionsweit zugelassen sind, dürfen nicht zu Lasten der Gesetzlichen Krankenversicherung verordnet werden.[27] Eine solche Verordnung verstößt gegen das Qualitätsgebot und wäre damit zugleich nicht zweckmäßig im Sinne des § 12 Abs. 1 Satz 1 Halbsatz 1 Var. 2 SGB V.[28]

Ist ein Arzneimittel hingegen zugelassen, profitiert es von der fehlenden „vierten Hürde“ im deutschen Krankenversicherungsrecht. Das bedeutet, dass ein zugelassenes Arzneimittel unmittelbar nach seiner Marktzulassung in die Versorgung eintritt und grundsätzlich verordnungsfähig ist.[29] Eine arzneimittelrechtliche Zulassung führt jedoch nicht aus sich selbst heraus zur tatsächlichen Erstattungsfähigkeit des betreffenden Arzneimittels – eine positive Vorgreiflichkeit des Arzneimittelrechts existiert nicht.[30]

Somatische genomische Therapien unterliegen grundsätzlich der Zulassungspflicht (vgl. Kapitel 16). Insoweit können sie nur zu Lasten der Gesetzlichen Krankenversicherung verordnet werden, wenn eine arzneimittelrechtliche Zulassung vorliegt und die übrigen Voraussetzungen des Leistungs- und Leistungserbringerrechts erfüllt sind.

---

[26] Joussen, in: Rolfs/Giesen/Udsching u. a. (Hrsg.), BeckOK Sozialrecht, 75. Edition, 2024, § 2 SGB V, Rn. 4.

[27] Axer, in: Becker/Kingreen (Hrsg.), SGB V, 2024, § 31 SGB V, Rn. 24; BVerfG, Beschluss vom 05.03.1997 – 1 BvR 1071/95; BSG, Urteil vom 15.12.2005 – B 1 KR 30/15 R, Rn. 35 = BSGE 120, 170 (179 f.) = Neue Zeitschrift für Sozialrecht 25 (2016), S. 383, 387.

[28] Hauck, Medizinrecht 28 (2010), S. 226, 229, m.w.N.

[29] Gottwald, Die rechtliche Regulierung medizinischer Innovationen in der Gesetzlichen Krankenversicherung, 2016, S. 448; Hauck, Neue Zeitschrift Für Sozialrecht 16 (2007), S. 461, 462.

[30] Axer, in: Becker/Kingreen (Hrsg.), SGB V, 2024, § 31 SGB V, Rn. 25.

24.3.2 Modifikation bei zulassungsfreien Arzneimitteln

Werden somatische genomische Therapien als Rezeptur- oder Defekturarzneimittel im Rahmen der Krankenhausausnahme (Hospital Exemption) oder im Wege der ärztlichen Eigenherstellung abgegeben, unterliegen sie keiner arzneimittelrechtlichen Zulassungspflicht (vgl. Kapitel 5). Der Grundsatz der negativen Vorgreiflichkeit des Arzneimittelrechts greift in diesen Fällen nicht ein, weil er ausschließlich für zulassungspflichtige Arzneimittel gilt. Insoweit schließt das Qualitätsgebot ihre Erstattungsfähigkeit nicht bereits aufgrund einer fehlenden Zulassung aus. In diesen Fällen erfolgt stattdessen eine Anwendung der verfahrensrechtlichen Konkretisierungen des Qualitätsgebots, die über die Vereinbarkeit der Leistungserbringung mit dem Qualitätsgebot bestimmen (vgl. Abschnitt 25.1).[31]

24.3.3 Grundrechtsorientierte Auslegung des Leistungsrechts

Hat ein zulassungspflichtiges Arzneimittel keine arzneimittelrechtliche Zulassung, kann es gleichwohl die nach dem Qualitätsgebot des § 2 Abs. 1 Satz 3 SGB V erforderliche Qualität und Wirksamkeit aufweisen. Auf Grundlage einer grundrechtsorientierten Auslegung der leistungsrechtlichen Vorschriften – gestützt auf Art. 2 Abs. 1 Satz 1, Abs. 2 GG i.V. mit Art. 1 Abs. 1 GG und dem Sozialstaatsprinzip – fordert das Bundesverfassungsgericht in ständiger Rechtsprechung (beginnend mit dem sog. Nikolaus-Beschluss[32]), dass die Vorschriften des SGB V verfassungskonform auszulegen sind, wenn für den Versicherten eine notstandsähnliche Situation besteht.[33] Eine akut lebensbedrohliche Erkrankung ist hierfür nicht zwingend erforderlich. Nach der Rechtsprechung des Bundesverfassungsgerichts genügt, dass der tödliche Krankheitsverlauf in absehbarer Zeit eintritt, auch wenn dies erst nach mehreren Jahren zu erwarten ist.[34] Entsprechend kann

---

[31] BSG, Urteil vom 23.07.1998 – B 1 KR 19/96 – Jomol, Rn. 19 – juris = BSGE 82, 233 (238); BSG, Urteil vom 28.03.2000 – B 1 KR 11/98 R, Rn. 19 – juris = BSGE 86, 54 (60).

[32] BVerfG, Beschluss vom 06.12.2005 – 1 BvR 347/98 = BVerfGE 115, 25 = Neue Juristische Wochenschrift 59 (2006), S. 891.

[33] Näher Ströttchen, Verfassungsrechtliche Ansprüche auf konkrete medizinische Leistungen, 2019, S. 48 ff.

[34] BVerfG, Beschluss vom 06.02.2007 – 1 BvR 3101/06, Rn. 22; BVerfG, Beschluss vom 26.03.2014 – 1 BvR 2415/13, Rn. 15 = Neue Juristische Wochenschrift 67 (2014), S. 2176, 2177; BVerfG, Beschluss vom 10.11.2015 – 1 BvR 2056/12, Rn. 18 = BVerfGE 140, 229

in diesen Fällen auch vom individuellen Heilversuch in seiner sozialrechtlichen Dimension gesprochen werden (vgl. Abschnitt 17.4).

In solchen Konstellationen ist nicht zwingend an der dogmatischen Figur der negativen Vorgreiflichkeit des Arzneimittelrechts – und damit am Erfordernis einer arzneimittelrechtlichen Zulassung – festzuhalten. Legt der Versicherte dar, dass eine nicht ganz fernliegende Möglichkeit besteht, durch das betreffende Arzneimittel eine Heilung oder spürbare Besserung der Erkrankung zu erreichen, ist die Leistung als Sachleistung zu Lasten der Gesetzlichen Krankenkversicherung zu erbringen. Voraussetzung ist jedoch, dass keine andere allgemein anerkannte, dem medizinischen Standard entsprechende Behandlungsmethode zur Verfügung steht.[35]

Der Hintergrund ist, dass das Wirtschaftlichkeitsgebot in solchen Fällen nicht außer Kraft gesetzt wird.[36] Es wird ausschließlich das Qualitätsgebot erfasst. Insofern wird auch im verfassungsrechtlichen Ausnahmefall keine „Spitzenmedizin um jeden Preis"[37] geschuldet. Dies verdeutlicht die Rechtsprechung etwa im Zusammenhang mit der Gentherapie Zolgensma (Onasemnogen-Abeparvovec), bei der die Verschreibung zu Lasten der Gesetzlichen Krankenversicherung selbst in notstandsähnlichen Situation ausgeschlossen wurde, weil eine ausreichende anerkannte Behandlungsalternative existierte.[38]

Der Gesetzgeber hat diese verfassungsgerichtlichen Vorgaben in § 2 Abs. 1a Satz 1 SGB V einfachgesetzlich kodifiziert und den Anwendungsbereich ausdrücklich auf lebensbedrohliche, regelmäßig tödlich verlaufende sowie wertungsmäßig vergleichbare Erkrankungen erweitert.

---

(235) = Neue Juristische Wochenschrift 69 (2016), S. 1505, 1506; siehe aber auch BSG, Urteil vom 20.03.2024 – B 1 KR 36/22 R, Rn. 27 = BSGE 137, 289 (296).

[35] Nach Auffassung des Gesetzgebers führt dieser Subsidiaritätsgrundsatz dazu, dass § 2 Abs. 1 Satz 3 SGB V nur anzuwenden wäre, wenn der Patient keinen Zugang zu einer klinischen Prüfung oder einem Compassionate Use-Programm mit dem Arzneimittel hat, siehe BT-Drucks. 17/6906, S. 53.

[36] Beispielhaft LSG Nordrhein-Westfalen, Beschluss vom 28.09.2020 – L 10 KR 542/20 B ER.

[37] Hessisches LSG, Urteil vom 17.04.2012 – L 1 KR 298/10, Rn. 10 = Neue Zeitschrift für Sozialrecht 21 (2012), S. 859, 860 f.

[38] LSG Nordrhein-Westfalen, Beschluss vom 27.02.2020 – L 5 KR 1/20 B ER; vgl. auch SG Berlin, Beschluss vom 22.01.2020 – S 51 KR 2926/19 ER.

24.3.4 Seltenheitsfall

Eine weitere Ausnahme vom Grundsatz der negativen Vorgreiflichkeit des Arzneimittelrechts besteht dann, wenn mit einem zulassungspflichtigen, jedoch nicht zugelassenen Arzneimittel eine Erkrankung behandelt werden soll, die so selten ist, dass eine systematische Erforschung unmöglich ist und deren Entstehung und Verlauf deshalb wissenschaftlich ungeklärt bleiben.[39] In solchen Fällen genügt es, dass ein in der medizinischen Fachwelt erkennbarer Konsens besteht, beispielsweise gestützt auf wissenschaftliche Veröffentlichungen oder eine entsprechende ärztliche Verordnungspraxis, der die Geeignetheit der betreffenden Therapie indiziert.[40] Auch hier gilt jedoch zwingend, dass keine andere allgemein anerkannte, dem medizinischen Standard entsprechende Behandlungsalternative zur Verfügung stehen darf.[41]

24.4 Wirtschaftlichkeitsgebot

Das Wirtschaftlichkeitsgebot beschränkt den Leistungsumfang der Gesetzlichen Krankenversicherung auf ausreichende, zweckmäßige und wirtschaftliche Leistungen, die das Maß des Notwendigen nicht überschreiten dürfen.[42] Obwohl § 12 Abs. 1 SGB V mehrere Tatbestandsmerkmale aufzählt, wird das Wirtschaftlichkeitsgebot regelmäßig als einheitliches normatives Prinzip verstanden, das in einer Kosten-Nutzen-Abwägung aufgeht.[43]

Unter mehreren ausreichenden Therapiealternativen ist grundsätzlich die kostengünstigere zu wählen (sog. Minimalprinzip).[44] Eine Ausnahme gilt, wenn der therapeutische Nutzen der teureren Alternative die Mehrkosten deutlich überwiegt. Das Wirtschaftlichkeitsgebot wird daher so interpretiert, dass nicht nur

[39] BSG, Urteil vom 08.11.2011 – B 1 KR 20/10 R, Rn. 14 = BSGE 109, 218 (221) = Neue Juristische Online-Zeitschrift 12 (2012), S. 1039, 1040; BSG, Urteil vom 03.07.2012 – B 1 KR 25/11 R, Rn. 19 = BSGE 111, 168 (172 f.) = Neue Zeitschrift für Sozialrecht 22 (2013), S. 258, 259; BSG, Urteil vom 19.03.2020 – B 1 KR 20/19 R, Rn. 40 = BSGE 130, 73 (84) = Neue Juristische Wochenschrift 73 (2020), S. 2659, 2664.

[40] Axer, in: Becker/Kingreen (Hrsg.), SGB V, 2024, § 31 SGB V, Rn. 39.

[41] Nitz, in: Spickhoff/Handorn (Hrsg.), Handbuch Medizinisches Forschungsrecht, 2024, S. 257, 264; Kanter, in: Remmert/Gokel (Hrsg.), GKV-Kommentar SGB V, 2025, 61. Lieferung, § 27 SGB V, Rn. 69.

[42] § 12 Abs. 1 SGB V.

[43] Roters, in: Körner/Krasney/Mutschler (Hrsg.), BeckOGK Sozialrecht (Kasseler Kommentar), § 12 SGB V, Rn. 23, m.w.N.

[44] BSG, Urteil vom 31.05.2006 – B 6 KA 13/05 R, Rn. 44 – juris = BSGE 96, 261 (270).

keine günstigere, sondern auch keine geeignetere, zugleich nicht wesentlich kostenintensivere Leistung verfügbar sein darf.[45] Steht hohen Kosten lediglich ein geringer zusätzlicher Nutzen gegenüber, scheidet die Leistung ebenfalls aus.[46]

Existiert ein Nutzenbewertungsbeschluss des Gemeinsamen Bundesausschusses im Rahmen des AMNOG-Verfahrens, entfaltet dieser Bindungswirkung gegenüber Vertragsärzten, soweit er Aussagen zur Zweckmäßigkeit der betreffenden Arzneimitteltherapie enthält (vgl. Abschnitt 23.2.1).[47] Entsprechend ist ein solcher Beschluss je nach Einzelfall zur Auslegung des Wirtschaftlichkeitsgebots heranzuziehen.

24.4.1 Kosten-Nutzen-Abwägung

Bei der Kosten-Nutzen-Abwägung des Wirtschaftlichkeitsgebots lassen sich zwei Fallgruppen unterscheiden.[48] Zum einen kann eine Therapie auf den Markt gelangen, für die bislang keine alternative Behandlungsmöglichkeit besteht. Zum anderen kann eine neue Therapie auf den Markt kommen, obwohl bereits etablierte Behandlungsoptionen existieren.

24.4.2 Fallgruppe 1: Therapie ohne Behandlungsalternative

Im ersten Fall besteht keine Behandlungsalternative. Für die Behandlung des Versicherten steht ausschließlich die Arzneimittelinnovation zur Verfügung. In diesem Fall führt ein hoher Preis grundsätzlich nicht dazu, dass die Leistung eo ipso als unwirtschaftlich anzusehen wäre.[49] Weil es nur eine einzige ausreichende Behandlungsmöglichkeit gibt, kann eine Kosten-Nutzen-Abwägung mit alternativen Therapieoptionen bereits begriffslogisch nicht stattfinden.[50] Die Gesetzliche

---

[45] Greiner/Benedix, Die Sozialgerichtsbarkeit 60 (2013), S. 1, 6; Nitz, in: Spickhoff/Handorn (Hrsg.), Handbuch Medizinisches Forschungsrecht, 2024, S. 257, 266; Fastabend, Neue Zeitschrift für Sozialrecht 11 (2002), S. 299, 302; Bockholdt, in: Meßling/Voelzke (Hrsg.), Die Zukunft des Rechts- und Sozialstaats, 2024, S. 377, 383.

[46] Greiner/Benedix, Die Sozialgerichtsbarkeit 60 (2013), S. 1, 5.

[47] Axer, in: Becker/Kingreen (Hrsg.), SGB V, 2024, § 35a SGB V, Rn. 17.

[48] Diese Darstellung wurde bereits in einer ähnlichen Fassung veröffentlicht, siehe Pietrek, Zeitschrift für medizinische Ethik 71 (2025), S. 368 ff.

[49] BSG, Urteil vom 31.05.2006 – B 6 KA 13/05 R, Rn. 44 – juris = BSGE 96, 261 (270).

[50] Vgl. SG Marburg, Beschluss vom 29.11.2018 – S 6 KR 173/18 ER, Rn. 14.

Krankenversicherung ist in diesem Fall verpflichtet, die hochpreisige Arzneimitteltherapie als Sachleistung bereitzustellen, die der Versicherte entsprechend beanspruchen kann.[51]

24.4.3 Fallgruppe 2: Therapie mit Behandlungsalternative

Im zweiten Fall stehen die hochpreisige Arzneimittelinnovation und die bisherige Standardbehandlung nebeneinander zur Verfügung. Zunächst ist zu klären, ob beide Therapieoptionen als ausreichende bzw. notwendige Leistungen im Sinne des § 12 Abs. 1 Satz 1 SGB V gelten können. Ausreichend bzw. notwendig sind nach allgemeiner Auffassung Leistungen, die nach Umfang und Qualität hinreichende Chancen auf einen Heilerfolg bieten. Problematisch wird dies, wenn bewährte Arzneimittel lediglich symptomatisch wirken, während andere Arzneimittel kausal an der Krankheitsursache ansetzen. Daraus ergibt sich die Frage, ob beide Therapieansätze nebeneinander als „ausreichend" qualifiziert werden können.

Die Tatbestandsmerkmale „ausreichend" und „notwendig" sind normative unbestimmte Rechtsbegriffe, die sich bisweilen verschwommen gezeigt haben.[52] Sie bedürfen daher einer objektiven Auslegung, die stets im Licht aktueller Umstände und Lebenssachverhalte neu zu bewerten ist. Ein möglicher Ausgangspunkt ist der Krankheitsbegriff des SGB V, der den Versicherungsfall bestimmt und folglich auch dessen Beendigung bedingen muss. Eine Krankheit wird als ein regelwidriger Körper- oder Geisteszustand verstanden, der die Behandlungsbedürftigkeit oder Arbeitsunfähigkeit des Versicherten zur Folge hat.[53] Maßstab ist nicht der Ideal-, sondern der Normalzustand des Menschen.[54] Bleibt der Patient trotz Therapie weiterhin behandlungsbedürftig, liegt entsprechend keine „ausreichende" Leistung vor. Dies wirft die Frage auf, ob ein verändertes medizinisches Krankheits- und Behandlungsverständnis eine neue Interpretation der Merkmale „ausreichend" und „notwendig" erfordert.

Die Entschlüsselung des Humangenoms und die Möglichkeit, Krankheitsverläufe durch gezielte molekulargenetische Eingriffe vollständig zu unterbrechen,

---

[51] BSG, Urteil vom 20.03.1996 – 6 Rka 62/94, Rn. 44 – juris = BSGE 78, 70 (85 f.); Bockholdt, in: Meßling/Voelzke (Hrsg.), Die Zukunft des Rechts- und Sozialstaats, 2024, S. 377, 380.

[52] Näher Harney/Huster/Friedrich u. a., Medizinrecht 39 (2021), S. 698 ff.

[53] Lang, in: Becker/Kingreen (Hrsg.), SGB V, 2024, § 27 SGB V, Rn. 14.

[54] Lang, in: Becker/Kingreen (Hrsg.), SGB V, 2024, § 27 SGB V, Rn. 15.

haben die therapeutischen Möglichkeiten grundlegend verändert. Während traditionelle Arzneimitteltherapien bei genetischen Erkrankungen Symptome lindern, adressieren somatische genomische Therapien häufig die Krankheitsursache. Sie stellen damit eine Innovation des Behandlungsstandards dar – eine Sprunginnovation, die als Paradigmenwechsel verstanden werden kann.

Dies zeigt sich exemplarisch bei der Behandlung der Hämophilie B. Die bisherigen Standardtherapien substituieren den fehlenden Gerinnungsfaktor IX durch intravenöse Injektionen.[55] Die Gentherapie zielt dagegen darauf ab, die endogene Produktion des Gerinnungsfaktors dauerhaft wiederherzustellen, indem eine intakte Genkopie in die humanen Zellen eingebracht wird.[56] Durch den Transport einer funktionsfähigen Genkopie in die Zellen des Patienten wird eine dauerhafte Expression des Gerinnungsfaktors erreicht, weshalb eine einmalige Behandlung ausreichend sein kann.[57]

Hiervon sind bloße Schrittinnovationen abzugrenzen. Sie stellen Weiterentwicklungen bestehender Arzneimittel dar und zeichnen sich durch punktuelle Verbesserungen aus. Beispielhaft hierfür stehen Faktor-IX-Präparate mit modifizierter Molekularstruktur zur Behandlung der Hämophilie B. Zum Beispiel enthält das Produkt Benefix (nonacog alfa) eine biotechnologisch hergestellte Nachbildung des Blutgerinnungsfaktors IX als Wirkstoff. Das Produkt Alprolix (eftrenonacog alfa) enthält ebenfalls den Blutgerinnungsfaktor IX, der aber auf molekularer Ebene insoweit verändert wurde, dass sich die Halbwertszeit des Medikaments verlängert.[58] Wegen der höheren Halbwertszeit werden die Injektionsintervalle verringert, weil der Wirkstoff im Körper des Patienten langsamer abgebaut wird. Beide Präparate substituieren jedoch zuvörderst den Blutgerinnungsfaktor IX, der aufgrund des genetischen Defekts nicht vom Körper des Patienten selbst hergestellt werden kann.

---

[55] European Medicines Agency, BeneFIX (nonacog alfa) – Public Assessment Report – Medicine Overview. EMA/591490/2015, 2015, (https://www.ema.europa.eu/en/documents/overview/benefix-epar-summary-public_en.pdf), S. 1 f. (geprüft am 24.10.2025).

[56] European Medicines Agency, Hemgenix (etranacogene dezaparvovec) – Public Assessment Report – Medicine Overview. EMA/45357/2023, 2023, (https://www.ema.europa.eu/en/documents/overview/hemgenix-epar-medicine-overview_en.pdf), S. 1 f. (geprüft am 24.10.2025).

[57] European Medicines Agency, Hemgenix (etranacogene dezaparvovec) – Public Assessment Report – Medicine Overview. EMA/45357/2023, 2023, (https://www.ema.europa.eu/en/documents/overview/hemgenix-epar-medicine-overview_en.pdf), S. 2 (geprüft am 24.10.2025).

[58] European Medicines Agency, Alprolix (eftrenonacog alfa) – Public Assessment Report – Summary of Product Information, 2016, (https://www.ema.europa.eu/en/documents/product-information/alprolix-epar-product-information_en.pdf), S. 8 (geprüft am 24.10.2025).

Anhand dieses Beispiels zeigt sich, dass eine Therapie auf der genetischen Ebene tatsächlich die Krankheit Hämophilie B als solche heilen kann. Die Substitutionstherapie heilt hingegen nur die Folgen der Krankheit, indem sie die Blutgerinnung im Körper des Patienten durch Substitution des fehlenden Blutgerinnungsfaktors ermöglicht. Die tatsächliche Regelwidrigkeit des körperlichen Zustands, d. h. die Fähigkeit des Körpers, den Blutgerinnungsfaktor eigenständig zu exprimieren, wird durch die Substitutionstherapie nicht beseitigt.[59] Deshalb kann argumentiert werden, dass der neue Behandlungsstandard im vorgenannten Beispiel die Merkmale „notwendig“ und „ausreichend“ im Kontext des Wirtschaftlichkeitsgebots grundlegend modifiziert. Denn aus der heutigen Perspektive ließe sich sagen: Erhält der Patient den Blutgerinnungsfaktor statt der Gentherapie, besteht die gestörte Genexpression innerhalb seiner Zellen fort und er bleibt weiterhin behandlungsbedürftig. Daraus könnte der Schluss gezogen werden, ausschließlich Schrittinnovationen einer gemeinsamen Kosten-Nutzen-Abwägung zu unterziehen, weil diese auf derselben molekularen Ebene wirken, soweit sie dieselbe Indikation erfassen und es sich bei beiden Behandlungen um Arzneimitteltherapien handelt. Im Gegensatz dazu lassen sich Sprunginnovationen bei Arzneimitteln schwieriger mit bewährten Therapien vergleichen, weil sie aufgrund neuartiger molekulargenetischer Mechanismen andere körperliche Eigenschaften (auf der genomischen Ebene) verändern.

Zu einem anderen Ergebnis würde man allerdings dann gelangen, wenn man die Behandlungsbedürftigkeit des Patienten nach einer Behandlung mit der Substitutionstherapie verneint.[60] Nach der Injektion der Substitutionstherapie besitzt der Körper des Patienten die funktionsfähigen Blutgerinnungsfaktoren für einen begrenzten Zeitraum. Er könnte zumindest für diesen Zeitraum als nicht behandlungsbedürftig gelten, da er weniger bis keine Beschwerden aufweist, die ihn hindern, am gesellschaftlichen Leben teilzuhaben. Der Krankheitsbegriff ließe sich dementsprechend normativ anhand der Funktion der Krankenversicherung – der Ausgleich der Chancengerechtigkeit in der Gesellschaft aufgrund des Lebensrisikos Krankheit – statt anhand der medizinisch-naturwissenschaftlichen Ursache

---

[59] An dieser Stelle ist anzumerken, dass Hemgenix (etranacogene dezaparvovec) die therapeutische Genkopie mittels adeno-assoziierter Viren in die Körperzellen transportiert und daher ausschließlich episomal wirkt. Insoweit ließe sich in diesem konkreten Fall argumentieren, dass eine dauerhafte Langzeitwirkung aufgrund der fehlenden Integration des Gens in das Genom der Körperzellen nicht gewährleistet ist, insbesondere weil nach der Applikation ein Abbau der viralen Vektoren über die Leber des Patienten erfolgen kann. Zudem könnte aufgrund der fehlenden Integration geltend gemacht werden, dass auf genetischer Ebene weiterhin ein Defizit besteht, da das intakte Gen lediglich episomal vorliegt.

[60] Vgl. Fastabend, Neue Zeitschrift für Sozialrecht 11 (2002), S. 299, 300.

auslegen.[61] Die Krankheit im rechtlichen Sinne und damit auch der Versicherungsfall würden erst nach Zerfall der zugeführten Gerinnungsfaktoren im Körper des Patienten wieder aufleben. In den Worten des Bundessozialgerichts gesprochen, könnte man dem Patienten entgegnen, ein genetischer Defekt sei lediglich ein Krankheitsrisiko, das sich zunächst in einer Krankheit realisieren müsse.[62] Bei dieser Betrachtungsweise würde es zu einer Kosten-Nutzen-Abwägung zwischen der Arzneimittelinnovation und der bewährten Arzneimitteltherapie kommen. Die regelmäßig höheren Jahrestherapiekosten von Einmaltherapien müssten daher durch einen entsprechenden Zusatznutzen im Sinne des Wirtschaftlichkeitsgebots gerechtfertigt werden. Aufgrund der oftmals nicht vorhersehbaren Langzeitwirkungen dieser Therapien ist ein solcher Nachweis jedoch nur eingeschränkt oder überhaupt nicht möglich. Abhilfe schafft insoweit nur die Ausweisung als Arzneimittel für seltene Leiden (Orphan Drug). In diesem Fall gilt der Zusatznutzen kraft Gesetzes als vermutet, sodass dieser arzneimittelrechtliche Status auch im Rahmen der Wirtschaftlichkeitsprüfung zur Rechtfertigung der Mehrkosten herangezogen werden kann.[63]

24.4.4 Grenzen der Auslegung und Wesentlichkeitslehre

Eine Kosten-Nutzen-Abwägung zwischen bewährten Dauertherapien und innovativen Einmaltherapien bzw. zwischen symptomatischen und kausalen Therapien lässt sich demnach nur eingeschränkt durchführen. Denn die Jahrestherapiekosten einer Einmaltherapie stehen prima facie stets außer Verhältnis zu den Jahrestherapiekosten einer Dauertherapie, soweit für die kausale Einmaltherapie kein besonderes Erstattungsmodell vereinbart wurde (vgl. Abschnitt 26.1).[64] Bei einem Vergleich kausaler und symptomatischer Therapien erweist sich das Wirtschaftlichkeitsgebot daher strukturell als nachteilig für kausale Therapien. Soweit das innovative Arzneimittel jedoch arzneimittelrechtlich zugelassen ist, genügt es dem Qualitätsgebot des SGB V und ist verordnungsfähig. Folglich sollte es, wenn es sich im medizinischen Vergleich um die bessere Therapie

---

[61] Vgl. Harney/Huster/Friedrich u. a., Medizinrecht 39 (2021), S. 698, 700 ff., m.w.N.

[62] Vgl. BSG, Urteil vom 24.01.2023 – B 1 KR 7/22 R, erster Leitsatz, Rn. 26 = BSGE 135, 226 (230 f.).

[63] SG Marburg, Beschluss vom 29.11.2018 – S 6 KR 173/18 ER, Rn. 34 – juris; Bundesamt für Soziale Sicherung, BAS-Report 2024, 2024, (https://www.bundesamtsozialesicherung.de/fileadmin/redaktion/Presse/2025/20250821_BAS_Report2024_web_barrierefrei.pdf), S. 11 (geprüft am 24.10.2025).

[64] Beispielhaft LSG NRW, Beschluss v. 28.9.2020 – L 10 KR 542/20 B ER, Rn. 37 – juris.

handelt, im Grundsatz auch eine Leistung der Gesetzlichen Krankenversicherung sein können. Trotzdem ließe sich ein abstrakt-genereller Leistungsausschluss für kausale Einmaltherapien anhand des Wirtschaftlichkeitsgebots begründen (vgl. Abschnitt 24.4.3). Dies ist problematisch, da die Bestimmung des Leistungsumfangs der Gesetzlichen Krankenversicherung aus Patientenperspektive eine grundrechtsrelevante Frage darstellt und aus Sicht der pharmazeutischen Unternehmen eine artifizielle „vierte Hürde" entsteht, weil in diesem Szenario ein faktischer Zwang entsteht, durch den Abschluss sog. Rabattverträge einen Marktzugang zu erlangen (vgl. Kapitel 26).

Einschränkungen des Leistungskatalogs im SGB V sind wegen ihrer Grundrechtsrelevanz stets rechtfertigungsbedürftig.[65] Das Sozialstaatsprinzip gewährt dem Gesetzgeber allerdings einen weiten Gestaltungsspielraum bezüglich des Leistungsumfangs in der Sozialversicherung.[66] Insbesondere kann er den Versorgungsstandard in Zukunft auch verringern.

Von der Frage, ob der Versorgungsstandard als solcher vom Gesetzgeber reduziert werden kann, ist aber die Frage zu trennen, ob allein über die Auslegung und Anwendung des Wirtschaftlichkeitsgebots der Versorgungsstandard abgesenkt werden kann. Das Wirtschaftlichkeitsgebot erlaubt ausschließlich die Rationalisierung[67] miteinander vergleichbarer Leistungen. Es stellt aber keine Ermächtigungsgrundlage dar, bestimmte Leistungen ungeachtet ihrer Vergleichbarkeit mit anderen Leistungen durch die auslegenden Gerichte und Krankenkassen zu rationieren. Denn Rationierungen werden nach der Systematik des SGB V in besonderen gesetzlichen Vorschriften, beispielsweise § 34 SGB V, durch den parlamentarischen Gesetzgeber festgelegt. Rationierungen sind wegen ihrer wesentlichen Bedeutung für die Grundrechte der versicherten Patienten aufgrund der Wesentlichkeitslehre des Bundesverfassungsgerichts der demokratischen Entscheidungsfindung durch das Parlament vorbehalten. Deshalb kann das Wirtschaftlichkeitsgebot nicht im Wege der Auslegung herangezogen werden, um einen abstrakt-generellen Ausschluss eines neuen Versorgungsstandards zu rechtfertigen,[68] da ein abstrakt-genereller Leistungsausschluss eine Rationierung

[65] Papier, in: Hilgendorf/Eckert (Hrsg.), Subsidiarität – Sicherheit – Solidarität, 2012, S. 481 ff.

[66] Ruland/Becker/Axer (Hrsg.), Sozialrechtshandbuch, 2022, S. 135 f.

[67] Rationalisierung bezeichnet Maßnahmen zur Effizienzsteigerung im Versorgungssystem, ohne die Versorgung zu verschlechtern, während Rationierungen bewusste Leistungsbegrenzungen aufgrund begrenzter finanzieller Mittel darstellen, selbst wenn eine medizinische Notwendigkeit besteht.

[68] Siehe auch Bockholdt, in: Meßling/Voelzke (Hrsg.), Die Zukunft des Rechts- und Sozialstaats, 2024, S. 377, 379 f.

darstellt. Eine solche Entscheidung wäre dem parlamentarischen Gesetzgeber vorbehalten.

Des Weiteren würde ein abstrakt-genereller Ausschluss von Arzneimittelinnovationen die Gefahr bergen, dass der Arzt faktisch handlungsunfähig werden könnte. Das könnte der Fall sein, wenn die Verschreibung einer hochpreisigen Arzneimittelinnovation nach § 12 Abs. 1 Satz 1 SGB V als unwirtschaftlich bewertet werden würde und Regressansprüche der Krankenkasse gegen den Vertragsarzt zur Folge hätte. Gleichzeitig könnte aber der arzthaftungsrechtliche Standard den Arzt verpflichten, die teurere innovative Arzneimitteltherapie zu verschreiben.[69] Der Arzt befände sich im (Haftungs-)Dilemma: Entweder er macht sich gegenüber dem Patienten haftbar, indem er den Patienten nicht entsprechend dem Stand medizinischer Erkenntnis behandelt, oder er macht sich gegenüber der Krankenkasse haftbar, die ihn in Regress nehmen könnte. Auch in lebensbedrohlichen Fällen wird der bereits dargestellte Entscheidungskonflikt des Vertragsarztes nicht aufgelöst, soweit Behandlungsmöglichkeiten bestehen, die bereits im Leistungskatalog der Gesetzlichen Krankenversicherung enthalten sind (vgl. Abschnitt 24.3.3). Vor diesem Hintergrund gestaltet sich die Auslegung des Wirtschaftlichkeitsgebots hinsichtlich seiner Reichweite und Grenzen bei kausalen Arzneimitteltherapien als besonders problematisch.

Wegen der Maßgeblichkeit der parlamentarischen Entscheidung über den Leistungsumfang des SGB V sowie über ein mögliches Auseinanderfallen des arzthaftungs- und sozialversicherungsrechtlichen medizinischen Standards sollte das Wirtschaftlichkeitsgebot bei Arzneimittelinnovationen deshalb mit Vorsicht ausgelegt und angewendet werden. Bei Sprunginnovationen könnte deshalb im Sinne einer verfassungskonformen Auslegung erwogen werden, keine Kosten-Nutzen-Abwägung mit dem bisherigen Therapiestandard vorzunehmen,[70] sondern die Tatbestandsmerkmale „ausreichend“ und „notwendig“ am naturwissenschaftlich-medizinischen statt an einem normativen Krankheitsbegriff auszulegen. Handelt es sich bei dem Arzneimittel dagegen lediglich um eine Schrittinnovation, dann bleibt eine Kosten-Nutzen-Abwägung geboten.

---

[69] Frahm/Jansen/Katzenmeier u. a., Medizinrecht 36 (2018), S. 447, 452 ff.; siehe entsprechend noch Hart, Arzneimitteltherapie und ärztliche Verantwortung, 1990, S. 75.

[70] a. A. Fastabend, Neue Zeitschrift für Sozialrecht 11 (2002), S. 299, 302, m.w.N.

Leistungserbringerrecht 25

Neben den leistungsrechtlichen Voraussetzungen setzt eine Verordnung zu Lasten der Gesetzlichen Krankenversicherung voraus, dass die einschlägigen Vorgaben des Leistungserbringerrechts beachtet werden. Dabei ist zwischen den beiden Sektoren, der ambulanten und der stationären Versorgung, zu differenzieren, da diese jeweils eigenständige und voneinander abweichende Anforderungen an die Leistungserbringung vorsehen.

25.1 Erlaubnisvorbehalt im ambulanten Sektor

Die Erbringung neuer Untersuchungs- und Behandlungsmethoden unterliegt im ambulanten Bereich dem Erlaubnisvorbehalt des § 135 Abs. 1 Satz 1 SGB V durch den Gemeinsamen Bundesausschuss. Der Methodenbegriff erfasst eine auf einem theoretisch-wissenschaftlichen Konzept beruhende systematische Vorgehensweise bei der Untersuchung oder Behandlung einer Krankheit.[1]

Arzneimitteltherapien können grundsätzlich ebenfalls Behandlungsmethoden darstellen; allerdings ergeben sich Besonderheiten aus den Wertungen des Arzneimittelrechts.[2] Fertigarzneimittel werden grundsätzlich nicht als Methoden im Sinne des § 135 Abs. 1 Satz 1 SGB V qualifiziert, da sie einer arzneimittelrechtlichen Zulassung bedürfen.[3] Mit der Zulassung nimmt die zuständige Arzneimittelbehörde eine umfassende Prüfung von Qualität, Wirksamkeit und

[1] BSG, Urteil vom 13.12.2016 – B 1 KR 1/16, Rn. 23 – juris = BSGE 122, 170 (177); Hollo, in: Becker/Kingreen (Hrsg.), SGB V, 2024, § 135 SGB V, Rn. 3.

[2] BSG, Urteil vom 28.03.2000 – B 1 KR 11/98 R, Rn. 16 f. – juris = BSGE 86, 54 (58 f.); Hollo, in: Becker/Kingreen (Hrsg.), SGB V, 2024, § 135 SGB V, Rn. 5.

[3] SG Marburg, Beschluss vom 19.11.2018 – S 6 KR 173/18 ER, Rn. 31.

L. Pietrek, *Somatische genomische Therapien*,
https://doi.org/10.1007/978-3-658-52943-7_25

Unbedenklichkeit vor, sodass eine zusätzliche Methodenbewertung durch den Gemeinsamen Bundesausschuss regelmäßig keinen Erkenntnisgewinn verspricht.[4] Eine Einordnung als Behandlungsmethode kommt daher nur in Betracht, wenn die Anwendung des Arzneimittels eine wesentliche eigenständige ärztliche Leistung erfordert, die über die bloße Verordnung des Arzneimittels hinausgeht.[5] Eine reine Injektion des Wirkstoffs hat beispielsweise nicht genügend Eigengewicht, um eine zusätzliche Methodenbewertung auszulösen.[6]

Für zugelassene somatische genomische Therapien bedeutet dies, dass sie grundsätzlich nicht unter den Methodenbegriff des § 135 Abs. 1 Satz 1 SGB V fallen (vgl. Kapitel 16). Etwas anderes kann nur gelten, wenn die Anwendung zwingend eine komplexe ärztliche Eigenleistung erfordert. Dies wäre beispielsweise denkbar bei biotechnologisch bearbeiteten Gewebeprodukten (TEP), die im Rahmen eines operativen Eingriffs in einem mehrstufigen Verfahren implantiert oder anderweitig körperlich fixiert werden müssen. Bei somatischen genomischen Therapien, die als Gentherapeutikum (GTMP) oder Zelltherapeutikum (SCTMP) einzustufen sind (vgl. Tabelle 8.1), ist der Anwendungsbereich des § 135 Abs. 1 Satz 1 SGB V zudem aufgrund einer gesetzlichen Fiktion gesperrt, soweit diese arzneimittelrechtlich zugelassen wurden.[7]

Eine Ausnahme besteht in jenen Fällen, in denen ein Arzneimittel keiner Zulassung bedarf, etwa im Rahmen der Rezeptur- oder Defekturherstellung. In diesen Konstellationen findet der Grundsatz der Vorgreiflichkeit des Arzneimittelrechts zwar keine Anwendung. Allerdings werden solche Arzneimitteltherapien stattdessen dem Methodenbegriff des § 135 Abs. 1 Satz 1 SGB V unterstellt.[8] Dies geschieht vor dem Hintergrund, dass § 135 Abs. 1 SGB V eine verfahrensrechtliche Konkretisierung des Qualitätsgebots darstellt und damit funktional an

---

[4] BSG, Urteil vom 03.02.2010 – B 6 KA 37/08 R, Rn. 27 – juris; BSG, Urteil vom 13.12.2016 – B 1 KR 1/16, Rn. 23 – juris = BSGE 122, 170 (177).

[5] Gottwald, Die rechtliche Regulierung medizinischer Innovationen in der Gesetzlichen Krankenversicherung, 2016, S. 372; Hollo, in: Becker/Kingreen (Hrsg.), SGB V, 2024, § 135 SGB V, Rn. 3.

[6] BSG, Urteil vom 02.09.2014 – B 1 KR 65/12 R, Rn. 21; BSG, Urteil vom 13.12.2016 – B 1 KR 1/16, Rn. 24 – juris = BSGE 122, 170 (177 f.); siehe noch BSG, Urteil vom 19.10.2004 – B 1 KR 27/02 R – Visudyne, Rn. 7 – juris = BSGE 93, 236 (238).

[7] § 35a Abs. 1b SGB V; Pitz, in: Schlegel/Voelzke/Engelmann (Hrsg.), Juris Praxiskommentar SGB V, 2020, § 35a SGB V, Rn. 8; Axer, in: Becker/Kingreen (Hrsg.), SGB V, 2024, § 35a SGB V, Rn. 23.

[8] BSG, Urteil vom 23.07.1998 – B 1 KR 19/96 R – Jomol, Rn. 19 – juris = BSGE 82, 233 (238); BSG, Urteil vom 28.03.2000 – B 1 KR 11/98 R, Rn. 19 – juris = BSGE 86, 54 (60).

die Stelle der arzneimittelrechtlichen Vorgreiflichkeit als allgemeinen, rechtsdogmatischen Grundsatz tritt.

25.2 Verbotsvorbehalt im stationären Sektor

Im stationären Sektor besteht kein Erlaubnis-, sondern ein Verbotsvorbehalt. Nach § 137c Abs. 1 Satz 1 SGB V können neue Untersuchungs- und Behandlungsmethoden durch Beschluss des Gemeinsamen Bundesausschusses von der Versorgung ausgeschlossen werden. Hintergrund der Regelung ist, dass der stationäre Sektor innovationsoffen ausgestaltet sein soll.[9] Dies hebt jedoch das Qualitätsgebot nicht vollständig auf. Auch stationär gilt der Grundsatz der negativen Vorgreiflichkeit des Arzneimittelrechts: Zulassungspflichtige Arzneimittel bedürfen grundsätzlich einer arzneimittelrechtlichen Zulassung, bevor sie zu Lasten der Gesetzlichen Krankenversicherung erbracht werden dürfen.[10] Somatische genomische Therapien sind daher nach ihrer arzneimittelrechtlichen Zulassung im stationären Bereich unmittelbar verordnungsfähig (vgl. Abschnitt 24.3.1).

Auf den ersten Blick könnte man annehmen, dass zulassungsfreie somatische genomische Therapien im stationären Bereich ohne Weiteres zu Lasten der Gesetzlichen Krankenversicherung eingesetzt werden dürfen, weil der Grundsatz der Vorgreiflichkeit des Arzneimittelrechts insoweit nicht greift (vgl. Abschnitt 24.3.2). Die frühere Rechtsprechung des Bundessozialgerichts stand dem jedoch entgegen.[11] Das Bundessozialgericht verlangte, dass der Nutzen einer neuen Untersuchungs- und Behandlungsmethode stets vom Gemeinsamen Bundesausschuss nach § 137c Abs. 1 Satz 1 SGB V geprüft werden müsse, bevor diese in die stationäre Versorgung aufgenommen werden könne.[12] Diese Rechtsprechung hat das Bundessozialgericht aufgrund des neu eingefügten § 137c Abs. 3 SGB V aufgegeben.[13]

Nach § 137c Abs. 3 Satz 1 SGB V können Versicherte eine neue Untersuchungs- und Behandlungsmethode im stationären Bereich nur beanspruchen, wenn diese das Potenzial einer erforderlichen Behandlungsalternative bietet,

---

[9] Roters, in: Körner/Krasney/Mutschler (Hrsg.), BeckOGK Sozialrecht (Kasseler Kommentar), § 137c SGB V, Rn. 4.

[10] Hauck, Medizinrecht 28 (2010), S. 226, 228.

[11] Näher Ströttchen, Verfassungsrechtliche Ansprüche auf konkrete medizinische Leistungen, 2019, S. 29 ff.

[12] BSG, Urteil vom 21.03.2013 – B 3 KR 2/12 R, Rn. 24 – juris = BSGE 113, 167 (175 f.).

[13] BSG, Urteil vom 25.03.2021 – B 1 KR 25/20 R, Rn. 23 – juris = BSGE 132, 67 (71).

medizinisch indiziert und notwendig ist und der Gemeinsame Bundesausschuss eine Erprobungsrichtlinie nach §§ 137c Abs. 1 Satz 3, 137e Abs. 1 Satz 1 SGB V erlassen hat.[14] Eine Leistungserbringung ohne eine solche Richtlinie kommt nur in eng begrenzten Ausnahmefällen in Betracht, nämlich bei schwerwiegenden Erkrankungen im Sinne des § 2 Abs. 1a SGB V und nur nach Ausschöpfung der verfügbaren Standardtherapien.[15] Faktisch unterliegen Innovationen im stationären Bereich damit – soweit sie als neue Behandlungsmethoden zu qualifizieren sind (vgl. Abschnitt 25.1) – einem Erlaubnis- und nicht einem Verbotsvorbehalt. Der Unterschied zum ambulanten Bereich besteht ausschließlich darin, dass stationär nicht das volle Evidenzniveau gefordert wird, sondern lediglich das Potenzial einer Behandlungsalternative.

Für die Auslegung des Potenzialmaßstabs ist die Verfahrensordnung des Gemeinsamen Bundesausschusses heranzuziehen.[16] Der Potenzialbewertungsmaßstab fordert für Arzneimittel keine „Zulassungsreife" im Sinne einer RCT-Goldstandard-Studie.[17] Ein Arzneimittel muss lediglich geeignet erscheinen, in einem wissenschaftlich begleiteten und durch besondere Sicherheitsmaßnahmen geschützten Setting erprobt zu werden.[18] Bereits Fallberichte, Fallserien, kleinere epidemiologische Untersuchungen oder systematische Übersichtsarbeiten können ausreichen, um ein solches Potenzial zu begründen.[19] Materiellrechtlich liegt das erforderliche Evidenzniveau damit deutlich unter dem der arzneimittelrechtlichen Vorgreiflichkeit, die eine Zulassung voraussetzt.

Verfahrensrechtlich ist zu beachten, dass ein Antrag nur durch die unparteiischen Mitglieder des Gemeinsamen Bundesausschusses, den SpBKK, die Deutsche Krankenhausgesellschaft, die Bundesverbände der Krankenhausträger, den Verband der privaten Krankenversicherung sowie die Patientenvertretungen

---

[14] BSG, Urteil vom 25.03.2021 – B 1 KR 25/20 R, Rn. 24 ff. – juris = BSGE 132, 67 (71 f.); kritisch hierzu Felix, Medizinrecht 42 (2024), S. 939, 941.

[15] BSG, Urteil vom 25.03.2021 – B 1 KR 25/20 R, Rn. 19, 40 ff. – juris = BSGE 132, 67 (76 f.); BSG, Urteil vom 12.12.2022 – B 1 KR 33/21 R, Rn. 21 = BSGE 135, 198 (203).

[16] BSG, Urteil vom 25.03.2021 – B 1 KR 25/20 R, Rn. 31 – juris = BSGE 132, 67 (73 f.); hat der G-BA keine Entscheidung nach § 137c Abs. 1 Satz 1 SGB V getroffen, haben die Gerichte und Krankenkassen über das Vorliegen des Potenzials einer Behandlungsmethode zu entscheiden, vgl. Felix, Medizinrecht 42 (2024), S. 939, 941; die Verfahrensordnung des G-BA kann den Potenzialbegriff in § 137c Abs. 3 Satz 1 SGB V aufgrund der Normenhierarchie nicht verbindlich legaldefinieren.

[17] LSG Baden-Württemberg, Urteil vom 17.11.2015 – L 11 KR 1116/12, Rn. 62.

[18] BSG, Urteil vom 25.03.2021 – B 1 KR 25/20 R, Rn. 33 – juris = BSGE 132, 67 (74).

[19] LSG Baden-Württemberg, Urteil vom 17.11.2015 – L 11 KR 1116/12, Rn. 62.

gestellt werden kann, der zum Erlass einer Erprobungsrichtlinie führen könnte.[20] Einzelne Patienten haben somit keine Möglichkeit, eine innovative somatische genomische Therapien ohne arzneimittelrechtliche Zulassung in die stationäre Versorgung zu bringen.

25.3 Vergütung im stationären Sektor

Sollen somatische genomische Therapien im stationären Bereich zu Lasten der Gesetzlichen Krankenversicherung erbracht werden, sind die Abrechnungsvorschriften gemäß § 109 Abs. 4 Satz 3 SGB V i.V. mit § 7 KHEntgG und § 17b KHG[21] zu beachten.[22] Maßgeblich ist das auf § 17b Abs. 1 Satz 1 KHG beruhende pauschalierende Entgeltsystem (DRG-System), das eine zuvor festgelegte Vergütungssumme für definierte Krankheitsfälle vorsieht. Die Fallpauschale umfasst sämtliche im Zusammenhang mit der jeweiligen Diagnose erbrachten Leistungen einschließlich der Arzneimittelversorgung, wobei Arzneimittel nicht eigenständig im DRG-Katalog ausgewiesen werden.[23]

Arzneimittelinnovationen werden im Fallpauschalenkatalog nicht abgebildet. Dies führt dazu, dass Krankenhäuser eine Behandlung mit neuartigen, oftmals erheblich teureren Arzneimitteln grundsätzlich nicht kostendeckend erbringen können. Soweit für die betreffende Fallpauschale bereits ein Zusatzentgelt nach § 7 Abs. 1 Satz 1 Nr. 2 KHEntgG vereinbart wurde, kann dieses die entstehenden Mehrkosten teilweise abfedern. Die Höhe solcher Zusatzentgelte reicht bei hochpreisigen Therapien jedoch häufig ebenfalls nicht aus.

Reicht ein Zusatzentgelt nicht aus, kann der Krankenhausträger ein sog. NUB-Entgelt (NUB – Neue Untersuchungs- und Behandlungsmethode) gemäß § 6 Abs. 2 Satz 1 KHEntgG mit den Krankenkassen bzw. deren Verbänden

---

[20] Vgl. §§ 137c Abs. 1 Satz 1, 140f Abs. 2 Satz 5 SGB V, 6 Abs. 2 Satz 8 KHEntgG.

[21] Krankenhausfinanzierungsgesetz in der Fassung der Bekanntmachung vom 10.04.1991 (BGBl. I S. 886), das zuletzt durch Artikel 11 des Gesetzes vom 30.09.2025 (BGBl. 2025 I Nr. 231) geändert worden ist.

[22] BSG, Urteil vom 19.04.2016 – B 1 KR 34/15 R, Rn. 11.

[23] § 39 Abs. 1 Satz 3 Halbsatz 1 SGB V i.V. mit § 2 Abs. 1 Satz 1 KHEntgG; Hintergrund ist, dass nach § 78 Abs. 3 Satz 1 i.V. mit § 1 Abs. 3 Satz 1 Nr. 2 AMPreisV keine Arzneimittelpreisbindung im stationären Sektor besteht, weil die Abgabe von Arzneimitteln an Krankenhäuser vom Anwendungsbereich der AMPreisV ausgenommen wurde.

verhandeln.[24] Der Begriff der „neuen Untersuchungs- und Behandlungsmethode“ ist autonom im Sinne des KHEntgG auszulegen und erfasst auch einzelne Produkte wie Arzneimittel.[25] Somatische genomische Therapien können daher unzweifelhaft Gegenstand einer NUB-Vereinbarung sein, selbst wenn zugelassene Gentherapeutika (GTMP) und Zelltherapeutika (SCTMP) im SGB V nicht als neue Untersuchungs- und Behandlungsmethoden zu qualifizieren sind.[26]

Für den Abschluss einer NUB-Vereinbarung muss das Krankenhaus bis zum 31. Oktober eines Jahres eine Meldung an das Institut für das Entgeltsystem im Krankenhaus (InEK) zu übermitteln.[27] Das InEK prüft, ob die betreffende Methode bereits sachgerecht innerhalb bestehender Fallpauschalen oder Zusatzentgelte abgerechnet werden kann.[28] Nur bei einer positiven Information (Status 1) des InEK dürfen die Krankenhausträger anschließend individuelle Entgeltvereinbarungen mit den Krankenkassen verhandeln.[29]

Dieses System stieß aufgrund der häufig sechs- bis siebenstelligen Preise von Arzneimitteln für neuartige Therapien an seine Grenzen.[30] Für die Krankenhäuser entsteht in diesen Fällen ein erhebliches finanzielles Risiko aufgrund der sog. „NUB-Lücke“. Diese entsteht dadurch, dass die Kostenübernahme erst nach der jährlichen Entscheidung des InEK verhandelt werden kann, sodass Patienten im Extremfall bis zu ein Jahr auf die Finanzierung warten müssen.[31] Gehen Krankenhäuser in Vorleistung, tragen sie bei einer negativen Information des InEK das Kostenrisiko.[32]

Für Arzneimittel für neuartige Therapien wurde inzwischen eine Sonderregelung eingeführt, nach der eine zusätzliche Antragstellung zum 30. April

---

[24] Jaster, in: Bergmann/Pauge/Steinmeyer u. a. (Hrsg.), Gesamtes Medizinrecht, 2024, § 11 KHEntgG, Rn 3.

[25] Starzer, in: Spickhoff (Hrsg.), Medizinrecht, 2022, § 6 KHEntgG, Rn. 3.

[26] § 35a Abs. 1b Satz 1 Halbsatz 2 SGB V.

[27] § 6 Abs. 2 Satz 3 Halbsatz 1 KHEntgG; für ATMP besteht zusätzlich die Möglichkeit, eine Meldung an das InEK bis zum 30.04 des jeweiligen Jahres zu senden, vgl. § 6 Abs. 2 Satz 3 Halbsatz 2 KHEntgG.

[28] Vollmöller, in: Dettling/Gerlach (Hrsg.), Krankenhausrecht, 2018, § 6 KHEntgG, Rn. 6.

[29] Jaster, in: Bergmann/Pauge/Steinmeyer u. a. (Hrsg.), Gesamtes Medizinrecht, 2024, § 6 KHEntgG, Rn. 5; Vollmöller, in: Dettling/Gerlach (Hrsg.), Krankenhausrecht, 2018, § 6 KHEntgG, Rn. 7.

[30] Anschaulich Kron/Franz/Kron u. a., Der Internist 62 (2021), S. 620 ff.

[31] Hecken, NUB-Lücke bei ATMPs schließen, 2021, (https://observer-gesundheit.de/nub-luecke-bei-atmps-schliessen/) (geprüft am 24.10.2025).

[32] SG Marburg, Beschluss vom 19.11.2018 – S 6 KR 173/18 ER, Rn. 25.

möglich ist.[33] Wenngleich diese Änderung die Situation verbessert, beseitigt sie das strukturelle Problem der zeitverzögerten Refinanzierung bei hochpreisigen Arzneimittelinnovationen nicht. Zudem profitieren von dieser Regelung ausschließlich solche somatischen genomischen Therapien, die als Arzneimittel für neuartige Therapien klassifiziert werden können (vgl. Tabelle 8.1).

25.4 Einheitlicher Bewertungsmaßstab (EBM)

Im ambulanten Bereich setzt die Vergütung ärztlicher Leistungen voraus, dass diese im sog. Einheitlichen Bewertungsmaßstab (EBM) aufgenommen werden.[34] Die Verordnung eines Arzneimittels stellt für sich genommen regelmäßig keine eigenständig abrechenbare ärztliche Leistung dar. Somatische genomische Therapien erfordern jedoch häufig eine vorhergehende Bestimmung der genetischen Disposition des Patienten durch beispielsweise eine Gensequenzierung. Die Entnahme und Untersuchung einer Patientenprobe zwecks Identifizierung relevanter genetischer Marker stellt eine eigenständige ärztliche Leistung dar und muss daher im EBM gesondert bewertet und abgebildet werden.[35]

Auch wenn nach der arzneimittelrechtlichen Zulassung grundsätzlich keine eigene Qualitätsbewertung der Therapie oder der begleitenden Diagnostik im Rahmen einer Methodenbewertung erforderlich sein sollte (vgl. Abschnitt 25.1), ist eine abrechnungsfähige Gebührenposition für die Probenentnahme und genetische Analyse zwingende Voraussetzung für die Vergütung der entsprechenden Leistungen im ambulanten Bereich.[36] Die Einführung einer neuen somatischen genomischen Therapie kann sich deshalb verzögern, solange keine entsprechende Gebührenposition durch den sog. Bewertungsausschuss geschaffen wurde.[37]

Erfordert die arzneimittelrechtliche Zulassung zwingend eine genetische Diagnostik, wird das Verfahren zur Anpassung des EBM zeitlich vorgezogen, um Verzögerungen des Markteintritts zu vermeiden. In diesen Fällen erfolgt die Anpassung des EBM zeitgleich mit dem Nutzenbewertungsbeschluss des Gemeinsamen Bundesausschusses im AMNOG-Verfahren (vgl.

[33] § 6 Abs. 2 Satz 3 Halbsatz 2 KHEntgG.

[34] § 87 Abs. 1 Satz 1 SGB V.

[35] Huster/Gottwald, Die Vergütung genetischer Diagnostik in der Gesetzlichen Krankenversicherung, 2013, S. 18 f.

[36] Becker/Hardenberg, Medizinrecht 34 (2016), S. 104, 108.

[37] § 87 Abs. 5b Satz 1 SGB V.

Abschnitt 23.2.1).[38] Damit wirkt sich die im arzneimittelrechtlichen Zulassungsverfahren genehmigte Fachinformation eines Arzneimittels unmittelbar auf die zeitliche Steuerung des Marktzugangs somatischer genomischer Therapien aus, sofern eine genetische Diagnostik verpflichtender Bestandteil ihrer Anwendung ist.[39]

25.5 ATMP-Qualitätssicherungsrichtlinie (ATMP-QSRL)

Mit dem Gesetz für mehr Sicherheit in der Arzneimittelversorgung[40] wurde der Gemeinsame Bundesauschuss durch § 136a Abs. 5 SGB V ermächtigt, besondere Anforderungen an die Leistungserbringung von ATMP in der Gesetzlichen Krankenversicherung festzulegen. Daraufhin erließ der Gemeinsame Bundesausschuss die sog. ATMP-Qualitätssicherungsrichtlinie[41] (ATMP-QSRL). Diese beschränkt die Anwendung von Arzneimitteln für neuartige Therapien innerhalb der Gesetzlichen Krankenversicherung etwa auf bestimmte spezialisierte Kliniken in Deutschland und setzt besondere Fachkenntnisse des Personals sowie eine besondere Ausstattung der behandelnden Klinik voraus. Nach § 23 der ATMP-QSRL gelten diese besonderen Anforderungen derzeit jedoch nur für eine Positivliste spezifischer Arzneimittel für neuartige Therapien, darunter bestimmte CAR-T-Zelltherapeutika und Gentherapeutika für Hämophilie.[42] Leistungserbringer dürfen diese Arzneimittel nur zulasten der Gesetzlichen Krankenversicherung anwenden, wenn sie die Anforderungen der ATMP-QSRL erfüllen.[43] Somatische genomische Therapien, die nicht als Arzneimittel für neuartige Therapien

[38] § 87 Abs. 5b Satz 5 SGB V.

[39] Vgl. Schröder, in: Rolfs/Giesen/Udsching u. a. (Hrsg.), BeckOK Sozialrecht, 75. Edition, 2024, § 87 SGB V, Rn. 43.

[40] BGBl. 2019 Teil I Nr. 30, 1202.

[41] Gemeinsamer Bundesausschuss, Richtlinie des Gemeinsamen Bundesausschusses zu Anforderungen an die Qualität der Anwendung von Arzneimitteln für neuartige Therapien gemäß § 136a Absatz 5 SGB V in der Fassung vom 04.11.2021, zuletzt geändert am 6.02.2025, 2025, (https://www.g-ba.de/downloads/62-492-3807/ATMP-QS-RL_2025-02-06_iK-2025-05-08.pdf) (geprüft am 24.10.2025).

[42] Eine vergleichbare Regelung wurde in den Vereinigten Staaten von Amerika im Juni 2025 für CAR-T-Zelltherapeutika aufgehoben; vgl. U.S. Food and Drug Administration, FDA Eliminates Risk Evaluation and Mitigation Strategies (REMS) for Autologous Chimeric Antigen Receptor CAR T cell Immunotherapies, (https://www.fda.gov/news-events/press-announcements/fda-eliminates-risk-evaluation-and-mitigation-strategies-rems-autologous-chimeric-antigen-receptor) (geprüft am 24.10.2025).

[43] § 136a Abs. 5 Satz 6 SGB V.

klassifiziert werden können (vgl. Tabelle 8.1), können dementsprechend nicht besonderen Qualitätsanforderungen in der Versorgung durch den Gemeinsamen Bundesausschuss unterworfen werden.

25.6 Sonderfall: Rezeptur- und Defekturarzneimittel

Werden Arzneimittel als Rezepturen oder Defekturen abgegeben, bedürfen sie keiner arzneimittelrechtlichen Zulassung (vgl. Abschnitt 17.5). Der Grundsatz der negativen Vorgreiflichkeit des Arzneimittelrechts steht ihrer Verordnungsfähigkeit zu Lasten der Gesetzlichen Krankenversicherung allerdings nicht bereits aufgrund der fehlenden Zulassung entgegen (vgl. Abschnitt 24.3.2).

Vielmehr treten an die Stelle des Arzneimittelrechts die verfahrensrechtlichen Konkretisierungen des Qualitätsgebots gemäß §§ 135, 137c SGB V, und Rezepturen und Defekturen werden vollständig unter den Methodenbegriff dieser Vorschriften subsumiert[44] Dies führt faktisch zu einem Erlaubnisvorbehalt durch den Gemeinsamen Bundesausschuss in beiden Sektoren der Versorgung (vgl. Abschnitt 25.1).

Im ambulanten Bereich dürfen somatische genomische Therapien, die als Rezeptur- oder Defekturarzneimittel abgegeben werden, nur erbracht werden, wenn der Gemeinsame Bundesausschuss sie nach §§ 135 Abs. 1 Satz 1, 93 Abs. 1 Satz 2 Nr. 5 SGB V in die Arzneimittel-Richtlinie aufgenommen hat.[45] Im stationären Bereich genügt demgegenüber eine Richtlinie zur Erprobung nach §§ 137c Abs. 3 Satz 1, 93 Abs. 1 Satz 2 Nr. 5 SGB V.

Dieses Vorgehen erscheint zumindest dogmatisch konsequent. Die Verfahren nach §§ 135, 137c SGB V übernehmen funktional die Wertungsentscheidung, die im Fall zulassungspflichtiger Arzneimittel durch den Grundsatz der negativen Vorgreiflichkeit des Arzneimittelrechts getroffen wird. Sie stellen sicher, dass die Qualität, Wirksamkeit und Sicherheit zulassungsfreier Arzneimitteltherapien vor einer Verordnung zu Lasten der Gesetzlichen Krankenversicherung geprüft wird und schützen damit die Beiträge der solidarischen Versichertengemeinschaft vor unwirksamen oder gar schädlichen Therapien.

---

[44] BSG, Urteil vom 20.03.2024 – B 1 KR 36/22 R, Rn. 15 ff. = BSGE 137, 289 (293 f.) = Neue Zeitschrift für Sozialrecht 33 (2024), S. 900, 902; BSG, Urteil vom 23.07.1998 – B 1 KR 19/96 R – Jomol, Rn. 19 – juris = BSGE 82, 233 (238); BSG, Urteil vom 28.03.2000 – B 1 KR 11/98 R, Rn. 19 – juris = BSGE 86, 54 (60); LSG Niedersachsen-Bremen, Urteil vom 18.04.2018 – L 3 KA 31/15, Rn. 28.

[45] Vgl. BSG, Urteil vom 23.07.1998 – B 1 KR 19/96 R – Jomol, Rn. 14 = BSGE 82, 233 (235 f.).

25.7 Sonderfall: Ärztliche Eigenherstellung

Fraglich ist, ob Arzneimittel, die aufgrund der ärztlichen Eigenherstellung und unmittelbaren Anwendung am Patienten keiner arzneimittelrechtlichen Zulassungspflicht unterliegen (vgl. Abschnitt 17.3), zu Lasten der Gesetzlichen Krankenversicherung erbracht werden dürfen.

Nach dem Wirtschaftlichkeitsgebot kann ein Vertragsarzt grundsätzlich aufgefordert sein, ein Arzneimittel im Wege der ärztlichen Eigenherstellung selbst herzustellen und anzuwenden, sofern dies möglich und zumutbar ist.[46] Die ärztliche Eigenherstellung ist unzumutbar, wenn die Zubereitung des Arzneimittels besondere Vorkehrungen erfordert, welche in der Arztpraxis nicht oder nur mit unverhältnismäßigem Aufwand getroffen werden können.[47] Dies umfasst auch erheblichen zeitlichen oder organisatorischen Aufwand.[48] Insofern muss das Gebot der ärztlichen Eigenherstellung entfallen, wenn die Herstellung besondere technische Einrichtungen, Reinraumbedingungen oder qualitätssichernde Maßnahmen erfordert. Eine ärztliche Eigenherstellung von Arzneimitteln für neuartige Therapien erfordert nicht nur diese besondere Ausrüstung, sondern auch eine Herstellungserlaubnis (vgl. Abschnitt 15.1.2.5.5 und 17.3.3).[49] Angesichts der hohen technischen Komplexität der Herstellung somatischer genomischer Therapien wird die Eigenherstellung durch Vertragsärzte regelmäßig nicht nach dem Wirtschaftlichkeitsgebot geboten sein – selbst wenn diese keine Arzneimittel für neuartigen Therapien sind.[50]

Deshalb kommt es bei somatischen genomischen Therapien als innovativen Arzneimitteln maßgeblich darauf an, ob der behandelnde Arzt die ärztliche Eigenherstellung selbst vornehmen will. Das Wirtschaftlichkeitsgebot zwingt ihn hierzu nicht. Unter dem Gesichtspunkt des Qualitätsgebots als zweiter Säule des Leistungsrechts ist jedoch problematisch, dass die Eigenherstellung neuartiger somatischer genomischer Therapien regelmäßig nur in verfassungsrechtlich begründeten Ausnahmefällen, den Not- und Seltenheitsfällen (vgl.

---

[46] BSG, Urteil vom 17.02.2016 – B 6 KA 3/15 R, Rn. 21 f., 48.

[47] BSG, Urteil vom 17.02.2016 – B 6 KA 3/15 R, Rn. 51.

[48] BSG, Urteil vom 17.02.2016 – B 6 KA 3/15 R, Rn. 51.

[49] § 13 Abs. 2b Satz 1 Nr. 1 Alt. 1 AMG; soweit es sich nicht um ein ATMP handelt, kann das Erfordernis der Herstellungserlaubnis nach § 13 Abs. 2b Satz 1 AMG entfallen. Die Komplexität der Herstellung bei solchen somatischen genomischen Therapien kann dabei jedoch trotzdem hoch sein.

[50] Ist eine Herstellungserlaubnis erforderlich, ist ihr Vorliegen zwingende Voraussetzung für die Erstattungsfähigkeit des Produkts, vgl. BSG, Urteil vom 23.05.2000 – B 1 KR 2/99 R, Rn. 11 f.

Abschnitt 24.3.3), in Betracht kommen wird. Außerhalb dieser Ausnahmefälle kann die Herstellung nicht zugelassener Arzneimittel durch den Arzt nämlich nicht ohne Weiteres dem Leistungskatalog der Gesetzlichen Krankenversicherung zugeordnet werden.[51] Eine Erstattungsfähigkeit könnte allenfalls dann in Betracht kommen, wenn die ärztliche Eigenherstellung dieselben Anforderungen erfüllt wie bei Rezeptur- und Defekturarzneimitteln (vgl. Abschnitt 25.6). In diesen Fällen liegt ein vergleichbarer Sachverhalt vor, weshalb die §§ 135, 137c SGB V als verfahrensrechtliche Konkretisierungen des Qualitätsgebots die fehlende Zulassung kompensieren müssten. Sie ermöglichen die Bewertung und gegebenenfalls Aufnahme der ärztlichen Eigenherstellung neuartiger somatischer genomischer Therapien in die Arzneimittel-Richtlinie durch den Gemeinsamen Bundesausschuss.[52]

25.8 Sonderfall: Genehmigung nach § 4b Abs. 3 AMG

Bislang ist höchstrichterlich nicht geklärt, ob und in welcher Weise Arzneimittel für neuartige Therapien, die im Rahmen der Krankenhausausnahme (Hospital Exemption) gemäß § 4b Abs. 3 Satz 1 AMG abgegeben werden, zu Lasten der Gesetzlichen Krankenversicherung erstattungsfähig sind.[53] Das Sozialgericht Duisburg vertritt die Auffassung, dass ein Arzneimittel für neuartige Therapien bereits deshalb erstattungsfähig sei, weil die Genehmigung nach § 4b Abs. 3 Satz 1 AMG ein aliud zur zentralen Zulassung darstelle und dementsprechend den Anforderungen des Qualitätsgebots genüge.[54] Zurückhaltender äußert sich demgegenüber das Landessozialgericht Baden-Württemberg. Es betont, dass jedenfalls kein Verstoß gegen das Qualitätsgebot vorliege, wenn ein ATMP rechtmäßig nach § 4b Abs. 3 Satz 1 AMG genehmigt wurde.[55]

[51] BSG, Urteil vom 23.05.2000 – B 1 KR 2/99 R, Rn. 17; BVerfG, Beschluss vom 05.03.1997 – 1 BvR 1071/95 = Neue Juristische Wochenschrift 50 (1997), S. 3085.

[52] Vgl. BSG, Urteil vom 20.03.2024 – B 1 KR 36/22 R, Rn. 13 ff. = BSGE 137, 289 (292 f.) = Neue Zeitschrift für Sozialrecht 33 (2024), S. 900, 901 f.

[53] Diese Darstellung wurde bereits in einer ähnlichen Fassung veröffentlicht, siehe Pietrek, Phagentherapeutika – Herstellung, Zulassung und Erstattung, 2025, S. 92 ff.

[54] SG Duisburg, Urteil vom 28.10.2021 – S 46 KR 2614/19, Rn. 28 – juris.

[55] LSG Baden-Württemberg, Urteil vom 22.07.2024 – L 4 KR 1374/23, Rn. 45.

25.8.1 Arzneimittelzulassung versus Krankenhausausnahme: Ein aliud?

Der bisherigen Rechtsprechung ist darin zuzustimmen, dass eine Erstattung eines nach § 4b Abs. 3 Satz 1 AMG genehmigten Arzneimittels für neuartige Therapien nicht bereits wegen des Qualitätsgebots ausgeschlossen sein kann. Denn wie bei gewöhnlichen Rezepturarzneimitteln kann ein Verstoß gegen das Qualitätsgebot nicht allein mit dem Fehlen einer arzneimittelrechtlichen Zulassung begründet werden, weil eine Zulassungspflicht nicht besteht (vgl. Abschnitt 24.3.2). Der Grundsatz der Vorgreiflichkeit des Arzneimittelrechts ist insoweit zu modifizieren, dass für die Verordnungsfähigkeit des Arzneimittels zumindest eine Genehmigung nach § 4b Abs. 3 Satz 1 AMG vorliegen muss, welche für die rechtmäßige Abgabe des Arzneimittel für neuartige Therapien maßgebend ist. Das Vorliegen einer solchen Genehmigung ist mithin als Mindestvoraussetzung des Qualitätsgebots anzusehen. Ob die Genehmigung nach § 4b Abs. 3 Satz 1 AMG jedoch ein aliud zur Zulassung darstellt und damit die Qualitätsanforderungen des SGB V eigenständig zu tragen vermag, bedarf einer kritischen Prüfung.

25.8.1.1 Sperre der verfahrensrechtlichen Ausprägungen des Qualitätsgebots

Zur Lösung dieser Problematik bietet sich ein systematischer Blick auf § 35a Abs. 1b Satz 1 Halbsatz 2 und Satz 2 SGB V an. Danach gelten die Methodenbewertungsverfahren des Gemeinsamen Bundesausschusses gemäß §§ 135, 137c SGB V nicht für zugelassene Arzneimittel für neuartige Therapien, ausgenommen TEP. Für somatische genomische Therapien, die als Gentherapeutikum (GTMP) oder Zelltherapeutikum (SCTMP) klassifiziert und zentral zugelassen wurden, sind diese verfahrensrechtlichen Konkretisierungen des Qualitätsgebots damit gesperrt.

Fraglich ist, ob diese Sperrwirkung auch auf Arzneimittel für neuartige Therapien anzuwenden ist, die nicht zugelassen, sondern im Wege der Krankenhausausnahme gemäß § 4b Abs. 3 Satz 1 AMG genehmigt worden sind. Der Wortlaut spricht zunächst dagegen. Nach § 4b Abs. 1 Satz 1 AMG ist der vierte Abschnitt des AMG in diesem Fall nicht anwendbar. Mithin entfällt im Rahmen der Krankenhausausnahme (Hospital Exemption) die Zulassungspflicht gemäß § 21 Abs. 1 Satz 1 AMG; vgl. auch Art. 3 Nr. 7 RL 2001/83/EG.

Allerdings ist das SGB V als eigenständige Rechtsmaterie autonom auszulegen. Daher wäre möglich, dass der Begriff der „zugelassenen" Arzneimittel für neuartige Therapien in § 35a Abs. 1b Satz 1 Halbsatz 2 SGB V dahin ausgelegt werden kann, dass auch ein nach § 4b Abs. 3 Satz 1 AMG „genehmigtes" Arzneimittel für neuartige Therapien als „zugelassen" im Sinne der Norm gelten könnte.

Dagegen spricht neben der arzneimittelrechtlichen Systematik allerdings auch der eindeutige Wille des Gesetzgebers, der Arzneimittel für neuartige Therapien, die nach § 4b Abs. 3 Satz 1 AMG genehmigt worden sind, ausdrücklich nicht von § 35a Abs. 1b Satz 1 Halbsatz 2 SGB V erfasst sehen wollte.[56] Wenn der Gesetzgeber jedoch offenkundig vermeiden wollte, dass der Anwendungsbereich der qualitätssichernden Verfahrensvorschriften der §§ 135, 137c SGB V für diese Arzneimittel gesperrt wird, die im Rahmen der Krankenhausausnahme genehmigt werden, liegt es fern, anzunehmen, dass diese wie zugelassene Arzneimittel für neuartige Therapien ohne ein Qualitätsbewertungsverfahren des Gemeinsamen Bundesausschusses in die Versorgung gelangen sollten (vgl. Abschnitt 25.1).

Eine Gleichstellung würde zudem dem Sinn und Zweck der Vorschrift widersprechen. Nach § 35a Abs. 1b Satz 1 Halbsatz 1 SGB V unterliegen zugelassene Arzneimittel für neuartige Therapien, mit Ausnahme von TEP, dem Anwendungsbereich des AMNOG-Verfahrens. Dabei handelt es sich nach dem gesetzgeberischen Willen um ein Nutzenbewertungsverfahren, das auf Grundlage von Zulassungsstudien einer Analyse zur Bestimmung ihres Werts für das deutsche Gesundheitssystem unterzogen werden soll (vgl. Abschnitt 23.2). Arzneimittel für neuartige Therapien, die im Rahmen der Krankenhausausnahme angewendet werden, erfüllen jedoch nach den Regelbeispielen des § 4b Abs. 2 AMG typischerweise gerade nicht die Evidenzanforderungen eines arzneimittelrechtlichen Zulassungsverfahrens, weshalb diese in der Konsequenz von dem Erfordernis einer Marktzulassung befreit werden können. Eine Einordnung unter das sogar noch strengere Evidenzregime des AMNOG, das eine vergleichende Nutzenbewertung nach den Maßstäben der evidenzbasierten Medizin verlangt, wäre damit systemwidrig und teleologisch sinnwidrig. Entsprechend erscheint es nicht sachgerecht, dass Arzneimittel für neuartige Therapien, welche nach § 4b Abs. 3 Satz 1 AMG genehmigt werden, ohne weiteres die Voraussetzungen des Qualitätsgebots erfüllen sollten und eine Bewertung durch den Gemeinsamen Bundesausschuss nach den §§ 135, 137c SGB V – wie zugelassene Arzneimittel – obsolet machen.

[56] BT-Drucks. 19/17155, S. 126 f.

Demgegenüber erscheint eine Prüfung durch den Gemeinsamen Bundesausschuss nach §§ 135 Abs. 1 Satz 1, 137c Abs. 1 und 3 Satz 1 SGB V sachgerecht. In diesen Verfahren wird kein Zulassungsniveau wie im AMNOG-Verfahren vorausgesetzt. Stattdessen werden ausschließlich die medizinische Notwendigkeit und Wirtschaftlichkeit nach Anerkennung des therapeutischen Nutzens bzw. das Potenzial der Methode bewertet.[57] Das dort zugrunde gelegte Evidenzniveau ist deutlich geringer und trägt deshalb dem Charakter der Krankenhausausnahme (Hospital Exemption) eher Rechnung, die nach ihren gesetzlichen Regelbeispielen in Situationen geringer Datenlage und hoher medizinischer Bedarfslage Anwendung findet.

Überzeugend ist daher, dass § 35a Abs. 1b Satz 1 Halbsatz 2 SGB V die Genehmigung nach § 4b Abs. 3 Satz 1 AMG nicht erfasst. Bei zutreffender Betrachtung sind die §§ 135 Abs. 1 Satz 1, 137c Abs. 1 und 3 Satz 1 SGB V deshalb nicht gesperrt und stattdessen als verfahrensrechtliche Konkretisierungen des Qualitätsgebots heranzuziehen, um über die Verordnungsfähigkeit solcher Arzneimittel für neuartige Therapien zu entscheiden, die keine arzneimittelrechtliche Zulassung besitzen und ausschließlich mit einer Genehmigung nach § 4b Abs. 3 Satz 1 AMG abgegeben werden dürfen.

25.8.1.2 Abweichendes Evidenzniveau und Umgehungsanreize

Denn die Rechtsprechung hat bislang nicht hinreichend berücksichtigt, dass der Prüfungsmaßstab für eine Genehmigung nach § 4b Abs. 3 Satz 1 AMG und derjenige für eine arzneimittelrechtliche Zulassung nicht vergleichbar sind (vgl. Abschnitt 17.1.1.1). Eine Genehmigung nach § 4b Abs. 3 Satz 1 AMG kann bereits auf Grundlage präklinischer Daten erteilt werden (vgl. Abschnitt 17.1.1.1). Sie stellt daher keine umfassende materiellrechtliche Prüfung des Arzneimittels durch die zuständige Arzneimittelbehörde dar und kann folglich kein aliud zur arzneimittelrechtlichen Zulassung bilden, das eine weitere Bewertung durch den Gemeinsamen Bundesausschuss entbehrlich machen würde.[58]

---

[57] Vgl. § 135 Abs. 1 Satz 1 Nr. 1, 137c Abs. 3 Satz 1 SGB V.

[58] Vgl. BSG, Beschluss vom 30.10.2019 – B 6 KA 21/18 B, Rn. 13; in der Schlussfassung des Pharma-Pakets wurde entsprechend eine Ergänzung des Wortlauts des Entwurfs der Europäischen Kommission vorgenommen, dass die Krankenhausnahme keine Zulassung im arzneimittelrechtlichen Sinne („authorisation"), sondern eine ausnahmsweise Genehmigung („approval") darstellt, vgl. Council of the European Union, Directive on the Union code relating to medicinal products for human use, 2023/0132 (COD), 2026, (https://data.consilium.europa.eu/doc/document/ST-6367-2026-INIT/en/pdf), Erwägungsgrund (18) (geprüft am 12.03.2026).

Dies zeigt auch der Vergleich mit der „bedingten Zulassung“, die eine echte arzneimittelrechtliche Zulassung darstellt und somit wegen der Vorgreiflichkeit des Arzneimittelrechts das Qualitätsgebot ausfüllt. Zwar kann bei einer bedingten Zulassung auf Phase-III-Daten verzichtet werden, doch setzt auch sie klinische Daten voraus und würde nicht erteilt werden, wenn ausschließlich präklinische Untersuchungen in Tiermodellen oder Zellkulturen vorlägen (vgl. Abschnitt 16.3.1). Eine echte arzneimittelrechtliche Zulassung ohne klinische Studien könnte umgekehrt nur dann erlangt werden, wenn es sich um eine Zulassung unter außergewöhnlichen Umständen handeln würde (vgl. Abschnitt 16.3.2). In diesem Fall ist die Generierung der zulassungsrelevanten klinischen Daten allerdings ausgeschlossen, während eine Genehmigung nach der Krankenhausausnahme auch erteilt werden darf, wenn die erforderliche Evidenz für eine Zulassung absehbar erbracht werden könnte oder sogar bereits vorliegt. Insofern würde durch die Auslegung der Rechtsprechung ein rechtlicher Anreiz geschaffen werden, die primären Zulassungswege zu umgehen und stattdessen eine Genehmigung nach § 4b Abs. 3 AMG zu beantragen. Denn für den Marktzugang und die Vermarktung würde kein Unterschied bestehen – hinsichtlich des Forschungs- und Entwicklungsaufwands allerdings sehr wohl.

Aus einer formellen Genehmigung nach § 4b Abs. 3 AMG kann daher nicht ohne Weiteres abgeleitet werden, dass die ausnahmsweise zulässige Abgabe eines „experimentellen“ Arzneimittels für neuartige Therapien zugleich den Qualitätsmaßstäben des Versorgungssystems der Gesetzlichen Krankenversicherung genügt und unmittelbar eine Leistungspflicht zulasten der Versichertengemeinschaft auslösen sollte. Dies kann jedoch durch eine Bewertung des Gemeinsamen Bundesausschusses nach den §§ 135 Abs. 1 Satz 1, 137c Abs. 1 und 3 Satz 1 SGB V kompensiert werden.

25.8.1.3 Verfassungskonforme Ausgestaltung

In schwerwiegenden Fällen werden die verfahrensrechtlichen Anforderungen nach §§ 135 Abs. 1 Satz 1, 137c Abs. 1 und 3 Satz 1 SGB V durch § 2 Abs. 1a SGB V gelockert, sodass der hier entwickelte Lösungsansatz dogmatisch konsequent erscheint, ohne dass eine Verletzung grundrechtlicher Positionen der Versicherten zu befürchten wäre.[59] Zudem kann von Verfassungs wegen eine

[59] Dieses Beispiel zeigt stattdessen, dass die restriktive Rechtsprechung des Bundessozialgerichts zu § 137 Abs. 1 und 3 SGB V die Innovationsoffenheit des SGB V tatsächlich konterkariert. Würde das Bundessozialgericht den Verbotsvorbehalt in § 137 Abs. 1 Satz 1 SGB V als solchen anerkennen, würde eine Abgabe eines nach § 4b Abs. 3 Satz 1 AMG genehmigten ATMP ohne eine präventive verfahrensrechtliche Überprüfung des Gemeinsamen Bundesausschusses zumindest im stationären Bereich möglich sein.

formelle Anspruchslockerung für Verfahren nach §§ 135, 137c SGB V geboten sein, wenn der Gemeinsame Bundesausschuss eine Entscheidung nicht, nicht rechtzeitig oder nicht ordnungsgemäß trifft.[60] Entsprechend eröffnet § 13 Abs. 3 Satz 1 SGB V einen Anspruch auf Kostenerstattung, sofern sich der Versicherte die Leistung zunächst auf eigene Kosten verschafft.[61] Dies erscheint wiederum angesichts der hohen Einmalkosten vieler somatischer genomischer Therapien als hochproblematisch, da der Versicherte finanziell erheblich in Vorleistung treten müsste.

25.8.2 Ausschluss der Apothekenpflicht

Von der bisherigen Rechtsprechung wurde zudem nicht berücksichtigt, dass § 4b Abs. 1 Satz 1 AMG den siebten Abschnitt des AMG für unanwendbar erklärt. Damit entfällt die Apothekenpflicht nach § 43 Abs. 1 Satz 1 AMG für Arzneimittel, die im Rahmen der Krankenhausausnahme abgegeben werden dürfen. Es werden aber nur apothekenpflichtige Arzneimittel vom Leistungskatalog der Gesetzlichen Krankenversicherung erfasst.[62] Hieraus könnte folgen, dass Arzneimittel für neuartige Therapien, deren Abgabe lediglich nach § 4b Abs. 3 Satz 1 AMG genehmigt wurden, vom Leistungskatalog der Gesetzlichen Krankenversicherung ausgeschlossen sind.

Dies wäre der Fall, wenn § 31 Abs. 1 Satz 1 SGB V so auszulegen wäre, dass das Arzneimittel im konkret-individuellen Versicherungsfall apothekenpflichtig sein muss. Der Wortlaut lässt aber auch eine Auslegung zu, nach der es genügt, dass ein Arzneimittel abstrakt-generell apothekenpflichtig ist – was bei Arzneimitteln für neuartige Therapien unzweifelhaft gegeben ist (vgl. Abschnitt 24.1.1).

Systematisch ist zusätzlich zu berücksichtigen, dass § 34 Abs. 1 Satz 1 SGB V einen weiteren Leistungsausschluss für nicht verschreibungspflichtige Arzneimittel vorsieht. Der Gesetzgeber hat diese Regelung getroffen, weil solche Arzneimittel nach seiner Wertung typischerweise geringe Kosten verursachen und

---

[60] Becker/Kingreen (Hrsg.), SGB V, 2024, § 27 SGB V, Rn. 69.

[61] In diesem Fall wird vom sog. Sachleistungsprinzip nach § 2 Abs. 2 Satz 1 SGB V abgewichen, nachdem die Versicherten die Leistungen unmittelbar als Sachleistung erhalten und nicht eine Kostenerstattung seitens zu Lasten der Krankenkasse erhalten.

[62] § 31 Abs. 1 Satz 1 SGB V.

ihre Selbstbeschaffung den Versicherten zumutbar ist.[63] Die Apotheken- und Verschreibungspflicht knüpfen im Arzneimittelrecht hingegen an die Gefährlichkeit bzw. das Sicherheitsprofil des jeweiligen Arzneimittels an. Hat sich ein Arzneimittel aber über Jahre bewährt und gilt als sicher, sind regelmäßig Patente und Unterlagenschutz abgelaufen, und der Markteintritt von Generika führt zu einem deutlichen Preisverfall. Für derartige preisgünstige, frei erhältliche Präparate erscheint dem Gesetzgeber demnach die Selbstbeschaffung durch die Versicherten zumutbar. Der vom Gesetzgeber anvisierte Normalfall der Norm schließt demnach preisgünstige Arzneimittel aus, die frei auf dem Markt verfügbar sind.[64]

Arzneimittel für neuartige Therapien, die nach § 4b Abs. 3 Satz 1 AMG genehmigt werden, weichen von diesem Regelungszweck allerdings erheblich ab. Trotz des Wegfalls einzelner arzneimittelrechtlicher Anforderungen bleibt ihre Herstellung den besonderen Anforderungen der Guten Herstellungspraxis unterworfen, die hohe Kosten verursacht (vgl. Abschnitt 17.1.1.2 und 22.5.4). Zudem besteht bei diesen Arzneimitteln kein Preiswettbewerb durch Generika. Sie sind deshalb wesentlich teurer als freiverkäufliche Arzneimittel herzustellen.[65] § 4b Abs. 1 Satz 1 AMG eröffnet lediglich einen Sondervertriebsweg, um regulatorische Erleichterungen in der Vetriebskette für die in § 4b Abs. 2 AMG beispielhaft genannten Ausnahmefälle zu ermöglichen.[66]

Die ratio des Ausschlusses der Apothekenpflicht nach § 4b Abs. 1 Satz 1 AMG deckt sich daher nicht mit derjenigen von § 31 Abs. 1 Satz 1 SGB V. Es wäre Versicherten nicht zumutbar, sich selbst mit solchen Arzneimitteln für neuartige Therapien zu versorgen, nur weil das Arzneimittel im Einzelfall von der Apothekenpflicht befreit ist. Der Wortlaut des § 31 Abs. 1 Satz 1 SGB V ist daher dahingehend auszulegen, dass auf die abstrakt-generelle Apothekenpflicht eines Arzneimittels abzustellen ist. Ein lediglich konkret-individueller Wegfall der Apothekenpflicht aufgrund von § 4b Abs. 1 Satz 1 AMG führt somit nicht zu einem Leistungsausschluss nach § 31 Abs. 1 Satz 1 SGB V.

---

[63] Vgl. BT-Drucks. 15/1600, S. 8.

[64] BT-Drucks. 13/7264, S. 60.

[65] Vgl. BT-Drucks. 16/12256, S. 43.

[66] Vgl. Dettling, in: Zuck/Dettling (Hrsg.), Arzneimittelgesetz, § 4b AMG, Rn. 103.

Steuerung der Arzneimittelversorgung 26

Somatische genomische Therapien können nach ihrer arzneimittelrechtlichen Zulassung grundsätzlich unmittelbar in das Versorgungssystem der Gesetzlichen Krankenversicherung integriert werden.[1] Die zentralen Herausforderungen ergeben sich nicht aus dem Qualitätsgebot, sondern primär aus ihrer Einordnung in das AMNOG-Verfahren und der Bewertung im Lichte des Wirtschaftlichkeitsgebots. Die gesundheitsökonomischen Besonderheiten somatischer genomischer Therapien wirken sich somit auf den Patientenzugang aus, obwohl die medizinische Qualität ihrer Anwendung einer Erstattungsfähigkeit dem Grunde nach nicht entgegensteht.

Problematisch ist dies insbesondere vor dem Hintergrund, dass somatische genomische Therapien bei einer Fortsetzung der technologischen Entwicklung perspektivisch nicht mehr nur für seltene Erkrankungen, sondern auch für Volkskrankheiten zur Verfügung stehen könnten.[2] In solchen Fällen würden die bereits heute bestehenden Finanzierungsfragen verschärft, da hohe Therapiekosten dann nicht mehr auf kleine Patientenkohorten begrenzt blieben, sondern das Versorgungssystem in der Breite träfen.

Es stellt sich deshalb die Frage, wie mit den aktuellen Problemen der Finanzierbarkeit somatischer genomischer Therapien und ihrer Implementierung in das deutsche Versorgungssystem umgegangen werden sollte. In dieser Hinsicht ist festzustellen, dass bereits rechtliche Instrumente existieren, die geeignet sind, den gesundheitsökonomischen und ethischen Herausforderungen somatischer genomischer Therapien zumindest teilweise zu begegnen. Es erscheint

[1] Diese Darstellung zu den Steuerungsmöglichkeiten der Arzneimittelversorgung wurde bereits veröffentlicht, siehe Pietrek, Zeitschrift für medizinische Ethik 71 (2025), S. 368 ff.

[2] Haas/Mayer/Tebinka-Olbrich u. a., in: Schröder/Thürmann/Telschow u. a. (Hrsg.), Arzneimittel-Kompass 2021, 2021, S. 105, 118.

L. Pietrek, *Somatische genomische Therapien*,
https://doi.org/10.1007/978-3-658-52943-7_26

daher geboten, sich nicht durch pauschale Befürchtungen verunsichern zu lassen und die aufkommenden somatischen genomischen Therapien aufgrund einer innovationsaversen Interpretation des Wirtschaftlichkeitsgebots a priori von der Versorgung auszuschließen. Vielmehr sollten die bewährten Steuerungsmechanismen der Arzneimittelversorgung weiterentwickelt und an die Besonderheiten dieser Therapieformen angepasst werden.

26.1 Rabattverträge

Der Preis eines neuen Arzneimittels wird im deutschen Versorgungssystem grundsätzlich durch das AMNOG-Verfahren bestimmt (vgl. Abschnitt 23.2). Ergänzend besteht jedoch die Möglichkeit einzelner Krankenkassen oder Krankenkassenverbände, zusätzliche Rabattverträge mit pharmazeutischen Unternehmen abzuschließen.[3] Diese ermöglichen es, über den im Erstattungsbetrag abgebildeten Preis hinaus weitere Kosteneinsparungen zu erzielen.

Vor diesem Hintergrund haben sich vermehrt Modelle der leistungsabhängigen Vergütung (sog. Pay-for-Performance-Verträge) entwickelt. Solche Modelle erscheinen insbesondere geeignet, dem besonderen Kostenrisiko hochpreisiger Einmaltherapien Rechnung zu tragen. Sie knüpfen regelmäßig an objektivierbare klinische Parameter an und sehen eine adaptive, oftmals über mehrere Jahre gestreckte Erstattung vor, die an den tatsächlich realisierten therapeutischen Erfolg gebunden ist.[4] Für somatische genomische Therapien könnten solche Pay-for-Performance-Modelle ein angemessenes Verhältnis zwischen der finanziellen Belastung der Solidargemeinschaft, dem wirtschaftlichen Interesse des pharmazeutischen Unternehmers und dem medizinischen Nutzen auf Seite des individuellen Patienten herstellen.

[3] §§ 130a Abs. 8, 130c Abs. 1 Satz 1 SGB V.

[4] Rybak, Arzneimittel & Recht 20 (2024), S. 64, 65; Hecken, Gesundheits- und Sozialpolitik 73 (2019), S. 8, 11; Bundesamt für Soziale Sicherung, Sondergutachten zu den Wirkungen von Pay-for-Performance-Verträgen vor dem Hintergrund des Risikopools, (https://www.bundesamtsozialesicherung.de/fileadmin/redaktion/Risikostrukturausgleich/Weiterentwicklung/20221025Sondergutachten_BAS_P4P_Vertraege_Risikopool.pdf), S. 11 ff. (geprüft am 24.10.2025); Haas/Mayer/Tebinka-Olbrich u. a., in: Schröder/Thürmann/Telschow u. a. (Hrsg.), Arzneimittel-Kompass 2021, 2021, S. 105, 118 f.; Dabbous/Chachoua/Caban u. a., Value in Health 23 (2020), S. 425, 427 ff.; Wenzel/Chapman, Performance-based managed entry agreements for new medicines in OECD countries and EU member states, 2019, S. 14 ff.; Kim/Choi/Chang u. a., Clinical Drug Investigation 40 (2020), S. 1107, 1110.

26.2 Aut-idem-Substitution

Ein mit den Rabattverträgen eng verzahnter Mechanismus der Kostendämpfung ist die sog. aut-idem-Substitution. Nach § 129 Abs. 1 Satz 1 Nr. 1 SGB V sind Apotheken verpflichtet, ein wirkstoffgleiches[5] und kostengünstigeres Arzneimittel abzugeben, sofern der verordnende Arzt den Austausch nicht ausgeschlossen hat und das verordnete Präparat unter seiner Wirkstoffbezeichnung verordnet wurde.[6]

Für biotechnologisch hergestellte Arzneimittel bestehen jedoch Besonderheiten. Ihre Nachahmerpräparate (sog. Biosimilars) dürfen grundsätzlich erst dann durch die aut-idem-Substitution ersetzt werden, wenn der Gemeinsame Bundesausschuss die Austauschbarkeit positiv festgestellt hat.[7] Dass biotechnologisch hergestellte Biosimilars im Gegensatz zu chemisch produzierten Generika, und insbesondere anderen Biosimilars,[8] nicht unmittelbar nach ihrer Markteinführung austauschbar sein sollen, erscheint fragwürdig. Dies gilt umso mehr, als die hiesigen Zulassungsbehörden den Austausch von Biosimilars nach erteilter Marktzulassung aus wissenschaftlicher Sicht für unproblematisch erachten.[9] Dieser Einschätzung widerspricht allerdings die Arzneimittelkommission der deutschen Ärzteschaft, die vor den Gefahren eines Nocebo-Effekts[10] warnt, sollte die aut-idem-Substitution ausgeweitet werden.[11] Obwohl bei Biosimilars aufgrund der teureren Ausgangsmaterialien nicht derselbe Preissturz wie bei Generika zu erwarten ist (vgl. Abschnitt 22.5.4), könnte ein Scharfstellen der aut-idem-Substitution für biotechnologisch hergestellte somatische genomische Therapien den Wettbewerb um die günstigsten Nachahmerprodukte jedenfalls

---

[5] Weiterführend Pietrek, Zeitschrift für Stoffrecht 21 (2024), S. 49, 52 f., m.w.N.; Barlow/Yang/Teagarden, Value in Health 22 (2019), S. 642, 645.

[6] § 129 Abs. 1 Satz 1 Nr. 1 SGB V.

[7] § 129 Abs. 1 Satz 12 SGB V.

[8] BT-Drucks. 19/10681, S. 96.

[9] European Medicines Agency, Statement on the scientific rationale supporting interchangeability of biosimilar medicines in the EU, EMA/627319/2022, (https://www.ema.europa.eu/en/documents/public-statement/statement-scientific-rationale-supporting-interchangeability-biosimilar-medicines-eu_en.pdf) (geprüft am 24.10.2025).

[10] Der Nocebo-Effekt beschreibt die Verringerung der Wirksamkeit einer Arzneimitteltherapie, wenn negative Erwartungen des Patienten durch den Austausch des Originalpräparats gegen ein Nachahmerpräparat ausgelöst werden.

[11] Arzneimittelkommission der deutschen Ärzteschaft, Leitfaden der Arzneimittelkommission der deutschen Ärzteschaft – Biosimilars, 2021, (https://www.akdae.de/arzneimitteltherapie/lf/biosimilars), S. 40 ff. (geprüft am 24.10.2025).

nach Ablauf der Schutzrechte fördern. Auch für die kostspieligen Originalpräparate ist aber bereits erforderlich, die aut-idem-Substitution aufgrund ihrer Verzahnung mit den Rabattverträgen anzupassen.

26.3 Wettbewerb innerhalb der Gesetzlichen Krankenversicherung

Denn Krankenkassen stehen zueinander im Wettbewerb um die Versicherten. Insofern besteht ein Anreiz für Krankenkassen, eine bessere und günstigere Versorgung ihrer Versicherten durch den Abschluss von Rabattverträgen mit pharmazeutischen Unternehmen zu erzielen.[12] Der Vorteil für die pharmazeutische Industrie besteht beim Abschluss eines Rabattvertrags darin, dass das rabattierte Arzneimittel statt eines anderen wirkstoffgleichen Arzneimittels im Rahmen der aut-idem-Substitution von Rechts wegen abgegeben werden muss.[13] Durch diese gesetzlich abgesicherte, priorisierte Abgabe des rabattierten Arzneimittels lässt sich etwa der Umsatzsturz nach Ablauf eines Patents verringern oder ein Markt schnell durchdringen. Rabattverträge führen des Weiteren dazu, dass die Zuzahlung der Versicherten für das Arzneimittel entfallen kann und der Maßstab der Wirtschaftlichkeitsprüfung bei Vertragsärzten reduziert wird.[14] Deshalb kann auch der frühe Abschluss eines Rabattvertrags vor Ablauf der gewerblichen Schutzrechte für die pharmazeutische Industrie äußerst attraktiv sein. Denn die Verschreibung eines neuen, allerdings sehr teuren Medikaments wird von Vertragsärzten aufgrund der Wirtschaftlichkeitsprüfung innerhalb der Gesetzlichen Krankenversicherung nur sehr zögerlich durchgeführt.[15]

Allerdings gilt dies für biotechnologisch hergestellte Arzneimittel wiederum nur eingeschränkt. Für diese Medikamente ist eine aut-idem-Substitution erst

[12] Vgl. Bundesamt für Soziale Sicherung, Sondergutachten zu den Wirkungen von Pay-for-Performance-Verträgen vor dem Hintergrund des Risikopools, (https://www.bundesamtsozialesicherung.de/fileadmin/redaktion/Risikostrukturausgleich/Weiterentwicklung/20221025Sondergutachten_BAS_P4P_Vertraege_Risikopool.pdf), S. 26 (geprüft am 24.10.2025).

[13] § 129 Abs. 1 Satz 3 SGB V.

[14] §§ 31 Abs. 3 Satz 5, 106b Abs. 4 Nr. 2 Halbsatz 1 SGB V.

[15] Nitz, in: Spickhoff/Handorn (Hrsg.), Handbuch Medizinisches Forschungsrecht, 2024, S. 257, 266.

nach positiver Feststellung der Austauschbarkeit durch den Gemeinsamen Bundesausschuss zulässig.[16] Der zentrale ökonomische Anreiz für den Abschluss eines Rabattvertrags hängt damit nicht allein von den Vertragsparteien, den Krankenkassen und dem pharmazeutischem Unternehmer, ab – sondern von einer Entscheidung des Gemeinsamen Bundesausschusses. Der Abschluss von Rabattverträgen, insbesondere von Pay-for-Performance–Verträgen, über neuartige somatische genomische Therapien könnte deshalb in Zukunft nur zögerlich oder überhaupt nicht in Erwägung gezogen werden. Dafür spricht ein Blick in die Vergangenheit.[17]

26.4 Wirtschaftlichkeitsprüfung und Arzt als Agent des Patienten

Unabhängig davon liegt die Aufgabe der schwierigen Abwägung zwischen Wirtschaftlichkeit und Patientenwohl derzeit auf den Schultern der einzelnen Vertragsärzte. Diese stehen aufgrund der Wirtschaftlichkeitsprüfung auf der einen Seite und Haftungsrisiken auf der anderen Seite unter Druck und werden sich im Zweifel für die unbürokratischere, risikoärmere, bereits etablierte Therapiealternative entscheiden,[18] obwohl das SGB V die Teilhabe der Versicherten am medizinischen Fortschritt vorsieht. Um diesen Entscheidungskonflikt zu entschärfen, könnte das Rabattvertragssystem durch Scharfstellen der aut-idem-Regel für biotechnologische Arzneimittel reformiert werden. Dadurch würde der Ball einerseits zurück an Pharmaunternehmen und Krankenkassen gespielt, deren Verhandlungsergebnisse wettbewerbsgesteuert sind und zu Kostensenkungen für die Solidargemeinschaft führen würden. Der Vertragsarzt würde zugleich gem. § 106b Abs. 4 Nr. 2 Halbsatz 1 SGB V von der Wirtschaftlichkeitsprüfung befreit werden, soweit er rabattierte Arzneimittelinnovationen verschreibt, wodurch auch der Entscheidungskonflikt aufgelöst wird

[16] § 129 Abs. 1 Satz 12 SGB V; der Gemeinsame Bundesausschuss hat am 04.12.2025 beschlossen, dass ein neuer § 40c Arzneimittel-Richtlinie die aut-idem-Substitution biotechnologisch hergestellter Fertigarzneimittel künftig allgemein ermöglichen soll, siehe Gemeinsamer Bundesausschuss, Beschluss des Gemeinsamen Bundesausschusses über eine Änderung der Arzneimittel-Richtlinie: § 40c (neu) – Austausch von biotechnologisch hergestellten Fertigarzneimitteln durch Apotheken, 2025, (https://www.g-ba.de/downloads/39-261-7564/2025-12-04_AM-RL_Paragraf-40-c_Austausch-Biologika-Apotheke.pdf) (geprüft am 28.02.2026).

[17] Vgl. BT-Drucks. 16/3100, S. 142 f.

[18] Nitz, in: Spickhoff/Handorn (Hrsg.), Handbuch Medizinisches Forschungsrecht, 2024, S. 257, 266.

und der Arzt seine Rolle als Agent[19] des Patienten frei wahrnehmen kann. Auf diese Weise können neue hochpreisige Arzneimittelinnovationen aus dem biotechnologischen Sektor günstiger in die Versorgung gelangen, schon bevor ein Wettbewerb durch Nachahmerprodukte entsteht.

26.5 Krankenkassenperspektive und Risikopool

Der Abschluss eines Rabattvertrags muss nicht nur für den pharmazeutischen Unternehmer, sondern ebenso für die Krankenkassen hinreichende Anreize setzen. Wie bereits dargestellt, besteht zwischen den Krankenkassen ein intensiver Wettbewerb um Versicherte, sodass grundsätzlich ein erhebliches Interesse am Abschluss rabattierter Verträge besteht.[20] Für Pay-for-Performance-Modelle, die insbesondere die Preisgestaltung hochpreisiger Einmaltherapien adressieren, wirken jedoch gegenläufige Anreize durch den sog. Risikopool im SGB V.

Der Risikopool bewirkt einen teilweisen Ausgleich finanzieller Belastungen bei Hochkostenfällen zwischen den Krankenkassen. Übersteigen die Kosten einer Leistung den Schwellenwert von 100.000 Euro, werden 80 % der darüberliegenden Ausgaben solidarisch zwischen den Kassen verteilt.[21] Weil Gentherapeutika häufig Preise im Millionenbereich aufweisen, hat der Risikopool in diesem Segment erhebliche praktische Bedeutung.

Pay-for-Performance-Modelle, welche die Aufteilung des Therapiepreises über mehrere Jahre bei einer Kopplung an den Behandlungserfolg vorsehen, werden durch die Ausgestaltung des Risikopools aus Perspektive der Krankenkassen unattraktiv. Denn durch die jährliche Stückelung des Preises einer millionenschweren Einmaltherapie würde der Schwellenwert des Risikopools in Höhe von 100.000 Euro jedes Jahr erneut überschritten werden müssen, um eine solidarische Kostenverteilung auszulösen.[22] In der Folge müsste die Krankenkasse des betroffenen

[19] Vgl. Breyer/Zweifel/Kifmann, Gesundheitsökonomik, 2013, S. 353.

[20] Vgl. Bundesamt für Soziale Sicherung, Sondergutachten zu den Wirkungen von Pay-for-Performance-Verträgen vor dem Hintergrund des Risikopools, (https://www.bundesamtsozialesicherung.de/fileadmin/redaktion/Risikostrukturausgleich/Weiterentwicklung/20221025Sondergutachten_BAS_P4P_Vertraege_Risikopool.pdf), S. 26 (geprüft am 24.10.2025).

[21] § 268 Abs. 1 Satz 2 SGB V; der Schwellenwert wird jährlich angepasst, vgl. § 268 Abs. 5 Nr. 1 SGB V.

[22] Bundesamt für Soziale Sicherung, Sondergutachten zu den Wirkungen von Pay-for-Performance-Verträgen vor dem Hintergrund des Risikopools, (https://www.bundesamtsozialesicherung.de/fileadmin/redaktion/Risikostrukturausgleich/Weiterentwicklung/20221025Sondergutachten_BAS_P4P_Vertraege_Risikopool.pdf), S. 20 ff. (zuletzt geprüft am 24.10.2025).

Versicherten einen erheblich höheren Anteil der Kosten tragen, obwohl eine längerfristige vertragliche Risikoverteilung für das Solidarsystem insgesamt sinnvoll wäre.

Um solche innovationshemmenden Fehlanreize zu vermeiden, wäre eine Anpassung des Risikopools erforderlich. Insbesondere sollte verhindert werden, dass der Abschluss eines Pay-for-Performance-Vertrags zu einer ökonomischen Selbstsabotage der Krankenkassen führt. Eine Lösung könnte darin bestehen, bei Abschluss eines solchen Vertragsmodells die Anwendung des Risikopools zu fingieren und für die Bestimmung des Schwellenwerts allein auf den Listenpreis des Arzneimittels abzustellen. Auf diese Weise könnte der Anwendungsbereich der Norm einheitlich bleiben und gleichzeitig die Attraktivität erfolgsbasierter Preismodelle gesteigert werden.

Schlussbemerkungen

Die vorliegende Untersuchung hat gezeigt, dass somatische genomische Therapien ein hochdynamisches Feld an der Schnittstelle von biomedizinischer Innovation und rechtlicher Regulierung darstellen. Während der technologische Fortschritt, insbesondere im Bereich des Genome-Editing und der RNA-Therapeutika, die Grenzen des medizinisch Machbaren kontinuierlich verschiebt, stößt das geltende Recht zunehmend an funktionale Grenzen hinsichtlich seiner Funktion, die Entwicklung, Abgabe und Anwendung sicherer und wirksamer Produkte in hochinnovativen Bereichen zeit- und sachgerecht zu steuern.

L. Pietrek, *Somatische genomische Therapien*,
https://doi.org/10.1007/978-3-658-52943-7

Zusammenfassung der wesentlichen Ergebnisse

Bevor diese Arbeit in ein abschließendes Fazit mündet, werden zunächst die wesentlichen Erkenntnisse der Untersuchung in Thesenform zusammengeführt.

Regulatorische Fragmentierung durch technologische Vielfalt**:** Die Untersuchung zeigt, dass die aktuelle rechtliche Einordnung somatischer genomischer Therapien stark von der verwendeten Technologie, insbesondere von den eingesetzten Transfektionssystemen, abhängt (vgl. Abschnitt 8.2). Dies führt zu einer inkonsistenten regulatorischen Behandlung funktional äquivalenter Therapien. Die Beschränkung der Definition von Gentherapeutika (GTMP) auf rekombinante Nukleinsäuren und damit faktisch auf den Gentransfer im unionalen Arzneimittelrecht führt dazu, dass innovative Verfahren wie das Genome-Editing und mRNA-basierte Ansätze mit chemisch-synthetisch hergestellten Komponenten regelmäßig nicht unter diesen Status fallen. Dies erzeugt Rechtsunsicherheit, die in Anbetracht der langen Produktentwicklungszeiträume und hohen Forschungs- und Entwicklungskosten in der pharmazeutischen Industrie beseitigt werden sollte.

Reform der ATMP-Regulierung**:** Die vorgeschlagene Novellierung des EU-Arzneimittelrechts (sog. Pharma-Paket) adressiert zwar einige dieser Lücken, lässt jedoch Bereiche wie das Transcriptome- und Epigenome-Editing weiterhin unberücksichtigt (vgl. Kapitel 9). Es erscheint sinnvoll, solche genomischen Therapien, die ausschließlich im Transkriptom oder Epigenom wirken, regulatorisch von Eingriffen in das Genom zu unterscheiden. Insofern böte es sich an, neben den bisherigen Kategorien der ATMP-VO (GTMP, SCTMP und TEP) weitere Kategorien für transkriptomische und epigenetische SGT zu schaffen. So könnten deren unterschiedliche Sicherheitsniveaus regulatorisch gewürdigt werden, während ihnen zugleich die innovationsfördernde Wirkung des ATMP-Status zukäme. Vor diesem Hintergrund sollten insbesondere mRNA-basierte somatische genomische Therapien regelmäßig nicht unter die Definition eines GTMP fallen, sofern sie durch ihr Expressionsprodukt keinen Eingriff in das Genom

L. Pietrek, *Somatische genomische Therapien*,
https://doi.org/10.1007/978-3-658-52943-7

des Patienten hervorrufen. Eine solche Unterteilung könnte dem Gesetzgeber als Hilfestellung dienen, um die Besonderheiten einzelner Therapien im Bereich der klinischen Prüfung, im Zulassungsrecht oder bei der Guten Herstellungspraxis (GMP) sachgerecht zu würdigen.

***Hemmnisse in der Forschungs- und Entwicklungsphase*:** Insbesondere das deutsche Gentechnik- und Tierversuchsrecht stellt im Vergleich zu den in dieser Arbeit untersuchten Drittstaaten eine hohe regulatorische Hürde für Entwickler somatischer genomischer Therapien dar. Insofern ist eine gezielte Deregulierung in der präklinischen und klinischen Phase geboten (vgl. Abschnitt 22.1.2). Hierbei ist zwischen Erleichterungen im rechtlichen Rahmen und Vollzugsunterschieden zu differenzieren. Während zumindest Therapien, die mittels Mutagenesen ausschließlich Mutationen in Zellen hervorrufen, umfassend vom Gentechnikrecht freigestellt werden sollten und das Spannungsverhältnis zwischen dem 3R-Prinzip und regulatorischen Tierversuchen durch eine Umkehr der Feststellungslast im Tierversuchsrecht zumindest teilweise aufgelöst werden sollte, würde eine Vereinheitlichung des Vollzugs durch zusätzliche Leitlinien sowie beispielsweise eine EU-weit zentralisierte ethische Überprüfung klinischer Prüfungen weitere Vorteile bringen.

***Erkenntnisse zur Guten Herstellungspraxis (GMP)*:** Die strikte Bindung der Herstellung von ATMP an die Anforderungen der Guten Herstellungspraxis (GMP) ist dem Grunde nach zu begrüßen. Jedoch kommt es durch den risikobasierten Ansatz (RBA) zu einer uneinheitlichen Anwendung in den verschiedenen Phasen des Entwicklungsprozesses, die durch ein dezentrales Herstellungsdossier nach britischem Vorbild zumindest verringert werden könnte. Während die Einhaltung der Guten Herstellungspraxis (GMP) in frühen Phasen der Produktentwicklung die spätere Skalierbarkeit der Therapie ermöglicht, verursacht sie beachtliche Kosten. Dies betrifft insbesondere versorgungsnahe Stakeholder wie Krankenhäuser und könnte die Verfügbarkeit somatischer genomischer Therapien „erdrosseln". Es sollten deshalb zu strenge Anforderungen identifiziert und auf ihre Angemessenheit überprüft werden, wie anhand des Beispiels der erforderlichen Reinraumqualität in dieser Arbeit demonstriert wurde (vgl. Abschnitt 22.5).

***Standortwettbewerb durch besondere Zulassungswege*:** Im internationalen Vergleich, insbesondere zu den USA und Japan, wird deutlich, dass spezifische Förderprogramme wie die RMAT-Designation (USA) oder der RM Act und die bedingte Zulassung (Japan) erhebliche Anreiz- und Geschwindigkeitsvorteile bei der Zulassung regenerativer Arzneimittel generieren (vgl. Abschnitt 22.3). Deutschland und die EU verfügen mit dem PRIME-Programm über einen im Grundsatz vergleichbaren Pfad, der jedoch nicht spezifisch auf regenerative Arzneimittel ausgerichtet ist. Es bietet sich an, einen gesonderten Förderrahmen für

ATMP zu schaffen, der eine Alternative zu den strengen Voraussetzungen des PRIME-Programms darstellt. Ziel muss es sein, Forschung und Entwicklung in die EU und nach Deutschland zu verlagern, ohne dies ausschließlich über die Marktmacht des europäischen Marktes zu erzwingen und dadurch die nationalen Gesundheitssysteme finanziell weiter zu belasten. Eine regulatorische Privilegierung durch ein solches Programm müsste deshalb mit einer Standortverpflichtung einhergehen, wie sie das japanische Recht teilweise vorsieht.

***Gewährleistung der Versorgung durch regulatorische Sonderwege*:** Der deutsche und unionale Rechtsrahmen hat sich als sehr liberal hinsichtlich regulatorischer Sonderwege zur Sicherung der Patientenversorgung erwiesen (vgl. Abschnitt 22.4). Dies geht einerseits mit dem Risiko eines „Medizintourismus" einher. Andererseits haben Patienten in Deutschland dadurch die Möglichkeit, sehr früh und unabhängig von einer formellen Zulassung Zugang zu innovativen Therapien zu erhalten. Aufgrund der Konzeption des individuellen Heilversuchs besteht jedoch eine hohe Rechtsunsicherheit, weshalb die Schaffung einer entsprechenden gesetzlichen Grundlage angezeigt ist. Des Weiteren sind Anpassungen beim Compassionate-Use sinnvoll, um den Zugang für Einzelpatienten zu sichern. Zudem sollte die Krankenhausausnahme einer strengeren Kontrolle unterzogen werden, da sie innerhalb der Europäischen Union teils zur Umgehung allgemeiner arzneimittelrechtlicher Wege genutzt wird – zugleich scheint eine Ausnahme vom Anwendungsbereich des Gentechnikrechts bei einer Anwendung entsprechender somatischer genomischer Therapien im Rahmen der Krankenhausausnahme nach dem Vorbild des US-amerikanischen IND-Expanded-Access im Anwendungsbereich der NIH-Guidelines angezeigt. Ob darüber hinaus eine Rezeptur- und Defekturherstellung nicht zugelassener somatischer genomischer Therapien stattfinden soll, bedarf einer rechtspolitischen Klärung, da für beide Seiten gewichtige Argumente streiten.

***Spannungsfeld zwischen Marktzugang und Zulassungsrecht*:** Die hohen Preise für Einmaltherapien fordern die nationalen Erstattungssysteme heraus. Während beschleunigte Zulassungsverfahren den frühen Patientenzugang ermöglichen, führt die oft lückenhafte Evidenzlage zu Schwierigkeiten bei der Nutzenbewertung, da das AMNOG-Verfahren konzeptionell von einem abgeschlossenen Forschungs- und Entwicklungsprozess nach dem Maßstab des RCT-Goldstandard nach der Marktzulassung eines Arzneimittels ausgeht (vgl. Abschnitt 23.2.3). Eine stärkere Inanspruchnahme von Pay-for-Performance-Modellen, die das wirtschaftliche Risiko hinsichtlich der (nicht feststehenden oder nicht so feststehenden) Wirksamkeit zwischen Unternehmen und Krankenkassen verteilen, könnte deshalb Abhilfe schaffen. Die Bereitschaft zum Abschluss solcher Verträge sollte deshalb durch entsprechende Änderungen der Aut-idem-Substitution und des Risikopools rechtlich gefördert werden (vgl. Kapitel 26).

Fazit

Nach dieser Untersuchung zeigt sich ein ambivalentes Gesamtbild. Während sich im Bereich der Produktentwicklung bis zur Marktzulassung in vielen Fällen ein weitgehend flexibler Rechtsrahmen beobachten lässt, wirken sich die arzneimittelrechtlichen Privilegierungen unmittelbar auf das Sozialversicherungsrecht und damit auf den Patientenzugang zu somatischen genomischen Therapien aus. Zwar dehnt sich das Qualitätsgebot des SGB V in gewissem Umfang mit den adaptiven Zulassungswegen des Arzneimittelrechts. Die zweite tragende Säule des Leistungsrechts, das Wirtschaftlichkeitsgebot, reagiert hingegen kaum auf unterschiedliche Evidenzstandards und erscheint in seiner Anwendung weitgehend verfestigt. Dies ist nicht per se zu beanstanden, weil bei der solidarischen Finanzierung des Gesundheitssystems ein legitimes Interesse daran besteht, dass nur wirksame und sichere Arzneimittel in die Versorgung gelangen.[1]

Gleichwohl vollzieht sich im Arzneimittelrecht derzeit ein Paradigmenwechsel hin zu einer stärkeren Nutzung anwendungsnaher Daten zur Risiko- und Nutzenbewertung innovativer Therapien. Dadurch dürfte sich die beschriebene Spannung zwischen Zulassungsrecht und sozialrechtlicher Nutzenbewertung künftig weiter verschärfen. Vor diesem Hintergrund erscheinen Pay-for-Performance-Modelle als ein zentrales Instrument, um bestehende Evidenzlücken zumindest teilweise zu überbrücken.[2] Sie eröffnen den notwendigen zeitlichen Spielraum, bis etwa im Rahmen einer anwendungsbegleitenden Datenerhebung belastbare Erkenntnisse generiert werden, und transformieren das klassische AMNOG-Modell in ein risikoteilendes System: Erweist sich das Arzneimittel als wirksam, wird

---

[1] Vgl. BVerfG, Beschluss vom 13.09.2005 – 2 BvF 2/03, Rn. 239 ff. = BVerfGE 114, 196 (246 f.).

[2] Dabbous/Chachoua/Caban u. a., Value in Health 23 (2020), S. 425, 429; Wenzel/Chapman, Performance-based managed entry agreements for new medicines in OECD countries and EU member states, 2019, S. 12; Kim/Choi/Chang u. a., Clinical Drug Investigation 40 (2020), S. 1107, 1109.

L. Pietrek, *Somatische genomische Therapien*,
https://doi.org/10.1007/978-3-658-52943-7

der vereinbarte Preis erstattet; bleibt der therapeutische Erfolg aus, trägt der pharmazeutische Unternehmer das wirtschaftliche Risiko.

Eine solche Flexibilisierung erscheint auch deshalb geboten, weil nicht allein die privilegierten Zulassungswege des unionalen Arzneimittelrechts abgesenkte Evidenzanforderungen zulassen. Im Kontext einer zunehmend globalisierten Arzneimittelentwicklung sind auch drittstaatliche Förder- und Zulassungsprogramme wie die RMAT Designation in den Vereinigten Staaten oder die bedingte Zulassung in Japan zu berücksichtigen, die ebenfalls geringere Evidenzniveaus für Gentherapeutika akzeptieren. Es ist daher zu erwarten, dass viele somatische genomische Therapien künftig vermehrt außerhalb der klassischen Maßstäbe evidenzbasierter Medizin entwickelt werden, weil der deutsche Markt nicht allein darüber entscheidet, nach welchen wissenschaftlichen Standards eine Arzneimittelinnovation konzipiert wird. Vor dem Hintergrund des internationalen Wettbewerbs um Forschung und Entwicklung erscheint es außerdem erforderlich, auch auf europäischer Ebene hinreichend attraktive Entwicklungs- und Zulassungswege bereitzustellen. Zugleich ist diese Entwicklung mit Blick auf die Vorgeschichte somatischer Gentherapien kritisch zu betrachten, da eine zu weitgehende Deregulierung ihrerseits das Risiko birgt, dass schädigende Ereignisse durch nicht hinreichend geprüfte Arzneimittelinnovationen die Forschungsaktivitäten auf dem Gebiet der somatischen genomischen Therapien wieder beeinträchtigen könnten.

Vor diesem Hintergrund kann nicht ausgeschlossen werden, dass künftig ein grundlegend neues Modell der Preis- und Erstattungsregulierung erforderlich wird.[3] Eine weitergehende rechtsvergleichende Analyse, die die Antworten anderer Gesundheitssysteme auf vergleichbare Herausforderungen systematisch untersucht, erscheint daher angezeigt. Dies wird jedoch dadurch erschwert, dass in vielen Ländern der Marktzugang deutlich später erfolgt als in Deutschland.[4] Der frühe Zugang zu Arzneimittelinnovationen verschafft deutschen Patienten zwar erhebliche Vorteile, geht jedoch zugleich mit der besonderen Rolle Deutschlands als Referenzpreisland einher und zwingt den nationalen Gesetzgeber, Lösungen für diese Probleme vor anderen Staaten zu entwickeln.

---

[3] Vgl. Dabbous/Chachoua/Caban u. a., Value in Health 23 (2020), S. 425, 430; Wenzel/Chapman, Performance-based managed entry agreements for new medicines in OECD countries and EU member states, 2019, S. 32 ff.

[4] Haas/Mayer/Tebinka-Olbrich u. a., in: Schröder/Thürmann/Telschow u. a. (Hrsg.), Arzneimittel-Kompass 2021, 2021, S. 105, 117.

Vor ähnlich großen Herausforderungen steht die Rolle Deutschlands als Forschungs- und Entwicklungsstandort im Bereich somatischer genomischer Therapien. Im Rechtsvergleich hat sich gezeigt, dass der hiesige Standort insbesondere durch das Gentechnik- und das Tierversuchsrecht erheblich belastet wird. Um eine Abwanderung von Forschungs- und Entwicklungsaktivitäten zu verhindern, erscheinen insoweit umfassende Reformen erforderlich.[5] Andernfalls droht, dass Forschungsanreize zunehmend über finanzielle Anreizmechanismen des Sozialversicherungssystems kompensiert werden müssen. Neben gezielter Deregulierung bedarf es gezielter und strategisch ausgerichteter Standortmaßnahmen, etwa in Form eines spezifischen PRIME-Programms für somatische genomische Therapien. Werden die erforderlichen Maßnahmen umgesetzt, haben Deutschland und die Europäische Union das Potenzial, im internationalen Standortwettbewerb eine führende Position einzunehmen. Werden die notwendigen Reformen nicht umgesetzt, besteht allerdings die Gefahr, dass Deutschland seine Rolle als Forschungs- und Entwicklungsstandort einbüßen und ausschließlich als Versorgungsstandort fungieren wird.

Ein besonderer Reformbedarf besteht schließlich im Bereich personalisierter Arzneimittel, insbesondere bei sog. n = 1-Therapien. Soll die Entwicklung dieser Therapien nicht allein auf die Rezeptur- und Defekturherstellung durch Apotheken und die ärztliche Eigenherstellung beschränkt bleiben, ist ein tragfähiger regulatorischer Rahmen erforderlich, der auch industrielle Hersteller einbezieht, wie dies im US-amerikanischen Arzneimittelrecht bereits angelegt ist und weiter ausgebaut wird. Das unionale Arzneimittelrecht folgt demgegenüber weiterhin einem „one size fits all“-Ansatz, der den strukturellen Besonderheiten personalisierter Therapien nicht gerecht wird.

[5] Zu den translationshemmenden Faktoren außerhalb des rechtlichen Regulierungsrahmens, siehe Reiß/Aichinger/Bührlen u. a., Technologische Souveränität Pharma/Biotech – Studie zur Wettbewerbsfähigkeit und technologischen Souveränität Deutschlands im Pharmasektor, 2023, S. 105 f.

Glossar

Acetylierung Einbringen von Acetylgruppen in die Nukleosomen, wodurch sich die Chromatinstruktur lockert und die Transkription eines Gens ermöglicht wird.

ADAR Enzyme, die einzelne Basen in RNA-Molekülen verändern können.

Allele Menschen verfügen aufgrund ihres diploiden Chromosomensatzes über zwei Varianten eines Gens.

Allogen Die Behandlung des Patienten erfolgt mit fremden Zellen eines Spenders.

AMNOG Das AMNOG-Verfahren ist ein gesetzlich geregeltes Verfahren zur frühen Nutzenbewertung (Health Technology Assessment) und anschließenden Preisbildung neuer Arzneimittel in Deutschland.

Anticodon Bestandteil der tRNA, welcher eine komplementäre Basensequenz zum Codon auf der mRNA darstellt.

Antisense Oligonukleotide Kurze, einzelsträngige RNA-Moleküle, die künstlich im Labor erzeugt werden, um in einer Zelle komplementäre RNA zu binden und deren Funktion bzw. Translation zu verhindern.

Aptamere Kurze, einzelsträngige DNA oder RNA-Moleküle, die im Labor hergestellt werden, um anschließend in Zellen an genetisches Material oder Proteine zu binden und deren Funktion zu beeinflussen.

ATMP Ein Arzneimittel im Sinne der Verordnung (EG) Nr. 1394/2007, insbesondere Gentherapeutika, somatische Zelltherapeutika und biotechnologisch bearbeitete Gewebeprodukte.

Autolog Die Behandlung erfolgt mit eigenen Zellen des Patienten.

Base-Editing Variation des CRISPR-Cas-Systems, wodurch einzelne Basen durch chemische Reaktion ausgewechselt werden können.

L. Pietrek, *Somatische genomische Therapien*,
https://doi.org/10.1007/978-3-658-52943-7

Breakthrough Designation Bezeichnet ein beschleunigtes Zulassungsinstrument der U.S. Food and Drug Administration für Arzneimittel, die auf Grundlage vorläufiger klinischer Evidenz eine substanzielle Verbesserung gegenüber bestehenden Therapien erwarten lassen.

Capping Hinzufügen eines veränderten Guanin-Nukleotids zu Beginn der Transkription an die prä-mRNA.

CAR-T-Zellen T-Zellen, die nach genetischer Veränderung über einen chimären Antigen Rezeptor verfügen, durch welchen sie bestimmte Tumorzellen identifizieren und vernichtetn können.

Cas13 Variation des Cas-Proteins, welches RNA-Moleküle zerschneiden kann.

Cas-Protein Nuklease des CRISPR-Cas-Systems, die genetisches Material zerschneiden kann und die eigentliche Genschere darstellt.

Chromatinfaser Struktur im Zellkern einer eukaryotischer Zelle, die der effizienten Speicherung und Weitergabe der genetischen Information dient.

Chromosomen Struktur im Zellkern einer eukaryotischer Zelle, die der effizienten Speicherung und Weitergabe der genetischen Information dient.

Cisgen Ein fremdes Gen, das innerhalb derselben Spezies vorkommt.

Codogener Strang DNA-Strang, dessen Informationen im Rahmen der Transkription kopiert werden; Matrizenstrang.

Codon Drei Nukleotide bilden ein sogenanntes Basentriplett bzw. Codon; dieses Triplett wird im Rahmen der Transkription von der DNA abgelesen.

Compassionate Use Die Anwendung eines noch nicht zugelassenen Arzneimittels bei einer definierten Patientengruppe außerhalb klinischer Prüfungen bevor eine Marktzulassung formell erteilt wird.

Contained Use Die Verwendung gentechnisch veränderter Organismen in geschlossenen Systemen unter physischen, chemischen oder biologischen Sicherheitsmaßnahmen, die eine Freisetzung in die Umwelt verhindern sollen.

CRISPR-Cas9 Variante des CRISPR-Cas-Systems mit der sich menschliche DNA an bestimmten Stellen schneiden lässt.

CRISPR-Cas-System Natürlicher Abwehrmechanismus von Bakterien gegen Bakteriophagen, indem das Genom der Phagen als Erkennungssequenz für die Cas-Nukleasen innerhalb eines Bakteriums dient.

CRISPRa Variation des CRISPR-Cas-Systems, durch welches Epi-Effektoren in die menschliche Zelle transportiert werden können.

dCas9 Modifizierte Cas9-Nuklease, die ihre Fähigkeit genetisches Material zu schneiden nicht länger besitzt.

EBM Das bundesweit geltende Abrechnungssystem für vertragsärztliche Leistungen, das den Leistungsinhalt und die Vergütung gegenüber der Gesetzlichen Krankenversicherung festlegt.

Elektroporation Durch elektrische Impulse geweitete Zellen, wodurch diese porös werden; ermöglicht die anschließende Transfektion von genetischem Material durch die entstandenen Poren in der Zellwand.

Endpunkt Ein klinischer Endpunkt (bzw. ein Belastungsendpunkt im Tierversuch) ist ein im Voraus festgelegter, messbarer Wert oder ein beobachtbares Kriterium, das den Erfolg einer Behandlung oder das Erreichen eines definierten Gesundheitszustandes (beziehungsweise bei Versuchstieren den Punkt, an dem ein Versuch aus Gründen des Tierschutzes abgebrochen werden muss) definiert.

Enhancer Abschnitt auf der DNA, der trotz großer räumlicher Entfernung im Genom, die Transkription eines Gens beeinflusst.

Epi-Effektor Protein, Transkriptionsaktivator oder -repressor, der die Transkription eines Gens ermöglicht oder verhindern kann.

Epigenom Die Gesamtheit epigenetischer Zustände, welche durch die chemische Veränderung der DNA und der Histone in einer Zelle hervorgerufen werden.

Episomale Viren Viren, die ihr Genom ausschließlich innerhalb des Zytoplasmas einer Wirtszelle exprimieren und somit nicht in deren Genom einbauen.

Eukaryoten Lebewesen, die über einen Zellkern verfügen.

Ex vivo Durchführung einer Gentherapie außerhalb des Körpers des Patienten.

Exon Codierender Abschnitt auf der DNA.

Expanded Access Programme, die Patienten außerhalb klinischer Prüfungen einen kontrollierten Zugang zu noch nicht zugelassenen Arzneimitteln ermöglichen.

Fallpauschale (DRG) Bezeichnet ein pauschalierendes Vergütungssystem für stationäre Krankenhausleistungen, bei dem Behandlungsfälle anhand von Diagnosen, Prozeduren und weiteren Fallmerkmalen Fallgruppen zugeordnet und über bundeseinheitliche Bewertungsrelationen vergütet werden.

Freigabe Die Chargenfreigabe bezeichnet den formellen Akt der Bestätigung, dass eine hergestellte Arzneimittelcharge unter Einhaltung der geltenden Qualitäts- und Sicherheitsanforderungen hergestellt und geprüft wurde und in den Verkehr gebracht werden darf. Sie ist von Freigaben einzelner Zwischenprodukte im Herstellungsprozess abzugrenzen.

Freisetzung Die gezielte oder unbeabsichtigte Ausbringung gentechnisch veränderter Organismen in die Umwelt außerhalb geschlossener Systeme, die regelmäßig einer gesonderten umweltrechtlichen Genehmigung und Risikobewertung unterliegt.

Gameten Ei- und Samenzellen.

G-BA Das oberste Beschlussgremium der gemeinsamen Selbstverwaltung im deutschen Gesundheitswesen, das insbesondere über den Leistungsumfang der

Gesetzlichen Krankenversicherung sowie im Rahmen der frühen Nutzenbewertung über den Zusatznutzen neuer Arzneimittel entscheidet.

Gen Nach allgemeiner Auffassung ein Abschnitt auf der DNA, der für ein Protein codiert.

Genexpression Vorgang von der Transkription bis zur Translation eines Gens; siehe auch Proteinbiosynthese.

Gen-Knockout Stummschalten eines Gens, das durch verschiedene Methoden erreicht werden kann.

Genom Die Summe der Gene innerhalb einer Zelle.

Genome-Editing Die gezielte Veränderung von genetischem Material innerhalb einer Zelle durch den Einsatz von Nukleasen.

Genomik Analyse und Vergleich großer Gengruppen zwischen mehreren Spezies.

Gentransfer Transfer eines Stücks genetischen Materials in die Zellen eines Menschen; erfolgt meistens durch harmlose Viren.

Good Clinical Practice (GCP) Ein Qualitätsstandard für die Planung, Durchführung, Dokumentation und Berichterstattung klinischer Prüfungen am Menschen.

gRNA RNA-Molekül, das dem CRISPR-Cas-System seine hohe Spezifität verleiht, indem die gRNA komplementär zur Zielsequenz ist.

Gute Herstellungspraxis (GMP) Die Gesamtheit besonderer Qualitätsanforderungen an die Herstellung, Kontrolle und Dokumentation von Arzneimitteln, um eine gleichbleibende Produktqualität und Patientensicherheit sicherzustellen.

Hämatopoetische Stammzellen Eine bestimmte Art von Stammzellen, die hauptsächlich im peripheren Blut sowie dem Knochenmark vorkommt.

Health Technology Assessment Es bezeichnet die systematische Bewertung medizinischer Technologien hinsichtlich ihres medizinischen Nutzens, ihrer Sicherheit und Wirtschaftlichkeit als Grundlage für Entscheidungen über Erstattung und Versorgung im Gesundheitssystem.

Histone Proteine, um welche die DNA gewickelt ist, um in den Zellkern zu passen.

Homologe Rekombination Natürlicher Reparaturmechanismus einer Zelle, durch den eine Vorlage-DNA an der Stelle eines Doppelstrangbruchs der DNA eingebaut wird.

Hospital Exemption Eine unionsrechtlich vorgesehene Ausnahme von der zentralen Zulassungspflicht für Arzneimittel für neuartige Therapien, deren Abgabe stattdessen durch eine einzelstaatliche Genehmigung erlaubt werden kann.

ILAP Bezeichnet ein britisches regulatorisches Rahmenkonzept, das durch frühzeitige und koordinierte Einbindung von Zulassungs-, Erstattungs- und Versorgungsakteuren einen schnelleren Patientenzugang zu innovativen Arzneimitteln ermöglichen soll.

Immunogenität Die Eigenschaft eines Stoffs im Körper des Menschens eine Immunreaktion auszulösen.

In vivo Durchführung einer Gentherapie innerhalb des Körpers des Patienten.

Indikation Die Indikation bezeichnet das zugelassene Anwendungsgebiet eines Arzneimittels, etwa die betreffende Krankheit oder Patientengruppe.

Insertionsmutagenese Die Integration genetischen Materials an unerwünschter Stelle im Genom der Wirtszelle.

Integrierende Viren Viren, die ihr eigenes Genom durch das Enzym Reverse Transkriptase in das Genom der Wirtszelle einbauen.

Intermediärer Endpunkt Ein beobachtbarer medizinischer Zustand, der eine relevante Veränderung im Krankheitsverlauf anzeigt, bevor der endgültige klinische Erfolg der Behandlung festgestellt werden kann.

Intron Regulierender Abschnitt auf der DNA.

iPSC Aus Körperzellen erzeugte Stammzellen, indem Transkriptionsfaktoren in die Zelle eingebracht werden; besitzen die Fähigkeit sich in eine Vielzahl unterschiedlicher Körperzellen auszudifferenzieren.

Keimbahntherapie Therapie eines Patienten durch genetische Veränderung seiner Ei- oder Samenzellen.

Kontrollierte Studie Die die Wirkung der geprüften Intervention mit einer Vergleichsbedingung (Kontrollgruppe) abgeglichen wird, die entweder ein Placebo, keine Behandlung („watchful waiting“) oder eine etablierte Standardtherapie erhält, um den spezifischen Effekt der Intervention ermitteln zu können.

Kryokonservierung Einfrieren von Zellen bei extrem niedrigen Temperaturen.

LD_{50} Die Menge eines Stoffes, die statistisch gesehen den Tod von 50 % einer Versuchspopulation verursacht (Mittlere Lethale Dosis).

Leukapherese Zentrifugenartiges Verfahren, durch das einzelne T-Zellen aus dem peripheren Blut des Spenders isoliert werden.

Lipidnanopartikel Nanopartikuläre Fettmoleküle, die sich zur Transfektion von genetischem Material eignen.

MAD-System Ein zwischenstaatliches Verfahren der OECD zur gegenseitigen Anerkennung von nicht-klinischen Forschungsdaten.

Matrizenstrang DNA-Strang, dessen Informationen im Rahmen der Transkription kopiert werden; codogener Strang.

Meganukleasen Nukleasen, die eine Erkennungssequenz von 20–30 Basenpaaren besitzen.

Methylierung Einbringen von Methylgruppen in die Nukleosomen, wodurch die Chromatinstruktur verdichtet wird und eine Transkription des entsprechenden Gens verhindert wird.

Morbidität Bezeichnet im Rahmen einer klinischen Prüfung das Auftreten und die Häufigkeit von Erkrankungen oder gesundheitlichen Beeinträchtigungen in einer Studienpopulation.

Mortalität Beschreibt die Sterblichkeit im Rahmen einer klinischen Prüfung innerhalb einer Studienpopulation.

ncRNA RNA-Moleküle, die ausschließlich regulatorische Funktionen besitzen.

NHEJ Natürlicher Reparaturmechanismus einer Zelle, durch den ein Doppelstrangbruch ohne Vorlage-DNA repariert werden kann.

Nickase Variation des Cas-Proteins, die keinen Doppelstrangbruch erzeugt, sondern nur einen einzelnen Strang der DNA aufschneidet.

Nukleasen Proteine, welche die Fähigkeit besitzen genetisches Material an bestimmten Stellen schneiden zu können; auch site-directed nucleases.

Nukleosomen Nukleosomen bestehen aus acht Histonen und 147 Nukleotiden.

Nukleotid Bestandteil der DNA; bestehend aus einem Zucker-Phosphat Rückgrat, das mit einer Base A, C, G oder T verbunden ist.

Orphan Drug Ein Arzneimittel, das durch Antrag des Herstellers nach den Maßstäben des jeweiligen Staates als Arzneimittel für seltene Leiden ausgewiesen worden ist, und besonderen regulatorischen und wirtschaftlichen Anreizen unterliegt.

Pay-for-Performance Ein Erstattungs- bzw. Vergütungsmodell, bei dem die Höhe oder der Bestand der Vergütung eines Arzneimittels ganz oder teilweise an das tatsächliche Behandlungsergebnis oder den nachgewiesenen klinischen Nutzen im Versorgungsalltag geknüpft wird.

pegRNA Veränderte gRNA, die zusätzlich eine Vorlage für den Einbau in das Genom der Wirtszelle besitzt.

Pharmakodynamik Untersuchungsgegenstand ist der Wirkmechanismus und die Wirkung einer Substanz im Verhältnis zur erwünschten Hauptwirkung (Primäre Pharmakodynamik) sowie zu Neben- und Wechselwirkungen (Sekundäre Pharmakodynamik).

Pharmakokinetik Untersuchungsgegenstand ist die Resorption, Verteilung, Metabolisierung (Biotransformation) und Ausscheidung dese Wirkstoffes sowie seiner Metaboliten innerhalb des Organismus.

Plasmide Zirkuläre DNA, die natürlicherweise in Bakterien vorkommt.

Point-of-Care Herstellungs- oder Zubereitungsprozesse von Arzneimitteln, die unmittelbar am Ort der Patientenversorgung und nicht in zentralen industriellen Produktionsstätten erfolgen.

prä-mRNA Produkt der Transkription, das durch die RNA-Prozessierung zu einer translationsfähigen mRNA verarbeitet wird.

PRIME Bezeichnet ein Förderinstrument der Europäischen Arzneimittelagentur für Arzneimittel mit potenziell hohem therapeutischem Nutzen bei ungedecktem medizinischem Bedarf, das eine verstärkte wissenschaftliche Beratung und beschleunigte Entwicklung vorsieht.

Prime-Editing Variation des CRISPR-Cas-Systems, wodurch sich ganze Gensequenzen ohne Herbeiführung eines Doppelstrangbruchs verändern lassen.

Prokaryoten Lebewesen, die über keinen Zellkern verfügen.

Proteinbiosynthese Neubildung von Proteinen in Zellen nach der Vorgabe genetischer Informationen.

Punktmutation Mutation einer einzelnen Base im genetischen Code.

Randomisierte Studie Die Zuteilung der Studienteilnehmer zu den Behandlungs- oder Kontrollgruppen nach dem Zufallsprinzip erfolgt.

RCT-Goldstandard Randomisierte, kontrollierte klinische Studie, bei der die Zuteilung der Probanden zu Behandlungs- und Kontrollgruppen zufällig erfolgt, um Verzerrungen auszuschließen und kausale Zusammenhänge zwischen Intervention und Wirkung möglichst zuverlässig zu belegen.

Real-World Evidence Evidenz aus der routinemäßigen Versorgung, die außerhalb randomisierter klinischer Studien gewonnen wird, etwa aus Registern, Abrechnungsdaten oder Beobachtungsstudien, und zur Ergänzung der Zulassung- oder Erstattungsbewertung herangezogen wird.

Restriktionsenzyme Nukleasen mit einer Erkennungssequenz von 4 bis 8 Basen, die hauptsächlich in Bakterien vorkommen.

Reverse Transkriptase Enzym, durch das RNA in DNA umgewandelt und anschließend in ein Genom eingebaut werden kann.

Ribosom Makromolekül im Zytoplasma einer Zelle, in welchem die Translation der Proteinbiosynthese stattfindet.

RISC Komplex aus Proteinen und kleinen nicht-codierenden RNA-Molekülen, der bestimmte RNA im Zytoplasma der Zelle durch enzymatische Reaktion zersetzt.

RMAT Designation Bezeichnet einen von der U.S. Food and Drug Administration vergebenen Sonderstatus für regenerative Arzneimittel, die zur Behandlung schwerer Erkrankungen bestimmt sind und auf vorläufigen klinischen Daten ein erhebliches therapeutisches Potenzial erkennen lassen.

RNA-Editing Ersetzen einer Base durch Desaminierung in einem RNA-Molekül.

RNA-Interferenz Eingriff in mRNA sowie prä-MRNA, um deren anschließende Translation zu verhindern oder zu verändern.

RNA-Polymerase II Enzym, das im Rahmen der Transkription die Kopie eines Gens herstellt.

RNA-Prozessierung Veränderung der prä-mRNA, um eine translationsfähige mRNA herzustellen.

Rolling Review Ein regulatorisches Bewertungsverfahren, bei dem Zulassungsbehörden einzelne Datenpakete zu Qualität, Sicherheit und Wirksamkeit eines Arzneimittels fortlaufend prüfen, bevor ein vollständiger Zulassungsantrag eingereicht wird.

Sakigake Designation Bezeichnet ein japanisches beschleunigtes Entwicklungs- und Zulassungsprogramm für innovative Arzneimittel, das einen frühen Marktzugang und eine priorisierte regulatorische Betreuung bei erheblichem medizinischem Bedarf ermöglicht.

SDN-1 Herausschneiden einer bestimmten genetischen Sequenz aus einem DNA; anschließendes Zusammenfügen der beiden DNA-Stränge durch NHEJ.

SDN-2 Herausschneiden einer genetischen Sequenz aus einem DNA oder RNA-Molekül; anschließende Reparatur der beiden DNA-Stränge durch HR, wodurch einzelne Basen bis ganze Sequenzen mittels einer Vorlage an die Stelle des Doppelstrangbruchs eingebaut werden.

siRNA Kleine, doppelsträngige RNA-Moleküle, die komplementäre RNA-Moleküle binden und somit deren Funktion bzw. Translation verhindern.

SpBKK Die zentrale Interessenvertretung der gesetzlichen Krankenkassen auf Bundesebene, die unter anderem im AMNOG-Verfahren die Erstattungsbeträge für neue Arzneimittel mit den pharmazeutischen Unternehmern verhandelt.

Spleißen Modifikation der prä-mRNA im Spleißosom, um eine translationsfähige mRNA herzustellen.

Spleißosom Eine Mehrzahl an Ribonukleoproteinen, die im Rahmen des Spleißens eine translationsfähige mRNA herstellen.

Surrogatendpunkt Ein messbarer Laborparameter oder Biomarker, der als statistischer Ersatz für einen klinisch bedeutsamen Endpunkt dienen soll, um die Wirksamkeit einer Therapie bereits zu einem frühen Zeitpunkt, noch vor Eintritt eines klinischen Ereignisses wie Tod oder Heilung des Patienten, zu indizieren.

TALEN Nukleasen, deren Spezifität durch eine Aminosäure-Basenpaarung gewährleistet wird.

Toxizität Untersuchungen zur Schädlichkeit in Bezug auf die Vitalfunktionen des menschlichen Körpers, die in Einzeldosierungen sowie in mehrfachen oder wiederholten Anwendungen durchgeführt werden können und verschiedene Schädigungskategorien betreffen, etwa Fertilitätsstörungen, Embryotoxizität oder Genotoxizität.

Transduktion Einbringen von fremder DNA oder RNA in Zellen mittels viraler Vektoren.

Transfektion Einbringen von fremder DNA oder RNA in Zellen mittels physikochemischer Verfahren, z. B. mittels Elektroporation oder Nanopartikeln.

Translation Vorgang innerhalb der Proteinbiosynthese, durch den aus mRNA eine Polypeptidkette hergestellt wird., Vorgang innerhalb der Proteinbiosynthese, durch den aus mRNA eine Polypeptidkette hergestellt wird.

tRNA Einzelsträngiges RNA-Molekül, das im Rahmen der Translation Aminosäuren zum Ribosom transportiert.

Umweltverträglichkeitsprüfung Die systematische Bewertung möglicher nachteiliger Auswirkungen eines Arzneimittels auf die Umwelt im Rahmen von klinischer Prüfung oder Marktzulassung, etwa aufgrund eines horizontalen Gentransfers.

Vierte Hürde Eine zusätzliche Bewertung extrinsischer Faktoren eines Arzneimittels (z. B. Kosten-Nutzen-Analyse), bevor eine Aufnahme in die Versorgung des jeweiligen nationalen Gesundheitssystems erfolgt.

Virale Vektoren Genmodifizierter Viruspartikel, durch den genetisches Material gezielt in Zellen gebracht werden kann; auch geläufig unter sog. Genfähren.

Viren Parasiten, die ihre DNA/RNA in Wirtszellen einschleusen, um sich dadurch zu vermehren.

Zinkfingernukleasen Nukleasen, die ihre Spezifität durch eine DNA-Bindedomäne erhalten.

Zytoplasma Füllung einer Zelle, die sich außerhalb des Zellkerns befindet.

Literaturverzeichnis

Abou-El-Enein, Mohamed/Hey, Spencer Phillips, Cell and Gene Therapy Trials: Are We Facing an 'Evidence Crisis'?, EClinicalMedicine 7 (2019), S. 13–14. https://doi.org/10.1016/j.eclinm.2019.01.015.

Abu-Zahra, T. Nessìm/Carvalho, Simon/Edwards, David, The Regulation of Drugs in Canada – The "Food and Drugs Act" and Related Intellectual Property Regimes, Toronto, 2024.

Aiuti, Alessandro/Biasco, Luca/Scaramuzza, Samantha/Ferrua, Francesca/Cicalese, Maria Pia/Baricordi, Cristina/Dionisio, Francesca/Calabria, Andrea/Giannelli, Stefania/Castiello, Maria Carmina/Bosticardo, Marita/Evangelio, Costanza/Assanelli, Andrea/Casiraghi, Miriam/Di Nunzio, Sara/Callegaro, Luciano/Benati, Claudia/Rizzardi, Paolo/Pellin, Danilo/Di Serio, Clelia/Schmidt, Manfred/Kalle, Christof von/Gardner, Jason/Mehta, Nalini/Neduva, Victor/Dow, David J./Galy, Anne/Miniero, Roberto/Finocchi, Andrea/Metin, Ayse/Banerjee, Pinaki S./Orange, Jordan S./Galimberti, Stefania/Valsecchi, Maria Grazia/Biffi, Alessandra/Montini, Eugenio/Villa, Anna/Ciceri, Fabio/Roncarolo, Maria Grazia/Naldini, Luigi, Lentiviral hematopoietic stem cell gene therapy in patients with Wiskott-Aldrich syndrome, Science 341 (2013), 1233151, S. 1–12. https://doi.org/10.1126/science.1233151.

Álamo, Juan Estévez/Timón, Marcos/Sánchez Afán de Rivera, Isabel/Torres, Beatriz Iriarte/Castro, M. Antonia Serrano, Clinical Trials on Advanced Therapy Investigational Medicinal Products in Spain (2004–2022): Experience and Challenges for the Future, in: Galli, Maria Cristina (Hrsg.), Regulatory Aspects of Gene Therapy and Cell Therapy Products – A Global Perspective, 2. Auflage, Cham, 2023, S. 23–39. https://doi.org/10.1007/978-3-031-34567-8_2.

Alberts, Bruce/Johnson, Alexander/Lewis, Julian/Morgan, David/Raff, Martin/Roberts, Keith/Walter, Peter/Schäfer, Ulrich/Häcker, Bärbel, Molekularbiologie der Zelle, 6. Auflage, Weinheim, 2017.

Allen, Daniel/Rosenberg, Michael/Hendel, Ayal, Using Synthetically Engineered Guide RNAs to Enhance CRISPR Genome Editing Systems in Mammalian Cells, Frontiers in Genome Editing 2 (2020), 617910, S. 1–16. https://doi.org/10.3389/fgeed.2020.617910.

Alliance for Regenerative Medicine, Clinical Trials in Europe: Recent Trends in ATMP Development, 2019, abrufbar unter: https://alliancerm.org/wp-content/uploads/2025/09/Trends-in-Clinical-Trials-2019-Final_Digital.pdf (geprüft am 24.10.2025).

L. Pietrek, *Somatische genomische Therapien*,
https://doi.org/10.1007/978-3-658-52943-7

Altschwager, Martin, Der Arzneimittelbegriff im deutschen, europäischen und US-amerikanischen Recht, Baden-Baden, 2014.

Anguela, Xavier M./High, Katherine A., Entering the Modern Era of Gene Therapy, Annual Review of Medicine 70 (2019), S. 273–288. https://doi.org/10.1146/annurev-med-012017-043332.

Arora, Sharry/Pásztor, Viktória/Arar, Bayan A., Conducting Clinical Trials: Drug Application Types, Data Requirements and Obtaining Marketing Approval, in: McBride, Linda/Schmitt, Siegfried (Hrsg.), Fundamentals of Pharmaceutical and Biologics Regulations, Rockville/Maryland, 2023, S. 167–176.

Arzneimittelkommission der deutschen Ärzteschaft, Leitfaden der Arzneimittelkommission der deutschen Ärzteschaft – Biosimilars, 2021, abrufbar unter: https://www.akdae.de/arzneimitteltherapie/lf/biosimilars (geprüft am 24.10.2025).

Association of the British Pharmaceutical Industry, Animals and medicines research, 2015, abrufbar unter: https://www.abpi.org.uk/media/sgqnk2hb/animals-medicines-research.pdf (geprüft am 24.10.2025).

Azuma, Kentaro, Regulatory Landscape of Regenerative Medicine in Japan, Current Stem Cell Reports 1 (2015), S. 118–128. https://doi.org/10.1007/s40778-015-0012-6.

Bachtarzi, Houria/Farries, Tim, The Genetically Modified Organism Medicinal Framework in Europe, United States, and Japan: Underlying Scientific Principles and Considerations Toward the Development of Gene Therapy and Genetically Modified Cell-Based Products, Human Gene Therapy Clinical Development 30 (2019), S. 114–128. https://doi.org/10.1089/humc.2019.042.

Baierl, Marion/Kellermann, Andreas, Arzneimittelrecht, München, 2011.

Barlow, Jane F./Yang, Mo/Teagarden, J. Russell, Are Payers Ready, Willing, and Able to Provide Access to New Durable Gene Therapies?, Value in Health 22 (2019), S. 642–647. https://doi.org/10.1016/j.jval.2018.12.004.

Barman, Ranulf, Changes to the UK´s Clinical Trials regulatory regime become law, 2025, abrufbar unter: https://www.dlapiper.com/en/insights/blogs/cortex-life-sciences-insights/2025/changes-to-the-uks-clinical-trials-regulatory-regime-becomes-law (geprüft am 24.10.2025).

Baum, Christopher, Medizinisch-naturwissenschaftliche Aspekte, in: Baum, Christopher/Duttge, Gunnar/Fuchs, Michael (Hrsg.), Gentherapie – Medizinisch-naturwissenschaftliche, rechtliche und ethische Aspekte, Freiburg/München, 2013, S. 9–40.

Baum, Christopher/Schambach, Axel/Bohne, Jens/Galla, Melanie, Retrovirus vectors: toward the plentivirus?, Molecular Therapy 13 (2006), S. 1050–1063. https://doi.org/10.1016/j.ymthe.2006.03.007.

Becker, Ulrich/von Hardenberg, Simone, Companion Diagnostics in der GKV, Medizinrecht 34 (2016), S. 104–109. https://doi.org/10.1007/s00350-016-4201-9.

Bedford, Patrick/Jy, Juliana/Collins, Lucas/Keizer, Steven, Considering Cell Therapy Product "Good Manufacturing Practice" Status, Frontiers in Medicine 5 (2018), 118, S. 1–4. https://doi.org/10.3389/fmed.2018.00118.

Belfort, Marlene/Bonocora, Richard S., Homing endonucleases: from genetic anomalies to programmable genomic clippers, Methods in Molecular Biology 1123 (2014), S. 1–26. https://doi.org/10.1007/978-1-62703-968-0_1.

Berg, Jeremy M./Tymoczko, John L./Gatto, Gregory J./Stryer, Lubert, Stryer Biochemie, Heidelberg, 2018. https://doi.org/10.1007/978-3-662-54620-8.

Bergmann, Karl Otto/Pauge, Burkhard/Steinmeyer, Hein-Dietrich (Hrsg.), Gesamtes Medizinrecht, 4. Auflage, Baden-Baden, 2024.

Berisa-Prado, Silvia/Vázquez, Natalia/Chacón, Manuel/Persinal-Medina, Mairobi/Alonso-Alonso, Sergio/Baamonde, Begoña/Alfonso, José F./Fernández-Vega-Cueto, Luis/Merayo-Lloves, Jesús/Meana, Álvaro, Mini Cleanroom for the Manufacture of Advanced Therapy Medicinal Products (ATMP): Bioengineered Corneal Epithelium, Pharmaceutics 13 (2021), 1282, S. 1–15. https://doi.org/10.3390/pharmaceutics13081282.

Berlin Institute of Health at Charité (Hrsg.), Nationale Strategie für gen- und zellbasierte Therapien, Berlin, 2024.

Beurton, Peter/Falk, Raphael/Rheinberger, Hans-Jörg (Hrsg.), The Concept of the Gene in Development and Evolution: Historical and Epistemological Perspectives, Cambridge, 2008.

Bicudo, Edison/Brass, Irina, Advanced therapies, hospital exemptions & marketing authorizations: the UK's emerging regulatory framework for point-of-care manufacture, Cell & Gene Therapy Insights 9 (2023), S. 101–120. https://doi.org/10.18609/cgti.2023.015.

Black, Vaughan/Fenton, Andrew/Ormandy, Elisabeth H., Protecting Canada's Lab Animals: The Need for Legislation, Animals 12 (2022), 770, S. 1–14. https://doi.org/10.3390/ani12060770.

Blighe, K./DeDionisio, L./Christie, K. A./Chawes, B./Shareef, S./Kakouli-Duarte, T./Chao-Shern, C./Harding, V./Kelly, R. S./Castellano, L./Stebbing, J./Lasky-Su, J. A./Nesbit, M. A./Moore, C. B. T., Gene editing in the context of an increasingly complex genome, BMC Genomics 19 (2018), 595, S. 1–20. https://doi.org/10.1186/s12864-018-4963-8.

Bock, Kerstin Wolfgard, Der Rechtsrahmen für Arzneimittel für neuartige Therapien auf unionaler und nationaler Ebene – Mit Fokus auf Therapien mit autologen adulten Stammzellen, Baden-Baden, 2012.

Bockholdt, Frank, Das Wirtschaftlichkeitsgebot in der gesetzlichen Krankenversicherung – ein „Totschlagsargument"?, in: Meßling, Miriam/Voelzke, Thomas (Hrsg.), Die Zukunft des Rechts- und Sozialstaats – Festschrift für Rainer Schlegel, München, 2024, S. 377–389.

Boergen, Xenia/Jäkel, Christian/Spiegel, Jan-Peter, Lebende Arzneimittel – Ein Überblick über die Verordnung (EG) Nr. 1394/2007 über Arzneimittel für neuartige Therapien, Pharma Recht 30 (2008), S. 357–364.

Brewer, Christopher Felix, The UK early access to medicines scheme: uptake, approvals, and reimbursement, International Journal of Technology Assessment in Health Care 41 (2025), e62, S. 1–6. https://doi.org/10.1017/S0266462325100421.

Breyer, Friedrich/Zweifel, Peter/Kifmann, Mathias, Gesundheitsökonomik, Berlin/Heidelberg, 2013.

Brixius, Kerstin, Rechtlich relevante Besonderheiten biopharmazeutischer Arzneimittel, in: Ratzel, Rudolf/Christophers, Babette u.a. (Hrsg.), Arbeitsgemeinschaft Medizinrecht im Deutschen Anwaltverein – Medizinrecht heute: Erfahrungen, Analysen, Entwicklungen, Festschrift 20 Jahre Arbeitsgemeinschaft Medizinrecht im DAV, Bonn, 2018.

Brockmöller, Jürgen, Klassifizierung der biomedizinischen Forschung am Menschen und die damit verbundenen ethischen und rechtlichen Konflikte, in: Spickhoff, Andreas/Handorn, Boris (Hrsg.), Handbuch Medizinisches Forschungsrecht, München, 2024, S. 33–58.

Broothaerts, Wim/Jacchia, Sara/Angers, Alexandre/Petrillo, Mauro/Querci, Maddalena/Savini, Cristian/van den Eede, Guy/Emons, Hendrik, New genomic techniques (JRC Technical Report), EUR 30430 EN, Luxembourg, 2021. https://doi.org/10.2760/710056.

Brunetti-Pierri, Nicola/Ng, Philip, Helper-dependent adenoviral vectors for liver-directed gene therapy, Human Molecular Genetics 20 (2011), S. R7–13. https://doi.org/10.1093/hmg/ddr143.

Bruxel, F./Cojean, S./Bochot, A./Teixeira, H./Bories, C./Loiseau, P-M/Fattal, E., Cationic nanoemulsion as a delivery system for oligonucleotides targeting malarial topoisomerase II, International Journal of Pharmaceutics 416 (2011), S. 402–409. https://doi.org/10.1016/j.ijpharm.2011.01.048.

Bubela, Tania/Boch, Ron/Viswanathan, Sowmya, Recommendations for Regulating the Environmental Risk of Shedding for Gene Therapy and Oncolytic Viruses in Canada, Frontiers in Medicine 6 (2019), 58, S. 1–8. https://doi.org/10.3389/fmed.2019.00058.

Buchholz, Klaus/Collins, John, Eine kleine Geschichte der Biotechnologie, Berlin/Heidelberg 2022. https://doi.org/10.1007/978-3-662-63988-7.

Bundesamt für Soziale Sicherung, BAS-Report 2024, 2024, abrufbar unter: https://www.bundesamtsozialesicherung.de/fileadmin/redaktion/Presse/2025/20250821_BAS_Report 2024_web_barrierefrei.pdf (geprüft am 24.10.2025).

Bundesamt für Soziale Sicherung, Sondergutachten zu den Wirkungen von Pay-for-Performance-Verträgen vor dem Hintergrund des Risikopools, 2022, abrufbar unter: https://www.bundesamtsozialesicherung.de/fileadmin/redaktion/Risikostrukturausg leich/Weiterentwicklung/20221025Sondergutachten_BAS_P4P_Vertraege_Risikopool.pdf (geprüft am 24.10.2025).

Bundesamt für Verbraucherschutz und Lebensmittelsicherheit, Stellungnahme der ZKBS – Zum Einbringen von mRNA in eukaryote Zellen, 1996, abrufbar unter: https://zkbs-onl ine.de/fileadmin/user_upload/Downloads/Stellungnahmen/Zellbiologie/mRNA_in_euka ryoten_Zellen_1996.pdf (geprüft am 24.10.2025).

Bundesinstitut für Arzneimittel und Medizinprodukte, Geschäftsverteilungsplan der registrierten Ethik-Kommissionen, abrufbar unter: https://www.bfarm.de/DE/Arzneimittel/Kli nische-Pruefung/Ethik-Kommissionen/_node.html (geprüft am 24.10.2025).

Bundesinstitut für Risikobewertung, Verwendung von genetisch veränderten Versuchstieren zu Futterzwecken: Empfehlung Nr. 003/2020 des Nationalen Ausschuss TierSchG vom 19.06.2020, 2020, abrufbar unter: https://www.bf3r.de/cm/343/verwendung-von-geneti sch-veraenderten-versuchstieren-zu-futterzwecken.pdf (geprüft am 24.10.2025).

Bundesminister für Forschung und Technologie (Hrsg.), Die Erforschung des menschlichen Genoms: ethische und soziale Aspekte – erster Bericht des vom Bundesminister für Forschung und Technologie einberufenen Arbeitskreis Genforschung, Frankfurt, 1991.

Bunnik, Evelien M./Le Roch, Karine G., An Introduction to Functional Genomics and Systems Biology, Advances in Wound Care 2 (2013), S. 490–498. https://doi.org/10.1089/wound.2012.0379.

Büscher, Anna, Preisfindung im Rahmen des AMNOG-Verfahrens, Baden-Baden, 2025.

Cai, Yuxin/Sui, Lijuan/Wang, Jingjing/Qian, Weilin/Peng, Yeheng/Gong, Luyao/Wu, Weijia/Gao, Yuan, Post-marketing surveillance framework of cell and gene therapy products in the European Union, the United States, Japan, South Korea and China: a comparative study, BMC Medicine 22 (2024), 421, S. 1–23. https://doi.org/10.1186/s12916-024-036 37-z.

Campbell, Neil A./Urry, Lisa A./Cain, Michael L./Wasserman, Steven A./Minorsky, Peter V./ Reece, Jane B., Biologie, 11. Auflage, Hallbergmoos, 2019.

Canadian Council on Animal Care, Canadian Legislation and Policies, abrufbar unter: https://ccac.ca/en/animals-used-in-science/canadian-legislation-and-policies/ (geprüft am 24.10.2025).

Canadian Council on Animal Care, Categories of Invasiveness in Animal Experiments, abrufbar unter: https://ccac.ca/Documents/Standards/Guidelines/Categories_of_invasiveness.pdf (geprüft am 24.10.2025).

Canadian Council on Animal Care, CCAC guidelines: Laboratory animal facilities, https://ccac.ca/Documents/Standards/Guidelines/CCAC_guidelines-Laboratory_animal_facilities.pdf (geprüft am 24.10.2025).

Canadian Council on Animal Care, CCAC guidelines on: animal use protocol review, 1997, abrufbar unter: https://ccac.ca/Documents/Standards/Guidelines/Protocol_Review.pdf (geprüft am 24.10.2025).

Canadian Council on Animal Care, CCAC guidelines on: euthanasia of animals used in science, 2010, abrufbar unter: https://ccac.ca/Documents/Standards/Guidelines/Euthanasia.pdf (geprüft am 24.10.2025).

Canadian Council on Animal Care, CCAC guidelines: Mice, 2019, abrufbar unter: https://ccac.ca/Documents/Standards/Guidelines/CCAC_Guidelines_Mice-Sept2022.pdf (geprüft am 24.10.2025).

Canadian Council on Animal Care, CCAC guidelines: Nonhuman primates, 2019, abrufbar unter: https://ccac.ca/Documents/Standards/Guidelines/CCAC_Nonhuman-Primates_Guidelines-2019.pdf (geprüft am 24.10.2025).

Canadian Council on Animal Care, Certification of Ethical Animal Care and Use of Programs, 2022, abrufbar unter: https://ccac.ca/Documents/Standards/Policies/Certification_of_ethical_animal_care_and_use_programs.pdf (geprüft am 24.10.2025).

Canadian Council on Animal Care, Program Features, (https://ccac.ca/en/certification/how-to-participate/program-features.html) (geprüft am 24.10.2025).

Canadian Council on Animal Care, Terms of Reference for Animal Care Committees, abrufbar unter: https://ccac.ca/Documents/Standards/TORs/CCAC_Terms_of_Reference_for_ACC.pdf (geprüft am 24.10.2025).

Carolina, Iglesias-Lopez/Antònia, Agustí/Mercè, Obach/Antonio, Vallano, Regulatory and clinical development to support the approval of advanced therapies medicinal products in Japan, Expert Opinion on Biological Therapy 22 (2022), S. 831–842. https://doi.org/10.1080/14712598.2022.2093637.

Carter, Paul J., Introduction to current and future protein therapeutics: a protein engineering perspective, Experimental Cell Research 317 (2011), S. 1261–1269. https://doi.org/10.1016/j.yexcr.2011.02.013.

Cavazzana-Calvo, M./Hacein-Bey, S./Saint Basile, G. de/Gross, F./Yvon, E./Nusbaum, S./Selz, F./Hue, C./Certain, S./Casanova, J. L./Bousso, S./Deist, F. L./Fischer, A., Gene therapy of human severe combined immunodeficiency (SCID)-X1 disease, Science 288 (2000), S. 669–672. https://doi.org/10.1126/science.288.5466.669.

Cavazzana-Calvo, Marina/Payen, Emmanuel/Negre, Olivier/Wang, Gary/Hehir, Kathleen/Fusil, Floriane/Down, Julian/Denaro, Maria/Brady, Troy/Westerman, Karen/Cavallesco, Resy/Gillet-Legrand, Beatrix/Caccavelli, Laure/Sgarra, Riccardo/Maouche-Chrétien, Leila/Bernaudin, Françoise/Girot, Robert/Dorazio, Ronald/Mulder, Geert-Jan/Polack,

Axel/Bank, Arthur/Soulier, Jean/Larghero, Jérôme/Kabbara, Nabil/Dalle, Bruno/Gourmel, Bernard/Socie, Gérard/Chrétien, Stany/Cartier, Nathalie/Aubourg, Patrick/Fischer, Alain/Cornetta, Kenneth/Galacteros, Frédéric/Beuzard, Yves/Gluckman, Eliane/Bushman, Frederick/Hacein-Bey-Abina, Salima/Leboulch, Philippe, Transfusion independence and HMGA2 activation after gene therapy of human β-thalassaemia, Nature 467 (2010), S. 318–322. https://doi.org/10.1038/nature09328.

Cell and Gene Therapy Catapult, GMO Contained Use Authorisation Procedures for Clinical Trial Products in the UK, 2025, abrufbar unter: https://cgt.ams3.cdn.digitaloceanspaces.com/UK-GMO-CU-Authorisation-Procedures-for-Clinical-Trial-Products_January-2025.pdf (geprüft am 24.10.2025).

Cell and Gene Therapy Catapult, Guidance Document – Cell and Gene Therapy Catapult Guidance on the development and marketing of ATMPs in the UK and EU at this position post-BREXIT, 2022, abrufbar unter: https://cgt.ams3.cdn.digitaloceanspaces.com/CGT-Catapult-Guidance-for-ATMP_26.01.22.pdf (geprüft am 24.10.2025).

Chadwick, Ruth F./ Schüklenk, Udo, This is Bioethics : An Introduction, Hoboken, 2021.

Chandaria, Rehma/Rice, Philippa/Baston, Daniel/Willingham, Finn/Barry, Jacqueline, ATMP clinical trials in the UK, Regenerative Medicine 19 (2024), S. 541–548. https://doi.org/10.1080/17460751.2024.2427505.

Chapman, Carolyn Riley/Eckman, Jared/Bateman-House, Alison S., Oversight of Right-to-Try and Expanded Access Requests for Off-Trial Access to Investigational Drugs, Ethics & Human Research 42 (2020), S. 2–13. https://doi.org/10.1002/eahr.500038.

Charlesworth, Carsten T./Nakauchi, Hiromitsu, An optimized Sendai viral vector platform for reprogramming to naive pluripotency, Cell Reports Methods 2 (2022), 100349, S. 1–3. https://doi.org/10.1016/j.crmeth.2022.100349.

Chen, Changmai/Yang, Zhenjun/Tang, Xinjing, Chemical modifications of nucleic acid drugs and their delivery systems for gene-based therapy, Medicinal Research Reviews 38 (2018), S. 829–869. https://doi.org/10.1002/med.21479.

Chen, Yong Hong/Keiser, Megan S./Davidson, Beverly L., Viral Vectors for Gene Transfer, Current Protocols in Mouse Biology 8 (2018), e58, S. 1–7. https://doi.org/10.1002/cpmo.58.

Chisholm, Jolene/Ruff, Crystal/Viswanathan, Sowmya, Current state of Health Canada regulation for cellular and gene therapy products: potential cures on the horizon, Cytotherapy 21 (2019), S. 686–698. https://doi.org/10.1016/j.jcyt.2019.03.005.

Chmielewska, Justyna/Bert, Bettina/Grune, Barbara/Hensel, Andreas/Schönfelder, Gilbert, Der "vernünftige Grund" zur Tötung von überzähligen Tieren – Eine klassische Frage des Tierschutzrechts im Kontext der biomedizinischen Forschung, Natur und Recht 37 (2015), S. 677–682. https://doi.org/10.1007/s10357-015-2903-9.

Cichutek, Klaus, Gene and Cell Therapy in Germany and the EU, Journal für Verbraucherschutz und Lebensmittelsicherheit 3 (2008), S. 73–76.

Council of the European Union, Directive on the Union code relating to medicinal products for human use, 2023/0132 (COD), 2026, abrufbar unter: https://data.consilium.europa.eu/doc/document/ST-6367-2026-INIT/en/pdf (geprüft am 12.03.2026).

Council of the European Union, Regulation laying down Union procedures for the authorisation and supervision of medicinal products for human use and establishing rules governing the European Medicines Agency, 2023/0131 (COD), 2026, abrufbar unter:

https://data.consilium.europa.eu/doc/document/ST-6366-2026-INIT/en/pdf (geprüft am 12.03.2026).

Cross, Ryan, The Redemption of James Wilson, Gene Therapy Pioneer, abrufbar unter: https://cen.acs.org/business/The-redemption-of-James-Wilson-gene-therapy-pioneer/97/i36 (geprüft am 24.10.2025).

Dabbous, Monique/Chachoua, Lylia/Caban, Aleksandra/Toumi, Mondher, Managed Entry Agreements: Policy Analysis From the European Perspective, Value in Health 23 (2020), S. 425–433. https://doi.org/10.1016/j.jval.2019.12.008.

Dederer, Hans-Georg, Comparative Analysis, in: Dederer, Hans-Georg/Frenken, Gregor (Hrsg.), Regulation of Genome Editing in Human iPS Cells – A Comparative Legal Analysis of National Regulatory Frameworks for iPSC-based Cell/Gene Therapies, S. 289–331, Cham, 2021. https://doi.org/10.1007/978-3-030-93023-3_9.

Dederer, Hans-Georg,Deregulierung genomeditierter Pflanzen auf Unionsebene – Aktueller Stand und Perspektiven, Lebensmittel und Recht 28 (2024), S. 59–67.

Dederer, Hans-Georg, Gentechnikrecht im Wettbewerb der Systeme, Berlin/Heidelberg, 1998. https://doi.org/10.1007/978-3-642-72069-7.

Dederer, Hans-Georg, Human health and genetic technology, Trends in Biotechnology 43 (2025), S. 522–532. https://doi.org/10.1016/j.tibtech.2024.12.006.

Dederer, Hans-Georg/Frenken, Gregor, Studie: Genom-Editierung am Menschen. Vergleich der regulatorischen Rahmenbedingungen für CRISPR-Gen-Editierung und ihre Auswirkungen auf Forschung und Innovation – (Studie zum deutschen Innovationssystem, Nr. 13–2021), 2021.

Dederer, Hans-Georg/Hamburger, David, Are genome-edited micro-organisms covered by Directive 2009/41/EC?-implications of the CJEU's judgment in the case C-528/16 for the contained use of genome-edited micro-organisms, Journal of Law and the Biosciences 9 (2022), lsab033, S. 1–27. https://doi.org/10.1093/jlb/lsab033

Dederer, Hans-Georg/Herdegen, Matthias/Spranger, Tade M., Biotechnologierecht – Gentechnikrecht und Biomedizinrecht, 130. Aktualisierung, Heidelberg, 2025.

Del Pozo-Rodríguez, Ana/Solinís, María Ángeles/Rodríguez-Gascón, Alicia, Applications of lipid nanoparticles in gene therapy, European Journal of Pharmaceutics and Biopharmaceutics 109 (2016), S. 184–193. https://doi.org/10.1016/j.ejpb.2016.10.016.

Delisle, Jean-Sébastien/Fournier, Diane/Santerre, Kim/Rochette, Samuel/Zawati, Ma'n H./Dumont-Lagacé, Maude/Turcotte, Simon/Guertin, Jason Robert/Vermette, Patrick/Tremblay, Jacques S./Parisotto, Maxime/Beauséjour, Christian/Petropoulos, Louisa/Kekre, Natasha/Michaud, Stéphanie/Dieudé, Mélanie, Harnessing the promises of cell therapy, gene therapy, and regenerative medicine in Québec, Canada, Frontiers in Medicine 12 (2025), 1581058, S. 1–13.

Delker, Sebastian, Myokardialer Gentransfer mittels Adenoassoziierter Viraler Vektoren, München, 2012.

Desai, Kashappa Goud/Obayashi, Hirokazu/Colandene, James D./Nesta, Douglas S., Japan-Specific Key Regulatory Aspects for Development of New Biopharmaceutical Drug Products, Journal of Pharmaceutical Sciences 107 (2018), S. 1773–1786. https://doi.org/10.1016/j.xphs.2018.03.017.

Dettling, Heinz-Uwe/Böhnke, Ocka-Anna/Niedziolka, Katharina, Rohstoffe, Ausgangsstoffe und Arzneimittel, Arzneimittel & Recht 9 (2013), S. 147–166.

Dettling, Heinz-Uwe/Gerlach, Alice (Hrsg.), Krankenhausrecht, 2. Auflage, München, 2018.

Deutsche Gesellschaft für Hämatologie und medizinische Onkologie, Bluebird Bio nimmt das Gentherapeutikum Zynteglo® aus wirtschaftlichen Gründen vom deutschen Markt, abrufbar unter: https://www.dgho.de/aktuelles/news/newsarchiv/2021/bluebird-bio-nimmt-das-gentherapeutikum-zynteglo-r-aus-wirtschaftlichen-gruenden-vom-deutschen-markt (geprüft am 24.10.2025).

Deutsches Ärzteblatt, G-BA beschließt anwendungsbegleitende Datenerhebung für Zolgensma, 2021, abrufbar unter: https://www.aerzteblatt.de/news/g-ba-beschliesst-anwendungsbegleitende-datenerhebung-fuer-zolgensma-50703ad8-918c-4ae0-a5ad-a752b51f4de3 (geprüft am 24.10.2025).

DFG Senatskommission für Grundsatzfragen der Genforschung, Entbürokratisierung und Vereinheitlichung des Vollzugs des Gentechnikrechts bei gentechnischen Arbeiten der Sicherheitsstufe S1, 2024, abrufbar unter: https://www.dfg.de/resource/blob/337150/sk-genforschung-gentechnikrecht.pdf (geprüft am: 24.10.2025)

Dieners, Peter/Reese, Ulrich (Hrsg.), Handbuch des Pharmarechts, München, 2010.

Dierks, Christian, Ähnlich aber nicht gleich – Rechtliche Aspekte biotechnologischer Nachfolgepräparate, Neue Juristische Online-Zeitschrift 13 (2013), S. 1.

Doudna, Jennifer A./Charpentier, Emmanuelle, Genome editing. The new frontier of genome engineering with CRISPR-Cas9, Science 346 (2014), 1258096, S. 1–9. https://doi.org/10.1126/science.1258096.

Doudna, Jennifer A./Sternberg, Samuel H., Eingriff in die Evolution : die Macht der CRISPR-Technologie und die Frage, wie wir sie nutzen wollen, Berlin, 2018.

Dufresne, Yolande/Singh, Manpreet/McMahon, Eileen M., Health Canada moves to reduce regulatory roadblocks and enhance safety in health product lincensing, abrufbar unter: https://www.torys.com/en/our-latest-thinking/publications/2023/04/health-product-licensing (geprüft am 24.10.2025).

Dull, T./Zufferey, R./Kelly, M./Mandel, R. J./Nguyen, M./Trono, D./Naldini, L., A third-generation lentivirus vector with a conditional packaging system, Journal of Virology 72 (1998), S. 8463–8471. https://doi.org/10.1128/JVI.72.11.8463-8471.1998.

Dunbar, Cynthia E./High, Katherine A./Joung, J. Keith/Kohn, Donald B./Ozawa, Keiya/Sadelain, Michel, Gene therapy comes of age, Science 359 (2018), eaan4672, S. 1–10. https://doi.org/10.1126/science.aan4672.

Dunn, Rachel, Brexit: A Boon or a Curse for Animals Used in Scientific Procedures?, Animals 11 (2021), 1547, S. 1–21. https://doi.org/10.3390/ani11061547.

Eckstein, Niels, Arzneimittel – Entwicklung und Zulassung, 2. Auflage, Stuttgart, 2018.

Ellens, Kenneth W./Levac, Dylan/Pearson, Cindy/Savoie, Annie/Strand, Neil/Louter, Jim/Tibelius, Christine, Canadian regulatory aspects of gene editing technologies, Transgenic Research 28 (2019), S. 165–168. https://doi.org/10.1007/s11248-019-00153-2.

Enghofer, Franziska, Humane artifizielle Gameten, Münster, 2019.

Erb, Volker/Schäfer, Jürgen (Hrsg.), Münchener Kommentar zum Strafgesetzbuch, 4. Auflage, München, 2022.

Erbs, Georg/Kohlhaas, Schäfer, Strafrechtliche Nebengesetze, 258. Auflage, München, 2025.

Eren Vural, Ipek/Herder, Matthew/Graham, Janice E., From sandbox to pandemic: Agile reform of Canadian drug regulation, Health Policy 125 (2021), S. 1115–1120. https://doi.org/10.1016/j.healthpol.2021.04.018.

European Commission,Annex 1 – Manufacture of Sterile Medicinal Products, 2022, abrufbar unter: https://health.ec.europa.eu/document/download/e05af55b-38e9-42bf-8495-194bbf0b9262_en?filename=20220825_gmp-an1_en_0.pdf (geprüft am 24.10.2025).
European Commission, Annex 2 – Manufacture of Biological active substances and Medicinal Products for Human Use, 2018, abrufbar unter: https://health.ec.europa.eu/document/download/380fdf24-8a1e-4f65-809b-e08d990d5f9e_en?filename=2018_annex2_en.pdf (geprüft am 24.10.2025).
European Commission, Annex 13 – Detailed Commission guideline of 8 December 2017 on the good manufacturing practice for investigational medicinal products pursuant to the second paragraph of the Article 63(1) of Regulation (EU) No 536/2014, 2017, abrufbar unter: https://health.ec.europa.eu/document/download/a0b206a0-5788-406b-9e20-e0525b16e712_en?filename=guideline_adopted_1_en_act_part1_v3.pdf (geprüft am 24.10.2025).
European Commission, Commission communication on the Community marketing authorisation procedures for medicinal products, OJ C 229 22.7.1998.
European Commission, Commission Staff Working Document, Study on the status of new genomic techniques under Union law and in light of the Court of Justice ruling in Case C-528/16, SWD(2021) 92 final, 2021, abrufbar unter: https://food.ec.europa.eu/system/files/2021-04/gmo_mod-bio_ngt_eu-study.pdf (geprüft am 24.10.2025).
European Commission, EudraLex – Volume 4 – Good Manufacturing Practice (GMP) guidelines, abrufbar unter: https://health.ec.europa.eu/medicinal-products/eudralex/eudralex-volume-4_en (geprüft am 24.10.2025).
European Commission, Proposal for a Regulation of the European Parliament and of the Council on advanced therapy medicinal products and amending Directive 2001/83/EC and Regulation (EC) No 726/2004, COM (2005) 567 final.
European Commission, Proposal for a Regulation of the European Parliament and of the Council on establishing a framework of measures for strengthening Union's biotechnology and biomanufacturing sectors particularly in the area of health and amending Regulations (EC) No 178/2002, (EC) No 1394/2007, (EU) No 536/2014, (EU) 2019/6, (EU) 2024/795 and (EU) 2024/1938 (European Biotech Act), COM (2025) 1022 final, abrufbar unter: https://health.ec.europa.eu/document/download/ec1475b7-e3f9-409e-b927-fc7e69306a8c_en?filename=biotech_reg-com2025-1022_act_en.pdf (geprüft am 12.03.2026).
European Commission, Proposal for a Regulation of the European Parliament and of the Council on plants obtained by certain new genomic techniques and their food and feed, and amending Regulation (EU) 2017/625, COM(2023) 411 final, abrufbar unter: https://eur-lex.europa.eu/resource.html?uri=cellar:c88fe9ac-1c06-11ee-806b-01aa75ed71a1.0001.02/DOC_1&format=PDF (geprüft am 24.10.2025).
European Commission, Staff Working Document, Annex to the: Proposal for a regulation on advanced therapy medicinal products, SEC/2005/1444 (CELEX-Nr.: 52005SC1444).
European Commission, The Rules Governing Medicinal Products in the European Union, Volume 4 – Good Manufacturing Practice, 2017, abrufbar unter: https://health.ec.europa.eu/medicinal-products/eudralex/eudralex-volume-4_en (geprüft am 24.10.2025).
European Commission/DG Enterprise and Industry, Directorate F, Unit F3 "Cosmetics and medical devices", MEDICAL DEVICES: Guidance document – Borderline products, drug-delivery products and medical devices incorporating, as an integral part, an ancillary medicinal substance or an ancillary human blood derivative, MEDDEV 2.1/3 rev

3, abrufbar unter: https://ec.europa.eu/docsroom/documents/10328/attachments/1/translations (geprüft am 24.10.2025).
European Medicines Agency, Alprolix (eftrenonacog alfa) – Public Assessment Report – Summary of Product Information, 2016, abrufbar unter: https://www.ema.europa.eu/en/documents/product-information/alprolix-epar-product-information_en.pdf (geprüft am 24.10.2025).
European Medicines Agency, BeneFIX (nonacog alfa) – Public Assessment Report – Medicine Overview. EMA/591490/2015, 2015, abrufbar unter: https://www.ema.europa.eu/en/documents/overview/benefix-epar-summary-public_en.pdf (geprüft am 24.10.2025).
European Medicines Agency, Casgevy : EPAR – Medicine overview, EMA/56648/2024, abrufbar unter: https://www.ema.europa.eu/en/documents/overview/casgevy-epar-medicine-overview_en.pdf (geprüft am 24.10.2025).
European Medicines Agency, Casgevy : EPAR – Product information, EMA/56648/2024, abrufbar unter: https://www.ema.europa.eu/en/documents/product-information/casgevy-epar-product-information_en.pdf (geprüft am 24.10.2025).
European Medicines Agency, Commitee for Advanced Therapies (CAT) – Minutes of the meeting on 02–04 December 2020. EMA/CAT/162004/2021, 2021, abrufbar unter: https://www.ema.europa.eu/en/documents/minutes/minutes-cat-meeting-2-4-december-2020_en.pdf (geprüft am 24.10.2025).
European Medicines Agency, Commitee for Advanced Therapies (CAT) – Minutes of the meeting on 15–17 July 2020. EMA/CAT/510852/2020, 2020, abrufbar unter: https://www.ema.europa.eu/en/documents/minutes/minutes-cat-meeting-15-17-july-2020_en.pdf (geprüft am 24.10.2025)
European Medicines Agency, European Medicines Agency Guidance for applicants seeking access to PRIME scheme, EMA/7872/2021, 2024, abrufbar unter: https://www.ema.europa.eu/en/documents/other/european-medicines-agency-guidance-applicants-seeking-access-prime-scheme_en.pdf (geprüft am 24.10.2025).
European Medicines Agency, European Medicines Agency pre-authorisation procedural advice for users of the centralised procedure, EMA/821278/2015, abrufbar unter: https://www.ema.europa.eu/en/documents/regulatory-procedural-guideline/european-medicines-agency-pre-authorisation-procedural-advice-users-centralised-procedure_en.pdf (geprüft am 24.10.2025).
European Medicines Agency, Good Laboratory Practice (GLP) Principles in relation to ATMPs, 2017, abrufbar unter: https://www.ema.europa.eu/en/documents/other/good-laboratory-practice-glp-principles-relation-advanced-therapy-medicinal-products-atmps_en.pdf (geprüft am 24.10.2025).
European Medicines Agency, Guideline on environmental risk assessments for medicinal products consisting of, or containing, genetically modified organisms (GMOs), 2006, abrufbar unter: https://www.ema.europa.eu/en/documents/scientific-guideline/guideline-environmental-risk-assessments-medicinal-products-consisting-or-containing-genetically-modified-organisms-gmos_en.pdf (geprüft am 24.10.2025).
European Medicines Agency, Guidelines relevant for advanced therapy medicinal products, abrufbar unter: https://www.ema.europa.eu/en/human-regulatory-overview/advanced-therapy-medicinal-products-overview/guidelines-relevant-advanced-therapy-medicinal-products (geprüft am 24.10.2025).

European Medicines Agency, Guideline on scientific requirements for the environmental risk assessment of gene therapy medicinal products, EMEA/CHMP/GTWP/125491/2006, 2006, abrufbar unter: https://www.ema.europa.eu/en/documents/scientific-guideline/guideline-scientific-requirements-environmental-risk-assessment-gene-therapy-medicinal-products_en.pdf (geprüft am 24.10.2025).

European Medicines Agency, Guideline on the Development and Manufacture of Oligonucleotides – Draft, 2024, abrufbar unter: https://www.ema.europa.eu/en/documents/scientific-guideline/draft-guideline-development-manufacture-oligonucleotides_en.pdf (geprüft am 24.10.2025).

European Medicines Agency, Guideline on the environmental risk assessment of medicinal products for human use, EMA/CHMP/SWP/44609/2010 Rev. 1, 2024, abrufbar unter: https://www.ema.europa.eu/en/documents/scientific-guideline/guideline-environmental-risk-assessment-medicinal-products-human-use-revision-1_en.pdf (geprüft am 24.10.2025).

European Medicines Agency, Guideline on the scientific application and the practical arrangements necessary to implement the procedure for accelerated assessment pursuant to Article 14(9) of Regulation (EC) No 726/2004, EMA/CHMP/671361/2015 Rev. 1, 2016, abrufbar unter: https://www.ema.europa.eu/en/documents/scientific-guideline/guideline-scientific-application-and-practical-arrangements-necessary-implement-procedure-accelerated-assessment-pursuant-article-149-regulation-ec-no-7262004_en.pdf (geprüft am 24.10.2025).

European Medicines Agency, Guideline on quality, non-clinical and clinical requirements for investigational advanced therapy medicinal products in clinical trials, EMA/CAT/22473/2025, 2025, abrufbar unter: https://www.ema.europa.eu/en/documents/scientific-guideline/guideline-quality-non-clinical-clinical-requirements-investigational-advanced-therapy-medicinal-products-clinical-trials_en.pdf (geprüft am. 24.10.2025).

European Medicines Agency, Hemgenix (etranacogene dezaparvovec) – Public Assessment Report – Medicine Overview. EMA/45357/2023, 2023, abrufbar unter: https://www.ema.europa.eu/en/documents/overview/hemgenix-epar-medicine-overview_en.pdf (geprüft am 24.10.2025).

European Medicines Agency, ICH S12 Guideline on nonclinical biodistribution considerations for gene therapy products, EMA/CHMP/ICH/318372/2021, 2023, abrufbar unter: https://www.ema.europa.eu/en/documents/regulatory-procedural-guideline/ich-guideline-s12-nonclinical-biodistribution-considerations-gene-therapy-products-step-5_en.pdf (geprüft am 24.10.2025).

European Medicines Agency, Kymriah: EPAR – Medicine overview, EMA/188757/2022, abrufbar unter: https://www.ema.europa.eu/en/documents/overview/kymriah-epar-medicine-overview_en.pdf (geprüft am 24.10.2025).

European Medicines Agency, Kymriah: EPAR – Product information, EMA/188757/2022, abrufbar unter: https://www.ema.europa.eu/en/documents/product-information/kymriah-epar-product-information_en.pdf (geprüft am 24.10.2025).

European Medicines Agency, Mandate, objectives and rules of procedure of the Scientific Advice Working Party (SAWP), EMEA/CHMP/SAWP/69686/04 Rev 19, 2025, abrufbar unter: https://www.ema.europa.eu/en/documents/other/mandate-objectives-rules-procedure-scientific-advice-working-party-sawp_en.pdf (geprüft am 24.10.2025).

European Medicines Agency, Marketing authorisation, abrufbar unter: https://www.ema.europa.eu/en/human-regulatory-overview/marketing-authorisation (geprüft am 24.10.2025).
European Medicines Agency, Onpattro: EPAR – Product Information, 2018, https://www.ema.europa.eu/en/documents/product-information/onpattro-epar-product-information_en.pdf (geprüft am 24.10.2025).
European Medicines Agency, Overview of comments received on 'Guideline on quality, non-clinical and clinical requirements for investigational advanced therapy medicinal products in clinical trials' (EMA/CAT/123573/2024) – second public consultation, EMA/264632/2024, 2025, abrufbar unter: https://www.ema.europa.eu/en/documents/comments/overview-comments-received-guideline-quality-non-clinical-clinical-requirements-investigational-advanced-therapy-medicinal-products-clinical-trials-ema-cat-123573-2024-second-public-consultation_en.pdf (geprüft am 24.10.2025).
European Medicines Agency, Overview of comments received on Reflection Paper on classification of advanced therapy medicinal products (EMA/CAT/600280/2010 rev. 1), EMA/224106/2015, abrufbar unter: https://www.ema.europa.eu/en/documents/comments/overview-comments-received-reflection-paper-classification-advanced-therapy-medicinal-products_en.pdf (geprüft am 24.10.2025).
European Medicines Agency, Reflection paper on classification of advanced therapy medicinal products, EMA/CAT/600280/2010 rev.1, 2015, abrufbar unter: https://www.ema.europa.eu/en/documents/scientific-guideline/reflection-paper-classification-advanced-therapy-medicinal-products_en.pdf-0 (geprüft am 24.10.2025).
European Medicines Agency, Scientific Aspects and Working Definitions for the mandatory scope of the centralised procedure, EMEA/CHMP/121944/2007, abrufbar unter: https://www.ema.europa.eu/en/documents/regulatory-procedural-guideline/scientific-aspects-and-working-definitions-mandatory-scope-centralised-procedure_en.pdf (geprüft am 24.10.2025).
European Medicines Agency, Scientific recommendations on classification of advanced therapy medicinal products, EMA/140033/2021, abrufbar unter: https://www.ema.europa.eu/en/human-regulatory-overview/marketing-authorisation/advanced-therapies-marketing-authorisation/scientific-recommendations-classification-advanced-therapy-medicinal-products (geprüft am 24.10.2025).
European Medicines Agency, Statement on the scientific rationale supporting interchangeability of biosimilar medicines in the EU, EMA/627319/2022, abrufbar unter: https://www.ema.europa.eu/en/documents/public-statement/statement-scientific-rationale-supporting-interchangeability-biosimilar-medicines-eu_en.pdf (geprüft am 24.10.2025).
European Medicines Agency, Vidaza: EPAR – Product Information, abrufbar unter: https://www.ema.europa.eu/en/documents/product-information/vidaza-epar-product-information_en.pdf (geprüft am 24.10.2025).
European Medicines Agency, Yescarta: EPAR – Medicine overview, EMA/854121/2022, abrufbar unter: https://www.ema.europa.eu/en/documents/overview/yescarta-epar-medicine-overview_en.pdf (geprüft am 24.10.2025).
European Medicines Agency, Yescarta: EPAR – Product Information, EMA/854121/2022, abrufbar unter: https://www.ema.europa.eu/en/documents/product-information/yescarta-epar-product-information_en.pdf (geprüft am 24.10.2025).
European Medicines Agency/International Council for Harmonisation of Technical Requirements for Pharmaceuticals for Human Use, ICH E6 (R3) Guideline for good clinical

practice (GCP), EMA/CHMP/ICH/135/1995, 2025, abrufbar unter: https://www.ema.europa.eu/en/documents/scientific-guideline/ich-e6-r3-guideline-good-clinical-practice-gcp-step-5_en.pdf (geprüft am 24.10.2025).

Faltus, Timo, Stammzellenreprogrammierung, Baden-Baden, 2016.

Faltus, Timo, Herstellung und Inverkehrbringen von Phagenarzneimitteln, Pharma Recht (45) 2023, S. 679–687.

Faltus, Timo, Phagenarzneimittel – Klassisches Arzneimittel, stoffliches Medizinprodukt, Biological, ATMP, Impfstoff, Biozid, GVO… alles, nichts, oder?, Pharma Recht (45) 2023, S. 469–476.

Faltus, Timo, The applicability of the European GMO legislation to epigenetically modified organisms, Frontiers in Bioengineering and Biotechnology 11 (2023), 1124131, S. 1–11. https://doi.org/10.3389/fbioe.2023.1124131.

Fastabend, Katrin, Der Begriff der notwendigen Krankenbehandlung im SGB V, Neue Zeitschrift für Sozialrecht 11 (2002), S. 299–307.

Fehn, Karsten/Koyuncu, Adem/Meyer, Catia, Die strafrechtliche Rechtfertigung individueller Heilversuche und das Verhältnis von § 34 StGB zu § 21 Abs. 2 Nr. 6 AMG, Pharma Recht 36 (2014), S. 91–97.

Felix, Dagmar, Die Innovationsoffenheit des SGB V unter "Dauerbeschuss", Medizinrecht 42 (2024), S. 939–945. https://doi.org/10.1007/s00350-024-6901-x.

Ferdman, Jack M./Peloquin, David/Bierer, Barbara E., New Developments in Right to Try Legislation, Health Law Weekly (2025), S. 1–11.

Fernandez-Piñeiro, I./Badiola, I./Sanchez, A., Nanocarriers for microRNA delivery in cancer medicine, Biotechnology Advances 35 (2017), S. 350–360. https://doi.org/10.1016/j.biotechadv.2017.03.002

Fischer, Alain/Hacein-Bey-Abina, Salima, Gene therapy for severe combined immunodeficiencies and beyond, The Journal of Experimental Medicine 217 (2020), e20190607. S. 1–10. https://doi.org/10.1084/jem.20190607.

Frahm, Wolfgang/Jansen, Christoph/Katzenmeier, Christian/Kienzle, Hans-Friedrich/Kingreen, Thorsten/Lungstras, Anne Barbara/Saeger, Hans-Detlev/Schmitz-Luhn, Björn/Woopen, Christiane, Medizin und Standard – Verwerfungen und Perspektiven, Medizinrecht 36 (2018), S. 447–457. https://doi.org/10.1007/s00350-018-4957-1.

Frangoul, Haydar/Altshuler, David/Cappellini, M. Domenica/Chen, Yi-Shan/Domm, Jennifer/Eustace, Brenda K./Foell, Juergen/La Fuente, Josu de/Grupp, Stephan/Handgretinger, Rupert/Ho, Tony W./Kattamis, Antonis/Kernytsky, Andrew/Lekstrom-Himes, Julie/Li, Amanda M./Locatelli, Franco/Mapara, Markus Y./Montalembert, Mariane de/Rondelli, Damiano/Sharma, Akshay/Sheth, Sujit/Soni, Sandeep/Steinberg, Martin H./Wall, Donna/Yen, Angela/Corbacioglu, Selim, CRISPR-Cas9 Gene Editing for Sickle Cell Disease and β-Thalassemia, The New England Journal of Medicine 384 (2021), S. 252–260. https://doi.org/10.1056/NEJMoa2031054.

Frangoul, Haydar/Locatelli, Franco/Sharma, Akshay/Bhatia, Monica/Mapara, Markus/Molinari, Lyndsay/Wall, Donna/Liem, Robert I./Telfer, Paul/Shah, Ami J./Cavazzana, Marina/Corbacioglu, Selim/Rondelli, Damiano/Meisel, Roland/Dedeken, Laurence/Lobitz, Stephan/Montalembert, Mariane de/Steinberg, Martin H./Walters, Mark C./Eckrich, Michael J./Imren, Suzan/Bower, Laura/Simard, Christopher/Zhou, Weiyu/

Xuan, Fengjuan/Morrow, Phuong Khanh/Hobbs, William E./Grupp, Stephan A., Exagamglogene Autotemcel for Severe Sickle Cell Disease, The New England Journal of Medicine 390 (2024), S. 1649–1662. https://doi.org/10.1056/NEJMoa2309676.

Frech, Marion/Dexel, Florian/Burgard, Margareta/Seibel, Yvonne, Die nationale Begleitgesetzgebung zum Genehmigungsverfahren klinischer Prüfungen mit Humanarzneimitteln im Rahmen der Verordnung (EU) Nr. 536/2014, Bundesgesundheitsblatt 66 (2023), S. 12–20. https://doi.org/10.1007/s00103-022-03629-5.

Freitag, Franziska/Wagner, Ernst, Optimizing synthetic nucleic acid and protein nanocarriers: The chemical evolution approach, Advanced Drug Delivery Reviews 168 (2021), S. 30–54. https://doi.org/10.1016/j.addr.2020.03.005.

Frenken, Gregor/Lüttge, Hannah, Regulation of Genome Editing in Human iPS Cells: Germany, in: Dederer, Hans-Georg/Frenken, Gregor (Hrsg.), Regulation of Genome Editing in Human iPS Cells – A Comparative Legal Analysis of National Regulatory Frameworks for iPSC-based Cell/Gene Therapies, S. 29–83, Cham, 2021. https://doi.org/10.1007/978-3-030-93023-3_3.

Fuhrmann, Stefan/Klein, Bodo/Fleischfresser, Andreas (Hrsg.), Arzneimittelrecht – Handbuch für die Rechtspraxis, 3. Auflage, Baden-Baden, 2020.

Gallo, Marcy E./Sarata, Amanda K., Advanced Gene Editing: CRISPR-Cas9, 2018, abrufbar unter: https://www.congress.gov/crs-product/R44824 (geprüft am 24.10.2025).

Gärditz, Ferdinand, Recht der medizinischen Forschung, in: Huster, Stefan/Kingreen, Thorsten/Becker, Ulrich (Hrsg.), Handbuch Infektionsschutzrecht, 2. Auflage, München, 2022, S. 477–527.

Gassner, Ulrich M., Tissue Engineering im Normendschungel, Medizinrecht 19 (2001), S. 553–561. https://doi.org/10.1007/s00350-001-0564-6.

Gaudelli, Nicole M./Komor, Alexis C./Rees, Holly A./Packer, Michael S./Badran, Ahmed H./Bryson, David I./Liu, David R., Programmable base editing of A•T to G•C in genomic DNA without DNA cleavage, Nature 551 (2017), S. 464–471. https://doi.org/10.1038/nature24644.

Gemeinsamer Bundesausschuss, Anwendungsbegleitende Datenerhebung bei Onasemnogen-Abeparvovec (Zolgensma®), abrufbar unter: https://www.g-ba.de/studien/abd/zolgensma/ (geprüft am 24.10.2025).

Gemeinsamer Bundesausschuss, Beschluss des Gemeinsamen Bundesausschusses über eine Änderung der Arzneimittel-Richtlinie: § 40c (neu) – Austausch von biotechnologisch hergestellten Fertigarzneimitteln durch Apotheken, 2025, abrufbar unter: https://www.g-ba.de/downloads/39-261-7564/2025-12-04_AM-RL_Paragraf-40-c_Austausch-Biologika-Apotheke.pdf (geprüft am 28.02.2026).

Gemeinsamer Bundesausschuss, Onasemnogen-Abeparvovec, Beschuss vom 4. November 2021, BAnz AT 07.12.2021 B3, abrufbar unter: https://www.g-ba.de/downloads/91-1385-689/2021-11-04_Geltende-Fassung_Onasemnogen-Abeparvovec_D-679.pdf (geprüft am 24.10.2025).

Gemeinsamer Bundesausschuss, Pressemitteilung – Nutzenbewertung zur ersten Gen-Editierungstherapie für die Behandlung von Beta-Thalassämie und schwerer Sichelzellkrankheit, 2025, abrufbar unter: https://www.g-ba.de/presse/pressemitteilungen-meldungen/1271/ (geprüft am 24.10.2025).

Gemeinsamer Bundesausschuss, Richtlinie des Gemeinsamen Bundesausschusses zu Anforderungen an die Qualität der Anwendung von Arzneimitteln für neuartige Therapien gemäß § 136a Absatz 5 SGB V in der Fassung vom 4. November 2021, zuletzt geändert am 6. Februar 2025, 2025, abrufbar unter: https://www.g-ba.de/downloads/62-492-3807/ATMP-QS-RL_2025-02-06_iK-2025-05-08.pdf (geprüft am 24.10.2025).

Gemeinsamer Bundesausschuss, Verfahrensordnung des Gemeinsamen Bundesausschusses in der Fassung vom 18. Dezember 2008, zuletzt geändert durch den Beschluss vom 17. Oktober 2024, veröffentlicht im Bundesanzeiger BAnz AT 28.05.2025 B2, abrufbar unter: https://www.g-ba.de/downloads/62-492-3830/VerfO_2024-10-17_iK_2025-05-29.pdf (geprüft am 24.10.2025).

Gerke, Sara, Die klinische Translation von hiPS-Zellen in Deutschland, in: Gerke, Sara/Taupitz, Jochen u.a. (Hrsg.), Die klinische Anwendung von humanen induzierten pluripotenten Stammzellen – Ein Stakeholder-Sammelband, Berlin, 2020.

Gersbach, Charles A./Gaj, Thomas/Barbas, Carlos F., Synthetic zinc finger proteins: the advent of targeted gene regulation and genome modification technologies, Accounts of Chemical Research 47 (2014), S. 2309–2318. https://doi.org/10.1021/ar500039w.

Gerstein, Mark B./Bruce, Can/Rozowsky, Joel S./Zheng, Deyou/Du, Jiang/Korbel, Jan O./Emanuelsson, Olof/Zhang, Zhengdong D./Weissman, Sherman/Snyder, Michael, What is a gene, post-ENCODE? History and updated definition, Genome Research 17 (2007), S. 669–681. https://doi.org/10.1101/gr.6339607.

Gillmore, Julian D./Gane, Ed/Taubel, Jorg/Kao, Justin/Fontana, Marianna/Maitland, Michael L./Seitzer, Jessica/O'Connell, Daniel/Walsh, Kathryn R./Wood, Kristy/Phillips, Jonathan/Xu, Yuanxin/Amaral, Adam/Boyd, Adam S./Cehelsky, Jeffrey E./McKee, Mark D./Schiermeier, Andrew/Harari, Olivier/Murphy, Andrew/Kyratsous, Christos A./Zambrowicz, Brian/Soltys, Randy/Gutstein, David E./Leonard, John/Sepp-Lorenzino, Laura/Lebwohl, David, CRISPR-Cas9 In Vivo Gene Editing for Transthyretin Amyloidosis, The New England Journal of Medicine 385 (2021), S. 493–502.

Godbout, Kelly/Tremblay, Jacques S., Prime Editing for Human Gene Therapy: Where Are We Now?, Cells 12 (2023), 536, S. 1–23. https://doi.org/10.3390/cells12040536

Godoy, Lyris M. F. de/Olsen, Jesper V./Cox, Jürgen/Nielsen, Michael L./Hubner, Nina C./Fröhlich, Florian/Walther, Tobias C./Mann, Matthias, Comprehensive mass-spectrometry-based proteome quantification of haploid versus diploid yeast, Nature 455 (2008), S. 1251–1254. https://doi.org/10.1038/nature07341.

Gonçalves, Giulliana Augusta Rangel/Paiva, Raquel de Melo Alves, Gene therapy: advances, challenges and perspectives, Einstein (Sao Paulo, Brazil) 15 (2017), S. 369–375. https://doi.org/10.1590/S1679-45082017RB4024.

Gostimskaya, Irina, CRISPR-Cas9: A History of Its Discovery and Ethical Considerations of Its Use in Genome Editing, Biochemistry 87 (2022), S. 777–788. https://doi.org/10.1134/S0006297922080090.

Gottwald, Sina, Die rechtliche Regulierung medizinischer Innovationen in der Gesetzlichen Krankenversicherung, Baden-Baden, 2016.

Government of Canada, Agreement on the Administration of Agency Grants and Awards by Research Institutions, 2023, abrufbar unter: https://science.gc.ca/site/science/en/interagency-research-funding/policies-and-guidelines/institutional-agreement?OpenDocument (geprüft am 24.10.2025).

Government of Canada, ATP candidates, abrufbar unter: https://www.canada.ca/en/health-canada/services/drug-health-product-review-approval/advanced-therapeutic-products/candidates.html (geprüft am 24.10.2025).

Government of Canada, Determining if Cells and Cell Lines are under the authority of the Human Pathogens and Toxins Act, 2014, abrufbar unter: https://www.canada.ca/en/public-health/services/laboratory-biosafety-biosecurity/human-pathogens-toxins-act/determining-cells-cell-lines-under-authority-human-pathogens-toxins-act.html (geprüft am 24.10.2025).

Government of Canada, Draft guidance on management of rolling reviews for drug submissions: Rolling review process, eligibility, abrufbar unter: https://www.canada.ca/en/health-canada/programs/consultation-proposed-agile-regulations-guidance-licensing-drugs-medical-devices/draft-management-rolling-reviews-submissions/process-eligibility.html (geprüft am 24.10.2025).

Government of Canada, Guidance on market authorization requirements for COVID-19 drugs: Rolling submissions and review, abrufbar unter: https://www.canada.ca/en/health-canada/services/drugs-health-products/covid19-industry/drugs-vaccines-treatments/guidance-market-authorization-drugs/rolling-submissions-reviews.html (geprüft am 24.10.2025).

Government of Canada, Guidelines for the Notification and Testing of New Substances: Organisms, 2010, abrufbar unter: https://www.canada.ca/content/dam/eccc/documents/pdf/new-substances-guidelines-for-ganisms/En14-36-1-2011-eng.pdf (geprüft am 24.10.2025).

Government of Canada, Health Canada Policy Position Paper – Autologous Cell Therapy Products, 2020, abrufbar unter: https://www.canada.ca/en/health-canada/services/drugs-health-products/biologics-radiopharmaceuticals-genetic-therapies/applications-submissions/guidance-documents/cell-therapy-policy.html (geprüft am 24.10.2025).

Government of Canada, Pharmaceutical Drugs Directorate, abrufbar unter: https://www.canada.ca/en/health-canada/corporate/about-health-canada/branches-agencies/health-products-food-branch/therapeutic-products-directorate.html (geprüft am 24.10.2025).

Government of Canada, Scientific Research Policy for Human Pathogens and Toxins, abrufbar unter: https://www.canada.ca/en/public-health/services/laboratory-biosafety-biosecurity/scientific-research-policy-human-pathogens-toxins.html (geprüft am 24.10.2025).

Government of Canada, Substances Search, 2025, abrufbar unter: https://pollution-waste.canada.ca/substances-search/Substance (geprüft am 24.10.2025).

Grabitz, Eberhard/Hilf, Meinhard/Nettesheim, Martin (Hrsg.), Das Recht der Europäischen Union, München, 2025.

Gracey Maniar, Lia E./Maniar, Jay M./Chen, Zhi-Ying/Lu, Jiamiao/Fire, Andrew Z./Kay, Mark A., Minicircle DNA vectors achieve sustained expression reflected by active chromatin and transcriptional level, Molecular Therapy 21 (2013), S. 131–138. https://doi.org/10.1038/mt.2012.244.

Graumann, Sigrid, Die somatische Gentherapie – Entwicklung und Anwendung aus ethischer Sicht, Tübingen, 2000.

Greiner, Stefan/Benedix, Mathias, Struktur und Systematik des Wirtschaftlichkeitsgebotes im SGB V, Die Sozialgerichtsbarkeit 60 (2013), S. 1–6.

Griffin, Gilly/Locke, Paul, Comparison of the Canadian and US Laws, Regulations, Policies, and Systems of Oversight for Animals in Research, Institute for Laboratory Animal Research Journal 57 (2016), S. 271–284. https://doi.org/10.1093/ilar/ilw037.

Griffiths, Paul/Stotz, Karola, Genetics and Philosophy, Cambridge, 2013. https://doi.org/10.1017/CBO9780511744082.

Grünewald, Thomas, Funktionelle Genomik und zielgerichtete Therapie maligner Tumoren, München, 2017.

Guan, S./Rosenecker, J., Nanotechnologies in delivery of mRNA therapeutics using nonviral vector-based delivery systems, Gene Therapy 24 (2017), S. 133–143. https://doi.org/10.1038/gt.2017.5.

Guerriaud, Mathieu/Kohli, Evelyne, RNA-based drugs and regulation: Toward a necessary evolution of the definitions issued from the European union legislation, Frontiers in Medicine 9 (2022), 1012497, S. 1–14. https://doi.org/10.3389/fmed.2022.1012497.

Gürtler, Patrick/Bailie, Christin-Kirsty/Goerlich, Ottmar/Estendorfer-Rinner/Baiker, Armin, Genome Editing, Erlangen, 2019.

Haas, Antje/Mayer, Thomas/Tebinka-Olbrich, Anja/Blindzellner, Maximilian/Beggerow, Elisa/Nickel, Andreas, Beschleunigte Zulassung von Arzneimitteln: Herausforderungen für Patient:innen, Datenqualität und faire Preise, in: Schröder, Helmut/Thürmann, Petra u.a. (Hrsg.), Arzneimittel-Kompass 2021, Berlin/Heidelberg, 2021, S. 105–124.

Hacein-Bey-Abina, Salima/Garrigue, Alexandrine/Wang, Gary S./Soulier, Jean/Lim, Annick/Morillon, Estelle/Clappier, Emmanuelle/Caccavelli, Laure/Delabesse, Eric/Beldjord, Kheira/Asnafi, Vahid/MacIntyre, Elizabeth/Dal Cortivo, Liliane/Radford, Isabelle/Brousse, Nicole/Sigaux, François/Moshous, Despina/Hauer, Julia/Borkhardt, Arndt/Belohradsky, Bernd H./Wintergerst, Uwe/Velez, Maria C./Leiva, Lily/Sorensen, Ricardo/Wulffraat, Nicolas/Blanche, Stéphane/Bushman, Frederic D./Fischer, Alain/Cavazzana-Calvo, Marina, Insertional oncogenesis in 4 patients after retrovirus-mediated gene therapy of SCID-X1, Journal of Clinical Investigation 118 (2008), S. 3132–3142. https://doi.org/10.1172/JCI35700.

Hagen, Gregory, The Regulation of Synthetic Nucleic Acids under the Human Pathogens and Toxins Act, University of British Columbia Law Review 49 (2016), S. 377–426.

Halioua-Haubold, Celine-Lea/Peyer, James G./Smith, James A./Arshad, Zeeshaan/Scholz, Matthew/Brindley, David A./MacLaren, Robert E., Regulatory Considerations for Gene Therapy Products in the US, EU, and Japan, The Yale Journal of Biology and Medicine 90 (2017), S. 683–693.

Harney, Anke/Huster, Stefan/Friedrich, Daniel R./Schöne-Seifert, Bettina/Raspe, Heiner, Medizinische Notwendigkeit einer Behandlung: Welche Krankheitszustände sind hierfür relevant? (Teil 2), Medizinrecht 39 (2021), S. 698–703. https://doi.org/10.1007/s00350-021-5945-4.

Hart, Dieter, Arzneimitteltherapie und ärztliche Verantwortung, Stuttgart, 1990.

Hartmann, Jessica/Schüßler-Lenz, Martina/Bondanza, Attilio/Buchholz, Christian J., Clinical development of CAR T cells-challenges and opportunities in translating innovative treatment concepts, EMBO Molecular Medicine 9 (2017), S. 1183–1197. https://doi.org/10.15252/emmm.201607485.

Hastie, Eric/Samulski, R. Jude, Adeno-associated virus at 50: a golden anniversary of discovery, research, and gene therapy success—a personal perspective, Human Gene Therapy 26 (2015), S. 257–265. https://doi.org/10.1089/hum.2015.025.

Hata, Tomomi/Nakamura, Kenichi/Yonemori, Kan/Noguchi, Emi/Watanabe, Makiko/Sohn, Joohyuk/Lu, Yen-Shen/Yap, Yoon-Sim/Tamura, Kenji/Fujiwara, Yasuhiro, Regulatory and operational challenges in conducting Asian International Academic Trial for expanding the indications of cancer drugs, Clinical and Translational Science 14 (2021), S. 1015–1025. https://doi.org/10.1111/cts.12965.

Hauck, Ernst, Medizinischer Fortschritt im Dreieck IQWiG, GBA und Fachgesellschaften: Wann wird eine innovative Therapie zur notwendigen medizinischen Maßnahme?, Neue Zeitschrift für Sozialrecht 16 (2007), S. 461–468.

Hauck, Ernst, Rechtliche Schnittstellen im SGB V zwischen ambulanter und stationärer Arzneimittelversorgung, Medizinrecht 28 (2010), S. 226–232. https://doi.org/10.1007/s00350-010-2625-1.

Hayashi, Haruto/Nogita, Takehide/Maeda, Hideki, A Qualitative Interview Study on Expanded Access Clinical Trials for Compassionate Use in Japan, Patient Preference and Adherence 18 (2024), S. 1471–1479. https://doi.org/10.2147/PPA.S468663.

Health and Safety Executive, The SACGM Compendium of guidance, abrufbar unter: https://www.hse.gov.uk/biosafety/gmo/acgm/acgmcomp/index.htm (geprüft am 24.10.2025).

Health Canada, Annex 1 to the Good manufacturing practices guide : manufacture of sterile drugs (GUI-0119), abrufbar unter: https://www.canada.ca/content/dam/hc-sc/documents/services/drugs-health-products/compliance-enforcement/good-manufacturing-practices/guidance-documents/gmp-guidelines-annex-1-manufacture-sterile-drugs-0119/gui-0119-may-21-2024-eng.pdf (geprüft am 24.10.2025).

Health Canada, Emergence and Advancement of Technologies: Regulatory Challenges and Considerations, 2021, abrufbar unter: https://www.casss.org/docs/default-source/cgtp/2021-cgtp-speaker-presentations/speaker-presentation-haile-yohannes-health-canada-2021-.pdf?sfvrsn=59a7f8fe_6#:~:text=Viral%20vectors%2C%20recombinant%20proteins%2C%20antibodies,5 (geprüft am 24.10.2025).

Health Canada, Good manufacturing practices guide for drug products, 2020, abrufbar unter: https://www.canada.ca/content/dam/hc-sc/documents/services/drugs-health-products/compliance-enforcement/good-manufacturing-practices/guidance-documents/gmp-guidelines-0001/gui-0001-eng.pdf (geprüft am 24.10.2025).

Health Canada, Guidance Document Annex 13 to the Current Edition of the Good Manufacturing Practices Guidelines Drugs Used In Clinical Trials, GUI-0036, 2009, abrufbar unter: https://www.canada.ca/content/dam/hc-sc/migration/hc-sc/dhp-mps/alt_formats/pdf/compli-conform/clini-pract-prat/docs/GUI-0036-eng.pdf (geprüft am 24.10.2025).

Health Canada, Guidance Document – Non-Clinical Laboratory Study Data Supporting Drug Product Applications and Submissions: Adherence to Good Laboratory Practice, 2010, abrufbar unter: https://www.canada.ca/content/dam/hc-sc/migration/hc-sc/dhp-mps/alt_formats/pdf/prodpharma/applic-demande/guide-ld/glp_bpl-eng.pdf (geprüft am 24.10.2025).

Health Canada, Guidance Document – Notice of Compliance with conditions (NOC/c), 2016, abrufbar unter: https://www.canada.ca/content/dam/hc-sc/migration/hc-sc/dhp-mps/alt_formats/pdf/prodpharma/applic-demande/guide-ld/compli-conform/noccg_accd-eng.pdf (geprüft am 24.10.2025).

Health Canada, Guidance for Industry Preparation of the Quality Information for Drug Submissions in the CTD Format: Biotherapeutic and Blood Products, 2024, abrufbar unter: https://www.canada.ca/content/dam/hc-sc/documents/services/drugs-health-products/biologics-radiopharmaceuticals-genetic-therapies/applications-submissions/guidance-documents/preparation-quality-information-drug-submissions-ctd-format-biotherapeutic-blood-products/preparation-quality-information-drug-submissions-ctd-format-biotherapeutic-blood-products.pdf (geprüft am 09.04.2025).

Health Canada, Guidance for Industry – Priority Review of Drug Submissions, 2009, abrufbar unter: https://www.canada.ca/content/dam/hc-sc/migration/hc-sc/dhp-mps/alt_formats/hpfb-dgpsa/pdf/prodpharma/priordr-eng.pdf (geprüft am 24.10.2025).

Health Canada, Questions and Answers, Guidance Document Non-Clinical Laboratory Study Data Supporting Drug Product Applications and Submissions: Adherence to Good Laboratory Practice, abrufbar unter: https://www.canada.ca/content/dam/hc-sc/migration/hc-sc/dhp-mps/alt_formats/pdf/prodpharma/applic-demande/guide-ld/glp_qa_bpl_qr-eng.pdf (geprüft am 24.10.2025).

Health Canada/Environment and Climate Change Canada, Supplementary Guidance Document for the Notification and Testing of New Substances: Organisms Used in Cell and Gene Therapy under Schedule 1 of the New Substances Notification Regulations (Organisms), 2021, abrufbar unter: https://www.canada.ca/content/dam/eccc/documents/pdf/pded/cell-gene-therapy-guidance/Cell-gene-therapy-guidance.pdf (geprüft am 24.10.2025).

Health Products and Food Branch, Guidance Document: Preparation of Clinical Trial Applications for use of Cell Therapy Products in Human, 2021, abrufbar unter: https://www.canada.ca/content/dam/hc-sc/migration/hc-sc/dhp-mps/alt_formats/pdf/prodpharma/applic-demande/guide-ld/clini/cell-therapy-therapie-cellulaire-eng.pdf (geprüft am 24.10.2025).

Health Research Authority, Clinical trials regulation reform, 2025, abrufbar unter: https://www.hra.nhs.uk/planning-and-improving-research/policies-standards-legislation/clinical-trials-investigational-medicinal-products-ctimps/clinical-trial-regulations-reform/ (geprüft am 24.10.2025).

Hecken, Josef, NUB-Lücke bei ATMPs schließen, 2021, abrufbar unter: https://observer-gesundheit.de/nub-luecke-bei-atmps-schliessen/ (geprüft am 24.10.2025).

Hecken, Josef, Regulierung von Arzneimitteln für neuartige Therapien durch den Gemeinsamen Bundesausschuss, Gesundheits- und Sozialpolitik 73 (2019), S. 8–12. https://doi.org/10.5771/1611-5821-2019-2-8.

Heinzl, Susanne, Myelodysplastisches Syndrom: Wirkstoff Azacitidin für Hochrisikopatienten, Deutsches Ärzteblatt 106 (2009), A 1262.

Hilton, Isaac B./Gersbach, Charles A., Enabling functional genomics with genome engineering, Genome Research 25 (2015), S. 1442–1455. https://doi.org/10.1101/gr.190124.115.

Hirai, Takamasa/Yasuda, Satoshi/Umezawa, Akihiro/Sato, Yoji, Country-specific regulation and international standardization of cell-based therapeutic products derived from pluripotent stem cells, Stem Cell Reports 18 (2023), S. 1573–1591. https://doi.org/10.1016/j.stemcr.2023.05.003.

Hirt, Almuth/Maisack, Christoph/Moritz, Johanna/Felde, Barbara, Tierschutzgesetz, 4. Auflage, München, 2023.

Holbein, M. E. Blair/Berglund, Jelena S./Weatherwax, Kevin/Gerber, David E./Adamo, Joan E., Access to Investigational Drugs: FDA Expanded Access Programs or “Right-to-Try” Legislation?, Clinical and Translational Science 8 (2015), S. 526–532. https://doi.org/10.1111/cts.12255.

Home Office, Code of Practice for the Housing and Care of Animals Bred, Supplied or Used for Scientific Purposes, 2014, abrufbar unter: https://assets.publishing.service.gov.uk/media/5a7ee67ce5274a2e8ab48e98/CoPanimalsWeb.pdf (geprüft am 24.10.2025).

Home Office, Efficient Breeding of Genetically Altered Animals, 2016, abrufbar unter: https://assets.publishing.service.gov.uk/media/5c4b0998ed915d38a2f5e2b5/GAA_Framework_Oct_18.pdf (geprüft am 24.10.2025).

Home Office, Guidance for training and continuous professional development under the Animals (Scientific Procedures) Act 1986, 2023, abrufbar unter: https://assets.publishing.service.gov.uk/media/6735f07e2469c5b71dbc7b38/Guidance_for_training_and_CPD_under_ASPA_FINAL1912.pdf (geprüft am 24.10.2025).

Home Office, Guidance on the operation of the Animals (Scientific Procedures) Act 1986, 2014, abrufbar unter: https://assets.publishing.service.gov.uk/media/6700017e080bdf716392ee63/Guidance_on_the_operation_of_ASPA_-_December_2023.pdf (geprüft am 24.10.2025).

Howe, Steven J./Mansour, Marc R./Schwarzwaelder, Kerstin/Bartholomae, Cynthia/Hubank, Michael/Kempski, Helena/Brugman, Martijn H./Pike-Overzet, Karin/Chatters, Stephen J./Ridder, Dick de/Gilmour, Kimberly C./Adams, Stuart/Thornhill, Susannah I./Parsley, Kathryn L./Staal, Frank J. T./Gale, Rosemary E./Linch, David C./Bayford, Jinhua/Brown, Lucie/Quaye, Michelle/Kinnon, Christine/Ancliff, Philip/Webb, David K./Schmidt, Manfred/Kalle, Christof von/Gaspar, H. Bobby/Thrasher, Adrian J., Insertional mutagenesis combined with acquired somatic mutations causes leukemogenesis following gene therapy of SCID-X1 patients, Journal of Clinical Investigation 118 (2008), S. 3143–3150. https://doi.org/10.1172/JCI35798.

Huang, Qingrui/Zeng, Jiawei/Yan, Jinghua, COVID-19 mRNA vaccines, Journal of Genetics and Genomics 48 (2021), S. 107–114. https://doi.org/10.1016/j.jgg.2021.02.006.

Huster, Stefan/Gottwald, Sina, Die Vergütung genetischer Diagnostik in der Gesetzlichen Krankenversicherung, Baden-Baden, 2013.

Hutson, Thomas H./Foster, Edmund/Moon, Lawrence D. F./Yáñez-Muñoz, Rafael J., Lentiviral vector-mediated RNA silencing in the central nervous system, Human Gene Therapy Methods 25 (2014), S. 14–32. https://doi.org/10.1089/hgtb.2013.016.

Iglesias-Lopez, C./Obach, M./Vallano, A./Agustí, A./Montané, J., Hurdles of environmental risk assessment procedures for advanced therapy medicinal products: comparison between the European Union and the United States, Critical Reviews in Toxicology 49 (2019), S. 580–596. https://doi.org/10.1080/10408444.2019.1689380.

Ikka, Tsunakuni/Hatta, Taichi/Fujita, Misao, Amendments to ASRM: Can we move away from a "Therapeutic Haven"?, Stem Cell Reports 19 (2024), S. 1648–1650. https://doi.org/10.1016/j.stemcr.2024.10.006.

Imai, Toshio, Related laws and regulations related to experimental animals and animal experiments, abrufbar unter: https://www.icrweb.jp/mod/resource/view.php?id=10856 (geprüft am 24.10.2025).

International Council for Harmonisation of Technical Requirements for Pharmaceuticals for Human Use, General Principles to Address Virus and Vector Shedding, 2009, abrufbar unter: https://admin.ich.org/sites/default/files/2019-04/ICH_Considerations_Viral-Vector_Shedding_.pdf (geprüft am 24.10.2025).

International Council for Harmonisation of Technical Requirements for Pharmaceuticals for Human Use, S12 Guideline – Nonclinical biodistribution considerations for gene therapy products, 2023, abrufbar unter: https://database.ich.org/sites/default/files/ICH_S12_Step4_Guideline_2023_0314_WithCorrection_0.pdf (geprüft am 24.10.2025).

International Council for Harmonisation of Technical Requirements for Pharmaceuticals for Human Use, Quality Guidelines, abrufbar unter: https://www.ich.org/page/quality-guidelines (geprüft am 24.10.2025).

Iorio, Marilena V./Croce, Carlo M., MicroRNAs in cancer: small molecules with a huge impact, Journal of Clinical Oncology 27 (2009), S. 5848–5856. https://doi.org/10.1200/JCO.2009.24.0317.

Irrgang, Bernhard, Einführung in die Bioethik, München, 2005.

IQVIA, Top 10 Pharmaceutical Markets Worldwide, 2020, abrufbar unter: https://www.iqvia.com/-/media/iqvia/pdfs/canada/2020-trends/top10worldwidesales_20.pdf (geprüft am 24.10.2025).

Jarow, Jonathan S./Lurie, Peter/Ikenberry, Sarah Crowley/Lemery, Steven, Overview of FDA's Expanded Access Program for Investigational Drugs, Therapeutic Innovation & Regulatory Science 51 (2017), S. 177–179. https://doi.org/10.1177/2168479017694850.

Jekerle, V./Schröder, C./Pedone, E., Legal basis of the Advanced Therapies Regulation, Bundesgesundheitsblatt 53 (2010), S. 4–8. https://doi.org/10.1007/s00103-009-0990-6.

Jen, Emily Y./Wang, Xin/Li, Meng/Li, Hongshan/Lee, Shwu-Luan/Ni, Nina/Przepiorka, Donna/Vallejo, Jonathon/Leong, Ruby/Ma, Lian/Gehrke, Brenda J./McLamore, Sherita/Theoret, Marc R./Claro, R. Angelo de, FDA Approval Summary: Oral Azacitidine for Continued Treatment of Adults with Acute Myeloid Leukemia Unable to Complete Intensive Curative Therapy, Clinical Cancer Research 28 (2022), S. 2989–2993. https://doi.org/10.1158/1078-0432.CCR-21-4525.

Jinek, Martin/Chylinski, Krzyszstof/Fonfara, Ines/Hauer, Michael/Doudna, Jennifer A./Charpentier, Emmanuelle, A programmable dual-RNA-guided DNA endonuclease in adaptive bacterial immunity, Science 337 (2012), S. 816–821. https://doi.org/10.1126/science.1225829.

June, Carl H./O'Connor, Roddy S./Kawalekar, Omkar U./Ghassemi, Saba/Milone, Michael C., CAR T cell immunotherapy for human cancer, Science 359 (2018), S. 1361–1365. https://doi.org/10.1126/science.aar6711.

Kalos, Michael/Levine, Bruce L./Porter, David L./Katz, Sharyn/Grupp, Stephan A./Bagg, Adam/June, Carl H., T cells with chimeric antigen receptors have potent antitumor effects and can establish memory in patients with advanced leukemia, Science Translational Medicine 3 (2011), 95ra73, S. 1–21. https://doi.org/10.1126/scitranslmed.3002842.

Kampourakis, Kostas, Making Sense of Genes, New York, 2017.

Kang, Hara/Ga, Yun Ji/Kim, Soo Hyun/Cho, Young Hoon/Kim, Jung Won/Kim, Chaeyeon/Yeh, Jung-Yong, Small interfering RNA (siRNA)-based therapeutic applications against viruses: principles, potential, and challenges, Journal of Biomedical Science 30 (2023), 88, S. 1–18. https://doi.org/10.1186/s12929-023-00981-9.

Kantor, Ariel/McClements, Michelle E./MacLaren, Robert E., CRISPR-Cas9 DNA Base-Editing and Prime-Editing, International Journal of Molecular Sciences 21 (2020), 6240, S. 1–21. https://doi.org/10.3390/ijms21176240

Kanzaki, Seiichi, Current status of GMO regulation in Japan, 2022, abrufbar unter: https://www.casss.org/docs/default-source/cmc-strategy-forum-japan/2022-speaker-presentations/kanzaki-seiichi-pmda-2022.pdf?sfvrsn=b90731ea_6 (geprüft am 24.10.2025).

Katsunori, Kai/Yuichiro, Sato/Nagamizu, Yuko, Medical Law in Japan, 5. Auflage, Alphen aan den Rijn, 2024.

Kauch, Petra, Gentechnikrecht, München, 2009.

Kauffman, Kevin J./Webber, Matthew J./Anderson, Daniel G., Materials for non-viral intracellular delivery of messenger RNA therapeutics, Journal of Controlled Release 28 (2016), S. 227–234. https://doi.org/10.1016/j.jconrel.2015.12.032.

Kawamura, Kunio, Good Manufacturing Practice for Investigational Pharmaceutical Products in Japan, Drug Information Journal 28 (1994), S. 997–1001. https://doi.org/10.1177/009286159402800414.

Kerwash, Essam/Sajic, Marija/Rantell, Khadija Rerhou/McBlane, James W./Johnston, John D./Niewiarowska, Alison/Butler, Andrew S./Cole, Susan, Regulatory Assessment of Casgevy for the Treatment of Transfusion Dependant β-Thalassemia and Sickle Cell Disease with Recurrent Vaso-Occlusive Crises, Current Issues in Molecular Biology 46 (2024), S. 8209–8225. https://doi.org/10.3390/cimb46080485.

Keservani, Raj. K./Sharma, Anil K., Nanoparticulate Drug Delivery Systems, Oakville/Waretown, 2019.

Kesik-Brodacka, Malgorzata, Progress in biopharmaceutical development, Biotechnology and Applied Biochemistry 65 (2018), S. 306–322. https://doi.org/10.1002/bab.1617.

Kieser, Timo/ Koller, Pia, Zur Reichweite des Rezepturprivilegs, Arzneimittel & Recht 21 (2025), S. 232–240.

Kim, Andy Eunwoo/Choi, David Hohyun/Chang, Jongwha/Kim, Sean Hyungwoo, Performance-Based Risk-Sharing Arrangements (PBRSA): Is it a Solution to Increase Bang for the Buck for Pharmaceutical Reimbursement Strategy for our Nation and Around the World?, Clinical Drug Investigation 40 (2020), S. 1107–1113. https://doi.org/10.1007/s40261-020-00972-w.

Kim, Jinkuk/Hu, Chunguang/Moufawad El Achkar, Christelle/Black, Lauren E./Douville, Julie/Larson, Austin/Pendergast, Mary K./Goldkind, Sara F./Lee, Eunjung A./Kuniholm, Ashley/Soucy, Aubrie/Vaze, Jai/Belur, Nandkishore R./Fredriksen, Kristina/Stojkovska, Iva/Tsytsykova, Alla/Armant, Myriam/DiDonato, Renata L./Choi, Jaejoon/Cornelissen, Laura/Pereira, Luis M./Augustine, Erika F./Genetti, Casie A./Dies, Kira/Barton, Brenda/Williams, Lucinda/Goodlett, Benjamin D./Riley, Bobbie L./Pasternak, Amy/Berry, Emily R./Pflock, Kelly A./Chu, Stephen/Reed, Chantal/Tyndall, Kimberly/Agrawal, Pankaj B./Beggs, Alan H./Grant, S. Ellen/Urion, David K./Snyder, Richard O./Waisbren, Susan E./Poduri, Annapurna/Park, Peter J./Patterson, Al/Biffi, Alessandra/Mazzulli, Joseph R./Bodamer, Olaf/Berde, Charles B./Yu, Timothy W., Patient-Customized Oligonucleotide Therapy for a Rare Genetic Disease, The New England Journal of Medicine 381 (2019), S. 1644–1652. https://doi.org/10.1056/NEJMoa1813279.

Kingreen, Thorsten/Becker, Ulrich (Hrsg.), SGB V, 9. Auflage, München, 2024.

Kitcher, Philip, 1953 and all That. A Tale of Two Sciences, The Philosophical Review 93 (1984), S. 335–373. https://doi.org/10.2307/2184541.

Kitte, Reni/Rabel, Martin/Geczy, Reka/Park, Stella/Fricke, Stephan/Koehl, Ulrike/Tretbar, U. Sandy, Lipid nanoparticles outperform electroporation in mRNA-based CAR T cell engineering, Molecular Therapy Methods & Clinical Development 31 (2023), 101139, S. 1–12. https://doi.org/10.1016/j.omtm.2023.101139.

Klimas, Tadas/Vaiciukaite, Jurate, The Law of Recitals in European Community Legislation, ILSA Journal of International & Comparative Law 15 (2008), S. 61–93.

Kloesel, Arno/Cyran, Walter (Hrsg.), Arzneimittelrecht Kommentar, Stuttgart, 2025.

Koboldt, Daniel C./Steinberg, Karyn Meltz/Larson, David E./Wilson, Richard K./Mardis, Elaine R., The next-generation sequencing revolution and its impact on genomics, Cell 155 (2013), S. 27–38. https://doi.org/10.1016/j.cell.2013.09.006.

Koch, Hans-Joachim/Hofmann, Ekkehard/Reese, Moritz (Hrsg.), Handbuch Umweltrecht, 6. Auflage, München, 2024.

Kondo, Kazunari/Taguchi, Chie, Japanese Regulatory Framework and Approach for Genome-edited Foods Based on Latest Scientific Findings, Food Safety (Tokyo, Japan) 10 (2022), S. 113–128. https://doi.org/10.14252/foodsafetyfscj.D-21-00016.

Kopetzki, Christian/Blum, Verena Christine/Noe, Danielle/Steinböck, Claudia, Die klinische Translation von hiPS-Zellen in Österreich, in: Gerke, Sara/Taupitz, Jochen u.a. (Hrsg.), Die klinische Anwendung von humanen induzierten pluripotenten Stammzellen – Ein Stakeholder-Sammelband, Berlin, 2020.

Kowalski, Piotr S./Rudra, Arnab/Miao, Lei/Anderson, Daniel G., Delivering the Messenger: Advances in Technologies for Therapeutic mRNA Delivery, Molecular Therapy 27 (2019), S. 710–728. https://doi.org/10.1016/j.ymthe.2019.02.012.

Körner, Anne/Krasney, Martin/Mutschler, Bernd, BeckOGK (Kasseler Kommentar), 134. Auflage, 2025.

Koyuncu, Adem, Real-World-Data und die pharmarechtliche Einordnung von Registern, Pharma Recht 43 (2021), S. 423–427.

Kreiter, S./Diken, M./Sahin, U., mRNA Vaccination and Personalisized Cancer Therapy, in: Britten, Cedrik Michael/Kreiter, Sebastian/Diken, Mustafa/Rammensee, Hans-Georg (Hrsg.), Cancer Immunotherapy Meets Oncology, Heidelberg, 2014, S. 89–100.

Kristen, Arnt V./Ajroud-Driss, Senda/Conceição, Isabel/Gorevic, Peter/Kyriakides, Theodoros/Obici, Laura, Patisiran, an RNAi therapeutic for the treatment of hereditary transthyretin-mediated amyloidosis, Neurodegenerative Disease Management 9 (2019), S. 5–23. https://doi.org/10.2217/nmt-2018-0033.

Kron, F./Franz, J./Kron, A./Hallek, M., Ökonomie und Management bei der CAR-T-Zell-Therapie : Status quo und Ausblick, Der Internist 62 (2021), S. 620–626. https://doi.org/10.1007/s00108-021-01042-9.

Kudo, Toshiaki, GMP system of Japan, 2016, abrufbar unter: https://www.mhlw.go.jp/file/04-Houdouhappyou-11123000-Iyakushokuhinkyoku-Shinsakanrika/gmp.pdf (geprüft am 24.10.2025).

Kulkarni, Jayesh A./Cullis, Pieter R./van der Meel, Roy, Lipid Nanoparticles Enabling Gene Therapies: From Concepts to Clinical Utility, Nucleic Acid Therapeutics 28 (2018), S. 146–157. https://doi.org/10.1089/nat.2018.0721.

Kungulovski, Goran/Jeltsch, Albert, Epigenome Editing: State of the Art, Concepts, and Perspectives, Trends in Genetics 32 (2016), S. 101–113. https://doi.org/10.1016/j.tig.2015.12.001.

Kunitomi, Akira/Hirohata, Ryoko/Arreola, Vanessa/Osawa, Mitsujiro/Kato, Tomoaki M./Nomura, Masaki/Kawaguchi, Jitsutaro/Hara, Hiroto/Kusano, Kohji/Takashima, Yasuhiro/Takahashi, Kazutoshi/Fukuda, Keiichi/Takasu, Naoko/Yamanaka, Shinya, Improved Sendai viral system for reprogramming to naive pluripotency, Cell Reports Methods 2 (2022), 100317, S. 1–10. https://doi.org/10.1016/j.crmeth.2022.100317.

Kunze, Olaf, Rolle der Qualitätssicherung im Umgang mit OOS-Resultaten, in: Concept Heidelberg GmbH (Hrsg.), GMP-/FDA-Anforderungen an die Qualitätssicherung – Qualitätssicherungssystem, GMP-Compliance, Lieferantenqualifizierung, GMP-relevante Verträge, 2. Auflage, Aulendorf, 2016, S. 70–88.

Laffont, Benoit/Rayner, Katey J., MicroRNAs in the Pathobiology and Therapy of Atherosclerosis, The Canadian Journal of Cardiology 33 (2017), S. 313–324. https://doi.org/10.1016/j.cjca.2017.01.001.

Lam, Jenny K. W./Chow, Michael Y. T./Zhang, Yu/Leung, Susan W. S., siRNA Versus miRNA as Therapeutics for Gene Silencing, Molecular Therapy Nucleic Acids 4 (2015), e252, S. 1–20. https://doi.org/10.1038/mtna.2015.23.

Lee, Cody S./Bishop, Elliot S./Zhang, Ruyi/Yu, Xinyi/Farina, Evan M./Yan, Shujuan/Zhao, Chen/Zheng, Zongyue/Shu, Yi/Wu, Xingye/Lei, Jiayan/Li, Yasha/Zhang, Wenwen/Yang, Chao/Wu, Ke/Wu, Ying/Ho, Sherwin/Athiviraham, Aravind/Lee, Michael J./Wolf, Jennifer Moriatis/Reid, Russell R./He, Tong-Chuan, Adenovirus-Mediated Gene Delivery: Potential Applications for Gene and Cell-Based Therapies in the New Era of Personalized Medicine, Genes & Diseases 4 (2017), S. 43–63. https://doi.org/10.1016/j.gendis.2017.04.001.

Lee, Courtney G., The Animal Welfare Act at Fifty: Problems and Possibilities in Animal Testing Regulation, Nebraska Law Review 95 (2016), S. 194–247.

Lee, Ji Yoon/Hong, Seok-Ho, Hematopoietic Stem Cells and Their Roles in Tissue Regeneration, International Journal of Stem Cells 13 (2020), S. 1–12. https://doi.org/10.15283/ijsc19127.

Lipp, Volker, Rechtsfragen der Transplantation, Transfusion, Sektion und der Intensivmedizin, in: Katzenmeier, Christian/Lipp, Volker/Laufs, Adolf (Hrsg.), Arztrecht, 8. Auflage, München, 2021.

Liu, Guanwen/Lin, Qiupeng/Jin, Shuai/Gao, Caixia, The CRISPR-Cas toolbox and gene editing technologies, Molecular Cell 82 (2022), S. 333–347. https://doi.org/10.1016/j.molcel.2021.12.002.

López-Paniagua, Marina/La Mata, Ana de/Galindo, Sara/Blázquez, Francisco/Calonge, Margarita/Nieto-Miguel, Teresa, Advanced Therapy Medicinal Products for the Eye: Definitions and Regulatory Framework, Pharmaceutics 13 (2021). https://doi.org/10.3390/pharmaceutics13030347.

Lowdell, Mark W., Considerations for manufacturing of cell and gene medicines for clinical development, Cytotherapy 27 (2025), S. 874–883. https://doi.org/10.1016/j.jcyt.2024.11.015.

Mackett, M./Smith, G. L./Moss, B., General method for production and selection of infectious vaccinia virus recombinants expressing foreign genes, Journal of Virology 49 (1984), S. 857–864. https://doi.org/10.1128/JVI.49.3.857-864.1984.

Maeda, Hideki/Uchida, Marika/Kusano, Mikiko/Tsukamoto, Katsura/Yamanoi, Moeka, Characteristics of the Compassionate Use Program in Japan: An Analysis of Expanded Access Clinical Trials from 2016 to 2021, Clinical Pharmacology and Therapeutics 112 (2022), S. 817–823. https://doi.org/10.1002/cpt.2641.

Mahalatchimy, Aurélie/Lau, Pin Lean/Li, Phoebe/Flear, Mark L., Framing and legitimating EU legal regulation of human gene-editing technologies: key facets and functions of an imaginary, Journal of Law and the Biosciences 8 (2021), lsaa080, S. 1–30. https://doi.org/10.1093/jlb/lsaa080.

Makarova, Kira S./Wolf, Yuri I./Iranzo, Jaime/Shmakov, Sergey A./Alkhnbashi, Omer S./Brouns, Stan J. J./Charpentier, Emmanuelle/Cheng, David/Haft, Daniel H./Horvath, Philippe/Moineau, Sylvain/Mojica, Francisco J. M./Scott, David/Shah, Shiraz A./Siksnys, Virginijus/Terns, Michael S./Venclovas, Česlovas/White, Malcolm F./Yakunin, Alexander F./Yan, Winston/Zhang, Feng/Garrett, Roger A./Backofen, Rolf/van der Oost, John/Barrangou, Rodolphe/Koonin, Eugene V., Evolutionary classification of CRISPR-Cas systems: a burst of class 2 and derived variants, Nature Reviews Microbiology 18 (2020), S. 67–83. https://doi.org/10.1038/s41579-019-0299-x.

Malech, Harry L./Garabedian, Elizabeth K./Hsieh, Matthew M., Evolution of Gene Therapy, Historical Perspective, Hematology/Oncology Clinics of North America 36 (2022), S. 627–645. https://doi.org/10.1016/j.hoc.2022.05.001.

Mantus, David/Pisano, Douglas J. (Hrsg.), FDA Regulatory Affairs, London/New York, 2014.

Martens, Marc/Mourisse, Benedicte/Vo, Sophie, Advanced Therapy Medicinal Products, in: Shorthose, Sally (Hrsg.), Guide to EU and UK Pharmaceutical Regulatory Law, Alphen aan den Rijn, 2023, S. 585–602.

Martin, Francisco, Gene Therapy – Tools and Potential Applications, 2013. https://doi.org/10.5772/50194.

Maruyama, Yoshiaki/Noda, Shinichi, Okudaira/Sakurai, Akira/Okura, Narumi/Honda, Futaba, Regulatory Aspects of Cell and Gene Therapy Products: The Japanese Perspective, in: Galli, Maria Cristina (Hrsg.), Regulatory Aspects of Gene Therapy and Cell Therapy Products – A Global Perspective, Springer International Publishing Cham, S. 155–179.

Maruyama, Yoshiaki, Regulatory Update of Cell and Gene Therapy Products in Japan, 2024, abrufbar unter: https://www.pmda.go.jp/files/000274241.pdf (geprüft am 24.10.2025).

Maruyama, Yoshiaki/Sakurai, Akira/Kasai, Masaki/Noda, Shinichi/Honda, Futaba, Current status and future perspective of gene therapy products in Japan, Cell Gene Therapy Insights 7 (2021), S. 131–140. https://doi.org/10.18609/cgti.2021.026.

McCulloch, Karen/Roberge, Sarah, How New Changes to the NIH Guidelines Will Impact IBC Review, abrufbar unter: https://www.wcgclinical.com/insights/how-new-changes-to-the-nih-guidelines-will-impact-ibc-review/ (geprüft am 24.10.2025).

Medical Device Coordination Group, Manual on borderline and classification for medical devices under Regulation (EU) 2017/745 on medical devices and Regulation (EU) 2017/746 on in vitro diagnostic medical devices, 2022, abrufbar unter: https://health.ec.europa.eu (geprüft am 24.10.2025).

Medicines and Healthcare products Regulatory Agency, Decentralised manufacture hub, 2025, abrufbar unter: https://www.gov.uk/government/collections/decentralised-manufacture-hub (geprüft am 24.10.2025).

Medicines and Healthcare products Regulatory Agency, Decentralised manufacture: UK Guidelines on Good Manufacturing Practice (GMP), 2025, abrufbar unter: https://www.gov.uk/guidance/decentralised-manufacture-uk-guideline-on-good-manufacturing-practice-gmp#manufacturing-licence-applications-and-inspection-approach (geprüft am 24.10.2025).

Medicines and Healthcare products Regulatory Agency, Draft guideline on individualised mRNA cancer immunotherapies, 2025, abrufbar unter: https://assets.publishing.service.gov.uk/media/6799ef4d9a6dc0352ab34225/Individualised_mRNA_cancer_immunotherapies_0.6.5.pdf (geprüft am 24.10.2025).

Medicines and Healthcare products Regulatory Agency, Good laboratory practice (GLP) for safety tests on chemicals, 2014, abrufbar unter: https://www.gov.uk/guidance/good-laboratory-practice-glp-for-safety-tests-on-chemicals (geprüft am 24.10.2025).

Medicines and Healthcare products Regulatory Agency, Guidance – Clinical trials for medicines: apply for authorisation in the UK, 2024, abrufbar unter: https://www.gov.uk/guidance/clinical-trials-for-medicines-apply-for-authorisation-in-the-uk (geprüft am 24.10.2025).

Medicines and Healthcare products Regulatory Agency, Guidance – Conditional marketing authorisations, exceptional circumstances MAs, scientific advice, 2020, abrufbar unter: https://www.gov.uk/guidance/conditional-marketing-authorisations-exceptional-circumstances-marketing-authorisations-and-national-scientific-advice (geprüft am 24.10.2025).

Medicines and Healthcare products Regulatory Agency, Guidance – ILAP application guidance, abrufbar unter: https://www.gov.uk/government/publications/innovative-licensing-and-access-pathway-ilap/ilap-application-guidance (geprüft am 24.10.2025).

Medicines and Healthcare products Regulatory Agency, Guidance – International Recognition Procedure, abrufbar unter: https://www.gov.uk/government/publications/international-recognition-procedure/international-recognition-procedure (geprüft am 24.10.2025).

Medicines and Healthcare products Regulatory Agency, Guidance – National Assessment procedure for medicines, 2025, abrufbar unter: https://www.gov.uk/guidance/national-assessment-procedure-for-medicines (geprüft am 24.10.2025).

Medicines and Healthcare products Regulatory Agency, Guidance – Rolling review for marketing authorisation applications, abrufbar unter: https://www.gov.uk/guidance/rolling-review-for-marketing-authorisation-applications (geprüft am 24.10.2025).

Medicines and Healthcare products Regulatory Agency, Innovative Licensing and Access Pathway (ILAP), 2025, abrufbar unter: https://www.gov.uk/government/publications/innovative-licensing-and-access-pathway-ilap (geprüft am 24.10.2025).

Medicines and Healthcare products Regulatory Agency, Manufacture of Investigational Medicinal Products – Frequently Asked Questions, 2023, abrufbar unter: https://mhrainspectorate.blog.gov.uk/2023/02/03/manufacture-of-investigational-medicinal-products-frequently-asked-questions/ (geprüft am 24.10.2025).

Medicines and Healthcare products Regulatory Agency, Medicines: good manufacturing practice and good distribution practice, 2024, abrufbar unter: https://www.gov.uk/guidance/good-manufacturing-practice-and-good-distribution-practice (geprüft am 24.10.2025).

Medicines and Healthcare products Regulatory Agency, MHRA Guidance for Specials Manufacturers, 2021, abrufbar unter: https://assets.publishing.service.gov.uk/media/603526f28fa8f54330a8e25f/QA_Version_3_-_Aseptic_manip_updates.pdf (geprüft am 24.10.2025).

Medicines and Healthcare products Regulatory Agency, The supply of unlicensed medicinal products ("specials"), 2023, abrufbar unter: https://assets.publishing.service.gov.uk/media/645e19f5ad8a03000c38b3bc/The_supply_of_unlicensed_medicinal_products__special_GN14.pdf (geprüft am 26.09.2025).

Medicines and Healthcare products Regulatory Agency, UK-wide licensing for human medicines, 2025, abrufbar unter: https://www.gov.uk/government/publications/uk-wide-licensing-for-human-medicines/uk-wide-licensing-for-human-medicines? (geprüft am 24.10.2025).

Meier, Alexander/von Czettritz, Peter/Gabriel, Marc/Kaufmann, Marcel, Pharmarecht, 3. Auflage, München, 2023.

Merenyi, Stefanie, Der Stoffbegriff im Recht, Tübingen, 2019. https://doi.org/10.1628/978-3-16-156785-8.

Mieth, Dietmar, Die Diktatur der Gene – Biotechnik zwischen Machbarkeit und Menschenwürde, Freiburg, 2001.

Mikić, Ana/Alomari, Arqam/Gowers, Darren M., Classical Recombinant DNA Cloning, Methods in Molecular Biology 2633 (2023), S. 1–24. https://doi.org/10.1007/978-1-0716-3004-4_1.

Milone, Michael C./O'Doherty, Una, Clinical use of lentiviral vectors, Leukemia 32 (2018), S. 1529–1541. https://doi.org/10.1038/s41375-018-0106-0.

Ministry of Education, Culture, Sports, Science and Technology, Notice No. 71, Fundamental Guidelines for Proper Conduct of Animal Experiment and Related Activities in Academic Research Institutions, 2006, abrufbar unter: https://www.kyoto-u.ac.jp/sites/default/files/inline-files/0619-01-c6e3c5cbb395cec67c4c79a39545b214.pdf (geprüft am 24.10.2025).

Ministry of Health, Labour and Welfare, Ensuring the Quality and Safety of Gene Therapy Products, PSEHB/MDED Notification No.0709–2, 2019, abrufbar unter: https://www.pmda.go.jp/files/000235607.pdf (geprüft am 24.10.2025).

Ministry of Health, Labour and Welfare, Guidance on the Implementation of the Ministerial Ordinance on the Good Laboratory Practice for Nonclinical Safety Studies of Drugs as Revised by the Ministerial Ordinance for Partial Revision of the Ministerial Ordinance on the Good Laboratory Practice for Nonclinical Safety Studies of Drugs, PFSB Notifcation No. 0613007 – Provisional Translation (as of August 2012), 2008, abrufbar unter: https://www.pmda.go.jp/files/000153156.pdf (geprüft am 24.10.2025).

Ministry of Health, Labour and Welfare, Ministerial Order on the Standard of Manufacturing Control and Quality Control for Pharmaceuticals and Quasi-Pharmaceuticals, Order of the Ministry of Health, Labour and Welfare No. 179 of December 24, 2004 (As last amended by Order of the Ministry of Health, Labour and Welfare No. 90 of April 28, 2021), abrufbar unter: https://www.pmda.go.jp/files/000269146.pdf (geprüft am 24.10.2025).

Ministry of Health, Labour and Welfare, Ministerial Ordinance on Good Clinical Practice for Drugs, Ordinance of the Ministry of Health and Welfare No. 28 of March 27, 1997 (As last amended by the Ordinance of Ministry of Health, Labour and Welfare No. 84 of May 20, 2022, abrufbar unter: https://www.pmda.go.jp/files/000152996.pdf (geprüft am 24.10.2025).

Ministry of Health, Labour and Welfare, Ministerial Ordinance on Good Laboratory Practice for Nonclinical Safety Studies of Drugs, Ordinance of the Ministry of Health and Welfare No. 21 of March 26, 1997 (as last amended by the Ordinance of the Ministry of Health, Labour and Welfare No. 114 of June 13, 2008) – Provisional Translation (as of August 2012), 2012, abrufbar unter: https://www.pmda.go.jp/files/000153713.pdf (geprüft am 24.10.2025).

Ministry of Health, Labour and Welfare, Overview of Orphan Drug/Medical Device Designation System, abrufbar unter: https://www.mhlw.go.jp/english/policy/health-medical/pharmaceuticals/orphan_drug.html (geprüft am 24.10.2025).

Ministry of Health, Labour and Welfare, Technical Guidance for Quality, Nonclinical Safety Studies and Clinical Studies of Regenerative Medical Products (Human Cell-Processed Products), 2016, abrufbar unter: https://www.pmda.go.jp/files/000273883.pdf (geprüft am 24.10.2025).

Ministry of the Environment, To Genome Editing Technologies Users, abrufbar unter: https://www.env.go.jp/content/000064948.pdf (geprüft am 24.10.2025).

Ministry of the Environment, Notice No. 88, Provisional translation Standards relating to the Care and Keeping and Reducing Pain of Laboratory Animal, 2006, abrufbar unter: https://www.env.go.jp/nature/dobutsu/aigo/2_data/laws/nt_h25_84_en.pdf#:~:text=When%20destroying%20a%20Laboratory%20Animal,Laboratory%20Animal%20in%20order%20to (geprüft am 24.10.2025).

Mirjalili Mohanna, Seyedeh Zeinab/Djaksigulova, Diana/Hill, Austin M./Wagner, Pamela K./Simpson, Elizabeth M./Leavitt, Blair R., LNP-mediated delivery of CRISPR RNP for wide-spread in vivo genome editing in mouse cornea, Journal of Controlled Release 350 (2022), S. 401–413. https://doi.org/10.1016/j.jconrel.2022.08.042.

Mizoguchi, Hirokuni/Fleischmann, Tobias/Komuro, Masato/Hirai, Takahiro/Ikeda, Akiko/Saito, Kojiro/Watahiki, Tomohiro/Tajima, Gentaro, Comparative analysis of GMO regulatory requirements for AAV vectors in the EU and Japan focusing on the shedding data and containment measures, Expert Opinion on Biological Therapy 24 (2024), S. 529–542. https://doi.org/10.1080/14712598.2024.2371042.

Mizrahy, Shoshy/Hazan-Halevy, Inbal/Dammes, Niels/Landesman-Milo, Dalit/Peer, Dan, Current Progress in Non-viral RNAi-Based Delivery Strategies to Lymphocytes, Molecular Therapy 25 (2017), S. 1491–1500. https://doi.org/10.1016/j.ymthe.2017.03.001.

Mockenhaupt, Stefan/Grimm, Dirk, Adeno-assoziierte Viren für effizientes Gene Targeting in humanen Zellen, Biospektrum 17 (2011), S. 533–536. https://doi.org/10.1007/s12268-011-0085-4.

Montanaro, Lenore, The Heart of Animal Research and Testing Law: A Study of the Animal Welfare Act, the Health Research Extension Act and Proposed Solutions Supporting the Three Rs, University of Illinois Law Review 55 (2022), S. 1–40.

Moon, Su Bin/Kim, Do Yon/Ko, Jeong-Heon/Kim, Jin-Soo/Kim, Yong-Sam, Improving CRISPR Genome Editing by Engineering Guide RNAs, Trends in Biotechnology 37 (2019), S. 870–881. https://doi.org/10.1016/j.tibtech.2019.01.009.

Moore, Chris B./Guthrie, Elizabeth H./Huang, Max Tze-Han/Taxman, Debra J., Short hairpin RNA (shRNA): design, delivery, and assessment of gene knockdown, Methods in Molecular Biology 629 (2010), S. 141–158. https://doi.org/10.1007/978-1-60761-657-3_10.

Morgan, Thomas Hunt, The Relation of Genetics to Physiology and Medicine, The Scientific Monthly 41 (1935), S. 5–18.

Moss, Lenny, What genes can't do, Cambridge, 2004.

Mourby, Miranda/Morrison, Michael, Gene therapy regulation: could in-body editing fall through the net?, European Journal of Human Genetics 28 (2020), S. 979–981. https://doi.org/10.1038/s41431-020-0607-y.

Muller, H. J., Pilgrim Trust Lecture: The Gene, Proceedings of the Royal Society of London – Series B – Biological Sciences 134 (1947), S. 1–37. https://doi.org/10.1098/rspb.1947.0001.

Kügel, J. Wilfried/Müller, Rolf-Georg/Hofmann, Hans-Peter (Hrsg.), Arzneimittelgesetz, 3. Auflage, München, 2022.

Muroi, Masashi/Sasaki, Tsuguo, Guidance on the Manufacture of Sterile Pharmaceutical Products by Aseptic Processing, abrufbar unter: https://www.pmda.go.jp/files/000153543.pdf (geprüft am 24.10.2025).

Musunuru, Kiran/Grandinette, Sarah A./Wang, Xiao/Hudson, Taylor R./Briseno, Kevin/Berry, Anne Marie/Hacker, Julia L./Hsu, Alvin/Silverstein, Rachel A./Hille, Logan T./Ogul, Aysel N./Robinson-Garvin, Nancy A./Small, Juliana C./McCague, Sarah/Burke, Samantha M./Wright, Christina M./Bick, Sarah/Indurthi, Venkata/Sharma, Shweta/

Jepperson, Michael/Vakulskas, Christopher A./Collingwood, Michael/Keogh, Katie/Jacobi, Ashley/Sturgeon, Morgan/Brommel, Christian/Schmaljohn, Ellen/Kurgan, Gavin/Osborne, Thomas/Zhang, He/Kinney, Kyle/Rettig, Garrett/Barbosa, Christopher J./Semple, Sean C./Tam, Ying K./Lutz, Cathleen/George, Lindsey A./Kleinstiver, Benjamin S./Liu, David R./Ng, Kim/Kassim, Sadik H./Giannikopoulos, Petros/Alameh, Mohamad-Gabriel/Urnov, Fyodor D./Ahrens-Nicklas, Rebecca C., Patient-Specific In Vivo Gene Editing to Treat a Rare Genetic Disease, The New England Journal of Medicine 392 (2025), S. 2235–2243. https://doi.org/10.1056/NEJMoa2504747.

Müller-Terpitz, Ralf, Rechtlicher Rahmen und rechtliche Hürden für Zell- und Gentherapien in Deutschland, in: Fehse, Boris/Schickl, Hannah/Bartfeld, Sina/Zenke, Martin (Hrsg.), Gen- und Zelltherapie 2.023 – Forschung, klinische Anwendung und Gesellschaft, Berlin, 2023, S. 255–267. https://doi.org/10.1007/978-3-662-67908-1.

Nagai, Sumimasa/Ozawa, Keiya, New Japanese Regulatory Frameworks for Clinical Research and Marketing Authorization of Gene Therapy and Cellular Therapy Products, Current Gene Therapy 17 (2017), S. 17–28. https://doi.org/10.2174/1566523217666170406123231.

Nakai, Kiyohito/Nagai, Hirotada/Yamamoto, Fumi, Japanese Regulation on GMP/GQP and Its Challenges, Journal of Pharmaceutical Innovation 4 (2009), S. 198–200. https://doi.org/10.1007/s12247-009-9072-4.

Nakamori, Masayuki/Junn, Eunsung/Mochizuki, Hideki/Mouradian, M. Maral, Nucleic Acid-Based Therapeutics for Parkinson's Disease, Neurotherapeutics 16 (2019), S. 287–298. https://doi.org/10.1007/s13311-019-00714-7.

Naso, Michael F./Tomkowicz, Brian/Perry, William L./Strohl, William R., Adeno-Associated Virus (AAV) as a Vector for Gene Therapy, BioDrugs 31 (2017), S. 317–334. https://doi.org/10.1007/s40259-017-0234-5.

National Institutes of Health, April 2019 Amendment of the NIH Guidelines, 2019, abrufbar unter: https://osp.od.nih.gov/policies/biosafety-and-biosecurity-policy/april-2019-amendment-of-the-nih-guidelines/ (geprüft am 24.10.2025).

National Institutes of Health, NIH Guidelines for Research involving Recombinant or Synthetic Nucleic Acid Molecules (NIH Guidelines), 2024, abrufbar unter: https://osp.od.nih.gov/wp-content/uploads/NIH_Guidelines.pdf (geprüft am 24.10.2025).

National Research Council/Institute for Laboratory Animal Research, Guide for the care and use of laboratory animals, 8. Auflage, Washington, D.C, 2011.

Tejima, Yutaka, Drug Regulation in Japan, in: Negishi, Akira/Wakui, Masako/Mariyama, Naoko (Hrsg.), Competition Law and Policy in the Japanese Pharmaceutical Sector, Singapur, 2022, S. 35–49. https://doi.org/10.1007/978-981-16-7814-1.

Negrete, Alejandro/Kotin, Robert M., Strategies for manufacturing recombinant adeno-associated virus vectors for gene therapy applications exploiting baculovirus technology, Briefings in Functional Genomics & Proteomics 7 (2008), S. 303–311. https://doi.org/10.1093/bfgp/eln034 (zitiert nach PubMed Central, S. 1–14).

Neidhardt, J./Wycisk, K./Klöckener-Gruissem, B., Virale und nichtvirale Gentherapieansätze zur Behandlung von Netzhauterkrankungen, Der Ophthalmologe 102 (2005), S. 764–771.

Nestola, Piergiuseppe/Peixoto, Cristina/Silva, Ricardo R. J. S./Alves, Paula M./Mota, José S. B./Carrondo, Manuel J. T., Improved virus purification processes for vaccines and gene therapy, Biotechnology and Bioengineering 112 (2015), S. 843–857. https://doi.org/10.1002/bit.25545.

Niazi, Sarfaraz K., RNA Therapeutics: A Healthcare Paradigm Shift, Biomedicines 11 (2023), 1275, S. 1–25. https://doi.org/10.3390/biomedicines11051275.

Niazi, Sarfaraz K., The United States Food and Drug Administration's Platform Technology Designation to Expedite the Development of Drugs, Pharmaceutics 16 (2024), 918, S. 1–17. https://doi.org/10.3390/pharmaceutics16070918.

Nishigaki, Kengo/Tateishi, Ryosuke, Clinical Trials Handbook Asia Pacific: Japan, abrufbar unter: https://www.bakermckenzie.com/-/media/files/insight/publications/2019/healthcare/ap/dsc125067_clinical-trials-handbook–japan.pdf?la=en (geprüft am 24.10.2025).

Nitz, Gerhard, Krankenversicherung und medizinische Innovationen, in: Spickhoff, Andreas/Handorn, Boris (Hrsg.), Handbuch Medizinisches Forschungsrecht, München, 2024, S. 257–287.

Noda, Shinichi/Kobayashi, Yoko/Okura, Narumi/Shinohara, Kayo/Asano, Junichi/Matsumoto, Jun, Regulatory advancements in Japan's conditional and time-limited approval scheme for regenerative medical products: the first guidance on the approval scheme and the second review for full approval of the first conditional and time-limited approved cellular product, HeartSheet, Cytotherapy 27 (2025), S. 700–708. https://doi.org/10.1016/j.jcyt.2025.02.010.

Nopora, Katrin, Entwicklung lentiviraler Vektoren für die B-zellspezifische Expression von Transgenen in vivo, München, 2010.

OECD, Council decision amending Annex II of the council decision concerning the mutual acceptance of data in the assessment of chemicals [C(81)30(FINAL)], 1998, abrufbar unter: https://one.oecd.org/document/C(97)186/FINAL/en/pdf (geprüft am 24.10.2025).

OECD, National GLP Compliance Monitoring Programmes which participate in the Mutual Acceptance Data (MAD) system: status and contact information, abrufbar unter: https://www.oecd.org/content/dam/oecd/en/topics/policy-sub-issues/testing-of-chemicals/national-glp-compliance-monitoring-programmes-which-participate-in-the-mutual-acceptance-of-data.pdf (geprüft am 24.10.2025).

OECD, OECD Principles on Good Laboratory Practice, ENV/MC/CHEM(98)17, 1998, abrufbar unter: https://one.oecd.org/document/env/mc/chem(98)17/en/pdf (geprüft am 24.10.2025).

OECD, The Mutual Acceptance of Data (MAD) System, abrufbar unter: https://www.oecd.org/en/topics/sub-issues/testing-of-chemicals/mutual-acceptance-of-data-system.html (geprüft am 24.10.2025).

Ogden, Bryan E./Pang William, Wanyong/Agui, Takashi/Lee, Byeong Han, Laboratory Animal Laws, Regulations, Guidelines and Standards in China Mainland, Japan, and Korea, Institute for Laboratory Animal Research Journal 57 (2016), S. 301–311. https://doi.org/10.1093/ilar/ilw018.

Okada, Kiyoshi/Koike, Kazuhisa/Sawa, Yoshiki, Consideration of and expectations for the Pharmaceuticals, Medical Devices and Other Therapeutic Products Act in Japan, Regenerative Therapy 1 (2015), S. 80–83. https://doi.org/10.1016/j.reth.2015.04.001.

Okura, Hanayuki/Matsuyama, Akifumi, Regulation of Genome Editing in Human iPS Cells: Japan, in: Dederer, Hans-Georg/Frenken, Gregor (Hrsg.), Regulation of Genome Editing in Human iPS Cells – A Comparative Legal Analysis of National Regulatory Frameworks for iPSC-based Cell/Gene Therapies, 223–269, Cham, 2021. https://doi.org/10.1007/978-3-030-93023-3_7.

Oner, E. Bike Su/Labra, Sergio R./Fehr, Shelly, FDA Drug Regulation: Investigational New Drug Applications, Academic Entrepreneurship for Medical and Health Sciences (2021), S. 1–21. https://doi.org/10.21428/b2e239dc.784553dd.

Ovie, Kea, Tierversuche, in: Spickhoff, Andreas/Handorn, Boris (Hrsg.), Handbuch Medizinisches Forschungsrecht, München, 2024, S. 545–581.

Pabel, Hermann-Josef, Sind Verkehrsverbote nach dem Arzneimittelgesetz auch Anwendungsverbote für den behandelnden Arzt?, Neue Juristische Wochenschrift 42 (1989), S. 759–760.

Pannenbecker, Arnd, Individuelle Heilversuche mit nicht zugelassenen Arzneimitteln – Teil 1, Pharma Recht 47 (2025), S. 353–360.

Pannenbecker, Arnd, Individuelle Heilversuche mit nicht zugelassenen Arzneimitteln – Teil 2, Pharma Recht 47 (2025), S. 454–464.

Papier, Hans-Jürgen, Recht auf Gesundheit, in: Hilgendorf, Eric/Eckert, Franck (Hrsg.), Subsidiarität – Sicherheit – Solidarität – Festgabe für Franz-Ludwig Knemeyer zum 75. Geburtstag, Würzburg, 2012, S. 475–489.

Park, Jung Woo/Lagniton, Philip N. S./Liu, Yu/Xu, Ren-He, mRNA vaccines for COVID-19: what, why and how, International Journal of Biological Sciences 17 (2021), S. 1446–1460. https://doi.org/10.7150/ijbs.59233.

Pellegrini, Silvia/Manenti, Fabio/Chimienti, Raniero/Nano, Rita/Ottoboni, Linda/Ruffini, Francesca/Martino, Gianvito/Ravassard, Philippe/Piemonti, Lorenzo/Sordi, Valeria, Differentiation of Sendai Virus-Reprogrammed iPSC into β Cells, Compared with Human Pancreatic Islets and Immortalized β Cell Line, Cell Transplantation 27 (2018), S. 1548–1560. https://doi.org/10.1177/0963689718798564.

Pharmaceuticals and Medical Devices Agency, GLP inspections conducted by PMDA, abrufbar unter: https://www.pmda.go.jp/english/review-services/glp-gcp-gpsp/0002.html#:~:text=Routine%20inspection%20is%20an%20inspection,English%20version%20is%20under%20construction (geprüft am 24.10.2025).

Pharmaceuticals and Medical Devices Agency, Principle of Residual Replication-Incompetent Genetically Modified Viruses Used in the Production of Genetically Engineered Cells, 2020, abrufbar unter: https://www.pmda.go.jp/files/000275900.pdf (geprüft am 24.10.2025).

Pharmaceuticals and Medical Devices Agency, Regenerative Medical Products, abrufbar unter: https://www.pmda.go.jp/english/review-services/reviews/0003.html (geprüft am 18.08.2025).

Pharmaceuticals and Medical Devices Agency, Regulations Regarding Living Modified Organisms (Genetically Modified Organisms), abrufbar unter: https://www.pmda.go.jp/english/review-services/reviews/cartagena-act/0001.html (geprüft am 24.10.2025).

Pharmalex GmbH, Study on Hospital Exemption for ATMPs in Selected EU Countries, Mannheim, 2022.

Pickar-Oliver, Adrian/Gersbach, Charles A., The next generation of CRISPR-Cas technologies and applications, Nature Reviews Molecular Cell Biology 20 (2019), S. 490–507. https://doi.org/10.1038/s41580-019-0131-5.

Pietrek, Lothar, Bedeutung des Wirkstoffs als rechtliches Kriterium in Zeiten von small und large molecules, Zeitschrift für Stoffrecht 21 (2024), S. 49–56. https://doi.org/10.21552/stoffr/2024/1/10.

Pietrek, Lothar, Phagentherapeutika – Herstellung, Zulassung und Erstattung, Wiesbaden, 2025. https://doi.org/10.1007/978-3-658-49489-6.

Pietrek, Lothar, Solidarität unter Vorbehalt? Hochpreisige Arzneimittelinnovationen in der Sozialversicherung, Zeitschrift für medizinische Ethik 71 (2025), S. 368–385. https://doi.org/10.30965/29498570-20250133.

Pietrek, Lothar/Dederer, Hans-Georg, Somatische genomische Therapien (SGT) im Recht – Goldener Faden der Ariande oder Gordischer Knoten?, Zeitschrift für medizinische Ethik 71 (2025), S. 314–341. https://doi.org/10.30965/29498570-20250131.

Pizevska, Maja/Kaeda, Jaspal/Fritsche, Enrico/Elazaly, Hisham/Reinke, Petra/Amini, Leila, Advanced Therapy Medicinal Product's Translation in Europe: A Developer's Perspective, Frontiers in Medicine 9 (2022), 757647, S. 1–8. https://doi.org/10.3389/fmed.2022.757647.

Poh, Wen Tsin/Stanslas, Johnson, The new paradigm in animal testing – "3Rs alternatives", Regulatory Toxicology and Pharmacology 153 (2024), 105705, S. 1–17. https://doi.org/10.1016/j.yrtph.2024.105705.

Potacs, Michael, Rechtstheorie, 2. Auflage, Wien, 2019.

Prasad, Vinay/Makary, Martin, FDA's New Plausible Mechanism Pathway, The New England Journal of Medicine 393 (2025), 2025–11, S. 1–3. https://doi.org/10.1056/NEJMsb2512695.

Prinz, Heinrich, Qualitätsmanagement-Systeme vor dem Hintergrund aktueller regulatorischer Herausforderungen, in: Concept Heidelberg GmbH (Hrsg.), GMP-/FDA-Anforderungen an die Qualitätssicherung – Qualitätssicherungssystem, GMP-Compliance, Lieferantenqualifizierung, GMP-relevante Verträge, 2. Auflage, Aulendorf, 2016, S. 30–45.

Prinz, Wolfgang, Die Good Manufacturing Practice (GMP) und ihre fehlende Verbindlichkeit für Apotheken, Pharma Recht 34 (2012), S. 16–24.

ProPharma, How to Fast-Track medicine approval in the UK with the MHRA´s Innovative Licensing and Access Pathway (ILAP), 2022, abrufbar unter: https://www.propharmagroup.com/thought-leadership/how-to-fast-track-medicine-approval-in-the-uk-with-the-mhras-innovative-licensing-and-access-pathway-ilap (geprüft am 24.10.2024).

Public Health Agency of Canada, ePATHogen – Risk Group Database, abrufbar unter: https://health.canada.ca/en/epathogen (geprüft am 24.10.2025).

Public Health Agency of Canada, Plan for Administrative Oversight for Pathogens and Toxins in a Research Setting- Required Elements and Guidance, abrufbar unter: https://www.canada.ca/content/dam/phac-aspc/documents/services/laboratory-biosafety-biosecurity/licensing-program/plan-administrative-oversight-pathogens-toxins-a-research-setting-required-elements-guidance/admin_oversight-surveillance_admin-eng.pdf (geprüft am 24.10.2025).

Public Health Agency of Canada/Canadian Food Inspection Agency, Canadian biosafety standard for facilities handling and storing human and terrestrial animal pathogens and toxins, 3. Auflage, Ottawa, 2022.

Punt, Marteen/Ebata, Ayako/Wesseler, Justus H.H., For the Approval Process of GMOs: The Japanese Case, AgBioForum 16 (2013), S. 140–160.

Qayed, Muna/McGuirk, Joseph S./Myers, G. Doug/Parameswaran, Vinod/Waller, Edmund K./Holman, Peter/Rodrigues, Margarida/Clough, Lee F./Willert, Jennifer, Leukapheresis guidance and best practices for optimal chimeric antigen receptor T-cell manufacturing, Cytotherapy 24 (2022), S. 869–878. https://doi.org/10.1016/j.jcyt.2022.05.003.

Quaas, Michael/Zuck, Rüdiger/Clemens, Thomas, Medizinrecht – Öffentliches Medizinrecht, Pflegeversicherungsrecht, Arzthaftpflichtrecht, Arztstrafrecht, 4. Auflage, München, 2018.

Quabius, Elgar Susanne/Krupp, Guido, Synthetic mRNAs for manipulating cellular phenotypes: an overview, New Biotechnology 32 (2015), S. 229–235. https://doi.org/10.1016/j.nbt.2014.04.008.

Ramamoorth, Murali/Narvekar, Aparna, Non viral vectors in gene therapy- an overview, Journal of Clinical and Diagnostic Research 9 (2015), S. GE01–6. https://doi.org/10.7860/JCDR/2015/10443.5394.

Raper, Steven E./Chirmule, Narendra/Lee, Frank S./Wivel, Nelson A./Bagg, Adam/Gao, Guang-ping/Wilson, James M./Batshaw, Mark L., Fatal systemic inflammatory response syndrome in a ornithine transcarbamylase deficient patient following adenoviral gene transfer, Molecular Genetics and Metabolism 80 (2003), S. 148–158. https://doi.org/10.1016/j.ymgme.2003.08.016.

Rebin, Irina, Arzneimittelforschung, in: Spickhoff, Andreas/Handorn, Boris (Hrsg.), Handbuch Medizinisches Forschungsrecht, München, 2024, S. 289–336.

Rees, Holly A./Liu, David R., Base editing: precision chemistry on the genome and transcriptome of living cells, Nature Reviews Genetics 19 (2018), S. 770–788. https://doi.org/10.1038/s41576-018-0059-1.

Rehmann, Wolfgang (Hrsg.), Arzneimittelgesetz, 5. Auflage, München, 2020.

Reiß, Thomas/Aichinger, Heike/Bührlen, Bernhard/Frietsch, Rainer/Kroll, Henning/Schlüfter, Claudia, Technologische Souveränität Pharma/Biotech – Studie zur Wettbewerbsfähigkeit und technologischen Souveränität Deutschlands im Pharmasektor, Karlsruhe, 2023. https://doi.org/10.24406/publica-2888.

Reiter, Johannes, Gentechnik und Moral, in: Stein, Gottfried (Hrsg.), Gentechnologie – der Sprung in eine neue Dimension, München, 1995.

Remmert, Jens/Gokel, Julia, Maria (Hrsg.), GKV-Kommentar SGB V, Heidelberg, 2025.

Renneberg, Reinhard, Biotechnologie für Einsteiger, München, 2006.

Rheinberger, Hans-Jörg/Müller-Wille, Staffan, The Gene: From Genetics to Postgenomics, Chicago/London, 2017.

Ridgway, Anthony A. G., The regulation of cell therapy products in Canada, Biologicals 43 (2015), S. 406–409. https://doi.org/10.1016/j.biologicals.2015.05.013.

Rieger, Hans-Jürgen/Dahm, Franz Josef/Katzenmeier, Christian (Hrsg.), Heidelberger Kommentar Arztrecht Krankenhausrecht Medizinrecht, Heidelberg, 2025.

Rinde, Meir, The Death of Jesse Gelsinger, 20 Years Later, abrufbar unter: https://www.sciencehistory.org/stories/magazine/the-death-of-jesse-gelsinger-20-years-later/ (geprüft am 24.10.2025).

Risse, Johanna/Pietrek, Lothar/Cantz, Tobias/Krzemien, Merlin/Schnalke, Jan/Eggenschwiler, Reto/Heinemann, Thomas/Dederer, Hans-Georg, "Snip, snip, cure"? Philosophical, legal and biomedical perspectives on novel somatic genomic therapies, Medicine, Health Care and Philosophy 28 (2025), S. 425–445. https://doi.org/10.1007/s11019-025-10284-5.

Rolfs, Christian/Giesen, Richard/Meßling, Miriam/Udsching, Peter (Hrsg.), BeckOK Sozialrecht, 75. Edition, München, 2024.

Roßmann, Oliver, Optimierung und Charakterisierung des lentiviralen Gentransfers in humanen mesenchymalen Stammzellen, München, 2008.

Rotta, Christian, Das Arzneibuch – Zuständigkeiten und rechtliche Aspekte, Arzneimittel & Recht 19 (2023), S. 59–68.

Rozas, Pablo/Kessi-Pérez, Eduardo I./Martínez, Claudio, Genetically modified organisms: adapting regulatory frameworks for evolving genome editing technologies, Biological Research 55 (2022), 31, S. 1–14. https://doi.org/10.1186/s40659-022-00399-x.

Ruland, Franz/Becker, Ulrich/Axer, Peter (Hrsg.), Sozialrechtshandbuch, 7. Auflage, Baden-Baden, 2022.

Rüdelsheim, Patrick L.J./Smets, Greet, Gene therapy clinical trials: what about the environment? – A comparison between the Netherlands and North America, COGEM Report CGM 2012–07, Bilthoven, 2012.

Rüthers, Bernd/Fischer, Christian/Birk, Axel, Rechtstheorie und Juristische Methodenlehre, 12. Auflage, München, 2021.

Ruf, Isabelle, Enhancements – Verfassungsrechtliche Aspekte nicht indizierter medizinischer Eingriffe zu Optimierungszwecken, Berlin, 2014.

Rybak, Christian, Neue Erstattungsmodelle für Einmaltherapien, die eine bestehende Dauertherapie ersetzen, Arzneimittel & Recht 20 (2024), S. 64–67.

SACGM, The SACGM Compendium of guidance, Part 6: Guidance on the use of genetically modified microorganisms in a clinical setting, abrufbar unter: https://www.hse.gov.uk/biosafety/gmo/acgm/acgmcomp/ (geprüft am 24.10.2025).

Sahin, Ugur/Karikó, Katalin/Türeci, Özlem, mRNA-based therapeutics—developing a new class of drugs, Nature Reviews Drug Discovery 13 (2014), S. 759–780. https://doi.org/10.1038/nrd4278.

Sakurai, Akira/Kanzaki, Seiichi/Honda, Futaba, Japanese Pharmaceutical Regulations of Engineered Viral Vectors for Medical Use Compared With Those in the United States and the European Union, Clinical Pharmacology and Therapeutics 113 (2023), S. 960–962. https://doi.org/10.1002/cpt.2788.

Samelson-Jones, Benjamin J./George, Lindsey A., Adeno-Associated Virus Gene Therapy for Hemophilia, Annual Review of Medicine 74 (2023), S. 231–247. https://doi.org/10.1146/annurev-med-043021-033013.

Sander, Jeffry D./Joung, J. Keith, CRISPR-Cas systems for editing, regulating and targeting genomes, Nature Biotechnology 32 (2014), S. 347–355. https://doi.org/10.1038/nbt.2842.

Sanduja, Sandhya/Lessey-Morillon, Liz/Allen, Rondine/Wang, Xiaofei/Imperato, Gavin/Arcidiacono, Judith, United States Food and Drug Administration Regulation of Human Cells, Tissues, and Gene Therapies, in: Galli, Maria Cristina (Hrsg.), Regulatory Aspects of Gene Therapy and Cell Therapy Products – A global perspective, 2. Auflage, Cham, 2023, S. 71–90. https://doi.org/10.1007/978-3-031-34567-8_5.

Sanzo, Kathleen M., Regulation of Genome-Editing in Human iPS Cells: United States, in: Dederer, Hans-Georg/Frenken, Gregor (Hrsg.), Regulation of Genome Editing in Human iPS Cells – A Comparative Legal Analysis of National Regulatory Frameworks for iPSC-based Cell/Gene Therapies, S. 199–223, Cham, 2021. https://doi.org/10.1007/978-3-030-93023-3_6.

Sano, Masayuki/Nakasu, Asako/Ohtaka, Manami/Nakanishi, Mahito, A Sendai Virus-Based Cytoplasmic RNA Vector as a Novel Platform for Long-Term Expression of MicroRNAs,

Molecular Therapy Methods & Clinical Development 15 (2019), S. 371–382. https://doi.org/10.1016/j.omtm.2019.10.012.
Scarborough, Robert J./Gatignol, Anne, RNA Interference Therapies for an HIV-1 Functional Cure, Viruses 10 (2017), 8, S 1–18. https://doi.org/10.3390/v10010008
Schambach, Axel/Buchholz, Christian J./Torres-Ruiz, Raul/Cichutek, Klaus/Morgan, Michael/Trapani, Ivana/Büning, Hildegard, A new age of precision gene therapy, Lancet 403 (2024), S. 568–582. https://doi.org/10.1016/S0140-6736(23)01952-9.
Schauer, Marc Philipp, Regulatorische Bestimmungen zur Klassifikation und Probleme bei der Zulassung von Advanced Therapy Medicinal Products (ATMPs) in der Europäischen Union, Pharma Recht 44 (2022), S. 482–490.
Scherer, Jürgen/Flory, Egbert, Klassifizierung von zellbasierten Arzneimitteln und rechtliche Implikationen : Eine Übersicht und ein Update, Bundesgesundheitsblatt 58 (2015), S. 1201–1206. https://doi.org/10.1007/s00103-015-2235-1.
Schicht, Hans, Behördliche Anforderungen an die Reinraumtechnik bei der Herstellung steriler und nicht steriler pharmazeutischer Darreichungsformen, in: Concept Heidelberg GmbH (Hrsg.), GMP-/FDA-Anforderungen an die Qualitätssicherung – Qualitätssicherungssystem, GMP-Compliance, Lieferantenqualifizierung, GMP-relevante Verträge, 2. Auflage, Aulendorf, 2016, S. 103–133.
Schickert, Jörg/Welter-Birk, Tina, Arzneimittelherstellung in der Apotheke: Rezeptur und Defektur vs. Zulassungspflicht – ein Spannungsverhältnis – Teil 1: National, DCP, MRP zuzulassende Arzneimittel, Pharma Recht 47 (2025), S. 70–77.
Schickert, Jörg/Welter-Birk, Tina, Arzneimittelherstellung in der Apotheke: Rezeptur und Defektur vs. Zulassungspflicht – ein Spannungsverhältnis – Teil 2: Zentral zuzulassende Arzneimittel, Pharma Recht 47 (2025), S. 146–149.
Schlander, Michael/Hernandez-Villafuerte, Karla/Cheng, Chih-Yuan/Mestre-Ferrandiz, Jorge/Baumann, Michael, How Much Does It Cost to Research and Develop a New Drug? A Systematic Review and Assessment, PharmacoEconomics 39 (2021), S. 1243–1269. https://doi.org/10.1007/s40273-021-01065-y.
Schlegel, Rainer/Voelzke, Thomas (Hrsg.), juris PraxisKommentar SGB V, 4. Auflage, Saarbrücken, 2020.
Schlumberger, H.D./Brauer, Dieter, Die Bedeutung rechtlicher Rahmenbedingungen für die Anwendung der Gentechnik in der Bundesrepublik Deutschland, in: von Schnell, Thomas/Mohr, Hans (Hrsg.), Biotechnologie – Gentechnik, Berlin, 2007, S. 389–421.
Schoenmaker, Linde/Witzigmann, Dominik/Kulkarni, Jayesh A./Verbeke, Rein/Kersten, Gideon/Jiskoot, Wim/Crommelin, Daan J. A., mRNA-lipid nanoparticle COVID-19 vaccines: Structure and stability, International journal of pharmaceutics 601 (2021), 120586, S. 1–13. https://doi.org/10.1016/j.ijpharm.2021.120586.
Schreiber, Hans-Ludwig, Recht als Grenze der Gentechnologie, in: Winter, Stefan F./Fenger, Hermann/Schreiber, Hans-Ludwig (Hrsg.), Genmedizin und Recht – Rahmenbedingungen und Regelungen für Forschung, Entwicklung, Klinik, Verwaltung, München, 2001, S. 305–322.
Schröder, Michael, Kommissionskontrolle in Reproduktionsmedizin und Gentechnologie, Köln/München, 1992.
Schüler, Julia, Die Biotechnologie-Industrie, Berlin/Heidelberg, 2016. https://doi.org/10.1007/978-3-662-47160-9.

Schüssler-Lenz, Martina/Herberts, Carla/Reischl, Ilona/Ruiz, Sol/Celis, Patrick/Beuneu, Claire, Marketing Regulatory Oversight of Advanced Therapy Medicinal Products in Europe, in: Galli, Maria Cristina (Hrsg.), Regulatory Aspects of Gene Therapy and Cell Therapy Products – A Global Perspective, 2. Auflage, Cham, 2023. https://doi.org/10.1007/978-3-031-34567-8_1.

Science Council of Japan, Guidelines for Proper Conduct of Animal Experiments, 2006, abrufbar unter: https://www.scj.go.jp/ja/info/kohyo/pdf/kohyo-20-k16-2e.pdf (geprüft am 24.10.2025).

Sheikh, Hassan Z., Expanded Access and Right to Try: Access to Investigational Drugs, Congressional Research Service, R45414, 2021, S. 1–20.

Sherkow, Jacob S./Zettler, Patricia J./Greely, Henry T., Is it 'gene therapy'?, Journal of Law and the Biosciences 5 (2018), S. 786–793. https://doi.org/10.1093/jlb/lsy020.

Shim, Gayong/Kim, Dongyoon/Park, Gyu Thae/Jin, Hyerim/Suh, Soo-Kyung/Oh, Yu-Kyoung, Therapeutic gene editing: delivery and regulatory perspectives, Acta Pharmacologica Sinica 38 (2017), S. 738–753. https://doi.org/10.1038/aps.2017.2.

Shin, Hocheol/Kim, Eunyoung, Analysis of GMP for marketing authorization of ATMPs: comparison in the US, the EU, Japan and South Korea, Regenerative Medicine 17 (2022), S. 283–297. https://doi.org/10.2217/rme-2021-0153.

Shmatenko, Leonid, Der rechtliche Status der cGMP und der FDA-Guidances im amerikanischen Verwaltungsrecht, Arzneimittel & Recht 12 (2016), S. 71–76.

Shorthose, Sally, Brexit, in: Shorthose, Sally (Hrsg.), Guide to EU and UK Pharmaceutical Regulatory Law, Alphen aan den Rijn, 2023, S. 1–9.

Shorthose, Sally/Edwards, Jonathan, Conditional Marketing Authorisations, in: Shorthose, Sally (Hrsg.), Guide to EU and UK Pharmaceutical Regulatory Law, Alphen aan den Rijn, 2023, S. 183–200.

Shorthose, Sally/Erasmus, Pieter/Borgers, Hester/Boonen, Edzard/Koster, Anna, Clinical Trials, in: Shorthose, Sally (Hrsg.), Guide to EU and UK Pharmaceutical Regulatory Law, Alphen aan den Rijn, 2023, S. 79–146.

Shorthose, Sally/Faircliffe, Sarah/Putter, Phillipus, Obtaining a Marketing Authorisation, in: Shorthose, Sally (Hrsg.), Guide to EU and UK Pharmaceutical Regulatory Law, Alphen aan den Rijn, 2023, S. 147–182.

Sickmüller, Barbara/Gleiter, Christoph H./Hinze, Christian (Hrsg.), Leitfaden Klinische Prüfungen von Arzneimitteln und Medizinprodukten, 5. Auflage, Aulendorf, 2024.

Silva, Ana Catarina/Moreira, João Nuno/Lobo, José Manuel Sousa/Almeida, Hugo, Current Applications of Pharmaceutical Biotechnology, Cham, 2020.

Simón, Jorge E./Rodríguez, Ángel S./Santiago Vispo, Nelson, CRISPR-Cas9: A Precise Approach to Genome Engineering, Therapeutic Innovation & Regulatory Science 52 (2018), S. 701–707. https://doi.org/10.1177/2168479018762798.

Sparks, Paula/Brooman, Simon, Brexit: A New Dawn for Animals Used in Research, or a Threat to the 'Most Stringent Regulatory System in the World'? A report on the development of a Brexit manifesto for Animals Used in Science, UK Journal of Animal Law (2017), S. 1–10.

Spektrum Wissenschaft (Hrsg.), Lexikon der Biologie, abrufbar unter: https://www.spektrum.de/lexikon/biologie (geprüft am 24.10.2025).

Spickhoff, Andreas (Hrsg.), Medizinrecht, 4. Auflage, München, 2022.

Spitzenverband Bund der Krankenkassen, Rahmenvereinbarung nach § 130b Abs. 9 SGB V, abrufbar unter: https://www.gkv-spitzenverband.de/media/dokumente/krankenversicherung_1/arzneimittel/rahmenvertraege/pharmazeutische_unternehmer/2022-05-04_Rechtlich_unverbindliche_Lesefassung_RahmenV_nach_130b_Abs_9_SGB_V.pdf (geprüft am 24.10.2025).

Sridharan, Kannan/Gogtay, Nithya Jaideep, Therapeutic nucleic acids: current clinical status, British Journal of Clinical Pharmacology 82 (2016), S. 659–672. https://doi.org/10.1111/bcp.12987.

Stadelhoff, Stefan, Wieso ist besser nicht mehr genug? Gesundheitsrecht.blog (2023), 7, S. 1–6. https://doi.org/10.13154/294-9623.

Stahl, Kurt/Brown, Jennifer G., Principles of Good Laboratory Practice and Nonclinical Development, in: McBride, Linda/Schmitt, Siegfried (Hrsg.), Fundamentals of Pharmaceutical and Biologics Regulations, Rockville, 2023, S. 29–37.

Stallberg, Christian, Zulässigkeit und Grenzen der Auseinzelung zentral zugelassener Arzneimittel, Wettbewerb in Recht und Praxis 59 (2013), S. 1144–1151.

Standards Council of Canada, Publications, 2025, abrufbar unter: https://scc-ccn.ca/resources/publications (geprüft am 24.10.2025).

Stiller, Carina, Synthesis and applications of modified nucleosides and RNA nucleotides, Würzburg, 2023.

Straßburger, Jana/Meilicke, Rainer/Cichutek, Klaus, Arzneimittelrechtliche Anforderungen an Arzneimittel für neuartige Therapien aus humanen Pankreata, Medizinrecht 28 (2010), S. 835–841. https://doi.org/10.1007/s00350-010-2804-0.

Ströttchen, Jonathan, Verfassungsrechtliche Ansprüche auf konkrete medizinische Leistungen, Baden-Baden, 2019.

Stryjewska, Agnieszka/Kiepura, Katarzyna/Librowski, Tadeusz/Lochyński, Stanisław, Biotechnology and genetic engineering in the new drug development – Part I: DNA technology and recombinant proteins, Pharmacological Reports 65 (2013), S. 1075–1085. https://doi.org/10.1016/s1734-1140(13)71466-x.

Suckau, Lennart, RNA-Interferenz-vermittelte Gentherapie bei Herzinsuffizienz mittels Phospholamban-shRNA exprimierender adenoviraler und AAV–Vektoren, Berlin, 2009.

Sun, Duxin/Gao, Wei/Hu, Hongxiang/Zhou, Simon, Why 90% of clinical drug development fails and how to improve it?, Acta Pharmaceutica Sinica B 12 (2022), S. 3049–3062. https://doi.org/10.1016/j.apsb.2022.02.002.

Sutton, Ann, Environmental Assessment Requirements for Live Biological Drugs, Clinical Infectious Diseases 46 (2008), 112–114. https://doi.org/10.1086/523330.

Tajima, Gentaro, Differences in regulations on gene modified organisms between Japan, Europe, and the United States, 2022, abrufbar unter: https://www.casss.org/docs/default-source/cmc-strategy-forum-japan/2022-speaker-presentations/tajami-gentaro-pfizer-r-d-japan-g.k.-2022.pdf?sfvrsn=8aed487_10 (geprüft am 24.10.2025).

Tajima, Gentaro/Huh, Seoan/Schmidt, Natalie Anne/Macdonald, Judith C./Fleischmann, Tobias/Wonnacott, Keith Merrell, Impact of genetically modified organism requirements on gene therapy development in the EU, Japan, and the US, Molecular Therapy Methods & Clinical Development 26 (2022), S. 74–83. https://doi.org/10.1016/j.omtm.2022.05.012.

Takahashi, Kazutoshi/Yamanaka, Shinya, Induction of pluripotent stem cells from mouse embryonic and adult fibroblast cultures by defined factors, Cell 126 (2006), S. 663–676. https://doi.org/10.1016/j.cell.2006.07.024.

Takamura, Kento/Tachibana, Keisuke/Kusakabe, Tetsuya/Nakai, Kiyohito/Tsutsumi, Yasuo/Kondoh, Masuo, New Japanese Regulatory Frameworks for Post-Marketing Management of Pharmaceutical Products, Pharmaceutical Research 37 (2020), 122, S. 1–5. https://doi.org/10.1007/s11095-020-02845-5.

Takashima, Kayo/Morrison, Michael/Minari, Jusaku, Reflection on the enactment and impact of safety laws for regenerative medicine in Japan, Stem Cell Reports 16 (2021), S. 1425–1434. https://doi.org/10.1016/j.stemcr.2021.04.017.

Tan, Ghee Wan/Kondo, Takayuki/Imamura, Keiko/Suga, Mika/Enami, Takako/Nagahashi, Ayako/Tsukita, Kayoko/Inoue, Ikuyo/Kawaguchi, Jitsutaro/Shu, Tsugumine/Inoue, Haruhisa, Simple derivation of skeletal muscle from human pluripotent stem cells using temperature-sensitive Sendai virus vector, Journal of Cellular and Molecular Medicine 25 (2021), S. 9586–9596. https://doi.org/10.1111/jcmm.16899.

Tavernier, Geertrui/Andries, Oliwia/Demeester, Jo/Sanders, Niek N./Smedt, Stefaan C. de/Rejman, Joanna, mRNA as gene therapeutic: how to control protein expression, Journal of Controlled Release 150 (2011), S. 238–247. https://doi.org/10.1016/j.jconrel.2010.10.020.

The Stationery Office, Explanatory Notes – Genetic Technology (Precision Breeding) Act 2023, Chapter 6, abrufbar unnter: https://www.legislation.gov.uk/ukpga/2023/6/pdfs/ukpgaen_20230006_en.pdf (geprüft am 24.10.2025).

Toller, Elizabeth/Gillham-Eisen, Liz Anne/Kolas, Nadine, Examining Health Canada's agile new approach to regulating Advanced Therapeutic Products, Cell Gene Therapy Insights 7 (2021), S. 245–258. https://doi.org/10.18609/cgti.2021.025.

Torrecilla, Josune/Del Pozo-Rodríguez, Ana/Solinís, María Ángeles/Apaolaza, Paola S./Berzal-Herranz, Beatriz/Romero-López, Cristina/Berzal-Herranz, Alfredo/Rodríguez-Gascón, Alicia, Silencing of hepatitis C virus replication by a non-viral vector based on solid lipid nanoparticles containing a shRNA targeted to the internal ribosome entry site (IRES), Colloids and Surfaces B: Biointerfaces 146 (2016), S. 808–817. https://doi.org/10.1016/j.colsurfb.2016.07.026.

Tremblay, Frederic/Xiong, Qiang/Shah, Shrijal S./Ko, Chih-Wei/Kelly, Kenneth/Morrison, Mary S./Giancarlo, Cristiana/Ramirez, Ricardo N./Hildebrand, Erica M./Voytek, Sarah B./El Sebae, Gabriel K./Wright, Shane H./Lofgren, Liam/Clarkson, Scott/Waters, Christine/Linder, Samantha J./Liu, Songlei/Eom, Taesun/Parikh, Shefal/Weber, Yuki/Martinez, Salette/Malyala, Padma/Abubucker, Sahar/Friedland, Ari E./Maeder, Morgan L./Lombardo, Angelo/Myer, Vic E./Jaffe, Aron B., A potent epigenetic editor targeting human PCSK9 for durable reduction of low-density lipoprotein cholesterol levels, Nature Medicine 31 (2025), S. 1329–1338. https://doi.org/10.1038/s41591-025-03508-x.

Tsuda, Mai/Watanabe, Kazuo N./Ohsawa, Ryo, Regulatory Status of Genome-Edited Organisms Under the Japanese Cartagena Act, Frontiers in Bioengineering and Biotechnology 7 (2019), 387, S. 1–6. https://doi.org/10.3389/fbioe.2019.00387.

Tyagi, Puneet/Santos, Jose Luis, Macromolecule nanotherapeutics: approaches and challenges, Drug Discovery Today 23 (2018), S. 1053–1061. https://doi.org/10.1016/j.drudis.2018.01.017.

Tyner, Katherine M./Zou, Peng/Yang, Xiaochuan/Zhang, Hailing/Cruz, Celia N./Lee, Sau L., Product quality for nanomaterials: current U.S. experience and perspective, Wiley Interdisciplinary Reviews Nanomedicine and Nanobiotechnology 7 (2015), S. 640–654. https://doi.org/10.1002/wnan.1338.

U.S. Department of Health and Human Services/National Institutes of Health, Public Health Service Policy on Humane Care and Use of Laboratory Animals, 2015, abrufbar unter: https://olaw.nih.gov/sites/default/files/phspolicylabanimals.pdf (geprüft am 24.10.2025).

U.S. Department of Veteran Affairs, Institutional Biosafety Committee (IBC) Guidance on Biosafety Level Assignment for Adeno-Associated Virus (AAV), abrufbar unter: https://www.va.gov/files/2019-08/aav-guidance.pdf (geprüft am 24.10.2025).

U.S. Food and Drug Administration, CBER Regenerative Medicine Advanced Therapy (RMAT) Approvals, 2025, abrufbar unter: https://www.fda.gov/vaccines-blood-biologics/cellular-gene-therapy-products/cber-regenerative-medicine-advanced-therapy-rmat-approvals (geprüft am 24.10.2025).

U.S. Food and Drug Administration, Chemistry, Manufacturing, and Control (CMC) Information for Human Gene Therapy Investigational New Drug Applications (INDs), Guidance for Industry, 2020, abrufbar unter: https://www.fda.gov/media/113760/download (geprüft am 24.10.2025).

U.S. Food and Drug Administration, Clinical Pharmacology Considerations for the Development of Oligonucleotide Therapeutics – Guidance for Industry, 2024, abrufbar unter: https://www.fda.gov/media/159414/download (geprüft am 24.10.2025).

U.S. Food and Drug Administration, Clinical Trial Endpoints for the Approval of Cancer Drugs and Biologics, Guidance for Industry, 2018, abrufbar unter: https://www.fda.gov/media/71195/download (geprüft am 24.10.2025).

U.S. Food and Drug Administration, Considerations for the Development of Chimeric Antigen Receptor (CAR) T Cell Products, Guidance for Industry, 2024, abrufbar unter: https://www.fda.gov/media/156896/download (geprüft am 24.10.2025).

U.S. Food and Drug Administration, Considerations for the Use of Real-World Data and Real-World Evidence to Support Regulatory Decision-Making for Drug and Biological Products, 2023, abrufbar unter: https://www.fda.gov/media/171667/download (geprüft am 24.10.2025).

U.S. Food and Drug Administration, Determining the Need for and Content of Environmental Assessments for Gene Therapies, Vectored Vaccines, and Related Recombinant Viral or Microbial Products, 2015, abrufbar unter: https://www.fda.gov/media/91425/download (geprüft am 24.10.2025).

U.S. Food and Drug Administration, Design and Analysis of Shedding Studies for Virus or Bacteria-Based Gene Therapy and Oncolytic Products – Guidance for Industry, 2019, abrufbar unter: https://www.fda.gov/files/vaccines%2C%20blood%20%26%20biologics/published/Design-and-Analysis-of-Shedding-Studies-for-Virus-or-Bacteria-Based-Gene-Therapy-and-Oncolytic-Products--Guidance-for-Industry.pdf (geprüft am 24.10.2025).

U.S. Food and Drug Administration, Establishment of the Office of Therapeutic Products, 2023, abrufbar unter: https://www.fda.gov/vaccines-blood-biologics/cellular-gene-therapy-products/establishment-office-therapeutic-products (geprüft am 24.10.2025).

U.S. Food and Drug Administration, Expedited Programs for Regenerative Medicine Therapies for Serious Conditions – Guidance for Industry, 2019, abrufbar unter: https://www.fda.gov/media/120267/download (geprüft am 24.10.2025).

U.S. Food and Drug Administration, Fast Track, abrufbar unter: https://www.fda.gov/patients/fast-track-breakthrough-therapy-accelerated-approval-priority-review/fast-track (geprüft am 24.10.2025).

U.S. Food and Drug Administration, FDA Eliminates Risk Evaluation and Mitigation Strategies (REMS) for Autologous Chimeric Antigen Receptor CAR T cell Immunotherapies, abrufbar unter: https://www.fda.gov/news-events/press-announcements/fda-eliminates-risk-evaluation-and-mitigation-strategies-rems-autologous-chimeric-antigen-receptor (geprüft am 24.10.2025).

U.S. Food and Drug Administration, Good Laboratory Practice (Nonclinical Laboratories) – Compliance Program, 2025, abrufbar unter: https://www.fda.gov/media/75891/download (geprüft am 24.10.2025).

U.S. Food and Drug Administration, Guidance for Industry – Environmental Assessment of Human Drug and Biologics Applications, 1998, abrufbar unter: https://www.fda.gov/media/70809/download (geprüft am 24.10.2025).

U.S. Food and Drug Administration, Guidance for Industry – Expedited Programs for Serious Conditions – Drugs and Biologics, 2014, abrufbar unter: https://www.fda.gov/media/86377/download (geprüft am 24.10.2025).

U.S. Food and Drug Administration, Guidance for Industry – INDs for Phase 2 and Phase 3 Studies – Chemistry, Manufacturing. and Controls Information, 2003, abrufbar unter: https://www.fda.gov/media/70822/download (geprüft am 24.10.2025).

U.S. Food and Drug Administration, Guidance for Industry – Preclinical Assessment of Investigational Cellular and Gene Therapy Products, 2013, abrufbar unter: https://www.fda.gov/media/87564/download (geprüft am 24.10.2025).

U.S. Food and Drug Administration, Guidance for Industry – Sterile Drug Products Produced by Aseptic Processing – cGMP, 2004, abrufbar unter: https://www.fda.gov/media/71026/download (geprüft am 24.10.2025).

U.S. Food and Drug Administration,Human Gene Therapy Products Incorporating Human Genome Editing – Guidance for Industry, 2024, abrufbar unter: https://www.fda.gov/media/156894/download (geprüft am 24.10.2025).

U.S. Food and Drug Administration, Long Term Follow-Up After Administration of Human Gene Therapy Products, Guidance for Industry, 2020, abrufbar unter: https://www.fda.gov/media/113768/download (geprüft am 24.10.2025).

U.S. Food and Drug Administration, Notice to Compounders: Changes that affect compounding as of March 23, 2020, abrufbar unter: https://www.fda.gov/drugs/human-drug-compounding/notice-compounders-changes-affect-compounding-march-23-2020 (geprüft am 24.10.2025).

U.S. Food and Drug Administration, Platform Technology Designation Program for Drug Development – Guidance for Industry, 2024, abrufbar unter: https://www.fda.gov/media/178938/download (geprüft am 24.10.2025).

U.S. Food and Drug Administration, Regulatory Considerations for Human Cells, Tissues, and Cellular and Tissue- Based Products: Minimal Manipulation and Homologous Use, Guidance for Industry and Food and Drug Administration Staff, 2020, abrufbar unter: https://www.fda.gov/media/109176/download (geprüft am 24.10.2025).

U.S. Food and Drug Administration, Summary Basis for Regulatory Action – BEQVEZ, 2024, abrufbar unter: https://www.fda.gov/media/178688/download?attachment (geprüft am 24.10.2025).

U.S. Food and Drug Administration,Summary Basis for Regulatory Action – CASGEVY (STN125785), 2024, abrufbar unter: https://www.fda.gov/media/175842/download?attachment (geprüft am 24.10.2025).

U.S. Food and Drug Administration,Summary Basis for Regulatory Action – COMIRNATY, 2021, abrufbar unter: https://www.fda.gov/media/151733/download?attachment (geprüft am 24.10.2025).

Uchikoshi, Ayako/Kasai, Noriyuki, Survey report on public awareness concerning the use of animals in scientific research in Japan, Experimental Animals 68 (2019), S. 307–318. https://doi.org/10.1538/expanim.19-0001.

UK Parliament, Clinical Trials, Question for Department of Health and Social Care, 2023, abrufbar unter: https://questions-statements.parliament.uk/written-questions/detail/2023-09-19/200502 (geprüft am 24.10.2025).

Ukon, Yuichiro/Hosoya, Satoshi/Morita, Kazuki/Yokozeki, Yuji/Kataoka, Tomoko/Kitahara, Takayuki/Mae, Hirokazu/Kanie, Yuya/Furuya, Masayuki/Fujimori, Takahito/Kaito, Takashi/Okada, Kiyoshi/Myoui, Akira/Okada, Seiji, Identification of unapproved orthopedic regenerative medicine: Usefulness of the Act on Safety of Regenerative Medicine, Stem Cell Reports 19 (2024), S. 597–603. https://doi.org/10.1016/j.stemcr.2024.04.001.

Urban & Fischer, Roche-Lexikon Medizin, 5. Auflage, München, 2003.

Vallazza, Britta/Petri, Sebastian/Poleganov, Marco A./Eberle, Florian/Kuhn, Andreas N./Sahin, Ugur, Recombinant messenger RNA technology and its application in cancer immunotherapy, transcript replacement therapies, pluripotent stem cell induction, and beyond, Wiley Interdisciplinary Reviews RNA 6 (2015), S. 471–499. https://doi.org/10.1002/wrna.1288.

van der Meer, Piet/Angenon, Geert/Bergmanns, Hans/Buhk, Hans Jörg/Callebaut, Sam/Chamon, Merijn/Eriksson, Dennis/Gheysen, Godelieve/Harwood, Wendy/Hundleby, Penny/Kearns, Peter/McLoughlin, Thomas/Zimny, Tomasz, The Status under EU Law of Organisms Developed through Novel Genomic Techniques, European Journal of Risk Regulation 14 (2023), S. 93–112. https://doi.org/10.1017/err.2020.105.

van Norman, Gail A., Expanding Patient Access to Investigational Drugs: Single Patient Investigational New Drug and the "Right to Try", JACC Basic to Translational Science 3 (2018), S. 280–293. https://doi.org/10.1016/j.jacbts.2017.11.007.

Verschuuren, Geert M. N., Investigating the Life Sciences – An Introduction to the Philosophy of Science, Oxford, 1986.

Viswanathan, Sowmya/Bubela, Tania, Current practices and reform proposals for the regulation of advanced medicinal products in Canada, Regenerative Medicine 10 (2015), S. 647–663. https://doi.org/10.2217/rme.15.28.

Viverge, Bastien, Development of a click chemistry-based proximity ligation assay and Synthesis and incorporation of 5-carboxycytidine phosphoramidite in synthetic RNA, München, 2021.

Volkwein, Tobias, Umgang mit Erkenntnislücken bei neuartigen Arzneimitteltherapien auf Erstattungsebene, Pharma Recht 46 (2024), S. 700–706.

Voß, Ulrike, Die Novelle der Freisetzungsrichtlinie – Richtlinie 2001/18/EG, Baden-Baden, 2006.

Wadman, Meredith, FDA no longer has to require animal testing for new drugs, Science 379 (2023), S. 127–128. https://doi.org/10.1126/science.adg6276.

Wagenknecht, Tobias/Eusemann, Beryl/Schwedhelm, Philipp/Schönfelder, Gilbert/Bert, Bettina, Das Vorliegen eines "vernünftigen Grundes" bei der Tötung überzähliger Versuchstiere, Natur und Recht 45 (2023), S. 225–233. https://doi.org/10.1007/s10357-022-4103-8.

Wagner, Hellmut/Morsey, Benedikt, Rechtsfragen der somatischen Gentherapie, Neue Juristische Wochenschrift 49 (1996), S. 1565–1570.

Walker, Scot, Expanded Access Versus Right-to-Try, Hospital Pharmacy 55 (2020), S. 79–81. https://doi.org/10.1177/0018578719883801.

Walsh, Gary, Pharmaceutical Biotechnology – Concepts and Applications, Chichester, 2007.

Walter, Jörn/Hümpel, Anja (Hrsg.), Epigenetik, Baden-Baden, 2017. https://doi.org/10.5771/9783845270838.

Wang, Jian/Griffiths, Emily/Tounekti, Omar/Nemec, Martin/Deneault, eric/Lavoie, Jessie R./Ridgway, Anthony, Canadian Regulatory Framework and Regulatory Requirements for Cell and Gene Therapy Products, in: Galli, Maria Cristina (Hrsg.), Regulatory Aspects of Gene Therapy and Cell Therapy Products – A Global Perspective, 2. Auflage, Cham, 2023, S. 91–116. https://doi.org/10.1007/978-3-031-34567-8_6.

Wang, M./Glass, Z. A./Xu, Q., Non-viral delivery of genome-editing nucleases for gene therapy, Gene Therapy 24 (2017), S. 144–150. https://doi.org/10.1038/gt.2016.72.

Wang, Shirley V./Pinheiro, Simone/Hua, Wei/Arlett, Peter/Uyama, Yoshiaki/Berlin, Jesse A./Bartels, Dorothee B./Kahler, Kristijan H./Bessette, Lily G./Schneeweiss, Sebastian, STaRT-RWE: structured template for planning and reporting on the implementation of real world evidence studies, British Medical Journal (Clinical Research Edition) 372 (2021), m4856, S. 1–8. https://doi.org/10.1136/bmj.m4856.

Waters, C. Kenneth, Genes Made Molecular, Philosophy of Science 61 (1994), S. 163–185.

Watson, James D., Recombinant DNA : Genes and Genomes, 3. Auflage, New York, 2007.

Watson, Oli/Hayta, Sadiye, Precision breeding in agriculture and food systems in the United Kingdom, Transgenic Research 33 (2024), S. 539–544. https://doi.org/10.1007/s11248-024-00397-7.

Webb, Cameron/Ip, Shell/Bathula, Nuthan V./Popova, Petya/Soriano, Shekinah K. V./Ly, Han Han/Eryilmaz, Burcu/Nguyen Huu, Viet Anh/Broadhead, Richard/Rabel, Martin/Villamagna, Ian/Abraham, Suraj/Raeesi, Vahid/Thomas, Anitha/Clarke, Samuel/Ramsay, Euan C./Perrie, Yvonne/Blakney, Anna K., Current Status and Future Perspectives on MRNA Drug Manufacturing, Molecular Pharmaceutics 19 (2022), S. 1047–1058. https://doi.org/10.1021/acs.molpharmaceut.2c00010.

Weigand, Alexander, Embryonenschutz und Biotechnologie, Berlin, 2022.

Wenzel, Martin/Chapman, Suzannah, Performance-based managed entry agreements for new medicines in OECD countries and EU member states – How they work and possible improvements going forward, 2019. https://doi.org/10.1787/6e5e4c0f-en.

Westermann, Maren, Die nutzenbasierte Preisbildung bei Arzneimitteln mit neuen Wirkstoffen, Hamburg, 2025.

Whitley, Jill/ Zwolinski, Christopher/Denis, Christian/Maughan, Maureen/Hayles, Leonie/Clarke, David/Snare, Meghan/Liao, Hong/Chiou, Sean/Marmura, Tina/Holly, Zoeller/Hudson, Ben/Peart, John/Johnson, Monica/Karlsson, Amelia/Wang, Yunfei/Nagle, Cynthia/Harris, Cherell/Tonkin, Daniel/Fraser, Stephanie/Johnson, Matthew R., Development of mRNA manufacturing for vaccines and therapeutics: mRNA platform requirements and development of a scalable production process to support early phase clinical trials, Translational Research 242 (2022), S. 38–55. https://doi.org/10.1016/j.trsl.2021.11.009.

Whomsley, Rhys/Palmi Reig, Victoria/Hidalgo-Simon, Ana, Environmental risk assessment of advanced therapies containing genetically modified organisms in the EU, British Journal of Clinical Pharmacology 87 (2021), S. 2450–2458. https://doi.org/10.1111/bcp.14781.

Woskowski, Silvia/Burgardt, Claus, Perspektiven der molekulargenetischen Therapien, Medizinrecht 40 (2022), S. 736–744. https://doi.org/10.1007/s00350-022-6293-8.

Wicherski, Julia/Haenisch, Britta, Die Anwendung von Real-world-Evidenz in Entscheidungsprozessen der Arzneimittelregulation, Bundesgesundheitsblatt 67 (2024), S. 149–154. https://doi.org/10.1007/s00103-023-03830-0.

Winnacker, Ernst-Ludwig, Das Genom – Möglichkeiten und Grenzen der Genforschung, 3. Auflage, Frankfurt am Main, 2002.

Winter, S. F./Roger, H. D., Medical, ethical and legal aspects of somatic gene therapy, European Journal of Health Law 2 (1995), S. 45–54. https://doi.org/10.1163/157180995x00050.

Winter, Stefan F., Was ist Genmedizin? – Eine Einführung, in: Winter, Stefan F./Fenger, Hermann/Schreiber, Hans-Ludwig (Hrsg.), Genmedizin und Recht – Rahmenbedingungen und Regelungen für Forschung, Entwicklung, Klinik, Verwaltung, München, 2001, S. 1–62.

Wise, Jacqui, Clinical trials: New UK framework aims to streamline process and improve transparency, British Medical Journal 387 (2024), q2812. https://doi.org/10.1136/bmj.q2812.

Wise, Jacqui, Clinical trials: Streamlined framework aims to boost UK research, British Medical Journal 380 (2023), S. 696. https://doi.org/10.1136/bmj.p696.

Wissenschaftliche Dienste (Deutscher Bundestag), Regelungen zu genbasierten Impfstoffen, 2021, abrufbar unter: https://www.bundestag.de/resource/blob/852226/d37bc32fab0a37e0c6009d2e-93d2a075/WD-9-116-20-pdf-data.pdf (geprüft am 24.10.2025).

Wissenschaftliche Dienste (Deutscher Bundestag), Rote Gentechnik – Rechtslage und Positionen der Parteien, 2017, abrufbar unter: https://www.bundestag.de/resource/blob/543038/WD-9-052-17-pdf.pdf (geprüft am 24.10.2025).

Wold, William S. M./Toth, Karoly, Adenovirus vectors for gene therapy, vaccination and cancer gene therapy, Current Gene Therapy 13 (2013), S. 421–433. https://doi.org/10.2174/1566523213666131125095046.

Wong, Carissa, UK first to approve CRISPR treatment for diseases: what you need to know, Nature 623 (2023), S. 676–677. https://doi.org/10.1038/d41586-023-03590-6.

Wu, Huimin/Sun, Yixiang/Wang, Yimai/Luo, Liqiang/Song, Yizhi, Advances in miniature CRISPR-Cas proteins and their applications in gene editing, Archives of Microbiology 206 (2024), 231, S. 1–13. https://doi.org/10.1007/s00203-024-03962-0

Xu, Christine L./Ruan, Merry Z. C./Mahajan, Vinit B./Tsang, Stephen H., Viral Delivery Systems for CRISPR, Viruses 11 (2019), 28, S. 1–12. https://doi.org/10.3390/v11010028.

Yale University, NIH Guidelines Resources – NIH Guidelines Sections With Examples, abrufbar unter: https://ehs.yale.edu/sites/default/files/files/nih-experiments.pdf (geprüft am 24.10.2025).

Yano, Kazuo/Yamato, Masayuki, Compassionate use and hospital exemption for regenerative medicine: Something wrong to apply the program for patients in a real world, Regenerative Therapy 8 (2018), S. 63–64. https://doi.org/10.1016/j.reth.2018.03.002.

Yokomizo, Ryo/Hosoya, Satoshi/Umezawa, Akihiro/Okamoto, Aikou, Amendment of the Act on the Safety of Regenerative Medicine: A new voyage of regenerative medicine in Japan and the dawn of a new era for young investigators, Regenerative Therapy 29 (2025), S. 237–246. https://doi.org/10.1016/j.reth.2025.03.011.

Yoon, Jinah/Lee, Sukhyang/Kim, Min Jung/Kim, Jung-Hyun, Brief summary of the regulatory frameworks of regenerative medicine therapies, Frontiers in Pharmacology 15 (2024), 1486812, S. 1–7. https://doi.org/10.3389/fphar.2024.1486812.

Yu, Ai-Ming/Choi, Young Hee/Tu, Mei-Juan, RNA Drugs and RNA Targets for Small Molecules: Principles, Progress, and Challenges, Pharmacological Reviews 72 (2020), S. 862–898. https://doi.org/10.1124/pr.120.019554.

Zaich, Sylvia, An Examination of the Right to Try Act of 2017 and Industry's Potential Path Moving Forward, Southern California Law Review 92 (2019), S. 331–410.

Zentrale Kommission für Biologische Sicherheit, Allgemeine Stellungnahme der ZKBS zu häufig durchgeführten gentechnischen Arbeiten mit den zugrundeliegenden Kriterien der Vergleichbarkeit: Generierung von induzierten pluripotenten Stammzellen (iPSC) mittels Sendaivirus-abgeleiteter replikationsdefekter Vektoren, 2021, abrufbar unter: https://zkbs-online.de/fileadmin/user_upload/Downloads/Stellungnahmen/Vergleichbarkeit_gentechnischer_Arbeiten/Stammzellen_generiert_mittels_Sendaivirus-abgeleiteten_Vektoren_2021.pdf (geprüft am 24.10.2025).

Zentrale Kommission für Biologische Sicherheit, Allgemeine Stellungnahme der ZKBS zur Verwendung der Zinkfinger-Nuklease-Technologie 1 (ZFN-1), 2019, abrufbar unter: https://zkbs-online.de/fileadmin/user_upload/Downloads/Stellungnahmen/Allgemein/ZFN-1-Technologie_2011.pdf (geprüft am 24.10.2025).

Zentrale Kommission für Biologische Sicherheit/Commissie Genetische Modificatie, Joint open letter from COGEM and ZKBS on the environmental risk assessment of new vaccine developments based on self-replicating mRNAs and viral replicon systems, 2025, abrufbar unter: https://zkbs-online.de/fileadmin/user_upload/Downloads/Kommentare/Joint_Letter_COGEM_ZKBS/Joint_open_letter_on_samRNA_vaccines__COGEM-ZKBS_.pdf (geprüft am 24.10.2025).

Zhang, Dongdong/Zhu, Yufan/Jin, Yanxia/Kaweme, Natasha Mupeta/Dong, Youhong, Leukapheresis and Hyperleukocytosis, Past and Future, International Journal of General Medicine 14 (2021), S. 3457–3467. https://doi.org/10.2147/IJGM.S321787.

Zhang, Song/Shen, Jiangtao/Li, Dali/Cheng, Yiyun, Strategies in the delivery of Cas9 ribonucleoprotein for CRISPR/Cas9 genome editing, Theranostics 11 (2021), S. 614–648. https://doi.org/10.7150/thno.47007.

Zhang, Yang/Lai, Bo Shiun/Juhas, Mario, Recent Advances in Aptamer Discovery and Applications, Molecules 24 (2019), 941, S. 1–21. https://doi.org/10.3390/molecules24050941.

Zhao, Zhihan/Shang, Peng/Mohanraju, Prarthana/Geijsen, Niels, Prime editing: advances and therapeutic applications, Trends in Biotechnology 41 (2023), S. 1000–1012. https://doi.org/10.1016/j.tibtech.2023.03.004.

Zuck, Rüdiger/Dettling, Heinz-Uwe (Hrsg.), Arzneimittelgesetz, Köln, 2021.

Kolibri 360 GmbH
Ferdinand-Jühlke-Straße 7
99095 Erfurt, Deutschland
produktsicherheit@kolibri360.de